Die Kabinettsprotokolle
der Bundesregierung

Kabinettsausschuß für Wirtschaft
Band 2 · 1954–1955

Die Kabinettsprotokolle der Bundesregierung

herausgegeben
für das Bundesarchiv
von
Hartmut Weber

Die Kabinettsprotokolle der Bundesregierung

Kabinettsausschuß für Wirtschaft
Band 2 · 1954–1955

Bearbeitet
von
Michael Hollmann

R. OLDENBOURG VERLAG MÜNCHEN 2000

Die Deutsche Bibliothek – CIP-Einheitsaufnahme

Deutschland <Bundesrepublik> / Bundesregierung:
[Die Kabinettsprotokolle der Bundesregierung / Kabinettsausschuß für Wirtschaft]
Die Kabinettsprotokolle der Bundesregierung / hrsg. für das Bundesarchiv. Kabinettsausschuß für Wirtschaft. – München : Oldenbourg

Bd. 2: 1954/55 (2000)
ISBN 3-486-56397-1

Gedruckt auf säurefreiem, alterungsbeständigem Papier (chlorfrei gebleicht)
Gesamtherstellung: R. Oldenbourg, Graphische Betriebe GmbH, München

ISBN 3-486-56397-1

INHALTSVERZEICHNIS

GELEITWORT

Mit Kabinettsbeschluß vom Juli 1979 war das Bundesarchiv beauftragt worden, die Niederschriften der Kabinettssitzungen der Bundesregierung und ihrer Ausschüsse in wissenschaftlicher Form zu veröffentlichen. Inzwischen liegen die Kabinettsprotokolle der Jahre 1949 bis 1957 vor. Ebenso sind die Sitzungsniederschriften des Ministerausschusses für die Sozialreform der Jahre 1955 bis 1960 sowie die Protokolle des Kabinettsausschusses für Wirtschaft aus den Jahren 1951 bis 1953 durch die Editionsreihe des Bundesarchivs der Öffentlichkeit zugänglich geworden.

Die Edition der Sitzungsniederschriften des Kabinettsausschusses für Wirtschaft geht auf eine Anregung meines Amtsvorgänger Prof. Dr. Friedrich P. Kahlenberg zurück. Der erste, 1999 erschienene Band eröffnete die neue Publikationsreihe. Er umfaßt die Jahre 1951 bis 1953. Der hier vorgelegte Band behandelt den Zeitraum von Januar 1954 bis Dezember 1955 und enthält die Protokolle der dritten bis einundvierzigsten Sitzung des Kabinettsausschusses. Ich freue mich, daß dieser Band der vorangegangenen Veröffentlichung so bald folgen konnte. Im Jahre 2001 wird auch der dritte Band dieser Reihe erscheinen, so daß demnächst die Protokolle des Kabinettsausschusses für Wirtschaft für die erste und zweite Legislaturperiode vollständig vorliegen werden.

Für das Bundesarchiv kann ich daher auch mit Genugtuung feststellen, daß die Protokolle des Kabinettsausschusses für Wirtschaft, die – wie die Kabinettsprotokolle selbst – bis dahin als geheime Verschlußsache eingestuft waren, nunmehr uneingeschränkt zugänglich gemacht wurden und damit auch den Forderungen einer interessierten Öffentlichkeit nachgekommen werden konnte. Ich bin ich mir aber auch bewußt, daß der von der wissenschaftlichen Forschung vorgetragene Wunsch nach Offenlegung der Protokolle mit Ablauf der generellen Schutzfrist von 30 Jahren noch nicht erfüllt werden kann. Das Bundesarchiv wird das ihm Mögliche unternehmen, um einerseits eine Lockerung der Regelungen der als Verschlußsache eingestuften Sitzungsniederschriften sowohl des Kabinetts wie auch seiner Ausschüsse zu erreichen und um andererseits den Veröffentlichungsrhythmus der Serie der Kabinettsprotokolle zu beschleunigen.

Mit der Quellenedition erfüllt das Bundesarchiv aber auch eine sich selbst gestellte Aufgabe, die in der Aufbereitung und Präsentation historisch bedeutsamer Quellen liegt. Die Veröffentlichung der Serie der Kabinetts- und Ausschußprotokolle hat neben der Darbietung des Textes zugleich auch die Funktion, auf die zu den einzelnen Beratungsgegenständen aufbewahrten Quellen hinzuweisen und zu deren Nutzung und Auswertung anzuregen.

An diesem Ziel durch die Veröffentlichung des vorliegenden Bandes mitgewirkt zu haben, danke ich in erster Linie dem Bearbeiter, Dr. Michael Hollmann, dem Leiter der Editionsgruppe, Dr. Josef Henke, sowie Ralf Behrendt, Dr. Ulrich Enders, Bettina Martin-Weber, Uta Rössel, Christoph Schawe und Klaus Wagner. Sie haben als Mitglieder der Editionsgruppe die Entstehung des Bandes kritisch begleitet und durch kollegiale Mitarbeit dazu beigetragen, daß die Veröffentlichung des Bandes trotz vielfacher anderweitiger Belastungen des Bearbeiters noch in diesem Jahre erfolgen konnte. In meinen Dank einbeziehen möchte ich auch die Kolleginnen und Kollegen der verschiedenen Abteilungen und Einrichtungen des Bundesarchivs, die die Arbeit in vielfältiger Hinsicht unterstützt haben. Danken möchte ich auch Frau Anita Wennholz für das Schreiben der Texte sowie Frau Elke Leuchs und Frau Irmgard Wettengel für das Korrekturlesen. Mein besonderer Dank gilt schließlich auch Herrn Dr. Hölscher für dessen bereitwillige Hilfestellung bei der Einführung des neuen Drucklegungsverfahrens.

Koblenz, im September 2000

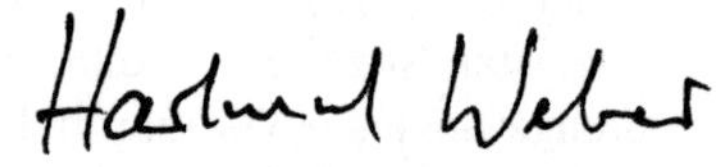

Professor Dr. Hartmut Weber
Präsident des Bundesarchivs

ZUR EDITION

Gegenstand des vorliegenden Bandes der Edition „Die Kabinettsprotokolle der Bundesregierung“ sind die Sitzungsniederschriften des Kabinettsausschusses für Wirtschaft aus den Jahren 1954 und 1955, die in Form von Kurzprotokollen über die Sitzungen des Kabinettsausschusses von Referenten des Bundeskanzleramtes angefertigt wurden. Die Protokolltexte wurden 1998 an das Bundesarchiv abgegeben und dem Bestand B 136 (Bundeskanzleramt) zugeordnet. Die Protokolle des Kabinettsausschusses für Wirtschaft sind, anders als die Kabinettsprotokolle, in einer einzigen Serie organisiert, in der Entwürfe und Ausfertigungen jeweils zusammen abgelegt wurden. Für das gesamte Jahr 1955 (23. bis 41. Ausschußsitzung) sind keine Protokollentwürfe überliefert. Die Textvorlagen aus den Jahren 1954 und 1955 befinden sich in den folgenden Bänden:

B 136/36212	1.–7. Ausschußsitzung (19. Nov. 1953 – 15. Mai 1954)
B 136/36213	8.–14. Ausschußsitzung (19. Mai 1954 – 23. Juli 1954)
B 136/36214	15.–20. Ausschußsitzung (3. Aug. 1954 – 15. Nov. 1954)
B 136/36215	21.–32. Ausschußsitzung (10. Dez. 1954 – 21. Juli 1955)
B 136/36216	33.–44. Ausschußsitzung (3. Aug. 1955 – 27. Febr. 1956)

Die Edition bietet in aller Regel den Text der Protokollausfertigungen. Sie werden in graphisch aufgearbeiteter Form, aber ungekürzt vorgelegt. Von den Ausfertigungen abweichende Entwurfsstadien werden im Anmerkungsapparat nur dann nachgewiesen, wenn es dem Bearbeiter inhaltlich angemessen erschien; bei rein stilistischen Bearbeitungen und orthographischen oder syntaktischen Korrekturen wird auf den Nachweis von Abweichungen verzichtet. Auch die Einladungen zu den Sitzungen und deren Anlagen – mit Ausnahme der Einladungen zu den ausgefallenen Sitzungen – sowie das in die Protokollserie aufgenommene Schriftwerk bleiben von der Veröffentlichung ausgenommen. Nachträgliche Protokollkorrekturen – in der Regel dem ausgefertigten Protokoll als Anhang beigefügt oder in der „Kabinettskorrespondenz“ gesammelt[1] – werden dagegen berücksichtigt und die ursprünglichen Textfassungen der Ausfertigungen in diesen Fällen in den Anmerkungen nachgewiesen.

---

[1] Für die Jahre 1954 und 1955 sind die Bände 121 und 122 der sogenannten „Kabinettskorrespondenz“ einschlägig (B 136/36206 f.).

Für alle Teile des Protokolltextes gilt – ebenso wie für Quellenzitate im Kommentar –, daß offensichtliche orthographische oder syntaktische Fehler der Textvorlagen stillschweigend korrigiert werden. In Zweifelsfällen werden die Korrekturen des Bearbeiters kenntlich gemacht.

Die Dokumentenköpfe sind vom Bearbeiter gestaltet. Sie enthalten in einheitlicher und übersichtlicher Form die formalen Angaben der Protokolltexte zu Teilnehmern, Zeit und Ort der Sitzungen in Abweichung von der originalen Textgestalt. Die Reihenfolge der genannten Teilnehmer entspricht der Vorlage; Bundesminister, Staatssekretäre und andere Sitzungsteilnehmer werden jedoch durch Semikola voneinander abgetrennt. Soweit dies in den Vorlagen nicht geschehen ist, werden die Ministerialbeamten und sonstigen Sitzungsteilnehmer durch Zusatz des entsendenden Ressorts oder ihrer dienstlichen Funktion identifiziert. Die Tagesordnung wird, sofern sie dem Protokolltext nicht vorangestellt wurde, aus den Einladungsschreiben übernommen. Gegebenenfalls werden zusätzliche Informationen der Einladung, wie z.B. die Bezeichnung der Vorlagen durch Aktenzeichen oder Tagebuchnummern, stillschweigend hinzugefügt. Abweichungen zwischen Einladung und Protokolltext werden kenntlich gemacht.

Grundsätzlich wird die Bezeichnung der Tagesordnungspunkte im Worlaut des Protokolls übernommen. Änderungen oder Hinzufügungen werden als Eingriffe der Bearbeiter mit eckigen Klammern gekennzeichnet. In der Höhe der Überschrift wird das für den jeweiligen Tagesordnungspunkt federführende Ressort als Einfügung des Bearbeiters angegeben.

Ordentliche Tagesordnung, Nachtragstagesordnung und außerordentliche Tagesordnung sind in den Protokollen häufig nicht durchgehend numeriert, manchmal tragen verschiedene Tagesordnungspunkte einer Sitzung dieselbe Nummer. Um jedem Tagesordnungspunkt eine eindeutige Kennzeichnung zu geben, wird in der Edition nur die Numerierung der ordentlichen Tagesordnungspunkte übernommen, alle außerhalb der Tagesordnung behandelten Punkte werden mit fortlaufenden Großbuchstaben in eckigen Klammern markiert.

Lange, außerhalb der Tagesordnung stehende Textpassagen ohne Überschrift sind – wo möglich – durch die Bearbeiter in mehrere Tagesordnungspunkte gegliedert, mit Überschriften versehen und wie außerordentliche Tagesordnungspunkte gekennzeichnet worden.

Die sprechenden Personen, die in der Vorlage unterstrichen sind, werden in der Edition im Kursivsatz wiedergegeben. Sofern die Ressortzugehörigkeit des Sprechenden im Protokolltext nicht angegeben ist, ist sie als Zusatz des Bearbeiters hinzugefügt worden.

Anders als bei den Kabinettsprotokollen konnten parallele Mitschriften zu den Sitzungen des Kabinettsausschusses für Wirtschaft nicht ermittelt werden, die zur Ergänzung des Protokolltextes in die Edition hätten aufgenommen werden können. Kabinettsvorlagen oder andere Dokumente, deren Abdruck dem besseren Verständnis der Kommentierung dient, werden in einem eigenen Dokumentenanhang zusammengefaßt, bei der Indexierung aber nicht berücksichtigt.

Der Kommentar der Protokolltexte in den Anmerkungen verfolgt mehrere Ziele. Neben der textkritischen Beschreibung des Textkorpus dienen die Anmerkungen zunächst dazu, den Protokolltext verständlich zu machen und an den Beratungsgegenstand heranzuführen.

Im Protokolltext angesprochene Besprechungen, Schreiben, Vermerke, Gesetzestexte, Drucksachen, Zeitungsartikel etc. werden verifiziert und – wo möglich – nachgewiesen. Insbesondere gilt das für die den Kabinettsausschußberatungen zu Grunde liegenden Vorlagen, die in den Beständen des jeweils federführenden Ressorts im Bundesarchiv oder im Politischen Archiv des Auswärtigen Amts sowie in der Regel auch im Bestand B 136 (Bundeskanzleramt) überliefert sind. Darüber hinaus wollen die Bearbeiter dem Benutzer der Edition durch die Bezeichnung weiterer Unterlagen der zuständigen und qualifiziert beteiligten Ressorts den gezielten Einstieg in die einschlägige Sachaktenüberlieferung der Bundesressorts ermöglichen, ohne daß freilich eine vollständige sachthematische Inventarisierung angestrebt wird. Auch auf Unterlagen in den verfügbaren Nachlässen von Kabinettsmitgliedern im Bundesarchiv und in den Parteiarchiven wird gegebenenfalls hingewiesen. Im Fall von im Ausschuß beratenen Gesetz- oder Verordnungsentwürfen wird auf die Nachzeichnung der sich an den Kabinettsbeschluß anschließenden parlamentarischen Behandlung dann verzichtet, wenn die Angelegenheit nicht wieder aus den Gesetzgebungskörperschaften ins Kabinett zurückkommt; die betreffenden Drucksachen des Bundesrats und des Bundestags sowie die amtliche Veröffentlichung des Gesetzes oder der Verordnung werden jedoch in jedem Fall nachgewiesen.

Über den Lebenslauf der im Protokoll namentlich nachgewiesenen Teilnehmer an den Ausschußsitzungen, insbesondere über deren dienstlichen Werdegang, informiert ein eigener Anhang. Die übrigen im Text genannten Personen erhalten bei ihrer ersten Nennung eine biographische Anmerkung. Diese Kurzviten werden im Personenregister durch Fettdruck der betreffenden Seitenzahl gekennzeichnet. Nicht allgemein bekannte oder gebräuchliche Ereignisse, Institutionen oder Begriffe werden erläutert.

Schließlich wird in den Anmerkungen durch die Hinweise „Siehe" für Rückverweise und „Fortgang" der Gang der Beratungen einer Angelegenheit im Kabinettsausschuß für Wirtschaft und im Kabinett leichter nachvollziehbar gemacht.

Wissenschaftliche Literatur wird nur dann angegeben, wenn der Sachkommentar dadurch wesentlich entlastet werden konnte. Die Zitierung erfolgt unter Verwendung von Kurztiteln, die im Literaturverzeichnis aufgelöst sind.

EINLEITUNG

1. Das wirtschaftspolitische Programm der zweiten Regierung Adenauer

Der Bundestagswahlkampf des Jahres 1953 war von allen Beteiligten thematisch in erster Linie auf die Person Bundeskanzler Konrad Adenauers abgestellt worden[1]. Die von den Koalitionsfraktionen gemeinsam koordinierte Kampagne stand vorrangig unter dem Slogan „Deutschland wählt Adenauer“[2]. Dem entsprach die Strategie der SPD-Opposition, die ihrerseits unter dem Motto „Ollenhauer[3] statt Adenauer“ antrat. An zweiter Stelle, wenn auch deutlich hinter Adenauer, hatte Bundeswirtschaftsminister Ludwig Erhard im Mittelpunkt der Argumentationen gestanden; der Wahlkampf 1953 zeigte die ersten Ansätze der späteren Strategien in den Wahlkämpfen der Jahre 1957 und 1961, in denen Erhard eine eigene, hochgradig personalisierte Kampagne neben Adenauer führte. Wurde Erhard noch 1951 während der Zahlungsbilanzkrise der deutschen Wirtschaft als eine Art Sündenbock angesehen, so war er im Zuge der rasanten wirtschaftlichen Aufwärtsentwicklung der folgenden beiden Jahre und anknüpfend an „seinen“ Erfolg der Währungsreform und der weitgehenden Einstellung der binnenwirtschaftlichen Restriktionen im Juni 1948 zum Symbol und Garanten des wirtschaftlichen Wiederaufstiegs avanciert[4]. Erhard kam daher schon 1953 ein erheblicher Anteil am Wahlerfolg der Unionsparteien zu.

Der im Wahlkampf hervorgetretenen Bedeutung des wirtschaftlichen Erfolgs des sozial-marktwirtschaftlichen Konzepts trug Konrad Adenauer in seiner Regierungs-

---

[1] Zum Bundestagswahlkampf 1953 vgl. Hentschel, Erhard, S. 194–201 und Schwarz, Adenauer, Bd. 2, S. 92–103.

[2] Vgl. dazu die Gegenüberstellung der Wahlkampf-Slogans aus dem Bundestagswahlkampf 1953 in Schindler, Datenhandbuch, Bd. 1, S. 146.

[3] Erich Ollenhauer (1901–1963). 1928–1933 Vorsitzender des Verbandes der Arbeiterjugend Deutschlands, 1933 Emigration, 1933–1945 Mitglied des (emigrierten) Parteivorstandes der SPD, 1946–1952 stellvertretender Vorsitzender der SPD, 1949–1963 MdB, dort 1949–1952 stellvertretender Fraktionsvorsitzender, 1952–1963 Fraktionsvorsitzender, 1952–1963 Vorsitzender der SPD.

[4] Vgl. hierzu die Entwicklung der Umfrageergebnisse des Instituts für Demoskopie in Allensbach in Jahrbuch der öffentlichen Meinung 1947–1955, S. 185. Danach stieg der Prozentsatz derjenigen, die eine gute Meinung von Erhard hatten, von Mai 1951 bis 1953 von 14 % auf 37 % an, während der Anteil derjenigen, die Erhard kritisch beurteilten, von 49 % auf 18 % sank.

erklärung vom 20. Oktober 1953 Rechnung[5]. Bei der Bezeichnung der wichtigsten Aufgaben der Bundesregierung für die neue Legislaturperiode nahmen wirtschafts-, finanz- und sozialpolitische Themen einen breiten Raum ein. Hatte Adenauer in seiner ersten Regierungserklärung vom 20. September 1949 noch „das Streben nach Linderung der Not, nach sozialer Gerechtigkeit" als den „oberste(n) Leitstern bei unserer Arbeit" benannt[6], konnte er vier Jahre später auf eine deutliche Verbesserung des Lebensstandards für die Mehrheit der Bevölkerung hinweisen und gleichzeitig die Verdoppelung der jährlichen Aufwendungen für die soziale Sicherheit feststellen. Diesen Erfolg schrieb Adenauer auf das Konto der sozialen Marktwirtschaft und einer soliden Finanzpolitik. Da aber immer noch ein Drittel der Einwohner der Bundesrepublik auf staatliche Sozialleistungen angewiesen sei, wäre es ihm das wesentliche Ziel für die nächsten Jahre, die am wirtschaftlichen Aufstieg bis dahin nicht beteiligten Bevölkerungskreise, das heißt insbesondere Arbeitslose, Rentner, Invaliden, Waisen und Hinterbliebene, „erstens durch eine weitere Erhöhung des Sozialprodukts, zweitens durch eine umfassende Sozialreform" in die allgemeine Entwicklung mit einzubeziehen. Hinzu kamen weitere Probleme, deren Lösung eine fortgesetzte Steigerung der wirtschaftlichen Leistungsfähigkeit der Bundesrepublik Deutschland voraussetzte. Adenauer benannte hier vor allem die weitere Integration der Vertriebenen und Flüchtlinge sowie die Unterstützung und Entschädigung der Heimkehrer, Kriegssachgeschädigten und Evakuierten, die Förderung der Notstandsgebiete insbesondere entlang der Zonengrenze und nicht zuletzt die Förderung des Wohnungsbaus zur Behebung der nach wie vor bestehenden Wohnungsnot. Wirtschafts- und Finanzpolitik waren somit die Grundlage einer umfassenden „sozialpolitischen Aufgabe".

Die Aufzählung herausragender Aufgaben für die zweite Legislaturperiode gewinnt im ganzen den Charakter eines wirtschaftspolitischen Programms, das in vielerlei Hinsicht die Handschrift Erhards trägt, das aber auch den politischen Willen Adenauers erkennen läßt. Das Credo Erhards, daß die internationale Wirtschaft nur dann gesunden könne, wenn in diesem Bereich, wie in der Binnenwirtschaft der Bundesrepublik Deutschland seit 1948 auch, alle „Zwangswirtschaft" abgebaut würde, trug der Bundeskanzler mit dem entschiedenen Hinweis darauf vor, daß dazu die „europäische wirtschaftliche Integration" unerläßlich sei. Des weiteren böten OEEC und EZU den institutionellen Rahmen für die Erreichung der vorrangigen Ziele der allgemeinen Konvertibilität der Währungen und der völligen Liberalisierung des internationalen Waren- und Dienstleistungsverkehrs[7]. Auf die Binnenwirtschaft bezogen, sollte das Gesamtvolumen des Außenhandels vor allem unter Beteiligung mittlerer und kleinerer Unternehmen weiter ausgebaut werden.

---

[5] Vgl. das Protokoll der 3. Sitzung des Deutschen Bundestags am 20. Okt. 1953 (Stenographische Berichte, Bd. 18, S. 11–22).

[6] Vgl. das Protokoll der 5. Sitzung des Deutschen Bundestags am 20. Sept. 1949 (Stenographische Berichte, Bd. 1, S. 22–30, Zitat S. 23).

[7] Zur ablehnenden Haltung Erhards gegenüber OEEC und EZU vgl. Hentschel, Erhard, S. 201–219 und Hentschel, Zahlungsunfähigkeit.

Innerhalb der Bundesrepublik Deutschland setzte die Bundesregierung auf die Entfaltung persönlicher Tüchtigkeit im Rahmen eines „gesunden Wettbewerbs", der den einzelnen Wirtschaftenden vor der Übermacht des Staates ebenso schütze wie auch vor Gruppeninteressen, die hinter dem Gesamtinteresse zurückzustehen hätten. Insbesondere wollte die Bundesregierung – auch das eine Erhardsche Grundüberzeugung – den Bestrebungen einzelner Wirtschafts- und Berufskreise, sich nach außen abzugrenzen, entgegenwirken.

Den sozialen Charakter der Marktwirtschaft sah Adenauer, wiederum mit Erhard, darin erwiesen, daß Kosten- und Preissenkungen, die sich aus der Rationalisierung der Produktion und der Verbilligung wichtiger Rohstoffe ergäben, „in vollem Umfang dem Verbraucher zugute kommen". Um gleichzeitig die zu hohe „Steuerlast des deutschen Volkes" zu vermindern, kündigte Adenauer eine „organische Steuerreform" an, die den Sparwillen der Bundesbürger unterstützen und die Voraussetzung für die Entwicklung eines leistungsfähigen Kapitalmarktes bieten sollte. Dadurch könnten die Mittel für dringend erforderliche öffentliche Investitionen ohne die Inanspruchnahme steuerlicher Einnahmen „wieder auf dem natürlichen Weg" über den privaten Kapitalmarkt in der Form langfristiger Anleihen gewonnen werden.

Die Landwirtschaft bildete einen eigenen Schwerpunkt der Regierungserklärung. Obwohl die Landwirtschaft ihre Produktivität in den vergangenen Jahren erheblich gesteigert habe und mittlerweile wieder zu zwei Dritteln die Lebensmittelversorgung der Bundesrepublik decken könne, habe sie nicht „voll an dem allgemeinen Aufstieg teilnehmen können", weil der Index der Produktionsmittelpreise erheblich über dem Preisindex für landwirtschaftliche Erzeugnisse liege und die bestehende Agrarstruktur einer wirtschaftlichen Bodennutzung oft noch im Wege stehe. „Durch Maßnahmen der Selbsthilfe und Staatshilfe" sollte die Landwirtschaft in die Lage versetzt werden, auf dem entstehenden europäischen Markt konkurrenzfähig zu sein. Schließlich sollten die Lage der vertriebenen Bauern „auf dem Weg über Kolonisation, Siedlung, Ankauf oder Pacht" erleichtert und die Voraussetzungen dafür geschaffen werden, „daß für den Tag der Wiedervereinigung Deutschlands arbeitsfähige und arbeitswillige Bauern vorhanden sind, die die Landwirtschaft im Osten wiederaufzubauen vermögen".

In der Verkehrspolitik sah Adenauer die vordringlichste Aufgabe der Bundesregierung darin, „die Bereiche der einzelnen Verkehrsträger aufeinander abzustimmen" und angesichts steigender Unfallziffern den allgemeinen Zustand der Straßen und damit die Verkehrssicherheit zu verbessern.

Um der „wachsende(n) Überalterung des deutschen Volkes" entgegenzuwirken, stellte er eine „zielbewußte Familienpolitik" in Aussicht, deren Aufgabe neben der Gewährung von Kinderbeihilfen und der Schaffung von Ausbildungsplätzen für Jugendliche insbesondere die Bereitstellung familiengerechten Wohnraums sein sollte. Die Einrichtung des Bundesministeriums für Familienfragen sollte die Ernsthaftigkeit dieses Ansinnens zum Ausdruck bringen.

Seine Aufzählung wirtschafts-, finanz- und sozialpolitischer Aufgabenfelder beschloß Adenauer mit der Versicherung an die Adresse Berlins, daß die Bundesregierung ihre Verpflichtungen gegenüber der Stadt angesichts der von der Berliner

Bevölkerung für Deutschland und die „freie Welt“ erbrachten Opfer in vollem Umfang erfüllen werde.

Auf einen kurzen Nenner gebracht, war es das primäre Anliegen der Bundesregierung, alle Beschränkungen der Wirtschaft im Innern wie nach außen hin durch eine weit ausgreifende Strukturpolitik soweit nur irgend vertretbar abzubauen, um über eine prosperierende Wirtschaft auch die sozialen Bedingungen in der Bundesrepublik Deutschland sukzessive und nachhaltig zu verbessern.

2. Der Kabinettsausschuß für Wirtschaft in den Jahren 1954 und 1955

Der Kabinettsausschuß für Wirtschaft war 1951 eingerichtet worden, um den wirtschaftlichen Folgen des Korea-Krieges und des sich verschärfenden Ost-West-Konflikts, der sich von einem regionalen Konflikt zu einer direkten militärischen Konfrontation der beiden Blöcke auszuwachsen drohte, auf die noch sehr labile Wirtschaft der Bundesrepublik Deutschland effektiv begegnen zu können[8]. Mit der Beruhigung der internationalen Lage hatte sich auch die westdeutsche Wirtschaft – erheblich unterstützt durch OEEC und EZU – wieder erholt und seit 1952 erneut einen steilen Aufschwung genommen. In dieser Situation sollte der Kabinettsausschuß für Wirtschaft seine koordinierende Funktion zwischen dem für die Wirtschaftspolitik allgemein zuständigen Bundesministerium für Wirtschaft und den für einzelne Teilbereiche der Wirtschaftspolitik speziell federführenden Bundesministerien der Finanzen, für den Marshallplan, für Ernährung, Landwirtschaft und Forsten, für Arbeit, für Verkehr und für Wohnungsbau weiter ausüben. Wie Vizekanzler Blücher, der dem Kabinettsausschuß als ständiger Vertreter des Bundeskanzlers vorsaß, in der ersten Sitzung zu Beginn der zweiten Legislaturperiode am 19. November 1953 feststellte, sollte der Kabinettsausschuß für Wirtschaft „sich mit allen Fragen befassen, a) die das Kabinett ihm zur weiteren Klärung überweise, b) zu deren Entscheidung das Kabinett ihn ermächtige [und] c) in denen im Einvernehmen mit den beteiligten Ressorts eine Entscheidung vorbereitet werden könne“[9]. In diesem Sinne sollten die „anregenden und fruchtbaren Beratungen des Kabinettsausschusses auch in der neuen Regierung fortgesetzt“ und die Kabinettssitzungen nach dem Wunsche Adenauers entlastet werden. Darüber hinaus wurde es in der Folgezeit üblich, daß auch einzelne Ressorts dem Wirtschaftskabinett Angelegenheiten wirtschaftspolitischer Art dann vorlegten, wenn sie eine Vorerörterung im Wirtschaftskabinett für zweckmäßig hielten. In diesen Fällen konnte der

[8] Vgl. zu Vorgeschichte und Gründung des „Wirtschaftskabinetts“ Kabinettsausschuß für Wirtschaft 1951–1953, S. 13–32.

[9] Vgl. 1. Sitzung am 19. Nov. 1953 TOP A (Kabinettsausschuß für Wirtschaft 1951–1953, S. 287).

Ausschuß freilich nur Empfehlungen aussprechen und nicht im Auftrag des Kabinetts beschließen[10].

Obwohl das Wirtschaftskabinett trotz anfänglicher Bemühungen keine Geschäftsordnung erhielt, spielte sich im Verlauf der Jahre eine Arbeitsweise ein, die sich an der Geschäftsordnung der Bundesregierung und am Entwurf einer Geschäftsordnung für den Kabinettsausschuß für Wirtschaft vom 7. April 1951 orientierte[11]. Dieser Entwurf hatte vorgesehen, daß unter dem nominellen Vorsitz des Bundeskanzlers und unter tatsächlicher ständiger Leitung durch dessen Stellvertreter dem Kabinettsausschuß die Bundesminister für den Marshallplan (bzw. seit November 1953: für wirtschaftliche Zusammenarbeit), der Finanzen, für Wirtschaft, für Ernährung, Landwirtschaft und Forsten, für Arbeit, für Verkehr und für Wohnungsbau als ständige Mitglieder angehören sollten. Alle übrigen Kabinettsmitglieder sollten jedoch das Recht haben, an den Ausschußsitzungen teilzunehmen. Außerdem war vorgesehen, einen Vertreter der Bank deutscher Länder zuzuziehen und Sachverständige als Berater zuzulassen.

Wenn auch der Kreis derjenigen Minister klar umrissen war, die im Gegensatz zu ihren übrigen Kollegen formell zu den Ausschußsitzungen eingeladen wurden und Einladungen und Tagesordnungen nicht nur nachrichtlich erhielten, so war der Teilnehmerkreis bis Anfang 1954 in der Praxis beträchtlichen Schwankungen unterworfen[12]. Von der 6. Ausschußsitzung am 6. April 1954 an erging die formelle Einladung nur noch an die besagten wirtschaftspolitischen „Kernressorts" und den Präsidenten des Zentralbankrates der Bank deutscher Länder. Im Juli 1955 wurde der Kreis der ständigen Mitglieder um den Bundesminister des Auswärtigen, mit dem Beginn der 3. Legislaturperiode im November 1957 um die Bundesminister für Atomkernenergie und Wasserwirtschaft sowie für wirtschaftlichen Besitz des Bundes erweitert. Diese Kernressorts trugen im wesentlichen in den Jahren 1954 und 1955 auch die Beratungen des Wirtschaftskabinetts[13], während die übrigen Ressorts in der Regel dann einen oder mehrere Vertreter entsandten, wenn spezielle

[10] Vgl. den Vermerk aus dem BMWi vom 6. Aug. 1955 über die Auskunft des persönlichen Referenten Blüchers im BMZ, Hans-Joachim Heise, auf die Frage nach Aufgaben und Zuständigkeiten des Wirtschaftskabinetts in B 102/128776.

[11] Vgl. den Text der GOBReg in Anhang 2 und den Entwurf einer Geschäftsordnung für den Kabinettsausschuß vom 7. April 1951 in B 102/128776, abgedruckt in Kabinettsausschuß für Wirtschaft 1951–1953, S. 323 f. Vgl. dazu die in einem Vermerk aus dem BMWi vom 6. Mai 1958 getroffene Feststellung: „Die Geschäftsführung des Kabinettsausschusses für Wirtschaft liegt beim Bundeskanzleramt. Die Geschäftsordnung des Ausschusses wird im Rahmen der GO der Bundesregierung erledigt." (B 102/128776). – Zur verfassungsrechtlichen Problematik der Kabinettsausschüsse und ihrer Abgrenzung gegen das Kabinett und gegen die zahlreichen Interministeriellen Ausschüsse vgl. Böckenförde, Organisationsgewalt, S. 243–249, und Prior, Ausschüsse, insbes. S. 5–25.

[12] Vgl. hierzu die Entwürfe der Einladungsschreiben in der Serie der Ausschußprotokolle aus den Jahren 1951 bis 1957 in B 136/36209–36221.

[13] BMZ, BMF und BMWi waren in allen 42 Sitzungen der Jahre 1954 und 1955, das BML in 38, BMV und BMWo jeweils in 37 sowie das BMA in 36 Sitzungen vertreten. Das Auswärtige Amt war wegen seiner Zuständigkeit für die Handelspolitik immerhin in 28 Sitzungen präsent.

Angelegenheiten ihres Zuständigkeitsbereiches oder Fragen von allgemeiner Bedeutung auf der Tagesordnung standen.

Von der Möglichkeit, Ministerialbeamte als Sachverständige an den Ausschußberatungen zu beteiligen, wurde in einem solchen Maße Gebrauch gemacht, daß Vizekanzler Blücher sich zu Beginn der 5. Ausschußsitzung am 19. März 1954 zu der Bitte veranlaßt sah, „den Teilnehmerkreis der Kabinettsausschußsitzungen so zu beschränken, daß nur die Herren mit Kabinettsrang oder im Falle von deren Abwesenheit die für die betreffenden Fragen besonders beauftragten Ministerialdirektoren teilnehmen, während die übrigen Erschienenen nach Bedarf speziell zu einzelnen Fragen gehört werden könnten"[14]. Mochte hinter dieser Bitte die Befürchtung stehen, der Kabinettsausschuß könnte durch die Beteiligung allzu vieler Ministerialbeamter langsam den Charakter eines Interministeriellen Ausschusses annehmen und so an politischem Gewicht verlieren, so war diese Befürchtung aber nicht wirklich gerechtfertigt. Zwar nahm von den ständigen Ausschußmitgliedern allein Blücher als ständiger Stellvertreter des Bundeskanzlers in der Funktion des Ausschußvorsitzenden an allen 42 Sitzungen teil und ließen sich die Bundesminister zumeist vertreten, es kam jedoch nur selten vor, daß die von Blücher geforderte „Mindestqualität" der Vertretung unterschritten und ein Ressort „nur" durch einen Unterabteilungsleiter im Range eines Ministerialdirigenten vertreten war. In der Regel waren Minister oder Staatssekretär anwesend[15], und für den Fall, daß beide verhindert waren, wurde zumeist ein bestimmter Abteilungsleiter als Stellvertreter des Staatssekretärs in den Ausschuß entsandt, der die Ressortinteressen vertreten sollte.

Daß auch die Bundesminister den Kabinettsausschuß als ein politisch hochgradiges Gremium bewerteten, geht zum einen daraus hervor, daß sie von sich aus wirtschaftspolitische Angelegenheiten ohne vorherigen Kabinettsbeschluß an den Ausschuß zur Beratung herantrugen, zum anderen aber auch daraus, daß das Wirtschaftskabinett und nicht das Kabinett verschiedentlich in interministeriellen Vereinbarungen als Schiedsinstanz für solche Fälle formal vorgesehen war, in denen zwischen den Ressorts kein Konsens herzustellen war. Dies war etwa in den beiden Vereinbarungen so festgelegt, in denen das Amt Blank bzw. das Bundesministerium für Verteidigung sich mit dem Bundesministerium für Wirtschaft und dem Bundesministerium für Ernährung, Landwirtschaft und Forsten über die Zusammenarbeit bei der Planung und Durchführung der Beschaffung für die aufzubauende Bundeswehr bzw. bei der Planung der Truppenversorgung verständigte[16].

Insbesondere war es aber Franz Blücher, der sich als faktischer Ausschußvorsitzender stets darum bemühte, den politischen Charakter des Kabinettsausschusses

[14] Vgl. 5. Ausschußsitzung am 19. März 1954 TOP A.

[15] Sieht man von Erhard ab, der immer in Begleitung Westricks oder Müller-Armacks erschien, war es eher die Ausnahme, wenn ein Minister zusammen mit seinem Staatssekretär anwesend war.

[16] Vgl. 20. Ausschußsitzung am 15. Nov. 1954 TOP 1 und 24. Ausschußsitzung am 14. Febr. 1955 TOP 1.

zu wahren[17]. Für den Vizekanzler, der mit dem Bundesministerium für wirtschaftliche Zusammenarbeit ein eher zweitrangiges Ressort leitete und im Gefüge der Bundesregierung ganz im Schatten Adenauers stand, war der Kabinettsausschuß, den Blücher in seinen Notizen beständig als „Wirtschaftskabinett“ oder „kleines Kabinett“ bezeichnete[18], die einzige Plattform, auf der er eine eigenständige politische Wirksamkeit entfalten konnte. Wie Adenauer im Kabinett ließ Blücher sich von seinem persönlichen Referenten Hans-Joachim Heise in die Sitzungen des Kabinettsausschusses begleiten und brachte damit seinen Status als Ausschußvorsitzender und Vizekanzler zum Ausdruck. Ganz abgesehen davon, daß er in keiner der 42 Sitzungen der Jahre 1954 und 1955 fehlte, bemühte Blücher sich stark um eine straffe, auch die Entscheidungsfindung lenkende Leitung der Ausschußsitzungen. Häufig beendete er Diskussionen mit einer Zusammenfassung des Beratungsergebnisses, wobei er bisweilen noch einmal bestimmte Akzente setzte[19]. Bei der Beratung über das Straßenentlastungsgesetz in der 4. Ausschußsitzung am 16. Februar 1954 verhinderte Blücher sogar eine formelle Beschlußfassung mit dem für ihn ungewöhnlichen Hinweis darauf, daß nur acht Ressorts im Kabinettsausschuß vertreten seien und eine Beschlußfassung daher im Kabinett erfolgen müsse; er tat dies jedoch nicht aus verfassungsrechtlicher Bedenklichkeit, sondern weil er im Vorfeld der Sitzung dem Geschäftsführer des Deutschen Industrie- und Handelstages, Paul Beyer[20], zugesagt hatte, im Kabinettsausschuß „dafür [zu] sorgen, daß keine Beschlüsse gefaßt werden“[21].

Aus der Reihe der 42 Sitzungen des Kabinettsausschusses für Wirtschaft in den Jahren 1954 und 1955 fallen die beiden Sitzungen am 1. Februar 1954 und am 26./27. April 1955 heraus. In beiden Sitzungen stand die Bundeshilfe für Berlin auf der Tagesordnung, und an beiden Sitzungen nahmen auf spezielle Einladungen hin Vertreter des Berliner Senats teil; die 29. Ausschußsitzung am 26./27. April 1955 fand sogar unter dem persönlichen Vorsitz Adenauers und unter Beteiligung von zehn Bundesministern in Berlin statt. Hier sollte wohl der Kabinettsausschuß als Rahmen für gemeinsame Beratungen der Bundesregierung und des Berliner Senats dienen, der nach außen hin hochrangig genug war, um die Bedeutung der Angelegenheit und die Ernsthaftigkeit zu dokumentieren, mit der die Bundesregierung die Berlin-Förderung behandelte, der aber gleichzeitig nicht den Schluß zuließ, die Bundesregierung habe den Berliner Senat direkt an ihrer Entscheidung beteiligt.

---

[17] Vgl. dazu die Begrüßungsansprache Blüchers in der ersten Ausschußsitzung des Jahres 1955, in der er erklärte, „daß der Kabinettsausschuß im neuen Jahr noch stärker als bisher bei der Willensbildung der Bundesregierung eingeschaltet werde“.

[18] Vgl. die Eintragungen in den Tageskalendern Blüchers in Nachlaß Blücher N 1080/294–8 f. und N 1080/299.

[19] Vgl. z. B. 10. Ausschußsitzung am 2. Juni 1954 TOP 2, 19. Ausschußsitzung am 10. Okt. 1954 TOP 1 oder 35. Ausschußsitzung am 9. Sept. 1955 TOP 2.

[20] Dr. Paul Beyer (1889–1969). Rechtsanwalt und Notar, vor 1945 Tätigkeit in der Privatwirtschaft, 1950–1960 geschäftsführendes Mitglied des DIHT.

[21] Vermerk aus dem BMV vom 16. Febr. 1954 in B 108/1449. Vgl. 4. Ausschußsitzung am 16. Febr. 1954 TOP 1.

3. Außenwirtschaftliche Aspekte

In seiner Regierungserklärung vom 20. Oktober 1953 hatte Adenauer ausgeführt, die Soziale Marktwirtschaft müsse „ein Torso" bleiben, solange die „vielen Fesseln und Hemmnisse" der internationalen Wirtschaft nicht beseitigt worden seien, und damit die immer noch bestehende Devisenbewirtschaftung[22], die daraus erwachsenden Beschränkungen des Waren- und Dienstleistungsverkehrs und die allenthalben üblichen wettbewerbsverzerrenden Exportsubventionen gemeint. Zwar waren durch die Regelungen und Mechanismen der OEEC und der EZU weite Bereiche des westdeutschen Außenhandels bereits liberalisiert bzw. die Deutsche Mark für den Raum der EZU in gewissen Grenzen faktisch konvertierbar, aber sowohl die noch innerhalb von OEEC und EZU bestehenden Restbeschränkungen wie auch die fortbestehende Nichtkonvertibilität und die daraus erwachsenden Handelsrestriktionen im Verkehr mit dem Dollar-Raum beeinträchtigten die Entwicklungsmöglichkeiten der bundesrepublikanischen Wirtschaft erheblich[23].

Die Bundesregierung rechnete zu Beginn der zweiten Legislaturperiode keineswegs mit einer raschen Liberalisierung des gesamten deutschen Außenhandels. Sichtbares Zeichen war die Umwandlung der Bundesstelle für den Warenverkehr der gewerblichen Wirtschaft in das Bundesamt für gewerbliche Wirtschaft durch das Gesetz vom 9. Oktober 1954[24]. Die Bundesstelle war 1951 eingerichtet worden, um die Sicherung, Planung, Beaufsichtigung und Durchführung des inner- und zwischenstaatlichen Warenverkehrs zu gewährleisten. Das neue Bundesamt war nach der völligen Beseitigung aller binnenwirtschaftlichen Bewirtschaftung nur noch für die Durchführung des nicht-liberalisierten Außenhandels zuständig.

Es waren aber nicht allein die wirtschaftlichen Entwicklungsmöglichkeiten der Bundesrepublik Deutschland, die durch die Beschränkungen des internationalen Handels beeinträchtigt wurden. Nach dem Zusammenbruch des Deutschen Reiches gehörten die Bundesrepublik Deutschland und die Deutsche Demokratische Republik ebenso wie Japan zu den sogenannten Handelsstaaten, deren charakteristisches Merkmal nach den Kategorien der Politologie darin besteht, daß sie außenpolitisch wesentlich auf die traditionellen Elemente und Mittel machtstaatlicher Politik verzichten. Vielmehr nutzen sie ihre wirtschaftliche Potenz zur Verwirklichung ihrer außenpolitischen Ziele. Dies tun sie wiederum vorwiegend positiv-kooperativ, indem sie ihre Partnerstaaten über wirtschaftliche Anreize und Vergünstigungen zu einem politisch gewünschten Verhalten veranlassen. Negativ-destruktive Methoden, wie etwa das Embargo der westlichen Staatengemeinschaft gegen den Ost-

---

22 Die freie Konvertibilität der Währungen war im Sommer 1931 als Folge der großen Bankenkrise zur Stabilisierung der Reichswährung und zur Sicherung des Zahlungsverkehrs ausgesetzt und in den folgenden Jahren bis zum Zweiten Weltkrieg nicht wieder eingeführt worden.

23 Vgl. zum folgenden Bührer, Westdeutschland, Buchheim, Wiedereingliederung und Hardach, Rückkehr.

24 Gesetz über die Abwicklung der Bundesstelle für den Warenverkehr der gewerblichen Wirtschaft und die Errichtung eines Bundesamtes für gewerbliche Wirtschaft vom 9. Okt. 1954 (BGBl. I 281). – Vgl. 12. Ausschußsitzung am 3. Juli 1954 TOP A und 22. Sitzung am 17. Dez. 1954 TOP 3.

block, sind für ein derartiges außenpolitisches Konzept weniger zuträglich.[25] Bis zur Wiedererlangung der Souveränität am 5. Mai 1955 standen der Bundesrepublik ohnehin keine anderen Mittel außenpolitischer Wirksamkeit zur Verfügung. Erst mit der Drohung der Hallstein-Doktrin, die diplomatischen Beziehungen zu allen Staaten abzubrechen, die ihrerseits die DDR staatlich anerkannten, zeigte die Bundesregierung, daß auch die traditionellen machtstaatlichen Mittel der Außenpolitik zumindest teilweise zu ihrem außenpolitischen Repertoire gehörten[26]. Der langfristige Mißerfolg der Hallstein-Doktrin zeigt aber, daß die Bundesrepublik letztlich doch auf die Außenhandelspolitik als vorrangige Methode bauen mußte. Die Konkurrenz zwischen dem Auswärtigen Amt und dem Wirtschaftsministerium um die Federführung auf diesem Politikfeld und der abschließende Erfolg des Auswärtigen Amtes in diesem Streit zeigt, daß die Bundesregierung dies auch erkannt hatte[27].

OEEC und EZU

Die Organization for European Economic Cooporation (OEEC) und die Europäische Zahlungsunion (EZU) hatten am ebenso raschen wie steilen Wiederaufstieg des westdeutschen Außenhandels maßgeblichen Anteil. Die strukturellen Hemmnisse des Welthandels – der Bilateralismus, die „Dollar-Lücke“, die Importdiskriminierungen und die quantitativen Handelsbeschränkungen – waren im Rahmen von OEEC und EZU erheblich verringert worden. Der Liberalisierungskodex der OEEC befreite 75% des Warenverkehrs zwischen den Teilnehmerländern einschließlich ihrer überseeischen Besitzungen[28] von jeglicher Devisenbewirtschaftung und damit auch von jeglicher Kontingentierung, wobei es den einzelnen Ländern überlassen blieb, diese Mindestquote zu überschreiten. Dieses Ziel konnte erreicht werden, weil mit der EZU – institutionell verankert bei der Bank für internationalen Zahlungsausgleich (BIZ) in Basel – ein multilateraler Verrechnungs- und Kreditmechanismus installiert worden war, der den bisherigen Zwang zum bilateralen Ausgleich von Handels- und Zahlungsbilanzen erheblich relativierte. Ziel und Aufgabe der EZU war es, den Übergang des (west-)europäischen Zahlungsverkehrs zur völligen Konvertibilität der Währungen und die Rückkehr der OEEC-Staaten in den freien Welthandel vorzubereiten. Alle Zahlungen wurden nun über Länderkonten bei der BIZ abgewickelt, dort monatlich akkumuliert und gegeneinander verrechnet. Aktive Salden eines Landes begründeten Forderungen gegen die EZU, passive Kontostände dagegen Verpflichtungen gegenüber der EZU. Weder Forderungen noch Verpflichtungen mußten aber umgehend beglichen werden. Vielmehr mußten im Rahmen zuvor festgesetzter Grenzen Überschußländer einen Teil ihrer Außenstände kredi-

---

25 Zur Anwendung des „Handelsstaat“-Konzepts auf die Bundesrepublik Deutschland vgl. Bührer, Westdeutschland, S. 5 f. und die dort gegebenen Literaturhinweise.

26 Zur Genese der „Hallstein-Doktrin“ vgl. Kosthorst, Brentano, S. 88–93.

27 Unterlagen zu den Kompetenzstreitigkeiten zwischen dem Auswärtigen Amt und dem Bundesministerium für Wirtschaft in B 102/12544 und 128759.

28 Vgl. dazu die Karten der OEEC und der EZU im Abbildungsteil.

tieren, während ihnen der Rest in Gold oder Dollar ausgezahlt wurde; im Gegenzug mußten auch Schulden nur teilweise gleich zurückgezahlt werden. Da die EZU nach dem Modell eines geschlossenen Kreislaufs konstruiert war, mußten die Salden der Mitgliedsstaaten zumindest mittelfristig multilateral ausgeglichen werden, konnten dauerhafte Über- oder Unterschüsse eines Landes zu dessen Ausschluß aus der EZU führen. Der politische Charakter der EZU zeigte sich aber darin, daß ein Überschreiten des Kreditrahmens nicht zwangsläufig einen möglichen Ausschluß aus der EZU zur Folge hatte. Gerade die Bundesrepublik Deutschland hatte davon 1950/51 profitiert, als die EZU ihr zweimal den Kreditrahmen erhöhte, sie damit bei der Überwindung ihrer schweren Devisenkrise wesentlich unterstützte und so vor dem Rückfall in die bilateralen Strukturen eines bewirtschafteten Außenhandels bewahrte[29].

Im Laufe des Jahres 1952 zeichnete sich bereits eine strukturell bedingte dauerhafte Aufspaltung der Mitgliedsstaaten in Gläubiger- und Schuldnerländer ab, die zu Konflikten innerhalb der EZU führte. Insbesondere die Bundesrepublik, die bald nach der Überwindung ihrer Devisenkrise auf die Seite der Gläubigerländer gewechselt war und ihren Überschuß seitdem ständig erhöhte, geriet in die Kritik, nicht genügend für den Ausgleich der Bilanzen zu tun, d. h. konkret, Importe aus EZU-Ländern nicht hinreichend durch eine weitere Liberalisierung der Einfuhren zu fördern. Da die EZU sich aber für viele Länder mittlerweile als unverzichtbar erwiesen hatte, stand die Verlängerung des EZU-Abkommens über den 30. Juni 1952 hinaus nicht wirklich zur Debatte. Die Diskussion um eine Reform der EZU verstummte jedoch nicht.

Auch die Bundesregierung hat sich an dieser Diskussion aktiv beteiligt, zumal Adenauer in seiner Regierungserklärung 1953 unzweideutig klargestellt hatte, daß er eine weitere europäische Integration nur im Bezugs- und Bedingungsrahmen von OEEC und EZU für möglich hielt. Die Position der Bundesregierung war dabei schwierig. Einerseits war die Bundesrepublik in besonderem Maße auf Exporte in OEEC-Länder angewiesen, da sie auf diese Weise ihre Devisen- und vor allem Dollarreserven ständig auffüllen und so Importe aus Ländern des Dollar-Raums ohne Beeinträchtigung der Devisenreserven finanzieren konnte. Auf der anderen Seite entzog sie damit anderen OEEC-Ländern Dollar- oder Goldguthaben, wenn diese nicht durch einen aktiven Handel mit dem Dollar-Raum in der Lage waren, sich außerhalb der EZU mit konvertibler Währung zu versorgen. Die Bundesrepublik geriet damit unter den Druck, entweder auf eine Auszahlung ihrer EZU-Überschüsse zu verzichten oder aber die Importe insbesondere landwirtschaftlicher Güter aus OEEC-Ländern durch weitere Liberalisierungsschritte zu erhöhen. Tatsächlich wählte die Bundesregierung den Weg des Auszahlungsverzichts, um die westdeutsche Landwirtschaft vor ausländischer Konkurrenz zu schützen[30]. Dafür war das EZU-Guthaben der Bundesrepublik stetig angestiegen, um im Mai 1953 erst-

[29] Vgl. dazu Hentschel, EZU.

[30] Am 1. April 1953 betrug die Liberalisierungsquote der Bundesrepublik Deutschland im Durchschnitt 90,1%. Dabei waren Rohstoffe zu 97,8% und Fertigwaren zu 93,7% liberalisiert, Ernährungsgüter aber nur zu 79,4% (Zahlen nach Bührer, Westdeutschland, S. 287).

mals die ursprüngliche Obergrenze von 500 Millionen Dollar zu überschreiten und fortan fast ungebremst steil anzusteigen; Ende 1955 wurde die Marke von 1,5 Milliarden Dollar überschritten, und bei der Liquidierung der EZU zum 27. Dezember 1958 belief sich der deutsche Netto-Überschuß auf 4,473 Millarden Dollar[31].

Im Zusammenhang mit den Verhandlungen über eine weitere Verlängerung des EZU-Abkommens über den 30. Juni 1954 hinaus schlug das EZU-Direktorium am 5. Juni 1954 auf der Grundlage eines ursprünglich durch Großbritannien unterbreiteten und vom OEEC-Ministerrat am 5./6. Mai 1954 weiterentwickelten Lösungsansatzes vor, die EZU zwar – darüber gab es bei allen beteiligten Regierungen ungeachtet ihrer Zugehörigkeit zur Gruppe der Gläubiger oder Schuldner auch keinen Dissens – für ein weiteres Jahr zu erhalten, gleichzeitig aber eine bilaterale Vorkonsolidierung der akkumulierten Überschüsse und Defizite einzuleiten. Mit dem Stichtag des 30. April 1954 sollten die Beträge bilanziert und zu 25% sofort bar in Gold gezahlt werden. Die restlichen 75% sollten, wie das bei einer tatsächlichen Liquidierung der EZU auch hätte erfolgen müssen, unter vertraglicher Festlegung der Tilgungsmodalitäten in bilaterale Forderungen und Verpflichtungen umgewandelt werden können[32]. Der Kabinettsausschuß billigte diesen Plan ebenso wie eine weitere Erhöhung der Kreditrallonge der Bundesrepublik auf eine – wie sich zeigen sollte, vorläufige – Höchstgrenze von 600 Millionen Dollar und einen vereinfachten Abrechnungsmodus, obwohl alle diese Reformmaßnahmen aus der Sicht der Bundesrepublik eher nachteilig waren; immerhin gelangte die Bundesrepublik dadurch aber in den Genuß einer Goldzahlung im Wert von 150 Millionen Dollar. Probleme bereiteten vor allem die unterschiedlichen Wünsche der Schuldnerstaaten, mit denen Konsolidierungsvereinbarungen getroffen werden sollten. Während der Konsolidierungszeitraum von deutscher Seite auf fünf Jahre begrenzt werden sollte, forderten Frankreich und Norwegen eine Streckung der Tilgung auf sieben, Dänemark sogar auf 20 Jahre. Großbritannien wünschte eine Zusage, daß die nun auszuhandelnden Konditionen nicht allein für die Vorkonsolidierung, sondern auch für alle weiteren Verbindlichkeiten Großbritanniens gegenüber der Bundesrepublik bis zur endgültigen Liquidation der EZU gelten sollten. Großbritannien und Dänemark verlangten, daß ihre EZU-Schulden mit ihren Nachkriegsforderungen an Deutschland aus dem Londoner Schuldenabkommen vom 27. Februar 1953 verrechnet werden sollten. Insbesondere dagegen erhoben sich im Kabinettsausschuß erhebliche Widerstände, waren doch die der Bundesrepublik im Londoner Abkommen gewährten Rückzahlungskonditionen derart günstig, daß sie einem langfristigen, sehr günstigen Kredit gleichkamen. Einer vorzeitigen Tilgung der „Londoner Schulden" sollte nur zugestimmt werden, wenn die Gläubiger der Bundesrepublik mit einer weiteren Verbesserung der Kreditmodalitäten einverstanden wären. Beim Abschluß der Konsolidierungsvereinbarungen mit Dänemark, Frankreich, Großbritannien und Italien kam die Bundesregierung den Wünschen der Gläubiger aber weit entgegen, um den deutschen Handel mit diesen Ländern nicht

---

31 Vgl. dazu die Übersicht im Schlußbericht der Europäischen Zahlungsunion, S. 45 und die Graphik im Abbildungsteil.

32 Vgl. 11. Ausschußsitzung am 9. Juni 1954 TOP 1 und 2.

zu schädigen, die andernfalls zur Entlastung ihrer Zahlungsbilanzen ihre Importe aus der Bundesrepublik hätten einschränken müssen. Eine harte Haltung wäre angesichts der ausgezeichneten Wirtschaftslage von den Partnerländern in der OEEC nicht verstanden und mit diskriminierenden Maßnahmen gegen deutsche Exporte beantwortet worden. Aus diesem Grund verzichtete die Bundesregierung auch darauf, im Beitrag für den OEEC-Jahresbericht die Zahlen und Prognosen für die wirtschaftliche Entwicklung der Bundesrepublik aus taktischen Gründen nach unten zu drücken, um nicht in eine schlechte Verhandlungsposition innerhalb der OEEC zu geraten, wenn diese Werte durch die weitere Entwicklung deutlich übertroffen werden würden[33].

Der mit der EZU-Verlängerung verbundene Kompromiß bedeutete aber noch nicht das Ende der Diskussion. Der OEEC-Ministerrat hatte während seiner Tagung am 5. und 6. Mai 1954 in Paris einen Ministerausschuß zur Frage der Konvertibilität eingerichtet, dem Vertreter von acht Mitgliedsländern angehörten und der bis zum 15. November 1954 einen Bericht über die mit dem Übergang zur Konvertibiltät verbundenen Probleme des Handels- und Zahlungsverkehrs erstatten sollte. In Vorbereitung der ersten Sitzung dieses Ministerausschusses am 15. Juli 1954 hatte wiederum Großbritannien vorgeschlagen, nach dem Übergang zur Konvertibilität die EZU aufzulösen und zur Sicherung der Handelsliberalisierung einen europäischen Währungsfonds für kurzfristige Kredite an nicht zur Konvertibilität übergehende Länder zu gründen. Auch die OEEC sollte aufgelöst und der Handels- und Zahlungsverkehr fortan durch das GATT und den Internationalen Währungsfonds reguliert werden. Mit diesen Überlegungen beschäftigte sich die Bundesregierung am 13. Juli 1954 sowohl im Kabinett wie auch im Kabinettsausschuß[34]. Erhard und der Leiter der Abteilung I (Wirtschaftspolitik) des Bundesministeriums für Wirtschaft, Alfred Müller-Armack, sprachen sich zwar nachhaltig für einen baldigen Übergang zur Konvertibilität bei gleichzeitiger Auflösung der EZU und für eine vollständige Liberalisierung des Handels aus, die OEEC wollten sie aber als europäisches „Sprachrohr" gegenüber den USA erhalten sehen, zumal die derzeitige Organisation des GATT für eine effektive Überwachung der Liberalisierungsvereinbarungen zu schwerfällig sei. Sie mußten diese Haltung gegen den Widerspruch Lübkes durchsetzen, der fürchtete, eine zu weit gehende Liberalisierung könnte „in Europa auf landwirtschaftlichem Gebiet gefährliche Krisen" hervorrufen. Weder Erhard noch Blücher ließen jedoch einen Zweifel daran, daß Konvertibilität und Liberalisierung nicht die völlige Öffnung der Bundesrepublik für landwirtschaftliche Produkte bedeuteten, daß der Schutz der deutschen Landwirtschaft aber durch verbesserte Marktordnungsgesetze oder zollpolitische Maßnahmen gewährleistet werden müßte.

Die Beratungen der Ministergruppe Konvertibilität führten, wenn auch das Fortbestehen der EZU noch bis 1958 jährlich verlängert wurde, tatsächlich über das am 5. August 1955 unterzeichnete Europäische Währungsabkommen zur vollen Kon-

---

[33] Vgl. 14. Ausschußsitzung am 23. Juli 1954 TOP 1.

[34] Vgl. hierzu 39. Kabinettssitzung am 13. Juli 1954 TOP B (Kabinettsprotokolle 1954, S. 309 f.) und 13. Ausschußsitzung am 13. Juli 1954 TOP 1.

vertibilität der westeuropäischen Währungen und darunter der Deutschen Mark. Mit Ablauf des Jahres 1958 wurde die EZU liquidiert und die OEEC knapp zwei Jahre später 1960 in die OECD, die Organization for Economic Cooperation and Development, umgewandelt[35].

Die Überlegungen zu einer allgemeinen bilateralen Vorkonsolidierung aller EZU-Salden liefen parallel zu dem Versuch, den Schuldenrückstand der Türkei im Rahmen der OEEC auf dem Weg zweiseitiger Abreden in den Griff zu bekommen[36]. Unter hohem Modernisierungsdruck stehend hatte die Türkei eine Reihe weitreichender Investitionsprogramme aufgelegt, sich bei den dafür notwendigen Importen aber insoweit übernommen, als sie über eigene Exporte in die OEEC ihre Zahlungsbilanz nicht ausgleichen konnte. Trotz eines Zahlungsrückstands von insgesamt 300 Millionen Dollar hatte die Türkei ihre Importe nicht gedrosselt und drohte nun zahlungsunfähig und darum gegebenenfalls aus der EZU ausgeschlossen zu werden. Nachdem eine multilaterale Lösung im Rahmen der OEEC, wie im Falle der Bundesrepublik in den Jahren 1950/51, nicht erreicht werden konnte, hatte die Türkei ihren Gläubigerstaaten und damit auch der Bundesrepublik bilaterale Verhandlungen und eine Deckung der Zahlungsrückstände vorwiegend über außervertragliche Warenlieferungen angeboten. Großbritannien sah in diesem Verfahren einen Verstoß gegen die OEEC-Grundsätze und äußerte das Bedenken, die Bilateralisierung des Türkei-Problems könnte unter den OEEC-Staaten einen Wettlauf der Importeure auslösen, in dem die einzelnen Gläubigerstaaten der Türkei nur deshalb weitreichende Zugeständnisse machten, um nicht einer Importdiskriminierung seitens der Türkei zu verfallen und dadurch gute Absatzchancen bei der weiteren Modernisierung der Türkei aufs Spiel zu setzen. Die britische Regierung konnte jedoch, zum Teil in direkten deutsch-britischen Konsultationen, keinen eigenen Lösungsvorschlag unterbreiten, so daß die Bundesregierung, wie alle anderen Gläubigerstaaten auch, die Absicherung der deutschen Forderungen im Rahmen einer separaten deutsch-türkischen Vereinbarung vom 21. Dezember 1954 akzeptierte.

„Traditionelle Außenhandelspolitik"

Für den Wirtschaftsraum außerhalb der OEEC und der EZU, aber auch für die nicht im Kontext der OEEC liberalisierten Warengruppen war die Bundesrepublik auf eine Handelspolitik klassischen Stils mit den Mitteln bilateraler Handels- und Zahlungsabkommen verwiesen. Zu Beginn des Jahres 1954 war die Bundesrepublik mit 51 Ländern durch Handelsverträge, Waren- oder Zahlungsabkommen vertraglich verbunden[37], die nur teilweise die Verrechnung der Warenströme über Dollar ermöglichten. Das Freundschafts-, Handels- und Schiffahrtsabkommen zwischen der Bundesrepublik Deutschland und den Vereinigten Staaten von Amerika vom

35 Vgl. dazu Bührer, Westdeutschland, S. 351–418.

36 Vgl. 8. Ausschußsitzung am 19. Mai TOP A und 9. Ausschußsitzung am 26. Mai 1954 TOP A.

37 Vgl. Deutschland im Wiederaufbau 1954, S. 35.

29. Oktober 1954[38] steht paradigmatisch für diese Form der Handelspolitik, die ergänzt wurde durch eine aktive Zollpolitik zum Schutz der deutschen Wirtschaft vor allzu gravierenden Einflüssen des Weltmarktes. Das Dilemma derartiger bilateraler Vertragsabschlüsse, insbesondere wenn sie mit starken politischen Implikationen belastet waren, bestand darin, daß sie, damit ein Vertragsabschluß überhaupt möglich wurde, häufig unwirtschaftliche Geschäfte zu überhöhten Preisen oder vertraglich vereinbarte Zwangsabnahmen nicht benötigter oder nicht gewünschter Güter mit beinhalteten, die von den Vertragspartnern oft nur schwer und unter Inkaufnahme binnenwirtschaftlicher Wettbewerbsverzerrungen bewältigt werden konnten. Dieses Dilemma betraf die Bundesrepublik um so stärker, als sie als Handelsstaat quasi systemhaft gezwungen war, ihren Verhandlungspartnern um übergreifender politischer Ziele willen auf handelspolitischem Gebiet entgegenzukommen.

Fragen des Außenhandels waren trotz der eminenten Bedeutung dieses Politikfeldes für die Bundesregierung vergleichsweise selten Gegenstand der Beratungen im Kabinett oder im Kabinettsausschuß für Wirtschaft. Die inhaltliche Beratung konkreter Außenhandelsvereinbarungen fand üblicherweise im Handelspolitischen Ausschuß statt[39]. Wenn es sich nicht um ratifizierungspflichtige Handelsverträge oder -abkommen handelte, bestätigte die Bundesregierung dessen Entscheidungsvorschläge zumeist ohne größere Aussprachen oder sogar im Umlaufverfahren. Eine ausführliche Behandlung im Kabinett oder im Kabinettsausschuß erfuhren nur die Problemfälle, die dann auch zum Teil sehr komplexe politisch-ökonomische Beziehungsgeflechte auf der zwischenstaatlichen ebenso wie auf der binnenwirtschaftlichen Ebene offenbarten. Aspekte der internationalen Politik mußten oft mit den vielfältigen Interessen deutscher Wirtschaftsverbände, der Landwirtschaft oder auch der Bank deutscher Länder in Einklang gebracht werden.

Allgemeine bündnisstrategische Überlegungen im Rahmen des West-Ost-Gegensatzes brachten die Bundesrepublik Deutschland gegenüber Jugoslawien und auch Ägypten in eine schwierige Verhandlungsposition. Jugoslawien, das ohnehin durch die westlichen Staaten begünstigt wurde, weil es sich trotz seiner kommunistischen Regierungsform jeder Bevormundung durch die Sowjetunion und damit auch der politischen Eingliederung in den Ostblock verweigerte, konnte auch von seiten der Bundesrepublik auf weitgehendes Entgegenkommen rechnen. Sowohl bei der Frage einer Konsolidierung rückständiger Kreditverpflichtungen durch einen langfristigen Kredit wie auch hinsichtlich der Forderungen Titos nach deutschen Entschädigungsleistungen für Schäden aus dem Zweiten Weltkrieg wurden die Wünsche Jugoslawiens – nicht ohne Drängen von seiten der USA und Großbritanniens – wohlwollend behandelt, um eine Annäherung Jugoslawiens an die Sowjetunion

---

38 Vgl. 19. Ausschußsitzung am 19. Okt. 1954 TOP 2.

39 Der Handelspolitische Ausschuß (HPA) tagte als interministerieller Ausschuß in kurzen Abständen unter Vorsitz des Auswärtigen Amtes und beriet alle aktuellen Fragen des Außenhandels. Neben dem Auswärtigen Amt gehörten dem HPA die Bundesministerien der Finanzen, für Wirtschaft, für wirtschaftliche Zusammenarbeit, für Ernährung, Landwirtschaft und Forsten sowie für Verkehr und die Bank deutscher Länder an. Vgl. die Protokolle für die Jahre 1954–1956 in B 146/790–792.

oder – aus Sicht der Bundesregierung besonders wichtig – eine staatsrechtliche Anerkennung der DDR zu verhindern[40].

Ähnlich galt es im Falle Ägyptens, die deutsch-ägyptischen Wirtschaftsverhandlungen um die Jahreswende 1955/56 auf die wirtschaftspolitischen Aktivitäten der USA, Großbritanniens, Frankreichs und Italiens im Nahen und Mittleren Osten abzustimmen, mit denen einer „groß angelegten politischen und wirtschaftlichen Initiative der Ostblockstaaten" in diesem Raum begegnet werden sollte[41]. Ägypten hatte ebenfalls die Umwandlung eines Zahlungsrückstands in Höhe von 60 Millionen DM in einen binnen fünf Jahren zu tilgenden Kredit gefordert und konnte sich der wohlwollenden Prüfung seiner Forderung sicher sein. Die Bank deutscher Länder hat in beiden Fällen schwerwiegende grundsätzliche Bedenken gegen derartige Entgegenkommen vorgetragen. Die in den Zahlungsabkommen vereinbarten Überziehungskredite (Swings) würden sich so immer häufiger auf schleichendem Wege zu echten langfristigen und daher unzulässigen Krediten der Bank deutscher Länder an fremde Staaten entwickeln. Während die Bundesrepublik im Vertrag vom 10. März 1956 über die wirtschaftliche Zusammenarbeit Jugoslawien einen Kredit über 240 Millionen DM in fünf Jahresraten gewährte, mit dem Jugoslawien deutsche Warenlieferungen und Dienstleistungen bezahlen konnte, wurde im deutsch-ägyptischen Handelsabkommen vom 18. Februar 1956 vereinbart, den Zahlungsverkehr künftig über in beschränkt konvertierbaren D-Mark (BeKo-Mark) geführte Konten abzuwickeln, deren Salden multilateral verrechnet werden konnten; ein Swing mußte unter diesen Umständen nicht mehr eingeräumt werden[42].

Die Bereitschaft der Bundesregierung, französische Ernteüberschüsse an Weizen über die ursprünglich vorgesehenen Mengen hinaus in die Bundesrepublik einzuführen, hatte letztlich (staats)politische Motive[43]. Um die Zustimmung Frankreichs zu den Pariser Verträgen vom 23. Oktober 1954, d. h. zur Entlassung der Bundesrepublik Deutschland in die Souveränität und zu ihrer Aufnahme als eigenständiger Partner in die NATO, zu erlangen, hatte Adenauer dem französischen Ministerpräsidenten Pierre Mendès-France in Gesprächen am Rande der Pariser Konferenz vom 19. bis 23. Oktober 1954 nicht nur eine einvernehmliche Regelung der Saarfrage zugesagt, sondern auch eine Vertiefung der deutsch-französischen Zusammenarbeit auf wirtschaftlichem Gebiet vereinbart[44]. Dies beinhaltete auch eine wohlwollende Prüfung zusätzlicher französischer Exportwünsche. Obwohl an einer erhöhten Weizeneinfuhr kein tatsächlicher Bedarf bestand, stimmte die Bundesregierung für

[40] Vgl. 4. Ausschußsitzung am 16. Febr. 1954 TOP A, 33. Ausschußsitzung am 3. Aug. 1955 TOP C und 39. Ausschußsitzung am 15. Nov. 1955 TOP 5. – Lediglich das Begehren der jugoslawischen Regierung, ihr eine der Bank deutscher Länder vorliegende Liste aller deutschen Schuldner bzw. ihrer jugoslawischen Gläubiger auszuhändigen, wurde abschlägig beschieden. Vgl. 7. Ausschußsitzung am 15. Mai 1954 TOP 3.

[41] Vgl. 40. Ausschußsitzung am 10. Dez. 1955 TOP C.

[42] Beschränkt konvertierbare D-Mark wurde seit Oktober 1954 zur finanziellen Abwicklung bilateraler Handelsvereinbarungen verwendet. Vgl. dazu den Monatsbericht der BdL für Oktober 1954, S. 32 in BD 126/2-1954.

[43] Vgl. 21. Ausschußsitzung am 10. Dez. 1954 TOP 4.

[44] Zur Pariser Konferenz vom 19. bis 23. Okt. 1954 vgl. Kabinettsprotokolle 1954, S. 444–453.

das Jahr 1955 einer die vertraglichen Verpflichtungen übersteigenden Mehreinfuhr von 235 000 t Weizen zu. Während erhöhte Zuckerimporte aus Frankreich auf Ablehnung stießen, wurden die zusätzlichen Getreideimporte in dem bis zum 30. September 1958 geltenden Handelsabkommen vom 5. August 1955 sogar längerfristig festgeschrieben. Derartige Überschußimporte stellten jedoch insofern ein Problem dar, als nicht immer gewährleistet war, daß die den Bedarf der Bundesrepublik übersteigenden Warenmengen vollständig wieder in dritte Länder ausgeführt werden konnten. Nicht selten sah sich die Bundesregierung gezwungen, die bisweilen nicht unbeträchtlichen verbleibenden Reste in die Nahrungsmittelreserve des Bundes zu übernehmen und zu Lasten des Bundeshaushalts zu lagern[45].

Die deutschen Konzessionen bei den deutsch-britischen Verhandlungen über den Abschluß des Handelsabkommens für das Jahr 1955 waren in ähnlicher Weise wesentlich durch den Willen bestimmt, „im Hinblick auf die gute deutsch-britische Zusammenarbeit auf der politischen und international-wirtschaftlichen Ebene eine mögliche tiefgehende Verstimmung zu vermeiden, zumal das Ausmaß der deutscherseits gewünschten Kontingentserhöhungen im Vergleich zum Gesamtvolumen keine ausschlaggebende Rolle spielte“[46]. Damit respektierte die Bundesregierung nicht allein weiterhin aus übergeordneten Gründen von Großbritannien 1952 einseitig verfügte und mit der prekären Situation Großbritanniens in der EZU begründete Handelsrestriktionen. Sie nahm auch eine weitere Verschlechterung des negativen deutschen Saldos in der deutsch-britischen Handelsbilanz hin, dessen Unterschuß vor allem wegen der starken deutschen Importe aus den britischen Kolonien 1954 365 Millionen DM betrug.

Im Falle Spaniens führten handelspolitische Überlegungen dazu, ernsthaft über die gewünschte Erhöhung des Swings von 40 Millionen auf 120 Millionen DM nachzudenken[47]. Zwar schenkte die Bundesregierung dem spanischen Anerbieten, dann in der Frage beschlagnahmten deutschen Eigentums in Spanien zu Konzessionen bereit zu sein, wenig Glauben, auf der anderen Seite befürchtete man aber, das der OEEC nicht angehörende Spanien könne sich bei einer Ablehnung seines Wunsches wirtschaftlich stärker an Frankreich, Belgien oder Großbritannien anlehnen[48]. Die gleiche Überlegung einer drohenden wirtschaftlichen Umorientierung auf Großbritannien hin bestimmte die Bundesregierung, Schweden sowohl 1954 wie auch 1955 eine deutlich erhöhte Abnahme von Weizen zuzusagen[49].

---

45 Vgl. 7. Ausschußsitzung am 15. Mai 1954 TOP 1, 8. Ausschußsitzung am 19. Mai 1954 TOP B und 39. Ausschußsitzung am 15. Nov. 1955 TOP 3.

46 Vgl. 22. Ausschußsitzung am 17. Dez. 1954 TOP A. Das Zitat und die weiteren Angaben sind dem „Bericht über den Abschluß des deutsch-britischen Handelsabkommens für 1955“ aus dem BMWi vom 22. Jan. 1955 (B 102/58101) entnommen. Zu den deutsch-britischen Handelsbeziehungen in den Jahren 1949 bis 1957 vgl. Ringe, Konkurrenten, hier zum Handelsabkommen für 1955 S. 465–487.

47 Vgl. 8. Ausschußsitzung am 19. Mai 1954 TOP C.

48 Auch der Zahlungsverkehr mit Spanien wurde durch das Handels- und Zahlungsabkommen vom 16. Mai 1955 auf BeKo-Mark-Konten mit der Möglichkeit multilateraler Verrechnung umgestellt.

49 Vgl. 8. Ausschußsitzung am 19. Mai 1954 TOP B und 39. Ausschußsitzung am 15. Nov. 1955 TOP 3.

Zollpolitik

1951 war die Bundesrepublik Deutschland dem Allgemeinen Zoll- und Handelsabkommen (GATT) beigetreten und hatte sich damit verpflichtet, den übrigen Mitgliedsstaaten im gegenseitigen Warenaustausch nach Möglichkeit die Meistbegünstigung einzuräumen, die mengenmäßigen Beeinträchtigungen des Außenhandels abzubauen, handelspolitische Diskriminierungen aller Art zu beseitigen und die Zölle auf ein möglichst niedriges Niveau abzusenken[50]. Dem trug die allgemeine Willenserklärung der Bundesregierung aus dem September 1953 Rechnung, sich nachhaltig für den Abbau von Handelsbeschränkungen einzusetzen. Dieses Bekenntnis zum Freihandel kollidierte aber zwangsläufig mit den Interessen einzelner Wirtschaftszweige, denen die bestehenden Handelsrestriktionen einen wirksamen Schutz vor ausländischer Konkurrenz boten und die deshalb an einer fortschreitenden Liberalisierung des Warenverkehrs nur ein bedingtes Interesse besaßen. Insbesondere die Landwirtschaft der Bundesrepublik sträubte sich unter Hinweis auf die ungünstigen Erzeugungsbedingungen und die allgemein niedrigeren Weltmarktpreise gegen jedwede Öffnung des deutschen Marktes für landwirtschaftliche Importe und erreichte, daß die Liberalisierungsquote im landwirtschaftlichen Bereich hinter der allgemeinen Quote deutlich zurückblieb[51]. Im Kabinettsausschuß mußten die Bedenken Lübkes gegen das Bestreben der Bundesregierung, möglichst alle Devisen- und Handelsbeschränkungen rasch abzubauen, mit dem Hinweis besänftigt werden, daß Liberalisierung nicht zwangsläufig auch Freihandel bedeute. Der Schutz deutscher Erzeuger vor ausländischer Konkurrenz sollte aber, so wurde ihm entgegengehalten, nicht durch Handelsbeschränkungen, sondern durch eine Verbesserung der Marktordnungsgesetze[52] und vor allem durch eine entsprechende Zollpolitik bewerkstelligt werden[53]. Einig war man sich jedoch, daß die Einfuhrbeschränkungen nach dem Übergang zur Konvertibilität nicht gleich völlig abgebaut werden könnten. In diesem Sinne wurde dann auch die deutsche Delegation bei den GATT-Verhandlungen vom 28. Oktober 1954 bis zum 7. März 1955 angewiesen, die Schutzbelange der deutschen Landwirtschaft zu wahren und Übergangsregelungen anzustreben, die den Abbau von Importrestriktionen etwa im Zuge von Produktivitätssteigerungen vorsähen[54].

Grundsätzlich mußte es das Anliegen der Bundesregierung sein, die ohnehin im internationalen Vergleich nur mäßig hohen Importzölle zu senken, denn Industrie

---

[50] Gesetz über das Protokoll von Torquay vom 21. April 1951 und den Beitritt der Bundesrepublik Deutschland zum Allgemeinen Zoll- und Handelsabkommen vom 10. Aug. 1951 (BGBl. II 173). – Vgl. 153. Kabinettssitzung am 12. Juni 1951 TOP 1 (Kabinettsprotokolle 1951, S. 430).

[51] Zu der im Mittel 10% unter dem Durchschnitt liegenden Quote bei Nahrungsmitteln vgl. Bührer, Westdeutschland, S. 284–287, 351–362 mit Zahlenangaben auf S. 287 und 361.

[52] Dies waren die Gesetze über den Verkehr mit Milch, Milcherzeugnissen und Fetten (Milch- und Fettgesetz) vom 28. Febr. 1951 (BGBl. I 135), über den Verkehr mit Vieh und Fleisch (Vieh- und Fleischgesetz) vom 25. April 1951 (BGBl. I 272), über den Verkehr mit Zucker (Zuckergesetz) vom 3. Okt. 1951 (BGBl. I 852) und über den Verkehr mit Fischen und Fischwaren (Fischgesetz) vom 31. Aug. 1952 (BGBl. I 567).

[53] Vgl. 13. Ausschußsitzung am 13. Juli 1954 TOP 1.

[54] Vgl. 19. Ausschußsitzung am 19. Okt. 1954 TOP 3.

und Gewerbe waren ihrer Struktur nach ganz wesentlich auf billige Rohstoffimporte angewiesen. Darüber hinaus konnte die deutsche extreme Gläubigerposition in der EZU nur durch eine Steigerung der Importe in ihrer expansiven Entwicklung zumindest gebremst werden. Und schließlich wurden 1955 Zollsenkungsmaßnahmen erstmals bewußt zur Dämpfung der von Überhitzung bedrohten Konjunktur eingesetzt[55]. Dennoch konnte die Bundesregierung nicht daran interessiert sein, die Importzölle, die 1954 tatsächlich fast ausschließlich Schutzzölle mit protektionistischer Zielsetzung waren[56], alle gleichmäßig linear auf ein möglichst niedriges Niveau zurückzuführen. Vielmehr war sie bemüht, die Zolltarife gezielt zum Schutz der deutschen Wirtschaft gegen billige Importe einzusetzen oder die Auswirkungen schwankender Weltmarktpreise auf den deutschen Markt über die Änderung der Zolltarife abzudämpfen[57].

Besonders deutlich sichtbar wurde diese zollpolitische Linie 1954 im Zusammenhang mit der geplanten Einführung des Gleitzolls als neuer Tarifvariante neben den bis dahin üblichen Typen des spezifischen Zolls und des Wertzolls, die zunächst probeweise und zeitlich befristet auf Braumalz angewendet wurde[58]. Die Logik dieses neuen Zolltyps bestand darin, die Zollbelastung einer Importware durch die Einführung eines sich reziprok zum Warenwert verändernden Minus-Koeffizienten dann zu senken, wenn ihr Weltmarktpreis stieg, und den Tarif zu erhöhen, wenn ihr Weltmarktpreis sank. Innerhalb der Bundesregierung und im Kabinettsausschuß für Wirtschaft war dieser Versuch heftig umstritten. Während das Auswärtige Amt und die Bundesministerien für Wirtschaft und für wirtschaftliche Zusammenarbeit den hochgradig protektionistischen Gleitzoll grundsätzlich wegen der zu erwartenden schwerwiegenden handelspolitischen Rückwirkungen ablehnten, wollten das Bundesfinanzministerium und das Bundesministerium für Ernährung, Landwirtschaft und Forsten im Einzelfall entscheiden können, ob der Gleitzoll als „Aushilfsmittel" dann zur Anwendung kommen könne, „wenn andere handelspolitische Maßnahmen nicht mehr wirksam seien"[59]. Das Gleitzoll-Experiment wurde auch im Ausland und auf der IX. GATT-Konferenz zum Teil scharf kritisiert, weil es dem Prinzip der Meistbegünstigung entgegenstand, dessen allgemeine Geltung doch eines der Hauptziele des GATT war. Obwohl die Bundesregierung im weiteren auf die Anwendung von Gleitzöllen verzichtete, blieb sie doch vor allem im landwirtschaftlichen Bereich bei ihrer partiell protektionistischen Zollpolitik.

---

55 Zur 48. Verordnung über Zollsatzänderungen (Konjunkturpolitische Zollsenkung) vom 27. Jan. 1956 (BGBl. I 35) vgl. Fortsetzung der 100. Kabinettssitzung am 15. Okt. 1955 TOP C (Kabinettsprotokolle 1955, S. 581).

56 Allein die Zölle auf Tabak und Tabakwaren, Kaffee, Tee, Mineralöl und Mineralölerzeugnisse, Branntwein und Branntweinerzeugnisse, Kakaobohnen und Gewürze waren echte Finanzzölle zum Zweck der Einnahmengewinnung durch den Fiskus.

57 Vgl. 17. Ausschußsitzung am 20. Sept. 1954 TOP 3.

58 Vgl. 18. Ausschußsitzung am 27. Sept. 1954 TOP 3.

59 Vgl. 23. Ausschußsitzung am 7. Jan. 1955 TOP 2 und Sondersitzung am 21. Jan. 1955 TOP A.

Montanunion und Europäische Integration

Die Europäische Gemeinschaft für Kohle und Stahl (Montanunion) spielte in den Beratungen des Kabinettsausschusses für Wirtschaft der Jahre 1954 und 1955 keine bedeutende Rolle. Sieht man davon ab, daß natürlich bisweilen die Rückwirkungen der vertraglichen Bindungen durch den Montanvertrag auf geplante Gesetze und Verordnungen diskutiert wurden[60] oder die Auswirkungen der Preisgestaltung für Kohle durch die Hohe Behörde der EGKS zur Sprache kamen[61], hatte das Wirtschaftskabinett sich eher mit randständigen Themen zu befassen. So waren es etwa die personellen Fragen, die das Kabinett meist auf den Wirtschaftsausschuß delegierte, sei es, daß über die deutsche Haltung in der Frage der Amtsdauer des ersten Präsidiums der Hohen Behörde zu befinden war[62], daß die Nachfolge des überraschend für eine weitere Amtszeit nicht mehr zur Verfügung stehenden Jean Monnet auch die Bundesregierung vor Probleme stellte[63] oder der Streit zwischen den Gewerkschaften um die Benennung von deutschen Gewerkschaftsvertretern im Beratenden Ausschuß der Montanunion zu schlichten war[64].

Obwohl die politische Notwendigkeit der europäischen wirtschaftlichen Integration nie grundsätzlich in Frage gestellt wurde, kamen doch auch im Kabinettsausschuß für Wirtschaft bisweilen ökonomische Zweifel an jedweder wirtschaftlichen Teilintegration oder grenzüberschreitenden Kooperation in Europa zur Sprache, da vom rein wirtschaftspolitischen Standpunkt aus die Gründung einer umfassenderen Freihandelszone politisch bedingten Teilintegrationen vorzuziehen sei[65]; jedenfalls bemühte man sich, die wirtschaftlichen Konsequenzen für die deutsche Wirtschaft, zumal wenn sie nachteiliger Art waren, im Rahmen zu halten. Als der Ministerrat der EGKS 1954 die Umsetzung des Artikels 70 des EGKS-Vertrags in Angriff nahm, der die Einführung direkter grenzüberschreitender Eisenbahntarife mit einheitlicher Degression in den Mitgliedsstaaten der Montanunion vorsah, fürchtete das Wirtschaftskabinett eine ernsthafte Störung des deutschen Wirtschaftsgefüges. Durch die Senkung der Transportkosten würden etwa lothringische Erze für den deutschen Stahlproduzenten deutlich billiger werden und den deutschen Erzgruben durch die verschärfte Konkurrenz erhebliche Nachteile entstehen. Auch die der deutschen Wirtschaftsgeographie geschuldete starke Gebührendegression des deutschen Eisenbahntarifs, die bewußt revierferne Kohleverbraucher erheblich begünstigte,

---

60 Vgl. etwa die Diskussion über die Auswirkungen der Wiedereinbeziehung des Bergbaues in die Beitragspflicht zur Arbeitslosenversicherung auf den Montanvertrag und die Preisbildung in der Montanunion in der 15. Ausschußsitzung am 3. Aug. 1954 TOP 1.

61 Zur Auswirkung des Höchstpreissystems der Montanunion auf den Kohlepreis in der Bundesrepublik vgl. 5. Ausschußsitzung am 19. März 1954 TOP 2.

62 Vgl. 14. Ausschußsitzung am 23. Juli 1954 TOP A.

63 Vgl. Sondersitzung am 28. Jan. 1955 TOP B.

64 Vgl. 22. Ausschußsitzung am 17. Dez. 1954 TOP B und 23. Ausschußsitzung am 7. Jan. 1955 TOP A.

65 Zur Frage einer monetären Integration (Konvertibilität) vgl. 13. Ausschußsitzung am 13. Juli 1954 TOP 1, zur Frage eines deutsch-französischen Rüstungspools vgl. 22. Ausschußsitzung am 17. Dez. 1954 TOP 4 und zur Frage der EUROFIMA vgl. 35. Ausschußsitzung am 9. Sept. 1955 TOP 2.

sollte durch eine einheitliche Regelung ersetzt werden, durch die eine revierferne Lage in Deutschland wieder zu einem relativen Standortnachteil geworden wäre. Da die vertragliche Verpflichtung zur Einführung direkter Tarife nicht ernsthaft in Frage gestellt werden konnte, wurde die deutsche Verhandlungsdelegation beauftragt, zumindest eine Vereinheitlichung der Degression zwischen den Teilnehmerstaaten abzulehnen und eine Reihe von Ausnahmen durchzusetzen; in jedem Fall sollte die Einführung durchgehender Tarife auf den Transport von Kohle und Stahl beschränkt bleiben und nicht auf den allgemeinen Gütertransportverkehr ausgedehnt werden.[66]

Im Zusammenhang mit der Gewährung einer Anleihe der US-Regierung an die Hohe Behörde der Montanunion in Höhe von 100 Millionen Dollar, die die Hohe Behörde als Kredite an Montan-Unternehmen in den EGKS-Staaten vergeben sollte, erhob der Kabinettsausschuß Bedenken gegen die Eigenständigkeit, mit der die Hohe Behörde über die Vergabe und Tilgung der Kredite zu verfügen gedachte, zumal die Anleihe durch die schriftliche Verpflichtung mehrerer EGKS-Regierungen, darunter auch der Bundesregierung, gesichert werden sollte, ausreichende Dollar-Guthaben zur Verzinsung und Tilgung der Anleihe bereitzustellen. „Da es sich schließlich um deutsche Devisen handele, könne man sich des Rechts der Mitwirkung nicht begeben“[67].

Die teils vorsichtige, teils grundsätzliche Integrationsskepsis der im Kabinettsausschuß vertretenen Ressorts mit wirtschaftspolitischen Aufgaben trat nach der Konferenz von Messina vom 1. bis zum 3. Juni 1955 besonders deutlich zu Tage. Dort hatten die Außenminister der EGKS-Staaten einen Regierungsausschuß unter Leitung des belgischen Außenministers Paul-Henri Spaak[68] beauftragt, Vorschläge über eine weitere wirtschaftliche Integration Westeuropas auszuarbeiten. Am 6. September 1955 hatte Spaak den EGKS-Außenministern in Noordwijk erstmals Bericht über die Arbeit der sogenannten „Brüsseler Vorkonferenz“ erstattet. Der Kabinettsausschuß ließ sich am 3. September 1955 über den Stand der Arbeiten berichten[69]. Die Ausführungen über die bisherige Arbeit der einzelnen Brüsseler Ausschüsse und Unterausschüsse wurden im Wirtschaftskabinett mit großen Vorbehalten zur Kenntnis genommen. Man war sich einig, daß angesichts der weit ausgreifenden Integrationspläne für einen Gemeinsamen Markt die sich daraus ergebenden Probleme noch gar nicht zu überblicken waren. Staatssekretär Hartmann äußerte sogar

---

[66] Vgl. 16. Ausschußsitzung am 19. Aug. 1954 TOP 1, Sondersitzung am 20. Aug. 1954 TOP 1 und 21. Ausschußsitzung am 10. Dez. 1954 TOP 1.

[67] Vgl. 18. Ausschußsitzung am 27. Sept. 1954 TOP 4.

[68] Dr. Paul-Henri Spaak (1899–1972). 1932–1956 und 1961–1966 Abgeordneter des belgischen Repräsentantenhauses (Belgische Sozialistische Partei), 1936–1945 (1940–1945 in der Exilregierung in London), 1946–1949, 1954–1957, 1961–1966 Außenminister; 1938–1939, 1946 und 1947–1949 Ministerpräsident, 1949–1951 Präsident der Beratenden Versammlung des Europarates, 1950–1955 Leiter des Internationalen Rates der Europäischen Bewegung, 1952–1954 Präsident der Gemeinsamen Versammlung der EGKS, 1957–1961 Generalsekretär der NATO.

[69] Vgl. 35. Ausschußsitzung am 9. Sept. 1955 TOP C. – Zur Brüsseler Vorkonferenz vgl. Küsters, Gründung, S. 145–268.

die Befürchtung, „daß sich bei der Durchführung dieser großen Pläne eine gigantische Planwirtschaft mit entsprechender Bürokratie entwickeln" könnte. Obwohl der Kabinettsausschuß das Auswärtige Amt beauftragte, ihm eine Ausarbeitung vorzulegen, auf deren Grundlage die Bundesregierung sich eine Meinung zu den verschiedenen Fragekreisen bilden könnte, und obwohl Blücher gleich zu Beginn der Sitzung feststellte, der Kabinettsausschuß musse fortan ständig über den Fortgang der Verhandlungen auf dem laufenden gehalten werden, blieb es vorläufig bei dieser einmaligen Behandlung der Angelegenheit im Kabinettsausschuß[70]. Erst in der Endphase der Verhandlungen über die Europäische Wirtschaftsgemeinschaft wurde das Wirtschaftskabinett Anfang 1957 wieder in die Beratungen über den künftigen gemeinsamen Markt einbezogen[71].

Interzonenhandel

Der Handel zwischen den Währungsgebieten der Deutschen Mark (DM-West) und den Währungsgebieten der Deutschen Mark der Deutschen Notenbank (DM-Ost), umgangssprachlich bis in die 1960er Jahre als Interzonenhandel, von dann an als „innerdeutscher Handel" bezeichnet, vollzog sich in den engen Rahmenbedingungen, die durch alliierte Gesetzgebung[72], die Interzonenhandelsverordnung vom 18. Juli 1951[73] und das Berliner Abkommen vom 20. September 1951[74] gezogen wurden. Danach bedurften von seiten der Bundesrepublik Deutschland alle Einfuhren aus der DDR eines Bezugsscheins und alle Ausfuhren in die DDR eines Warenbegleitscheins, die im Auftrag des Bundesministeriums für Wirtschaft durch die Treuhandstelle für Interzonenhandel (TSI) ausgestellt wurden; einen nicht-lizensierten Warenverkehr gab es nicht. Dabei stellte politisch, rechtlich und wirtschaftlich ein Problem dar, daß der Interzonenhandel weder Außenhandel war und sein durfte noch wirklich Binnenhandel im eigentlichen Sinne sein konnte[75]. Tatsächlich trug

---

70 Für die 40. Ausschußsitzung am 10. Dez. 1955 war zwar als TOP 3 eine weitere Diskussion über die Brüsseler Integrationsverhandlungen vorgesehen, der Tagesordnungspunkt wurde jedoch von der Tagesordnung abgesetzt.

71 Siehe 62. Ausschußsitzung am 15. Jan. 1957 TOP 1 (Finanzzölle) und 64. Ausschußsitzung am 5. Febr. 1957 TOP 1 (Assoziierung der OEEC-Länder mit dem Gemeinsamen Markt).

72 Gesetz Nr. 53 der amerikanischen und britischen Militärregierung über Devisenbewirtschaftung und Kontrolle des Güterverkehrs vom 18. Sept. 1949 (BAnz Nr. 2 vom 27. Sept. 1949, S. 1) und Verfügungen Nr. 140 und Nr. 235 des französischen Hohen Kommissars vom 18. Sept. 1949 (ABl. des französischen Oberkommandos in Deutschland Nr. 305 vom 20. Febr. 1949, S. 2155). – Vgl. zu den rechtlichen Grundlagen des Interzonenhandels Bopp, Wirtschaftsverkehr.

73 Verordnung über den Warenverkehr mit den Währungsgebieten der Deutschen Mark der Deutschen Notenbank (DM-Ost) - Interzonenhandelsverordnung - vom 18. Juli 1951 (BGBl. I 463).

74 Abkommen über den Handel zwischen den Währungsgebieten der Deutschen Mark (DM-West) und den Währungsgebieten der Deutschen Mark der Deutschen Notenbank (DM-Ost) (Berliner Abkommen) vom 20. Sept. 1951 (BAnz. Nr. 186 vom 26. Sept. 1951, S. 3).

75 Vgl. zum Interzonenhandel als „tertium" zwischen Außen- und Binnenhandel Bopp, Warenverkehr, S. 39. – Zum Interzonenhandel insgesamt vgl. Heyl, Handel.

der Interzonenhandel alle Kennzeichen eines handelsvertraglich geregelten Warenaustauschs unter Anwendung eines gegenseitig eingeräumten Überziehungskredits (Swing). Auf der Grundlage des Berliner Abkommens wurden alljährlich Warenlisten vereinbart, die in vier Gruppen gegliedert waren und dementsprechend über vier getrennte Verrechnungs(unter)konten bilanziert wurden. Um keine direkte Verrechnung der beiden Währungen vornehmen zu müssen, wurden die Konten in Verrechnungseinheiten (VE) geführt, die aber sowohl zur DM-West wie zur DM-Ost im Verhältnis 1 : 1 verrechnet wurden.

Die politische und wirtschaftliche Interessenlage hinsichtlich des Interzonenhandels war bei den beiden Partnern sehr unterschiedlich. Während die DDR insbesondere aus wirtschaftlichen Gründen einen von allen Kontingentierungen und Lizensierungen befreiten Interzonenhandel wünschte, um auf dem westdeutschen Markt möglichst ungehindert auftreten zu können, besaß der Interzonenhandel für die Bundesrepublik insgesamt trotz einer allmählichen Steigerung des Handelsvolumens keine zentrale handelspolitische Bedeutung[76]. Natürlich spielte die DDR eine gewisse Rolle im Import-Export-Gefüge des handelsvertraglichen Gesamtsystems[77], und obwohl Industrie und gewerbliche Wirtschaft der Bundesrepublik durchaus am Handel mit der DDR interessiert waren, waren es eher einzelne, wenige Branchen, die auf die DDR als Absatzmarkt in stärkerem Maße angewiesen waren[78]. In diesen Fällen lag der Bundesregierung jedoch viel daran, diese Abhängigkeitsverhältnisse nicht so offenbar werden zu lassen, daß es von der Regierung der DDR für politische Zwecke hätte instrumentalisiert werden können[79]. Es zeigte sich nämlich immer wieder, daß diese darum bemüht war, die innerdeutschen Wirtschaftsbeziehungen auch propagandistisch zu verwerten, sei es, daß die DDR im Vorfeld der Landtagswahlen in Nordrhein-Westfalen am 27. Juni 1954 eine zusätzliche Abnahme von Ruhrkohle im Wert von 100 Millionen DM zur Linderung der Absatzschwierigkeiten des Reviers anbot, um nach den Wahlen auf das Angebot nicht mehr zurückzukommen, sei es, daß die Verkokung oberschlesischer Steinkohle in Salzgitter-Watenstedt für die DDR von seiten der DDR öffentlich so gedeutet wurde, als hätten damit die Stillegung der Koksbatterie und Entlassungen verhindert werden können[80].

Um eine befürchtete direkte Einflußnahme der DDR-Regierung über ihre staatlich gelenkte Wirtschaft auf das marktwirtschaftliche Wirtschaftsgefüge der Bundesrepublik von vornherein ausschließen zu können, lehnte die Bundesregierung auch alle Vorschläge der DDR-Regierung strikt ab, die darauf abzielten, das bestehende

---

76 1954 bezog die Bundesrepublik aus der DDR Waren im Wert von 449,7 Millionen DM und lieferte Waren im Wert von 454,5 Millionen DM. 1955 belief sich das Gesamtvolumen auf 587,9 Millionen DM für bezogene und 562,6 Millionen DM für gelieferte Waren, 1956 wurden für 653,4 Millionen DM Waren ein- und für 699,2 Millionen DM ausgeführt (Angaben aus: Statistisches Jahrbuch 1957, S. 275).

77 Vgl. dazu 12. Ausschußsitzung am 3. Juni 1954 TOP B, 20. Ausschußsitzung am 15. Nov. 1954 TOP 3 und 22. Ausschußsitzung am 17. Dez. 1954 TOP 1.

78 So etwa die Fischereiwirtschaft und die Obst und Gemüse erzeugende Landwirtschaft. Vgl. dazu 28. Ausschußsitzung am 18. April 1955 TOP A.

79 Vgl. 30. Ausschußsitzung am 24. Juni 1955 TOP 2.

80 Vgl. 12. Ausschußsitzung am 3. Juli 1954 TOP B.

Bezugs- und Warenbegleitscheinsystem abzuschaffen und den innerdeutschen Handel gänzlich zu liberalisieren[81]. Das über die TSI laufende Lizensierungsverfahren, das direkte Vertragsabschlüsse unmöglich machte, bot dagegen den größtmöglichen Schutz. Direkte Kontakte zwischen offiziellen Stellen der DDR und der westdeutschen Wirtschaft wurden von der Bundesregierung immer mißtrauisch verfolgt, zumal sie Möglichkeiten, solche Kontakte zu unterbinden, nicht oder nur in begrenztem Fall hatte; eine Empfehlung an westdeutsche Firmen etwa, den Leipziger Frühjahrs- und Herbstmessen fernzubleiben, wäre politisch höchst unklug gewesen[82].

In materieller Hinsicht hingegen zeigte sich die Bundesregierung bei der Zusammenstellung der Warenlisten entgegenkommend. Den Bemühungen der DDR um eine Ausweitung des Interzonenhandels stand die Bundesregierung keineswegs ablehnend gegenüber. In den Verhandlungen über die Warenlisten für das Jahr 1955 war erstmals die Ausweitung des Gesamtvolumens auf 1 Milliarde Verrechnungseinheiten und eine beträchtliche Erhöhung des Swings für alle Unterkonten vorgeschlagen worden. Dem kam die Bundesregierung, die unter allen Umständen den Eindruck vermeiden wollte, sie wolle den Interzonenhandel beschränken, bereitwillig entgegen. Vizekanzler Blücher fand im Kabinettsausschuß dafür die Sprachregelung, die Delegation der Bundesrepublik solle bei den Verhandlungen über die Warenlisten 1955 „in allen Punkten zwar gewissenhaft, aber großzügig sein"[83].

Politisch war der Interzonenhandel für die Bundesregierung in doppelter Hinsicht von Bedeutung. Zum einen bewertete sie einen angemessenen Interzonenhandel als wesentliche Voraussetzung für das Streben nach einer Wiedervereinigung Deutschlands. Daher ließ die Bundesregierung auch keinen Zweifel daran aufkommen, daß die DDR nach ihrer Auffassung deutsches Staatsgebiet und der Interzonenhandel damit für sie kein Außenhandel sei. An diesem Standpunkt hielt sie auch gegenüber den westlichen Verbündeten fest, als 1954 in den Gremien des COCOM die Frage diskutiert wurde, ob der Interzonenhandel den Bestimmungen des West-Ost-Embargos unterliege und vor allem die USA und Großbritannien dessen Befreiung von den Embargo-Auflagen ablehnten. Immerhin konnte die Bundesregierung durchsetzen, daß genehmigungspflichtige Lieferungen im Rahmen des Interzonenhandels nicht in den allgemeinen Gremien des COCOM, sondern in einem Special Committee (SCOM) verhandelt wurden[84].

Daneben war die Bundesregierung sich aber der wirtschaftlichen Bedeutung des Interzonenhandels für die DDR und damit eines gewissen ihm innewohnenden Sanktionspotentials durchaus bewußt. In der Auseinandersetzung um die Erhöhung

---

81 Vgl. 20. Ausschußsitzung am 15. Nov. 1954 TOP 3 und 39. Ausschußsitzung am 15. Nov. 1955 TOP 1.

82 Vgl. 16. Ausschußsitzung am 19. Aug. 1954 TOP 3, 30. Ausschußsitzung am 24. Juni 1955 TOP 2, 31. Ausschußsitzung am 5. Juli 1955 TOP 1, 34. Ausschußsitzung am 5. Aug. 1955 TOP 2 und 39. Ausschußsitzung am 15. Nov. 1955 TOP 1.

83 Vgl. 22. Ausschußsitzung am 17. Dez. 1954 TOP 1.

84 Vgl. 24. Ausschußsitzung am 14. Febr. 1955 TOP 2 und 33. Ausschußsitzung am 3. Aug. 1955 TOP 3.

der Benutzungsgebühren für die Transitstrecken durch die DDR zum 1. April 1955 hat die Bundesregierung beharrlich versucht, ein Junktim zwischen den Fragen der Straßenbenutzungsgebühren und des Interzonenhandels herzustellen, während die DDR sich ebenso standhaft weigerte, beide Angelegenheiten im Kontext zu verhandeln[85]. Dies lag wohl auch in ihrer Absicht begründet, über den eigentlich in Kompetenz und Verantwortlichkeit der Alliierten fallenden Gebührenstreit zu offiziellen zwischenstaatlichen Verhandlungen mit der Bundesregierung zu kommen, die als implizite Anerkennung der DDR durch die Bundesregierung angesehen werden könnten. Tatsächlich hat das Bundesministerium für Wirtschaft seit Anfang April 1955 keine Warenbegleitscheine für Waren des Unterkontos IV (Eisen und Kohle) mehr ausgestellt, einen wesentlichen Bereich des Interzonenhandels so zwischenzeitlich zum Erliegen gebracht und damit wohl erreicht, daß die Gebührenerhöhung im Juni 1955 teilweise wieder zurückgenommen wurde. Mehr konnte allerdings nicht durchgesetzt werden, weil die westdeutsche Stahlindustrie nach direkten Kontakten mit DDR-Vertretern, wie die Bundesregierung dies immer befürchtet hatte, auf die Wiederaufnahme der Lieferungen drängte; Anfang August 1955 wurden wieder Warenbegleitscheine durch die TSI ausgestellt. Trotz des nur begrenzten Erfolgs dieses Lieferstops für die Bundesregierung sah die Gegenseite sich nunmehr veranlaßt, verstärkt für eine Vereinfachung oder gar Abschaffung des Lizensierungsverfahrens zu werben[86].

4. Die Ordnung der Wirtschaft im Innern

War die Deregulierung und Neuordnung der außenwirtschaftlichen Strukturen bei der Definition des äußeren Rahmens dringend notwendig für eine erfolgreiche Umsetzung des Konzepts der Sozialen Marktwirtschaft, hing das Gelingen der von Bundeswirtschaftsminister Erhard verfolgten und von Bundeskanzler Adenauer angesichts ihrer offensichtlichen Erfolge mitgetragenen Wirtschaftspolitik in mindestens gleicher Weise davon ab, daß zum einen auch im inneren Wirtschaftsgefüge der Bundesrepublik Deutschland Rahmenstrukturen geschaffen würden, die eine Verstetigung des wirtschaftlichen Aufschwungs sicherstellten, und zum anderen alle Bevölkerungsgruppen Anteil an diesem Aufschwung nehmen könnten. Nur unter diesen Voraussetzungen konnte – das war Erhards Grundüberzeugung, und

---

85 Vgl. zur Auseinandersetzung um die Straßenbenutzungsgebühren 28. Ausschußsitzung am 18. April 1955 TOP A, 30. Ausschußsitzung am 24. Juni 1955 TOP 2, 31. Ausschußsitzung am 5. Juli 1955 TOP 1, 32. Ausschußsitzung am 21. Juli 1955 TOP 3, 34. Ausschußsitzung am 5. Aug. 1955 TOP 2, 39. Ausschußsitzung am 15. Nov. 1955 TOP 1, 40. Ausschußsitzung am 10. Dez. 1955 TOP B und 41. Ausschußsitzung am 19. Dez. 1955 TOP A.

86 So etwa der Minister für Außenhandel und innerdeutschen Handel Heinrich Rau in seiner Rede zur Eröffnung der Leipziger Frühjahrsmesse 1956, die vom Politbüro beim Zentralkomitee der SED im Februar 1956 im Umlauf genehmigt wurde (DY 30/J IV 2/2 A/472 [Arbeitsprotokoll der Sitzung vom 7. Febr. 1956] und DY 30/J IV 2/2/460 [Reinschrift]).

so hat Adenauer es in seiner Regierungserkläung 1953 auch gleich mehrfach betont – die Marktwirtschaft ihren sozialen Charakter auch tatsächlich entfalten. Dem Staat fiel in diesem Zusammenhang die Aufgabe zu, die Marktregeln zu definieren, die einen freien Wettbewerb und eine freie Preisbildung ermöglichen sollten, und die Einhaltung dieser Regeln zu überwachen. Aus dem Marktgeschehen selbst sollte der Staat sich weitestgehend heraushalten und nur im Ausnahmefall direkt eingreifen[87].

Hier war ein weites Feld zu bestellen, das der Bundeskanzler in seinen Ausführungen mit nur einigen wenigen Begriffen und Themen abstecken konnte und das von der Frage eines gesunden Wettbewerbs in einer vor allem vom Mittelstand getragenen Volkswirtschaft über die Themen Modernisierung und Rationalisierung der Betriebe, Steuerreform, Kapitalmarkt, Währungsstabilität und Reform der Agrarstruktur bis hin zur Neuregelung des Verkehrswesens und zu einer umfassenden Bevölkerungs- und Familienpolitik reichte. Die meisten dieser Themen waren auch Gegenstand mehr oder minder ausführlicher Beratungen im Kabinettsausschuß für Wirtschaft.

Berufsordnungen

Dem von Adenauer am 20. Oktober 1953 verkündeten Grundsatz zur Sicherung eines gesunden Wettbewerbs zufolge erstreckte sich „die Freiheit in der sozialen Marktwirtschaft [...] nach zwei Seiten: sie bedeutet Freiheit vor der Übermacht des Staates, aber auch Freiheit vor den Gruppeninteressen. Das Interesse nur einer Gruppe von Wirtschaftenden hat hinter dem Gesamtinteresse zurückzustehen." Damit war neben der Frage der Kartellgesetzgebung, die nach der erneuten Überweisung des in der ersten Legislaturperiode nicht mehr abschließend beratenen Gesetzentwurfs der Bundesregierung an den Bundestag im Januar 1954 in den Beratungen der Bundesregierung keine große Rolle mehr spielte[88], insbesondere das Problem der Berufsordnungen angesprochen. Hierzu hatte Adenauer in seiner Regierungserklärung angekündigt, die Bestrebungen, „einzelne Wirtschafts- und Berufskreise schärfer abzugrenzen und voneinander abzuschnüren", prüfen zu wollen,

---

[87] Aus diesem Grund war der Kabinettsausschuß auch grundsätzlich der Auffassung, daß der Bund sich von allen wirtschaftlichen Unternehmungen in Bundesbesitz trennen sollte, sofern sie nicht gemeinwirtschaftliche Aufgaben erfüllten (vgl. 25. Ausschußsitzung am 18. Febr. 1955 TOP 1). Ebenso sollten die Auswirkungen, die der Aufbau der Bundeswehr und die damit verbundenen Investitionen und Beschaffungen des Bundes auf das Wirtschaftsgefüge der Bundesrepublik haben würden, durch frühzeitige Konsultationen der beteiligten Ressorts unter Kontrolle gehalten werden (vgl. 20. Ausschußsitzung am 15. Nov. 1954 TOP 1 und 24. Ausschußsitzung am 14. Febr. 1955 TOP 1). Schließlich war die Bundesregierung darauf bedacht, den Kapitalmarkt der Bundesrepublik nicht übermäßig durch öffentliche Anleihen zu stören (vgl. z.B. 22. Ausschußsitzung am 17. Dez. 1954 TOP 2, 27. Ausschußsitzung am 11. März 1955 TOP 1, 30. Ausschußsitzung am 24. Juni 1955 TOP 4 und 32. Ausschußsitzung am 21. Juli 1955 TOP 2).

[88] Vgl. dazu 23. Ausschußsitzung am 7. Jan. 1955 TOP 1.

wo doch „gerade durch eine immer engere Verflechtung der lebendigen Kräfte in der Wirtschaft [...] die Aufwärtsentwicklung gefördert" werde. In dieser Frage bestand jedoch innerhalb der Regierungskoalition keine Übereinstimmung. Dies trat bei der Beratung einer Grundsatzerklärung zur Einstellung der Bundesregierung in der Frage der Berufsordnungen zu Tage, deren Entwurf Erhard am 10. Dez. 1954 vorgelegt hatte[89]. Darin sprach der Bundeswirtschaftsminister sich grundsätzlich gegen alle berufsordnenden Maßnahmen aus, die nicht ausdrücklich mit dem Schutz der Allgemeinheit begründet werden könnten. Ansonsten wollte er nur solche Zusammenschlüsse auf freiwilliger Basis zur Förderung des beruflichen Leistungsstrebens und des Erfahrungsaustauschs akzeptieren, die den freien Zugang zu den Berufen nicht beeinträchtigten und der Tendenz der Kartellbildung nicht Vorschub leisteten. Damit trat Erhard in einen gewissen Gegensatz zur CDU, die – entsprechende Forderungen aus der Wirtschaft aufnehmend – noch in ihrem Hamburger Programm vom 22. April 1953 den Anspruch der mittelständischen Berufe auf eine Ordnung formuliert hatte, „die auf der Grundlage der Selbstverwaltung das ständische Gemeinschaftsgefühl pflegt und eine fachliche Leistungssteigerung gewährleistet"[90]. Auch die DP befürwortete Berufsordnungen grundsätzlich und vertrat, wie Hellwege dies im Kabinettsausschuß ausführte, die Ansicht, daß der aufgewendeten Zeit und den Kosten einer Berufsausbildung auch ein Vorteil „gegenüber allen anderen" entsprechen müsse. Wenn Erhard dem auch entgegenhielt, daß der Vorteil einer qualifizierten Berufsausbildung sich doch in besseren Startmöglichkeiten auswirke, in den Diskussionen auch über die Gesetze über die Steuer-, die Wirtschafts- und die Buchprüfung[91] sowie über die Initiativgesetze zum Schutz der Berufsbezeichnungen „Ingenieur" und „Chemiker" jeweils die besseren Argumente auf seiner Seite hatte und wirkungsvoll gegen alle Ansätze einer „Verkammerung" der Berufswelt auftrat, tat die Bundesregierung sich doch schwer, sich auf eine generelle Ablehnung der Berufsordnungen zu verständigen; die von Erhard seiner Grundsatzerklärung beigefügte Liste der Ausnahmen wurde noch lange zwischen den Ressorts diskutiert.

Lohn- und Preispolitik

Die Entwicklung der Preise galt in der noch jungen Bundesrepublik als Stabilitätsindikator höchsten Ranges. Bereits geringfügige Preiserhöhungen wurden in der Öffentlichkeit aufgeregt diskutiert; die Inflationserfahrungen vieler Deutscher spielten dabei eine große Rolle[92]. Entsprechend sensibel reagierte auch die Politik

[89] Siehe 26. Ausschußsitzung am 3. März 1955 TOP 2 und 32. Ausschußsitzung am 21. Juli 1955 TOP A.

[90] Vgl. das Hamburger Programm in: Dokumente zur parteipolitischen Entwicklung, Bd. 2, S. 94–108, Zitat auf S. 99.

[91] Siehe 12. Ausschußsitzung am 3. Juli 1954 TOP 1 und 14. Ausschußsitzung am 23. Juli 1954 TOP 2.

[92] Vgl. dazu Kabinettsausschuß für Wirtschaft 1951–1953, S. 33–39.

auf alle Entwicklungsansätze, die eine Lohn-Preis-Spirale in Gang setzen könnten. Gleichwohl die Bundesregierung sich grundsätzlich zu einer marktgesteuerten Preisbildung bekannte und bemüht war, die wenigen zu Beginn der zweiten Legislaturperiode noch bestehenden Preisbindungen abzubauen[93], spielte das Argument möglicher Preissteigerungen in nahezu allen Diskussionen des Wirtschaftskabinetts eine wichtige Rolle[94]; die Erhöhungen der Fahrpreise von Bundesbahn und Kraftpost[95] oder der Postgebühren[96] waren Fragen von hoher politischer Priorität.

Pressemeldungen über drohende Preissteigerungen veranlaßten zu Beginn des Jahres 1954 Bundesarbeitsminister Anton Storch, den Kabinettsausschuß mit der Frage möglicher Gegenmaßnahmen zu befassen[97]. Dieser kam zwar zu dem Ergebnis, daß nach der Aufhebung nahezu aller Preisbindungen „Berichtigungen und Anpassungen" innerhalb des Preisgefüges unumgänglich und keineswegs besorgniserregend seien, die Bundesrepublik bei den Preisen für Ernährungsgüter sogar unter dem europäischen Durchschnitt liege, gleichwohl wurde aber vereinbart, die Öffentlichkeit künftig laufend durch das Bundesministerium für Wirtschaft über die Entwicklung der Preise zu unterrichten, um jeglicher öffentlichen Beunruhigung bereits im Ansatz vorzubeugen. Wie ernst die Bundesregierung dennoch jedes Anzeichen möglicher inflationärer Tendenzen nahm, zeigt die Reaktion Blüchers auf die Lohnforderungen der IG Metall im Sommer 1954, mit der er bereits früher diskutierte Überlegungen zu einem staatlichen Zwangsschlichtungsverfahren wieder aufgriff, um übermäßige Lohnerhöhungen und die damit verbundenen Preiserhöhungen verhindern zu können[98].

Im Januar 1955 war es der Bundeskanzler, der sich in einem Schreiben an Erhard besorgt über drohende Preiserhöhungen zeigte und Aufklärung über die vom Wirtschaftsminister eingeleiteten oder beabsichtigten Maßnahmen zur Stabilisierung des Preisniveaus forderte[99]. Erhard reagierte erneut gelassen und setzte ganz auf seine Politik der frühzeitigen Öffentlichkeitsinformation und des Gesprächs mit den Vertretern der Verbände und Gewerkschaften, wie etwa mit den Vertretern des Bäckerhandwerks, um eine allgemeine Erhöhung des in der Öffentlichkeit als eine Art Indexpreis angesehenen Brotpreises zu verhindern. Eine beschleunigte parlamentarische Beratung des Kartellgesetzes und die gesetzliche Ermächtigung der Bundesregierung zum Erlaß konjunkturpolitischer Zollsenkungen forderte der Wirtschaftsminister lediglich als präventive Vorsichtsmaßnahmen.

---

[93] Vgl. 35. Ausschußsitzung am 9. Sept. 1955 TOP 3.

[94] Vgl. etwa die Diskussion über den Entwurf des Verkehrsfinanzgesetzes in der 4. Ausschußsitzung am 16. Febr. 1954 TOP 1.

[95] Vgl. 9. Ausschußsitzung am 26. Mai 1954 TOP 1 und 38. Ausschußsitzung am 10. Okt. 1955 TOP 2. – Zwar wollte der Kabinettsausschuß am 10. Okt. 1955 nicht dem Antrag Erhards stattgeben, die bereits im Juni 1954 beschlossene, bis dahin aber nicht umgesetzte Tarifanhebung zurückzunehmen, die Erhöhung der Tarife wurde aber erst im April 1957 wirksam.

[96] Vgl. 11. Ausschußsitzung am 9. Juni 1954 TOP A.

[97] Vgl. 5. Ausschußsitzung am 19. März 1954 TOP 2.

[98] Vgl. 15. Ausschußsitzung am 3. Aug. 1954 TOP A.

[99] Vgl. 24. Ausschußsitzung am 14. Febr. 1955 TOP 3.

Erst als sich im Laufe des Frühjahres 1955 abzeichnete, daß die Gewerkschaften eine expansive Lohnpolitik verfolgen würden, die sich nicht an den Preisentwicklungen, sondern an den Steigerungsraten der allgemeinen wirtschaftlichen Produktivität orientierte, sah Erhard die Preise in Gefahr[100]. Als die Tarifparteien sich im Kohlebergbau auf Lohnerhöhungen um 9,5 % einigten und weitere Lohnabschlüsse in ähnlicher Höhe absehbar waren, galt seine Kritik aber nicht allein den Gewerkschaften, sondern fast noch mehr den Arbeitgebern, die ohne Rücksicht auf die volkswirtschaftlichen Konsequenzen derartig hohe Abschlüsse akzeptierten in der Absicht, ihre Mehrkosten über die Preise an die Verbraucher weiterzugeben[101]. Die Möglichkeiten der Bundesregierung, aktiv und unmittelbar in die Lohn- und Preisentwicklung einzugreifen, waren jedoch sehr begrenzt, zumal mit dem Kartellgesetz zentrale rechtliche Voraussetzungen für einen ordnungspolitischen Zugriff der Bundesregierung fehlten. Im wesentlichen beschränkten sie sich darauf, die Tarifpartner in zahlreichen Gesprächen „auf die Folgen der eingeleiteten wirtschaftspolitischen Entwicklung hinzuweisen“[102]. Die anhaltende Hochkonjunktur erschwerte dabei die Argumentation der Bundesregierung ganz beträchtlich, und mehr als ein gewisses Verständnis für die Position der Bundesregierung konnte in der Regel nicht erreicht werden[103]. Alle Überlegungen, wie etwa die Gefahr einer konjunkturellen Überhitzung im Bauwesen durch eine Drosselung der öffentlichen Aufträge zu bannen[104], blieben letztlich ohne Wirkung, wie die Lohnverhandlungen in der Eisenindustrie und im Kohlebergbau im Herbst 1955 zeigten[105]. Immerhin war der Bund bemüht, die Auftriebstendenzen nicht seinerseits durch Fahrpreiserhöhungen bei Bahn und Post zu verstärken.

Die Landwirtschaft spielte in den preis- und lohnpolitischen Diskussionen immer eine eine Sonderrolle. Die Marktordnungsgesetze aus den Jahren 1951 und 1952 schränkten im Bereich der landwirtschaftlichen Nahrungsmittelerzeugung das marktwirtschaftliche Prinzip deutlich ein[106], um gleichermaßen den Bestand der Landwirtschaft und die Grundversorgung der Bevölkerung mit Lebensmitteln[107]

---

[100] Vgl. 26. Ausschußsitzung am 3. März 1955 TOP 1.

[101] Vgl. 30. Ausschußsitzung am 24. Juni 1955 TOP 1 und 34. Ausschußsitzung am 5. Aug. 1955 TOP 1.

[102] So Vizekanzler Blücher in der 34. Ausschußsitzung am 5. Aug. 1955 TOP 1.

[103] Vgl. 35. Ausschußsitzung am 9. Sept. 1955 TOP A.

[104] Vgl. 34. Ausschußsitzung am 5. Aug. 1955 TOP 1. – Zur Debatte über die Konjunkturpolitik vgl. Kabinettsprotokolle 1955, S. 45–48.

[105] Vgl. 39. Ausschußsitzung am 15. Nov. 1955 TOP 4 und 112. Kabinettssitzung am 11. Jan. 1956 TOP A (Kabinettsprotokolle 1956, S. 96–100).

[106] Dies waren die Gesetze über den Verkehr mit Milch, Milcherzeugnissen und Fetten (Milch- und Fettgesetz) vom 28. Febr. 1951 (BGBl. I 135), über den Verkehr mit Vieh und Fleisch (Vieh- und Fleischgesetz) vom 25. April 1951 (BGBl. I 272), über den Verkehr mit Zucker (Zuckergesetz) vom 3. Okt. 1951 (BGBl. I 852) und über den Verkehr mit Fischen und Fischwaren (Fischgesetz) vom 31. Aug. 1952 (BGBl. I 567).

[107] Gehörte die Lebensmittelbevorratung in den Jahren 1951 bis 1953 noch zu den Dauerproblemen des Kabinettsausschusses für Wirtschaft, spielte dieses Thema in den Beratungen der Jahre 1954 und 1955 praktisch nur noch im Zusammenhang mit der Lagerung nicht sofort wieder

unter Wahrung eines verbraucherfreundlichen Preisniveaus zu sichern. Damit war es zwar gelungen, die Lebensmittelpreise deutlich unterhalb des europäischen Durchschnitts zu stabilisieren, wie Adenauer in seiner Regierungserklärung feststellte, gleichzeitig hatte das Einkommen der Landwirte mit der allgemeinen Einkommensentwicklung aber nicht Schritt halten können, da die Entwicklung der Produktionsmittelpreise für Maschinen und Geräte dem allgemein steigenden Trend folgte. Der Bundesregierung war es Anfang 1954 entgegen den Ankündigungen Adenauers nicht gelungen, eine Senkung der Betriebsmittelpreise durchzusetzen, weshalb sie sich zunehmend sowohl von seiten der Bundestagsfraktionen wie auch der landwirtschaftlichen Verbände mit der Forderung konfrontiert sah, für eine paritätische Angleichung der landwirtschaftlichen Löhne und Preise an die in der Industrie geltenden Sätze Sorge zu tragen[108]. In den Beratungen des Kabinettsausschusses stießen diese Paritätsforderungen jedoch auf ebenso wenig Zustimmung wie bei den Verbrauchern. Ein Anpassungsautomatismus wurde nahezu einhellig mit der Begründung abgelehnt, daß dieser nur über höhere Verbraucherpreise oder staatliche Subventionen finanziert werden könnte. Konsens konnte lediglich darüber erzielt werden, daß eventuelle konjunkturelle Zollsenkungen nicht zu einer Gefährdung der landwirtschaftlichen Marktordnung und zu weiteren Einkommenseinbußen für die Landwirte führen durften[109]; vor die Wahl gestellt, entschied die Bundesregierung sich für die Gewährung von Subventionen[110]. Eine Lösung des Paritätsproblems wurde erst mit der Verabschiedung des Landwirtschaftsgesetzes im September 1955 und der auf dieser Grundlage alljährlich zu erstellenden Grünen Pläne erreicht.

Die Krise der Deutschen Bundesbahn und der Versuch einer verkehrspolitischen Neuordnung

Die überkommene dualistische Verkehrsordnung in der Bundesrepublik Deutschland war seit 1949 in eine schwere Krise geraten[111]. Auf den Straßen hatte sich – durch eine geringe steuerliche Belastung begünstigt – eine moderne, marktwirtschaftlich organisierte und stark expansive Gütertransportwirtschaft entwickelt. Dadurch war die Deutsche Bundesbahn, die nach dem Willen der Bundesregierung eine staatlich regulierte, gemeinwirtschaftliche Verkehrsbedienung mit dem Anspruch auf Flächendeckung zu gewährleisten hatte, in schwere Bedrängnis geraten.

exportierbarer Lebensmittelimporte eine Rolle (vgl. 7. Ausschußsitzung am 15. Mai 1954 TOP 1, 8. Ausschußsitzung am 19. Mai 1954 TOP B und 39. Ausschußsitzung am 15. Nov. 1955 TOP 3).

108 Vgl. 11. Ausschußsitzung am 9. Juni 1954 TOP 4 und 21. Ausschußsitzung am 10. Dez. 1954 TOP 3.

109 Vgl. 26. Ausschußsitzung am 3. März 1955 TOP 1.

110 Vgl. dazu die Diskussion über die Erhöhung der Milchpreise um 3 Pfennige je Liter in der 105. Kabinettssitzung am 9. Nov. 1955 TOP 2 und in der 108. Kabinettssitzung am 30. Nov. 1955 TOP 4 (Kabinettsprotokolle 1955, S. 650–653 und 720–724).

111 Vgl. hierzu Klenke, Verkehrspolitik, und zusammenfassend Klenke, Stau, S. 1–59.

Die enormen Fremdbelastungen des Bundesbahnhaushalts bedingten ein rasch anwachsendes Defizit, das alle für die Konkurrenzfähigkeit der Schiene im Verhältnis zur Straße dringend notwendigen Modernisierungsmaßnahmen blockierte und die kontinuierliche Abwanderung der Gütertransporte beschleunigte.

Als dieses Defizit 1953 in die Höhe schnellte und zu Beginn des Jahres 1954 mehr als 700 Millionen DM betrug, versuchte die Bundesregierung eine drastische Kehrtwende ihrer bisherigen Politik. In seiner Regierungserklärung bekundete Adenauer den Willen, „die einzelnen Verkehrsträger aufeinander abzustimmen" mit dem Ziel, „Eisenbahn- und Straßenverkehr, Binnen- und Seeschiffahrt und künftigen Luftverkehr so zu ordnen, daß bestehende Werte erhalten bleiben und zugleich der höchste Nutzen mit dem geringsten Kostenaufwand erreicht wird". Von größter Bedeutung sei es angesichts steigender Unfallziffern auch, den Zustand der Straßen zu verbessern und die Maßnahmen zur Verkehrssicherung auszubauen. Hinter diesen Worten verbarg sich der Wille, die Wettbewerbsbedingungen für Straße und Schiene anzugleichen und die Transportströme auf die Bahn zurückzuverlagern. Insbesondere sollten die Steuervorteile der LKW-Wirtschaft zurückgeführt und die Transportwirtschaft reeller an den Kosten für Bau und Unterhaltung der Straßen beteiligt werden. Im Zentrum stand dabei der innerbetriebliche Güterfernverkehr, der eingedämmt oder zumindest angemessen besteuert werden sollte. Schließlich sollten umfängliche Transportverbote für Lastkraftwagen der Bahn einen bestimmten Kundenstamm garantieren. Parallel zu diesen im Grunde dirigistischen Plänen sollten im Rahmen des Wirtschaftsplans der Deutschen Bundesbahn für 1954 Maßnahmen zur Sanierung der Bahnfinanzen ergriffen werden.

Dieses verkehrspolitische Programm war in der Öffentlichkeit heftig umstritten[112], die Konfliktlinien verliefen quer durch alle Bundestagsparteien und spalteten auch die Bundesregierung tief. Das kommt in den Beratungen des Kabinettsausschusses für Wirtschaft, dem das Kabinett die sachliche Diskussion übertragen hatte[113], deutlich zum Ausdruck. Der Dissens offenbarte sich schon in der Frage, wann und in welcher Form ein Kreis unabhängiger Verkehrssachverständiger in den Entscheidungsprozeß einbezogen werden sollte[114]. Während Blücher, Seebohm, Schäffer und Balke als Protagonisten der politischen Kehrtwende eine Anhörung veranstalten wollten, nachdem die Bundesregierung ihre grundsätzliche Linie festgelegt hätte, plädierten Erhard und alle übrigen im Ausschuß vertretenen Ressorts für eine frühestmögliche Einbeziehung der Sachverständigen in die Entscheidungsfindung. In dieser Frage konnte Blücher zwar durchsetzen, daß ein Arbeitsausschuß des

---

[112] Die Auseinandersetzungen über die Verkehrspolitik wurden, wie die Beleidigungsprozesse Seebohms gegen den „Simplizissimus" und den Chefredakteur des „Stern", Henri Nannen, zeigen, sehr emotional und mit deutlicher Zuspitzung auf die Person des Verkehrsministers hin geführt. Eines der umstrittensten Themen war die hohe Zahl von Unfalltoten an unbeschrankten Bahnübergängen. Während im Falle des „Simplizissimus" wegen der Freiheit satirischer Darstellungen (siehe die Karikatur im Abbildungsteil) in letzter Instanz nach einem mehrjährigen Prozeß ein Freispruch erging, wurde Nannen, der Seebohm fahrlässige Tötung vorgeworfen hatte, 1957 zu 3000 DM Geldstrafe verurteilt. Unterlagen in B 108/27799 f.

[113] Vgl. 15. Kabinettssitzung am 22. Jan. 1954 TOP 2 (Kabinettsprotokolle 1954, S. 32–35).

[114] Vgl. 3. Ausschußsitzung am 1. Febr. 1954 TOP 2.

Kabinettsausschusses die Grundsätze festlegte, bevor am 23./24. Februar 1954 in Niederbreisig eine Sachverständigen-Tagung durchgeführt wurde[115], die Beschlußvorschläge dieses Arbeitsausschusses wurden aber im Kabinettsausschuß stark kritisiert. In erster Linie Erhard bezog strikt Position gegen die Transportverbote des geplanten Straßenentlastungsgesetzes und sprach sich im Gegenzug für eine Reduzierung des Bahndefizits durch eine drastische Verringerung der ländlichen Güterbahnhöfe und damit für die Aufgabe des Anspruchs auf flächendeckende Versorgung aus. Erhard erhob auch schwerwiegende Bedenken gegen die im Entwurf eines Verkehrsfinanzgesetzes vorgesehene Erhöhung der Mineralölsteuer, die seiner Ansicht nach in vielen Bereichen zu Preissteigerungen führen würde. Blücher konnte am Ende die Ablehnung der durch den Arbeitsausschuß unterstützten Vorlagen des Verkehrsministers nur durch den Kunstkniff abwenden, daß er die endgültige Entscheidung dem Kabinett vorbehielt. Dort wurden die Verkehrsgesetze zwar verabschiedet[116], im Verlauf der parlamentarischen Beratungen wurden die von der Bundesregierung intendierten Belastungen des Straßen-Güterverkehrs unter dem massiven Druck einer gut organisierten LKW-Lobby aber soweit zurückgenommen, daß sie ohne nachhaltige Wirkung blieben; nur in der Frage der Besteuerung des Werkfernverkehrs konnte die Bundesregierung sich durchsetzen. Auch der Versuch, die technischen Maße der Lastkraftwagen und Omnibusse im Rahmen einer Verordnung zur Verbesserung der Straßensicherheit zu reduzieren und damit die zulässigen Nutzlasten im Straßenverkehr möglichst weit abzusenken, konnte die verloren gegangenen Kunden nicht wieder zur Bundesbahn zurückführen. Dies konnte um so weniger gelingen, als die im Herbst 1955 darüber innerhalb der Bundesregierung geführte Diskussion bereits stark durch die Koalitionskrise überlagert wurde, die Anfang 1956 zum Austritt der FDP aus der Regierungskoalition führte[117].

Die gesetzgeberischen Bemühungen, die Wettbewerbsfähigkeit der Bundesbahn wiederherzustellen, hätten ohnehin nur dann Erfolg haben können, wenn es der Bundesregierung gelungen wäre, die katastrophale Finanzlage der Bundesbahn zu sanieren. Zentraler Streitpunkt in der Diskussion, wie die Bundesbahn wieder echte Kreditwürdigkeit erlangen könnte, waren die betriebsfremden Zahlungsverpflichtungen, die den Haushalt der Bundesbahn alljährlich mit 400 Millionen DM für Personalkosten aus der Zeit des Deutschen Reiches und 240 Millionen DM für Kapital- und Zinsdienste für die Beseitigung von Kriegs- und Kriegsfolgeschäden belasteten[118]. Während der Verkehrsausschuß des Deutschen Bundestags und Bundesverkehrsminister Seebohm sich für die Übernahme der betriebsfremden Lasten auf den Bundeshaushalt aussprachen, lehnte Schäffer dies energisch ab, der statt-

[115] Vgl. 4. Ausschußsitzung am 16. Febr. 1954 TOP 1.

[116] Vgl. 27. Kabinettssitzung am 31. März 1954 TOP 2 (Kabinettsprotokolle 1954, S. 133–136).

[117] Vgl. 32. Ausschußsitzung am 21. Juli 1955 TOP 1 und 39. Ausschußsitzung am 15. Nov. 1955 TOP A. – Zur Koalitionskrise im Winter 1955/56 vgl. Kabinettsprotokolle 1955, S. 15–19 und Kabinettsprotokolle 1956, S. 16–18.

[118] Vgl. 9. Ausschußsitzung am 26. Mai 1954 TOP 1.

dessen die Stillegung unrentabler Bahnstrecken und die Erhöhung der Tarife[119] als Mittel der finanziellen Entlastung forderte. Obwohl die Vertreter von Bahn und Post geltend machten, daß diese beiden Sondervermögen des Bundes nicht ausschließlich nach betriebswirtschaftlichen Gesichtspunkten zu führen seien[120], kam es in dieser Frage am Ende nicht zu einer Entscheidung. Infolgedessen konnten auch die Deckung der Bahndefizite aus dem Wirtschaftsjahr 1952 durch den Bund und die unter Vorbehalt erfolgte Genehmigung des Wirtschaftsplans der Bundesbahn für 1954 durch das Kabinett[121] die finanzielle Krise der Deutschen Bundesbahn nicht beheben.

Im Gegensatz zum Güterverkehr ergaben sich aus der Diskussion des Personenbeförderungsgesetzes keine Probleme. Nachdem der Arbeitsausschuß des Kabinettsausschusses die Vorlage des Verkehrsministeriums beraten und im Grundsatz beschlossen hatte, waren im Kabinettsausschuß nur noch Detailfragen zu klären. Die darin vorgenommene Anpassung des gewerblichen Personenverkehrs an durch das erhöhte Verkehrsaufkommen und die technische Entwicklung veränderte Bedingungen stieß weder in der Bundesregierung noch im Bundestag auf größere Schwierigkeiten[122].

Berlin

In seiner Regierungserklärung vom 20. Okt. 1953 hatte Adenauer nicht ohne Pathos versichert, daß er die Erfüllung der Pflichten der Bundesrepublik gegenüber Berlin als eine Aufgabe von besonderer Bedeutung ansehe und daß die Bundesrepublik diese Verpflichtungen „in vollem Umfange erfüllen" werde. „Wir wissen, welche Opfer die Berliner Bevölkerung für Deutschland, für die freie Welt bringt. Berlin kann sich auf die Bundesrepublik verlassen." Mit dieser Erklärung reagierte der Bundeskanzler auch auf Angriffe des zwischenzeitlich verstorbenen Regierenden Bürgermeisters von Berlin Ernst Reuter[123], der anläßlich einer Kundgebung am 30. August 1953 der Bundesregierung in harten Worten mangelndes Engagement für Berlin vorgeworfen hatte[124]. In Anerkenntnis des bis dahin Geleisteten, das freilich der Bundesregierung in mühseliger Weise habe abgerungen werden müssen, stellte

[119] Vgl. dazu 9. Ausschußsitzung am 26. Mai 1954 TOP 1 und 38. Ausschußsitzung am 10. Okt. 1955 TOP 2.

[120] So Bundespostminister Balke in der 3. Ausschußsitzung am 1. Febr. 1954 TOP 2.

[121] 29. Kabinettssitzung am 13. April 1954 TOP 6 (Kabinettsprotokolle 1954, S. 158–161).

[122] 8. Ausschußsitzung am 19. Mai 1954 TOP 1.

[123] Ernst Reuter (1889–1953). 1931–1933 Oberbürgermeister von Magdeburg, 1932–1933 MdR (SPD), 1933–1934 Konzentrationslagerhaft, 1935–1945 Emigration, 1947–1951 Oberbürgermeister von Berlin (seit Dez. 1948 im Westteil der Stadt), 1951–1953 Regierender Bürgermeister von Berlin (West), 1949–1953 Präsident des Deutschen Städtetages.

[124] Abdruck der Rede Reuters auf der SPD-Kundgebung unter dem Motto „Deutschlands Einheit - Berlins Aufgabe" am 30. Aug. 1953 im Berliner Sportpalast in Reuter, Schriften, S. 765–780, Zitat auf S. 768. – Ernst Reuter war am 29. Sept. 1953 plötzlich verstorben.

Reuter fest, „daß jahrelang hindurch Ungläubigkeit und Kleinmut gehindert haben, die Funktion Berlins im Kampf um die Sowjetzone richtig zu erkennen".

Bereits in seiner 40. Sitzung am 22. September 1953 hatte das Wirtschaftskabinett beschlossen, der scharfen Kritik der Stadt Berlin, die ihrerseits keine konstruktiven Pläne entwickelt habe, sondern nur teils unkonkrete Vorstellungen, teils unerfüllbare Forderungen unterbreite, dadurch zu begegnen, daß die vielfältigen Programme und Einzelhilfen für Berlin in einem Gesamtplan zusammengefaßt werden sollten. Gleichzeitig sollte das Bundesministerium für Angelegenheiten des Marshallplans die bis dahin geleistete Bundeshilfe für Berlin in einer ausführlichen Denkschrift darstellen.[125] Diese Denkschrift nunmehr des Bundesministeriums für wirtschaftliche Zusammenarbeit legte Blücher dem Kabinettsausschuß am 13. Juli 1954 vor, dessen Mitglieder geringfügige Änderungswünsche vortrugen und dann die Veröffentlichung der Denkschrift beschlossen[126].

Zwischenzeitlich hatte jedoch auch der Berliner Senat der Bundesregierung am 25. Januar 1954 ein Memorandum unter dem Titel „Hilfe für Berlin" vorgelegt, das im Kabinettsausschuß für Wirtschaft am 1. Februar 1954 in Anwesenheit des Regierenden Bürgermeisters Walther Schreiber, der Senatoren Wilhelm Eich (Wirtschaft und Ernährung), Friedrich Haas (Finanzen), Karl Heinrich Mahler (Bau- und Wohnungswesen) und Heinz Ullmann (Verkehr und Betriebe), des Kreditbeauftragten des Berliner Senats Paul Hertz, des Präsidenten der Berliner Industrie- und Handelskammer Friedrich Spennrath, des Bevollmächtigten der Bundesrepublik Deutschland in Berlin Heinrich Vockel und des Bundestagsabgeordneten Gerd Bucerius in seiner Eigenschaft als Beauftragter zur Förderung der Berliner Wirtschaft beraten wurde[127]. Die Vertreter Berlins trugen die zum Teil recht weitgehenden Forderungen des Senats sehr selbstbewußt vor. Berlin leide in besonderer Weise unter den Folgen des Krieges und sei durch die Spaltung der Stadt, die Abtrennung vom Bundesgebiet und die Abschnürung von seinem direkten Umland in seiner wirtschaftlichen Entwicklung so nachhaltig beeinträchtigt, daß die bisherigen Hilfen des Bundes nicht ausreichten, um auch die Berliner Wirtschaft mit dem Aufstieg der westdeutschen Wirtschaft Schritt halten zu lassen. Es drohe die Gefahr eines „Auswaschungsprozesses" (Bucerius) oder gar eines „negativen Ausleseprozesses" (Spennrath), wenn nicht durch erhebliche Förderungsmaßnahmen für die Berliner Wirtschaft die Abwanderung sowohl ganzer Betriebe wie auch qualifizierter Einzelpersonen in die Bundesrepublik gestoppt würde.

Mit diesen Forderungen stießen die Vertreter Berlins im Kabinettsausschuß für Wirtschaft auf ein hohes Maß an Verständnis und Bereitschaft zu „größtem Entgegenkommen". Bundespostminister Balke sprach sogar von „Maßnahmen, die für die Berliner Bevölkerung wie eine Versicherungsprämie wirken" sollten. Während man sich grundsätzlich in der Zielsetzung, Berlin nach Möglichkeit zu fördern, einig war, gab es Divergenzen nur in der Frage der haushaltsrechtlichen

---

125 Vgl. 40. Ausschußsitzung am 22. Sept. 1953 TOP A (Kabinettsausschuß für Wirtschaft 1951–1953, S. 284–286).

126 Vgl. 13. Ausschußsitzung am 13. Juli 1954 TOP A.

127 Vgl. 3. Ausschußsitzung am 1. Febr. 1954 TOP 1.

und haushaltstechnischen Realisierung der Finanzierung der verschiedenen Vorhaben. So war etwa die Frage der Zweckbindung des „Notopfers Berlin" strittig, das nach Auslegung Schreibers allein zur Deckung des Berliner Haushaltsdefizits und nicht auch zur Finanzierung von Kriegsfolgelasten verwendet werden durfte, für die der Bund gesonderte Zuschüsse bereitstellen müsse[128].

Ähnliche Diskussionen gab es auch bei den Beratungen über den Langfristigen Aufbauplan für Berlin vom 10. März 1955, in dem der Senat der Bundesregierung einen umfangreichen Katalog von Maßnahmen vorgelegt hatte, durch die zuvörderst die Arbeitslosigkeit in Berlin dauerhaft durch die Schaffung und Sicherung neuer Arbeitsplätze vermindert werden sollte. Daneben sollten ein Kulturprogramm Berlin als Kulturzentrum entwickeln und auf die Aufgaben einer künftigen Hauptstadt vorbereiten, einige strukturpolitisch wichtige kommunale Bauvorhaben finanziert, der Wohnungsbau in Berlin gefördert und schließlich das Wiederaufbauprogramm weitergeführt werden. Dabei betonte der Senat aber, daß bei der Realisierung des Plans „keine Verschuldung des Landes Berlin eintreten darf, die es West-Berlin unmöglich machen würde, bei der Wiedervereinigung seine eigentliche Aufgabe unter Inanspruchnahme der ihm zur Verfügung stehenden Steuerquellen vornehmen zu können, ohne sofort in die Situation eines notleidenden Gemeinwesens zu kommen"[129].

Auch diesen „Aufbauplan" wollte der Kabinettsausschuß für Wirtschaft in einer gemeinsamen Sitzung mit dem Berliner Senat diesmal in Berlin beraten. In einer vorbereitenden Sitzung des Wirtschaftskabinetts am 18. April 1955 konnte hinsichtlich der Investitionsprogramme und des Wohnungsbauprogramms schnell grundsätzliche Zustimmung festgestellt werden[130]. Allein das Bundesfinanzministerium bestand darauf, daß Berlin bei der Finanzierung auch Eigenleistungen in Form von Kreditaufnahmen zu erbringen hätte, wobei es eine Übernahme der Zinsbelastungen durch den Bund zusagte. Auch gegen das Kulturprogramm und die vorgesehenen Kommunalbauten wurden keine grundsätzlichen Einwendungen erhoben, über die Details sollte jedoch mit dem Senat gesprochen werden. Den Vorschlag eines Sondervermögens für den Aufbauplan, vergleichbar dem ERP-Sondervermögen, lehnte der Kabinettsausschuß hingegen einhellig ab. Dementsprechend konnte auch in der Berliner Sitzung am 26. und 27. April 1955, an der unter dem Vorsitz Adenauers nicht weniger als zehn Bundesminister, der neue Regierende Bürgermeister Otto Suhr sowie sieben Berliner Senatoren teilnahmen, in der Sache jeweils Einvernehmen festgestellt werden[131]. Wieder waren es haushaltsrechtliche und haushaltstechnische Fragen, über die sowohl in dieser Sitzung wie auch in den sich anschließenden Verhandlungen kontrovers debattiert

128 Vgl. § 16 des Gesetzes über die Stellung des Landes Berlin im Finanzsystem des Bundes (Drittes Überleitungsgesetz) vom 4. Jan. 1952 (BGBl. I 1) in der geänderten Fassung vom 28. März 1953 (BGBl. I 88).

129 Abdruck des „Langfristigen Aufbauplans für Berlin" in Anhang 3, Dokument 9.

130 Vgl. 28. Ausschußsitzung am 18. April 1955 TOP 1.

131 Vgl. 29. Ausschußsitzung am 26. und 27. April 1955 TOP 1.

wurde[132]. Gegen die Berliner Forderung nach einer langfristigen Übernahme möglichst aller finanziellen Belastungen unmittelbar durch den Bund wandte das Bundesfinanzministerium immer wieder ein, daß langfristige, ein Haushaltsjahr überschreitende Bindungen nicht möglich seien und die vom Berliner Senat gewünschte langfristige Feststellung der für die Durchführung des Aufbauplans nötigen Mittel durch ein Gesetz zur Atomisierung des Bundeshaushalts führte. Das Argument, Berlin müsse im Hinblick auf die Wiedervereinigung möglichst schuldenfrei bleiben, mochte das Finanzministerium nicht anerkennen. Die Gesamtfinanzierung war nach Ansicht des Bundesfinanzministeriums durch das Land Berlin zu sichern, während der Bund mit Garantien für die Verbindlichkeiten Berlins eintreten sollte. Daß der Bund im konkreten Einzelfall Kassenmittel sofort zur Verfügung stellen würde, stand für Schäffer ohnehin außer Frage. Bei der Durchführung des Aufbauplans waren dann, wie das Beispiel der Berliner Kongreßhalle zeigt, Verhandlungen über die Finanzierung im Einzelfall unumgänglich[133].

Von überragender Bedeutung für die Förderung der Berliner Wirtschaft waren das ERP-Sondervermögen für die Investitionsfinanzierung und das GARIOA-Sonderkonto, die beide als DM-Gegenwertkonten für Dollarleistungen bei der Bank deutscher Länder geführt wurden. Nach Artikel IV des Abkommens über wirtschaftliche Zusammenarbeit zwischen den USA und der Bundesrepublik vom 15. Dezember 1949 bildeten die im Zusammenhang dieses Abkommens entstandenen Vermögenswerte ein Sonderkonto des Bundes[134], dessen Verwaltung dem Bundesministerium für wirtschaftliche Zusammenarbeit oblag[135]. Der Anteil Berlins an diesen Fördermitteln betrug nach einem kontinuierlichen Anstieg im September 1955 37 % der Gesamthilfe für die Bundesrepublik Deutschland und Berlin, was in der Summe der einzelnen Kredite einem Betrag von 3,34 Milliarden DM entsprach[136]. In Artikel V desselben Abkommens wurde ein Sonderkonto eingerichtet, in das alle Dollarleistungen der USA zur Unterstützung besetzter Gebiete[137] – in diesem speziellen Fall für besondere Hilfeleistungen in der Bundesrepublik und Berlin – eingezahlt wurden. Aus diesen GARIOA-Mitteln, über die von deutschen und amerikanischen Stellen einvernehmlich verfügt wurde, waren in großem Umfang Betriebsmittelkredite an Berliner Unternehmen für den Erhalt und die Schaffung von Arbeitsplätzen in Berlin im Rahmen des Notstandsprogramms finanziert worden.

Das Anliegen der Bundesregierung war es, mit diesen Mitteln Arbeitsplätze auf möglichst breiter Basis zu schaffen. Bevorzugt wurden darum Betriebsmittelkredite

---

132 Vgl. 38. Ausschußsitzung am 10. Okt. 1955 TOP 1.

133 Vgl. 33. Ausschußsitzung am 3. Aug. 1955 TOP F.

134 Vgl. Artikel IV des Abkommens und Artikel III des Gesetzes vom 15. Dez. 1950 betreffend das Abkommen über Wirtschaftliche Zusammenarbeit zwischen den Vereinigten Staaten von Amerika und der Bundesrepublik Deutschland vom 31. Jan. 1950 (BGBl. I 9).

135 Gesetz über die Verwaltung des ERP-Sondervermögens vom 31. Aug. 1953 (BGBl. I 1312). – Vgl. 3. Ausschußsitzung am 1. Febr. 1954 TOP 4.

136 Vgl. dazu Deutschland im Wiederaufbau 1955, S. 98.

137 Rechtsgrundlage waren die Bewilligungsgesetze für das Government Aid and Relief in Occupied Areas-Programm (GARIOA).

bewilligt, die einzelnen Unternehmen mit geringer Eigenkapitaldecke über Liquiditätskrisen hinweghelfen sollten. Investitionskrediten stand man dagegen eher zurückhaltend gegenüber, insbesondere dann, wenn die Unternehmen mit den beantragten Mitteln nicht allein ihren Bestand und damit Arbeitsplätze sichern wollten, sondern ohnehin eine konsolidierte, wenn nicht sogar marktführende Stellung innehatten und zu befürchten stand, daß die Kreditgewährung die beherrschende Stellung solcher Unternehmen nur weiter zu Lasten eines reellen Wettbewerbs stärken würde[138].

Zonenrandgebiete

Ein ähnlich gravierendes strukturelles Problem stellten die wirtschaftlichen Notstandsgebiete an den Grenzen der Bundesrepublik Deutschland dar. Zu diesen gehörten sowohl die Landkreise entlang der Grenzen zu Luxemburg und Belgien, Gebiete am Niederrhein, Ostfriesland und das Umland von Bremen und Bremerhaven, nahezu das gesamte Bundesland Schleswig-Holstein als auch die niedersächsischen, hessischen und bayerischen Landkreise entlang der Zonengrenze zur DDR und der Grenze zur Tschechoslowakei. Diesen sogenannten „Sanierungsgebieten" galt seit 1949 die besondere Fürsorge der Bundesregierung, die zur Koordinierung der verschiedenen Fördermaßnahmen bereits im März 1950 den Interministeriellen Ausschuß für Notstandsgebietsfragen (IMNOS) gegründet hatte[139]. Die Bemühungen der Bundesregierung erhielten einen zusätzlichen Impuls, nachdem der Deutsche Bundestag am 2. Juli 1953 auf Antrag der SPD-Fraktion bzw. des Ausschusses für gesamtdeutsche Fragen eine Reihe von Fördermaßnahmen für die Gebiete an der Zonengrenze beschlossen hatte.

Adenauer hatte den Notstandsgebieten daher in seiner Regierungserklärung vom 20. Oktober 1953 erneut die besondere Aufmerksamkeit der Bundesregierung zugesichert und dabei besonders auf die Gebiete entlang der Zonengrenze zur DDR und der Grenze zur Tschechoslowakei abgehoben. Am 30. November 1953 hatte er die Bundesressorts aufgefordert, bis zum 15. Dezember 1953 Berichte über die bereits ergriffenen allgemeinen Fördermaßnahmen und die Maßnahmen zur Verbesserung der Verkehrsverhältnisse im Zonenrandgebiet vorzulegen, und das Bundeswirtschaftsministerium beauftragt, bis zum 15. Februar 1954 eine Zusammenfassung dieser Berichte vorzulegen.

---

[138] Vgl. zur Diskussion um die Kreditgewährung aus ERP-Mitteln an die Eternit GmbH und den daraus erwachsenen Konflikt zwischen dem Bundesministerium für Wirtschaft und der Eternit 20. Ausschußsitzung am 15. Nov. 1954 TOP 2 und 41. Ausschußsitzung am 19. Dez. 1955 TOP 1.

[139] Der Interministerielle Ausschuß für Notstandsgebietsfragen (IMNOS) hatte sich am 24. März 1950 unter dem Vorsitz des BMWi konstituiert (B 136/656). Protokolle für 1954 und 1955 in B 102/13386 und B 136/2393–2395. – Zum IMNOS vgl. Prior, Ausschüsse, S. 155–162.

M–S 5½% 1955 10000 DM

Buchstabe B Gruppe A Nr. 00

WERTLOS

5½%ige Anleihe der Deutschen Bundespost von 1955

Begeben auf Grund des § 22 Abs. 1,3 des Gesetzes über die Verwaltung der Deutschen Bundespost (Postverwaltungsgesetz) vom 24. Juli 1953 (BGBl. I S. 676)

Schuldverschreibung

über

10000 Deutsche Mark

Zehntausend Deutsche Mark

Die Anleihe wird vom 1. September 1955 an mit fünfeinhalb vom Hundert für das Jahr verzinst. Die Zinsen werden halbjährlich nachträglich am 1. März und 1. September an den Überbringer der fälligen Zinsscheine durch die Bundesschuldenkasse in Bad Homburg v. d. H., alle Niederlassungen der Landeszentralbanken, die Berliner Zentralbank in Berlin und die sonstigen von dem Bundesminister für das Post- und Fernmeldewesen zu bezeichnenden Stellen gezahlt.

Die Tilgung der Anleihe erfolgt nach zehn tilgungsfreien Jahren durch Auslosung. Zu diesem Zweck ist die Anleihe in fünf annähernd gleich große Gruppen A–E eingeteilt, von denen jährlich, beginnend mit dem Jahre 1966, eine Gruppe zur Einlösung zum Nennwert ausgelost wird. Die Auslosung findet jeweils drei Monate vor dem Tilgungstermin bei der Bundesschuldenverwaltung in Bad Homburg v. d. H. statt. Die ausgeloste Gruppe wird im Bundesanzeiger bekanntgemacht. Die erste Tilgungsrate ist am 1. September 1966 fällig, so daß die gesamte Anleihe spätestens am 1. September 1970 zurückgezahlt sein wird. Die Deutsche Bundespost ist berechtigt, die planmäßige Tilgung durch Mehrauslosung zu verstärken.

Die Rückzahlung des Kapitals erfolgt bei Fälligkeit gegen Rückgabe der Schuldverschreibung und der noch nicht fälligen Zinsscheine bei einer der obengenannten Zinsscheineinlösestellen, nachdem diese die Schuldverschreibung mit den noch nicht fälligen Zinsscheinen der Bundesschuldenkasse zur Anerkennung eingesandt und deren Anweisung erhalten hat. Mit dem Ablauf des dem Fälligkeitstage vorhergehenden Tages hört die Verzinsung der Schuldverschreibung auf. Der Betrag etwa fehlender Zinsscheine wird vom Kapitalbetrag abgezogen.

Der Anspruch auf das Kapital erlischt, wenn die Schuldverschreibung nicht binnen 30 Jahren nach dem Eintritt der Fälligkeit zur Einlösung vorgelegt wird.

Bad Homburg v. d. H., den 1. September 1955

WERTLOS

Für die Deutsche Bundespost

Bundesschuldenverwaltung

Buchstabe B Gruppe A

Nr. 0000

Beigefügt sind die Zinsscheine Nr. 1 bis 30

Bundesdruckerei

Der hohe Finanzbedarf des Bundes und der bundeseigenen Betriebe konnte oft nur auf dem allgemeinen Kapitalmarkt befriedigt werden.

Muster eines Anteilscheins der Post-Anleihe von 1955 in B 257/28937

OEEC und EZU bildeten den institutionellen Rahmen für die rasche Rückkehr der Bundesrepublik Deutschland in die Weltwirtschaft.

Karten in: Hat die Zukunft schon begonnen?, S. 24 und 48

Die Mitgliedländer der OEEC

OEEC- und Europaratmitglieder — nur OEEC-Mitglieder — mit der OEEC zusammenarbeitende Länder

1. Republik Island	155 000	Einw.
2. Vereinigtes Königreich von Großbrit. u. Nordirland	49,6 Mill.	Einw.
3. Irland	2,9 Mill.	Einw.
4. Französische Republik	43,4 Mill.	Einw.
5. Königreich Belgien	8,8 Mill.	Einw.
6. Großherzgt. Luxemburg	309 000	Einw.
7. Königreich d. Niederlande	10,6 Mill.	Einw.
8. Bundesrepublik Deutschland ohne Berlin; Jan. 1956	50,4 Mill.	Einw.
9. Königreich Dänemark	4,4 Mill.	Einw.
10. Königreich Norwegen	3,4 Mill.	Einw.
11. Königreich Schweden	7,2 Mill.	Einw.
12. Portugiesische Republik	8,7 Mill.	Einw.
13. Schweizerische Eidgenossenschaft	4,9 Mill.	Einw.
14. Italienische Republik	48,0 Mill.	Einw.
15. Republik Österreich	6,9 Mill.	Einw.
16. Königreich Griechenland	8,3 Mill.	Einw.
17. Türkische Republik	24,1 Mill.	Einw.

Die Länder der EZU:

Australien
Belgien*)
Burma
Ceylon
Dänemark
Deutschland
Frankreich*)
Griechenland
Großbritannien*)
Indien
Indonesien
Irak
Irland
Island
Italien
Jordanien
Lybien
Luxemburg
Marokko
Neuseeland
Niederlande
Norwegen
Österreich
Pakistan
Portugal*)
Schweden
Schweiz
Südafrikanische Union
Sudan
Süd-Rhodesien
Tunis
Türkei

*) mit Kolonien

In den Verhandlungen der Gremien von OEEC und EZU mußten die Vertreter der Bundesrepublik Deutschland häufig um Verständnis für deren besondere Situation werben. Hans Karl von Mangoldt, Heinrich Blücher und Vollrath von Maltzan in einer Sitzung des Ministerrats der OEEC (ohne Datum)

Bild aus: Hat die Zukunft schon begonnen?, S. 25

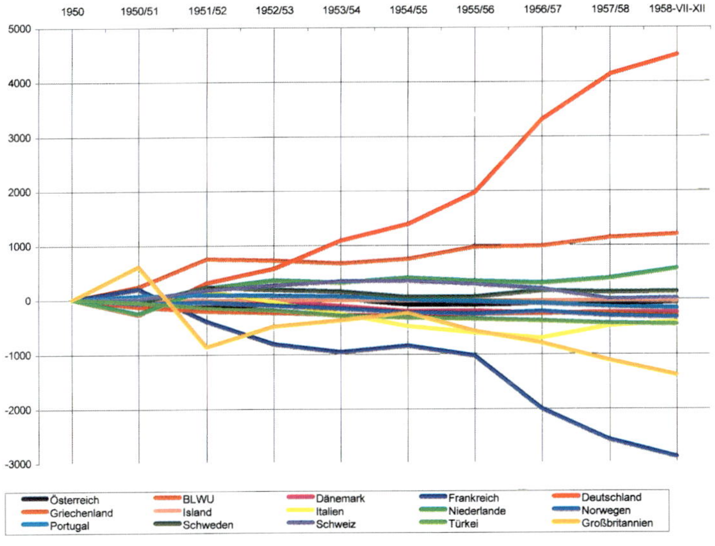

Die Bundesrepublik Deutschland nahm im Gefüge der EZU strukturell bedingt eine extreme Gläubigerposition ein.

Graphik des Bearbeiters auf der Grundlage der EZU-Jahresabrechungen

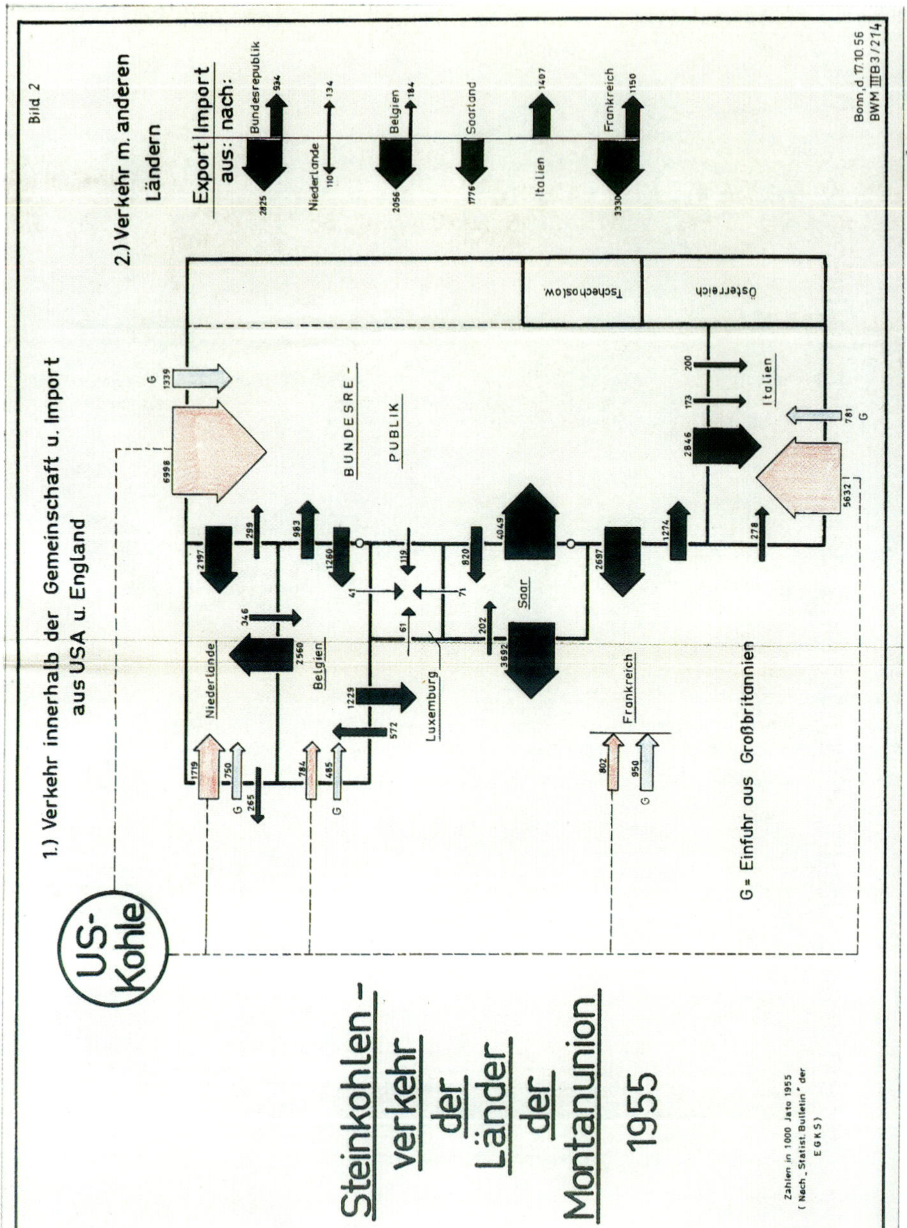

Der Steinkohlemarkt innerhalb der Montanunion wurde durch die Einfuhr großer Mengen amerikanischer Steinkohle erheblich belastet.

Graphik aus dem Bundesministerium für Wirtschaft in B 102/34162

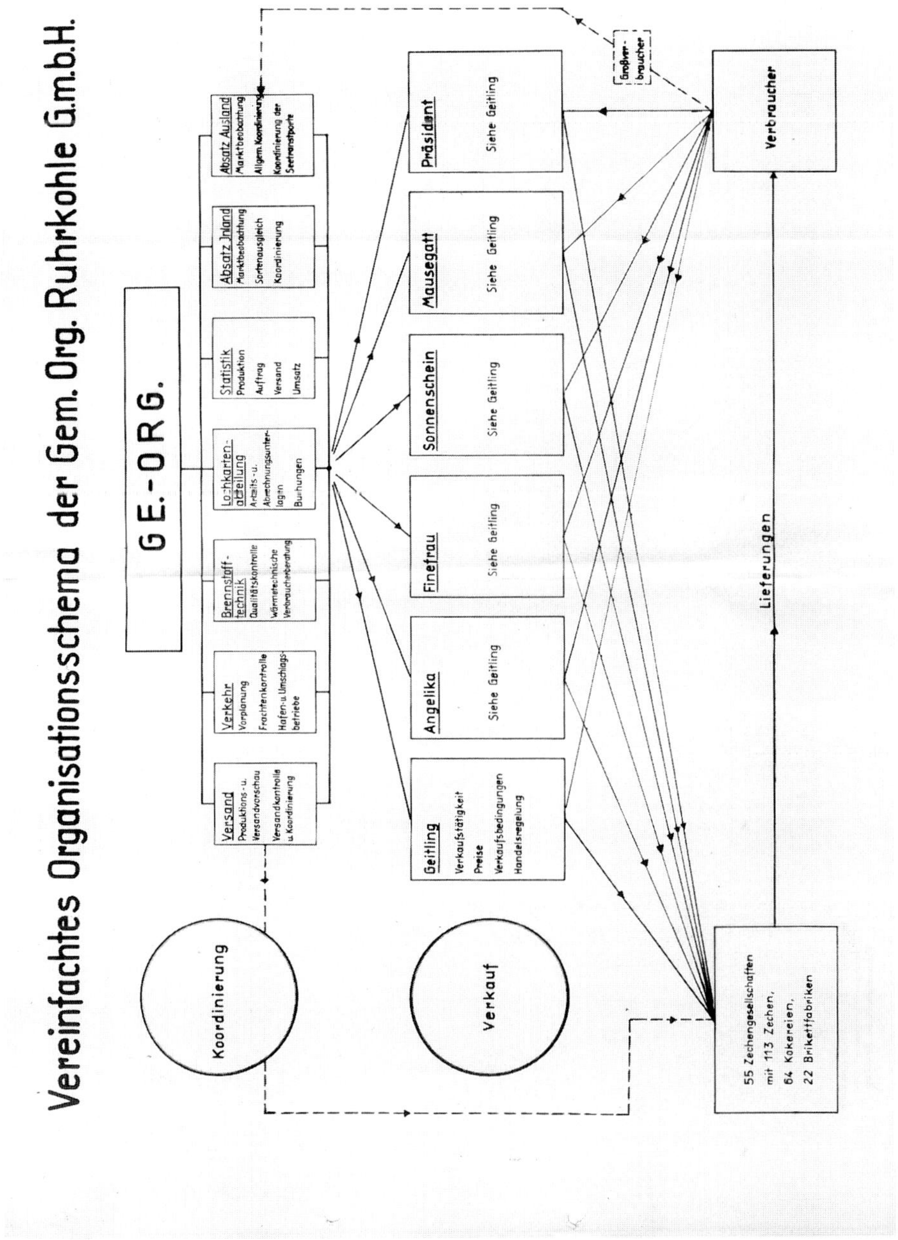

Die Kohlezechen des Ruhrgebietes organisierten den Verkauf ihrer Produkte seit 1952 durch die Gemeinschaftsorganisation Ruhrkohle G.m.b.H. (GEORG).

Schema der Organisationsstruktur aus dem Bundesministerium für Wirtschaft in B 102/34335

Preissteigerungen wurden in der Öffentlichkeit aufmerksam beobachtet. Die Preise für Brot, Zucker und Kakao galten als Trendindikatoren.

Karikatur in B 136/2439

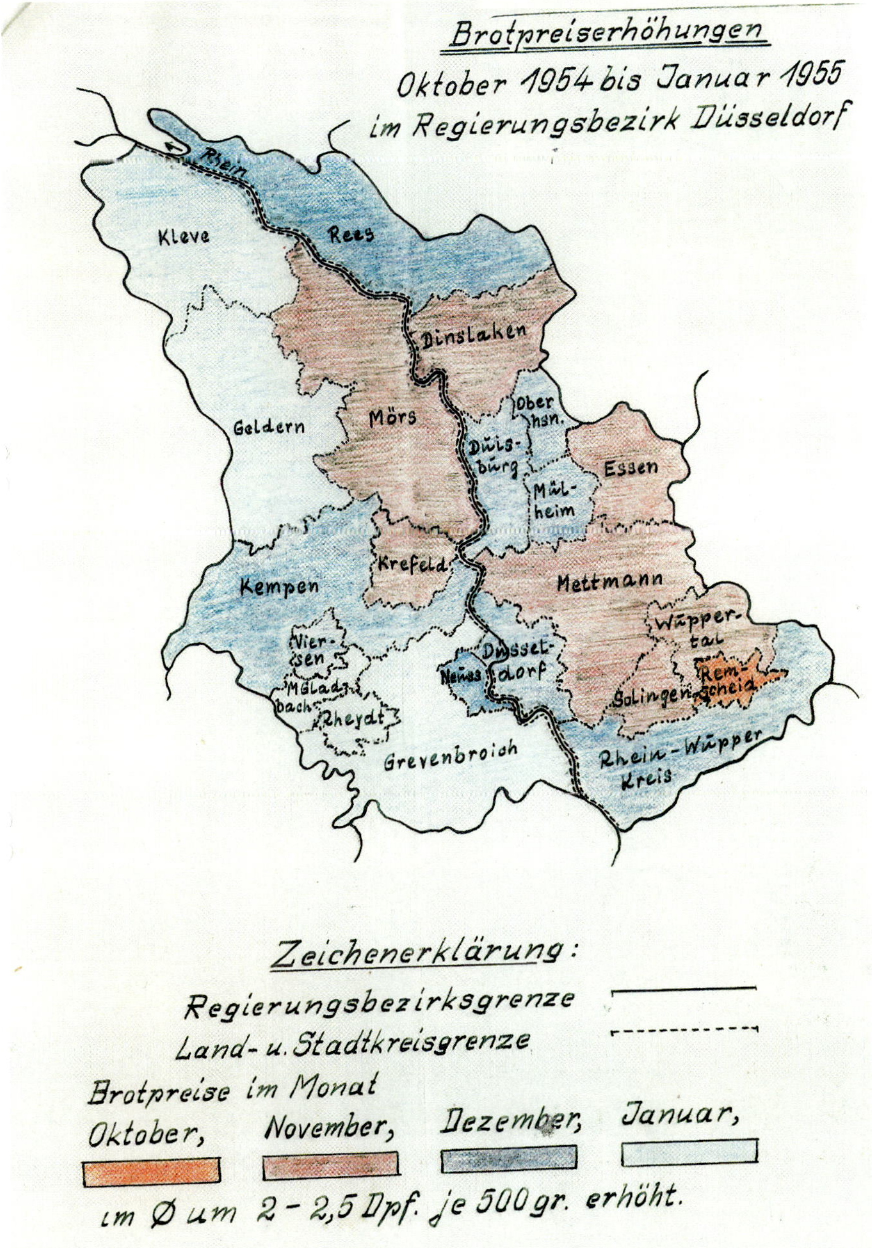

Auch geringfügige Veränderungen des Preisniveaus wurden durch das Bundesministerium für Wirtschaft registriert und analysiert.

Karte der Brotpreiserhöhungen im Frühjahr 1955 in B 102/27303

In den Diskussionen um die Reform des Verkehrswesens war Bundesverkehrsminister Hans Christoph Seebohm auch persönlich Zielscheibe scharfer Kritik.

Karikatur aus dem „Simplizissimus“ Nr. 22 vom 28. Mai 1955

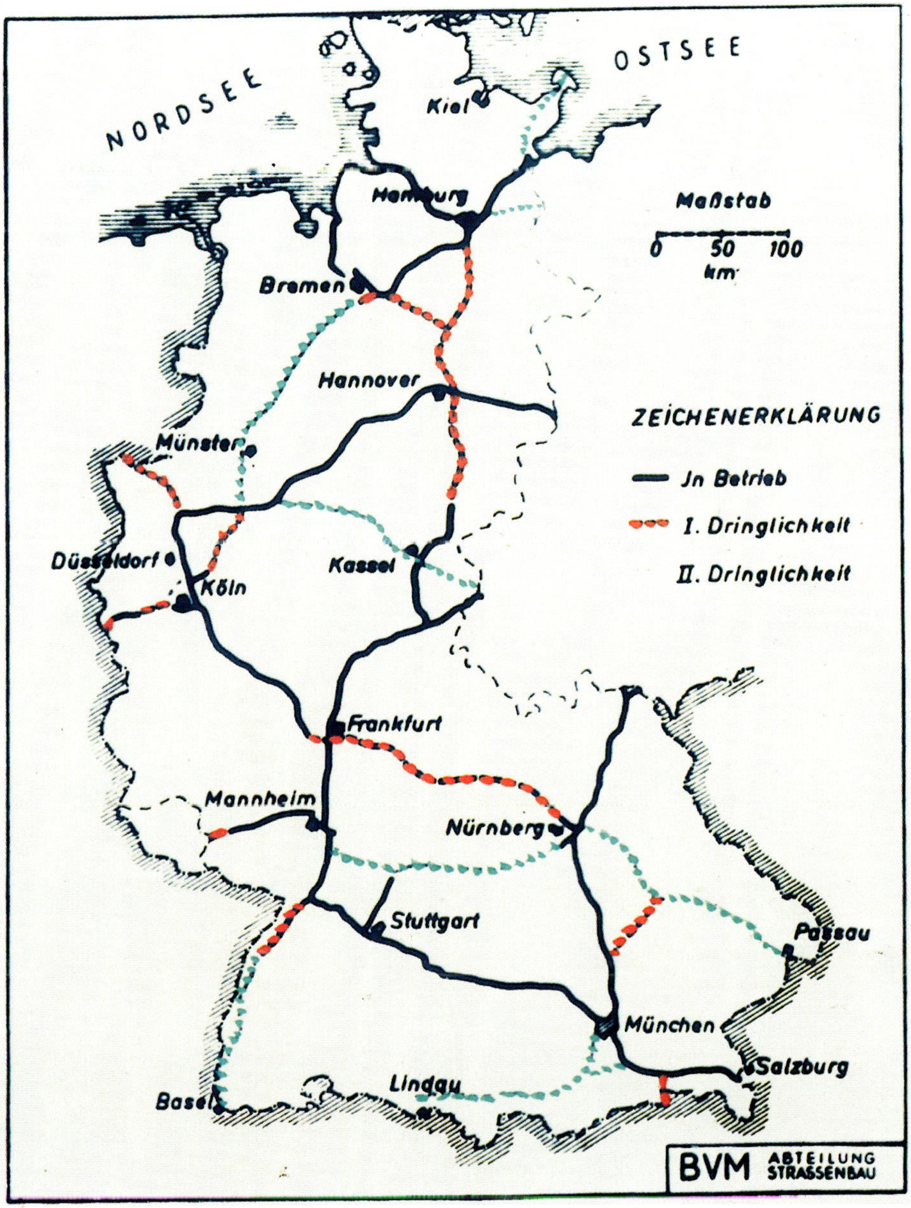

Instandsetzung und Ausbau des Fernstraßennetzes waren verkehrspolitische Maßnahmen von höchster Priorität.

Karte aus dem Bundesministerium für Verkehr in B 108/149

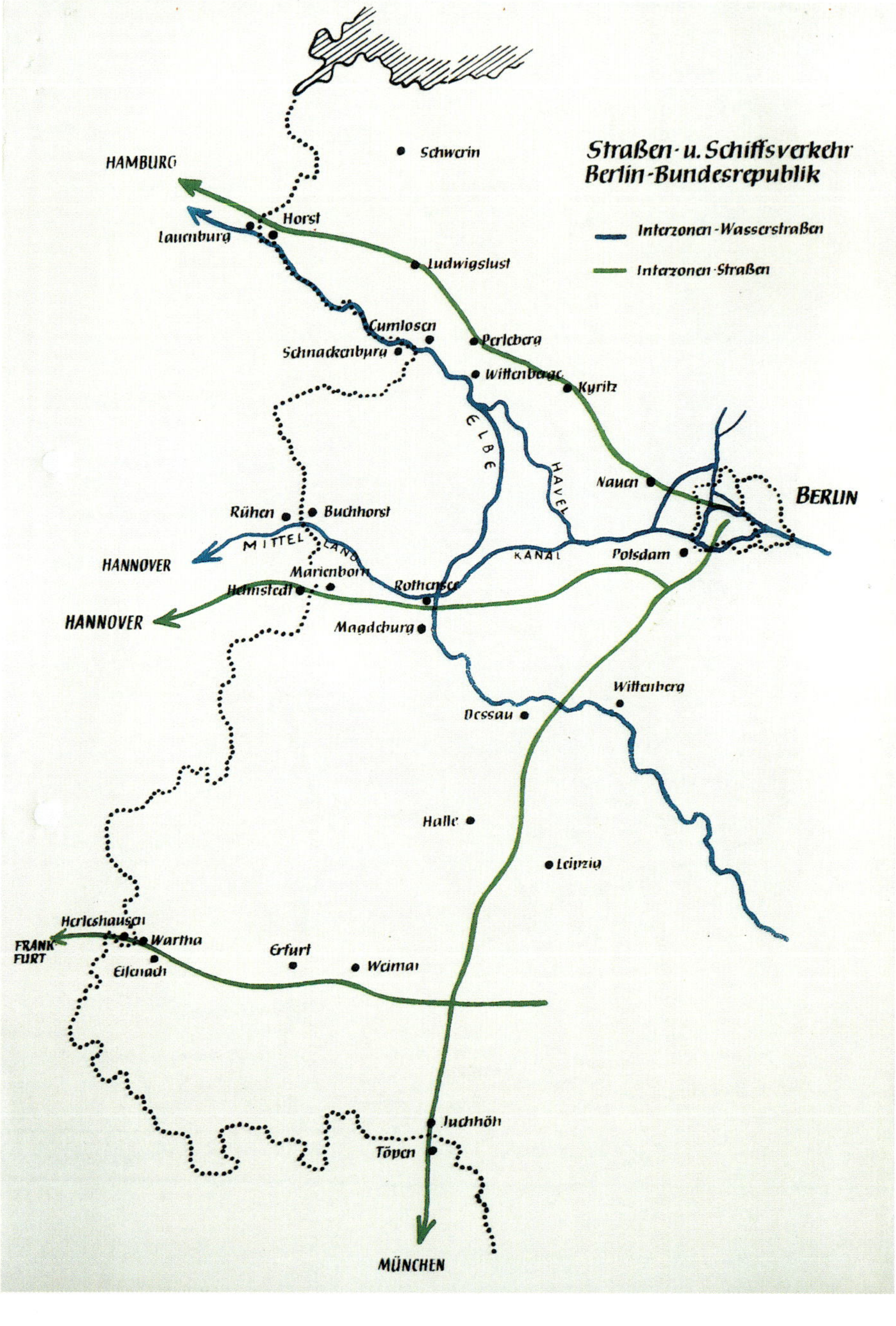

Der Warenaustausch zwischen der Bundesrepublik Deutschland und Berlin wurde größtenteils über Transitautobahnen und Wasserstraßen abgewickelt.

Karte aus dem Bundesministerium für Verkehr in B 108/6873

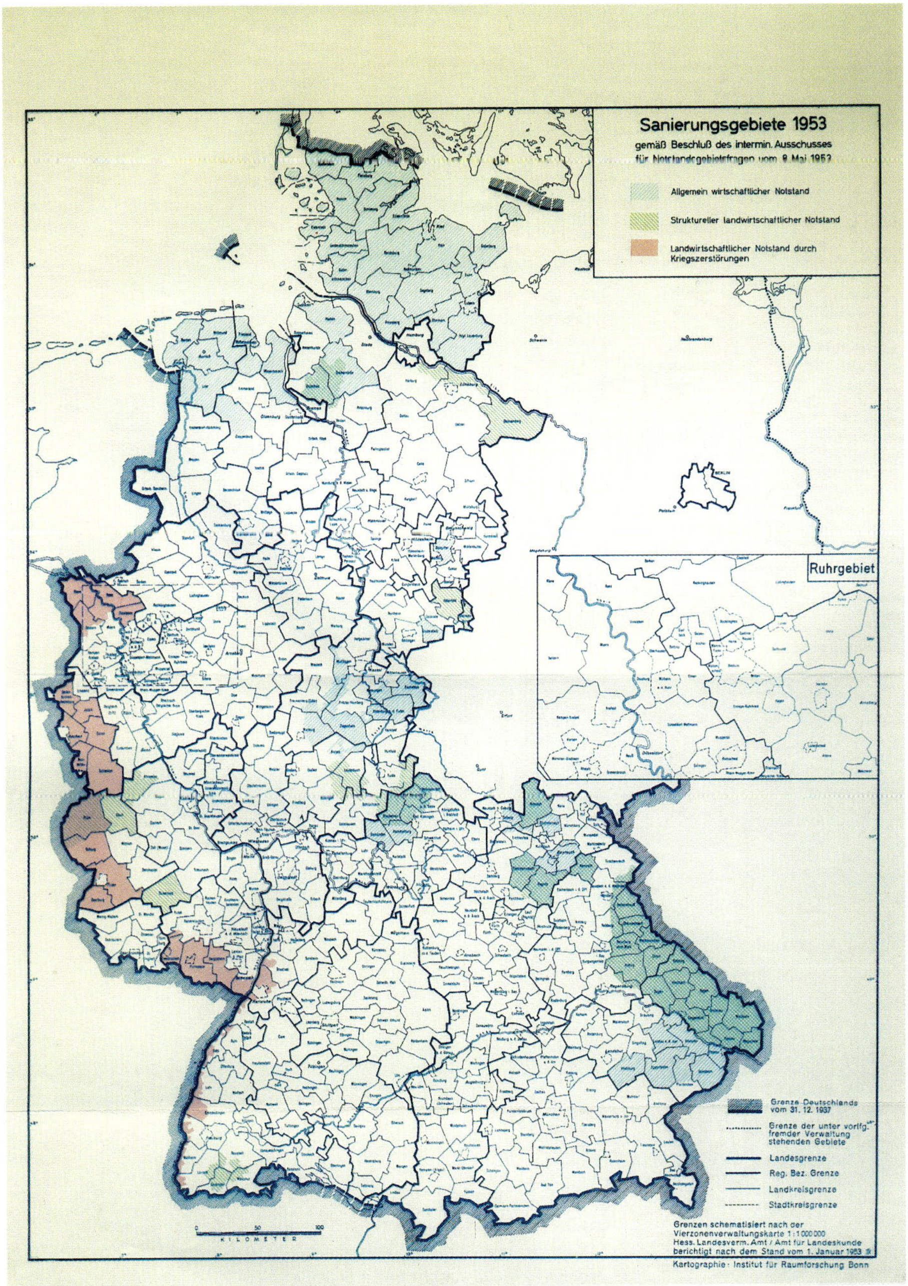

Krieg und deutsche Teilung hatten weite Landstriche an der Grenze der Bundesrepublik Deutschland ihrer wirtschaftlichen Grundlagen beraubt.

Karte der Sanierungsgebiete (Notstandsgebiete) in B 136/667

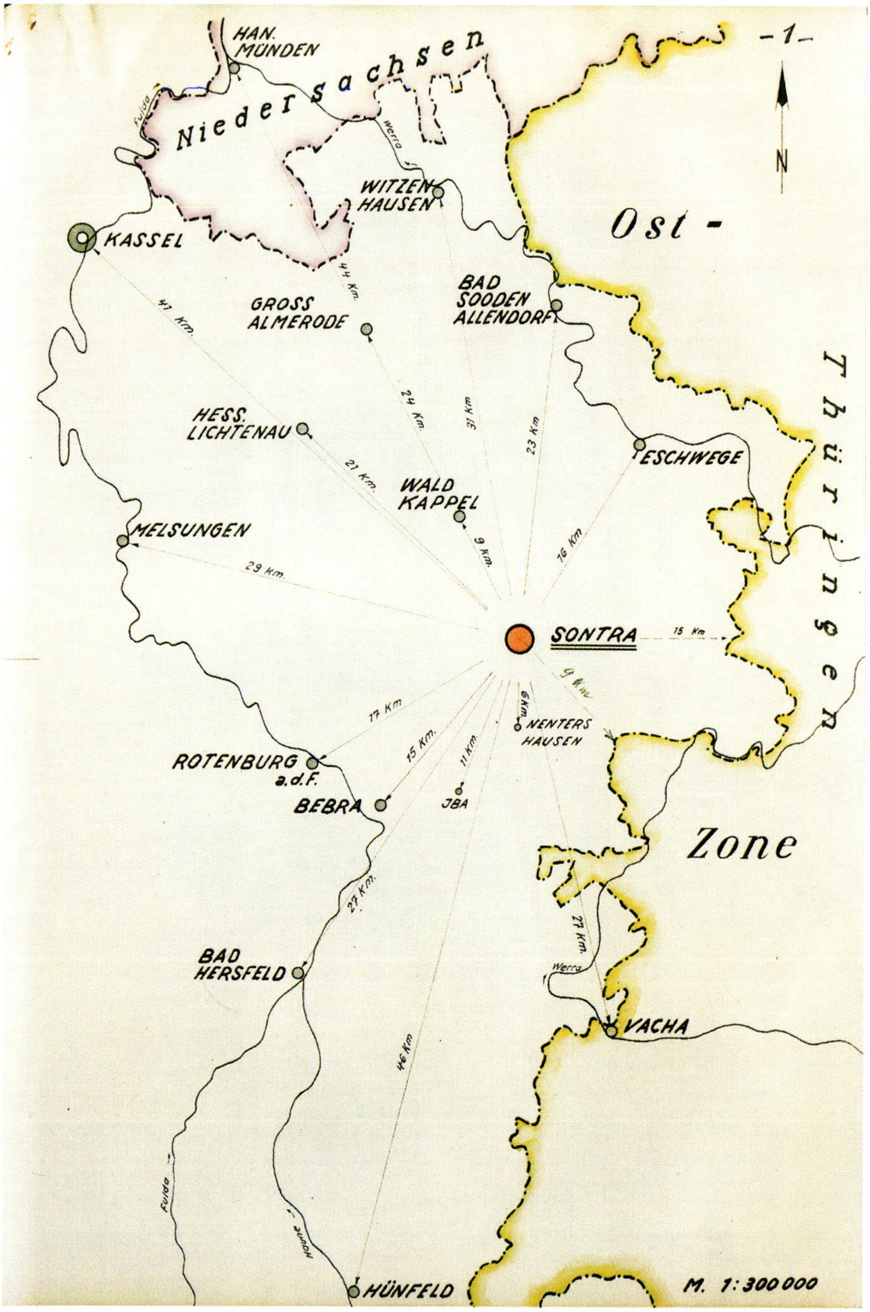

Der Wirtschaftsstandort Sontra war durch die deutsche Teilung in ernsthafte Gefahr geraten. Die Bundesregierung war intensiv um die Ansiedlung neuer Unternehmen im Raum Eschwege-Sontra bemüht. Siehe auch folgende Abbildung.

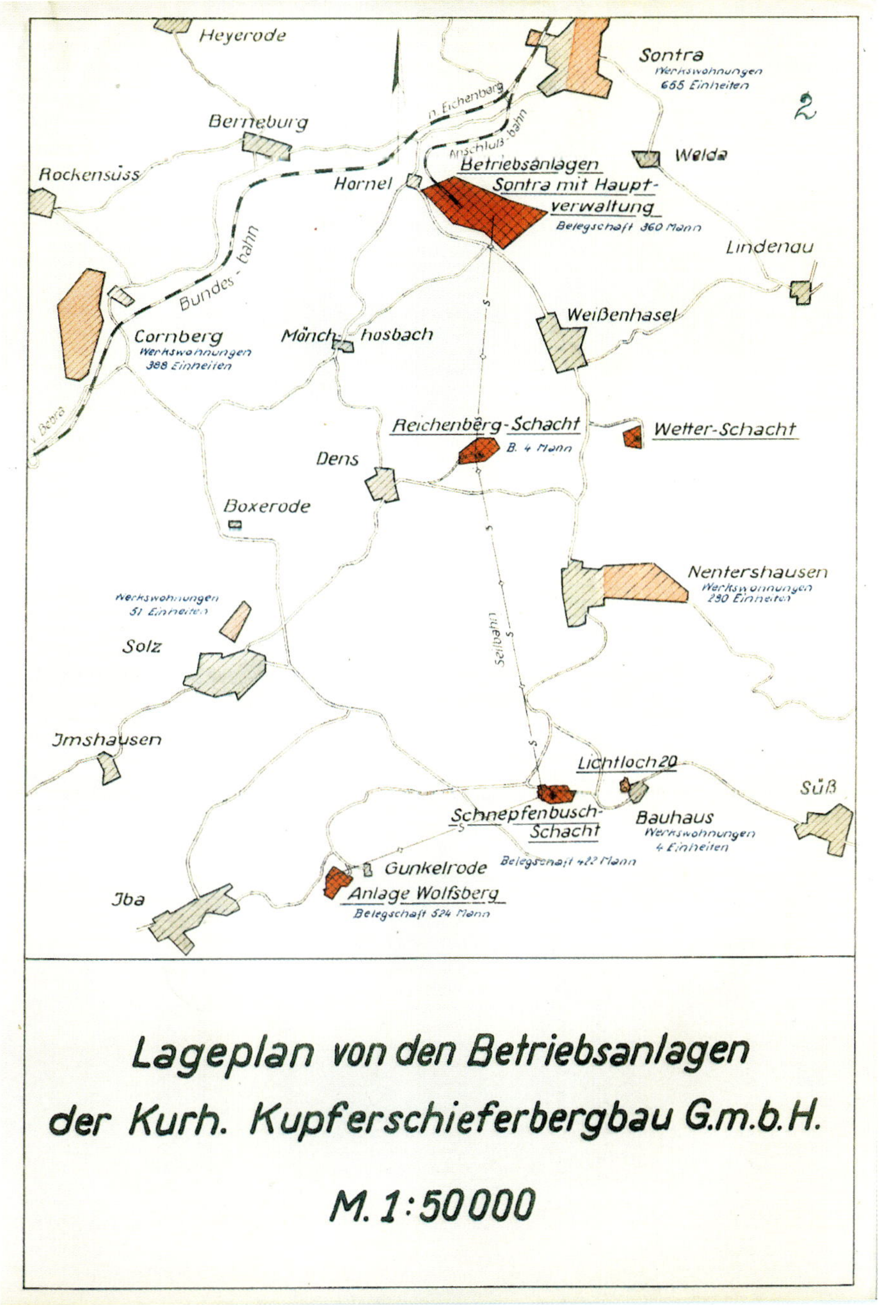

Karten aus dem Bundesministerium für Wirtschaft in B 102/3336

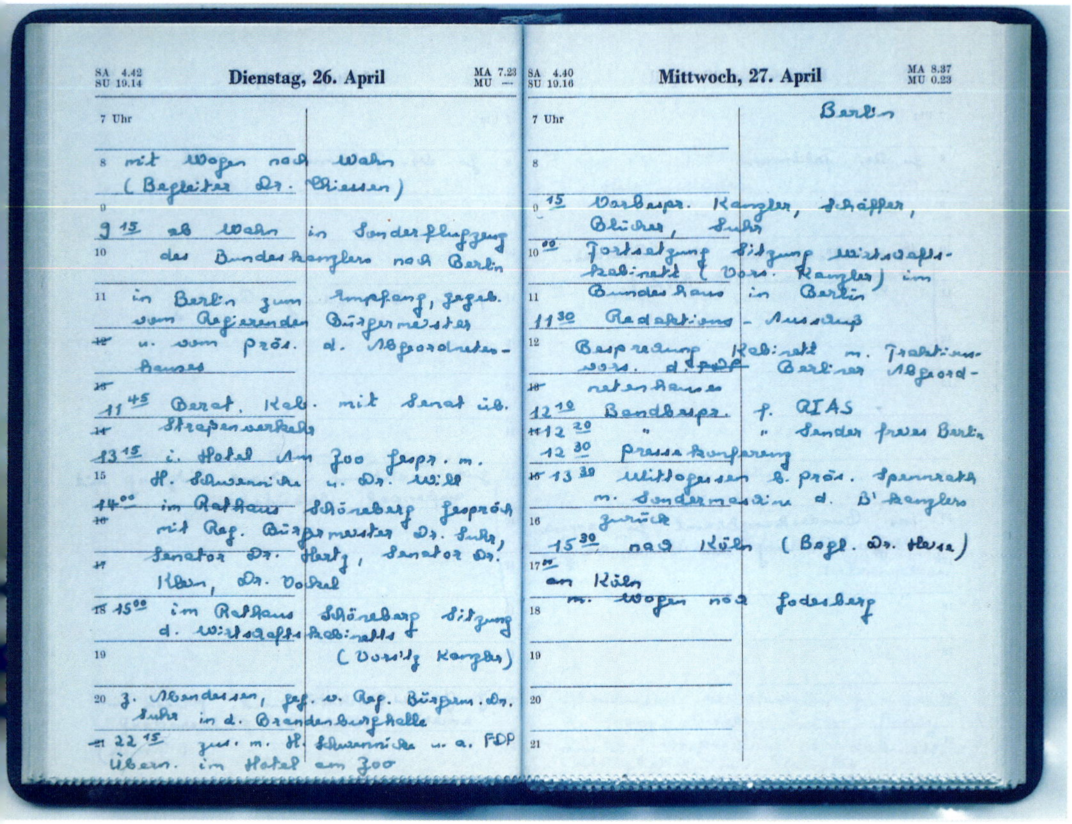

Der Kabinettsausschuß für Wirtschaft beriet die Fördermaßnahmen für Berlin in gemeinsamer Sitzung mit dem Berliner Senat vor Ort.

Auszug aus dem Tageskalender Blüchers in N 1080/294-9

Die öffentliche Meinung schätzte die Förderpläne der Bundesregierung für Berlin als nicht ausreichend ein.

Schlagzeilen-Collage aus dem Bundeskanzleramt im B 136/2384

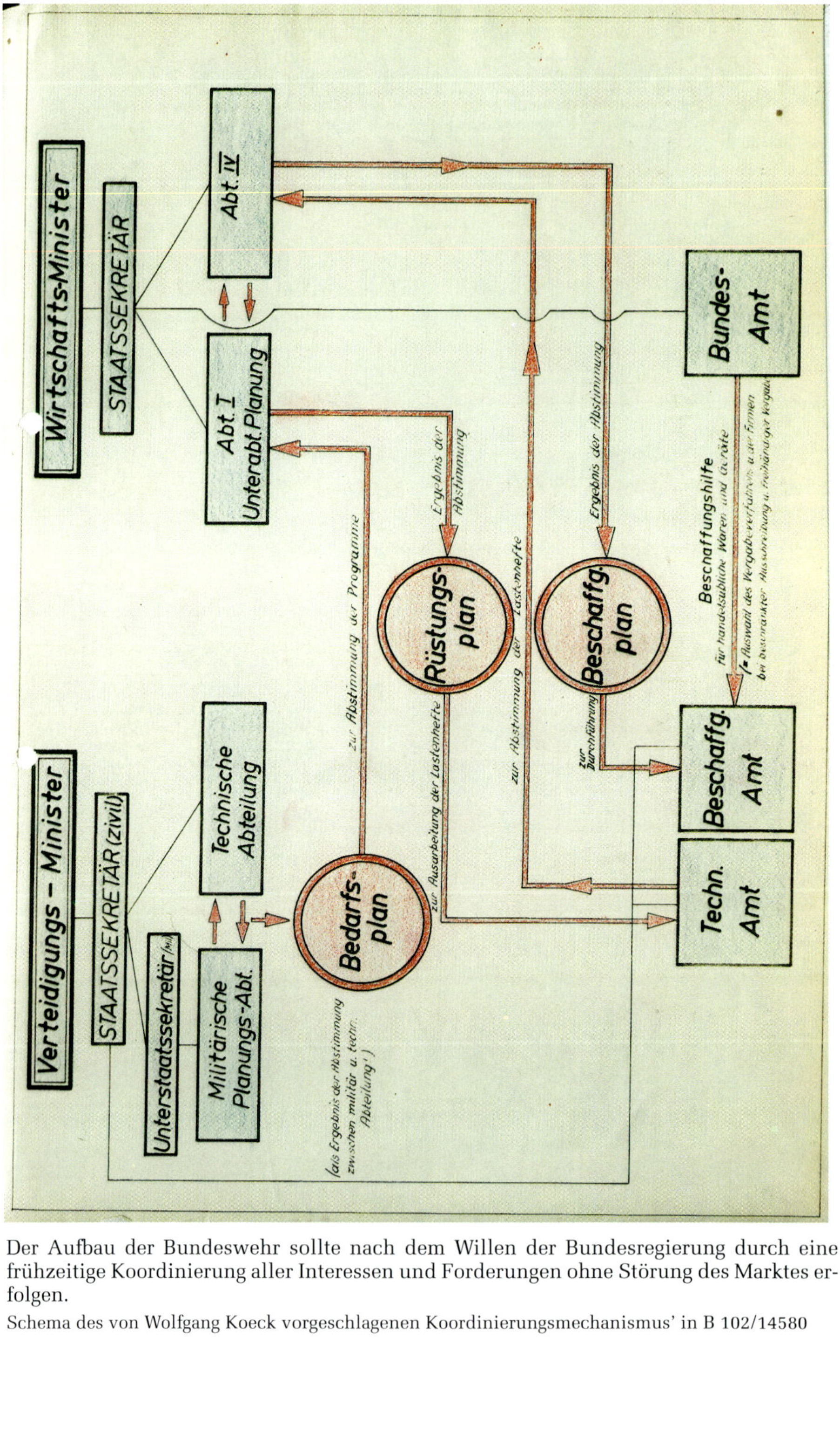

Der Aufbau der Bundeswehr sollte nach dem Willen der Bundesregierung durch eine frühzeitige Koordinierung aller Interessen und Forderungen ohne Störung des Marktes erfolgen.

Schema des von Wolfgang Koeck vorgeschlagenen Koordinierungsmechanismus' in B 102/14580

Der Kabinettsausschuß befand am 19. März 1954, daß diese Zusammenfassung für die Unterrichtung des Bundestags über die Umsetzung des am 2. Juli 1953 beschlossenen Förderprogramms noch nicht geeignet sei, und überwies sie dann an den IMNOS mit dem Auftrag, eine ausführliche Darstellung „dessen zu geben, was bisher für das Zonenrandgebiet geschehen ist“[140]. Einen „Überblick über den Stand der Hilfsmaßnahmen für die Zonenrandgebiete“ legte der Bundeswirtschaftsminister dem Bundestag dann am 18. Mai 1954 vor. Großen Wert legte die Bundesregierung dabei auf eine angemessene Beteiligung der betroffenen Bundesländer an den Förderprogrammen.

In der Zwischenzeit hatte Bundeskanzler Adenauer den Bundesminister für besondere Aufgaben Waldemar Kraft am 8. April 1954 um eine Denkschrift über Maßnahmen zu Förderungen der Zonengrenzgebiete gebeten; Kraft, der wie die anderen drei Bundesminister für besondere Aufgaben bemüht war, sich eine eigene Zuständigkeit zu verschaffen, hatte selbst um diesen Auftrag nachgesucht[141]. Kraft legte unter dem Datum des 11. September 1954 eine 21-seitige Denkschrift vor, in der er eine Reihe von Maßnahmen unterschiedlichster Art anregte, die von steuerlichen Erleichterungen über die Gewährung von Beihilfen, den Ausbau von Verkehrsverbindungen und die verstärkte Förderung des Wohnungsbaus bis hin zur Förderung kultureller Belange durch Volkshochschulen und Theater reichten und nach Ansicht Krafts für eine wirksame Förderung der Zonenrandgebiete unerläßlich waren[142].

Auch die Denkschrift Krafts verwies der Kabinettsausschuß am 15. November 1954 zur Beratung und Stellungnahme an den IMNOS. Dieser benötigte für diese Aufgabe nahezu ein Jahr und war am Ende keineswegs immer mit den Vorschlägen Krafts einverstanden. Die Meinungsunterschiede traten auch am 10. Dezember 1955 im Wirtschaftskabinett zutage[143]. Insbesondere im Bereich steuerlicher Erleichterungen und sonstiger Vergünstigungen, wie etwa die Abgabe nicht mehr benötigten Bundeseigentums an interessierte Unternehmen zu stark ermäßigten Preisen oder gar unentgeltlich, vertraten die Bundesministerien für Wirtschaft und der Finanzen die Haltung, diese Leistungen nicht pauschal an alle Betriebe in gleicher Weise zu gewähren; vielmehr sollten gesunde und florierende Unternehmen von derartigen Fördermaßnahmen ausgeschlossen sein. Auch der Ausbau der Verkehrswege und Nachrichtenverbindungen aus Mitteln der regionalen Förderfonds des Bundes

---

[140] Vgl. 5. Ausschußsitzung am 19. März 1954 TOP 3.

[141] Schreiben Krafts vom 23. Dez. 1953 in B 136/699. – Zu den Bemühungen von Hermann Schäfer um einen Sonderauftrag für Mittelstandsfragen, von Franz Josef Strauß um das Verteidigungsministerium bzw. später um das Bundesministerium für Atomfragen und von Robert Tillmanns um spezielle Koordinierungsfunktionen bezüglich der Beziehungen der Bundesregierung zum Deutschen Bundestag und aller Berlin betreffenden Fragen vgl. Kabinettsprotokolle 1955, S. 21 f.

[142] Vgl. 20. Ausschußsitzung am 15. Nov. 1954 TOP A und den Abdruck der Denkschrift in Anhang 3, Dokument 5.

[143] Vgl. 40. Ausschußsitzung am 10. Dez. 1955 TOP 1.

wurde kontrovers diskutiert, sah das Wirtschaftsministerium doch die Gefahr, daß die Länder auf diesem Wege versuchen könnten, die Ausführung genuiner Landesaufgaben durch den Bund finanzieren zu lassen. Nur in Ausnahmefällen, in denen zweifelsfrei eine unmittelbar durch die Zonengrenzziehung bedingte Problemlage nachgewiesen werden konnte, sollte der Bund hierfür Mittel freigeben. Die Denkschrift in der vom Kabinettsausschuß schließlich gebilligten Fassung wurde nicht veröffentlicht oder offiziell dem Bundestag zugeleitet. Vielmehr sollte sie, da auch Kraft keinen Wert auf ihre Veröffentlichung legte, als interne Arbeitsunterlage gelten und gegebenenfalls einzelnen Bundestagsabgeordneten zur vertraulichen Kenntnisnahme überlassen werden.

Wie weit das Bemühen der Bundesregierung, im Einzelfall Hilfe zu leisten, dann doch gehen konnte, wird am Beispiel der Orion-Werke in Eschwege und vor allem der bundeseigenen Kupferschieferbergbau GmbH in Sontra deutlich. Von dem Hauptabbaugebiet für Kupferschiefer um Mansfeld durch die Zonengrenze abgeschnitten, arbeiteten die Gruben im Gebiet des nordhessischen Sontra nicht mehr rentabel, so daß der Haushaltsausschuß des Deutschen Bundestages den Bundesfinanzminister am 16. Juni 1954 um einen Bericht über die wirtschaftliche Lage des Sontraer Bundesunternehmens gebeten und der wirtschaftspolitische Ausschuß sich sogar am 18. Juni 1954 für eine Stillegung der Gruben ausgesprochen hatte, verbunden mit der Aufforderung an die Bundesregierung, ein konstruktives Programm zur Lösung des Sontra-Problems vorzulegen. Der Bundesregierung fiel es schwer, sich für die Schließung der Betriebe zu entscheiden[144]. Die Entlassung der etwa 1300 im Kupferschieferbergbau Beschäftigten hätte die ohnehin hohe Arbeitslosigkeit im Raum Eschwege-Sontra weiter verschärft. Zwar konnte das Bundeswirtschaftsministerium in vergleichsweise kurzer Zeit mehrere Unternehmen für die Gründung neuer Niederlassungen im Bereich Sontra interessieren, es blieb jedoch fraglich, ob diese Arbeitsplätze geeignet wären, der Belegschaft der Sontra-Gruben eine neue Beschäftigung zu bieten. Insbesondere fürchtete man die propagandistische Ausnutzung der Schließung eines bundeseigenen Zechenbetriebs durch die DDR[145], da man, so Vizekanzler Blücher am 21. Januar 1955, „die Abwanderung einiger 100 Arbeiter in die sowjetisch besetzte Zone nicht verhindern" könne, die versuchen könnten, im Mansfelder Bergbau eine neue Beschäftigung zu finden. Auch die Überlegung, daß die Sontraer Anlagen nach der Wiedervereinigung dem Mansfelder Bergbau zur Verfügung stehen müßten, spielte in den Beratungen des Kabinettsausschusses eine zentrale Rolle, so daß der Beschluß, den Kupferschieferbergbau stufenweise in dem Maße stillzulegen, in dem neue Betriebe in Sontra angesiedelt und die Belegschaft dorthin umgesetzt werden könnten, nur widerstrebend und allein der wirtschaftlichen Vernunft folgend gefaßt wurde.

Das Eschweger Unternehmen Orion, das Busse und Schienenbusse für den öffentlichen Personenverkehr herstellte, war 1955 ebenfalls in wirtschaftliche Schwie-

---

144 Vgl. 16. Ausschußsitzung am 19. Aug. 1954 TOP 2, 23. Ausschußsitzung am 7. Jan. 1955 TOP 3 und Sondersitzung des Kabinettsausschusses am 21. Jan. 1955 TOP 1.

145 Vgl. dazu auch 7. Ausschußsitzung am 15. Mai 1954 TOP 2.

rigkeiten geraten[146]. Um die Entlassung von etwa 500 Mitarbeitern vermeiden zu können, hatten die Orion-Werke sich um einen Auftrag der Deutschen Bundespost zur Lieferung von Omnibusanhängern bemüht. Die Post war dazu aber nicht ohne weiteres bereit, da unklar war, ob nach dem Inkrafttreten der Verkehrsgesetze solche Omnibusanhänger über das Jahr 1960 hinaus überhaupt noch zulässig sein würden und die Post dann den vollen Zeitraum für steuerliche Abschreibungen von acht Jahren nicht in Anspruch nehmen könnte. Erst als das Bundesfinanzministerium eine Verkürzung der Abschreibungsfrist in Aussicht stellte, erteilte die Deutsche Bundespost den Orion-Werken einen Auftrag über 100 Omnibusanhänger, sie tat dies jedoch nicht ohne den ausdrücklichen Hinweis darauf, sich an weiteren Stützungsaktionen dieser Art nicht mehr beteiligen zu können.

[146] Vgl. 40. Ausschußsitzung am 10. Dez. 1955 TOP A.

VERZEICHNIS DER SITZUNGEN UND TAGESORDNUNGSPUNKTE

PROTOKOLLE

3. Sitzung des Kabinettsausschusses für Wirtschaft am Montag, den 1. Februar 1954

Teilnehmer: Blücher, Erhard, Seebohm, Balke, Tillmanns; Hartmann, Westrick, Sonnemann, Sauerborn, Bergemann, Wandersleb; Bernard (BdL), Vockel (Der Bevollmächtigte der Bundesrepublik Deutschland in Berlin), Bucerius (Der Beauftragte zur Förderung der Berliner Wirtschaft, MdB), Schreiber (Regierender Bürgermeister von Berlin), Eich (Senator für Wirtschaft und Ernährung, Berlin), Haas (Senator für Finanzen, Berlin), Mahler (Senator für Bau- und Wohnungswesen, Berlin), Ullmann (Senator für Verkehr und Betriebe, Berlin), Hertz (Kreditbevollmächtigter des Landes Berlin), Spennrath (Präsident der IHK zu Berlin), zahlreiche Vertreter verschiedener Bundesministerien, Heise (BMZ), Hornschu (Bundeskanzleramt). Protokoll: Doßmann.

Beginn: 9.30 Uhr *Ende: 13.55 Uhr*

Ort: Bad Godesberg, Haus Carstanjen

Tagesordnung:

1. *Hilfe für Berlin*
   Vortrag des Regierenden Bürgermeisters von Berlin[1].
2. *Programm zur verkehrspolitischen Neuordnung.*
3. *Beschluß des Deutschen Bundestages vom 3. Juli 1953 betr. Änderung einiger umsatzsteuerrechtlicher Vorschriften*
   Vorlage des BMF vom 21. Dez. 1953 (IV S 4216 - 110/53).
4. *Durchführung von Finanzierungsprogrammen in Berlin aus Mitteln des ERP-Sondervermögens*
   Vorlage des BMZ vom 18. Dez. 1953 (K 2 b/16 - III).

Zunächst wird Punkt 2) der Tagesordnung behandelt.

2. Programm zur verkehrspolitischen Neuordnung **BMV**

Nach Auffassung des *Vizekanzlers* muß es Aufgabe des Kabinettsausschusses sein, einen Beschluß über die grundsätzliche Haltung und eine Einigung über den Kreis der heranzuziehenden Sachverständigen, die nicht zur Bundesregierung und Bundesbahn gehören sollen, zu erreichen[2]. Er hält es nicht für angebracht, jetzt schon

---

[1] Der Einladung war ein Vermerk vom 28. Jan. 1954 aus dem Bundeskanzleramt beigefügt worden. Er betraf die Bitte Vockels und des Senats von Berlin um persönliche Teilnahme Schäffers und Erhards an der Ausschußsitzung als Sitzungsunterlage.

[2] Siehe 15. Kabinettssitzung am 22. Jan. 1954 TOP 2 (Kabinettsprotokolle 1954, S. 32–35). – Vorlagen des BMV vom 12. Dez. 1953 in B 108/1478, des BMF vom 8. Dez. 1953 und 14. Jan.

über Einzelheiten zu sprechen und im gegenwärtigen Zeitpunkt Sachverständige zu dem Gesamtproblem zu hören. Die grundsätzliche Klärung müsse im Kabinettsausschuß erfolgen, damit sich die Behandlung der Frage nicht in Kommissionen und Ressortbesprechungen hinzieht. Daher müßten sich auch die der Sache fernerstehenden Ressorts gründlich mit dem Wirtschaftsplan der Deutschen Bundesbahn vertraut machen[3]. Ziel aller Maßnahmen müßte sein, die Bundesbahn auf die Dauer wieder kreditwürdig zu machen. Der Arbeitsausschuß habe die von ihm herausgestellten Fragen in der kommenden Woche zu klären. Über die Maßnahmen zur Finanzreform[4] und deren technische Auswirkungen sollte man sich dabei zweckmäßigerweise noch im kleineren Kreis aussprechen[5]. Er habe den Bundesminister der Justiz bereits gebeten, zu den aufgeworfenen Verfassungsfragen möglichst abschließend Stellung zu nehmen[6].

1954 in B 126/10894 und des BMWi vom 10. und 15. Dez. 1953 in B 102/12807. Weitere Unterlagen zur verkehrspolitischen Neuordnung in B 108/1449–1491, B 126/10894–10903, B 136/1477–1492. Unterlagen zu den Sitzungen des zur Beratung der Kabinettsvorlage eingerichteten Arbeitsausschusses des Kabinettsausschusses in B 108/1490 und B 126/10895. Zur Diskussion der Verkehrsgesetze vgl. Klenke, Verkehrspolitik, S. 163–318, zu den Beratungen im Kabinett 1953 und 1954 insbes. S. 191–206. Vgl. auch den Vermerk für die 15. Kabinettssitzung am 22. Jan. 1954 in B 136/1478, abgedruckt in Anhang 3, Dokument 1. – Adenauer hatte in seiner Regierungserklärung am 20. Okt. 1953 ein verkehrspolitisches Programm angekündigt mit dem Ziel, die Sicherheit im Straßenverkehr zu heben, das Verhältnis von Schiene und Straße zu ordnen, die Deutsche Bundesbahn zu sanieren und den Straßenbau zu fördern (Stenographische Berichte, Bd. 18, S. 11–22, hierzu S. 18). Das BMV hatte in seiner Vorlage ein entsprechendes Programm vorgelegt, das den Entwurf eines Gesetzes zur Sicherung des Straßenverkehrs durch Entlastung der Straßen (Straßenentlastungsgesetz), Vorschläge für steuer- und tarifpolitische Maßnahmen, ein Programm zum Ausbau des Bundesautobahnnetzes, ein Konzept zur finanziellen und wirtschaftlichen Förderung sowie zur Rationalisierung und Modernisierung der Deutschen Bundesbahn und Vorschläge zur „Übernahme politischer Personallasten" der Deutschen Bundesbahn durch den Bund sowie zur Zusammenarbeit zwischen Bundesbahn und Bundespost umfaßte. Das BMF hatte am 14. Jan. 1954 den Entwurf eines Verkehrsfinanzgesetzes 1954 vorgelegt. Das Kabinett hatte die verschiedenen Vorlagen am 22. Jan. 1954 zur Beratung „unter Zuziehung von Sachverständigen" an den Kabinettsausschuß verwiesen. Zur Beratung der Verkehrsvorlagen hatten die am Kabinettssausschuß beteiligten Ressorts einen Arbeitsausschuß unter Vorsitz des BMZ gebildet, der am 29. Jan. 1954 erstmals getagt hatte. Die Sitzungen des Arbeitsausschusses, an denen regelmäßig Vertreter von BMZ, BMJ, BMF, BMWi und BMV sowie nach Bedarf auch Vertreter anderer Ressorts teilnahmen, werden in den Akten auch als Chef- oder Ressortbesprechungen bezeichnet. – Zur Vorbereitung der Ausschußsitzung vgl. den Sachstandsvermerk für den BMV vom 26. Jan. 1954 in B 108/1449.

[3] Der Wirtschaftsplan der Deutschen Bundesbahn für 1954 war einziger TOP der 6. Ausschußsitzung am 6. April 1954 TOP 1. – Siehe auch 28. Kabinettssitzung am 6. April 1954 TOP B (Kabinettsprotokolle 1954, S. 145).

[4] Zu den Gesetzentwürfen über die geplante Finanz- und Steuerreform vgl. 18. Kabinettssitzung am 17. Febr. 1954 TOP 2 (Kabinettsprotokolle 1954, S. 63).

[5] Nach Ausweis des Terminkalenders Blüchers fanden am 3., 8. und 12. Febr. 1954 „interministerielle Besprechungen Verkehrspolitik" statt (Nachlaß Blücher N 1080/294–8).

[6] Der gemeinsame Entwurf von BMF und BMV zum Verkehrsfinanzgesetz vom 14. Jan. 1954 (B 126/10894) sah in Abschnitt IV Artikel 3 die Erhebung von Benutzungsgebühren für privat finanzierte Bundesautobahnen vor. Mit gleichlautenden Schreiben vom 28. Jan. 1954 an BMF und BMV hatte das BMJ verfassungsrechtliche Bedenken gegen die vorgesehene Festsetzung der Gebühren durch eine Rechtsverordnung des BMV und deren Einziehung durch eine private

Der *Bundesminister für Verkehr* betont, daß es sich um zwei verschiedene Komplexe handele, einmal um den Wirtschaftsplan und damit im Zusammenhang die Kassenhilfe für die Deutsche Bundesbahn und zum anderen die verkehrspolitischen Maßnahmen, die ein organisches Ganzes bildeten.

Der *Vizekanzler* hält es auch für richtig, die Finanzen der Deutschen Bundesbahn zunächst zu erörtern, um den Umfang ihrer Kassennöte feststellen und wirksame Abhilfemaßnahmen festzulegen.

Nach Ansicht von *Staatssekretär Hartmann* ist der Wirtschaftsplan der Deutschen Bundesbahn verhältnismäßig einfach zu beurteilen. Das Bundesfinanzministerium könne sich jedoch erst dann zu Maßnahmen entschließen, wenn die Durchführung des Wirtschaftsplanes mit größter Wahrscheinlichkeit gesichert sei; denn die Erfüllung dieses Planes hänge davon ab, daß das Bundesfinanzministerium teils Haushaltsmittel, teils Kassenmittel gebe. Er schlägt vor, sich heute nach Möglichkeit über eine gemeinsame Plattform zu einigen, z. B. über das Verkehrsfinanzgesetz. Über andere Fragen bestehe noch keine gemeinsame Auffassung unter den Ressorts.

Der *Vizekanzler* betont, daß die Frage der Haushaltshilfe und der Kassenkredite unmittelbar mit der Wiederherstellung einer echten Kreditwürdigkeit der Deutschen Bundesbahn zusammenhängt. Hierbei müsse man sich darüber klar sein, wo die Grenze zwischen echtem Zuschuß und Kredit liege. Dagegen könne Klarheit über die großen Sanierungsmaßnahmen nicht so schnell herbeigeführt werden, weil sich die nicht unmittelbar damit befaßten Kabinettsmitglieder mit den aufgeworfenen Problemen und Wechselwirkungen erst vertraut machen müßten.

Der *Bundesminister für das Post- und Fernmeldewesen* führt aus, daß die beiden Sondervermögen des Bundes, Bundesbahn und Bundespost, nicht nach rein kaufmännischen Grundsätzen geführt werden könnten. Es sei notwendig, beide Unternehmen wieder auf eine gesunde Wirtschaftsbasis zu stellen, ohne die Lohn–Preis–Spirale in Bewegung zu setzen. Man müsse ein gesundes Verhältnis zwischen Haushaltshilfe und organischen Maßnahmen der Unternehmen herstellen. Bis zur Wiederherstellung ihrer Kreditwürdigkeit bedürfe es noch einer Übergangshilfe.

Zu der Frage der Sachverständigen ist der *Bundesminister für Verkehr* der Auffassung, Sachverständige erst nach Klärung der Auffassungen innerhalb der Regierung anzuhören. Die Anhörung von Sachverständigen stelle er sich nach Art von Hearings vor, ohne daß dabei diskutiert werde.

Zu dem vom *Bundesminister für Wirtschaft* geäußerten Wunsch, die Sachverständigen nicht nur anzuhören, sondern auch mit ihnen zu diskutieren und zwar nicht erst, wenn eine endgültige Klärung in der Regierung erreicht worden ist, bemerkt der *Vizekanzler*, daß die Sachverständigen erst zugezogen werden könnten, wenn sich die Ressorts über die einzuschlagenden Wege klargeworden seien. Über den

Gesellschaft erhoben. Die Festsetzung der Gebühren, die gemäß Gesetzentwurf in einem „angemessenen Verhältnis zu dem wirtschaftlichen Vorteil der Benutzung stehen" sollten, war nach Ansicht des BMJ nicht hinreichend konkret (B 141/6152, weitere Unterlagen in B 141/6153–6155).

Kreis der Sachverständigen könnten sich die Minister erst schlüssig werden, wenn in dieser Woche die Finanzlage der Deutschen Bundesbahn und das Reformprogramm durchberaten worden sind.

Gegenüber den Bedenken des *Bundesministers für Wirtschaft*, daß durch eine zu enge Begrenzung der Auswahl der Sachverständigen Kreise der Wirtschaft von der Erörterung ausgeschlossen werden würden, weist der *Vizekanzler* darauf hin, daß diese Bedenken in der eingehenden Aussprache der Minister geltend gemacht werden könnten.

Staatssekretär Dr. Sonnemann bittet, das Bundesministerium für Ernährung, Landwirtschaft und Forsten an dieser Ministeraussprache zu beteiligen.

Zu dem von *Staatssekretär Hartmann* geäußerten Gedanken, daß in einer abschließenden Besprechung nach Art von Hearings Sachverständige im großen Kreis zu Wort kommen könnten, stellt der *Vizekanzler* unter Zustimmung von *Staatssekretär Hartmann* klar, daß damit nicht beabsichtigt gewesen sei, einen Beschluß dieser Art vorzuschlagen, vielmehr sei dieser Gedanke nur als eine Möglichkeit erwogen worden.

Der *Vizekanzler* stellt abschließend fest, daß es den Ressorts unbenommen bleibt, zu der Erörterung von Detailfragen einzelne Sachverständige zuzuziehen. Es komme aber nicht in Betracht, daß die einzelnen Ressorts den Sachverständigen Fragenkomplexe zur Beurteilung vorlegen.[7]

1. Hilfe für Berlin

Nach herzlichen Begrüßungsworten des *Vizekanzlers* an den Regierenden Bürgermeister von Berlin[8], die miterschienenen Senatsmitglieder, den Bundesbevollmächtigten Dr. Vockel und den Präsidenten der Industrie- und Handelskammer Berlin, Dr. Spennrath, trägt *Dr. Schreiber* die von dem Berliner Senat in dem Memorandum vom 25.1.1954 vorgeschlagenen Hilfsmaßnahmen für Berlin vor[9].

---

[7] Fortgang 4. Ausschußsitzung am 16. Febr. 1954 TOP 1.

[8] Siehe 40. Ausschußsitzung am 22. Sept. 1953 TOP A (Kabinettsausschuß für Wirtschaft 1951–1953, S. 284–286). – Die Berliner Vertreter nahmen auf Einladung des Bundeskanzleramtes vom 26. Jan. 1954 an der Ausschußsitzung teil. Außer den erschienenen Vertretern Berlins war auch der Präsident des Verwaltungsrats der Berliner Zentralbank, Friedrich Ernst, eingeladen worden (Einladungsschreiben beim Protokollentwurf in B 136/36212).

[9] In seinem Memorandum betreffend die „Hilfe für Berlin" vom 25. Jan. 1954 hatte der Berliner Senat eine Erhöhung des Bundeszuschusses für Berlin gemäß § 16 des Dritten Überleitungsgesetzes (Gesetz über die Stellung des Landes Berlin im Finanzsystem des Bundes – Drittes Überleitungsgesetz – vom 4. Jan. 1952, BGBl. I 1) zum Ausgleich des Berliner Haushalts 1954, eine Weiterführung des sog. Notstandsprogramms in Höhe von 170 Millionen DM zur Beschäftigung von mindestens 20 000 Arbeitslosen, eine zusätzliche Auftragsfinanzierung für die Berliner Wirtschaft durch eine verstärkte Kassenhaltung des Bundes bei der Berliner Zentralbank und umfängliche Steuererleichterungen für die Berliner Wirtschaft vorgeschlagen. Dem Memorandum lagen eine „Vorausschau auf das Ergebnis der Haushaltsplanung für 1954 durch Zusammenstellung der wesentlichen Veränderungen gegenüber dem Haushaltsplan für 1953" vom 21. Jan. 1954 und Vorschläge der IHK zu Berlin für ein „Steuerpolitisches Förderprogramm für Berlin" vom 1. Nov. 1953 an (Text des Memorandums in B 136/2384 f.).

Zur Haushaltslage Berlins führt *Staatssekretär Hartmann* aus, daß eine Kommission des Bundesfinanzministeriums sich wie bisher mit dem Berliner Haushalt befassen und zu diesem Zweck in der letzten Februarwoche in Berlin die Besprechungen aufnehmen werde[10]. *Dr. Schreiber* erkennt zu Beginn der sich hieran anschließenden Erörterung die Berlin vom Bund gewährten Hilfen voll an, er glaubt allerdings, eine grundsätzliche Meinungsverschiedenheit mit der Auffassung des Bundesministers der Finanzen feststellen zu müssen. Nach § 16 des Dritten Überleitungsgesetzes soll Berlin das aus dem Notopfer[11] für den Haushalt zur Verfügung gestellt werden, was Berlin benötigt[12]. Die Höhe seines Bedarfs ist eine Frage der Haushaltskritik. Die Kriegsfolgelasten, die in der Tat in Berlin verhältnismäßig hoch sind, haben aber nach Auffassung Berlins mit dem Notopfer nichts zu tun. Auch die übrigen Länder erhielten entsprechende Bundeszuschüsse.

Staatssekretär Hartmann hebt hervor, daß die Erhebung des Notopfers Berlin bis Ende 1954 befristet sei und daß bei einem etwaigen Wegfall der Fehlbedarf des Landes Berlin ohnehin anderweitig aus Bundesmitteln gedeckt werden müsse. Er schlägt infolgedessen vor, die Erörterung dieser Frage abzubrechen.

Der *Vizekanzler* hält es aus gewichtigen Gründen nicht für angebracht, gerade im gegenwärtigen Zeitpunkt von dem Verzicht auf das Notopfer zu sprechen. Das würde sich sowohl in der deutschen öffentlichen Meinung als auch in der öffentlichen Meinung der USA und bei den amerikanischen Regierungsstellen ungünstig auswirken. Dem Abbruch der von Dr. Schreiber zur Debatte gestellten Frage möchte er nur zustimmen, wenn auch die anwesenden Vertreter Berlins damit einverstanden sind.

Nachdem *Staatssekretär Hartmann* sich zu der Auffassung des Vizekanzlers über die Bedeutung des Notopfers Berlin zustimmend geäußert hat, führt *Min. Dirigent Fischer-Menshausen* [BMF] aus, daß das Bundesfinanzministerium diese Erörterung für akademisch halte. Der Bundeszuschuß richte sich nach dem Bedarf des Berliner Haushaltes und zugleich nach den finanziellen Möglichkeiten des Bundeshaushalts. Beide seien nicht objektiv meßbar, insofern komme es auf einen Kompromiß an. Hierbei sei das Bundesfinanzministerium, wie auch *Staatssekretär Hartmann* bekräftigt, zu größtem Entgegenkommen bereit.

Dr. Vockel setzt sich dafür ein, ohne Rücksicht auf die akademische Erörterung der Frage auf die Gewährung eines echten Zuschusses abzustellen.

Abgeordneter Dr. Bucerius sieht es als allein entscheidend an, das zu tun, was Berlin jetzt möglichst leistungsfähig mache, ohne Rücksicht auf Erörterungen über die

---

10 Unterlagen zu den Besprechungen zwischen dem Bundesfinanzministerium und dem Berliner Senat im März 1954 in B 126/10962 und B 136/2385.

11 Das „Notopfer Berlin" wurde seit 1948 zur Deckung des Fehlbedarfs im Berliner Landeshaushalt und zur Sicherung der wirtschaftlichen und sozialen Stellung Berlins als zusätzliche Abgabe zur Einkommens- bzw. Körperschaftssteuer und auf Postsendungen erhoben. Aufgrund des Gesetzes über die Erhebung des Notopfers in der Fassung vom 26. Okt. 1953 (BGBl. I 1479) war die Erhebung bis zum 31. Dez. 1954 befristet.

12 Unterlagen zur Zweiten Änderung des Dritten Überleitungsgesetzes vom 25. Dez. 1954 (BGBl. I 504) in B 126/10960.

Zweckbindung des Notopfers. Berlin lasse sich, um das Berliner Sozialprodukt zu heben, nur von den gleichen Erörterungen leiten, wie sie auch im übrigen Bundesgebiet jetzt im Zusammenhang mit der Großen Steuerreform angestellt werden[13].

In der anschließenden Erörterung des Notstandsprogramms geht der *Vizekanzler* davon aus, daß ein Betrag von 38 Mio. DM noch ungedeckt geblieben ist. Nach dem bisherigen Verhalten der Amerikaner sei kein Anhalt gegeben, daß von dieser Seite eine Deckungsmöglichkeit erwartet werden könne[14]. Gerade aus diesem Grunde übrigens lege er Wert darauf, die spezielle Belastung der Steuerzahler in der Bundesrepublik für Berlin weiter sichtbar zu erhalten. Um so mehr komme es ihm darauf an, das Notstandsprogramm und übrigens auch das Investitionsprogramm stärker als bisher auf die künftige Rentabilität der Berliner Wirtschaft abzustellen.

Staatssekretär Hartmann bemerkt, daß das Bundesfinanzministerium der Mehreinstellung von 30 Mio. DM im Berliner Haushalt im Jahre 1954 wohlwollend gegenüber stehe, zumal es sich um ein aufbauendes Programm handele.

Staatssekretär Sauerborn teilt bei der Erörterung des für das Notstandsprogramm ungedeckt gebliebenen Betrages von 38 Mio. DM mit, daß der Verwaltungsrat der Bundesanstalt für Arbeitsvermittlung und Arbeitslosenversicherung beschlossen habe, den Tagewerkssatz von 5.- auf 6.- DM heraufzusetzen[15]. Dadurch werde sich ein Zuschuß von etwa 2 Mio. DM ergeben. Dieser Beschluß bedürfe noch der Zustimmung des Bundesfinanzministers, die *Staatssekretär Hartmann* allerdings für das Bundesfinanzministerium im Augenblick trotz grundsätzlicher positiver Einstellung noch nicht geben kann. Das Bundesministerium für Arbeit ist zwar bereit, seine ebenfalls notwendige Zustimmung zu erteilen, muß sie aber abhängig machen von der Zustimmung des Bundesfinanzministeriums.[16]

In der anschließenden Erörterung über die Höhe dieses Zuschusses der Bundesanstalt für Arbeitsvermittlung und Arbeitslosenversicherung zu dem Berliner Notstandsprogramm weist *Staatssekretär Sauerborn* auf die infolge des Kälteeinbruches im Augenblick unübersichtlich gewordene Lage der Bundesanstalt hin. Er hält in einem späteren Zeitpunkt erneute Überlegungen für möglich.

Dr. Schreiber gibt davon Kenntnis, daß Berlin in Übereinstimmung mit den parallel laufenden Bestrebungen des Bundesfinanzministeriums daran denkt, den öffent-

---

13 Zur Steuerreform vgl. 18. Kabinettssitzung am 17. Febr. 1954 TOP 2 (Kabinettsprotokolle 1954, S. 63). – Fortgang zur unbefristeten Verlängerung des „Notopfers Berlin" 21. Kabinettssitzung am 4. März 1954 TOP 1 (Kabinettsprotokolle 1954, S. 82–86). – Gesetz zur Erhebung einer Abgabe „Notopfer Berlin" (NOG 1955) vom 16. Dez. 1954 (BGBl. I 422).

14 Unterlagen zu den Sitzungen des Berliner Investitionsausschusses, dem zur gemeinsamen Verfügung über ECA-Mittel Vertreter amerikanischer und deutscher Stellen angehörten, in B 115/4523, 4526–4528, 4538–4540 und 4544.

15 Der Verwaltungsrat der Bundesanstalt für Arbeitsvermittlung und Arbeitslosenversicherung hatte in seiner 14. Sitzung am 17./18. Dez. 1953 beschlossen, daß ab dem 1. Jan. 1954 der Förderungssatz je Arbeitslosentagewerk in der Regel 4,– bis 6,– DM betragen sollte (Protokoll vom 22. Jan. 1954 in B 119/2574).

16 Nicht ermittelt.

lichen Haushalt von Aufwendungen für Investitionen durch Übergang zu Anleihen zu entlasten. Hierzu hält er eine Garantie des Bundes für erforderlich, während *Staatssekretär Hartmann* unter Hinweis auf die Anleihe des Landes Schleswig-Holstein es nicht als ausgeschlossen ansieht, daß eine Berliner Anleihe auf dem Kapitalmarkt untergebracht werden kann[17]. Immerhin glaubt *Staatssekretär Hartmann*, daß über eine Bundesbürgschaft gesprochen werden könne.

Der *Bundesminister für Wirtschaft* hält es ebenfalls für möglich, daß Kreditmittel für Berlin auf dem Anleihewege aufgebracht werden können. Der *Vizekanzler* deutet an, daß dabei vielleicht in vorsichtiger Weise Möglichkeiten des Sondervermögensgesetzes[18] für Bürgschaften herangezogen werden könnten[19].

Abschließend stellt der *Vizekanzler* fest, daß die Erörterung über den ungedeckt gebliebenen Betrag von über 35 Mio. DM im Notstandsprogramm noch keine Dekkungsmöglichkeiten gewiesen habe, wenn auch gegenüber dem Berliner Erfordernis allgemein eine entgegenkommende Haltung zum Ausdruck gekommen sei.

Bevor die Haushaltsbesprechungen in Berlin nicht abgeschlossen seien, könne man jedoch nicht zur Entscheidung kommen.

Zu der von Berlin erbetenen Hilfe für die Auftragsfinanzierung führt *Staatssekretär Hartmann* aus, daß das Bundesfinanzministerium seine Stellungnahme in einem Schreiben an den Berliner Senat niederlegen werde[20]. Das Bundesfinanzministerium sei grundsätzlich nicht abgeneigt, den Berliner Wünschen näherzutreten. Allerdings denke Berlin wohl an einen Zeitraum von 3 bis 5 Jahren; Kassenmittel könne man dagegen nach dem Grundgesetz nur auf die Dauer eines Jahres anlegen, darüberhinaus bedürfe es einer gesetzlichen Ermächtigung[21]. Im übrigen seien die Mittel des Bundes im Zentralbanksystem angelegt; für Abweichungen hiervon sei eine Ermächtigung der Bank deutscher Länder notwendig, die wohl zu erhalten sein werde.

Staatssekretär Hartmann wirft dabei noch die Frage auf, ob die dem Bundesminister für Arbeit unterstehenden Anstalten nicht im gleichen Sinne die Berliner Bestrebungen unterstützen könnten. *Staatssekretär Sauerborn* äußert hierzu, daß die Vorschriften über die Kassenführung dem entgegenständen; trotzdem wolle die Bundesanstalt für Arbeitsvermittlung und Arbeitslosenversicherung diesen Wunsch wohlwollend prüfen. Außerdem beabsichtige die Bundesanstalt für Angestellte in Berlin ein Konto einzurichten. Für den besseren Weg halte er es jedoch, seitens der

---

[17] Schleswig-Holstein hatte 1953 eine Anleihe über 20 Millionen DM bei einem Zinssatz von 5 % und einer Laufzeit von fünf Jahren aufgelegt. Unterlagen zur Finanzhilfe des Bundes für Schleswig-Holstein in B 126/2374. – Zur Behandlung von öffentlichen Anleiheanträgen durch die Bundesregierung im Jahre 1954 vgl. 28. Kabinettssitzung am 6. April 1954 TOP 3–7 (Kabinettsprotokolle 1954, S. 152 f.).

[18] Gesetz über die Verwaltung des ERP-Sondervermögens vom 31. Aug. 1953 (BGBl. I 1312). – Vgl. hierzu TOP 4 dieser Sitzung.

[19] Unterlagen zur Auflage einer Berliner Anleihe in B 126/10961 f. und B 136/2228. – Fortgang hierzu 65. Kabinettssitzung am 19. Jan. 1955 TOP C (Kabinettsprotokolle 1955, S. 83).

[20] Nicht ermittelt.

[21] Vgl. Artikel 110 und 115 GG.

Anstalt ein Darlehen an Berlin zu geben; er sei bereit, hierbei nach Möglichkeit zu helfen[22].

Der *Vizekanzler* begrüßt diese Anregung, weil Auftragsfinanzierungskredite das konstruktivste Mittel für die Förderung der Berliner Wirtschaft sei. Er regt bei den Berliner Herren an, entsprechende Verhandlungen zu führen.

Zum Problem der Steuererleichterung für Berlin betont *Präsident Spennrath* die nach Auffassung Berlins bestehende Notwendigkeit, den Berliner Betrieben mit den vorgeschlagenen Maßnahmen zu helfen, die besonders starke Unterkapitalisierung der Berliner Wirtschaft etwas günstiger zu gestalten. Als ebenso wesentlich bezeichnet er es aber auch, den einzelnen Berufstätigen in Berlin einen Anreiz für den Verbleib in Berlin und einen Ausgleich für verschiedene aus der Berliner Lage sich ergebende Nachteile zu geben. Er hebt die schweren politischen Gefahren des in Berlin sichtbar werdenden negativen Ausleseprozesses hervor. Aus diesem Grunde halte die Berliner Wirtschaft ein Gefälle der öffentlichen Lasten zugunsten der Berliner Wirtschaft und Bevölkerung für geboten. Die erforderlichen Aufwendungen des Bundes hierfür seien vergleichsweise nicht so erheblich, zumal sich andererseits auch die Steuereinnahmen in Berlin in der Folge bessern würden, wie sich das schon jetzt erwiesen habe. Vor allem stelle die Unterstützung Berlins einen echten Verteidigungsbeitrag dar, den der Bundesfinanzminister an anderer Stelle als Ausgleich ansetzen könne. Auch die Aufwendungen für die Bevorratung Berlins könnten aus den gleichen Erwägungen vom Bundesfinanzminister bei der Festlegung des Verteidigungsbeitrages angemeldet werden, wenn man sie nicht überhaupt als Sache der Alliierten anzusehen habe.

Der *Vizekanzler* legt Wert darauf, daß die Bundesregierung bei der kommenden Prüfung der Forderungen Berlins davon ausgeht, daß die Berliner Wirtschaft mit ihren unzulänglichen Möglichkeiten den an sie gestellten Anforderungen nicht entsprechen könne.

Die zwangsläufig zurückgebliebene Ausdehnung der Berliner Wirtschaft wirke sich im Vergleich mit der immer größer werdenden Expansion im Bundesgebiet von Jahr zu Jahr immer stärker aus. Er erinnert an die ungleich größere Beeinträchtigung Berlins in den Jahren 1945 bis 1948 und an die besondere Anspannung während der Luftbrückenzeit[23]. Die Berliner Wirtschaft sei abgeneigt, neue Kredite aufzunehmen, weil sie durch die Kredite der letzten Jahre beengt ist und sogar einen Grund darin für ihren Niedergang sieht. Es gehe um die Auffüllung der fehlenden Betriebsmittel in irgendeiner Form, um auf konstruktive Weise diesen Zustand zu beenden. Ohne das Durchhalten Berlins sei der bisherige Weg der Bundesregierung politisch nicht möglich gewesen.

Staatssekretär Hartmann äußert erhebliche Bedenken gegen die von Berlin vorgeschlagenen Steuererleichterungen. Den Kern sieht er darin, daß die Berliner Unter-

[22] Die Bundesversicherungsanstalt für Angestellte lehnte mit Schreiben vom 8. April 1954 an den Regierenden Bürgermeister von Berlin die Gewährung eines Kredits ab (Abschrift in B 115/5337).

[23] Während der Blockade aller Land- und Wasserwege aus den westlichen Besatzungszonen nach Berlin durch die Sowjetunion vom 24. Juni 1948 bis 12. Mai 1949 hatten die Westmächte die Berliner Bevölkerung vom 28. Juni 1948 an über eine Luftbrücke versorgt.

nehmen wegen ihrer hohen Investitionen nicht die genügenden Betriebsmittel haben, um die Aufträge durchführen zu können.

Der *Bundesminister für Wirtschaft* pflichtet den Ausführungen von Präsident Dr. Spennrath bei, daß es sich nicht allein um das Einkommen der Betriebe, sondern auch um das der Menschen handele, insbesondere der Führungskräfte, die nicht mehr nach Berlin gehen wollten. Er setzt sich aus diesem Grunde für eine sehr genaue und möglichst positive Prüfung der Berliner Forderungen ein.

Abgeordneter Dr. Bucerius erhebt die Forderung, eine zusätzliche Hilfe für Berlin zu gewähren und eine persönliche Prämie vorzusehen, weil nach Art eines Auswaschungsprozesses das Gefälle Westen–Berlin immer deutlicher werde. In diesem Sinne sei gerade bei der Einkommen- und Körperschaftsteuer eine Erleichterung geboten, wobei Mißbräuche im Einvernehmen mit dem Bundesminister der Finanzen vermieden werden könnten.

Auch der *Bundesminister für das Post- und Fernmeldewesen* sieht eine Gefahr der negativen Auslese als bedrohlich für Berlin an und wünscht Maßnahmen, die für die Berliner Bevölkerung wie eine Versicherungsprämie wirken. Bei einer steuerlichen Bevorzugung gegenüber dem Westen sieht er allerdings die Gefahr, daß ein umgekehrtes Gefälle nach Berlin entsteht, weil auch diejenigen, die diese Förderung nicht nötig haben, davon Nutzen ziehen könnten.

Staatssekretär Hartmann erklärt, daß man sich im Ziel einig sei, aber noch den richtigen Weg suchen müsse. Dazu schlägt er vor, daß Vertreter des Bundesfinanzministeriums sich mit Dr. Hertz zusammensetzen, um eine Reihe von Beispielen durchzurechnen und dabei sicherzustellen, daß etwa zu gewährende Hilfen nicht nur zur Verlagerung von Betriebsverwaltungen nach Berlin ausgenutzt werden. Dieser Vorschlag wird vom *Vizekanzler* begrüßt.

Zu der von *Dr. Vockel* geäußerten Sorge, daß die Haushaltsverhandlungen in Berlin zu einem Zeitpunkt durchgeführt werden, in dem der Bundeshaushalt bereits von den gesetzgebenden Körperschaften endgültig verabschiedet sei, erklärt *Staatssekretär Hartmann*, daß damit nicht zu rechnen sei[24].

Der *Vizekanzler* stellt abschließend fest, daß die Aussprache zwar noch kein endgültiges Ergebnis gehabt habe, wohl aber Klarheit über die zu entscheidenden Fragen erreicht worden sei; auch habe sie den allseitigen guten Willen der Bundesressorts, Berlin zu helfen, bekundet. Er drückt die Hoffnung aus, daß in den Verhandlungen zwischen dem Bundesminister der Finanzen und dem Berliner Senat der Weg gefunden wird, der die offenkundige Beeinträchtigung der Berliner Wirtschaft nach Möglichkeit ausgleicht.

Er bittet aber ausdrücklich, die nunmehr beginnende Aussprache nicht etwa zum Gegenstand öffentlicher Diskussionen zu machen[25].

---

[24] Vgl. hierzu 13. Kabinettssitzung am 18. Dez. 1953 TOP B (Kabinettsprotokolle 1953, S. 577) und 25. Kabinettssitzung am 24. März 1954 TOP C (Kabinettsprotokolle 1954, S. 115).

[25] Am 23. Febr. 1954 traf Blücher mit Schreiber, den Senatoren Eich, Kreil, Mahler, Haas und Ullmann, Spennrath, dem Präsidenten der Handwerkskammer Drewitz sowie den Landesvorsitzenden des DGB und der DAG, Scharnowski und Aufhäuser, in Berlin zu einer Besprechung

3. Beschluß des Deutschen Bundestages vom 3. Juli 1953 betr. Änderung einiger umsatzsteuerrechtlicher Vorschriften **BMF**

Staatssekretär Dr. Sonnemann trägt den Inhalt der Vorlage des Bundesministers für Ernährung, Landwirtschaft und Forsten vom 27.1.1954 vor und weist in diesem Zusammenhang auf einen inhaltlich gleichen Antrag der Opposition hin[26].

Staatssekretär Hartmann äußert die Bedenken des Bundesministers der Finanzen gegenüber dieser Forderung, da die Regelung im Sinne des Bundesministers für Ernährung, Landwirtschaft und Forsten nur einige bestimmte Sparten privilegiere. Das Bundesministerium der Finanzen beabsichtige eine generelle Verwaltungsvereinfachung, nach der die vom Bundesministerium für Ernährung, Landwirtschaft und Forsten bezeichneten Manipulationsvorgänge allgemein als unschädlich im Sinne der Umsatzsteuer gelten sollen.

Zum Ausgleich des dadurch entstehenden Steuerausfalles werde an eine geringfügige Anhebung des jetzt geltenden Großhandelssteuersatzes gedacht. Der Erfolg der beabsichtigten Reform werde aber beeinträchtigt, wenn man die fraglichen Vorgänge bei einigen Warenpositionen schon jetzt begünstige, zumal damit zu rechnen sei, daß es infolge von Berufungen nicht bei den erwähnten Waren bleiben werde. Die Wünsche der gewerblichen Wirtschaft werde man dann nicht ohne weiteres abwehren können.

Staatssekretär Dr. Westrick pflichtet der Auffassung von Staatssekretär Hartmann bei.

Der *Vizekanzler* würdigt die Erwägungen des Bundesfinanzministeriums, macht jedoch darauf aufmerksam, daß die Lage für den Absatz von inländischem Obst und

---

über Fragen des Berliner Haushalts und der Bundeshilfe für Berlin zusammen (vgl. den Eintrag im Tageskalender Blüchers in Nachlaß Blücher N 1080/294-8). Der Tagespresse zufolge, in der die Besprechung irrtümlich als Sitzung des Kabinettsausschusses für Wirtschaft bezeichnet wurde, war das Ergebnis, daß der Bund den notwendigen Finanzbedarf Berlins sichern, die Vergabe öffentlicher und privater Aufträge an Berliner Unternehmen fördern und einen Zuschuß zur Weiterführung des Notstandsprogramms leisten wolle. Darüber hinaus sei die Forderung nach einer Erweiterung der Steuerpräferenzen für Berlin anerkannt worden (vgl. Berlin. Chronik der Jahre 1951–1954, S. 950). – Fortgang 30. Kabinettssitzung am 28. April 1954 TOP F (Kabinettsprotokolle 1954, S. 180) und 13. Ausschußsitzung am 13. Juli 1954 TOP A.

[26] Vorlagen des BMF vom 21. Dez. 1953 und des BML vom 27. Jan. 1954 in B 116/13688. – Der Bundestag hatte die Bundesregierung am 3. Juli 1953 aufgefordert, umgehend Änderungen des Umsatzsteuergesetzes und Ergänzungen der Durchführungsbestimmungen zum Umsatzsteuergesetz dahingehend herbeizuführen, daß das Verpacken, Sortieren oder Einkühlen bestimmter inländischer landwirtschaftlicher Erzeugnisse von der Umsatzsteuer befreit oder mit dem für den Binnengroßhandel geltenden ermäßigten Steuersatz von 1 % belastet werden sollten (BT-Drs. 4630 und 4632). – Der BMF hatte in seiner Vorlage vom 21. Dez. 1953 die Zurückstellung der vorgeschlagenen Änderungen beantragt, bis geklärt sei, ob im Rahmen der geplanten Steuerreform auch das Umsatzsteuerrecht geändert werde. Der BML hatte daher in seiner Vorlage vom 27. Jan. 1954 um eine vordringliche Änderung der Umsatzsteuer-Durchführungsbestimmung (UStDB) gebeten, durch die das Trocknen, Reinigen und Beizen von Getreide sowie das Sortieren von Kartoffeln, Frischobst und Frischgemüse aus deutscher Produktion von der Umsatzsteuer befreit sein sollten, wenn die Erzeugnisse direkt vom Erzeuger durch Erzeuger- oder Verbrauchsgenossenschaften oder durch den Großhandel bezogen werden (B116/13688). Die SPD hatte am 20. Jan. 1954 eine entsprechende Änderung von § 7 Absatz 3 des Umsatzsteuergesetzes vom 1. Sept. 1951 (BGBl. I 791) beantragt (BT-Drs. 199). – Vgl. zur Steuerreform 21. Kabinettssitzung am 4. März 1954 TOP 1 (Kabinettsprotokolle 1954, S. 82–86).

Gemüse es im Hinblick auf die Ernte des Jahres 1954 ihm erforderlich zu machen scheine, schon jetzt durch umsatzsteuerliche Maßnahmen die Konkurrenzfähigkeit zu bessern. Es sei zwischen den Ressorts zu überlegen, ob hierfür eine Sonderregelung getroffen werden könne, die die vom Bundesminister der Finanzen gefürchteten Berufungen für andere Warenpositionen ausschließt.

Auf Vorschlag des *Vizekanzlers* kommen die *Staatssekretäre Hartmann, Dr. Westrick* und *Dr. Sonnemann* überein, in einer Staatssekretärbesprechung die Lösung dieser Frage herbeizuführen und das Ergebnis dem Kabinettsausschuß vorzulegen[27].

4. Durchführung von Finanzierungsprogrammen in Berlin aus Mitteln des ERP-Sondervermögens **BMZ**

Der *Vizekanzler* schlägt vor, die abschließende Erledigung seiner Vorlage[28] einer Aussprache zwischen Bundesfinanzministerium, Bundeswirtschaftsministerium, Bundesernährungsministerium und Bundesministerium für wirtschaftliche Zusammenarbeit zu überlassen. Die *Staatssekretäre Hartmann, Dr. Westrick* und *Dr. Sonnemann* erklären sich damit einverstanden[29].

---

27 Zu der Besprechung zwischen Hartmann und Sonnemann am 22. Febr. 1954 vgl. den Vermerk aus dem BML vom 24. Febr. 1953 in B 116/13688. – Die Vorlage des BMF vom 21. Juli 1954 mit dem Entwurf einer Sechsten Verordnung zur Änderung der Durchführungsbestimmungen zum Umsatzsteuergesetz sah die vom BML gewünschten Steuerentlastungen vor und wurde im Umlaufverfahren verabschiedet (B 136/638). – Verordnung vom 14. Aug. 1954 (BGBl. I 262).

28 Siehe 2. Ausschußsitzung am 21. Dez. 1953 TOP 4 (Kabinettsausschuß für Wirtschaft 1951–1953, S. 302). – Vorlage des BMZ vom 18. Dez. 1953 in B 136/2384. – In seiner Vorlage vom 18. Dez. 1953 hatte Blücher beantragt, daß Kabinett möge 1) die vom BMZ im Einvernehmen mit BMWi und BMF „getroffenen Maßnahmen hinsichtlich der Gewährung und Überwachung von Krediten an Berliner Unternehmen aus Mitteln des ERP-Sondervermögens" zustimmend zur Kenntnis nehmen, 2) die an der Vergabe solcher Kredite beteiligten Ressorts ermächtigen, in Einzelfällen auch dann Kredite genehmigen, wenn die üblichen bankmäßigen und betriebswirtschaftlichen Voraussetzungen fehlten, 3) eine großzügige Auslegung der RHO „bei der Vergabe von Mitteln aus geschenkweisen Zuwendungen der USA" zu befürworten und 4) den BMZ zu beauftragen, allein oder im Benehmen mit der Berliner Industriebank A.G., „alle im Hinblick auf die wirtschaftliche Lage Berlins möglichen Maßnahmen zu ergreifen", um die Kreditrisiken zu vermindern.

29 Vgl. das Protokoll der 1. (konstituierenden) Sitzung des interministeriellen Ausschusses für Fragen der Verwendung von Mitteln des ERP-Sondervermögens am 22. März 1954 in B 146/229b und B 115/4510.

4. Sitzung des Kabinettsausschusses für Wirtschaft am Dienstag, den 16. Februar 1954

Teilnehmer: Blücher, Neumayer, Erhard, Seebohm, Balke, Preusker; Hartmann, Westrick, Sonnemann, Wandersleb, Nahm; Bernard (BdL), von Maltzan (AA), Grau (Bundeskanzleramt), Vogel (BMZ), Heise (BMZ), Hornschu (Bundeskanzleramt), Vertreter einzelner Bundesministerien. Protokoll: Haenlein.

Beginn: 9.30 Uhr *Ende: 14.15 Uhr*

Ort: Bad Godesberg, Haus Carstanjen

Tagesordnung:

1. *Programm zur verkehrspolitischen Neuordnung*
   Bericht des Arbeitsausschusses.
2. *Bereitstellung von Mitteln zur Finanzierung dringender industrieller Investitionen und zur Finanzierung langfristiger Exportgeschäfte*
   Vorlage des BMWi vom 29. Jan. 1954 (VI/5 - 5297/53).
3. *Preiserhöhungen*
   Schreiben des BMA an den BMZ vom 3. Febr. 1954 (Tgb. Nr.: I a 6 - 143/54).

Außerhalb der Tagesordnung:

Abwicklung des Kreditabkommens mit Jugoslawien.

1. Programm zur verkehrspolitischen Neuordnung — BMV und BMF

Nach Dankesworten des *Vizekanzlers* an die Mitglieder des Arbeitsausschusses[1] gibt der *Bundesminister für Verkehr* seine Absicht bekannt, am 23. und 24.2.1954 in Niederbreisig eine Aussprache mit einem kleinen Kreis von Sachverständigen über die grundlegenden Fragen durchzuführen. Diese Sachverständigen sollen dem Kreis der im Arbeitsausschuß genannten Personen entnommen werden[2].

Gegen diese Absicht des Bundesministers für Verkehr werden von keiner Seite Einwendungen erhoben.

---

[1] Siehe 3. Ausschußsitzung am 1. Febr. 1954 TOP 2. – Laut Einladung lag ein Bericht des Arbeitsausschusses als Besprechungsgrundlage vor. Vgl. den undatierten Text des Schlußberichts in B 126/10895; weitere Unterlagen in B 108/1490. – Vgl. auch die Vermerke des Ministerialrats Korff (BMF) vom 14. und 16. Febr. 1954 zur Vorbereitung bzw. über den Verlauf der Ausschußsitzung in B 126/10895.

[2] Protokolle und weitere Unterlagen zu den Besprechungen am 23. und 24. Febr. 1954 in Niederbreisig in B 108/1449.

Der *Vizekanzler* macht darauf aufmerksam, daß es sich dabei nur um einige wenige Spitzenfachleute handeln soll, die bei ihrer Arbeit sich zur Richtschnur machen müßten, daß zur Erreichung eines gesunden Verhältnisses zwischen Schiene und Straße und zur Wiederherstellung der Verkehrssicherheit von allen Seiten Zugeständnisse gemacht werden müßten.

Anschließend regt *Staatssekretär Hartmann* an, das Verkehrsfinanzgesetz zuerst zu behandeln, da hierüber weitgehende Einigkeit bestehe. Auf seine Frage nach dem weiteren Prozedere für die verkehrspolitischen Vorlagen äußert der *Vizekanzler*, daß hierfür eine Sondersitzung des Kabinetts erforderlich sei. Nach der Zusammenkunft mit den Sachverständigen in Niederbreisig müsse man sich über die dem Kabinett zu unterbreitenden Fragen schlüssig werden, sodaß mit dieser Sondersitzung in etwa 14 Tagen gerechnet werden könne. Er halte es für angebracht, zunächst das Straßenentlastungsgesetz wegen der darüber bestehenden grundsätzlichen Meinungsverschiedenheiten zu erörtern und zwar beginnend mit den für den Güterfernverkehr geplanten Maßnahmen.

a) Straßenentlastungsgesetz

Zu diesem Gesetzentwurf führt der *Vizekanzler* aus, es bestehe wohl Einigkeit darin, alle polizeilichen Maßnahmen zu treffen, die der Sicherheit des Lebens der Bevölkerung dienen[3]. Man müsse allerdings festlegen, was man sich darunter vorzustellen habe. Unter den in Betracht kommenden echten Sicherungsmaßnahmen erwähnt er das Verbot des Transportes sperriger Güter oder sonst gefährlicher Ladungen, des Überladens, das Verbot des Sonntagsverkehrs, die Sperrung bestimmter Straßen, Straßensperrungen sonntags und nachts, ausgedehnte Parkverbote, Begrenzung der Gesamtlänge der Lastzüge und Festsetzung von Höchstgeschwindigkeiten. Mit solchen Maßnahmen würde auch dem Wunsche des Bundeskanzlers entsprochen werden. Es komme dabei auf den stärksten Einsatz der Landespolizei an.

Der *Bundesminister für Verkehr* verweist auf die Erörterungen der Verkehrssicherheitskonferenz, auf der allgemein eine Entlastung der Straßen als notwendig bezeichnet worden sei[4]. Technische Verbote beständen schon jetzt; sie würden aber, wie die Erfahrung zeige, von der Polizei der Länder nicht ausreichend kontrolliert. Die Verringerung des Verkehrsvolumens überhaupt sei deshalb in Anbetracht der überlasteten Straßen ebenfalls als geeignete polizeiliche Maßnahme im Interesse der Verkehrssicherheit anzusehen.

---

[3] Vorlage des BMV vom 12. Dez. 1953 in B 108/1478 und B 136/1477. Weitere Unterlagen in B 108/1489 und B 136/9689. – Der BMV hatte den Entwurf eines Gesetzes zur Sicherung des Straßenverkehrs durch Entlastung der Straßen als Teil seiner Vorlage vom 12. Dez. 1953 eingebracht. Der Entwurf sah vor, daß die in einem dem Entwurf beiliegenden Güterverzeichnis bezeichneten Güter künftig nicht mehr im Güterfernverkehr und im Werkfernverkehr auf der Straße befördert werden dürften. Dazu gehörten u. a. Erde und Gestein, Erze, Schlacken, Zement, Betonwaren, Eisen und Stahl, Grubenholz, Getreide und Rohzucker.

[4] Unterlagen zur „Gemeinsamen Konferenz der für den Verkehr, für die Polizei, für die Finanzen und für den Straßenbau zuständigen Minister der Länder" am 28. Jan. 1954 unter Vorsitz Seebohms in Bonn in B 108/2191 und B 136/1487.

Nach Erörterung der Gründe, die für die Aufnahme der einzelnen Güter in den Verbotskatalog maßgebend waren, kommt der *Bundesminister für Verkehr* zu dem Ergebnis, daß man wohl nur über Zement, Zucker und Getreide verschiedener Auffassung sein könne. Jedenfalls sei es nötig, in dem Katalog die Tarifstellen genau zu bezeichnen und nicht nur allgemein auf Begriffe wie „sperrige" oder „gefährliche" Güter abzustellen, damit die Güterfernverkehrsstellen die Ladungen kontrollieren könnten. Anzustreben sei ein Gesamtgewicht für den Lastzug von 30 t. Die überschweren LKW-Züge verursachten auf die Dauer auch auf den Autobahnen zunehmend größere Schäden[5]. Da man auch in den vergangenen Jahren zur Erhöhung der Verkehrssicherheit mit Verbotsbestimmungen vorgegangen sei (z. B. Verbot des zweiten Anhängers[6]), seien grundsätzliche Bedenken gegen weitere Verbote auch jetzt nicht angebracht. Nach seiner Ansicht sei das von ihm vorgeschlagene Verbot des Transportes von Massengütern auf der Straße für die Wirtschaft vergleichsweise noch erträglich, während eine stärkere Anwendung allgemeiner polizeilicher Maßnahmen sich sehr einschneidend auswirken könnte, so z. B. die Sperrung bestimmter Straßen, durch die manche Ortschaften sogar von jedem LKW-Verkehr abgeschnitten werden könnten.

Der *Bundesminister für Wohnungsbau* macht unter Hinweis auf die bei Schnittholz und Zement gegebene Lage darauf aufmerksam, daß das beabsichtigte Verbot des Ferntransports einzelner Waren möglicherweise doch einen unverhältnismäßig starken Eingriff über das Verhältnis der Regelung Schiene/Straße hinaus bedeuten könne und zwar im Hinblick auf die durch den wachsenden Straßenverkehr eingetretene Auflockerung der Besiedlung und die Verlagerung des Standorts von Industrieanlagen. Durch das Verbot werde wieder eine stärkere Bindung an die Bahnlinien und die Hauptknotenpunkte entstehen. Soweit es sich nur um die Beseitigung der Disparität zwischen Schiene und Straße handeln würde, wolle er keine Einwendungen erheben.

Der *Bundesminister für Wirtschaft* hält die Beseitigung des Defizits der Deutschen Bundesbahn bei der Vorlage des Bundesministers für Verkehr für den ursprünglich maßgebenden Gesichtspunkt. Die erstrebte Verkehrssicherheit soll seiner Auffassung nach mit polizeilichen Maßnahmen im eigentlichen Sinne angestrebt werden, wozu er z. B. neben dem Vorgehen gegen überhängende Ladungen auch die Festsetzung von Mindestgeschwindigkeiten rechne. Er spreche sich aber gegen den in der Vorlage des Bundesverkehrsministers enthaltenen Eingriff in den Wirtschaftsablauf und die Unternehmertätigkeit aus, zumal für ihn auch die Möglichkeit des billigen und rationellen Transports unter Ausnutzung von Rückfracht eine Rolle spiele. Daneben sei auch zu bedenken, daß die Wirtschaft wegen der schwachen finanziellen Ausstattung der Unternehmer und des damit verbundenen Zwangs zu möglichst geringer Lagerhaltung auf schnellen Umschlag und überhaupt kurzfristige

---

[5] Fortgang hierzu 88. Kabinettssitzung am 30. Juni 1955 TOP 4 (Kabinettsprotokolle 1955, S. 397) und 32. Ausschußsitzung am 21. Juli 1955 TOP 1.

[6] Gesetz zur Sicherung des Straßenverkehrs vom 19. Dezember 1952 (BGBl. I 832). – Vgl. dazu Kabinettsprotokolle 1951, S. 323 f., 631 und 685.

Dispositionen eingestellt und angewiesen sei. Nach seiner Meinung sei bei der Deutschen Bundesbahn zu prüfen, ob die jetzt bestehende Zahl der Güterbahnhöfe nicht verringert werden könne, weil diese hohe Zahl in den Landgebieten noch aus der Zeit der Anlieferung mit Pferdefuhrwerken herrühre. Im übrigen sei er gegen den Verbotskatalog auch deshalb, weil die schnelle Vermehrung der Lastkraftwagen durch unsere eigene Steuerpolitik veranlaßt sei. Auf seine Folgerung, daß diese Anschaffungen durch das Transportverbot zu Fehlinvestitionen werden würden, erwidert der *Bundesverkehrsminister*, daß die Lastkraftwagen bereits abgeschrieben seien.

Der *Bundesminister für das Post- und Fernmeldewesen* geht davon aus, daß Straße und Schiene sich ergänzen und daß jede Sparte ihre besonderen Funktionen im Wirtschaftsablauf habe. Hier durch staatliche Lenkungsmaßnahmen einzugreifen, halte er nicht für angebracht. Bei der Post z. B. würden aus wohlerwogenen Gründen 80 Prozent des Verkehrsvolumens auf der Schiene befördert. Die Ursache für die eingetretene Fehlentwicklung sehe er darin, daß man im Schienenverkehr erst dann schwere Transporte abwickeln könne, wenn man den Unterbau verstärkt habe. Bei der Straße dagegen sei die Entwicklung umgekehrt vor sich gegangen. Die jetzigen hohen Achsdrucke könnten ebensowenig von den Straßen ausgehalten werden, wie die entstehenden Schwingungen und Schübe an den Brücken. Er spricht sich dafür aus, daß auch bei der Straße zuerst die technischen Voraussetzungen geschaffen werden, bevor die Kraftwagen fahren. Solange der Straßenzustand nicht geändert sei, müsse man das rollende Material beschränken. Verbote halte er nur im beschränkten Umfang für ein Aushilfsmittel. Man könne aber entsprechend dem Zustand der Straßen Straßensperrungen anordnen und es dem Verkehr überlassen, den dann geeigneten Weg zu suchen. Im übrigen habe er den Eindruck, daß der Nahverkehr an den entstandenen Verkehrsschwierigkeiten in demselben Maße beteiligt sei wie der Fernverkehr. Seiner Meinung nach bediene sich der Kraftverkehr der vielen kleinen Güterbahnhöfe zu seiner Ergänzung für nicht gewinnbringende Transporte in abgelegene Gegenden. Er fordert schließlich noch eine schärfere Anwendung der Haftpflichtbestimmungen auf den Unterhalter der Straßen.

Staatssekretär Dr. Sonnemann stellt fest, daß durch den Verbotskatalog weder landwirtschaftliche noch forstwirtschaftliche Interessen berührt werden. Das Bundesministerium für Ernährung, Landwirtschaft und Forsten sei an einer Entlastung der Straßen interessiert. Der landwirtschaftliche Betrieb werde durch den Straßenverkehr äußerst stark behindert. Die wachsende Inanspruchnahme von Land für den Straßenbau bedeute ein schweres Problem. An den kleinen Güterbahnhöfen habe die Landwirtschaft durchaus ein Interesse; durch ihren Wegfall würden außerdem die Transporte noch mehr auf die Straße abgedrängt.

Staatssekretär Hartmann unterstützt den Standpunkt des Bundesministers für Verkehr und verweist besonders auf die wachsende Zerstörung der Straßen. Es seien nicht die Mittel vorhanden, um sie auszubauen und zu reparieren. Auf das Verbot des Transports von Zement, Getreide und Rohzucker könne der Bundesfinanzminister vielleicht verzichten, wenn man sonst auf den Boden der Vorlage trete.

Darüberhinaus könne man noch an folgende Maßnahmen denken:

1.) Verbot des Transports gefährlicher Güter auch im Nahverkehr,

2.) Einführung von Höchstgewichten für Lastwagen und Anhänger; dabei Einräumung von gewissen Übergangsfristen im Hinblick auf die investierten Mittel,

3.) Beschränkung der schweren Kraftwagen auf die Straßen, die nach Unterbau und Fahrbahnbreite dafür geeignet sind und besonders bezeichnet werden könnten,

4.) Beschränkung des Gewichts des Anhängers auf die Hälfte des Gewichts des Zugwagens, dabei Ausnahme für Trecker.

Auch die Einführung einer jährlichen Zulassungsgebühr für den Werkverkehr könnte erwogen werden.

Der *Vizekanzler* hält es nicht für vertretbar, gegenüber den vom Bundesminister für Verkehr hervorgehobenen Schwierigkeiten bei der Durchführung polizeilicher Maßnahmen durch die Polizei der Länder zu resignieren. Man müsse vielmehr erneut stärker einzuwirken versuchen. Da es für uns aber zu kostspielig werde, der Entwicklung im Straßenverkehr zuzusehen, müsse man zusätzlich einschneidende Maßnahmen treffen. Der Ausschluß bestimmter Güter vom Transport auf der Straße sei immerhin deswegen zu erwägen, weil die jetzige sicherheitsgefährdende Lage auch durch die insgesamt auf den Straßen beförderte Menge hervorgerufen werde, und das Straßennetz in seiner Leistung nicht mit der gesteigerten Produktion gewachsen sei. Die Investitionen im Straßenbau seien von Anfang an notleidend gewesen. In jedem Falle gehe der Schutz des Lebens der Bürger vor.

Der *Bundesminister für Verkehr* betont, daß die Transportverbote nicht im Interesse der Bahn, sondern der Straße selbst gemeint seien. Er ist der Ansicht, daß man mit Straßensperren nicht vorgehen könne. Im Nahverkehr müsse man auch die „gefährlichen" Güter in jedem Falle befördern. Im Hinblick auf Einwendungen des Bundesministers für Wirtschaft unterstreicht er, daß zu den Beförderungssätzen im Kraftverkehr die Kosten für den Straßenaufwand, [bei denen] die heute noch im Vergleich mit der Schiene falsche Lastenverteilung in den Tarifen des Kraftverkehrsgewerbes nicht zum Ausdruck komme, hinzugerechnet werden müssen. Diese zugunsten des Kraftverkehrs verfälschte Wettbewerbsgrundlage habe erst dazu geführt, daß bei der Schiene umfangreiche Investitionen überflüssig und damit wertlos geworden seien. Er müsse an seinem Verbotskatalog grundsätzlich festhalten. Auch in den zur Abhilfe gemachten Vorschlägen der anderen Kabinettsmitglieder werde ebenfalls auf Verbotsmaßnahmen, wenn auch relativer Art, abgestellt. Während die Kontrolle über die Einhaltung der polizeilichen Vorschriften versagt habe, sei er in der Lage, durch die Beamten der Bundesanstalt für Güterfernverkehr[7] die Einhaltung des Verbotskatalogs leicht und ohne zusätzliche Aufwendungen zu überwachen.

---

[7] Vgl. dazu den die Bundesanstalt für den Güterfernverkehr betreffenden Abschnitt des Güterverkehrgesetzes vom 17. Okt. 1952 (BGBl. I 697).

Zu dem Werkfernverkehr[8] führt der *Bundesminister für Verkehr* aus: Während man früher eine möglichst große Ausdehnung dieses Verkehrs angestrebt habe, müsse man jetzt zu einer Einengung kommen. Im Rahmen des Werkverkehrs seien Transporte nur als gerechtfertigt anzusehen, wenn sie dem Produktionszweck dienten. Die seiner Meinung nach zu ziehende Grenze liege dort, wo der Transport für den Handel geschehe. Man solle den „Holverkehr" erhalten, den „Bringverkehr" aber einschränken.

Hiergegen wendet sich der *Bundesminister für Wirtschaft*, da nach seiner Meinung der Handel mit zum Betrieb der Unternehmen gehöre und der Werkfernverkehr sich bisher zugunsten der Verbraucher ausgewirkt habe. Genau wie beim Wohnungsbau sei die deutsche Wirtschaft auch zu einem großzügigen Straßenausbau fähig.

Um die nach diesen Erörterungen entstandene Meinungsbildung festzustellen, läßt der *Vizekanzler* darüber abstimmen, ob man sich auf polizeiliche Sicherheitsmaßnahmen im weitesten Sinne beschränken oder ob man im Sinne der Vorlage des Bundesministers für Verkehr entscheiden solle.

Für die erste Lösung sprechen sich 5 Ressorts aus, während 3 Ressorts für die Vorlage des Bundesministers für Verkehr stimmen.

Der *Vizekanzler* macht zu diesem Abstimmungsergebnis darauf aufmerksam, daß die Entscheidung über die Vorlage des Bundesministers für Verkehr im Kabinett getroffen werden müsse, da nur 8 Ressorts im Kabinettsausschuß abgestimmt hätten[9]. Infolgedessen sei neben der Besprechung von Vorschlägen im Sinne der ersten Lösung an der Erörterung des Verbotskatalogs auf der Tagung in Niederbreisig festzuhalten.

Die von den anderen Ressorts nach der heutigen Aussprache noch zu machenden Vorschläge sollen inzwischen unmittelbar an das Bundesministerium für Verkehr und die übrigen Ressorts geleitet werden. Dabei soll – entsprechend dem Wunsch des Bundesverkehrsministers – angegeben werden, ob Vorschriften dieser Art bereits Inhalt von gesetzlichen Regelungen sind.

b) Verkehrsfinanzgesetz

Staatssekretär Hartmann betont bei Beginn der Aussprache über diesen Gesetzentwurf[10], der von ihm erläutert wird, daß das Bundesfinanzministerium hierbei von

[8] Unter den Voraussetzungen des § 48 des Güterverkehrgesetzes war Werkverkehr jede Beförderung von Gütern für eigene Zwecke eines Unternehmens. Werkfernverkehr wurde in Absatz 4 als Werkverkehr über einen Umkreis von 50 km um den Standort eines Kraftfahrzeugs hinaus definiert.

[9] Vgl. dazu den Vermerk aus dem BMV vom 16. Febr. 1954 über ein Telefonat mit dem Geschäftsführer des DIHT, Dr. Paul Beyer, in B 108/1449. Laut Beyer, der am 15. Febr. 1954 mit Blücher ein Gespräch geführt hatte (vgl. den Tageskalender im Nachlaß Blücher N 1080/294–8), habe Blücher erklärt, „er werde dafür sorgen, daß [in der Sitzung des Kabinettsausschusses] keine Beschlüsse gefaßt werden".

[10] Gemeinsame Vorlage des BMF und des BMV vom 14. Jan. 1954 in B 126/10894 und B 136/1477. – In ihrer Vorlage vom 14. Jan. 1954 hatten BMF und BMV den Entwurf eines Verkehrsfinanzgesetzes 1954 vorgelegt, durch das die Sätze der Kraftfahrzeugsteuer (Abschnitt I),

keinem fiskalischen Interesse geleitet werde, sondern auf diesem Wege durch positive Maßnahmen zur Regelung des Verhältnisses von Schiene und Straße beitragen wolle. Die Mehreinnahmen aus dem Verkehrsfinanzgesetz sollten der Verkehrsförderung dienen[11].

Zu dem Einwand des *Vizekanzlers*, des *Bundesministers für Wirtschaft* und des *Bundesministers für Wohnungsbau*, daß die beabsichtigte steuerliche Entlastung der Personenkraftwagen ohne entsprechende Maßnahmen für Motorräder nicht angebracht sei, bemerkt *Staatssekretär Hartmann*, daß bei gleichbleibender Höhe der Kraftfahrzeugsteuer für Personenkraftwagen die Mehreinnahmen der Länder höher werden würden, ohne daß die Verwendung für verkehrsfördernde Zwecke genügend sichergestellt werden könnte.

Der *Bundesminister für Verkehr* fügt hinzu, daß die Personenkraftwagen bei dem Vorschlag der Vorlage in gleicher Höhe wie bisher belastet bleiben würden, während sie ohne die vorgeschlagene 20 %ige Senkung der Kraftfahrzeugsteuer künftig eine höhere Belastung zu tragen hätten. *Staatssekretär Hartmann* meint hiernach, man könne wohl als Ergebnis der Erörterungen feststellen, daß gegen den Abschnitt I des Verkehrsfinanzgesetzes als Ganzes keine Einwendungen erhoben würden. Im einzelnen müsse man ohnehin abwarten, wie man im Parlament damit durchkomme.

Zu den weiteren Abschnitten des Gesetzentwurfes meldet der *Bundesminister für Wohnungsbau* Bedenken an. Nach seiner Meinung wird die Bauwirtschaft durch die geplanten Maßnahmen mit 185 Mio. DM zusätzlich belastet werden, für die er mindestens teilweise einen Ausgleich erhalten müsse. Er rechne mit einer Erhöhung der Transportkosten um etwa ein Drittel.

Übereinstimmend wird eine Prüfung dieser Frage für erforderlich gehalten.

In der anschließenden Erörterung über die Erhöhung der Preise für Vergaser- und Dieselkraftstoff möchte *Staatssekretär Dr. Westrick* sein Einverständnis zu der geplanten Kraftstoff[preis]erhöhung[12] nicht uneingeschränkt geben, weil er befürchtet, daß dadurch Preisauftriebstendenzen gefördert werden. Die gesamte Frage bedürfe einer nochmaligen eingehenden Prüfung. Wenn auch die Dringlichkeit des Ausbaues unseres Straßennetzes anerkannt werden müsse, so bitte er doch zunächst nur eine auf etwa zwei Jahre befristete Erhöhung in Erwägung zu ziehen und zu überlegen, ob das Mehraufkommen während dieses Zeitraumes der Bundesbahn

---

des Beförderungssteuergesetzes (Abschnitt II) und des Mineralölsteuergesetzes (Abschnitt III) neu festgesetzt werden sollten. Darüberhinaus sollten BMV und BMF ermächtigt werden, eine privatrechtliche Gesellschaft mit der Finanzierung des Baus von Bundesautobahnen zu beauftragen (Abschnitt IV). Für die Benutzung so finanzierter Autobahnen sah der Gesetzentwurf Benutzungsgebühren vor.

[11] Laut Hartmann sollten die Länder aus der KFZ-Steuer zusätzlich 50–60 Millionen DM erhalten. Die Beförderungssteuer sollte ein Mehraufkommen von 90 Millionen DM und die Mineralölsteuer von ca. 160 Millionen DM einbringen. Davon sollten 80 Millionen DM jährlich der Gesellschaft zur Finanzierung des Autobahnbaus und 20 Millionen DM dem Straßenhaushalt zufließen. 150 Millionen DM sollten zur Entlastung der Bahn von betriebsfremden Lasten dienen (vgl. den Vermerk aus dem BMF vom 16. Febr. 1954 in B 126/10895).

[12] Die verschiedenen Sätze der Mineralölsteuer sollten laut Hartmann um einen Pfennig je Liter und Dieselöl um sieben Pfennige je Liter erhöht werden (vgl. den Vermerk aus dem BMF vom 16. Febr. 1954 in B 126/10895).

zugeführt werden könne, um diese möglichst schnell zu sanieren. Dies erscheine ihm aus allgemeinwirtschaftlichen Gründen noch dringlicher als der Straßenbau. Dem wird von verschiedenen Seiten widersprochen.

Der *Vizekanzler* weist darauf hin, daß das Bundeswirtschaftsministerium von diesem Standpunkt aus eigentlich einer harten Verbotsgesetzgebung zustimmen müsse und sich mit dem von ihm bisher vertretenen Wunsch nach einem großzügigen Ausbau der Straßen in Widerspruch setze.

Nach eingehender Aussprache wird beschlossen, die Änderung des Besteuerungssatzes für Lastkraftwagen erst nach einer Übergangszeit, etwa zum 1.1.1955 in Kraft treten zu lassen. Fahrzeuge für Bauschutt sollen im allgemeinen Einverständnis steuerbefreit bleiben.

Wegen der Besteuerung des Luftverkehrs kommt der Kabinettsausschuß nach kurzer Aussprache zu dem Ergebnis, daß diese Frage im Kabinett entschieden werden muß[13].

2. Bereitstellung von Mitteln zur Finanzierung dringender industrieller Investitionen und zur Finanzierung langfristiger Exportgeschäfte **BMWi**

Die Vorlage wird nicht erörtert[14].

3. Preiserhöhungen **BMA**

Die Vorlage wird von der Tagesordnung abgesetzt, weil der Bundesminister für Arbeit nicht anwesend sein kann[15].

Außerhalb der Tagesordnung:

[A.] Abwicklung des Kreditabkommens mit Jugoslawien **BMWi**

Präsident Bernard führt aus, daß in einer Chefbesprechung bei dem Bundesminister der Finanzen keine Einigung zwischen den Ressorts und der Bank deutscher Länder möglich war[16]. Die Bank deutscher Länder könne eine Rediskontzusage bis

---

13 Fortgang 5. Ausschußsitzung am 19. März 1954 TOP 1.

14 Vorlage des BMWi vom 29. Jan. 1954 in B 102/27998a und B 136/1222. – Die Vorlage des BMWi enthielt Vorschläge, für die eisenschaffende und die chemische Industrie sowie zur Finanzierung langfristiger Exportgeschäfte Kapital durch eine Anleihe der Kreditanstalt für Wiederaufbau (250 Mio. DM zu $5^1/_2$%) und einen Kredit von 200 Mio. DM aus dem ERP-Sondervermögen an die Kreditanstalt für Wiederaufbau zu beschaffen. Dem hatte der BMF mit Schreiben vom 12. Febr. 1954 widersprochen (B 126/20893 und B 136/1222). Aus einem Vermerk aus dem Bundeskanzleramt vom 16. Febr. 1954 für die Kabinettssitzung am 19. Febr. 1954 geht hervor, daß Bernard sich in der Ausschußsitzung am 16. Febr. 1954 „für den Vorschlag des Bundeswirtschaftsministers in vollem Umfang eingesetzt" habe, weil frühere „Erklärungen des Bundesfinanzministers zu dieser Frage von allen Beteiligten als eine Zustimmung zu diesen Vorschlägen aufgefaßt worden sind" (B 136/1222). – Fortgang 19. Kabinettssitzung am 19. Febr. 1954 TOP 3 (Kabinettsprotokolle 1954, S. 72 f.). – Das Kabinett bewilligte die Anleihe in der 22. Kabinettssitzung am 8. März 1954 (Kabinettsprotokolle 1954, S. 96 f.).

15 Siehe 5. Ausschußsitzung am 19. März 1954 TOP 2.

16 Siehe 35. Ausschußsitzung am 27. Mai 1953 TOP 7 (Kabinettsausschuß für Wirtschaft 1951–1953, S. 251 f.). – Vorlage des BMWi vom 11. Febr. 1954 in B 102/58109 und B 136/1258. –

zum Jahre 1960 nicht geben. Dies würde sowohl über ihre Befugnisse wie über ihre Grundsätze hinausgehen. Da die Bank deutscher Länder nur Dreimonatsakzepte hereinnehmen könne, würde die feste Prolongationszusage bis 1960 eindeutig eine Umgehung bedeuten[17]. Zwar habe sich die Bank deutscher Länder durch ihre Zustimmung zu dem Kreditabkommen schon in gewisser Weise über ihre Befugnisse hinweggesetzt. Da hier aber nicht mehr wie bisher von einer kurzfristigen Verlängerung die Rede und der Schuldner evident zahlungsunfähig sei, könne die Bank deutscher Länder diesem Wunsche nicht mehr entsprechen.

Es komme hinzu, daß der Kredit an Jugoslawien jetzt kein kommerzieller mehr, sondern ein politischer sei. Die Zahlungsunfähigkeit Jugoslawiens solle aus politischen Gründen durch diesen Kredit verdeckt werden. Zur Begebung von Anleihen an ausländische Staaten sei die Bank deutscher Länder nicht befugt.

Präsident Bernard macht den vermittelnden Vorschlag, daß die Bank deutscher Länder eine Rediskontzusage geben werde, wenn der Bundesminister der Finanzen der Bank deutscher Länder durch einfachen Brief mitteilen würde, daß er in Höhe der prolongierten Beträge seinen Kreditplafond bei der Bank deutscher Länder nicht in Anspruch nehmen werde. Den Brief des Bundesministers der Finanzen werde die Bank deutscher Länder in ihrem Portefeuille verwahren und sicherstellen, daß er nicht zur Kenntnis der Öffentlichkeit gelange.

Natürlich sei es viel richtiger, Jugoslawien einen echten Kredit der Bundesrepublik zu geben. Dafür könnte die schon lange beabsichtigte steuerbegünstigte Anleihe der Kreditanstalt für Wiederaufbau eingesetzt werden. In einer Chefbesprechung im November/Dezember 1953 seien die Erklärungen des Bundesministers der Finanzen von den Beteiligten als eine Zustimmung zu diesem Plan aufgefaßt worden.

Präsident Bernard macht noch darauf aufmerksam, daß die Engländer sich in einer ähnlichen Situation gegenüber Jugoslawien befänden wie die Bundesrepublik. Da sie sich der deutschen Haltung anpassen wollten, sei die Frage zu entscheiden, ob den Engländern unsere den Jugoslawen gegenüber getroffene Entscheidung mitgeteilt werden dürfe, wenn etwa Vertreter des Auswärtigen Amtes demnächst in London verhandelten[18].

Der *Vizekanzler* hält den von Präsident Bernard gemachten Vorschlag für geeignet, um den in der Vorlage aufgezeigten Schwierigkeiten zu begegnen.

Eine Niederschrift über die Chefbesprechung am 9. Febr. 1954 (vgl. dazu das Einladungsschreiben des BMF vom 30. Jan. 1954 in B 126/60575 und die Ausarbeitung für den BMWi vom 8. Febr. 1954 in B 102/58109) konnte nicht ermittelt werden. – Der BMWi hatte das Ergebnis der Chefbesprechung in seiner Vorlage BMWi vom 11. Febr. 1954 zusammengefaßt. Erhard und Schäffer sollten durch das Kabinett ermächtigt werden, im Zentralbankrat die Prolongierung des Kreditplans für Jugoslawien zu beantragen, da Jugoslawien nicht in der Lage sei, die im Kreditabkommen vom 1. Nov. 1950 (BAnz. Nr. 220 vom 14. Nov. 1950, S. 1) vereinbarten Rückzahlungsraten aufzubringen und darum die Umwandlung der Außenstände in einen langfristigen Staatskredit vorgeschlagen hatte. Der Entwurf eines bis 1960 gestreckten Tilgungsplans war in der Anlage beigefügt worden.

[17] Gemäß Artikel III Ziffer 14 c) des Gesetzes über die Errichtung der Bank deutscher Länder vom 1. März 1948 (WiGBl. 1948 Beilage 3) war die BdL befugt, von der Bundesregierung emittierte Schatzwechsel aufzukaufen, die eine Laufzeit von maximal drei Monaten haben konnten.

[18] Nicht ermittelt.

Den von Präsident Bernard geäußerten Gedanken aufgreifend hält er es für möglich, die Lösung des Jugoslawienproblems dadurch zu erleichtern, daß man im Falle der Bewilligung einer Anleihe der Kreditanstalt für Wiederaufbau die damit eröffneten Möglichkeiten mit heranzieht[19].

Botschafter v. Maltzan [AA] begrüßt ebenfalls den Vermittlungsvorschlag von Präsident Bernard und bittet um besonders beschleunigte Stellungnahme des Bundesministers der Finanzen im Hinblick auf die z. Zt. hier stattfindenden Verhandlungen mit einer jugoslawischen Delegation[20].

Staatssekretär Hartmann erklärt, daß er noch keine Stellung nehmen könne, da er die Kabinettsvorlage erst kurz vor der Sitzung erhalten habe und der Vorschlag von Präsident Bernard zunächst dem Bundesminister der Finanzen vorgelegt werden müsse[21].

19 Vgl. hierzu 19. Kabinettssitzung am 19. Febr. 1954 TOP 3 (Kabinettsprotokolle 1954, S. 72 f.).

20 Unterlagen hierzu in B 126/60573 und AA B 62, Bd. 82–85.

21 Fortgang 24. Kabinettssitzung am 19. März 1954 TOP A (Kabinettsprotokolle 1954, S. 112 f.) und 7. Ausschußsitzung am 15. Mai 1954 TOP 3.

5. Sitzung des Kabinettsausschusses für Wirtschaft am Freitag, den 19. März 1954

Teilnehmer: Blücher, Lübke, Storch, Balke (bis 16.10 Uhr), Preusker (bis 16.10 Uhr und ab 17.05 Uhr), Kraft (bis 16.55 Uhr); Sauerborn, Wandersleb (bis 16.10 Uhr und ab 17.05 Uhr), Thedieck; Bernard (BdL), Vockel (Der Bevollmächtigte der Bundesrepublik Deutschland in Berlin, bis 16.25 Uhr), Oeftering (BMF), Müller-Armack (BMWi), Rust (BMWi, bis 16.20 Uhr), Schiller (BMV), Middelmann (BMVt), Grau (Bundeskanzleramt), Heise (BMZ), Hornschu (Bundeskanzleramt). Protokoll: Haenlein.

Beginn: 14.30 Uhr — *Ende: 17.15 Uhr*

Ort: Bad Godesberg, Haus Carstanjen

Tagesordnung:

1. *Programm zur verkehrspolitischen Neuordnung*
   Bericht des Arbeitsausschusses.
2. *Preiserhöhungen*
   Schreiben des BMA an den BMZ vom 29. Jan. 1954 (VI/5 - 5297/53).
3. *Hilfsmaßnahmen für das Zonenrandgebiet der Bundesrepublik*
   Bericht des BMWi gemäß Erlaß des Herrn Bundeskanzlers vom 30. Nov. 1953. Vorlage des BMWi folgt.
4. *Förderung der deutschen Seehäfen und Auswirkungen auf die niederrheinischen Schiffahrts-, Hafen- und Wirtschaftsinteressen*
   Schreiben des Herrn Ministerpräsidenten von Nordrhein-Westfalen an den Herrn Bundeskanzler vom 9. Juni 1953
   Vorlage des BMV vom 8. März 1954 (A 1 - 18 - Nr. 723 Bd).

[A. Teilnahme an den Sitzungen des Kabinettsausschusses für Wirtschaft]

Zu Beginn der Sitzung bittet der *Vizekanzler*, den Kreis der Teilnehmer der Kabinettsausschußsitzungen so zu beschränken, daß nur die Herren mit Kabinettsrang oder im Falle [von] deren Abwesenheit die für die betreffenden Fragen besonders beauftragten Ministerialdirektoren teilnehmen, während die übrigen Erschienenen nach Bedarf speziell zu einzelnen Fragen gehört werden könnten[1]. Er bittet, daß dies auch künftig so gehandhabt werde.

---

[1] Vgl. hierzu § 23 der Geschäftsordnung der Bundesregierung, abgedruckt in Anhang 2.

Zunächst wird der Punkt 2 der TO behandelt.

2. Preiserhöhungen **BMA**

Unter Hinweis auf die in den vergangenen Wochen über Preiserhöhungen erschienenen Pressemeldungen und in Verbindung damit angemeldeten Lohnforderungen führt der *Bundesminister für Arbeit* unter Nennung einzelner Bespiele aus, daß von Regierungsseite den Bestrebungen nach Preiserhöhungen schärfstens entgegengetreten werden müsse, zugleich aber auch den häufig unzutreffenden Meldungen in der Presse[2]. Der *Vizekanzler* legt dem gegenüber im einzelnen dar, daß die Preiserhöhungen kein größeres Ausmaß angenommen hätten und außerdem durch Preissenkungen auf anderen Gebieten mehr als ausgeglichen worden seien[3].

Alle übrigen Anwesenden pflichten dieser Auffassung bei.

Der *Bundesminister für das Post- und Fernmeldewesen* weist besonders darauf hin, daß die Preise im öffentlichen Sektor parlamentarisch überwacht werden und daß ein gewisses Schwanken der marktwirtschaftlich orientierten Preise unbedenklich und notwendigerweise mit der sozialen Marktwirtschaft verbunden sei.

Prof. Dr. Müller-Armack (BMWi) bemerkt, daß es sich nicht um allgemeine Preissteigerungstendenzen handele. Die fraglichen Preiserhöhungen seien z. T. weltmarktbedingt, zum Teil seien es nachholende Berichtigungen und Anpassungen bisher gebundener Preise. Den einzelnen vom Bundesminister für Arbeit erwähnten Fällen sei man nachgegangen, habe aber keinen Anlaß zum Einschreiten gefunden[4]. Im übrigen bestätigt er die vom Vizekanzler in seinen Darlegungen mitgeteilten vergleichenden Prozentzahlen der Preiserhöhungen und Preissenkungen. Er weist darauf hin, daß der scharfe Wettbewerbsdruck allen Preissteigerungstendenzen im allgemeinen entgegenwirke.

Min.Direktor Dr. Rust (BMWi) bestätigt, daß auch auf dem Gebiete der Grundstoffindustrien eine fallende Preistendenz bestehe. Der Druck auf die Eisenpreise werde anhalten und durch Auswirkungen ausländischer Konkurrenz noch verstärkt werden.

---

[2] Vorlage des BMA vom 3. Febr. 1954 in B 136/2439 (Abschrift) und B 102/4005. – Der BMA hatte in einem Schreiben vom 3. Febr. 1954 an BMZ, BMWi, BML, BMWo, BMV und BMP auf Pressemeldungen über beabsichtigte oder bereits verwirklichte Preiserhöhungen für Margarine, Konsumseife, Kaffee und Hausbrandkohle, über geplante Tarif- bzw. Gebührenerhöhungen von Bundesbahn und Bundespost sowie für den Sommer bevorstehende Mietsteigerungen hingewiesen. Zur Vermeidung von „auf kartellmäßigen Abreden beruhenden Preiserhöhungen" und zur Prüfung der Notwendigkeit von Preissteigerungen hatte der BMA die angeschriebenen Ressorts gebeten, in gegenseitiger Abstimmung Maßnahmen einzuleiten, um zu vermeiden, daß sich aus den Preissteigerungen „berechtigte Erhöhungen der Sozialrenten und der Löhne herleiten lassen".

[3] Zur Entwicklung der Löhne und Preise zu Beginn des Jahres 1954 und den im folgenden genannten Zahlen vgl. den Monatsbericht des BMWi über „Die wirtschaftliche Lage in der Bundesrepublik Deutschland. Teil A Allgemeiner Teil" für Februar 1954, S. 18–26 (BD 17/2–1954,1) und den Monatsbericht der BdL für März 1954, S. 15–20 (BD 126/2–1954).

[4] Unterlagen und Entwurf einer Stellungnahme des BMWi vom 18. März 1954 zum Schreiben des BMA in B 102/4005.

Ähnlich liege es bei der Kohle, wo auch mit fallender Tendenz der Preise zu rechnen sei, selbst wenn die Montanunion das Höchstpreissystem aufheben würde, denn die ausländische Konkurrenz werde sich auch hier bemerkbar machen. Es sei aber sicher, daß bei Aufhebung der Preisspaltung für Kohle, mit der ohnehin gerechnet werden müßte, die deutsche Volkswirtschaft allgemein gesehen keinen höheren Kohlenpreis zu tragen haben werde. Auch für den Hausbrand sei ein Weg in Aussicht genommen, um Härten für die sozial schwachen Bevölkerungsschichten zu vermeiden.[5]

Der *Bundesminister für Wohnungsbau* bemerkt zur Kohlenfrage, daß bei dem herrschenden Käufermarkt die Marktentwicklung gegen die Zechen wirke.

Auch im Wohnungsbau herrsche scharfer Wettbewerbsdruck. Die Löhne seien zwar gestiegen, die Unternehmereinkommen aber gesunken, sodaß die Baukosten sich um 4 % gesenkt hätten.

Der Wohnungsmarkt weise ebenfalls fallende Tendenz der geforderten Mieten und Baukostenzuschüsse auf. Diese Entwicklung mache selbst vor dem sozialen Wohnungsbau nicht halt.

Der *Bundesminister für Ernährung, Landwirtschaft und Forsten* betont, daß von seiten der Ernährungswirtschaft einer höheren Lohnentwicklung nicht Vorschub geleistet werde, denn der Ernährungsindex liege bei 182, während der Lohnindex etwas über 200 liege[6]. Die Bundesrepublik liege in Europa unter dem Durchschnitt der Preise der Ernährungsgüter.

Zu den Eier- und Milchpreisen legt er näher dar, daß nach seiner Auffassung dabei keine zusätzliche Belastung der Verbraucher eintreten werde. Allerdings hält er es für erforderlich, die Betriebsmittelkosten der Landwirtschaft herabzusetzen, wobei er besonders Stahl und Kohle, aber auch die Preise der eisenverarbeitenden Industrie erwähnt.

Der *Vizekanzler* bemerkt an diesem Punkt, daß der Kohlepreis früher immer politisch gewesen sei und so einem Verfall der Produktionsanlagen Vorschub geleistet

---

[5] Das Höchstpreissystem und die Preisbindung für Kohle waren entsprechend den von der Hohen Behörde der EGKS am 5. März 1953 beschlossenen Grundsätzen für die Festsetzung von Höchstpreisen für Kohle innerhalb der EGKS (Amtsbl. der EGKS vom 13. März 1953, S. 63 f.) bis zum 31. März 1954 befristet. Gleichzeitig sollte die seit 1951 aus der Preisbegünstigung von Bundesbahn, nicht bundeseigenen Eisenbahnen, Binnen- und Hochseeschiffahrt sowie der Hausbrandverbraucher resultierende Spaltung der Kohlepreise in der Bundesrepublik aufgehoben werden. Die Bundesregierung hatte sich im Ministerrat der EGKS für die Verlängerung des Höchstpreissystems um ein Jahr unter der Bedingung ausgesprochen, daß die Preisspaltung in der Bundesrepublik „unter Berücksichtigung der sozial schwachen Bevölkerungskreise" aufgehoben und die daraus resultierenden Mehrerlöse der Produzenten „zu einer den Verhältnissen des Marktes entsprechenden Preisgestaltung" verwendet würden (Vermerk aus dem BMWi vom 3. März 1954 in B 136/2439, weitere Unterlagen dazu in B 102/33989 f. und 33996). – Die Hohe Behörde beschloß am 20. März 1954, die Preisspaltung aufzuheben und das Höchstpreissystem für alle Reviere der Montanunion mit Ausnahme des Ruhrgebiets sowie der nordfranzösischen Reviere „Nord" und „Pas de Calais" abzuschaffen (Amtsbl. der EGKS vom 24. März 1954, S. 266–268).

[6] Für die Berechnnung der Indexwerte wurden die Durchschnittswerte des letzten Vorkriegsjahres 1938 als 100 %-Vergleichswerte herangezogen.

habe. Die Lage im Kohlenbergbau habe wegen der erforderlichen Investitionen die K[f]W-Anleihe so dringlich gemacht[7].

Min.Direktor Dr. Schiller (BMV) macht darauf aufmerksam, daß der Index der Sozialtarife der Bundesbahn gegenüber dem auf über 200 liegenden Lohnindex bei nur 150 liege, sodaß heute ein wesentlich geringerer Einkommensteil als früher für diese Leistungen aufzuwenden sei.

Der *Bundesminister für Arbeit* begrüßt es, daß diese durch sein Schreiben veranlaßte Aussprache Klarheit darüber gebracht habe, daß die in der Öffentlichkeit häufiger kritisierten Preiserhöhungen in Wirklichkeit nicht auf einer allgemeinen Preissteigerungstendenz beruhen. Er hält es aber hiernach ebenso wie die übrigen Anwesenden für unbedingt erforderlich, daß seitens der Regierung in der Öffentlichkeit aufklärend der Verbreitung irreführender Darstellungen entgegengetreten werde.

Der *Vizekanzler* gibt dem Kabinettsausschuß ein Schreiben des Ministerpräsidenten Arnold[8] an den Bundeskanzler bekannt, in dem Ministerpräsident Arnold seiner Besorgnis über das Ausmaß der von ihm beobachteten Preissteigerungstendenzen Ausdruck gibt. Der *Vizekanzler* bittet den Vertreter des Bundeswirtschaftsministeriums als federführendes Ressort die Stellungnahme hierzu dem Bundeskanzler zu übermitteln, damit dieser dem Ministerpräsidenten eine Antwort erteilen kann.[9]

Als Ergebnis der Aussprache stellt der *Vizekanzler* fest, daß eine regelmäßige Unterrichtung der Öffentlichkeit über die mit den Preisentwicklungen verbundenen Fragen vom Kabinettsausschuß für erforderlich gehalten wird. Er gibt zu erwägen, ob dies etwa durch das Presse- und Informationsamt geschehen soll.

Prof. Dr. Müller-Armack [BMWi] hält die Einschaltung des Presse- und Informationsamtes nicht für angebracht, vielmehr sagt er zu, daß der Bundesminister für Wirtschaft diese Aufgabe im Rahmen seiner bisher schon laufend vorgenommenen Unterrichtung der Öffentlichkeit wahrnehmen werde.

---

7 Zu einer geplanten Inhaberschuldverschreibung der Kreditanstalt für Wiederaufbau in Höhe von 250 Mio. DM vgl. 19. Kabinettssitzung am 19. Febr. 1954 TOP 3 (Kabinettsprotokolle 1954, S. 72 f.).

8 Karl Arnold (1901–1958). 1946–1947 Oberbürgermeister von Düsseldorf, 1946–1958 MdL Nordrhein-Westfalen (CDU), 1947–1956 Ministerpräsident des Landes Nordrhein-Westfalen, 1957–1958 MdB.

9 In seinem Schreiben vom 22. Febr. 1954 hatte Arnold Adenauer gebeten, im Bundeskabinett darauf hinzuwirken, alles zu unterlassen, „wodurch der Opposition in den nächsten Monaten Vorwände zu Angriffen auf die Regierungspolitik und die bisher hierfür fehlende Munition geliefert würde" (B 136/2439). Insbesondere hatte er die Post- und Bahntarife, die Mieten, den Milchpreis und den Preis für Hausbrandkohle angesprochen. – Vgl. die Stellungnahme des BMWi vom 14. Juni 1954 in B 102/4005 und B 136/2439 und das Antwortschreiben Adenauers an Arnold vom 25. Juni 1954 in B 136/2439.

3. Hilfsmaßnahmen für das Zonenrandgebiet der Bundesrepublik BMWi

Der *Vizekanzler* hält es für erforderlich, seitens der Regierung eine zusammenfassende Darstellung dessen zu geben, was bisher für das Zonenrandgebiet geschehen ist[10]. Dies soll nach seiner Auffassung unverzüglich in dem Interministeriellen Ausschuß (IMNOS) geschehen[11]. Den bisher vorliegenden Bericht hält er für die Unterrichtung des Bundestages noch nicht für geeignet.

Dieser Auffassung schließen sich alle Anwesenden an.

Staatssekretär Thedieck ist der Meinung, daß die Beschlüsse des Bundestages vom 2.7.1953 kaum als erfüllt angesehen werden könnten. Der Interministerielle Ausschuß müsse herausstellen, was bisher wirklich geleistet worden sei, um es dem Bundestag darzulegen. Sein Minister sei besonders daran interessiert, daß die 25 Mio. DM für die kulturellen Zwecke zur Verfügung gestellt würden, zumal darüber sogar ein einstimmiger Beschluß des Bundestages vorliege.

Der *Vizekanzler* nimmt diesen bezüglich der 25 Mio. DM geäußerten Wunsch zum Anlaß, nach der Haltung der Länderfinanzminister zu fragen, mit denen der Bundesfinanzminister über diesen Fragenkomplex habe konferieren wollen.

Min.Direktor Prof. Dr. Oeftering [BMF] berichtet, daß die Empfehlungen des Bundesministers der Finanzen über die Behandlung der Zonenrandgebiete auf dem Gebiet der Einkommensteuer in den Ländern allgemein beachtet worden seien[12].

---

10 Siehe 300. Kabinettssitzung am 7. Juli 1953 TOP F (Kabinettsprotokolle 1953, S. 387) und 39. Ausschußsitzung am 19. Aug. 1953 TOP 2 (Kabinettsausschuß für Wirtschaft 1951–1953, S. 275–278). – Vorlage des BMWi vom 16. März 1954 in B 102/13192a und B 136/698; abgedruckt in Anhang 3, Dokument 2. – Am 2. Juli 1953 hatte der Bundestag auf Antrag der SPD-Fraktion und des Ausschusses für gesamtdeutsche Fragen ein „Förderprogramm für die Gebiete an der Zonengrenze" (BT-Drs. 3499 und 4467) beschlossen. Neben Zuschüssen zu überhöhten Frachtkosten und steuerlichen Erleichterungen sollten für „kulturelle Hilfsmaßnahmen im Zonengrenzgebiet im Verlauf der nächsten fünf Jahre Bundeszuschüsse in Höhe von jährlich 25 Millionen DM" gewährt werden und das Zonenrandgebiet bei allen Investitions- und Förderungsprogrammen des Bundes künftig besondere Berücksichtigung finden (Stenographische Berichte, Bd. 17, S. 13955–13970 und 14407. Nachdem Adenauer in seiner Regierungserklärung vom 20. Okt. 1953 angekündigt hatte, daß die Bundesregierung den Notstandsgebieten entlang der Zonengrenze besondere Aufmerksamkeit schenken wolle (Stenographische Berichte, Bd. 18, S. 14), hatte er die Bundesministerien am 30. Nov. 1953 aufgefordert, bis zum 15. Dez. 1953 über die ergriffenen allgemeinen Fördermaßnahmen und Maßnahmen zur Verbesserung der Verkehrsverhältnisse im Zonenrandgebiet zu berichten. Der mit der Koordinierung dieser Aktivitäten beauftragte BMWi sollte bis zum 15. Febr. 1954 über die „Ergebnisse der Bemühungen" berichten. Der BMWi legte einen nach Ressorts gegliederten Überblick am 16. März 1954 vor.

11 Der Interministerielle Ausschuß für Notstandsgebietsfragen (IMNOS) hatte sich am 24. März 1950 unter dem Vorsitz des BMWi konstituiert (B 136/656). Protokolle für 1954 und 1955 in B 102/13386 und B 136/2393–2395.

12 Mit Schreiben vom 12. Okt. 1953 hatte der BMF den Finanzministern von Bayern, Hessen, Niedersachsen und Schleswig-Holstein eine entgegenkommende Behandlung 1) von „Stundungs- und Erlaßanträgen auf dem Gebiet der Einkommensteuer, Körperschaftssteuer, der Abgabe ‚Notopfer Berlin', der Vermögenssteuer und der Vermögenssteuerabgabe zum Lastenausgleich" sowie 2) von Anträgen auf „Sonderabschreibungen für neu angeschaffte oder neu hergestellte Wirtschaftsgüter des Anlagevermögens" empfohlen. Außerdem sollte den besonderen

Dagegen bestehe bei den Ländern bezüglich der Gemeindesteuern, insbesondere der Gewerbesteuer, wenig Bereitschaft, das zur Verhinderung einer Abwanderung von Betrieben aus den Zonenrandgebieten gewünschte Entgegenkommen zu zeigen. Dies bedinge eine Intensivierung des Finanzausgleichs, insbesondere eine Anreicherung der Gemeindefinanzmasse, zu der die Länder teilweise nicht in der Lage seien.

Bei der Festlegung der Grundzüge des Berichtes solle betont werden, daß nicht allein Leistungen des Bundes erwartet werden dürften, sondern auch die Mitarbeit und finanzielle Beiträge der Länder erforderlich seien.

Bezüglich der von Staatssekretär Thediek erwähnten 25 Mio. DM für kulturelle Zwecke weist *Prof. Dr. Oeftering* auf die für diese Aufgaben nach dem Grundgesetz bestehende Kulturhoheit der Länder hin.

Abschließend stellt der *Vizekanzler* als Beschluß des Kabinettsausschusses fest, daß der IMNOS unverzüglich die Einzelberichte zu einem Gesamtbericht zusammenfassen soll, in dem die grundsätzlichen Probleme herausgestellt und davon ausgehend die einzelnen Maßnahmen erörtert werden sollen. Dabei solle klar unterschieden werden zwischen dem, was bisher geleistet sei, und dem, was geplant oder gefordert werde. Auch sollten die besonderen Aufgaben der Länder deutlich gemacht werden[13].

Bei diesem Punkt der TO stellt der *Vizekanzler* ferner noch die Frage nach dem Stand der Verwaltungsvorschrift über die bevorzugte Berücksichtigung notleidender Gebiete bei der Vergebung von öffentlichen Aufträgen[14].

Min.Rat Dr. Rau (BMWi) berichtet, daß der neue Entwurf der Richtlinien nach Maßgabe der Anfang des Jahres getroffenen Absprachen mit den Ressorts und mit dem Berliner Senat so weit vorbereitet sei, daß er am 20.3.1954 dem Bundeskanzleramt zugeleitet werden könne[15].

Verhältnissen der Grenzgemeinden im Rahmen des kommunalen Finanzausgleichs Rechnung getragen werden (B 126/11656 und B 136/698).

[13] Vgl. das Protokoll der IMNOS-Sitzung am 6. April 1954 in B 102/13192a. – Da die Fraktionen der FDP und der SPD in den Großen Anfragen Nr. 12 vom 26. Febr. 1954 (BT-Drs. 293) und Nr. 14 vom 10. März 1954 (BT-Drs. 316) Auskunft über die getroffenen und beabsichtigten Hilfsmaßnahmen der Bundesregierung gefordert hatten, legte der BMWi dem Bundestag mit Schreiben vom 18. Mai 1954 einen „Überblick über den Stand der Hilfsmaßnahmen für die Zonenrandgebiete" vor (BT-Drs. 534. Entwurf des Schreibens in B 102/13192a, weitere Unterlagen in B 136/131 und 699). – Fortgang 58. Kabinettssitzung am 10. Nov. 1954 TOP 8 (Kabinettsprotokolle 1954, S. 493 f.) und 20. Ausschußsitzung am 15. Nov. 1954 TOP A.

[14] Vgl. hierzu 2. Ausschußsitzung am 21. Dez. 1953 TOP 1 (Kabinettsausschuß für Wirtschaft 1951–1953, S. 293 f.).

[15] Vorlage des BMWi vom 26. März 1954 in B 102/19775 und B 136/2485. – Fortgang 27. Kabinettssitzung am 31. März 1954 (Kabinettsprotokolle 1954, S. 138). – Richtlinien für die Berücksichtigung bevorzugter Bewerber bei der Vergabe von öffentlichen Aufträgen und Bekanntmachung über die Anerkennung notleidender Gebiete vom 31. März 1954 in BAnz. Nr. 68 vom 7. April 1954, S. 1.

1. Programm zur verkehrspolitischen Neuordnung **BMV**

Der *Vizekanzler* gibt bekannt, daß inzwischen von seiten der Wirtschaft Vorschläge zur Entlastung der Straßen eingegangen seien, die umgehend zwischen den Ressorts und der Wirtschaft erörtert werden müßten[16]. Er habe den Wunsch, die Verkehrsvorlagen am 26.3.1954 im Kabinett zu behandeln. Vorher werde es allerdings erforderlich sein, den Arbeitsausschuß des Kabinettsausschusses nochmals zusammentreten zu lassen, um das Ergebnis der erwähnten Erörterung zwischen den Ressorts und der Wirtschaft festzustellen und in die vorliegende Synopse einzuarbeiten. Gleichzeitig seien in dem Arbeitsausschuß die bis dahin abzugebenden Stellungnahmen der Ressorts zum Wirtschaftsplan der deutschen Bundesbahn zu erörtern.[17]

Nach den vorliegenden Vorschlägen seien Möglichkeiten zur Entlastung der Straße zu sehen, so daß man auf eine Einigung hoffen dürfe. Hierüber sowie über das Verkehrsfinanzgesetz könne jedenfalls im Kabinett abgestimmt werden. Dagegen sei er nicht der Auffassung, daß das Personenbeförderungsgesetz mit den bisher behandelten allgemeinen Verkehrsfragen in so engem Zusammenhang stehe, daß es unbedingt schon jetzt im Kabinett mit behandelt werden müsse. Es seien zuvor verfassungsrechtliche Fragen zu klären. Er neige dazu, die Erörterung der Verkehrsprobleme jetzt nicht weiter zu vertiefen.

Prof. Dr. Müller-Armack [BMWi] begrüßt es, daß hiernach noch vor der Kabinettssitzung eine Erörterung zwischen den Ressorts und der Wirtschaft stattfinden werde, ohne daß dadurch eine Verzögerung einzutreten brauche. Auf eine Beteiligung des Bundeswirtschaftsministeriums an dieser Diskussion legt er Wert.

Min.Direktor Prof. Dr. Oeftering [BMF] gibt der Besorgnis von Minister Schäffer über die sich bei der Verabschiedung des Finanzverkehrsgesetzes ergebende Verzögerung Ausdruck und nimmt auf das in dieser Angelegenheit an den Vizekanzler gerichtete Schreiben Bezug[18]. Er befürchtet, daß sich aus der Entwicklung der Finanzen bei der Bundesbahn eine Zwangslage ergeben könne, denn

1.) die Bank deutscher Länder dränge auf die Einlösung der im vergangenen Jahr in den Markt gegebenen Schatzanweisungen der DBB[19],

---

[16] Siehe 4. Ausschußsitzung am 16. Febr. 1954 TOP 1. – Mit Schreiben vom 18. März 1954 übermittelte der Vorstandsvorsitzende der Phoenix Gummiwerke AG, Otto A. Friedrich, Staatssekretär Globke einen „Vorschlag zur Lösung der akuten Finanzprobleme von Schiene und Straße" (B 136/1480), der im weiteren unter der Bezeichnung „Friedrich-Plan" diskutiert wurde. Danach sollten die Verkehrsträger Schiene, Straße und Binnenkanäle über einen Frachtenzuschlag von 5 % an der Investitionsfinanzierung der Verbesserung der Verkehrswege beteiligt werden, von dem jedoch der Güternahverkehr auf der Straße ausgenommen sein sollte. – Vgl. den Vermerk Korffs (BMF) vom 18. März 1954 zur Vorbereitung der Sitzung und weitere Unterlagen in B 126/10895.

[17] Der Arbeitsausschuß trat am 19. und 24. März 1954 zu Ressortbesprechungen zusammen. Vgl. dazu den Vermerk Korffs für Schäffer vom 24. März 1954 zur Vorbereitung der Kabinettssitzung am 26. März 1954 in B 126/10895.

[18] Vgl. das Schreiben Schäffers an Blücher vom 10. März 1954 und das Antwortschreiben Blüchers vom 11. März 1954 in B 126/10895.

[19] In einem Schreiben vom 2. März 1954 hatte die Bank deutscher Länder sich außerstande erklärt, die Prolongation von Bundesbahn-Schatzanweisungen über 100 Millionen DM sicherzustel-

2.) jeder Monat Verzögerung bedeute einen Einnahmenausfall von 15 Mio. DM bei der DBB,

3.) die Diskussion im Zusammenhang mit dem Straßenentlastungsgesetz lasse weitere Verzögerung befürchten und bedeute ein Ausweichen in Teillösungen.

Min.Direktor Dr. Schiller [BMV] pflichtet dem Vizekanzler darin bei, daß das Personenbeförderungsgesetz besser nicht in der Behandlung mit den übrigen Gesetzen verbunden werde[20]. Er bestätigt im übrigen, daß die Stellungnahme des Bundesverkehrsministeriums zu den Vorschlägen der Wirtschaft Anfang der nächsten Woche vorliegen werde.

Gegen die von dem Vizekanzler gemachten Vorschläge für den weiteren Ablauf der Beratungen der Verkehrsvorlagen erhebt sich im Kabinettsausschuß kein Widerspruch[21].

4. Förderung der deutschen Seehäfen und Auswirkungen auf die niederrheinischen Schiffahrts-, Hafen- und Wirtschaftsinteressen BMV

Der *Vizekanzler* bittet zu den in dem Brief des Ministerpräsidenten von Nordrhein-Westfalen aufgeworfenen Fragen um die Stellungnahme des Bundeswirtschaftsministeriums[22].

---

len, weil das 1953 geplante Sanierungsprogramm nicht durchgeführt worden sei (vgl. das Schreiben Schäffers vom 10. März 1954 in B 126/10895). In diesem Fall hätten die Schatzanweisungen aus Bundesmitteln eingelöst werden müssen. – Vgl. zu den Bundesbahn-Schatzanweisungen 300. Kabinettssitzung am 7. Juli 1953 TOP 1 (Kabinettsprotokolle 1953, S. 377–379).

20 Fortgang hierzu 8. Ausschußsitzung am 19. Mai 1954 TOP 1. – Die Behandlung im Kabinett erfolgte in der 34. Kabinettssitzung am 1. Juni 1954 (Kabinettsprotokolle 1954, S. 243 f.).

21 Fortgang 26. Kabinettssitzung am 26. März 1954 TOP 1 (Kabinettsprotokolle 1954, S. 124–128), 6. Ausschußsitzung am 6. April 1954 TOP 1 (Bundesbahn) und 9. Ausschußsitzung am 26. Mai 1954 TOP 1 (Verkehrspolitik).

22 Vorlage des BMV vom 8. März 1954 in B 108/1499 und B 136/9778. – Der Ministerpräsident von Nordrhein-Westfalen, Karl Arnold, hatte in einem Schreiben vom 9. Juni 1953 an den Bundeskanzler Klage darüber geführt, daß die Fördermaßnahmen zugunsten der deutschen Seehäfen schwerwiegende Nachteile für die niederrheinische Hafen- und Schiffahrtswirtschaft zu Folge hätten und daß die betroffenen Bundesressorts weder die notwendige „Aufgeschlossenheit für die angeschnittene Frage" noch die Bereitschaft zu ressortübergreifend koordinierten Maßnahmen zeigen würden. Darüberhinaus meinte er, „daß eine allzu starre Haltung in der Stützung der deutschen Seehäfen zu Lasten des grenzüberschreitenden Rheinverkehrs" der politischen Konzeption Adenauers „in Bezug auf eine europäische Integration" zuwiderliefe. Das Bundeskanzleramt hatte das BMV am 21. Juni 1953 aufgefordert, dem Kabinettsausschuß den Sachverhalt in Form einer Kabinettsvorlage darzulegen. Auf eine vorläufige Stellungnahme des BMV vom 25. Nov. 1953 hin hatte Globke Arnold am 9. Dez. 1953 mitgeteilt, daß sein Schreiben „in nächster Zeit" Gegenstand des Kabinettsausschusses sein werde (Unterlagen in B 136/9778). Mit Vorlage vom 8. März 1954 führte der BMV die Veränderungen des Verkehrs in den niederrheinischen Häfen auf Strukturveränderungen der deutschen Gesamtwirtschaft seit 1945 zurück. Den Vorwurf mangelnder Ernsthaftigkeit und Kooperation der Bundesministerien wies er ebenso zurück wie die Annahme einer integrationsschädlichen Wirkung der „maßvollen Stützung der deutschen Nordseehäfen".

Prof. Dr. Müller-Armack [BMWi] hält eine gemeinsame Untersuchung und Erörterung der Fragen zwischen den Bundesressorts und Vertretern des Landes Nordrhein-Westfalen für angebracht. Gewisse, inzwischen eingetretene Verschiebungen seien struktureller Art. Das Bundeswirtschaftsministerium spricht sich für eine maßvolle Unterstützung der deutschen Nordseehäfen aus, solange diese von ihrem natürlichen Hinterland abgeschnitten sind.

Auf Vorschlag des *Vizekanzlers* beschließt der Kabinettsausschuß, daß das Bundeswirtschaftsministerium im Anschluß an den seitens des Bundeskanzleramts bereits erteilten Zwischenbescheid dem Ministerpräsidenten Arnold zunächst eine Darlegung mit statistischem Material übermittelt und gleichzeitig ankündigt, daß die Entwicklung der Relation Seehäfen/Binnenhäfen zwischen den zuständigen Bundesressorts und dem Land Nordrhein-Westfalen gemeinsam erörtert werden wird[23].

---

[23] Nicht ermittelt. – Der BMV legte dem Bundeskanzleramt am 10. Juni 1954 den mit BMWi, BMF und BML abgestimmten Entwurf eines Antwortschreibens vor, das am 5. Juli 1954 an Arnold abging (B 108/1500 und B 136/9778). – Auf Wunsch des BMV wurde ein „Interministerieller Ausschuß zur Klärung der Frage nach den Auswirkungen der Förderung der deutschen Seehäfen auf die niederrheinischen Verkehrs- und Wirtschaftsinteressen" gebildet, der am 25. Nov. 1954 erstmals tagte. Unterlagen dazu in B 108/1500.

6. Sitzung des Kabinettsausschusses für Wirtschaft am Dienstag, den 6. April 1954

Teilnehmer: Blücher, Seebohm; Westrick, Sauerborn, Bergemann; Oeftering (BMF), Staab (BML), Kämper (BMI), Wellhausen (MdB, Präsident des Verwaltungsrates der DBB), Frohne (Vorstand der DBB), Hilpert (Vorstand der DBB), Vogel (BMZ), Grau (Bundeskanzleramt), Hornschu (Bundeskanzleramt). Protokoll: Haenlein

Beginn: 16.00 Uhr *Ende: 18.45 Uhr*

Ort: Bad Godesberg, Haus Carstanjen

Tagesordnung:

1. Wirtschaftsplan der Deutschen Bundesbahn für das Geschäftsjahr 1954
Vorlagen des BMV vom 27. Febr. 1954, 21. März 1954 und 27. März 1954, des BMF vom 9. März 1954 sowie Synopse Teil III.

1. Wirtschaftsplan der Deutschen Bundesbahn für das Geschäftsjahr 1954 BMV

Einleitend bittet der *Vizekanzler* den Vertreter des Bundesfinanzministeriums, über das Ergebnis der Verhandlung des Bundesministers der Finanzen mit dem Bundeskanzler vom Vortage über den Wirtschaftsplan der Bundesbahn zu berichten[1]. *Min.Dir. Prof. Dr. Oeftering* [BMF] erklärt, daß er über das Ergebnis noch nicht

[1] Siehe 3. Ausschußsitzung am 1. Febr. 1954 TOP 1 und 28. Kabinettssitzung am 6. April 1954 TOP B (Kabinettsprotokolle 1954, S. 145). – Vorlagen des BMV vom 27. Febr., 21. und 27. März 1954 in B 108/1414 und B 136/1519, Vorlage des BMF vom 9. März 1954 in B 126/13962 und B 136/1519. Teil der Sitzungsunterlagen war laut Einladung auch Abschnitt III einer Synopse über die noch zwischen den Ressorts strittigen Punkte in den Entwürfen der Verkehrsgesetze (Text in B 136/1479). – Nachdem der Verwaltungsrat der Deutschen Bundesbahn den Wirtschaftsplan für das Geschäftsjahr 1954 als „unterste Grenze der notwendigen Aufwendungen gebilligt hatte", hatte der Vorstand der Deutschen Bundesbahn dem BMV den Wirtschaftsplan zur Genehmigung vorgelegt. Mit Schreiben vom 27. Febr. 1954 hatte der BMV das Kabinett um Genehmigung des Wirtschaftsplans gebeten und einen Beschluß beantragt, nach dem der Bund vom Haushaltsjahr 1955 an die betriebsfremden Personallasten und den Kapitaldienst für Kredite der Bundesbahn übernehmen sollte, welche die Bundesbahn zur Beseitigung von Kriegs- und Kriegsfolgelasten hatte aufnehmen müssen. Den Verlust der Bundesbahn aus dem Jahresabschluß 1952 in Höhe von 140 Millionen DM sollte der Bund 1955 in bar abdecken. Schließlich sollte bei der Bank deutscher Länder darauf hingewirkt werden, daß diese der Bundesbahn gegen Bundesbürgschaft Kassenkredite für die Ausführung des Wirtschaftsplans 1954 einräumen würde. Das BMF hatte mit Schreiben vom 9. März 1954 die Ablehnung der Beschlußanträge des BMV beantragt. Der Wirtschaftsplan sollte modifiziert und der BMV beauftragt werden, mittels tariflicher Maßnahmen, der Einstellung unrentabler Verkehrsverbindungen, der Überführung des Personalüberhangs der Bahn auf andere Bundesverwaltungen und einer engen Zusammenarbeit mit der Bundespost die Finanzlage der Bundesbahn zu verbessern. Schließlich sollte ein Gutachten über die Anpassung des Betriebs der Bundesbahn an

unterrichtet sei, aber die Auffassung seines Ministers kenne. Dieser wolle in der Sache auf folgender Linie entgegenkommen:

Die Ausgabeansätze des Wirtschaftsplans der Deutschen Bundesbahn werden nicht beanstandet und vom Bundesfinanzminister in vollem Umfang anerkannt. Die Einnahmeseite muß jedoch geändert werden. Der Bundesfinanzminister ist nicht in der Lage, den Unterschuß in der Eigenmittelrechnung abzudecken und darüber hinaus noch 340 Mio. DM an Krediten für die Fremdmittelrechnung zur Verfügung zu stellen. Deshalb sollen 316 Mio. DM (340 [Mio. DM] - 24 Mio. DM) von diesen Krediten aus dem Investitionsmittelhaushalt (Fremdmittelrechnung) in den Betriebshaushalt (Eigenmittelrechnung) übertragen werden. Damit werde sich der Unterschuß von 794 Mio. DM auf 478 Mio. DM ermäßigen. Das Verkehrsfinanzgesetz werde voraussichtlich ein Mehraufkommen von 350 Mio. DM erbringen, von dem der 100 Mio. DM überschreitende Betrag der Deutschen Bundesbahn zugute kommen soll. Der Bundesfinanzminister ist bereit, den für 1955 erwarteten Mehrertrag von 250 Mio. DM für die Bundesbahn vorzufinanzieren.

Durch die vom Kabinett verabschiedeten Verkehrsgesetze[2] sei mit größter Wahrscheinlichkeit mit einer Mehreinnahme bei der Deutschen Bundesbahn zu rechnen. Dadurch werde sich der noch offene Betrag von 230 Mio. DM voraussichtlich verringern. Den dann noch bestehenden Unterschuß werde der Bundesminister der Finanzen im Vorgriff auf kommende Einnahmen ebenfalls noch vorfinanzieren.

Auf diese Weise komme man zu einem ausgeglichenen Wirtschaftsplan der Deutschen Bundesbahn für das Rechnungsjahr 1954.

Ein Vorgriff auf kommende Einnahmen scheine unbedenklich, weil voraussichtlich nach Besserung der Rentabilität der Deutschen Bundesbahn der Betrag von jährlich 250 Mio. DM von der Deutschen Bundesbahn nicht mehr in voller Höhe zum Ausgleich des Wirtschaftsplanes benötigt werde.

Der *Bundesverkehrsminister* erklärt, daß die Bundesregierung nach dem Bundesbahngesetz[3] verpflichtet sei, die Defizite der Deutschen Bundesbahn auf den Bundeshaushalt zu übernehmen.

Darüber hinaus sei es notwendig, auch die betriebsfremden Lasten und den Kapitaldienst für die von der Bundesbahn zur Beseitigung der Kriegsschäden aufgenommenen Kredite in dem Bundeshaushalt einzustellen. Das entspreche einem Betrag in der Größenordnung von 500 Mio. DM jährlich, der sich allerdings von Jahr zu Jahr verringere.

In Anbetracht der vom Verkehrsausschuß des Bundestages beschlossenen Aufforderung an die Bundesregierung, einen Gesetzentwurf über die Übernahme der be-

---

die veränderte Verkehrslage erstellt werden. Mit Schreiben vom 21. März 1954 hatte der BMV seinen Beschlußantrag erneuert und durch die Übersendung eines Berichts der Deutschen Bundesbahn über durchgeführte, eingeleitete und geplante Maßnahmen zur Rationalisierung und Verwaltungsreform mit Schreiben vom 27. März 1954 zusätzlich begründet.

2 Vgl. hierzu 27. Kabinettssitzung am 31. März 1954 TOP 2 (Kabinettsprotokolle 1954, S. 133–136).

3 Bundesbahngesetz vom 13. Dez. 1951 (BGBl. I 955).

triebsfremden Lasten der Bundesbahn auf den Bundeshaushalt vorzulegen[4], halte er es für angebracht, dies schon im Bundeshaushalt für das Rechnungsjahr 1955 zu verwirklichen.

Den Vorschlag des Vertreters des Bundesfinanzministeriums zur Ausgleichung des Wirtschaftsplanes 1954 könne er schon deshalb nicht billigen, weil er darauf hinauslaufe, einen Betriebsverlust durch Kredite zu decken. Er könne diesem Vorschlag nur zustimmen, wenn der Bundesfinanzminister den Kredit von 340 Mio. DM in einen echten Zuschuß verwandle.

Der Bundesbahn müßten die notwendigen Mittel zur Befriedigung ihres Nachholbedarfes zugeführt werden, da sie sonst an der Rationalisierung gehindert werde, von der man sich eine erhebliche Verbesserung ihrer Wirtschaftslage verspreche.

Auf die Frage des *Vizekanzlers*, ob der Bundesfinanzminister bereit wäre, zur Entlastung der Eigenmittelrechnung der Bundesbahn den Betrag von 250 Mio. DM als Zuschuß zu geben, auch wenn ein Bundesanteil an der Einkommen- und Körperschaftsteuer von 42 % nicht erreicht werden könnte, erklärt *Min.Dir. Dr. Oeftering* [BMF], daß mit einem höheren Bundesanteil als 40 % nach den bisherigen Verhandlungen mit den Ländern nicht gerechnet werden könne[5]. Es sei äußerstenfalls erreichbar, daß die Länder in Höhe von 2 % des Bundesanteils Bundesbahnschatzanweisungen mit 6-jähriger Laufzeit übernehmen würden, die mit einer Bundesgarantie ausgestattet werden müßten. Sollte die Bundesbahn nach Ablauf dieser Zeit nicht zur Einlösung der Schatzanweisungen in der Lage sein, so müsse der Bundesfinanzminister eintreten, was praktisch einen Zuschuß an die Deutsche Bundesbahn bedeuten würde. Im Interesse der augenblicklichen Verhandlungen mit den Ländern müsse der Bundesfinanzminister an der Form der darlehensweisen Hingabe des Betrages von 250 Mio. DM festhalten. Der Betrag von 66 Mio. DM sei ohnehin bereits als Zuschuß vorgesehen. Die vom Bundesminister für Verkehr angeregte Übernahme eines Betrages von 500 Mio. DM auf den Bundeshaushalt 1955 sei in Anbetracht der bereits jetzt zu erwartenden zusätzlichen Belastungen dieses Haushalts in Höhe von 1,3 Mia. DM völlig unmöglich.

Präsident Dr. Wellhausen weist darauf hin, daß die vom Kabinett verabschiedeten Verkehrsgesetze noch nicht im Parlament behandelt seien[6]. Die Entscheidung darüber sei völlig offen. Es gehe nicht an, auf einer so unsicheren Grundlage den Wirtschaftsplan der Bundesbahn aufzubauen. Gegenüber den Anregungen des Bundesministers der Finanzen würde der Verwaltungsrat der Bahn voraussichtlich an seinem Vorschlag festhalten.

Präsident Dr. Frohne begrüßt die Erklärung von Min.Direktor Dr. Oeftering über die Richtigkeit der Ausgabeansätze des Wirtschaftsplanes. Er weist darauf hin, daß der Betrag von 316 Mio. DM nicht für Neuinvestitionen, sondern für die Nachho-

---

[4] Vgl. das Kurzprotokoll der 10. Sitzung des Ausschusses für Verkehrswesen am 1. April 1954 im Parlamentsarchiv des Deutschen Bundestages.

[5] Zur Steuerreform vgl. 29. Kabinettssitzung am 13. April 1954 TOP A (Kabinettsprotokolle 1954, S. 164 f.). Unterlagen zu den Verhandlungen mit den Ländern in B 126/51527 f.

[6] Fortgang hierzu 34. Kabinettssitzung am 1. Juni 1954 TOP 7 (Kabinettsprotokolle 1954, S. 244–248.

lung von Erneuerungs- und Unterhaltungsarbeiten bestimmt sei. Durch Übernahme dieses Betrages aus der Fremdmittelrechnung in die Eigenmittelrechnung werde die Auftragsvergabe an die Wirtschaft eingeschränkt. Das sei um so weniger zu verantworten, als der Wirtschaftsplan schon 261 Mio. DM weniger für diese Zwecke vorsehe, als bei ordnungsmäßiger Wirtschaft erforderlich wären. Es sei z. B. unerläßlich, Aufträge an die Waggonbauindustrie zu geben, da sonst eine ausreichende Waggongestellung durch die Deutsche Bundesbahn im Herbst nicht gesichert sei.

Die *Staatssekretäre Dr. Westrick* und *Sauerborn* lehnen aus wirtschafts- und arbeitsmarktpolitischen Gründen ebenfalls eine Einschränkung des Auftragsvolumens der DBB ab.

Auf den Einwand von *Min.Direktor Dr. Oeftering* [BMF], daß die Deutsche Bundesbahn bei dem Ausfall der Binnenschiffahrtsstraßen in diesem Winter[7] das vermehrte Transportvolumen ohne Schwierigkeiten bewältigt habe, erwidert *Präsident Dr. Frohne*, daß das nur durch Heranziehung des Europ-Wagenparks[8] und durch das Fehlen von Kartoffel- und Düngemittel-Transporten in dieser Jahreszeit vorübergehend möglich gewesen sei. Ein vergrößertes Transportvolumen in Auswirkung der vom Kabinett verabschiedeten Verkehrsgesetze bedinge dagegen zusätzlichen Transportraum.

Präsident Dr. Wellhausen erklärt, daß die Deutsche Bundesbahn nur deshalb in die augenblickliche Situation gekommen sei, weil ihr in der Vergangenheit nicht ausreichend geholfen wurde. Der Wirtschaftsplan 1954 müsse jetzt mit Vorrang behandelt werden; bereits drei Monate des Geschäftsjahres seien vergangen, ohne daß über ihn Klarheit bestehe. Die Deutsche Bundesbahn müsse in den Stand gesetzt werden, den ihr in Auswirkung der Verkehrsgesetze zufließenden zusätzlichen Verkehr zu bewältigen. Wenn der Betrag von 316 Mio. DM nicht in die Fremdmittelrechnung bereitgestellt werde, so sei die Deutsche Bundesbahn außerstande, betriebssicher weiterzuarbeiten.

Der *Bundesverkehrsminister* beantragt, den Wirtschaftsplan der Deutschen Bundesbahn in der vorgelegten Form zu genehmigen. Über den noch streitigen Betrag der Fremdmittelrechnung in Höhe von 316 Mio. DM müsse man sich zu gegebener Zeit unterhalten. Der Vorstand sei nach der Verabschiedung des Planes jedenfalls in die Lage versetzt, in eigener Verantwortung zu handeln.

Die Anregung von *Ministerialrat Haenlein* [Bundeskanzleramt], den Restbetrag von 316 Mio. DM aus den zu erwartenden Ersparnissen bei den Besatzungskosten zu

---

[7] Im Januar und Februar 1954 hatte die Binnenschiffahrt wegen zugefrorener Flüsse und Kanäle lange völlig stillgelegen.

[8] Am 20. Febr. bzw. 10. März 1951 hatten die Deutsche Bundesbahn und die Nationale Gesellschaft der Französischen Eisenbahnen (SNCF) ein Abkommen über die gemeinsame Benutzung bestimmter Güterwagen unterzeichnet, um den Umlauf der Güterwagen zu verbessern und die Leerfahrten im internationalen Güterverkehr zu verringern. Die in den Wagenpark (Güterwagen-Pool „EUROP") zur gemeinschaftlichen Nutzung eingebrachten Güterwagen blieben Eigentum der nationalen Eisenbahnen (vgl. dazu Friedrich, Übereinkommen und Friedrich, Güterwagenprobleme).

finanzieren, lehnt *Min.Direktor Prof. Dr. Oeftering* [BMF] mit dem Hinweis auf den ungewissen Zeitpunkt der Ratifizierung des EVG-Vertrages und den Zweifel, ob überhaupt Ersparnisse erzielt werden, ab[9].

Der *Vizekanzler* unterstützt den Antrag des Bundesministers für Verkehr und tritt dafür ein, den Wirtschaftsplan der Deutschen Bundesbahn in der vorliegenden Form zu genehmigen. Da schon drei Monate des laufenden Wirtschaftsjahres vergangen seien, könne man damit rechnen, daß erhebliche Ausgabenreste verblieben und der Bundesminister der Finanzen in diesem Haushaltsjahr nicht voll in Anspruch genommen werde. Er gibt bekannt, daß das Kabinett in seiner heutigen Sitzung die endgültige Entscheidung über den Wirtschaftsplan der Deutschen Bundesbahn auf den Kabinettsausschuß delegiert habe.

Für die Genehmigung des Wirtschaftsplanes in der vorgelegten Form stimmen neben dem Vizekanzler und dem Bundesminister für Verkehr die Vertreter der Bundesministerien für Wirtschaft, für Arbeit und für Ernährung, Landwirtschaft und Forsten.

Min.Direktor Dr. Oeftering [BMF] erklärt, daß er unter diesen Umständen vorsorglich von dem Widerspruchsrecht des Bundesfinanzministers gemäß § 26 der Geschäftsordnung Gebrauch machen müsse[10]. Auf den Hinweis des *Vizekanzlers*, daß der Bundesfinanzminister in der Sache bereits durch die Verweigerung der Genehmigung des Wirtschaftsplanes widersprochen habe, erwidert *Min.Dir. Dr. Oeftering* [BMF], daß bisher noch kein Kabinettsbeschluß in dieser Angelegenheit gefaßt worden sei. Erst mit der heutigen Beschlußfassung sei nach seiner Meinung das Widerspruchsrecht des Bundesfinanzministers entstanden.

Min.Dir. Dr. Oeftering [BMF] richtet an die anwesenden Vorstandsmitglieder der Deutschen Bundesbahn noch die Frage, ob der Vorstand bereit sei, wegen der Inanspruchnahme der 316 Mio. DM des Fremdmittelhaushalts mit dem Bundesfinanzminister in Fühlung zu bleiben. Es könnte damit erreicht werden, Verpflichtungen für diesen Teil der Fremdmittelrechnung nur in Höhe neu erschlossener Einnahmen einzugehen.

Die *Präsidenten Dr. Wellhausen* und *Dr. Frohne* betonen, daß sie keine Bindung in dieser Richtung eingehen können.

Präsident Dr. Hilpert glaubt, daß gegen die Aufnahme eines Kontaktes wegen der Ausgabedispositionen für die 316 Mio. DM keine Bedenken bestehen. Im übrigen sei ja das Bundesministerium der Finanzen in den Sitzungen des Verwaltungsrates, in denen diese Fragen erörtert würden, vertreten[11].

---

[9] Vgl. hierzu 40. Kabinettssitzung am 21. Juli 1954 TOP A (Kabinettsprotokolle 1954, S. 332).

[10] Siehe den Text der Geschäftsordnung der Bundesregierung in Anhang 2.

[11] Fortgang 29. Kabinettssitzung am 13. April 1954 TOP 1 (Kabinettsprotokolle 1954, S. 158–161) und 9. Ausschußsitzung am 26. Mai 1954 TOP 1.

7. Sitzung des Kabinettsausschusses für Wirtschaft am Samstag, den 15. Mai 1954

Teilnehmer: Blücher; Hartmann, Sonnemann, Sauerborn, Gladenbeck, Wandersleb; Bernard (BdL), von Maltzan (AA), Müller-Armack (BMWi), Häfner (BML), Schiller (BMV), Holtz (Amt Blank, zeitweise), Grau (Bundeskanzleramt), Heise (BMZ), Hornschu (Bundeskanzleramt). Protokoll: Haenlein.

Beginn: 10.00 Uhr *Ende: 13.30 Uhr*

Ort: Bad Godesberg, Haus Carstanjen

Tagesordnung[1]:

1. *Einfuhr- und Versorgungsprogramm 1954/55 für Nahrungs- und Futtermittel; hier: Aufstockung von Vorräten in der Bundesreserve*
   Vorlage des BML vom 10. Mai 1954 (VI/8 - 6804-141/54 - Kab.Nr. 230/54).
2. *Krise im Eisenerzbergbau*
   Vorlage des BMWi vom 30. April 1954 (III A 3 - 11425/54).
3. *Überlassung der Liste deutscher Schuldner an die jugoslawische Regierung*
   Vorlage des BMWi vom 27. April 1954 (VI 7 - 35338/54).
4. *Entwurf eines Gesetzes über die Beförderung von Personen zu Lande*
   Vorlage des BMV vom 20. Febr. 1954 (StV 5 Nr. 4007 B/54).

1. Einfuhr- und Versorgungsprogramm 1954/55 für Nahrungs- und Futtermittel, hier: Aufstockung von Vorräten in der Bundesreserve BML

a) Der *Vizekanzler* bittet einleitend über die Aufstockung der Vorräte in der Bundesrepublik besondere Verschwiegenheit zu bewahren[2].

Staatssekretär Dr. Sonnemann bemerkt dazu, daß die Vertraulichkeit über dieses Thema nicht gewahrt worden ist, wie sich aus Pressemitteilungen im Anschluß an die letzte Kabinettssitzung ergebe[3].

---

[1] Tagesordnung gemäß Einladung vom 11. Mai 1954.

[2] Siehe 32. Kabinettssitzung am 12. Mai 1954 TOP 1 (Kabinettsprotokolle 1954, S. 197.). – Vorlagen des BML vom 10. und 14. Mai 1954 in B 116/1975 und B 136/2655. – In seiner Vorlage vom 10. Mai 1954 hatte der BML quantitative Angaben zu einer seines Erachtens dringlichen Erhöhung der Nahrungsmittelreserven des Bundes gemacht. Die Vorlage vom 14. Mai 1954 enthielt eine Aufstellung des Einfuhrbedarfs an Getreide. „Entsprechend den handelsvertraglichen Wünschen" waren folgende Importquoten für Weizen vorgesehen: Türkei 400 000 t, Argentinien 400 000 t, Frankreich 225 000 t, Schweden 180 000 t, Polen und Rumänien je 60 000 t, UdSSR und Ungarn je 40 000 t sowie Bulgarien 30 000 t. Aus Frankreich und Schweden waren im Vorgriff auf die Quote bereits zusätzlich je 40 000 t, aus Ungarn 10 000 t eingeführt worden.

Er übergibt die Vorlage des Bundesministers für Ernährung, Landwirtschaft und Forsten vom 14.5.1954 betr. Einfuhrbedarf 1954/55 an Getreide und dessen Aufteilung und erläutert zunächst die Position Weizen. Dabei macht er darauf aufmerksam, daß die handelspolitischen Verpflichtungen erfüllt werden können, wenn

1) es bei den bisherigen Phasenverschiebungen in der Hereinnahme der Mengen bleibt,

2) im IWA statt der vollen Menge von 1,5 Mio. t nur 1,1 Mio. t abgenommen werden[4],

3) die Weizenvorräte in der Bundesreserve um 370 000 t aufgestockt werden.

Er macht darauf aufmerksam, daß nicht nur in Europa beachtliche Auswinterungsschäden zu verzeichnen sind, sondern auch in den USA eine Mindederernte von 6–7 Mio. t zu erwarten ist, ebenso auch in Kanada in ähnlicher Größenordnung.

Botschafter Dr. v. Maltzan [AA] unterstreicht die Dringlichkeit der handelspolitischen Entscheidungen im Hinblick auf die unmittelbar bevorstehenden Verhandlungen mit Schweden, der Türkei und Argentinien[5]. Das AA schließe sich der Auffassung des BELF an.

Der *Vizekanzler* hält es für richtig, im Kabinettsausschuß getrennt zu erortern:

a) den normalen Einfuhr- und Versorgungsplan und

b) die Aufstockung.

Er weist darauf hin, daß nach dem Kabinettsbeschluß vom 12.5. der normale Einfuhr- und Versorgungsplan als genehmigt gilt, falls sich nicht wider Erwarten durch den Kabinettsausschuß die Notwendigkeit wesentlicher Änderungen herausstellen sollte. Er fügt hinzu, daß sich für die Entscheidung über den Normalplan wohl keine Schwierigkeiten ergeben werden. Die Einfuhrdispositionen und die jetzt zu treffenden handelspolitischen Absprachen seien aber in starkem Maße von der Entscheidung über die Aufstockung abhängig.

Staatssekretär Hartmann meint, daß man über die Aufstockung noch nicht zu einer endgültigen Stellungnahme kommen könne. Er ist dafür, zunächst nur die Weizenlage zu erörtern. Die übrigen Fragen hält er noch nicht für spruchreif und möchte sie zuvor in einem interministeriellen Ausschuß unter Zuziehung des Bundesrechnungshofes erörtert wissen. An Staatssekretär Dr. Sonnemann richtet er die Frage, ob die Lagerhaltung unter Zugrundelen des normalen Versorgungsplanes teurer geworden sei.

---

3 Vgl. z. B. Frankfurter Allgemeine Zeitung vom 13. Mai 1954 („Gesicherte Ernährungslage. Lübke berichtet dem Kabinett").

4 Abkommen zur Revision und Erneuerung des Internationalen Weizenabkommens (IWA) vom 13. April 1953 (BGBl. 1953 II 187). – Vgl. dazu 298. Kabinettssitzung am 23. Juni 1953 TOP E (Kabinettsprotokolle 1953, S. 359).

5 Fortgang zu den Verhandlungen mit der Türkei und Schweden 8. Ausschußsitzung am 19. Mai 1954 TOP A und B. – Das Handelsabkommen zwischen der Regierung der Bundesrepublik Deutschland und der Regierung der Republik Argentinien wurde am 2. Nov. 1954 unterzeichnet (BAnz. Nr. 229 vom 27. Nov. 1954, S. 1 f. und Berichtigung in BAnz. Nr. 20 vom 29. Jan. 1955, S. 1 f.).

Staatssekretär Dr. Sonnemann entgegnet, daß sich die Kosten pro t Getreide zwar erhöht haben, daß das Bundesernährungsministerium aber trotzdem für den normalen Plan mit den Haushaltsansätzen auskomme. Er glaubt, daß man die vorgesehene Weizeneinfuhr um 370 000 t kürzen müsse, wenn man die Beschlußfassung über die Aufstockung zurückstelle. Er fügt hinzu, daß 950 000 bis 1 Mio. t die unterste Grenze dessen sei, was aus Qualitätsgründen im Rahmen des IWA eingeführt werden muß.

Staatssekretär Hartmann tritt dafür ein, die geplanten Weizenbezüge aus Schweden, der Türkei und Argentinien zu berücksichtigen. Sie sei ohne Beschlußfassung über die Aufstockung möglich, wenn man die Bezüge aus Frankreich und den Satellitenstaaten zurückstelle.

Botschafter v. Maltzan [AA] spricht sich dafür aus, auch Frankreich in diesem Rahmen einzuplanen.

ORR Dr. Schmitt[6] (BMWi) weist auf die Bindungen hin, die bereits gegenüber Rumänien und Rußland bestehen.

Der *Vizekanzler* setzt sich nachdrücklich dafür ein, daß die Bundesreserve aufgestockt wird, da unter anderem auch wegen Trockenschäden bei der deutschen Ernte die ohnehin stets bei dem Überblick über die Ernteaussichten bestehenden Unsicherheiten zu bedenken seien. Auch enthalte die politische Lage ernste Risiken.

Staatssekretär Dr. Sonnemann pflichtet diesen Erwägungen des Vizekanzlers bei. Er habe die Lage bisher nur nach den Gesichtspunkten der Versorgung dargestellt. Es seien aber auch die Wagnisse zu berücksichtigen, die z. B. durch einen plötzlich aus politischen Gründen auftretenden Schiffsraummangel entstehen können. Er schlägt daher vor, den normalen Einfuhr- und Versorgungsplan zu genehmigen und gleichzeitig dem Kabinett zu empfehlen, die Weizenreserve um 370 000 t zu erhöhen.

Staatssekretär Hartmann entgegnet, daß er einer solchen Empfehlung des Kabinettsausschusses nicht zustimmen könnte. Über die Stellungnahme hierzu könne nur der Bundesminister der Finanzen selbst befinden. Auf seine Frage nach den mit der Erhöhung der Bundesreserve für Weizen verbundenen Kosten teilt *Staatssekretär Dr. Sonnemann* mit, daß dadurch etwa 22,2 Mio. DM Lagerkosten entstehen, denen aber bei den gegenwärtigen Weltmarktpreisen 24 bis 25 Mio. DM Einnahmen aus Abschöpfungen gegenüberstehen würden. Hierbei sei unterstellt, daß die erhöhten Getreidemengen während des ganzen Jahres auf Lager sein werden. Sollte die deutsche Inlandsernte geringer werden, so würde sich die Gesamtlagerzeit der Menge verringern; man werde sogar möglicherweise nicht zu der gewünschten Aufstockung gelangen. Im übrigen sei zu bedenken, daß die Gesamtmenge ohnehin nicht während des ganzen Jahres auf Lager sein würde.

Der *Vizekanzler* stellt fest, daß nach diesen Erörterungen der normale Einfuhr- und Versorgungsplan genehmigt ist und bittet, vor der nächsten Kabinettssitzung die zahlenmäßigen Grundlagen für die mit der Weizenaufstockung verbundenen Kosten und Belastungen des Bundeshaushalts zu klären.

---

6 In der Vorlage Schreibweise „Schmidt".

b) Anschließend trägt *Staatssekretär Dr. Sonnemann* die bei Roggen und Futtergetreide bestehende Lage entsprechend der Vorlage des BELF vom 14.5.1954 vor. Nach Erörterung der Zahlen im einzelnen kommt er zu dem Schluß, daß unter handelspolitischen Gesichtspunkten mit dem bisherigen Einfuhr- und Versorgungsplan auf diesem Gebiete auszukommen sein werde.

Es komme darauf an, ob der Kabinettsausschuß aus Versorgungsgründen eine Empfehlung für die Erhöhung der Roggen- und Futtergetreidevorräte aussprechen wolle.

Entsprechend dem von Staatssekretär Hartmann geäußerten Wunsch wird hierüber jedoch kein Beschluß gefaßt. Es sollen auch hier zwischen den Ressorts die Zahlen über Vorratskosten und Abschöpfungsbeträge geklärt werden.

c) Nach Erörterung der sich bei Reis, Zucker, Fleisch, Margarinerohstoffen usw. ergebenden Lage wird beschlossen, auch in diesen Punkten entsprechend zu verfahren[7].

2. Krise im Eisenerzbergbau **BMWi**

Min.Dir. Dr. Müller-Armack [BMWi] trägt den Inhalt der Kabinettsvorlage des Bundesministers für Wirtschaft vor[8]. Die eisenschaffende Industrie verlange zur Behebung der Krise:

1) eine Lagerungsaktion aus öffentlichen Mitteln,
2) konjunkturbelebende öffentliche Aufträge,
3) Investitionskredite,
4) ermäßigte Kokspreise,
5) eine Senkung der Preise für inländ[isches] Erz.

Er hebt hervor, daß ein Antrag bei der Hohen Behörde auf Anpassungsbeihilfe nicht nur schwierig durchzusetzen sein werde, sondern zu Erörterungen führen werde, die besser vermieden würden. Jedenfalls sollte man zunächst marktmäßige Wege zu gehen versuchen und zu diesem Zweck die Verhandlungen durch das Bundeswirtschaftsministerium mit der eisenschaffenden Industrie weiterführen. An eine laufende Subventionierung sei jedenfalls nicht zu denken.

Staatssekretär Hartmann ist der Meinung, daß man heute noch nicht zu Beschlüssen kommen könne, sondern daß man die Erörterungen mit der eisenschaffenden Industrie vertiefen müsse. Er möchte wissen, ob diese im Bundesministerium für

---

[7] Fortgang 8. Ausschußsitzung am 19. Mai 1954 TOP B.

[8] Vorlage des BMWi vom 30. April 1954 in B 102/34899 und B 136/7661, weitere Unterlagen in B 102/34900 und 34904. – Mit Schreiben vom 30. April 1954 hatte der BMWi, veranlaßt durch die Absatzkrise im Eisenerzbergbau, daraus resultierende Entlassungen und die daran anknüpfende Kritik, dem Kabinett einen Bericht über „Die Lage im Erzbergbau" zur Beratung im Kabinettsausschuß vorgelegt. Insbesondere die Stillegung der Grube „Eisenzecher Zug" bei Siegen hatte in der Öffentlichkeit für Beunruhigung gesorgt.

Wirtschaft oder bei der Wirtschaftsvereinigung Bergbau geführt werden[9]. Eine Lagerungsaktion und die Bereitstellung von Bundesmitteln für die Kostensenkung könnten nicht in Frage kommen. Nur eine verstärkte Stahlproduktion könne helfen. Er macht in diesem Zusammenhang auf die stärker gewordene kommunistische Propaganda im Salzgittergebiet aufmerksam[10].

Der *Vizekanzler* hält es nicht für zweckmäßig, einen Antrag auf Anpassungsbeihilfe bei der Hohen Behörde zu stellen und spricht sich dafür aus, daß der Bund die Verhandlungen mit den Beteiligten in die Hand nehmen soll. *Min.Dir. Dr. Müller-Armack* [BMWi] sichert dies zu.

Staatssekretär Sauerborn bedauert, daß das Bundesarbeitsministerium erst sehr spät zu den Verhandlungen zugezogen worden sei. Er weist darauf hin, daß die im Rahmen des Wirtschaftsplans der Deutschen Bundesbahn angesetzten und genehmigten Beträge, die der Auftragsvergebung an die Industrie dienen sollten, bisher nur zu einem sehr geringen Teil der deutschen eisenschaffenden Industrie zugute gekommen sind[11].

Ministerialdirektor Dr. Schiller [BMV] trägt als Auffassung des Bundesministers für Verkehr vor, daß ein konstruktiver Plan zur Wiederherstellung der Rentabilität des Eisenerzbergbaues erforderlich sei, wenn man politischen Gefahren begegnen wolle. Die Zurückhaltung der Deutschen Bundesbahn bei der Auftragsvergebung führt er auf die Unklarheit über die betriebsfremden Lasten als Unkostenfaktor zurück. Außerdem sei nach Ansicht des Bundesverkehrsministeriums nach dem Protokoll über die Kabinettssitzung am 13.4.1954 unsicher gewesen, ob der Wirtschaftsplan durch das Kabinett genehmigt worden sei oder erst nach Erfüllung der Auflagen genehmigt werde. Deshalb habe das Bundesministerium für Verkehr auch zur Klarstellung eine Kabinettsprotokollberichtigung beantragt[12]. Wie das Bundesministerium für Verkehr sei auch das Bundesministerium der Finanzen der Ansicht, daß die Genehmigung durch das Kabinett erteilt worden sei.

Min.Dirigent Dr. Grau [Bundeskanzleramt] bemerkt, daß dem Beschluß des Kabinetts wesentlich auch das Motiv zugrunde gelegen habe, die Aufträge sofort herausgehen zu lassen. Allerdings bedürfe es dafür noch eines Kassenkredites.

Ministerialrat Haenlein [Bundeskanzleramt] fügt hinzu, es sei unmittelbar nach der Kabinettssitzung klargestellt worden, daß auf Grund der Formulierung des Kabinettsbeschlusses sofort habe gehandelt werden können. Der Protokolltext könne deshalb

---

9 Unterlagen zu den im BMWi geführten Verhandlungen mit Industrie, Gewerkschaften und Landesregierungen in B 102/34899.

10 Während der Feierschichten waren Bergarbeiter aus Salzgitter „Einladungen aus der Ostzone gefolgt", wo sie „in besten Hotels untergebracht und bewirtet" und durch Musterbetriebe geführt worden waren (Vermerk aus dem BMWi vom 25. Febr. 1954 in B 102/34899).

11 Der Wirtschaftsplan der Deutschen Bundesbahn für das Wirtschaftsjahr 1953 hatte Investitionskredite in Höhe von 423,7 Millionen DM, der Wirtschaftsplan 1954 in Höhe von 714,5 Millionen DM enthalten. – Vgl. zum Wirtschaftsplan 6. Ausschußsitzung am 6. April 1954 TOP 1 und 29. Kabinettssitzung am 13. April 1954 TOP 1 (Kabinettsprotokolle 1954, S. 158–161).

12 Vgl. den Vermerk Haenleins betr. die Änderung des Protokolls vom 24. Mai 1954 in B 136/1519.

nicht als Hindernis für die eingetretene Verzögerung bei der Auftragsvergebung angeführt werden. Dies sei auch mit dem Präsidenten der Deutschen Bundesbahn, Prof. Dr. Frohne, ausdrücklich geklärt worden.

Der *Vizekanzler* bittet Staatssekretär Hartmann in Fortsetzung bereits schwebender Erörterungen in den nächsten Tagen eine Aussprache mit der Deutschen Bundesbahn herbeizuführen, um die der Vergebung der Aufträge noch entgegenstehenden Hindernisse zu beheben[13]. Er betont, daß der Wirtschaftsplan, soweit er genehmigt sei, für die Deutsche Bundesbahn bindend sei, so daß die Erwägungen über betriebsfremde Lasten nicht berücksichtigt werden könnten[14].

Auf die Frage von *Prof. Dr. Müller-Armack* [BMWi], ob durch Vorgriffe auf Zinsen, Tilgung und Rückflüsse des ERP-Sondervermögens für 1955 der eisenschaffenden Industrie zentral gesteuerte Mittel zur Verfügung gestellt werden könnten, bemerkt der *Vizekanzler*, daß dies im vertretbaren Maß möglich sei. Man müsse dabei jedoch besonders gewissenhaft verfahren. Die Möglichkeit der Bürgschaftsübernahme sei aber gesichert. Mit dem Ziel, die Ruhrindustrie stärker an der Abnahme deutscher Erze zu interessieren, wolle er zusammen mit Bundesminister Prof. Dr. Erhard im Laufe der nächsten Wochen ein Gespräch mit Vertretern der Ruhrindustrie führen[15]. Jedenfalls halte er wegen der erheblichen Bedeutung der Angelegenheit einen weiteren Bericht an den Kabinettsausschuß über den Fortgang der Bemühungen für erforderlich.

Ministerialrat Haenlein [Bundeskanzleramt] bringt vor allem gegenüber dem Bundeswirtschaftsministerium den Wunsch des Bundeskanzlers zum Ausdruck, daß die eingeleiteten Maßnahmen und die Bemühungen der Bundesregierung stärker in der Öffentlichkeit verständlich gemacht und erläutert werden sollten. So sei z. B. die sich aus den heutigen Darlegungen ergebende Tatsache, daß die Sorge um das Siegerland vorläufig als behoben gelten könne, in der Presse noch nicht genügend zum Ausdruck gekommen[16].

---

13 Nicht ermittelt.

14 Fortgang zum Wirtschaftsplan 9. Ausschußsitzung am 26. Mai 1954 TOP 1.

15 Mit Schreiben vom 31. Mai 1954 berichtete Blücher dem Bundeskanzler über Gespräche, die er gemeinsam mit Erhard anläßlich der Tagung des BDI am 17. Mai 1954 in Essen mit Vertretern der Eisen- und Stahlindustrie geführt habe. In der darauffolgenden Sitzung des Kabinettsausschusses habe er sich „grundsätzlich bereit erklärt, Mittel des ERP-Sondervermögens zur teilweisen Erstattung der bei den Hüttenwerken aus der Verhüttung der deutschen Eisenerze entstehenden Verluste bereitszustellen [...] Der in den Eisenerzgruben eingetretene Notstand kann hierdurch bis zum 31. März 1955 als behoben angesehen werden" (Schreiben in B 136/7661; Erklärung im Protokolltext der Ausschußsitzung am 19. Mai 1954 nicht ermittelt). – Vgl. auch den Vermerk über die Besprechung Erhards mit Vertretern der eisenschaffenden Industrie am 18. Mai 1954, in der die Ruhrhütten sich bereiterklärten, vom 1. Juni 1954 bis 31. März 1955 den Bezug inländischer Eisenerze unter der Voraussetzung um ca. 25 % zu erhöhen, daß die daraus entstehenden Belastungen teilweise erstattet würden (B 102/34899).

16 Vgl. die Pressemitteilung des BMWi in Bulletin Nr. 92 vom 18. Mai 1954, S. 820. – Fortgang 34. Kabinettssitzung am 1. Juni 1954 TOP 3 (Entwicklung im Raum Salzgitter-Harzvorland: Kabinettsprotokolle 1954, S. 240 f.).

3. Überlassung der Liste deutscher Schuldner an die jugoslawische Regierung BMWi

Präsident Bernard spricht sich gegen die Bekanntgabe der Schuldnerliste an die jugoslawische Regierung aus, und zwar auch soweit es sich um die 114 Schuldner handelt, die dazu ihr Einverständnis erteilt haben[17]. Es sei Angelegenheit der Bank deutscher Länder, hierüber zu entscheiden. Die Bank deutscher Länder empfehle auch nicht, die deutschen Schuldner durch die Bundesregierung auffordern zu lassen, ihrerseits der jugoslawischen Regierung unmittelbar die gewünschten Aufschlüsse zu geben. Bei dem jugoslawischen Regierungssystem könnten daraus dem jugoslawischen Gläubiger ernste Schwierigkeiten erwachsen. *Staatssekretär Sauerborn* weist auf die für die deutschen Schuldner bestehende Gefahr hin, daß sie im Falle einer Forderungseinziehung durch den jugoslawischen Staat nochmals durch ausgewanderte jugoslawische Gläubiger in Anspruch genommen werden könnten.

Der *Vizekanzler* spricht sich ebenfalls gegen jede Mitwirkung der Regierung bei der Übermittlung von Schuldnerlisten aus, zumal die deutschen Schuldner sich der möglichen Tragweite kaum bewußt sein würden. Dieser Auffassung tritt auch *Staatssekretär Hartmann* bei.

Botschafter Dr. v. Maltzan [AA] möchte den jugoslawischen Wünschen entgegenkommen, zumal Jugoslawien inzwischen dem Londoner Schuldenabkommen beigetreten sei[18], und erläutert die Kabinettsvorlage des Auswärtigen Amtes vom 13.5.1954. Er verkennt aber nicht das Gewicht der von den anderen Ressorts vorgebrachten Bedenken.

In der weiteren Aussprache wird von allen Seiten die deutsche Bereitschaft zur Mitwirkung an der Aufklärung ungeklärter Rechtsverhältnisse unterstrichen, vorausgesetzt, daß jugoslawische Gläubiger mit konkreten Wünschen hierzu hervortreten. Gegenüber dem von jugoslawischer Seite erhobenen Einwand, daß das Hervortreten jugoslawischer Gläubiger gerade wegen der Vernichtung aller Unterlagen durch den Krieg und die deutsche Besatzung unmöglich geworden sei, wird auf die für die deutschen Gläubiger rechtlich ungeklärte Situation im Falle von Geltendmachung der Forderungen durch Rechtsnachfolger hingewiesen.

---

17 Siehe 4. Ausschußsitzung am 16. Febr. 1954 TOP A und 32. Kabinettssitzung am 12. Mai 1954 TOP A (Kabinettsprotokolle 1954, S. 205 f.). – Vorlage des BMWi vom 27. April 1954 in B 102/24600 und B 136/1123. – Die jugoslawische Verhandlungsdelegation hatte die Bundesregierung in einem Aide-mémoire vom 30. März 1954 zur Übergabe einer Liste aller deutschen Schuldner bzw. jugoslawischen Gläubiger aufgefordert. Das BMWi hatte sich mit Vorlage vom 27. April 1954 gegen die Bekanntgabe der Namen ausgesprochen. Das AA war unter der Bedingung dazu bereit, daß die Betroffenen dem zustimmten, da bereits während der Londoner Schuldenkonferenz (28. Febr. bis 8. Aug. 1952) die deutsche Delegation Jugoslawien die Zusage gegeben habe, „die der Bank deutscher Länder vorliegende Schuldenliste in vollem Umfange bekanntzugeben". Da von den 315 in der Liste namentlich geführten Personen bislang nur 114 ihr Einverständnis erklärt hätten, sollte Jugoslawien auch zugesagt werden, daß die deutsche Delegation „weiterhin ihr Möglichstes versuchen [werde], um auch die anderen deutschen Schuldner zu veranlassen, ihr Einverständnis zur Bekanntgabe der Schulden zu erteilen" (Vorlage des AA vom 13. Mai 1954 in AA B 62, Bd. 83 und B 136/1123).

18 Der Beitritt Jugoslawiens zum Abkommen über deutsche Auslandsschulden vom 27. Febr. 1953 (BGBl. II 331) wurde am 15. März 1956 rechtskräftig (BGBl. II 658).

Der Kabinettsausschuß stellt fest, daß weder die Bundesregierung noch die Bank deutscher Länder der jugoslawischen Regierung die deutschen Schuldner benennen können. Es soll vom Auswärtigen Amt, dem Bundesministerium der Finanzen und der Bank deutscher Länder geprüft werden, welche Antwort unter Berücksichtigung der angestellten Erwägungen der jugoslawischen Regierung gegeben werden kann[19].

4. Entwurf eines Gesetzes über die Beförderung von Personen zu Lande **BMV**

wird abgesetzt[20].

[A. Nächste Sitzung des Kabinettsausschuß für Wirtschaft]

Der *Vizekanzler* setzt die nächste Kabinettsausschußsitzung für Mittwoch, den 19.5.1954, 9.30 Uhr an und gibt als Tagesordnungspunkte bekannt:

1.) Entwurf eines Gesetzes über die Beförderung von Personen zu Lande

2.) Zweites Gesetz zur Änderung und Ergänzung des Gesetzes über Viehzählungen.

---

[19] Mit Schreiben vom 2. Juni 1954 wurde der jugoslawischen Delegation der ablehnende Bescheid mitgeteilt (AA B 62, Bd. 83 und B 136/1123, weitere Unterlagen in B 102/24600). – Fortgang 86. Kabinettssitzung am 15. Juni 1955 TOP 4 (Kabinettsprotokolle 1955, S. 374 f.) und 39. Ausschußsitzung am 15. Nov. 1955 TOP 5.

[20] Siehe 8. Ausschußsitzung am 19. Mai 1954 TOP 1.

8. Sitzung des Kabinettsausschusses für Wirtschaft am Mittwoch, den 19. Mai 1954

Teilnehmer: Blücher, Erhard (9.55 bis 11.10 Uhr), Lübke (9.30 bis 10.30 Uhr); Hartmann, Sonnemann, Sauerborn, Wandersleb; Hartlieb (BdL); Reinhardt (BMWi), Schiller (BMV), Schuster (BMP), van Scherpenberg (AA, zeitweise), Grau (Bundeskanzleramt, zeitweise), von Süsskind (Dt. Bundesvertretung Paris), Heise (BMZ), Hornschu (Bundeskanzleramt). Protokoll: Haenlein.

Beginn: 9.30 Uhr *Ende: 12.45 Uhr*

Ort: Bad Godesberg, Haus Carstanjen

Tagesordnung:

1. *Entwurf eines Gesetzes über die Beförderung von Personen zu Lande*
   Vorlage des BMV vom 20. Febr. 1954 (StV 5 Nr. 4007 B/54).
2. *Zweites Gesetz zur Änderung und Ergänzung des Gesetzes über Viehzählungen*
   Vorlage des BML vom 8. Mai 1954 (I B 5 - 1625 - Kab.Nr. 592/53).

Weil der Bundesminister für Wirtschaft noch nicht anwesend sein kann, wird zunächst der Punkt 2 der Tagesordnung behandelt.

2. Zweites Gesetz zur Änderung und Ergänzung des Gesetzes über Viehzählungen BML

Staatssekretär Dr. Sonnemann trägt den wesentlichen Inhalt der Vorlagen des Bundesministers für Ernährung, Landwirtschaft und Forsten vor und macht auf die veränderte Taktik des Bundesministers der Finanzen bei der Begründung seines ablehnenden Standpunktes aufmerksam[1]. Er weist darauf hin, daß die Nachkon-

---

[1] Siehe 304. Kabinettssitzung am 4. Aug. 1953 TOP 6 (Kabinettsprotokolle 1953, S. 420). – Vorlagen des BML vom 29. Juli 1953 und 8. Mai 1954 in B 116/17198 und B 136/709, Vorlage des BMF vom 15. Mai 1954 in B 126/2298 und B 136/709. Weitere Unterlagen in B 116/1898–1901 und B 126/2298. – Das Zweite Gesetz zur Änderung und Ergänzung des Gesetzes über Viehzählung war am 15. April 1953 vom Bundestag beschlossen worden, der Bundesrat hatte am 24. April 1953 zugestimmt. Der BMF hatte jedoch die gemäß Artikel 113 GG notwendige Zustimmung zu den mit dem Gesetz verbundenen Ausgabenerhöhungen mit Schreiben vom 16. Juli 1953 verweigert. In der Kleinen Anfrage Nr. 49 vom 2. April 1954 (BT-Drs. 416) hatten der Abgeordnete Lücke und weitere Abgeordnete um Auskunft darüber gebeten, warum das Gesetz bisher nicht verkündet worden und wann mit der Verkündung zu rechnen sei (Unterlagen dazu in B 136/102). In seiner Vorlage vom 8. Mai 1954 hatte der BML erneut die Zustimmung der Bundesregierung beantragt. Der BMF hatte seine Ablehnung mit Schreiben vom 15. Mai 1954 mit der Begründung erneuert, das Gesetz sehe Zuschüsse des Bundes „zu Aufwendungen der Länder für eine typische Landesaufgabe" vor, „die allein von den Ländern zu tragen sind".

trolle der Viehzählungen von besonderer Wichtigkeit für die Ermittlung des deutschen Zuschußbedarfes an Fleisch ist. Einer Anwendung des Art. 113 GG müsse er widersprechen, weil damit Auseinandersetzungen mit dem Bundestag heraufbeschworen würden und bei Ablauf des jetzt gültigen Viehzählungsgesetzes keine Klarheit wegen der Kostenträgerschaft von Bund und Ländern bestehe.

Staatssekretär Hartmann verweist auf die Vorlage des Bundesministers der Finanzen vom 15.5.1954 und betont die Wichtigkeit des Grundsatzes einer sauberen Trennung der Finanzwirtschaft von Bund und Ländern. Bei der Entscheidung über das Viehzählungsgesetz handele es sich nicht so sehr um die Mehrbelastung des Bundes in Höhe von 1,6 Mio. DM, als um eine Grundsatzfrage der Finanzreform[2]. Diese bezwecke, dem die Ausgabenverantwortung zu übertragen, der die entsprechenden Aufgaben durchführe. Die Viehzählung werde überwiegend von den Ländern durchgeführt. Die Kostenregelung des Viehzählungsgesetzes berücksichtige das nicht. Wenn die Bundesregierung dieser Regelung zustimme, widerspreche sie ihren in den Finanzreformgesetzen vertretenen Grundsätzen. Er bitte daher, die Zustimmung zu versagen.

Bundesminister Lübke weist demgegenüber darauf hin, daß die Ergebnisse der Viehzählungen in erster Linie für die Handelspolitik ausgewertet werden sollen und damit dem Bund zugute kommen. Im übrigen gebe der Bund große Summen zur Verbesserung der Agrarstruktur aus, die auch eine Ländersache sei. Er wolle sich aber mit einer Vertagung der Entscheidung einverstanden erklären, wenn der Bundesminister der Finanzen auf anderem Wege die Mittel, die für die Nachkontrolle benötigt würden, zur Verfügung stelle.

Auch der *Vizekanzler* spricht sich für eine Zwischenlösung aus.

Staatssekretär Hartmann, der in der Sache helfen möchte, ohne daß der erwähnte Grundsatz verletzt wird, bittet Staatssekretär Dr. Sonnemann, den für die Nachkontrolle der Viehzählungen benötigten Betrag ermitteln zu lassen. Es soll dann in Verhandlungen zwischen den beiden Ressorts ein Weg zur Lösung der Schwierigkeiten gesucht werden.

Der Kabinettsausschuß ist damit einverstanden[3].

1. Entwurf eines Gesetzes über die Beförderung von Personen zu Lande **BMV**

Ministerialdirektor Dr. Schiller [BMV] trägt die Gründe für eine gesetzliche Neuregelung dieses Gebietes vor[4].

---

[2] Vgl. hierzu 36. Kabinettssitzung am 23. Juni 1954 TOP E (Kabinettsprotokolle 1954, S. 260 f.).

[3] Zu Ressortbesprechungen kam es nicht, da Schäffer eine Beschlußfassung im Kabinett anstrebte (Vermerk vom 22. Mai 1954 in B 116/17198). – Fortgang 33. Kabinettssitzung am 25. Mai 1954 TOP 8 (Kabinettsprotokolle 1954, S. 230). – Das Kabinett verweigerte dem Gesetz in der 44. Kabinettssitzung am 14. Sept. 1954 (TOP 3) seine Zustimmung (Kabinettsprotokolle 1954, S. 380). Die Ablehnung wurde dem Bundestag mit Schreiben vom 12. Okt. 1954 mitgeteilt (B 136/709, BT-Drs. 857). Ein neuer Gesetzentwurf des BML vom 11. Jan. 1955 wurde vom Kabinett im Umlaufverfahren genehmigt (Unterlagen in B 116/17199 und B 136/2599). – BR-Drs. 388/55, BT-Drs. 2102. – Viehzählungsgesetz vom 18. Mai 1956 (BGBl. I 522).

Da der Gesetzentwurf im Arbeitsausschuß des Kabinettsausschusses gründlich vorberaten worden ist, beschränkt er sich bei der Darlegung der Einzelheiten auf die Punkte, über die im Arbeitsausschuß keine Einigung erzielt werden konnte[5].

Folgende Fragen sind offengeblieben:

a) Genehmigung für den werkseigenen Personenverkehr (§ 2 Abs. 4).

Der *Vizekanzler, Staatssekretär Hartmann* und *Ministerialdirektor Dr. Schuster* [BMP] widersprechen der Fassung der Vorlage des Bundesverkehrsministers. Sie befürworten die Aufrechterhaltung der Bestimmungen der Ziff. 1, fordern dagegen die Streichung der Ziff. 2 und 3 des Abs. 4.[6]

Der Kabinettsausschuß beschließt, die endgültige Entscheidung dieser Frage dem Kabinett zu überlassen.

b) Gelegenheitsverkehr (§ 8 Abs. 2 Nr. 5).

Staatssekretär Hartmann hält die im Entwurf vorgesehene Bevorzugung der Privatunternehmen im Gelegenheitsverkehr für unvereinbar mit den Interessen der durch gemeinwirtschaftliche Verpflichtungen belasteten Bundesbahn[7].

Der Kabinettsausschuß beschließt, daß auch diese Frage im Kabinett entschieden werden soll.

c) Schienenparallelverkehr (§ 8 Abs. 2 Nr. 1).

Ministerialdirektor Dr. Schuster [BMP] ist der Auffassung, daß diese Bestimmung die übrigen Verkehrsträger zugunsten der Deutschen Bundesbahn benachteiligt[8].

---

[4] Siehe 294. Kabinettssitzung am 22. Mai 1953 (Kabinettsprotokolle 1953, S. 309) und 5. Ausschußsitzung am 19. März 1954 TOP 1. – Vorlage des BMV vom 20. Febr. 1954, der nur der Entwurf der Gesetzesbegründung, nicht aber des Gesetzestextes beigefügt war, in B 108/6918 und B 136/2747. Weitere Unterlagen in B 108/6915–6920 und B 257/13060 f. – Durch den mit Schreiben vom 20. Febr. 1954 erneut vorgelegten Gesetzentwurf sollte das Personenbeförderungsgesetz vom 4. Dez. 1934 (RGBl. I 1217) zur Regelung des gewerblichen Personenverkehrs den durch die Zunahme des Verkehrsaufkommens und technische Neuentwicklungen veränderten Verkehrsbedingungen angepaßt werden, nachdem ein Novellierungsversuch in der ersten Legislaturperiode nicht zum Abschluß geführt worden war.

[5] Vgl. die Protokolle über die Sitzungen des Arbeitsausschusses am 4. und 11. Mai 1954 und den undatierten Abschlußbericht des Arbeitsausschusses in B 108/6918 und B 136/2747. Siehe den Abdruck des Abschlußberichts in Anhang 3, Dokument 3.

[6] Nach § 2 Absatz 4 des Entwurfs sollte ein Arbeitgeber von der Genehmigungspflicht befreit werden, wenn er (1) „die Werktätigen seines Betriebes" regelmäßig zwischen Wohnung und Arbeitsplatz unentgeltlich befördern wollte, er (2) seine Arbeitnehmer oder deren Familienangehörige regelmäßig zu werkseigenen Erholungsheimen, Ferienheimen oder ähnlichen Einrichtungen seines Werks befördern wollte oder er (3) für seine Arbeitnehmer oder deren Familienangehörige Ausflugfahrten veranstalten wollte.

[7] § 8 des Entwurfs sollte einen Interessenausgleich zwischen den verschiedenen Verkehrsträgern herstellen. Absatz 2 sollte die Grundsätze festlegen, nach denen die Genehmigungsbehörden über Genehmigungsanträge entscheiden sollten. Gemäß Ziffer 5 sollten im Gelegenheitsverkehr private Unternehmer den Vorrang vor öffentlichen Verkehrsträgern genießen.

[8] Gemäß § 8 Ziffer 1 sollten im Linienverkehr mit Kraftfahrzeugen, der parallel zur Schiene verläuft, die Schienenunternehmen den Vorrang besitzen. Dies sollte auch für den Personenverkehr entlang mittlerweile stillgelegter Schienenverbindungen gelten.

Der Kabinettsausschuß beschließt gegen die Stimme des Vertreters des Bundespostministeriums, die vom Arbeitsausschuß vorgeschlagene Formulierung aufrechtzuerhalten.

d) Genehmigungsbehörden (§ 11 Abs. 1).

Der *Vertreter des Bundespostministeriums* beantragt, daß bei Genehmigungen von Kraftverkehr der Deutschen Bundespost der Bundesminister für Verkehr „im Einvernehmen" mit dem Bundespostminister handeln müsse[9].

Der Kabinettsausschuß billigt gegen die Stimme des Vertreters des Bundespostministeriums die Fassung der Vorlage des Bundesverkehrsministers entsprechend dem Beschluß des Arbeitsausschusses. Sie sieht eine Entscheidung des Bundesverkehrsministers „nach Benehmen" mit dem Bundespostminister vor.

e) Anhörungsverfahren bei Genehmigung eines Schienenersatzverkehrs (§ 14 Abs. 10).

Der *Vertreter des Bundespostministeriums* fordert, diese Bestimmung zu streichen, da das Anhörungsrecht nicht ausreiche, um die Belange der nicht an die Schiene gebundenen Verkehrsträger zu wahren. Er erachtet die Möglichkeit eines Einspruchsverfahrens auch bei der Errichtung von Schienenersatzverkehr für notwendig.[10]

Der Kabinettsausschuß lehnt gegen die Stimme des Vertreters des Bundespostministeriums die Streichung des § 14 Abs. 10 ab.

f) Besondere Arten des Linienverkehrs (§ 43).

Ministerialdirektor Dr. Schiller [BMV] gibt bekannt, daß der Bundesminister der Finanzen seinen ursprünglich gestellten Antrag, den § 43 zu streichen, nicht aufrechterhalten wird, wenn im § 66 Abs. 3 folgender Satz angefügt wird: „Die im § 43 Abs. 1 und 2 genannten Verkehrsarten sind nicht Linienverkehr im Sinne des Beförderungssteuerrechtes." Das Bundesverkehrsministerium sei mit diesem Zusatz einverstanden.[11]

Der *Vizekanzler* macht darauf aufmerksam, daß die Bundesminister des Innern, der Justiz und für das Post- und Fernmeldewesen noch zu diesem Kompromißvorschlag Stellung nehmen müssen.

Er bittet den Vertreter des Bundesverkehrsministeriums, den Entwurf des Personenbeförderungsgesetzes entsprechend den heutigen Beschlüssen des Kabinettsausschusses neu zu fassen.

---

[9] Über die Genehmigungen für den Linien- und Gelegenheitsverkehr der Bundespost und der Bundesbahn sollte gemäß § 11 Absatz 1 des Entwurfs der BMV im Einvernehmen mit den zuständigen obersten Landesbehörden entscheiden. Bei Anträgen der Bundespost sollte er dies „im Benehmen" mit dem BMP tun.

[10] Durch § 14 Absatz 10 des Entwurfs sollte bei der Genehmigung eines Schienenersatzverkehrs die Möglichkeit eines Widerspruchs ausgeschlossen werden.

[11] § 43 des Entwurfs definierte als „besondere Arten des Linienverkehrs" die regelmäßige Beförderung 1. von „Werktätigen" zwischen Wohnung und Arbeitsstelle, 2. von Arbeitnehmern zu Erholungsheimen und Ferienstätten, 3. von Schülern zwischen Wohnung und Schule, 4. von Personen zum Besuch von Märkten und 5. von Theaterbesuchern. § 66 Absatz 3 des Entwurfs sollte bis dahin nur bestimmen, daß „Obusse" beförderungssteuerrechtlich als Kraftfahrzeuge anzusehen seien.

Abschließend macht *Ministerialdirektor Dr. Schuster* [BMP] noch den Vorbehalt, daß dem Bundespostministerium entgegen der vorgesehenen Regelung im § 64 der bisher erworbene Besitzstand erhalten bleiben müsse.

Der *Vizekanzler* bemerkt hierzu, daß dieser Punkt abschließend im Kabinett zur Sprache gebracht werden könne[12].

Außerhalb der Tagesordnung werden folgende Punkte behandelt:

[A.] Deutsch-türkische Handelsbeziehungen **BMWi**

Der *Vizekanzler* bittet, die Lage zu erörtern, die sich aus den augenblicklichen deutsch-türkischen Verhandlungen im Hinblick auf die deutschen Verpflichtungen gegenüber der OEEC und die mit dem britischen Schatzkanzler Butler geführten Besprechungen ergibt[13]. Es sollten keine Beschlüsse gefaßt, aber doch abgeklärt werden, wie weit die BdL bei der Lösung der entstandenen Schwierigkeiten mitgehen könne.

Ministerialrat von Süsskind [Deutsche OEEC-Vertretung, Paris] berichtet über den Schuldenrückstand der Türkei im Rahmen der OEEC[14]. Die Türkei habe ein großes Investitionsprogramm begonnen und sich mit Einfuhren übernommen. Das habe die Türkei veranlaßt, die Zahlungsmodalitäten zu ungunsten der Lieferländer zu ändern. Die Liberalisierung sei dabei nicht aufgegeben und die Einfuhren seien nicht gedrosselt worden. Alles in allem betrage der türkische Rückstand an nichtbezahlten Waren und Lizenzen wohl 300 Mio. Dollar. Das dadurch entstandene Ungleichgewicht in der türkischen Zahlungsbilanz, vor allem gegenüber den Mitgliedländern der EZU, sei wiederholt Gegenstand von Erörterungen in den verschiedenen Gremien der Organisation gewesen. Mangels genügender Auskünfte der Türken seien diese vergeblich gewesen[15].

---

12 Vorlage des BMV vom 21. Mai 1954 in B 108/6918 und B 136/2747. – Fortgang 34. Kabinettssitzung am 1. Juni 1954 TOP 1 (Kabinettsprotokolle 1954, S.243 f.). – BR-Drs. 195/54, BT-Drs. 831. – Personenbeförderungsgesetz vom 12. Sept. 1955 (BGBl. I 573).

13 Im Anschluß an den Besuch Adenauers in der Türkei vom 18. bis 26. März 1954 (vgl. Kabinettsprotokolle 1954, S. 129 f.) fanden seit dem 16. April 1954 in Bonn Verhandlungen über einen Ausgleich des deutsch-türkischen Handelsverkehrs hinsichtlich der Transferierung rückständiger deutscher Exportforderungen, des erhöhten Bezugs türkischer Produkte zum Ausgleich der Zahlungsbilanz und der Beteiligung der deutschen Wirtschaft an türkischen Investitionen statt. Obwohl solche bilateralen Verhandlungen den Verfahrensregeln der OEEC widersprachen, hatten zuvor bereits mehrere OEEC-Mitgliedsstaaten bilaterale Abmachungen mit der Türkei zur Lösung handelspolitischer Probleme getroffen. In den Besprechungen zwischen Erhard und dem britischen Schatzkanzler Richard Austen Butler am 7. und 8. Mai 1954 hatte Butler das dringende britische Interesse an einer multilateralen Lösung des Türkei-Problems hervorgehoben (vgl. das Besprechungsprotokoll vom 11. Mai 1954 in B 102/56907 und B 136/1259). – Adenauer hatte Blücher mit Schreiben vom 29. April 1954 aufgefordert, dem Kabinettsausschuß über die deutsch-türkischen Verhandlungen zu berichten (B 136/1258 und B 146/701). Weitere Unterlagen in B 102/56809.

14 Vgl. hierzu die differenzierte EZU-Bilanz der BdL für April 1954 in B 146/680.

15 Vgl. hierzu den Bericht des OEEC-Ratspräsidenten vom 8. April 1954 über die Arbeiten und Empfehlungen der „Koordinierungsgruppe Türkei" in B 146/701.

Da der Versuch, im Rahmen der OEEC eine Bilanz zu ziehen, keine Klarheit gebracht habe, seien die Schweiz, Holland, Dänemark und Frankreich zu zweiseitigen Verhandlungen mit der Türkei übergegangen, die auch zum Teil zu festen Abreden geführt hätten. Die OEEC habe die Beratungen über die Regelung des türkischen Falles zunächst mit Rücksicht auf die türkischen Wahlen[16] dilatorisch behandelt, jedoch gebeten, die Organisation über die bilateralen Verhandlungen zu unterrichten und mit ihr eine gemeinsame Lösung zu versuchen[17]. Man sei nach den in Paris verlautenden Meinungen zu der Auffassung berechtigt, daß Länder, die im Interesse einer Behebung der Störungen im Zahlungsverkehr mit der Türkei Opfer bringen, auch größeren Nutzen dabei haben sollen. Es sei zu entscheiden, wie man sich in der OEEC verhalten wolle, nachdem das Auswärtige Amt durch Herrn van Scherpenberg erklärt habe, daß die multilateralen Verhandlungen gescheitert seien und zweiseitige Verhandlungen mit der Türkei geführt würden[18].

Ministerialrat Dr. Daniel (BWM) berichtet über den Stand der Verhandlungen mit der Türkei, bei denen es sich um die Auflösung der Rückstände, Beteiligungen an Investitionen und ein Kreditabkommen handele. Zur Beseitigung der türkischen Zahlungsrückstände gegenüber der Bundesrepublik in Höhe von rund 40 Mio. Dollar hätten die Türken die Lieferung von 250 000 t Weizen im Werte von etwa 16 Mio. Dollar, ferner Chromerze, Kupfer, Baumwolle und Tabak angeboten, zu deren Abnahme die deutsche Wirtschaft bereit sei.

Im Rahmen des türkischen Aufbauprogramms sei ein Investitionsplan in Höhe von insgesamt 600 Mio. DM aufgestellt worden, an dem sich die Bundesrepublik beteiligen sollte. Man sei sich deutscherseits bei den Verhandlungen bewußt, daß diese Wege nur in Übereinstimmung mit der OEEC beschritten werden können. Die Türkei sei auch überzeugt, daß die geplanten Vereinbarungen mit den Regeln der OEEC im Einklang ständen und bestreite die Berechtigung der hiergegen von den Engländern erhobenen Einwände. Eine Sonderverrechnung zugunsten Deutschlands sei keinesfalls beabsichtigt.

Ministerialdirigent Dr. van Scherpenberg (AA) berichtet, daß nach englischer Auffassung der von Deutschland mit diesen zweiseitigen Verhandlungen beschrittene Weg nicht mit den gegenüber der EZU bestehenden Verpflichtungen vereinbar sei und zur Auflösung in einen Bilateralismus führe. Er habe gegenüber dem Wirtschaftsberater des Britischen Hohen Kommissars die Auffassung vertreten, daß Deutschland sich sowohl wegen der Höhe wie auch wegen der schon lange Zeit bestehenden Rückstände in einem besonderen Notstand befinde. Infolge der durch diese Zustände hervorgerufenen Kritik in Deutschland sei ein politisches Problem entstanden. Die deutsche Regierung halte eine bilaterale Lösung für vereinbar mit den Regeln der OEEC und sei bereit, sie ihren Verpflichtungen anzupassen und andere Länder an den erzielten Vorteilen zu beteiligen. Die Engländer bezweifelten

16 Am 2. Mai 1954 hatten in der Türkei Wahlen zur Nationalversammlung stattgefunden. Adnan Menderes war erneut zum Ministerpräsidenten gewählt worden.

17 Vgl. hierzu das Schreiben der deutschen OEEC-Vertretung an den BMZ vom 24. März 1954 in B 146/701.

18 Nicht ermittelt.

nach wie vor, daß dies möglich sei, und fürchteten, daß die Türken bei einer bilateralen Regelung das Interesse an einer multilateralen Lösung verlören, weil wir Hauptgläubiger seien. England könne selbst kaum etwas zu einer multilateralen Lösung beitragen.

Ministerialrat Dr. Daniel (BWM) fügt hier an, daß England im vorigen Jahr bei ähnlichen Verhandlungen mit der Türkei zu keinem Ergebnis kommen konnte, weil es nicht zur Aufnahme eines entsprechenden türkischen Warenangebotes bereitgewesen sei.

Staatssekretär Dr. Sonnemann spricht sich dafür aus, ungeachtet der von englischer Seite erhobenen Vorstellungen die deutsch-türkischen Besprechungen zu Ende zu führen. Eine deutsche Rücksichtnahme sei nicht angebracht. Da die Türken sehr viel investierten, handele es sich um einen bilateralen Kampf der Importeure. Frankreich lasse seine Ausfuhrforderungen in der Türkei stehen und habe sicher erhebliche Investitionen vorgenommen. Wenn durch deutsche Bemühungen die türkischen Rückstände in der EZU verringert würden, so solle auch die deutsche Wirtschaft davon den Vorteil haben. Er halte es für wünschenswert, daß die OEEC den Anteil der Kapitalgutlieferungen in den letzten Jahren an den aufgelaufenen Rückständen der Türken feststellt.

Das *Mitglied des Direktoriums der BdL, Hartlieb,* bittet zu prüfen, ob uns ein Sonderabkommen wirklich Vorteile bringt. Er gibt zu bedenken, daß bei den geplanten großen Investitionen in der Türkei die Gefahr besteht, daß neue Forderungen einfrieren. Dann sei die spätere Bilanz u. U. noch schlechter als die heutige. Auch sei die Bereitschaft der Banken, an der Finanzierung mitzuwirken, noch ungeklärt.

Der *Vizekanzler* äußert Zweifel, ob die vorgetragenen Möglichkeiten zur Abnahme türkischer Waren realisierbar sind. Die deutsch-türkischen Verhandlungen sollten sich nach seiner Meinung auf eine begrenzte Lösung, und zwar besonders des Rückstandsproblems, beschränken. Man solle versuchen, die langfristigen Geschäfte des Investierungsprogrammes mit internationaler Beteiligung durchzuführen. Dabei werde man nicht ohne eine gewisse Einwirkung auf die Türkei auskommen, die man aber besser der OEEC überlassen solle. Vor allem halte er es politisch für wichtig, auf die englischen Vorstellungen einzugehen und mit der Türkei nicht zum Abschluß zu kommen, ohne die erhobenen Einwände im Rahmen der europäischen Organisation befriedigend behandelt zu haben. Ohne Einverständnis der OEEC sei seiner Auffassung nach das Ergebnis der deutsch-türkischen Besprechungen nicht in Einklang mit den EZU-Regeln zu bringen.

Ministerialdirektor Dr. Reinhardt (BWM) glaubt, daß das Einvernehmen der übrigen Mitgliederländer mit der Fortführung der zu erwartenden deutsch-türkischen Vereinbarungen herbeigeführt werden kann. Es müsse geprüft werden, wie weit die anderen Länder in der EZU bereit sind, Deutschland die Vorteile an den zweiseitigen Abmachungen auch im Rahmen der EZU zukommen zu lassen.

Der *Vizekanzler* stellt als Ergebnis der Kabinettsausschußberatungen fest, daß mit den Mitgliedsländern der OEEC in Paris Fühlung genommen werden soll, bevor die deutsch-türkischen Verhandlungen beendet werden. Die deutsch-türkischen

Verhandlungen könnten erst nach Genehmigung durch das Kabinett abgeschlossen werden.

Zu den von *Ministerialdirektor Dr. Schiller* erwähnten Beschwerden über die Diskriminierung der deutschen Flagge durch die Türkei bei der Verschiffung von türkischen Ausfuhrgütern bemerkt der *Vizekanzler*, daß diese Frage bei den derzeitigen Verhandlungen nicht erörtert werden könne, sondern den im Herbst stattfindenden Handelsvertragsverhandlungen vorbehalten bleiben müßte[19].

[B.] [Einfuhr- und Versorgungsprogramm 1954/55; hier:] Handelspolitische Ermächtigungen zur Einfuhr von Getreide aus Schweden **BMWi**

Bundesminister Lübke kommt auf die Erörterung in der letzten Kabinettsausschußsitzung über das Einfuhr- und Versorgungsprogramm für Getreide zurück, weil bei den Verhandlungen mit Schweden der deutsche Delegationsleiter noch nicht die Ermächtigung zur Abnahmeverpflichtung für noch 260 000 t (nach Abzug der bereits ausgelieferten 40 000 t) erhalten habe[20].

Der *Vizekanzler* spricht sich ebenso wie *Bundesminister Erhard* dafür aus, die deutsche Abnahmebereitschaft in dieser Höhe zu erklären. *Bundesminister Erhard* weist auf die Gefahr hin, daß sich Schweden sonst handelspolitisch stärker mit England verständige.

Staatssekretär Hartmann betont, daß er die Entscheidung des Bundesministers der Finanzen über die Vorschläge des Kabinettsausschusses vom 15.5. noch nicht herbeiführen konnte. Er ist der Auffassung, daß die handelspolitischen Ressorts im Rahmen des normalen Einfuhr- und Versorgungsplanes in der Lage sind, zugunsten Schwedens über insgesamt 300 000 t zu disponieren. Er müsse aber den Vorbehalt machen, daß damit in keiner Weise die Entscheidung über die erwogene Aufstockung der Bundesreserve vorweggenommen werde[21].

Bundesminister Lübke und *Staatssekretär Dr. Sonnemann* machen darauf aufmerksam, daß dann die Berücksichtigung der übrigen handelspolitischen Erfordernisse

---

[19] Die türkische Regierung hatte bereits seit längerer Zeit den Abschluß von Kaufverträgen für Regierungsladungen an die Verschiffung der Waren unter türkischer Flagge gebunden und auch auf private Unternehmen Einfluß ausgeübt, türkische Reedereien zu bevorzugen. Unterlagen in B 108/5286. – Fortgang 9. Ausschußsitzung am 26. Mai 1954 TOP A.

[20] Siehe 7. Ausschußsitzung am 15. Mai 1954 TOP 1. – Unterlagen zu den Verhandlungen der deutsch-schwedischen Gemischten Kommission am 24./25. März 1954 in Kopenhagen und den weiteren Gesprächen im Vorfeld der deutsch-schwedischen Wirtschaftsverhandlungen vom 9. bis 21. Juni 1954 in Bonn in B 102/58133 f. und 58137 sowie in AA B 60, Bd. 151. – Zur Frage des aus Schweden einzuführenden Getreidekontingents, das nach schwedischen Forderungen 350 000 t betragen sollte, vgl. den Vermerk vom 22. Mai 1954 über eine Besprechung des schwedischen Verhandlungsführers Torsten Vinell im AA am 18. Mai 1954 in AA B 60, Bd. 151 und den Vermerk über das Gespräch Vinells mit Erhard am 19. Mai 1954 in B 102/58134. – Vgl. auch Fritz, Schweden.

[21] Das Fünfte Zusatzprotokoll vom 21. Juni 1954 zum deutsch-schwedischen Handelsvertrag vom 26. Jan. 1951 (BAnz. Nr. 139 vom 23. Juli 1954, S. 1) enthielt eine Verpflichtung der Bundesrepublik zur Abnahme von 300 000 t Getreide.

um so stärker von der Aufstockung der Bundesreserve abhängig sei und daß darüber in den nächsten Tagen Klarheit geschaffen werden müsse.

Der *Vizekanzler* schlägt vor, diese in der nächsten Kabinettssitzung herbeizuführen und diese Sitzung bereits am Dienstag stattfinden zu lassen, da Bundesminister Lübke und Staatssekretär Dr. Sonnemann am Mittwoch an der Teilnahme verhindert seien. Er macht darauf aufmerksam, daß bis dahin die in der letzten Kabinettsausschußsitzung erbetene Abstimmung der rechnungsmäßigen Unterlagen für die Aufstockung fertiggestellt werden müsse[22].

[C.] Besuch des spanischen Landwirtschaftsministers

Bundesminister Lübke macht darauf aufmerksam, daß der spanische Landwirtschaftsminister beabsichtige, beim Bundeskanzler eine Erklärung über die Rückgabe beschlagnahmten deutschen Eigentums in Spanien abzugeben. Andererseits sei, wie sich aus den bisherigen Besprechungen ergeben habe, der spanische Landwirtschaftsminister in der Erwartung hergekommen, daß er handelspolitische Zusagen erhalte und vor allem Spanien eine wesentliche Erhöhung des Swings zugestanden werde[23].

Das *Mitglied des Direktoriums der BdL, Hartlieb*, erklärt, daß die BdL der Erweiterung des Swings allgemein ablehnend gegenüberstehe und daß er auch in diesem Falle nicht in Aussicht stellen könne, daß die BdL dem angekündigten spanischen Wunsch auf Erhöhung des Swings zustimmen werde.

Ministerialdirigent Dr. van Scherpenberg [AA] bemerkt, daß nach den Informationen des Auswärtigen Amtes Spanien z. Zt. in der Frage der Rückgabe des beschlagnahmten deutschen Vermögens nicht zu wesentlichen Konzessionen bereit sei.

[22] Fortgang 33. Kabinettssitzung am 25. Mai 1954 TOP 5 (Kabinettsprotokolle 1954, S. 288) und 39. Ausschußsitzung am 15. Nov. 1955 TOP 3. Das Kabinett stimmte der Aufstockung unter Beschränkung auf Weizen (370 000 t) und Roggen (230 000 t) zu.

[23] Zum Deutschland-Besuch des spanischen Landwirtschaftsministers Rafael Cavestany y Anduga vom 16. bis 23. Mai 1954 und seinen Gesprächen mit Bundespräsident Heuss und Bundeskanzler Adenauer am 21. Mai 1954 vgl. Bulletin Nr. 97 vom 25. Mai 1954, S. 857 und Zeitgeschehen 1954, P 264 sowie den Vermerk aus dem Bundeskanzleramt vom 15. Sept. 1954 in B 136/1259 und die Aufzeichnung aus dem Bundespräsidialamt vom 21. Mai 1954 in B 122/566. – Laut Mitteilung der deutschen Botschaft in Madrid hatte die spanische Regierung beschlossen, der Bundesregierung zwei Grundstücke in Madrid aus früherem Reichseigentum zur Verfügung zu stellen (Schreiben des AA an das Bundespräsidialamt vom 20. Mai 1954 in B 122/566). – Lübke hatte Adenauer mit Schreiben vom 21. Mai 1954 zur Vorbereitung des Abschlußgesprächs mitgeteilt, daß die spanischen Wünsche auf landwirtschaftlichem Gebiet fast alle erfüllt werden könnten, daß Spanien aber infolge der Ernteausfälle bei Zitrusfrüchten auch die Erhöhung des derzeitigen Überziehungskredits (Swing) von 40 Millionen auf 120 Millionen DM erbeten habe. Da BdL und BMZ dem ablehnend gegenüber stünden, bestehe die Gefahr, daß Spanien „schon aus wirtschaftlichem Zwang mehr an die Seite von Frankreich / Belgien, die ihrerseits bereits langfristige Kredite gegeben haben, und evtl. England gedrängt" werde. Als Gegenleistung für die Kreditgewährung habe Spanien u. a. angeboten, die Enteignung deutschen Vermögens zu stoppen und von den Alliierten, auf deren Veranlassung Spanien die Enteignungen durchgeführt habe, eine Erklärung zur Frage der Behandlung deutschen Eigentums zu erwirken; andernfalls wolle Spanien sich in dieser Angelegenheit „freie Hand verschaffen" (B 136/1259).

Daher bestehe auch kein Anlaß, jetzt ein besonderes handelspolitisches Entgegenkommen zu gewähren.

Nach Auffassung des *Vizekanzlers* muß der Lage der BdL Verständnis entgegengebracht werden, da die sehr vielen Ländern zugesicherten Swings in ihrer Addition eine beträchtliche Belastung der BdL darstellen[24].

[24] Im Entwurf folgt gestrichen: „Auf seinen Vorschlag wird das Bundeswirtschaftsministerium die Vertreter des BELF, des BM d. Finanzen und der BdL zu einer Erörterung dieser Frage einladen." – Die Erhöhung des Swings war ein wesentlicher Gegenstand der deutsch-spanischen Wirtschaftsverhandlungen vom 5. Okt. bis 17. Nov. 1954 in Madrid und 25. März bis 20. April 1955 in Bonn. Im Handels- und Zahlungsabkommen vom 16. Mai 1955 wurde dann die finanzielle Abwicklung der Warengeschäfte über multilateral verrechenbare BeKo-Mark-Konten vereinbart. Unterlagen in B 102/58147 f. und AA B 62, Bd. 92–94. – Handels- und Zahlungsabkommen vom 16. Mai 1955 (BAnz. Nr. 97 vom 21. Mai 1955, S. 2).

9. Sitzung des Kabinettsausschusses für Wirtschaft am Mittwoch, den 26. Mai 1954

Teilnehmer: Blücher, Seebohm; Sauerborn, Bergemann, Wandersleb; Hartlieb (BdL), von Schmiedeberg (BMF), Häfner (BML), Lapp (BMP), von Boeckh (BMWi), van Scherpenberg (AA, zeitweise), Schöne (BMWi, zeitweise), Vogel (BMZ), Grau (Bundeskanzleramt), Heise (BMZ), Hornschu (Bundeskanzleramt). Protokoll: Doßmann.

Beginn: 15.00 Uhr *Ende: 17.30 Uhr*

Ort: Bad Godesberg, Haus Carstanjen

Tagesordnung:

1. *Verkehrspolitische Maßnahmen*
   Vorlage des BMV vom 28. April 1954 (A 1 - 12a - 48 Vmz XIII).

Außerhalb der Tagesordnung wird zunächst die Frage der deutsch-türkischen Handelsbeziehungen beraten.

[A.] Deutsch-türkische Handelsbeziehungen **BMWi**

Ministerialdirigent Dr. Schöne (BWM) macht nach Darlegung des bisherigen Verhandlungsverlaufs mit der türkischen Delegation darauf aufmerksam, daß die türkische Delegation zum Abschluß kommen wolle[1].

Ministerialdirigent Dr. van Scherpenberg berichtet über den Verlauf der Verhandlungen in Paris mit den Gläubigerländern der Türkei, die sich an die Sitzung der Delegations-Chefs der OEEC anschloß[2].

Die rückständigen Zahlungen der Türkei, die nicht im Saldo der EZU erscheinen, werden von den Gläubigerländern auf 150 Mio. Dollar beziffert. Es habe sich dabei bestätigt, daß außer England und Holland bereits jedes andere Mitgliedsland Sonderregelungen getroffen oder zu treffen versucht habe.

In einer anschließenden Aussprache der deutschen und englischen Vertreter sei ein Aktionsprogramm für eine multilaterale Regelung des türkischen Problems in Aussicht genommen worden. Von deutscher Seite sei vorgeschlagen worden, daß jedes einzelne Gläubigerland versuchen solle, seine eigenen rückständigen Forderungen mit der Türkei zu regeln, weil dadurch die Lage aufgelockert werde und sich eine spätere multilaterale Lösung leichter ermöglichen lasse.

---

[1] Siehe 8. Ausschußsitzung am 19. Mai 1954 TOP A.

[2] Zur „Chefdelegiertenbesprechung in Sachen Türkei" am 21. Mai 1954 vgl. das Telegramm von Süßkinds in B 146/701.

Die Engländer halten zwar dieses bilaterale Vorgehen nicht für die beste Lösung, können aber auch keinen anderen Weg vorschlagen.

Auf die Frage, ob die Bundesrepublik bereit sei, sich die aus der bilateralen Lösung erzielten Beträge bei einer nachfolgenden multilateralen Lösung anrechnen zu lassen, hat *Ministerialdirigent van Scherpenberg* [AA] seine persönliche Meinung geäußert, daß die Bundesrepublik zu einer Anrechnung bereit sei, wenn auch andere Länder sich ebenso verhalten würden.

Unabhängig von der bisher erwähnten Aktion sei mit den Engländern erörtert worden, wie man etwa auf dem Wege über die Exportversicherung die türkische Inanspruchnahme von Exportmöglichkeiten der Gläubigerländer steuern könne. Die deutsche Bereitschaft zur Teilnahme ist in Aussicht gestellt worden.

Die englische Seite habe noch gebeten, daß die Bundesrepublik in ihren diesbezüglichen Verlautbarungen alles vermeiden möge, was von anderen Ländern benutzt werden könne, um bei der Realisierung ihrer Forderungen einen erneuten Wettlauf in den Exportbemühungen zu beginnen.

Das Auswärtige Amt hat hiernach keine Bedenken gegen den Abschluß der geplanten deutsch-türkischen Vereinbarung.

Der *Vizekanzler* ist auch der Auffassung, daß jetzt die Vereinbarungen über die Auflösung der türkischen Rückstände abgeschlossen werden können. Durch die auf Beschluß des Kabinettsausschusses in Paris veranlaßten letzten Erörterungen mit den Gläubigerländern und die vorübergehende Zurückstellung des Abschlusses mit der Türkei sei erreicht worden, daß die politisch unangenehmen Einwände Englands beseitigt worden seien.

Die Frage der Investitionen müßten allerdings einer eingehenden Prüfung unterzogen werden. Man müsse sich zunächst auf eine allgemeine Bereitschaftserklärung von deutscher Seite beschränken.

Der *Vizekanzler* regt außerdem an, daß die nunmehr festgestellten Zahlen als Grundlage festgehalten werden.

Das von der deutschen Delegation vorbereitete Schreiben an die türkische Delegation zum türkischen Investitionsprogramm wird vom Kabinettsausschuß gebilligt[3].

Dem Abschluß eines Abkommens mit der Türkei bezüglich der Auflösung der türkischen Rückstände stimmt der Kabinettsausschuß zu[4].

1. Verkehrspolitische Maßnahmen **BMV**

Der *Vizekanzler* macht zunächst den Vorschlag, im Hinblick darauf, daß die Vorlage des Bundesministers für Verkehr eingehend im Arbeitsausschuß des Kabinettsaus-

---

[3] Entwurf des Schreibens in B 102/56809.

[4] Vgl. das Protokoll über die deutsch-türkischen Wirtschaftsverhandlungen vom 26. April bis 26. Mai 1954 in B 102/56809. – Die vom 17. Nov. bis 21. Dez. 1954 in Ankara fortgesetzten deutsch-türkischen Wirtschaftsverhandlungen führten zu einer Verlängerung des Warenabkommens vom 16. Febr. 1952 (BAnz. Nr. 50 vom 12. März 1952, S. 1) im Zusatzprotokoll vom 21. Dez. 1954 über die Verlängerung des Abkommens (BAnz. Nr. 70 vom 13. April 1955, S. 1). Unterlagen in B 102/18438 und 56810 und AA B 62, Bd. 117 f.

schusses vorberaten worden ist, sich bei der jetzigen Erörterung nur mit den Kernpunkten zu befassen[5]. Darauf werden folgende Punkte anhand des Schlußberichtes des Arbeitsausschusses erörtert:

1) Verkehrssicherheitsmaßnahmen:

Der Kabinettsausschuß billigt einstimmig die vom Arbeitsausschuß vorgeschlagene Fassung des Kabinettsbeschlusses.

Auf Mitteilung von *Ministerialdirigent Dr. Vogel* [BMZ], daß nach Meinung des Arbeitsausschusses die in diesem Beschluß vorgesehenen Maßnahmen nicht erschöpfend seien, erwidert *Minister Seebohm*, daß ein besonderer Unfallverhütungsausschuß sich mit dem gesamten Problem befassen werde[6] und weitere Maßnahmen durchaus möglich wären.

2) Verkehrsteilung:

Minister Seebohm weist darauf hin, daß der Bundesrat in einer Entschließung die alsbaldige Erarbeitung von Tarifvorschlägen gefordert habe[7] und daß das Kabinett Grundsätze für die Tarifpolitik aufstellen müsse. Diese tarifpolitischen Maßnahmen müßten so vorbereitet werden, daß sie nach Verabschiedung der beiden Verkehrsgesetze sofort in Kraft treten könnten[8]. Er sei, obwohl er zunächst einen anderen Beschluß vorgesehen habe, auch mit der Beschlußformulierung, wie sie der Arbeitsausschuß vorgenommen habe, einverstanden, müsse aber besonderes Gewicht darauf legen, daß der letzte Satz des Beschlußentwurfes, die Sozialtarife zunächst nicht zu erhöhen, unbedingt aufgenommen werde.

Auch der *Vizekanzler* und *Staatssekretär Sauerborn* sprechen sich für eine Beibehaltung des letzten Satzes aus und lehnen eine Erhöhung der Sozialtarife der Deutschen Bundesbahn im gegenwärtigen Augenblick ab, da die Allgemeinheit durch die beiden Verkehrsgesetze schon genügend belastet werde.

Ministerialdirektor von Schmiedeberg [BMF] läßt seine anfänglich geäußerten Bedenken gegen die Aufrechterhaltung des letzten Satzes im Laufe der weiteren Diskussion fallen.

---

[5] Siehe 6. Ausschußsitzung am 6. April 1954 TOP 1 und 29. Kabinettssitzung am 13. April 1954 TOP 1 (Kabinettsprotokolle 1954, S. 158–161). – Vorlage des BMV vom 23. April 1954 in B 108/1450 und B 136/1478. Sitzungsniederschriften und Abschlußbericht des Arbeitsausschusses in B 126/10895. Abdruck des Abschlußberichts in Anhang 3, Dokument 3. – Nachdem das Kabinett in seiner 27. Sitzung am 31. März 1954 die Entwürfe des Straßenentlastungsgesetzes und des Verkehrsfinanzgesetzes angenommen hatte (Kabinettsprotokolle 1954, S. 133–136), hatte der BMV mit Vorlage vom 23. April 1954 alle noch offenen Fragen seines in der Vorlage vom 12. Dez. 1953 entwickelten verkehrspolitischen Programms zusammengestellt und um eine beschleunigte Beschlußfassung des Kabinetts gebeten. Der Arbeitsausschuß hatte diese Vorlage in zwei Sitzungen am 11. und 18. Mai 1954 beraten und seinerseits Beschlußanträge formuliert, die Gegenstand der Beratung im Kabinettsausschuß wurden.

[6] Nicht ermittelt.

[7] Vgl. die Stellungnahme des Bundesrates vom 7. Mai 1954 zum Entwurf des Verkehrsfinanzgesetzes (BR-Drs. 126/54).

[8] Fortgang hierzu 34. Kabinettssitzung am 1. Juni 1954 TOP 7 (Kabinettsprotokolle 1954, S. 244–248) und 38. Ausschußsitzung am 10. Okt. 1955 TOP 2.

Der Kabinettsausschuß beschließt einstimmig, es bei der vom Arbeitsausschuß vorgelegten Fassung zu belassen.

3) Maßnahmen zur Gesundung der Deutschen Bundesbahn:

a) Betriebsfremde Personallasten und Kapitaldienst.

Minister Seebohm hält die vom Arbeitsausschuß getroffene Formulierung des Beschlusses nicht für ausreichend. Er schlägt vor, in Abs. 1 die über die Zweckbindung für Bundesautobahnen und Bundesstraßen hinaus aufkommenden Beträge allein der Bundesbahn zuzuführen und dementsprechend die Worte „in erster Linie“ und „in zweiter Linie für den Straßenbau“ zu streichen.

Ministerialrat Korff (BMF) weist darauf hin, daß nur die 80 Mio. DM für den Ausbau der Bundesautobahnen im Verkehrsfinanzgesetz zweckgebunden sind. Mit Rücksicht auf die Beratungen im Bundestag scheine es ihm zweckmäßig, die Formulierung des Arbeitsausschusses aufrechtzuerhalten, da sonst der Eindruck entstehen könne, daß die Deutsche Bundesbahn zu Lasten des Kraftverkehrs saniert werde.

Minister Seebohm macht darauf den Vorschlag, die Worte „zweckgebunden wird“ durch „in Anspruch genommen wird“ zu ersetzen.

Der Kabinettsausschuß beschließt, die von Minister Seebohm vorgeschlagene Streichung in Abs. 1 des Beschlußentwurfes des Arbeitsausschusses vorzunehmen und das Wort „zweckgebunden“ durch „in Anspruch genommen“ zu ersetzen.

Minister Seebohm führt aus, daß die Fassung des Abs. 2 nicht den Bestimmungen des Bundesbahngesetzes Rechnung trage, wonach der Bundeshaushalt verpflichtet sei, das Defizit der Deutschen Bundesbahn auszugleichen[9]. Deshalb brauche die Notwendigkeit der Übernahme der betriebsfremden Lasten nicht überprüft zu werden. Dann sei es aber auch erforderlich, gesetzgeberische Vorschläge vorzubereiten. Er schlage deshalb vor, in Abs. 2 die Worte „Notwendigkeit einer“ und „gegebenenfalls“ zu streichen. Im übrigen sei zu bedenken, daß sich die betriebsfremden Personalkosten derzeit in Höhe von etwa 400 Mio. DM im Laufe der nächsten Jahre auf etwa 100 Mio. DM verringern würden. Hinzu kämen allerdings noch die Beträge zur Deckung des Kapital- und Zinsendienstes für die Kriegs- und Kriegsfolgeschäden der Deutschen Bundesbahn in Höhe von etwa 240 Mio. DM.

Ministerialdirektor von Schmiedeberg [BMF] vertritt die Auffassung, daß die Frage der Übernahme der betriebsfremden Lasten auf den Bundeshaushalt jetzt nicht entschieden werden könne. Es handele sich dabei um einen Betrag von etwa 640 Mio. DM, der aus Haushaltsmitteln nicht gedeckt werden könne. Er müsse deshalb den Streichungsvorschlägen des Bundesministers für Verkehr zu Abs. 2 des Beschlußentwurfs widersprechen.

Auch aus taktischen Gründen lehne er eine Übernahme der betriebsfremden Lasten auf den Haushalt ab, da es nicht zu verantworten sei, mit Mitteln der Steuerzahler den Verlust der Bundesbahn zu decken. *Minister Seebohm* entgegnet, daß seiner Meinung nach nur eine Übertragung auf den Haushalt in Frage kommen könne, da

---

[9] Vgl. § 33 des Bundesbahngesetzes vom 13. Dezember 1951 (BGBl. I 955).

eine Abwälzung auf die Wirtschaft, wie das bei der Post möglich sei, ausscheiden müsse. Schließlich seien die Mehrbelastungen der Deutschen Bundesbahn nicht durch den Betrieb der Bahn selbst veranlaßt, sondern durch die Erhöhung von Löhnen und Gehältern sowie der Kohlen- und Eisenpreise verursacht[10]. Demgegenüber habe die Deutsche Bundesbahn aber keinerlei Möglichkeit gehabt, ihre Einnahmen zu erhöhen.

Ministerialdirektor von Schmiedeberg [BMF] gibt zu erwägen, den 2. Absatz wegfallen zu lassen.

Demgegenüber äußert der *Vizekanzler*, daß es ihm mit Rücksicht auf den Bundestag zweckmäßig erscheine, in dem Beschluß zum Ausdruck zu bringen, daß das Kabinett die Überprüfung der betriebsfremden Lasten der Bundesbahn in die Wege geleitet habe, besonders auch im Hinblick darauf, einen eventuellen Initiativgesetzentwurf aus dem Bundestag nach Möglichkeit zu verhindern.

Sämtliche vertretenen Ressorts sprechen sich gegen die Änderungsvorschläge des Bundesministers für Verkehr zu Abs. 2 der Beschlußformulierung des Arbeitsausschusses aus.

Der Kabinettsausschuß beschließt, die endgültige Entscheidung dieser Frage dem Kabinett zu überlassen.

b) Beförderungsteuer.

Der Kabinettsausschuß hält eine Beschlußfassung des Kabinetts zu diesem Punkte für entbehrlich.

c) Rationalisierungs- und Einsparungsmaßnahmen.

Minister Seebohm erklärt, daß die Rationalisierungs- und Einsparungsmaßnahmen vom Kabinett gebilligt werden müßten, um der Bundesbahn eine Rückendeckung gegenüber den Ländern bei der Durchführung derartiger Maßnahmen zu geben. Er schlage allerdings vor, in Satz 1 des Beschlußentwurfs die Worte „im Grundsatz“ wegzulassen. Der *Vizekanzler* äußert Bedenken gegen die Benennung des Instituts für Finanzen und Steuern in dem Beschluß der Bundesregierung[11].

Der Kabinettsausschuß beschließt, in Satz 1 die Worte „im Grundsatz“ zu streichen, in Satz 2 statt „es bittet“ zu setzen „es beauftragt“ und die Worte „mit dem Institut für Finanzen und Steuern“ durch das Wort „Stellen“ zu ersetzen.

d) Zusammenarbeit Bundesbahn und Bundespost.

Minister Seebohm berichtet über die Abmachung der Verkehrsministerkonferenz in Berlin bezüglich der Anhebung der Omnibustarife[12] und erwähnt, daß das Land

---

[10] Vgl. 5. Ausschußsitzung am 19. März 1954 TOP 2.

[11] Das Institut „Finanzen und Steuern“ e. V., Bonn, beschäftigte sich 1955 schwerpunktmäßig mit dem Vergleich internationaler Rechtsnormen, der Erarbeitung wissenschaftlich fundierter Unterlagen für die Bemessung des deutschen Verteidigungsbeitrags sowie mit den Problemen der Verwaltungsreform und des Finanzausgleichs (vgl. Vademecum, S. 70).

[12] Die 29. Konferenz der Verkehrsminister hatte vom 17. und 18. Mai 1954 in Berlin stattgefunden (Unterlagen in B 108/2188, vgl. auch Bulletin Nr. 96 vom 22. Mai 1954, S. 854 f.).

Niedersachsen sich der Vereinbarung bisher nicht angeschlossen habe. Er lege Wert darauf, daß das Kabinett den von ihm in seiner Kabinettsvorlage vom 23.4.1954 (Seite 7) vorgeschlagenen Beschluß bestätige.

Ministerialrat Dr. Larbig (Bundespostmin.) führt aus, daß das Bundespostministerium zu einer Erhöhung der Omnibustarife bereit sei, wenn bundeseinheitliche Festtarife festgelegt würden. Es scheine ihm zweckmäßiger, die Erhöhung der Tarife durch eine Verordnung des Bundesministers für Wirtschaft zu regeln, statt eine Verwaltungsvereinbarung mit den Ländern zu treffen.

Der Kabinettsausschuß stimmt, bei Enthaltung von Staatssekretär Sauerborn, im Grundsatz einer Anhebung der Omnibustarife zu. Die Formulierung eines entsprechenden Kabinettsbeschlusses soll von den Bundesministerien für Verkehr, für das Post- und Fernmeldewesen und für Wirtschaft bis zur Kabinettssitzung am 1.6.1954 ausgearbeitet werden[13].

Ministerialrat Dr. Larbig [BMP] legt dar, daß nach der Anlage 8 der Vorlage des Bundesministers für Verkehr vom 12.12.1953 sich die Verhandlungen zwischen Bundesbahn und Bundespost auf die Weiterentwicklung des Bahn-Post-Abkommens von 1940[14] beschränken sollten.

Er schlage vor, statt dessen folgende Formulierung zu wählen:

> Bundesbahn und Bundespost werden verpflichtet, mit aller Beschleunigung ein Abkommen über die Beseitigung des Wettbewerbs und über die Grundlagen für eine reibungslose Zusammenarbeit auf dem Gebiet ihres Kraftfahrlinienverkehrs abzuschließen.
>
> Das vorgesehene Abkommen zwischen Bundesbahn und Bundespost über den Kleingutverkehr ist baldmöglichst zu treffen.

Minister Seebohm stimmt dieser Formulierung zu.

Der Kabinettsausschuß beschließt entsprechend[15].

---

[13] Fortgang hierzu 34. Kabinettssitzung am 1. Juni 1954 TOP 7 (Kabinettsprotokolle 1954, S. 244–248) und 38. Ausschußsitzung am 10. Okt. 1955 TOP 2.

[14] Vgl. den Runderlaß des Reichsverkehrsministers über den Linienverkehr der Deutschen Reichsbahn und der Deutschen Reichspost vom 9. März 1940 (RVBl. 1940 B, S. 89).

[15] Unterlagen zum Abkommen der Deutschen Bundesbahn und der Deutschen Bundespost über die Zusammenarbeit auf dem Gebiet ihres Kraftomnibusverkehrs (Bahn-Post-Abkommen 1955) vom 30./31. Okt. 1955 in B 108/1501. – Fortgang 34. Kabinettssitzung am 1. Juni 1954 TOP 7 (Kabinettsprotokolle 1954, S. 244–248).

10. Sitzung des Kabinettsausschusses für Wirtschaft am Mittwoch, den 2. Juni 1954

Teilnehmer: Blücher, Lübke (bis 11.40 Uhr), Oberländer; Westrick, Sonnemann (ab 10.20 Uhr), Wandersleb (ab 11.20 Uhr); Wolff (BMF), Kattenstroth (BMWi), Schiller (BMV), Kitz (BMI), Roemer[1] *(BMJ), Kaufmann (AA), Vogel (BMZ), Féaux de la Croix (BMF), Heise (BMZ), That (BMBR), Hornschu (Bundeskanzleramt). Protokoll: Doßmann.*

Beginn: 10.00 Uhr *Ende: 12.30 Uhr*

Ort: Bad Godesberg, Haus Carstanjen

Tagesordnung:

1. *Vorauszahlung auf die dänischen Nachkriegsschulden (Verminderung des deutschen EZU-Überschusses)*

   Ohne Vorlage.

2. *Kriegsfolgenschlußgesetz*

   Vorlagen des BMF vom 2. März und 19. Mai 1954 (VI - O 4013 A).

1. Vorauszahlung auf die dänischen Nachkriegsschulden — BMZ

Da kein Vertreter der Bank deutscher Länder anwesend sein kann, wird Punkt 1 der Tagesordnung nicht behandelt[2].

2. Kriegsfolgenschlußgesetz — BMF

Min.Dir. Wolff (BMF) geht in seinen Ausführungen von der Übersicht des Bundesfinanzministers vom 19.5.1954 aus[3]. Er macht darauf aufmerksam, daß ein Regie-

---

[1] Im Text dieses Protokolls immer „Römer".

[2] Fortgang 11. Ausschußsitzung am 9. Juni 1954 TOP 2.

[3] Vorlagen des BMF vom 2. März und 19. Mai 1954 in B 126/12664 f. und B 136/1158; weitere Unterlagen in B 126/10245, 12620–12626, 12664–12668 und 51546–51548 sowie B 136/1158–1160. Vgl. auch Kabinettsprotokolle 1952, S. LVI–LIX. – Das Londoner Schuldenabkommen vom 27. Febr. 1953 (Anlage I, Ziffer 6; BGBl. II 331) verpflichtete die Bundesregierung, bis zum 31. Dez. 1953 ein Gesetz über die Umstellung und Regelung von Reichsmarkschulden des Reiches, der Reichsbahn, der Reichspost und des Staates Preußen gegenüber dem Ausland vorzulegen. Andernfalls sollte die Bundesregierung bis zum 1. April 1954 in Verhandlungen mit den ausländischen Gläubigervertretern eintreten. Der BMF hatte mit Schreiben vom 2. März 1954 als Ergebnis vorausgegangener Ressortbesprechungen eine „Aufzeichnung zum Entwurf eines Kriegsfolgenschlußgesetzes" vorgelegt, die auszugleichenden Verbindlichkeiten aufgelistet und die noch offenen Fragen bezeichnet. Das Kabinett hatte die Angelegenheit in seiner 23. Sitzung am 12. März 1954 als noch nicht kabinettsreif vertagt (TOP 3; Kabinettsprotokolle 1954, S. 103 f.). Mit Schreiben vom 19. Mai 1954 hatte der BMF dem Kabinett eine „Übersicht über

rungsentwurf mit möglichster Beschleunigung fertiggestellt werden muß, da sich die ausländischen Gläubigervertretungen wegen einer abschließenden Regelung ihrer Reichsmarkforderungen an die Bundesregierung gewandt hätten. In der letzten Kabinettssitzung habe das Kabinett die Aufnahme von Verhandlungen mit den ausländischen Gläubigervertretungen gebilligt[4].

Der Entwurf, der auch den vorausgegangenen Ressortbesprechungen zu Grunde gelegen habe, gehe von 2 Arbeitshypothesen aus:

a) Das Bundesfinanzministerium gehe davon aus, daß mehr als 200 Mio. DM jährlich für diesen Zweck nicht zur Verfügung gestellt werden können, von denen 100 Mio. DM für verbriefte Reichsverbindlichkeiten vorgesehen seien; offen geblieben sei dabei die Frage für welche Zeitdauer. Sache des Kabinetts sei es zu entscheiden, ob höhere Beträge aufgewendet werden sollen. Das Bundesfinanzministerium hält das wegen der Unklarheit über den Finanzbeitrag für die Europäische Verteidigungsgemeinschaft[5] nicht für möglich.

b) Ferner sei bei dem Entwurf unterstellt worden, daß über die unter a) erwähnten Barzahlungen hinaus Entschädigungsleistungen durch Ausgabe von unverzinslichen Schuldverschreibungen nicht in Betracht kommen. Seiner Meinung nach entspreche diese Annahme der Auffassung aller Ressorts mit Ausnahme des Bundesministeriums der Justiz, auch der Bank deutscher Länder sowie der Interessenverbände.

Min.Dir. Wolff [BMF] schlägt vor, daß der Kabinettsausschuß in seiner heutigen Sitzung an Hand der Übersicht vom 19.5.1954 Punkt für Punkt behandele.

Der *Vizekanzler* pflichtet darin bei, daß die vom Bundesfinanzministerium genannte Jahresleistung von 200 Mio. DM zu Grunde gelegt werden muß und daß im übrigen die Gesamthöhe der Entschädigung dem Kabinett vorzubehalten sei. Er ist ferner der Auffassung, daß die Frage der Ausgabe von Schuldverschreibungen, die ebenfalls die Gesamthöhe der Entschädigung beeinflusse, nicht ohne die Bank deutscher Länder beraten werden könne und daher auch heute nicht behandelt werden solle[6].

---

das Ergebnis der Ressortbesprechungen vom 13. und 14.5.1954 über den Entwurf eines Kriegsfolgenschlußgesetzes" zugeleitet, die das Kabinett in seiner 33. Sitzung am 25. Mai 1954 (TOP 2; Kabinettsprotokolle 1954, S. 226) zur Erörterung an den Kabinettsausschuß verwiesen hatte. Darin wurden zwölf Grundsatzfragen und das jeweilige, durch Abstimmung ermittelte Votum der beteiligten Ressortvertreter aufgeführt. Am 26. Mai 1954 hatte der BMF auf der Grundlage der Ressortbesprechungen die 2. Entwurfsfassung (Stand vom 25. Mai 1954) eines Gesetzes vorgelegt, durch das alle noch zu regelnden Ansprüche gegen die genannten Schuldner geregelt werden sollten. Der Entwurf unterschied zwischen durch Wertpapiere oder Schuldbucheintragungen verbrieften (Teil II) und sonstigen Ansprüchen (Teil III), wie z. B. Mieten, Pachten, Nutzungsentschädigungen, Renten oder Ansprüchen aus unerfüllten Kauf-, Tausch- oder Werkverträgen. Die verbrieften Ansprüche sollten, beginnend mit dem 1. April 1960, mit jährlich 4 % verzinst und in vierzig Jahresraten getilgt werden.

[4] Zu den Verhandlungen mit den Vertretern der ausländischen Gläubiger vgl. 34. Kabinettssitzung am 1. Juni 1954 TOP 10 (Kabinettsprotokolle 1954, S. 249).

[5] Vgl. hierzu Anfänge westdeutscher Sicherheitspolitik, Bd. 4, S. 88–95.

[6] Im Entwurf folgt gestrichen: „Zu den unter Teil VI fallenden Fragen bemerkt er, daß die Verhandlungen mit den ausländischen Gläubigervertretungen unsere Haltung gegenüber Teil VI bestimmen würde und". Der Text bricht an dieser Stelle ab.

Min.Dir. Wolff [BMF] trägt nun im einzelnen die Vorschläge der Übersicht vor und stellt zu Punkt 1 die Frage, ob die Reparations- und Restitutionsschäden abschließend in dem Gesetz geregelt werden sollen[7]. Er spricht sich für eine vorläufige Regelung aus, wobei eine spätere abschließende gesetzliche Regelung vorbehalten bleibe. Die vorläufige Regelung soll die Möglichkeit geben, nach sozialen Gesichtspunkten notleidenden Personen eine Rente und allgemeine Kredithilfen zu gewähren.

Der *Vizekanzler* stellt hiernach durch Umfrage fest, daß die Reparations- und Restitutionsschäden im Gesetz nicht abschließend geregelt werden sollen.

Zu Punkt 2 stellt *Min.Dir. Wolff* [BMF] die Frage zur Erörterung, ob die Reparations- und Restitutionsschäden von der sogenannten Negativklausel ausgenommen werden sollen[8].

Nach kurzer Erörterung faßt der *Vizekanzler* die Meinung folgendermaßen zusammen:

Es soll für die Negativklausel eine Formulierung gefunden werden, die eine Präjudizierung des Teils VI ausschließt[9].

Darüber ergibt sich Einverständnis.

Dadurch ergibt sich die Möglichkeit, die Negativklausel mit in das Gesetz hinein zu nehmen. Für die Reparations- und Restitutionsschäden bleiben sofortige Vorausleistungen an sozial Bedürftige möglich, die endgültige Regelung kann einem späteren Gesetz vorbehalten bleiben.

Auf das von verschiedenen Seiten geäußerte Bedenken, daß durch die gewählte Formulierung des § 3 im Zusammenhang mit der umfangreichen Regelung im Teil VI des Entwurfs etwa eine Vorentscheidung für eine spätere abschließende Regelung getroffen werden solle, erklärt *Min.Dir. Wolff* [BMF], daß dies keinesfalls vom Bundesfinanzministerium beabsichtigt sei.

Der *Vizekanzler* stellt nach Umfrage fest, daß nach dieser Erklärung des Bundesfinanzministers die Formulierung im § 3 des Gesetzentwurfes für ausreichend gehalten wird.

Zu Punkt 3 hält *Min.Dir. Wolff* [BMF] es nicht für empfehlenswert, eine Hauptentschädigung vorzusehen, wenn man sich jetzt dazu entschließe, nur eine vorläufige Regelung zu treffen[10].

---

[7] Gemäß Punkt 1 hatten die Ressortvertreter mehrheitlich gegen die Auffassung des BMF, des BMVt und des BMA gestimmt, die Reparations- und Restitutionsschäden, in Anlehnung an das Lastenausgleichsgesetz, durch das Gesetz abschließend zu regeln.

[8] Nach der Negativklausel (§ 3 des Gesetzentwurfs in der Fassung vom 25. Mai 1954) sollten alle Reparations- und Restitutionsansprüche erlöschen, die nicht bereits in anderen Gesetzen geregelt wurden oder durch das Kriegsfolgenschlußgesetz geregelt bzw. ausdrücklich vorbehalten würden.

[9] Teil VI des Gesetzentwurfs in der Fassung vom 25. Mai 1954 definierte die zu regulierenden Reparations- und Restitutionsschäden und sollte die daraus folgende Gewährung sozialer Leistungen und wirtschaftsfördernder Maßnahmen regeln.

[10] Die Ressortvertreter hatten mehrheitlich gegen BMF, BMVt und BMA eine dem Lastenausgleich vergleichbare Hauptregelung der Ansprüche abgelehnt und für die Gewährung von Entschädigungsrenten und Härtebeihilfen votiert.

Auf den von *Min.Dir. Dr. Roemer* (BMJ) geäußerten Zweifel, ob die in der Formulierung zum Ausdruck kommende engere Anlehnung an den Lastenausgleich angebracht sei, bemerkt *Prof. Dr. Kaufmann* (AA), daß bei der jetzt in Aussicht genommenen Regelung, die nur noch eine Unterhaltshilfe und eine Härtebeihilfe vorsieht, nur eine geringe Vergleichsmöglichkeit mit dem Lastenausgleich bleibe. Auch stellt er ebenso wie der *Vizekanzler* die Frage, ob eine an den Lastenausgleich angelehnte Regelung oder besser eine davon getrennte Lösung angebracht sei.

Dazu bemerkt *Min.Dir. Wolff* [BMF], die Anpassung an den Lastenausgleich sei gewählt, weil es sich um sehr ähnliche Tatbestände handele. Es sei aber in erster Linie eine Angelegenheit der technischen Durchführung und der Gesetzestechnik.

Auf Umfrage spricht sich die Mehrheit der Anwesenden für die Regelung der an sozial Bedürftige gedachten Vorleistung in einer besonderen Rechtsverordnung aus.

Minister Prof. Dr. Oberländer spricht sich dagegen für eine Anpassung an das Lastenausgleichsgesetz aus.

Der *Vizekanzler* hält aber eine Gleichstellung der Vertreibungsschäden mit Forderungen an das Ausland in diesem Gesetz für gefährlich.

Zu Punkt 4 äußert der *Vizekanzler* Zweifel, ob es angebracht sei, neben den sozialen noch wirtschaftsfördernde Maßnahmen vorzusehen, weil man durch die Festlegung im Gesetz Hoffnungen erwecke, die möglicherweise nur unzureichend verwirklicht werden würden[11]. Auf diese auch von anderen Anwesenden geäußerten Zweifel sowie auf die zum Teil zum Ausdruck gebrachten Erwartungen, daß das Bundesfinanzministerium auch wirklich praktische Folgerungen aus einer solchen Gesetzesbestimmung ziehe, erklärt *Min.Dirig. Féaux de la Croix* [BMF], daß in der Tat das Bundesfinanzministerium eine bloße Ermächtigung zu wirtschaftsfördernden[12] Maßnahmen nicht für ausreichend erachte, sondern daran denke, durch Einstellung der erforderlichen Beträge in den ordentlichen Haushalt des Bundes die Möglichkeit zu schaffen, mit den Banken Vorfinanzierungsverträge abzuschließen. Die dafür benötigten Beträge in einer Größenordnung von 500 Mio. DM insgesamt würden nach der Vorstellung des Bundesfinanzministers im Rahmen der 200 Mio. DM jährlich in der einen oder anderen Form aufgebracht werden können.

Auf Grund dieser Erläuterungen werden keine Bedenken mehr erhoben.

Der *Vizekanzler* regt in diesem Zusammenhang bei Staatssekretär Dr. Westrick an, daß das Bundeswirtschaftsministerium auf die Organisation des Kreditgewerbes einwirken möge, ihre Mitglieder zur Mitarbeit aufzufordern. Er macht auf die Belastung des gesamten Kreditpotentials durch die verschiedenen Kreditaktionen und auch auf das Anwachsen der Bundesbürgschaften mit den kreditpolitischen Auswirkungen für den Bund aufmerksam. Der Gedanke von Zinszuschüssen müsse

---

[11] Alle Ressortvertreter hatten der Aufnahme des § 73 (neu) in den Gesetzentwurf zugestimmt, durch den der BMWi ermächtigt werden sollte, Kredite an reparations- und restitutionsgeschädigte Unternehmen und Betriebe bis zu einem Höchstbetrag von jährlich 100 Mio. DM zu gewähren.

[12] Korrigiert aus „wirtschaftsförderischen".

nach seiner Auffassung ganz ausscheiden, wenn auch Staatssekretär Dr. Westrick durchaus mit Recht Wert darauf lege, daß die unter sozialen Gesichtspunkten gedachten Leistungen des Bundes auch entsprechend von den Empfängern aufgenommen und verwertet werden können.

Zu den Punkten 5 und 6 tritt *Min.Dir. Dr. Schiller* (BMV) der bisher schon vom Bundesjustizministerium vertretenen Auffassung bei, während die übrigen Ressorts bei ihrem ablehnenden Standpunkt verbleiben[13].

In diesem Zusammenhang erinnert *Minister Lübke* den Vertreter des Bundesfinanzministeriums daran, daß der Bundesfinanzminister ihm zugesagt habe, die nicht verbrieften Forderungen der Bauern für Landabgaben in Höhe von rd. 45 Mio. DM entgegenkommend zu behandeln.

Zu der Frage, ob eine in erster Linie quotale oder soziale Lösung angestrebt werden solle, vertritt der *Vizekanzler* die Auffassung, daß in verbrieften Forderungen ein erhöhtes öffentliches Vertrauen gesetzt werde, weil sie nach der allgemeinen Verkehrsauffassung als feierliche Versprechen des Reiches fast noch eine ernstere Verpflichtung als Banknoten beinhalten. Er hält es für verfassungsrechtlich höchst zweifelhaft, ob eine Unterscheidung zwischen natürlichen oder juristischen Personen oder großen und kleinen Gläubigern möglich sei, wie auch Prof. Dr. Kaufmann bereits den gleichen Zweifel unter Hinweis auf Art. 19 GG geäußert habe. Allerdings müßten im gleichen Zusammenhang entstandene steuerliche Vorteile von einer evtl. Entschädigung abgesetzt werden.

Min.Dirig. Féaux de la Croix [BMF] sieht Schwierigkeiten, die nicht verbrieften Forderungen anders zu behandeln als die verbrieften. Wenn auch diese quotal entschädigt werden sollten, würden mit einem Anmelde- und Feststellungsverfahren erhebliche technische Schwierigkeiten, insbesondere bei der Beweisführung, verbunden sein. Die Vertriebenen würden dabei am meisten benachteiligt werden. Er glaubt allerdings nicht, daß eine unterschiedliche Behandlung der verbrieften und nicht verbrieften Forderungen gegen den Gleichheitsgrundsatz verstoßen.

Bei den verbrieften Verbindlichkeiten komme entweder eine Altbesitzregelung für natürliche Personen und karitative Institutionen mit 10 % oder eine quotale Regelung von 6,5 % für Alt- und Neubesitz unter Ausschluß kurzfristiger Schatzanweisungen in Frage. Er weist auf die bekannten Schwierigkeiten der Feststellung des Altbesitzes hin[14].

Der *Vizekanzler* spricht sich dafür aus, die Unterscheidung[15] zwischen Alt- und Neubesitz fallen zu lassen. Er ist ebenso wie *Min.Dir. Wolff* [BMF] der Auffassung,

---

13 BMJ, BMP und mit Einschränkung BMV hatten im Gegensatz zu allen anderen Ressorts die Ansicht vertreten, daß nach Artikel 14 GG eine Rechtspflicht des Gesetzgebers zur Umstellung der verbrieften und unverbrieften Reichsverbindlichkeiten bestehe (Punkt 5). Auf die Frage, ob bei einer nicht bestehenden Umstellungsverpflichtung die Regelung der Reichsverbindlichkeiten quotal oder nach „rein sozialen Gesichtspunkten" erfolgen sollte, hatten die Ressorts sich einstimmig gegen eine Verpflichtung zur quotalen Regelung ausgesprochen (Punkt 6).

14 Gemäß § 7 des Entwurfs war Altbesitz definiert als ein Anspruch, „der dem bei Inkrafttreten dieses Gesetzes Berechtigten seit dem 1. Januar 1940 ununterbrochen zugestanden hat".

15 Gemäß Kanzleiberichtigung vom 14. Juni 1954 geändert aus „Entscheidung".

daß wir uns durch diesen Verzicht die Verhandlungen mit den Ausländern erleichtern würden.

Min.Dir. Dr. Roemer [BMJ] pflichtet dem bei, gibt aber zu bedenken, ob nicht ein politischer Druck aus der Altsparerregelung[16] in dem Sinne zu erwarten sei, daß noch eine Erhöhung der Quote für Altbesitz durch das Parlament zusätzlich hineingebracht werde.

Der *Vizekanzler* macht darauf aufmerksam, daß die sozialen Überlegungen, die für die Altsparer maßgebend gewesen seien, hier nicht für die Altbesitzer in Betracht kommen, da beide Gruppen nicht identisch seien[17].

Min.Dir. Dr. Kitz (BMI) behält sich die Stellungnahme zur einheitlichen Entschädigung von Alt- und Neubesitz vor.

Der *Vizekanzler* stellt hiernach fest, daß die Mehrzahl der Anwesenden überwiegend gegen die Unterscheidung zwischen Alt- und Neubesitz sei.

Min.Dir. Wolff [BMF] knüpft hieran die Folgerung, daß damit auch die Entscheidung für eine quotale Lösung für verbriefte Verbindlichkeiten getroffen sei.

Min.Dirig. Féaux de la Croix [BMF] macht darauf aufmerksam, daß die Banken, die sich bisher als nicht beteiligt betrachtet haben, dann höhere Ausgleichsforderungen anmelden werden.

Minister Prof. Dr. Oberländer hält demgegenüber auch weiterhin daran fest, daß nicht quotal, sondern sozial entschädigt werden müsse, wie auch die übrigen Ressorts dies bisher gewünscht hätten.

Bei der Erörterung zu Punkt 7, ob die verbrieften Reichsverbindlichkeiten quotal und die nicht verbrieften nur sozial geregelt werden können, bemerkt *Min.Dir. Wolff* [BMF], daß diese Frage bereits durch die Entscheidung zu Punkt 6 in positivem Sinne beantwortet sei[18]. Allerdings bedürfe das Ergebnis der heutigen Aussprache noch der abschließenden Billigung des Bundesfinanzministers. Mit dessen Zustimmung dürfe man aber wohl rechnen.

Minister Prof. Dr. Oberländer widerspricht ausdrücklich einer Regelung, die verbriefte und nicht verbriefte Reichsschulden unterschiedlich behandelt. *Min.Dir. Dr. Kitz* [BMI] behält sich eine abschließende Stellungnahme vor; *Reg.Dir. Dr. That* (Bund.Rats.Min.) tritt dem bei[19].

Nach Ansicht von *Min.Dir. Dr. Roemer* [BMJ] ist durch die Entscheidung für die quotale Lösung die im Punkt 7 gestellte Frage noch nicht bejaht. Er will nicht ohne

---

16 Für Gläubigerverluste, die im Zusammenhang der Währungsreform 1948 an Altsparanlagen entstanden waren, wurde auf der Grundlage des Altsparergesetzes vom 14. Juli 1953 (BGBl. I 495) aus Mitteln des Lastenausgleichsfonds eine Entschädigung gewährt.

17 Im Entwurf folgt gestrichen: „Reg.Dir. Dr. That (Bund.Rats.Min.) tritt dem bei". – Nach dem Gesetz zur Milderung von Härten der Währungsreform (Altsparergesetz) vom 14. Juli 1953 (BGBl. I 495) betrug je nach der Währungsreform-Umstellungsquote von 10 %, 6,5 % oder 5 % der Entschädigungsanspruch 10 %, 12,5 % oder 15 % der Altspareinlage (§ 5).

18 In den Ressortbesprechungen hatte nur der Vertreter des BMWi dem widersprochen.

19 Gemäß Kanzleiberichtigung vom 14. Juni 1954 wurde die Reihenfolge der beiden Halbsätze vertauscht.

weiteres seine Zustimmung dazu geben, daß alle nicht verbrieften Forderungen lediglich nach sozialen Gesichtspunkten behandelt werden; denn er könne dem Bundesfinanzminister nicht darin beistimmen, daß es möglich sei, die nicht verbrieften und verbrieften Verbindlichkeiten ungleich zu behandeln.

Min.Dir. Wolff [BMF] bemerkt hierzu, daß damit jedoch nicht gesagt sei, daß eine quotale Lösung auch bei den nicht verbrieften angestrebt werden müsse.

Hieran schließt sich eine Erörterung über Art und Umfang der nicht verbrieften Verbindlichkeiten.

Min.Dirig. Féaux de la Croix [BMF] bringt hierzu vor, daß die angemeldeten Forderungen zuerst auf 400 Mrd. RM beziffert worden seien, daß man aber hoffe, daß sich der Betrag auf etwa 200 Mrd. RM beschränke. Unterlagen über die Anspruchsgruppe der nicht verbrieften Reichsverbindlichkeiten wird er den Ressorts zusenden.

Zu Punkt 8 erklärt *Min.Dir. Wolff* [BMF], daß sich auch diese Frage durch die Entscheidung, zwischen Alt- und Neubesitz bei den verbrieften Reichsverbindlichkeiten keine Unterschiede zu machen, erledigt habe. Die juristischen Personen müßten also bei den verbrieften Reichsverbindlichkeiten genauso behandelt werden wie die natürlichen Personen, während es bei den nicht verbrieften Reichsverbindlichkeiten möglich sei, die juristischen Personen auszuschalten[20].

Die Punkte 9, 10 und 11 werden übereinstimmend als erledigt angesehen, da keine Altbesitzregelung getroffen werden soll[21].

Zu Punkt 12 stellt der Kabinettsausschuß nach kurzer Aussprache fest, daß hierüber eine besondere Besprechung auf Grund einer eingehenden Vorlage stattfinden muß[22].

Abschließend erklärt der *Vizekanzler*, daß das Ergebnis der heutigen Beratung eine Grundlage für die weitere Bearbeitung sein soll. Dementsprechend wird das Bundesfinanzministerium einen neuen Parallelentwurf anfertigen, der nach Erörterung auf der Ressortebene erneut dem Kabinettsausschuß vorgelegt werden soll[23].

---

[20] In den Ressortbesprechungen hatte nur das BMWi für eine Berücksichtigung juristischer Personen bei einer eventuellen Soziallösung votiert.

[21] Die Punkte 9 bis 11 betrafen die Angleichung der Altbesitzregelungen an die für Altsparer geltenden Bestimmungen.

[22] Laut Punkt 12 hatten sich außer BMV und BMP alle Ressorts dafür ausgesprochen, Verbindlichkeiten aus den Sondervermögen von Reichsbahn und Reichspost wie Reichsverbindlichkeiten zu behandeln.

[23] Auf der Grundlage der Ausschußbeschlüsse legte der BMF am 18. Juni 1954 eine revidierte, dritte Fassung des Gesetzentwurfs (Stand vom 14. Juni 1954) vor, der Gegenstand der nachfolgenden Ressortbesprechungen wurde (Vorlage in B 126/12665 und B 136/1158, Sitzungsunterlagen, z. T. Wortprotokolle, in B 126/12665). – Fortgang 18. Ausschußsitzung am 27. Sept. 1954 TOP 1.

11. Sitzung des Kabinettsausschusses für Wirtschaft am Mittwoch, den 9. Juni 1954

Teilnehmer: Blücher, Sonnemann, Bergemann (ab 16.10 Uhr); Oeftering (BMF), Reinhardt[1] *(BMWi, bis 17.20 Uhr), Müller-Armack (BMWi), Vocke (BdL, bis 17.45 Uhr), Bernard (BdL), Emminger (BdL, bis 17.45 Uhr), Abs (bis 17.45 Uhr), von Mangoldt (EZU-Direktorium), Vogel (BMZ, bis 17.20 Uhr), Heise (BMZ), Hornschu (Bundeskanzleramt). Protokoll: Doßmann.*

Beginn: 15.00 Uhr *Ende: 18.15 Uhr*

Ort: Bad Godesberg, Haus Carstanjen

Tagesordnung:

1. *Stellungnahme zur EZU-Reform und den in Aussicht genommenen bilateralen Konsolidierungen*

   Ohne Vorlage.

2. *Verrechnungswünsche Dänemarks für seine EZU-Verschuldung*

   Ohne Vorlage.

3. *Verordnung über die Anerkennung der besonderen Förderungswürdigkeit des Verwendungszwecks des Erlöses der 5 ½%igen Deutschen Kommunalanleihe von 1953 – Aufstockung der Ausgabe II, Schiffsbautranche – der Deutschen Kommunalbank, Düsseldorf, in Höhe von 40 000 000 Deutsche Mark*

   Vorlage des BMF vom 5. Mai 1954 (IV - S 2116 - 506/53)

   Verordnung über die Anerkennung der besonderen Förderungswürdigkeit des Verwendungszwecks des Erlöses der 5 ½%igen Schiffspfandbriefe – Emission E – der Deutschen Schiffahrtsbank Aktiengesellschaft, Bremen, in Höhe von 10 000 000 Deutsche Mark

   Vorlage des BMF vom 5. Mai 1954 (IV - S 2116 - 514/53)

   Verordnung über die Anerkennung der besonderen Förderungswürdigkeit des Verwendungszwecks des Erlöses der 5 %igen Interims-Schiffspfandbriefe – Reihe 29 – der Deutschen Schiffskreditbank Aktiengesellschaft, Duisburg, in Höhe von 1 000 000 Deutsche Mark

   Vorlage des BMF vom 5. Mai 1954 (IV - S 2116 - 64/54)

   Verordnung über die Anerkennung der besonderen Förderungswürdigkeit des Verwendungszwecks des Erlöses der 5 ½%igen Schiffspfandbriefe von 1953 der Schiffshypothekenbank zu Lübeck Aktiengesellschaft, Kiel, in Höhe von 10 000 000 Deutsche Mark

   Vorlage des BMF vom 29. April 1954 (IV - S 2116 - 65/54).

---

[1] Im Protokoll dieser Sitzung immer „Reinhard".

4. *Reorganisation des Agrarrechts und der Agrarwirtschaft*
   Vorlage des BML vom 26. Mai 1954 (IV A 1 - 4100.1 - 29/54 Kab.Nr. 271/54).

1. Stellungnahme zur EZU-Reform und den in Aussicht genommenen bilateralen Konsolidierungen

und

2. Verrechnungswünsche Dänemarks für seine EZU-Verschuldung **BMZ**

Präsident Dr. v. Mangoldt gibt einen Überblick über die Entwicklung, die zu den jetzigen Verhandlungen im EZU-Direktorium geführt hat. Dabei hebt er hervor, daß insofern eine grundsätzliche Wendung eingetreten sei, als auch die Engländer nicht mehr wie bisher einen reinen Debitorenstandpunkt einnehmen.[2]

Im einzelnen trägt er den Gang der Verhandlungen und ihre einstweiligen Ergebnisse entsprechend der Darstellung vor, die als Arbeitsunterlage vom Bundesministerium für wirtschaftliche Zusammenarbeit zur Verfügung gestellt wurde. (Siehe Anlage).

Hierbei handelt es sich um den letzten englischen Vorschlag, der nunmehr die Basis für die weiteren Verhandlungen bildet. Es geht dabei nicht mehr um eine Konsolidierung per jetzt, sondern um eine Vorkonsolidierung, für die die Beträge geschätzt werden, die heute für den Fall der Liquidation der EZU zu bereinigen wären; als Zeitpunkt dafür wird der 30.4.1954 angenommen[3]. Damit soll allerdings nur der Rahmen gegeben werden; durch bilaterale Absprachen können jedoch größere oder geringere Beträge in die Vorkonsolidierung hereingenommen werden.

---

[2] Siehe 32. Kabinettssitzung am 12. Mai 1954 TOP A (Kabinettsprotokolle 1954, S. 203 f.). – Vgl. hierzu die Berichte von Mangoldts vom 24. Mai, 29. Mai und 5. Juni 1954, den Ergebnisbericht vom 16. Juni 1954 über eine Ressortbesprechung am 8. Juni 1954 und weitere Unterlagen zu den Pariser Verhandlungen über eine Verlängerung der EZU über den 30. Juni 1954 hinaus sowie die dem Protokoll als Anlage beigegebene, nicht aber offiziell als solche eingereichte „Vorlage" des BMZ vom 9. Juni 1954 in B 146/694; Abdruck der Anlage zum Sitzungsprotokoll in Anhang 3, Dokument 4. Weitere Unterlagen in B 146/689 und 693, B 102/10578, 10860, 11138 und 56905–56907 sowie AA B 51, Bd. 150 und 155. Vgl. hierzu Bührer, Westdeutschland, S. 297–305, Dickhaus, Bundesbank, S. 170–183, Hentschel, Zahlungsunfähigkeit und Ringe, Konkurrenten, S. 413–465. – Großbritannien hatte am 2. April 1954 einen Vorschlag zur Verlängerung der EZU über den 30. Juni 1954 hinaus und zur Konsolidierung seiner Verbindlichkeiten unterbreitet, der die Grundlage der nachfolgenden Verhandlungen in Paris darstellte. Der EZU-Ministerrat hatte daraufhin am 5. / 6. Mai 1954 einen Beschluß über die Modalitäten der EZU-Verlängerung ins Auge gefaßt, nach dem den Gläubigerländern eine teilweise Konsolidierung und teilweise Rückzahlung ihrer Außenstände, der Bundesregierung darüber hinaus eine Verrechnung mit den Auslandsschulden der Bundesrepublik gemäß dem Londoner Schuldenabkommen von 1953 angeboten werden sollte. Das EZU-Direktorium hatte daraufhin auf der Grundlage des britischen Vorschlags einen Kompromiß zwischen Gläubiger- und Schuldnerländern erarbeitet, den das BMZ dem Kabinettsausschuß mit seiner „Vorlage" zur Billigung vorlegte.

[3] Vgl. hierzu die monatliche „Nachweisung der Überschüsse und Defizite der Bundesrepublik Deutschland in der EZU" und die Aufstellung über die bilateralen Überschüsse, Defizite und Nettopositionen der BdL mit Stand 30. April 1954 in B 146/680 und 683.

Nach den jetzigen Verhandlungsergebnissen, die aus der Barzahlung von 25 % für die Bundesrepublik einen Betrag von ca. 80 Mio. $ in Gold erwarten ließen, würde der deutschen Forderung nach einer besonderen Leistung der Schuldner entsprochen werden[4]. Während die Bundesrepublik hiernach 25 % Goldzahlung erhalten würde, würde sich die Goldzahlung – unter der Annahme, daß die EZU noch ein Jahr läuft – durch die innerhalb dieses Jahres fällig werdende weitere Rate auf knapp 30 % erhöhen.

Auf die Frage des *Vizekanzlers*, ob der von Präsident Dr. v. Mangoldt vorgetragenen multilateralen Regelung zugestimmt wird, erklären die *Vertreter des Bundesministeriums der Finanzen, für Wirtschaft, für Ernährung, Landwirtschaft und Forsten* und *der Bank deutscher Länder* ihr Einverständnis, und zwar auch mit der vereinfachten Abrechnung der EZU nach dem 30.6.1954.

Geheimrat Vocke sieht in dieser vereinfachten Abrechnung zwar eine Verschlechterung, spricht sich aber gleichwohl im Hinblick auf die Verknüpfung mit dem Gesamtplan für die Annahme aus.

Auf die von einigen Seiten erhobene Frage, bei welchen Ländern die Haltung zu der multilateralen Regelung noch offen sei, bemerkt *Präsident Dr. v. Mangoldt*, daß die skandinavischen Länder wegen ihrer Einwände gegen die deutsche Handelspolitik noch zurückhaltend seien[5].

Der *Vizekanzler* schließt diesen Teil der Beratung ab, indem er die anfangs bereits durch Präs. Dr. v. Mangoldt erwähnte Änderung der Haltung Großbritanniens unterstreicht und betont, daß das Angebot einer deutschen Rallonge auf der Maitagung des Ministerrates als Entgegenkommen gewertet worden sei[6].

Nunmehr werden die bilateralen Lösungen für die einzelnen Länder erörtert[7].

a) Großbritannien

Geheimrat Vocke bemerkt, daß eine Aufrechnung von der Bank deutscher Länder abgelehnt werde. Allerdings sehe die Bank deutscher Länder die von Großbritan-

---

[4] Im Entwurf folgt gestrichen: „Allerdings haben die Niederlande bisher noch dieser Geldverteilung widersprochen."

[5] In den Verhandlungen über die Reform der EZU und die Konsolidierung der deutschen EZU-Position im Frühjahr 1954 war insbesondere von den skandinavischen Ländern wiederholt ein Abbau der deutschen Überschüsse jenseits neuer deutscher Verpflichtungen zur Kreditgewährung (Rallonge) durch verstärkte Importe seitens der Bundesrepublik gefordert worden. Außerdem sollten alle die Rallonge überschreitenden Überschüsse zu weniger als 50 % in Gold ausgeglichen werden können. Vgl. das Schreiben von Mangoldts an das BMZ vom 10. Mai 1954 und seinen Bericht vom 5. Juni 1954 in B 146/694.

[6] Gemäß Dokument C (54) 132 des OEEC-Wirtschaftsrats vom 10. Mai 1954 betreffend „Voraussetzungen, unter denen das Abkommen über die Gründung einer Europäischen Zahlungsunion nach dem 30. Juni 1954 in Kraft bleiben könnte" hatte die Bundesrepublik sich auf der Ministerratstagung am 5. und 6. Mai 1954 bereit erklärt, eine weitere Rallonge seiner Gläubigerquote in der EZU in Höhe von 450 Millionen $ zu akzeptieren, je zu 50 % in Gold und in Kredit (B 146/694).

[7] Unterlagen zu den bilateralen Konsolidierungsvereinbarungen in B 146/689 und 694 sowie B 102/6428.

nien gewünschte Verrechnung nicht als eine Aufrechnung an und brauche sich also nicht dagegen zu wenden, zumal die deutschen Forderungen in DM bestehen bleiben und an ihrer Verzinsung (mindestens 2 ³/₄%) festgehalten werde.

Min.Dir. Prof. Dr. Oeftering [BMF] schließt sich der Auffassung der Bank deutscher Länder an.

Bankier Abs erhebt keine Einwendungen, da es sich bei dieser Lösung nicht um eine vorzeitige Ablösung der Nachkriegswirtschaftshilfe handele. Nach seiner Auffassung habe die englische Forderung nach der Regelung im Londoner Schuldenabkommen[8] auch keinen politischen Charakter mehr und stehe selbst für den Fall der Wiedervereinigung außerhalb der Diskussion.

Präs. Dr. v. Mangoldt teilt mit, daß beabsichtigt sei, diese Regelung in einem besonderen Briefwechsel zum Ausdruck zu bringen und dabei klar ersichtlich zu machen, daß es sich nicht um Aufrechnung handele, sondern um Forderungen, deren Fälligkeiten auf den gleichen Termin gestellt seien[9]. Insofern habe im Falle England die Frage von 5 bzw. 7 Raten auf die Konsolidierungsschuld keine Bedeutung, und es ergäbe sich auch kein Präjudiz für die übrigen Schuldnerländer.

Bezüglich der übrigen Schuldnerländer geht die Meinung übereinstimmend dahin, daß der deutscherseits ins Auge gefaßte Konsolidierungszeitraum von 5 Jahren nicht überschritten werden sollte.

b) Frankreich

Präsident Dr. v. Mangoldt führt aus, daß Frankreich nicht unter 7 Jahre zu gehen wünsche. Hierbei stelle es die Erwägung an, daß sich für Frankreich erst bei Vereinbarung eines Konsolidierungszeitraumes von 6 Jahren ein in Anbetracht der Barzahlung von 25 % ganz geringer Vorteil im Vergleich zu der jetzt geltenden Liquidationsregelung der EZU ergebe, und daß der eigentliche Ausgleich und Vorteil für die sofortige Barzahlung erst im 7. Jahre eintrete.

Unter Zustimmung der übrigen Ressortvertreter ist *Geheimrat Vocke* damit einverstanden, daß Frankreich einen Konsolidierungszeitraum von 6 Jahren unter Anwendung der belgischen Mobilisierungsklausel zugestanden wird[10].

c) Italien

Auf die Mitteilung *Präs. Dr. v. Mangoldts*, daß Italien mit einem Konsolidierungszeitraum von 5 Jahren zufrieden sei, billigt der Kabinettsausschuß diese Regelung

---

[8] Das Londoner Schuldenabkommen vom 27. Febr. 1953 (Anlage I, Ziffer 6; BGBl. II 331) verpflichtete die Bundesregierung, bis zum 31. Dez. 1953 ein Gesetz über die Umstellung und Regelung von Reichsmarkschulden des Reiches, der Reichsbahn, der Reichspost und des Staates Preußen gegenüber dem Ausland vorzulegen. Andernfalls sollte die Bundesregierung bis zum 1. April 1954 in Verhandlungen mit den ausländischen Gläubigervertretern eintreten. – Vgl. dazu Kabinettsprotokolle 1952, S. LVI–LIX.

[9] Vgl. den Entwurf eines deutsch-britischen Briefwechsels zur Konsolidierungsvereinbarung in B 146/694.

[10] Frankreich hatte mit Belgien einen Konsolidierungszeitraum von sieben Jahren vereinbart und sich verpflichtet, für den Bedarfsfall mobilisierbare, d. h. leicht in liquide Zahlungen umsetzbare Schuldtitel zur Verfügung zu stellen. Vgl. den Vermerk über das deutsch-französische Gespräch am 29. Mai 1954 in B 146/694.

unter Zugrundelegung eines Zinssatzes von $3^1/_3$% und der Möglichkeit, Solawechsel des Ufficio di Cambi[11] zu erhalten.

d) Norwegen

Obgleich nach Vortrag von *Präs. Dr. v. Mangoldt* die Norweger aus der gleichen Erwägung wie Frankreich einen Zeitraum von 7 Jahren fordern und dieser ihnen auch von Belgien und Holland zugestanden worden ist, lehnt es der Kabinettsausschuß ab, über 5 Jahre hinauszugehen.

e) Dänemark

Der von *Präs. Dr. v. Mangoldt* vorgetragene dänische Wunsch, seine EZU-Schulden auf 20 Jahre zu konsolidieren, wird vom Kabinettsausschuß abgelehnt[12].

Ein allgemein für wünschenswert gehaltenes Entgegenkommen gegenüber Dänemark, ihm eine erleichterte Abtragung seiner EZU-Schulden zu ermöglichen, läßt sich nach der allgemeinen Auffassung nur dann verwirklichen, wenn die Verpflichtungen der Bundesrepublik aus dem Londoner Schuldenabkommen statt in 20 Raten bereits in 5 Raten gezahlt werden.

Bankier Abs führt hierzu aus, daß eine vorzeitige Schuldentilgung im Londoner Abkommen keine Stütze habe, sondern ein besonderes Entgegenkommen bedeuten würde, das wirtschaftlich nur im Falle eines Diskontabzuges zu rechtfertigen sei.

Min.Dir. Prof. Dr. Oeftering [BMF] erklärt, daß der Bundesminister der Finanzen keine Zahlung zu leisten beabsichtige, zu der er nicht verpflichtet sei, sofern er nicht zugleich einen entsprechenden Vorteil dabei sehe.

Präs. Dr. v. Mangoldt gibt zu bedenken, daß die Dänen für den Fall des Übergangs der Bundesrepublik zur Konvertibilität genötigt sein könnten, zu diskriminieren. *Staatssekretär Dr. Sonnemann* hält eine Entlastung der dänischen Zahlungsposition handelspolitisch für wichtig.

Der *Vizekanzler* bemerkt, daß er die dänischen Nachkriegsforderungen mit denen Englands nicht als gleichwertig betrachte, und zwar wegen der andersartigen Entstehung der Schulden. Er macht ferner darauf aufmerksam, daß politische Gründe dafür sprechen könnten, nach Möglichkeit der wirtschaftlichen Lage Dänemarks Rechnung zu tragen, wenn auch der Druck von seiten Dänemarks, Einfuhrmöglich-

---

11 Das Ufficio Italiano dei Cambi besaß als dem Schatzministerium zugeordnete Behörde seit 1945 das Goldhandels-Monopol und die Zuständigkeit für den An- und Verkauf von Devisen und Wertpapieren in ausländischer Währung.

12 Die dänische OEEC-Delegation hatte am 21. Mai 1954 den Vorschlag unterbreitet, die bei einer Liquidierung der EZU entstehenden dänischen Verbindlichkeiten gegenüber der Bundesrepublik in Höhe von rund 24 Millionen $ mit den deutschen Nachkriegsschulden an Dänemark in Höhe von rund 23 Millionen $ zu verrechnen. Darüberhinaus hatte Dänemark angeregt, 20 Millionen $ ihrer EZU-Verpflichtungen gegenüber der Bundesrepublik über einen Zeitraum von 20 Jahren zu konsolidieren, da ein kürzerer Zeitraum gegenüber der dänischen Öffentlichkeit nicht zu vertreten sei. Stattdessen war dann eine vorzeitige Rückzahlung der im Londoner Schuldenabkommen festgestellten deutschen Schulden bei Abzug eines Diskonts von 2 bis 3 % ins Auge gefaßt worden. Vgl. den Vermerk über ein Telefonat von Mangoldts mit dem BMZ am 22. Mai 1954 und das Schreiben von Mangoldts an das BMZ vom gleichen Tag in B 146/694.

keiten für agrarische Erzeugnisse zu gewähren, doch auf die Dauer nicht nachlassen werde.

Bankier Abs und *Min.Dir. Dr. Reinhardt* [BMWi] sind der Meinung, daß sich in der Tat das Gesamtbild für Dänemark auch bei einer großzügigen Konsolidierungsregelung nicht ändern könne, da es wegen des Ausgleichs einer Zahlungsposition in erster Linie auf den englischen Markt angewiesen sei.

Bankier Abs hält demgegenüber die Abzinsung für das einzig wesentliche Argument dafür, die Schuld gegenüber Dänemark statt in 20 Raten bereits in 5 Raten abzutragen. Dadurch würde der Bundeshaushalt für die Vorziehung der Fälligkeiten durch entsprechende Herabsetzung der Gesamtschuld von rd. 24 Mio. $ auf schätzungsweise 17 Mio. $ einen Ausgleich erhalten. Es sei anzunehmen, daß eine vorzeitige Tilgung Verständnis bei den zu konsultierenden übrigen Signatarmächten des Londoner Schuldenabkommens finden werde.

Der *Vizekanzler* hält es für erforderlich, die dänische Frage nochmals in einer Chefbesprechung zwischen dem Bundesminister der Finanzen, für Wirtschaft, für wirtschaftliche Zusammenarbeit und der Bank deutscher Länder zu besprechen, zu der er einladen wird[13].

Abschließend stellt der *Vizekanzler* fest, daß Präs. Dr. v. Mangoldt durch die Entschließung des Kabinettsausschusses die Bestätigung für seine Vorschläge und die Richtlinien für seine weiteren Verhandlungen erhalten habe.

Der *Vizekanzler* bringt unter Zustimmung der Anwesenden Präsident Dr. v. Mangoldt den Dank und die Anerkennung für die als günstig beurteilten Verhandlungsergebnisse zum Ausdruck[14].

3. Verordnung über die Anerkennung der besonderen Förderungswürdigkeit des Verwendungszwecks des Erlöses der 5 ½%igen Deutschen Kommunalanleihe von 1953 – Aufstockung der Ausgabe II, Schiffsbautranche – der Deutschen Kommunalbank, Düsseldorf, in Höhe von 40 000 000 Deutsche Mark BMF

Verordnung über die Anerkennung der besonderen Förderungswürdigkeit des Verwendungszwecks des Erlöses der 5 ½%igen Schiffspfandbriefe – Emission E – der Deutschen Schiffahrtsbank AG, Bremen, in Höhe von 10 000 000 Deutsche Mark BMF

Verordnung über die Anerkennung der besonderen Förderungswürdigkeit des Verwendungszwecks des Erlöses der 5 %igen Interims-Schiffspfandbriefe – Reihe

[13] Zur Chefbesprechung am 25. Juni 1954 zwischen Blücher, Erhard, Schäffer und Vertretern der BdL vgl. das Fernschreiben der BdL an Blücher vom gleichen Tag in B 146/689. – Fortgang hierzu 12. Ausschußsitzung am 3. Juli 1954 TOP C.

[14] Damit das EZU-Abkommen termingerecht verlängert werden konnte, schloß die Bundesrepublik am 28. Juni 1954 ein definitives bilaterales Ausgleichsabkommen mit Italien und am 29. bzw. 30. Juni vorläufige Abkommen mit Großbritannien und Frankreich (vgl. das Schreiben des BMZ vom 7. Juli 1954 in AA B 51, Bd. 150). Am 30. Juni 1954 beschloß der Rat der OEEC die Verlängerung der EZU bis zum 30. Juni 1955 (EA 1954, S. 4600 f.). – Fortgang zur EZU 39. Kabinettssitzung am 13. Juli 1954 TOP B (Kabinettsprotokolle 1954, S. 309 f.) und 13. Ausschußsitzung am 13. Juli 1954 TOP 1.

29 – der Deutschen Schiffskreditbank AG, Duisburg, in Höhe von 1 000 000 Deutsche Mark BMF

Verordnung über die Anerkennung der besonderen Förderungswürdigkeit des Verwendungszwecks des Erlöses der 5 ½%igen Schiffspfandbriefe von 1953 der Schiffshypothekenbank zu Lübeck AG, Kiel, in Höhe von 10 000 000 Deutsche Mark BMF

Min.Dir. Prof. Dr. Oeftering [BMF] weist auf die Vorlagen des Bundesfinanzministers hin und teilt mit, daß der Einspruch des Bundesministers für Ernährung, Landwirtschaft und Forsten sich nur gegen die Beschlußfassung im Umlaufverfahren und nicht gegen die Verordnungen selbst gerichtet habe. Der Bundesminister für Ernährung, Landwirtschaft und Forsten habe die Beratung der Vorlagen im Kabinett zum Anlaß nehmen wollen, seinerseits den Wunsch auf Genehmigung einer steuerbegünstigten Anleihe in Höhe von 20 Mio. DM für die Genossenschaftshypothekenbank vorzubringen. Der Bundesminister der Finanzen sei bereit, eine entsprechende Rechtsverordnung für die Steuerbegünstigung der Anleihe der Genossenschaftshypothekenbank vorzulegen, falls sich hierfür im Kabinettsausschuß eine Mehrheit ergeben sollte.[15]

Prof. Dr. Müller-Armack [BMWi] ist der Auffassung, daß in dem vorliegenden Fall die gewünschte Anleihe noch als steuerbegünstigt genehmigt werden sollte.

Präsident Bernard weist darauf hin, daß es die grundsätzliche Auffassung der BdL sei, keine Anleihen mehr steuerlich zu begünstigen. Er könne sich deshalb nicht dafür aussprechen. Wenn sich aber die Mehrheit des Kabinettsausschusses für die Genehmigung der Anleihe entscheiden sollte, werde er keinen Einwand erheben.

Staatssekretär Dr. Sonnemann erklärt hierauf, daß nach Genehmigung dieser Anleihe von seinem Hause aus keine weiteren Anträge mehr gestellt werden würden.

Bankier Abs tritt den Bedenken von Präsident Bernard bei und fordert dringend, das Kapitalmarktförderungsgesetz sobald wie möglich aufzuheben[16]. Zur Begründung führt er an Hand von Beispielen die ungünstigen Auswirkungen dieses Gesetzes auf den Kapitalmarkt an.

Der *Vizekanzler* teilt mit, daß Bundesminister Preusker einen Vorschlag zur Finanzierung des Wohnungsbaues erarbeitet habe, nach dem der Sonderpfandbrief, der erhebliche Störungen auf dem Kapitalmarkt hervorrufe, in Zukunft fortfallen werde[17].

---

[15] Vorlagen des BMF vom 29. April und 5. Mai 1954 in B 126/11715 und B 136/619. – Der BMF hatte die Verordnungsentwürfe dem Bundeskanzleramt mit der Bitte vorgelegt, diese im Umlaufverfahren genehmigen zu lassen. Dagegen hatte der BML mit Schreiben vom 17. Mai 1954 Einspruch erhoben (B 136/619).

[16] Erstes Gesetz zur Förderung des Kapitalmarkts vom 15. Dez. 1952 (BGBl. I 793). Das Gesetz lief am 31. Dez. 1954 aus. Vgl. dazu 16. Kabinettssitzung am 29. Jan. 1954 TOP 4 (Kabinettsprotokolle 1954, S. 50 f.).

[17] Vgl. hierzu 22. Kabinettssitzung am 8. März 1954 TOP 2 (Kabinettsprotokolle 1954, S. 89–94, hierzu S. 93 f.) und 22. Ausschußsitzung am 17. Dez. 1954 TOP 2. – Angesprochen sind die steuerbefreiten „Sozialpfandbriefe", deren Erlös für den sozialen Wohnungsbau verwendet wurden. Wegen der Vorzugsstellung dieser Pfandbriefe war ein Pfandbrief-Schwarzmarkt ent-

Geheimrat Vocke unterstreicht die Ausführungen von Präsident Bernard und Bankier Abs; er weist besonders darauf hin, daß die augenblickliche Situation am Kapitalmarkt größte Sorgen bereite und daß es die dringendste Aufgabe sein müßte, seine Funktionsfähigkeit wiederherzustellen.

In diesem Zusammenhang macht *Min.Dirig. Dr. Dr. v. Spindler*, BFM, darauf aufmerksam, daß das Volumen der steuerbegünstigten Anleihen bereits den Betrag von 3 Milliarden DM wesentlich übersteige. Es müsse den Länderfinanzministern mitgeteilt werden, daß keine weiteren Genehmigungen von steuerbegünstigten Anleihen mehr vorgenommen werden sollten. Er richtet an den Vertreter des Bundeswirtschaftsministeriums die Bitte, die Wirtschaftsminister der Länder in gleichem Sinne zu unterrichten[18].

Im übrigen müßten alle bisher nicht ausgenutzten Genehmigungen zur Auflage von steuerbegünstigten Emissionen bei Ablauf des Kapitalmarktförderungsgesetzes verfallen.

Dieser Auffassung wird allseits zugestimmt.

Nach weiterer kurzer Aussprache erklärt sich der Kabinettsausschuß damit einverstanden, daß der Bundesfinanzminister eine Rechtsverordnung über die Steuerbegünstigung der vom Bundesminister für Ernährung, Landwirtschaft und Forsten gewünschten Anleihe in Höhe von 20 Millionen DM für die Genossenschaftshypothekenbank vorlegt[19].

Daraufhin zieht *Staatssekretär Dr. Sonnemann* den Einspruch des Bundesministers für Ernährung, Landwirtschaft und Forsten gegen die Vorlagen des Bundesfinanzministers betreffend Schiffsbauanleihen zurück.

Die Verordnungen können nunmehr dem Bundesrat zugeleitet werden[20].

---

standen, der seit 1953 den Kapitalmarkt erheblich beeinträchtigt hatte. Das BMWo war bereit, auf die Steuerfreiheit der Sozialpfandbriefe zu verzichten, wenn die Wohnungsbaufinanzierung durch die Beibehaltung des § 7 c des Einkommensteuergesetzes sichergestellt würde, dessen Streichung das BMF im Rahmen der Steuerreform betrieben hatte. Unterlagen dazu in B 126/6208 und 12079 sowie B 134/4650 f.

18 In einer Chefbesprechung am 2. Juni 1954 hatten Schäffer, Preusker, Erhard und Blücher angesichts eines starken Überhangs an Pfandbriefen und Kommunalobligationen vereinbart, das Kapitalförderungsgesetz zum 31. Dez. 1954 auslaufen zu lassen. Mit Schreiben vom 26. Juni 1954 wurden die Finanz- und Wirtschaftsminister der Länder deshalb gebeten, unnötige Emissionen zu unterbinden (B 126/12079).

19 Der BMF legte den Entwurf einer Verordnung über die Anerkennung der besonderen Förderungswürdigkeit des Verwendungszwecks des Erlöses der $5^1/_2$%igen Kommunalschuldverschreibungen – Reihe 7 – der Deutschen Genossenschafts-Hypothekenbank Aktiengesellschaft, Hamburg, in Höhe von 20 000 000 Deutsche Mark mit Schreiben vom 19. Juni 1954 vor (B 136/619). – BR-Drs. 238/54 – Verordnung vom 29. Juli 1954 (BAnz. Nr. 148 vom 5. Aug. 1954, S. 1).

20 Mit Schreiben vom 10. Juni 1954 zog der BML seinen Vorbehalt förmlich zurück. Die Verordnungsentwürfe wurden dem Bundesrat am 10. Juni 1954 zugeleitet (B 136/619). – BR-Drs. 197/54 bis 200/54. – Verordnungen vom 21. Juli 1954 (BAnz. Nr. 140 vom 24. Juli 1954, S. 1).

4. Reorganisation des Agrarrechts und der Agrarwirtschaft BML

Prof. Dr. Müller-Armack [BMWi] hält die vom Bundesministerium für Ernährung, Landwirtschaft und Forsten eingereichte Vorlage nicht für geeignet, um damit den Initiativanträgen aus dem Bundestag nach Wiederherstellung und Aufrechterhaltung der Parität entgegenzutreten. Dazu sei es notwendig, ein Strukturprogramm für die Landwirtschaft aufzustellen. Die Vorlage des Bundesministeriums für Ernährung, Landwirtschaft und Forsten bedürfe noch der Vertiefung.[21]

Staatssekretär Dr. Sonnemann erklärt demgegenüber, daß die Vorlage durch den Beschluß des Bundestages vom 12.3.1954 veranlaßt sei, der zu einzelnen Fragen eine Stellungnahme der Bundesregierung bis spätestens zum 1.6. angefordert habe. Die Beantwortung sei unbedingt nötig, weil sonst unter Umständen die Gefahr einer agitatorischen Ausnutzung bei den Landtagswahlen[22] bestände. Die Vorlage des Bundesministeriums für Ernährung, Landwirtschaft und Forsten umfasse nur ein Teilprogramm, über das man sich in verhältnismäßig kurzer Zeit schlüssig werde und das dann später in ein umfassendes Gesamtprogramm übernommen werden könne. Dieses Gesamtprogramm müsse kurzfristig erarbeitet werden. Zweckmäßigerweise solle man in der jetzigen Antwort an den Bundestag darauf hinweisen, daß die Bundesregierung weitere Maßnahmen erwäge und ein umfassendes Agrarprogramm bald dem Bundestag zuleiten werde.

Der *Vizekanzler* hält es für erforderlich, gründliche Ressortbesprechungen über ein umfassendes Agrarprogramm so schnell wie möglich wieder aufzunehmen, um damit erst den Ausgangspunkt für eine grundsätzliche Auseinandersetzung und die Entwicklung von Programmen zur Strukturierung zu schaffen[23].

Prof. Dr. Müller-Armack [BMWi] stellt seine anfänglich geäußerten Bedenken gegen die Vorlage des Bundesministers für Ernährung, Landwirtschaft und Forsten zurück und unterstützt nachhaltig den Wunsch des Vizekanzlers zur Wiederaufnahme der Ressortbesprechungen mit dem Ziel, ein umfassendes Agrarprogramm aufzustellen. Auch müsse die Stellungnahme der Bundesregierung zu den Paritätsgesetzen, die nicht nur ein Agrarprogramm, sondern ein Programm der gesamtheitlichen Wirtschaftspolitik bildeten, in gemeinsamer Arbeit von den Ressorts erstellt werden.

---

[21] Vorlage des BML vom 26. Mai 1954 in B 116/879 und B 136/708. – Im Rahmen der Debatten über die paritätische Angleichung der landwirtschaftlichen Löhne und Preise an die in der Industrie geltenden Sätze hatte die FDP hatte Drucksache Nr. 79 vom 20. Nov. 1953 den Bundestag aufgefordert, die Bundesregierung zu ersuchen, bis spätestens zum 1. Juni 1954 ein Programm mit Maßnahmen zur Durchführung der Flurbereinigung, zur Aufstockung kleinbäuerlicher Betriebe, zur beschleunigten Kultivierung von Moor- und Ödland, zur Entwicklung eines ländlichen Bauwesens, zur Neugestaltung des Agrarkreditwesens sowie zur Förderung des ländlichen Bildungswesens vorzulegen und ausreichende Mittel für die Durchführung dieser Maßnahmen bereitzustellen. Der Bundestag hatte den Beschlußantrag am 12. März 1954 gebilligt (BT-Drs. 251, Stenographische Berichte, Bd. 18, S. 679) und an die Bundesregierung weitergeleitet (Schreiben vom 12. März 1954 in B 136/708). Der BML hatte in seiner Vorlage vom 26. Mai 1954 zu den einzelnen Forderungen Stellung genommen.

[22] Zu den Landtagswahlen in Nordrhein-Westfalen am 27. Juni 1954, in Schleswig-Holstein am 12. Sept. 1954 sowie in Bayern und Hessen am 28. Nov. 1954 vgl. Kabinettsprotokolle 1954, S. 278, 369 und 534.

[23] Unterlagen zu den Ressortbesprechungen nicht ermittelt.

Min.Dir. Dr. Oeftering [BMF] hält die Vorlage des Bundesministers für Ernährung, Landwirtschaft und Forsten für recht wertvoll. Sie erfülle im übrigen auch die Anforderungen des Bundestagsbeschlusses und gebe einen Überblick über alle Maßnahmen, die im Haushaltsjahr 1954 durchgeführt werden könnten. Er habe lediglich in einigen Punkten gewisse Änderungswünsche und regt an, die endgültige Fassung noch abzustimmen.

Der Kabinettsausschuß beschließt:

1) die endgültige Fassung der Vorlage des Bundesministers für Ernährung, Landwirtschaft und Forsten in einer Besprechung auf Abteilungsleiterebene zwischen den Bundesministerien für Ernährung, Landwirtschaft und Forsten, der Finanzen und für Wirtschaft festzulegen. Die Änderungswünsche des Bundesministers der Justiz sind dabei zu berücksichtigen[24]. Staatssekretär Dr. Sonnemann wird zu dieser Besprechung einladen[25].

2) Ressortbesprechungen zur Ausarbeitung eines umfassenden Agrarprogramms wieder aufzunehmen mit dem Ziel, das Agrarprogramm fertigzustellen, bevor die Beratungen über die Paritätsgesetze im Bundestag abgeschlossen sind. Die Grundsatzfrage des Agrarprogramms soll in einer Chefbesprechung, zu der der Vizekanzler nach Absprache mit dem Bundesminister für Ernährung, Landwirtschaft und Forsten einladen wird, entschieden werden[26].

Außerhalb der Tagesordnung:

[A.] Erhöhung der Postgebühren

Prof. Dr. Müller-Armack [BMWi] teilt mit, daß zwischen den Bundesministern für das Post- und Fernmeldewesen und für Wirtschaft Einvernehmen über die Erhöhung der Postgebühren erzielt worden sei[27]. Formell bestehe zwar keine Veranlas-

---

[24] Der BMJ hatte mit Schreiben vom 4. Juni 1954 davon abgeraten, unter Ziffer 1 a des Programmentwurfs anzukündigen, daß voraussichtlich im Herbst 1954 dem Bundestag der Entwurf eines Grundstückverkehrsgesetzes zugehen würde; angesichts des momentanen Bearbeitungsstands könne ein solcher Termin kaum eingehalten werden (Schreiben in B 141/8076 und B 116/879). – Grundstückverkehrsgesetz vom 28. Juli 1961 (BGBl. I 1652).

[25] Nicht ermittelt. – Mit Schreiben vom 16. Juni 1954 legte das BML eine mit BMF und BMWi abgestimmte Neufassung vor. Die Stellungnahme der Bundesregierung betreffend die Reorganisation des Agrarrechts und der Agrarwirtschaft wurde dem Deutschen Bundestag mit Schreiben vom 8. Juli 1954 zugeleitet (B 116/879 und B 136/708). – BT-Drs. 723.

[26] Infolge der Debatte über die Paritätsforderungen der Landwirtschaft kam eine Chefbesprechung nicht zustande (Vermerke aus dem Bundeskanzleramt vom 25. Nov. 1954 sowie vom 20. Jan., 28. April und 22. Juli 1955 in B 136/708). Nach der Verabschiedung des Landwirtschaftsgesetzes sahen BML und Bundeskanzleramt die Aufstellung eines umfassenden Agrarprogramms als „überholt" an (Schreiben des BML vom 29. Sept. 1955 in B 116/879 und B 136/708 und aufgesetzte Verfügung aus dem Bundeskanzleramt vom 25. Okt. 1955). – Fortgang 35. Kabinettssitzung am 15. Juni 1954 TOP B (Kabinettsprotokolle 1954, S. 256) und 21. Ausschußsitzung am 10. Dez. 1954 TOP 3.

[27] Siehe 21. Kabinettssitzung am 4. März 1954 TOP 4 (Kabinettsprotokolle 1954, S. 80 f.). – Am 31. Mai 1954 hatte der Verwaltungsrat der Deutschen Bundespost die Erhöhung der Gebührensätze zum 1. Juli 1954 beschlossen (vgl. Bulletin Nr. 103 vom 4. Juni 1954, S. 931 f.). Der

sung, das Kabinett oder den Kabinettsausschuß mit der Angelegenheit zu befassen, es erscheine ihm jedoch wünschenswert, die Mitglieder des Kabinettsausschusses zu unterrichten.

Der *Vizekanzler* schlägt vor, die Angelegenheit im Kabinettsausschuß nicht weiter zu vertiefen; er halte es vielmehr für angebracht, wenn der Bundesminister für Wirtschaft in der Kabinettssitzung am 15.6.1954 eine kurze Erklärung abgebe, bei der dann der Bundesminister für das Post- und Fernmeldewesen auch anwesend sei[28].

BMWi stimmte der Gebührenerhöhung mit Schreiben vom 10. Juni 1954 zu (B 102/3688 und B 257/3130). Weitere Unterlagen in B 257/273–377 und B 136/1581.

[28] Im Protokolltext nicht ermittelt. – Verordnung über Gebühren im Postwesen vom 10. Juni 1954 (BAnz. Nr. 110 vom 11. Juni 1954, S. 1).

12. Sitzung des Kabinettsausschusses für Wirtschaft am Samstag, den 3. Juli 1954

Teilnehmer: Blücher; Bleek, Westrick, Sonnemann (bis 11.30 Uhr), Sauerborn, Wandersleb; Joël (BMJ), Oeftering[1] (BMF), Schiller (BMV), Middelmann (BMVt, bis 11.30 Uhr), Heise (BMZ), Hornschu (Bundeskanzleramt). Protokoll: Haenlein.

Beginn: 10.30 Uhr — *Ende: 13.20 Uhr*

Ort: Bad Godesberg, Haus Carstanjen

Tagesordnung:

1.a) Wirtschaftsprüferordnung

Stellungnahme der Bundesregierung zu den Änderungswünschen des Bundesrates Nr. 19, 22, 24, 26 sowie zu den allgemeinen Empfehlungen des Bundesrates

Vorlage des BMWi vom 2. Juni 1954 (II A 1 - 491/54)

1.b) Buchprüferordnung (wie Wirtschaftsprüferordnung)

Vorlage des BMWi vom 2. Juni 1954 (II A 1 - 490/54)

1.c) Steuerberatungsgesetz

Stellungnahme der Bundesregierung zu den Änderungswünschen des Bundesrates Nr. 1 und 43b sowie zu den allgemeinen Bemerkungen des Bundesrates

Vorlage des BMF vom 31. Mai 1954 (IV - S 1144 - 78/54).

2. Ländliche Siedlung

Siedlungsprogramm 1954 der Bundesregierung gemäß § 46 Abs. 1 des Bundesvertriebenengesetzes (BVFG) vom 19.5.1953 (BGBl. I S. 201)

Vorlage des BML vom 12. Juni 1954 (IV B 2-4731/3a - 363/54 Kab.Nr. 277/54).

Die Tagesordnung wird in der nachstehenden Reihenfolge abgewickelt:

2. Ländliche Siedlung **BML**

Staatssekretär Dr. Sonnemann verweist auf die Vorlage des Bundesministers für Ernährung, Landwirtschaft und Forsten vom 12.6.1954 und teilt mit, daß der Bundesminister der Justiz noch Fragen zu den darin enthaltenen Ausführungen zum Bodenreformentschädigungsgesetz, zur Ausweitung des Vorkaufsrechts nach dem Reichssiedlungsgesetz und zum Grundstücksverkehrsgesetz gestellt hat[2].

---

1 Im Protokoll dieser Sitzung immer „Öftering".

2 Siehe 12. Kabinettssitzung am 11. Dez. 1953 TOP 1 (Kabinettsprotokolle 1953, S. 554–556). – Vorlage des BML vom 12. Juni 1954 in B 136/2604; weitere Unterlagen in B 116/1219–1223. –

Min.Dir. Joël, Bundesministerium der Justiz, bestätigt, daß hierzu noch eine Klärung nötig ist und regt an, diesen Fragenkomplex zwischen den beiden Ressorts erörtern zu lassen.

Der *Vizekanzler* macht darauf aufmerksam, daß es zunächst darauf ankommt, eine ausreichende Arbeitsgrundlage zu schaffen, an Hand derer dann die Einzelfragen weiter erarbeitet werden müßten. Er schlägt vor, zu den Besprechungen zwischen den Bundesministerien für Ernährung, Landwirtschaft und Forsten und der Justiz auch das Bundesministerium für Wohnungsbau hinzuzuziehen.

Min.Dirig. Middelmann [BMVt] stimmt dem Programm des Bundesministers für Ernährung, Landwirtschaft und Forsten zu, bittet aber, sehr bald ein langfristiges Siedlungsprogramm aufzustellen.

Staatssekretär Dr. Sonnemann erklärt hierzu, daß das Programm nur für 1954 aufgestellt worden sei, weil der Bundesfinanzminister bisher nur für dieses Jahr seine Zustimmung gegeben habe. Auf Grund der Erfahrungen, die mit dem vorliegenden Programm gesammelt würden, werde das Bundesministerium für Ernährung, Landwirtschaft und Forsten ein langfristiges Programm aufstellen.

Der Kabinettsausschuß billigt sodann das Siedlungsprogramm 1954 mit der Einschränkung, daß die verfassungsrechtlichen und rechtspolitischen Fragen noch zwischen dem Bundesminister für Ernährung, Landwirtschaft und Forsten und dem Bundesminister der Justiz unter Hinzuziehung des Bundesministers für Wohnungsbau abgestimmt werden.

Die vorgesehenen Bundeshaushaltsmittel für 1954 können den Ländern zugeleitet werden[3].

Gemäß § 46 Absatz 1 des Bundesvertriebenengesetzes vom 19. Mai 1953 (BGBl. I 201), nach dem die Bundesregierung für die Jahre 1953 bis 1957 Programme für die Neuansiedlung von Vertriebenen und „Sowjetzonenflüchtlingen" aufzustellen hatte, legte Lübke mit Vorlage vom 12. Juni 1954 das Siedlungsprogramm 1954 vor. Darin hatte er u. a. ausgeführt, daß der Erlaß eines zur Zeit in Vorbereitung befindlichen Bodenreformentschädigungsgesetzes und die Ausweitung des Vorkaufsrechts nach dem Reichssiedlungsgesetz vom 11. Aug. 1919 (RGBl. 1429), zuletzt geändert durch das Bundesvertriebenengesetz vom 19. Mai 1953 (BGBl. I 201), den Landanfall steigern und die Lockerung des Grundstücksmarktes durch das ebenfalls derzeit in Vorbereitung befindliche Grundstücksverkehrsgesetz „eine verstärkte Seßhaftmachung von Vertriebenen und Sowjetzonenflüchtlingen fördern" würden. Aus Bundesmitteln sollten für das Jahr 1955 125,7 Millionen DM zur Förderung der vorgeschlagenen Maßnahmen bereitgestellt werden. Neumayer hatte mit Schreiben vom 19. Juni 1954 eine Beteiligung in diesen Fragen angemahnt (B 141/35466 und B 136/2604).

3 Mit Schreiben vom 30. Juli 1954 schlug der BML eine Abänderung der Programmvorlage dahingehend vor, daß zu prüfen sei, ob durch den Erlaß eines Bodenreformentschädigungsgesetzes und die Ausweitung des Vorkaufsrechts der Landanfall gesteigert und durch ein Grundstücksverkehrsgesetz die verstärkte Seßhaftmachung von Vertriebenen und Sowjetzonenflüchtlingen gefördert werden könnten. Der BMJ hatte dem mit Schreiben vom 12. Aug. 1954 zugestimmt (B 141/35466). – Fortgang 38. Ausschußsitzung am 10. Okt. 1955 TOP A und 100. Kabinettssitzung am 14. Okt. 1955 TOP B (Kabinettsprotokolle 1955, S. 576 f.).

1c) Steuerberatungsgesetz; Stellungnahme der Bundesregierung zu den allgemeinen Bemerkungen des Bundesrates BMF

A. *Min.Rat Dr. Baudisch* (BWM) bezieht sich auf die Vorlage des Bundesministers für Wirtschaft vom 19.6.1954 und erläutert die Bedenken des Bundeswirtschaftsministeriums gegen Formulierungen des Bundesfinanzministeriums in den einleitenden allgemeinen Erklärungen der Stellungnahme. Die steuerrechtliche Prüfung und die Erteilung damit zusammenhängender Bescheinigungen durch die steuerberatenden Berufe sei in der Praxis selten und könne deshalb nicht „als im Vordergrund für den Beruf stehend" angesehen werden. Es stimme außerdem nicht, daß sich die steuerliche Beratung auch auf die Gebiete der Betriebswirtschaft beziehe. Er schlägt deshalb vor, die beanstandeten Stellen zu streichen und statt dessen die in der Kabinettsvorlage des Bundesministers für Wirtschaft vom 2.6.1954 vorgeschlagene Formulierung zu wählen.[4]

Min.Dir. Prof. Dr. Oeftering [BMF] erklärt, daß die vom Bundesminister für Wirtschaft vorgeschlagene Fassung den Eindruck erwecke, als ob die wirtschaftsprüfenden Berufe öffentliche, die steuerberatenden Berufe dagegen nur private Funktionen ausübten. Den wesentlichen Unterschied sehe er aber darin, daß die eine Berufsgruppe sich mit den handelsrechtlichen und wirtschaftlichen Problemen, die andere sich mehr mit den steuerlichen Problemen beschäftige.

Min.Dir. Joël [BMJ] erhebt Bedenken gegen die Formulierung, daß sich die steuerliche Beratung auch auf „das Gebiet des Handelsrechts" erstreckt. Dies stehe mit den Vorschriften des Rechtsberatungs-Mißbrauchsgesetzes[5] nicht im Einklang. Der Satz könne nach seiner Ansicht in der allgemeinen Stellungnahme der Bundesregierung wegfallen.

Diesen Ausführungen schließt sich auch *Staatssekretär Dr. Westrick* an.

---

[4] Siehe 10. Kabinettssitzung am 1. Dez. 1953 TOP 5 und 6 (Kabinettsprotokolle 1953, S. 543 f.). – Vorlagen des BMF vom 31. Mai 1954 in B 136/1064 und des BMWi vom 2. Juni 1954 in B 102/12071 und B 136/2481. Weitere Unterlagen in B 102/12041–12119 und B 136/1063. – Der Bundesrat hatte seinen Änderungsvorschlägen zu den Entwürfen eines Steuerberatungsgesetzes (BR-Drs. 528/53) sowie zu den Gesetzentwürfen über eine Wirtschaftsprüferordnung und eine Buchprüferordnung (BR-Drs. 526 und 527) vom 22. Jan. 1954 gleichlautende „Allgemeine Bemerkungen" vorangestellt. In dem „Bestreben der Entwürfe, bestimmte Berufsgruppen in ständischer Form autonom zu organisieren", sah der Bundesrat angesichts der damit verbundenen „Einengung der Freiheit persönlicher Betätigung (Zwangsmitgliedschaft)" „ein sehr ernstes verfassungspolitisches Problem". Andere Berufsgruppen würden unter Berufung auf diese Entwürfe ebenfalls eine „Verkammerung" fordern. Der Bundesrat hatte vorgeschlagen, die Berufsordnungen für Wirtschaftsprüfer, vereidigte Buchprüfer, Steuerberater und Steuerbevollmächtigte durch ein Gesetz zu regeln. BMF und BMWi hatten am 31. Mai bzw. 2. Juni 1954 Entwürfe für Stellungnahmen der Bundesregierung vorgelegt und die Bedenken des Bundesrats gegen eine „Verkammerung" zwar anerkannt, in den konkreten Fällen aber als unbegründet zurückgewiesen und den Erlaß von Berufsordnungen für sachlich geboten erklärt. Mit Schreiben vom 19. Juni 1954 hatte der BMWi Bedenken gegen einige Formulierungen im Entwurf des BMF vorgebracht und die Übernahme der entsprechenden Passagen aus seinem Entwurf vom 2. Juni 1954 angeregt.

[5] Gesetz zur Verhütung von Mißbräuchen auf dem Gebiete der Rechtsberatung vom 13. Dez. 1935 (RGBl. I 1478).

Min.Dir. Prof. Dr. Oeftering [BMF] erklärt sich bereit, auf diesen Satz zu verzichten, wenn im vorhergehenden Absatz dafür gesagt wird: „Dagegen steht für die steuerberatenden Berufe als Spezialberufe die steuerliche Beratung unter Verwertung ihrer Kenntnisse auf handelsrechtlichem und betriebswirtschaftlichem Gebiet im Vordergrund."

Der Kabinettsausschuß beschließt nach eingehender Aussprache in diesem Sinne.

B. *Min.Rat Dr. Baudisch* [BMWi] führt sodann aus, daß die vom Bundesrat gewünschte Gleichstellung von Wirtschaftsprüfern und vereidigten Buchprüfern im § 107 A.O. mit Steuerberatern und Steuerbevollmächtigten berechtigt sei[6]. Bisher sei eine Zurückweisung von Wirtschaftsprüfern und vereidigten Buchprüfern vor den Finanzgerichten möglich. Die Bilanzprüfung schließe sehr oft steuerliche Fragen ein. Dem Wirtschaftsprüfer dürfe daher auch die Möglichkeit, vor den Finanzgerichten aufzutreten, nicht genommen werden, da mit einer steuerlichen Beanstandung durch das Finanzamt letztlich das Testat des Prüfers angegriffen werde. Das Bundesministerium für Wirtschaft befürworte, dem Änderungsvorschlag des Bundesrates zuzustimmen.

Min.Dir. Prof. Dr. Oeftering [BMF] stellt zunächst fest, daß das Bundesministerium für Wirtschaft seine Ansicht zu dieser Frage geändert habe. Zur Sache selbst erklärt er, daß zwar die Möglichkeit bestehe, Wirtschaftsprüfer und vereidigte Buchprüfer vor den Finanzgerichten zurückzuweisen, daß aber bisher von dieser Möglichkeit höchst selten Gebrauch gemacht worden sei. Es sei auch nicht beabsichtigt, hierin künftig eine Änderung eintreten zu lassen.

Bei den Wirtschaftsprüfern sei das Steuerrecht nur eines von 5 Prüfungsgebieten[7], während die steuerberatenden Berufe ein steuerrechtliches Spezialexamen ablegten. Insofern sei ihre Bevorzugung vor den Finanzgerichten gerechtfertigt. Bei einer Gleichstellung der Wirtschaftsprüfer mit den Steuerberatern müsse man sich fragen, ob es dann überhaupt noch zweckmäßig sei, eine Unterscheidung zwischen beiden Berufen zu machen.

Besonders bedenklich sei es jedoch, auch die vereidigten Buchprüfer, einen nichtakademischen Beruf, den akademisch vorgebildeten Steuerberatern gleichzustellen[8].

---

[6] Der Bundesrat hatte zu der in § 107 des Entwurfs beabsichtigten Änderung des § 107 der Reichsabgabenordnung (AO) vorgeschlagen, daß auch Wirtschaftsprüfer und vereidigte Buchprüfer als bevollmächtigte Vertreter vor Finanzgerichten nicht zurückgewiesen werden können sollten.

[7] Prüfungsgebiete waren gemäß § 14 des BMWi-Entwurfs Betriebswirtschaft, Wirtschaftsrecht, Steuerrecht, Volkswirtschaft und Berufsrecht.

[8] § 7 des BMF-Entwurfs forderte als Voraussetzung für die Zulassung zur Steuerberater-Prüfung ein abgeschlossenes wirtschafts- oder rechtswissenschaftliches Studium und eine dreijährige hauptberufliche Tätigkeit auf dem Gebiet des Steuerwesens. § 8 des Entwurfs einer Buchprüferordnung forderte eine mindestens achtjährige praktische Tätigkeit im Wirtschaftsleben, von der wenigstens vier Jahre als Prüfungstätigkeit abgeleistet sein mußten oder ein abgeschlossenes betriebswirtschaftliches, volkswirtschaftliches, juristisches, technisches oder landwirtschaftliches Studium in Verbindung mit einer mindestens dreijährigen praktischen Tätigkeit

Bei einer Gleichstellung der Wirtschaftsprüfer und Buchprüfer mit den Steuerberatern bestehe die Gefahr, daß das Interesse an dem Steuerberaterberuf erliege und dieser u. U. aussterben werde. Für die Wirtschaftsprüfer bestehe im übrigen jederzeit die Möglichkeit, durch eine erleichterte Prüfung auch die Befähigung zum Steuerberater und damit zum Auftreten vor den Finanzgerichten zu erlangen.

Min.Rat Dr. Baudisch [BMWi] erwidert, daß die Zulassung der Wirtschaftsprüfer vor den Finanzgerichten praktisch keine stärkere Konkurrenz für die Steuerberater bedeute, da die Hälfte aller Wirtschaftsprüfer bereits jetzt schon das Ergänzungsexamen zum Steuerberater abgelegt hätte. Außerdem sei ein großer Teil der Steuerberater Nichtakademiker, so daß auch eine Zulassung der nichtakademischen vereidigten Buchprüfer vor den Finanzgerichten verantwortet werden könne.

Diesen Angaben wird von *Min.Rat Dr. Heinrich* (BFM) widersprochen.

Nach eingehender Aussprache beschließt der Kabinettsausschuß – gegen die Stimmen des Vertreters des Bundeswirtschaftsministeriums –, dem Änderungsvorschlag des Bundesrates nicht beizutreten und die Regierungsvorlage zu diesem Punkt aufrechtzuerhalten.

C. *Min.Dir. Joël* [BMJ] erläutert im Anschluß hieran die Änderungswünsche des Bundesjustizministeriums an Hand der Vorlage des Bundesministers der Justiz vom 26.6.1954 zu Ziff. 2–6.

Im Einzelnen:

Zu § 1 Abs. 2 Steuerberatungsgesetz

Min.Dir. Joël [BMJ] bittet, die Regierungsvorlage aufrechtzuerhalten. Er regt an, lediglich in der Begründung zum Steuerberatungsgesetz bei diesem Punkt eine Erklärung im Sinne des vom Bundesrat geäußerten Wunsches einzufügen.[9]

Der Kabinettsausschuß beschließt entsprechend.

Zu § 3 Steuerberatungsgesetz

Min.Dir. Joël [BMJ] regt an, im Hinblick auf die Einheitlichkeit der Gesetzessprache die vom Bundesminister der Justiz vorgeschlagene Fassung zu billigen und diesen Satz als Satz 5 des Abs. 2 zu übernehmen[10].

Min.Dir. Prof. Dr. Oeftering [BMF] erklärt sein Einverständnis.

Der Kabinettsausschuß beschließt dementsprechend.

Zu § 33 Steuerberatungsgesetz

Min.Dir. Joël [BMJ] bittet, den vom Bundesminister der Justiz beanstandeten Satz zu streichen[11].

---

im Wirtschaftsleben, von der wenigstens zwei Jahre als Prüfungstätigkeit abgeleistet sein mußten (B 136/2403).

[9] Der Entwurfsfassung des § 1 Absatz 2 betr. die Stellung der Steuerberater und Steuerbevollmächtigten („Die Ausübung der Steuerberatung ist kein Gewerbe.") wollte der Bundesrat den Zusatz „im Sinne der gewerberechtlichen Vorschriften" anfügen.

[10] Der Bundesrat hatte vorgeschlagen, dem § 3 (Räumlicher Bereich der Tätigkeit) einen Absatz 3 anzufügen: „Die schriftliche Beratung der Auftraggeber unterliegt keinen örtlichen Beschränkungen."

Min.Dir. Prof. Dr. Oeftering [BMF] stimmt dem zu.

Der Kabinettsausschuß beschließt die Streichung.

Zu § 36 Steuerberatungsgesetz

Min.Dir. Joël [BMJ] erklärt, daß in der Tat, wie in der Vorlage des Bundesministers der Finanzen vom 30.6.1954 ausgeführt, eine nachträgliche sachliche Änderung der Regierungsvorlage nicht möglich sei. Er müsse daher den Antrag seines Hauses zurückziehen[12].

Staatssekretär Bleek regt an, in die Stellungnahme der Bundesregierung aufzunehmen, daß die Vorschrift des § 36 noch eine Anpassung an die zukünftige Verwaltungsgerichtsordnung bedürfe[13].

Der *Vizekanzler* weist darauf hin, daß Erklärungen dieser Art in den Stellungnahmen der Bundesregierung zu Bundesratswünschen bisher nicht üblich gewesen sind. Er schlägt vor, die Anpassung der Bestimmungen des § 36 an die Verwaltungsgerichtsordnung von den Ressorts in den Ausschußberatungen des Bundestages vertreten zu lassen.

Der Kabinettsausschuß billigt diesen Vorschlag des Vizekanzlers.

Zur Frage der Übernahme der §§ 64, 118 und 119 der Wirtschaftsprüferordnung

Min.Dir. Prof. Dr. Oeftering [BMF] stimmt dem von *Min.Dir Joël* [BMJ] näher erörterten Streichungsvorschlag des Bundesministers der Justiz zu[14].

Der Kabinettsausschuß beschließt die Streichung der Worte „und in § 132 Abs. 1 Nr. 1 des Strafgesetzbuches“.

---

[11] Der Entwurf hatte in § 33 vorgesehen, daß ausgeschiedene Finanzbeamte drei Jahre lang nicht für solche Auftraggeber als Steuerberater tätig werden dürften, mit deren Angelegenheiten sie zuvor materiell befaßt gewesen seien. Die vom Bundesrat vorgeschlagene Erweiterung dieser Ausschlußbestimmung auf alle Steuerpflichtigen des gesamten ehemaligen Finanzbezirks hatte der BMF unter Berufung auf das Grundrecht der freien Berufswahl gemäß Artikel 12 GG als unbillige Härte abgelehnt. In seiner Stellungnahme zum Entwurf des BMF vom 26. Juni 1954 hatte der BMJ darum gebeten, diese Begründung zu streichen (B 141/19765 und B 136/1064).

[12] Der BMJ hatte sich in seiner Stellungnahme zu § 36 (Vertretung vor Finanzbehörden und Gerichten) gegen eine Berechtigung für Steuerberater ausgesprochen, auch vor dem Bundesverwaltungsgericht als bevollmächtigter Vertreter in Steuersachen auftreten zu können. Der BMF hatte dem mit Schreiben vom 30. Juni 1954 widersprochen (B 136/1064).

[13] Zum Entwurf einer Verwaltungsgerichtsordnung vgl. 28. Kabinettssitzung am 6. April 1954 TOP 2 (Kabinettsprotokolle 1954, S. 151 f.). – Verwaltungsgerichtsordnung (VwGO) vom 21. Jan. 1960 (BGBl. I 17).

[14] Ein Verbot standeswidriger Werbung und das Gebot berufswürdigen Verhaltens durch Übernahme der entsprechenden Paragraphen aus der Wirtschaftsprüfungsordnung, wie der Bundesrat dies vorgeschlagen hatte, hatte der BMF unter Hinweis auf § 30 (Allgemeine Berufspflichten) als unnötig abgelehnt. Der BMJ hatte gebeten, den weiteren Hinweis auf § 132 a StGB zu unterlassen, da dieser auf das Amts- und Dienstgeheimnis beschränkt sei.

1a) Wirtschaftsprüferordnung[; Stellungnahme der Bundesregierung zu den Änderungswünschen des Bundesrates Nr. 19, 22, 24, 26 sowie zu den allgemeinen Empfehlungen des Bundesrates] BMWi

A. *Min.Rat Dr. Baudisch* [BMWi] erklärt, daß das Bundeswirtschaftsministerium den Vorschlag des Bundesrates unterstütze, im ehren- bezw. berufsgerichtlichen Verfahren als Gericht erster Instanz statt des Verwaltungsgerichts das Oberverwaltungsgericht zu bestimmen und gegen die Entscheidung des Oberverwaltungsgerichts die Berufung an das Bundesverwaltungsgericht zuzulassen. Bei den schweren Folgen des Verfahrens (Berufsausschluß) sei dies gerechtfertigt.

Staatssekretär Bleek weist darauf hin, daß die zersplitterte Verfahrensregelung vor den Verwaltungsgerichten durch eine bundeseinheitliche Verwaltungsgerichtsordnung ersetzt werden soll. Diese werde in der nächsten Woche bereits im Plenum des Bundestages behandelt[15].

Das Oberverwaltungsgericht im berufsgerichtlichen Verfahren der Wirtschaftsprüfer als Gericht erster Instanz zu bestimmen, würde eine Abweichung von den erstrebten einheitlichen Verfahrensgrundsätzen bedeuten. Sie sei nicht berechtigt, da auch Bundes- und Länderminister der erstinstanzlichen Rechtsprechung des Verwaltungsgerichts unterworfen seien.

Im übrigen müsse er darauf aufmerksam machen, daß der Wirtschaftsprüfer gegen die Versagung seiner Bestellung durch die oberste Landesbehörde, die genau so schwer wiege wie der Berufsausschluß, auch nur die Möglichkeit habe, Klage beim zuständigen Verwaltungsgericht zu erheben.

Würde man als erstinstanzliches Gericht im berufsgerichtlichen Verfahren das Oberverwaltungsgericht bestimmen, so müsse man, gleichgültig, ob die Verwaltungsgerichtsordnung früher oder später als die Wirtschaftsprüferordnung verabschiedet würde, umfangreiche Verfahrensvorschriften in die Wirtschaftsprüferordnung aufnehmen.

Der *Vizekanzler*, die *Staatssekretäre Sauerborn* und *Dr. Wandersleb* sowie auch die *Min.Direktoren Prof. Dr. Oeftering* [BMF] und *Dr. Schiller* [BMV] halten die Bedenken von Staatssekretär Bleek für beachtlich.

Der Kabinettsausschuß beschließt gegen die Stimme des Vertreters des Bundesministeriums für Wirtschaft, dem Änderungswunsch des Bundesrates nicht zuzustimmen.

B. *Min.Dir. Joël* [BMJ] erläutert die Änderungswünsche des Bundesministers der Justiz zur Wirtschaftsprüferordnung an Hand der Vorlage des Bundesministers der Justiz vom 26.6.1954[16].

Im Einzelnen:

Zu § 30 Abs. 3 und 4 Wirtschaftsprüferordnung

bemängelt *Min.Dir. Joël* [BMJ] die Bezeichnung „Wirtschaftsprüfer n.i.P.“, da sie nicht eindeutig zum Ausdruck bringe, daß der Wirtschaftsprüfer endgültig aus der

---

[15] Vgl. das Protokoll der 37. Bundestagssitzung am 8. Juli 1854 (Stenographische Berichte, Bd. 20, S. 1749–1751).

[16] Vorlage des BMJ vom 26. Juni 1954 in B 136/2481.

beruflichen Tätigkeit ausgeschieden sei. Wenn man einen Zusatz für erforderlich halte, dann solle man es lieber bei der Bezeichnung „a.D." der Regierungsvorlage belassen[17].

Min.Dir. Dr. Schiller (BVM) regt an, die Bezeichnung „im Ruhestand (i.R.)" zu wählen.

Der *Vizekanzler* hält eine Regelung dieser Frage für nicht notwendig.

Min.Dir. Joël [BMJ] erklärt hierzu, daß dann die ausgeschiedenen Wirtschaftsprüfer nicht mehr Mitglieder der Kammer sein und auch der Ehren- und Berufsgerichtsbarkeit nicht mehr unterworfen bleiben können. Man solle dann der Streichung der Abs. 3 und 4 durch den Bundesrat zustimmen.

Min.Rat Dr. Baudisch [BMWi] schlägt vor, der Streichung des Abs. 4 zuzustimmen, sich dagegen für die von Min.Dir. Dr. Schiller vorgeschlagene Bezeichnung in Abs. 3 zu entscheiden.

Nach kurzer Aussprache beschließt der Kabinettsausschuß, dem Streichungsvorschlag des Bundesrates zu § 30 Abs. 3 und 4 zu folgen.

Zu § 43 Wirtschaftsprüferordnung

weist *Min.Dir. Joël* [BMJ] darauf hin, daß bereits nach der Regierungsvorlage die Gesellschaft verpflichtet sein soll, die Bezeichnung „Wirtschaftsprüfergesellschaft" zu führen. Der Änderungswunsch des Bundesrates sei also nur eine zwangsläufige Folgerung daraus. Deshalb schlage er vor, alle auf den Satz 1 der Stellungnahme folgenden Ausführungen zu streichen[18].

Min.Rat Dr. Baudisch [BMWi] erklärt sein Einverständnis.

Der Kabinettsausschuß beschließt entsprechend.

1b) Buchprüferordnung[; Stellungnahme der Bundesregierung zu den Änderungswünschen des Bundesrates Nr. 19, 22, 24, 26 sowie zu den allgemeinen Empfehlungen des Bundesrates] BMWi

Der Kabinettsausschuß beschließt: Die für die Wirtschaftsprüferordnung gefaßten Beschlüsse des Kabinettsausschusses sollen sinngemäß in der Buchprüferordnung berücksichtigt werden[19].

---

17 Der Bundesrat hatte sich gegen die Berufsbezeichnung „Wirtschaftsprüfer außer Dienst" gemäß § 30 Absatz 3 des Gesetzentwurfs ausgesprochen, da der Zusatz „a. D." ausgeschiedenen Beamten vorbehalten sei. In seiner Stellungnahme vom 2. Juni 1954 hatte der BMWi daher den Zusatz „n. i. P." (nicht in Praxis) als international übliche Bezeichnung für ehemalige Steuerprüfer vorgeschlagen.

18 Der Bundesrat hatte in Anlehnung an § 17 HGB vorgeschlagen, die Aufnahme der Bezeichnung „Wirtschaftsprüfungsgesellschaft" in die Firma von einer Kann- in eine Muß-Bestimmung umzuwandeln. Der BMWi hatte diesem Vorschlag zwar zugestimmt, im weiteren aber darauf hingewiesen, daß viele Firmennamen dann geändert werden müßten bzw. komplizierte Firmennamen entstünden.

19 Fortgang 40. Kabinettssitzung am 1. Juli 1954 TOP 2, 3 und 4 (Kabinettsprotokolle 1954, S. 323–325). – BT-Drs. 783, 784 und 785. – Die Ordnungen für Buch- und Wirtschaftsprüfer

Außerhalb der Tagesordnung werden folgende Punkte besprochen:

[A.] Zukünftige Gestaltung der Bundesstelle für den Warenverkehr der gewerblichen Wirtschaft **BMWi**

Staatssekretär Dr. Westrick gibt dem Kabinettsausschuß einen Überblick über die Erwägungen innerhalb des Bundesministeriums für Wirtschaft wegen der Neugestaltung der Bundesstelle für den Warenverkehr, nachdem die binnenwirtschaftlichen Lenkungsaufgaben weggefallen sind[20].

Von den jetzt in der Bundesstelle für den Warenverkehr beschäftigten 600 Kräften würden 250 bis zum 31.3.1955 durch Kündigung ausscheiden. Für die Wahrnehmung der verbleibenden sachlichen Aufgaben soll eine neue Bundesoberbehörde geschaffen werden, für die die Bezeichnung „Bundesamt für die gewerbliche Wirtschaft" erwogen wird.

Der geplante Gesetzentwurf für diese Neuregelung werde zur Zeit mit dem Wirtschaftspolitischen Ausschuß des Bundestages abgestimmt, damit etwaige Bedenken des Ausschusses vorher ausgeräumt werden können. Der Gesetzentwurf soll dann von einer Fraktion oder allen Koalitionsparteien im Bundestag als Initiativantrag eingebracht werden[21].

Min.Dir. Prof. Dr. Oeftering [BMF] äußert Bedenken gegen einen Initiativgesetzentwurf der Fraktionen, weil in diesem Fall reine Organisationsformen geregelt werden sollen. Er spricht sich für eine Regierungsvorlage aus.

---

wurden im Gesetz über eine Berufsordnung der Wirtschaftsprüfer (Wirtschaftsprüferordnung) vom 24. Juli 1961 (BGBl. I 1049) zusammengefaßt. – Gesetz über die Rechtsverhältnisse der Steuerberater und Steuerbevollmächtigten (Steuerberatungsgesetz) vom 16. Aug. 1961 (BGBl. I 1301).

20 Siehe 33. Kabinettssitzung am 25. Mai 1954 TOP 4 (Kabinettsprotokolle 1954, S. 227). – Die Bundesstelle war durch Gesetz vom 29. März 1951 als dem BMWi nachgeordnete Behörde mit Sitz in Frankfurt am Main errichtet worden (BGBl. I 216). Die Aufgaben der Bundesstelle lagen im Bereich der Sicherung, Planung, Beaufsichtigung und Durchführung des inner- und zwischenstaatlichen Warenverkehrs, insbesondere auf den Gebieten des Besatzungs- und Stationierungsbedarfs, der Offshore-Lieferungen sowie des Interzonen-Warenverkehrs (vgl. die Aufgabenkataloge in B 102/20971). Das Gesetz sollte zunächst am 30. Juni 1952 außer Kraft treten, seine Geltungsdauer wurde aber mehrfach verlängert, zuletzt bis zum 30. Sept. 1954 (Gesetze vom 25. Juni 1952: BGBl. I 337, 25. März 1953: BGBl. I 69, und 28. Mai 1953: BGBl. I 265). Der Bundestag hatte am 6. Mai 1954 beschlossen, die im Bundeshaushalt 1954 eingestellten Mittel für mittlerweile ausgelaufene Aufgaben der Bundesstelle ab dem 1. Okt. 1954 zu sperren (Stenographische Berichte, Bd. 19, S. 1243). Da der BMWi-Entwurf zu einer Novelle des Gesetzes über die Sicherstellung der Erfüllung völkerrechtlicher Verpflichtungen auf dem Gebiet der gewerblichen Wirtschaft (Wirtschaftssicherungsgesetz) vom 3. Mai bzw. 14. Juni 1954 eine „Exekutivbehörde auf Bundesebene" vorsah, der im Bedarfsfall einer zentralen Bearbeitung die Ausführung des Gesetzes übertragen werden könne (B 102/19885 und B 136/2434), plante der BMWi ein Gesetz über die Abwicklung der Bundesstelle bis zum 31. März 1955, um in der Übergangszeit das Organisationsgesetz für eine neue Bundesoberbehörde vorlegen zu können. Referenten-Vorentwurf und weitere Unterlagen in B 102/20967 f., 20971 und 33587 f. sowie B 136/7593.

21 Unterlagen zu den Besprechungen in B 102/20971.

Min.Rat Haenlein [Bundeskanzleramt] weist darauf hin, daß das vom Bundeswirtschaftsministerium gehandhabte Verfahren u. U. zu Schwierigkeiten im Bundesrat führen könne. Auch er befürwortet die Einbringung einer Regierungsvorlage.

Staatssekretär Dr. Sonnemann teilt mit, daß das Bundesministerium für Ernährung, Landwirtschaft und Forsten eine Straffung der Einfuhr- und Vorratsstellen erwäge, die erhebliche Personaleinschränkungen mit sich bringen werde. Sein Haus wolle für diese Änderung nicht die Initiative der Legislative überlassen, sondern einen eigenen Gesetzentwurf im Kabinett einbringen[22]. Man solle daher auch im Falle der Neuorganisation der Bundesstelle für den Warenverkehr eine Regierungsvorlage bevorzugen.

Der *Vizekanzler* erklärt, daß es sich hierbei um eine Grundsatzfrage handele. Die Bestrebungen der Legislative, in die Aufgaben der Exekutive einzugreifen, seien deutlich erkennbar. Gerade in den Fragen der Behördenorganisation müsse die Exekutive initiativ sein. Dies sei nicht eine Aufgabe der Legislative. Im übrigen sei es notwendig, den Gesetzentwurf für die zukünftige Gestaltung der Bundesstelle für den Warenverkehr möglichst bald zu behandeln, weil diese nach dem u. U. baldigen Inkrafttreten des EVG-Vertrages besondere Aufgaben erhalte[23].

Staatssekretär Dr. Westrick weist darauf hin, daß das zur Zeit gültige Gesetz für die Bundesstelle für den Warenverkehr am 30.9.1954 ausläuft und man wegen Zeitmangel den Weg eines Initiativgesetzes habe beschreiten wollen. Auf Grund der Aussprache im Kabinettsausschuß wolle er jedoch prüfen, ob nicht doch einer Regierungsvorlage der Vorzug zu geben sei.

Min.Dir. Prof. Dr. Oeftering [BMF] bittet, das Ergebnis dieser Prüfung im Kabinett zur Diskussion zu stellen.

Abschließend regt der *Vizekanzler* an, möglichst bald Verhandlungen mit den Ländern aufzunehmen und auf diesem Wege eine Abkürzung der Frist für die Beratung des Gesetzentwurfes im Bundesrat zu erreichen[24].

---

[22] Unterlagen zur geplanten Errichtung eines Bundesamtes für Ernährung und Landwirtschaft in B 116/10206 f. und 10926 sowie B 136/8709. – Die Umwandlung der durch Gesetz vom 17. Dez. 1951 (BGBl. I 967) errichteten Außenhandelsstelle für Erzeugnisse der Ernährung und Landwirtschaft in das Bundesamt für Ernährung und Landwirtschaft erfolgte durch das Ernährungssicherstellungsgesetz vom 24. Aug. 1965 (BGBl. I 938).

[23] Zur Ablehnung des EVG-Vertrags durch die französische Nationalversammlung am 30. Aug. 1954 vgl. Sondersitzung des Kabinetts am 1. Sept. 1954 TOP A (Kabinettsprotokolle 1954, S. 350–354).

[24] Die Abgeordneten Naegel, Atzenroth, Samwer und Genossen legten am 13. Juli 1954 den „Entwurf eines Gesetzes über die Abwicklung der Bundesstelle für den Warenverkehr der gewerblichen Wirtschaft und die Errichtung eines Bundesamtes für gewerbliche Wirtschaft (Gesetz über das Bundesamt für gewerbliche Wirtschaft)" vor (BT-Drs. 719). – Fortgang 41. Kabinettssitzung am 28. Juli 1954 TOP C (Kabinettsprotokolle 1954, S. 340 f.) und 22. Ausschußsitzung am 17. Dez. 1954 TOP 3. – Ein Gesetzentwurf des BMWi vom 24. Aug. 1954 wurde aus Termingründen nicht mehr beraten (B 136/7593). – BT-Drs. Nr. 804, BR-Drs. 312/54 – Gesetz über das Bundesamt für gewerbliche Wirtschaft vom 9. Okt. 1954 (BGBl. I 281).

[B.] Erweiterung des Interzonenhandels um 100 Mio. VE (= DM) **BMWi**

Min.Rat Dr. Woratz (BWM) berichtet eingehend über die Verhandlungen, die mit der Delegation der Sowjetzone stattgefunden haben[25]. Er weist darauf hin, daß durch die Veröffentlichung von Einzelheiten in der Presse die Verhandlungsdirektiven der Bundesregierung offengelegt worden seien, obwohl sie der Presse als vertraulich und nicht zur Veröffentlichung bestimmt mitgeteilt worden seien[26].

Unter diesen Umständen sei es nicht möglich gewesen, die Ostseite zur Bareinzahlung von DM-West, die ihr reichlich zur Verfügung ständen, und damit zur Abdekkung des Debetsaldos des Dienstleistungskontos zu bestimmen. Es habe aber auch in unserem Interesse gelegen, das Dienstleistungskonto in Ordnung zu bringen, da sonst der Hamburger Hafen und die Deutsche Bundesbahn erhebliche Ausfälle hätten in Kauf nehmen müssen[27].

---

[25] Siehe 32. Kabinettssitzung am 12. Mai 1954 TOP 2 (Kabinettsprotokolle 1954, S. 198 f.). – Auf der Grundlage des Abkommens über den Handel zwischen den Währungsgebieten der Deutschen Mark (DM-West) und den Währungsgebieten der Deutschen Mark der Deutschen Notenbank (DM-Ost) (Berliner Abkommen) vom 20. Sept. 1951 (BAnz. Nr. 186 vom 26. Sept. 1951, S. 3) wurden jährlich in Verhandlungen zwischen der Treuhandstelle für Interzonenhandel (TSI) und dem Ministerium für Außenhandel und Innerdeutschen Handel der DDR (MAI) Warenlisten vereinbart. Die Lieferungen wurden über vier (Unter-)Konten abgewickelt, die jeweils auszugleichen waren, und in sogenannten Verrechnungseinheiten (1 VE entsprach 1 DM) faktoriert wurden. „Über Unterkonto I bezog die Bundesrepublik Zucker, Getreide und Dieselkraftstoff und lieferte ihrerseits Vieh, Düngemittel und Gießereierzeugnisse, über Unterkonto II lief der Austausch von Textilien, Maschinen, Leder gegen chemische und landwirtschaftliche Erzeugnisse, und auf Unterkonto III wurden die Dienstleistungen miteinander verrechnet. Auf Unterkonto IV befanden sich die sogenannten ‚harten' Waren – im Unterschied zu den ‚weichen' Waren der Unterkonten I und II; die Bundesrepublik lieferte Eisen und Stahl sowie Steinkohle und Koks gegen ostdeutsche Lieferungen von Braunkohlebriketts, Grubenholz und anderen Bergbauerzeugnissen." (Heyl, Handel, S. 73). Um zeitverschobene Lieferungen zu ermöglichen, waren die Unterkonten mit zinslosen Überziehungskrediten (Swing) ausgestattet (10 Millionen VE für die Unterkonten I und IV sowie 20 Millionen VE für die Unterkonten II und III). – In den Besprechungen über die Durchführung der „Vereinbarung für das Jahr 1954" vom 18. Dez. 1953 hatte das MAI am 4. Mai 1954 angeboten, Ruhrkohle und Ruhrkoks im Wert von 100 Millionen DM abzunehmen und für die Gegenlieferungen eine Liste unterbreitet, von der nur ein Posten von Braunkohlebriketts im Wert von 10 Millionen DM für die Bundesrepublik akzeptabel war. Vockel vermutete hinter diesem Angebot eine propagandistische Maßnahme der DDR-Regierung im Hinblick auf die Landtagswahlen in Nordrhein-Westfalen am 27. Juni 1954 (Telegramm Vockels an Adenauer vom 5. Mai 1954 in B 136/7835, Vermerke über die Verhandlungen in B 102/20950 f., zur Besprechung vom 4. Mai 1954 in B 102/20951). – Weitere Unterlagen in B 102/108193–108195 und 443050 f.

[26] In einem Interview hatte Ulbricht erklärt, die Bundesrepublik hätte auf das Angebot des MAI nicht geantwortet und trüge damit die Verantwortung für den mangelnden Absatz von Ruhrkohle (vgl. „Neues Deutschland" vom 24. Juni 1954). Vockel hatte dagegen am 25. Juni 1954 der westdeutschen Presse „nähere Einzelheiten" über die seit Wochen andauernden und kurz vor dem Abschluß stehenden Verhandlungen mitgeteilt (Vermerk von Woratz vom 2. Juli 1954 in B 102/108194 und B 136/7835; weitere Unterlagen und Presseausschnitte in B 102/108194).

[27] Ende Juni 1954 betrug das Passivsaldo der DDR im Bereich der Dienstleistungen fast 51 Millionen VE. Obwohl der zum 31. Dez. 1953 bestehende Rückstand von 22 Millionen VE auf das Unterkonto II umgeschrieben werden sollte, war damit auch für 1954 die vorgesehene Wertgrenze von 30 Millionen VE nahezu erreicht, was zum Stillstand des innerdeutschen Waren-

Wegen dieser Rücksichten habe die Delegation der Bundesrepublik der sowjetzonalen Delegation weitere Zugeständnisse machen müssen, so u. a. die zusätzliche Übernahme von sowjetzonalen Weichwaren im Gegenwert von 10 Mio. VE.

Bei den Verhandlungen über den Vorschlag der Sowjetzone, Zechenkoks und Steinkohle aus dem Ruhrgebiet zu beziehen, habe es sich gezeigt, daß die sowjetische Zone an diesem Angebot nach den Wahlen in Nordrhein-Westfalen nicht mehr interessiert gewesen sei. Man könne daher mit Recht annehmen, daß dieser Vorschlag rein propagandistischer Natur gewesen sei. Die Verhandlungsführung der Sowjetzone habe schließlich die Verhandlungen über das Aufstockungsangebot zum Scheitern gebracht.

Min.Rat Dr. Woratz [BMWi] gibt noch Kenntnis davon, daß nach dem Scheitern der Interzonenhandelsbesprechungen ein spezielles Lohnveredlungsgeschäft für Watenstedt-Salzgitter abgeschlossen worden ist, das die Verkokung von 120 000 Tonnen oberschlesischer Steinkohle vorsieht[28]. Die Sowjetzonenmachthaber hätten sofort versucht, dieses Geschäft propagandistisch auszuwerten und in der Presse behauptet, durch das von ihnen gezeigte Entgegenkommen sei die Stillegung einer zweiten Koksbatterie in Watenstedt-Salzgitter verhindert und den Werktätigen dort die weitere Beschäftigung gesichert worden[29].

Demgegenüber stellt *Min.R. Dr. Woratz* [BMWi] fest, daß dieses Geschäft voraussichtlich das Anblasen einer dritten Koksbatterie notwendig machen werde.

Nach Auffassung von *Min.R. Dr. Woratz* [BMWi] wird die Sowjetzone in absehbarer Zeit die Frage des Bezugs von Ruhrkohle und Zechenkohle aus der Bundesrepublik wieder aufgreifen. Er schlägt daher vor, schon jetzt einen neuen Erweiterungsvorschlag der Bundesrepublik über 100 Mio. VE ausarbeiten zu lassen.

Staatssekretär Dr. Sonnemann befürwortet dies.

Der *Vizekanzler* warnt davor, unmittelbar nach dem Abbruch der Verhandlungen ein neues Angebot von unserer Seite aus zu machen. Das erwecke den Eindruck, als seien wir auf ein Entgegenkommen angewiesen. Er empfehle, zunächst etwas Zeit verstreichen zu lassen.

Min.Dir.[30] *Prof. Dr. Oeftering* [BMF] stellt an Min.Rat Dr. Woratz die Frage, ob für Zucker im Gegenwert von 20 Mio. DM, zu dessen Abnahme die Bundesregierung sich in den Verhandlungen bereiterklärt hatte und der von uns exportiert werden

---

verkehrs geführt hätte (Vermerke vom 30. Juni bzw. 8. Juli 1954 über die Besprechungen am 29. und 30. Juni 1954 in B 102/20951).

28 Nach dem in der Presse als Scheitern der Handelsgespräche beurteilten Abbruch der Verhandlungen über die angebotene Abnahme von Ruhrkohle durch die DDR wurde als „Lohnveredelungsgeschäft“ vereinbart, daß die DDR ab 1. Juli 1954 120 000 t oberschlesischer Steinkohle an die Hüttenwerke Salzgitter liefern und dafür 78 000 t Zechenkoks zurückerhalten sollte. Die Differenz und die Nebenprodukte sollten Salzgitter als Naturallohn im Wert von geschätzten 6 Millionen VE bleiben (B 102/20951).

29 Zu der Pressemitteilung des MAI vgl. das Telegramm der Berliner Dienststelle des BMWi vom 2. Juli 1954 (B 102/108194).

30 Korrigiert aus: „MinRat“.

sollte, tatsächlich diese Exportmöglichkeit besteht. Er könnte derartigen Abnahmeverpflichtungen nur zustimmen, wenn der Bundeshaushalt nicht belastet werde.

Min.Rat Dr. Woratz [BMWi] bestätigt, daß dieser sowjetzonale Zucker nach Pakistan exportiert werden könne und sagt eine schriftliche Mitteilung an das Bundesfinanzministerium zu[31].

[C.] Deutsche Schuldenverpflichtungen gegenüber Dänemark **BMF**

Der *Vizekanzler* bittet Min.Dir. Prof. Dr. Oeftering um Mitteilung, welchen Abzinsungssatz der Bundesfinanzminister für die deutschen Schuldverpflichtungen gegenüber Dänemark ansetzen wolle. Es seien in der voraufgegangenen Chefbesprechung 5 ¼% in Aussicht genommen[32]. Wie er über Paris erfahren habe, seien die Dänen aber nur mit einer Abzinsung von 3 % einverstanden. Er weist nochmals auf das große Interesse der Bundesrepublik an einem erfolgreichen Abschluß des Vertrages mit Dänemark hin.

Min.Dir. Prof. Dr. Oeftering [BMF] teilt mit, daß eine Abzinsung von 5 ¼% dem Bundeshaushalt eine rechnerische Entlastung von 41,8 Mio. Dänenkronen bringe, bei 3 % betrage die Entlastung nur 26,8 Mio. Dänenkronen. Vielleicht könne man im Wege des Kompromisses auf 4 ½% abkommen.

Staatssekretär Dr. Sonnemann weist auf das große Interesse der Bundesrepublik hin, Dänemark als Abnehmer deutscher Industrieprodukte zu erhalten. Die von dänischer Seite in Aussicht genommenen Lieferungen auf dem Agrarsektor seien nicht in dem vorgesehenen Umfang erfolgt und hätten daher auch nicht den dänischen Debetsaldo aus den handelspolitischen Verpflichtungen gegenüber der Bundesrepublik in dem gewünschten Maße herabgesetzt. Er befürwortet daher ein möglichst großes Entgegenkommen bei der Festlegung des Abzinsungssatzes.

Staatssekretär Dr. Westrick spricht sich ebenfalls für eine 3 %ige Abzinsung der deutschen Schuldverpflichtungen aus, damit Dänemark nicht zur Einschränkung seiner Liberalisierung gezwungen werde.

Der *Vizekanzler* weist darauf hin, daß die abschließenden Verhandlungen mit Dänemark bis zum 10.7.1954 beendet sein sollen. Er glaube, daß Dänemark nicht über einen Abzinsungssatz von 3 ¼%, den es auch an die EZU zu zahlen habe, hinausgehen würde. In Anbetracht des besonderen deutschen Interesses an einer befriedigenden Lösung bittet er Min.Dir. Prof. Dr. Oeftering, die Angelegenheit so schnell wie möglich dem Bundesfinanzminister vorzutragen.

Min.Dir. Prof. Dr. Oeftering [BMF] sagt zu, dem Bundesfinanzminister am 5.7.1954 Vortrag zu halten und seine Entscheidung herbeizuführen.

---

31 Nicht ermittelt. – Fortgang 20. Ausschußsitzung am 15. Nov. 1954 TOP 3.

32 Siehe 11. Ausschußsitzung am 9. Juni 1954 TOP 2. – Zur Chefbesprechung am 25. Juni 1954 zwischen Blücher, Erhard, Schäffer und Vertretern der BdL vgl. das Fernschreiben der BdL an Blücher vom gleichen Tag in B 146/689.

Ein Abzinsungssatz von 3 ¼% scheine ihm die unterste Grenze zu sein, über die man bei Würdigung aller Umstände allenfalls sprechen könne[33].

[33] Das Kabinett ermächtigte den BMF auf dessen Kabinettsvorlage vom 9. Juli 1954 hin im Umlaufverfahren, die Forderungen Dänemarks an die Bundesrepublik aus dem Londoner Schuldenabkommen von 1953 statt in 20 Jahren vorzeitig in fünf Jahresraten bei einer Abzinsung des vorzeitig zu tilgenden Kapitalbetrags um 3¼% zu tilgen (B 136/1122).

13. Sitzung des Kabinettsausschusses für Wirtschaft am Dienstag, den 13. Juli 1954

Teilnehmer: Blücher, Erhard (bis 17.00 Uhr), Lübke (bis 17.00 Uhr), Preusker (ab 15.20 Uhr), Balke, Tillmanns; Bleek (bis 18.00 Uhr), Sonnemann (bis 18.00 Uhr), Sauerborn, Bergemann, Wandersleb (ab 16.05 Uhr); von Maltzan (AA, bis 17.45 Uhr), Oeftering[1] (BMF), Müller-Armack (BMWi), Middelmann (BMVt, bis 18.00 Uhr), mehrere Vertreter verschiedener Bundesministerien, Könneker (BdL), Abs (bis 17.45 Uhr), Heise (BMZ). Protokoll: Haenlein (TOP 1), Hornschu (TOP 2 und 3).

Beginn: 14.30 Uhr — *Ende: 18.10 Uhr*

Ort: Bad Godesberg, Haus Carstanjen

Tagesordnung:

1. *Konvertibilität der Währungen*
   hier: deutsche Stellungnahme auf der bevorstehenden Tagung des Ministerausschusses des Europäischen Wirtschaftsrates in London
   Vorlage des BML vom 29. Juni 1954 (VII A 1 - 7053 - 1388/54, Kab. 337/54[2]).
2. *Entwurf einer Verordnung über Pflegesätze von Krankenanstalten aller Art*
   Vorlage des BMWi vom 29. Juni 1954 (I B 4 - Y 5 c - 6811/54).

1. Konvertibilität der Währungen; deutsche Stellungnahme auf der bevorstehenden Tagung des Ministerausschusses des Europäischen Wirtschaftsrates in London BMWi

Prof. Dr. Müller-Armack [BMWi] berichtet über den Gang der Vorbesprechungen der Ministergruppe Konvertibilität in Paris vom 15. bis 17.6.1954 (GM (54) 3; 1. Revision) und die dabei abgegebene vorläufige Stellungnahme der deutschen Delegation (Anlage zum Bericht des Bundesministers für Wirtschaft vom 6.7.1954)[3]. Er

---

[1] Im Protokoll dieser Sitzung immer „Öftering".

[2] In der Einladung war eine weitere Vorlage des BMWi angekündigt worden.

[3] Siehe 39. Kabinettssitzung am 13. Juli 1954 TOP B (Kabinettsprotokolle 1954, S. 309 f.) und zur EZU 11. Ausschußsitzung am 9. Juni 1954 TOP 1. – Vorlage des BMWi vom 8. Juli 1954 in B 102/12653 und B 136/7861 und Vorlage des BML vom 29. Juni 1954 in B 136/7863. Weitere Unterlagen in B 102/6428, 11581 und 56905–56907 sowie B 146/713–716. Vgl. auch Bührer, Westdeutschland, S. 320–325, Hentschel, Zahlungsunfähigkeit und Ringe, Konkurrenten, S. 445–452. – Der OEEC-Ministerrat hatte am 5./6. Mai 1954 einen Ministerausschuß aus Vertretern von acht Mitgliedsländern bzw. Ländergruppen gebildet, der die mit dem Übergang zur Konvertibilität verbundenen Probleme des Handels- und Zahlungsverkehrs prüfen und bis zum 1. Nov. 1954 Bericht erstatten sollte. Der Ministerausschuß sollte am 15. Juli 1954 erstmals in London zusammentreten. Die Stellvertreter der in diesem Ausschuß mitarbeitenden Minister waren vom 15. bis 17. Juni 1954 in Paris zu einem vorbereitenden Meinungsaus-

bemerkt, daß wegen des Punktes 8 a in dem Bericht der Arbeitsgruppe noch kein Einverständnis mit dem Bundesminister für Ernährung, Landwirtschaft und Forsten erzielt sei[4].

Sodann erörtert *Prof. Müller-Armack* [BMWi] das institutionelle Problem. Es handelt sich dabei um die Frage, ob die Zusammenarbeit zwischen den Ländern in Zukunft in der GATT-Organisation oder, wie es die meisten Teilnehmer an den Pariser Besprechungen für richtig hielten, zunächst noch im Rahmen der OEEC als einer leichter überschaubaren Organisation vor sich gehen soll. In Paris habe sich der englische Standpunkt durchgesetzt, daß ein Weiterbestehen der EZU mit der Konvertibilität nicht vereinbar sei. Da man aber übereinstimmend der Meinung war, daß die derzeitigen Liberalisierungssätze erhalten bleiben sollen, kam man zu dem Schluß, daß irgendeine Organisation zur Überwachung des derzeitigen Zustandes vorhanden sein müsse. Dabei habe sich die Auffassung durchgesetzt, daß die Organisation des GATT zu schwerfällig sei und deshalb zumindest für eine Übergangszeit die OEEC erhalten bleiben sollte. Einige Länder hätten vorgeschlagen, der OEEC durch einen europäischen Hilfsfonds eine stärkere Basis zu geben, damit auch die Länder, die noch keine konvertierbare Währung schaffen können, davon abgehalten werden, den zwischenstaatlichen Verkehr zu erschweren.

Der *Vizekanzler* hebt hervor, daß die OEEC besondere Aufgaben habe, auf die man zur Zeit nicht verzichten könne. Für die Zukunft müsse sie sich für eine Freizügigkeit der Arbeitskräfte einsetzen, woran Italien besonders interessiert sei.

Auch der *Bundesminister für Wirtschaft* setzt sich für das Weiterbestehen der OEEC ein, um die Liberalisierung in Europa weiter voranzutreiben. Er glaubt auch, daß die OEEC als ein Sprachrohr für Europa Einfluß auf eine entgegenkommendere Einfuhrpolitik der USA nehmen könne.

Botschafter von Maltzan [AA] hebt hervor, daß die europäischen Staaten, namentlich die in der Montanunion zusammengeschlossenen Länder, in besonderem

---

tausch über das von Großbritannien vorgelegte Memorandum vom 4. Juni 1954 (Dokument GMC (54) 1) zusammengetroffen. Großbritannien hatte darin u. a. vorgeschlagen, zur Sicherung der Handelsliberalisierung einen europäischen Währungsfonds für kurzfristige Kredite an nicht zur Konvertibilität übergehende Länder zu gründen, die OEEC nach dem Übergang zur Konvertibilität aufzulösen und den Handels- und Zahlungsverkehr durch das GATT und den Internationalen Währungsfonds regulieren zu lassen (vgl. den OEEC-Bericht GMC (54) 3 vom 28. Juni 1954 in B 102/12653, den Bericht Emmingers vom 23. Juni 1954 in B 102/12652 und den Bericht der deutschen interministeriellen Arbeitsgruppe Konvertibilität vom 6. Juli 1954 in der Anlage zur Vorlage des BMWi vom 8. Juli 1954). Der BML hatte in seiner Vorlage vom 29. Juni 1954 wegen der agrarpolitischen Auswirkungen möglicher Beschlüsse der Londoner Ausschußsitzung eine Kabinettsberatung der Konvertibilitätsfrage vor der Londoner Tagung gefordert.

[4] Ziffer 8 a) des Berichts stellte fest, daß die volle Konvertierbarkeit der Deutschen Mark auch die Liberalisierung des Waren- und Dienstleistungsverkehrs gegenüber allen Zahlungsräumen erforderlich mache. Ein echtes Schutzbedürfnis der deutschen Erzeugung gegen ausländische Konkurrenz sollte dann nicht durch die Devisenkontingentierung, sondern z. B. durch Zolltarife befriedigt werden. In einer Sitzung der Arbeitsgruppe Konvertibilität am 12. Juli 1954 hatte das BML gefordert, daß „Einschränkungen in der Durchführung des Prinzips der vollständigen Liberalisierung weiterhin ins Auge gefaßt werden müssen" (Protokoll aus dem BMWi vom 13. Juli 1954 in B 102/12653).

Maße aufeinander angewiesen seien und daß auch aus politischen Gründen diesem Gesichtspunkt Rechnung getragen werden müsse. Wenn die Beneluxstaaten der englischen Auffassung zuneigten, so lägen die Probleme für Frankreich und Italien anders. Sollte sich die wirtschaftliche und finanzielle Lage in Frankreich bessern – etwa zugleich mit einer 15 bis 20 %igen Abwertung – dann könne sich die Konvertibilität wahrscheinlich integrationsfördernd auswirken. Für Italien sei ein starker Hilfsfonds und die Freizügigkeit für den italienischen Arbeiter entscheidend. Wenn es gelänge, italienischen Arbeitern in größerem Umfang in Deutschland Arbeitsmöglichkeiten zu geben, würde sich die italienische Zahlungsbilanz sofort ändern. Auf alle Fälle sei bis zur Erreichung der vollen Konvertibilität noch eine längere Übergangszeit nötig.

Dieser Ansicht schließen sich auch *Min.Dir. Prof. Dr. Oeftering* [BMF] und *Vizepräsident Könneker* an.

Staatssekretär Sauerborn bemerkt, daß Italien zur Zeit etwa 2 Mio. Arbeitslose habe, von denen 80 bis 90 % ungelernte Arbeiter seien. Zur Zeit bestehe keine Möglichkeit, italienische Arbeiter in Deutschland aufzunehmen. Die Lage werde sich erst in etwa 2 Jahren ändern können, wenn der Arbeitsmarkt durch die schwachen Jahrgänge enger werde und Deutschland u. U. Truppenverbände zur europäischen Verteidigung aufstellen müsse[5].

Der *Bundesminister für Ernährung, Landwirtschaft und Forsten* geht aus von den von ihm Anfang Juni in Paris geführten Verhandlungen zur Agrarunion[6]. England und die ihm nahestehenden Länder hätten sich dabei gegen regionale Absprachen ausgesprochen. Frankreich, Italien, Belgien und Deutschland hätten diese jedoch mit Nachdruck gefordert. Es sei deutlich geworden, daß gewisse Länder nur dann für eine europäische Integration eintreten, wenn ihnen gewisse Handelspräferenzen und Preisabsprachen gesichert seien. Aus diesem Grund solle man deshalb zunächst für einen gemeinsamen Markt in Europa eintreten und dann erst als weitere Stufe sich für eine Konvertibilität im weltweiten Raum einsetzen. Frankreich habe in keiner anderen als der europäischen Bindung die Möglichkeit, seinen Weizen und Zucker zu verkaufen, denn mit den Weltmarktpreisen könne es bei diesen Produkten nicht konkurrieren. Gehe man mit der Liberalisierung zu weit, würden in Europa auf landwirtschaftlichem Gebiet gefährliche Krisen hervorgerufen. Wenn es aber der französischen Wirtschaft nicht möglich sei, sich der vollen Liberalisierung und Konvertibilität weiter zu nähern, müsse sich die politische Lage und auch die Wirtschaftslage erheblich verschärfen, falls Deutschland auf dieses Ziel hinsteuere. Der *Bundesminister für Ernährung, Landwirtschaft und Forsten* tritt deshalb dafür ein, mit den großen weltweiten Planungen sehr vorsichtig zu beginnen und dafür zuerst in Europa die wirtschaftliche und politische Integration

---

[5] Fortgang hierzu 63. Kabinettssitzung am 14. Dez. 1954 TOP 17 (Kabinettsprotokolle 1954, S. 571 f.). – Deutsch-italienische Vereinbarung über die Anwerbung und Vermittlung italienischer Arbeitskräfte vom 20. Dez. 1955 in BAnz. Nr. 11 vom 17. Jan. 1956, S. 1.

[6] Die Ministertagung der europäischen Konferenz für die Organisation der Agrarmärkte hatte vom 6. bis 10. Juli 1954 in Paris stattgefunden (Bulletin Nr. 134 vom 22. Juli 1954, S. 1213). Unterlagen dazu in B 116/7294 f. und B 136/2654.

durchzusetzen. Die beiden Ziele brauchten sich nicht auszuschließen. Im übrigen bedauert er es, daß sein Ministerium erst kürzlich zu den Erörterungen über diese Frage hinzugezogen worden sei.

Der *Bundesminister für Wirtschaft* sieht die Reihenfolge anders als der Bundesminister für Ernährung, Landwirtschaft und Forsten. Er glaubt, daß auch Frankreich, wie ihm der Präsident der französischen Nationalbank, Baumgartner, bestätigt habe, freizügig operieren wolle[7]. Der Widerstand gegen diesen Weg komme in Frankreich von denen, die nicht den Weg zur Freiheit finden könnten. Er wolle gar nicht die Konvertibilität sofort verwirklichen, aber doch stufenweise dorthin streben. Sei dieses Ziel einmal aufgestellt, dann sei es auch viel leichter möglich, im kleineren Raum sich zu einigen. Für eine Übergangszeit seien Schutzvorschriften durchaus möglich, und so könne er auch zu Ziffer 8 a des Berichts den Wünschen des Bundesministers für Ernährung, Landwirtschaft und Forsten entgegenkommen. Auch in Zukunft werde es selbstverständlich Verträge zwischen den Staaten im OEEC-Raum und weiter im Offset-Raum[8] geben. Man müsse sich aber darüber klar sein, daß etwaige Krisen dadurch geradezu verschärft würden, daß sich einzelne Staaten abzukapseln und mit dirigistischen Maßnahmen zu helfen suchten.

Der *Bundesminister für das Post- und Fernmeldewesen* weist auf den Unterschied zwischen der monetären und der handelspolitischen Seite der Konvertibilität hin und unterstreicht die Bedeutung der psychologischen Seite dieses Problems. Er hält „Teilintegrationen" nicht für richtig, weder in fachlicher noch in regionaler Hinsicht, und betont, daß dies nur Notlösungen sein könnten, aber nicht das Ziel.

Der *Bundesminister für Wohnungsbau* tritt ebenfalls für die volle Konvertibilität als Ziel ein. Es müsse aber sorgfältig geprüft werden, wie weit jeder einzelne Schritt dorthin politisch tragbar sei. Es sollten deshalb alle innergesetzlichen Maßnahmen, die zum Schutz einzelner Wirtschaftszweige durch Zölle, Kontingente usw. für eine Übergangszeit notwendig seien, sorgfältig vorbereitet werden.

Gesandter Ophüls räumt ein, daß die fachliche Teilintegrierung kein Ziel sein könne. Auch die Montanunion stelle nur eine Etappe dar. Wohl aber seien geographische Teilintegrationen möglich und zur Zeit auch das Ziel der deutschen Außenpolitik. Er regt an, die Ziffer 8 a des Berichts im Sinne der Wünsche des Bundesministers für Ernährung, Landwirtschaft und Forsten etwas mehr zu verdeutlichen.

Prof. Dr. Müller-Armack [BMWi] gibt sodann das Ergebnis der Verhandlungen mit dem Bundesministerium für Ernährung, Landwirtschaft und Forsten vom Vortage bekannt und unterstreicht, daß eine Rücksichtnahme auf Sonderbereiche möglich

---

[7] Dr. Wilfrid Siegfried Baumgartner (1902–1978). 1930 Kabinettschef von Finanzminister Paul Reynaud, 1930–1937 im französischen Schatzamt, 1935–1937 dessen Direktor, 1937–1949 Präsident und Generaldirektor des Verwaltungsrates des Credit National, gleichzeitig Mitglied des Generalrates der Bank von Frankreich, 1943–1945 in KZ-Haft, 1946 Leiter der Konferenz des Wirtschafts- und Sozialrates der Vereinten Nationen in London über den Wiederaufbau der im Krieg zerstörten Länder, 1949–1960 Gouverneur der Bank von Frankreich, 1960–1962 Finanzminister im Kabinett Michel Debré, danach Tätigkeit in der Wirtschaft.

[8] Zum Offset-Raum gehörten alle Staatenaußerhalb von OEEC und EZU, mit denen die Bundesrepublik Deutschland bilaterale Zahlungsabkommen abgeschlossen hatte.

sei[9]. Die Landwirtschaft dürfe jedoch nicht für immer abgesondert bleiben und müsse sich schrittweise anpassen. Er glaubt, daß auch den schwachen Ländern dadurch geholfen werde, daß die starken Länder zur Konvertibilität gelangten. Einmal zögen sie Nutzen aus dem höheren Liberalisierungsgrad dieser Länder, und dann könnten diese Länder auch stärker auf die USA einwirken.

Bankier Abs erwartet, daß damit auch die Korrektur gewisser Wechselkurse (z. B. Frankreich) gefördert werden könnte.

Bundesminister Lübke gibt seiner großen Sorge Ausdruck, daß der Übergang zur Konvertibilität die bisherige deutsche, aber auch europäische Agrarpolitik gefährden würde und daß der Fortfall der bisherigen Einfuhrschutzmaßnahmen die Grundlagen der Landwirtschaft in Frage stelle. Aus dieser Politik würden sich, selbst wenn zunächst die Zoll- und Einfuhrpolitik für Agrarerzeugnisse nicht geändert werde, Zwangsläufigkeiten für den Agrarsektor ergeben. Er ist demgegenüber der Meinung, daß sich aus der politischen Integration ein gemeinsamer Markt von selbst entwikkeln wird. In London müsse deshalb auf die Empfindlichkeit der Franzosen Rücksicht genommen werden, da sonst die französische Landwirtschaft Gegner der EVG werde[10].

Der *Bundesminister für Wohnungsbau* meint, daß der Übergang zur Konvertibilität im Interesse unserer sämtlichen Austauschbeziehungen erforderlich sei und daß die Landwirtschaft davon nicht unberührt bleiben könne. Allerdings müsse im Interesse einer ruhigen Entwicklung der deutschen Agrarpolitik rechtzeitig Sorge getragen werden, im Rahmen der inneren Gesetzgebung Ersatzmaßnahmen für den Fortfall der devisenwirtschaftlichen Restriktionen zu entwickeln und vielleicht die Marktordnungsgesetze[11] zu verbessern oder zu ergänzen oder auch Zollmaßnahmen zu treffen.

Der *Vizekanzler* macht darauf aufmerksam, daß die Londoner Konferenz keineswegs feste Abmachungen zum Ziel habe, sondern der Vorbereitung für die Zusammenkunft des IMF im Herbst dieses Jahres diene[12]. Er betont gegenüber den Bedenken des Bundesministers für Ernährung, Landwirtschaft und Forsten, daß die Konvertibilität nicht mit dem Freihandel gleichzusetzen sei und daß auch unter der früheren Herrschaft konvertibler Währungen Zoll- und sonstige Einfuhrschutzmaßnahmen verschiedener Art angewendet worden seien. Das werde selbstverständlich gerade auch im Interesse der deutschen Landwirtschaft jetzt wieder vorgesehen werden müssen.

---

9 Nicht ermittelt.

10 Vgl. hierzu Sondersitzung des Kabinetts am 31. Aug. 1954 TOP A (Kabinettsprotokolle 1954, S. 345–348).

11 Angesprochen werden die Gesetze über den Verkehr mit Milch, Milcherzeugnissen und Fetten (Milch- und Fettgesetz) vom 28. Febr. 1951 (BGBl. I135), über den Verkehr mit Vieh und Fleisch (Vieh- und Fleischgesetz) vom 25. April 1951 (BGBl. I 272), über den Verkehr mit Zucker (Zuckergesetz) vom 3. Okt. 1951 (BGBl. I 852) und über den Verkehr mit Fischen und Fischwaren (Fischgesetz) vom 31. Aug. 1952 (BGBl. I 567).

12 Zur 9. Jahresversammlung der Weltbank und des Internationalen Währungsfonds vom 24. bis 29. Sept. 1954 vgl. 48. Kabinettssitzung am 29. Sept. 1954 TOP C (Kabinettsprotokolle 1954, S. 410 f.).

Prof. Dr. Müller-Armack [BMWi] bemerkt unter besonderer Zustimmung von *Bankier Abs* hierzu ergänzend, daß nach allgemeiner Überzeugung der Teilnehmer der Pariser Vorkonferenz der Landwirtschaft eine Sonderstellung zukomme. Die interne deutsche Auffassung sei dabei bisher schon dahin gegangen, daß die deutschen Interessen berücksichtigt werden müßten durch Aufrechterhaltung des bisherigen tatsächlichen Schutzes, wenn auch mit anderen Mitteln. Auch England denke nicht sofort daran, z. B. eine volle Liberalisierung gegenüber dem Dollarraum vorzunehmen, sondern nur stufenweise vorzugehen.

Der *Bundesminister für Wirtschaft* erklärt, daß keineswegs daran gedacht worden sei, den Einfuhrschutz mit dem Übergang zur Konvertibilität wegfallen zu lassen, wenn natürlich auch ein allmählicher Abbau im Auge behalten und gefördert werden müsse. Allerdings würde es nicht möglich sein, die Wünsche des Bundesministers für Ernährung, Landwirtschaft und Forsten in den Londoner Dokumenten festzulegen. Vielmehr könnten diese Wünsche nur bei der inneren Gesetzgebung berücksichtigt werden. Jedenfalls würden keine internationalen Bindungen eingegangen werden, durch die die deutsche Landwirtschaft benachteiligt wird.

Der *Vizekanzler* faßt die Auffassung des Kabinettausschusses dahin zusammen, daß in London im Sinne der vom Bundesminister für Wirtschaft und Prof. Dr. Müller-Armack vorgetragenen Gedankengänge verhandelt werden soll.

Anschließend trägt *Prof. Dr. Müller-Armack* [BMWi] die auf der Pariser Vorkonferenz bezüglich der Handelsregeln und der Aufrechterhaltung bezw. Weiterentwicklung des OEEC-Liberalisierungskodex angestellten Erörterungen und die dazu abgegebene vorläufige Erklärung der deutschen Delegation vor[13].

Hierüber entwickelt sich eine eingehende Aussprache[14].

Prof. Dr. Müller-Armack [BMWi] legt sodann im einzelnen dar, in welcher Weise die zur Konvertibilität übergehenden Länder den internationalen Währungsfonds würden in Anspruch nehmen können. Voraussichtlich werde der bei weitem größte Teil der Mittel des Fonds für das englische Pfund zur Verfügung gestellt werden. Er schlägt aber vor, daß die Bundesrepublik, obgleich auf sie entsprechend ihrer Quote nur ein kleiner Teil entfallen würde, doch nicht auf die Möglichkeiten einer Inanspruchnahme verzichten solle.

---

[13] Vgl. den Text der Erklärung in der Anlage des Berichts der interministeriellen Arbeitsgruppe Konvertibilität vom 6. Juli 1954 (abgedruckt in Anhang 3, Dokument 1). Die deutsche Delegation hatte sich für die Aufrechterhaltung des OEEC-Liberalisierungskodexes und für dessen Erweiterung zwischen den zur Konvertibilität übergehenden Ländern ausgesprochen. Zwischen OEEC-Ländern mit und ohne konvertierbaren Währungen sollten keine diskriminierenden Handelsrestriktionen aufgebaut werden. Der Zahlungsverkehr zwischen diesen Ländern sollte nur in konvertierbaren Währungen erfolgen. Länder mit konvertierbarer Währung sollten stufenweise alle Einfuhrrestriktionen abbauen und neue Restriktionen nur nach vorheriger Konsultation „mit einem internationalen Organ“ einführen dürfen.

[14] Die Fassung des Entwurfs lautete: „Hierbei entwickelte sich eine Ausprache darüber, ob und inwieweit mit dem Übergang zur Konvertibilität der Fortfall von Einfuhrschutzmaßnahmen besonders für Agrarerzeugnisse notwendigerweise verbunden ist, oder ob die Aufrechterhaltung und neue Anordnung von Schutzmaßnahmen dieser Art danach noch möglich sein wird.“

Vizepräsident Könneker pflichtet dem bei und bemerkt, daß es Vorteile und Nachteile habe, die Konvertibilität über das englische Pfund zu sichern. *Bankier Abs* fügt hinzu, daß ein stark gesichertes englisches Pfund auch für die deutsche Währung wichtig sei, so daß wir an einer hohen englischen Quote mittelbar auch Interesse hätten.

Der *Vizekanzler* unterstreicht, daß es vom deutschen Standpunkt sehr zu begrüßen sei, wenn die Konvertibilität auf mehreren starken Stützen ruhe und wenn gerade das englische Pfund eine starke Stellung erhalte.

Prof. Dr. Müller-Armack [BMWi] trägt vor, daß nach deutscher Auffassung bei dem europäischen Hilfsfonds keine automatische Kreditgewährung stattfinden solle. Der Kabinettsausschuß billigt dies[15].

2. Entwurf einer Verordnung über Pflegesätze von Krankenanstalten aller Art BMWi

ORR Bormann, BWM, trägt den wesentlichen Inhalt der Vorlage des Bundesministers für Wirtschaft vom 19.6.1954 vor[16]. Er weist darauf hin, daß die Standpunkte

[15] Zur Sitzung der OEEC-Ministergruppe Konvertibilität am 15. und 16. Juli 1954 in London vgl. das Protokoll (Dokument GMC/M (54) 2) vom 28. Juli 1954 in B 146/714, den Bericht Emmingers vom 23. Juli 1954 in B 102/6428 und den mit Schreiben vom 17. Aug. 1954 übersandten Sitzungsbericht des BMWi für den Bundeskanzler vom 5. Aug. 1954 in B 136/7863. – Am 5. Aug. 1955 wurde das Europäische Währungsabkommen zur Ablösung der EZU durch den Übergang zur vollen Konvertibilität unterzeichnet, das aber erst am 29. Dez. 1958 in Kraft trat (BGBl. II 293 und 327). Bis dahin wurde der Fortbestand der EZU jeweils jährlich verlängert. – Fortgang zur EZU 84. Kabinettssitzung am 2. Juni 1955 TOP B (Kabinettsprotokolle 1955, S. 334) und 54. Ausschußsitzung am 12. Juli 1956 TOP 1 (B 136/36218).

[16] Vorlage des BMWi vom 29. Juni 1954 in B 102/30919 und B 136/2447 und Vorlage des BMA vom 9. Juli 1954 in B 136/2447. Vgl. zum folgenden auch die Vermerke vom 14. und 17. Juli 1954 über den Verlauf der Ausschußsitzung in B 102/30919. Weitere Unterlagen in B 102/30891, 30894, 30896 und 30918–30922. Vgl. auch die Kleine Anfrage Nr. 56 des Abgeordneten Etzenbach vom 30. April 1954 zur finanziellen Lage der Krankenhäuser (BT-Drs. 500) und die Antwort Erhards vom 15. Okt. 1954 (BT-Drs. 899). – Die Krankenhauspflegesätze unterlagen seit 1948 der Preisbindung und betrugen 1954 im Durchschnitt 7,90 DM pro Tag. Aus der Differenz der tatsächlichen Selbstkosten der Krankenanstalten und der Summe der Pflegesatzeinnahmen und kommunalen Zuschüsse entstand den Krankenkassen jährlich ein Gesamtverlust in Höhe von ca. 200 Millionen DM. Zur Sanierung insbesondere der caritativen Krankenanstalten hatte das BMWi mit Schreiben vom 29. Juni 1954 die Entwürfe einer Pflegesatzverordnung und eines Runderlasses zur Durchführung der Verordnung vorgelegt. Unter Zugrundelegung der in § 6 Absatz 1 definierten Selbstkosten (Bewirtschaftungskosten einschließlich 1. Kapitalzinsen, 2. Abnutzungsabschreibungen und 3. Investitionsrückstellungen) und des Ergebnisses einer Einigung der Krankenanstalten mit den Sozialversicherungsträgern und Fürsorgeverbänden sollten die Preisbildungsstellen der Länder die Pflegesätze als Höchst- oder Festpreise genehmigen oder festsetzen. Durch die Verordnung würden die Krankenkassenbeiträge um 5,6 % von 6 % auf 6,336 % des Jahreseinkommens steigen. – Da in einer Besprechung zwischen BMWi und BMA am 5. Juli 1954 die Einwände des BMA nicht ausgeräumt worden waren (Protokoll vom 6. Juli 1954 in B 102/3735), hatte der BMA in einer Stellungnahme vom 9. Juli 1954 auf eine drohende Überlastung der Krankenkassen hingewiesen, die neben erhöhten Forderungen der Krankenhäuser „auch mit wesentlichen Steigerungen ihrer Ausgaben für Ärzte und Zahnärzte, Hebammengebühren, Arzneien und sonstige Heilmittel sowie für Krankheitsverhütung rechnen" mußten. Die von ihm errechnete Beitragserhöhung um ca. 24 % hielt der BMA für „weder wirtschafts- noch sozialpolitisch vertretbar".

des Bundesarbeits-, Bundesinnen- und Bundeswirtschaftsministeriums inzwischen weitgehend einander angenähert worden seien. Die Meinungen gingen lediglich darüber auseinander, ob nur die laufenden Aufwendungen oder sämtliche Kosten der Berechnung der Pflegesätze zugrundegelegt werden sollen. Das letztere sei die Auffassung der Bundesminister für Wirtschaft und des Innern. Dabei handele es sich also besonders um die Frage des Kapitaldienstes für Alt- und Neuinvestitionen. Würde künftig bei der Bemessung der Krankenhauspflegesätze auf deren Berücksichtigung verzichtet, so entstände bei den Krankenanstalten eine Mehrbelastung von jährlich etwa 200 Mio. DM, die letzten Endes von der öffentlichen Hand übernommen werden müßten. Dieser Ausfall würde also zu der bisherigen Kostenunterdeckung der Krankenanstalten hinzutreten. Das Bundesministerium für Wirtschaft und das Bundesministerium des Innern müssen aber eine derartige Mehrbelastung der Krankenanstalten ablehnen; sie seien der Ansicht, daß durch den Krankenhauspflegesatz alle Unkosten der Krankenhäuser zumindest in dem durch den Verordnungsentwurf umschriebenen Umfang gedeckt werden müßten. Die daraus resultierende Erhöhung bedinge äußerstenfalls eine geringfügige Erhöhung der Beiträge der Krankenkassen.

Die Frage des *Vizekanzlers*, ob mit den geschätzten Mehrkosten auch die dringend notwendige Verbesserung der Besoldung des Pflegepersonals gesichert sei, bejaht *ORR Bormann* [BMWi], während *Staatssekretär Bleek* Zweifel daran äußert.

Staatssekretär Sauerborn wendet sich gegen die Einbeziehung des Kapitaldienstes für die Investitionen. Er will sich keineswegs der finanziellen Gesundung der caritativen Krankenanstalten widersetzen, weist aber nachdrücklich auf die von ihm im einzelnen dargelegten erheblichen Steigerungen in den Aufwendungen der Krankenkassen für Krankenhausbehandlung hin, die untragbar für die Krankenkassen geworden seien. Im Falle weiterer Kostensteigerungen für Krankenhausaufenthalte werde eine Erhöhung der Beiträge unvermeidlich sein. Demgegenüber sei es seit jeher Aufgabe der Kommunen gewesen, für die Bereitstellung der Krankenhauseinrichtungen und Betten zu sorgen.

Staatssekretär Bleek verkennt nicht die bedrängte finanzielle Lage der Kassen, sieht es jedoch als Ausgangspunkt an, daß für die Inanspruchnahme von Leistungen auch die entsprechenden Gegenleistungen gewährt werden müssen. Nach seiner Auffassung, die auch von anderen Anwesenden geteilt wird, hat die unangemessene Bezahlung der Ärzte erheblich zu der steigenden Inanspruchnahme der Krankenkassen beigetragen. Die Frage der Zuschüsse seitens der Kommunen sieht er durchaus als Kernpunkt an, jedoch sei gerade bei den caritativen Anstalten ohne die Erhöhung der Pflegesätze nicht auszukommen.

Min.Dir. Prof. Dr. Oeftering [BMF] tritt im Ergebnis den Auffassungen des Bundesinnen- und des Bundeswirtschaftsministeriums bei. Das Schicksal sämtlicher caritativer Krankenanstalten hängt seiner Meinung nach von den hier zu fassenden Beschlüssen ab. Daher müsse der weitere Substanzverzehr durch eine zu niedrige Festsetzung der Pflegekosten aufhören und die Selbstkostenrechnung nicht vernachlässigt werden. Den Krankenkassen müsse man allerdings auch zubilligen, daß sie ihre Ausgaben mit den Einnahmen in Einklang zu bringen hätten. Dazu bedürfe es eines Rationalisierungsdrucks auf die Krankenkassen, notfalls sei eine mäßige Erhöhung der Beitragssätze in Kauf zu nehmen.

In den vom Bundesarbeitsministerium erwogenen regionalen Vereinbarungen durch Schiedsgerichte sieht er keine Lösung, weil die kommunalen Anstalten mit den dabei herauskommenden Sätzen auf Grund der ihnen zufließenden Zuschüsse leichter auskommen können als die caritativen Anstalten, die nicht über ihre Zuschüsse verfügen.

Nach dieser grundsätzlichen Aussprache schlägt der *Vizekanzler* vor, sich über die unter § 6 des Verordnungsentwurfs fallenden Selbstkosten zu verständigen.

Staatssekretär Dr. Sonnemann ist bereit, der Vorlage des Bundesministers für Wirtschaft zuzustimmen, sofern die Leistungen der Kommunen in dem bisherigen Umfang fortgesetzt werden.

Staatssekretär Bleek bestätigt das unter Hinweis auf Seite 9 des Entwurfs eines Runderlasses des Bundeswirtschaftsministeriums. Die Preisbehörden werden diese Zuschüsse also bei der Bemessung der Selbstkosten mit zu berücksichtigen haben.

Die Auffassung des Bundesarbeitsministeriums geht allerdings dahin, daß die Regelung in der Verordnung selbst zu bevorzugen sei. Dieser Auffassung treten die übrigen Anwesenden jedoch nicht bei.

Bundesminister Dr. Tillmanns und *Staatssekretär Dr. Wandersleb* stimmen der Vorlage des Bundeswirtschaftsministers zu.

Bundesminister Balke spricht sich für eine Anspannung der Kräfte der Kommunen aus.

Staatssekretär Sauerborn widerspricht einer etwaigen Erhöhung der Pflegesätze, weil dann wegen der Rückwirkungen auf die Krankenkassen die Inanspruchnahme der Krankenanstalten eingehend überprüft werden müßten, was u. U. zu einer Einschränkung der Benutzung der Krankenhäuser führen könnte und damit die finanzielle Lage der Krankenanstalten verschlechtern würde.

Demgegenüber ist der *Vizekanzler* der Meinung, daß die von Staatssekretär Sauerborn berichteten Steigerungen der Anforderungen der Kassen für Krankenhausaufenthalte im wesentlichen durch die Kaufkraftverschiebung erklärt werden könnten. Er erwähnt dabei, daß die Berechtigung, Abschreibungen für normale Abnutzungen in der Selbstkostenrechnung zu berücksichtigen, nicht bezweifelt werden könne.

Der *Vizekanzler* bemerkt, daß zu § 6 Abs. 1 Ziff. 1 und Ziff. 3 der Bundeswirtschaftsminister dem Wunsch des Bundesarbeitsministers in seiner Stellungnahme vom 9.7.1954 bereit sei zu folgen, wenn auch der Bundesinnenminister zustimmen würde.

Staatssekretär Bleek erklärt, daß er bezüglich des § 6 Abs. 1 Ziff. 1 Buchstabe d in der Vorlage des Bundesarbeitsministers der Stellungnahme des Bundesarbeitsministers nicht beitreten könne[17].

---

[17] Bei seinen Änderungsvorschlägen zur Definition der Selbstkosten in § 6 hatte der BMA unter Ziffer 1d vorgesehen, auch die Zinsen für Fremdkapital aus den berücksichtigungsfähigen

Staatssekretär Bleek und *ORR Bormann* [BMWi] treten dem Wunsch des Bundesministers für Arbeit bei, die Seuchenkosten aus den anzuerkennenden Selbstkosten herauszunehmen (§ 6 Abs. 2 Ziff. 2). *Staatssekretär Bleek* schlägt vor, in § 6 Abs. 2 die Ziffer 5 (Vorlage des Bundesministers für Arbeit) einzufügen[18]; insoweit stimmt er dem Vorschlag des Bundesministers für Arbeit zu. Jedoch soll nach der übereinstimmenden Auffassung der Bundesministerien des Innern und für Wirtschaft an der bisherigen Fassung des § 6 Abs. 1 festgehalten werden, insbesondere auch an Abs. 1 Ziff. 2 (Absetzung für Abnutzung). Die vom Bundesministerium für Arbeit vorgeschlagene Hinzufügung von Ziff. 6 und 7 im § 6 Abs. 2 entfällt demnach.

Den Änderungswünschen des Bundesministers für Arbeit zu § 7 Abs. 3 stimmen *Staatssekretär Bleek* und *ORR Bormann* [BMWi] zu[19].

Abschließend bittet der *Vizekanzler* die Bundesministerien für Wirtschaft, für Arbeit und des Innern, nochmals zusammenzukommen und die Verordnung entsprechend dem Ergebnis der heutigen Erörterung ergänzend zu formulieren[20].

Staatssekretär Sauerborn erklärt sich hierzu bereit, wiederholt aber ausdrücklich, daß er aus grundsätzlichen Erwägungen nicht in der Lage sei, der Verordnung zuzustimmen[21].

Außerhalb der Tagesordnung

[A.] Denkschrift über Hilfsmaßnahmen für Berlin

Der *Vizekanzler* teilt mit, daß die unter Mitarbeit der beteiligten Ressorts von seinem Hause ausgearbeitete Denkschrift den Abgeordneten des Bundestages zugestellt werden soll[22]. Außerdem soll sie für die in den nächsten Tagen geplanten

---

Aufwendungen herauszunehmen, das zur Deckung von Errichtungs- und Erstausstattungskosten diente.

18 Der BMA hatte angeregt, in die Liste der bei der Feststellung der Selbstkosten nicht berücksichtigungsfähigen Ausgaben (§ 6 Absatz 2) folgende Ziffern aufzunehmen: „5. Amortisation des Fremdkapitals; 6. Absetzung für Abschreibungen an Gebäuden; 7. Errichtungs- und Erstausstattungskosten einschließlich der Verzinsung des hierfür aufgewendeten Fremdkapitals".

19 Gemäß § 7 Absatz 3 des BMWi-Entwurfs sollte der BMWi ermächtigt werden, im Einvernehmen mit BMA und BMI Richtlinien für die Ermittlung der Selbstkosten zu erlassen. Der BMA hatte vorgeschlagen, statt von „Richtlinien" von „näheren Vorschriften" zu sprechen, „da Richtlinien ihrer Natur nach unverbindlich sind".

20 Zu der Ressortbesprechung am 28. Juli 1954 konnte nur eine Anwesenheitsliste ermittelt werden (B 102/30896).

21 Dieser Absatz wurde dem Protokoll durch Vermerk vom 28. Juli 1954 angefügt (B 136/2447). – Mit Schreiben vom 28. Juli 1954 bat das BMA, veranlaßt durch Eingaben der Versicherungsträger und mehrerer Landesarbeitsminister, um Prüfung, „ob die Angelegenheit angesichts ihrer sozialen, politischen und wirtschaftlichen Bedeutung im Kabinett beraten werden sollte". Da keine anderslautende Stellungnahme des Kabinetts zu erwarten sei, lehnte das Bundeskanzleramt diese Bitte mit Schreiben vom 2. Aug. 1954 ab (B 136/2447). – Die Neuregelung der Krankenhauspflegesätze erfolgte durch Verordnung PR Nr. 7/54 über Pflegesätze von Krankenanstalten vom 31. Aug. 1954 (BAnz. Nr. 173 vom 4. Sept. 1954, S. 1).

22 Siehe 3. Ausschußsitzung am 1. Febr. 1954 TOP 1. – Mit Schreiben vom 3. Juli 1954 hatte der Bundesminister für wirtschaftliche Zusammenarbeit dem Bundeskanzleramt den Entwurf einer Denkschrift „Die Finanzhilfe für Berlin" vorgelegt (B 146/230a und B 136/680). Der Text

Besprechungen in Berlin als Unterlage zur Verfügung stehen[23]. Er beabsichtige, die Denkschrift zu veröffentlichen, um auch die Öffentlichkeit von den bisher von der Bundesregierung durchgeführten Hilfsmaßnahmen für Berlin zu unterrichten.

Prof. Dr. Müller-Armack [BMWi] regt an, auch die Maßnahmen des Büros des Abgeordneten Bucerius[24] zu erwähnen und auf die Anerkennung der Stadt Berlin als „notleidendes Gebiet" im Sinne der Verdingungsordnungen hinzuweisen.

Der *Vizekanzler* sagt einen entsprechenden Hinweis zu und teilt gleichzeitig mit, daß er beabsichtige, eine weitere Denkschrift über die wirtschaftliche Entwicklung Berlins seit dem Ende der Luftbrücke im Herbst dieses Jahres zu veröffentlichen[25].

Bundesminister Dr. Tillmanns unterstützt diesen Vorschlag des Vizekanzlers.

Bundesminister Balke, die *Staatssekretäre Sauerborn* und *Dr. Wandersleb* sowie *Min.Dir Prof. Dr. Oeftering* [BMF] bitten um die Überprüfung einiger Zahlenangaben. Der *Vizekanzler* sagt dies zu.

Der Kabinettsausschuß billigt die Denkschrift des Bundesministers für wirtschaftliche Zusammenarbeit und beschließt deren Veröffentlichung vorbehaltlich der gewünschten Berichtigungen des Zahlenmaterials[26].

---

wurde unter dem Titel „Die Finanzhilfe für Berlin. Eine Denkschrift der Bundesregierung" im Juli 1954 veröffentlicht. Unterlagen zur Beteiligung des Bundesministeriums der Finanzen in B 126/10959.

[23] Laut Terminkalender traf Blücher am 15. Juli 1954 in Berlin mit Vertretern des Senats zu einer Besprechung über die „ERP-Hilfe" zusammen (Nachlaß Blücher N 1080/294–8).

[24] Am 21. Okt. 1952 hatte die Bundesregierung beschlossen, den Vorsitzenden des Bundestagsausschusses für Berlin, Dr. Gerd Bucerius, zum Beauftragten für die Förderung der Berliner Wirtschaft zu bestellen, der direkt dem Bundesminister für Wirtschaft unterstellt war und für eine verstärkte öffentliche Auftragsvergabe nach Berlin zur Verbesserung der wirtschaftlichen Lage Berlins Sorge tragen sollte (vgl. 253. Kabinettssitzung am 21. Okt. 1952 TOP B: Kabinettsprotokolle 1952, S. 630). Bucerius übte diese Funktion bis 1957 aus. Unterlagen zur Zuständigkeit des Bundesbeauftragten und zur Arbeit seines Büros in B 102/128687.

[25] Während der Blockade aller Land- und Wasserwege von den westlichen Besatzungszonen nach Berlin durch die Sowjetunion vom 24. Juni 1948 bis 12. Mai 1949 versorgten die Westmächte die Berliner Bevölkerung vom 28. Juni 1948 an über eine Luftbrücke. – Denkschrift nicht ermittelt.

[26] Fortgang zur Berlin-Förderung 20. Ausschußsitzung am 15. Nov. 1954 TOP 2.

14. Sitzung des Kabinettsausschusses für Wirtschaft am Freitag, den 23. Juli 1954

Teilnehmer: Blücher, Erhard (bis 11.25 Uhr), Balke; Westrick, Sonnemann, Sauerborn, Thedieck; von Maltzan (AA), Kämper (BMI), Heßdörfer[1] *(BFM), Müller-Armack (BMWi), Fischer-Dieskau (BMWo), Ter-Nedden (BMV), Middelmann (BMVt, bis 11.30 Uhr), Vertreter verschiedener Ressorts, Heise (BMZ), Wirsching (Bundeskanzleramt). Protokoll: Hornschu.*

Beginn: 10.00 Uhr *Ende: 12.45 Uhr*

Ort: Bad Godesberg, Haus Carstanjen

Tagesordnung:

1. *Entwurf der Grundannahmen und des Memorandums für den deutschen Beitrag zum 6. Bericht des Europäischen Wirtschaftsrates*
   Vorlage des BMZ vom 16. Juli 1954 (C 5e - 1/10 - K 24/16).
2. *Schutz der Berufsbezeichnungen „Ingenieur" und „Chemiker"*
   Vorlage des BMWi vom 8. Juli 1954 (Z A 1 - 425/54).
3. *Umschichtig freier Sonnabend in Bundesministerien*
   Vortrag Staatssekretär Dr. Westrick.

1. Entwurf der Grundannahmen des Memorandums für den deutschen Beitrag zum 6. Bericht des Europäischen Wirtschaftsrates BMZ

Prof. Dr. Müller-Armack [BMWi] hebt hervor, daß bei dem deutschen Beitrag zum 6. Bericht der OEEC im wesentlichen nur noch über die anzunehmende Zuwachsrate des Bruttoproduktes Meinungsverschiedenheiten beständen. Dabei bringt er die Gesichtspunkte des Bundeswirtschaftsministeriums gegenüber den Gegenargumenten des Bundesfinanzministeriums zum Ausdruck.[2]

---

[1] In der Vorlage immer „Hessdörfer".

[2] Zum 5. OEEC-Bericht vgl. 37. Ausschußsitzung am 2. Juli 1953 TOP 2 (Kabinettsausschuß für Wirtschaft 1951–1953, S. 263–265) und 302. Kabinettssitzung am 21. Juli 1953 TOP 1 (Kabinettsprotokolle 1953, S. 404). – Vorlage des BMWi vom 16. Juli 1954 in B 146/908 und B 136/1307. Unterlagen zu den vorbereitenden Ressortbesprechungen in B 146/906 und 908, weitere Unterlagen in B 146/907 und 909 f. – Gemäß den Richtlinien des Europäischen Wirtschaftsrates vom 1. April 1954 für die Erstellung der Länderberichte im Rahmen des Jahresberichts 1954 (Dokument EC (54) 7) war die Bundesregierung gehalten, ihren Beitrag mit Angaben zur volkswirtschaftlichen Bilanz, zu Arbeitskräftepotential und Beschäftigung, zur finanziellen Stabilität, zu Außenhandel und Zahlungsbilanz, zu Sonderproblemen der deutschen Wirtschaft und zur internationalen wirtschaftlichen Zusammenarbeit bis zum 29. Juli 1954 vorzulegen.

Er spricht sich aus für Annahme einer Zuwachsrate von 6,7 % für 1954 im Hinblick darauf, daß der Spielraum der Expansion größer geworden sei und schon im ersten Halbjahr 1954 eine Zuwachsrate der Industrieproduktion von 10,8 % erreicht sei. Selbst wenn die Rate im zweiten Halbjahr sinken sollte, obgleich das zweite Halbjahr erfahrungsgemäß noch eine weitere Steigerung zu bringen pflegt, so werde im Durchschnitt immer noch eine Zuwachsrate der Industrieproduktion von 10 % zutreffen. Es seien keine Faktoren vorhanden, die nicht eine weitere Expansion erwarten ließen. Durch die Entwicklung des Kapitalmarktes würden außerdem zusätzliche Kapazitäten gewonnen.

Im Gegensatz zu der Vermutung des Bundesfinanzministers sieht er in der Entwicklung im wesentlichen noch keine Vorwegnahme der erwarteten Steuerreform[3]. Wenn gegen die von den Bundesministerien für wirtschaftliche Zusammenarbeit und für Wirtschaft vorgeschlagene Zuwachsrate angeführt werde, daß die bisherige Entwicklung zum Teil mit einem Konsumstoß zusammenhänge, der auf verschiedene Faktoren zurückzuführen sei, die sich nicht wiederholen würden, so werde dadurch die Richtigkeit der geschätzten Zuwachsrate nicht widerlegt. Wenn auch voraussichtlich derartige Impulse in diesem Jahr fehlen würden, so sei doch mit Steigerungen aus der allgemeinen Weiterentwicklung der Konjunktur zu rechnen.

Man könne mit Sicherheit annehmen, daß die tatsächliche Zuwachsrate sogar höher sein werde als die angesetzten 6,7 %. Es müsse vermieden werden, jetzt aus taktischen Gründen Zahlen vorzuschlagen, die bei dem Examen im Oktober in der OEEC, jedenfalls aber am Ende des Jahres, sich als viel zu niedrig erweisen würden[4].

Der *Vizekanzler* spricht sich mit Nachdruck für die in der Vorlage angenommene Zuwachsrate aus. Er hält es nicht für glücklich, daß bisher die deutschen Schätzungen bewußt pessimistisch gewesen sind und erblickt darin die Gefahr, daß unsere Zahlenangaben nicht ernst genommen werden.

Staatssekretär Dr. Sonnemann stimmt den Annahmen in der Vorlage zu, bemerkt jedoch, daß es noch unklar sei, ob bei der Landwirtschaft die gleiche Höhe wie im Jahre 1953 erreicht werde[5]. Er weist sodann auf den ständigen Verbrauchszuwachs an hochwertigen Nahrungsmitteln hin.

Nach Meinung von *Min.Dir. Dr. Heßdörfer*, BMF, sollen die zugrundezulegenden Zahlen zwar realistisch, keinesfalls jedoch zu hoch sein. Er hält die Sache heute noch nicht für kabinettsreif und stimmt der von den Bundesministern für wirtschaftliche Zusammenarbeit und für Wirtschaft angenommenen Zuwachsrate des Bruttosozialprodukts nicht zu.

---

[3] Zur Steuerreform vgl. 43. Kabinettssitzung am 8. Sept. 1954 TOP 4 (Kabinettsprotokolle 1954, S. 374 f.).

[4] Die Prüfung des deutschen Beitrags durch OEEC-Vertreter der USA und Italiens („Deutschlandexamen"), die ursprünglich für den 5. Okt. 1954 angesetzt worden war, fand am 26. und 27. Okt. 1954 statt (vgl. den Auszug aus dem Monatsbericht Oktober des BMWi vom 14. Dez. 1954 in B 136/1307, Unterlagen zur Vorbereitung des Examens in B 146/909).

[5] Gemäß Ziffer 33 des Berichtsentwurfs hatte die Nahrungsmittelproduktion der Landwirtschaft vom Wirtschaftsjahr 1952/53 zum Wirtschaftsjahr 1953/54 um $5^1/_2$% zugenommen.

Es habe darüber nach Meinung des Bundesfinanzministeriums noch an der nötigen Abstimmung gefehlt. Den jetzt vorliegenden Entwurf des Beitrags habe das Bundesfinanzministerium erst kurz vor der Sitzung bekommen.

Der *Vizekanzler* hält dem entgegen, daß über die Annahme der Vorlage seit über 2 Monaten zwischen den Ressorts Besprechungen zwecks Abstimmung laufend stattgefunden hätten. Das gelte auch für die Zahlen. Die Annahmen der Vorlage seien also nicht etwa von einem einzelnen Ministerium vorgelegt worden.

Der *Vizekanzler* weist nochmals darauf hin, daß wir bisher noch stets in eine schlechte Verhandlungslage gekommen seien, weil die tatsächliche Entwicklung über die deutschen Schätzungen hinausgegangen sei. Wenn das Bundesfinanzministerium jetzt trotz der vorhergegangenen Abstimmungen seine Zustimmung verweigere, dann müsse er auf die bei der OEEC ablaufenden Fristen hinweisen. Der Termin bei der OEEC sei ohnehin schon überschritten worden.

Dr. Reithinger[6], BMZ [Dt. Bundesvertretung Paris], fügt ergänzend hinzu, daß der deutsche Beitrag an sich bereits am 20.7.1954 hätte vorliegen sollen. Wenn auch eine geringfügige Hinausschiebung bis zum 1.8.1954 allenfalls in Kauf genommen werden könne, so mache eine weitere Verzögerung jedoch einen recht ungünstigen Eindruck, zumal England seinen Beitrag bereits eingereicht habe und auch von den kleineren Ländern der Termin im allgemeinen eingehalten worden sei.

Botschafter Dr. Frhr. von Maltzan [AA] unterstützt den Vizekanzler und Prof. Dr. Müller-Armack mit dem besonderen Hinweis, daß es sich um einen im Ausland stark beachteten Bericht handele. Die Zahlen dürften keinesfalls so niedrig angesetzt werden, daß die deutsche Glaubwürdigkeit in Frage gestellt würde.

Staatssekretär Dr. Westrick ist der Meinung, daß man jetzt schon mindestens zu einem Einvernehmen über die zugrundezulegenden Zahlen kommen könne. *Präsident Bernard* erklärt, daß er für den Zentralbankrat und die Bank deutscher Länder zu den Zahlen im einzelnen nichts zu bemerken habe, aber Wert darauf lege, daß die Zahlenannahmen durch taktische Erwägungen nicht entscheidend beeinflußt würden.

Staatssekretär Sauerborn stimmt ebenfalls der Vorlage zu, zumal auch der Anstieg der Beschäftigungsziffer[7] keine andere Möglichkeit zulasse.

Der *Vizekanzler* hält es allenfalls für vertretbar, daß noch 2 bis 3 Tage auf ergänzende Erörterungen über die Vorlage zwischen den Ressorts verwendet werden, doch werde die geringe Differenz in der Endsumme kaum zu einem anderen Ergebnis führen.

Min.Rat Dr. Bonus, BFM, räumt ein, daß die Differenz zwischen den Schätzungen nicht bedeutend sei, doch handele es sich immerhin absolut um einen Betrag von

---

6 Im Protokolltext immer „Reitinger".

7 Nach einem Höchststand im Februar 1954 mit 1,829 Millionen Arbeitslosen war deren Zahl bis Juni 1954 auf 873 000 gesunken während die Zahl der Beschäftigten im gleichen Zeitraum um ca 750 000 auf 16.5 Millionen unselbständig Beschäftigte gestiegen war (vgl. den Monatsbericht der Bank deutscher Länder für Juli 1954, S. 18 f. und 101 in BD 126/2-1954.

1,5 Mia. DM, die sich in den Auseinandersetzungen um den EVG-Beitrag[8] zu unseren Ungunsten auswirken könne, wenn die jetzigen Schätzungen sich in der Tat als zu hoch erweisen würden. Da die ursprünglichen Zahlen, auf denen die Annahmen des Bundesfinanzministers beruhen, auf Schätzungen in dem Arbeitskreis Volkswirtschaftliche Bilanzen unter Präsident Dr. Fürst zurückgingen[9], dürfe man sie entsprechend der damaligen Auffassung als realistisch ansehen. Diese Zahlen seien nachträglich nach oben revidiert worden.

Der *Vizekanzler* erinnert daran, daß in den vorliegenden Zahlen der Bundesminister für wirtschaftliche Zusammenarbeit und für Wirtschaft noch der Unterkonsum infolge Fortbestehens sozialer Notstände zum Ausdruck komme, deren Beseitigung ohnehin ein dringendes Anliegen der Bundesregierung sei.

Der *Bundesminister für Wirtschaft* hält den Ausführungen von Min.Rat Dr. Bonus entgegen, daß bis zur Festlegung des Verteidigungsbeitrages unsere effektiven Steigerungsziffern im wesentlichen bereits vorliegen werden. Er hält es für besonders abträglich bei den Auseinandersetzungen, wenn sich unsere Ziffern als offensichtlich zu niedrig angesetzt erweisen würden.

Dr. Reithinger gibt außerdem zu bedenken, daß die bisherigen deutschen Berichte in ihren Zahlenangaben im allgemeinen von den Beurteilungen der Bank deutscher Länder und der Konjunkturinstitute sowie der deutschen Presse abgewichen seien. *Min.Dirig von Boeckh*, BWM, macht darauf aufmerksam, daß wir mit den Produktionszahlen im Mai und Juni d. J. schon über den Durchschnittszahlen liegen, die wir erst im zweiten Halbjahr erreichen sollen[10], und er erinnert daran, daß die deutsche Schätzung des Vorjahres um 2 Punkte zu niedrig gewesen sei.

Der *Bundesminister für das Post- und Fernmeldewesen* gibt noch zu bedenken, daß die Zahlen im Zusammenhang mit den Bestrebungen der Gewerkschaften zur Verwirklichung einer expansiven Lohnpolitik gesehen werden müßten[11]. Dazu be-

---

[8] Zur Auseinandersetzung um die Höhe des deutschen Beitrags zur EVG vgl. Anfänge westdeutscher Sicherheitspolitik, Bd. 4, S. 88–95. Zur Ablehnung des EVG-Vertrags durch die französische Nationalversammlung am 30. Aug. 1954 vgl. Sondersitzung des Kabinetts am 1. Sept. 1954 TOP A (Kabinettsprotokolle 1954, S. 350–354).

[9] Dr. Gerhard Fürst (1897–1988). 1948–1949 Leiter des Statistischen Amtes des Vereinigten Wirtschaftsgebietes, 1949–1964 Präsident des Statistischen Bundesamtes. – Der OEEC-Arbeitsausschuß zur Vorbereitung des deutschen Beitrags hatte am 13. Mai 1954 Arbeitskreise für die Bereiche Volkswirtschaftliche Gesamtrechnung, Zahlungsbilanzstatistik, Geld-Kredit-Finanzen sowie Arbeit und Sozialpolitik eingesetzt. Der von Fürst geleitete Arbeitskreis „Volkswirtschaftliche Bilanz“ hatte am 1. Juni 1954 getagt (Protokolle in B 146/907).

[10] Vgl. hierzu die Monatsberichte der BdL für Mai und Juni 1954 in BD 126/2–1954.

[11] Der Leiter des Wirtschaftswissenschaftlichen Instituts des DGB, Viktor Agartz, hatte 1951 erstmals das Konzept der „expansiven Lohnpolitik“ vorgestellt. Die Lohnpolitik sollte danach ein wesentliches Element der Konjunktur- und Strukturpolitik sein. „Ziel dabei war nicht, den Reallohn nachträglich an das wirtschaftliche Wachstum anzupassen, der Lohn sollte vielmehr Produktionssteigerungen stimulieren, die wiederum einen Zwang zu mehr Rationalisierung [im Sinne von Arbeitszeitverkürzungen] nach sich zögen“. Vgl. Geschichte der Gewerkschaften, S. 140–147, Zitat auf S. 141, und Dietrich, Eigentum, S. 80 f. – Vgl. dazu 15. Ausschußsitzung am 3. Aug. 1954 TOP A.

merkt *Min.Dir. Dr. Heßdörfer* [BMF], daß die erhobenen und noch zu erwartenden Lohnforderungen auf die Steigerung des Sozialprodukts gestützt werden würden.

Der *Vizekanzler* bemerkt hierzu, daß der Zuwachs des Sozialprodukts nicht geleugnet werden könne, allerdings richte sich die Berechtigung von Lohnforderungen nach der Produktivität und nicht nach der Produktionshöhe.

Staatssekretär Dr. Westrick erwähnt, daß nach dem Examen im Oktober immer noch die Möglichkeit bestehe, die deutschen Zahlen zu revidieren, wenn die Entwicklung wider alles Erwarten nach unten ginge.

Min.Dir. Dr. Heßdörfer [BMF] teilt mit, daß er jedenfalls die persönliche Entscheidung seines Ministers einholen müsse.

Der *Vizekanzler* gibt seiner Überraschung Ausdruck, daß trotz monatelanger ausführlicher Verhandlungen die endgültige Entscheidung nun nochmals auf Wunsch des Bundesfinanzministers vertagt werden müsse. Die Entscheidung müsse dann aber in der nächsten Woche im Kabinett getroffen werden, und die Ressorts müßten sich zu diesem Zweck sofort in Verbindung setzen.

Präsident Bernard überreicht ein von der Bank deutscher Länder mit Änderungen versehenes Exemplar der Vorlage und bittet, die darin enthaltenen Vorschläge zu berücksichtigen[12]. Mit seinem Wunsch, die Ziffer 73 zu streichen, in der der Hinweis auf die Möglichkeit zur Inanspruchnahme von Auslandsanleihen enthalten ist, erklärt sich *Bundesminister Prof. Dr. Erhard* einverstanden.

Staatssekretär Dr. Sonnemann meldet noch geringfügige redaktionelle Änderungswünsche an.

Staatssekretär Sauerborn bittet, in Ziffer 79 auf Seite 28 die Zahlenangaben wegzulassen und statt dessen die Formulierung „ein ernstes Vermögensdefizit zu verzeichnen hat" zu wählen[13].

Min.Dir. Dr. Fischer-Dieskau [BMWo] macht auf zwei sinnentstellende Schreibfehler in Ziff. 111 auf Seite 42 aufmerksam[14]. Außerdem bittet er in Ziffer 114 letzte Zeile hinter den Worten „sozialer Wohnungsbau" einzufügen „mit Zuschlägen"[15].

Min.Dirig. Middelmann, BMVertr., bittet um Berücksichtigung einiger stilistischer Änderungswünsche[16].

---

[12] Vgl. den mit Korrekturen der BdL versehenen Entwurfstext in B 146/907.

[13] In Ziffer 79 sollte darauf hingewiesen werden, daß trotz der Erhöhung der Rechnungsüberschüsse bei der Sozial- und Arbeitslosenversicherung im Jahre 1953 auf rund 2 Milliarden DM bei der sozialen Rentenversicherung noch immer ein Vermögensdefizit in Höhe vom 13 bis 18 Milliarden DM bestehe.

[14] Laut Vorlage waren in den vorausgegangenen vier Jahren 4 Milliarden DM öffentlicher Mittel in den sozialen Wohnungsbau investiert worden, davon im Jahre 1953 annähernd „$^{2}/_{4}$" Milliarden. Die korrekten Zahlen waren 9 Milliarden für den Gesamtzeitraum und „$2^{3}/_{4}$" Milliarden für 1953.

[15] Laut Vorlage sollten zur Wiederherstellung der Wirtschaftlichkeit von Altwohnungen die Mieten für alle vor der Währungsreform im Juni 1948 erstellten Wohnungen um 10 % erhöht werden, „wobei die oberste Grenze die Richtsatzmieten des sozialen Wohnungsbaues bilden sollten".

2. Schutz der Berufsbezeichnungen „Ingenieur“ und „Chemiker“ BMWi

Staatssekretär Dr. Westrick trägt den wesentlichen Inhalt der Vorlage des Bundesministers für Wirtschaft vom 8.7.1954 vor und bringt zum Ausdruck, daß das Bundeswirtschaftsministerium sich gegen die Anträge der Bundestagsfraktionen wende[17]. Er hält es angesichts der grundsätzlichen Bedeutung für erforderlich, in einem Schreiben der Bundesregierung an die Vorsitzenden der Fraktionen umfassend zu dem gesamten Fragenkomplex Stellung zu nehmen. Diesen Entwurf werde er dem Kabinett zur Beratung unterbreiten.

Der *Bundesminister für das Post- und Fernmeldewesen* ist der Meinung, daß im fraglichen Falle der Annahme der Gesetzentwürfe für Chemiker und Ingenieure kaum widersprochen werden könne, jedoch werde durch solche Regelungen einer ständischen Ordnung der Weg bereitet. Solche Regelungen würden aber nur unter dem Gesichtspunkt eines Schutzes der Allgemeinheit vertreten werden können, nicht dagegen vom Standpunkt der Berufe, die den Schutz solcher Berufsbezeichnungen in Anspruch zu nehmen beabsichtigen.

Staatssekretär Dr. Westrick erinnert an frühere Erörterungen im Reichswirtschaftsrat auf dem Gebiet des Bauwesens (Baumeister). Man habe damals bewußt davon absehen wollen, ein neues Kastenwesen wiederaufleben zu lassen[18].

Min.Dir. Dr. Fischer-Dieskau [BMWo] betont das Interesse des Wohnungsbauministeriums an dieser Frage.

Der *Vizekanzler* sieht wegen des von der Öffentlichkeit geforderten Schutzes schwierige Erörterungen voraus und gibt zu bedenken, ob angesichts bedeutende-

---

[16] Das Kabinett billigte den Entwurf des BMZ in der 41. Kabinettssitzung am 28. Juli 1954 TOP 2 (Kabinettsprotokolle 1954, S.337 f.). – Der Bericht wurde abgedruckt in: Der Europäische Wirtschaftsrat in Paris (OEEC). 6. Bericht: Vom Wiederaufbau zur wirtschaftlichen Expansion. Deutsche Übersetzung. Hrsg. vom Bundesministerium für wirtschaftliche Zusammenarbeit. Bad Godesberg 1955.

[17] Vorlage des BMWi vom 8. Juli 1954 in B 136/7624; weitere Unterlagen in B 102/36576, 36579 f., 40895 und 43082. – Die Fraktionen der DP und der CDU/CSU hatten in jeweils eigenen Initiativanträgen Entwürfe für ein Chemikergesetz und ein Ingenieurgesetz eingebracht (BT-Drs. Nrn. 341, 343, 439 und 441), die der Bundestag am 28. Mai 1954 zur weiteren Beratung an die Ausschüsse für Sonderfragen des Mittelstandes, für Rechtswesen und Verfassungsrecht sowie für Wirtschaftspolitik überwiesen hatte (Stenographische Berichte, Bd. 20, S. 1527). Der BMWi hatte in seiner Vorlage neben formaler Kritik an den Entwürfen und verfassungsrechtlichen Zweifeln an der gesetzgeberischen Zuständigkeit des Bundes vor allem grundsätzliche Bedenken geäußert, da die Entwürfe „den ersten Ansatzpunkt für eine echte Berufsordnung des Ingenieur- und des Chemikerberufes“ darstellten und „die Bestrebungen zur Einführung weiterer Berufsordnungen für andere Berufe fördern“ würden. Solche Bestrebungen hätten eine „Verkammerung“ der Berufe zur Folge und dienten lediglich dem „Schutz der beati possidentes gegen befürchtete Konkurrenz“. – Zur Frage der Berufsordnungen vgl. auch 12. Ausschußsitzung am 3. Juli 1954 TOP 1 und 40. Kabinettssitzung am 21. Juli 1954 TOP 2, 3, 4 und 6 (Kabinettsprotokolle 1954, S. 323–326).

[18] Vgl. den Bericht des Arbeitsausschusses des Vorläufigen Reichswirtschaftsrats vom 23. Sept. 1929 „zur Prüfung der Frage der Einführung eines gesetzlichen Schutzes für die Berufsbezeichnung ‚Baumeister‘ usw.“ (RWR Drs. Nr. 363).

rer und weittragenderer Probleme die Auseinandersetzungen zwischen Regierung und Parlament lohne. Eine dilatorische Behandlung sei vielleicht angezeigt.

Staatssekretär Dr. Westrick stimmt dieser Auffassung des Vizekanzlers zu, sofern eine positive Entscheidung der Wünsche des Bundestages damit wirklich in weitere Ferne gerückt werde.

Der *Vizekanzler* billigt unter allgemeinem Einverständnis das von Staatssekretär Dr. Westrick anfangs vorgeschlagene Vorgehen und bittet, die Bundesministerien des Innern, für Verkehr, für Post- und Fernmeldewesen und für Wohnungsbau zu der Ausarbeitung der Darlegungen der Bundesregierung hinzuzuziehen[19].

3. Umschichtig freier Sonnabend in Bundesministerien **BMWi**

Der *Vizekanzler* bringt in Erinnerung, daß das Kabinett am 1.6.1954 beschlossen hat, die Regelung dieser Frage bis nach Verabschiedung des Personalvertretungsgesetzes zurückzustellen[20], jedoch habe inzwischen noch ein Ressort den umschichtig freien Sonnabend eingeführt und sich damit über den Kabinettsbeschluß aus dem Jahre 1952 hinweggesetzt[21]. Auch der Bundesinnenminister, der übrigens Einspruch gegen die heutige Beratung erhoben habe[22], habe den umschichtig freien Sonnabend in seinem Hause im Widerspruch zu dem Kabinettsbeschluß von 1952 nicht aufgehoben.

Der *Vizekanzler* äußert Bedenken gegen den umschichtig freien Sonnabend aus der Stellung der Beamten heraus, insbesondere wegen der ihnen durch das Berufsbo-

---

[19] Der BMWi legte den vorgesehenen Entwurf eines Schreiben an die Fraktionsvorsitzenden nicht vor und beantragte statt dessen in einer Kabinettsvorlage vom 10. Dez. 1954, die Bundesregierung solle eine ablehnende Grundsatzerklärung zur Frage der Berufsordnungen beschließen (Vermerk vom 13. Dez. 1954 aus dem Bundeskanzleramt in B 136/7624 und Vorlage des BMWi ebenda sowie in B 102/43082). – Fortgang 71. Kabinettssitzung am 16. Febr. 1955 TOP 3 (Kabinettsprotokolle 1955, S. 141) und 26. Ausschußsitzung am 3. März 1955 TOP 2.

[20] Das Kabinett hatte den durch das BMI vorgelegten Entwurf eines Gesetzes in seiner 16. Sitzung am 29. Jan. 1954 beschlossen (TOP 12: Kabinettsprotokolle 1954, S. 53 f.). – Fortgang hierzu 52. Kabinettssitzung am 22. Okt. 1954 TOP 4 (Kabinettsprotokolle 1954, S. 437–439). Gesetz vom 5. Aug. 1955 (BGBl. I 477).

[21] Siehe 34. Kabinettssitzung am 1. Juni 1954 TOP 12 (Kabinettsprotokolle 1954, S. 249). – In der 269. Kabinettssitzung am 23. Sept. 1952 TOP 12 hatte das Kabinett beschlossen, die in einigen Ministerien bereits eingeführte Praxis, daß unbeschadet der Wochenarbeitszeit von 48 Stunden jeweils die Hälfte der Mitarbeiter alternierend an Samstagen dienstfrei haben sollte, sofort rückgängig zu machen sei (Kabinettsprotokolle 1952, S. 597 f.). Bei den weiteren Beratungen über die Gestaltung der Arbeitszeit in den Bundesministerien war hinsichtlich der allgemeinen Einführung dieser Umschichtungsregelung keine Einstimmigkeit erreicht worden. Entgegen dem Kabinettsbeschluß vom 1. Juni 1954 hatte das BML, ebenso wie andere Ressorts, den umschichtigen Samstag mit Wirkung zum 28. Juni 1954 eingeführt. Da unter Berufung auf diesen Fall auch der Betriebsrat des BMWi die Einführung dieser Regelung gefordert hatte, hatte Westrick Blücher mit Schreiben vom 14. Juli 1954 gebeten, die Angelegenheit im Kabinettsausschuß außerhalb der Tagesordnung und ohne Vorlage zur Sprache bringen zu dürfen (Abschrift in B 136/1966).

[22] Bleek hatte Blücher mit Schreiben vom 20. Juli 1954 gebeten, von einer Erörterung abzusehen. Blücher hatte dies unter Hinweis auf das Problem des BMWi abgelehnt (B 106/18844).

amtentum zuteil gewordenen Hervorhebung gegenüber den Angestellten der gewerblichen Wirtschaft.

Staatssekretär Dr. Westrick sieht in diesen Meinungsverschiedenheiten der Ressorts eine politische Angelegenheit, die gewisse Auswirkungen auch auf Bestrebungen der gewerblichen Wirtschaft habe und ein Stück auf dem Wege zur 40-Stunden-Woche bedeuten könne[23].

Der *Bundesminister für das Post- und Fernmeldewesen* spricht sich gegen den umschichtig freien Sonnabend aus und lehnt Vergleiche mit der gewerblichen Wirtschaft ab. Er hält Diensterleichterungen von Fall zu Fall für einen Ausweg. Auch *Staatssekretär Dr. Thedieck* lehnt den umschichtig freien Sonnabend ab und bedauert, daß einzelne Ressorts ihn bereits eingeführt haben[24].

Min.Dir. Kämper, BIM, ist der Meinung, daß es den Ressorts freigestanden habe, den umschichtig freien Sonnabend einzurichten, nachdem eine allgemeine Regelung nicht zustandegekommen sei, und verweist auf § 99 der GGO[25].

ORR Wirsching, BK, bemerkt, daß die Ressorts nur im Rahmen der Kabinettsbeschlüsse Handlungsfreiheit gehabt hätten. Die Dienstzeitregelung müsse unter dem Gesichtspunkt des Personalvertretungsgesetzes gesehen werden. Der Beschluß des Kabinetts vom 1.6.1954 sei offenbar nur mit Rücksicht auf die parlamentarischen Beratungen dieses Gesetzes gefaßt worden.

Nach dem Ergebnis der ersten Lesung im Unterausschuß Personalvertretungsgesetz müsse aber befürchtet werden, daß nach Erlaß des Gesetzes die Personalvertretungen der Ressorts, die den umschichtig freien Sonnabend bereits eingeführt haben, nicht bereit sein werden, einer Aufhebung die dann erforderliche Zustimmung zu geben.

Der *Vizekanzler* hält den Ausführungen von Min.Dir. Kämper außerdem entgegen, daß die in der GGO vorgesehene Regelung nicht die Berechtigung einräume, den Dienst auch ausfallen zu lassen.

Staatssekretär Sauerborn stimmt dem Vizekanzler zu.

---

[23] Zur Diskussion um die Fünf-Tage-Woche und die 40-Stunden-Woche vgl. 28. Kabinettssitzung am 6. April 1954 TOP E (Kabinettsprotokolle 1954, S. 148).

[24] Mit Stand vom 22. Juli 1954 war der umschichtig freie Samstag eingeführt im BMI, BMJ, BMV, BML, BMBR, BMVt, BMWo, BMFa, in der Dienststelle Blank und in der Bundesratsverwaltung, während BMF, BMA, BMG, BMZ, BMP, BMWi, AA, das Bundespräsidialamt und das Bundeskanzleramt seine Einführung ablehnten (Anlage zur Vorlage des BMWi vom 20. Aug. 1954 in B 136/1966).

[25] Bis zum Beschluß der Bundesregierung über den Allgemeinen Teil der Gemeinsamen Geschäftsordnung der Bundesministerien (GGO I) in der 8. Kabinettssitzung am 8. Jan. 1958 TOP 4 galt der Entwurf einer GGO I vom April 1951 als vorläufige GGO I (B 136/4001). Gemäß § 99 des Entwurfs (Dienststunden) sollte für Oberste Bundesbehörden die VO über die Arbeitszeit der Bundesbeamten vom 19. Mai 1950 (BGBl. I 217) gelten. Neben weiteren speziellen Bestimmungen (Absatz 2 und 3) sollte Absatz 4 gelten: „Weiteres bestimmt jeder Bundesminister nach den Erfordernissen seines Ministeriums."

Min.Dir. Dr. Fischer-Dieskau [BMWo] sieht ein praktisches Bedürfnis für den umschichtig freien Sonnabend als gegeben an, da die gewerbliche Wirtschaft im Gegensatz zu den Behörden ihre Arbeitszeit pünktlich einhält.

Staatssekretär Dr. Sonnemann will sich bemühen, die im Bundesministerium für Ernährung, Landwirtschaft und Forsten eingeführte Regelung des umschichtig freien Sonnabends wieder aufzuheben, allerdings unter der Voraussetzung, daß auch bei den anderen Ressorts von der jetzigen Regelung wieder Abstand genommen wird.

Botschafter Dr. Freiherr von Maltzan [AA] spricht sich gegen den umschichtig freien Sonnabend aus. *Min.Dir. Dr. Ter-Nedden* [BMV] teilt mit, daß im Bundesverkehrsministerium der umschichtig freie Sonnabend bereits vor 1952 eingeführt worden sei und daß darüber eine Betriebsvereinbarung vorliege, die sich bewährt habe[26].

Min.Dir. Kämper [BMI] weist darauf hin, daß nach § 88 des Entwurfs eines Personalvertretungsgesetzes die Arbeitszeiten in den Ministerien zwischen Minister und Personalvertretung unmittelbar geregelt werden sollen[27]. Demgegenüber bemerkt der *Vizekanzler*, daß als Arbeitgeber für die Bundesministerien nur die Bundesregierung angesehen werden könne.

Der *Vizekanzler* stellt auf Grund der in der Aussprache geäußerten Wünsche fest, daß die Angelegenheit alsbald im Kabinett entschieden werden müsse. Der Bundesminister für Wirtschaft wird eine entsprechende Vorlage einbringen[28].

Außerhalb der T.O.

[A.] Neuwahl des Präsidiums der Montanunion

Staatssekretär Dr. Westrick bringt den Zeitpunkt für die Neuwahl des Präsidiums der Montanunion zur Sprache. Nach kurzer Erörterung der rechtlichen Erwägungen, die für die Annahme des Zeitpunktes anzustellen sind[29], nimmt der Kabinettsausschuß davon zustimmend Kenntnis, daß gegen die vom belgischen Wirtschaftsmi-

---

[26] Die Entwurfsfassung lautete: „[...] vorliege. Er ist der Meinung, daß einem Kabinettsbeschluß auf Aufhebung des umschichtig freien Sonnabends auch von seinem Hause Rechnung getragen werden müsse". – Betriebsvereinbarung des BMV nicht ermittelt.

[27] Vgl. hierzu 16. Kabinettssitzung am 29. Jan. 1954 TOP 12 (Kabinettsprotokolle 1954, S. 53 f. – Fortgang hierzu 52. Kabinettssitzung am 22. Okt. 1954 TOP 4 (Kabinettsprotokolle 1954, S. 437–439).

[28] Vorlage des BMWi vom 20. Aug. 1954 in B 136/1966. – Fortgang hierzu 58. Kabinettssitzung am 10. Nov. 1954 TOP 13 (Kabinettsprotokolle 1954, S. 499 f.).

[29] Gemäß den Artikeln 10 und 11 des Vertrags über die Gründung der Europäischen Gemeinschaft für Kohle und Stahl vom 18. April 1951 (BGBl. II 447, abgedruckt in Verträge der Bundesrepublik Deutschland, Reihe A, Bd. 2, S. 44–147) sollten die Mitglieder der Hohen Behörde der EGKS auf sechs Jahre sowie der Präsident und der Vizepräsident auf zwei Jahre gewählt werden. Eine Unsicherheit hinsichtlich des Zeitpunkts für die anstehende Neuwahl des Präsidiums ergab sich aus dem Umstand, daß der EGKS-Vertrag die Errichtung des gemeinsamen Marktes für Kohle am 10. Febr. 1953 als Fristbeginn festsetzte, die Hohe Behörde aber bereits am 10. Aug. 1952 ihre Arbeit aufgenommen hatte.

nister vorgeschlagene Zurückstellung der Neuwahl des Präsidiums bis zum Februar nächsten Jahres keine Bedenken erhoben werden[30].

[30] Der Ministerrat der EGKS beschloß am 27. Juli 1954 in Luxemburg auf Antrag des belgischen Wirtschaftsministers Rey, die Mandatsfrist für das Präsidium ebenfalls am 10. Febr. 1953 beginnen zu lassen (vgl. das Protokoll über die 18. Ministerratstagung der EGKS am 27. und 28. Juli 1954 in B 102/60942 sowie einen Vermerk aus dem Auswärtigen Amt vom 3. Aug. 1954 in AA Ref. 200, Bd. 41). – Vgl. hierzu Hollmann, Nachfolge. – Fortgang Sondersitzung des Kabinettsausschusses am 28. Jan. 1955 TOP A.

15. Sitzung des Kabinettsausschusses für Wirtschaft am Dienstag, den 3. August 1954

Teilnehmer: Blücher, Kraft (ab 16.03 Uhr); Bleek (bis 16.50 Uhr), Hartmann, Westrick, Sonnemann, Sauerborn, Nahm (ab 15.50 Uhr), Thedieck; Bernard (BdL), Fischer-Dieskau (BMWo), Claussen (BMV), Haenlein (Bundeskanzleramt), Pühl (Bundeskanzleramt), Heise (BMZ), Vertreter verschiedener Bundesministerien. Protokoll: Hornschu.

Beginn: 15.00 Uhr *Ende: 18.15 Uhr*

Ort: Bad Godesberg, Haus Carstanjen

Tagesordnung:

1. *Entwurf eines Gesetzes zur Änderung und Ergänzung des Gesetzes über Arbeitsvermittlung und Arbeitslosenversicherung*
   Vorlage des BMA vom 6. Juli 1954 (II c 2 - 2723.2 - 445/54).
2. *Entwurf eines Gesetzes über den Ladenschluß*
   Vorlage des BMA vom 5. Juni 1954 (III c - 2820/54).

1. Entwurf eines Gesetzes zur Änderung und Ergänzung des Gesetzes über Arbeitsvermittlung und Arbeitslosenversicherung BMA

Staatssekretär Sauerborn weist zunächst darauf hin, daß die SPD-Fraktion im Bundestag in dieser Angelegenheit eine Reihe von Anträgen eingebracht hat. Es erscheine deshalb angebracht, möglichst bald die Regierungsvorlage den gesetzgebenden Körperschaften zuzuleiten[1].

Sodann werden die Änderungswünsche der Ressorts zu der Vorlage des Bundesarbeitsministers im einzelnen erörtert:

[1] Vorlage des BMA vom 6. Juli 1954 in B 149/6589 und B 136/1339 sowie Vorlage des BML vom 27. Juli 1954 in B 136/1339. Unterlagen zur Entstehung und Beratung des Gesetzentwurfs in B 149/832–836 und 6536–6596. – Die SPD-Fraktion hatte am 31. März 1954 den Entwurf einer Änderung des § 168 des Gesetzes über Arbeitsvermittlung und Arbeitslosenversicherung (AVAVG) vom 16. Juli 1927 (RGBl. I 187), am 15. Juni 1954 den Entwurf eines Gesetzes über Personenkreis der Anspruchsberechtigten, Bedürftigkeitsprüfung und zusätzliche Leistungen in der Arbeitslosenfürsorge und am 7. Juli 1954 den Entwurf eines Gesetzes zur Änderung des Gesetzes über den Ablauf der durch Kriegsvorschriften gehemmten Fristen in der Sozial- und Arbeitslosenversicherung vom 13. Nov. 1952 vorgelegt (BT-Drs. 412, 587 und 675). Da diese Initiativentwürfe den Zielen der Bundesregierung zuwiderliefen, hatte der BMA mit Schreiben vom 6. Juli 1954 einen Regierungsentwurf für die vollständige Novellierung des AVAVG mit dem Hinweis auf dessen Eilbedürftigkeit vorgelegt.

a) Wiedereinbeziehung des Bergbaues in die Beitragspflicht zur Arbeitslosenversicherung

Staatssekretär Sauerborn erklärt zu der Vorlage des Bundesministers für Wirtschaft vom 2.8.1954, daß die Befreiungen des Bergbaues von der Beitragspflicht zur Arbeitslosenversicherung aus kriegsbedingten Gründen eingeführt wurde[2]. Im Zuge der Neuordnung könne die mittelbare Subventionierung des Bergbaues zu Lasten der übrigen Versicherten nicht aufrechterhalten bleiben, da die im Augenblick gültige Regelung nicht nur dem Versicherungsprinzip widerspreche, sondern auch gegen den Gleichheitsgrundsatz verstoße.

Staatssekretär Dr. Westrick teilt mit, daß umfangreiche zahlenmäßige Unterlagen zu dieser Frage im Bundeswirtschaftsministerium erarbeitet worden seien, die noch zwischen den Ressorts erörtert werden müßten. Ebenfalls müsse die Auswirkung auf den Montanvertrag und die Preisbildung im Rahmen der Montanunion untersucht werden. Er schlägt vor, diese Fragen vor der Erörterung der Vorlage im Kabinett in einem kleinen Kreis zwischen den Bundesministerien für wirtschaftliche Zusammenarbeit, für Arbeit, der Finanzen und für Wirtschaft zu besprechen und bittet, daß der Vizekanzler zu dieser Besprechung einlädt.

Staatssekretär Sauerborn glaubt, daß man in dem von Staatssekretär Dr. Westrick vorgeschlagenen Kreise nicht zu einer endgültigen Entscheidung kommen könne, da im letzten die Entscheidung eine politische sei[3].

Der *Vizekanzler* stimmt der Auffassung von Staatssekretär Sauerborn zu, daß nur das Kabinett endgültig entscheiden könne.

Der Kabinettsausschuß beschließt, die politische Entscheidung in dieser Frage dem Kabinett zu überlassen, diese jedoch in dem von Staatssekretär Dr. Westrick angeregten Sinne vorzubereiten.

b) Abgrenzung der Vermittlungsfähigkeit (§ 88)

Reg.Dir. Dr. Leder (BAM) erklärt zu der Vorlage des Bundesinnenministers vom 19.7.1954 unter Hinweis auf die Gegenstellungnahme seines Hauses vom 30.7.1954, daß die vom Bundesarbeitsministerium vorgesehene Formulierung des § 88 (1) keinen neuen Rechtszustand schaffe, sondern nur eine Angleichung an die wirtschaftlichen Gegebenheiten bedeute; der Begriff des Lohndrittels sei beseitigt

---

[2] Durch die Verordnung über die Neuregelung der Rentenversicherung im Bergbau vom 4. Okt. 1942 (RGBl. I 569) waren die bei der knappschaftlichen Rentenversicherung Versicherten von der Beitragszahlung zur Arbeitslosenversicherung befreit worden. Gemäß Artikel X § 7 Absatz 2 Nr. 25 des Entwurfs sollte diese Beitragsbefreiung wieder aufgehoben werden. In seinen Kabinettsvorlagen vom 24. Juli und 2. Aug. 1954 hatte das BMWi dagegen Einspruch erhoben, da der Bergbau im Gegensatz zur übrigen Wirtschaft statt mit etwa 22,2 % mit ca. 39 % Sozialleistungen belastet sei. Dies würde Einschränkungen bei den Investitionen und eine Abwälzung der gestiegenen Kosten auf den Kohlepreis zur Folge haben (B 136/1339).

[3] Im Entwurf folgt gestrichen: „Gegen eine ressortmäßige Vorbereitung dieser Entscheidung erhebt er keine Bedenken".

worden[4]. Im § 87 des Entwurfs sei definiert, wer als vermittlungsfähig gelte und daher Anspruch auf Arbeitslosengeld habe. Es handele sich also um eine Begriffsbestimmung, die ausschließlich für den Bereich der Arbeitslosenversicherung gelte. Aufgabe der Arbeitslosenvermittlung sei es selbstverständlich, auch diejenigen zu vermitteln, die außerhalb der Arbeitslosenversicherung ständen und auch nach Arbeitsvermittlung möglicherweise außerhalb der Arbeitslosenversicherung blieben.

Das Arbeitslosengeld stelle Ersatz für ausgefallenes Arbeitsentgelt dar, könne also nur gewährt werden, wenn Arbeit nicht vorhanden und deshalb nicht vermittelt werden könne. Eine Vermittlung von Arbeit sei in der Regel nur zu den üblichen Bedingungen, d. h. auch nur für die übliche Arbeitszeit, möglich. Wenn aus subjektiven Gründen auch bei leichter Tätigkeit die übliche Arbeitszeit nicht erreicht werden könne, entfalle damit die Voraussetzung für die Arbeitslosenunterstützung.

Die Behandlung des Personenkreises nach § 88 (2) bestehe seit jeher. Sie sei gerechtfertigt, da es sich um Personen handele, die an sich voll vermittlungsfähig, aber in der Regel nur vorübergehend durch gewisse Bindungen nicht in der Lage seien, eine Beschäftigung mit der üblichen vollen Arbeitszeit aufzunehmen.

Das Bundesarbeitsministerium lehne es daher ab, die 24-Stunden-Grenze des § 88 (2) auch auf diejenigen Personen auszudehnen, die aus subjektiven Gründen vermindert leistungsfähig seien. Sonst würden Personen unterstützt, und zwar aus Mitteln der Arbeitslosenversicherung und des Bundes, bei denen von vornherein feststehe, daß ihre Vermittlung aus Gründen, die in ihrer Person liegen, unmöglich sei.

Staatssekretär Bleek verweist auf die Vorlage des Bundesinnenministers vom 19.7.1954 und erklärt, daß er es als sozialpolitisch notwendig erachte, die Arbeitslosen, die wegen verminderten Leistungsvermögens nicht in der Lage sind, die übliche Arbeitszeit zu leisten, mit dem Kreis der Personen des § 88 (2) gleichzustellen und ihnen den Versicherungsschutz zu geben. Er halte dies allein schon aus psychologischen Gründen für gerechtfertigt.

Staatssekretär Sauerborn entgegnet hierzu, daß die Personen mit verminderter Leistungsfähigkeit in den meisten Fällen schon durch die Renten- und Krankenversicherung erfaßt und in diesem Falle nicht auf die öffentliche Fürsorge angewiesen seien.

---

[4] Gemäß § 88 Absatz 1 AVAVG in der 1954 geltenden Fassung galt als „arbeitsfähig", wer in der Lage war, „wenigstens ein Drittel dessen zu erwerben, was geistig und körperlich gesunde Personen derselben Art mit ähnlicher Ausbildung in derselben Gegend durch Arbeit zu verdienen pflegen". Der Entwurf der Novelle sah vor, den Anspruch auf Arbeitslosengeld an die Voraussetzungen der Arbeitslosigkeit und der Vermittlungsfähigkeit zu binden (§ 87). Nach § 88 Absatz 2 sollten Arbeitslose, die „wegen tatsächlicher oder rechtlicher Bindungen" nicht über die übliche Wochenarbeitszeit von 48 Stunden, aber für mehr als 24 Stunden dem Arbeitsmarkt zur Verfügung stehen, als vermittlungsfähig gelten, während dies für Arbeitslose, die infolge eines verminderten Leistungsvermögens nicht 48, aber mehr als 24 Stunden pro Woche arbeiten könnten, nicht zutreffen sollte. In seiner Vorlage vom 19. Juli 1954 hatte das BMI dieser einschränkenden Definition der Vermittlungsfähigkeit in § 88 des Entwurfs widersprochen (B 136/1339. Stellungnahme des BMA vom 30. Juli 1954 in B 136/1339, Unterlagen in B 149/6543).

Die *Staatssekretäre Hartmann, Dr. Westrick, Dr. Sonnemann* und *Thedieck* stimmen der Auffassung des Bundesarbeitsministeriums zu.

Der Kabinettsausschuß beschließt, es bei der Fassung der Vorlage des Bundesarbeitsministers zu belassen.

c) Grenze der Ackernahrung (§ 70)

Staatssekretär Dr. Sonnemann bezieht sich auf die Vorlage des Bundesministers für Ernährung, Landwirtschaft und Forsten vom 27.7.1954 und weist darauf hin, daß die im § 70 (2) vorgesehene Rechtsverordnung sehr stark in betriebswirtschaftliche Fragen auf dem Gebiete der Agrarpolitik eingreife und er deshalb darauf bestehen müsse, daß sie vom Bundesarbeitsminister nur im Einvernehmen mit dem Bundesminister für Ernährung, Landwirtschaft und Forsten erlassen werden dürfe[5].

Staatssekretär Sauerborn erklärt, daß die Abgrenzung bisher den Sozialpartnern überlassen gewesen sei. Die Bestimmung des § 70 (2) bedeute daher eine wesentliche Verbesserung. Auch sei nach seiner Ansicht das Benehmen mit dem Bundesernährungsministerium als ausreichend anzusehen.

Der *Vizekanzler* stimmt der Ansicht von Staatssekretär Sauerborn zu und weist besonders darauf hin, daß erfahrungsgemäß die Einvernehmungsbestimmung in Gesetzen die Regierungstätigkeit hemme. Auf die Dauer würden mit dieser Bestimmung die Ressortverantwortlichkeiten durchlöchert.

Auch *Staatssekretär Bleek* spricht sich dafür aus, die bisherige Komplizierung der Regierungstätigkeit durch Einvernehmungsbestimmungen nicht weiter fortzusetzen.

Der Kabinettsausschuß beschließt, die Vorlage des Bundesarbeitsministeriums aufrechtzuerhalten.

d) Abgrenzungsbestimmungen über unmittelbar oder mittelbar landwirtschaftlich Beschäftigte (§§ 71 und 72)

Staatssekretär Dr. Sonnemann schlägt vor, in dem Gesetz keine ins einzelne gehende Festlegung der recht schwierigen Abgrenzungsfragen vorzunehmen, sondern die Abgrenzung zwischen landwirtschaftlicher und nicht-landwirtschaftlicher Beschäftigung sowie zwischen Haupt- und Nebenbetrieben einer Rechtsverordnung des Bundesarbeitsministers, die im Einvernehmen mit dem Bundesernährungsminister ergehen müßte, zu überlassen. Er verweist auf die vom Bundesminister für Ernäh-

---

[5] § 70 des Entwurfs sah vor, daß eine land- oder forstwirtschaftliche Tätigkeit versicherungsfrei bleiben sollte, wenn ein Arbeitnehmer durch den Ertrag landwirtschaftlicher Grundstücke seinen und seiner Familie Lebensunterhalt bestreiten könne. Durch Absatz 2 sollte der BMA ermächtigt werden, im Benehmen mit dem BML durch Rechtsverordnung festzusetzen, bei welcher Mindestgröße und welchem Mindestertrag landwirtschaftliche Nutzflächen den Lebensunterhalt eines Arbeitnehmers und seiner Familie gewährleisten. Das BML hatte in seiner Vorlage gefordert, daß diese Rechtsverordnung nur im Einvernehmen erlassen werden sollte (B 136/1339).

rung, Landwirtschaft und Forsten in seiner Vorlage vom 27.7.1954 vorgeschlagene Neufassung der §§ 71 und 72[6].

Reg.Dir. Dr. Leder [BMA] entgegnet, daß eine Abänderung der seit 1927 bestehenden Bestimmungen vom Bundesarbeitsministerium nicht für notwendig erachtet werde. Die Begriffe seien, soweit sie streitig waren, durch die Rechtsprechung des Reichsversicherungsamtes erhärtet. Eine alle Bereiche umfassende Definition zu geben, sei ohnehin kaum möglich. Man solle im Zweifelsfalle lieber eine Entscheidung des Bundessozialgerichts herbeiführen.

Staatssekretär Dr. Sonnemann erklärt, daß es im Hinblick auf die Rationalisierungsmaßnahmen und die technische Entwicklung in der Landwirtschaft nicht empfehlenswert sei, einen Katalog im Gesetz festzulegen, der vielleicht schon bald revisionsbedürftig sein werde.

Staatssekretär Hartmann gibt zu bedenken, daß die Tendenz im Bundestag bestehe, Rechtssetzungen in die Gesetze selbst aufzunehmen und nicht im Wege von Rechtsverordnungen zu gestalten.

Der *Vizekanzler* spricht sich dafür aus, dies zu berücksichtigen. Er schlägt vor, die Vorlage des Bundesarbeitsministers aufrechtzuerhalten und die Anpassung an die Bedürfnisse der Gegenwart der Sozialgerichtsbarkeit zu überlassen.

Der Kabinettsausschuß spricht sich für die Vorlage des Bundesarbeitsministers aus.

e) Versicherungspflicht der Lehrlinge (§ 74a)

Staatssekretär Dr. Sonnemann weist darauf hin, daß der § 74a eine Beschäftigung auf Grund eines schriftlichen Praktikantenvertrages versicherungsfrei läßt, während die Lehrlinge grundsätzlich versicherungspflichtig seien. Die Bestimmung bedeute eine Benachteiligung derjenigen, die sich dem vom Bundesminister für Ernährung, Landwirtschaft und Forsten geforderten landwirtschaftlichen Ausbildungsgang unterziehen, da der Besuch einer land- oder forstwirtschaftlichen Hoch- und Fachschule nicht nur eine Praktikantentätigkeit, sondern auch eine ordnungsmäßige Lehre voraussetze. Er müsse eine Befreiung aller Lehrlinge von der Versicherungspflicht fordern[7].

Außerdem müsse durch eine Abgrenzungsbestimmung sichergestellt werden, daß Kinder selbständiger Landwirte von der Arbeitslosenversicherung überhaupt befreit würden. Er weist dazu auf die vom Bundesminister für Ernährung, Landwirtschaft und Forsten in seiner Vorlage vom 27.7.1954 vorgeschlagenen Ergänzungen hin.

Reg.Dir. Dr. Leder [BMA] erklärt, daß der Vorschlag des Bundesministers für Ernährung, Landwirtschaft und Forsten eine Gleichstellung der Lehrlinge mit den Praktikanten bedeute und macht darauf aufmerksam, daß die Versicherungspflicht der

[6] § 71 des Entwurfs definierte den Begriff der landwirtschaftlichen Beschäftigung, § 72 den des land- oder forstwirtschaftlichen Betriebs. Der BML hatte vorgeschlagen, beide Paragraphen in vereinfachter Form zusammenzuziehen und die näheren Bestimmungen durch Rechtsverordnungen vorzunehmen, die der BMA im Einvernehmen mit dem BML erlassen sollte.

[7] Unterlagen hierzu in B 116/3000 f.

Lehrlinge erst im Dezember 1952 vom Bundestag wieder eingeführt worden sei[8]. Wenn man dem Vorschlag des Bundesministers für Ernährung, Landwirtschaft und Forsten bezüglich der Versicherungsfreiheit für landwirtschaftliche Lehrlinge folgen würde, so würde damit ein Präzedenzfall für andere Berufe geschaffen.

Das Bundesarbeitsministerium sei aber bereit, im § 74 (3) aufzunehmen:

„§ 70 gilt für eine land- oder forstwirtschaftliche Beschäftigung entsprechend".

Auf diese Weise würden die Kinder selbständiger Landwirte in der vom Bundesminister für Ernährung, Landwirtschaft und Forsten geforderten landwirtschaftlichen Fremdlehre[9] von der Versicherungspflicht freigestellt. Der darüber hinaus geforderten Ausdehnung der Versicherungsfreiheit auf alle landwirtschaftlichen Lehrlinge vermöge das Bundesarbeitsministerium nicht zuzustimmen.

Der *Vizekanzler* schlägt vor, daß die Frage der Versicherungspflicht der Lehrlinge noch einmal zwischen dem Bundesarbeitsministerium und dem Bundesernährungsministerium besprochen werden soll, bevor der Gesetzentwurf im Kabinett zur Erörterung gestellt wird.

Staatssekretär Dr. Westrick bittet im Hinblick auf die Analogie zu Handwerkern und Handwerkersöhnen, das Bundeswirtschaftsministerium zu dieser Besprechung hinzuzuziehen.

Der Kabinettsausschuß billigt den Vorschlag des Vizekanzlers und die Hinzuziehung des Bundeswirtschaftsministeriums zu den Besprechungen[10].

f) *Staatssekretär Hartmann* erklärt, daß die Frage, in welcher Höhe der Bund die Verwaltungskosten für die Durchführung der Arbeitslosenfürsorge tragen solle, ebenfalls noch erörtert werden müsse.

Weiterhin habe der Präsident des Bundesrechnungshofes in seiner Eigenschaft als Bundesbeauftragter für die Wirtschaftlichkeit der Verwaltung beachtliche Vorschläge gemacht, die bei den parlamentarischen Beratungen noch zur Sprache kommen müßten[11].

Staatssekretär Sauerborn erklärt sich bereit, die von Staatssekretär Hartmann erwähnten Fragen noch vor der abschließenden Erörterung im Kabinett mit dem Bundesfinanzministerium zu besprechen.

Abschließend bittet der *Vizekanzler*, die in Aussicht genommenen Besprechungen zwischen den Ressorts zeitlich so durchzuführen, daß der Gesetzentwurf in der

---

[8] § 74 AVAVG war durch Gesetz vom 9. Dez. 1952 dahingehend geändert worden, daß Beschäftigungen auf Grund eines schriftlichen Lehrvertrages von mindestens zweijähriger Dauer oder eines schriftlichen Ausbildungsvertrages als „Anlernling" oder Praktikant von mindestens 18monatiger Dauer versicherungsfrei waren (BGBl. I 790).

[9] Unter landwirtschaftlicher Fremdlehre wurde die Ausbildung eines Lehrlings außerhalb des familieneigenen Landwirtschaftsbetriebs verstanden.

[10] Die Ressortbesprechung von BMA und BML fand am 9. Aug. 1954 statt (Vermerk vom 14. Aug. 1954 in B 149/6581).

[11] Vgl. das Schreiben des Präsidenten des BRH vom 27. Juli 1954 und weitere Unterlagen dazu in B 149/6571.

zweiten Hälfte der mit dem 8.8.1954 beginnenden Woche im Kabinett beraten werden kann.

Gleichzeitig kündigt er an, daß er eine eingehende Erörterung des § 94 des Gesetzentwurfes im Kabinett für notwendig erachte, da dieser ein Politikum erster Ordnung sei[12]. Mit dieser Bestimmung werde ein Druck auf die Arbeitnehmer ausgeübt, einer Gewerkschaft beizutreten. Im Gegensatz zu der Zeit, als diese Bestimmung geschaffen worden sei, habe der Arbeitnehmer aber heute keine Wahl mehr, welcher Gewerkschaft er sich anschließen wolle, er werde vielmehr in die Einheitsgewerkschaft gezwungen[13].

2. Entwurf eines Gesetzes über den Ladenschluß **BMA**

Staatssekretär Sauerborn bezieht sich auf die Vorlage des Bundesarbeitsministers vom 5.6.1954 und teilt mit, daß unter den Ressorts nur noch Meinungsverschiedenheiten über zwei Fragen bestehen, nämlich an welchem halben Tag in der Woche die Verkaufsstellen geschlossen werden müssen und ob auch der kupferne Sonntag zum Verkauf freigegeben werden soll[14].

Der Samstagnachmittag komme seiner Meinung nach nicht in Frage, da die 16 Millionen Beschäftigten die Möglichkeit haben müßten, am Samstagnachmittag ihre Einkäufe zu erledigen. Aus Gründen des Arbeitsschutzes müsse er darauf bestehen, daß ein bestimmter Tag einheitlich festgelegt werde und nicht die Möglichkeit

---

[12] § 94 des Entwurfs sah vor, daß durch die Gewährung von Arbeitslosengeld nicht in Arbeitskämpfe eingegriffen werden dürfte. Bei durch inländische Streiks oder Ausperrungen verursachter Arbeitslosigkeit sollte die Zahlung des Arbeitslosengeldes für die Zeit des Arbeitskampfes ruhen. Bei mittelbar durch Arbeitskämpfe verursachter Arbeitslosigkeit sollte Arbeitslosengeld nur zur Vermeidung unbilliger Härten gezahlt werden können.

[13] Die in der Sondersitzung des Kabinettsausschusses am 20. Aug. 1954 TOP A beschlossene erneute Behandlung des AVAVG im Kabinettsausschuß fand nicht statt. – Fortgang 52. Kabinettssitzung am 22. Okt. 1954 TOP 5 (Kabinettsprotokolle 1954, S. 439 f.). – BR-Drs. 358/54, BT-Drs. 1274. – Gesetz zur Änderung und Ergänzung des Gesetzes über Arbeitsvermittlung und Arbeitslosenversicherung vom 16. April 1956 (BGBl. I 243).

[14] Vorlage des BMA vom 5. Juni 1954 in B 149/1071 und B 136/739; weitere Unterlagen in B 149/1065–1075 und B 102/39405. – Vgl. auch Kreikamp, Entstehungsgeschichte. – Der BMA hatte mit Schreiben vom 5. Juni 1954 den Entwurf eines Ladenschlußgesetzes vorgelegt. Gegen die in diesem Entwurf vorgesehene Regelung, alle Verkaufsstellen mittwochs bereits um 13 Uhr zu schließen (§ 3 Absatz 1, Ziffer 2), hatte das BMWi mit Schreiben vom 8. Juli 1954 Einwände erhoben und vorgeschlagen, „die Ladenzeiten nicht zu verkürzen, andererseits aber jeden Einzelhändler zu verpflichten, jedem seiner Angestellten einen halben Tag in der Woche freizugeben (sog. roulierende Freizeit)". Sollte jedoch ein fester Termin für den freien halben Wochentag aus sozialpolitischen Gründen unumgänglich sein, votiere das BMWi für den Montagvormittag, um „die Zerreißung der Woche in zwei Hälften" zu vermeiden (B 102/39405 und B 136/739). Der Entwurf des BMA hatte auch vorgesehen, nur noch an zwei Sonntagen vor Weihnachten die Öffnung der Geschäfte zuzulassen (§ 12). Auch gegen die Streichung des bis dahin verkaufsoffenen dritten Sonntags vor Weihnachten („Kupferner Sonntag") hatte das BMWi Einspruch erhoben. Das BMI hatte sich mit Schreiben vom 20. Juli 1954 ebenfalls für einen „roulierenden" freien Tag für alle Angestellten ausgesprochen. Es hatte jedoch zwei verkaufsoffene Sonntage vor Weihnachten für ausreichend gehalten und vorgeschlagen, in Städten „mit besonders großem Einzugsgebiet" die „Offenhaltung der Läden auch am kupfernen Sonntag den Ländern" zu überlassen (B 136/739).

eines roulierenden freien Nachmittags ins Auge gefaßt werde. Dabei könne man natürlich auch an einen freien Montagvormittag denken.

Die Einbeziehung des kupfernen Sonntags müsse er deshalb ablehnen, da sonst das Personal innerhalb 4 Wochen keinen freien Sonntag habe und dies zu gesundheitlichen Schäden führen könne. Erfahrungsgemäß sei die Arbeitszeit an den Verkaufssonntagen vor Weihnachten nicht nur 4 Stunden, sondern erhöhe sich infolge der Abschlußarbeiten auf 6–7 Stunden.

Staatssekretär Dr. Westrick begrüßt den Vorschlag von Staatssekretär Sauerborn, nicht den Samstagnachmittag für die Schließung der Geschäfte vorzusehen, da am Samstag durchschnittlich 29 % des gesamten Wochenumsatzes in den Verkaufsstellen getätigt werden. Er befürwortet einen individuell roulierenden freien Nachmittag. Die Befürchtung Staatssekretär Sauerborns, daß das Personal in diesem Falle nicht in den Genuß der Freizeit kommen werde, könne er nicht teilen, da dem Personal im allgemeinen auch der Urlaub nicht vorenthalten werde. Zur Überwachung des roulierenden freien Halbtages könne vielleicht eine Regelung ähnlich der im § 22 für die Sonn- und Feiertagsarbeit vorgesehenen in Betracht gezogen werden[15].

Einem roulierenden Halbtag gebe er auch deshalb den Vorzug, weil ein einheitlicher freier Nachmittag mit Ladenschluß einen Schritt auf dem Wege zur 40-Stunden-Woche bedeute.

Staatssekretär Dr. Westrick spricht sich für die Beibehaltung von drei verkaufsfreien Sonntagen vor Weihnachten aus, da erfahrungsgemäß im Durchschnitt 11,5 % des gesamten Dezemberumsatzes an diesen Sonntagen getätigt werde.

Der *Vizekanzler* macht darauf aufmerksam, daß erreicht werden soll, den Arbeitnehmern eine längere zusammenhängende Befreiung von der Arbeit zu verschaffen. Dafür biete sich der Montagvormittag auf den ersten Blick an, dabei müsse man jedoch berücksichtigen, daß die Haushalte der Masse der Bevölkerung keine Einrichtungen zum Frischhalten der Nahrungsmittel besäßen. Es wäre auch zu erwägen, ob die Geschäfte offen bleiben können, die kein fremdes Personal beschäftigen.

Den kupfernen Sonntag solle man nicht in die verkaufsfreien Sonntage einbeziehen.

Bundesminister Kraft schlägt vor, die Lebensmittelgeschäfte am Sonnabendnachmittag schließen zu lassen und am Montagvormittag offenzuhalten. Für alle anderen Verkaufsstellen müsse dann die umgekehrte Regelung getroffen werden.

Staatssekretär Thedieck befürwortet einen freien Montagvormittag mit einer Sonderregelung für Lebensmittelgeschäfte.

Staatssekretär Dr. Nahm macht darauf aufmerksam, daß ein freier Montagvormittag eine Umstellung bei den Nahverkehrsmitteln und der Bundesbahn erforderlich

---

[15] Nach § 22 Absatz 1 Ziffer 2 des Entwurfs sollte jeder Inhaber einer Verkaufsstelle verpflichtet sein, „ein Verzeichnis über Name, Tag, Beschäftigungsart und -dauer der an Sonn- und Feiertagen beschäftigten Arbeitnehmer“ und über die ihnen ersatzweise zu gewährende Freizeit zu führen.

mache, da 30 % aller Beschäftigten Pendler seien, die teilweise erhebliche Entfernungen vom Wohn- zum Arbeitsort zurücklegen müßten.

Staatssekretär Dr. Sonnemann unterstützt den Vorschlag des Bundesministers für Arbeit, einen einheitlichen Ladenschluß am Mittwochnachmittag vorzusehen, da durch einen freien Samstagnachmittag oder Montagvormittag die Versorgung der Bevölkerung mit Lebensmitteln beeinträchtigt werde.

Staatssekretär Hartmann weist darauf hin, daß bei einem Ladenschluß am Montagvormittag viele Ausnahmen gemacht werden müßten. Er befürwortet eine roulierende Regelung. Wenn das zu Schwierigkeiten führen sollte, hält er den Vorschlag des Bundesministers für Arbeit für einen freien Mittwochnachmittag für das beste.

Min.Dir. Dr. Claussen, BMV, gibt einer roulierenden Regelung den Vorzug.

Min.Dir. Dr. Fischer-Dieskau [BMWo] spricht sich gegen den freien Samstagnachmittag und für den freien Montagvormittag aus.

Präsident Bernard macht unter Hinweis auf die unter den Frankfurter Friseuren getroffene Absprache den Vorschlag, den Geschäften die Möglichkeit zu geben, innerhalb der einzelnen Sparten an verschiedenen Tagen zu schließen. Damit werde erreicht, daß in jedem Verkaufszweig an jedem Tage eine Einkaufsmöglichkeit für die Bevölkerung bestehe.

Staatssekretär Sauerborn entgegnet hierzu, daß es sich bei den Friseuren um ein Spezialproblem handele. Wenn man dem Vorschlag von Präsident Bernard folgen würde, müsse man damit rechnen, daß die Mehrzahl aller Geschäfte am Samstagnachmittag schließen würde.

Staatssekretär Dr. Westrick weist noch darauf hin, daß für verschiedene Berufe (z. B. Handelsvertreter und Spediteure) ein einheitlich festgelegter Mittwochnachmittag eine wirtschaftlich nachteilige Zäsur der Arbeit bedeute.

Der *Vizekanzler* spricht sich für den individuell roulierenden freien Nachmittag aus, der auf Grund einer Vereinbarung von Arbeitnehmer und Arbeitgeber festgelegt werden soll. Zusätzlich sollte eine Ermächtigung für die Handelszweige innerhalb der Orte gegeben werden, an einem Nachmittag zu schließen, wobei der Samstagnachmittag ausgeschlossen werden müßte.

Nach eingehender Diskussion des gesamten Fragenkreises spricht sich die Mehrheit der Anwesenden für einen roulierenden freien Nachmittag aus. Sollte diese Regelung aus technischen Gründen nicht durchführbar sein, wird überwiegend dem einheitlich festgelegten Ladenschluß am Mittwochnachmittag vor den anderen Lösungsmöglichkeiten der Vorzug gegeben.

In der Diskussion wird noch die Frage aufgeworfen, ob überhaupt eine gesetzliche Regelung des ganzen Problems nötig sei. Dies wird von einigen Anwesenden verneint.

Staatssekretär Sauerborn hält dem entgegen, daß die Bundesregierung die Aufgabe habe, die Interessen der Verbraucher zu wahren. Es sei deshalb notwendig, dem Bundestag einen Entwurf zuzuleiten, in dem der Mittwochnachmittag festgelegt sei. Nur so könne der Tendenz weiter Kreise des Bundestages entgegengewirkt werden, den freien Samstagnachmittag im Gesetz zu verankern. Er betont mit

Nachdruck, daß dies nur verhindert werden könne, wenn die Bundesregierung eine einfache und klare andere Regelung vorschlage[16].

Außerhalb der Tagesordnung

[A.] Streiks zur Erzwingung von Lohnerhöhungen **BMA**

Der *Vizekanzler* teilt mit, daß im Landkreis Osterode ein Streik durchgeführt werde, der bereits die Umlegung von Exportaufträgen auf die Sowjetzone und die Tschechoslowakei zur Folge gehabt habe[17].

Die Folgen der jetzt überall aufflackernden Streiks habe letztlich der Bund zu tragen, da er bei einem aus den Lohnerhöhungen resultierenden Steigen der Preise für die sozial schwachen Bevölkerungsteile (z. B. Rentner, Vertriebene, Kriegsbeschädigte) erhöhte Aufwendungen machen müsse[18]. Durch übermäßige, nicht mit der Produktivitätssteigerung abgestimmte Lohnerhöhung könne u. U. der gesamte Bundeshaushalt gefährdet werden.

Da es sich also nicht nur um eine Angelegenheit der beiden Sozialpartner, sondern auch des Staates handele, sei es die Frage, ob man nicht ein staatliches Schlichtungsverfahren ins Auge fassen müsse, zumal die augenblickliche Schlichtungstätigkeit starke Mängel aufweise[19].

---

[16] In der 45. Kabinettssitzung am 22. Sept. 1954 (TOP 2; Kabinettsprotokolle 1954, S. 398) entschied sich das Kabinett zwar mehrheitlich für einen freien Mittwochnachmittag, in der 74. Kabinettssitzung am 9. März 1955 (TOP 1; Kabinettsprotokolle 1955, S. 174–176) wurden Storch und Erhard jedoch beauftragt, die Koalitionsfraktionen für das roulierende Modell zu gewinnen. Da diese Verhandlungen scheiterten und am 14. Juni 1955 ein interfraktioneller Initiativgesetzentwurf eingebracht wurde (BT-Drs. 1461), verzichtete die Bundesregierung darauf, ihren Entwurf an den Bundestag weiterzuleiten. – BR-Drs. 310/54. – Gesetz über den Ladenschluß vom 28. Nov. 1956 (BGBl. I 875).

[17] Zum Streik der Gipsarbeiter im Raum Osterode vgl. Bogun u. a., „Wollt Ihr nun streiken?".

[18] Die IG Metall hatte 1954 in verschiedenen Tarifbezirken Lohnforderungen gestellt, die eine Anpassung der Löhne und Gehälter nicht mehr an die gestiegenen Lebenshaltungskosten, sondern an die Steigerung des Sozialprodukts vorsahen. Im Tarifgebiet Württemberg-Baden hatte Ministerpräsident Gebhard Müller als Vermittler einen Streik abwenden können. Am 29. und 30. Juli 1954 hatte für den Tarifbezirk Bayern eine Urabstimmung stattgefunden, bei der sich 80,4 % der Stimmberechtigten für einen Streik ausgesprochen hatten. An dem Streik vom 9. bis 31. Aug. 1954 beteiligten sich 84 000 Metallarbeiter, der Schiedsspruch enthielt Lohnsteigerungen von etwa 7 % (vgl. dazu Industriegewerkschaft Metall, S. LII f. und 459–547). – Zu den Forderungen von ÖTV und DAG für den öffentlichen Dienst vgl. 36. Kabinettssitzung am 23. Juli 1954 TOP F (Kabinettsprotokolle 1954, S. 272 f.).

[19] Zu früheren Beratungen über den Erlaß einer staatlichen Schlichtungsordnung vgl. 296. Kabinettssitzung am 2. Juni 1953 TOP 3 (Kabinettsprotokolle 1953, S. 323 f.). – Adenauer stellte mit Schreiben vom 20. Aug. 1954 seine in der 36. Kabinettssitzung am 23. Juni 1954 (TOP F; Kabinettsprotokolle 1954, S. 273) an Storch gerichtete Frage nach dem Stand der Vorarbeiten zu einem Gesetz über Urabstimmungen unter Hinweis auf die Tarifauseinandersetzungen in Baden-Württemberg und Bayern erneut und forderte die Vorlage eines Gesetzentwurfs. Auf die Ankündigung Storchs vom 17. Aug. 1954, den mittlerweile überarbeiteten Entwurf aus dem Jahre 1953 erneut vorlegen zu wollen, antwortete Adenauer mit Schreiben vom 25. Aug. 1954, Storch möge „im gegenwärtigen Zeitpunkt keine Gesetzentwürfe" vorlegen und „völliges Stillschweigen über [eine] zukünftige Regelung auf dem ganzen Gebiete" wahren (B 136/8805). – Eine gesetzliche Regelung des Schlichtungsverfahrens unterblieb. Am 7. Sept.

Staatssekretär Sauerborn erklärt hierzu, daß das Bundesministerium für Arbeit die Streikwelle aufmerksam verfolge. In der Mehrzahl der Fälle seien Streiks durch eine vorherige Vereinbarung der Tarifpartner vermieden worden. Eine gewisse Sorge bereite der Streik in lebenswichtigen Betrieben, wie z. B. der augenblickliche Ausstand in den Hamburger Versorgungsbetrieben[20].

Die Entscheidungen darüber, ob man einem staatlichen Schlichtungsverfahren nähertreten solle, müsse er jedoch der Entscheidung seines Ministers vorbehalten.

Der *Vizekanzler* ist der Meinung, daß über dieses Problem demnächst im Kabinett ernste Überlegungen angestellt werden müßten[21].

[B.] Politik der Bundesregierung in den Angelegenheiten der Vertriebenen, Sowjetzonenflüchtlinge, Kriegssachgeschädigten und Evakuierten (Große Anfrage der SPD, Drucksache Nr. 725) BMVt

Staatssekretär Dr. Nahm stellt die Frage zur Erörterung, ob in der Antwort an den Bundestag auf die Regierungserklärung des Bundeskanzlers und auf das 2-Jahres-Programm des Bundesministers für Vertriebene, Flüchtlinge und Kriegsgeschädigte verwiesen werden soll oder ob ein neues Programm aufgestellt werden müsse[22].

1954 einigten sich die Spitzenverbände der Tarifparteien im sog. „Margarethenhof-Abkommen" auf eine Musterschlichtungsvereinbarung, die eine automatische Schlichtung und eine absolute Friedenspflicht bis zum Scheitern der Schlichtung vorsah (vgl. Der Deutsche Gewerkschaftsbund, S. 607 f.).

20 Vom 4. bis 12. Aug. 1954 streikten die Mitarbeiter der öffentlichen Versorgungsbetriebe in Hamburg, um ihrer Forderung nach Erhöhung des Stundenlohns um 0,10 DM bzw. Gehaltserhöhungen von 6 % durchzusetzen. Vgl. dazu das Protokoll der Sitzung des DGB-Bundesvorstands am 19. Aug. 1954 in: Der Deutsche Gewerkschaftsbund, S. 591–599.

21 Ein Behandlung im Kabinett konnte nicht ermittelt werden. – Fortgang zu den Tarifverhandlungen im öffentlichen Dienst 55. Kabinettssitzung am 27. Okt. 1954 TOP 4 (Kabinettsprotokolle 1954, S. 471–473).

22 Die SPD hatte in einer Großen Anfrage Nr. 28 vom 14. Juli 1954 Fragen gestellt nach dem Programm der Bundesregierung 1) zur wirtschaftlichen Eingliederung und sozialen Befriedung der Heimatvertriebenen, Kriegssachgeschädigten, Sowjetzonenflüchtlinge und Evakuierten, 2) zur Durchführung des Bundesevakuiertengesetzes, 3) zur Finanzierung des Lastenausgleichs, 4) zur Eingliederung der Vertriebenen und Flüchtlinge in die Landwirtschaft, 5) zur Verteilung der Flüchtlinge über die Bundesrepublik, 6) zur gesetzlichen Verankerung der Leistungen für Sowjetzonenflüchtlinge gemäß Bundestagsbeschluß vom 16. Mai 1952 und 7) zur Durchführung des § 96 des Bundesvertriebenengesetzes (Bewahrung der Kultur der Vertreibungsgebiete). Vgl. dazu auch SPD-Fraktion 1949–1957, Bd. 2, S. 61. – Vgl. auch die Regierungserklärung Adenauers am 20. Okt. 1953 (Stenographische Berichte, Bd. 18, S. 11–22). – Die Bundesregierung hatte in der 12. Kabinettssitzung am 11. Dez. 1953 dem vom BMVt aufgestellten und mit Schreiben vom 3. und 5. Nov. 1953 vorgelegten Zweijahresplan zur Eingliederung der Vertriebenen und Flüchtlinge zugestimmt (TOP 1: Kabinettsprotokolle 1953, S. 554–556). Darin waren die Schwerpunkte der in den anschließenden zwei Jahren zu leistenden „Eingliederungsarbeit" und die dafür notwendigen Mittel bezeichnet worden. Unterlagen in B 150/2748–2750 sowie B 136/807 und 2712. – Unterlagen zur Beantwortung der Großen Anfrage in B 150/463, 1441 und 2748 f. sowie B 136/131.

Der *Vizekanzler* erklärt, daß die Erarbeitung eines neuen Programms monatelange Beratungen beanspruchen würde, Anfragen aus dem Bundestag jedoch so schnell wie möglich beantwortet werden sollten. Seiner Meinung nach solle auf das 2-Jahres-Programm des Bundesministers für Vertriebene, Flüchtlinge und Kriegsgeschädigte hingewiesen werden.

Staatssekretär Dr. Nahm macht darauf aufmerksam, daß der 2-Jahres-Plan des Bundesministers für Vertriebene, Flüchtlinge und Kriegsgeschädigte bisher den Parteien nicht zur Kenntnis gebracht worden sei und er daher vor der Zuleitung an den Bundestag noch unter den Ressorts abgestimmt werden müsse.

Staatssekretär Hartmann schlägt vor, dies in einer Abteilungsleiterbesprechung zu tun.

Der Kabinettsausschuß beschließt entsprechend.

Staatssekretär Dr. Nahm wird die Bundesministerien der Finanzen, für Wirtschaft, für Ernährung, Landwirtschaft und Forsten, für Wohnungsbau und für gesamtdeutsche Fragen zu dieser Besprechung einladen.

Staatssekretär Dr. Sonnemann weist noch darauf hin, daß in der Anfrage u. a. auch die besonders schwierigen Probleme der Entschädigungsregelung für Landabgaben im Rahmen der Bodenreform und der Altersversorgung für Eigentümer auslaufender Höfe angeschnitten werden, von denen das erstere erhebliche Auswirkungen auf die Finanzbeziehungen zwischen Bund und Ländern haben könne.

Bundesminister Kraft schlägt vor, die Entschädigungsregelung für Landabgaben außerhalb der Anfrage zu bearbeiten und die im Bundesministerium für Ernährung, Landwirtschaft und Forsten darüber vorhandenen Unterlagen den Abgeordneten als Material zu übermitteln.

Der Kabinettsausschuß nimmt davon Kenntnis, daß die Antwort auf die Große Anfrage der SPD vom Bundesministerium für Vertriebene, Flüchtlinge und Kriegsgeschädigte unter Hinzuziehung der an der obengenannten Abteilungsleiterbesprechung beteiligten Ressorts ausgearbeitet werden wird[23].

---

[23] Protokoll der Ressortbesprechung vom 11. Aug. 1954 in B 150/2748 und B 136/131. – Einem Vermerk Nahms über die Kabinettsausschußsitzung zufolge war beschlossen worden, die Frage 6 der Anfrage („Wann wird die Bundesregierung dem Beschluß des Bundestages vom 16. Mai 1952 Rechnung tragen, der für Flüchtlinge aus der Sowjetzone gesetzlich verankerte Leistungen forderte?") im Kabinettsausschuß „noch einmal von der grundsätzlichen Seite her" zu besprechen (B 150/463). – Fortgang 17. Ausschußsitzung am 20. Sept. 1954 TOP 4.

16. Sitzung des Kabinettsausschusses für Wirtschaft am Donnerstag, den 19. August 1954

Teilnehmer: Blücher, Storch, Seebohm; Hartmann, Westrick, Sonnemann; Bernard (BdL); Seiermann (BMV), Junker (AA), Thiele (BMWo), von Zahn (BMG), Heise (BMZ), von Bechtolsheim (Bundeskanzleramt), Vertreter verschiedener Bundesministerien. Protokoll: Hornschu.

Beginn: 9.30 Uhr *Ende: 12.25 Uhr*

Ort: Bad Godesberg, Haus Carstanjen

Tagesordnung:

1. *Einführung direkter internationaler Eisenbahntarife mit degressivem Charakter innerhalb der Montangemeinschaft*
   Vorlage des BMV vom 14. Aug. 1954.
2. *Kupferschieferbergbau bei Sontra*
   Vorlage des BMWi vom 10. Aug. 1954 (I A 2 - 2113/54 - III A 3 - 12396/54).
3. *Beteiligung westdeutscher und Westberliner Firmen an der Leipziger Herbstmesse 1954*
   Schreiben des BMWi an den Staatssekretär des Bundeskanzleramtes vom 5. Aug.1954 (Az.: IV/d - 17897/54 II).

1. Einführung direkter internationaler Eisenbahntarife mit degressivem Charakter innerhalb der Montangemeinschaft BMV

Der *Bundesminister für Verkehr* trägt einen zwischen dem Auswärtigen Amt, dem Bundeswirtschaftsministerium und dem Bundesverkehrsministerium auf Referentenebene am Tage vorher erarbeiteten Vermittlungsvorschlag für die Anweisung an die deutsche Delegation vor und macht zur Begründung Ausführungen entsprechend der Darlegung in der Vorlage des Bundesverkehrsministers vom 14.8.1954[1].

---

[1] Vorlage des BMV vom 14. Aug. 1954 und Vorlage des AA vom 17. Aug. 1954 in AA Abt. 2, Ref. 213 (Az. 86.07/2), Bd. 1 und B 136/9571; weitere Unterlagen in B 108/1247–1249, 1251 und 14779 sowie AA Abt. 2, Ref. 213 (Az. 86.07/1 und 86.07/2). – Der Ministerrat der EGKS hatte am 27. Juli 1954 bezugnehmend auf Artikel 70 des EGKS-Vertrags vom 18. April 1951 (BGBl. 1952 II 445; abgedruckt in Verträge der Bundesrepublik Deutschland, Reihe A, Bd. 2, S. 44–147) und § 10 des Überleitungsabkommens zum Schuman-Vertrag (Abkommen vom 18. April 1951 ebenda, S. 179–225) die Einsetzung einer Kommission beschlossen, die Vorschläge über die Einführung unmittelbar geltender und bei der Überschreitung einer Staatsgrenze nicht neu einsetzender, degressiver Eisenbahntarife unterbreiten und erstmals am 23. Aug. 1954 in Luxemburg tagen sollte. Insbesondere sollte das Problem des „Frachtenbruchs" gelöst werden, der dadurch entstand, daß bei grenzüberschreitenden Transporten die den Transport überneh-

Er erwähnt dabei insbesondere, daß der deutsche Eisenbahngütertarif eine Wert- sowie eine Entfernungsstaffel zu Grunde legt mit dem Ergebnis, daß mit zunehmender Entfernung die Fracht relativ billiger wird. Nach dem Kriege sei die Entfernungsstaffel weiter abgeflacht worden, um verkehrsferne Randgebiete zu begünstigen und so die Wirtschaftsstruktur aufrechterhalten zu können. Bei der Entfernungsstaffel sei die Degression wesentlich größer als in den Tarifsystemen der anderen Mitgliedsstaaten der Montanunion.

Würde man dem Vorschlag der Hohen Behörde folgen, so müsse man die Tarife mit regelmäßig degressiver Staffel und allgemeiner Gültigkeit nicht nur für Kohle und Stahl, sondern auch für die übrigen Güter anwenden, was zu einer entsprechenden Verschlechterung der Wettbewerbslage in den Randgebieten führen würde. Ein entscheidender Teil der deutschen Tarifhoheit würde also in die Hände der Hohen Behörde übergehen. Dabei würden übrigens auch der Montanunion nicht angehörende Länder Nutzen aus einer solchen Maßnahme ziehen.

Infolge dieser weittragenden Auswirkungen seien auch von der Wirtschaft schwerste Bedenken angemeldet worden[2].

Der *Vizekanzler* ist der Auffassung, daß diese Bedenken der Wirtschaft und auch die vom Bundesminister für Verkehr vorgetragenen Einwendungen gegen das Verlangen der Hohen Behörde größte Beachtung verdienen. Er macht in diesem Zusammenhange auf die gegenwärtige politische Stimmung aufmerksam, die kritische Erörterungen über die Montanunion befürchten lasse[3].

Hierauf stellt er die in dem Vermittlungsvorschlag zur Rechtsfrage gebrachten Gedanken (I) zur Aussprache[4].

---

mende Bahn erneut eine Abfertigungsgebühr und die nach ihrem Tarif fällige hohe Anfangsfrachtgebühr berechnete. Die Hohe Behörde hatte vorgeschlagen, „daß ein gewogener Durchschnitt der Frachtsätze der beteiligten Eisenbahnen für die Gesamtentfernung berechnet wird, wobei der Durchschnitt nach dem Verhältnis der Entfernungen berechnet wird". Der BMV hatte in seiner Vorlage den Entwurf einer Weisung für die deutsche Kommissionsdelegation unterbreitet, derzufolge der Vorschlag der Hohen Behörde nicht ausdrücklich als vertragswidrig abgelehnt, aber doch auf die schweren Beeinträchtigungen der deutschen Wirtschaft und des guten Funktionierens des Gemeinsamen Marktes hingewiesen werden sollte, die aus direkten Tarifen mit einheitlicher Degression erwachsen würden. Das Auswärtige Amt hatte mit Schreiben vom 17. Aug. 1954 einen alternativen Weisungsvorschlag hinsichtlich der Verhandlungstaktik vorgelegt. – Zum Vermittlungsvorschlag vom 18. Aug. 1954 vgl. den Vermerk aus dem BMZ vom 19. Aug. 1954 in B 136/9571.

2 Der DIHT-Geschäftsführer und Vorsitzende des Sachverständigenausschusses für die Neugestaltung des deutschen Gütertarifs, Paul Beyer, hatte in Schreiben vom 13. und 18. Aug. 1954 an den Bundeskanzler die Haltung des Sachverständigenausschusses dargelegt und gefordert, daß die Bundesrepublik die vorgeschlagenen Tarifmaßnahmen ablehnen und ggfs. ihre Verwirklichung verweigern sollte. Die Schreiben lagen den Mitgliedern des Kabinettsausschusses vor (B 136/9571).

3 Zur politischen Lage vor der Ablehnung des EVG-Vertrages durch die französische Nationalversammlung am 30. Aug. 1954 vgl. Kabinettsprotokolle 1954, S. XLI–XLIV.

4 Abschnitt I des Vermittlungsvorschlags vom 18. Aug. 1954 lautete: „Die deutsche Delegation sollte sich zu den Fragen, ob eine rechtliche Verpflichtung zur Einführung von direkten Tarifen mit degressiver Staffel und darüber hinaus zur Einführung direkter Tarife mit allgemei-

Staatssekretär Dr. Westrick stimmt grundsätzlich der Auffassung des Bundesministers für Verkehr zu. Er bittet jedoch darum, daß man sich deutscherseits in der Rechtsfrage auch nicht etwa in negativem Sinne festlege, um nicht später in die Lage zu kommen, den eingenommenen Standpunkt wieder aufgeben zu müssen. Er bittet aber schon jetzt um sehr gründliche Prüfung der Rechtsfrage für die kommende Ministerratstagung.

Ministerialdirigent Dr. Junker, AA, schließt sich der Auffassung von Staatssekretär Dr. Westrick an.

Der *Vizekanzler* stellt hiernach fest, daß der Vorschlag unter I gebilligt wird und daß eine sofortige Prüfung der Rechtslage veranlaßt werden soll.

Staatssekretär Dr. Westrick läßt in der anschließenden Erörterung des Vorschlages II von *Ministerialrat Dr. Estner*, BWM, zunächst die Auswirkungen der von der Hohen Behörde gewünschten tarifarischen Maßnahmen für Kohle und Stahl darlegen[5].

Der *Bundesminister für Arbeit* hält es für unmöglich, im gegenwärtigen Augenblick eine positive Stellungnahme zu den Vorschlägen der Hohen Behörde abzugeben, da im Falle eines negativen Ausgangs der Brüsseler Verhandlungen[6] mit tiefgreifenden Rückwirkungen gerechnet werden müsse. Außerdem dürfe man nicht die Gefahr einer Vermehrung der Arbeitslosigkeit in den revierfernen Gebieten heraufbeschwören.

Der *Vizekanzler* pflichtet dieser Auffassung bei. Da die Gefahr bestehe, daß aus den vorangegangenen wirtschaftlichen Integrationsbeiträgen nun keine politischen Folgerungen gezogen würden, könnten die Regierungsvertreter zur Zeit keine Resolution im Sinne des Verlangens der Hohen Behörde annehmen, auch nicht ad referendum.

Daher hält er es für richtig, deutscherseits zunächst auf eine gründliche Beleuchtung des gesamten Fragenkomplexes hinzuwirken und dabei auch alle technischen Gesichtspunkte zu klären.

Es sei also völlig angebracht, daß die deutsche Delegation für ihr jetziges Auftreten in diesem Sinne durch den Kabinettsausschuß gedeckt werde.

Staatssekretär Hartmann kann sich zu dem Vermittlungsvorschlag II, insbesondere zu c) nicht abschließend äußern, da das Bundesministerium der Finanzen zu den

---

nem Geltungsbereich und einheitlicher Degression besteht, nicht festlegen, sondern die Erörterung dieser Fragen den künftigen Verhandlungen im Ministerrat vorbehalten."

[5] Gemäß Abschnitt II sollte die deutsche Delegation ermächtigt werden, a) die „erwarteten tiefgreifenden und anhaltenden Störungen der deutschen Wirtschaft und des deutschen Transportwesens im einzelnen dazulegen", b) in die Prüfung von Vorschlägen einzutreten, die eine wesentliche Milderung dieser Störungen zur Folge hätten, und c) bei einem negativen Ergebnis dieser Prüfung eine gemeinsame Prüfung der Frage durch die Mitgliedsregierungen und die Hohe Behörde vorzuschlagen, „in welchen Verkehrsverbindungen des gemeinsamen Marktes zur Beseitigung des Frachtenbruches direkte Tarife besonders vordringlich erscheinen und welche Lösungsmöglichkeiten sich hierfür unter Berücksichtigung der wirtschaftlichen Gesichtspunkte ergeben".

[6] Zur Brüsseler Konferenz der EVG-Außenminister vom 19. bis 22. Aug. 1954 vgl. Sondersitzung des Kabinetts am 1. Sept. 1954 TOP A (Kabinettsprotokolle 1954, S. 350–354).

vorangegangenen Ressortbesprechungen nicht zugezogen worden sei und er von dem Vermittlungsvorschlag erst in der heutigen Kabinettsausschußsitzung Kenntnis erhalten habe. Er äußert Bedenken, sich vorzeitig im Sinne von Buchstabe c) festzulegen und gibt zu erwägen, ob man sich auf Buchstaben a) und b) beschränken solle.

Staatssekretär Dr. Sonnemann hält ebenfalls einen Vorschlag im Sinne von Buchstaben c) für zu weitgehend und befürchtet daraus erhebliche Strukturveränderungen der landwirtschaftlichen Märkte. Man solle sich darauf beschränken, auf die nachteiligen wirtschaftlichen Folgen hinzuweisen.

Ministerialdirigent Dr. Junker, AA, hält unter Bezugnahme auf die Vorlage des Auswärtigen Amtes vom 17.8.1954 die Formulierung unter Buchstaben c) nicht für ausreichend und empfiehlt die vom Auswärtigen Amt in seiner Vorlage unter III vorgesehene Weisung an die deutsche Delegation anzunehmen[7].

Der *Bundesminister für Verkehr* und *Staatssekretär Dr. Westrick* halten es für erforderlich, daß deutscherseits bei den Verhandlungen eine konkretere Haltung eingenommen wird, als sie von den Staatssekretären Dr. Sonnemann und Hartmann gewünscht werde.

Nach Meinung des *Bundesministers für Verkehr* wird man um ein Eingehen auf die Frage der direkten Tarife nicht herumkommen; dabei müsse man sich jedoch darauf beschränken, die Frage der Beseitigung des Frachtenbruchs zu behandeln.

Nach einer weiteren Erörterung der Frage, ob es aussichtsreich erscheint, unter Berufung auf Art. 2 Abs. 2 des Vertrages dem Verlangen der Hohen Behörde ausweichen zu können, wird die Aussprache abgebrochen.

Die Abteilungsleiter der beteiligten Ressorts sollen sofort zusammentreten, um einen neuen Vermittlungsvorschlag auf Grund der hier angestellten Erwägungen auszuarbeiten. Dieser neue Vorschlag soll in einer Sondersitzung des Kabinettsausschusses am 20.8.1954, 10.30 Uhr, abschließend beraten werden[8].

2. Kupferschieferbergbau bei Sontra **BMWi**

Ministerialdirigent Classen, BWM, gibt einen Überblick über die Entwicklung des Bergbaugebietes Sontra, die durch *Ministerialdirigenten von Boeckh*, BWM, hinsichtlich der Bemühungen um ersatzweise Ansiedlungen von Industriefirmen und Unterbringung der für den Fall einer Stillegung betroffenen Arbeitskräfte ergänzt wird. Dabei liegt die Vorlage des Bundesministeriums für Wirtschaft vom 10.8.1954 zu Grunde.[9]

---

[7] Abschnitt III der Vorlage des AA lautete: „Die Delegation wird ermächtigt, hilfsweise vorzuschlagen, in Verhandlungen über die Aufstellung direkter Tarife mit allgemeiner Gültigkeit ohne einheitliche Degression einzutreten, sowie an der Ausarbeitung von Regeln mitzuwirken, durch die die vom Sachverständigenausschuß beanstandeten einzelnen Fälle von Diskriminierungen nach der ‚fourth clause' beseitigt werden können."

[8] Fortgang Sondersitzung des Kabinettsausschusses für Wirtschaft am 20. Aug. 1954 TOP 1.

[9] Vorlage des BMWi vom 10. Aug. 1954 in B 102/13130 und B 136/2391; weitere Unterlagen in B 102/3324–3336 und 13131 f. sowie B 126/40631–40633. – Der Haushaltsausschuß des Deut-

Der *Bundesminister für Verkehr* ist der Auffassung, daß die Ansiedlung von Ersatzindustrien wenig Aussicht biete und daß wegen der darüber bestehenden Unsicherheit eine Stillegung des Bergbaubetriebes nicht beschlossen werden könne. Wegen des Zusammenhangs mit dem Kupfererzbergbau Mansfeld sollte seiner Meinung nach diese Frage bis zur Wiedervereinigung zurückgestellt werden.

Wolle man aber gleichwohl die Stillegung in Betracht ziehen, so werde sich das politisch nur rechtfertigen lassen, wenn man gleichzeitig auch die Stillegung des Erzbergbaus in anderen Gebieten, bei dem sich eine ähnliche Lage ergäbe, in Aussicht nähme.

Staatssekretär Dr. Westrick fügt hinzu, daß auch seitens anderer Betriebe mit Stillegungswünschen gerechnet werden müsse und erwähnt hierbei die Preussag.

Staatssekretär Hartmann glaubt, daß es nicht erforderlich sei, die Entscheidung jetzt zu treffen, da durch die Aufnahme der erforderlichen Subventionsbeträge in den Haushalt 1954 für dieses Jahr die Sorge behoben sei[10]. Allerdings würde er auch nicht einen Beschluß gutheißen können, daß der Betrieb weiter fortgeführt werden könne. Jedoch soll seiner Meinung nach das Problem gründlich durchdiskutiert werden, um Klarheit zu haben, wenn die Frage der Stillegung wieder akut werden wird.

Der *Bundesminister für Arbeit* begrüßt die Stellungnahme von Staatssekretär Hartmann und unterstreicht die Auffassung des Bundesministers für Verkehr, daß neuangesetzte Industrien keine Aussicht auf Fortbestand haben, wenn nicht die natürlichen Standortbedingungen vorhanden sind.

Staatssekretär Dr. Westrick bemerkt, daß das ganze Problem wohl kaum so in der Schwebe gehalten werden könne, weil besonders ein Bergbaubetrieb nicht unter dieser Ungewißheit mit größtmöglichstem Nutzen zu führen sei.

Der *Vizekanzler* erwidert, nach Lage der Sache könne man wohl mit der weiteren Bewilligung der Mittel zunächst rechnen. Gleichzeitig müsse aber überprüft werden, welche Arbeitskräfte in Sontra überhaupt für [eine] Umschulung geeignet seien. Er schlägt dem Kabinettsausschuß vor, daß zur Klärung der später erneut zur Entscheidung kommenden Frage der Stillegung und zugleich als Grundlage für die Entscheidung über die Festsetzung von Subventionszahlungen an Ort und Stelle

schen Bundestags hatte in seiner 34. Sitzung am 16. Juni 1954 das BMF um einen Bericht über die bundeseigene Kurhessische Kupferschieferbergbau GmbH in Sontra gebeten. Der Wirtschaftspolitische Ausschuß hatte sich in seiner 14. Sitzung am 18. Juni 1954 gegen die Aufrechterhaltung des unwirtschaftlich arbeitenden Betriebs ausgesprochen und die Bundesregierung aufgefordert, „ein konstruktives Programm für die Lösung der Schwierigkeiten im Gebiet Sontra vorzulegen“. Da Haushaltsmittel nur bis zum 31. März 1955 zur Verfügung stünden, sollte das BMWi „zum ehest möglichen Zeitpunkt über das von ihm Veranlaßte und Geplante berichten“ (Protokolle im Parlamentsarchiv des Deutschen Bundestags). – In seiner Vorlage hatte der BMWi die Situation der Kurhessischen Kupferschieferbergbau GmbH dargestellt und eine Entscheidung des Kabinetts darüber beantragt, „ob der Betrieb wegen seiner hohen Subventionsbedürftigkeit stillgelegt werden soll und welche Mittel – zur Abwendung der sozialen und politischen Folgen der Stillegung – bereitgestellt werden müssen“.

[10] Der Bundeshaushaltsplan für 1954 (Titel 0902-609) sah einen Zuschuß an die Kurhessische Kupferschieferbergbau GmbH, Sontra in Höhe von 7,8 Millionen DM vor (BD 11/3–1954).

selbst vom Bundeswirtschaftsministerium und Bundesarbeitsministerium gemeinsam eine gründliche Untersuchung angestellt werden solle, an der das Bundesministerium der Finanzen zu beteiligen sei.

Diese Untersuchung solle sich unter anderem erstrecken auf Altersgliederung, Zugehörigkeit zu früheren Berufen und Eigentumsbindungen der in diesem Gebiet beschäftigten Arbeitnehmer[11].

Unabhängig davon solle das Bundesministerium für Wirtschaft seine Verhandlungen zur Ansetzung von Ersatzindustrien weiterführen[12].

Der Kabinettsausschuß beschließt entsprechend[13].

3. Beteiligung westdeutscher und Westberliner Firmen an der Leipziger Herbstmesse 1954 BMWi

Staatssekretär Dr. Westrick führt zu der vom Bundesministerium für Wirtschaft aufgeworfenen Frage, ob etwa die Beteiligung westdeutscher und Westberliner Firmen an der Leipziger Messe als unerwünscht bezeichnet werden soll, aus, daß seitens des Bundesministeriums für Wirtschaft keine Bedenken gegen eine Beteiligung an der Leipziger Messe bestünden, jedoch habe das Bundesministerium für Wirtschaft wegen der politischen Bedeutung es immerhin für erforderlich gehalten, die Frage zur Erörterung zu stellen[14].

Würde man Firmen, die sich zu beteiligen wünschen, behindern wollen, dann sei wohl mit Angriffen gegen die Bundesregierung zu rechnen.

Der *Vizekanzler* hält es schlechthin für unmöglich, ganz besonders im jetzigen Augenblick, gegen die Beteiligung westdeutscher und Westberliner Firmen Stellung zu nehmen. Man könne sich weder empfehlend noch ablehnend äußern. Die Antwort sollte nach seiner Meinung dahin lauten, daß die Entscheidung bei den Firmen selbst liege.

Der *Bundesminister für Arbeit* pflichtet ihm bei, zumal das Grundgesetz keine Möglichkeit biete, die Beteiligung zu verhindern und die Bundesregierung auch nicht gut daran tun würde, so weitgehend einzugreifen.

---

[11] Unterlagen zu den Besprechungen zwischen Vertretern von BMWi, BMA und BMF mit Vertretern der Hessischen Landesregierung und der Bundesanstalt für Arbeitsvermittlung und Arbeitslosenversicherung von September bis Dezember 1954 in B 102/13130 und B 126/40633. Das Ergebnis der Untersuchung teilte der BMWi dem Kabinett in seiner Vorlage vom 23. Dez. 1954 mit (B 102/13130 und B 136/2391).

[12] Unterlagen hierzu in B 102/13132.

[13] Fortgang 23. Ausschußsitzung am 7. Jan. 1955 TOP 3.

[14] Vorlage des BMWi vom 5. Aug. 1954 in B 136/7615. – Am 5. Aug. 1954 hatte das BMWi dem Bundeskanzleramt ein Schreiben an das AA vom 29. Juli 1954 zur Kenntnis gegeben. Darin hatte das BMWi auf die Bemühungen der DDR hingewiesen, möglichst viele Unternehmen aus der Bundesrepublik und Berlin (West) als Aussteller für die Leipziger Messe vom 5. bis 9. Sept. 1954 zu gewinnen, und um Stellungnahme zu der Frage einiger interessierter westdeutscher Unternehmen gebeten, „ob eine Teilnahme an der Leipziger Messe von der Bundesregierung als unerwünscht angesehen wird".

Ministerialdirigent Dr. Junker, AA, ist ebenfalls der Auffassung, daß die Beteiligung nicht verhindert werden könne, wenn auch natürlich eine Ausdehnung des Ostgeschäftes bei dieser Gelegenheit versucht werden werde[15].

---

15 Nach dem Bericht des Ministeriums für Außenhandel und Innerdeutschen Handel (MAI) der DDR waren an der Leipziger Herbstmesse 1954 insgesamt 9394 Aussteller beteiligt, darunter 1120 aus der Bundesrepublik und West-Berlin. Von den insgesamt 977 ausländischen Teilnehmern kamen 874 aus dem westlichen Ausland. Vgl. dazu den Ausschnitt aus der „Deutschen Messezeitung" Nr. 9 (September 1954) in B 136/7615.

Sondersitzung des Kabinettsausschusses für Wirtschaft am Freitag, den 20. August 1954

Teilnehmer: Blücher, Storch; Hartmann, Westrick, Sonnemann, Bergemann; Seiermann (BMV), Staab (BML), Junker (AA), Thiele (BMWo), Heise (BMZ), von Bechtolsheim (Bundeskanzleramt), Vertreter verschiedener Bundesministerien. Protokoll: Hornschu.

Beginn: 10.30 Uhr *Ende: 11.30 Uhr*

Ort: Bad Godesberg, Haus Carstanjen

Tagesordnung:

1. *Einführung direkter internationaler Eisenbahntarife mit degressivem Charakter innerhalb der Montangemeinschaft*
   Vorlage des BMV vom 14. Aug. 1954.

Einziger Punkt der Tagesordnung

1. Einführung direkter internationaler Eisenbahntarife mit degressivem Charakter innerhalb der Montangemeinschaft **BMV**

Ministerialdirektor Dr. Seiermann, BVM, trägt den in der gestrigen Abteilungsleiterbesprechung erarbeiteten Kompromißvorschlag vor[1].

Nachdem dabei unter III im 1. Absatz der Relativsatz „der ein Hindernis für das gute Arbeiten des Gemeinsamen Marktes ist" und unter III in Abs. 2 das Wort „ausdrücklich" gestrichen worden sind, billigt der Kabinettsausschuß den Wortlaut dieser Weisung an die deutsche Delegation.

Ministerialdirigent Dr. Junker, AA, bemerkt dazu, daß diese Formulierung der Weisung zwar unter Mitwirkung der Vertreter seines Amtes zustande gekommen sei, daß er aber dafür noch nicht die Stellungnahme des abwesenden Staatssekretärs Professor Dr. Hallstein habe einholen können und er daher einen Vorbehalt im Sinne der Vorlage des Auswärtigen Amtes vom 17.8.1954 machen müsse.

---

[1] Siehe 16. Ausschußsitzung am 19. Aug. 1954 TOP 1. – Der Kompromißvorschlag der Abteilungsleiter sah vor, Abschnitt I des Weisungsvorschlags vom 18. Aug. 1954 zu übernehmen. Gemäß Ziffer II sollte die deutsche Delegation auf die aus der vorgeschlagenen Tarifformel resultierenden Störungen der Wirtschaft und des Transportwesens der Bundesrepublik hinweisen. Diese Formel sei für die Bundesrepublik untragbar und verstoße daher gegen Artikel 2 des EGKS-Vertrags. Gemäß Ziffer III sollten die deutschen Vertreter mit den anderen Delegationen und der Hohen Behörde prüfen, wie der Frachtenbruch ohne die bisher zu erwartenden Störungen beseitigt werden könne. Sie sollten, ggfs. unter ausdrücklicher Erklärung eines Rechtsvorbehalts, mögliche Lösungen diskutieren, die dann dem Ministerrat vorgelegt werden könnten (Vermerk aus dem Bundeskanzleramt vom 20. Aug. 1954 in B 136/9571).

Der *Bundesminister für Arbeit* legt Wert darauf, daß die deutschen Unterhändler in Luxemburg sich der Tragweite des von der Hohen Behörde gestellten Verlangens bewußt seien. Die Belastungen, die einen Grenzbetrieb danach treffen würden, seien so hoch, daß damit in einem Jahr die Kosten einer Abwanderung und Verlagerung finanziert werden könnten.

Staatssekretär Dr. Westrick wiederholt seine am Vortage geäußerte Bitte, sofort in die rechtliche Prüfung des Verlangens der Hohen Behörde einzutreten, und zwar in Zusammenarbeit mit dem Bundesministerium der Justiz.

Der *Bundesminister für Arbeit* legt ebenfalls Wert darauf, daß das Gutachten, um Verzögerungen zu vermeiden, in Zusammenarbeit mit dem Bundesministerium der Justiz ausgearbeitet wird.

Ministerialdirigent Dr. Junker, AA, ist damit einverstanden.

Auf Vorschlag des Vizekanzlers beschließt der Kabinettsausschuß entsprechend[2].

Anschließend legt das Bundesministerium für Verkehr den Entwurf einer Presseveröffentlichung vor, deren Wortlaut nach Abstimmung im Kabinettsausschuß von dem Vizekanzler an das Presse- und Informationsamt der Bundesregierung weitergegeben wird[3].

Außerhalb der Tagesordnung

[A. Tagesordnung der nächsten Kabinettsausschussitzung]

Außerhalb der Tagesordnung trägt *Staatssekretär Dr. Sonnemann* den Wunsch vor, im Zusammenhang mit dem Abschluß des deutsch-amerikanischen Freundschaftsabkommens über die Lieferungen von amerikanischen Surplus-Gütern und die damit verbundene Behinderung unserer handelspolitischen Einfuhren eine Aussprache stattfinden zu lassen.

Der *Vizekanzler* ist damit einverstanden und setzt diesen Punkt auf die Tagesordnung einer für die kommende Woche vorgesehenen Kabinettsausschußsitzung[4], auf der außerdem der Entwurf eines Gesetzes zur Änderung und Ergänzung des Geset-

---

[2] Unterlagen zur Beteiligung des BMJ in B 141/11268–11271 und 11273 f.

[3] Presseerklärung vom 20. Aug. 1954 in BD 7/167–1954, 3. – Fortgang 21. Ausschußsitzung am 10. Dez. 1954 TOP 1.

[4] Aufgrund des Abkommens zwischen der Bundesrepublik Deutschland und den Vereinigten Staaten von Amerika über die Regelung der Verbindlichkeiten der Bundesrepublik Deutschland gegenüber den Vereinigten Staaten von Amerika aus der Lieferung von Überschußgütern an Deutschland vom 27. Febr. 1953 (StEG-Abkommen) schuldete die Bundesrepublik den USA für die Lieferung überschüssiger Heeresgüter (Surplus-Güter) 203 Millionen $, die jährlich mit 2,375 % in US-Dollar zu verzinsen waren und ab dem 1. Juli 1958 in 50 Jahresraten getilgt werden sollten (BGBl. 1953 II 496). Diese Zahlungen in nicht frei konvertierbaren US-Dollar beeinträchtigten die deutschen Möglichkeiten zum Import von Waren aus dem Dollar-Raum. – Eine Behandlung dieser Angelegenheit im Kabinettsausschuß konnte nicht nachgewiesen werden. – Fortgang zum deutsch-amerikanischen Freundschafts-, Handels- und Schiffahrtsvertrag 51. Kabinettssitzung am 18. Okt. 1954 TOP A (Kabinettsprotokolle 1954, S. 428) und 19. Ausschußsitzung am 19. Okt. 1954 TOP 2.

zes über Arbeitsvermittlung und Arbeitslosenversicherung (AVAVG) erneut behandelt werden soll[5].

[5] Siehe 15. Ausschußsitzung am 3. Aug. 1954 TOP 1. – Eine erneute Behandlung des AVAVG im Kabinettsausschuß fand nicht statt. – Fortgang 52. Kabinettssitzung am 22. Okt. 1954 TOP 5 (Kabinettsprotokolle 1954, S. 439 f.). – BR-Drs. 358/54, BT-Drs. 1274. – Gesetz (AVAVG) vom 16. April 1956 (BGBl. I 243).

17. Sitzung des Kabinettsausschusses für Wirtschaft am Montag, den 20. September 1954

Teilnehmer: Blücher, Neumayer (bis 13.10 Uhr), Lübke, Storch, Preusker (bis 13.05 Uhr), Oberländer (ab 13.05 Uhr); Hartmann, Westrick, Thedieck; Bernard (BdL), Kattenstroth (BMWi), Herschel (BMA, bis 13.10 Uhr), Schiller (BMV), van Scherpenberg (AA), Engel (BMP, ab 13.10 Uhr), Haenlein (Bundeskanzleramt), Heise (BMZ), Vertreter verschiedener Bundesministerien. Protokoll: Hornschu.

Beginn: 11.00 Uhr *Ende: 14.10 Uhr*

Ort: Bad Godesberg, Haus Carstanjen

Tagesordnung:

1. *Entwurf eines Gesetzes zur Ergänzung des Gesetzes über die Mitbestimmung der Arbeitnehmer in den Aufsichtsräten und Vorständen der Unternehmen des Bergbaues und der Eisen und Stahl erzeugenden Industrie vom 21. Mai 1951 (BGBl. I S. 347)*

   Vorlage des BMA vom 17. Aug. 1954 (III a - 2169/54) ist beigefügt[1].
2. *Bericht des Interministeriellen Ausschusses zur Aufstellung einer kalkulatorischen Kostenrechnung der Deutschen Bundespost*

   Vorlage des BMWi vom 4. Aug. 1954 (I B 4 - S 5 - 6092/54).
3. *Entwurf einer Zweiundzwanzigsten Verordnung über Zollsatzänderungen*

   Vorlage des BMF vom 25. Aug. 1954 (III - B - Z 2211 - 228/54).
4. *Große Anfrage der Fraktion der SPD betr. Politik der Bundesregierung in den Angelegenheiten der Vertriebenen, Sowjetzonenflüchtlinge, Kriegssachgeschädigten und Evakuierten (Bundestagsdrucksache Nr. 725);*

   hier: Gesetzlich zu verankernde Leistungen für Sowjetzonenflüchtlinge

   Vorlage des BMVt vom 13. Aug. 1954 (II 4 - 6623 - Kab. 996/54).

1. Mitbestimmung der Arbeitnehmer in den Aufsichtsräten und Vorständen der Unternehmen des Bergbaues und der Eisen und Stahl erzeugenden Industrie BMA

Nachdem der *Vizekanzler* darauf aufmerksam gemacht hat, daß der vorliegende Entwurf ohne Mitwirkung des Bundesfinanzministeriums zustandegekommen ist, hebt er hervor, daß die Behandlung in der Kabinettssitzung am 22.9.1954 dringend geboten sei, weil nur im Hinblick hierauf der Initiativ-Entwurf der CDU im Bundes-

[1] Die Vorlage wurde nicht in die Protokollserie aufgenommen.

tag zurückgestellt worden sei[2]. Außerdem habe der Bundeskanzler vor geraumer Zeit in einem Schreiben an den DGB-Vorsitzenden zugesichert, daß das Kabinett sobald wie möglich über einen derartigen Gesetzentwurf Beschluß fassen werde[3].

Min.Rat Fitting (BAM) trägt den wesentlichen Inhalt der Vorlage des Bundesarbeitsministers vom 14.8.1954 vor und hebt besonders hervor, daß die Vorlage für die Abgrenzung des überwiegenden Unternehmenszwecks als Kriterium für die Mitbestimmung auf die modifizierten Umsätze abstellt. Für die gerechteste Abgrenzung hält er allerdings die Orientierung nach dem added value, die jedoch wegen der Wertermittlungen Schwierigkeiten bringe[4].

Der *Vizekanzler* bittet, zunächst zu der Grundsatzfrage Stellung zu nehmen, ob die Ressorts die Notwendigkeit bejahen, die Ausdehnung der Mitbestimmung auf die Holdings vorzunehmen. Er selbst hält unbeschadet seiner Mitwirkung im einzelnen an seiner bisherigen ablehnenden Haltung fest. In jedem Falle habe der Arbeitsdirektor seine Funktionen nur in den Betrieben und nicht in den Holdings. Insofern sollte auf ihn verzichtet werden können.

Staatssekretär Dr. Westrick bemerkt hierzu, daß das Bundeswirtschaftsministerium bei seiner Stellungnahme von dem Kabinettsbeschluß vom 1.6.1954 geglaubt habe ausgehen zu müssen. Das Bundeswirtschaftsministerium sei darauf bedacht, bei der Anwendung auf die Holding-Gesellschaften die Mitbestimmung nicht zu potenzieren[5].

---

[2] Siehe 2. Ausschußsitzung am 21. Dez. 1953 TOP 7 (Kabinettsausschuß für Wirtschaft 1951–1953, S. 305–307) und 34. Kabinettssitzung am 1. Juni 1954 TOP 1 (Kabinettsprotokolle 1954, S. 234–236). – Vorlage des BMA vom 17. Aug. 1954 mit Gesetzentwurf vom 14. Aug. 1954 in B 149/26739 und B 136/723. Weitere Unterlagen in B 149/26738, B 102/21506 und 42327 sowie B 141/7921 f. – Bei den Beratungen des Gesetzes über die Montanmitbestimmung vom 21. Mai 1951 (BGBl. I 347) waren die Holding-Gesellschaften zunächst bewußt ausgeklammert worden. Der mit Schreiben vom 17. Aug. 1954 vorgelegte Entwurf des BMA vom 14. Aug. 1954 zur Ergänzung des Mitbestimmungsgesetzes sah die gesetzlich geregelte Ausdehnung der paritätischen Mitbestimmung auf Holding-Gesellschaften vor. – Am 24. Sept. 1954 legten Anton Sabel und 61 weitere Abgeordnete der CDU/CSU-Fraktion einen Gesetzentwurf zur Änderung des Mitbestimmungsgesetzes vor, der über die Ausdehnung des Gesetzes auf die Holding-Gesellschaft hinaus Veränderungen in Richtung auf das Betriebsverfassungsgesetz vom 11. Okt. 1952 (BGBl. I 681) hin vorsah (BT-Drs. 842, vgl. dazu die Stellungnahme des BMWi vom 18. Sept. 1954 in B 136/723).

[3] Vgl. die Schreiben des DGB-Vorsitzenden Walter Freitag vom 30. Juni und 13. Juli 1954 und die Antwort des Bundeskanzleramtes vom 12. Aug. 1954 in B 136/723.

[4] Der Gesetzentwurf unterschied in § 3 die Holding-Gesellschaften nach ihrem überwiegenden Betriebszweck und nicht nach der addierten Wertschöpfung der einzelnen Konzernunternehmen: In Gesellschaften, die nach ihrem überwiegenden Betriebszweck selbst die Voraussetzungen dafür erfüllten, sollte das Mitbestimmungsgesetz gelten (§ 2 des Entwurfs). Unterlagen die zu einer Holding-Gesellschaft gehörenden Konzerne überwiegend der Montanmitbestimmung, ohne daß das für die Holding selbst zutraf, sollte für die Holding ein Aufsichtsrat aus elf Mitgliedern gebildet werden, dessen Modalitäten in den §§ 4 bis 7 des Entwurfs geregelt wurden. Für Holding-Gesellschaften, die als Ganzes nicht dem Mitbestimmungsgesetz unterlagen, sollte das Betriebsverfassungsgesetz gelten (§ 8 des Entwurfs).

[5] § 13 des Montanmitbestimmungsgesetzes bestimmte, daß ein Arbeitsdirektor als gleichberechtigtes Mitglied des Konzernvorstands bestellt werden mußte. Das BMWi hatte in seiner Stellungnahme vom 18. Sept. 1954 die Bestellung eines Arbeitsdirektors im Vorstand einer Hol-

Es handele sich übrigens insgesamt nur um 8 Unternehmungen, davon seien 2 reine Montankonzerne, während die übrigen gemischte Unternehmen seien[6].

Der *Bundesminister für Wohnungsbau* spricht sich gegen die Vorlage aus. Er befürchtet, daß dadurch eine Rückverflechtung der Montanindustrie unmöglich gemacht werde und daß auf Grund eines solchen Gesetzes die Unternehmen sich bei ihrer weiteren Entwicklung von politischen und nicht von wirtschaftlichen Gesichtspunkten leiten lassen könnten.

Der *Bundesminister der Justiz* lehnt den Gesetzentwurf aus den gleichen Gründen ab, zumal die Gefahr bestehe, daß die Montan-Mitbestimmung dadurch allmählich auch auf die verarbeitende Industrie ausgedehnt werde. Der Entwurf scheine ihm auch zu kompliziert und werde bestimmt in der Praxis zu Schwierigkeiten führen.

Der *Bundesminister für Ernährung, Landwirtschaft und Forsten* hält es nicht für möglich, jetzt noch gegenüber der Ausdehnung der Mitbestimmung auf die Holding-Gesellschaften eine ablehnende Haltung einzunehmen. Er pflichtet der vom Bundesarbeitsminister verfolgten Tendenz bei, wobei nur vermieden werden müsse, der Mitbestimmung eine ausgedehnte und stärkere Bedeutung bei den Holding-Gesellschaften zu geben.

Min.Dir. Dr. Schiller (BVM) gibt bekannt, daß Minister Seebohm den Entwurf des Bundesarbeitsministers ablehne.

Staatssekretär Dr. Westrick bemerkt, daß nur zwei Gesellschaften, nämlich Ilseder Hütte und Hütten- und Bergwerks-AG Rheinhausen, unter den § 2 des Entwurfs fallen würden. Daher sollte es wohl möglich sein, den § 2 zu streichen. Auf den Arbeitsdirektor bei den Holding-Gesellschaften könne verzichtet werden.

Staatssekretär Hartmann tritt der Ansicht von Staatssekretär Dr. Westrick bei. Er nimmt nicht an, daß sich künftig wesentliche Verschiebungen ergeben werden, da das Schwergewicht, selbst wenn verarbeitende Betriebe hinzukommen, immer bei der Eisen- und Stahlproduktion bleiben wird. Die Formulierung der dem § 2 folgenden Paragraphen müsse aber dann geändert werden.

Der *Bundesminister für Arbeit* ist damit einverstanden, den § 2 wegfallen zu lassen, wenn dadurch erreicht wird, die Vorlage zu verabschieden. Er macht nachdrücklich darauf aufmerksam, daß diese Regierungsvorlage noch verhältnismäßig tragbar erscheine, während zu erwarten sei, daß ein Initiativgesetzentwurf von einer ganz anderen Grundlage ausgehen werde.

Staatssekretär Hartmann und *Staatssekretär Dr. Westrick* halten zu § 3 des Entwurfs die modifizierten Umsatzzahlen für das geeignetste Kriterium der Abgrenzung.

---

ding abgelehnt, um ein „Übergreifen des verstärkten Arbeitnehmereinflusses auf die nichtmitbestimmten abhängigen Unternehmen" zu vermeiden.

[6] Einem Vermerk aus dem BMWi vom 16. Jan. 1954 zufolge waren dies die Rheinisch-Westfälischen Eisen- und Stahlwerke AG in Mühlheim/Ruhr, der Nordwestdeutsche Hütten- und Bergwerksverein AG in Duisburg, die Hoesch-Werke AG in Dortmund, die Aktiengesellschaft für Berg- und Hüttenbetriebe in Salzgitter-Drütte, die Gelsenkirchener Bergwerke AG in Essen und die Mannesmann AG in Düsseldorf als Mischkonzerne sowie die Hütten- und Bergwerke AG in Rheinhausen und die Ilseder Hütte in Peine als reine Grundstoff-Holding-Gesellschaften (B 102/21506).

Auch der *Bundesminister für Wohnungsbau* spricht sich dafür aus, von den Umsatzzahlen auszugehen, lehnt es jedoch ab, die Kosten für Roh- und Hilfsstoffe abzusetzen.

In der anschließenden Diskussion legt *Staatssekretär Hartmann* Wert darauf, eine Definition der Kosten der Roh- und Hilfsstoffe festzulegen, ebenso Richtlinien für deren Bewertung. Er hält eine Rechtsverordnung dafür für erforderlich.

Der *Vizekanzler* pflichtet ihm bei.

Die Erörterungen zu diesem Punkt werden damit abgeschlossen, daß es bei dem § 3 der Vorlage verbleiben kann. Die Ermächtigung zum Erlaß einer Rechtsverordnung soll aufgenommen werden.

Der *Bundesminister für Wohnungsbau* ist zu §§ 4 und 5 der Ansicht, daß die Bundesregierung so weit gehen solle, wie der Entwurf des Abgeordneten Sabel[7], der vorsieht, auch das Montan-Mitbestimmungsgesetz von 1951 so abzuändern, daß in Zukunft im Aufsichtsrat 3 Arbeitnehmer aus den Betrieben und 2 Vertreter der gewerkschaftlichen Spitzenorganisationen vertreten sind[8].

Der *Bundesminister für Arbeit* weist darauf hin, daß die Bestimmungen der §§ 4 und 5 der Vorlage zwar einen Schritt auf dem Wege zur Revision des Montan-Mitbestimmungsgesetzes bedeuten, das Mitbestimmungsgesetz für die Holdings aber seiner Ansicht nach keine Abänderung des Montan-Mitbestimmungsgesetzes enthalten sollte. Es sei abzuwarten, ob das Parlament trotzdem das Montan-Mitbestimmungsgesetz von 1951 den Vorschriften des Mitbestimmungsgesetzes für die Holdings angleichen wolle. Wenn man dem Sabelschen Gedankengang im Regierungsentwurf folgen würde, werde bestimmt der Vorwurf erhoben werden, daß bei dieser Gelegenheit der erreichte Stand der Mitbestimmung eingeengt werden solle.

Die Aussprache endet mit der Feststellung des *Vizekanzlers*, daß diese rein politische Frage nur im Kabinett abschließend entschieden werden könne.

Auf die Frage von *Staatssekretär Hartmann*, ob das im § 9 erwähnte Gremium die Bedeutung eines Aufsichtsrates im Aufsichtsrat mit allen Funktionen eines Organs habe, erläutert *Min.Rat Dr. Kötter* (BWM) unter Zustimmung von *Staatssekretär Dr. Westrick* die Fassung dahin, daß es sich um einen Ausschuß der Hauptversammlung der Muttergesellschaft handele, der die Aktionäre repräsentiere und nicht um einen Aufsichtsrat im Aufsichtsrat[9].

Staatssekretär Hartmann stellt hiernach fest, daß es sich also um ein vom Aufsichtsrat verschiedenes Organ handele. Er könne den Gedanken grundsätzlich billigen,

---

[7] Anton Sabel (1902–1983). Seit 1945 Leiter des Arbeitsamtes Fulda, 1949–1957 MdB (CDU) und Vorsitzender des BT-Ausschusses für Arbeit, 1957–1968 Präsident der Bundesanstalt für Arbeitsvermittlung und Arbeitslosenversicherung.

[8] Die §§ 4 und 5 des Entwurfs regelten die Zusammensetzung und Bestellung des Aufsichtsrats.

[9] Nach § 9 sollten die Rechte, die einem der Mitbestimmung unterliegenden Unternehmen aus seinen Beteiligungen an anderen Unternehmen zuwachsen, „durch das zur gesetzlichen Vertretung berufene Organ nur auf Grund von Beschlüssen der nach § 5 des Mitbestimmungsgesetzes bestellten Mitglieder des Aufsichtsrats geübt werden" können.

vermisse jedoch die rechtliche Charakterisierung dieses Organs und entsprechende Verfahrensvorschriften.

Min.Dirig. Gessler, BJM, fügt hinzu, daß hier der Arbeitgeberseite ein besonderes Recht eingeräumt werde, was zwar aktienrechtlich ungewöhnlich, aber bewußt gewollt sei.

Staatssekretär Dr. Westrick hält zur Klarstellung noch folgende ergänzende Bestimmung als § 1a für angebracht:

> „Liegen bei dem herrschenden Unternehmen selbst die Voraussetzungen des § 1 des Mitbestimmungsgesetzes vor, so hat es bei den Vorschriften des Mitbestimmungsgesetzes sein Bewenden."

Dagegen werden keine Einwendungen erhoben.

Der Kabinettsausschuß beauftragt die zuständigen Ressorts, die Vorlage auf Grund der heutigen Erörterungen noch bis zur Kabinettssitzung am 22.9.1954 zu überarbeiten und die geänderte Fassung bis dahin vorzulegen[10].

2. Bericht des Interministeriellen Ausschusses zur Aufstellung einer kalkulatorischen Kostenrechnung der Deutschen Bundespost BMWi

Der Kabinettsausschuß nimmt von dem Bericht des Interministeriellen Ausschusses Kenntnis[11].

Der *Vizekanzler* bittet den Vertreter des Bundespostministeriums unter Zustimmung der Staatssekretäre Hartmann und Dr. Westrick die Berechtigung der Kosten bei den einzelnen Ausgabeansätzen zu prüfen[12].

---

[10] Die Fassung des Entwurfs lautete: „Der Kabinettsausschuß verabschiedet die Vorlage mit den in der Sitzung beschlossenen Änderungen und Ergänzungen und bittet die zuständigen Ressorts, die Vorlage auf Grund der heutigen Erörterungen noch vor der Kabinettssitzung am 22.9.1954 zu überarbeiten". – Mit Schreiben vom 21. Sept. 1954 leitete das BMA dem Bundeskanzleramt einen Gesetzentwurf zu, der „auf Grund der Beratung des Kabinettsausschusses am 20.9.1954 unter Mitwirkung der Bundesministerien der Justiz, für Wirtschaft und der Finanzen neu gefaßt und in rechtsförmlicher Hinsicht überarbeitet worden" war (B 149/26739 und B 136/723). – Fortgang 46. Kabinettssitzung am 23. Sept. 1954 TOP 1 (Kabinettsprotokolle 1954, S. 403–405). – BR-Drs. 321/54, BT-Drs. 986. – Gesetz zur Ergänzung des Gesetzes über die Mitbestimmung der Arbeitnehmer in den Aufsichtsräten und Vorständen der Unternehmen des Bergbaus und der Eisen und Stahl erzeugenden Industrie (Mitbestimmungsergänzungsgesetz) vom 7. Aug. 1956 (BGBl. I 707).

[11] Siehe 34. Ausschußsitzung am 30. April 1953 TOP 2 (Kabinettsausschuß für Wirtschaft 1951–1953, S. 246). – Vorlage des BMWi vom 4. Aug. 1954 in B 136/1579. – Der vom Kabinettsausschuß am 30. April 1953 beschlossene Interministerielle Ausschuß unter Vorsitz des BMWi hatte am 14. Juli 1954 seinen Abschlußbericht vorgelegt. Der BMWi hatte diesen Bericht mit Schreiben vom 4. Aug. 1954 an das Bundeskanzleramt zur Beratung im Kabinettsausschuß weitergeleitet. Da die Bundespost durch die Verordnung vom 10. Juni 1954 die Post- und Fernmeldegebühren „im Ausmaß von rund 200 Millionen DM" erhöht (vgl. 11. Ausschußsitzung am 9. Juni 1954 TOP A) und der BMP mit Schreiben vom 26. Aug. 1954 mitgeteilt hatte, aus diesem Bericht „keine weiteren Schlußfolgerungen in gebührenpolitischer Hinsicht herleiten" zu wollen, hatte der BMWi in seiner Vorlage beantragt, den BMP zu ermächtigen, den Bericht dem Verwaltungsrat der Deutschen Bundespost „als Material für weitere Beratungen über die Finanzlage der Deutschen Bundespost zuzuleiten".

3. Entwurf einer Zweiundzwanzigsten Verordnung über Zollsatzänderungen BMF

Der *Bundesminister für Ernährung, Landwirtschaft und Forsten* schlägt vor, den Höchstzollsatz für Rohkakao von 50,- DM auf 45,- DM pro dz herabzusetzen, weil ein großer Teil der Schokoladenfabriken, vor allem diejenigen, die billigere Konsumschokolade erzeugen, trotz der Erhöhung der Weltmarktpreise für Kakao eine Preiserhöhung bis jetzt zurückgestellt habe. Die von ihm vorgeschlagene Zollherabsetzung und die damit verbundene Verbilligung des Rohstoffes bedeute daher eine wirtschaftlich gerechtfertigte Erleichterung für diese Unternehmen.[13]

Staatssekretär Hartmann hält dem entgegen, daß sich die von dem Bundesminister für Ernährung, Landwirtschaft und Forsten vorgeschlagene Herabsetzung des Höchstzollsatzes auf den Endverkaufspreis einer Tafel Schokolade nicht auswirken wird und daher dem Verbraucher nicht zugute kommt.

Obwohl er keine grundsätzlichen Bedenken gegen eine Herabsetzung des Zollsatzes habe, solle man doch von seiten der Bundesregierung nicht jetzt schon auf 45,- DM/dz zurückgehen.

Der *Bundesminister für Ernährung, Landwirtschaft und Forsten* bestätigt zwar, daß sich die Zollherabsetzung auf den Verbraucherpreis nicht auswirken wird, er hält sie jedoch für geeignet, die Schokoladenindustrie von einer Preiserhöhung abzuhalten.

Staatssekretär Hartmann erklärt sich daraufhin bereit, die Frage noch einmal zu überprüfen und innerhalb von 2 Tagen das Bundesministerium für Ernährung, Landwirtschaft und Forsten von dem Ergebnis zu unterrichten.

Die übrigen Anwesenden stimmen den Ausführungen des Bundesministers für Ernährung, Landwirtschaft und Forsten zu[14].

4. Große Anfrage der Fraktion der SPD betr. Politik der Bundesregierung in den Angelegenheiten der Vertriebenen, Sowjetzonenflüchtlinge, Kriegsgeschädigten und Evakuierten BMVt

Der *Bundesminister für Vertriebene, Flüchtlinge und Kriegsgeschädigte* trägt den Inhalt seiner Kabinettsvorlage vom 13.9.1954 vor und bittet, den Wortlaut der Antwort zu Punkt 6 der Anfrage hier in der Sitzung festzulegen[15].

---

[12] Nicht ermittelt.

[13] Vorlage des BMF vom 25. Aug. 1954 in B 126/11426 und B 136/360. – Der BMF hatte in seiner Vorlage vorgeschlagen, den geltenden Zollsatz für Kakaobohnen in Höhe von 10 % des Wertes, mindestens jedoch 30 DM pro 100 kg, infolge der starken Preissteigerungen für Kakao auf höchstens 50 DM pro 100 kg zu begrenzen. Einer Beschlußfassung im Umlaufverfahren hatte der BML mit Schreiben vom 4. Sept. 1954 widersprochen und die Herabsetzung des Höchstsatzes auf 45 DM vorgeschlagen (B 136/360).

[14] Schäffer lehnte eine Minderung des Höchstsatzes ab (Vermerk vom 4. Okt. 1954 in B 126/11426). Das Kabinett billigte die BMF-Vorlage in seiner 52. Sitzung am 22. Okt. 1954 TOP 3 (Kabinettsprotokolle 1954, S. 437). – BR-Drs. 356/54, BT-Drs. 922. – Verordnung vom 21. Febr. 1955 (BGBl. I 80).

[15] Siehe 15. Ausschußsitzung am 3. Aug. 1954 TOP B. – Vorlagen des BMVt vom 13. und 15. Sept. 1954 in B 150/2748 und B 136/807. – Der BMVt hatte mit Schreiben vom 13. Sept. 1954 den

Staatssekretär Hartmann hat stärkste grundsätzliche Bedenken gegen den Wortlaut der beabsichtigten Antwort des Bundesministers für Vertriebene, Flüchtlinge und Kriegsgeschädigte, u. a. deshalb, weil durch die darin angekündigten gesetzlichen Maßnahmen der Sog auf die Sowjetzone noch verstärkt werden würde und der Anschein erweckt werde, als ob die Verluste in der Sowjetzone als endgültig anerkannt würden. Es würde ein zweites Feststellungsgesetz zum Lastenausgleichsgesetz erforderlich werden, das erhebliche Schwierigkeiten mit sich bringen würde. Außerdem ständen für diese Zwecke keine Haushaltsmittel zur Verfügung.

Auch mit der geplanten Antwort zu den Punkten 1 bis 5 der Anfrage könne sich der Bundesfinanzminister nicht einverstanden erklären; er habe auch große Bedenken, den Zwei-Jahresplan des Bundesministers für Vertriebene, Flüchtlinge und Kriegsgeschädigte vom November v. Js. dem Bundestag zuzuleiten und sich damit auf diesen festzulegen.

Der *Vizekanzler* weist darauf hin, daß die Beantwortung der Anfrage nahezu alle Gebiete berühre. Die Antwort sollte so weit wie möglich gegeben werden. Da es in der Tat heute kaum möglich sein werde, zu allen Punkten eine befriedigende Antwort festzulegen, sei es ratsam, in der Antwort zu sagen, wann die abschließende Äußerung gegeben werden könne.

Staatssekretär Thedieck weist darauf hin, daß sich die Bundesregierung im Hinblick auf den Bundestagsbeschluß in einer schwierigen Lage befinde. Von einer im Plenum gegebenen präzisen Antwort könne die Bundesregierung später nicht mehr abweichen. Daher sei es vorzuziehen, Verbesserungen anzukündigen und die endgültige Antwort vor dem zuständigen Ausschuß in Aussicht zu stellen.

Der *Vizekanzler* pflichtet dieser Meinung bei und bittet, auf die Leistungen hinzuweisen, die bereits für die Sowjetzonenflüchtlinge erbracht wurden. Die von Staatssekretär Hartmann gemachte Anregung, die Beantwortung der Anfrage zu verschieben, hält er nicht für aussichtsreich.

Nachdem der *Bundesminister für Vertriebene, Flüchtlinge und Kriegsgeschädigte* Bedenken dagegen vorgebracht hat, jetzt einer klaren Antwort auszuweichen, kommt der Kabinettsausschuß auf Vorschlag des *Vizekanzlers* zu dem Ergebnis, daß am 20. und 21.9.1954 die Bundesministerien für Vertriebene, Flüchtlinge und Kriegsgeschädigte, für gesamtdeutsche Fragen, der Finanzen, für Wirtschaft und für Wohnungsbau gemeinschaftlich versuchen sollen, eine möglichst präzise Antwort auszuarbeiten[16].

Entwurf einer Erklärung der Bundesregierung zu Frage 6 der SPD-Anfrage vorgelegt, derzufolge die Bundesregierung beabsichtige, „im Wege einer besonderen, vom Lastenausgleich unabhängigen Gesetzgebung gesetzlich verankerte Leistungen für die Sowjetzonenflüchtlinge zu sichern"; eine Kurzfassung zum Entwurf einer Antwort auf die Anfrage der SPD sowie einen erweiterten und ergänzten Zweijahresplan hatte der BMVt mit Schreiben vom 15. Sept. 1954 nachgereicht.

[16] Unterlagen zu den Ressortbesprechungen vom 20. bis 22. Sept. 1954 in B 150/2748. – Fortgang 45. Kabinettssitzung am 22. Sept. 1954 TOP 6 (Kabinettsprotokolle 1954, S. 400 f.) und 19. Ausschußsitzung am 19. Okt. 1954 TOP 1. – Vgl. die Erklärung Oberländers vor dem Bundestag am 23. Sept. 1954 in Stenographische Berichte, Bd. 21, S. 2073–2079.

Außerhalb der Tagesordnung werden folgende Punkte besprochen

[A.] Benennung eines Kandidaten der Bundesrepublik für die Wahl eines Direktors in der Internationalen Bank für Wiederaufbau und Entwicklung (Weltbank) BMWi

Nach kurzer Erörterung wird die Aussprache darüber abgebrochen[17].

Der *Vizekanzler* schlägt unter Zustimmung der Anwesenden vor, daß die beteiligten Ressortchefs möglichst umgehend über die Frage der Benennung eines Weltbankdirektors beraten sollen[18].

[B.] Zustimmung zur Ausschüttung von Wertpapieren durch das Kuratorium des Industriekreditbank-Sondervermögens Investitionshilfe BMWi

Ministerialrat Fischer, BWM, trägt den wesentlichen Inhalt der Kabinettsvorlage des Bundesministers für Wirtschaft vor. Er teilt gleichzeitig mit, daß sich der Ausschüttungsbetrag voraussichtlich noch erhöhen und sich auf 250 bis 400 Mio. DM stellen werde[19].

---

17 Vorlagen des BMWi vom 10. Sept. 1954 in B 102/26233 und B 136/3339 und des BMF vom 17. Sept. 1954 in B 136/3339. – Gegen die durch den BMWi beantragte Nominierung des stellvertretenden deutschen Direktors beim IWF, Prof. Dr. Otto Donner, als Kandidat für die Wahl zum deutschen Direktor der Weltbank und von Dr. Heinrich W. Lück, Mitglied der deutschen FOA-Delegation in Washington, zu dessen Stellvertreter hatte der BMF am 17. Sept. 1954 Einspruch erhoben und seinerseits den früheren Ministerialdirektor im Reichswirtschaftsministerium, Helmuth Wohlthat, als Kandidaten und den Finanzattaché bei der deutschen diplomatischen Vertretung in Washington, Dr. Günther Große, als dessen Stellvertreter nominiert.

18 Fortgang 46. Kabinettssitzung am 23. Sept. 1954 TOP A (Kabinettsprotokolle 1954, S. 405 f.). – Auf eine Intervention Adenauers hin wurde auf der Weltbank-Jahrestagung vom 24. bis 29. Sept. 1954 trotz der Kabinettsentscheidung zu Gunsten von Wohlthat Prof. Donner nominiert und zum deutschen Weltbankdirektor gewählt.

19 Siehe 307. Kabinettssitzung am 1. Sept. 1953 TOP A (Kabinettsprotokolle 1953, S. 445). – Vorlagen des BMWi vom 14. und 21. Sept. 1954 in B 102/29322 und B 136/1222. – Nach dem Investitionshilfegesetz (IHG) vom 7. Jan. 1952 (BGBl. I 7) hatte die gewerbliche Wirtschaft der Bundesrepublik insgesamt einen Betrag von 1 Milliarde DM aufzubringen, die in einen bei der Industriekreditbank AG in Düsseldorf unter dem Titel „Industriekreditbank-Sondervermögen Investitionshilfe" geführten Fonds einzuzahlen waren. Aus diesem Fonds sollte ein Beitrag zur Deckung des vordringlichen Investitionsbedarf der Montanindustrie und der Energiewirtschaft geleistet werden. Nach § 30 IHG erhielten Unternehmen, die Beträge in das Sondervermögen eingezahlt hatten, von der begünstigten Industrie Wertpapiere zur Abgeltung der gewährten Mittel, die zunächst von Sondervermögen Investitionshilfe übernommen wurden und durch die Industriekreditbank unter die Berechtigten verteilt werden sollten. Nach § 32 sollte die Industriekreditbank die Erwerbsberechtigten immer dann mit Zustimmung der Bundesregierung zur Zeichnung von Wertpapieren auffordern, sobald sie selbst neue Wertpapiere im Gegenwert von 100 Millionen DM gezeichnet hatte. Einen ersten Antrag des BMWi vom 27. Aug. 1953 auf Genehmigung einer Wertpapierausschüttung hatte das Kabinett am 1. Sept. 1953 gebilligt, ein zweiter vom 21. Jan. 1954 war im Umlaufverfahren beschlossen worden. Mit Schreiben vom 14. Sept. 1954 hatte das BMWi die Zustimmung der Bundesregierung zu einer weiteren Ausschüttung von Wertpapieren im Wert von 250 bis 300 Millionen DM im Umlaufverfahren beantragt. Mit Vorlage vom 21. Sept. 1955 beantragte das BMWi, die Höhe des zu genehmigenden Gesamtwerts auf 400 Millionen DM hinaufzusetzen.

Der Kabinettsausschuß billigt die Vorlage des Bundeswirtschaftsministers unter Berücksichtigung der Erhöhung des Ausschüttungsbetrages[20].

[20] Mit Schreiben vom 27. Sept. 1954 teilte das Bundeskanzleramt dem BMWi mit, daß keine Einwände gegen die Vorlage erhoben worden seien. Nachdem Umfang und Ausstattung der einzelnen an der Ausschüttung beteiligten Emissionen feststanden, beantragte das BMWi mit Vorlagen vom 16. und 25. Okt. 1954 die abschließende Zustimmung der Bundesregierung zu dieser Ausschüttung. Am 30. Okt. teilte das Bundeskanzleramt dem BMWi mit, daß die Vorlagen im Umlaufverfahren genehmigt worden seien (Vorlagen und Schreiben des Bundeskanzleramtes in B 102/29322 und B 136/1222).

18. Sitzung des Kabinettsausschusses für Wirtschaft am Montag, den 27. September 1954

Teilnehmer: Blücher, Neumayer, Storch (bis 17.15 Uhr), Preusker (ab 16.45 Uhr), Oberländer (bis 18.00 Uhr); Bleek (bis 18.45 Uhr), Hartmann; Bernard (BdL), Abs (bis 18.45 Uhr), Petersen (BMJ), Roemer (BMJ), Reinhardt (BMWi), Kattenstroth (BMWi, bis 18.45 Uhr), Staab (BML), Schiller (BMV), Engel (BMP, bis 18.45 Uhr), Haenlein (Bundeskanzleramt), van Scherpenberg (AA), Féaux de la Croix (BMF, bis 18.45 Uhr), Heise (BMZ), Vertreter verschiedener Bundesministerien. Protokoll: Hornschu.

Beginn: 16.00 Uhr *Ende: 19.55 Uhr*

Ort: Bad Godesberg, Haus Carstanjen

Tagesordnung:

1. *Kriegsfolgenschlußgesetz*
   Vorlage des BMF vom 22. Sept. 1954 (V DO - 4013 A - 354/54).
2. *Einführung direkter internationaler Eisenbahntarife mit degressivem Charakter innerhalb der Montangemeinschaft*
   Vorlage des BMV folgt.
3. *Entwurf eines Fünften Gesetzes zur Änderung des Zolltarifs*
   Vorlage des BMF vom 10. Sept. 1954 (III B - Z 2211 - 244/54).
4. *Anleihe der Vereinigten Staaten an die Hohe Behörde der Montan-Union; hier: Erteilung einer Transferzusage durch die Bundesregierung*
   Vorlage des BMWi vom 15. Sept. 1954 (VA 14 - 36204/54).

1. Kriegsfolgenschlußgesetz **BMF**

Min.Dirig. Dr. Féaux de la Croix, BFM, trägt an Hand der Vorlage des Bundesministers der Finanzen vom 22.9.1954 vor und bemerkt, daß die für das Kriegsfolgenschlußgesetz jetzt erarbeiteten Grundgedanken von den vom Kabinettsausschuß am 2.6.1954 gegebenen Richtlinien ausgehen, die für verbriefte Reichsschulden eine quotale und für nicht verbriefte Reichsschulden eine soziale Regelung (Härteregelung) vorsahen. Für diese Zwecke sollten 100 Mio. DM jährlich zur Verfügung gestellt werden[1].

---

[1] Siehe 10. Ausschußsitzung am 2. Juni 1954 TOP 2. – Vorlage des BMF vom 22. Sept. 1954 in B 126/12666 und B 136/1159; Abdruck der „Grundgedanken" des BMF in Anhang 3, Dokument 6. – Ein Arbeitsstab von Vertretern aus BMF, BMJ, BMI, BMWi, AA, BMVt, BMV und BMA sowie der Hauptverwaltung der Bundesbahn und der Bundesschuldenverwaltung hatte

Die Rechtsfrage, ob man verbriefte und nicht verbriefte Reichsschulden unterschiedlich behandeln könne, lasse er dahingestellt, weil der Kabinettsausschuß in seiner damaligen Stellungnahme davon ausgegangen sei, daß dies möglich sei.

Mit der abschließenden Regelung der Reparations- und Restitutionsschäden habe sich der interministerielle Arbeitsstab für das Kriegsfolgenschlußgesetz nicht befaßt. Es sei jedoch vorgesehen, weitere 100 Mio. DM jährlich für diesen Komplex bereitzustellen[2].

Für sämtliche Leistungen auf Grund des Kriegsfolgenschlußgesetzes könne das Bundesministerium der Finanzen nicht mehr als 200 Mio. DM jährlich zur Verfügung stellen.

Nach Annahme des Grundsatzes der quotalen Regelung für die verbrieften Verbindlichkeiten bestehe angesichts des gezogenen Gesamtrahmens der vorhandenen Mittel nur ein geringer Spielraum für die Quote und ihre Bedienung. Im übrigen sei lediglich noch über die Ausstattung der Forderungen oder Papiere zu sprechen.

Für die nicht verbrieften Reichsverbindlichkeiten könne keine Lösung nach objektiven Gesichtspunkten gefunden werden. Die Schwierigkeit besteht darin, daß über den Komplex der nicht verbrieften Forderungen ein genauer Überblick fehle. Die mutmaßliche Höhe, über die verschiedene Schätzungen vorlägen (erste Schätzung 400 Mrd. RM, spätere 200 Mrd. RM), lasse jedenfalls die Berücksichtigung aller Gläubiger nicht zu. Um die mit einem allgemeinen Feststellungsverfahren notwendigerweise verbundene Arbeitsbelastung und Erweckung von trügerischen Hoffnungen in Kreisen der Gläubiger zu vermeiden, könne nur eine Befriedigung nach subjektiven Gesichtspunkten (soziale Härtefälle) gewählt werden. Der hierfür notwendige geringere Aufwand an Mitteln sei die Voraussetzung für eine quotale Entschädigung der verbrieften Forderungen. Übrigens seien die ausländischen Gläubiger an den nicht verbrieften Forderungen kaum interessiert.

Der *Vizekanzler* bemerkt, daß in der heutigen Sitzung für die weitere Erörterung von dem Ergebnis der Sitzung des Kabinettsausschusses am 2.6.1954, also von der quotalen Regelung für die verbrieften und der sozialen Regelung für die nicht verbrieften Verbindlichkeiten, ausgegangen werden solle, wobei die Reparations- und Restitutionsschäden grundsätzlich nicht mitgeregelt würden. Die Höhe der Entschädigungsmittel sei auch bei der damaligen Aussprache offen geblieben; hierüber müsse das Kabinett noch abschließend befinden.

Staatssekretär Hartmann erklärt, daß der Betrag von 200 Mio. DM als Ausgangspunkt angenommen werden müßte, jedenfalls könne er heute darüber nicht hinausgehen und müsse die Entscheidung seinem Minister im Kabinett überlassen.

Bankier Abs bemerkt, daß der Haushaltsgesichtspunkt nicht allein maßgebend sein könne.

„Grundgedanken der Kriegsfolgenschluß-Regelung" erarbeitet, die der BMF mit Schreiben vom 22. Sept. 1954 und der Bitte vorgelegt hatte, das Kabinett möge der Übersendung der „Grundgedanken" an die ausländischen Gläubiger zustimmen.

2 Die Entwurfsfassung lautete: „[...] vorgesehen, 100 Mio. DM jährlich für soziale und wirtschaftsfördernde Sofortmaßnahmen für diesen Komplex bereitzustellen".

Da im Vergleich zur Währungsumstellung für eine geringere Quote als 6,5 % auf die verbrieften Verbindlichkeiten eine überzeugende Begründung nicht gegeben werden könne, halte er es für unmöglich, den ausländischen Gläubigern eine Quote von nur 4 % vorzuschlagen; zumindest müßte die Berliner Umstellungsquote von 5 % zugrunde gelegt werden[3]. Ebenso halte er es für ausgeschlossen, Verzinsung und Tilgung erst im Jahre 1960 beginnen zu lassen. Nach dem Londoner Abkommen[4] bestehe nur die Möglichkeit, die Forderungen bis zum gegenwärtigen Zeitpunkt nicht zu verzinsen. Eine unterschiedliche Behandlung von In- und Ausländern erscheine ihm unmöglich.

Auch sei er der Ansicht, daß es nicht angebracht sei, eine niedrigere Verzinsung der Papiere über die Steuerfreiheit auszugleichen.

Min.Dirig. Dr. Féaux de la Croix, BFM, führt aus, daß die für Reparations- und Restitutionsschäden vorgesehenen 100 Mio. DM in jedem Falle benötigt werden würden. Trotz verschieden hoher Schätzungen der Entschädigungsansprüche stehe fest, daß man hier zu Gunsten der Befriedigung der Reichsverbindlichkeiten keine Einsparungen machen könne.

Schwer zu übersehen sei auch, wie groß der Härtefonds für die nicht verbrieften Verbindlichkeiten sein müsse. Es sei außerdem zu bedenken, daß nicht unerhebliche Beträge von dem ausgeschlossenen Anleihebesitz auf Umwegen doch noch eine Beteiligung an der Ablösung erreichen könnten – wie die Erfahrung bei der Anleiheablösung 1925 zeige[5]. Insofern halte es der Bundesminister der Finanzen nicht für vertretbar, zunächst über die Quote von 4 % bei den verbrieften Verbindlichkeiten hinauszugehen, was allerdings nicht ausschließe, daß man eine zusätzliche Quote (Schattenquote) gewähren könne, wenn man einen Überblick über die effektive Höhe der angemeldeten Beträge gewonnen habe.

Präsident Bernard, BdL, ist der Meinung, daß die Entscheidung, ob die Quote 4 oder 6,5 % betragen soll, nicht fachlicher, sondern politischer Natur sei. Allerdings halte er eine Quote von 6,5 % für logisch. Nach seiner Meinung würde die Quote von 6,5 % weder im Inland noch im Ausland großem Widerstand begegnen, da sie der Umstellungsquote der Währungsreform entspreche. Hinzu kommt, daß sie von den Alliierten seinerzeit normiert worden sei.

Er lege besonderen Wert auf eine dem Kapitalmarkt entsprechende Ausstattung der Papiere. Wenn die Annuitäten wirklich erst ab 1960 laufen sollten, so könne man

---

[3] Der bei der Währungsreform am 20. Juni 1948 ursprünglich festgesetzte Umstellungskurs von 10 RM : 1 DM (10 %) für Schuldverhältnisse und Guthaben war am 4. Okt. 1948 auf 6,5 % herabgesetzt worden (Gesetze vom 20. Juni und 4. Okt. 1948, WiGBl. 1948 Beilage Nr. 5, S. 15 und WiGBl. 1949 Beilage Nr. 1, S. 15). – In Berlin waren die Guthaben auf sogenannten Uraltkonten (Forderungen bei Banken in Groß-Berlin aus der Zeit vor dem 9. Mai 1945) am 23. Dez. 1949 auf 5 % abgewertet worden (VOBl. für Groß-Berlin 1949 I 509).

[4] Zum Londoner Abkommen über die deutschen Auslandsschulden vom 27. Febr. 1953 (BGBl. II 331) vgl. Kabinettsprotokolle 1952, S. LVI–LIX.

[5] 1925 war ein Fonds eingerichtet worden, dessen Mittel zur beschleunigten Tilgung der Anleiheablösungsschuld des Deutschen Reiches verwendet werden sollte (Gesetz über Ablösung öffentlicher Anleihen vom 16. Juli 1925, RGBl. I 137). Vgl. dazu Akten der Reichskanzlei, Kabinette Luther, S. 1148.

jetzt noch kein Urteil abgeben. Nach seiner Meinung müsse die Verzinsung bei Ausgabe der Papiere der heutigen Lage am Kapitalmarkt entsprechen, wobei der Vorbehalt denkbar sei, den Zinssatz später zu ändern.

Ferner sei zu erwägen, Zinsen und Tilgung zu einer einheitlichen Jahresannuität zusammenzuziehen, die nach Ablauf einer bestimmten Zahl von Jahren enden würde. Dann würden diese Abfindungspapiere schwer mit anderen Emissionen vergleichbar und bei späteren Bundesemissionen nicht unbedingt marktstörend sein. Es handele sich bei den Abfindungspapieren wohl um Papiere sui generis, so daß sich Rückwirkungen auf dem Kapitalmarkt nicht ergeben würden. Ausstattung mit Steuerfreiheit würde er nicht für glücklich halten.

Bankier Abs pflichtet dem Gedanken von festen Annuitäten bei, und auch der *Vizekanzler* sieht in diesem Vorschlag einen gangbaren Weg. Allerdings hält er es für notwendig, entsprechend der Regelung bei der Währungsreform die Quote auf 6,5 % festzulegen.

Der *Bundesminister für Arbeit* hält es für notwendig, die Sozialversicherungsträger nicht vom Anspruch auf die Entschädigungsquote auszuschließen. Diese Forderung würde seiner Ansicht nach auch vom Bundestag erhoben werden.

Der *Bundesminister für den Wohnungsbau* ist der Meinung, daß man dem Wunsche des Bundesministers für Arbeit Rechnung tragen könne, wenn die Zuschüsse des Bundes an die Sozialversicherungsträger im gleichen Ausmaß gekürzt würden.

Er habe ursprünglich ein Umstellungsverhältnis von 10 : 1 vorgeschlagen; eine Quote von 4 % halte er im Bundestag und Bundesrat nicht für durchsetzbar. Daher sei es besser, von Anfang an eine durchhaltbare Lösung in Aussicht zu nehmen, die jedoch keinesfalls unter 6,5 % liegen könnte. Er sei der Ansicht, daß die Ausstattung der Papiere so gehalten sein müsse, daß sie auch künftig normalen Bedingungen am Kapitalmarkt entspreche.

Staatssekretär Hartmann verweist gegenüber dem Vorschlag vom Bundesminister für Arbeit auf die Notwendigkeit, hierüber im Kabinett zu beraten.

Zu der von verschiedenen Seiten vorgeschlagenen Quote von 6,5 % für die verbrieften Forderungen bemerkt er, daß sie eine jährliche Aufwendung von 76 Mio. DM erfordern würde. Da bei den unverbrieften Forderungen ein gewisser Spielraum erforderlich sei, würde der dafür verbleibende Rest der 100 Mio. DM zu gering sein.

Der *Bundesminister der Justiz* schließt sich bezüglich der verbrieften Forderungen den Ausführungen von Präsident Bernard und Bankier Abs an.

Hinsichtlich der unverbrieften Forderungen hat er insofern Bedenken, als Forderungen aus der Entziehung von Grundstücken herrühren, die sich jetzt noch in den Händen des Bundes befinden, ohne daß ein Gegenwert geleistet wurde. Er hält es[6] für untragbar, in solchen Fällen auf den Härtefonds zu verweisen. Mindestens solle ein Weg gesucht werden, der die Verfolgung eines Rechtsanspruchs in diesen Fällen nicht völlig ausschließe.

[6] Im Entwurf folgt gestrichen: „rechtlich“.

Staatssekretär Hartmann verweist demgegenüber auf die sich daraus ergebende geringere Möglichkeit der Berücksichtigung von verbrieften Forderungen. Es werde überhaupt nur möglich sein, auf die Forderung einer Quote von 6,5 % einzugehen, wenn höhere Anforderungen aus den jetzt hier von den Bundesministern für Arbeit und der Justiz gemachten Vorschlägen mit Sicherheit unterblieben.

Min.Dirig. Dr. Féaux de la Croix, BMF, macht darauf aufmerksam, daß bei Berücksichtigung des Wunsches des Bundesministers der Justiz im Ergebnis die Heimatvertriebenen schlechter gestellt werden würden. Im übrigen würde darin auch eine Verletzung des Grundsatzes der Gleichheit liegen. Bei Grundstücken, die sich ohne Übereignung im Besitz des Reiches befunden hätten, werde eine besondere Regelung getroffen werden. Der vom Bundesminister der Justiz vorgebrachte Sachverhalt müsse ebenso wie auch noch andere unbillig erscheinende Fälle im Vergleich mit anderen Komplexen aus dem Bereich der unverbrieften Forderungen oder der Reparations- und Restitutionsschäden gesehen werden.

Nachdem *Min.Direktor Dr. Schiller*, BMV, darauf hingewiesen hat, daß für die Bezahlung der für den Bau der Autobahnen in Anspruch genommenen Grundstücke laufend Haushaltsmittel eingesetzt werden, bemerkt der *Vizekanzler*, daß heute dazu Stellung genommen werden müsse, ob es möglich sei, für verbriefte Forderungen eine Umstellungsquote von 4 % anzubieten.

Bankier Abs hält an seiner Auffassung fest, daß 4 % nicht durchsetzbar seien, wohl aber könne man entsprechend den Gedanken von Präsident Bernard die Gesamtleistung auf einen längeren Zeitraum verteilen. Man könne ferner dadurch zusätzliche Beträge für die Umstellungsquote zur Verfügung bekommen, wenn man mit der Tilgung nicht gleich beginne, sondern erst im Jahre 1958. Die Verzinsung müsse allerdings sofort einsetzen. Auch sei es unwahrscheinlich, daß der Fonds für Härtefälle für einen Zeitraum von 25 Jahren benötigt werde.

Min.Dirig. Dr. Féaux de la Croix, BMF, macht darauf aufmerksam, daß 5 zins- und tilgungsfreie Jahre vorgesehen seien, um damit Mittel für die Bereinigung des Komplexes der nicht verbrieften Forderungen zu erhalten. Ein Ausweg könne es sein, Härtefälle aus diesem Bereich ebenfalls mit Papieren oder Schuldbuchforderungen zu bedienen.

Der *Vizekanzler* hebt hier die Notwendigkeit einer befriedigenden Ausstattung der Papiere hervor, um einen angemessenen Kurs sicherzustellen.

Staatssekretär Bleek hält ebenfalls eine Umstellungsquote von 4 % für nicht vertretbar.

Zu seinem Wunsch, die caritativen Einrichtungen günstiger zu bedienen, bemerkt *Min.Dirig. Dr. Féaux de la Croix*, BMF, daß dies mit dem Gedanken einer Abgeltung durch Wertpapiere schwer zu vereinbaren sei, da hierdurch verschiedene Serien geschaffen würden. Außerdem würde sich das Ausland auf die günstigste Regelung berufen, die irgend einem Gläubiger zugebilligt würde.

Der *Bundesminister für Vertriebene, Flüchtlinge und Kriegsgeschädigte* spricht sich gegen Sonderbehandlungen im Sinne der Wünsche des Bundesministers der

Justiz und von Staatssekretär Bleek aus, da man sich sonst von der Grundlage des Lastenausgleichs entferne.

In der weiteren Diskussion werden die Belastungen des Bundeshaushalts bei Zugrundelegung der verschiedenen Umstellungsquoten zahlenmäßig erörtert.

Min.Dirig. Haenlein, BK, macht anschließend insofern Bedenken geltend, als durch die hier erwogene Bekanntgabe der Grundgedanken des Kriegsfolgenschlußgesetzes an die ausländischen Gläubiger das spätere Gesetz in gewisser Weise festgelegt werde. Dies könne zu Schwierigkeiten mit dem Bundestag führen, den man deshalb besser durch Aufnahme von Kontakten vorher einschalten solle.

Min.Dirig. Dr. Féaux de la Croix, BMF, teilt diese Bedenken nicht, da bei den Verhandlungen mit den ausländischen Gläubigern wie auch bei anderen Verhandlungen dem Unterhändler Verhandlungsrichtlinien mitgeteilt werden müssen, von denen er gegenüber seinem Partner auszugehen habe. Außerdem habe das Bundesministerium der Finanzen laufend Kontakt mit einem Ausschuß der Koalitionsparteien aufrechterhalten[7].

Auch nach Auffassung von *Bankier Abs* ist die Mitteilung von Grundgedanken einer zukünftigen gesetzlichen Regelung an die Ausländer nicht mit der Übermittlung eines Gesetzentwurfs gleichzusetzen. Es sei auch nicht beabsichtigt, ein Abkommen mit den Ausländern im Sinne der Grundgedanken zu schließen. Die Frage der Weitergabe der Grundgedanken werde jedoch im Kabinett behandelt werden müssen.

Der *Bundesminister der Justiz* glaubt ebenfalls nicht, daß der Bundestag durch Mitteilung solcher Grundgedanken an die ausländischen Gläubiger festgelegt werde.

Der *Vizekanzler* sieht die Bedenken gegen die Übermittlung solcher Grundgedanken an die Ausländer nicht für unbeachtlich an. Man habe daher von dem Gedanken, einen Gesetzentwurf zu übermitteln, Abstand genommen, doch biete die Unterrichtung nur einiger Bundestagsabgeordneter keinen Ausweg aus den Schwierigkeiten.

Entsprechend einer von *Staatssekretär Hartmann* gegebenen Anregung, den Gläubigervertretern in London zunächst nur einen Zwischenbescheid zu geben und inzwischen die Vorlage im Kabinett zu beraten, schlägt der *Vizekanzler* vor, die Angelegenheit wegen ihrer großen politischen Bedeutung in einer Kabinettssitzung unter der Leitung des Bundeskanzlers nach dessen Rückkehr aus London zu behandeln[8].

Bankier Abs erklärt sich bereit, die Verschiebung der Antwort den Gläubigern mitzuteilen und zu begründen[9].

---

[7] Unterlagen zu den Kontakten mit Vertretern der Koalitionsfraktionen in B 126/12665.

[8] Vgl. den Bericht Adenauers über die Londoner Neunmächtekonferenz vom 28. Sept. bis 3. Okt. 1954 in der 49. Kabinettssitzung am 5. Okt. 1954 TOP 1 (Kabinettsprotokolle 1954, S. 417–422).

[9] Fortgang 55. Kabinettssitzung am 27. Okt. 1954 TOP 1 (Kabinettsprotokolle 1954, S. 466 f.). – Die „Grundgedanken" wurden am 17. Nov. 1954 dem Council of Foreign Boundholders in London durch Abs übergeben und eine Entschädigungsquote von 6,5 % angeboten (Schreiben von Abs an Adenauer vom 26. Nov. 1954 in B 136/1159). – Gesetz zur allgemeinen Regelung durch den Krieg und den Zusammenbruch des Deutschen Reiches entstandener Schäden (Allgemeines Kriegsfolgengesetz) vom 5. Nov. 1957 (BGBl. I 1747).

2. Einführung direkter internationaler Eisenbahntarife mit degressivem Charakter innerhalb der Montangemeinschaft **BMV**

Punkt 2 ist abgesetzt worden[10].

3. Entwurf eines Fünften Gesetzes zur Änderung des Zolltarifs **BMF**

Der *Vizekanzler* bemerkt, daß über das Prinzip des Mischzolls[11] seiner Auffassung nach nicht aus Anlaß eines einzelnen Falles entschieden werden soll. Andernfalls müsse er Kabinettsberatung fordern.[12]

Man könne also heute nur über eine Verlängerung des Gesetzes verhandeln. Er denke an eine Verlängerung für 1 Jahr, zumal es nicht zweckmäßig sei, jetzt kurz vor Beginn der GATT-Verhandlungen die deutschen Unterhändler durch Einführung einer neuen Zollpolitik vorzubelasten[13].

Min.Dir. Staab, BML, stimmt der Auffassung des Vizekanzlers zu und bemerkt, daß der Ernährungsausschuß des Bundestages ebenfalls nur eine befristete Verlängerung befürworte, die allerdings einen Zeitraum von 3 Jahren umfassen solle[14].

---

[10] Vgl. Sondersitzung des Kabinettsausschusses für Wirtschaft am 20. Aug. 1954. – In seiner Vorlage vom 10. Sept. 1954 hatte der BMV dem Kabinettsausschuß das Ergebnis der 2. Sitzung des Tarifausschusses des Ministerrats der EGKS am 7. und 8. Sept. 1954 mitgeteilt. Laut aufgesetztem Vermerk aus dem Bundeskanzleramt vom 24. Sept. 1954 war der TOP abgesetzt worden, „da das AA ein zur Beratung benötigtes Rechtsgutachten noch nicht erstellt" hatte (B 136/9571). – Fortgang 21. Ausschußsitzung am 10. Dez. 1954 TOP 1.

[11] Der Mischzoll („Gleitender Mischzoll") war eine Kombination aus Wertzoll und Gleitzoll. Die Zollbelastung wurde proportional nach dem Wert der Ware bemessen, wobei eine Unter- oder Obergrenze festgelegt wurde, von der jedoch ein bestimmter Prozentsatz des Warenwertes abzuziehen war, so daß steigende Preise zu einer Absenkung dieser Grenze führten. – Zu den verschiedenen Zollarten vgl. 23. Ausschußsitzung am 7. Jan. 1955 TOP 2.

[12] Durch das Dritte Gesetz zur Änderung des Zolltarifs vom 22. Dez. 1953 (BGBl. I 1568) war der Einfuhrzolltarif für Malz für die Zeit vom 1. Jan. bis zum 31. Dez. 1954 als Kombination aus Wertzoll und spezifischem Warenzoll (Mischzoll) auf 20 % des Warenwertes, „jedoch mindestens für 100 kg 60 DM abzüglich 70 % des Wertes" festgesetzt worden. Damit sollte angesichts sinkender Preise für ausländisches Braumalz der Preis in der Bundesrepublik stabil gehalten und die Konkurrenzfähigkeit deutscher Mälzereien gesichert werden. Ab dem 1. Jan. 1955 sollte ein Zolltarif von 20 % des Warenwertes allgemein ohne Einschränkung gelten. In seiner Vorlage vom 10. Sept. 1954 hatte das BMF eine unbefristete Verlängerung des Mischtarifs über den 31. Dez. 1954 hinaus vorgeschlagen (B 126/11435 und B 136/352). Die Angelegenheit wurde im Kabinettsausschuß behandelt, nachdem AA, BMWi und BMZ, die eine unbefristete Verlängerung des Mischzolls ablehnten und eine einjährige Befristung befürworteten, Einspruch gegen eine Beschlußfassung im Umlaufverfahren erhoben hatten (vgl. das Schreiben des BMWi vom 23. Sept. 1954 an das Bundeskanzleramt in B 136/352 und den Sprechzettel für den BMF vom 25. Sept. 1954 in B 126/11435).

[13] Die IX. GATT-Konferenz begann am 28. Okt. 1954 und dauerte bis zum 7. März 1955; ab dem 8. Nov. 1954 wurde über eine Revision des Allgemeinen Zoll- und Handelsabkommens verhandelt. – Vgl. 19. Ausschußsitzung am 19. Okt. 1954 TOP 3.

[14] Abgeordnete der CDU/CSU-Fraktion hatten am 8. Juli 1954 einen Initiativantrag zur Verlängerung des Mischzolls auf Braumalz bis zum 31. Dez. 1957 eingebracht (BT-Drs. 677). Der federführende Ausschuß für Außenhandelsfragen sowie der Ausschuß für Ernährung, Landwirtschaft und Forsten hatten sich am 21. Sept. 1954 für eine auf 3 Jahre befristete Verlängerung ausgesprochen (Kurzprotokolle der 12. Sitzung des Ausschusses für Außenhandelsfragen und

Min.Dir. Dr. Reinhardt, BMW, erklärt, daß die Frage, ob der Mischzoll ein geeignetes handelspolitisches Instrument ist, noch der Klärung bedürfe und nicht ohne weiteres bejaht oder abgelehnt werden könne. Es sei auch nicht ausgeschlossen, daß die Frage des Mischzolls auf der bevorstehenden Tagung des GATT behandelt werden würde. Unter diesen Umständen sei es nicht zweckmäßig, sich für eine längere Frist in der Frage des Mischzolls zu binden. Bei dem vorliegenden Gesetz halte er daher eine Verlängerung für 1 Jahr für erstrebenswerter als eine solche von 3 Jahren.

Min.Dirig. Dr. van Scherpenberg, AA, spricht sich wegen handelspolitischer Gefahren gegen die dauernde Einführung des Mischzolls aus. Er sei an sich für eine 1-jährige Verlängerung, wolle aber notfalls auch einer Verlängerung für 2 Jahre zustimmen.

Staatssekretär Hartmann spricht sich für eine Verlängerung von 3 Jahren aus. Man müsse berücksichtigen, daß augenblicklich bei Braumalz der Mischzolltarif Anwendung finde. Bei einer nur kurzfristigen Verlängerung sei mit Beunruhigung in den betroffenen Kreisen zu rechnen.

Der *Bundesminister für Wohnungsbau* schließt sich der Auffassung des Vizekanzlers an und schlägt als Kompromiß eine zweijährige Verlängerung des Gesetzes vor.

Min.Dir. Dr. Reinhardt, BMW, bemerkt, daß nach Auffassung des BMW der Minus-Koeffizient bei Braumalz zu hoch ist und dadurch die Preisbewegung auf den Weltmarkt vollkommen abgefangen wird. Seiner Ansicht nach solle der Minus-Koeffizient auf höchstens 50 % festgesetzt werden.

Der Kabinettsausschuß beschließt, die Vorlage des Bundesministers der Finanzen im Kabinett abschließend zu beraten[15].

Der *Bundesminister für Wohnungsbau* regt an, die grundsätzliche Frage der Anwendung des Mischzoll-Systems auf Grund einer besonderen Vorlage im Kabinett zu erörtern. Dabei solle an Zahlenbeispielen für einzelne Waren dargestellt werden, wie sich der gleitende Mischzoll auswirkt[16].

4. Anleihe der Vereinigten Staaten an die Hohe Behörde der Montanunion; hier: Erteilung einer Transferzusage durch die Bundesregierung **BMWi**

Präsident Bernard erklärt, daß er sich mit einer Transferzusage für den Fall vorzeitiger Rückzahlung nicht einverstanden erklären könne, und zwar sowohl vom

---

der 32. Sitzung des Ausschusses für Ernährung, Landwirtschaft und Forsten, jeweils am 21. Sept. 1954, im Parlamentsarchiv des Deutschen Bundestages).

[15] Das Kabinett beschloß in seiner 52. Sitzung am 22. Okt. 1954 eine Befristung des Mischzolls auf zwei Jahre bis zum 31. Dez. 1956 (TOP 2, Kabinettsprotokolle 1954, S. 436 f.). – Da der Bundestag ebenfalls am 22. Okt. 1954 den Initiativantrag der CDU/CSU-Fraktion verabschiedete, der eine Befristung bis zum 31. Dez. 1957 vorsah, und den Gesetzentwurf dem Bundesrat zuleitete, verzichtete die Bundesregierung darauf, ihren Entwurf weiter zu verfolgen. – Gesetz vom 26. Nov. 1954 (BGBl. I 357).

[16] Fortgang zur Frage des Gleitzolls 23. Ausschußsitzung am 7. Jan. 1955 TOP 2.

Standpunkt des Zentralbankrates als auch des Direktoriums der BdL aus. Die BdL lege Wert darauf, dabei zu gegebener Zeit mitsprechen zu können.[17]

Min.Dir. Dr. Reinhardt, BWM, bemerkt, daß der Wunsch, eine Zusage für den Fall vorzeitiger Rückzahlung zu geben, nicht etwa vom BWM ausgehe, sondern von der Hohen Behörde. Andere Länder wie Frankreich und Belgien hätten bereits derartige unbedingte Erklärungen abgegeben. Der Kredit werde gefährdet, wenn die von der Hohen Behörde gewünschte Erklärung von der Bundesregierung nicht gegeben werden könne. Es sei zu erwägen, ob nicht ein Kompromiß in der Weise gefunden werden könne, daß zwar der letzte Satz der vorgeschlagenen Erklärung bestehen bleibe, jedoch eine Wohlwollensklausel für den Fall vorzeitiger Rückzahlung angefügt werde.

Auch der Wunsch auf Streichung des mit „sofern" beginnenden Einschiebesatzes am Anfang gehe auf einen Wunsch der Hohen Behörde zurück.

Der *Vizekanzler* bemerkt, daß hier eine grundsätzliche Meinungsverschiedenheit mit der Hohen Behörde vorliege, da diese davon auszugehen scheine, daß ihre Zusage ausreichend sei, ohne Rücksicht auf die Stellungnahme der nationalen Regierungen. Da es sich um eine grundsätzliche Frage handele, komme es auch wegen des Schlußsatzes keineswegs auf die Höhe der Kreditsummen an.

Präsident Bernard betont nochmals, daß die alleinige Entscheidung keineswegs der Hohen Behörde überlassen bleiben dürfe. Da es sich schließlich um die Verfügung über deutsche Devisen handele, könne man sich des Rechts der Mitwirkung nicht begeben[18].

Staatssekretär Hartmann ist nur bereit, der Vorlage zuzustimmen, wenn der mit „sofern" beginnende Zwischensatz erhalten und auch der Schlußsatz bestehen bleibt.

Der *Bundesminister für Wohnungsbau* erwähnt, daß nach dem Kreditvertrag das Recht der Auswahl allein der Hohen Behörde vorbehalten sei. Da eine erwünschte

---

[17] Am 23. April 1954 hatten die Hohe Behörde der EGKS und die Regierung der USA den Vertrag über eine Anleihe der USA an die Hohe Behörde in Höhe von 100 Millionen $ unterzeichnet (Amtsblatt der EGKS Nr. 8 vom 7. Mai 1954, S. 325). Diese Mittel sollten erst als Kredite an Montan-Unternehmen ausgegeben werden dürfen, nachdem eine oder mehrere EGKS-Regierungen sich schriftlich verpflichtet hätten, in ausreichendem Maße und zu den vereinbarten Terminen Dollar-Mittel zur Verzinsung und Tilgung der Anleihe bereitzustellen. Die Hohe Behörde hatte die Bundesregierung um eine entsprechende Erklärung gebeten. Darüberhinaus sollte die Bundesregierung sich bereiterklären, Dollar für vorzeitige Rücktransfers bereitzustellen, wenn Unternehmen ihre Kredite vorzeitig tilgen wollten. In seiner Vorlage vom 15. Sept. 1954 hatte das BMWi den Entwurf einer Erklärung der Bundesregierung gegenüber der Hohen Behörde zur Beschlußfassung im Umlaufverfahren vorgelegt: „Die Bundesregierung ist bereit, den in Betracht kommenden Unternehmen, sofern sie die nach den deutschen Bestimmungen zur Kreditaufnahme erforderlichen Genehmigungen erhalten haben, gegen Einzahlung entsprechender DM-Beträge US-Dollar zu den Zeitpunkten und in der Höhe bereitzustellen, wie dies für die pünktliche und volle Zahlung jeder Tilgungsrate der ihnen von der Hohen Behörde in effektiven US-Dollar gewährten Kredite sowie der fälligen Zinsen erforderlich ist. Die Bundesregierung sieht sich dagegen nicht in der Lage, den Transfer vorzeitiger Rückzahlungen im voraus zuzusagen." (B 136/8365; weitere Unterlagen in B 102/8874–8876 und B 146/605).

[18] Im Entwurf folgt gestrichen: „Im übrigen macht er darauf aufmerksam, daß in einer vorzeitigen Zusage ein kalkulatorisches Element enthalten sei".

deutsche Einwirkung nur auf dem Wege über die Transfergenehmigung möglich sei, schließt er sich der Stellungnahme von Präsident Bernard an. Für den letzten Satz, der eine Transferzusage für den Fall vorzeitiger Rückzahlungen schlechthin ablehnt, empfiehlt er eine weichere Formulierung, die die Möglichkeit einer wohlwollenden Überprüfung durch die Bundesregierung bei vorzeitiger Rückzahlung zum Ausdruck bringt.

Präsident Bernard will klargestellt sehen, daß die deutsche Seite den Transfer nicht im voraus zusagt. Gegen das Inaussichtstellen wohlwollender Prüfung hat er nichts einzuwenden.

Min.Dirig. Dr. van Scherpenberg, AA, pflichtet dem von Min.Dirig Dr. Reinhardt vorgebrachten Änderungswunsch bei, zumal es nach Meinung des Auswärtigen Amtes zweifelhaft sei, ob die Kreditgewährung nach dem Montanvertrag überhaupt von der Mitwirkung der nationalen Regierungen abhängig gemacht werden könne.

Der *Vizekanzler* widerspricht dieser Auffassung unter Hinweis auf die jüngsten Erfahrungen mit der Ablehnung supranationaler Gedanken, die ihm gezeigt haben, wie gefährlich jede Bejahung extensiver Interpretationen und Bemühungen in supranationaler Hinsicht sei[19]. Ihm komme es daher vor allem darauf an, das deutsche Prüfungsrecht in der Erklärung der Bundesregierung zum Ausdruck zu bringen. Gegenüber der Auffassung von *Min.Dirig. Dr. van Scherpenberg*, daß gerade jetzt der supranationale Gedanke jede mögliche Stütze verdiene, lehnt der *Vizekanzler* es ab, etwas zu tun, wozu kein Anlaß bestehe.

Staatssekretär Hartmann bringt mit Rücksicht auf die Ausführungen von Min.Dirig. Dr. van Scherpenberg mit Entschiedenheit zum Ausdruck, daß nach Auffassung des BFM durch den Montanvertrag die weitere Geltung der deutschen Gesetze und hier besonders des § 795 BGB nicht in Zweifel gezogen werden dürfe[20]. Die in den Ausführungen von Min.Dirig. Dr. van Scherpenberg enthaltene Rechtsauffassung des AA lehnt er ab.

Präsident Bernard erklärt hierzu, daß der § 795 BGB Geltung haben müsse. Man könne nur darüber sprechen, ob bezüglich des Dollarkredits eine Prüfung nach deutschem Recht möglich sei, während für den innerdeutschen Kreditanteil diese Frage ohne weiteres zu bejahen sei. Angesichts der Notwendigkeit, die Devisen für die Rückzahlung zur Verfügung zu stellen, sei aber die Mitwirkung der deutschen Regierung auch für den Dollarkredit unentbehrlich.

Min.Dirig. Dr. van Scherpenberg, AA, ergänzt seine Ausführungen dahin, daß er die Geltung des § 795 BGB nicht habe in Zweifel ziehen wollen, ebensowenig die devisengesetzlich erforderliche Mitwirkung. Er wende sich nur dagegen, daß bei dieser Mitwirkung Erwägungen der Kapitalmarktlenkung seitens deutscher Regierungsstellen angestellt werden könnten.

---

[19] Zur Ablehnung des EVG-Vertrags durch die französische Nationalversammlung am 30. Aug. 1954 vgl. Sondersitzung des Kabinetts am 1. Sept. 1954 TOP A (Kabinettsprotokolle 1954, S. 350–354).

[20] Gemäß § 795 BGB können im Inland ausgestellte Inhaberschuldverschreibungen nur mit staatlicher Genehmigung in Verkehr gebracht werden.

Der *Bundesminister für Wohnungsbau* erwidert, daß dies für den am deutschen Kapitalmarkt unterzubringenden Kreditanteil jedenfalls möglich und nötig sei. Im Bergarbeiterwohnungsbau sei von vornherein eine derartige Auflage gemacht worden.

Der *Vizekanzler* fügt hinzu, daß jede Finanzierung nur als ein Ganzes gesehen werden könne. Abgesehen davon, daß hier der größere Anteil der Kredite auf dem deutschen Kapitalmarkt aufzubringen sei, könne auch für den Dollaranteil nur die Genehmigung für den Rücktransfer gegeben werden, wenn dabei gleichzeitig auch der Gesamtkredit genehmigt worden sei. Es sei dabei zu bedenken, daß wir uns die Aufrechterhaltung der uns verbliebenen Rechte sichern müßten, um die nötige Bewegungsfreiheit an der Ruhr zu behalten, die für eine großzügige Kohleplanung nötig sei.

Min.Dir. Dr. Reinhardt, BWM, erklärt hiernach, daß er angesichts der von den Anwesenden eingenommenen Haltung von seinen Änderungsvorschlägen Abstand nehme und daß versucht werden solle, ohne diese Änderungen durchzukommen.

Zu dem von *Min.Dirig. Dr. van Scherpenberg* [AA] gemachten Vorbehalt, daß das AA nochmals Stellung nehmen wolle, da es bisher nicht beteiligt worden sei, bemerkt der *Vizekanzler*, daß es sich bei dieser Frage nicht um die Zuständigkeit der Regierung handele, sondern die Entscheidung in einer Vereinbarung zwischen BWM und BdL festgelegt werden könne.

Nachdem der *Bundesminister für Wohnungsbau* darauf aufmerksam gemacht hatte, daß es hier doch zunächst auf die devisenrechtliche Seite ankomme und daß auch das AA keine Einwendungen erhoben habe, soweit es sich um die devisenrechtliche Genehmigung handele, die, wie *Min.Dir. Dr. Reinhardt* bestätigt, auch von der Hohen Behörde als erforderlich angesehen werde, erklärt *Min.Dirig. Dr. van Scherpenberg*, AA, daß er mit dieser Auslegung der Erklärung der Bundesregierung einverstanden sei.

Abschließend stellt hiernach der *Vizekanzler* als Auffassung des Kabinettsausschusses fest, daß der Schlußsatz der Erklärung im Sinne des Kompromißvorschlags von Min.Dir. Dr. Reinhardt abgeschwächt werden, es im übrigen aber bei dem Wortlaut der Vorlage verbleiben soll[21].

---

[21] Das Schreiben des BMWi an die Hohe Behörde vom 5. Nov. 1954 enthielt zusätzlich den Satz: „Sie ist jedoch bereit, die Genehmigung eines derartigen Transfers in Erwägung zu ziehen, falls ihr zu gegebener Zeit entsprechende, eingehend begründete Anträge vorgelegt werden." (Abschrift in B 136/8365).

19. Sitzung des Kabinettsausschusses für Wirtschaft am Dienstag, den 19. Oktober 1954

Teilnehmer: Blücher, Oberländer, Tillmanns (9.50–11.50 Uhr); Hartmann, Westrick, Sauerborn, Nahm; Bernard (BdL), Schiller (BMV), Fischer-Dieskau (BMWo), Haenlein (Bundeskanzleramt), van Scherpenberg (AA, ab 11.55 Uhr), Hagemann (BMWi, ab 11.55 Uhr), Stalmann (BML, ab 11.55 Uhr), Middelmann (BMVt), Müller (BMG, bis 11.50 Uhr), Pühl (Bundeskanzleramt, bis 11.55 Uhr), Heise (BMZ), Vertreter verschiedener Bundesministerien. Protokoll: Hornschu.

Beginn: 9.30 Uhr *Ende: 12.55 Uhr*

Ort: Bad Godesberg, Haus Carstanjen

Tagesordnung:

1. *Zweijahresplan für die Eingliederung der Geschädigten*
   Vorlage des BMVt vom 4. Okt. 1954 (II 2a - 9021 - Kab. 1069/54).
2. *Deutsch-amerikanische Handelsvertragsverhandlungen; Weisungen an die deutsche Delegation zu Artikel XIV und XXI des Vertrages*
   Vortrag des AA.
3. *Aussprache über die von der deutschen Delegation bei den GATT-Verhandlungen einzunehmende Haltung*
   Vortrag des BMWi.

1. Zweijahresplan für die Eingliederung der Geschädigten — BMVt

Nach einleitenden Ausführungen des *Bundesministers für Vertriebene, Flüchtlinge und Kriegsgeschädigte* bemerkt *Staatssekretär Hartmann*, es sollten heute nicht einzelne Zahlen erörtert, sondern nur geklärt werden, inwieweit grundsätzliche Bedenken gegen den Plan bestehen[1].

---

[1] Siehe 17. Ausschußsitzung am 20. Sept. 1954 TOP 4 und 45. Kabinettssitzung am 22. Sept. 1954 TOP 6 (Kabinettsprotokolle 1954, S. 400 f.). – Vorlage des BMVt vom 4. Okt. 1954 in B 150/2749 und B 136/2712; Abdruck des „Zweijahresplans" in Anhang 3, Dokument 7. – Mit Schreiben vom 4. Okt. 1954 hatte Oberländer einen Entwurf für „den Zweijahresplan für die Eingliederung der Geschädigten, aufgestellt im November 1953 als Zweijahresplan für die Eingliederung der Vertriebenen und Flüchtlinge, abgeändert und ergänzt im Oktober 1954" vorgelegt. Mit Datum vom 15. Okt. 1954 waren einige Abschnitte neu gefaßt worden, die den Sitzungsteilnehmern im Verlauf der Sitzung vorgelegt wurden. Am 16. Okt. 1954 hatte der BMVt Bedenken gegen den vom BMF mit Schreiben vom 6. Okt. 1954 vorgelegten Entwurf des Bundeshaushaltsplans 1955 erhoben und die Entscheidung des Kabinetts hinsichtlich einiger Ansätze des Entwurfs in den Einzelplänen 26 (BMVt) und 40 (Soziale Kriegsfolgeleistungen) gefordert (B 136/305). – Zu den Bedenken des BMF gegen den Zweijahresplan, die insbesondere die Festlegung von Haushaltsmitteln über jeweils ein Haushaltsjahr hinaus betrafen,

Ein finanziell verbindlicher Plan könne auch deshalb nicht aufgestellt werden, weil die Verwaltung des Ausgleichsfonds (Präsident des Bundesausgleichsamtes mit Kontrollausschuß und Ständigem Beirat) nur in begrenztem Umfang gebunden werden könne.

Der Zweijahresplan könne auch nicht als verbindliche Richtlinie für den Präsidenten des Bundesausgleichsamtes im Sinne des § 318 LAG angesehen werden, ganz abgesehen davon, daß diese Richtlinie der Zustimmung des Bundesrates bedürfte.[2]

Der *Vizekanzler* pflichtet dieser Auffassung bei mit dem Bemerken, daß die Dekkungsfragen heute nicht erörtert werden sollen.

Der *Bundesminister für Vertriebene, Flüchtlinge und Kriegsgeschädigte* erklärt sich damit einverstanden.

Ministerialdirektor Dr. Fischer-Dieskau, BMWo, bemerkt, daß selbstverständlich keine Einwendungen gegen eine möglichst vollkommene Eingliederung der Geschädigten erhoben werden. In dem Zweijahresplan seien aber die Aufbaudarlehen für die gewerbliche Wirtschaft, die freien Berufe und die Landwirtschaft in absoluten Zahlen angegeben, während sie bei den Aufbaudarlehen für den Wohnungsbau fehlten. Außerdem solle die Hausratshilfe im Jahre 1955 kräftig erhöht werden, so daß die ernste Gefahr bestehe, daß die Aufbaudarlehen für den Wohnungsbau zu kurz kämen. Er halte es für besser, erst den Gesamtfinanzplan des Bundesausgleichsamtes aufzustellen und darin ein Gleichgewicht zwischen den verschiedenen Positionen herbeizuführen, oder aber für Aufbaudarlehen für den Wohnungsbau mindestens 560 Mio. DM wie im Vorjahr in den Zweijahresplan einzusetzen.

Auf den Einwand des *Bundesministers für Vertriebene, Flüchtlinge und Kriegsgeschädigte*, daß hier nicht der Gesamtplan des Bundesausgleichsamtes vorweggenommen werden könne, erwidert *Ministerialdirektor Dr. Fischer-Dieskau*, BMWo, daß durch die Festlegung der Mittel im Zweijahresplan gleichzeitig auch der Rahmen für den Gesamtplan des Bundesausgleichsamtes gezogen werde.

Auch *Ministerialrat Dr. Käss*, BMF, hält eine vorherige Gesamtplanung für notwendig.

Auf die Bemerkung des *Vizekanzlers*, daß es aus wirtschaftspolitischen Gründen unmöglich sein werde, eine Regelung zu treffen, die zu einer Verringerung der Wohnungsbaumittel führe, bemerkt der *Bundesminister für Vertriebene, Flüchtlinge und Kriegsgeschädigte*, daß er an eine Verringerung der Wohnungsbaumittel nicht denke. Allerdings werde wohl eine Vorfinanzierung in Anspruch genommen werden müssen. Der Wohnungsbau müsse jedoch in dem bisherigen Umfang fortgesetzt werden.

---

vgl. den Vermerk aus dem BMF für Hartmann vom 18. Okt. 1954 betreffend die 19. Ausschußsitzung in B 136/2712 (Durchschrift).

[2] Gemäß § 318 des Lastenausgleichsgesetzes vom 14. Aug. 1952 (BGBl. I 446) erließ die Bundesregierung nach Anhörung des Präsidenten des Bundesausgleichsamtes und mit Zustimmung des Bundesrates Richtlinien für die Verwaltung und für die Verwendung der Mittel des gemäß § 5 LAG als Sondervermögen des Bundes eingerichteten Ausgleichsfonds.

Ministerialdirektor Dr. Fischer-Dieskau, BMWo, bemerkt hierzu, daß nicht nur die absoluten Zahlen abgestimmt, sondern auch die Deckungsmöglichkeiten für die verschiedenen Verwendungszwecke in die gleiche Relation gebracht werden müßten.

Ministerialrat Dr. Käss, BMF, bestätigt, daß es sich zwangsläufig um eine Entscheidung über Art und Umfang der Vorgriffe handele, wobei die Frage der Vorfinanzierungsmöglichkeit nunmehr aktuell werde.

Staatssekretär Dr. Nahm unterstreicht, daß der Wohnungsbau keineswegs nachrangig behandelt werden soll. Der Zweijahresplan werde gegenüber dem Bundesausgleichsamt als Ganzes behandelt werden. Sei eine Vorfinanzierung nicht möglich, dann müßten Abstriche bei allen Positionen vorgenommen werden.

Dem Hinweis von *Staatssekretär Hartmann*, daß der Präsident des Bundesausgleichsamtes wohl zu einer Besprechung des Kabinettsausschusses, in der die Eingliederung des Zweijahresplans in den Rahmen des Gesamtfinanzplans des Bundesausgleichsamtes erörtert würde, hinzugezogen werden müsse, pflichtet der *Vizekanzler* bei in der Erwägung, daß der Präsident sicher bereits zu festen Vorstellungen gekommen sein werde.

Der *Bundesminister für Vertriebene, Flüchtlinge und Kriegsgeschädigte* ist damit einverstanden, wenn der Präsident des Bundesausgleichsamtes später hinzugezogen wird, legt aber Wert darauf, zunächst im Kabinettsausschuß ein Einvernehmen über seine Vorschläge herbeizuführen.

Sodann wird in die Einzelberatung des Zweijahresplans eingetreten.

A. Selbständige Erwerbstätigkeit in gewerblicher Wirtschaft und freien Berufen

Der *Bundesminister für Vertriebene, Flüchtlinge und Kriegsgeschädigte* weist darauf hin, daß bei den geschätzten Zahlen in Ziff. 2 a) seiner Vorlage keine Übereinstimmung zwischen ihm und dem Bundesministerium der Finanzen bestehe. Das Bundesministerium der Finanzen gehe von niedrigeren Zahlen aus.[3]

Staatssekretär Hartmann bestätigt dies und schlägt vor, die Zahlen noch einmal zwischen den beiden Ressorts zu erörtern. Dem stimmt der Bundesminister für Vertriebene, Flüchtlinge und Kriegsgeschädigte zu.[4]

Der *Bundesminister für Vertriebene, Flüchtlinge und Kriegsgeschädigte* erklärt zu Ziffer 3 b), daß für 1955 noch ein Betrag von 80 Mio. DM offen sei. Die Verweisung der Sowjetzonenflüchtlinge auf den Härtefonds könne kein Dauerzustand sein. Die unbedingt notwendig werdenden Aufwendungen, die aus dem Lastenausgleich nicht zur Verfügung gestellt werden könnten, müßten aus Haushaltsmitteln geleistet werden. Er habe sich dem Bundestag gegenüber darauf festgelegt, daß über den Härtefonds hinaus ein zusätzlicher Betrag von der Bundesregierung bereitgestellt werden würde[5].

---

3 Nicht ermittelt.

4 Unterlagen hierzu in B 150/2749.

5 Vgl. die Erklärung Oberländers vor dem Bundestag am 23. Sept. 1954 in Stenographische Berichte, Bd. 21, S. 2073–2079. – Für die Bewilligung von 5 000 Aufbaudarlehen an Sowjetzonenflüchtlinge im Jahr 1954 und 8 000 im Jahr 1955 sollten je Bewilligung 10 000 DM zur Ver-

Ministerialrat Dr. Käss, BMF, macht darauf aufmerksam, daß der Lastenausgleich-Ausschuß des Bundestages in erster Lesung beschlossen hat, die Mittel des Härtefonds „auf bis zu 100 Mio. DM" zu erhöhen[6].

Der *Bundesminister für Vertriebene, Flüchtlinge und Kriegsgeschädigte* bemerkt hierzu, daß, auch wenn dieser Antrag Gesetz werden würde, immer noch ein Betrag von 50–75 Mio. DM für die Aufbaudarlehen der Sowjetzonenflüchtlinge benötigt würde.

Staatssekretär Dr. Nahm fügt hinzu, daß jetzt erst ⅓ der Sowjetzonenflüchtlinge in den Besitz des Flüchtlingsausweises C[7] gelangt ist und mit dem Fortschreiten der Ausgabe der Ausweise mit erheblich mehr Anträgen als bisher zu rechnen ist.

Ministerialdirektor Dr. Fischer-Dieskau, BMWo, weist auf den hohen Bedarf der Sowjetzonenflüchtlinge an Aufbaudarlehen für den Wohnungsbau hin, der schon in diesem Jahre kaum befriedigt werden kann. Außerdem sei eine nachstellige Finanzierung bislang aus Mitteln des Ausgleichs- bzw. Härtefonds nicht möglich.

Der *Vizekanzler* erklärt, man müsse im Interesse einer Entlastung der Politik von ständigen Störungen realistisch sein und den sicher zu erwartenden Mehrbedarf bei den Haushaltsüberlegungen berücksichtigen. Er schlägt vor, diese Frage bei den Beratungen des Haushaltsplanes 1955 im Kabinett zu erörtern.

Der Kabinettsausschuß beschließt entsprechend.

Staatssekretär Hartmann hält die im letzten Satz der Ziffer 3 b) angekündigte neue grundsätzliche Gesamtregelung der Leistungen für die Sowjetzonenflüchtlinge für sehr problematisch, weil die Gewährung eines Rechtsanspruchs an die Sowjetzonenflüchtlinge allmählich zur Entblößung der Sowjetzone von guten Kräften führen werde. Er schlägt vor, den letzten Satz zu streichen.

Dem widerspricht *Bundesminister Dr. Tillmanns* mit dem Hinweis, daß bei den Leistungen an Sowjetzonenflüchtlinge noch eine Lücke zu schließen sei und ein entsprechender Zusatz im Zweijahresplan gemacht werden müsse.

Ministerialdirigent Haenlein, BK, schlägt vor, den letzten Satz folgendermaßen zu fassen: „Es bedarf noch einer Regelung für Leistungen an Sowjetzonenflüchtlinge, soweit die Mittel des Härtefonds nicht ausreichen".

Der Kabinettsausschuß beschließt, die Formulierung der Entscheidung des Kabinetts zu überlassen und bis dahin nichts darüber in der Öffentlichkeit verlauten zu lassen.

Staatssekretär Hartmann erklärt zu Ziffer 3 c), daß für Investitionskredite an Vertriebene und Kriegssachgeschädigte im Bundeshaushalt 1955 keine Mittel eingesetzt worden sind.

---

fügung gestellt werden, die für das Rechnungsjahr 1954 aus dem Härtefonds gemäß § 301 LAG finanziert worden waren.

[6] Vgl. das Protokoll der 14. Sitzung des Ausschusses für den Lastenausgleich am 10. Sept. 1954 im Parlamentsarchiv des Deutschen Bundestages.

[7] Gemäß § 15 des Bundesvertriebenengesetzes (BVFG) vom 19. Mai 1953 (BGBl. I 201) erhielten den Ausweis C als Nachweis ihrer Flüchtlingseigenschaft solche Sowjetzonenflüchtlinge, die nicht gleichzeitig den Status von Vertriebenen hatten.

Die Bereitstellung dieser Kredite sei mit der Frage der Bedienung des außerordentlichen Haushalts eng verknüpft. Im Rechnungsjahr 1955 sei wegen der Einnahmeminderungen durch die Steuerreform eine Bedienung des außerordentlichen Haushalts aus ordentlichen Haushaltsmitteln nicht möglich. Man werde deshalb sicher gezwungen sein, sich erhebliche Mittel am Kapitalmarkt zu beschaffen.

Die Frage der Einstellung dieser Investitionskredite in den außerordentlichen Haushalt müsse deshalb im Zusammenhang mit den Haushaltsberatungen im Kabinett erörtert werden.

Der Kabinettsausschuß beschließt, die Entscheidung dieser Frage dem Kabinett zu überlassen.

B. Ländliche Siedlung

Staatssekretär Hartmann macht darauf aufmerksam, daß der Plan eine Verstärkung der Mittel im Jahre 1955 vorsehe und wiederholt insofern seine haushaltsrechtlichen Einwendungen.

Er schlägt vor, in Ziffer 2 Abs. 2 hinter „Siedlungserfolges" das Wort „anzusetzen" durch das Wort „anzustreben" zu ersetzen. Dieser Vorschlag wird gebilligt.

Nach Erörterung der unter Ziffer 2) erwähnten Maßnahmen zur Landbeschaffung erhebt *Staatssekretär Hartmann* keinen Einspruch gegen die vorgeschlagenen Formulierungen.

Der *Bundesminister für Vertriebene, Flüchtlinge und Kriegsgeschädigte* überreicht sodann eine Neufassung zu Ziffer 3.

Nach eingehender Beratung billigt der Kabinettsausschuß die Formulierung der Ziffer 3, behält jedoch auf Vorschlag von *Staatssekretär Hartmann* die Entscheidung über den letzten Satz dem Kabinett vor.

C. Arbeitnehmer

Der *Bundesminister für Vertriebene, Flüchtlinge und Kriegsgeschädigte* und der *Vizekanzler* bemerken hierzu übereinstimmend, daß trotz der begründeten Hoffnung auf eine günstige Entwicklung des Arbeitsmarktes gerade die Notstandsgebiete auch weiterhin im Verhältnis zu den übrigen Gebieten im Nachteil bleiben würden. Daher seien Förderungsmaßnahmen weiterhin vorzusehen.

Bundesminister Dr. Tillmanns bezeichnet es ebenso wie auch *Staatssekretär Dr. Westrick* als politisch unerträglich, wenn sich im Zonenrandgebiet ein stagnierender Raum entwickele.

Staatssekretär Dr. Westrick legt Wert darauf, daß das Wort „ausschließlich" in Ziffer 3 a) beibehalten wird, während das Bundesministerium der Finanzen das Wort durch „bevorzugt" ersetzt haben möchte.

Der Kabinettsausschuß billigt den Abschnitt C in der Fassung der Vorlage.

D. Wohnbaumäßige Unterbringung

Ministerialdirektor Dr. Fischer-Dieskau, BMWo, bemerkt zu Ziffer 2 a), daß der Anteil der Vertriebenen so hoch wie möglich gehalten werden müsse, jedoch erschwere ein starrer Prozentsatz die Verwaltungsarbeit. Er befürworte vielmehr folgende Formulierung: „Wegen des hohen Anteils der noch schlecht untergebrachten Vertriebenen werden alle Anstrengungen gemacht werden müssen, um den Anteil, der im Jahre 1953 bei 44 % lag, etwa in dieser Höhe aufrechtzuerhalten und möglichst noch zu steigern."

Der *Bundesminister für Vertriebene, Flüchtlinge und Kriegsgeschädigte* ist mit einer derartigen Formulierung einverstanden.

Zu den Ziffern 2 b) und c) überreicht der *Bundesminister für Vertriebene, Flüchtlinge und Kriegsgeschädigte* eine Neufassung.

Staatssekretär Dr. Westrick schlägt vor, in der Formulierung keine Kritik an der bisherigen Wohnungswirtschaft anklingen zu lassen.

Nach einer eingehenden Aussprache beschließt der Kabinettsausschuß den 1. Satz der Neufassung von „Der Vertriebene" bis „bestimmen" zu streichen und die Ziff. 2 b) und c) wie folgt zu fassen: „In Übereinstimmung mit der allgemeinen Wohnungsbaupolitik der Bundesregierung sind alle Maßnahmen, die zur Erfüllung der Forderungen nach Schaffung von Eigentum bei den Geschädigten führen, zu ergreifen und zu fördern; hierfür müssen bevorzugt Lastenausgleichsmittel sichergestellt werden."

Ministerialdirektor Dr. Fischer-Dieskau, BMWo, weist zu Ziffer 3) nochmals darauf hin, daß die Mittel für die Aufbaudarlehen für den Wohnungsbau in der bisherigen Relation zu den anderen aus dem Lastenausgleich zu finanzierenden Aufgaben stehen müssen. Entweder müsse man in diesem Abschnitt eine konkrete Zahlenangabe (mindestens 560 Mio. DM) machen oder die Zahlen auch in den anderen Abschnitten weglassen.

Hierzu erklärt der *Bundesminister für Vertriebene, Flüchtlinge und Kriegsgeschädigte*, er lege Wert auf die Feststellung, daß er die Mittel für den Wohnungsbau nicht zu schmälern gedenke. Er wolle die Relation des Vorjahres beibehalten.

Der *Vizekanzler* betont, daß keine absoluten Zahlen festgelegt werden sollen, sondern nur der Grundsatz der Relation. Die notwendigen Formulierungen sollen zwischen dem Bundesministerium für Vertriebene, Flüchtlinge und Kriegsgeschädigte und dem Bundesministerium für Wohnungsbau abgestimmt werden.

E. Umsiedlung

Auf Einwand von *Staatssekretär Hartmann* erklärt sich der *Bundesminister für Vertriebene, Flüchtlinge und Kriegsgeschädigte* damit einverstanden, daß in Ziff. 2 b) im Anschluß an „300 000 Personen" gesagt wird, „teils durch Umsiedlung von Land zu Land, teils durch Umsiedlung innerhalb der Länder" und keine Zahlenunterteilung für die innergebietliche und die übergebietliche Umsiedlung angegeben wird.

Staatssekretär Hartmann knüpft daran den Hinweis, daß für die innere Umsiedlung allerdings Bundesmittel nicht in Frage kämen. Die Kosten der inneren Umsiedlung seien, wie auch der *Bundesminister für Vertriebene, Flüchtlinge und Kriegsgeschädigte* einräumt, bei dem Finanzausgleich unter den Ländern zu berücksichtigen.

Die Bundesmittel könnten für Maßnahmen der inneren Umsiedlung auf keinen Fall erhöht werden.

Der *Bundesminister für Vertriebene, Flüchtlinge und Kriegsgeschädigte* betont, daß durch die übergebietliche Umsiedlung die Tendenz zur Bevölkerungszusammenballung verstärkt werde.

Staatssekretär Hartmann erklärt, er gebe zu, daß darin eine gewisse Problematik liege.

Unter der Voraussetzung, daß für die gesamte Umsiedlung keine höheren Bundesmittel als bisher in Anspruch genommen würden, könne man vielleicht im Kabinett eine politische Entscheidung in der Richtung treffen, daß durch eine entsprechende Zweckbindung der Bundesmittel die Kosten für die innergebietliche Umsiedlung bis zu einem gewissen Grade mit einbezogen würden.

Der *Vizekanzler* schlägt vor, daß diese Probleme bei der Erörterung der Finanzierung mitbehandelt werden sollen.

Min.Direktor Dr. Fischer-Dieskau, BMWo, ist mit diesem Vorschlag einverstanden, wenn er es auch für gefährlich hält, Bundesmittel für die innergebietliche Umsiedlung einzusetzen.

Bundesminister Dr. Tillmanns legt für die Erörterung dieses Punktes Wert auf den Gesichtspunkt, daß innere und äußere Umsiedlung ein Ganzes bilden.

Min.Dirigent Haenlein, BK, hält es für bedenklich, falls der Bund sich bereiterklären sollte, Mittel für die innere Umsiedlung zur Verfügung zu stellen, dies vorzeitig bekanntwerden zu lassen. Die Länder würden sonst unter Umständen ihrer eigenen Verpflichtung zur Durchführung der inneren Umsiedlung nur zögernd nachkommen oder die Umsiedlungsmaßnahmen bis zum Erhalt der Bundesmittel zurückstellen.

Staatssekretär Hartmann schlägt vor, daß Vertreter des Bundesministeriums für Vertriebene, Flüchtlinge und Kriegsgeschädigte und des Bundesministeriums der Finanzen hierüber gemeinsam eine Formulierung ausarbeiten.

Min.Direktor Dr. Fischer-Dieskau, BMWo, bittet um Beteiligung des Bundesministeriums für Wohnungsbau bei allen Beratungen über Maßnahmen, die direkt oder indirekt den Wohnungsbau berühren.

Staatssekretär Dr. Westrick regt an, in Ziff. 3 oben statt „noch fehlenden 300 000 Personen" zu sagen „noch nicht umgesiedelten 315 000 Personen" und den Satz neu zu formulieren.

Der *Bundesminister für Vertriebene, Flüchtlinge und Kriegsgeschädigte* bemerkt zu Abs. 2 dieser Ziffer, bei der Neuformulierung dieses Absatzes werde berücksichtigt, daß zwischen innerer und äußerer Umsiedlung nicht mehr unterschieden werden solle.

Staatssekretär Hartmann macht zu diesem Absatz wiederum darauf aufmerksam, daß über den Haushalt 1955 hinaus keine Mittel festgelegt werden könnten.

Min.Direktor Dr. Fischer-Dieskau, BMWo, bemerkt hierzu, daß, soweit es sich nach dem Zweijahresplan um eine Zweckbindung von normalen Bundeswohnungsbaumitteln handele, die Zustimmung der Länder erforderlich sei, er aber nicht wisse, ob die Länder einverstanden sein würden. Zudem sei die ursprünglich für 7 Jahre vorgesehene Gesamtsumme von 675 Mio. DM nunmehr auf 3 Jahre zusammengedrängt, so daß sich mehr als eine Verdoppelung der geforderten Jahresbeträge ergäbe. Gegen die Festlegung so hoher Beträge ergäben sich erhebliche Bedenken.

Staatssekretär Dr. Nahm bezieht sich auf das zu Beginn der Erörterung über die finanzielle Seite erzielte Einverständnis für das weitere Vorgehen. Dieser Punkt müsse im Kabinett behandelt werden.

E. 1 Evakuierten-Rückführung

Min.Direktor Dr. Fischer-Dieskau, BMWo, bittet, in Ziff. 2 b) statt 30 000 die Zahl 20 000 zu setzen, was vom Bundesminister für Vertriebene, Flüchtlinge und Kriegsgeschädigte gebilligt wird.

Auf den Hinweis von *Staatssekretär Hartmann* zu Nr. 3, daß keine Mittel über den Haushaltsplan 1955 hinaus festgelegt werden können, bezieht sich der Bundesminister für Vertriebene, Flüchtlinge und Kriegsgeschädigte auf seine wiederholt geäußerte Bereitschaft, diese Frage im Kabinett bei den Haushaltsberatungen zu erörtern.

F. Flüchtlinge aus der sowjetischen Besatzungszone

Staatssekretär Hartmann schlägt zu Ziff. 2) vor, den Hinweis auf eine Vereinbarung mit den Ländern fallen zu lassen, während der *Bundesminister für Vertriebene, Flüchtlinge und Kriegsgeschädigte* Wert darauf legt, den Willen zur Verständigung mit den Ländern in der Formulierung zum Ausdruck zu bringen, da man ohne die Länder keine Lösungen erreichen werde. Durch eine rechtzeitige Festlegung dieses Gedankens werde man sich die zukünftige Arbeit erleichtern.

Außerdem weist der *Bundesminister für Vertriebene, Flüchtlinge und Kriegsgeschädigte* darauf hin, daß für die Unterbringung derjenigen Notaufgenommenen, die als Härtefälle behandelt werden, erhebliche zusätzliche Wohnungsbaumittel erforderlich seien (mindestens 750 DM pro Kopf) und die Wohnungsmittel wegen der Länge der Bauzeit frühzeitig bereitgestellt werden müßten.

Bundesminister Dr. Tillmanns betont, daß die Weiterleitung von nicht aufgenommenen Flüchtlingen aus Berlin nicht beeinträchtigt werden dürfe.

G. Gebiete an der Zonengrenze und Notstandsgebiete

Zu der Aufstellung über die bisherigen Leistungen (Ziff. 1 d) weist der *Vizekanzler* auf die beträchtlichen ERP-Mittel hin, die diesen Gebieten zugute kommen, aber zahlenmäßig nicht in Erscheinung treten, weil sie von ihm nach Branchen getrennt gegeben werden. Es handele sich bisher um 385 Mio. DM. Er bittet daher, die Zahlen unter 1 d) nochmals zu prüfen und dabei auch das Bundesministerium für Arbeit zu beteiligen.

Auf Wunsch von *Staatssekretär Hartmann* wird der Klammersatz in Ziff. 2 b) gestrichen.

Zu Ziff. 2 d) überreicht der *Bundesminister für Vertriebene, Flüchtlinge und Kriegsgeschädigte* eine Neufassung, gegen die sich kein Widerspruch erhebt.

Bezüglich 2 d) bittet *Bundesminister Dr. Tillmanns* mit Rücksicht auf Berlin um besondere Vorsicht bei der Formulierung, da Rüstungsbetriebe nicht nach Berlin gelegt werden könnten.

Auf Wunsch von *Staatssekretär Hartmann* werden in 3 a) die Worte „der bisherigen" durch das Wort „von" ersetzt.

Min.Dirigent Dr. Müller, BMG, fragt, ob bei 2 f) daran gedacht sei, die Mittel für den Fonds seines Hauses zu verstärken, da die bisherigen Mittel unzureichend gewesen seien.

Staatssekretär Hartmann verweist auch hierzu wieder auf die Notwendigkeit der Erörterung im Zusammenhang mit den Haushaltsberatungen im Kabinett.

Der *Vizekanzler* pflichtet Staatssekretär Hartmann bei, hält es aber wegen der ganz besonderen politischen Bedeutung dieses Punktes für erforderlich, daß diese Frage in Anwesenheit des Bundeskanzlers erörtert wird.

J. Lagerräumung

Der *Bundesminister für Vertriebene, Flüchtlinge und Kriegsgeschädigte* hebt die politische Bedeutung einer schnellen Beseitigung sämtlicher Lager hervor, die unbedingt in dieser Legislaturperiode erreicht werden müsse und übergibt dazu eine Aufzeichnung[8].

Hierzu verweist der *Vizekanzler* auf die Notwendigkeit einer Kabinettsentscheidung. Der Wohnungsneubau dürfe nicht völlig durch unbeschränkte Erhöhung des Anteils für Sonderzwecke absorbiert werden.

Der *Bundesminister für Vertriebene, Flüchtlinge und Kriegsgeschädigte* legt Wert darauf, möglichst bald Klarheit über den Betrag von 30 Mio. DM zu erhalten, der zur Unterbringung von Kriegsfolgehilfe-Empfängern dienen soll, da er insoweit gegenüber dem Bundestag durch seine abgegebene Erklärung gebunden sei.

Der *Vizekanzler* stellt in Aussicht, daß über diesen Punkt in der nächsten Kabinettssitzung entschieden werden solle.

Abschließend faßt der *Vizekanzler* das Ergebnis dahin zusammen, daß im Kabinettsausschuß über den Zweijahresplan Einverständnis mit der Maßgabe erzielt worden sei, daß über die in der Sitzung des Kabinettsausschusses noch strittig gebliebenen Punkte – zum Teil nach Ressortverhandlungen – das Kabinett noch abschließend befinden müsse[9].

---

[8] Vgl. die Aufzeichnung vom 16. Okt. 1954 als Anlage zur Vorlage vom 19. Okt. 1954 in B 150/2749 und B 136/2712.

[9] Der BMVt faßte die in der Ausschußsitzung zur Beratung im Kabinett vorgesehenen Punkte in einer Kabinettsvorlage vom 19. Okt. 1954 zusammen. Am 3. Nov. 1954 legte er eine Zusammenstellung der in der Ausschußsitzung beschlossenen Änderungen vor (B 150/2749 und B 136/2712). – Das Kabinett beriet über den Zweijahresplan im Rahmen seiner Beschäftigung mit dem Bundeshaushalt 1955 in der 55. Kabinettssitzung am 27. Okt. 1954 TOP 2 (Kabinettsprotokolle 1954, S. 467–470, hierzu S. 468 f.). – Da zwischen BMVt und BMF keine Einigung über die Höhe der für Eingliederungsdarlehen zur Verfügung zu stellenden Mittel erzielt werden konnte, verzichtete das BMVt im September 1955 auf die weitere Beratung und Verabschiedung des Plans (Vermerk aus dem Bundeskanzleramt vom 28. Sept. 1955 in B 136/2712).

2. Deutsch-amerikanische Handelsvertragsverhandlungen; Weisungen an die deutsche Delegation zu Artikel XIV und XXI des Vertrages AA

Punkt 2 der T.O. wird abgesetzt, da inzwischen im Kabinett eine Einigung über die Weisungen an die deutsche Delegation erzielt wurde[10].

3. Aussprache über die von der deutschen Delegation bei den GATT-Verhandlungen einzunehmende Haltung BMWi

Geheimrat Hagemann, BMW, trägt den Inhalt der Vorlage des Bundesministers für Wirtschaft vom 18.10.1954 vor[11]. Er betont, daß im Mittelpunkt der handelspolitischen Auseinandersetzungen im GATT die Frage stehen werde, wieweit Restriktionsmöglichkeiten aufrechterhalten werden sollen. Ob der bisherige Stichtag für die

---

[10] Vgl. Sondersitzung des Kabinettsausschusses am 20. Aug. 1954 TOP A und 51. Kabinettssitzung am 18. Okt. 1954 TOP A (Kabinettsprotokolle 1954, S. 428). – Vorlage des AA vom 15. Okt. 1954 in AA B 56, Bd. 12 und B 136/1256; Unterlagen in AA B 56, Bd. 1–16. – Das AA hatte in seiner Vorlage beantragt, die Bundesregierung möge dem Abschluß des Freundschafts-, Handels- und Schiffahrtsvertrag zwischen der Bundesrepublik Deutschland und den Vereinigten Staaten von Amerika auf der Grundlage des beigefügten Entwurfs zustimmen. Über Artikel XIV betr. die Bedingungen für die gegenseitige Gewährung der Meistbegünstigung waren die Verhandlungen zum Zeitpunkt der Kabinettsvorlage noch nicht abgeschlossen gewesen. Gegen diesen Artikel hatte das BML Einwendungen erhoben, da die beabsichtigte weitestgehende Liberalisierung des Warenverkehrs den bis dahin geltenden Schutz der deutschen Landwirtschaft gegen Einfuhren durch Importkontingentierungen außer Kraft setzen würde (vgl. den Vermerk aus dem BML vom 16. Okt. 1954 in B 136/1256). Artikel XXI sollte die beiderseitigen Ausnahmevorbehalte u. a. zur Meistbegünstigung definieren. Die Bestimmung des Artikels XVI Absatz 1, nach der den Erzeugnissen der Vertragspartner im anderen Land „hinsichtlich der inneren Besteuerung, des Verkaufs, der Verteilung, der Lagerung und der Verwendung Inländerbehandlung und Meistbegünstigung gewährt" werden sollte, sollte einem Protokollzusatz gemäß auf bereits bestehende gesetzliche Regelungen nicht rückwirkend angewandt werden. – Das Abkommen wurde am 29. Okt. 1954 durch Adenauer und Dulles in Washington unterzeichnet (Bulletin Nr. 217 vom 19. Nov. 1954, S. 1979–1988). – BR-Drs. 334/55, BT-Drs. 1843. – Gesetz vom 7. Mai 1956 (BGBl. II 487, 783).

[11] Siehe 48. Kabinettssitzung am 29. Sept. 1954 TOP C (Kabinettsprotokolle 1954, S.410 f.). – Vorlage des BMWi vom 18. Okt. 1954 in B 102/57416 und B 136/1280; weitere Unterlagen in B 102/57416–57418. – Am 28. Okt. 1954 begann in Genf die IX. GATT-Tagung, ab dem 8. Nov. 1954 wurde über eine Revision des Allgemeinen Zoll- und Handelsabkommens verhandelt. Der Intersessionelle Ausschuß des GATT hatte vom 28. Juli bis 3. Aug. 1954 hierzu Empfehlungen ausgearbeitet. Im Verlauf der Ressortbesprechungen zur Abfassung einer Stellungnahme der Bundesregierung zu diesen Empfehlungen hatte das BML die Forderung erhoben, bei den Verhandlungen sicherzustellen, daß die bestehenden handelspolitischen Regelungen zum Schutz der Landwirtschaft (Einfuhrbeschränkungen aus Gründen der Zahlungsbilanz gemäß Artikel XII und XIV des GATT) aufrechterhalten blieben, da angesichts der Bestrebungen zur Wiederherstellung der Konvertibilität zu befürchten sei, daß derartige Einfuhrbeschränkungen künftig nicht mehr möglich sein könnten. Auf Anforderung des Bundeskanzleramts vom 15. Okt. 1954 hatte der BMWi in seiner Vorlage vorgeschlagen, die von den Ressorts erarbeiteten Revisionsvorschläge beim GATT einzureichen. Die deutsche Delegation sollte angewiesen werden, bei den Verhandlungen die Schutzbelange der deutschen Landwirtschaft zu wahren, Übergangsregelungen anzustreben, die den Abbau von Einfuhrbeschränkungen im Zuge der Produktivitätssteigerungen vorsähen, und nachteilige Auswirkungen von Liberalisierungsmaßnahmen als Folge des Übergangs zur Konvertibilität möglichst abzuwenden.

Beibehaltung von Restriktionen aufrechterhalten werden könne, sei zweifelhaft[12]. Er werde aber mindestens durch einen anderen Stichtag ersetzt werden. Im Falle des Übergangs zur Konvertibilität würden Einfuhrbeschränkungen aus Gründen der Zahlungsbilanz nicht mehr möglich sein, wenn der Stichtag und damit die Grundlage der bisherigen Restriktionsmöglichkeiten wegfallen würden.

Die deutschen Vorschläge in diesem wesentlichen Punkt gingen dahin, den gegenwärtigen Schutz der Landwirtschaft und auch der gewerblichen Wirtschaft weiter aufrechtzuerhalten und Regelungen anzustreben, die einen allmählichen Abbau vorsehen.

Die im Entwurf vorliegenden Weisungen an die deutsche Delegation seien im Einverständnis mit den anderen beteiligten Ressorts noch unmittelbar vor der Sitzung des Kabinettsausschusses entsprechend geändert worden.

Die Weisung an die deutsche Delegation wird entsprechend dem von Geheimrat Hagemann vorgetragenen Vorschlag vom Kabinettsausschuß angenommen.

Min.Dirigent Dr. van Scherpenberg, AA, fügt noch hinzu, daß die Bedeutung der OEEC im Verhältnis zum GATT bei den bevorstehenden Verhandlungen in Genf eine große Rolle spielen werde.

Geheimrat Hagemann, BMW, erwähnt zur Erläuterung, daß innerhalb der OEEC bisher noch die Möglichkeit bestehe, zu diskriminieren.

Min.Dirigent Haenlein, BK, stellt die Frage, wie sich der Abbau der Beschränkungen zu Gunsten der Landwirtschaft, zu dem sich die deutsche Regierung in den Weisungen bekenne, gestalten solle und ob hierfür demnächst ein Programm vorgelegt werden könne.

Min.Dirigent Stalmann, BELF, erwidert, daß das Bundesministerium für Ernährung, Landwirtschaft und Forsten zur Zeit schwer hierüber etwas sagen könne. Sicher sei aber, daß hierbei nicht etwa an einen Abbau der Marktordnungsgesetze[13] gedacht werde.

Staatssekretär Dr. Westrick macht darauf aufmerksam, daß der Kabinettsausschuß angesichts des langen Zeitraumes der Verhandlungen sich wahrscheinlich mit den im GATT zur Erörterung stehenden Fragen auf Grund von Delegationsberichten noch weiter werde befassen müssen[14].

---

[12] Dem Protokoll von Torquay vom 21. April 1951 (BGBl. II 200) zufolge, das den Beitritt der Bundesrepublik und anderer Staaten zum GATT regelte, sollten die allgemeinen Bestimmungen des GATT für den Handelsverkehr für die Bundesrepublik nur dann gelten, wenn sie mit der am 21. April 1951 geltenden deutschen Gesetzgebung vereinbar seien. Die vor diesem Stichtag erlassenen Marktordnungsbestimmungen und Einfuhrbeschränkungen konnten auch dann fortbestehen, wenn sie den sonstigen Regelungen des GATT widersprachen.

[13] Angesprochen werden die Gesetze über den Verkehr mit Milch, Milcherzeugnissen und Fetten (Milch- und Fettgesetz) vom 28. Febr. 1951 (BGBl. I135), über den Verkehr mit Vieh und Fleisch (Vieh- und Fleischgesetz) vom 25. April 1951 (BGBl. I 272), über den Verkehr mit Zucker (Zuckergesetz) vom 3. Okt. 1951 (BGBl. I 852) und über den Verkehr mit Fischen und Fischwaren (Fischgesetz) vom 31. Aug. 1952 (BGBl. I 567).

[14] Mit Schreiben vom 22. Okt. 1954 leitete der BMWi den beteiligten Ressorts die endgültige Fassung der deutschen Revisionsvorschläge zu (B 102/57418). – Die IX. GATT-Konferenz dauerte

Außerhalb der Tagesordnung

[A.] Fall Röchling

Außerhalb der Tagesordnung gibt der *Vizekanzler* zur Unterrichtung des Kabinettsausschusses eine kurze Schilderung des Verlaufs der Verhandlungen, die von der Bundesregierung mit der Familie Röchling wegen Völklingen geführt worden sind. Er erwähnt, daß diese Gespräche bereits fast zwei Jahre andauern. Sie seien wegen einer Option, die von der Familie der Schweizerischen Kreditanstalt gegeben worden sei, in ein akutes Stadium getreten[15].

Im Verlauf der Verhandlungen habe die Familie Röchling Wert darauf gelegt, eine Sicherstellung von der Bundesregierung zu erlangen für den Fall, daß sie von einer ihr jetzt gebotenen günstigen Verkaufsmöglichkeit keinen Gebrauch mache, jedoch später durch Maßnahmen der französischen Regierung enteignet werde und dabei Verluste erleide.

Diese von der Familie Röchling gewünschte Zusage sei politisch und rechtlich schwierig angesichts des darin wahrscheinlich zu erblickenden Präjudizes für zahllose gleichliegende Fälle.

Ferner habe sich die Familie Röchling bemüht, von der Bundesregierung schon jetzt, also solange sie sich noch im Besitz von Völklingen befindet, eine Möglich-

---

bis zum 7. März 1955. Eine zeitliche Begrenzung der Mengenbegrenzungen aus Zahlungsbilanzgründen wurde nicht vereinbart. Vgl. den Abschlußbericht der deutschen Delegation vom 26. März bzw. 31. Mai 1955 in B 102/57456 und 136/1280 f. Unterlagen zur GATT-Konferenz und den Verhandlungen über die GATT-Revision in B 102/7339–7341, 57419 f., 57427 und 57456. – Fortgang 52. Kabinettssitzung am 22. Okt. 1954 TOP 6 (Kabinettsprotokolle 1954, S. 440).

[15] Siehe 38. Ausschußsitzung am 12. Aug. 1953 TOP 4 (Kabinettsausschuß für Wirtschaft 1951–1953, S. 267 f.). – Aufgrund eines Abkommens zwischen Frankreich, Großbritannien und den USA vom 20. Febr. 1948 war ein Teil des Eigentums an den gleichzeitig aus der Gesamtdemontageliste herausgenommenen Saarwerken zum 25. Jan. 1949 auf die Französische Republik übertragen worden. Darunter befand sich auch die seit 1945 unter Sequesterverwaltung stehende Röchlingsche Eisen- und Stahlwerke GmbH, Völklingen, die mit einem Drittel der saarländischen Stahlproduktion das bedeutendste Wirtschaftsunternehmen des Landes war. Da die Familie Röchling seit 1945 von der Verwaltung und wirtschaftlichen Nutzung ausgeschlossen war, hatte sie seit April 1953 Verhandlungen zunächst mit der New Yorker Privatbank Lehman Brothers und später mit dem französischen Stahlkonzern Chastillion-Commentry über den Verkauf ihrer Anteile an den Werken geführt. Im Interesse der von ihr aktiv betriebenen Verdrängung der Familie Röchling aus dem Saarland unterstützte die französische Regierung diese Verhandlungen. Die Bundesregierung war seit Mai 1953 in Verhandlungen mit der Familie Röchling bemüht, einen Verkauf ihrer Anteile zu verhindern bzw. solange hinauszuschieben, bis die deutsch-französischen Verhandlungen über die Saar begonnen hätten, damit die deutsche Verhandlungsposition nicht dadurch geschwächt würde, daß die Röchling-Werke als integraler Bestandteil der saarländischen Industrie sich nicht mehr im Besitz deutscher Eigentümer befänden. Im Frühjahr 1954 hatte die Schweizerische Kreditanstalt, hinter der die französische Montan-Holding Schneider-Le Creuzot stand, der Familie Röchling ein Kaufangebot zu einem Preis von 200 Millionen Schweizer Franken unterbreitet und dafür eine zunächst bis zum 15. Juli befristete und dann bis zum 15. Nov. 1954 verlängerte Kaufoption erhalten (Vermerk Westricks vom 14. Okt. 1954 in B 102/151539 und 435461 und B 136/2227). – Unterlagen zu den seit Mai 1953 laufenden Gesprächen in B 102/171538 f., B 102/435455 und 435460 f. sowie B 136/2227. Weitere Unterlagen in B 102/171519, 171521–171524, 171540–171545 und 435462.

keit zur industriellen Betätigung innerhalb der Bundesrepublik zu erhalten. Die Bundesregierung habe der Familie Röchling im Laufe der Zeit verschiedene Möglichkeiten in Aussicht gestellt, ohne daß die Familie Röchling näher hierauf eingegangen sei[16].

Übrigens habe sich die Familie Röchling bei ihrer letzten Stellungnahme auf ein Schreiben des Bundesministers für Wirtschaft vom August d. Js. sehr viel Zeit gelassen und sich in ihrer Antwort auch noch nicht bereiterklärt, dem Wunsch der Regierung nach Offenlegung der Option zu entsprechen[17].

Man werde sich nun verschiedene Möglichkeiten zu überlegen haben, wenn – wie zu hoffen sei – der Inhalt der Option noch mitgeteilt würde. Vielleicht könne man diejenigen Anteilseigner des Familienbesitzes, die auf eine schnelle finanzielle Regelung besonders angewiesen seien, in irgend einer Weise abfinden.

Staatssekretär Dr. Westrick wirft den Gedanken auf, ob etwa durch private Banken ein Angebot zur Übernahme der durch die Option gegebenen Möglichkeiten gegenüber der Familie Röchling zu machen wäre.

Von politischen Vertretern des Saargebietes sei im Fall Röchling die Frage gestellt worden, ob Völklingen der Bundesrepublik weniger wert sei als Frankreich, das offenbar bereit sei, dafür 200 Mio. sfrs. aufzuwenden.

Staatssekretär Dr. Westrick macht dann darauf aufmerksam, daß mit einer Anfrage der Opposition im Bundestag zum Fall Röchling gerechnet werden müsse[18].

Staatssekretär Hartmann stellt noch die Frage, ob Völklingen wirklich der einzige Fall sei, mit dem in diesem Zusammenhang gerechnet werden müsse, oder ob nicht vielmehr unter Berufung auf eine für diesen größten deutschen Besitz getroffene Regelung noch zahlreiche kleine Antragsteller zu erwarten seien.

---

16 Im Laufe der Verhandlungen hatte die Familie Röchling die Überlassung von Beteiligungen an der Vereinigten Tanklager- und Transportmittel GmbH, an Alumetall in Nürnberg, an Rheinmetall-Borsig, an den Howaldtwerken in Hamburg und Kiel, an der AG für Berg- und Hüttenbetriebe in Salzgitter sowie an der Bergwerksgesellschaft Hibernia abgelehnt. Die Familie selbst hatte zuletzt gefordert, „als Ausgleich die Vereinigte Aluminium-Werke und die Süddeutsche Kalkstickstoff-Werke, Tochtergesellschaften der VIAG, zu erhalten“ (Vermerk Westricks vom 14. Okt. 1954).

17 Mit Schreiben an Ernst Röchling vom 13. Aug. 1954 hatte das BMWi um Mitteilung darüber, ob mit der Schweizerischen Kreditanstalt eine Fristverlängerung für die Gültigkeit des Kaufangebotes vereinbart worden sei, und um die Zusendung einer Abschrift der Optionsvereinbarung gebeten. Röchling hatte am 4. Sept. 1954 nur einen Zwischenbescheid gegeben. Erst mit Schreiben vom 7. Okt. war dem BMWi ein kurzer Auszug aus der Optionsvereinbarung zugesandt worden. Die Optionsfrist war nicht verlängert worden (B 102/171539).

18 In der Großen Anfrage Nr. 35 vom 19. Okt. 1954 verlangte die SPD-Fraktion Auskunft über den Stand der französischen Reparationsansprüche im Saargebiet, über die besondere Lage der Röchling-Werke, darüber, ob die Bundesregierung von dem Kaufangebot einer französischen Gruppe gewußt habe und was sie getan habe, um „den Übergang des wichtigsten deutschen Montanbetriebes im Saargebiet in ausländischen Besitz zu vermeiden“, sowie darüber, was die Bundesregierung getan habe, „um deutsche Eigentumsrechte im Saargebiet wiederherzustellen“ (BT-Drs. 905; vgl. die Antwort des Bundeskanzlers in der 81. Sitzung des Deutschen Bundestags am 6. Mai 1955 in Stenographische Berichte, Bd. 25, S. 4462–4480, und weitere Unterlagen in B 136/131 und B 102/171522).

Staatssekretär Dr. Westrick erklärt hierzu, daß sich bisher keine anderen Fälle von einer derartigen Tragweite ergeben hätten. Es sei auch unwahrscheinlich, daß es bei unbedeutenderen Personen oder Firmen zu ähnlichen Auseinandersetzungen kommen werde. Andere Firmen, wie z. B. Otto Wolff–Stumm, hätten es verstanden, solche Schwierigkeiten durch Verhandlungen zu vermeiden[19].

[19] Im Fall der in Neunkirchen ansässigen Firmen Otto Wolff und Gebrüder Stumm hatte Frankreich „nie die Forderung eines hundertprozentigen Ausscheidens der deutschen Eigentümer erhoben", es schien vielmehr, ähnlich wie bei den zu Mannesmann gehörenden Röhrenwerken Bous, bereit zu sein, sich „zur Aufhebung der Sequesterverwaltung mit der Abgabe von 60 Prozent der Anteile zu begnügen". Beide Firmen hatten die Bereitschaft zum Verkauf erkennen lassen und Vorbehalte gegen französische Demontagemaßnahmen nur insofern erhoben, als dadurch der Wert ihrer Anteile bei den Kaufpreisberechnungen gemindert würde (vgl. die in Referentenbesprechungen zwischen AA, BMF und BMWi erarbeitete Zusammenstellung vom 20. Mai 1953 in B 102/171538 und B 102/435460). – Die Verhandlungen mit der Familie Röchling wurden am 22. Okt. 1954 fortgesetzt (Abschrift der Sitzungsniederschrift in B 102/171539). – Nach der Ablehnung des Saarstatuts durch die Volksabstimmung vom 23. Okt. 1955 führten die Forderungen der saarländischen Parteien auf Rückgabe der Röchling-Werke an die Eigentümer und deutsch-französische Verhandlungen 1956 zur Rückübertragung der Eigentumsrechte auf die Familiengemeinschaft Röchling. – Fortgang 79. Kabinettssitzung am 20. April 1955 TOP A (Innen- und außenpolitische Lage; Kabinettsprotokolle 1955, S. 226–233).

20. Sitzung des Kabinettsausschusses für Wirtschaft am Montag, den 15. November 1954

Teilnehmer: Blücher, Storch; Blank; Hartmann, Westrick, Sonnemann, Thedieck; Bernard (BdL), Vockel (Der Bevollmächtigte[1] der Bundesrepublik Deutschland in Berlin), Bucerius (MdB, [Der Beauftragte zur Förderung der Berliner Wirtschaft]), Holtz (Dienststelle Blank), Krautwig (BMWi), Kattenstroth (BMWi), Claussen (BMV), Haenlein (Bundeskanzleramt), van Scherpenberg (AA), von Boeckh (BMWi, zeitweise), Fischer-Menshausen (BMF), Heise (BMZ), Vertreter verschiedener Bundesressorts. Protokoll: Hornschu.

Beginn: 9.30 Uhr *Ende: 13.15 Uhr*

Ort: Bad Godesberg, Haus Carstanjen

Tagesordnung:

1. *Besprechungen zwischen Dienststelle Blank und Bundesministerium für Wirtschaft über die Zusammenarbeit beider Häuser*

   Gemeinsame Vorlage des BMWi und des Beauftragten des Bundeskanzlers für die mit der Vermehrung der alliierten Truppen zusammenhängenden Fragen vom 3. Nov. 1954.
2. *Grundsätze für die Gewährung von FOA-Krediten für die Berliner Wirtschaft*

   Vorlage des BMWi (IV C 4 - 23706/54).
3. *Schreiben des Ministers für Außenhandel und innerdeutschen Handel der Sowjetzone vom 25. Okt. 1954 an den Bundesminister für Wirtschaft[2].*

Die Tagesordnung wird in folgender Reihenfolge behandelt:

2. Grundsätze für die Gewährung von FOA-Krediten für die Berliner Wirtschaft BMZ

Auf den Hinweis des *Vizekanzlers*, daß für die Verwaltung der FOA-Kredite das Bundesministerium für wirtschaftliche Zusammenarbeit zuständig sei[3], erwidert *Staatssekretär Dr. Westrick*, daß das Bundesministerium für Wirtschaft nur deshalb eine Kabinettsvorlage eingebracht habe, weil Berlin gegen die Verweigerung der

---

[1] Im Protokolltext: „ Der Beauftragte".

[2] Laut Einladung hatte das BMWi allen Bundesministern eine Abschrift des Schreibens zugesandt.

[3] Vgl. zur Berlin-Förderung 13. Ausschußsitzung am 13. Juli 1954 TOP A. – Die Foreign Operations Administration (FOA) war die Funktionsnachfolgerin der Economic Cooperation Administration (ECA, bis 1951) bzw. der Mutual Security Agency (MSA, bis 1953) und organisierte auf amerikanischer Seite die Durchführung des Marshallplans.

Zustimmung des Bundesministeriums für Wirtschaft zu dem Kreditantrag der Firma Eternit AG Einspruch eingelegt habe[4].

Sodann trägt *Ministerialdirektor Dr. Krautwig*, BMW, den wesentlichen Inhalt der Vorlage des Bundesministeriums für Wirtschaft vom 5.11.1954 vor. Er weist darauf hin, daß bereits seit Jahren von anderen Asbestzementherstellern gegen die Firma Eternit der Vorwurf der unlauteren Preisunterbietung gemacht werde. Von den gleichen Kreisen sei auch immer wieder angeführt worden, daß die Firma Eternit Rohstoffeinkäufe zu weit übersetzten Preisen tätige. Im Zusammenhang mit diesen Vorwürfen sei im politischen Raum bereits der Verdacht der Kapitalflucht geäußert worden. *Ministerialdirektor Dr. Krautwig* hebt aber ausdrücklich hervor, daß die von den Konkurrenzunternehmen gegen Eternit vorgetragenen Behauptungen bei der Entscheidung des Bundeswirtschaftsministeriums gegen den Kreditantrag der Firma außer acht gelassen worden seien[5].

Das Unternehmen suche jedoch mit sehr bedenklichen Mitteln, seine Forderungen durchzusetzen. So habe die Firma in Berlin am Eingangstor ihres Grundstückes ein Plakat mit folgendem Wortlaut aufgestellt:

> „Die Remontage des Eternit-Werkes Berlin-Rudow wurde mit ERP-Mitteln gegen den Widerstand des Bundesministeriums für Wirtschaft durchgeführt. Was unvollendet blieb, dankt Berlin der Bonner Bürokratie."[6]

Außerdem habe der Vorsitzer des Vorstandes in Heidelberg erklärt, daß die Firma Eternit in Berlin zu bleiben gedenke, „wenn das Bundesministerium für Wirtschaft sie nicht aus Berlin vertreibe".

Auf Grund dieser Vorkommnisse erwäge das Bundesministerium für Wirtschaft, ob eine Beleidigungsklage gegen den Vorsitzer des Vorstandes zu erheben sei, bei der höchstwahrscheinlich das gesamte Problem der Unterstützung Berlins aufgerollt werden würde.

---

[4] Vorlage in B 102/5554 und B 136/1292. – Die Eternit AG hatte am 23. Febr. 1954 einen Investitionskredit über zunächst 3,6 Millionen DM, dann aber reduziert auf 2 Millionen DM aus FOA-Mitteln für die Berliner Wirtschaft zur Ausweitung ihrer Produktionsanlagen in Berlin beantragt, nachdem das Unternehmen zuvor bereits mehrere ERP-Kredite erhalten hatte. Wegen der ablehnenden Haltung des BMWi, das die marktbeherrschende Stellung eines Unternehmens nicht durch staatliche Hilfe noch weiter stärken wollte, war eine Beschlußfassung über den Antrag im Berliner Investitionsausschuß immer wieder vertagt worden. Die Eternit AG hatte sich daraufhin mit einer veröffentlichten Denkschrift „Betr.: Verhinderung des Wiederaufbaus des Eternitbetriebes Berlin-Rudow durch das Bundeswirtschaftsministerium" vom 6. Okt. 1954 an den Regierenden Bürgermeister von Berlin sowie mehrere Abgeordnete des Bundestags und des Berliner Abgeordnetenhauses gewandt. Unterlagen in B 102/5553–5559 und B 146/1595 und B 115/5542 f.

[5] Auf Bitten des BMWi wurde der vorstehende Absatz nachträglich geändert (Schreiben vom 26. und 27. Nov. 1954 in B 136/36214). Die ursprüngliche Fassung lautete: „[...] Er weist besonders darauf hin, daß die Firma Eternit alle anderen Produzenten ohne Rücksicht auf die Kostenlage unterbiete. Außerdem kaufe die Eternit AG auf dem Weltmarkt die Rohstoffe zu Preisen, die ein Vielfaches der von den anderen Firmen gezahlten Preise ausmachten, so daß dem Unternehmen der Vorwurf der Kapitalflucht gemacht werde. Er betont aber ausdrücklich, daß dieser Gesichtspunkt bei der Entscheidung des Bundesministeriums für Wirtschaft gegen den Kreditantrag der Firma keine Rolle gespielt habe."

[6] Abgebildet in der „Berliner Morgenpost" vom 2. Nov. 1954.

Der *Vizekanzler* mißbilligt die Methode der Auseinandersetzung, die die Firma gegenüber dem Bundesministerium für Wirtschaft angewandt habe. Die Frage, ob unter diesen Umständen eine gerichtliche Auseinandersetzung mit der Firma herbeigeführt werden solle[7], sei seiner Auffassung nach durch das Kabinett zu entscheiden.

Bei Beurteilung des Kreditantrages müßten folgende Fragen beantwortet werden:

1) Nimmt die Firma Eternit eine Monopolstellung ein, oder besteht nicht doch ein Wettbewerb mit gleichgearteten Produkten?

2) Unterbietet die Firma Eternit tatsächlich die Preise, oder machen die anderen Unternehmen ungerechtfertigte Gewinne, weil Eternit mit den geringen Preisen anscheinend noch mit Gewinn arbeitet?

3) Ist das Kreditansuchen der Firma Eternit gerechtfertigt, oder besteht die Möglichkeit, daß die Firma sich auf anderem Wege Kapital beschaffen kann?

4) Darf bei der Entscheidung über die Unterstützung eines Berliner Betriebes die überwiegende ausländische Kapitalbeteiligung eine Rolle spielen?

Staatssekretär Dr. Westrick erwidert darauf, daß auch der Berliner Senator, Professor Eich, und Herr Klingelhöfer[8] die Kampfmethoden der Firma schärfstens mißbilligt hätten. Eine Klage gegen die Firma Eternit werde vom Bundesministerium für Wirtschaft erst nach einer Beratung der Angelegenheit im Kabinett erhoben werden.

Die vom Vizekanzler gestellten Fragen werden von *Staatssekretär Dr. Westrick* wie folgt beantwortet:

zu 1) Es gebe kein ähnliches Material, das mit dem Bedachungsmaterial aus Asbestzement[9] konkurrieren könnte, wenn man von Tondachziegeln, Betondachsteinen und Schiefer absehe[10].

zu 2) Die schlechte Wettbewerbslage auf diesem Sektor gehe allein daraus hervor, daß die Eternit A.G. bereits von den 5 westdeutschen Konkurrenzunternehmen 3 aufgekauft habe. Die Bilanzen der in Westdeutschland noch vorhandenen Konkurrenzunternehmen seien besorgniserregend[11].

zu 3) Soweit er unterrichtet sei, sei die Firma im Begriff, größere Kapitalien hereinzunehmen, und zwar in einer Größenordnung von etwa 4 Millionen DM.

---

[7] Die Entwurfsfassung dieses Nebensatzes lautete: „[...] ob das Bundesministerium für Wirtschaft unter diesen Umständen eine gerichtliche Auseinandersetzung mit der Firma herbeiführen solle [...]“.

[8] Gustav Adolf Karl Klingelhöfer (1888–1961). Bis 1933 Wirtschaftsredaktuer des „Vorwärts“, Berlin, später Inhaber der Photogrammgesellschaft Klingelhöfer, Berlin, seit 1945 Leiter des Politischen Büros der Berliner SPD, 1946–1951 Stadtrat, Leiter der Abteilung Wirtschaft des Magistrats von Groß-Berlin, 1946–1950 Mitglied der Stadtverordnetenversammlung und des Abgeordnetenhauses von Berlin, 1953–1957 MdB (SPD).

[9] Die Entwurfsfassung lautete: „[...] das mit dem Bedachungsmaterial Eternits konkurrieren könnte [...]“.

[10] Der letzte Halbsatz wurde dem Protokoll auf Bitten Westricks zugefügt (vgl. das Schreiben vom 26. Nov. 1954 in B 136/36214).

[11] Die ursprüngliche Reihenfolge der beiden Sätze wurde auf Bitten Westricks umgekehrt (vgl. das Schreiben vom 26. Nov. 1954 in B 136/36214).

zu 4) Bei der Verweigerung der Befürwortung des Bundesministeriums für Wirtschaft habe die ausländische Kapitalbeteiligung keine Rolle gespielt.

Im übrigen führe die Verweigerung der Befürwortung nicht dazu, daß die von der Eternit A.G. beantragten Mittel der Berliner Wirtschaft verloren gingen. Die Mittel kämen dann anderen Firmen zugute.

Dr. Vockel mißbilligt das Verhalten der Firma und erkennt für Berlin an, daß die Bundesregierung Bedenken gegen eine weitere öffentliche Förderung von Produktionen in Berlin geltend machen könne, wenn in der Bundesrepublik bereits übergroße Kapazitäten der betreffenden Art vorhanden seien.

Es könne das ungewöhnliche Verhalten der Firma durchaus Anlaß zu Zweifeln geben, ob eine weitere öffentliche Kreditgewährung hiernach angebracht sei. Berlin könne aber nicht anerkennen, daß eine Produktion in Berlin wegen einer etwa vorhandenen Tendenz zur Monopolentwicklung nicht weiterentwickelt werden dürfe. Auf die Bemerkung des *Abgeordneten Dr. Bucerius*, daß die Mittel, auch wenn sie nicht bei Eternit eingesetzt würden, in jedem Falle für die Förderung der Berliner Wirtschaft erhalten blieben, bemerkt *Dr. Vockel*, daß bei einer Kreditgewährung gerade an diese Firma eine echte Förderung Berlins durch Entlastung des Arbeitsmarktes in Höhe von mindestens 150 Arbeitskräften gesichert sei. Die Firma habe außerdem ihre Verwaltungsbüros von Hamburg nach Berlin verlegt und sei damit wieder ein echtes Berliner Unternehmen. Zu dem gegen die Firma Eternit erhobenen Vorwurf der Unterbietung gibt er zu bedenken, daß die Firma doch offenbar mit den Preisen auskommen könne und somit wohl eine echte Konkurrenz vorliege.

Er bittet das Bundesministerium für Wirtschaft, seinen Einspruch zurückzuziehen oder sich der Stimme zu enthalten; notfalls schlägt er eine erneute Besprechung in Berlin vor.

Der *Bundesminister für Arbeit* weist auf das Mißverhältnis zwischen der Gewinnung von angeblich nur 150[12] Arbeitsplätzen mit Hilfe eines Kredites von 2,8 Mio. DM hin, wenn man diese Zahlen mit den aus öffentlichen Mitteln für 1 500 Notstandsarbeiter zur Verfügung gestellten Beträgen vergleiche.

Staatssekretär Hartmann teilt die Bedenken des Bundesministeriums für Wirtschaft. Wenn man auch Unterbietungen, die der Kostenlage eines Unternehmens nicht gerecht werden, im Rahmen der Marktwirtschaft nicht verhindern könne, so solle man dies durch Einsatz öffentlicher Mittel jedenfalls nicht fördern. Bei aller Anerkennung der besonderen Bedingungen in Berlin dürfe man die wirtschaftspolitischen Grundsätze nicht außer acht lassen.

Der *Vizekanzler* bemerkt zu dem in diesem Zusammenhang auch erwogenen Gedanken, an Stelle einer neuen Kreditgewährung an die Firma die Laufzeit der jetzigen Kredite zu verlängern, daß er grundsätzlich die Änderung von vertraglich vereinbarten Tilgungsbedingungen ablehne.

Man müsse sich schlüssig werden, ob die Regierung nach dem Verhalten von Eternit überhaupt noch auf Verhandlungen über die Kreditwünsche eingehen könne.

---

[12] Korrigiert aus „50".

Dr. Vockel meint, daß vielleicht in einem Gespräch zwischen ihm, dem Präsidenten der Industrie- und Handelskammer Berlin und Herrn Buschmann[13] (Vorsitzender des Vorstandes der Eternit A.G.) dieser veranlaßt werden könne, eine Richtigstellung zu veranlassen. Herr Buschmann habe bisher nur mit Herrn Klingelhöfer verhandelt.

Der *Vizekanzler* bemerkt, daß in sachlicher Hinsicht zu prüfen sei, ob das Kreditersuchen im Sinne seiner unter Ziff. 3 gestellten Frage gerechtfertigt erscheine. Ihm falle das ungünstige Verhältnis zwischen den Umsatzzahlen und dem Umlaufvermögen der Firma auf. Es sei daher zu prüfen, ob die Firma nicht in ungesunder Weise die Erweiterung überstürze, was die Gefahr von Rückschlägen in sich berge. Außerdem könne auch das Verhältnis von Eigenmitteln und Fremdkapital zu Bedenken Anlaß geben.

Er schlägt daher vor, daß das Bundesministerium für Wirtschaft eingehend prüfen möge, ob der Kredit überhaupt und ggf. in welcher Höhe er angebracht sei. Das werde am besten durch einen eingehenden Wirtschaftsprüfungsauftrag geschehen.

Er macht darauf aufmerksam, daß hier eine ganz korrekte Grundlage für die Entscheidung geschaffen werden müsse, denn die Amerikaner seien auch mit der Angelegenheit befaßt worden[14] und würden vielleicht wieder einen Ansatzpunkt suchen, die deutschen Stellen bei der Vergabe der Mittel auszuschalten.

Staatssekretär Dr. Westrick ist damit einverstanden. Allerdings hält er es für angebracht, daß eine entsprechende Prüfung auch bei der Firma Fulgurit vorgenommen wird, um eine Vergleichsmöglichkeit zu erhalten. Die Prüfung sollte nicht durch das Bundesministerium für Wirtschaft durchgeführt werden, sondern werde besser einer neutralen Prüfungsgesellschaft übertragen, etwa der Deutschen Revisions- und Treuhandgesellschaft[15].

Der Kabinettsausschuß beschließt entsprechend.

Der *Vizekanzler* fügt hinzu, daß das Bundesministerium für wirtschaftliche Zusammenarbeit und das Bundesministerium für Wirtschaft das Erforderliche gemeinsam veranlassen werden[16].

3. Schreiben des Ministers für Außenhandel und Innerdeutschen Handel der Sowjetzone vom 25.10.1954 an den Bundesminister für Wirtschaft BMWi

Staatssekretär Dr. Westrick übergibt den Entwurf einer im Bundesministerium für Wirtschaft ausgearbeiteten Presseverlautbarung zu dem Brief Gregors[17]. Er bemerkt

---

[13] Dr. Hugo Buschmann (1899–1983). 1939–1962 Vorsitzender des Vorstandes der Eternit AG, Berlin, 1962–1968 Mitglied des Aufsichtsrates.

[14] Vgl. hierzu den Vermerk über eine Besprechung zwischen BMWi, BMF und der FOA-Mission in Mehlem am 9. Nov. 1954 in B 115/5542.

[15] Unterlagen zur Prüfung der Firmen Eternit und Fulgurit in B 115/5542, B 102/5557 und 5559 sowie B 136/1292.

[16] Mit Schreiben an den Berliner Senator für Wirtschaft und Ernährung vom 24. Jan. 1955 zog die Firma Eternit ihren zwischenzeitlich auf 2,8 Millionen DM erhöhten Antrag zurück (Abschrift in B 115/5542). – Fortgang 41. Ausschußsitzung am 19. Dez. 1955 TOP 1, Fortgang zur Berlin-Förderung 28. Ausschußsitzung am 18. April 1955 TOP 1.

dazu, auf den Brief Gregors werde der Bundesminister für Wirtschaft nicht antworten. Es sei jedoch mit einer Bekanntgabe seines Inhalts seitens der Sowjetzonenregierung im Zusammenhang mit den gegenwärtig laufenden Besprechungen über die Regelung des Interzonenhandels für 1955 zu rechnen[18]. Daher müsse die Bundesregierung sich auf eine entsprechende Entgegnung in der Presse vorbereiten.

Ministerialdirektor Dr. Krautwig, BMW, fügt hinzu, daß der Brief bereits eine Rolle in den Verhandlungen über den Warenaustausch 1955 gespielt habe. Die Ostseite wolle das Austauschvolumen des Interzonenhandels auf 1 Mrd. Verrechnungseinheiten erhöhen und fordere dabei, daß die Unterkonten 1 und 4 zusammengelegt würden. Die bisherige Lizenzierung im Interzonenhandel solle fallengelassen werden.

Dr. Vockel ist der Meinung, daß man die im Westen geltenden Liberalisierungsgrundsätze im Handel mit einem Gebiet schwer verwirklichen könne, das nicht die gleichen Voraussetzungen biete wie die westlichen Länder.

Auf die Vorschläge der Ostseite werde man entsprechend antworten müssen. Es bleibe aber die Frage, wie man gleichwohl die Handelsumsätze erhöhen könne. Wenn die Bundesrepublik auch durchaus Möglichkeiten sehe, die Einfuhren aus der Sowjetzone zu erhöhen, so sei dazu doch erforderlich, daß auch die Sowjetzone sich zu einer Normalisierung des Warenaustausches bereitfinde. Er denke z. B. daran, daß Berlin auf dem Ernährungssektor in viel größerem Maße von der Sowjetzone beliefert werden könnte. Früher sei Berlin vorwiegend aus seiner näheren Umgebung versorgt worden. Es sollte dahin gestrebt werden, allmählich dem normalen Warenfluß, wie er vor der Abschnürung der Sowjetzone bestanden habe, Raum zu geben.

Allgemein gesehen befänden wir uns gegenüber der Sowjetzone stets in der Defensive, so daß erstrebt werden müsse, von unserer Seite mit einem positiven Plan hervorzutreten.

---

[17] Siehe 12. Ausschußsitzung am 3. Juli 1954 TOP B. – Kurt Gregor (1907–1990). 1950–1951 Staatssekretär im Ministerium für Schwerindustrie der DDR, 1951–1952 und 1954–1956 Staatssekretär im Ministerium für Außenhandel und Innerdeutschen Handel, 1952–1954 Minister für Außenhandel und Innerdeutschen Handel, 1956–1958 Stellvertretender und 1958–1961 1. Stellvertretender Vorsitzender der Staatlichen Plankommission, 1958–1963 Mitglied der Volkskammer, ab 1961 Stellvertretender Vorsitzender des Volkswirtschaftsrates, 1964–1968 Stellvertretender Sekretär des RGW-Sekretariats in Moskau. – Mit Schreiben vom 25. Okt. 1954 an Erhard hatte Gregor die durch das zentrale Ausschreibe- und Genehmigungsverfahren des BMWi eingeschränkte Freizügigkeit des Interzonenhandels kritisiert. Die Regierung der DDR strebe „seit Jahren eine wesentliche Erweiterung des Innerdeutschen Handels (Interzonenhandels)“ an, „und zwar zunächst auf ein Jahresvolumen von je 1 Milliarde Verrechnungseinheiten liefer- und bezugsseitig, wozu durch eine Vereinfachung des Warenverkehrs die erforderlichen Voraussetzungen geschaffen werden“ müßten“. Zur Besprechung der Einzelheiten hatte Gregor eine direkte Zusammenkunft beider Minister angeregt (Abschrift in B 136/7835).

[18] Die Besprechungen über die Warenliste für 1955 hatten am 2. Nov. 1954 begonnen. Nach der Einigung auf ein Gesamtwertvolumen von je 1 Milliarde VE hatte die Delegation der DDR Globalwertgrenzen für die einzelnen Unterkonten (I und IV je 350 Milliarden VE, II und III je 650 Millionen VE) ohne Festlegung einzelner Warenpositionen gefordert, was faktisch die völlige Liberalisierung des innerdeutschen Warenverkehrs bedeutet hätte. Vgl. den Vermerk von Woratz vom 15. Nov. 1954 in B 102/108195; Vermerke zu den Besprechungen in B 102/20951.

Staatssekretär Dr. Sonnemann bemerkt, daß die erwähnten Probleme sich noch stärker im Falle der Wiedervereinigung auswirken und es sich als notwendig erweisen würde, eine Umstellung der Handelspolitik vorzusehen, da dann wesentliche Teile unserer bisherigen Bezüge aus dem Handelsvertragsraum eingeschränkt werden müßten.

Ministerialdirigent Dr. van Scherpenberg, AA, unterstreicht die handelspolitischen Probleme und erwähnt den engen Zusammenhang mit den Embargo-Bestimmungen[19].

Der *Bundesminister für Arbeit* mißt der sowjetzonalen Haltung nur propagandistische Bedeutung bei. Nach seiner Ansicht brauche man auf den Gregorbrief nicht einzugehen.

Ministerialrat Dr. Woratz, BMW, legt dar, daß die Ostseite bei den letzten Verhandlungen klar den Wunsch zum Ausdruck gebracht habe, daß in der Bundesrepublik die seit 1951 eingetretenen strukturellen Veränderungen wieder rückgängig gemacht würden[20].

Der *Vizekanzler* faßt das Ergebnis der Aussprache dahin zusammen, daß die politische Stellungnahme zu dem Gregorbrief in Zusammenarbeit zwischen dem Bundesministerium für Wirtschaft, dem Auswärtigen Amt, den Bundesministerien für Arbeit, für gesamtdeutsche Fragen und für wirtschaftliche Zusammenarbeit ausgearbeitet werden soll. Er bittet, daß Dr. Vockel an dieser Besprechung teilnimmt[21].

Er schlägt ferner vor, über das Thema der freien Verbrauchswahl im Verkehr mit der Sowjetzone eine Beratung im HPA stattfinden zu lassen[22].

Im übrigen könne unsere Stellungnahme gegenüber der Sowjetzone nur dahin gehen, daß es bei den bisherigen Unterkonten, bei den Wertgrenzen und bei der bisherigen Kontrolle des Interzonenhandels verbleiben müsse.

Dr. Vockel bemängelt noch, daß der Interzonenhandel in den Mitteilungen des Presse- und Informationsamtes „Aktuelle Beiträge zur Wirtschafts-, Finanz- und

---

[19] Vgl. hierzu 24. Ausschußsitzung am 14. Febr. 1955 TOP 2.

[20] Dem Vermerk von Woratz vom 15. Nov. 1954 zufolge hatte die DDR-Delegation erklärt, sie „wünsche die seit 1945 in beiden Gebieten eingetretene strukturelle Änderung der Wirtschaft rückgängig gemacht zu sehen. Es sei die frühere Arbeitsteiligkeit wieder herzustellen. Der im Bundesgebiet erfolgte Neuaufbau gewisser Industrien sei eine Fehlinvestition. Die Gewährung von Krediten durch Bund und Länder hätte nie erfolgen dürfen. Die Ostseite verkenne nicht, daß eine konsequente Verfolgung dieser Pläne das Ende der Existenz dieser neuen Industrien bedeute. Die Ostseite sei bereit, bei den sich daraus ergebenden Schwierigkeiten (Arbeitslosigkeit) zu helfen." (B 102/108195).

[21] Nicht ermittelt. – In seiner Pressemitteilung vom 19. Nov. 1954 lehnte der BMWi einen freien Handel zwischen beiden Teilen Deutschlands ab, sonst würde „die sowjetzonale Staatswirtschaft in ihrer monopolistischen Konzentration diese Freiheit dazu nutzen, um das Wirtschaftsleben in der Bundesrepublik zu stören. Lieferungen und Bezüge würden nicht durch die wirtschaftlichen Gegebenheiten, sondern durch die politischen Absichten der Sowjetzonenregierung bestimmt werden" (Tages-Nachrichten des BMWi vom 19. Nov. 1954 in der Sammlung der LES).

[22] In den Protokollen des Handelspolitischen Ausschusses nicht nachgewiesen.

Sozialpolitik" im Rahmen des Ost-Westhandels aufgeführt sei und bittet, dies zu ändern[23].

1. Besprechungen zwischen Dienststelle Blank und Bundesministerium für Wirtschaft über die Zusammenarbeit beider Häuser BMWi und Dienststelle Blank

Zunächst werden die vom Bundesministerium für Wirtschaft und der Dienststelle Blank aufgestellten Leitsätze für die Zusammenarbeit beider Häuser vom 2.11.1954 den Ausschußmitgliedern übergeben[24].

Einleitend bemerkt der *Vizekanzler*, daß es notwendig sei, sich einen Überblick darüber zu verschaffen, inwieweit die Arbeitsgebiete der einzelnen Ressorts durch die Abmachungen über die Beteiligung der Bundesrepublik an der westeuropäischen Verteidigung berührt werden. Die daraus folgenden Maßnahmen würden in die gesamte Wirtschaftspolitik eingreifen und könnten strukturelle Veränderungen auf vielen Gebieten mit sich bringen[25].

Abgeordneter Blank nimmt Bezug auf die verteilten Leitsätze. Er bemerkt, daß sich das Verteidigungsressort in einer ähnlichen Lage wie die Post und die Eisenbahn befände und wie diese als Bedarfsträger auf dem Markt in Erscheinung trete.

Da das Bundesministerium für Wirtschaft der Auffassung sei, daß sich daraus unter Umständen erhebliche wirtschaftspolitische Folgen ergeben könnten, habe er sich damit einverstanden erklärt, für die Beschaffungen in großen Zügen eine Ordnung festzulegen. Er sei allerdings nicht der Auffassung, daß diese Beschaffungsmaßnahmen allzu einschneidende wirtschaftliche Folgen hätten, jedenfalls nicht für die nächsten zwei Jahre. Jedoch wolle er sich im Hinblick auf die Sorgen im Bundesministerium für Wirtschaft wegen einer Gefährdung der Wirtschaftspolitik mit dem Bundesministerium für Wirtschaft verständigen und ihm ein wesentliches Mitwirkungsrecht im Sinne der Leitsätze einräumen. In den Fällen, in denen ein gleichgelagertes Bedürfnis wie beim Bundesministerium für Wirtschaft auch bei den anderen Ressorts auftrete, müßten auch die anderen Ressorts zugezogen wer-

---

[23] Auf eine entsprechende Anfrage des Bundeskanzleramts vom 13. Jan. 1955 teilte das AA am 16. März 1955 mit, es werde „in Zukunft mit besonderer Sorgfalt darauf geachtet, daß Mitteldeutschland in den statistischen Zusammenstellungen und Übersichten als nicht zum Ostblock zugehörig erscheint" (B 136/7835). – Fortgang 22. Ausschußsitzung am 17. Dez. 1954 TOP 1.

[24] Siehe 36. Ausschußsitzung am 17. Juni 1953 TOP 3. – Vorlage des BMWi und der Dienststelle Blank vom 2. Nov. 1954 in B 102/14580, BW 2/721 und B 136/6894; Abdruck der „Leitsätze" in Anhang 3, Dokument 8. Weitere Unterlagen in B 102/5640 und 128819. Vgl. auch Anfänge westdeutscher Sicherheitspolitik, Bd. 4, S. 139–146. – Mit Schreiben vom 3. Nov. 1954 hatten Blank und Erhard gemeinsam einen Entwurf für „Leitsätze für die Zusammenarbeit zwischen dem Bundesministerium für Wirtschaft und dem Verteidigungsressort – unbeschadet der Zuständigkeit anderer Ressorts –" mit Stand vom 2. Nov. 1954 vorgelegt.

[25] Nach dem Scheitern der EVG-Pläne infolge der Ablehnung durch die französische Nationalversammlung am 30. Aug. 1954 (vgl. Sondersitzung des Kabinetts am 1. Sept. 1954 TOP A, Kabinettsprotokolle 1954, S. 350–354) war auf den Pariser Konferenzen vom 19. bis 23. Okt. 1954 der Beitritt der künftig souveränen Bundesrepublik Deutschland zur NATO und zu dem zur Westeuropäischen Union erweiterten Brüsseler Pakt vereinbart worden (vgl. 53. Kabinettssitzung am 25. Okt. 1954 TOP 1, Kabinettsprotokolle 1954, S. 444–452).

den. Er müsse aber entscheidenden Wert darauf legen, daß seine Eigenständigkeit als Ressort nicht durch die Wünsche anderer Ressorts in Frage gestellt werde.

Staatssekretär Dr. Sonnemann kann zu den eben erhaltenen Leitsätzen noch nicht Stellung nehmen. Die Bildung einer neuen Apparatur müsse vermieden werden, allerdings sei zu erwägen, ob die früher für die EVG gefaßten Vorstellungen etwa auf Grund der neuen Lage revidiert werden müssen[26]. Ihm schwebe vor, auf dem Ernährungssektor vielleicht zu einer ähnlichen Abrede mit der Dienststelle Blank zu kommen wie die hier vorgelegten Leitsätze für die Zusammenarbeit der Dienststelle Blank mit dem Bundesministerium für Wirtschaft. Wenn auch der laufende Bedarf an Ernährungsgütern von der Truppe selbständig gedeckt werden könne, so sei das BELF doch interessiert, an diesen Bedarfsmengen und an der Aufstellung und Beschaffung von Vorratsreserven mitzuwirken.

Staatssekretär Dr. Westrick hebt die Notwendigkeit der Abstimmung hervor, um keine Unruhe wegen des Preisgefüges in der Exportwirtschaft und auf dem Gebiet der zivilen innerdeutschen Versorgung entstehen zu lassen, da sonst die Grundlagen der sozialen Marktwirtschaft in Frage gestellt werden könnten. Die in Betracht kommenden Auftragssummen sieht er als bedeutsame Faktoren an. Wenn es sich auch als erforderlich erwiesen habe, die Abstimmung zwischen der Dienststelle Blank und dem Bundesministerium für Wirtschaft schnell vorzunehmen, um Zweifeln vorzubeugen, so lasse diese Abrede selbstverständlich die Beteiligung der anderen Ressorts, die auch nach Meinung des Bundesministeriums für Wirtschaft nötig sein werde, zu.

Der *Vizekanzler* stellt klar, daß die Beschaffung im technischen Sinne bei dem Verteidigungsressort liegen müsse und daß insofern ein Wunsch nach Mitwirkung bei den anderen Ressorts nicht bestehen könne, da die Auftragsvergebung nicht auseinandergerissen werden dürfe.

Das Interesse an einer Mitwirkung der übrigen Ressorts bestehe bei den Programmierungen und noch stärker naturgemäß bei den wirtschaftspolitischen Entscheidungen, die das gesamte Kabinett im Zusammenhang mit der Wehrhaftmachung zu treffen haben werde. Er weist in diesem Zusammenhang auf folgende Probleme hin:

> Auftragsstreuung, Gefahr der Zusammenballung von Investitionen, Sicherung des Preisgefüges, die allgemeine Wirtschaftspolitik bezüglich Berlins und der Zonenrandgebiete und vor allem die große Bedeutung des Bausektors.

Daraus ergebe sich zwingend die Notwendigkeit, sich von Seiten aller Ressorts mit dem Thema zu befassen. Für das Verteidigungsressort bedeute das Zusammenwirken mit den übrigen Ressorts und das Abstellen auf Kabinettsentscheidungen eine Entlastung, die ihm nur erwünscht sein könne.

Dr. Vockel bittet, Berlin an den Vorbesprechungen zu beteiligen. Wenn Berlin auch für ausgesprochene Rüstungsaufträge nicht in Betracht komme, so könne es doch

[26] Zu den Planungen für einen EVG-Beitrag der Bundesrepublik vgl. Anfänge westdeutscher Sicherheitspolitik, Bd. 4, S. 59–77.

ersatzweise als Lieferant für diejenigen Betriebe eintreten, die Rüstungsaufträge erhalten.

Staatssekretär Dr. Westrick hält eine Zuziehung von Berlin für verfrüht, da innerhalb der Bundesressorts zunächst eine Abstimmung erfolgen müsse. Ebenso könne auch zahlreichen Wünschen anderer Länder, Einfluß auf die Dienststelle Rentrop[27] zu nehmen, nicht entsprochen werden.

Dr. Vockel zieht darauf seinen Antrag, jetzt schon Vorbesprechungen mit Berlin abzuhalten, zurück[28].

Abgeordneter Blank nimmt als wesentliches Ergebnis der heutigen Aussprache zur Kenntnis, daß kein Widerspruch gegen die Zuständigkeit seiner Dienststelle für die Beschaffung erhoben werde.

Mit einer weiteren Aussprache über die Leitsätze, die sich besonders auf Ziffer 2 erstrecken würde, ist er einverstanden.

Wenn er auch dem Wunsche der übrigen Ressorts nach einer Mitwirkung nicht entgegentreten wolle, so möchte er doch vermieden wissen, daß zu diesem Zwecke in kürzeren Abständen Zusammenkünfte erfolgen. Die Mitwirkung der übrigen Ressorts, die er bei den Programmen einräumen wolle, werde nach seiner Meinung erst später von größerer Bedeutung sein.

Lebensmittelreserven würden in den ersten Jahren nicht angelegt werden.

Dagegen sieht auch er das Bauprogramm als so bedeutungsvoll an, daß hierüber schon jetzt mit den Ressorts verhandelt werden sollte. Im übrigen spricht er sich dafür aus, die Zusammenarbeit zunächst nur auf die großen Grundsatzfragen zu beschränken.

Staatssekretär Dr. Sonnemann glaubt, daß die Vorstellung des Abgeordneten Blank den Ausgangspunkt für die Zusammenarbeit bilden könne. Für den Geschäftsbe-

---

27 Am 15. Sept. 1952 war die „Sonderabteilung Besatzungslastenverwaltung" des Bundesministeriums der Finanzen in Bad Homburg als Abteilung V für die zentrale Beschaffung der künftigen Bundeswehr und der alliierten Stationierungsstreitkräfte in das Amt Blank überführt und im Sommer 1953 nach Koblenz velegt worden. Geleitet wurde diese Abteilung von Wilhelm Rentrop (vgl. dazu 254. Kabinettssitzung am 28. Okt. 1952 TOP E: Kabinettsprotokolle 1952, S. 651 f.). 1958 wurde die Koblenzer Außenabteilung in das Bundesamt für Wehrtechnik und Beschaffung umgewandelt. – Dr. Wilhelm Rentrop (1904–1989). 1933 Reichswirtschaftsministerium (Devisenabteilung), 1936–1945 beim Reichskommissar für die Preisbildung, 1946–1949 Finanzministerium Württemberg-Hohenzollern (Besatzungslasten), 1950–1952 BMF (stellv. Leiter der Sonderabteilung Besatzungslastenverwaltung), 1952–1958 Dienststelle Blank/BMVtg, dort 1956–1958 Leiter der Abt. Beschaffung in Koblenz, 1958 in den einstweiligen Ruhestand versetzt, 1961 Hauptgeschäftsführer des Hauptverbandes der Deutschen Bauindustrie.

28 Vockel hatte am 6. Nov. 1954 zu einer Besprechung mit dem Leiter der Koblenzer Außenstelle des Amtes Blank, Wilhelm Rentrop, über die Auswirkungen der Pariser Beschlüsse auf die Westberliner Wirtschaft am 20. Nov. 1954 eingeladen, an der neben Globke, Westrick, Bucerius sowie den Berliner Vertretern von BMWi und BMZ auch der Regierende Bürgermeister von Berlin, mehrere Senatoren, der Präsident des Berliner Landesarbeitsamtes und Vertreter der Berliner Wirtschaft teilnehmen sollten. Am 9. Nov. 1954 hatte Vockel die Besprechung zunächst „bis auf weiteres" verschoben und im Anschluß an die Ausschußsitzung ganz abgesagt (B 136/6894).

reich des BELF allerdings sehe er ein Bedürfnis für eine engere Zusammenarbeit voraus, die nach seiner Meinung nicht nur in zweiseitigen Absprachen zwischen dem BELF und der Dienststelle Blank, sondern in allseitiger Abstimmung verwirklicht werden sollte. Hierfür sieht er nach den bisherigen Erfahrungen den Kabinettsausschuß als das gegebene Gremium an. Die Notwendigkeit einer solchen engen und zusammengefaßten Abstimmung der Ressorts sehe er auch wegen der bei Programmen erfahrungsgemäß laufend auftretenden Änderungen voraus.

Der *Vizekanzler* macht darauf aufmerksam, daß die der Beschaffungsstelle zu gebenden Richtlinien wirtschaftspolitische Entscheidungen beinhalten. Die Beratung hierüber werde dem Kabinettsausschuß obliegen. Damit werde zugleich ein praktischer Anfang der von den Ressorts gewünschten Zusammenarbeit gemacht.

Staatssekretär Dr. Westrick stimmt dieser Auffassung zu und spricht sich auf Grund der gemachten Erfahrungen dafür aus, den Kabinettsausschuß damit zu befassen.

Auch der *Bundesminister für Arbeit* spricht sich dafür aus, daß über die auftretenden Fragen und Probleme eine periodische Aussprache im Kabinettsausschuß stattfindet.

Staatssekretär Hartmann äußert sich noch nicht zu dem Inhalt der Leitsätze, sondern bittet um eine weitere Aussprache hierüber im Kabinettsausschuß. Er setzt sich für eine multilaterale Zusammenarbeit der Ressorts im Kabinettsausschuß ein, um so die von den Ressorts für erforderlich gehaltene Koordinierung zu erreichen.

Abgeordneter Blank bittet, die Fortsetzung der Aussprache nicht zu lange aufzuschieben. Ihm liege auch daran, in der Öffentlichkeit bekanntzugeben, daß sich der Kabinettsausschuß mit diesen Fragen befaßt habe und auch weiterhin damit befassen werde[29].

[A.] Aussprache über die Denkschrift von Bundesminister Kraft **BMS Kraft**

Dieser Punkt wird aus Zeitmangel nicht im einzelnen beraten[30].

Der *Vizekanzler* schlägt vor, die Denkschrift dem Interministeriellen Ausschuß für Notstandsgebietsfragen (IMNOS) zu überweisen[31]. Dieser solle die Denkschrift ein-

---

[29] Pressemitteilung des BPA Nr. 1292/54 vom 15. Nov. 1954 in BD 7/167–1954,4. – Fortgang 24. Ausschußsitzung am 14. Febr. 1955 TOP 1.

[30] Der nachfolgende Absatz fehlt in der Ausfertigung des Protokolls, der Abdruck folgt dem Entwurf.

[31] Siehe 5. Ausschußsitzung am 19. März 1954 TOP 3 und 58. Kabinettssitzung am 10. Nov. 1954 TOP 8 (Kabinettsprotokolle 1954, S. 493 f.). – Vorlage Krafts vom 11. Sept. 1954 in B 136/2390, abgedruckt in Anhang 3, Dokument 5; weitere Unterlagen in B 135/126 und 128. – Kraft, der Adenauer mit Schreiben vom 23. Dez. 1953 um die Erteilung eines „Sonderauftrags für die Zonenrandgebiete" gebeten hatte, war am 8. April 1954 vom Bundeskanzler mit der Erstellung einer Denkschrift über Maßnahmen zur Förderung der Zonengrenzgebiete beauftragt worden (B 136/699). Kraft hatte dem Bundeskanzler die Denkschrift „Vorschläge für Maßnahmen zur Förderung der Zonengrenzgebiete" mit Schreiben vom 11. Sept. 1954 vorgelegt und Vorschläge zu folgenden Punkten unterbreitet: 1) „Fortführung und Ausbau der steuerlichen Hilfen", 2) „Aufstellung und Durchführung eines langfristigen, etwa 10 Jahre umfassenden Förderungsprogramms", 3) „Ausdehnung der Richtlinien für die Berücksichtigung bevorzugter

gehend beraten und mit größter Beschleunigung seine Stellungnahme und Vorschläge ausarbeiten, damit diese möglichst bald im Kabinettsausschuß erörtert werden können.

Der Kabinettsausschuß beschließt entsprechend[32].

Auf den Hinweis von *Min.Dirig. Haenlein*, BK, daß sich der Kabinettsausschuß bezüglich der Mittel für kulturelle Zwecke eine Meinung bilden sollte, weil die grundsätzliche Frage, ob der Bund hierfür Gelder bereitstellen müsse, vom IMNOS nicht entschieden werden könne, bemerkt *Staatssekretär Hartmann*, daß die Entscheidung hierüber durch die Haushaltsberatungen im Kabinett gefallen sei[33]. Die Mittel zur Unterstützung der Zonenrandgebiete seien begrenzt. Die Frage der Unterstützung der Zonenrandgebiete werde im Haushaltsausschuß des Bundestages entschieden werden müssen, wenn auch der Interministerielle Ausschuß den Katalog durchsprechen müsse. Es sei denkbar, daß im Rahmen dieser Mittel ein Teil für kulturelle Förderungsmaßnahmen, die auch der Wirtschaftsförderung dienten, eingesetzt werden könne.

Der *Vizekanzler* fügt hinzu, daß dazu allerdings noch eine Stellungnahme der Bundesregierung für den Haushaltsausschuß abgegeben werden müsse[34].

Bewerber bei der Vergabe öffentlicher Aufträge auf solche der Länder und aus dem Besatzungshaushalt", 4) „Bereitstellung bundeseigenen Besitzes zu Vorzugsbedingungen", 5) „Bereitstellung von Vorabbeträgen zur verstärkten Förderung des Wohnungsbaus" und 6) „Aufstellung und Durchführung eines Programms zur Förderung kultureller Belange".

[32] Der IMNOS beriet die Denkschrift und den vom BMWi vorgelegten Entwurf einer Stellungnahme am 23. Nov. 1954 und 12. Jan. 1955 (vgl. die Protokolle und weitere Unterlagen in B 102/13119 und B 135/130). – Zum Ergebnis der Beratungen vgl. die Kabinettsvorlage des BMWi vom 2. März 1955 in B 102/13193 und B 136/2390.

[33] Zur Beratung des Bundeshaushalts 1955 im Kabinett vgl. 52. Kabinettssitzung am 22. Okt. 1954 TOP 1, 54. Kabinettssitzung am 26. Okt. 1954 TOP 1, 55. Kabinettssitzung am 27. Okt. 1954 TOP 2 und 57. Kabinettssitzung am 5. Nov. 1954 TOP 2 (Kabinettsprotokolle 1954, S. 431–436, 455–465, 467–470 und 479–484). Ein Beschluß über diese Frage wurde ausweislich der Protokolle nicht gefaßt. – Der Bundeshaushaltsplan 1955 sah unter dem Titel 2701-302 („Kulturelle Maßnahmen in gefährdeten Grenzgebieten und im Zonengrenzgebiet") 7,32 Millionen DM für „Zuschüsse zur Förderung von Schulbauten" und 2 Millionen DM zur „Förderung von kulturellen Maßnahmen gesamtdeutschen Charakters im Zonenrandgebiet" vor. Desweiteren waren 50 Millionen DM für Darlehen und 30 Millionen DM für Zuschüsse „für regionale Hilfsmaßnahmen zur Steigerung der Wirtschaftskraft" (Titel 6002-530 und 6002-600) eingestellt worden (BD 11/3–1955).

[34] Nicht ermittelt. – Fortgang 27. Ausschußsitzung am 11. März 1955 TOP 2.

21. Sitzung des Kabinettsausschusses für Wirtschaft am Freitag, den 10. Dezember 1954

Teilnehmer: Blücher, Erhard, Lübke, Seebohm, Kraft; Sauerborn, Wandersleb; Bernard (BdL); von Maltzan (AA), Joël (BMJ), Oeftering[1] (BMF), Müller-Armack (BMWi), Reinhardt (BMWi), Feyerabend (BMV), Schiller (BMV), Seiermann (BMV), Grau (Bundeskanzleramt), Haenlein (Bundeskanzleramt), Kessler (BMI), von der Groeben (BMWi), Ter-Nedden (BMV), Niehuß (BMV), Kleberg (BMVt), Vertreter verschiedener Bundesressorts. Protokoll: Hornschu.

Beginn: 9.30 Uhr *Ende: 13.30 Uhr*

Ort: Bonn, Bundeshaus

Tagesordnung:

1. *Aufstellung direkter Tarife innerhalb der Montanunion.*[2]
2. *Bundesgesetzliche Regelung des Wasserrechts und der Wasserwirtschaft*
   Vorlage des Staatssekretärs des Bundeskanzleramtes vom 8. Nov. 1954 (8 - 93200 - 1858/54).
3. *Paritätsforderungen der Landwirtschaft*
   Vorlage des BML vom 23. Nov. 1954 (IV A 1 - 4103 - Kab.Nr. 564/54).
4. *Erweiterung des deutsch-französischen Warenverkehrs*
   Vorlage des BML vom 30. Nov. 1954 (VII B 1 - 7526.2 - Kab.Nr. 568/54).

Die Tagesordnung wird in folgender Reihenfolge beraten:

1. Aufstellung direkter Tarife innerhalb der Montanunion **BMV**

Auf die eingangs gestellte Frage des *Vizekanzlers*, ob die Ressorts trotz des späten Zugangs der Vorlage eine Beratung in der Sitzung für möglich halten, stimmen die Anwesenden einer Beratung zu[3].

---

[1] Im Text dieses Protokolls immer „Öftering“.

[2] In der Einladung war eine Vorlage des BMV angekündigt worden.

[3] Vgl. Sondersitzung des Kabinettsausschusses für Wirtschaft am 20. Aug. 1954 TOP 1 und 18. Ausschußsitzung am 27. Sept. 1954 TOP 2 (abgesetzt). – Vorlage des BMV vom 8. Dez. 1954 in B 136/9571. Vgl. auch das Gutachten des Wissenschaftlichen Beirats beim BMWi zur „Einführung von direkten Tarifen im Bereich der Montan-Gemeinschaft“ vom 20. Nov. 1954 in Der Wissenschaftliche Beirat, Gutachten, Bd. 3, S. 120–133. – Mit Schreiben vom 8. Dez. 1954 hatte der BMV den Kabinettsausschuß über den Stand der Verhandlungen und Beratungen in Kenntnis gesetzt und folgenden Weisungsvorschlag an die deutsche Delegation für die Sitzung des Ausschusses für Transportfragen am 16. Dez. 1954 vorgelegt: „1. Von einer Vereinheitlichung der Degression wird abgesehen. 2. Die in den Frachtsätzen enthaltene Abfertigungsgebühr wird um ein Viertel gekürzt. 3. Die direkten Tarife werden zunächst nur auf eine Probe-

Der *Vizekanzler* gibt im übrigen zu erwägen, ob nicht die interessierten Abgeordneten des Bundestages über die Entschließung des Kabinettsausschusses und die sich daraus ergebenden Folgerungen unterrichtet werden sollten.

Der *Bundesminister für Verkehr* weist auf die Bestimmungen des Vertrages hin, nach denen eine Verpflichtung für die Teilnehmerstaaten besteht, direkte Tarife einzuführen[4].

Es wird sodann anhand der einzelnen Punkte der Weisung an die deutsche Delegation für die bevorstehenden Verhandlungen in Luxemburg auf den Seiten 11 und 12 seiner Vorlage beraten.

Zu Ziffer 1

hält der *Bundesminister für Verkehr* eine erneute Diskussion für nicht notwendig, weil der Kabinettsausschuß sich in seinen Sitzungen am 19./20.8.1954 bereits gegen eine Vereinheitlichung der Degression ausgesprochen habe.

Der Kabinettsausschuß billigt Ziffer 1 der Weisung.

Zu Ziffer 2

führt der *Bundesminister für Verkehr* aus, daß die Hohe Behörde ursprünglich die Herabsetzung der Abfertigungsgebühr auf die Hälfte verlangt habe. In eingehenden Verhandlungen mit anderen Eisenbahnverwaltungen habe man sich auf eine Herabsetzung um $^1/_4$ geeinigt[5]. Hierdurch würde der Einnahmeausfall der deutschen Bundesbahn um 7 Mio. DM herabgesetzt werden.

Der Kabinettsausschuß ist mit der Weisung unter Ziffer 2 an die deutsche Delegation einverstanden.

Ministerialdirektor Dr. Oeftering [BMF] erhebt keine Einwendungen gegen die Einzelheiten der Vorlage vorbehaltlich einer von ihm zu der Gesamtvorlage noch abzugebenden Stellungnahme[6].

Zu Ziffer 3

erklärt der *Bundesminister für Verkehr*, daß im August mit der Hohen Behörde vereinbart worden sei, die direkten Tarife für Kohle und Stahl nur für eine Probezeit

---

zeit (1 Jahr) eingeführt. 4. Die Einführung direkter Tarife für Kohle im Verkehr mit und durch die Niederlande wird zurückgestellt. 5. Der Einführung direkter Tarife für Eisen und Stahlerzeugnisse wird unter folgenden Vorbehalten zugestimmt: a) Die ausländischen Tarife im internationalen Kraftwagenverkehr mit Eisenerzeugnissen müssen zuvor geregelt werden. b) Die Disparitäten im Binnenschiffsverkehr bei den Frachten für Eisenerzeugnisse müssen zuvor beseitigt werden. 6. Wegen der Weisung betreffend die Einführung direkter Tarife für Erz und Schrott vgl. Abschnitt V 3." Gemäß Abschnitt V 3 sollten der BMWi dem Kabinett über die wirtschaftspolitischen Auswirkungen der Einführung direkter Tarife für Erz und Schrott berichten und die Bundesregierung auf dieser Grundlage ihre Haltung festlegen.

[4] Vgl. Artikel 70 des Vertrags über die Gründung der Europäischen Gemeinschaft für Kohle und Stahl vom 18. April 1951 (BGBl. II 445, abgedruckt in Verträge der Bundesrepublik Deutschland, Reihe A, Bd. 2, S. 44–147).

[5] Zu den Verhandlungen mit dem Leiter des Kommerziellen Dienstes der belgischen Eisenbahnen Léon Antoine am 25. Nov. 1954 in Brüssel vgl. den Vermerk vom 30. Nov. 1954 in B 108/1251. Weitere Unterlagen nicht ermittelt.

[6] Nicht ermittelt.

einzuführen, um Änderungen vorzunehmen, wenn sich Benachteiligungen herausstellen sollten. Auch die übrigen Partner seien mit dieser Regelung einverstanden[7].

Er betont ausdrücklich, daß das Prinzip der durchgehenden Entfernungsstaffel auch nach dieser Probezeit grundsätzlich erhalten bleiben werde. Lediglich könne man die Modalitäten ändern.

Ministerialdirigent von der Groeben, BMW, ist damit einverstanden, daß versucht wird, in der vom Bundesminister für Verkehr vorgeschlagenen Weise durchzukommen, legt aber Wert darauf, die Möglichkeit vorzusehen, daß im Falle von Widerstand hiergegen notfalls nachgegeben werden könne. Dann könne man sich immer noch auf Art. 2 Abs. 2 des Vertrages zurückziehen (Revision im Falle von schweren Störungen).

Botschafter Dr. von Maltzan [AA] ist hiermit einverstanden. Ihm kommt es darauf an, daß an dem Prinzip der durchgehenden Entfernungsstaffel festgehalten wird. Damit werde die eingegangene Verpflichtung erfüllt.

Der *Vizekanzler* bemerkt hierzu, daß die Weisung an die deutsche Delegation kein Abgehen von dem Probejahr gestatten solle. Der Bundesminister für Verkehr werde aber auf Grund des Verlaufs der heutigen Diskussion vom Kabinettsausschuß ermächtigt, der deutschen Delegation ein Nachgeben zu gestatten.

Mit dieser Maßgabe billigt der Kabinettsausschuß die Weisung der Ziffer 3.

Zu Ziffer 4

erklärt der *Bundesminister für Verkehr*, daß die Einbeziehung der Niederlande in die direkten Tarife für Kohle zu einer nicht tragbaren Verzerrung der Wettbewerbslage für den deutschen Kohlenbergbau im Verhältnis zu den Niederlanden und Belgien führen werde, da die niederländischen Frachten sehr niedrig lägen. Auf den Einwurf des *Vizekanzlers*, ob dies rechtlich möglich sei, erwidert der *Bundesminister für Verkehr*, daß die Aussparung der Niederlande nur mit den schweren wirtschaftlichen Störungen, die sonst im Küstengebiet von Ülzen[8] [bis] Groningen auftreten würden, begründet werden könnte. Voraussichtlich würden jedoch die Niederlande dieser Regelung zustimmen. Es sei eine Frage, die in erster Linie die Niederlande und die Bundesrepublik betreffe. Die anderen Länder seien daran kaum interessiert. Jedoch dürfe die Gesamtregelung nicht an der befriedigenden Erledigung dieser Spezialfrage scheitern.

Ministerialdirigent von der Groeben, BMW, regt an zu prüfen, ob die gleiche Regelung nicht auch für Stahl Anwendung finden könnte.

Der *Bundesminister für Verkehr* ist hierzu bereit, glaubt allerdings, daß die Forderung, die Niederlande nicht in die direkten Tarife für Stahl einzubeziehen, viel eher auf Widerstand stoßen werde.

---

7 Vgl. den Bericht des BMV an das Bundeskanzleramt vom 28. Aug. 1954 über die erste Sitzung des Tarifausschusses am 23. und 24. Aug. 1954, in der sich alle Regierungsdelegationen für eine Probezeit von einem halben oder einem Jahr ausgesprochen hatten, in B 136/9571.

8 Gemeint ist wohl die nordholländische Stadt Velsen bei Amsterdam.

Der *Vizekanzler* regt an, daß die Delegation diesen Wunsch in Luxemburg vorbringen soll. Eine Aufnahme in die offizielle Weisung an die Delegation solle dagegen unterbleiben.

Der Kabinettsausschuß beschließt entsprechend.

Zu Ziffer 5

zu a) bemerkt der *Bundesminister für Verkehr*, daß bisher durch das Fehlen von Tariffestsetzungen eine einseitige Bevorzugung von Kraftverkehrsunternehmen im lothringischen Raum entstanden sei. Der Anteil der mit Kraftfahrzeugen beförderten Eisen- und Stahlerzeugnisse sei innerhalb von 3 Jahren von 4 auf 46 % des gesamten Beförderungsvolumens gestiegen.

zu b) Hier bestehe vor allem zwischen Frankreich und Belgien eine Disparität. Ob man eine Bereinigung erreichen könne, müsse allerdings dahingestellt bleiben.

Botschafter Dr. von Maltzan [AA] und *Ministerialdirigent von der Groeben*, BMW, sind damit einverstanden, daß versucht wird, diese Fragen zu regeln. Sie möchten jedoch nicht, daß die Verhandlungen daran scheitern.

Der *Bundesminister für Verkehr* bittet, wie bei Ziffer 3 ihn selbst zu einem Nachgeben zu ermächtigen, diese Möglichkeit aber nicht in die Weisung an die Delegation aufzunehmen.

Der Kabinettsausschuß beschließt entsprechend.

Ministerialdirigent von der Groeben, BMW, weist auf die Ausgleichskasse für Eisen- und Stahlerzeugnisse hin, die für revierferne Gebiete einen Frachtausgleich zahlt[9]. Ursprünglich galt diese Regelung nur für den innerdeutschen Verkehr. Sie wurde jedoch später mit Zustimmung der Hohen Behörde auch auf die Einfuhr ausgedehnt. Er habe Zweifel, ob die Hohe Behörde diesem Frachtausgleich auf die Dauer zustimmen werde. Es müsse in Luxemburg erreicht werden, daß der Frachtausgleich erhalten bleibt. Das brauche allerdings nicht als Weisung festgelegt zu werden.

Durch die Einführung der direkten Tarife werde die Lage der süddeutschen Eisen- und Stahlerzeuger insofern berührt, als in diesem Raume die Eisenerzeugnisse um 8 DM je t teurer[10] würden. Dieses Problem sollte in Luxemburg angeschnitten werden. Vielleicht könne man den süddeutschen Eisen- und Stahlerzeugern dadurch helfen, daß man die Kohletarife entsprechend verbillige.

Der *Bundesminister für Verkehr* erklärt sich bereit, die Frage des Frachtausgleichs bei Eisen und Stahl für die revierfernen Gebiete in Luxemburg zur Sprache zu bringen.

Eine Herabsetzung des Kohletarifs für die ohnehin schon frachtmäßig begünstigten süddeutschen Eisen- und Stahlproduzenten halte er kaum für durchführbar, zumal damit wohl eine Diskriminierung auf dem Gemeinsamen Markt verbunden sein würde.

Der Kabinettsausschuß billigt die Weisung unter Ziffer 5 a) und b).

---

[9] Nicht ermittelt.

[10] Korrigiert aus „billiger". – In seiner Vorlage vom 14. Aug. 1955 hatte das BMV ausgeführt, daß nach dem neuen Tarif z. B. Stahllieferungen von Oberhausen nach Stuttgart um 7,- DM/t und Lieferungen nach Nürnberg um 10,- DM/t teurer werden würden (B 136/9571).

Zu Ziffer 6

führt der *Bundesminister für Verkehr* aus, daß die Einführung direkter Tarife für Erz und Schrott keine schwerwiegende verkehrspolitische Auswirkung haben werde. Der deutsche Eisenerzbergbau habe allerdings Bedenken geäußert, da die Minette[11] um DM 2,20 je t billiger würde und durch höhere Bezüge dieser Erze der Absatz der deutschen Erzgruben beeinträchtigten werden könnte. Wegen der schlechten Qualität der Minette sei jedoch kaum mit einer höheren Einfuhr nach der Bundesrepublik zu rechnen. Den deutschen Eisenerzproduzenten könne besser mit einer Mengenabnahmeverpflichtung durch die deutsche verarbeitende Industrie geholfen werden.

Bei den direkten Tarifen für Schrott handele es sich um ein Spezialproblem, dem fast nur mit Rücksicht auf Italien Bedeutung zukomme.

Er empfehle gegen die Einführung direkter Tarife für Erz und Schrott keinen großen Widerstand zu leisten.

Ministerialdirigent von der Groeben, BMW, schließt sich der Auffassung des Bundesministers für Verkehr an. Er ergänzt dessen Ausführungen dahin, daß auch die nordischen Erze um 2,20 DM je t preisgünstiger werden und damit ein Druck auf Salzgitter ausgeübt werde.

Die Verhandlungen wegen einer Abnahmeverpflichtung zwischen der Ruhr und den deutschen Erzbergbauunternehmen dauerten an. Der Ausgang dieser Verhandlungen sei noch unbestimmt[12].

Bei Schrott handele es sich in der Tat um ein Spezialproblem gegenüber Italien. Italien habe kürzlich eine hohe Umsatzausgleichsteuer für Schrott eingeführt, während nunmehr die Tarife gesenkt werden sollten. Dieses Problem bedürfe noch der Erörterung. Das Bundesministerium für Wirtschaft stimme der Einführung von direkten Tarifen für Erz und Schrott zu.

Botschafter Dr. von Maltzan [AA] billigt ebenfalls die Einführung direkter Tarife für Erz und Schrott.

Der Kabinettsausschuß beschließt, der Delegation die entsprechende Weisung zu geben.

Ministerialdirektor Dr. Oeftering [BMF] erklärt, daß die Vorschläge in der Vorlage zu den einzelnen Punkten zwar auch von ihm für zweckmäßig gehalten würden. Er habe aber noch nicht die Möglichkeit gehabt, die Auffassung des Bundesministers der Finanzen festzustellen.

Allgemein müsse er jedoch dagegen Bedenken vorbringen, daß nach der Weisung an die deutsche Delegation zwar grundsätzlich den Anforderungen des Vertrages entsprochen werden solle, andererseits aber deutscherseits Vorbehalte gemacht würden mit dem Ziel, die Marktlage letzten Endes unverändert zu lassen. Selbst wenn man mit dieser Haltung zunächst Erfolg haben sollte, so fürchte er, daß dies nur von kurzer Dauer sein werde. Es sei sogar möglich, daß die Gegenseite nur

11 Minette ist ein sedimentäres, in Lothringen und Luxemburg abgebautes Eisenerz.

12 Vgl. hierzu 7. Ausschußsitzung am 15. Mai 1954 TOP 2.

unsere grundsätzliche Zustimmung zur Kenntnis nehme, während sie die Berechtigung der von uns beabsichtigten Einschränkungen möglicherweise in Zweifel ziehen werde. Auch die sich daraus ergebenden Frachtausfälle, die mindestens 31 Mio. DM, unter Umständen sogar 40 Mio. DM, betragen könnten, hält er wegen des ohnehin schon hohen Defizits der deutschen Bundesbahn für bedenklich. Er stelle deshalb die Frage, ob es wirklich zweckmäßig sei, angesichts dieser Frachtausfälle und der mit den Maßnahmen zusammenhängenden Störungen schon jetzt auf die von der Hohen Behörde erhobenen Forderungen einzugehen. Es sei zu erwägen, ob es nicht richtiger sei, von Artikel 10 Abs. 6 des Übergangsabkommens[13] Gebrauch zu machen und in Anbetracht der noch vollkommen ungeklärten Situation auf dem Verkehrssektor vielleicht eine Frist von einem Jahr zu erbitten, um alle Vorkehrungen zu treffen, die uns die Erfüllung des Montanvertrages leichter machen würden.

Der *Bundesminister für Verkehr* betont demgegenüber, daß die Entscheidung bereits um ein Jahr verzögert worden sei. Der Versuch einer weiteren Verzögerung müsse den Widerstand und die Verärgerung der anderen Mitgliedstaaten hervorrufen. Es sei immerhin zu bedenken, daß die zu erwartenden Belastungen aus der Einführung dieser Maßnahmen schon von 120 auf ca. 40 Mio. DM herabgesetzt worden seien. Man werde auch schwer Anerkennung dafür finden, daß ein solcher Betrag bei einem Etat der deutschen Bundesbahn von über 5 Mrd. DM eine unerträgliche Belastung darstelle, insbesondere wenn man bedenke, daß das Defizit der französischen Bahn 4 bis 5 mal größer sei als das der Bundesbahn. Der Zuschuß des französischen Staates an die Bahn betrage in DM gerechnet 2 Milliarden.

Der *Vizekanzler* hebt nachdrücklich hervor, daß der politischen Seite der Frage besondere Bedeutung zukomme und daß die Bundesregierung heute weniger denn je eingegangene Verpflichtungen in Frage stellen könne.

Die Möglichkeit der Übergangsbestimmungen habe die deutsche Seite schon weitgehend in Anspruch genommen.

Der *Bundesminister für Wirtschaft* und *Botschafter Dr. von Maltzan* [AA] stimmen dem Vizekanzler und dem Bundesminister für Verkehr zu.

Ministerialdirektor Dr. Oeftering [BMF] enthält sich bei der Schlußabstimmung über die gesamte Vorlage der Stimme.

Der *Vizekanzler* stellt die Zustimmung des Kabinettsausschusses zu den Weisungen an die deutsche Delegation fest[14].

4. Erweiterung des deutsch-französischen Warenverkehrs **AA**

Der *Bundesminister für Ernährung, Landwirtschaft und Forsten* trägt den wesentlichen Inhalt seiner Kabinettsvorlage vom 30.11.1954 vor mit der Schlußfolgerung,

---

[13] Abkommen über die Übergangsbestimmungen vom 18. April 1951 (BGBl. 1952 II 491; abgedruckt in Verträge der Bundesrepublik Deutschland, Reihe A, Bd. 2, S. 179–225, hier S. 190–195).

[14] Abkommen betreffend die Einführung direkter internationaler Eisenbahntarife vom 21. März 1955 in Amtsblatt der EGKS Nr. 9 vom 19. April 1955, S. 701–713.

die Lagermengen notfalls von 1,5 auf 1,6 Mio. t zu erhöhen, um in jedem Falle die Wünsche Frankreichs erfüllen zu können[15].

Botschafter Dr. von Maltzan [AA] spricht sich für die Erhöhung der Weizeneinfuhr aus Frankreich aus und hebt die günstigen politischen Folgen hervor.

Ministerialdirektor Dr. Oeftering [BMF] bemerkt, daß das Bundesministerium der Finanzen gegen die Erhöhung der Weizeneinfuhr keine Bedenken zu erheben habe, wenn dadurch, wie dies wiederholt von Vertretern des Bundesministeriums für Ernährung, Landwirtschaft und Forsten zum Ausdruck gebracht worden sei, keine Mehrbelastung des Bundeshaushalts entstehe.

Für den Fall einer echten Erhöhung der Lagerkosten bitte er zunächst um Mitteilung der zahlenmäßigen Auswirkung. Dann sei die Angelegenheit allerdings noch nicht kabinettsreif. Im übrigen könne man seiner Ansicht nach durch Verschiebung der Abladungen in eine Zeit, in der die Lager frei seien, wohl zusätzliche Lagerkosten vermeiden.

Der *Bundesminister für Ernährung, Landwirtschaft und Forsten* erwidert, daß dem Bundeshaushalt bei einer Mehreinfuhr von Weizen 100 DM je t an Abschöpfungsbeträgen zufließen, aus denen die Lagerhaltungskosten gedeckt werden könnten. Die Haushaltsansätze für die Vorratshaltung brauchten nicht erhöht zu werden, wenn auch ein formeller Kabinettsbeschluß notwendig sei, um Beanstandungen des Bundesrechnungshofes zu vermeiden.

Unter dieser Voraussetzung erhebt *Ministerialdirektor Dr. Oeftering* [BMF] keine Einwendungen gegen den Antrag.

Abschließend erteilt der Kabinettsausschuß dem Auswärtigen Amt und dem Bundesminister für Ernährung, Landwirtschaft und Forsten die erbetene Ermächtigung.

2. Bundesgesetzliche Regelung des Wasserrechts und der Wasserwirtschaft

Der *Vizekanzler* verweist auf sein Schreiben vom 6.12.1954 und hebt hervor, daß die Möglichkeiten des Bundes bei der Gesetzgebung über das Wasserrecht nicht eingeengt werden sollten[16]. Ihm komme es bei der heutigen Erörterung darauf an,

---

[15] Vorlage des BML vom 30. Nov. 1954 in B 136/1259. – Am Rande der Pariser Konferenz vom 19. bis 23. Okt. 1954 (vgl. 53. Kabinettssitzung am 25. Okt. 1954, TOP 1: Kabinettsprotokolle 1954, S. 444–452, hier insbes. S. 446 f.) hatten Adenauer und Mendès-France eine Vertiefung der Zusammenarbeit auf wirtschaftlichem Gebiet vereinbart. Danach sollte die Bundesrepublik „in möglichst weitem Umfange französische Ernteüberschüsse an Grundnahrungsmitteln, insbesondere Getreide, abnehmen". Frankreich hatte daraufhin den Wunsch geäußert, 600 000 t Weizen in die Bundesrepublik auszuführen. Das BML war bereit, statt der bis dahin vorgesehenen 265 000 t nunmehr 500 000 t Weizen aus Frankreich einzuführen, und hatte in seiner Vorlage beantragt, das Kabinett möge BML und AA ermächtigen, mit der französischen Regierung eine entsprechende Vereinbarung zu treffen. – Fortgang zum Abschluß eines deutsch-französischen Handelsabkommens und französischen Getreidelieferungen 77. Kabinettssitzung am 23. März 1955 TOP 4 (Kabinettsprotokolle 1955, S. 207 f.). – Deutsch-französisches Handelsabkommen vom 5. Aug. 1955 (BAnz. Nr. 168 vom 1. Sept. 1955, S. 1).

[16] Siehe 58. Kabinettssitzung am 10. Nov. 1954 TOP 9 (Kabinettsprotokolle 1954, S. 494–496). – Vorlage des Bundeskanzleramtes vom 8. Nov. 1954 in B 136/7687 und B 135/70. Unterlagen zur Frage der Zuständigkeit in B 136/1556 f. und 7688, B 146/1669 f., B 102/4485 und 41608,

die Arbeitsmethode für die Behandlung dieses Komplexes durch den Kabinettsausschuß festlegen zu lassen. Es erhebe sich die Frage, ob der bisherige alternierende Vorsitz im Interministeriellen Ausschuß Wasser[17] beibehalten werden solle, oder ob der Ausschuß organisatorisch aktiviert werden müsse, um binnen kurzer Zeit zu praktischen Vorschlägen für die Behandlung der bisherigen Vorlagen zu gelangen[18]. Sachlich hält er ein allumfassendes einheitliches Wassergesetz nicht für möglich, sondern nimmt an, daß neben einem Rahmengesetz eine Reihe von einzelnen Gesetzen erforderlich sein werden, die auf dieses Rahmengesetz abgestimmt sein müssen.

Dem *Bundesminister für Verkehr* liegt daran, auch bei dieser Gelegenheit auf die Frage des Verhältnisses von Bund und Ländern einzugehen. Die Zuständigkeiten des Bundes seien bei der Rahmengesetzgebung sehr schwach. Nur mit Mühe habe er in den Verhandlungen des Hauptausschusses des Parlamentarischen Rates die Zustimmung der CDU/CSU zu dieser Rahmenzuständigkeit erhalten können[19]. Die

---

B 108/7252 sowie Nachlaß Kraft N 1267/22. – Adenauer hatte mehrfach zum Ausdruck gebracht, daß er eine Klärung der Zuständigkeit auf den Gebieten des Wasserrechts und der Wasserwirtschaft für dringlich halte und es befürworte, daß ein von den fachlich beteiligten Ressorts unabhängiges Kabinettsmitglied mit der notwendigen Koordinierung beauftragt würde. Kraft hatte sich auf Bitten Adenauers mit Schreiben vom 13. Sept. 1954 dazu unter der Bedingung bereiterklärt, daß ihm der ständige Vorsitz im Interministeriellen Ausschuß „Wasser", der bis dahin im turnusmäßigen Wechsel von „den gleichgestellten Ressortvertretern" geleitet worden war, übertragen und „zur Durchführung der Aufgaben des Ausschusses ein von den Ressorts unabhängiges Büro" zur Verfügung des Vorsitzenden eingerichtet würde. Vorrangig sei dann zu prüfen, „ob die bereits vorliegenden Entwürfe zu Teilgesetzen zu Gunsten eines umfassenden Rahmengesetzes zurückzustellen sind oder sich in den vorliegenden Fassungen in ein später zu erlassendes Rahmengesetz einfügen werden, wegen der besonderen Dringlichkeit aber vorab ergehen müssen". Diese Stellungnahme hatte das Bundeskanzleramt am 8. Nov. 1954 dem Kabinett zur Beratung vorgelegt (B 136/7687 und B 135/70). Das Kabinett hatte am 10. Nov. 1954 kein Einvernehmen in der Zuständigkeitsfrage erzielen können. Mit Schreiben vom 6. Dez. 1954 hatte Blücher als „Diskussionsgrundlage" für den Kabinettsausschuß eine umfangreiche Ausarbeitung „Zur Neuordnung des Wasserrechts", ihrer wirtschaftlichen und rechtlichen Problematik sowie zum Arbeitsverfahren vorgelegt. Zwar hatte auch Blücher die Koordinierungsfunktion auf den Interministeriellen Ausschuß „Wasser" übertragen und diesem einen ständigen Vorsitz geben wollen, dabei aber darauf hingewiesen, daß „parlamentarische Gremien und Kreise der Wirtschaft wiederholt den Wunsch ausgesprochen haben, daß das BMZ mit dieser Zusammenfassungs- und Führungsaufgabe betraut werden sollte" (Vorlage in B 146/1670 und B 136/7687).

17 Der Interministerielle Ausschuß „Wasser" war durch eine Vereinbarung der Verwaltungen des Vereinigten Wirtschaftsgebietes für Ernährung, Landwirtschaft und Forsten, für Verkehr und für Wirtschaft vom 4. Mai 1948 „im Interesse der unbedingt erforderlichen einheitlichen Lenkung des gesamten Wasserwesens" gegründet und von den entsprechenden Bundesministerien ab 1949 weitergeführt worden; das BMI war 1950 als viertes ständiges Mitglied hinzugekommen. Der Vorsitz wechselte alle zwei Jahre. Vgl. die Vereinbarung in B 108/530 sowie die Sitzungsprotokolle von 1948 bis 1954 in B 108/530 f.

18 Dem Bundeskanzleramt lagen Entwürfe eines Wassergesetzes (Vorlage des BML mit Stand vom 25. März 1954), eines Gesetzes zum Schutze des Grundwassers (Vorlage des BMWi mit Stand vom 10. Aug. 1954) und eines Gesetzes zur Reinerhaltung der Bundeswasserstraßen (Vorlage des BMV mit Stand vom 3. Juli 1954) vor (B 136/1557).

19 In den Protokollen des Hauptausschusses und der CDU/CSU-Fraktion des Parlamentarischen Rates nicht ermittelt.

einzige Möglichkeit, darüber hinauszugehen, bestehe bei den Bundeswasserstraßen. Die Wassermengen- und Wassergütewirtschaft bilde hier eine Einheit, die nicht getrennt werden könne. Beide Aufgaben, die zur Zuständigkeit des Bundesministers für Verkehr gehörten, müßten vom Bund geregelt werden. Das von ihm vorbereitete Bundesgesetz zur Reinhaltung der Bundeswasserstraßen sei kein Teil der Rahmenregelung, sondern müsse unabhängig von einer solchen als Einzelgesetz erlassen werden[20]. Anderenfalls würde man die Wassergütewirtschaft in die Ebene der Länder verlagern und die Bundesregierung in dieser Hinsicht in eine schlechtere Lage bringen.

Wegen seiner Vorschläge nimmt er Bezug auf seine Denkschrift aus dem Jahre 1952[21]. Die Verhandlungen im Interministeriellen Ausschuß seien wegen des wechselnden Vorsitzes nicht vorangekommen. Darum spreche er sich für einen unabhängigen Vorsitzenden aus, der den Rang eines Bundesministers haben müßte.

Bundesminister Kraft nimmt Bezug auf seinen Brief an den Bundeskanzler, mit dem die Vorlage des Vizekanzlers sachlich übereinstimme, und schlägt vor, über die Verfahrensweise dem Kabinett einen Vorschlag zu machen und die materiellen Fragen im Interministeriellen Ausschuß zu klären.

Der *Bundesminister für Ernährung, Landwirtschaft und Forsten* ist bereit, einer verbesserten Koordinierung durch den zu aktivierenden Interministeriellen Ausschuß, und zwar unter Vorsitz eines Bundesministers, zuzustimmen. Er legt aber Wert darauf, daß nicht dabei ein neues Wasserwirtschaftsministerium entsteht, da er jede weitere Zersplitterung vermieden und die bisherigen Ressortzuständigkeiten erhalten wissen will. In dem Ausschuß solle man die Arbeit mit der Prüfung der Frage beginnen, ob ein Rahmengesetz zu erlassen ist, bevor an die Ausarbeitung von rechtlichen Regelungen für die einzelnen Tatbestände gegangen werde. Dies entspreche auch der Auffassung der Ministerpräsidenten Arnold, Altmeier[22] und Kopf[23]. Der von ihm vorgelegte Entwurf könne der Arbeit des Ausschusses zu Grunde gelegt werden.

Der *Bundesminister für Wirtschaft* stimmt zu und setzt sich für eine Aktivierung des Interministeriellen Ausschusses Wasser ein. Auch er lehnt die Schaffung eines Wasserwirtschaftsministeriums ab. Er teilt mit, daß in seinem Hause der Gesetzentwurf zum Schutze des Grundwassers fertiggestellt sei und dem Interministeriellen Ausschuß zur weiteren Bearbeitung überwiesen werden könne[24].

---

[20] Fortgang hierzu 146. Kabinettssitzung am 8. Aug. 1956 TOP B (Kabinettsprotokolle 1956, S. 529 f.) – Gesetz zur Reinhaltung der Bundeswasserstraßen vom 17. Aug. 1960 (BGBl. II 2125).

[21] Maßnahmen des Bundes zur Förderung der Wasserwirtschaft. Die künftige Ordnung der Bundeswasserstraßen. Dortmund 1952 (BD 15/65). – Vgl. dazu 267. Kabinettssitzung am 19. Dez. 1952 TOP 6 (Kabinettsprotokolle 1952, S. 757 f.).

[22] Peter Altmeier (1899–1977). 1947–1966 Vorsitzender der CDU Rheinland-Pfalz, 1947–1969 Ministerpräsident von Rheinland-Pfalz.

[23] Hinrich Wilhelm Kopf (1893–1961). 1945 Oberpräsident der Provinz Hannover, 1946 Ministerpräsident des Landes Hannover, 1946–1955 und 1959–1961 Ministerpräsident sowie 1957–1959 Innenminister von Niedersachsen.

[24] Unterlagen zu diesem Entwurf in B 135/77.

Der *Vizekanzler* spricht sich ebenfalls gegen ein Wasserwirtschaftsministerium aus. Es kommt ihm darauf an, dem Interministeriellen Ausschuß Wasser eine bessere Arbeitsmöglichkeit durch eine ausreichende Organisation zu sichern. Auch nach Abschluß seiner Arbeiten müsse er erhalten bleiben, da Verhandlungen mit den Ländern wegen der von ihnen auf Grund der Rahmenbestimmungen des Bundes zu erlassenden Gesetze weiterhin nötig seien. Damit würden sich innerhalb der Bundesregierung auch erneute Auseinandersetzungen über Kompetenzabgrenzungen vereinfachen lassen und zugleich neu auftretende Fragen auf schnellstem Wege erledigt werden können.

Bundesminister Kraft schließt sich den Ausführungen des Vizekanzlers an. Er schlägt vor, den Interministeriellen Ausschuß um Vertreter der Bundesministerien der Justiz, für wirtschaftliche Zusammenarbeit und für Angelegenheiten des Bundesrates zu erweitern. Die Länder sollten durch die Aufnahme von 2 Ländervertretern beteiligt und auch Vertreter von Spitzenverbänden der Industrie, der Landwirtschaft und des kommunalen Bereiches hinzugezogen werden. Außerdem sollten unabhängige Sachverständige als Mitglieder in den Ausschuß aufgenommen werden. Das Gewicht, das der Ausschuß hierdurch erhalte, sei geeignet, die Gefahr des Entstehens eines Wasserwirtschaftsministeriums zu bannen.

Der *Vizekanzler* stimmt den Gedanken von Bundesminister Kraft zu. Er meint jedoch, wenn man die Länder hinzuziehen wolle, müsse man sie sämtlich beteiligen. Ihre Vertreter sollten aber erst dann zugezogen werden, wenn im Ausschuß bereits in Einzelfragen eine gemeinsame Auffassung der Bundesressorts erarbeitet worden sei[25].

Das gleiche gelte für die Spitzenverbände. Zu bedenken sei, daß zwischen den einzelnen Gruppen der Interessen erhebliche Gegensätze bestehen.

Zur organisatorischen Frage sei noch zu entscheiden, wer den Vorsitz des Interministeriellen Ausschusses zu übernehmen habe. Er sei der Ansicht, daß der betreffende Minister einem Ressort vorstehen müsse, das die verwaltungsmäßigen Voraussetzungen für die Koordinierungsaufgabe besitze.

Ministerialdirigent Joël, BMJ, ist der Ansicht, daß man mit der eigentlichen Koordinierung allein hier nicht auskomme. Zunächst müsse entschieden werden, ob ein Gesamtrahmengesetz oder ob Teilgesetze ausgearbeitet werden sollen. Diese Frage sei entscheidungsreif und müsse im Kabinett gelöst werden. Das Bundesministerium der Justiz habe Bedenken gegen den Erlaß von Teilrahmengesetzen, da sonst zu der regionalen noch eine sachliche Zersplitterung hinzukommen werde. Die Länder seien dann nämlich zur mehrfachen Angleichung ihrer Gesetze gezwungen, und das sei rechtspolitisch nicht zu vertreten. Außerdem müsse man eingehend prüfen, wie weit die Bundesregierung in einem Rahmengesetz gehen könne. Dabei seien die vom Bundesverfassungsgericht zum nordrhein-westfälischen Besoldungsgesetz festgestellten Grundsätze zu beachten[26].

---

25 Korrigiert aus „sind".

26 Das Bundesverfassungsgericht hatte am 1. Dez. 1954 den Antrag der Bundesregierung zurückgewiesen, das Gericht möge feststellen, daß der Erlaß eines Besoldungsgesetzes durch das Land Nordrhein-Westfalen gegen das Grundgesetz verstoße. Der erste Leitsatz des Urteils lau-

Es bedürfe der Federführung eines Ministers, der über einen entsprechenden Referentenstab im Hause verfüge und insbesondere auch juristische Mitarbeiter habe. Vielleicht könne man den Gesetzentwurf des Bundesministers für Ernährung, Landwirtschaft und Forsten als Arbeitsunterlage zu Grunde legen.

Da die Regelung des Wasserrechts ein Querschnittsproblem bilde, sei zu erwägen, ob die Federführung nicht in die Hand des Bundesministers des Innern gehöre.

Der *Bundesminister für Verkehr* widerspricht dieser Auffassung. Die Entscheidung müsse auf politischer Ebene fallen. Er weist darauf hin, daß die in den Ressorts erarbeiteten Gesetzentwürfe eingehend juristisch geprüft worden sind. Es gelte jetzt, die Koordinierung zu aktivieren. Eine sachliche Entscheidung über die Frage: Rahmengesetz oder Teilgesetze könne das Kabinett erst treffen, wenn der in Aussicht genommene Ausschuß sich zu dieser Frage gutachtlich geäußert habe.

Er befürwortet eine Ergänzung des Ausschusses um weitere Bundesressorts, ist jedoch wie der Vizekanzler der Ansicht, daß man Ländervertreter und Vertreter der Verbände erst in einem späteren Zeitpunkt und nur von Fall zu Fall hinzuziehen sollte. Er spricht sich ebenfalls für ein Weiterbestehen des Ausschusses auch nach Abschluß seiner Arbeiten aus, damit eine gleichartige Durchführung der Gesetze in den Ländern sichergestellt werden kann. Der Vorsitzende des Ausschusses bedürfe keines großen Apparates. Er denke an ein Sekretariat, das sich nicht zu sehr in die Einzelheiten einschalten sollte.

Ministerialdirigent Dr. Grau, BK, ist der Ansicht, daß der Ausschuß nicht die Arbeit der Ministerien ersetzen könne. Andererseits könne er sich aber auch nicht auf eine Koordinierungsfunktion beschränken, sondern müsse zu einer Entscheidung gelangen, auf welcher Arbeitsgrundlage er aufbauen wolle. Seine erste Aufgabe müsse daher sein, sich zu der Frage Rahmengesetz oder Teilrahmengesetze zu äußern. Dafür müsse ihm eine Frist gesetzt werden, schon allein im Hinblick auf die im Bundestag abzugebende Erklärung der Bundesregierung. *Ministerialdirigent Dr. Grau* pflichtet der Ansicht des Vizekanzlers bei, den Vorsitzenden zu ermächtigen, nach seinem Ermessen Vertreter der Länder und der Spitzenverbände hinzuzuziehen. Wegen der Beteiligung von Wissenschaftlern verweist er auf den bei der Forschungsgemeinschaft in Bad Godesberg unter Vorsitz von Professor Gieseke[27] gebildeten Ausschuß Wasserwirtschaft[28]. Die Länder sollten möglichst früh eingeschaltet werden, weil ohne sie die Gesetze nicht durchgeführt werden könnten.

---

tete: „Rahmenvorschriften des Bundes im Sinne des Artikel 75 GG müssen, wenn auch nicht in allen einzelnen Bestimmungen, so doch als Ganzes durch die Landesgesetzgebung ausfüllungsfähig und ausfüllungsbedürftig, jedenfalls auf eine solche Ausfüllung hin angelegt sein. Sie müssen dem Landesgesetzgeber Raum für Willensentscheidungen in der sachlichen Rechtsgestaltung übrig lassen und dürfen ihn nicht darauf beschränken, nur zwischen vorgegebenen rechtlichen Möglichkeiten zu wählen" (BVerfGE 4, 115–142).

[27] Prof. Dr. iur. Paul Ferdinand Karl Otto Gieseke (1888–1967). 1921 Privat-Dozent an der Universität Bonn, 1922–1929 ordentlicher Professor an der Universität Rostock, 1929–1934 Handelshochschule Berlin, 1934–1939 Universität Marburg, 1939–1945 Universität Berlin, 1948 Gastprofessor an der Universität Bonn, 1950–1952 Universität Saarbrücken, 1952–1955 Universität Bonn, dort Leiter des Instituts für das Recht der Wasserwirtschaft.

[28] 1952 war bei der DFG eine Kommission „Wasserwirtschaft und Landeskultur" eingerichtet worden, deren Vorsitz Gieseke am 22. Jan. 1953 übernommen hatte (vgl. den Bericht der DFG

Bei grundlegenden Fragen und Meinungsverschiedenheiten im Ausschuß solle der Vorsitzende den Kabinettsausschuß anrufen.

Für das weitere Verfahren schlägt er dem Kabinettsausschuß einen formulierten Beschluß vor, der das Ergebnis der bisherigen Beratungen berücksichtigt.

Der *Bundesminister für Wirtschaft* ist der Ansicht, daß der Ausschuß sich nur aus Angehörigen der Bundesressorts zusammensetzen soll, da er Kabinettsbeschlüsse vorzubereiten habe. Er könne sich Arbeitsausschüsse[29] angliedern, in denen dann Länder- und Verbandsvertreter mitwirken könnten.

Staatssekretär Dr. Wandersleb unterstützt die Auffassung von Bundesminister Erhard, legt jedoch Wert darauf, daß die Länder möglichst frühzeitig hinzugezogen werden.

Der *Vizekanzler* faßt die Meinung des Kabinettsausschusses dahin zusammen, daß der Interministerielle Ausschuß durch Vertreter der Bundesministerien der Justiz, für Angelegenheiten des Bundesrates, für wirtschaftliche Zusammenarbeit und auf seinen Vorschlag auch um einen Vertreter des Bundeskanzleramtes ergänzt werden soll. Dem Ausschuß sei zunächst die Aufgabe zu übertragen, umgehend einen Vorschlag über den Ablauf der Gesetzgebung und dabei die Grundsatzfrage Rahmengesetz oder Teilrahmengesetze zu machen.

Die Entscheidung, welcher Bundesminister den Vorsitz im Interministeriellen Ausschuß übernehmen solle, müsse dem Kabinett überlassen bleiben.

Der von Ministerialdirigenten Dr. Grau, BK, formulierte Vorschlag entspreche der in der heutigen Erörterung zu Tage getretenen Auffassung.

Der Kabinettsausschuß beschließt entsprechend dem Vorschlag von Ministerialdirigenten Dr. Grau, BK, wie folgt:

„1) Die bundesrechtliche Regelung des Wasserrechts und der Wasserwirtschaft wird in dem Interministeriellen Ausschuß für Wasser mit größtmöglicher Beschleunigung weiterbearbeitet.

2) Der Interministerielle Ausschuß, dem bisher die Bundesministerien für Verkehr, für Wirtschaft, für Ernährung, Landwirtschaft und Forsten und des Innern angehören, wird durch Vertreter der Bundesministerien für wirtschaftliche Zusammenarbeit, der Justiz, für Angelegenheiten des Bundesrates sowie durch einen Vertreter des Bundeskanzleramtes ergänzt. Zu den Sitzungen sind außerdem von Fall zu Fall die Bundesministerien einzuladen, die an dem Gegenstand der Erörterungen sachlich beteiligt sind.

3) Den ständigen Vorsitz des Interministeriellen Ausschusses übernimmt ein Mitglied des Bundeskabinetts, das über einen kleinen Arbeitsstab verfügt.

über ihre Tätigkeit 1952/53 in ZSg. 1-180/2, 4). Die Kommission wurde im Oktober 1956 durch eine neue ständige Senatskommission für Wasserforschung ersetzt (vgl. den Bericht der DFG über ihre Tätigkeit 1956/57 in ZSg. 1-180/2, 8). – Zur Tätigkeit der Senatskommission bis 1977 vgl. Haar, Arbeit.

[29] Geändert aus „Ausschüssen“.

4) Der Vorsitzende des Interministeriellen Ausschusses wird ermächtigt, je nach dem Fortgang der Arbeiten Vertreter der Länder, der Wissenschaft sowie der interessierten wirtschaftlichen und kommunalen Verbände beizuziehen.

5) Wenn im Verlauf der Beratungen des Interministeriellen Ausschusses grundsätzliche Entscheidungen zu treffen sind, von denen seine weitere Arbeit abhängt, hat der Vorsitzende die Entscheidung des Kabinettsausschusses herbeizuführen. Das gleiche gilt bei grundsätzlichen Meinungsverschiedenheiten im Ausschuß.

6) Der Interministerielle Ausschuß wird beauftragt, unter Verwertung der geleisteten Vorarbeiten umgehend eine Stellungnahme darüber zu erarbeiten, ob die bundesrechtliche Regelung des Wasserrechts im Sinne eines Rahmengesetzes nach Art. 75 Ziff. 4 GG getroffen werden soll oder ob zunächst die von den Bundesministerien für Wirtschaft, für Verkehr und des Innern vorbereiteten Einzelgesetzentwürfe dem Kabinett zur Beschlußfassung vorgelegt werden sollen."

Zum letzten Absatz dieses Beschlusses hebt der *Bundesminister für Verkehr* nochmals hervor, daß nach seiner Ansicht das von ihm vorbereitete Bundesgesetz zur Reinhaltung der Bundeswasserstraßen kein Teilgesetz, sondern ein Einzelgesetz sei, das die Materie für die Bundeswasserstraßen endgültig regele und das auf alle Fälle erlassen werden müsse.[30]

3. Paritätsforderungen der Landwirtschaft **BML**

Der *Bundesminister für Ernährung, Landwirtschaft und Forsten* trägt den Inhalt seiner Vorlage vom 23.11.1954 vor und berichtet über die Verhandlungen zur Paritätsfrage im Bundestag[31]. Er hält es politisch für gefährlich, wenn die von ihm im

---

[30] Das Kabinett bestätigte die Beschlüsse des Ausschusses in der 71. Kabinettssitzung am 16. Febr. 1955 TOP 4 (Kabinettsprotokolle 1955, S. 141–143). – Der erweiterte Interministerielle Ausschuß „Wasser" unter Vorsitz Krafts tagte erstmals am 9. März 1955. – Sitzungsniederschriften und weitere Unterlagen in B 135/83 f. und 98–100 sowie B 136/2512 f.

[31] Siehe 11. Ausschußsitzung am 9. Juni 1954 TOP 4. – Vorlage des BML vom 23. Nov. 1954 in B 116/880 und B 136/707, weitere Unterlagen in B 116/881–883 und B 102/42285–42287. Vgl. auch Morsey, Lübke, S. 219–233. – Die FDP hatte am 31. März 1954 den „Entwurf eines Gesetzes zur Sicherung der Volksernährung und zur Verbesserung der Produktivität in der Landwirtschaft" (BT-Drs. 405), CDU/CSU und DP hatten am 8. April 1954 den „Entwurf eines Gesetzes zur Sicherung der Volksernährung und zur Erhaltung einer leistungsfähigen Landwirtschaft" (BT-Drs. 448) eingebracht. Danach sollte die Bundesregierung mit den „Mitteln der allgemeinen Wirtschaftspolitik" dafür Sorge tragen, daß sich „der Preisindex landwirtschaftlicher Erzeugnisse in einem angemessenen Verhältnis zum Preisindex der Betriebsmittel und Löhne" entwickelte, um Aufwand und Ertrag mindestens zur Deckung zu bringen. Der Bundestag hatte beide Anträge am 25. Juni 1954 an die Ausschüsse verwiesen (Stenographische Berichte, Bd. 20, S. 1694), die ihrerseits einen gemeinsamen Unterausschuß „Paritätsgesetze" eingerichtet hatten. Mit Schreiben vom 23. Nov. 1954 hatte der BML ein „Exposé über die Paritätsforderungen der landwirtschaftlichen Verbände und der politischen Parteien sowie über die Lage der Landwirtschaft" zur Diskussion im Kabinettsausschuß vorgelegt und darin das Paritätsproblem zwar diskutiert, auf eine abschließende Stellungnahme zu den Gesetzentwürfen zunächst aber verzichtet. In der Anlage hatte er zwei Ertrag-Aufwand-Vergleichs-

einzelnen gekennzeichnete Entwicklung in der Landwirtschaft anhalten würde und tritt daher mit Nachdruck dafür ein, daß das Kabinett diesen Fragen stärkste Aufmerksamkeit zuwendet, um die Möglichkeiten zur Abhilfe zu prüfen und entsprechende Maßnahmen zu treffen. Gewicht legt er auf die Feststellung, daß es nicht gelungen ist, die Preise der Betriebsmittel für die Landwirtschaft zu senken; ja sie seien sogar teilweise gestiegen. Ein besonderes Problem liege in dem Unterschied der Löhne für landwirtschaftliche und für gewerbliche Arbeitskräfte, der auf die Dauer nicht durchgehalten werden könne. Es komme darauf an, daß die Bundesregierung sich bereiterkläre, alle in Betracht kommenden Mittel anzuwenden, um Disparitäten, die einwandfrei festgestellt würden, auszugleichen. Eine vom Bundeskanzler in dieser Richtung liegende Erklärung habe in bäuerlichen Kreisen beruhigend gewirkt[32].

Die Einkommensentwicklung der Landwirtschaft ist nach der Meinung von *Prof. Dr. Müller-Armack* [BMWi] der allgemeinen wirtschaftlichen Entwicklung gefolgt. Jedenfalls sei bisher noch kein stichhaltiger Beweis dafür erbracht worden, daß die Landwirtschaft nicht in ausreichendem Maße an der allgemeinen Wirtschaftsentwicklung teilgenommen habe. Die von dem Bundesminister für Ernährung, Landwirtschaft und Forsten vorgelegten 2 Berechnungen zum Ertrags-Aufwands-Vergleich zeigten, daß das Problem in den Ansätzen für diese Berechnungen liege. Die Berechnung 1 komme, wie das Bundesministerium für Wirtschaft, zu einem günstigen Ergebnis. Dies stimme auch überein mit der erfreulichen Kapitalbildung und der unbedenklichen Entwicklung der Schulden in der Landwirtschaft.

Wenn man der Berechnung 2 folge, die eine Disparität von $^3/_4$ Mia. DM ausweise, so stelle sich die Frage, wie das landwirtschaftliche Einkommen verbessert werden könne. Zur Zeit sei es wegen der fast stürmischen Konjunktur[33] nicht möglich, die Unkosten zu senken. In der Marktwirtschaft seien auch nur geringe Möglichkeiten dafür gegeben, durch globale wirtschaftspolitische Maßnahmen Abhilfe zu schaffen. Dies würde schon deshalb zu Schwierigkeiten führen, weil sowohl regional wie strukturell beträchtliche Unterschiede in der Ertragslage der Landwirtschaft beständen. Es sei bedenklich, die Gesamtwirtschaft zu Gunsten eines bestimmten Zweiges zu belasten. Wenn man, wie dies auch inzwischen von den Ausschüssen des Bundestages als richtig anerkannt sei, nicht von einer Globalparität ausgehen könne, sondern die Disparität in bestimmten Bereichen prüfen lasse, so verbiete sich auch eine globale Politik, und man müsse differenzierte Maßnahmen in Betracht ziehen. In dieser Richtung sollten die Maßnahmen für ein landwirtschaftli-

---

berechnungen gegenüberstellt, denen einmal die landwirtschaftlichen Tariflöhne (1) und zum andern die Industriearbeiterlöhne (2) als unterschiedliche Vergleichsgrößen zugrunde lagen.

32 Vgl. die zwischen Bundeskanzleramt, BML und dem Deutschen Bauernverband abgestimmte Pressemitteilung im Informationsdienst der Deutschen Bauern-Korrespondenz vom 1. Dez. 1954 über ein Gespräch Adenauers und Lübkes mit dem Geschäftsführenden Präsidium des Deutschen Bauernverbands (DBV) am 30. Nov. 1954 in B 136/707. Danach hatte der Bundeskanzler die Ansicht vertreten, „die Landwirtschaft müsse auf eine gesicherte Grundlage gestellt werden und die Möglichkeit erhalten, wie die übrigen Berufsstände an der allgemeinen wirtschaftlichen Aufwärtsentwicklung teilzunehmen".

33 Vgl. zur konjunkturellen Lage den Monatsbericht der BdL für Dezember 1954 in BD 126/2–1954, S. 3–6.

ches Aktionsprogramm liegen. Mittel dieser Art seien z. B. Rationalisierung, Typisierung und Verbesserung der Absatzorganisation und der Energieversorgung. Vor allem müsse dabei an die Gefahren gedacht werden, die unserer Handelspolitik entstehen können.

Der *Bundesminister für Wirtschaft* fügt hinzu, daß nach den ihm bekannten Zahlen die Investitionen in der Landwirtschaft denen in der Industrie genau entsprechen, obwohl diese viel stärker zerstört worden sei. Die Landwirtschaft müsse selbst für eine größere Produktivität sorgen. Die Erfahrungen, die andere Länder, z. B. Schweden und die Schweiz, mit der Parität gemacht hätten, seien ungünstig[34]. Entweder trage der Verbraucher die Kosten durch höhere Preise oder der Staat in Form von Subventionen.

Der *Vizekanzler* bejaht die Notwendigkeit, Untersuchungen in der vom Bundesminister für Ernährung, Landwirtschaft und Forsten gewünschten Richtung anzustellen. Er sieht es als notwendig an, Strukturveränderungen mit Hilfe zinsverbilligter Kredite an kleinbäuerliche Betriebe herbeizuführen. Globale Betrachtungen und Hilfen halte er aber für falsch, da man nicht von einem Universalbauern sprechen könne.

Der *Bundesminister für Ernährung, Landwirtschaft und Forsten* macht darauf aufmerksam, daß er globale Maßnahmen gar nicht verlange. Um aber differenzierte Maßnahmen treffen zu können, müsse man die von ihm gewünschten Untersuchungen verschiedenster Betriebstypen vornehmen. Nur dadurch lasse sich feststellen, wo die Disparitäten sitzen. Ihm liege an einer gründlichen Untersuchung, weil er die Irrtümer anderer Paritätssysteme und jeden Automatismus zu vermeiden wünsche.

Global-Preiserhöhungen seien auch seiner Ansicht nach erst an letzter Stelle in Betracht zu ziehen. Es sei aber zu bedenken, daß das Niveau der Preise für Lebensmittel in Deutschland unter dem europäischen Durchschnitt liege. Wenn allerdings andere Methoden, zu denen er auch eine Senkung der Umsatz- und Verbrauchssteuern rechne, nicht erfolgreich seien, dann müsse ein Ausgleich durch die Preise in Betracht gezogen werden. Dies gelte vor allem bei einer Verteuerung der Betriebsmittel.

Die bisher zur Bereinigung der Struktur bewilligten Mittel seien viel zu gering.

Botschafter Dr. von Maltzan [AA] macht auf die Folgen eines automatischen Paritätsgesetzes für die Außenpolitik und die handelspolitische Lage aufmerksam und gibt zu bedenken, daß die Ernährung des deutschen Volkes nur mit Hilfe eines starken Außenhandels gesichert werden kann.

Präsident Dr. Bernard nimmt Bezug auf die Stellungnahme der Bank deutscher Länder zu den Paritätsgesetzentwürfen[35]. Er äußert starke Bedenken gegen einen

---

[34] Vgl. hierzu die Zusammenstellung über die „Landwirtschaftliche Parität im Ausland und Erfahrungen bei ihrer Anwendung" in B 102/42285 und den Vermerk der deutschen Gesandtschaft in der Schweiz über „Stand und Problematik der schweizerischen Agrargesetzgebung und Agrarpolitik" vom 1. Okt. 1954 in B 116/880.

[35] Die BdL hatte in einem Schreiben vom 19. Aug. 1954 an den Bundestagsausschuß für Ernährung, Landwirtschaft und Forsten auf die mit einer gesetzlich gesicherten Ertrag-Aufwand-Pari-

Automatismus, der preiserhöhend wirke und nicht auf die Landwirtschaft zu beschränken sei. Mit kreditpolitischen Mitteln sei von der Bank deutscher Länder seiner Auffassung nach nicht mehr als bisher zu helfen, da alle legalen Kreditwünsche der Landwirtschaft erfüllt würden. Wenn man aus bestimmten Gründen auch kreditunwürdigen Betrieben helfen wolle, dann müsse dies der Staat tun, die Bank deutscher Länder könne es nicht. Allerdings sei es in höchstem Maße bedenklich und folgenschwer, wenn man den Grundsatz anerkenne, daß der Staat verpflichtet sei, jedem einen gleichen Start zu gewähren.

Der *Vizekanzler* faßt die bisherige Erörterung dahin zusammen, daß die Notwendigkeit individueller und typisierter Feststellungen von allen Seiten anerkannt wird. Auch den Gedanken des Bundesministers für Ernährung, Landwirtschaft und Forsten, in erster Linie individuelle Maßnahmen zur Hilfe vorzusehen, werde zugestimmt. Großes Gewicht komme den Aufgaben auf landeskulturellem und agrarstrukturellem Gebiet zu, die aus den Haushalten des Bundes und der Länder gefördert werden müßten.

Nach seiner Meinung müsse man jetzt die Frage nach der notwendigen Mindestgröße einer Ackernahrung[36] stellen, die auf Grund der bei den Betriebsuntersuchungen gewonnenen Ergebnisse zu beantworten sei. Ferner werde sich aus den gewonnenen Unterlagen ergeben, welche gesetzgeberischen, organisatorischen und kreditmäßigen Maßnahmen zu treffen sind.

Der *Bundesminister für Ernährung, Landwirtschaft und Forsten* wiederholt seinen Wunsch, daß das Kabinett sich jetzt schon bereiterklären möge, mit allen Mitteln der Finanz-, Wirtschafts- und Agrarpolitik die bei den Untersuchungen festgestellten Disparitäten zu beseitigen, ganz gleich, ob sich diese ganz allgemein, auf einzelnen Gebieten oder bei bestimmten Typen oder Bezirken ergeben.

Der *Bundesminister für Wirtschaft* hat Bedenken gegen eine solche weitgehende Festlegung, bevor das Tatsachenmaterial dem Kabinett vorliege. Man dürfe nicht auf die gleiche Chance für den rückständigsten Bauern abstellen.

Min.Dir. Prof. Dr. Oeftering [BMF] stimmt dem Grundgedanken des Bundesministers für Ernährung, Landwirtschaft und Forsten zu. Von der Fragestellung für Untersuchungen würden die Ergebnisse entscheidend beeinflußt. Eine Festlegung des Kabinetts vor Kenntnis der Ergebnisse der Untersuchungen halte er nicht für möglich. Zu beachten sei, daß auch die Länder und darüber hinaus die Gemeinden bei der Durchführung der Maßnahmen beizutragen haben würden.

Staatssekretär Sauerborn lehnt einen Automatismus ab und spricht sich für die Durchführung der Erhebungen aus. Er ist der Ansicht, daß in diesem Zusammenhang auch die Handelsspannen geprüft werden sollten. Die Differenz zwischen dem, was der Verbraucher zahle und dem, was der Erzeuger davon erhalte, sei viel

---

tät verbundenen währungspolitischen Gefahren hingewiesen (HA BBk B 330/2016, Abschrift in B 102/42286).

[36] Die Ackernahrung stellt das Maß für die Arbeitsleistung und den Bodenertrag einer bäuerlichen Stelle dar, das so bemessen sein sollte, daß eine bäuerliche Familie auf dieser Stelle einen ausreichenden Lebensunterhalt erwirtschaften und die erforderlichen öffentlichen Lasten tragen könnte. 1952 betrug dieses Maß im Durchschnitt 7,5 ha. Vgl. Brockhaus, S. 54.

zu groß. Hier lägen noch erhebliche Reserven für eine befriedigende Preisgestaltung der landwirtschaftlichen Produkte.

Prof. Dr. Müller-Armack [BMWi] schlägt vor, zunächst unter den Ressorts die Voraussetzungen für die zu treffenden Erhebungen abzuklären.

Der *Bundesminister für Ernährung, Landwirtschaft und Forsten* ist damit einverstanden, daß die zu stellenden Fragen in gemeinsamer Arbeit der interessierten Ressorts festgelegt werden. Er will dafür einen Entwurf vorlegen. Seinen Wunsch, daß das Kabinett seine Bereitschaft zur Hilfe bei festgestellten Disparitäten jetzt schon verlautbaren solle, erläutert er mit dem Hinweis auf die Notwendigkeit einer politischen Beruhigung der Landwirtschaft[37].

[Außerhalb der Tagesordnung]

[A. Israelvertrag]

Außerhalb der Tagesordnung werden sodann innerhalb eines beschränkten Personenkreises einige sich aus dem Israelvertrag ergebende Fragen erörtert[38].

---

[37] Verlautbarung nicht ermittelt. – Den Entwurf einer Stellungnahme der Bundesregierung zum Entwurf eines Landwirtschaftsgesetzes legte der BML mit Schreiben vom 21. Mai 1955 vor (B 116/880 und B 136/707). – Fortgang 85. Kabinettssitzung am 8. Juni 1955 TOP 1 (Kabinettsprotokolle 1955, S. 356–361). – BT-Drs. 1538. – Landwirtschaftsgesetz vom 5. Sept. 1955 (BGBl. I 565).

[38] Das Wiedergutmachungsabkommen mit Israel vom 10. Sept. 1952 (BGBl. 1953 II 35, vgl. dazu Kabinettsprotokolle 1952, S. LVI–LXVIII) verpflichtete die Bundesrepublik, Israel zwölf Jahre lang jährlich 250 Millionen DM zum Ankauf von Waren und Dienstleistungen in der Bundesrepublik zur Verfügung zu stellen. Bei den regelmäßig stattfindenden Verhandlungen über die Durchführung des Abkommens hatte die israelische Delegation am 28. Mai 1954 den Vorschlag unterbreitet, die Bank deutscher Länder möge der Nationalbank des Staates Israel EZU-Guthaben der Bundesrepublik im Gegenwert von 400 bis 500 Millionen DM, bevorzugt in Pfund Sterling, als Anleihe überschreiben, die nach vier bis fünf Jahren in Deutscher Mark zurückgezahlt werden sollte. Israel beabsichtigte, diese Guthaben als Währungsreserve und nicht zum Bezug von Waren aus anderen Ländern zu verwenden. Da diesem Vorschlag von deutscher Seite nicht entsprochen werden konnte, hatte der Leiter der israelischen Delegation, Felix E. Shinnar, am 15. Nov. 1954 Alternativvorschläge unterbreitet. Die Zahlung der 400 Millionen DM in EZU-Währung sollte, beginnend 1955, in vier gleichen Jahresraten erfolgen und dafür die jährlichen Leistungen der Bundesrepublik in Höhe von 250 Millionen DM für die restliche, noch 10 Jahre betragende Laufzeit um je 40 Millionen DM gekürzt werden. Sollte auch diese Variante nicht realisierbar sein, hatte Shinnar vorgeschlagen, „daß während der nächsten 5 Jahre aus der Jahresleistung von DM 250 Millionen ein Betrag von je DM 80 Millionen mit der Maßgabe gezahlt wird, daß Israel berechtigt sein soll, diesen Betrag in EZU-Währung umgewandelt zu erhalten" (Israelische Memoranden vom 28. Mai 1954 und 15. Nov. 1954 in B 102/6419). In Besprechungen Shinnars mit Erhard und Blankenhorn war die letzte Variante als gangbarer Weg erwogen worden. Der Kabinettsausschuß gab dazu am 10. Dez. 1954 zwar seine grundsätzliche Zustimmung, in einem Gespräch mit Shinnar seien jedoch „die technische Durchführung und die Auswirkung auf den Waren- und Zahlungsverkehr festzustellen; dabei dürfe der Grundgedanke des Israel-Abkommens, die deutschen Verpflichtungen durch Lieferungen deutscher Waren zu erfüllen, nicht außer acht gelassen werden". In dem Gespräch am 13. Dez. 1954 konnte nicht geklärt werden, „ob auf Grund dieser Reserve, die bei der ‚Bank of Israel' gebildet werden soll, Waren auf Kredit von anderen Ländern bezogen werden würden" (Vermerk vom 13. Dez. 1954 in B 102/6419). – Unterlagen zu den weiteren Verhandlungen in AA B 10, Bd. 1691–1693 und B 102/435396). – Israel erhielt schließlich von 1955 an jährlich zinsgünstige Darlehen in Höhe von jeweils 40 Millionen DM.

22. Sitzung des Kabinettsausschusses für Wirtschaft am Freitag, den 17. Dezember 1954

Teilnehmer: Blücher, Erhard (ab 10.20 Uhr), Preusker (bis 12.00 Uhr); Hartmann (ab 10.20 Uhr), Westrick, Sonnemann (bis 10.50 Uhr), Wandersleb, Thedieck; Bernard (BdL, bis 12.05 Uhr), Vockel (Der Bevollmächtigte der Bundesrepublik Deutschland in Berlin, bis 10.20 Uhr), Schillinger (BMF), von Spindler (BMF), Krautwig (BMWi), Herschel (BMA), Haenlein (Bundeskanzleramt), van Scherpenberg (AA), Schwandt (BMF, bis 10.20 Uhr), Classen (BMWi), Middelmann (BMVt), Heise (BMZ), Vertreter verschiedener Bundesministerien. Protokoll: Hornschu.

Beginn: 9.30 Uhr *Ende: 12.35 Uhr*

Ort: Bonn, Bundeshaus

Tagesordnung:

1. *Interzonenhandel; Abschluß neuer Warenlisten für das Jahr 1955 zum Berliner Abkommen vom 20.9.1951*

   Vorlage des BMWi vom 11. Dez. 1954 (IV/d - 31751/54).

2. *Emission steuerfreier Pfandbriefe zur Umschuldung erststellig eingesetzter öffentlicher Mittel*

   Vorlage des BMWo vom 7. Dez. 1954 (I - 3045/164/54).

3. *Gebührenerhebung bei dem Bundesamt für gewerbliche Wirtschaft in Frankfurt a.M.*

   Vorlage des BMF vom 9. Dez. 1954 (II A - Wi 0500 - 10/54 II).

4. *Gesetzentwurf betreffend das Abkommen zwischen der Bundesrepublik Deutschland und den Vereinigten Staaten von Amerika vom 15. Okt. 1954 über die von der Bundesrepublik zu gewährenden Abgabenvergünstigungen für die von den Vereinigten Staaten zum Zwecke der gemeinsamen Verteidigung geleisteten Ausgaben (Offshore-Steuergesetz)*

   Vorlage des BMF vom 23. Nov. 1954 (III B - Z 2021 - 226/54 - IV A - S 4165 - 669/54) und des AA (404 - 304 - 07/80 - 11368/54).

Die Tagesordnung wird in folgender Reihenfolge beraten:

1. Interzonenhandel: Abschluß neuer Warenlisten für das Jahr 1955 zum Berliner Abkommen vom 20.9.1951 BMWi

Ministerialdirektor Dr. Krautwig [BMWi] trägt anhand der Vorlage des Bundesministers für Wirtschaft vom 11.12.1954 vor und weist darauf hin, daß für das Unterkonto 2 lediglich Wertgrenzen festgelegt worden sind[1]. Die Ausschreibungen für diese Lieferungen würden von unserer Seite autonom vorgenommen werden. Mit einer Verminderung des Volumens des Interzonenhandels sei dadurch nicht zu rechnen.

Ministerialrat Dr. Woratz, BWM, hebt hervor, daß die Ostseite für Zucker eine Ausweitung auf 52 Mio. VE fordere. Er sei bestrebt, die Menge auf den Gegenwert von 40 Mio. VE zu beschränken. Dadurch würden allerdings auch für unsere Vieh- und Fleischlieferungen in die Sowjetzone nur 40 Mio. VE zur Verfügung stehen. Er schlage vor, für die landwirtschaftlichen Positionen nur Globalbeträge festzulegen.

Staatssekretär Dr. Sonnemann stimmt dem Vorschlag des Bundesministeriums für Wirtschaft zu. Er ist der Meinung, daß mit 40 Mio. VE für Lieferungen von Vieh und Fleisch in die Sowjetzone auszukommen sei. Im Hinblick auf die gegenüber Dänemark übernommenen Verpflichtungen[2] sei man allerdings auf einen beträchtlichen Export von Rindern in die Sowjetzone angewiesen. Mit der vorgeschlagenen globalen Festlegung ist er einverstanden. Zu Protokoll wird folgende Aufteilung festgestellt:

Bezüge:		Lieferungen:	
Zucker	40 Mio. VE	Hopfen	10 Mio. VE
Getreide	30 Mio. VE	Kartoffeln	7 Mio. VE
Kartoffeln	5 Mio. VE	Öle und Fette	15 Mio. VE
Sonstiges (Getreide)	7 Mio. VE	Vieh und Fleisch	40 Mio. VE
		Sonstiges (Futtergerste, Braugerste, Braumalz)	8 Mio. VE
	82 Mio. VE		80 Mio. VE

Der *Vizekanzler* pflichtet den Pauschal-Positionen und der nur internen Aufgliederung der Zahlen bei. Ihm kommt es darauf an, alles zu vermeiden, was den Eindruck erwecken könnte, als ob der Interzonenhandel eingeengt werden sollte. Wir

[1] Siehe 20. Ausschußsitzung am 15. Nov. 1954 TOP 3. – Vorlage des BMWi vom 11. Dez. 1954 in B 102/108195 und B 136/7835. – Mit Schreiben vom 11. Dez. 1954 hatte das BMWi die Warenliste für das Jahr 1955 zur Genehmigung durch das Kabinett vorgelegt und dabei insbesondere um Billigung der Abnahme von 84 000 t Zucker im Wert von 52 Millionen VE je zur Hälfte im ersten Halbjahr 1955 und ab Dezember 1955 gebeten. Erstmals waren die einzelnen Posten zu Unterkonto II (Textilien, Maschinen, Leder, chemische und landwirtschaftliche Erzeugnisse) nicht hinsichtlich ihrer Höchstwertgrenze spezifiziert worden. Angesichts des Gesamtvolumens von 1 Milliarde VE hatte die DDR eine Erhöhung des gegenseitig gewährten zinslosen Überziehungskredits (Swing) für die Unterkonten I und IV von 10 auf 60 Millionen VE und für die Unterkonten II und III von 40 auf 90 Millionen VE vorgeschlagen. Der BMWi habe dagegen bei der BdL die Festsetzung des Swings für alle Unterkonten einheitlich auf 50 Millionen VE angeregt.

[2] Die deutsch-dänischen Wirtschaftsverhandlungen vom 3. bis 11. Dez. 1954 in Kopenhagen hatten zu einer Verlängerung des deutsch-dänischen Warenabkommen vom 18. Dez. 1953 (BAnz. Nr. 7 vom 12. Jan. 1954, S. 1) um ein Jahr bis zum 31. Dez. 1955 geführt (Erstes Protokoll vom 11. Dez. 1954 in BAnz. Nr. 251 vom 30. Dez. 1954, S. 1). – Unterlagen in B 102/58083.

müßten gerade in den kommenden Monaten den Eindruck vermeiden, daß wir mit der Sowjetzone wie mit einem normalen Handelsvertragspartner verhandelten. Daher solle man in allen Punkten zwar gewissenhaft, aber großzügig sein.

Ministerialdirigent Dr. Schwandt, BMF, erkennt an, daß die politischen Gesichtspunkte hier den Vorrang vor den fachlichen Erwägungen verdienen. Jedoch sei zu prüfen, ob der sowjetzonale Zuckerpreis, der 80 DM je t höher läge als im Vorjahre, noch gesenkt werden könne. Die Einfuhren sollten auf das Ende des Lieferjahres gelegt werden, um Lagerkosten zu sparen. Den Haushaltsansatz für die Lagerhaltungskosten zu erhöhen, halte er nicht für erforderlich. Wenn das gewünscht werde, spreche er sich insofern für eine Erörterung auf Referentenebene aus.

Staatssekretär Dr. Sonnemann pflichtet Ministerialdirigent Dr. Schwandt insofern bei, als die Abladungen nach Möglichkeit so gelegt werden sollen, daß uns nur geringe Lagerkosten treffen. Im übrigen müßten jedoch die Sachverständigen-Besprechungen von jeglichen politischen Entscheidungen entlastet werden.

Präsident Dr. Bernard erklärt das Einverständnis der BdL, den Swing für die Unterkonten 1 und 4 und für die Unterkonten 2 und 3 auf je 50 Mio. VE festzusetzen; er bittet aber, die Lieferungen so zu steuern, daß ein Swing von 50 Mio. VE insgesamt möglichst nicht überschritten wird.

Auf die Bitte des *Bundesministers für Wohnungsbau*, in den Verhandlungen auf die Frage des Dumpings besonders bei Textilien, Gardinen und Spitzen, einzugehen, erklärt *Ministerialdirektor Dr. Krautwig* [BMWi], daß diese wiederholt Gegenstand der Erörterung gewesen sei. Allerdings sei der Vorwurf des Dumpings kaum in dem Maße berechtigt, wie er von den interessierten Kreisen gemacht werde. Die Lieferpreise der Sowjetzone seien im allgemeinen nicht niedriger, wenn man von Qualitätsunterschieden absehe, aber die Versorgung in der Bundesrepublik sei so reichlich, daß jede Lieferung den Preis drücke.

Staatssekretär Dr. Westrick fügt hinzu, daß ein gewisser Preisdruck durch Angebote der Sowjetzone nicht unerwünscht sei.

Der *Vizekanzler* unterstreicht die Auffassung von Staatssekretär Dr. Westrick, da nach seiner Meinung manche Preisbewegungen in Westdeutschland unberechtigt sind, so daß ein Regulativ zu begrüßen sei.

Dr. Vockel setzt sich für Bemühungen zur Normalisierung des Warenverkehrs mit der Sowjetzone ein. Auf Grund von Beispielen in der Versorgung Berlins gibt er Hinweise für Möglichkeiten, an die vor dem Kriege bestehenden traditionellen Marktbeziehungen wieder anzuknüpfen, wodurch auch Frachtzuschüsse aus Haushaltsmitteln gespart werden könnten. Er regt an, diese Fragen, zunächst beginnend mit der Milchversorgung Berlins, in Fachbesprechungen zu vertiefen und das Problem anschließend im Kabinettsausschuß zu behandeln.

Staatssekretär Dr. Sonnemann stimmt dem Vorschlag zu, macht aber auf die dadurch gegenüber anderen Ländern entstehenden handelspolitischen Schwierigkeiten aufmerksam.

Der *Vizekanzler* schlägt vor, die Fachbesprechungen im Rahmen der für Januar vom Bundesminister für gesamtdeutsche Fragen vorgesehenen Beratungen in Berlin stattfinden zu lassen. Er ist bereit, anschließend eine Chefbesprechung oder Kabinettsausschußsitzung in Berlin abzuhalten. Aus politischen Gründen sei es erwünscht, einen Teil der Regierungsarbeit in Berlin in Erscheinung treten zu lassen.[3]

Ministerialdirigent Dr. van Scherpenberg, AA, bittet im Hinblick auf das Interesse seines Hauses an den handelspolitischen Fragen um Beteiligung des Auswärtigen Amtes.

Nach einem Hinweis von *Staatssekretär Dr. Sonnemann*, daß in der Sowjetzone die Rinderpest ausgebrochen sein soll, wird Ministerialrat Dr. Woratz, BMW, für seine Besprechungen die Weisung gegeben, grundsätzlich und in allgemeiner Form Hilfe bei der Bekämpfung von Seuchen anzubieten.[4]

Außerhalb der Tagesordnung

[A.] Handelsvertrag mit England **AA**

Ministerialdirigent Dr. van Scherpenberg, AA, teilt mit, daß die Handelsvertragsverhandlungen mit England vor dem Abschluß stehen. Die Gesamtbilanz des Abkommens sei für die Bundesrepublik günstig.[5] Es beständen aber noch folgende Streitpunkte:

England fordere

1) ein Einfuhrkontingent in die Bundesrepublik für abgepackten Tee in Höhe von 300 000 DM;
2) ein Einfuhrkontingent für Frühstücksnährmittel. Es habe sich bereiterklärt, dafür seinerseits auch der Bundesrepublik ein Einfuhrkontingent für diese Waren zur Verfügung zu stellen;
3) England zeige sich unnachgiebig wegen einer Erhöhung des deutschen Einfuhrkontingents für Schokolade und wolle nur 45 000 £ zugestehen, während die deutsche Schokoladenindustrie 1 Million £ wünsche.

Die Engländer würden, wie seine Sondierung ergeben hätte, den Abschluß des Gesamtabkommens wegen dieser Punkte scheitern lassen mit den entsprechenden

---

[3] Eine ursprünglich für Januar oder Februar 1955 vorgesehene Sitzung des Kabinettsausschusses in Berlin fand nicht statt, da außer der Frage der Milchversorgung Berlins keine Agenda vorlagen. „Eine Kabinettsausschußsitzung in Berlin müßte für Berlin selbst und für die Sowjetzone wirklich entscheidende Ergebnisse bringen und der dortigen Bevölkerung das Gefühl vermitteln, daß die Bundesregierung ihr Los erleichtern und die Wiedervereinigung fördern will. Dafür genügt ein Milchbeschluß nicht. Es würden vielmehr Erwartungen enttäuscht. Eine Kabinettsausschußsitzung in Berlin wäre daher schädlich." (Vermerk Haenleins vom 25. Jan. 1955 in B 136/7835). – Der Kabinettsausschuß beriet in seiner 29. Sitzung am 26. und 27. April 1955 in Berlin über den langfristigen Aufbauplan für Berlin.

[4] Am 19. Jan. 1955 wurde die Vereinbarung über die Warenliste 1955 unterzeichnet (BAnz. Nr. 15 vom 22. Jan. 1955, S. 1). – Fortgang zum Interzonenhandel 24. Ausschußsitzung am 14. Febr. 1955 TOP 2.

[5] Vom 6. bis 17. Dez. 1954 hatten in Bonn Verhandlungen über ein deutsch-britisches Handelsabkommen für 1955 stattgefunden, an denen van Scherpenberg als Leiter der deutschen Delegation teilgenommen hatte. Vgl. dazu die Aufzeichnung vom 22. Jan. 1955 aus dem BMWi in B 102/58101. – Weitere Unterlagen in B 102/9400, 20260 und 55445. Zu den deutsch-britischen Handelsbeziehungen 1953 bis 1956 vgl. Ringe, Konkurrenten, S. 465–487.

schwerwiegenden Auswirkungen für die deutsche Ausfuhr. Er bittet daher, den englischen Forderungen nachzugeben und ihn zum Abschluß des Abkommens zu ermächtigen.

Staatssekretär Dr. Sonnemann erklärt

zu 1):

Die Deutschen Teeimporteure, vor allem auch kleine und mittlere Unternehmen, hätten stets selbst abgepackt und dadurch einen gewissen Mehrverdienst erzielt. Er wolle trotzdem einen Einfuhrkontingent von 250 000 DM zustimmen.

Zu 2):

Das von England vorgeschlagene Einfuhrkontingent für die Bundesrepublik werde sicherlich nur auf dem Papier stehen, da es von den englischen Importeuren nicht ausgenutzt werde. Er wolle aber trotzdem in dieser Frage nachgeben und dem englischen Wunsche zustimmen.

Zu 3):

Im vorigen Jahre habe das deutsche Einfuhrkontingent nach England 44 000 £ gegenüber 1 Mio. £ im Jahre 1930 betragen. Die Engländer hätten ihre Bezüge aus verschiedenen anderen Ländern erheblich erhöht und bezögen jetzt sogar Schokolade aus Jugoslawien. Er sei nicht in der Lage, dem von England zugestandenen Kontingent zuzustimmen, vielmehr müsse das deutsche Einfuhrkontingent, schon um die traditionelle Größenordnung zu erhalten, beträchtlich erhöht werden.

Ministerialdirigent Dr. van Scherpenberg, AA, bezweifelt die angegebenen Zahlen und weist darauf hin, daß es nicht zu verantworten sei, die Belange der übrigen westdeutschen Industrien durch die Forderung der Schokoladenindustrie zu gefährden. Er schlage deshalb vor, sich bei dem jetzigen Abkommen mit dem Kontingent abzufinden und gleichzeitig den Engländern in einem Brief mitzuteilen, daß bei zukünftigen Handelsvertragsabschlüssen ein höheres Kontingent gewährt werden müßte.

Der *Vizekanzler* ist, ebenso wie die *Bundesminister für Wirtschaft* und *für Wohnungsbau* sowie *Staatssekretär Hartmann* und *Ministerialdirektor Professor Dr. Herschel* [BMA], der Meinung, daß man den Abschluß der Handelsvertragsverhandlungen nicht gefährden dürfe. Damit gibt der Kabinettsausschuß dem Auswärtigen Amt die gewünschte Ermächtigung.

Staatssekretär Dr. Sonnemann regt an, noch einmal mit den Engländern über diese Frage zu verhandeln und nach Möglichkeit ein Einfuhrkontingent von 250 000 £ für die Schokoladenindustrie zu erreichen.

Ministerialdirigent Dr. van Scherpenberg, AA, sagt zu, diesen Versuch zu unternehmen[6].

---

[6] Das Abkommen wurde am 22. Dez. 1954 unterzeichnet mit einem Kontingent für deutsche Süßwarenexport nach Großbritannien im Wert von 44 500 £. In einem Schreiben vom 22. Dez. 1954 an den Leiter der britischen Verhandlungsdelegation wies van Scherpenberg darauf hin, daß die Bundesregierung „die Ablehnung jeglicher Erhöhung des Vorjahreskontingents für Schokolade, Schokoladewaren und Süßwaren durch die Regierung Ihrer Majestät [...] als eine

2. Emission steuerfreier Pfandbriefe zur Umschuldung erststellig eingesetzter öffentlicher Mittel **BMWi**

Der *Bundesminister für Wohnungsbau* trägt anhand seiner Vorlage vom 7.12.1954 vor[7]. Er bemerkt dazu, daß er sich entgegen dem Interesse der Wohnungsbauwirtschaft damit einverstanden erklärt habe, die steuerbegünstigten Pfandbriefe mit dem Ende des Jahres 1954 auslaufen zu lassen. Auf die von ihm nun noch vorgeschlagene Umschuldungsemission von 75 Mio. DM könne er aber nicht verzichten, wenn er Mieterhöhungen von 8 bis 10 DM pro Monat für die geförderte Wohnung – es handele sich besonders um Bergarbeiter- und Flüchtlingswohnungen – vermeiden wolle. Hierzu gibt er eine zahlenmäßige Darlegung über die Auswirkung evtl. Zinserhöhungen auf die Höhe der Miete. Dabei sei zu bedenken, daß sich nun ohnehin gewisse Mieterhöhungstendenzen im Neubau durch die eingeschränkte Verwendung von 7 c-Mitteln ergeben würden[8].

Präsident Dr. Bernard, BdL, teilt mit, daß er sich nur gutachtlich äußere. Sowohl der Zentralbankrat als auch das Direktorium der BdL hätten einstimmig beschlossen, einer weiteren Emission nicht zuzustimmen[9]. Maßgebend hierfür sei der noch erhebliche Überhang von nicht abgesetzten Pfandbriefen (am 30.11.1954 über 900 Mio. DM), der nicht vermehrt werden solle. Nur so weit Realkreditinstitute nachweisen könnten, daß sie echte Verpflichtungen zur Ablösung von Krediten eingegangen seien, denen sie aus eigenen Mitteln nicht nachkommen könnten, würden diese Bedenken zurückgestellt werden können. Er bittet deshalb um Auskunft darüber, was die Institute auf die Fragen des Bundesministers für Wirtschaft im Schreiben vom 19.10.1954 geantwortet haben[10].

---

große Härte empfunden" habe, und bat um eine nochmalige Prüfung des deutschen Anliegens (Abschriften des Abkommens und des Schreibens in der Anlage zur BMWi-Aufzeichnung vom 22. Jan. 1955 in B 102/58101).

[7] Siehe 63. Kabinettssitzung am 14. Dez. 1954 TOP 20 (Kabinettsprotokolle 1954, S. 572). – Vorlage des BMWo vom 7. Dez. 1954 in B 134/4651 und B 136/2323. Zur Sitzung vgl. auch den Vermerk aus dem BMWo vom 17. Okt. 1954 in B 134/4651. – Der BMWo hatte zur erststelligen Finanzierung des Wohnungsbaus im Jahr 1955 vorübergehend öffentliche Mittel in Höhe von etwa 180 Millionen DM zu den für steuerfreie 5 %ige Pfandbriefe geltenden Bedingungen eingesetzt, obwohl diese Mittel nur für nachstellige Baufinanzierungen eingesetzt werden durften. Der BMWo hatte deshalb nach Verhandlungen mit BMF und BMWi die Emission von steuerfreien Pfandbriefen in Höhe von 75 Millionen DM über das bereits bestehende Kontingent von 410 Millionen DM hinaus beantragt. Dadurch sollten die zweckwidrig eingesetzten Mittel freigemacht werden, ohne daß dazu die entsprechenden Mittel zu hohen Zinssätzen auf dem freien Kapitalmarkt aufgebracht werden müßten, was entweder zu Mieterhöhungen oder zur Bewilligung staatlicher Zinszuschüsse oder Mietbeihilfen führen würde. Da der BMF der Emission seine Genehmigung verweigert hatte, hatte der BMWo in seiner Vorlage vom 7. Dez. 1954 eine Genehmigung durch das Kabinett beantragt.

[8] § 7 c EKStG war durch das Gesetz zur Neuordnung von Steuern vom 16. Dez. 1954 (BGBl. I 373) neu gefaßt worden. – Zur Diskussion vgl. 21. Kabinettssitzung am 4. März 1954 TOP 2, 22. Kabinettssitzung am 8. März 1954 TOP 2 und 37. Kabinettssitzung am 30. Juni 1954 TOP B (Kabinettsprotokolle 1954, S. 85, 93 f. und 288).

[9] Vgl. dazu die Protokolle der 179. Sitzung des Zentralbankrates am 20. Okt. 1954 und der 181. Sitzung am 19. Nov. 1954 in HA BBk B 330/80 f.

[10] Mit Schreiben vom 19. Okt. 1954 hatte das BMWi den Verband der privaten Hypothekenbanken gebeten, seinen Mitgliedern mitzuteilen, daß Anträge auf Genehmigung von Pfandbrief-

Der *Bundesminister für Wohnungsbau* erklärt, daß in Höhe von 75 Mio. DM in der Tat effektive Anträge vorlägen, darunter zum Beispiel solche der Bayerischen Vereinsbank. Zwar solle die Genehmigung einer Umschuldungsemission von dem Nachweis abhängig gemacht werden, daß die Kreditinstitute nicht in der Lage seien, erststellig eingesetzte öffentliche Mittel aus vorhandenen Emissionen umzuschulden, doch dürfe man den Instituten nicht zumuten zu belegen, daß sie auch aus anderen bei ihnen verfügbaren Mitteln ihrer Verpflichtung zur Umschuldung nicht nachkommen könnten. Das Bestreben, durch eine Vorverlegung der Bausaison um 2 bis 3 Monate ein um 15–20 % höheres Bauvolumen zu schaffen, wirke sich auch in einer entsprechenden Inanspruchnahme von Finanzierungsmitteln aus. Im übrigen sei er enttäuscht über gewisse Feststellungen zum Tempo des Wohnungsbaus im letzten Monatsbericht der BdL[11]. Wegen dieser Frage sei mit einer Großen Anfrage der SPD zu rechnen. Er bittet, in Zukunft bei Feststellungen mit derart starkem politischem Gehalt vorher eine Abstimmung mit seinem Hause zu versuchen.

Staatssekretär Hartmann ist nur bereit, den Emissionen insoweit zuzustimmen, als von den Instituten unter Darlegung ihrer verfügbaren Mittel nachgewiesen wird, daß sie ohne diese zusätzlichen Emissionen ihren Verpflichtungen nicht nachkommen können. Dies entspreche dem zwischen den Ressorts vereinbarten Schreiben vom 19.10.1954, von dem jetzt das Bundesministerium für Wohnungsbau abweichen wolle.

Nach einem ausführlichen Bericht von *Ministerialrat Fischer*, BMW, über die zahlreichen Anträge, bei denen es zum Teil zweifelhaft sei, wie weit sie auf wirklichen Verpflichtungen beruhten, unterstreicht *Regierungsdirektor Sandgänger*, BMWo, die Notwendigkeit der Zulassung der beantragten Emissionen mit dem Hinweis, daß die Montanunion die Zuweisung von 48 Mio. DM für den erststelligen Einsatz im Bergarbeiterwohnungsbau von dem Nachweis der Zusätzlichkeit dieser Mittel abhängig mache. Ein etwaiges Fehlschlagen der Umschuldung würde auch die Gewährung der 48 Mio. DM aus der Montananleihe gefährden[12].

Der *Bundesminister für Wirtschaft* sowie *Ministerialdirektor Professor Dr. Herschel* [BMA] und *Ministerialdirigent Middelmann*, BMVertr., unterstützen den Antrag des Bundesministers für Wohnungsbau und auch der *Vizekanzler* stimmt der Vorlage zu.

Der *Vizekanzler* weist darauf hin, daß in diesem Falle das endgültige Beschlußrecht vom Kabinett auf den Kabinettsausschuß übertragen worden ist.

---

emissionen im Rahmen des bis dahin bewilligten Kontingents fortan ohne den Nachweis des Absatzes früherer Emissionen eingereicht werden könnten. Desweiteren sollten die Kreditinstitute Genehmigungsanträge für Pfandbriefemissionen einreichen, „soweit sie feste vertragliche Bindungen zur Ablösung öffentlicher Mittel, die erststellig eingesetzt worden sind, noch im Jahre 1954 zu erfüllen haben" (Abschrift und Unterlagen zur Reaktion der Kreditinstitute in B 134/4651).

[11] Die BdL hatte in ihrem Bericht für November 1954, S. 30, „eine gewisse Beschränkung in der Ausdehnung des Wohnungsbaues" als eine „spezielle Maßnahme" gegen sektorale Preissteigerungstendenzen vorgeschlagen (BD 126/2–1954).

[12] Zur Anleihe der USA an die Montanunion vgl. 18. Ausschußsitzung am 27. Sept. 1954 TOP 4.

Der Kabinettsausschuß beschließt wie folgt:

„Die Bundesregierung erklärt sich damit einverstanden, daß zur Umschuldung erststellig eingesetzter öffentlicher Mittel über das bestehende Kontingent von 410 Mio. DM hinaus weitere 75 Mio. DM steuerfreie 5 %ige Pfandbriefe oder Kommunalobligationen nach § 3 des Gesetzes über die staatliche Genehmigung der Ausgabe von Inhaber- und Order-Schuldverschreibungen vom 26. Juni 1954[13] genehmigt werden. Die Verteilung des Kontingents von 75 Mio. DM regeln die Bundesminister für Wirtschaft, der Finanzen und für Wohnungsbau unter Beteiligung der zuständigen Länderbehörden gemeinsam."[14]

3. Gebührenerhebung bei dem Bundesamt für gewerbliche Wirtschaft in Frankfurt a.M.
BMWi

Staatssekretär Hartmann trägt den Inhalt der Vorlage des Bundesministers der Finanzen vom 9.12.1954 vor und weist besonders darauf hin, daß es nicht vertretbar sei, die gewerbliche Wirtschaft und die Landwirtschaft unterschiedlich zu behandeln, zumal daraus die Gefahr erwachsen könnte, daß gefordert werde, auch auf dem landwirtschaftlichen Sektor keine Gebühren mehr zu erheben[15]. Im übrigen drängten Finanzausschuß, Haushaltsausschuß und der Bundesrechnungshof auf eine Regelung für die gewerbliche Wirtschaft.

Der *Vizekanzler* ist der Ansicht, daß die Außenhandelsstelle für Erzeugnisse der Ernährung und Landwirtschaft und das Bundesamt für die gewerbliche Wirtschaft wegen ihrer verschiedenen Aufgabenstellung nicht miteinander verglichen werden können[16]. Eine etwaige Gebührenerhebung bei dem Bundesamt für die gewerbliche Wirtschaft treffe die nichtliberalisierten Waren, während die liberalisierten davon ausgenommen seien. Das aber führe zu ungleichen Belastungen und werfe auch verfassungsrechtliche Fragen auf. Er glaubt, daß diese grundsätzliche Frage noch nicht ausreichend geklärt ist und der Kabinettsausschuß daher heute noch keinen Beschluß fassen könne.

---

13 BGBl. I 147.

14 Zur Aufteilung der Mittel auf die Kreditinstitute vgl. das Protokoll der Ressortbesprechung vom 20. Dez. 1954 in B 134/4651.

15 Siehe 12. Ausschußsitzung am 3. Juli 1954 TOP A und 41. Kabinettssitzung am 28. Juli 1954 TOP C (Kabinettsprotokolle 1954, S. 340 f.). – Vorlage des BMF vom 9. Dez. 1954 in B 136/7593. – Der BMF hatte mit Schreiben vom 9. Dez. 1954 unter Hinweis auf das Gesetz über die Erhebung von Gebühren durch die Außenhandelsstelle für Erzeugnisse der Ernährung und Landwirtschaft vom 17. Dez. 1951 (BGBl. I 969) einen Beschlußvorschlag vorgelegt, nach dem der BMWi beauftragt werden sollte, „umgehend den Entwurf eines Gebührengesetzes und einer Gebührenordnung des Bundesamtes für gewerbliche Wirtschaft" vorzulegen, da im Gesetz über die Errichtung des Bundesamtes vom 9. Okt. 1954 (BGBl. I 281) kein Gebührenparagraph enthalten sei.

16 Dem Bundesamt für gewerbliche Wirtschaft oblag gemäß § 3 des Gesetzes vom 9. Okt. 1954 (BGBl. I 281) die Ausführung der Rechtsvorschriften auf den Gebieten der Ein- und Ausfuhr sowie des Interzonenhandels, soweit eine zentrale Bearbeitung erforderlich war. Zu den Aufgaben der Außenhandelsstelle vgl. den Aufgabenkatalog in § 2 Ziffer 1 bis 7 des Gesetzes vom 17. Dez. 1951 (BGBl. I 967).

Der *Bundesminister für Wirtschaft* stimmt der Meinung des Vizekanzlers zu und weist noch darauf hin, daß eine Gebührenerhebung durch das Bundesamt zusätzliche Kräfte erfordern würde. Außerdem werde der Bundestag mit Sicherheit eine Gebührenerhebung durch das Bundesamt ablehnen.

Staatssekretär Hartmann weist darauf hin, daß das Kabinett sich bereits für eine Gebührenerhebung ausgesprochen habe. Er sei aber bereit, das gesamte Problem nach erneuter Beratung zwischen den Ressorts noch einmal im Kabinettsausschuß zur Erörterung zu stellen.

Der *Vizekanzler* begrüßt diesen Vorschlag und bittet, bei den Ressortbesprechungen auch das Bundesministerium der Justiz hinzuzuziehen.

Ministerialdirigent Haenlein, BK, bittet dabei zu prüfen, ob statt einer getrennten Gebührenregelung ein einheitliches Gebührengesetz für die genannten Fälle geschaffen werden könne.

Der Kabinettsausschuß beschließt, daß die Frage der Gebührenerhebung zwischen den Bundesministerien der Finanzen, für Wirtschaft, für Ernährung, Landwirtschaft und Forsten und der Justiz erneut beraten und anschließend dem Kabinettsausschuß zur Beschlußfassung wieder vorgelegt werden soll[17].

4. Gesetzentwurf betreffend das Abkommen zwischen der Bundesrepublik Deutschland und den Vereinigten Staaten von Amerika vom 15. Oktober 1954 über die von der Bundesrepublik zu gewährenden Abgabenvergünstigungen für die von den Vereinigten Staaten im Interesse der gemeinsamen Verteidigung geleisteten Ausgaben (Offshore-Steuergesetz) BMF

Min.Dir. Dr. Krautwig [BMWi] trägt anhand der Vorlage des Bundesministers für Wirtschaft vom 11.12.1954 vor und bittet, in erneuten Verhandlungen mit den Amerikanern die Ziffer 3 des Anhangs zum Offshore-Steuerabkommen zu streichen[18]. Er weist besonders darauf hin, daß diese Bestimmung insofern ein Präjudiz

---

[17] Unterlagen zu den vom BMF in seiner Kabinettsvorlage vom 4. April 1955 angesprochenen Ressortbesprechungen am 18. und 28. Jan. 1955 konnten nicht ermittelt werden. – Fortgang 83. Kabinettssitzung am 24. Mai 1955 TOP 7 (Kabinettsprotokolle 1955, S. 317). – Die Angelegenheit kam in der zweiten Legislaturperiode nicht mehr zum Abschluß.

[18] Siehe 39. Ausschußsitzung am 19. Aug. 1953 TOP 1 (Kabinettsausschuß für Wirtschaft 1951–1953, S. 273–275) und 43. Kabinettssitzung am 8. Sept. 1954 TOP 6 (Kabinettsprotokolle 1954, S. 375). – Gemeinsame Vorlage des BMF und des AA vom 23. Nov. 1954 in B 126/11084 und B 136/3128 und Vorlage des BMWi vom 11. Dez. 1954 in B 102/3040 und B 136/3128. – Das Abkommen zwischen der Bundesrepublik Deutschland und den Vereinigten Staaten von Amerika über die von der Bundesrepublik zu gewährenden Abgabenvergünstigungen für die von den Vereinigten Staaten im Interesse der gemeinsamen Verteidigung geleisteten Ausgaben (Offshore-Abkommen) war am 15. Okt. 1954 unterzeichnet worden. Mit Schreiben vom 23. Nov. 1954 hatten BMF und AA den Entwurf eines Ratifikationsgesetzes (Offshore-Steuergesetz) zur Genehmigung im Umlaufverfahren vorgelegt. Unter Berücksichtigung der Ergebnisse der Londoner Außenministerkonferenz vom 28. Sept. bis 3. Okt. 1954 (vgl. dazu 49. Kabinettssitzung am 5. Okt. 1954 TOP 1: Kabinettsprotokolle 1954, S. 417–422) war der vom Kabinett am 8. Sept. 1954 genehmigte Entwurf des Abkommens in zwei Punkten modifiziert worden. Danach sollte auch eine für Beschaffung und Verteilung von Ausrüstungsgegenständen zuständige europäische Verteidigungsorganisation als zur Beschaffung berechtigte Regierungs-

für die Verhandlungen in Paris bedeute, als der französischen Seite ein schwer zu widerlegendes Argument über eine grundsätzliche deutsche Zustimmung zur Errichtung eines Rüstungspools oder eines Rüstungskontrollamtes in die Hand gegeben werde[19].

Min.Dir. Dr. Schillinger [BMF] spricht sich gegen eine Streichung aus, da die Nr. 3 nur eine hypothetische Kannbestimmung sei und keine Festlegung auf eine gemeinsame Beschaffungsstelle bedeute. Bei Fortschreiten der europäischen Integration sei eine derartige Bestimmung notwendig. Außerdem werde bei Neuaufnahme von Verhandlungen mit den Amerikanern die Gefahr entstehen, daß die Dollar-Klausel, deren Aufnahme nur aus der damaligen politischen Konstellation habe durchgesetzt werden können[20], in Frage gestellt würde. Durch neue Verhandlungen würde das Inkrafttreten des Abkommens verzögert werden und damit eine Reihe deutscher Firmen in finanzielle Schwierigkeiten geraten.

Min.Dirig. Dr. van Scherpenberg, AA, stimmt den Ausführungen von Ministerialdirektor Dr. Schillinger zu. Er hält die Nr. 3 des Antrags nur für eine Blankettklausel und weist darauf hin, daß der französische Wunsch auf Schaffung eines Rüstungspools auch auf den scharfen Widerspruch der Beneluxstaaten treffen werde.

Min.Dirig. Haenlein, BK, bemerkt, daß bei Aufrechterhaltung der Nr. 3 des Anhangs unter Umständen mit Angriffen der Opposition im Bundestag zu rechnen sei. Auch er ist der Meinung, daß diese Bestimmung geeignet ist, die deutsche Verhandlungsposition in Paris gegenüber der Forderung Frankreichs nach einem Rüstungspool zu schwächen.

Staatssekretär Dr. Westrick hält es für möglich, daß die Amerikaner ohne Schwierigkeiten auf die Streichung eingehen werden. Man sollte sich vorher inoffiziell über die Haltung der Amerikaner vergewissern. Sollte sich bei einer Fühlungnahme zeigen, daß die von Min.Dir. Dr. Schillinger geäußerten Befürchtungen zutreffen, so sei er bereit, seine Bedenken gegen die Nr. 3 des Anhangs zurückzustellen.

Nachdem der *Vizekanzler* festgestellt hat, daß das Bundeswirtschaftsministerium die Streichung der Nr. 3 nicht zu einer grundsätzlichen Frage macht, beschließt der Kabinettsausschuß entsprechend seiner Anregung:

---

stelle im Sinne von Ziffer 3 des Anhangs zum Abkommen angesehen werden können. Desweiteren sollten die Bestimmungen des Offshore-Abkommens durch künftige Vereinbarungen über die Stationierung alliierter Truppen in der Bundesrepublik nicht beeinträchtigt werden. Gegen die Änderung der Ziffer 3 hatte das BMWi mit Schreiben vom 11. Dez. 1954 Einspruch eingelegt und die Behandlung der Angelegenheit im Kabinett beantragt, da die Außenhilfe der USA grundsätzlich bilateral geregelt und die Einrichtung eines Rüstungspools zwar in Aussicht genommen worden sei, aus Sicht der Bundesrepublik aber nicht erwünscht wäre.

19 Zu den Verhandlungen Erhards mit dem französischen Ministerpräsidenten Mendès-France am 18. Jan. 1955 in Paris über die Frage einer Rüstungsgemeinschaft vgl. 67. Kabinettssitzung am 26. Jan. 1955 TOP 1 (Kabinettsprotokolle 1955, S. 106–108) und Sondersitzung des Kabinettsausschusses am 28. Jan. 1955 TOP 1.

20 Gemäß Artikel VII des Abkommens sollten die USA bei in Betracht kommenden Dollarausgaben die „Zahlung in Form von auf Dollar lautenden Urkunden, die bei bestimmten Banken zu Gunsten der in Betracht kommenden Lieferer zahlbar" sein sollten, vornehmen.

Das Auswärtige Amt soll zunächst auf möglichst hoher Ebene mit der amerikanischen Mission (Mr. Tuthill[21]) klären, ob die Amerikaner einer Streichung der Nr. 3 des Antrags zustimmen wollen, ohne über das gesamte Abkommen erneut zu verhandeln. Sollte sich ergeben, daß die Amerikaner dann erneut in technische Verhandlungen über das gesamte Abkommen eintreten würden, soll auf die Streichung der Nr. 3 des Anhangs verzichtet werden. Die gemeinsame Vorlage des Bundesministers der Finanzen und des Auswärtigen Amtes vom 11.12.1954 soll dann in der vorliegenden Fassung im Umlaufwege beschlossen werden[22].

Außerhalb der Tagesordnung werden folgende Punkte besprochen:

[B.] Ernennung der Mitglieder des beratenden Ausschusses der Montanunion

Staatssekretär Dr. Westrick unterrichtet den Kabinettsausschuß darüber, daß der Vorsitzende des Deutschen Gewerkschaftsbundes gebeten worden sei, als Kompromiß einen Gewerkschaftler, der der christlichen Richtung angehört, bei den 5 Vertretern der Gewerkschaften für den Beratenden Ausschuß vorzuschlagen. Der DGB habe dem zugestimmt, und auch die Deutsche Angestelltengewerkschaft sei mit einer derartigen Regelung einverstanden gewesen.[23]

---

[21] John Wills Tuthill (geb. 1910). 1932–1936 im privaten Bankgeschäft tätig, 1937–1940 Assistenzprofessor für Bankwirtschaft und Finanzwissenschaft an der Universität Northeastern, seit 1940 im Auswärtigen Dienst der Vereinigten Staaten von Amerika, 1945–1947 Politischer Berater bei der Amerikanischen Militärregierung in Deutschland, 1952–1954 stellvertretender Leiter des Büros für Wirtschaftsfragen in Bonn, 1954–1956 Leiter der United States Operations Missions (USOM) in Bonn, 1955–1956 Botschaftsrat für Wirtschaftsfragen an der US-Botschaft in Bonn, 1961–1962 Vertreter der USA im Rang eines Botschafters bei der OECD, Paris, 1962–1966 Botschafter bei der EWG.

[22] Die Amerikanische Hohe Kommission vertrat gegenüber dem AA die Ansicht, daß die gewünschte Streichung der Ziffer 3 „nur unter Wiederingangsetzung der gesamten amerikanischen Verhandlungsmaschinerie möglich sein" und die sich daraus ergebende zeitliche Verzögerung Verstimmungen hervorrufen würde. Es sei nicht auszuschließen, daß die USA dann ihrerseits Zusatzwünsche vorbringen würde. Im übrigen hielt man „die von deutscher Seite geäußerten Befürchtungen für nicht begründet" (Schreiben des AA an das BMF vom 7. Jan. 1955 in B 126/11084). Das BMWi zog daraufhin mit Schreiben an das BMF, das AA und das Bundeskanzleramt vom 19. Jan. 1955 seinen Widerspruch zurück (B 102/3040 und B 136/3128). – Fortgang 78. Kabinettssitzung am 30. März 1955 TOP H (Kabinettsprotokolle 1955, S. 221 f.). – BR-Drs. 28/55, BT-Drs. 1211. – Gesetz vom 19. Aug. 1955 (BGBl. II 821).

[23] Siehe 53. Kabinettssitzung am 25. Okt. 1954 TOP 1 (Bericht über die Pariser Konferenzen; Kabinettsprotokolle 1954, S. 444–452, hier S. 451 f.). – Gemäß Artikel 18 des Vertrags über die Gründung der Europäischen Gemeinschaft für Kohle und Stahl vom 18. April 1951 (BGBl. II 447, abgedruckt in Verträge der Bundesrepublik Deutschland, Reihe A, Bd. 2, S. 44–147) und dem Ministerratsbeschluß vom 15./16. Jan. 1953 (Amtsbl. der EGKS vom 10. Febr. 1953, S. 14) endete das Mandat der Mitglieder des Beratenden Ausschusses am 15. Jan. 1955. Die Bundesrepublik war in dem Ausschuß, dessen Mitglieder durch zuvor ausgewählte nationale Organisationen nominiert und dann vom EGKS-Ministerrat ernannt wurden, durch fünf Vertreter der Erzeugerorganisationen, fünf Arbeitnehmervertreter sowie sechs Vertreter der Verbraucher und Händler repräsentiert. Für die neue Mandatsperiode hatte die IG Bergbau Fritz Dahlmann und Dr. Georg Berger nominiert und Heinrich Wallbruch und Karl Höfner als Vertreter benannt, die IG Metall hatte Heinrich Straeter und Hans Brümmer als Kandidaten sowie Otto Brenner und Walter Hölkeskamp als deren Vertreter vorgeschlagen, und für den DGB war Walter Freitag nominiert worden, der von Ludwig Rosenberg vertreten werden sollte. – Unter-

Leider seien trotzdem 5 Sozialisten vom DGB benannt worden. Er, *Staatssekretär Dr. Westrick*, habe daher in der 21. Ministerratssitzung gebeten, die Ernennung der deutschen Mitglieder noch nicht vorzunehmen, was der Rat auch zugestanden habe[24].

Die Bundesregierung müsse sich nunmehr bis zur nächsten Sitzung am 13.1.1955 entscheiden. Es sei noch einmal Verbindung mit dem DGB aufgenommen worden, doch glaube er nicht, daß sich dessen Vorstand gegenüber den ablehnenden Einzelgewerkschaften durchsetzen werde[25].

Sollte der DGB auf seinem bisherigen Vorschlag beharren, so könne man nur versuchen, in Luxemburg die radikalsten Vertreter durch deren Nominierung als Ersatzmänner nicht zum Zuge kommen zu lassen.

Der Kabinettsausschuß nimmt hiervon zustimmend Kenntnis[26].

[C.] Wiederaufbau des Königshofs **BMWi**

Staatssekretär Hartmann teilt mit, daß das Bundesfinanzministerium sich der Notwendigkeit, die angeforderte Bürgschaft zu geben, nicht verschließen wolle[27]. Die Rentabilität des Betriebes sei errechnet unter der Voraussetzung, daß Bonn eine gewisse Zeit Bundeshauptstadt bleibe. Dieses Risiko müsse getragen werden. Es sei daher bereit, eine Bundesbürgschaft in Höhe von 2,7 Mio. DM für den Wiederaufbau zur Verfügung zu stellen.

Er habe jedoch 2 Anregungen zu machen:

1) sollten die öffentlichen Stellen,

nämlich	ERP-Sondervermögen mit	1,0 Mio. DM,
	Stadt Bonn mit	0,6 Mio. DM,
	Bund (BFM) mit	2,7 Mio. DM,

etwaige Ausfälle gemeinsam im Verhältnis ihrer Verpflichtungen tragen.

lagen zu den Verhandlungen der Bundesregierung über die Nominierung auch eines christlich orientierten Gewerkschafters sowie zu den Bemühungen der DAG und der Union Leitender Angestellter um Aufnahme unter die nominationsberechtigten Arbeitnehmerorganisationen in B 102/34563.

24 Vgl. den Kurzbericht vom 10. Dez. 1954 über die 21. Ministerratssitzung am 7. und 8. Dez. 1954 in Luxemburg in B 102/60943.

25 Westrick hatte Globke am 15. Dez. 1954 eine Notiz über die Angelegenheit zugesandt für den Fall, daß Adenauer die Sache bei seinem Treffen mit Walter Freitag am 17. Dez. 1954 ansprechen wollte (B 102/34563).

26 Fortgang 23. Ausschußsitzung am 7. Jan. 1955 TOP A.

27 Mit Schreiben vom 16. Nov. 1954 hatte das BMWi das BMF um Stellungnahme zu dem Antrag der Königshof AG vom 10. Dez. 1953 gebeten, die das im Krieg zerstörte Hotel Königshof in Bonn wieder aufzubauen beabsichtigte und um die Sicherung der Gesamtfinanzierung durch eine Bundesbürgschaft gebeten hatte. Bundeskanzleramt und Auswärtiges Amt seien an diesem Projekt sehr interessiert, da „die Repräsentationsaufgaben der Bundesregierung auf die Dauer ohne ein Hotel von internationalem Rang nicht durchzuführen seien" (Schreiben in B 102/22739 und B 126/22543, weitere Unterlagen dazu in B 102/22738, B 126/2544 f. und B 136/1290).

2) Bei einer etwa beabsichtigten Änderung in der Geschäftsführung sollten die Ressorts ein Mitspracherecht haben, da die Person des Geschäftsführers eng mit der Rentabilität des Unternehmens verknüpft sei.

Der *Vizekanzler* weist ergänzend darauf hin, daß die Rentabilität des Unternehmens durch zu hohe Preise auf lange Sicht beeinträchtigt werden könne. Deshalb solle von den Ressorts auch auf eine vernünftige und nicht zu aufwendige Geschäftsgebarung Einfluß genommen werden.

Staatssekretär Hartmann ist der Ansicht, daß eine derartige durchaus wünschenswerte Einflußnahme durch das Bundesministerium für Wirtschaft ausgeübt werden sollte.

Der Kabinettsausschuß erhebt gegen die Erteilung der Bürgschaftszusage unter den genannten 3 Bedingungen keine Bedenken[28].

---

[28] Am 21. Dez. 1954 teilte das BMWi dem Vorstand der Königshof AG mit, daß die Bundesrepublik Deutschland zur Übernahme einer Bürgschaft für Darlehen bis zu einer Gesamthöhe von 2,7 Millionen DM bereit sei (B 102/22739).

23. Sitzung des Kabinettsausschusses für Wirtschaft am Freitag, den 7. Januar 1955

Teilnehmer: Blücher, Erhard (ab 15.20 Uhr), Lübke (ab 15.20 Uhr), Seebohm, Balke (bis 18.05 Uhr), Preusker; W. Strauß (bis 18.05 Uhr), Hartmann, Westrick, Sauerborn, Wandersleb; Bernard (BdL), Joël (BMJ, bis 18.05 Uhr), Müller-Armack (BMWi, ab 15.20 Uhr), Reinhardt (BMWi), Haenlein (Bundeskanzleramt), van Scherpenberg (AA), von Boeckh (BMWi), Risse (BMWi, 16.45–18.05 Uhr), Middelmann (BMVt, 16.45–18.05 Uhr), Heise (BMZ), weitere Vertreter verschiedener Bundesressorts. Protokoll: Hornschu.

Beginn: 15.00 Uhr *Ende: 18.45 Uhr*

Ort: Bad Godesberg, Haus Carstanjen

Tagesordnung:

1. *Entwurf eines Gesetzes gegen Wettbewerbsbeschränkungen*
   Vorlage des BMWi vom 10. Dez. 1954 (I B 5 - 1286/54 III)
   Ergänzende Vorlage des BMWi folgt.
2. *Gleitzoll*
   Vorlage des BMF vom 15. Dez. 1954 (III B/5 - Z 2210 - 218/54).
3. *Kurhessische Kupferschieferbergbau GmbH Sontra*
   Vorlage des BMWi folgt.

Nachdem der *Vizekanzler* die Anwesenden mit seinen besten Wünschen für eine erfolgreiche Arbeit im neuen Jahr begrüßt und darauf hingewiesen hat, daß der Kabinettsausschuß im kommenden Jahr noch stärker als bisher bei der Willensbildung der Bundesregierung eingeschaltet werde, wird die Tagesordnung wie folgt abgewickelt:

3. Kurhessische Kupferschieferbergbau GmbH Sontra **BMWi**

Ministerialdirigent von Boeckh, BMW, trägt anhand der Vorlage des Bundesministers für Wirtschaft vom 23.12.1954 vor und legt dabei insbesondere dar, inwieweit durch die Ersatzprojekte Angehörige der Sontra-Belegschaft in Arbeit gebracht und inwieweit Arbeitslose des Bezirks aufgenommen werden können[1]. Er hebt hervor,

---

[1] Siehe 16. Ausschußsitzung am 19. Aug. 1954 TOP 2. – Vorlage des BMWi vom 23. Dez. 1954 in B 102/1310 und B 136/2391. Vorlage des BMF vom 3. Jan. 1955 in B 136/2391. Unterlagen zu den Verhandlungen mit interessierten Unternehmen in B 102/13132. – In seiner Vorlage unterrichtete der BMWi das Kabinett über das Ergebnis der von BMWi, BMA und BMF ange-

daß die vom Bundesministerium der Finanzen in seiner Vorlage vom 3.1.1955 gewünschten Ergänzungen zu den Vorschlägen des Bundesministeriums für Wirtschaft im allgemeinen gebilligt werden. Allerdings sollten die Vorschläge nach Meinung des Bundesministeriums für Wirtschaft nur den Charakter von Richtlinien erhalten, von denen notfalls abgewichen werden könne.

Staatssekretär Hartmann ist mit dieser Modifikation einverstanden.

Der *Bundesminister für Verkehr* erhebt Einspruch gegen den Stillegungsvorschlag und bringt dagegen politische und wirtschaftliche Bedenken vor. Nach seiner Auffassung würde Sontra in der Zukunft als Erzversorgungsgrundlage für den Mansfelder Bergbau erhebliche Bedeutung bekommen. Bei einer Stillegung von Sontra müsse mit der Möglichkeit von Angeboten der Ostseite auf Abnahme der Sontraerzeugung und einer entsprechenden propagandistischen Darstellung in der Ostpresse gerechnet werden. Die geplanten Ersatzbetriebe würden kaum die in Sontra freiwerdenden Arbeitskräfte aufnehmen können, da die neuen Arbeitsplätze wahrscheinlich aus dem Bestand der rd. 4 000 Arbeitslosen im Raum Eschwege eingenommen würden. Zu bedenken sei ferner, daß die älteren Kräfte in Sontra schwer umzusetzen seien. Nach seiner Meinung sollte die Preussag die Verluste in Sontra übernehmen.

Der *Bundesminister für Wohnungsbau*, der die Fortführung des Kupferschieferbergbaus in Sontra wirtschaftlich nicht für gerechtfertigt hält, teilt die politischen Bedenken und glaubt auch, daß die Umsetzung der Arbeitskräfte von Sontra in die Neugründungen kaum gelingen werde. Er befürchtet wie der Bundesminister für Verkehr eine Abwanderung der jüngeren Kräfte über die Zonengrenze[2]. Keinesfalls

---

stellten Analyse über die „Gliederung der Beschäftigten der Kurhessischen Kupferbergwerk GmbH, Sontra, am 1. September 1954 unter dem Gesichtspunkt der Umsiedlungsfähigkeit". Gleichzeitig teilt er mit, daß unter der Voraussetzung günstiger, mittelbar über das Land Hessen zu gewährender Bundeskredite von bis zu 15 Millionen DM bei 2–2½% Zinssatz die Firma Prometheus in Eschwege einen Produktionsbetrieb für Haushaltsgeräte errichten und die Firma Massey-Harris-Fergusson GmbH, die Kölner Tochtergesellschaft der kanadischen Firma Massey-Harris-Fergusson, ihren Betrieb in Eschwege für die Herstellung von Mähdreschern beträchtlich erweitern wollten, so daß bis Ende 1956 ca. 1600 neue Arbeitsplätze geschaffen werden könnten. Aufgrund dieser veränderten Sachlage beantragte der BMWi 1) die Stilllegung der Kurhessischen Kupferbergwerk GmbH „unter möglichster Vermeidung zwischenzeitlicher Arbeitslosigkeit", 2) die Gewährung eines Bundeskredits an Hessen in Höhe von 10 000 DM je neuzuschaffendem Arbeitsplatz bis maximal 15 Millionen DM bei einer Laufzeit von 20 Jahren und einen Zinssatz von „günstigstenfalls 2 %", 3) die Ermächtigung für den BMF, das Darlehen auf 20 Millionen DM aufzustocken, wenn weitere Projekte nachgewiesen werden könnten, und 4) die zeitgleiche Mitteilung der Stillegung mit derjenigen über den Vertragsabschluß zwischen dem Land Hessen und der Firma Massey-Harris. Mit Schreiben vom 3. Jan. 1955 hatte das BMF Änderungen und Ergänzungen des Beschlußantrags des BMWi hinsichtlich der Beteiligung des Landes Hessen, der Bemessung der Kreditsumme und der Gewährungs-, Auszahlungs- und Rückzahlungsmodalitäten vorgetragen. Außerdem sollte das Kabinett beschließen, daß Aufwendungen zur Behebung kommunalpolitischer oder kirchlicher Notstände im Gefolge der Betriebsansiedlungen und der damit verbundenen Bevölkerungsverschiebungen vom Land Hessen, den beteiligten Gemeinden und den Kirchengemeinden zu tragen seien (B 136/2391).

2 Vgl. den Vermerk aus dem BMWi vom 18. Jan. 1955, in dem u. a. darauf hingewiesen wurde, daß bis 1952 bayerische Arbeitskräfte ständig im Schieferbergbau der DDR tätig gewesen seien (B 102/13132).

dürfe man die Stillegung von Sontra einleiten, ehe nicht die Ersatzbetriebe in Gang seien.

Staatssekretär Dr. Westrick macht darauf aufmerksam, daß das Bundesministerium für Wirtschaft bei seinem Vorschlag von einem entsprechenden Auftrag des Haushalts- sowie des Wirtschaftspolitischen Ausschusses des Bundestages ausgegangen sei. Die einer Stillegung entgegenstehenden Bedenken seien vom Bundesministerium für Wirtschaft durchaus gewürdigt worden. Mit Bezug auf die gegen die Gewährung sehr gering verzinslicher Kredite geltend gemachten Einwendungen betont er, daß beide Firmen nur bei Gewährung dieser Kreditvergünstigung in diesen Raum gehen würden. Die Firma Massey-Harris würde ihre Fabrik sonst in Köln bauen. Auch das Bundesministerium für Wirtschaft sei im übrigen nur unter der Voraussetzung für die Betriebsschließung in Sontra eingetreten, daß die Ansetzung von Ersatzbetrieben durch entsprechende Verträge gesichert sei. Dagegen hält er es nicht für möglich, Sontra erst stillzulegen, wenn die Ersatzbetriebe bereits in Gang sind, weil dafür gerade die Arbeitskräfte aus Sontra verwendet werden sollen.

Ministerialdirigent von Boeckh, BMW, fügt hinzu, daß die Firma „Massey-Harris-Fergusson-GmbH" auf eine Klärung noch im Januar 1955 dränge, weil die Vorbereitung des saisongebundenen Produktionsprogramms in jedem Falle Anfang Februar 1955 aufgenommen werden müsse. Daher ergebe sich jetzt die Alternative, daß die Entscheidung für die Stillegung falle oder daß es sonst weiterhin bei dem bisherigen Zustand einer dauernden Subventionierung Sontras bleiben müsse.

Staatssekretär Sauerborn begrüßt die Hinzuziehung der erwähnten Neuproduktionen in diesem Grenzbezirk. Da er aber überzeugt ist, daß die dabei neugeschaffenen Arbeitsplätze ohne weiteres von den im Raum Eschwege vorhandenen Arbeitslosen besetzt werden können und damit die Zukunft der Sontra-Arbeiter nicht gesichert ist, da er ebenfalls politische Schwierigkeiten vorhersieht, erklärt er, jetzt der Stillegung nicht zustimmen zu können.

Hierzu führt *Staatssekretär Hartmann* die in den letzten Jahren, steigend bis 9,8 Mio. DM jährlich, geleisteten Zuschüsse an, die man nach Meinung des Bundesministers der Finanzen keinesfalls dauernd hinnehmen könne.

Der *Vizekanzler*, der durch Umfrage feststellt, daß die *Bundesminister für Post- und Fernmeldewesen, für Ernährung, Landwirtschaft und Forsten* und *Staatssekretär Dr. Strauß* ebenfalls heute ihre Zustimmung zur Stillegung Sontras nicht erteilen können, hält es ebenfalls nicht für möglich, jetzt schon einen Stillegungsbeschluß zu fassen. Er spricht sich dafür aus, die für und gegen eine Stillegung geltend zu machenden Erwägungen dem Wirtschaftspolitischen Ausschuß des Bundestages vorzutragen, dem sie möglicherweise nicht in vollem Umfange bekannt seien. Außerdem solle geprüft werden, ob nicht doch eine wesentliche Verringerung der laufenden Zuschüsse durch eine starke Rationalisierung des Betriebes möglich sei. Alsdann sollte der Kabinettsausschuß erneut mit der Sache befaßt werden.

Staatssekretär Dr. Westrick schließt sich dem Vorschlag des Vizekanzlers an, glaubt allerdings, daß die Zuschüsse nicht wesentlich gesenkt werden können, da bei einer Leistungssteigerung um 30 % die Zuschüsse nur um 1,3 Mio. DM verringert werden könnten.

Staatssekretär Hartmann erklärt zu dem von verschiedenen Seiten vorgebrachten Wunsch, die Neugründung der beiden Betriebe oder wenigstens eines Betriebes durch Bereitstellung eines günstigen Kredites zu fördern, ohne Sontra stillzulegen, daß der Bundesminister der Finanzen den Kredit nur unter der Voraussetzung der Stillegung von Sontra zur Verfügung stellen könne.

Ministerialdirigent Haenlein [Bundeskanzleramt] gibt zu erwägen, daß es aus sachlichen und politischen Gründen sehr unerwünscht sei, wenn durch allzuviele Bedenken und eine verzögernde Behandlung die Ansiedlung zweier großer Betriebe im Zonenrandgebiet scheitern würde. Dies würde sicher von der hessischen Landesregierung aufgegriffen werden.

Der Kabinettsausschuß beschließt, in dem vom Vizekanzler vorgetragenen Sinne zunächst den wirtschaftspolitischen Ausschuß des Bundestages zu hören.

Der *Vizekanzler* fügt mit Bezug auf die Bemerkung von Ministerialdirigent Haenlein hinzu, daß man sorgfältig überlegen müsse, ob nicht bei einer etwaigen Ablehnung der Kreditgewährung an die Ersatzbetriebe die Möglichkeit für die Ansetzung solcher Betriebe in diesem Raum überhaupt verloren ginge. Man müsse bis in die Einzelheiten klären, wie der Ablauf der Gesamtaktion im Falle einer Stillegung von Sontra zu steuern sei, und wie er sich bei Durchführung umfassender Rationalisierungsmaßnahmen im Bergbau Sontra gestalten werde[3].

1. Entwurf eines Gesetzes gegen Wettbewerbsbeschränkungen BMWi

Vor Eintritt in die sachliche Erörterung macht *Staatssekretär Dr. Strauß* eine Vorbemerkung mit Bezug auf das Gesetzgebungsverfahren. Er weist darauf hin, daß die Bundesregierung 2 Möglichkeiten habe, einen Gesetzentwurf, der im ersten Durchlauf im Bundesrat behandelt worden sei, zu ändern[4]:

---

[3] Am 13. Jan. 1955 teilt das BMWi dem Ausschußvorsitzenden Wilhelm Naegel das Ergebnis der Kabinettsberatungen mit und bat um baldmöglichste Behandlung der Angelegenheit im Wirtschaftspolitischen Ausschuß (B 102/13131). – In seiner Sitzung am 14. Jan. 1955 bestätigte der Ausschuß die vom Kabinett in Aussicht genommenen Maßnahmen (Protokoll im Parlamentsarchiv des Deutschen Bundestags und Schreiben Naegels an den BMWi vom 14. Jan. 1955 in B 102/13131). – Fortgang Sondersitzung des Kabinettsausschusses am 21. Jan. 1955 TOP 1.

[4] Siehe 14. Ausschußsitzung am 24. Okt. 1951 TOP 3 (Kabinettsausschuß für Wirtschaft 1951–1953, S. 123–128) und 63. Kabinettssitzung am 14. Dez. 1954 TOP 13 (Kabinettsprotokolle 1954, S. 569). – Vorlagen des BMWi vom 25. Jan. 1954, 10. Dez. 1954 und 4. Jan. 1955 in B 102/17084 und B 136/702. Schriftwechsel zwischen BMWi und BML in B 102/17084, B 116/10263 und B 136/702. Weitere Unterlagen zum Kartellgesetz in B 102/17071–17095. – Das Kartellgesetz war in der 1. Wahlperiode nicht mehr durch den Bundestag verabschiedet worden. Das BMWi hatte den Gesetzentwurf vom 1. Febr. 1952 am 25. Jan. 1954 unverändert wieder vorgelegt, und die Bundesregierung hatte den Entwurf mit Schreiben vom 30. April 1954 dem Bundesrat zugeleitet. Dieser hatte mit Schreiben vom 21. Mai 1954 Stellung genommen und Änderungsvorschläge unterbreitet (BR-Drs. 53/54). In Überarbeitung eines ersten Entwurfs vom 22. Nov. 1954 hatte das BMWi mit Schreiben vom 10. Dez. 1954 den Entwurf einer Stellungnahme der Bundesregierung zu den Änderungsvorschlägen des Bundesrates vorgelegt, der Änderungsvorschläge des BMJ bereits berücksichtigte. Das BML hatte mit Schreiben vom 8. Dez. 1954 eine Änderung des § 75 des Entwurfs (Ausnahmen vom Verbot kartellarischer Absprachen im Bereich der Landwirtschaft) vorgeschlagen. BMWi und BML

1) Wenn zum Beispiel auf Grund einer neuen wirtschaftlichen Entwicklung sich der Tatbestand verändert habe, so könne die Bundesregierung entweder den Entwurf ganz zurückziehen oder einen Änderungsentwurf über den Bundesrat nachschieben.
2) Wenn der Tatbestand der gleiche geblieben sei, die Bundesregierung aber ändern wolle, so bleibe nur die Möglichkeit, den Gesetzentwurf zurückzuziehen. Das Gleiche könnte allerdings erreicht werden, wenn im Bundestag entsprechende Anträge gestellt würden.

Da keine der beiden Möglichkeiten vorläge, könne das Kabinett bezüglich der Wünsche zum § 75 jetzt keinen Änderungsbeschluß fassen, ohne daß unter Umständen verfassungspolitische Diskussionen ausgelöst würden.

Es sei auch nicht möglich, jetzt einen Beschluß zu fassen, daß die Bundesregierung im Parlament von ihrer Vorlage abweichen wolle. Dies könne erst geschehen, wenn im Parlament wesentliche Änderungen gewünscht würden.

Der *Bundesminister für Ernährung, Landwirtschaft und Forsten* möchte den Bedenken von Staatssekretär Dr. Strauß Rechnung tragen. Er beabsichtigt, wegen § 75 eine Vorlage zu machen, sobald diese Frage im Ausschuß aufgeworfen wird, und eine Einigung mit dem Bundesminister für Wirtschaft nicht möglich ist. Es sei insofern eine neue Lage entstanden, als ursprünglich vereinbart war, den Ressorts freie Hand zu lassen.

Der *Vizekanzler* pflichtet den Erwägungen von Staatssekretär Dr. Strauß und des Bundesministers für Ernährung, Landwirtschaft und Forsten bei. Er betont, daß die heutige Beratung eine Stellungnahme zur gesamten Vorlage des Bundesministers für Wirtschaft vom 10.12.1954 und nicht nur etwa zu § 75 des Gesetzentwurfes zum Gegenstand habe.

Auch der *Bundesminister für Wirtschaft* ist der Meinung, daß man heute nur zu dem Gesetzentwurf in der vom Kabinett bereits angenommenen Form Stellung nehmen könne.

Ministerialrat Dr. Günther, BMW, trägt sodann zunächst die Abänderungswünsche des Bundesrates vor und erläutert die dazu vom Bundesminister für Wirtschaft vorgeschlagene Stellungnahme der Bundesregierung anhand der Vorlage vom 10. Dezember 1954.

Der *Bundesminister für das Post- und Fernmeldewesen* wirft unter Bezug auf die Ausführungen von Staatssekretär Dr. Strauß die Frage auf, ob sich nicht während der bisherigen Behandlung der Vorlage neue Erkenntnisse ergeben hätten, die in der Vorlage nicht deutlich genug zum Ausdruck kämen. Es scheine ihm angezeigt,

---

sollten durch das Kabinett ermächtigt werden, bei den Beratungen des Gesetzes im Bundestag einer Änderung des § 75 dahingehend zuzustimmen, daß auch Preisabsprachen im Bereich der Erzeugung und des Absatzes land- und forstwirtschaftlicher Produkte nicht unter das Verbot des Gesetzes fallen sollten. Das BMWi hatte in seinem Antwortschreiben vom 24. Dez. 1954 die Ansicht vertreten, daß dieser Beschlußvorschlag praktisch einer unzulässigen Änderung des Regierungsentwurfs gleichkäme. Den Schriftwechsel mit dem BML hatte das BMWi dem Kabinett mit Vorlage vom 4. Jan. 1955 zur Kenntnis gegeben.

eine neue Fassung des Gesetzentwurfes einzureichen. Der ursprüngliche Entwurf des Bundesministers für Wirtschaft sei durch zahlreiche Ausnahmen völlig durchlöchert. Im Bundestag würden weitere Ausnahmewünsche durchgesetzt. Damit bliebe von der ursprünglichen Konzeption nichts übrig, und es sei besser, eine neue vorzulegen.

Der *Vizekanzler* und der *Bundesminister für Wirtschaft* widersprechen diesem Gedanken. Der *Vizekanzler* schlägt vielmehr vor, ohne Debatte dem Kabinett die Billigung der Vorlage des Bundesministers für Wirtschaft zu empfehlen. Allerdings sei er der Ansicht, daß die einzelnen Kabinettsmitglieder in diesem Falle nicht an die Vorlage gebunden sein sollten.

Der *Bundesminister für Wirtschaft* glaubt, daß der Bundestag der endlich in zahllosen Verhandlungen gewonnenen Linie zustimmen werde. Wenn man auch den Kabinettsmitgliedern innerhalb der Fraktionen eine freie Erörterung einräumen könne, so müsse jedoch in den Ausschüssen des Bundestages eine einheitliche Stellungnahme abgegeben werden. Abweichungen von der Vorlage müßten vorher im Kabinett abgestimmt werden. Er erinnert auch daran, daß der Bundeskanzler durch ein Schreiben an die Besatzungsmächte an den Gesetzentwurf auf der gegenwärtigen Grundlage gebunden sei[5]. Den Vorschlag des Bundesministers für Wohnungsbau, daß das Kabinett nicht zu jedem Ausschußbeschluß Stellung nehmen solle, sondern nach der Ersten Lesung im Ausschuß, stimme er zu.

Der *Bundesminister für Ernährung, Landwirtschaft und Forsten* wünscht bei der Mißbrauchsaufsicht, die durch den Bundesrat im § 77 b auch für wettbewerbsbeschränkende Verträge auf dem Gebiet der Landwirtschaft vorgesehen ist, entsprechend der im Regierungsentwurf im § 36 Abs. 2 und 3 vorgesehenen Regelung die Entscheidung der Kartellbehörden nur im Benehmen mit seinem Hause[6].

Ministerialrat Dr. Günther, BMW, entgegnet hierzu, daß § 36 Abs. 2 und 3 ein Einvernehmen oder Benehmen der Kartellbehörde mit der zuständigen Aufsichtsbehörde nur für die Fälle vorsieht, in denen in besonderen Gesetzen eine Aufsichtspflicht normiert ist (Banken und Versicherungsaufsicht für Kreditinstitute und Versicherungsunternehmen, Aufsicht der Behörden der Wasser- und Schiffahrtsverwaltung für Unternehmen der Binnenschiffahrt). Das Verlangen des Bundesministeriums für Ernährung, Landwirtschaft und Forsten würde in gleicher Weise auch für die übrigen Ressorts Geltung haben. Damit würde die Kartellbehörde funktionsunfähig werden.

---

[5] Das AA hatte der AHK den Gesetzentwurf mit Schreiben vom 17. Nov. 1951 zugesandt (B 136/700). – Zu den Besprechungen mit der AHK über das Kartellgesetz vgl. 203. Kabinettssitzung am 22. Febr. 1952 TOP 4 (Kabinettsprotokolle 1952, S. 120–122).

[6] Der Bundesrat hatte die Einfügung eines § 77 b vorgeschlagen, demzufolge die Kartellaufsichtsbehörde die Abänderung oder Unwirksamerklärung von kartellarischen Verträgen, Vereinbarungen, Beschlüssen oder Satzungsbestimmungen, die gemäß den §§ 74, 75, 77 und 77a grundsätzlich erlaubt sein sollten, verfügen können sollte, wenn die durch die kartellrechtliche Freistellung erlangte Stellung im Markt mißbraucht würde. Nach § 36 Absatz 2 und 3 des Regierungsentwurfs sollte die Kartellbehörde Entscheidungen über Genehmigungen und Bußgeldbescheide im Einvernehmen mit den jeweils fachlich zuständigen Aufsichtsbehörden treffen.

Staatssekretär Dr. Strauß weist darauf hin, daß ein Benehmen einer oberen Bundesbehörde (Kartellamt) mit einer obersten Bundesbehörde (Ressort) nicht möglich sei. Eine Unterrichtung der Ressorts müsse durch die Geschäftsordnung des Bundeskartellamtes vorgeschrieben werden.

Die *Bundesminister für Ernährung, Landwirtschaft und Forsten, für Wohnungsbau* und *für Wirtschaft* erheben gegen diesen Vorschlag keine Einwendungen.

Präsident Dr. Bernard stellt die Frage, ob Zinsabkommen der Banken nach der Stellungnahme der Bundesregierung zu den Änderungsvorschlägen des Bundesrates unter das Gesetz gegen Wettbewerbsbeschränkungen fallen.

Ministerialrat Dr. Günther, BMW, bejaht dies.

Präsident Dr. Bernard bemerkt, daß dem starke Bedenken entgegenstünden.

Der Kabinettsausschuß faßt folgenden Beschluß:

„Der Kabinettsausschuß schlägt dem Kabinett vor,

1) der Kabinettsvorlage des Bundesministers für Wirtschaft zuzustimmen und

2) zu beschließen, daß das Kabinett nach der ersten Lesung des Gesetzes im Wirtschaftspolitischen Ausschuß des Bundestages die von diesem in Aussicht genommenen Vorschläge erörtern wird, um eine einheitliche Stellungnahme der Bundesregierung zu diesen Wünschen herbeizuführen.“[7]

2. Gleitzoll **BMF**

Der *Vizekanzler* ist der Auffassung, daß die technische Seite des Gleitzolls für die Beratung als bekannt vorausgesetzt werden dürfe und daß bei der Erörterung die wirtschaftspolitischen Gesichtspunkte im Vordergrund stehen sollten[8]. Man müsse sich im Kabinettsausschuß mit der Frage des Gleitzolles beschäftigen, weil sie bei

[7] Fortgang 65. Kabinettssitzung am 19. Jan. 1955 TOP 4 (Kabinettsprotokolle 1955, S. 88). – BT-Drs. 1158. – Gesetz vom 27. Juli 1957 (BGBl. I 1081).

[8] Siehe 18. Ausschußsitzung am 27. Sept. 1954 TOP 3. – Vorlage des BMF vom 15. Dez. 1954 in B 126/3657 und B 136/378. – Der Beratung lag eine Ausarbeitung der Zollabteilung des BMF mit dem Titel „Der Gleitzoll (eine technische Darstellung)“ zu Grunde. Darin wurden die Auswirkungen der verschiedenen Zollarten gegenübergestellt: Während der spezifische Zoll die Zollbelastung einer Ware nach Gewicht, Stückzahl oder Maß ohne Berücksichtigung des Preises festsetzt (z. B. 18 DM pro 100 kg), steht die Zollbelastung beim Wertzoll in einer proportionalen Relation zum Preis einer Ware (z. B. 30 % des Warenwertes). Der Gleitzoll regelt die Zollbelastung entgegengesetzt zum Warenwert, indem er einen spezifischen Zoll festsetzt, von dem jeweils ein bestimmter Prozentsatz des Warenwertes abzuziehen ist, so daß steigende Preise eine Reduzierung des Zoll bewirken (z. B. 36 DM pro 100 kg abzüglich 30 % des Wertes). In einzelnen Fällen konnte der Gleitzoll mit dem Wertzoll kombiniert werden („Gleitender Mischzoll“; z. B. 10 % des Wertes, jedoch höchstens 80 DM pro 100 kg bei gleichzeitiger Minderung der Obergrenze um 10 % des Warenwertes). – Das BMWi hatte mit Schreiben vom 5. Jan. 1955 eine Stellungnahme vom 4. Jan. 1955 („Gleitzoll und gleitender Mischzoll vom wirtschaftspolitischen Standpunkt“) vorgelegt und festgestellt, „daß Gleitzölle in beiden Formen kein der wirtschaftspolitischen Grundkonzeption der Bundesrepublik entsprechendes Mittel darstellen, abgesehen davon, daß sie auch in funktioneller Hinsicht erhebliche Mängel aufweisen“ (B 102/56253 und B 136/378).

den jetzigen Verhandlungen im GATT zu einer Auseinandersetzung führen könne[9] und auch in der OEEC mit Erörterungen darüber zu rechnen sei. Eine entschiedene Haltung der Bundesregierung zur Frage des Gleitzolles müsse früher oder später in jedem Falle herbeigeführt werden, weil sich aus der Anwendung des Gleitzolls weitgehende Folgerungen für unsere Handels- und darüber hinaus für unsere gesamte Wirtschaftspolitik ergeben könnten.

Staatssekretär Hartmann macht darauf aufmerksam, daß der Kabinettsausschuß einen Beschluß über Anwendung oder Nichtanwendung von Gleitzöllen in allgemeiner Form nicht fassen könne, sondern daß ein Beschluß von Fall zu Fall bei Anträgen für einzelne Waren in Betracht komme. Das Bundesministerium der Finanzen verhalte sich bezüglich der Anwendung von Gleitzöllen neutral und betrachte den Gleitzoll lediglich als ein Mittel, wenn andere handelspolitische Maßnahmen nicht mehr wirksam seien.

Dem widersprechen der *Vizekanzler* und der *Bundesminister für Wirtschaft*. Da von dem Gleitzoll die gesamte Handelspolitik betroffen werde, müsse man sich grundsätzlich dagegen aussprechen.

Reg.Dir. Dr. Bolder, BMF, erläutert am Beispiel des Gleitzolls für Braumalz das Wesen und die Funktion des Gleitzolles[10].

Der *Bundesminister für Ernährung, Landwirtschaft und Forsten* folgt im wesentlichen der Auffassung des Bundesministeriums der Finanzen. Auch er sieht den Gleitzoll nur als ein Aushilfsmittel an. Über die Anwendung habe sein Ministerium beabsichtigt, von Fall zu Fall Überlegungen anzustellen. Irgendeinen Antrag habe er nicht gestellt und bisher auch nicht zu stellen beabsichtigt. Der Gleitzoll sei seiner Meinung nach nur für besonders geeignete Fälle anwendbar. Bei Waren mit einem breiten Qualitäts- oder Preisband wie z. B. Butter halte er einen Gleitzoll nicht für möglich. Dagegen könne ein Gleitzoll für Eier seiner Meinung nach durchaus zweckmäßig sein und übrigens, wie er überzeugt sei, zu niedrigeren Verbraucherpreisen führen. Für Eier würde der Gleitzoll aus den gleichen Erwägungen wie bei Braumalz berechtigt sein, weil das Ausland durch die niedrigeren Futterkosten ähnlich günstiger gestellt sei wie durch die billigen Weltmarktpreise für Braugerste. Er habe diesen Gedanken übrigens gegenüber einigen als Konkurrenten auf dem deutschen Markt in Betracht kommenden Ländern vertreten und lege auf ein Einvernehmen mit diesen Gewicht. Bei Schweden, das allerdings verhältnismäßig geringe Eiereinfuhren in die Bundesrepublik zu verzeichnen habe, habe er Verständnis gefunden, noch nicht dagegen bei den Holländern und den Dänen.

Er spricht sich dafür aus, den Gleitzoll nicht allgemein zu ächten, weil man sich sonst eines brauchbaren Mittels der Handelspolitik berauben würde. Deshalb solle

---

[9] Die IX. GATT-Konferenz hatte am 28. Okt. 1954 begonnen und dauerte bis zum 7. März 1955. Seit dem 8. Nov. 1954 wurde über eine Revision des Allgemeinen Zoll- und Handelsabkommens verhandelt (vgl. 19. Ausschußsitzung am 19. Okt. 1954 TOP 3). In seiner Rede auf der GATT-Konferenz am 10. Nov. 1954 hatte der dänische Handelsminister das Gleitzollsystem als unvereinbar mit dem Prinzip der Meistbegünstigung und dem Geist des GATT bezeichnet (vgl. das Schreiben des AA an das BMWi vom 27. Nov. 1954 in AA UAbt. 40, Bd. 185 [Az. 355-12] und B 102/56253).

[10] Zum Zollsatz für Braumalz vgl. 18. Ausschußsitzung am 27. Sept. 1954 TOP 3.

man auch bei den Genfer GATT-Verhandlungen erklären, daß diese Zollart nur ein äußerstes Aushilfsmittel sei.

Min.Dirig. Dr. van Scherpenberg, AA, befürchtet aus der Anwendung von Gleitzöllen schwerwiegende handelspolitische Rückwirkungen. Seiner Meinung nach eigne sich ein Gleitzoll in erster Linie für Halbprodukte. Es sei aber bereits zu Bestrebungen gekommen, für die Grundstoffindustrie auf diese Weise eine Festlegung von Preisen zu erreichen. Dies sei insofern von besonderer Bedeutung, als die Industrie im Falle von Konjunkturrückgängen auf billigere Vorprodukte angewiesen sei. Man könne mit größter Wahrscheinlichkeit erwarten, daß das Ausland, wenn von einer Seite Gleitzölle eingeführt würden, ebenfalls zur Benutzung von Gleitzöllen übergehen würde, weil damit alle protektionistischen Bestrebungen in einfacher Weise gefördert werden könnten. So hätten denn auch die Dänen erkannt, daß ihr Antrag in Genf ein Fehler gewesen sei, da aus diesen Erwägungen heraus mit der Ablehnung ihres Antrags wahrscheinlich zu rechnen gewesen sei. Daher hätten sie ihren gegen die Gleitzölle gerichteten Antrag nicht weiter verfolgt, um nicht gerade dadurch den Weg für die Gleitzölle freizumachen.

Der *Bundesminister für Wirtschaft* unterstreicht den Standpunkt des Auswärtigen Amtes. Er hält es durchaus für möglich, daß im Einzelfalle durch die Einführung des Gleitzolls wohl ein erwünschter Zweck erreicht werden könne. Da aber mit großer Wahrscheinlichkeit angenommen werden könne, daß die Anwendung dieses Mittels in den internationalen Beziehungen Schule mache, müsse man sich davor hüten. Der Gleitzoll bedeute das Ende jeder freien Weltwirtschaft und gerade wir müßten uns immer wieder darüber klar sein, daß unser gesamter wirtschaftlicher Aufstieg und Erfolg darauf gegründet und davon abhängig sei, daß wir in einer freien Weltwirtschaft arbeiten, in der wir wettbewerbsfähig seien.

Der *Bundesminister für Wohnungsbau* pflichtet den Ausführungen des Bundesministers für Wirtschaft und Ministerialdirigents Dr. van Scherpenberg, AA, bei. Ungeachtet der in der heutigen Sitzung zutage getretenen Auffassung sei freilich zu bedenken, daß der Gedanke damit noch nicht aus der Welt geschafft sei.

Darum spricht er sich dafür aus, daß hierüber eine gut fundierte Darstellung angefertigt werde, die an die Abgeordneten des Bundestages verteilt werden solle, um sie über alle Seiten des Problems zu unterrichten.

Der *Bundesminister für Ernährung, Landwirtschaft und Forsten* schließt sich diesem Wunsche an, bittet aber, die Darstellung von einer unabhängigen Stelle und nicht von einem Ressort anfertigen zu lassen.

Der *Vizekanzler*, der die mit der Einführung von Gleitzöllen verbundene Gefahr für die deutsche Wirtschaft nochmals hervorhebt, begrüßt den Vorschlag des Bundesministers für Wohnungsbau und des Bundesministers für Ernährung, Landwirtschaft und Forsten. Er sieht darin einen Weg, die Gefahr der Anwendung von Gleitzöllen allen zur Mitwirkung Berufenen am besten vor Augen zu führen, und ist der Meinung, daß das Bundesministerium für Wirtschaft so verfahren solle.

Auf seinen Vorschlag beschließt der Kabinettsausschuß entsprechend[11].

---

[11] Fortgang Sondersitzung des Kabinettsausschusses am 21. Jan. 1955 TOP A.

[A.] Ernennung der Mitglieder der Beratenden Versammlung der Montanunion

Staatssekretär Dr. Westrick unterrichtet den Kabinettsausschuß darüber, daß es dem DGB-Vorsitzenden nicht gelungen ist, die IG-Bergbau zur Benennung eines Gewerkschaftlers, der der christlichen Richtung angehört, zu bestimmen[12].

Der DGB-Vorsitzende habe aber zugestimmt, daß der an zweiter Stelle nominierte Vertreter Hoefner[13] anstatt des an erster Stelle aufgeführten Vertreters Berger[14] von der Bundesregierung benannt würde. Dieses Verfahren weiche zwar von den bisherigen Gepflogenheiten ab, verstoße jedoch nicht gegen die Bestimmungen.

In Anbetracht dessen, daß die Zustimmung des DGB vorliege, solle die Bundesregierung eine etwa mögliche Kritik der IG-Bergbau in Kauf nehmen.

Der Kabinettsausschuß nimmt hiervon zustimmend Kenntnis[15].

---

[12] Siehe 22. Ausschußsitzung am 17. Dez. 1954 TOP B. – Zu den Bemühungen Freitags vgl. den Vermerk Westricks vom 7. Jan. 1955 in B 102/34563.

[13] Karl Höfner (1895–1987). 1948–1960 geschäftsführendes Vorstandsmitglied der IG Bergbau.

[14] Gemeint ist wohl: August Berges (geb. 1896). 1954–1963 Mitglied im Beirat der IG Metall.

[15] Das BMWi teilte dem EGKS-Sekretariat mit Fernschreiben vom 18. Jan. 1955 die Liste der deutschen Kandidaten, darunter die Gewerkschaftsvertreter Dahlmann, Hoefner, Straeter, Brümmer und Freitag, mit (B 102/34563). Alle nominierten Personen wurden in der Sitzung am 20. Jan. 1955 durch den Ministerrat in den Beratenden Ausschuß berufen (vgl. das Protokoll in B 102/60943).

Sondersitzung des Kabinettsausschusses für Wirtschaft am Freitag, den 21. Januar 1955

Teilnehmer: Blücher, Preusker; Hartmann, Sauerborn; Müller-Armack (BMWi), Haenlein (Bundeskanzleramt), Heise (BMZ), weitere Vertreter verschiedener Bundesressorts. Protokoll: Haenlein.

Beginn: 14.30 Uhr *Ende: 17.00 Uhr*

Ort: Bad Godesberg, Haus Carstanjen

Tagesordnung:

Einziger Punkt: Kupferschieferbergbau bei Sontra
Vorlage des BMWi vom 15. Jan. 1955 (I A 2 - 168/55).

[1. Kupferschieferbergbau bei Sontra] BMWi

Eingangs berichtet *Ministerialdirektor Professor Dr. Müller-Armack* [BMWi] über die Verhandlungen im Wirtschaftspolitischen Ausschuß des Bundestages zu dieser Frage[1]. Dabei geht er auf den Einwand der Firma Lanz ein, mit dem ungewöhnlich niedrig verzinslichen Kredit werde eine Konkurrenzfirma in nicht marktkonformer Weise begünstigt[2]. Er stellt dazu fest, daß das Angebot, im Raum um Sontra einen Betrieb zu diesen Bedingungen anzusiedeln, an alle Interessenten gegangen sei.

---

[1] Siehe 23. Ausschußsitzung am 7. Jan. 1955 TOP 3. – Vorlage des BMWi vom 15. Jan. 1955 in B 102/13130 und B 136/2391. – Der Wirtschaftspolitische Ausschuß des Deutschen Bundestags hatte am 14. Jan. 1955 seine Haltung bekräftigt, die Weiterführung des Kupferschieferbergbaus in Sontra nicht zu befürworten. Er hatte von der Bundesregierung „ein konstruktives Programm für die Lösung der Schwierigkeiten im Gebiet Sontra" gefordert. Über die bis dahin bewilligten 15 Millionen DM hinaus sollten weitere Mittel bereitgestellt werden, um neue Arbeitsplätze so zu schaffen, daß eine reibungslose Übernahme der freiwerdenden Arbeitskräfte ermöglicht würde (Protokoll im Parlamentsarchiv des Deutschen Bundestags). Der BMWi hatte in seiner Vorlage vom 15. Jan. 1955 die Behandlung der Angelegenheit in der nächsten Sitzung des Kabinettsausschusses beantragt, da die zur Investition in Sontra bereite Firma Massey-Harris-Fergusson ihre neue Produktion in Köln aufbauen werde, wenn die Bundesregierung nicht bis zum 23. Jan. 1955 über die Bereitstellung der notwendigen Kredite entschieden hätte.

[2] Der Landmaschinenhersteller Lanz, Mannheim, hatte mit Fernschreiben vom 15. Jan. 1955 gegen die Gewährung eines Kredits zu 2 % an die Firma Massey-Harris-Fergusson protestiert und um Unterstützung hinsichtlich eines bei der Bundesanstalt für Arbeitsvermittlung und Arbeitslosenversicherung beantragten Kredits über 7 Millionen DM gebeten (B 102/13132).

Dies wurde von *Ministerialrat Dr. Rau*, BMW, dahin ergänzt, daß die Unterlagen dem Bundesverband der Deutschen Industrie gegeben worden seien, der sie an alle Firmen der betreffenden Branchen weitergeleitet habe[3]. Besondere Verhandlungen seien auch mit der AEG geführt worden[4].

Ministerialdirektor Professor Dr. Müller-Armack, BMW, empfiehlt, einer etwaigen Propaganda der Sowjetzone dadurch zu begegnen, daß man die positiven Auswirkungen der neuen Projekte entgegenstellt. Besonders begrüßt er es, daß sich eine kanadische Firma im Zonenrandgebiet ansiedeln wolle.

Er schlägt vor, die Umsetzung der Arbeitskräfte aus Sontra in die neuen Betriebe Zug um Zug vorzunehmen.

Der *Vizekanzler* stellt als einen wesentlichen Gesichtspunkt fest, daß die Kreditangebote auch anderen Firmen gemacht worden sind, so daß diese die Möglichkeit gehabt hätten, von den besonderen Vorzügen Gebrauch zu machen. Er stellt weiter fest, daß im Haushalt 1955 noch weitere Mittel für Sontra vorgesehen sind[5]. Er bittet zu prüfen, ob es notwendig ist, den Zinssatz der neuen Kredite auf 2 % zu senken und fürchtet, man könne die Abwanderung einiger 100 Arbeiter in die sowjetisch besetzte Zone nicht verhindern.

Staatssekretär Hartmann würde es begrüßen, wenn es möglich wäre, einen höheren Zinssatz zu vereinbaren. Die Kredite kosteten die Firmen 2 ½% Zinsen, da Hessen ½% erhalte.

Zu dem Wunsch des Wirtschaftspolitischen Ausschusses, noch mehr als 15 Mio. DM Kredite zur Ansiedlung neuer Firmen zu gewähren, erklärt er, daß das Bundesministerium der Finanzen hierzu bereit sei. Sollte es gelingen, neue Firmen anzusiedeln, wolle es sogar noch über 20 Mio. DM hinausgehen.

Der *Bundesminister für Wohnungsbau* macht auf die schwierige Lage der Schienenbusfirma ORION aufmerksam, deren Aufträge im April/Mai ausliefen. Es sollte geprüft werden, ob durch mittelfristige Gelder eine gleichbleibende weitere Beschäftigung gesichert werden könne.

Der Vizekanzler will prüfen, ob im Wege der Auftragsfinanzierung nach Berliner Muster oder durch Hereinnahme von Schuldverschreibungen der Bundesbahn geholfen werden kann und wird den Bundesministerien der Finanzen und für Wirtschaft hierzu Unterlagen zur Verfügung stellen[6].

---

[3] Mit Schreiben vom 24. Mai und 21. Juli 1954 hatte das BMWi den Hauptgeschäftsführer des BDI, Beutler, um Unterstützung bei der Suche nach Unternehmen gebeten, die zu einem Engagement im Raum Eschwege-Bebra bereit wären (B 102/13132).

[4] Die AEG hatte nach Besprechungen mit Vertretern des BMWi am 6. Okt. 1954 Projektentwürfe für eine Kühlschrankfabrik vorgelegt. Mit Schreiben vom 21. März 1955 trat die AEG jedoch von dem Projekt zurück (Unterlagen in B 102/13132).

[5] Der Bundeshaushaltsplan für 1955 (Titel 0902-609) sah einen „Zuschuß an die Kurhessische Kupferschieferbergbau GmbH, Sontra" in Höhe von 4,6 Millionen DM vor (BD 11/3–1955).

[6] Nicht ermittelt. – Zur Firma Orion vgl. 40. Ausschußsitzung am 10. Dez. 1955 TOP A.

Er verliest sodann folgende Anträge, die der Bundesminister für Verkehr – der an der Sitzung nicht teilnehmen kann – stellt[7]:

1) Der gesamte Komplex Sontra ist der Preussag anzugliedern;

2) aus Preussag aus- und Hibernia anzugliedern sind Barsinghausen und Obernkirchen;

3) Sontra muß mindestens soweit erhalten werden, daß es nach Wiedervereinigung als Erzbergbau für Mansfeld zur Verfügung steht; wie das geschieht, soll Preussag in Übereinstimmung mit der verlagerten Mansfeld AG (Salzdethfurt-Konzern) abstimmen;

4) Errichtung der beiden Fabriken in Eschwege unabhängig von dem Schicksal Sontras auf Grund 3.; Abgabe eines Teiles der Belegschaft Sontras an Massey-Harris stehen 1.-3. nicht entgegen.

Hierzu bemerkt *Staatssekretär Hartmann*, die Preussag habe bereits die Übernahme von Sontra abgelehnt[8]. Den Ressorts komme bei dieser dem Bund gehörenden Gesellschaft nur ein Aufsichtsrecht zu. Man könne über die Gesellschaftsbeschlüsse nicht hinweg gehen. Er weist darauf hin, daß die hessische Regierung bereit ist, die politische Verantwortung für die Stillegung von Sontra zu tragen und hält es für nötig, sich hierüber klar zu sein, da sonst keine Arbeiter für die Firma Massey-Harris zur Verfügung gestellt werden könnten. Er schlägt vor, gemeinsam mit Hessen ein Kommuniqué herauszugeben.

Staatssekretär Sauerborn faßt das Ergebnis der bisherigen Beratungen dahin zusammen, man sei einig in der Feststellung der Unwirtschaftlichkeit des Bergbaubetriebes Sontra. Mit der jetzt geplanten Durchführung der Maßnahmen seien die Bedenken, es werde nicht möglich sein, die Arbeiter aus Sontra in den neuen Arbeitsplätzen zu beschäftigen, im wesentlichen ausgeräumt. Da mit dem Beschluß des Wirtschaftspolitischen Ausschusses auch die politischen Bedenken zurückträten, stimme er der Vorlage zu.

Im gleichen Sinne äußern sich der *Bundesminister für Wohnungsbau* und der *Vizekanzler*, der darüber hinaus feststellt, die Bemühungen zur Festigung und Ansiedlung von Betrieben in diesem Raum müßten fortgesetzt werden. Das gelte vor allem für die Firma ORION. Er selbst werde mit Herrn Spennrath darüber verhandeln, ob die AEG sich zu einer Neugründung in Sontra entschließen könne[9].

Er bittet sodann Ministerialdirektor Professor Dr. Müller-Armack und Ministerialdirigent Haenlein, eine Erklärung für die Presse auszuarbeiten. Sie ist als Anlage dem Protokoll beigefügt[10].

---

[7] Vorlage nicht ermittelt.

[8] Nicht ermittelt.

[9] Blücher traf mit dem Präsidenten der IHK zu Berlin, Dr. Friedrich Spennrath, am 28. Febr. 1955 zusammen (Tageskalender in Nachlaß Blücher N 1080/294–9, weitere Unterlagen nicht ermittelt).

[10] Der dem Protokoll anliegende Text lautet: „Die Bundesregierung hat heute noch einmal die schwierige Lage des Kupferschieferbergbau-Betriebes in Sontra beraten. Sie hat ein konstruktives Programm entwickelt, das die Ansiedlung neuer Fertigungsbetriebe in diesem Raum

Es wird sodann folgender Beschluß gefaßt:

1) Der Kabinettsausschuß stimmt der Vorlage des Bundesministeriums für Wirtschaft vom 23.12.1954, ergänzt durch die Stellungnahme des Bundesministeriums der Finanzen vom 3.1.1955, zu.

2) Darüber hinaus beschließt der Kabinettsausschuß, der hessischen Regierung folgenden Wortlaut seines Beschlusses vorzulegen, um die daraus sich ergebenden Schritte mit der hessischen Regierung abstimmen zu können:

   „Die Bundesregierung beschließt, zur Sanierung der Lage im Raum Sontra Zug um Zug mit der in Aussicht genommenen Ansiedlung neuer Betriebe eine Umsetzung der Arbeitskräfte des Bergbau-Betriebes Sontra als Vorbereitung einer stufenweisen Stillegung des Betriebes der Kurhessischen Kupferschiefer-Bergbau GmbH., Sontra, durchzuführen. Über die Stillegung hinaus sind Maßnahmen zu treffen, die der Erhaltung der Anlagen des Betriebes dienen.“[11]

[A. Gleitzoll] **BMF**

Außerhalb der Tagesordnung erörtert *Staatssekretär Hartmann* noch den Weg, der für die in der Kabinettsausschußsitzung am 7.1.1955 beschlossene Anfertigung einer Darstellung über den Gleitzoll eingeschlagen werden soll[12].

Ministerialdirektor Professor Dr. Müller-Armack [BMWi] gibt drei Möglichkeiten zu erwägen, nämlich, die Wissenschaftlichen Beiräte der beteiligten Ressorts allein oder zusammen mit der Frage zu befassen oder ein wissenschaftliches Institut oder auch einen oder mehrere Gelehrte.

Der *Bundesminister für Wohnungsbau* rät davon ab, die Beiräte dafür heranzuziehen, da die Gefahr bestehe, daß sie als nicht ganz neutral gewertet werden könnten.

Der *Vizekanzler* betont ebenso wie *Staatssekretär Sauerborn* die Notwendigkeit, eine schnelle Klärung herbeizuführen.

Auf Vorschlag des *Vizekanzlers* und von *Staatssekretär Hartmann* kommt der Kabinettsausschuß überein, daß AA, BMF, BML und BMZ sich mit dem BMWi auf dessen Einladung zusammenfinden sollen, um gemeinschaftlich zunächst die Darstel-

---

vorsieht. Sie ist hierbei bereit, die Ansiedlung von zunächst zwei großen Firmen in diesem Gebiet an der Zonengrenze mit erheblichen Mitteln des Bundes zu fördern. Damit steht sie in Übereinstimmung mit Vorschlägen der hessischen Regierung und Wünschen des Wirtschaftspolitischen Ausschusses des Bundestages. Zug um Zug mit der Schaffung neuer Arbeitsplätze ist eine stufenweise Umsetzung der bisher in der Hessischen Kupferschiefer-Bergbau GmbH beschäftigten Kräfte vorgesehen.“ – Text des BPA in BD 7/167–1955,1.

[11] Der Kabinettsbeschluß wurde der hessischen Regierung anläßlich einer Besprechung im BMF am 31. Jan. 1955 mitgeteilt (vgl. das Schreiben des BMF an das Bundeskanzleramt vom 2. März 1955 in B 136/2391 und das Protokoll in B 126/40633). – Die Gesellschafterversammlung beschloß am 10. Febr. 1955 die Liquidierung der Kurhessischen Kupferschieferbergbau GmbH, deren Betriebsanlagen bis zum 31. Okt. 1955 stillgelegt wurden (Unterlagen ebenda). – Fortgang 44. Ausschußsitzung am 27. Febr. 1956 TOP 4 (B 136/36216).

[12] Siehe 23. Ausschußsitzung am 7. Jan. 1955 TOP 2.

lung des Für und Wider anzufertigen, ohne dabei bereits zu einem abschließenden Votum gelangen zu sollen[13].

[13] In einer Ressortbesprechung am 6. April 1955 wurde die Einrichtung einer interministeriellen Arbeitsgruppe „Gleitzölle" beschlossen, die am 25. April 1955 zu ihrer ersten Sitzung zusammentrat (Unterlagen in B 102/12684 b und B 126/3657). Die am 15. Dez. 1955 beschlossene „Darstellung des Für und Wider der Gleitzölle" gab das BMWi mit Schreiben vom 19. Dez. 1955 BMZ, AA, BMF und BML und mit Schreiben vom 4. April 1956 dem Bundeskanzleramt zur Kenntnis. Die Ausarbeitung hatte keinen offiziellen Charakter, da sie insbesondere nicht die Auffassung des BMWi widerspiegelte (vgl. das Schreiben des BMWi und den Vermerk aus dem Bundeskanzleramt vom 9. April 1956 in B 136/378). Die Angelegenheit wurde inhaltlich nicht weiter verfolgt.

Sondersitzung des Kabinettsausschusses für Wirtschaft am Freitag, den 28. Januar 1955

Teilnehmer: Blücher, Erhard, Preusker, Oberländer, Kaiser (ab 15.10 Uhr); Westrick, Sauerborn, Bergemann; Bernard (BdL); Oeftering (BMF, ab 14.40 Uhr), Müller-Armack (BMWi), Haenlein (Bundeskanzleramt), weitere Vertreter verschiedener Bundesressorts. Protokoll: Haenlein.

Beginn: 14.30 Uhr — *Ende: 17.35 Uhr*

Ort: Bonn, Haus des Bundeskanzlers

Tagesordnung:

Einziger Punkt: *Artikel XI und XII des Saarabkommens.*

[1. Artikel XI und XII des Saarabkommens] AA

Der *Bundesminister für Wirtschaft* berichtet, daß Frankreich mit der Saar wegen eines Abkommens über wirtschaftliche Zusammenarbeit verhandeln wird, daß aber dieser neue Vertrag erst in Kraft treten wird, wenn das Saarstatut ratifiziert ist. Er habe Herrn Mendès-France[1] versprochen, die Auffassung der deutschen Seite, wie die in Artikel XII des Saarstatuts vorgesehenen dreiseitigen Verträge aussehen sollten, in einem Memorandum mitzuteilen[2]. Dieser wolle dann dazu Stellung

[1] Dr. Pierre Mendès-France (1907–1982). 1944 Wirtschaftsminister der Provisorischen Regierung Frankreichs; 1947–1958 Gouverneur des Internationalen Währungsfonds und stellvertretender Gouverneur der Internationalen Bank für Wiederaufbau und Entwicklung; Juni 1954 bis Februar 1955 Ministerpräsident und Außenminister, Januar bis Mai 1956 Staatsminister in der Regierung Guy Mollet.

[2] Siehe 67. Kabinettssitzung am 26. Jan. 1955 TOP 1 (Kabinettsprotokolle 1955, S. 106–108). – Während der Pariser Konferenzen vom 19. bis 23. Okt. 1954 hatten Adenauer und Mendès-France ein „Abkommen über das Statut der Saar" abgeschlossen, dessen Ziel es war, „der Saar im Rahmen der Westeuropäischen Union ein europäisches Statut zu geben" (EA 1954, S. 7020–7022). Nach seiner Billigung durch eine Volksabstimmung sollte es bis zum Abschluß eines Friedensvertrages nicht mehr in Frage gestellt werden können. Artikel IX des Abkommens sah vor, daß die die Saar betreffenden Bestimmungen eines Friedensvertrags der Billigung der Saarbevölkerung durch eine „Volksbefragung" bedürften. In Artikel XI verpflichteten sich beide Regierungen „gemeinsam alle Anstrengungen zu machen, die notwendig sind, um der saarländischen Wirtschaft Entwicklungsmöglichkeiten im weitesten Umfang zu geben". Nach Artikel XII sollten u. a. die Grundsätze der bestehenden französisch-saarländischen Wirtschaftsunion in ein Abkommen über die wirtschaftliche Zusammenarbeit zwischen Frankreich und dem Saarland übernommen werden. Zwischen dem Saarland und Deutschland sollten „gleichartige" wirtschaftliche Beziehungen hergestellt werden, jedoch in einer Weise, daß die Errichtung einer Zollgrenze zwischen Frankreich und dem Saarland nicht nötig sein würde. Die französisch-saarländische Zoll- und Währungsunion sollte bestehen bleiben. – Zu den Verhandlungen Erhards mit Mendès-France am 18. Jan. 1955 in Paris vgl. das Schrei-

nehmen, und man hoffe, in Dreier-Verhandlungen noch vor dem Inkrafttreten des Saarstatuts zu Ergebnissen zu kommen. Diese würden aber genau so wie die französisch-saarländischen Verhandlungen erst nach der Ratifizierung des Saarabkommens in Kraft treten.

Der *Bundesminister für Wirtschaft* hält es für notwendig, sich zunächst mit den Vertretern der Saar in Verbindung zu setzen, um deren Einstellung zur Gestaltung der dreiseitigen Verträge zu erfahren und auf diese Weise gleiche Startbedingungen zu schaffen.

Nach seiner Meinung enthält der Artikel XII

1) ein quantitatives Element, die Intensivierung der deutsch-saarländischen Wirtschaftsbeziehungen, und

2) ein qualitatives Element; das Ziel, zwischen der Bundesrepublik und der Saar Beziehungen zu schaffen, die denen zwischen Frankreich und der Saar „gleichartig" sind.

Der Artikel XII sei allerdings derart widerspruchsvoll, daß er sich überlege, ob es nicht besser sei, zunächst mit Herrn Mendès-France ein persönliches Gespräch zu führen, um die Lage zu klären, statt sofort die Trümpfe aus der Hand zu geben. Nach seiner Meinung gibt es nur die Möglichkeit, das vorliegende Statut anzunehmen oder aber es bei dem derzeitigen Zustand, bei dem wir keinerlei Einfluß auf die Saar haben, zu belassen. In diesem Falle wäre allerdings infolge der einseitigen Bindung der Saar an Frankreich das Deutschtum an der Saar sehr gefährdet. Bei Annahme des Saarstatuts würde hingegen die wirtschaftliche Dynamik sicher dazu führen, daß sich wirtschaftliche Abhängigkeiten der Saar von Deutschland ergeben, die auch die politischen Beziehungen in unserem Sinne beeinflussen.

Der Artikel XII biete die Möglichkeit, in den Verhandlungen die Fragen des deutschen Vermögens, der Banken, der Versicherungen, des Niederlassungsrechts, der Investitionen an der Saar, der Sequesterverwaltung usw. anzusprechen. Es käme im jetzigen Zeitpunkt nicht darauf an, sich über einzelne Formulierungen zu unterhalten, sondern die Punkte festzulegen und die Richtung, in welchem Sinne und mit welcher Entwicklungstendenz sie geklärt werden müßten.

Der *Vizekanzler* bittet, die politische Problematik heute nicht zu besprechen. Er hält die vorzeitige Festlegung durch die Ratifikation, noch ehe man wisse, wie die dreiseitigen Verhandlungen ausgehen würden, für bedenklich. Zudem sei der Wortlaut des Vertragstextes sehr unklar. Er habe auch Bedenken, daß die Erhaltung der französisch-saarländischen Konventionen überbetont werde. Schließlich weist er noch auf philologische Mängel hin. Er befürchtet, daß auf die französisch-saarländischen Abmachungen nur wenig Einfluß genommen werden könne und daß die deutsch-saarländisch-französischen Absprachen durch diese präjudiziert würden. Deshalb sollte besser sofort mit dreiseitigen Verhandlungen begonnen werden.

---

ben Erhards an Adenauer vom 24. Jan. 1955 (AA B 2, Bd. 73) und die Aufzeichnung des französischen Außenministeriums vom 20. Jan. 1955 (DDF 1955 I, S. 107).

Vortr.Leg.Rat Lahr, AA, bemerkt hierzu, daß der Bundeskanzler in Baden-Baden versucht habe, vorhergehende Verhandlungen zwischen Frankreich und der Saar zu verhindern[3].

Da diese bereits am Montag, den 31.1.1955, beginnen[4], sei eine gleichzeitige Behandlung der Probleme nur zu erreichen, wenn sofort ein Papier mit unserer Auffassung überreicht werde. Dieses Papier stärke auch die Verhandlungsposition der Saar, da es ihr zeige, in welchen Fragen wir gleicher Ansicht seien. Sollten sich später Divergenzen mit Frankreich ergeben, so könne man den Franzosen entgegenhalten, daß sie über die deutschen Ansichten informiert gewesen seien.

Das Papier müsse sehr konkret sein, da auch die französisch-saarländischen Verhandlungen sehr in die Einzelheiten gehen würden. Das Auswärtige Amt möchte deshalb dieses Papier am Montag oder Dienstag kommender Woche bereits in Paris an die Franzosen übergeben.

Der *Bundesminister für Wirtschaft* stimmt der schnellen Überreichung des Papiers zu. Er möchte allerdings vorher noch Kontakt mit Vertretern der Saar in Paris aufnehmen, um deren Ansichten zu erfahren und danach das Papier endgültig formulieren. Es müsse darin möglichst viel gefordert werden.

Vortr.Leg.Rat Lahr, AA, erklärt, daß das Auswärtige Amt mit der Saar bereits Verbindung aufgenommen habe. Sie stehe in wirtschaftlichen Dingen auf unserer Seite, ihre Position sei aber den Franzosen gegenüber sehr schwach. Die Saar sei mit dem Inhalt des Papiers, das ihr in großen Zügen vom Auswärtigen Amt angedeutet worden sei, einverstanden.

Nach der Meinung des *Vizekanzlers* müssen unsere Forderungen genügend Spielraum zum Nachgeben enthalten. Er hat Zweifel, ob die technische Ausstattung in Paris ausreicht, um die notwendigen Änderungen rechtzeitig vorzunehmen.

Vortr.Leg.Rat Lahr, AA, trägt sodann die mit einzelnen Ressorts vorbereitete Ausarbeitung zur Auslegung der Artikel XI und XII des Saarabkommens vor[5].

In der sich dabei ergebenden Aussprache ist *Präsident Dr. Bernard* der Ansicht, daß man keine selbständige saarländische Währung anstreben solle, da er sich daraus keinerlei Vorteile gegenüber dem jetzigen Zustand verspricht. Die Saar allein sei nicht lebensfähig und wir hätten kein Interesse daran, einen Nachbarn und Partner zu haben, der krank und schwach sei. Man müsse hoffen, daß die Konvertibilität eines Tages verwirklicht werde; damit werde dann die Frage uninteressant.

---

[3] Zu den Verhandlungen Adenauers mit Mendès-France am 14. Jan. 1955 in Baden-Baden vgl. 65. Kabinettssitzung am 19. Jan. 1955 TOP 1 (Kabinettsprotokolle 1955, S. 75–81).

[4] Zu den französisch-saarländischen Verhandlungen vom 31. Jan. bis 21. März 1955, die mit der Grundsatzerklärung vom 21. März 1955 abgeschlossen wurden, vgl. 77. Kabinettssitzung am 23. März 1955 TOP C (Kabinettsprotokolle 1955, S. 203 f.).

[5] Mit Schreiben vom 27. Jan. 1955 hatte Lahr dem BMZ „im Hinblick auf die morgen stattfindende Sitzung des Kabinettsausschusses" den Entwurf einer Aufzeichnung „Auslegung der Artikel 11 und 12 des Saarstatuts" übersandt, „die die deutschen Vorschläge zur Durchführung der Artikel 11 und 12 des Saarabkommens enthalten und dem französischen Ministerpräsidenten in der nächsten Woche übergeben werden soll" (B 146/1248; weitere Unterlagen in B 102/11442).

Auch der *Bundesminister für Wohnungsbau* wendet sich gegen eine Saarwährung.

Vortr.Leg.Rat Lahr, AA, gibt zu bedenken, daß die Währung auf das gesamte Kreditwesen ausstrahlt und mit Schaffung einer selbständigen saarländischen Währung die Abhängigkeit der Saar von Frankreich auf diesem Gebiet beseitigt würde.

Der *Vizekanzler* weist darauf hin, daß mit der Schaffung einer saarländischen Währung die Autonomiebestrebungen der Saar gestärkt werden könnten.

Der *Bundesminister für Wirtschaft* möchte nicht Bezug auf eine „Währung europäischen Charakters" nehmen, sondern an dieser Stelle lieber von der Konvertibilität sprechen[6].

Der *Bundesminister für Vertriebene, Flüchtlinge und Kriegsgeschädigte* verweist auf die Nachteile, die Danzigs Währung seinerzeit dem Reich gebracht habe[7].

Es besteht danach Einverständnis, daß der Satz in der Ausarbeitung auf Seite 2 unter Ziffer 1 neu formuliert werden und die Frist in Ziffer 2 von 5 auf 3 Jahre herabgesetzt werden soll[8].

Zu Seite 3 „Sonstige Sachgebiete" weist *Präsident Dr. Bernard* darauf hin, daß, solange der französische Franc gesetzliches Zahlungsmittel ist, die Saar keine selbständige Kreditpolitik treiben könne[9]. Gemeint sei wohl eine bessere Kreditversorgung.

Auf Anregung des *Bundesministers für Wohnungsbau* beschließt der Kabinettsausschuß, die Formulierung in der Richtung zu ergänzen, daß auch die Interessen der Bundesrepublik berücksichtigt werden müssen.

Bei der Erörterung des Verhältnisses der Bundesrepublik zur Saar widerspricht der *Bundesminister für Wirtschaft* den Formulierungen zur Zollfrage. Die Saar solle kaufen können, wo sie wolle. Wenn sie über ihren tatsächlichen Bedarf hinaus aus der Bundesrepublik beziehen wolle, so müßten die Franzosen Maßnahmen ergreifen, um einer Überschwemmung ihres Marktes mit diesen deutschen Waren entgegenzuwirken. [10]

---

[6] In der Ausarbeitung des AA hieß es: „Der französische Franken bleibt bis zur Schaffung einer Währung europäischen Charakters gesetzliches Zahlungsmittel an der Saar. Kommt es nicht innerhalb einer zu vereinbarenden Frist zur Schaffung einer solchen Währung in einer die Saar umfassenden Gruppe von Gebieten, werden Verhandlungen über die Schaffung einer solchen Währung an der Saar stattfinden."

[7] Die Freie Stadt Danzig hatte nach ihrer Loslösung vom Deutschen Reich infolge des Versailler Vertrags von 1919 bis 1939 den Danziger Gulden als eigene Währung.

[8] In der Ausarbeitung des AA hieß es: „Die Ablösung der französischen Zollverwaltung durch eine saarländische Zollverwaltung erfolgt schrittweise innerhalb von 5 Jahren."

[9] Der Absatz „Sonstige Sachgebiete" sah vor, daß die Saar für Gesetzgebung und Verwaltung „auf dem Gebiet der inneren Wirtschaftspolitik" zuständig sein sollte, insbesondere für Kreditpolitik, Preispolitik, Lohnpolitik, Sozialpolitik, indirekte Steuern und Verkehrspolitik.

[10] Nach Auffassung des AA sollte am Ende des Prozesses der Herstellung gleichartiger Beziehungen die Zollfreiheit stehen. „Um die Wiederausfuhr aus der Bundesrepublik privilegiert in die Saar eingeführter Waren nach Frankreich zu verhindern, ohne eine französisch-saarländische Zollgrenze zu errichten", hatte das AA als mögliche Modelle das Saarzollabkommen der Völkerbundszeit, die Freizonen bei Genf oder eine Endverbleibskontrolle vorgeschlagen. In die Bundesrepublik sollten nur solche Waren zollfrei ausgeführt werden können, die „mit einem saarländischen Ursprungszeugnis versehen sind".

Er schlägt vor, diese Frage in der Besprechung am 29.1.1955 noch einmal zu erörtern. Der Kabinettsausschuß beschließt entsprechend.

Zur Liberalisierung des Warenverkehrs kündigt der *Bundesminister für Wirtschaft* an, daß er zunächst einmal die uneingeschränkte Freiheit verlangen wolle.

Professor Dr. Müller-Armack [BMWi] glaubt, daß man dann zu den von der Bundesrepublik eingegangenen multilateralen Verpflichtungen in Gegensatz gerate. So würden z. B. die Interessen Belgiens dadurch stark berührt. Es wird daraufhin beschlossen, die Formulierung der Einzelheiten ebenfalls noch in der Besprechung am 29.1.1955 festzulegen.

Auf Hinweis von *Ministerialdirigent Haenlein*, BK, daß die deutsche Landwirtschaft durch die Freigabe sämtlicher saarländischer Waren betroffen würde, bemerkt *Ministerialrat Meyer-Burckhardt* [BML], das BELF glaube, mit einer Mißbrauchsklausel auskommen zu können.

Nachdem auch noch Durchführungsfragen einer weiteren Besprechung vorbehalten worden sind, teilt *Staatssekretär Sauerborn* mit, daß auf dem Sozialversicherungsgebiet die deutschen Versicherungsträger mit denen der Saar schon lange zu Übereinkommen gelangt seien, die bisher zu keinerlei Schwierigkeiten geführt haben. Er glaubt deshalb, daß das Gebiet der Sozialversicherung im Augenblick nicht angesprochen zu werden brauche. Nur müsse gesichert bleiben, daß auch hinterher noch die Möglichkeit für Vertragsabschlüsse auf dem Gebiet der Sozialversicherung gegeben bleibe. Nach den Ausführungen von *Vortr.Leg.Rat Lahr*, AA, ist das der Fall.

Ministerialdirektor Professor Dr. Oeftering, BMF, bittet, an den weiteren Verhandlungen das Bundesministerium der Finanzen schon wegen der Zollfragen zu beteiligen[11].

[A. Neubesetzung des Postens des Präsidenten der Montanunion] BMWi

Außerhalb der T.O. berichtet *Staatssekretär Dr. Westrick* über Besprechungen wegen der Neubesetzung des Präsidentenpostens der Hohen Behörde[12]. Mit dem Weggang

[11] In der Ressortbesprechung am 29. Jan. 1955 wurde die Aufzeichnung weiter beraten. Erhard und Blankenhorn vereinbarten, daß die endgültige Formulierung des Papiers am 31.1.55 in Paris vorgenommen werden solle (vgl. den Vermerk aus dem Bundeskanzleramt vom 31. Jan. 1955 in B 136/937). Mit Schreiben vom 4. Febr. 1955 legte das AA dem Bundeskanzleramt und den beteiligten Ressorts die auf Grund der Ausschußberatung erstellte Aufzeichnung über „Deutsche Vorstellungen über die Durchführung der Vereinbarungen gemäß Artikel 11 und 12 des Saarabkommens" vor, die am 3. Febr. 1955 in Paris dem französischen Außenminister Edgar Faure übergeben worden waren (B 136/937 und B 146/1248). – Fortgang 68. Kabinettssitzung am 28. Jan. 1955 TOP 1 (Kabinettsprotokolle 1955, S. 113–118). – Das Saarstatut scheiterte in der Volksabstimmung am 23. Okt. 1955.

[12] Siehe 14. Ausschußsitzung am 23. Juli 1954. – Der Präsident der Hohen Behörde Jean Monnet hatte am 10. Nov. 1954 auf eine weitere Kandidatur verzichtet und sein Mandat als Mitglied der Hohen Behörde zum 10. Febr. 1955 niedergelegt. – Vgl. die Vermerke Westricks über ein Gespräch mit dem belgischen Wirtschaftsminister Rey, dem luxemburgischen Wirtschaftsminister Rasquin und dem Staatssekretär im italienischen Wirtschaftsministerium, Battista,

Monnets[13] sei sowohl ein Sitz für Frankreich wie auch der Vorsitz in der Hohen Behörde vakant. In der letzten Ministerratssitzung der Montanunion habe er vorgeschlagen, den Präsidentenposten durch ein weniger wirtschaftlich gewichtiges Land besetzen zu lassen (Roulement). Der Kandidatur des belgischen Vertreters in der Hohen Behörde, Herrn Coppé[14], der danach in Frage komme, begegne jedoch ausgerechnet die belgische Regierung mit einer gewissen Reserve[15]. Aus Presse- und Rundfunkmeldungen sei zu entnehmen, daß die französische Regierung anscheinend beabsichtige, Herrn Ramadier[16] zu benennen. Der Bundesminister für Wirtschaft sei der Ansicht, daß, wenn man wiederum einen Franzosen bestimmen wolle, höchstens Herr Robert Schuman[17] in Frage komme[18].

Wie sich die einzelnen Länder entscheiden würden, sei noch völlig ungewiß. Belgien und vielleicht auch Italien würden wohl für Herrn Ramadier eintreten. Unter diesen Umständen habe er offen gelassen, ob nicht die Kandidatur von Herrn Etzel[19] ins Auge zu fassen sei[20].

Der *Bundesminister für Wohnungsbau* und der *Vizekanzler* glauben, daß man in dem Augenblick, in dem Frankreich versuche, die Montan-Union zu torpedieren, keinen Franzosen und vor allen Dingen nicht Herrn Ramadier zum Präsidenten

---

am 15. Jan. 1955 in Paris und über die Sitzung des Ministerrats der EGKS am 20. Jan. 1955 in AA Ref. 200, Bd. 41. Vgl. dazu auch Hollmann, Nachfolge.

13 Jean Monnet (1888–1979). 1946 Leiter des neu errichteten Planungsamtes, das ein Modernisierungsprogramm für die Eisen- und Stahlindustrie Frankreichs ausarbeiten sollte, Urheber des Schuman-Planes und Leiter der französischen Verhandlungsdelegation; 1952–1955 Präsident der Hohen Behörde der Europäischen Gemeinschaft für Kohle und Stahl (EGKS).

14 Dr. Albert Coppé (geb. 1911). 1946–1952 Abgeordneter des Repräsentantenhauses (Christlich-Soziale Partei), 1950 Minister für öffentliche Arbeiten, 1950–1951 Wirtschaftsminister, 1952 Minister für Wiederaufbau, 1952–1967 Mitglied und Vizepräsident (1952) der Hohen Behörde der EGKS, 1967–1972 Mitglied der Europäischen Kommission.

15 Rey äußerte am 15. Jan. 1955 Bedenken gegen eine Kandidatur Coppés, da dieser in Belgien wegen seines regionalpolitischen Engagements als Flame in der Kritik stehe (vgl. den Vermerk Westricks vom 16. Jan. 1955 in AA Ref. 200, Bd. 41).

16 Paul Ramadier (1888–1961). 1928–1940, 1945–1951 und 1956–1958 Mitglied der französischen Nationalversammlung (Sozialistische Partei), 1938 Arbeitsminister, 1944–1945 Ernährungsminister und 1946–1947 Justizminister, Januar bis November 1947 Ministerpräsident, 1948 zunächst Staats-, dann bis 1949 Verteidigungsminister, 1950–1955 Tätigkeit bei der Internationalen Arbeitsorganisation, 1956–1957 Finanzminister. – Ramadier galt als Vertreter einer protektionistischen französischen Wirtschaftspolitik.

17 Robert Schuman (1886–1963). 1946–1947 Finanzminister, 1948 Ministerpräsident und 1948–1952 Außenminister, Initiator des nach ihm benannten „Schumanplans" (Europäische Gemeinschaft für Kohle und Stahl), 1955 Präsident der Europäischen Bewegung, 1958–1960 erster Präsident des Europäischen Parlaments in Straßburg.

18 Vgl. dazu die Niederschrift über ein Gespräch Erhards mit dem Präsidenten der Gemeinsamen Versammlung der Montanunion, Giuseppe Pella, am 16. Jan. 1955 in AA Ref. 200, Bd. 41.

19 Dr. Franz Etzel (1902–1970). 1930–1952 Rechtsanwalt und Notar in Duisburg, 1949–1953 und 1957–1965 MdB (CDU), 1952–1957 Vizepräsident der Hohen Behörde der EGKS, 1957–1961 Bundesminister der Finanzen.

20 Franz Etzel hatte in einem Schreiben vom 28. Dez. 1954 an Adenauer eine Kandidatur für das Präsidentenamt abgelehnt (AA Ref. 200, Bd. 41 und N 1254/84).

wählen dürfe. Wir sollten uns vielmehr für ein Roulement einsetzen und so auch Benelux für uns gewinnen.

Staatssekretär Dr. Westrick gibt zu erwägen, ob man sich vielleicht für den jetzigen belgischen Wirtschaftsminister, Herrn Rey[21], entscheiden könne. In einem vertraulichen Gespräch mit Herrn Rey habe er den Eindruck gewonnen, daß dieser nicht ablehnen werde[22].

Dem wird – für den Fall, daß Herr Coppé nicht in Frage kommt – zugestimmt[23].

---

21 Jean Rey (1902–1983). Belgischer Politiker, 1939–1940 und 1946–1958 Abgeordneter der wallonischen Liberalen, 1949–1950 Minister für Wiederaufbau, 1954–1958 Wirtschaftsminister, 1949–1953 Mitglied der beratenden Versammlung des Europarates, ab 1958 Mitglied der Kommission der Europäischen Gemeinschaften, Brüssel, 1967–1970 deren Präsident, 1974–1978 Leiter des Internationalen Rates der Europa-Bewegung, 1979–1980 MdE.

22 Der stellvertretende deutsche Botschafter in Brüssel, Velhagen, teilte dem Auswärtigen Amt am 25. Febr. 1955 mit, die belgische Regierung habe die Kandidatur Reys ernsthaft erwogen, dann aber verworfen, weil Rey zum engeren Kern der Regierung gehöre (AA Ref. 200, Bd. 42).

23 Fortgang Sondersitzung des Kabinetts am 27. Mai 1955 TOP 1 (Kabinettsprotokolle 1955, S. 326–329).

24. Sitzung des Kabinettsausschusses für Wirtschaft am Montag, den 14. Februar 1955

Teilnehmer: Blücher, Erhard, Storch, Preusker; Blank (bis 11.00 Uhr); Sonnemann, Bergemann, Wandersleb, Thedieck; Holtz (Dienststelle Blank, bis 11.00 Uhr), Reinhardt (BMWi), Müller-Armack (BMWi), Haenlein (Bundeskanzleramt), van Scherpenberg (AA), Schwandt (BMF), Rompe (BMF), Schöne (BMWi, bis 11.00 Uhr), Walter (BMWi), Middelmann (BMVt), Schornstein (BMWo), Heise (BMZ), andere Vertreter verschiedener Ressorts. Protokoll: Hornschu.

Beginn: 9.30 Uhr — *Ende: 12.40 Uhr*

Ort: Bad Godesberg, Haus Carstanjen

Tagesordnung:

1. *Besprechungen zwischen Dienststelle Blank und Bundesministerium für Wirtschaft über die Zusammenarbeit beider Häuser*

   Gemeinsame Vorlage des BMWi und des Beauftragten des Bundeskanzlers für die mit der Vermehrung der alliierten Truppen zusammenhängenden Fragen vom 3. Nov. 1954

   Fortsetzung der Beratung entsprechend dem Beschluß des Kabinettsausschusses vom 15. Nov. 1954.
2. *Behandlung der sowjetischen Besatzungszone im Rahmen der Embargo-Politik*[1].
3. *Preissteigerungen in der Bundesrepublik und etwaige Maßnahmen zu ihrer Bekämpfung*[2].
4. *Bundesvermögen*

   Aussprache über die Vorbereitung einer Stellungnahme der Bundesregierung im Kabinettsausschuß[3].
5. *Weiterer Ausbau der Lufthansa*[4]

   Vortrag des BMV.

---

[1] In der Einladung war eine gemeinsame Vorlage des BMWi und des AA angekündigt worden.

[2] Der Einladung war die Abschrift eines Schreibens des Staatssekretärs des Bundeskanzleramtes an den Bundesminister für Wirtschaft vom 21. Jan. 1955 beigefügt worden. Das Antwortschreiben des BMWi sollte den Ressorts vor der Ausschußsitzung zugehen.

[3] Der TOP sollte laut Einladung ohne Vorlage behandelt werden, wurde aber in der 24. Sitzung offensichtlich nicht beraten. – Siehe 25. Ausschußsitzung am 18. Febr. 1955, einziger TOP der Tagesordnung.

[4] Dieser Punkt wurde im Nachgang zur Einladung vom 7. Febr. 1955 mit Schreiben vom 9. Febr. 1955 in die Tagesordnung aufgenommen. Im Protokoll trägt er die Nummer 4.

1. Besprechungen zwischen Dienststelle Blank und Bundesministerium für Wirtschaft über die Zusammenarbeit beider Häuser **BMWi und Dienststelle Blank**

Der *Vizekanzler* weist darauf hin, daß der Kabinettsausschuß am 15.11.1954 den zwischen dem Bundesminister für Wirtschaft und der Dienststelle Blank vereinbarten Leitsätzen grundsätzlich zugestimmt habe[5]. In der heutigen Beratung wollten einzelne Ressorts Anregungen zu diesen Leitsätzen vortragen. Es müsse außerdem darüber beraten werden, wie die Rüstungsbeschaffungen in den allgemeinen Rahmen der Wirtschaftspolitik eingepaßt werden könnten.

Der *Bundesminister für Wirtschaft* ist der Ansicht, daß die Leitsätze in ihrer augenblicklichen Form ausreichen werden, um eine Störung der marktwirtschaftlichen Ordnung unserer Wirtschaft zu vermeiden. Er weist darauf hin, daß bereits nach Bekanntwerden dieser Leitsätze in der deutschen Öffentlichkeit sich eine große Beruhigung gezeigt habe[6]. Der Entwurf Koeck[7], der im Bundestag hochgekommen und durch die Presse gegangen sei, sei vollkommen undurchführbar[8]. Danach sollten die Bundesstelle für den Warenverkehr und die Beschaffungsstelle in Koblenz festlegen, welche Prinzipien bei der Vergabe von Leistungen und Lieferungen angewendet werden sollten, und zwar deshalb, weil die Wirtschaft bei der Bundesstelle sehr gute Kontakte habe. Die Gründe der Interessenten seien durchsichtig. Es sei aber unmöglich, daß die gleiche Stelle Aufträge vergebe und empfange. Der Bundesverband der Deutschen Industrie habe ihm inzwischen mitgeteilt, daß er von den Köck'schen Empfehlungen abrücke[9]. Diesen Ausführungen wird allseits zugestimmt.

Staatssekretär Dr. Sonnemann teilt mit, daß zwischen dem Bundesministerium für Ernährung, Landwirtschaft und Forsten und der Dienststelle Blank inzwischen ebenfalls Leitsätze erarbeitet worden sind. Der Friedensbedarf der Truppe werde u. U. zu einer Verlagerung im Einfuhr- und Versorgungsplan führen und bedürfe deshalb der Mitwirkung des Bundesministeriums für Ernährung, Landwirtschaft und Forsten, das zu überlegen habe, welche agrarwirtschaftlichen Auswirkungen sich daraus ergäben. Ebenfalls müsse das Bundesministerium für Ernährung, Landwirtschaft und Forsten eingeschaltet sein bei der Errichtung von Vorratsreserven für den Ernstfall. Diese Erwägungen lägen den oben erwähnten Leitsätzen zugrunde[10].

---

5 Siehe 20. Ausschußsitzung am 15. Nov. 1954 TOP 1.

6 Vgl. die Pressedokumentation in B 136/6894.

7 Im Protokolltext „Köck". – Dr. Dr. Wolfgang Koeck (1905–1984). 1935–1970 Mitglied der Geschäftsführung des Verbandes der Chemischen Industrie e. V. mit den Arbeitsgebieten Öffentlichkeitsarbeit, Öffentliches Auftragswesen, Friedliche Nutzung der Kernenergie, Forschungspolitik, Neue Technologien.

8 Laut Vermerk vom 5. Nov. 1954 hatte Köck dem Leiter der Abteilung II (Wirtschaftsförderung, Handwerk, Handel, Gewerbe, Technik) im BMWi, Elmar Michel, eine Planskizze über eine mögliche Organisation des militärischen Beschaffungswesens übergeben „mit dem Bemerken, daß dieser Plan der Auffassung der CSU entspreche" (Vermerk und Presseausschnitte in B 102/14580, vgl. den Plan im Abbildungsteil; weitere Unterlagen in BW 9/4077).

9 Nicht ermittelt.

10 Mit Schreiben vom 7. Febr. 1955 an Erhard und Blank hatte Lübke einen Entwurf für „Leitsätze für die Zusammenarbeit zwischen dem Bundesministerium für Ernährung, Landwirt-

Es sei anzustreben, daß auch die Besatzungsmächte ihren Nahrungsbedarf im Lande kauften, wobei Subventionen auszuschalten wären. Das Auswärtige Amt habe sich einverstanden erklärt, zu gegebener Zeit Verhandlungen mit den Besatzungsmächten zu führen. Die englische Nordarmee habe versucht, ihren Bedarf durch offene Ausschreibung zu decken. Dabei sei jedoch die Schwierigkeit aufgetreten, daß die deutsche Produktion nicht den Qualitätsansprüchen der Engländer entspräche. Das bedeute eine Einengung des Marktes, da nur die Lieferanten zum Ziele kämen, die die Qualitätsansprüche befriedigen könnten. Falls die Dienststelle Blank die gleichen Qualitätsanforderungen wie die Besatzungsmächte stellen sollte, müsse man wohl zur Bildung von Liefergemeinschaften kommen, denen eine Qualitätsprüfungsstelle vorgeschaltet werden müsse. Das bedeute eine Beschränkung der Ausschreibungen auf die besten Lieferer, was der Marktwirtschaft allerdings widerspreche.

Der *Bundesminister für Wirtschaft* entgegnet, daß bei der allgemeinen Ausschreibung die schlechten Lieferer sowieso ausfallen würden. Dieses Verfahren zwinge aber zum Streben nach einer besseren Leistung.

Der *Vizekanzler* unterstreicht, daß Entscheidungen dieser Art nicht von einem einzelnen Ressort getroffen werden könnten, sondern daß dahinter die Regierung stehen müsse. Hieraus erweise sich, wie notwendig es sei, daß die Ressorts auch auf diesem Gebiet zusammenarbeiten.

Abgeordneter Blank weist darauf hin, daß grundsätzlich die öffentliche Ausschreibung Platz greifen solle, um die deutsche Wirtschaftspolitik nicht zu stören. Falls sich bei der Durchführung Schwierigkeiten ergeben sollten, könne man das gesamte Verfahren nach einiger Zeit überprüfen, was auch schon in den Leitsätzen niedergelegt sei.

Er sei bereit, mit dem Bundesministerium für Ernährung, Landwirtschaft und Forsten die Leitsätze festzulegen, die schon auf Referentenebene erarbeitet seien. Allerdings halte er es für notwendig, sie vor der endgültigen Festlegung mit dem Bundesminister für Wirtschaft abzustimmen.

Er teile nicht die Auffassung von Staatssekretär Dr. Sonnemann, daß die Versorgung der Truppe für den täglichen Bedarf irgendwelche Verschiebungen im Einfuhr- und Versorgungsplan hervorrufen werde, da die eingezogenen Soldaten bisher auch ernährt werden mußten. Hier solle sich die Bundesregierung nach Möglichkeit jeder Einflußnahme enthalten, da die Truppe aus dem örtlichen Bereich ihren Be-

---

schaft und Forsten und dem Verteidigungsressort – unbeschadet der Zuständigkeit anderer Ressorts –" vorgelegt. Ohne Beschränkung der Zuständigkeit des BML für die gesamte Landwirtschafts-, Ernährungs- und Forstpolitik sollte das Abstimmungsverfahren bei der Deckung des ernährungs- und holzwirtschaftlichen Verteidigungsbedarfs festgelegt werden. Hinsichtlich der Aufstellung der Bedarfs- und Beschaffungsprogramme sowie der Qualitäts- und Auswahlkriterien entsprachen die Leitsätze dem Vorbild der Verabredung zwischen BMWi und Amt Blank. Jedes Ressort sollte einen verantwortlichen Vertreter zur Vorbereitung der „einschlägigen Entscheidungen" bestellen. In Streitfragen sollte der Kabinettsausschuß für Wirtschaft entscheiden. Nach längerer Diskussion über die Abgrenzung der Zuständigkeiten von BML und BMWi wurden die Leitsätze am 4. Okt. 1955 vom BMVtg in der Fassung vom 18. Aug. 1955 bestätigt (Unterlagen in B 116/23675 und B 136/6894).

darf ohne Schwierigkeiten decken könne. Bezüglich der Reserven müsse man zwei Komplexe unterscheiden; eine gewisse Bevorratung für die Truppe müsse in Konserven erfolgen. Eine Lagerhaltung für diese Dinge komme aber kaum im ersten Jahr nach Beginn der Aufstellung deutscher Truppen zum Zuge. Er brauche dazu den fachlichen Rat des Bundesministers für Ernährung, Landwirtschaft und Forsten und werde ihn auch einholen. Die größere Vorratshaltung für den Ernstfall sei jedoch nicht nur für die Truppe notwendig, sondern für die gesamte Bevölkerung. Das aber sei nicht Sache der Dienststelle Blank, sondern der gesamten Regierung. Er schlägt vor, die Diskussion über die sich auf den Ernährungssektor beziehenden Leitsätze zurückzustellen, bis sie von den Referenten den Ressortchefs vorgelegt seien.

Staatssekretär Dr. Sonnemann erwidert hierzu, daß das Bundesministerium für Ernährung, Landwirtschaft und Forsten nicht beabsichtige, sich in die Beschaffung der Truppe für den täglichen Bedarf einzuschalten. Es müsse jedoch über die hierbei in Frage kommenden Größenordnungen unterrichtet sein und sich gegebenenfalls mit dem Auswärtigen Amt wegen der Wirkungen auf den Außenhandel abstimmen. Bezüglich der Vorratshaltung für den Ernstfall bestehe doch ein Unterschied zwischen Reserven für die Truppe und der allgemeinen Bevorratung für die Bevölkerung. Bei Fleisch müsse z. B. die Reserve für die Truppe aus Konserven bestehen, während die Bevorratung für die Bevölkerung in Kühlhausrindern angelegt werden könnte.

Der *Vizekanzler* ist der Ansicht, daß die Gesamtbevorratung Sache der politischen Entscheidung der Bundesregierung sei. Bezüglich der Truppenversorgung mit Nahrungsmitteln hält er die Ausführungen des Abgeordneten Blank für zutreffend. Für die Versorgung mit anderen Gütern glaubt er, daß festgestellt werden müsse, wo Liefermöglichkeiten bestehen und daß dementsprechend die Aufträge erteilt werden müßten, damit es nicht in einzelnen Gebieten zu Auftragsballungen komme und durch die Notwendigkeit von Betriebsvergrößerungen Schwierigkeiten eintreten. Er spricht sich für eine sofortige Zusammenarbeit aller beteiligten Häuser auf der Abteilungsleiter-Ebene aus, damit für eine zentrale Betrachtung der Wirtschafts- und Arbeitspolitik Vorsorge getroffen werde.

Der *Bundesminister für Arbeit* meint, daß es nicht angängig sei, in Gebiete, die bereits jetzt eine unterdurchschnittliche Arbeitslosigkeit aufwiesen, noch zusätzliche Betriebe hineinzulegen. Man solle lieber bei der Neugründung von Betrieben die Notstandsgebiete berücksichtigen. Er hält es allerdings für besser, diese Überlegungen nicht in einem Ministerausschuß oder sonstigen Regierungsgremium anzustellen, sondern auf dem Wege über die Organisationen der gewerblichen Wirtschaft. Er glaubt, daß Maßnahmen dieser Art erst in 1 bis 1 ½ Jahren getroffen werden müßten. Auch die Frage des Einsatzes der Arbeitskräfte könne später erörtert werden. Mit den Fragen des Bausektors dagegen müsse man sich erheblich früher befassen. Wichtig sei es, schon jetzt zu überlegen, wie man sich zu den übersteigerten Forderungen auf Verkürzung der Arbeitszeit stellen solle.

Der *Bundesminister für Wohnungsbau* weist auf die Ressortbesprechung im Bundesministerium für Wirtschaft am 22.12.1954 hin, in der beschlossen worden ist, alle Bauprogramme nur im Einvernehmen mit dem Bundesminister für Wohnungsbau zu verabschieden[11]. Die Leitsätze zwischen dem Bundesminister für Wirtschaft und der Dienststelle Blank sollen unter 1) hinter dem Wort „Bauprogramme" durch folgenden Satz ergänzt werden: „Hierbei ist das Einvernehmen zwischen dem Bundesministerium für Wohnungsbau, dem Verteidigungsressort und dem Bundesministerium für Wirtschaft erforderlich." Da der Wohnungsbau annähernd die Hälfte der gesamten Baukapazität und der Beschäftigten im Baugewerbe beanspruche, könnten zusätzliche militärische Programme durchaus zu Spannungen auf dem Bausektor führen, zumal auch im Industrie- und Verkehrssektor mit größeren Anforderungen zu rechnen sei. Diese Schwierigkeiten ließen sich aber meistern, wenn man rechtzeitig Gesamtüberlegungen zwischen den beteiligten Ressorts anstelle und laufend engste Fühlung halte.

Min.Dirig. Dr. van Scherpenberg, AA, schließt sich den Ausführungen des Vizekanzlers an. Er hebt die Notwendigkeit hervor, auch auf handelspolitische Auswirkungen Rücksicht zu nehmen, die sich aus der Aufstellung und Versorgung von Truppen ergeben könne. Darum liegt auch ihm an einer Beteiligung des Auswärtigen Amtes.

Abg. Blank warnt vor einer Überkoordination, die entsprechend englischem Vorbild zu einem Supply-Minister führen könne[12]. Dem vom Bundesminister für Wohnungsbau bekanntgegebenen Zusatz in den Leitsätzen stimmt er zu. Außerdem werde er ständigen Kontakt mit dem Bundesminister für Wohnungsbau halten. Wenn durch militärische Bauten Beeinträchtigungen für den zivilen Wohnungsbau eintreten sollten, so müßten die militärischen Bauarbeiten entsprechend gestreckt werden. Die Dienststelle Blank habe bereits feste Vorstellungen über die Größe des militärischen Bauprogramms und wolle dieses möglichst bald mit den Bundesministern für Wohnungsbau und für Wirtschaft abstimmen.

Der *Bundesminister für Arbeit* bittet den Abg. Blank, ihn über das militärische Bauprogramm für die nächsten 2 Jahre zu unterrichten, damit er dessen Auswirkung auf den Arbeitsmarkt prüfen könne.

Der *Vizekanzler* ist der Ansicht, daß man einen Supply-Minister am sichersten vermeiden werde, wenn von Anfang an für eine enge Zusammenarbeit der Ressorts Sorge getragen werde.

Staatssekretär Dr. Bergemann teilt mit, daß das Bundesministerium für Verkehr die Festlegung von gesonderten Leitsätzen zwischen dem Bundesverkehrsministerium und der Dienststelle Blank nicht für nötig hält. Allerdings wünsche das Bundesverkehrsministerium, rechtzeitig beteiligt zu werden bei Fragen der Normung für Kraftfahrzeuge usw. Bezüglich des Verkehrssektors bittet er, daß der Kabinettsausschuß entsprechende Vereinbarungen in die vorliegenden Leitsätze der Dienst-

---

11 Nicht ermittelt.

12 1915 war in Großbritannien für die zentral gesteuerte Versorgung der britischen Truppen im Ersten Weltkrieg ein Ministry of Munitions eingerichtet und 1939 in Ministry of Supply umbenannt worden. Seit 1946 war das Ministerium neben der Ausrüstung und Bevorratung für alle Teilstreitkräfte der britischen Armee ressortübergreifend zuständig für die Vorratshaltung der Regierung, für die Maschinenbauindustrie sowie für Forschung und Entwicklung im Bereich der Atomenergie. Vgl. Encyclopaedia Britannica, Bd. 15, S. 954–957.

stelle Blank und des Bundesministers für Wirtschaft analog der Einführung des Zusatzes für den Bundesminister für Wohnungsbau aufnimmt.

ORR Dr. Hartig[13], BMF, betont, daß das Bundesfinanzministerium an den Bauprogrammen ebenfalls interessiert sei. Den Interministeriellen Koordinierungs-Ausschuß beim Bundesministerium für Wirtschaft hält er für geeignet, eine Abstimmung der Bauprogramme vorzunehmen[14].

Min.Dir. Dr. Holtz, Dienststelle Blank, teilt ergänzend mit, daß in diesem Koordinierungsausschuß außer dem Bundesministerium für Wirtschaft und der Dienststelle Blank die Bundesministerien der Finanzen, für Verkehr, für Arbeit und für Wohnungsbau beteiligt sind.

Der *Bundesminister für Wirtschaft* wünscht ebenfalls, daß alles getan werde, damit ein Supply-Ministerium vermieden wird, und weist darauf hin, daß die Größenordnungen, die auf die deutsche Wirtschaft in Zusammenhang mit der Aufstellung deutscher Truppen zukomme, nicht bedeutend sind. Seines Erachtens könnten sich nur auf den Gebieten des Baumarktes und des Arbeitsmarktes Schwierigkeiten ergeben. Diese Fragen müßten dann im Kabinett erörtert werden.

Bezüglich der Anregung von *Bundesminister Storch*, zusätzliche Betriebe in die Notstandsgebiete zu verlagern, ist der *Bundesminister für Wirtschaft* der Ansicht, daß damit die Gefahr bestehe, das Leistungsprinzip zu verfälschen. Man müsse die Installierung von Betrieben der unternehmerischen Initiative überlassen. Bei Auflagen an die Industrie hinsichtlich der Standortwahl bestehe immer die Gefahr, daß die Betriebe finanzielle Mittel des Bundes beanspruchen werden. Wenn bei der Vergebung öffentlicher Aufträge alle wirtschaftspolitischen Gesichtspunkte berücksichtigt würden, so sei das ganz natürlich und keine Planung.

Auf die Frage des *Abg. Blank*, ob die Leitsätze zwischen dem Bundesminister für Wirtschaft und der Dienststelle Blank nunmehr als endgültig verabschiedet gelten, erwidert der *Vizekanzler*, daß er Einzelvereinbarungen zwischen der Dienststelle Blank und den Ressorts nicht für glücklich halte. Seiner Meinung nach sollten sämtliche Einzelvereinbarungen zusammengefaßt werden. Der *Vizekanzler* schlägt vor, dies vorzubereiten und das Problem der Leitsätze in 14 Tagen nochmals im Kabinettsausschuß zu beraten.

Der Kabinettsausschuß beschließt entsprechend[15].

2. Behandlung der sowjetischen Besatzungszone im Rahmen der Embargo-Politik

BMWi und AA

Der *Vizekanzler* ist der Auffassung, daß man an die Behandlung der Frage mit der klaren Feststellung herangehen sollte, daß es sich bei der Sowjetzone um deut-

[13] Vom Bearbeiter korrigiert aus „Hartwig".

[14] Der Arbeitsausschuß für wirtschaftliche Fragen der Verteidigung trat am 20. Juni 1955 zu seiner konstituierenden Sitzung zusammen (BAnz. Nr. 118 vom 23. Juni 1955 S. 3; vgl. die Sitzungsprotokolle des Ausschusses in B 102/14580 f.).

[15] Eine erneute Behandlung im Kabinettsausschuß oder im Kabinett konnte ebenso wie eine formelle Inkraftsetzung der Leitsätze nicht ermittelt werden.

sches Staatsgebiet handele[16]. Die bisherige Handhabung des Komplexes als Interzonenhandel sei also zutreffend und müsse auch weiterhin aufrechterhalten werden. Wenn die übrigen Ressorts dieser Auffassung beipflichten, handele es sich nur noch um das einzuschlagende taktische Vorgehen. Dazu bemerkt er, daß durch ein Vorgehen auf diplomatischem Wege die Bedeutung des deutschen Standpunktes hervorgehoben würde. Er selbst spreche sich aber dafür aus, damit nicht zu stark hervorzutreten, sondern die Angelegenheit im Consultative-Group-Ausschuß in Paris vertreten zu lassen.

[Min.Dirig.] Dr. van Scherpenberg, AA, tritt der Ansicht des Vizekanzlers bei. Auch ihm kommt es darauf an klarzustellen, daß es sich um eine innerdeutsche Frage handele. Gleichwohl müsse man aber alles tun, um zu verhüten, daß der Ostblock militärisch gestärkt werde. Er glaubt allerdings, daß man bei COCOM (auf der Referentenebene) nicht zu Ergebnissen kommen wird, und spricht sich für die Lösung auf der Ebene der Consultative Group aus. Der diplomatische Weg scheine ihm insofern bedenklich, als die Angelegenheit von den Regierungen an die Embargo-Gremien weitergegeben würde, die dann, weil sie sich übergangen fühlten, eine ablehnende Haltung einnehmen würden. Im übrigen bedauert er, daß durch das Berliner Vorgehen die Frage des Interzonenhandels von der amerikanischen Hohen Kommission aufgegriffen worden ist.

Min.Dir. Dr. Reinhardt, BMWi, weist darauf hin, daß die Bundesregierung bisher die Embargo-Vorschriften streng eingehalten habe und vor allem auch den Endverbleib der Waren nachweisen könne. Er schließt sich dem Vorschlag von Min.Dirig. Dr. van Scherpenberg an.

Der Kabinettsausschuß beschließt entsprechend der gemeinsamen Vorlage des Bundesministers für Wirtschaft und des Auswärtigen Amtes, daß zunächst durch einen Vertreter des Auswärtigen Amtes die in Paris erreichbaren Delegierten bei der Consultative Group angesprochen werden sollen und erst für den Fall von

---

16 Vgl. zum Interzonenhandel 22. Ausschußsitzung am 17. Dez. 1954 TOP 1. – Gemeinsame Vorlage des BMWi und des AA vom 7. Febr. 1955 und weitere Unterlagen in B 102/435425; COCOM-Liste vom August 1954 in B 102/435411. – Das Coordinating Committee for East-West-Trade Policy (COCOM) war 1949 zur Überwachung und Begrenzung der Ausfuhr strategisch wichtiger Güter in den Ostblock gegründet worden; die Bundesrepublik gehörte dem COCOM neben weiteren 15 Staaten seit 1950 an. – Nach dem Inkrafttreten neuer Embargolisten am 16. Aug. 1954 hatte der Berliner Senat bei der AHK um die Prüfung einer in diesen Listen nicht vorgesehenen Ausfuhr von Elektrogeneratoren in die DDR über Berlin nachgesucht. Daraufhin hatte die AHK ernsthafte Bedenken gegen die Praxis der Bundesregierung angemeldet, den Interzonenhandel in eigener Zuständigkeit und ohne Anrechnung der Lieferungen in die DDR auf die vom COCOM festgesetzten Ausfuhrquoten in den Ostblock durchzuführen. Diese Praxis war COCOM nie offiziell mitgeteilt worden. Da „ein angemessener Interzonenhandel die unabdingbare Voraussetzung" des Strebens nach Wiedervereinigung sei, bestand zwischen BMWi und AA Einvernehmen darüber, „daß über Einzelheiten des deutschen Verfahrens nicht verhandelt werden soll, daß auch keine Sonderregelung für bestimmte Warenarten zu vereinbaren sind, sondern daß vielmehr von deutscher Seite nur offiziell zur Kenntnis gebracht wird, in welcher Form der Interzonenhandel von der Bundesrepublik embargogemäß kontrolliert wird". Die Bundesrepublik sei bereit, ausnahmsweise erfolgte Lieferungen von strategischen Gütern in die DDR nachträglich anzuzeigen. Entsprechende Verhandlungen sollten über die Consultative Group des COCOM in Paris aufgenommen werden.

Schwierigkeiten diese Aktion durch die deutschen diplomatischen Vertretungen unterstützt werden soll.

Der *Vizekanzler* bittet in Anbetracht dessen, daß das Problem des Interzonenhandels durch eine Eingabe des Berliner Senators für Wirtschaft an die amerikanische Hohe Kommission erstmals offiziell geworden ist und auch durch ähnliches Vorgehen in ERP-Fragen Schwierigkeiten entstanden sind, dem Bundeskanzler für sein nächstes Gespräch mit dem Regierenden Bürgermeister von Berlin, Dr. Suhr, eine entsprechende Aufzeichnung zu übermitteln[17].

Staatssekretär Dr. Sonnemann erwähnt bei dieser Gelegenheit im Hinblick auf die für März in Aussicht genommene Sitzung des Kabinettsausschusses in Berlin, daß zwischen Dr. Vockel und dem Berliner Senat bezüglich der Versorgung Berlins aus den angrenzenden sowjetzonalen Gebieten offenbar Meinungsverschiedenheiten bestehen, die noch geklärt werden müßten[18].

3. Preissteigerungen in der Bundesrepublik und etwaige Maßnahmen zu ihrer Bekämpfung BMWi

Der *Vizekanzler* bedauert, daß Präsident Dr. Bernard bei der Beratung dieser Frage aus gesundheitlichen Gründen nicht anwesend sein kann, da Maßnahmen der Diskontpolitik, der Kreditrestriktionen und der Offen-Marktpolitik nur in seiner Anwesenheit erörtert werden könnten[19].

Der *Bundesminister für Wirtschaft* hält diese Fragen ebenfalls für sehr bedeutsam. Er ist allerdings der Ansicht, daß geld- und kreditpolitische Maßnahmen z. Zt. nicht angewendet werden sollten, da sonst die Investitionstätigkeit beeinträchtigt werden könne. Im übrigen könne mit generellen Maßnahmen keine gezielte Wirkung erreicht werden. Auch bezweifelt er, ob bei der augenblicklich herrschenden Geldflüssigkeit, die durch die Ausfuhrüberschüsse immer weiter verstärkt werde,

---

[17] Eine spätere Besprechung zwischen Adenauer und Suhr zur Embargo-Frage konnte nicht ermittelt werden.

[18] Der Kabinettsausschuß beriet in seiner 29. Sitzung am 26. und 27. April 1955 in Berlin über den langfristigen Aufbauplan für Berlin; eine eigene Beratung über die Versorgung Berlins konnte nicht nachgewiesen werden. – Fortgang zum Interzonenhandel 28. Ausschußsitzung am 18. April 1955 TOP A, zur Embargofrage 33. Ausschußsitzung am 3. Aug. 1955 TOP 3.

[19] Vorlage des BMWi vom 8. Febr. 1955 in B 102/4006 und B 136/378, weitere Unterlagen in B 102/4007–4010. – Mit Schreiben vom 21. Jan. 1955 hatte das Bundeskanzleramt den BMWi unter Hinweis auf drohende Preissteigerungen (Eisen und Stahl, Kohle, Baustoffe, Papier, Hausrat, Tarife und Gebühren, Lebensmittel) um Mitteilung darüber gebeten, „welche Maßnahmen ergriffen worden sind und erwogen werden, um den Preiserhöhungstendenzen entgegenzuwirken". In seiner mit Schreiben vom 9. Febr. 1955 dem Bundeskanzleramt zugeleiteten Vorlage vom 8. Febr. 1955 hatte der BMWi bereits eingeleitete oder noch einzuleitende Maßnahmen zur Stabilisierung des inländischen Preisniveaus erläutert: 1) Förderung von Warenimporten durch konjunkturpolitische Zollsenkungen, 2) baldige Verabschiedung des Kartellgesetzes, 3) ständige Verbraucherunterrichtung über die Presse, 4) Einführung einer neuen Preistreibervorschrift nach der Streichung des früheren § 19 des Wirtschaftsstrafgesetzes 1954 und 5) eine zentrale Abstimmung der Rüstungsprogramme für den Aufbau der Bundeswehr zur Vermeidung von Engpässen. Zur möglichen Beeinflussung der Bundesunternehmen kündigte der BMWi ein gesondertes Schreiben an (B 102/4006 und B 136/378).

das Zentralbanksystem überhaupt einen Einfluß durch kreditpolitische Maßnahmen ausüben könne. Zunächst müßten zur Abwendung der augenblicklichen Preissituation Maßnahmen der Liberalisierung und der Zollpolitik[20] und die Verhinderung von Marktabsprachen zum Zuge kommen[21].

Der *Bundesminister für Wohnungsbau* stellt die Frage, ob nicht u. U. mit der Heraufsetzung des Mindestreservensatzes der übermäßigen Geldflüssigkeit entgegengetreten werden könne[22].

Min.Dirig. Dr. van Scherpenberg, AA, gibt auch vom außenpolitischen Standpunkt aus zu bedenken, daß Maßnahmen angebracht sein könnten, da aus der Formosa-Krise möglicherweise schwere Auswirkungen entstehen könnten, wenn sich auch zur Zeit darüber noch kein Urteil bilden lasse[23].

Min.Dirig. Haenlein weist darauf hin, daß der Bundeskanzler der drohenden Preisentwicklung im Bereich der Grundstoffgüterindustrie besondere Bedeutung beimesse. Eine weitere Steigerung der Preise auf dem Eisen- und Stahlmarkt könne die Kosten der landwirtschaftlichen Betriebsmittel erhöhen und werde damit die Paritätsforderungen der Landwirtschaft neu aufleben lassen[24]. Auf die Bemerkung des *Bundesministers für Wirtschaft*, der Brief des Staatssekretärs des Bundeskanzlers an den Bundeswirtschaftsminister sei in der Presse veröffentlicht worden, bevor er im Bundeswirtschaftsministerium eingegangen sei, erwidert *Min.Dgt. Haenlein*, daß die früheste Veröffentlichung in der Presse 5 Tage nach der Zustellung an das Bundesministerium für Wirtschaft erfolgt sei[25].

---

[20] Am 10. Febr. 1955 hatte der BMWi dem BMF den Entwurf einer Ermächtigung der Bundesregierung zu (konjunkturpolitischen) Zollsatzänderungen zur gemeinsamen Vorlage im Kabinett übersandt und dem BML Gespräche über ihn betreffende Aspekte dieses Entwurfs angeboten (B 136/378). – Fortgang hierzu 26. Ausschußsitzung am 3. März 1955 TOP 1.

[21] Zur Entwicklung der Preise um die Jahreswende 1954/1955 vgl. den Monatsbericht des BMWi über „Die wirtschaftliche Lage in der Bundesrepublik Deutschland" für Januar 1955 (S. 30–39) und Februar 1955 (S. 33–41) in BD 17/2–1955.

[22] Der Mindestreservesatz für Sichtverbindlichkeiten betrug seit dem 1. Febr. 1953 für die gestaffelten Reserveklassen 9–11 %. Am 3. Aug. 1955 beschloß er Zentralbankrat, den Mindestreservesatz für alle Klassen um 1 % auf 10–12 % anzuheben. Vgl. das Protokoll der 198. Sitzung des ZBR in HA BBK B 330/87 und den Monatsbericht der BdL für August 1955 in BD 126/2-1955, S. 3–7.

[23] Zwischen dem 18. und 21. Jan. 1955 waren Streitkräfte der Volksrepublik China auf den längs der Küste des chinesischen Festlandes gelegenen Tachen-Inseln gelandet und hatten die dort stationierten Truppen der nationalchinesischen Regierung von Taiwan (Formosa) überwältigt. Die Regierung der Vereinigten Staaten hatte die Besetzungen verurteilt und erklärt, ein Angriff der Volksrepublik China auf das mit den USA verbündete Formosa würde die Intervention amerikanischer Streitkräfte herbeiführen (AdG 1955, S. 4984–4988).

[24] Bis zur Verabschiedung des Landwirtschaftsgesetzes vom 5. Sept. 1955 (BGBl. I 565) forderte die Landwirtschaft immer wieder die paritätische Angleichung der landwirtschaftlichen Löhne und Preise an die in der Industrie geltenden Sätze. Vgl. dazu Kabinettsprotokolle 1951, S. LI und 158 sowie Morsey, Lübke, S. 219–229.

[25] Die „Frankfurter Rundschau" hatte am 4. Febr. 1955 („Die Preise sind in Bewegung") berichtet, der Bundeskanzler habe, beunruhigt über die Preisentwicklung, „den Bundeswirtschaftsminister um Vorschläge zur Erhaltung der Preisstabilität gebeten".

Staatssekretär Dr. Sonnemann weist darauf hin, daß die landwirtschaftlichen Erzeugerpreise unverändert geblieben bzw. teilweise noch herabgesetzt worden seien. Wenn die Preissteigerung namentlich in der Grundstoffindustrie weiter anhalten würde, sehe sich der Bundesminister für Ernährung, Landwirtschaft und Forsten gezwungen, auch Preiserhöhungen der landwirtschaftlichen Produkte zu vertreten, obwohl er wisse, daß damit der Landwirtschaft kaum gedient sei. Es sei der besondere Wunsch Bundesministers Lübke, daß bei einer Ermächtigung der Bundesregierung zu Zollsatzänderungen gemäß § 4 des Zolltarifgesetzes[26] die Landwirtschaft ausgeklammert würde. Der Minister sehe die Hauptgefahr in der Preisentwicklung bei Kohle und Stahl[27].

Der *Bundesminister für Wirtschaft* erklärt, daß die Kohlepreise nicht erhöht worden seien, und auch nicht erhöht werden würden. Bei Stahl lägen die Preise trotz der jetzigen Erhöhungen noch unter denen für 1953. Die erhöhten Preise der Stahlindustrie würden sich nach Zusagen der Verarbeiter auch nicht in den Endprodukten niederschlagen.

Die Bundesregierung habe seit Wegfall des § 19 des Wirtschaftsstrafgesetzes keine Möglichkeit, gegen Preistreibereien vorzugehen[28]. Gegen Marktabsprachen könne man nur mit Hilfe der Vorschriften des Kartellgesetzes vorgehen, das aber noch nicht im Bundestag beraten sei[29]. Insofern sei eine Einwirkung auf die betreffenden Wirtschaftskreise sehr schwierig. Im übrigen sei er der Ansicht, daß die Preisbewegung dramatisiert würde. Es scheine ihm wichtig, der Preisbildung für solche Waren besondere Aufmerksamkeit zu widmen, die täglich von der Hausfrau gekauft würden. Dabei handele es sich in erster Linie um Nahrungsmittel.

Staatssekretär Dr. Sonnemann weist darauf hin, daß die Nahrungsmittelausgaben für die 4-köpfige Indexfamilie in letzter Zeit gesunken sind. Die Wiederherstellung des § 19 des Wirtschaftsstrafgesetzes hält er für wichtiger als eine Zollermächtigung für die Bundesregierung. Auch müßten die Debatten über die Arbeitszeitverkürzungen[30] aufhören und ebenso die Lohnsteigerungen[31].

Der *Bundesminister für Wirtschaft* wendet sich gegen die Einführung einer neuen Preistreibereivorschrift im gegenwärtigen Zeitpunkt, weil diese Maßnahme dazu führen könnte, daß sich die in vielen Bereichen erkennbaren Spekulationen noch

---

[26] Zolltarifgesetz vom 16. Aug. 1951 (BGBl. I 527).

[27] Vgl. die Stellungnahme des BML vom 28. Febr. 1955 zur Vorlage des BMWi vom 8. Febr. 1955 in B 136/378 und B 116/41413 sowie den Vermerk aus dem BMWi vom 3. März 1955 zur Stellungnahme des BML in B 102/4006 und 14411g.

[28] Der Bundestag hatte am 19. Juni 1954 die in der Regierungsvorlage zum Wirtschaftsstrafgesetz 1954 enthaltene Preistreibereivorschrift, die in den vorausgegangenen Wirtschaftsstrafgesetzen vorhanden war und bis zum 30. Juni 1954 Gültigkeit behalten sollte, abgelehnt (BT-Drs. Nr. 478 und Stenographische Berichte, Bd. 20, S. 1602–1615). – Fortgang hierzu 98. Kabinettssitzung am 28. Sept. 1955 TOP 5 (Kabinettsprotokolle 1955, S. 541 f.).

[29] Vgl. hierzu 23. Ausschußsitzung am 7. Jan. 1955 TOP 1 und 65. Kabinettssitzung am 19. Jan. 1955 TOP 4 (Kabinettsprotokolle 1955, S. 88). – Gesetz gegen Wettbewerbsbeschränkungen vom 27. Juli 1957 (BGBl. I 1081).

[30] Vgl. hierzu 74. Kabinettssitzung am 9. März 1955 TOP 1 (Kabinettsprotokolle 1955, S. 174–176).

[31] Vgl. hierzu 78. Kabinettssitzung am 30. März 1955 TOP F (Kabinettsprotokolle 1955, S. 214–220).

verstärken. Eine Ausklammerung der Landwirtschaft bei der Zollermächtigung für die Bundesregierung hält er ebenfalls aus psychologischen Gründen nicht für tragbar. Wie weit eine solche Vorschrift für landwirtschaftliche Erzeugnisse Anwendung finden werde, darüber müsse später entschieden werden.

Der *Bundesminister für Arbeit* weist darauf hin, daß in einzelnen Gebieten der Bundesrepublik der Preis für das kg Brot um 10 Dpf. erhöht worden sei[32] und macht auf die schwerwiegenden Auswirkungen für die Bezieher kleiner Einkommen aufmerksam. Die Brotpreiserhöhung sei insofern bedenklich, als in der Öffentlichkeit der Brotpreis einen Bewertungsfaktor darstelle. Sie sei geeignet, Lohnerhöhungswünsche in großem Umfange entstehen zu lassen, die sich ihrerseits dann wieder auf das gesamte Preisniveau auswirken würden. Man dürfe also notfalls vor gesetzlichen Regelungen nicht zurückschrecken.

Der *Bundesminister für Wohnungsbau* tritt dieser Meinung bei und regt an, festzustellen, ob die Brotfabriken sich an den Absprachen der Bäcker beteiligt und damit gegen die alliierten Gesetze verstoßen haben.

Der *Vizekanzler* meint, daß das Thema der Preiserhöhung vielleicht demnächst von dem Bundeskanzler in einem kleinen Kreis zur Erörterung gestellt werden könne. Im übrigen gebe es zu denken, daß eine solche Entwicklung der Preise sich in dem Augenblick des Inkrafttretens der Steuerermäßigungen zeige[33]. Er hält es für wünschenswert, daß die Bundesregierung in der Öffentlichkeit von den Preiserhöhungen der Bäcker abrückt.

Er schlägt vor, daß die Bundesminister für Ernährung, Landwirtschaft und Forsten und für Wirtschaft ihre Auffassungen zu der Entwicklung des Brotpreises getrennt darlegen[34]. Ferner spricht er sich für den Versuch aus, durch Einwirkung auf die Brotfabriken Einfluß auf die Preise zu nehmen. Außerdem sei bis zur nächsten Sitzung des Kabinettsausschusses zu überlegen, ob die Wiederaufnahme des § 19 Wirtschaftsstrafgesetz zweckmäßig sei.

Schließlich scheine es ihm zweckmäßig, dem Bundestag nahezulegen, so schnell wie möglich das Kartellgesetz zu verabschieden.

Der *Bundesminister für Wirtschaft* weist darauf hin, daß die alliierte Kartellgesetzgebung noch gültig sei[35]. Er könne die Ermächtigung der Alliierten auf Durchführung der alliierten Gesetze in deutscher Regie ohne Schwierigkeiten erhalten, scheue sich aber, dies wegen der ungünstigen Wirkung in der deutschen Öffentlichkeit zu tun.

---

[32] Siehe hierzu die Karte der Brotpreiserhöhungen im Abbildungsteil.

[33] Die durch das Gesetz zur Neuordnung der Steuern vom 16. Dez. 1954 (BGBl. I 373) bedingten Steuersenkungen waren zum 1. Jan. 1955 in Kraft getreten. Vgl. dazu Kabinettsprotokolle 1954, S. LVIf. und 509 f. (Sondersitzung des Kabinetts am 12. Nov. 1954 TOP B).

[34] Vgl. die Stellungnahme des BML vom 28. Febr. 1955 zur Vorlage des BMWi vom 8. Febr. 1955 in B 136/378 und B 102/4006.

[35] Angesprochen sind die Gesetze Nr. 56 der amerikanischen Militärregierung vom 28. Jan. 1947 (Amtsblatt der Militärregierung Deutschland, Amerikanische Zone, Ausgabe C, S. 2) und Nr. 78 der britischen Militärregierung vom 12. Febr. 1947 (Amtsblatt der Militärregierung Deutschland, Britische Zone, S. 412) zur Entflechtung der deutschen Kartelle und Monopole.

Der *Bundesminister für Wohnungsbau* bemerkt, daß die SPD-Fraktion beabsichtige, am Freitag in der Plenarsitzung die Frage der Brotpreisgestaltung anzusprechen[36].

Der *Bundesminister für Arbeit* hält die vom Vizekanzler vorgeschlagene Erklärung der Bundesregierung gegenüber der Öffentlichkeit für sehr geeignet, einen Druck auf die Bäcker auszuüben. Zweckmäßigerweise sollte darin auch eine detaillierte Berechnung der Gestehungs- und Verarbeitungskosten aufgenommen werden.

Der *Bundesminister für Wirtschaft* schlägt vor, die Frage der Brotpreisgestaltung schon morgen mit den Vertretern des Zentralverbandes der Bäcker zu besprechen. Der *Bundesminister für Arbeit* und *Staatssekretär Dr. Sonnemann* bitten den Bundesminister für Wirtschaft, sie an dieser Besprechung zu beteiligen[37].

Der *Bundesminister für Wohnungsbau* weist darauf hin, daß die im Augenblick in den Ausschüssen befindlichen Verkehrsgesetze[38] unter Umständen zur Erhöhung der Baustoffpreise und damit der Mieten führen werden, besonders dann, wenn noch tarifarische Maßnahmen hinzukommen sollten.

Staatssekretär Dr. Bergemann weist darauf hin, daß die erste Lesung in den Ausschüssen bisher keine Erhöhung der Sätze der Regierungsvorlage gebracht habe.

Min.Direktor Prof. Dr. Müller-Armack, BMW, erklärt hierzu, daß im Wirtschaftspolitischen Ausschuß Bedenken beständen, der Verkehrswirtschaft zu hohe Belastungen aufzuerlegen, die über den Beförderungspreis abgewälzt und die jetzt auf manchen Gebieten zu beobachtenden Preiserhöhungstendenzen noch verstärken würden.

Der *Vizekanzler* weist darauf hin, daß eine Stellungnahme der Bundesregierung zu den Verkehrsgesetzen erst abgegeben werden kann, wenn die Beratungen in den Ausschüssen abgeschlossen sind.

Er schlägt vor, die Preissituation in der Bundesrepublik in Anwesenheit eines Vertreters der Bank deutscher Länder Anfang März noch einmal im Kabinettsausschuß zu besprechen und dabei seine vorher gemachten Vorschläge zu erörtern.

Der Kabinettsausschuß beschließt entsprechend[39].

---

[36] In den Protokollen der 67. Sitzung am 18. Febr. 1955 (Stenographische Berichte, Bd. 23, S. 3419–3451) und später nicht ermittelt.

[37] Am 15. Febr. 1955 fand eine Besprechung des BMWi mit Vertretern des Backgewerbes statt, an der auch die Staatssekretäre Sauerborn und Sonnemann teilnahmen (Niederschrift in B 102/14411g und 27303, Unterlagen in B 102/192417). In den „Tages-Nachrichten" des BMWi vom 17. Febr. 1955 wurde eine Presseerklärung über die Besprechung am 15. Febr. 1955 veröffentlicht, in der mitgeteilt wurde, daß keine allgemeine Erhöhung der Brotpreise vorgesehen wäre, sondern nur in einzelnen Gebieten eine Anhebung des Brotpreises um etwa 4 Dpf je kg zur Anpassung an das allgemeine Preisniveau in der Bundesrepublik notwendig sei (Tages-Nachrichten des BMWi in der Sammlung der LES).

[38] Zu den Verkehrsgesetzen vgl. 73. Kabinettssitzung TOP 1 (Kabinettsprotokolle 1955, S. 160–163).

[39] Fortgang 26. Ausschußsitzung am 3. März 1955 TOP 1.

4. Wiederaufbau der Lufthansa[40] **BMV**

Staatssekretär Dr. Bergemann berichtet, daß der interministerielle Einfuhrausschuß rd. 9,6 Mio. Dollar = 40 Mio. DM für die Beschaffung von 4 weiteren Flugzeugen für die Deutsche Lufthansa bewilligt habe unter der Bedingung, daß der Bundesverkehrsminister dem Kabinettsausschuß von dem Vorgang Kenntnis gebe. Es könne damit gerechnet werden, daß durch die Beschaffung dieser 4 Flugzeuge die Lufthansa ab 1958 ohne Betriebszuschüsse arbeiten könne[41].

Min.Dirig. Dr. Schwandt, BMF, erklärt, daß das Bundesministerium der Finanzen mit der Beschaffung der Flugzeuge einverstanden sei, wenn damit nicht ein weiterer Ausbau des Europadienstes, sondern des Überseeverkehrs vorgenommen werden würde.

Der *Vizekanzler* ist der Ansicht, daß die Frage im Kabinett entschieden werden müsse, da durch Kabinettsbeschluß vom 18.8.1953[42] die Bestellung zunächst auf 4 zweimotorige und 4 viermotorige Flugzeuge beschränkt worden sei.

Der Kabinettsausschuß beschließt entsprechend[43].

---

[40] Der in der Tagesordnung der Protokollausfertigung angegebene TOP 4 (Bundesvermögen) wurde offensichtlich nicht behandelt. – Siehe 25. Ausschußsitzung am 18. Febr. 1955, einziger TOP der Tagesordnung.

[41] Siehe 38. Ausschußsitzung am 12. Aug. 1953 TOP 1 (Kabinettsausschuß für Wirtschaft 1951–1953, S. 270 f.) und 305. Kabinettssitzung am 18. Aug. 1953 TOP 4 (Kabinettsprotokolle 1953, S. 429 f.). – Zur Genehmigung der Beschaffung von zusätzlichen vier Lockheed Super Constellation-Flugzeugen durch den interministeriellen Einfuhrausschuß vgl. den Vermerk aus dem Bundeskanzleramt vom 8. Febr. 1955 und zu den betriebswirtschaftlichen Planungen vgl. die Denkschrift der Deutschen Lufthansa AG vom 10. Jan. 1955 („Weiterer Aufbau der Deutschen Lufthansa") in B 136/9955.

[42] Im Protokolltext irrtümlich: 18.3.1953.

[43] Fortgang 71. Kabinettssitzung am 16. Febr. 1955 TOP C (Kabinettsprotokolle 1955, S. 147 f.).

25. Sitzung des Kabinettsausschusses für Wirtschaft am Freitag, den 18. Februar 1955

Teilnehmer: Blücher, Schäffer; Hartmann, Sauerborn, Bergemann, Wandersleb; Bernard (BdL), Kattenstroth (BMWi), Haenlein (Bundeskanzleramt), Bretschneider (BML), Heise (BMZ), verschiedene Vertreter der Bundesressorts. Protokoll: Hornschu.

Beginn: 18.00 Uhr *Ende: 19.30 Uhr*

Ort: Bad Godesberg, Haus Carstanjen

Tagesordnung:

1. Bundesvermögen

Aussprache über die Vorbereitung einer Stellungnahme der Bundesregierung im Kabinettsausschuß[1].

1. Bundesvermögen

BMF

Der *Vizekanzler* leitet die Aussprache mit dem Hinweis auf die Schreiben des Bundeskanzlers vom 1.4.54, 14.5.54 und 27.7.54 ein. Darin habe der Bundeskanzler den Wunsch nach einer Neuordnung des Komplexes „Bundesvermögen" zum Ausdruck gebracht und um einen Vorschlag gebeten, wie und in welchem Maße Bundesvermögen in private Hände übergeleitet werden könne, da eine Betätigung des Staates auf dem gewerblichen Sektor in dem jetzigen Ausmaß nicht der von der Bundesregierung vertretenen wirtschaftspolitischen Auffassung entspreche. Ferner habe der Bundeskanzler um einen Überblick über die Gewinne bzw. Verluste der bundeseigenen Unternehmungen im Jahre 1953 gebeten. Auch in der Kabinettssitzung am 23.6.54 sei der Bundeskanzler auf die mit dem Bundesvermögen zusammenhängenden Fragen nachdrücklich eingegangen.

Auf diese Schreiben habe der Bundesminister der Finanzen mit Schreiben vom 5.7.54 und 28.9.54 geantwortet und gewisse Bedenken vorgetragen.

Schließlich habe der Bundeskanzler mit Schreiben vom 12.10.54 gebeten, in einer Kabinettsvorlage alle Gesellschaften und Betriebe, die für eine Privatisierung in Betracht kommen, zusammenzustellen und Vorschläge über die Art der Veräußerung und die Verwendung der Erlöse zu machen.

Da sich hierzu bisher nur der Bundesminister für Wirtschaft unterm 29.1.55 geäußert habe, fragt der *Vizekanzler* den Bundesminister der Finanzen, ob er auch seinerseits in der Lage sei, jetzt dazu Stellung zu nehmen[2].

---

[1] Der TOP wurde laut Einladung ohne Vorlage behandelt.

Der *Bundesminister der Finanzen* erklärt, daß er mit dem Bundesminister für Wirtschaft über die Behandlung dieser Fragen völlig einig sei, so daß er nicht verstehe, warum die Frage des Bundesvermögens auf die Tagesordnung des Kabinettsausschusses gesetzt worden sei.

Im übrigen sei er darüber befremdet, daß durch eine Indiskretion im Bundeskanzleramt einem Abgeordneten das fragliche Schreiben bekannt geworden sei[3]. Er verweist in diesem Zusammenhang noch auf einen Artikel im Handelsblatt vom 18.2.55, in dem die Ansicht vertreten werde, daß das Bundeskanzleramt anscheinend als einzige Stelle für die Privatisierung des Bundesvermögens eintrete[4].

Der *Vizekanzler* bezeichnet es, auch wenn sich der Bundesminister der Finanzen und der Bundesminister für Wirtschaft bei der Behandlung des Problems einig seien, als notwendig, daß die Fragen auf der Ebene des Kabinettsausschusses und des Kabinetts weiter verfolgt werden. Der Bundeskanzler sehe sich vor die Notwendigkeit gestellt, gegenüber dem Parlament und der Öffentlichkeit eine Äußerung abzugeben, die von der gesamten Bundesregierung getragen werden müsse[5].

---

[2] Siehe 36. Kabinettssitzung am 23. Juni 1954 TOP D (Kabinettsprotokolle 1954, S. 264–268, hierzu S. 267 f.), in der Adenauer die Situation des früheren Reichsbesitzes als unhaltbaren Zustand bezeichnet hatte. – Mit Schreiben vom 1. April und 14. Mai 1954 hatte Adenauer Schäffer um Vorschläge gebeten, „wie und in welchem Ausmaß Bundesvermögen in private Unternehmerhände übergeleitet werden kann". Schäffer hatte am 5. Juli 1954 mitgeteilt, er befürworte die Privatisierung von Bundesvermögen überall da, wo nicht hoheitliche oder öffentliche Aufgaben durch privatrechtliche Gesellschaften im Bundesbesitz wahrgenommen würden. Der Verkaufserlös könnte „für die beschleunigte Tilgung von Verbindlichkeiten des Reichs im Rahmen der Bestimmungen des Kriegsfolgenschlußgesetzes" verwendet werden. Am 28. Juli 1954 hatte das BMF auf Anforderung des Bundeskanzleramtes vom 27. Juli 1954 hin einen detaillierten Überblick über die Gewinne und Verluste der vom Bund verwalteten Unternehmen im Jahre 1954 vorgelegt (B 126/40185 und B 136/2345). Am 12. Okt. 1954 hatte Adenauer Schäffer aufgefordert, in einer Kabinettsvorlage alle Gesellschaften und Betriebe zusammenzustellen, die nach Schäffers Ansicht für eine Privatisierung in Frage kämen (B 136/2345 und B 126/40302). In Kenntnis der im BMF erarbeiteten Zusammenstellung hatte Erhard mit Schreiben vom 29. Jan. 1955 „Grundsätze zur Privatisierung von Bundesunternehmen" vorgelegt. Darin hatte er sich für die Privatisierung von konzernfreien Gesellschaften und solchen Tochterunternehmen großer Bundeskonzerne ausgesprochen, die mit den übrigen Konzerntöchtern nur in sehr losem Verbund stünden. Unternehmen, die gemeinwirtschaftliche Aufgaben wahrnähmen, sollten nicht privatisiert werden. Eine rechtliche Zweckbindung bestehe für die Verkaufserlöse zwar nicht, sie sollten jedoch nicht zur Deckung laufender Ausgaben, sondern zur Schuldentilgung oder zur Finanzierung wichtiger öffentlicher Aufgaben (z. B. Straßenbau oder Zonenrandförderung) verwendet werden. Dem Schreiben war eine Liste der „privatisierungsfähigen Beteiligungen aus dem Bundesvermögen" beigegeben (B 102/75796 und B 136/2345). Schäffer hatte sich in einem Schreiben vom 17. Febr. 1955, das zum Zeitpunkt der Sitzung dem Bundeskanzleramt noch nicht vorlag, mit diesen Leitsätzen grundsätzlich einverstanden erklärt (Schreiben in B 126/40302 und B 136/2345).

[3] In einer ungezeichneten Aufzeichnung vom 19. Febr. 1955 über die Sitzung heißt es u. a.: „Der Herr Bundesminister der Finanzen begann seine Ausführungen mit der Vermutung, daß durch Indiskretionen des Bundeskanzleramtes einem Abgeordneten ein Brief des Herrn Bundeskanzlers an ihn bekanntgegeben worden sei" (B 136/2345). – Zu weiteren Indiskretionen in dieser Angelegenheit vgl. 26. Ausschußsitzung am 3. März 1955 TOP A.

[4] Handelsblatt vom 18. Febr. 1955 („Eiertanz um die Privatisierung").

[5] Die FDP-Fraktion bzw. einzelne FDP-Abgeordnete hatten in mehreren Kleinen Anfragen Auskunft über die Handhabung der bundeseigenen Gesellschaften und ihres Vermögens durch die

Der *Bundesminister der Finanzen* wendet ein, es gäbe im Bundestag einen besonderen Unterausschuß „Bundesvermögen", in dem der gesamte Komplex verfolgt werden könne, so daß er dies in anderem Rahmen nicht für erforderlich halte[6].

Min.Dirigent Haenlein [Bundeskanzleramt] hebt demgegenüber hervor, daß der Bundeskanzler im Schreiben vom 12.10.54 um eine Kabinettsvorlage gebeten habe, die im Kabinettsausschuß vorberaten und anschließend dem Kabinett zugeleitet werden solle. Die Festlegung einer eindeutigen Meinung der Bundesregierung sei gerade im Hinblick auf den im Bundestag gebildeten Unterausschuß notwendig.

Min.Direktor Kattenstroth [BMWi] trägt die Auffassung des Bundesministers für Wirtschaft vor, daß Bundesbeteiligungen nicht grundsätzlich der Marktwirtschaft widersprächen. Er vertrete aber die Auffassung, daß für Bundesbetriebe keine Sonderbehandlung Platz greifen dürfe und daß sie nach den gleichen Grundsätzen wirtschaften müßten wie Privatbetriebe.

Bezüglich der Erlöse aus dem Verkauf von Bundesbeteiligungen sei der Bundesminister für Wirtschaft der Auffassung, daß diese durch den Bundeshaushalt gehen müßten; dies gelte insbesondere für die Erlöse aus Grundstücksverkäufen der Industrie-Verwaltungs-Gesellschaft m.b.H. (IVG)[7].

Die IVG dürfe keinesfalls zu einer Bank für Bundesunternehmen werden; ebenso sei der Bundeswirtschaftsminister der Auffassung, daß sich die IVG nicht zu einem neuen Rüstungskonzern entwickeln dürfe[8].

Er erwähnt in diesem Zusammenhang die Gewährung von Kassenkrediten an die Preussag und die Reichswerke[9] und äußert Zweifel, ob auch Privatunternehmen solche Kreditmöglichkeiten gehabt hätten[10].

Bundesregierung verlangt (Kleine Anfragen Nr. 73, 131, 132, 135, 136 und 142, BT-Drs. 603, 999, 1002, 1029, 1030 und 1087). Am 16. Dez. 1954 hatten sie im Bundestag beantragt, daß die Bundesregierung die Eröffnungsbilanzen und alle späteren Bilanzen mit Gewinn- und Verlustrechnungen der bundeseigenen Betriebe bis zum 31. Dez. 1953 vorlegen solle (BT-Drs. 1088).

6 Der Bundestag hatte am 6. Mai 1954 auf Antrag der Koalitionsfraktionen (BT-Umdruck Nr. 86) die Ausschüsse für Wirtschaftspolitik, für Finanz- und Steuerfragen, für Geld und Kredit sowie für Haushalt beauftragt, alle Fragen im Zusammenhang mit dem Bundesvermögen einschließlich der Vorbereitung seiner Neuordnung zu prüfen (Stenographische Berichte, Bd. 19, S. 1243). Zu diesem Zweck war ein gemeinsamer Unterausschuß „Bundesvermögen" eingerichtet worden.

7 Vgl. hierzu die Kleinen Anfragen Nr. 73 und 136 vom 16. Juni und 2. Dez. 1954 (BT-Drs. 603 und 1030) zu Gesellschaftsstruktur, Kapital und Verkäufen der Industrieverwaltungsgesellschaft und die Antworten des BMF vom 8. Juli und 18. Dez. 1954 (B 136/105, BT-Drs. 712 und 1102).

8 Vgl. hierzu die Kleine Anfrage Nr. 131 der FDP-Fraktion vom 19. Nov. 1954 (BT-Drs. 999) und die Antwort des BMF vom 8. Febr. 1955 (B 126/40186 und B 136/105, BT-Drs. 1190).

9 Die Reichswerke AG für Berg- und Hüttenbetriebe, Berlin, war 1941 als reichseigener Industriekonzern gegründet worden. Zu den Reichswerken gehörten u. a. die Reichswerke AG für Erzbergbau und Eisenhütten, Berlin, 1937 gegründet, um vor allem die Eisenerzvorkommen im Bereich Salzgitter erschließen und ausbeuten zu können, und die Reichswerke Alpine Montanbetriebe in Linz, Österreich. Im Zuge der Demontagen und Entflechtungen waren weite Bereiche des Konzerns stillgelegt worden, die verbliebenen Beteiligungen hatte die AG für Berg- und Hüttenbetriebe mit Sitz in Salzgitter übernommen.

Eine grundsätzliche Meinungsverschiedenheit bestehe zwischen dem Bundesfinanzminister und dem Bundeswirtschaftsminister bezüglich der Privatisierung des Volkswagenwerkes. Der Bundesminister für Wirtschaft vertrete die Auffassung, daß der Staat nicht in der Automobilindustrie tätig sein solle.[11]

Man brauche sich aber wohl nicht so sehr grundsätzlich auseinanderzusetzen, wenn man über die im Brief vom 29.1.55 mitgeteilte Liste spreche, sondern könne sich darauf beschränken, die Auffassung bezüglich der einzelnen Unternehmen in der Gesamtliste zu klären. Auf diese Weise lasse sich das Problem begrenzen. Denn auch nach Meinung des Bundesministers für Wirtschaft sei für die nächsten Jahre an eine Privatisierung z. B. der Viag oder der Reichswerke nicht zu denken.

Das Problem des Volkswagenwerkes solle nach Meinung des Bundesministers für Wirtschaft durch ein Sondergesetz geregelt werden, da es jetzt herrenlos sei. Eine Regelung im Zusammenhang mit dem übrigen NS-Vermögen würde wohl zu lange Zeit in Anspruch nehmen, da eine Gesamtregelung für das NS-Vermögen erst nach dem Kriegsfolgenschlußgesetz getroffen werden könne[12]. Dann sei auch über die Verwendung des Erlöses aus dem Volkswagenwerk zu entscheiden, nämlich, ob er in den Haushalt, für das Kriegsfolgenschlußgesetz, für Ausgleichsforderungen der Genossenschaften oder für das Bundesentschädigungsgesetz eingesetzt werden solle. Wenn man den Erlös für soziale Zwecke einsetze, so werde die Opposition voraussichtlich keine Einwendungen dagegen erheben, ein Ergebnis, auf das der Bundesminister für Wirtschaft besonderen Wert lege.

Auch soweit Bundesbeteiligungen bestehen blieben, sei nach Meinung des Bundesministers für Wirtschaft eine Reihe von Fragen zu klären, so z. B. die Frage der Weisungsgebundenheit der Ressortvertreter in den Aufsichtsräten. Die Haltung der Bundesregierung gegenüber dieser und auch anderen Fragen werde zunächst im Kabinettsausschuß geklärt werden müssen. Da sich die gesetzlichen Bestimmungen (Aktienrecht, Betriebsverfassungsgesetz, Montan-Mitbestimmungsgesetz, Vorschaltgesetz, Reichshaushaltsordnung[13]) teilweise widersprächen, sei nach Auffassung

---

[10] Vgl. hierzu die Kleine Anfrage Nr. 135 vom 2. Dez. 1954 (BT-Drs. 1029) und die Antwort des BMF vom 26. Jan. 1955 (B 126/40186 und B 136/105, BT-Drs. 1180).

[11] Der BMWi hatte in seinen Privatisierungsgrundsätzen vom 29. Jan. 1955 vorgeschlagen, das Volkswagenwerk zur Privatisierung anzubieten, sobald die Eigentumsverhältnisse endgültig geklärt seien. Der BMF hatte in seinem Schreiben vom 17. Febr. 1955 hinsichtlich des Volkswagenwerkes unter Bezugnahme auf dessen Rolle für den Arbeitsmarkt im Zonenrandgebiet des Landes Niedersachsen „die gleichen politischen Bedenken, die gegen eine Privatisierung der im Eigentum des Bundes befindlichen Grundstoffindustrien sprechen", geltend gemacht.

[12] Vgl. zum Kriegsfolgenschlußgesetz 81. Kabinettssitzung am 13. Mai 1955 TOP 4 (Kabinettsprotokolle 1955, S. 281–283). – Gesetz zur allgemeinen Regelung durch den Krieg und den Zusammenbruch des Deutschen Reiches entstandener Schäden (Allgemeines Kriegsfolgengesetz) vom 5. Nov. 1957 (BGBl. I 1747).

[13] Gesetz über Aktiengesellschaften und Kommanditgesellschaften (Aktiengesetz) vom 30. Jan. 1937 (RGBl. I 107), Betriebsverfassungsgesetz vom 11. Okt. 1952 (BGBl. I 681), Gesetz über die Montan-Mitbestimmung vom 21. Mai 1951 (BGBl. I 347), Gesetz zur vorläufigen Regelung der Rechtsverhältnisse des Reichsvermögens und der preußischen Beteiligungen („Vorschaltgesetz") vom 21. Juli 1951 (BGBl. I 467), Reichshaushaltsordnung in der Fassung vom 14. April 1930 (RGBl. II 693).

des Bundesministers für Wirtschaft zu erwägen, ob nicht diese Inkongruenz durch ein besonderes Gesetz beseitigt werden sollte.

Der *Vizekanzler* schlägt vor, den Fragenkreis hier enger zu umgrenzen. Auf der einen Seite sei es verständlich, daß der Bundesfinanzminister grundsätzliche Überlegungen zu vermeiden suche und für die einzelnen Fälle praktische Lösungen anstrebe. Andererseits sehe sich der Bundeskanzler in der Zwangslage, sich grundsätzlich äußern zu müssen. Er, der *Vizekanzler*, trage allerdings Bedenken, dem Bundestag eine Liste aller für den Verkauf in Betracht kommenden Unternehmungen vorzulegen. Er halte es für richtig, mit dem Unterausschuß den Anfang einer praktischen Arbeit zu machen und dabei eine Reihe von konkreten Fragen herauszustellen. Zu bedenken sei immerhin, daß man sonst die günstigen Projekte privatisieren werde, während die Unternehmen, die man bisher schon habe durchschleppen müssen, in der Hand des Bundes blieben. Er wolle und könne nicht das gesamte Programm der Fragen, die er grundsätzlich beantwortet wissen wolle, aufzählen. Er gestatte sich nur einige wenige Andeutungen:

1) die Bestimmung der Werte und der Zuständigkeit hierfür
2) Zuständigkeit für die sicher sehr schwierige Ermittlung des Preises bei einem Paketverkauf an eine in der gleichen Branche schon bisher tätige Firma, Persönlichkeit oder Gruppe
3) die einheitliche Marschlinie bei der Verwendung der Erlöse
4) die Abwehr gegen das Entstehen neuer Monopole oder Obligopole durch den Erwerb von Bundeseigentum

usw. usw.

Wenn wir alle uns bei der Überlegung aufkommenden Fragen und Bedenken im Grundsätzlichen vorher abklären würden, könnten wir auf diese Weise mit dem Parlament, da es sich nicht so sehr mit dem einzelnen Falle befassen könne, durch seinen Unterausschuß in eine auch für diesen befriedigende Erörterung gelangen; andernfalls würden wir bei jedem Einzelfalle erneut wesentliche Probleme aufgreifen. Vor allem aber könne der Bundeskanzler auf eine große und bedeutende Arbeit hinweisen, der sich die Bundesregierung widme im Interesse der Sache, aber auch um den Beschlüssen des Parlaments zu entsprechen.

Jedenfalls sehe er die Notwendigkeit, daß die Ressorts zu diesem Zweck die in Betracht kommenden Gesichtspunkte und die dem Ausschuß vorzulegenden Fragen in Zusammenarbeit herausarbeiten müßten.

Der *Bundesminister der Finanzen* erklärt hierzu, daß er dem Unterausschuß bereits die Liste der 9 verkauften Unternehmen mitgeteilt und ihn auch über die 8 zum Verkauf anstehenden Gesellschaften informiert habe[14].

---

[14] Mitteilung nicht ermittelt. – Bereits verkauft worden waren die Achegelis Söhne AG., Bremerhaven, die Alumetall GmbH, Nürnberg, die Famo Vertriebs GmbH, München, die Formholzpresswerke Romen GmbH, Amberg, die Holmag Holsteinische Maschinenbau AG., Kiel, die Kontinentale Öltransport AG, Berlin, die Reichkraftsprit GmbH, Berlin, die Tilly Strumpffabrik GmbH, Kiel und die „Weichsel" Dampfschiffahrt AG, Kiel (vgl. das Schreiben des BMF an das

Der Verkauf des Volkswagenwerkes sei allerdings eine höchst politische Frage, über die er mit dem Bundeskanzler persönlich sprechen wolle. Den Verkaufswert nimmt er nicht unter 750 Mio. DM an.

Dazu bemerkt der *Vizekanzler*, daß das Kabinett zu seiner Meinungsbildung eine detaillierte Stellungnahme des Bundesfinanzministers brauche, so daß es auch insoweit zunächst einer eingehenden Erörterung zwischen den Ressorts bedürfe.

Min.Dirigent Haenlein [Bundeskanzleramt] bemerkt, daß dem Bundeskanzler nicht daran liege, sofort eine größere Zahl von Unternehmungen aus Bundesbesitz zum Verkauf zu stellen, sondern daß der Bundeskanzler konkrete Vorschläge erwarte, die im Kabinett erörtert werden könnten und über die auch die Öffentlichkeit unterrichtet werden könne.

Der *Vizekanzler* fügt hinzu, daß die Bundesregierung sich auch eine Meinung bilden müsse, wie im Falle einer Privatisierung verfahren werden solle, ob es zu einem Globalverkauf oder zu Aktienveräußerungen kommen solle. Auch die Verwendung der Erlöse müsse für jeden Einzelfall überlegt werden. Insofern bedürfe es also konkreter Vorschläge an den Bundeskanzler.

Min.Dirig. Haenlein [Bundeskanzleramt] unterstreicht diese Auffassung des Vizekanzlers mit dem Hinweis auf die Schreiben des Bundeskanzlers vom 14.5./ 12.10.54, mit denen dieser gebeten habe, einen Vorschlag auszuarbeiten, wie und in welchem Ausmaß Bundesvermögen in private Hände übergeleitet werden und daraus Mittel für das Kriegsfolgenschlußgesetz zur Verfügung gestellt werden könnten.

Der *Bundesminister der Finanzen* entgegnet Ministerialdirigent Haenlein, daß der Bundeskanzler bereits die schriftliche Antwort habe. Min.Dirigent Haenlein brauche sich nur die Eingänge des Bundeskanzleramtes anzusehen.

Min.Dir. Kattenstroth [BMWi] bemerkt zu der vom Bundesminister der Finanzen gesehenen Schwierigkeit, den im Volkswagenwerk steckenden Vermögenswert zu veräußern, daß dies durch Ausgabe und Veräußerung von Aktien über die Börse nach Meinung des Bundesministers für Wirtschaft möglich sein werde.

Der *Bundesminister der Finanzen* ist dagegen der Auffassung, daß man nicht über die Aktiven des Volkswagenwerkes verfügen könne, während man die Passiven im ungewissen lasse. Im übrigen sei er wegen des Volkswagenwerkes mit dem Bundesjustizministerium in Verhandlung[15].

Der *Vizekanzler* gibt zu bedenken, daß die Erklärung des Einvernehmens zwischen dem Bundesminister der Finanzen und dem Bundesminister für Wirtschaft allein noch nicht genüge, da die Bundesregierung für einen Fortgang der Behandlung des Problems zu sorgen habe. Es handele sich dabei schließlich auch nicht nur um das Volkswagenwerk, sondern auch um andere Betriebe.

Bundeskanzleramt vom 17. Febr. 1955). Zu den zum Verkauf anstehenden Unternehmen siehe den nachfolgenden Protokolltext.

[15] Nicht ermittelt.

Min.Dirig. Haenlein [Bundeskanzleramt] betont ebenfalls, daß die vom Bundeskanzler zum Thema „Bundesvermögen" gestellten Fragen beantwortet und innerhalb der Bundesregierung abgestimmt werden müßten, damit die Bundesregierung nicht gegenüber dem Parlament die Initiative verliere. Er bittet daher zu erwägen, ob nicht ein Gremium bestimmt werden solle, das eine Stellungnahme des Kabinettsausschusses vorbereite.

Er erinnert daran, daß der Bundeskanzler in der Kabinettssitzung am 23.6.54 bemängelt habe, daß das frühere Reichsvermögen im wesentlichen auf die Bundesministerien der Finanzen und für Wirtschaft aufgeteilt und die von beiden Ressorts benannten Aufsichtsratsmitglieder ohne ausreichende Kontrolle und Publizität tätig seien. Der Bundeskanzler habe gebeten, auch dieses Problem schnell und wirksam in Ordnung zu bringen.

Der *Bundesminister der Finanzen* entgegnet, daß doch für die Publizität gesorgt sei und verweist auf die Vorbemerkungen zum Haushaltsplan. Wenn im übrigen der Vorwurf erhoben werde, daß Hunderte von Millionen Kredite an Bundesunternehmen gegeben wurden, wie in der Kabinettssitzung am 1.12.54, so sei das nichts als Schwindel[16].

Min.Dirigent Haenlein [Bundeskanzleramt] macht darauf aufmerksam, daß der Herr Bundeskanzler nicht leichtfertig Behauptungen aufgestellt habe, sondern nur auf umgehende Behauptungen und die Notwendigkeit ihrer Aufhellung hingewiesen habe.

Der *Vizekanzler* gibt dem Bundesminister der Finanzen zu bedenken, daß nach der eigenen Erklärung des Bundesfinanzministers keine sachlichen Meinungsverschiedenheiten beständen, daß aber trotzdem, wie die Erörterung gezeigt habe, der Bundeskanzler Wert darauf legen müsse, die Initiative der Bundesregierung gegenüber dem Parlament zu wahren und die Grundlage für eine eindeutige Erklärung der Bundesregierung zu schaffen. Es sei für die Bundesregierung wesentlich, den Fragenkomplex in der Hand zu behalten, damit sie nicht vor Endüberlegungen anderer gestellt werde.

Min.Dir. Kattenstroth verweist auf die Ausführungen des Bundesrechnungshofes zur Haushaltsrechnung 1950/51, in der dieser angeregt hat zu überprüfen, ob eine Reihe von Beteiligungen im Besitz des Bundes bleiben müssen oder veräußert werden können[17].

Der *Bundesminister der Finanzen* und *Staatssekretär Hartmann* stellen dazu fest, daß diese Ausführungen mit den Grundsätzen des Bundesfinanzministers übereinstimmen.

Auf die Frage des *Vizekanzlers* an den Bundesminister der Finanzen, wen dieser für die Erörterungen der Fragen mit den anderen Ressorts bestimmen wolle, gibt

---

[16] Siehe 61. Kabinettssitzung am 1. Dez. 1954 TOP E (Kabinettsprotokolle 1954, S. 536–543, hierzu S. 541).

[17] Gemeint sind wohl die Bemerkungen des Bundesrechnungshofes zu den Bundeshaushaltsrechnungen für die Rechnungsjahre 1949 und 1950 vom 8. Jan. 1954 (BT-Drs. 396).

der *Bundesminister der Finanzen* die Liste der zum Verkauf anstehenden Unternehmen wie folgt bekannt:

1) Howaldtswerke Hamburg AG, Hamburg
2) Norddeutsche Chemische Werke GmbH, Lüneburg
3) VTG Vereinigte Tanklager und Transportmittel GmbH, Hamburg
4) Mitteldeutsche Spinnhütte GmbH, Celle
5) Luitpoldhütte AG, Amberg Opf.
6) Holzverzuckerungs-GmbH, Holzminden
7) Kanalverkehrs AG, Duisburg
8) Kieler Howaldtswerke AG, Kiel

Er bemerkt dazu, daß er von den Ressorts hierzu eine Stellungnahme erwarte, so daß sich zunächst die Schaffung eines Gremiums erübrige.

Der *Vizekanzler* schlägt dem Kabinettsausschuß vor, daß die Ressorts zunächst auf Grund der ihnen hier in der Sitzung bekanntgegebenen Liste ihre Stellungnahmen abgeben sollen.

Der Kabinettsausschuß beschließt entsprechend.

Nach kurzer Durchsprache der 8 zum Verkauf anstehenden Unternehmen erklärt *Staatssekretär Dr. Bergemann*, daß es sich nach seiner Auffassung hier nicht darum handeln könne, eine Grundsatzentscheidung zu treffen, da sich für eine generelle Beurteilung allgemeine Gesichtspunkte nicht finden ließen. Vielmehr laufe es darauf hinaus, dem Bundeskanzler die von den einzelnen Ressorts kommenden verschiedenen Meinungen zu den Einzelobjekten vorzutragen, nachdem es darüber im Kabinettsausschuß zu einer Abstimmung gekommen sei.

Min.Dirig. Haenlein [Bundeskanzleramt] stellt die Frage, ob die vom Bundesminister für Wirtschaft in seinem Schreiben vom 29.1.55 mitgeteilten Grundsätze vom Bundesminister der Finanzen geteilt werden.

Nachdem der *Vizekanzler* dies auf Grund des Ganges der Besprechungen bejaht hat, bittet *Min.Dirigent Haenlein* [Bundeskanzleramt], diese Grundsätze (ohne die Liste) allen Kabinettsmitgliedern bekanntzugeben, damit sie dazu Stellung nehmen und die Bundesregierung sich diese Grundsätze zu eigen machen kann.

Der Kabinettsausschuß beschließt entsprechend[18].

[18] Vgl. das Schreiben des BMWi vom 9. März 1955 an die Bundesminister und den Präsidenten des Bundesrechnungshofes in B 102/75796.

26. Sitzung des Kabinettsausschusses für Wirtschaft am Donnerstag, den 3. März 1955

Teilnehmer: Blücher, Erhard, Preusker, Hellwege; Hartmann, Sonnemann; Bernard (BdL), Kattenstroth (BMWi), Müller-Armack (BMWi), Michel (BMWi), Reinhardt (BMWi), Herschel (BMA), Junker (AA), Middelmann (BMVt), Heise (BMZ), andere Vertreter verschiedener Ressorts. Protokoll: Doßmann.

Beginn: 9.30 Uhr *Ende: 12.30 Uhr*

Ort: Bad Godesberg, Haus Carstanjen

Tagesordnung:

1. *Preissituation in der Bundesrepublik*
   Vorlage des BMWi vom 9. Febr. 1955 (I B 1/5232/54 II Ang.), insbesondere Ermächtigung zu Zollsatzänderungen[1].
2. *Einstellung der Bundesregierung zur Frage der „Berufsordnungen"*
   Vorlage des BMWi vom 10. Dez. 1954 (II C - 4403/54 / Z A 1 - 1355/54).

[A. Indiskretionen]

Vor Eintritt in die Tagesordnung gibt *Staatssekretär Hartmann* im Auftrage seines Ministers davon Kenntnis, daß in der „Wirtschafts- und Sozialpolitik" vom 26.2.1955 ein Bericht über die letzte Kabinettsausschuß-Sitzung erschienen sei, der den Verlauf der Debatte über das Bundesvermögen, insbesondere die Diskussion über die Verantwortung der Beamten als Aufsichtsratsmitglieder genau wiedergebe. Sein Minister lasse bitten, bei allen Teilnehmern der letzten Sitzung anfragen zu lassen, ob aus diesem Kreise Informationen gegeben worden seien[2].

Der *Vizekanzler* bezeichnet derartige Indiskretionen, die schon häufig vorgekommen seien, als einen unerträglichen Zustand. Durch das Sitzungsprotokoll könne die Verlautbarung jedoch nicht veranlaßt sein, da der Protokollentwurf bei ihm unter Verschluß gewesen sei.

Der *Bundesminister für Wohnungsbau* ist auch der Auffassung, daß die Mitteilung mündlich erfolgt sein müsse, da genaue Einzelheiten der Debatte wiedergegeben worden seien; er selbst sei bei der Sitzung nicht zugegen gewesen.

Der *Vizekanzler* bittet daraufhin zu überlegen, ob derartige Andeutungen gemacht worden seien, und erklärt für sich, daß er mit niemandem über die letzte Sitzung

---

[1] In der Einladung war eine ergänzende Vorlage des BMWi angekündigt worden.

[2] Siehe 25. Ausschußsitzung am 18. Febr. 1955 TOP 1. – Vgl. „Wirtschafts- und Sozialpolitik" vom 26. Febr. 1955 („Schäffers ‚Privatisierungs-Schreck'").

gesprochen habe. Desgleichen erklären *Präsident Dr. Bernard* und *Min.Dir. Kattenstroth* [BMWi], daß sie ebenfalls nichts über den Verlauf der letzten Sitzung haben verlauten lassen.

Abschließend bittet der *Vizekanzler* die Anwesenden, wegen dieses Vorkommnisses in ihren Geschäftsbereichen Nachforschungen anzustellen[3].

1. Preissituation in der Bundesrepublik, insbesondere Ermächtigung zu Zollsatzänderungen BMWi

Der *Vizekanzler* schlägt vor, die Debatte zu Punkt 1 dadurch fortzusetzen, daß eine Reihe von Fragen insbesondere der Zölle und des § 19 Wirtschaftsstrafgesetz beantwortet werden und der Bundesminister für Wirtschaft über die von ihm beabsichtigten Gespräche mit Kreisen der Wirtschaft berichtet[4].

Der *Bundesminister für Wirtschaft* führt dazu aus, daß in einigen Gebieten die Bäcker den Wunsch hatten, eine Brotpreiserhöhung von 4 Dpf. je kg vorzunehmen; dieser Fall lasse sich aber wohl regeln. Die größere Gefahr komme seiner Meinung nach von der Lohnbewegung her; er habe in dieser Frage sowohl die Arbeitgeber als auch die Arbeitnehmer sehr deutlich angesprochen. Den Arbeitgebern habe er klargemacht, daß erwogen werde, Preissteigerungen mit Ausweitung der Liberalisierung und mit Zollermächtigungen zu begegnen. Ebenso würden Lohnerhöhungen, die die Preise in Bewegung brächten, nicht akzeptiert werden können; es müßten in solchen Fällen dann die genannten Maßnahmen angewendet werden. Eine expansive Lohnpolitik[5] komme überhaupt nicht in Frage. Es dürfe keine Ent-

[3] Erhard erklärte mit Schreiben vom 4. März 1955 an Schäffer, daß aus dem BMWi keine Informationen an die Presse gelangt seien (B 102/75796 und B 136/2345). Am 11. März 1955 wurden Sauerborn, Bergemann und Wandersleb sowie in der Ausschußsitzung am 26. Febr. 1955 anwesende Ministerialbeamte des BML und des BMP aufgefordert, dienstliche Erklärungen darüber abzugeben, ob Informationen an die Presse gegeben worden seien. Die Erklärungen wurden vom Bundeskanzleramt an Blücher weitergeleitet (B 136/2345).

[4] Siehe 24. Ausschußsitzung am 14. Febr. 1955 TOP 1. – Vorlage des BMWi vom 8./9. Febr. 1955 in B 102/4006 und B 136/378. – Eine in der Einladung angekündigte ergänzende Vorlage des BMWi konnte nicht ermittelt werden (B 136/36215). – Am 28. Febr. 1955 waren Erhard und Storch mit den Präsidenten und Hauptgeschäftsführern der Arbeitgeberverbände, am 1. März 1955 mit den Vorsitzenden der Industriegewerkschaften und Vertretern des Bundesvorstands des DGB zu Aussprachen über die Lohn- und Preispolitik zusammengetroffen (Tages-Nachrichten des BMWi vom 2. März 1955 in der Sammlung der LES). Am 8. März 1955 wurden die Gespräche mit Vertretern der DAG und der IG Bergbau fortgesetzt (Pressenotiz vom 9. März 1955 in B 102/9126 und Tages-Nachrichten des BMWi vom 9. März 1955 ebenda). Gemeinsame Gespräche mit Vertretern der IG Bergbau und des Unternehmerverbands Ruhrbergbau fanden am 16. und 23. März 1955 statt (Tages-Nachrichten des BMWi vom 17. und 24. März 1955 ebenda).

[5] Der Leiter des Wirtschaftswissenschaftlichen Instituts des DGB, Viktor Agartz, hatte das Konzept der „expansiven Lohnpolitik" erstmals 1951 vorgestellt. Die Lohnpolitik sollte danach ein wesentliches Element der Konjunktur- und Strukturpolitik sein. „Ziel dabei war nicht, den Reallohn nachträglich an das wirtschaftliche Wachstum anzupassen, der Lohn sollte vielmehr Produktionssteigerungen stimulieren, die wiederum einen Zwang zu mehr Rationalisierung [im Sinne von Arbeitszeitverkürzungen] nach sich zögen". Die Diskussionen innerhalb des DGB um dieses Konzept hatten zur Verkündung eines Aktionsprogramms durch den Bundesvorstand des DGB am 1. Mai 1955 geführt, das Forderungen zu den Bereichen Arbeits-

wicklung eingeleitet werden, die eine Gefahr der Minderung der Wettbewerbsfähigkeit und Beeinträchtigung der Sparkapitalien und letzten Endes die Gefahr einer Schwächung der Währung mit sich bringe. Bei den Gewerkschaften habe er für diese Gefahren Verständnis gefunden; sie wollten keine Lohnbewegungen, die dazu führen könnten.

Der *Bundesminister für Wirtschaft* spricht sich sodann für die Zollermächtigung aus und erklärt, daß eine solche Maßnahme von der Öffentlichkeit erwartet werde[6]. Man solle nicht erst warten, bis die Opposition mit solchen Vorschlägen komme. Das Instrument der Zollermächtigungen stelle eine wünschenswerte Einrichtung dar, die allein durch ihr Dasein zu einem verantwortungsbewußten Verhalten führe. Er schlägt vor, die Frage der Zollermächtigung einem möglichst klein gehaltenen Gremium von Parlamentariern vorzulegen, um somit eine Beunruhigung der Öffentlichkeit zu vermeiden.

Auf Bitte des *Vizekanzlers* äußert sich der *Bundesminister für Wirtschaft* sodann zu § 19 des Wirtschaftsstrafgesetzes[7]. Er spricht sich gegen seine Wiedereinführung im jetzigen Zeitpunkt aus und fordert mit Nachdruck das Inkrafttreten des Kartellgesetzes[8]. Es sei unglaublich, in welchem Ausmaß zur Zeit Preisbindungen bis unten hin bestünden. Der *Vizekanzler* bezweifelt allerdings, ob diese Bindungen mit dem Kartellgesetz verhindert werden könnten.

Staatssekretär Dr. Sonnemann erklärt, daß der Bundesminister für Ernährung, Landwirtschaft und Forsten durch die Vorlage des Bundesministers für Wirtschaft vom 9.2.1955 beunruhigt sei. Insbesondere sei aus den Ausführungen auf Seite 6 der Vorlage der Eindruck entstanden, als wenn versucht werden sollte, die

---

zeitverkürzung, Steigerung der Löhne und Gehälter, Verbesserung der sozialen Sicherheit, Sicherung der Mitbestimmung sowie Verbesserung des Arbeitsschutzes enthielt (Geschichte der Gewerkschaften, S. 140–147, Zitat auf S. 141; Abdruck des Aktionsprogramm in: Der Deutsche Gewerkschaftsbund, S. 682–688). Vgl. auch Dietrich, Eigentum, S.80 f.

[6] Vgl. dazu 26. Ausschußsitzung am 18. Sept. 1952 TOP 1 (Kabinettsausschuß für Wirtschaft 1951–1953, S. 190 f.) und 249. Kabinettssitzung am 23. Sept. 1952 TOP 6 (Kabinettsprotokolle 1952, S. 595). – Ein dem BMF mit Schreiben vom 10. Febr. 1955 zur Mitzeichnung vorgelegter Vorlagenentwurf enthielt die Bitte an das Kabinett, darüber zu entscheiden, ob BMWi und BMF erneut den Entwurf eines Gesetzes vorlegen sollten, durch den die Bundesregierung zum Erlaß konjunkturpolitischer Zolltarifänderungen ermächtigt werden sollte. Der BMWi hielt eine solche Ermächtung für erforderlich, da die geltende Berechtigung der Bundesregierung zum Erlaß von Zolltarifänderungen an die Zustimmung des Bundestags und die Anhörung des Bundesrates gebunden und damit verfahrenstechnisch zu langwierig sei, um konjunkturpolitisch wirksam zur Beeinflussung der Preise eingesetzt werden zu können (B 136/378 und B 126/11444).

[7] Der Bundestag hatte am 19. Juni 1954 die in der Regierungsvorlage zum Wirtschaftsstrafgesetz 1954 enthaltene Preistreibereivorschrift, die in den vorausgegangenen Wirtschaftsstrafgesetzen enthalten war und bis zum 30. Juni 1954 in Kraft gewesen war, abgelehnt (BT-Drs. Nr. 478 und Stenographische Berichte, Bd. 20, S. 1602–1615). – Fortgang hierzu 98. Kabinettssitzung am 28. Sept. 1955 TOP 5 (Kabinettsprotokolle 1955, S. 541 f.).

[8] Vgl. hierzu 23. Ausschußsitzung am 7. Jan. 1955 TOP 1 und 65. Kabinettssitzung am 19. Jan. 1955 TOP 4 (Kabinettsprotokolle 1955, S. 88). – Gesetz gegen Wettbewerbsbeschränkungen vom 27. Juli 1957 (BGBl. I 1081).

Marktordnung zur Auflösung zu bringen[9]. *Staatssekretär Dr. Sonnemann* gibt bekannt, daß der Bundesminister für Ernährung, Landwirtschaft und Forsten diese Frage mit dem Bundeskanzler besprochen habe. Der Bundeskanzler habe dabei erklärt, daß er nicht bereit sei, Maßnahmen mitzumachen, die eine Beunruhigung in der Landwirtschaft auslösen könnten. Die Marktordnung in der Landwirtschaft dürfe nicht in Unordnung gebracht werden[10]. Er bat, diese Mitteilung streng vertraulich zu behandeln.

Staatssekretär Dr. Sonnemann trägt weiter vor, es sei der Wunsch seines Ministers, im Kabinettsausschuß klarzustellen, daß die Landwirtschaft ausdrücklich von diesen Maßnahmen auszunehmen sei. Unter Hinweis auf die im Bulletin vom 26.2.1955 gegebene Darstellung[11] hebt er hervor, daß sich die landwirtschaftlichen Erzeugerpreise mit Ausnahme einiger Gemüsepreise nicht geändert hätten, höchstens nach unten. Mit Zollermächtigungen könne daher auf dem Agrargebiet nichts erreicht werden, sie müßten daher abgelehnt werden. Außerdem bezweifle er, daß die geforderten Zollermächtigungen im Parlament durchzusetzen seien.

Abschließend erbittet *Staatssekretär Dr. Sonnemann* Angaben darüber, für welche Gebiete Zollermächtigungen vorgesehen werden sollen.

Der *Vizekanzler* erwidert, daß er es nicht für richtig halte, Einzelfälle aufzuzählen, daß vielmehr eine generelle Änderung des Zollgesetzes beantragt werden sollte; allerdings lege er entscheidenden Wert darauf, daß die landwirtschaftlichen Reservate in vollem Umfang gewahrt blieben. Er ist der Meinung, daß die Bundesregierung diese Maßnahme ergreifen solle ohne Rücksicht darauf, ob sie beim Parlament durchzubringen sei oder nicht; die Bundesregierung müsse nachweisen können, daß sie von sich aus alles getan habe, um Preissteigerungen zu verhindern. In einer solchen Situation könne der lange Weg über die Zollverordnungen nicht beschritten werden.

Der *Bundesminister für Wirtschaft* erklärt ausdrücklich, daß er nicht beabsichtige, die landwirtschaftliche Marktordnung aufzuheben. Er halte sich aber für verpflichtet, für alle Fälle gerüstet zu sein, um unter Umständen sofort eingreifen zu können. Dabei brauche die Zollermächtigung nicht das einzige Mittel zu sein; sie könne aber eines von mehreren sein. Dabei ginge es nicht um die Landwirtschaft usw., sondern ausschließlich darum, daß wir alle das deutsche Volk zu vertreten hätten.

Der *Bundesminister für Wohnungsbau* stimmt der Auffassung des Vizekanzlers über die Zollermächtigung zu; auch er hält es für zunächst entscheidend, ob man diese Maßnahme will; das Parlament werde dann schon mitgehen.

---

9 Der BMWi hatte die Erhaltung einer einheitlichen Konzeption der Wirtschaftspolitik der Bundesregierung und die Eingliederung solcher Wirtschaftsbereiche in die Wettbewerbswirtschaft gefordert, „in denen bisher andere wirtschaftspolitische Vorstellungen realisiert wurden". Vgl. dazu den Vermerksentwurf vom 12. Febr. 1955 aus dem BML zur Vorlage des BMWi in B 116/41413.

10 Adenauer hatte Lübke am 14. Febr. 1955 zu einem Gespräch empfangen (vgl. die Besucherliste Adenauers in B 136/20684).

11 Vgl. Bulletin Nr. 39 vom 26. Febr. 1955, S. 317 f. („Keine generelle Erhöhung der Preise").

Auf die Landwirtschaft eingehend, weist er darauf hin, daß immer wieder darüber geklagt werde, daß sich die Kosten für betriebliche Anschaffungen und Aufwendungen nicht ermäßigten. Die Wirtschaft müsse auch versuchen, nach unten auszuweichen und nicht immer durch Lohnerhöhungen bis an die Produktivitätsgrenze gehen.

Er macht darauf aufmerksam, daß nach dem Bericht der Bank deutscher Länder die Lohnerhöhungen über die Produktivitätsgrenze hinausgegangen seien[12]. Er halte es für nicht sinnvoll, Bilanzüberschüssen mit Diskonterhöhungen beizukommen und fragt, ob es geboten sei, Bilanzüberschüsse mit anderen Mitteln zu neutralisieren; es ließe sich dabei an eine größere Lagerhaltung denken. Es könnten auch eine Reihe von Maßnahmen kombiniert werden; jedenfalls sei jede Maßnahme, die Preise nach unten zu bewegen, recht.

Präsident Dr. Bernard kommt auf den BdL-Bericht zurück und vertritt den Standpunkt, daß man sich gegenüber Lohnsteigerungstendenzen nicht grundsätzlich negativ verhalten solle, allerdings nur im Rahmen der Produktivitätssteigerung. Die BdL sehe die Preissteigerungen für nicht so tragisch an; gegenüber Januar 1952 sei der Lebenshaltungsindex jetzt sogar tiefer. Im übrigen könne man eine innere Korrektur bereits feststellen, die durch Auftragsrückgänge zum Ausdruck komme. Offenbar sei dies auf zeitweilig überstürzte Auftragserteilungen zurückzuführen. Zu Diskonterhöhungen bestehe kein Anlaß, ebenso habe eine Erhöhung der Mindestreserve keine Berechtigung. Von dieser Seite sei also nicht viel zu machen[13].

Min.Dir. Prof. Dr. Herschel, BMA, begrüßt grundsätzlich den Plan der Zollermächtigungen und fragt, ob bei der Landwirtschaft eine klare Abgrenzung überhaupt möglich sei.

Der *Bundesminister für Wirtschaft* bestätigt, daß die Preissteigerungen nicht mit großer Sorge zu betrachten seien, und es bestehe keine Veranlassung, die Konjunktur abzubremsen.

Der *Bundesminister für Angelegenheiten des Bundesrates* stellt die Frage, ob es sich ermöglichen lasse, die Leistungen aus dem Lastenausgleichsgesetz auf einen größeren Zeitraum zu verteilen.

Präsident Dr. Bernard bezweifelt, ob das durchführbar sei, da voraussichtlich Wünsche der Ressorts dem entgegenstünden.

Der *Vizekanzler* bezeichnet diesen Punkt als ein Politikum; darüber werde in der nächsten Kabinettsausschußsitzung noch zu sprechen sein[14].

Staatssekretär Dr. Sonnemann vertritt die Meinung, daß im Kabinettsausschuß eine einheitliche Auffassung über die Zollermächtigung erreicht werden müsse,

---

[12] Vgl. die Berichte der BdL für Januar 1955 (BD 126/2–1955, S. 24–27) und Februar 1955 (BD 126/2–1955, S. 18–21).

[13] Am 3. Aug. 1955 hob die BdL die Zins- und Diskontsätze um jeweils $^{1}/_{2}$% an und erhöhte die Mindestreserven um insgesamt ca. 460 Millionen DM. Vgl. dazu 34. Ausschußsitzung am 5. Aug. 1955 TOP A.

[14] Vgl. dazu 73. Kabinettssitzung am 2. März 1955 TOP 5 (Kabinettsprotokolle 1955, S. 165–167). – Fortgang 27. Ausschußsitzung am 11. März 1955 TOP 1 (Anleihen der öffentlichen Hand).

ehe die Öffentlichkeit damit befaßt werde. Dazu sei zu klären, ob die augenblickliche Situation derartige Maßnahmen erfordere und ob das Parlament zustimmen werde. Soweit er unterrichtet sei, seien die Aussichten im Parlament recht ungünstig. Nachdem er kurz auf die einzelnen Agrarprodukte und ihren Zollschutz eingegangen ist, stellt er fest, daß auf dem Agrarsektor praktisch keine Möglichkeit zur Anwendung der Ermächtigung bestehe. Auf die Entgegnung des *Bundesministers für Wohnungsbau*, daß die Ermächtigung den Agrarsektor dann ja nicht störe, weist *Staatssekretär Dr. Sonnemann* auf die Gefahr bei krisenempfindlichen Produkten hin.

Min.Dirigent Middelmann, BMVertr., gibt bekannt, daß in seinem Hause die Befürchtung des Bundesministeriums für Ernährung, Landwirtschaft und Forsten im wesentlichen geteilt werde, zumal 15–20 % der Vertriebenen bisher noch nicht über die Deckung des untersten Lebensmittelbedarfs hinausgekommen seien.

Der *Vizekanzler* macht darauf aufmerksam, daß es bei der Debatte zu diesem Punkt doch darum gehe, eine Waffe in die Hand zu bekommen, die jede andere Regierung auch habe. Darum müsse man hier die endgültige Form für eine Vorlage finden, die man dem Kabinett vorschlagen könne, und ferner dazu eine eingehende Begründung ausarbeiten. Dabei solle darauf hingewiesen werden, daß ein großer Teil der Mitglieder des Kabinettsausschusses dies für notwendig halte.

Staatssekretär Hartmann trägt vor, daß der Bundesminister der Finanzen ebenfalls starke Bedenken habe, ob das Parlament einer Änderung des Zolltarifgesetzes zustimmen werde; er sei daher der Ansicht, daß diese Frage in parlamentarischen Vorbesprechungen geklärt werden solle. Die Bundesminister für Wirtschaft, für Ernährung, Landwirtschaft und Forsten und der Finanzen seien übereingekommen, in der nächsten Woche mit Abgeordneten den Versuch zu machen, eine Vorklärung zu treffen, um eine a limine-Ablehnung zu vermeiden. Der Kabinettsausschuß nimmt hiervon zustimmend Kenntnis.[15]

Hierauf stellt der *Vizekanzler* fest, daß im Grundsatz zwischen den Bundesministerien für Wirtschaft, der Finanzen, für Wohnungsbau, dem Auswärtigen Amt und dem Bundesministerium für wirtschaftliche Zusammenarbeit über diese Frage Einigkeit bestehe.

Staatssekretär Hartmann sagt zu, eine Ausarbeitung mit den hauptsächlich beteiligten Ressorts unter Hervorhebung des Für und Wider vorzunehmen[16].

---

[15] In einer Besprechung Erhards, Lübkes und Schäffers mit Abgeordneten der Koalitionsfraktionen am 16. März 1955 wurde vereinbart, daß statt einer „Zollermächtigung" der Bundesregierung eine Änderung der Geschäftsordnung des Bundestages dahingehend vorgenommen werden sollte, daß entsprechende Anträge der Bundesregierung künftig beschleunigt beraten und verabschiedet werden könnten (vgl. das Protokoll in B 126/11444).

[16] Mit Schreiben vom 26. März 1955 legte das BMF Entwürfe betreffend den „Standpunkt der beteiligten Wirtschaftsressorts zu einer Zollermächtigung der Bundesregierung" sowie zu den „Sechs verschiedene[n] Fassungen eines ‚Siebten Gesetzes zur Änderung des Zolltarifs'" samt Begründung vor und berichtete über die Ergebnisse der Besprechung vom 16. März 1955 mit dem Hinweis, daß die Koalitionsfraktionen am 23. März 1955 einen entsprechenden Antrag zur Ergänzung der Geschäftsordnung des Deutschen Bundestags (BT-Drs. 1299) vorgelegt hatten. Dieser Bericht wurde dem Kabinett mit Schreiben vom 18. April 1955 zugeleitet. Auf Antrag

Nachdem der Bundesminister für Wirtschaft die Wiederaufhebung des § 19 Wirtschaftsstrafgesetz bereits abgelehnt hatte, bittet der *Vizekanzler* um Äußerung der anderen Ressortvertreter hierzu. *Staatssekretär Hartmann, Prof. Dr. Herschel* [BMA] und auch der *Vizekanzler* treten der Auffassung des Bundesministers für Wirtschaft bei[17].

2. Einstellung der Bundesregierung zur Frage der „Berufsordnungen" BMWi

Der *Bundesminister für Wirtschaft* nimmt Bezug auf seine Vorlage vom 10.12.1954 und führt dazu aus, daß sich in allen dieses Gebiet betreffenden Fragen die Absicht einer Einschränkung des freien Wettbewerbs gezeigt habe[18]; auch bei den Gewerkschaften sei schon ein Zunftgeist zu verzeichnen. Die Beschränkungen von Berufsausbildungen würden angestrebt, um erlangte Spitzenpositionen nicht zu gefährden, dabei erfüllten die lautesten Rufer im Streit bezeichnenderweise selbst nicht die Voraussetzungen, die künftig verlangt werden sollen. Zu dieser Annahme sei man auf Grund von statistischen Erhebungen gelangt. Derartige Einschränkungen der Freizügigkeit seien aber nicht mit den heute überall und auch bei uns herrschenden Vorstellungen in Einklang zu bringen; nur in Deutschland gebe es überhaupt noch solche Bestrebungen. Man müsse sich vergegenwärtigen, welch gefährliche politische Lage eingetreten wäre, wenn man etwa nach dem Zusammenbruch

---

des Bundeskanzleramts vom 30. April 1955 beschloß das Kabinett im Umlaufverfahren, die Behandlung des Koalitionsantrags im Bundestag abzuwarten (B 126/11444 und B 136/378). – BT-Drs. 1299 und 1376. – Am 26. Mai 1955 beschloß der Bundestag, seiner Geschäftsordnung den § 96 a (Zollvorlagen) hinzuzufügen (Stenographische Berichte, Bd. 24, S. 4572).

17 Fortgang zur Preisentwicklung 30. Ausschußsitzung am 24. Juni 1955 TOP 1.

18 Siehe 40. Kabinettssitzung am 21. Juli 1954 TOP 6 (Kabinettsprotokolle 1954, S. 325–326) und 14. Ausschußsitzung am 23. Juli 1954 TOP 2. – Vorlagen des BMWi vom 10. Dez. 1954 und vom 2. März 1955 in B 102/43082 und B 136/7624. – Auf den Kabinettsbeschluß vom 21. Juli 1954 hin, die Beratung des Spediteurgesetzes auszusetzen, bis der BMWi grundsätzliche Überlegungen zur Frage der Berufsordnungen ausgearbeitet habe, hatte der BMWi in seiner Vorlage den Entwurf einer Grundsatzerklärung unterbreitet, derzufolge Beschränkungen des freien Berufs- oder Gewerbezugangs nur zum Schutze der Allgemeinheit zulässig sein sollten. Der Vorlage war ein „Verzeichnis der Berufsgruppen, die eine Berufsordnung oder ein Gewerbezulassungsgesetz oder einen besonderen Schutz der Berufsbezeichnung erstreben", beigefügt worden. Da diese Haltung nicht mit dem Hamburger Programm der CDU vom 22. April 1953 übereinstimmte (vgl. Dokumente zur parteipolitischen Entwicklung, Bd. 2, S. 94–108, hier S. 99, und den Vermerk aus dem Bundeskanzleramt vom 15. Febr. 1955 in B 136/7624), hatte der BMWi mit Datum vom 2. März 1955 eine Neufassung des Beschlußantrags vorgelegt: „Berufsordnende Maßnahmen des Staates widersprechen dem in der Regierungserklärung vom 20.10.1953 verkündeten Grundsatz, für den Einsatz aller wirtschaftlichen Kräfte einen gesunden Wettbewerb zu gewährleisten [Stenographische Berichte, Bd. 18, S. 11–22, hier S. 19]. Beschränkungen des freien Zugangs zu einem Beruf oder Gewerbe sind nur begründet, wenn sie dem Schutz der Allgemeinheit dienen, d. h. wenn sie im Interesse der öffentlichen Sicherheit oder der öffentlichen Ordnung erforderlich sind und etwaigen Mißständen nicht mit anderen Mitteln, z. B. durch entsprechende Überwachung oder Gewerbeuntersagung, wirksam begegnet werden kann. Zusammenschlüsse auf freiwilliger Grundlage, welche ohne Behinderung der Freizügigkeit ausschließlich der Pflege beruflichen Leistungsstrebens sowie der Auswertung und dem Austausch beruflicher Erfahrungen dienen, begegnen dagegen keinen Bedenken und können der Förderung wert sein, wenn sie sich auf diese Aufgaben beschränken und der Tendenz zur Kartellbildung oder ähnlichen Absprachen nicht nachgeben".

in Anbetracht des Flüchtlingsstromes nach Westdeutschland ein derartiges berufliches Berechtigungswesen eingeführt haben würde. Natürlich müsse man die Notwendigkeit einer guten Fachausbildung anerkennen, nicht dagegen Berufsordnungen, die mit Absperrungen verbunden seien. Die Tatsache, daß Mißbräuche möglich seien, könne auch nicht die Einführung von Berufsordnungen rechtfertigen. Dadurch würde sich eine Zunftordnung und Enge des Denkens als Folge eines solchen „Gruppenegoismus" ergeben, der nicht mit den heute herrschenden weltweiten Tendenzen zu vereinbaren sei. Wohl sei im Einzelfall nach gründlicher Prüfung denkbar, daß eine Berufsordnung erlassen werde, wenn dafür ein dringendes öffentliches Interesse bestehe.

Anschließend trägt der *Bundesminister für Wirtschaft* die in der Sitzung verteilte Änderung vom 2.3.1955 seiner Kabinettsvorlage vor. Auf die Frage des *Vizekanzlers*, wie sich diese Auffassung zu dem diesbezüglichen Inhalt des Hamburger CDU-Programms verhalte, bemerkt der *Bundesminister für Wirtschaft*, daß seine hier vertretene Auffassung mit der Regierungserklärung vom 20.10.1953 übereinstimme, und er im übrigen seine Meinung hier als Regierungsmitglied vertrete.

Der *Bundesminister für Angelegenheiten des Bundesrates* spricht sich vom Standpunkt seiner Partei für Berufsordnungen aus, allerdings mit dem Vorbehalt einer Regelung im einzelnen. Sonst würde sich die Frage stellen, warum überhaupt noch Zeit und Kosten für Berufsausbildungen aufgewendet werden sollen, wenn man damit gegenüber allen anderen keine Vorteile habe.

Der *Bundesminister für Wirtschaft* erwidert hierauf, daß der Vorteil einer Berufsausbildung durch die bessere Startmöglichkeit gegeben sei. Im übrigen erläutert er, daß sich eine nicht tragbare Inkonsequenz im Vergleich mit fabrikatorischen Berufen ergeben würde, wenn man die Berufsausbildung als Voraussetzung für die Zulassung zur Ausübung einer händlerischen Betätigung bejahe. Beispielsweise sei der Strumpfproduzent frei in seiner beruflichen Betätigung, während der Strumpfhändler darin nicht frei sein würde, wenn nur die entsprechende Berufsausbildung ihm die Berechtigung zu seiner beruflichen Betätigung geben würde.

Der *Bundesminister für Wohnungsbau* hält einen besseren Schutz gegen unlautere Elemente für erforderlich.

Der *Bundesminister für Wirtschaft* ist hierzu der Auffassung, daß die Deutungen und Beurteilungen des im Wettbewerb Zulässigen recht flüssig seien; man solle das öffentliche Schutzbedürfnis nicht beliebig ausweiten. Im übrigen könne die 2-jährige Lehre kein Garantieschein dafür sein, daß der Händler einwandfrei sei.

Min.Dirig. Middelmann, BMVertr., spricht sich für die vom Bundesminister für Wirtschaft vorgetragene Auffassung aus und stützt sich dabei auf Erfahrungen bei der Eingliederung der Flüchtlinge seit 1945.

Min.Dir. Dr. Michel, BMW, betont, daß durch einen Zulassungszwang im Einzelhandel die Verwaltung überfordert werde. Außerdem würden bei der Überprüfung sehr wahrscheinlich Konkurrenzgesichtspunkte mitsprechen sowie Gesichtspunkte der Branchenbereinigung.

Präs. Dr. Bernard nimmt die Bemerkungen des Bundesministers für Angelegenheiten des Bundesrates zum Anlaß zu der Bitte, als Meinung der Bundesregierung zum Ausdruck zu bringen, daß sie für eine gute Berufsausbildung eintrete, jedoch nur in bestimmten Fällen damit eine Berechtigung verbinden lassen will. Er sei überzeugt, daß sich die Öffentlichkeit gegen ein Berechtigungswesen wenden würde, daher spreche er sich dagegen aus. Man könne und dürfe nicht etwa von der These ausgehen, daß es Sache des Staates sei, dafür zu sorgen, daß man es im Geschäftsleben stets mit bestgeeigneten Kräften zu tun habe. Er stellt gleichzeitig die Frage, ob der Schutz gewisser Berufsbezeichnungen, dessen Bejahung er in bestimmten Fällen für möglich hält, denn notwendigerweise mit der Berechtigung zur Berufsausübung verbunden sein müsse. Der *Vizekanzler* und der *Bundesminister für Wirtschaft* stellen demgegenüber klar, daß dies nicht der Fall sei.

Staatssekretär Dr. Sonnemann erklärt, daß im Lebensmittelsektor die händlerische Betätigung von Fachkenntnissen und der Beibringung ihres Nachweises abhängig gemacht werden müsse. Außerdem verlange der Bundesminister für Ernährung, Landwirtschaft und Forsten hierfür die persönliche Zuverlässigkeit als Voraussetzung. In diesem Zusammenhang weist er auf die bekannten Schwierigkeiten hin, die sich im Importhandel dadurch ergeben, daß jedermann als Importeur auftreten könne. Er spricht sich nicht etwa für eine Bedürfnisprüfung, Zulassungsbeschränkung oder Einschränkung der Freizügigkeit aus, wohl aber für die Prüfung der für erforderlich gehaltenen Warenkunde. Das Lebensmittelgesetz[19] reiche nicht aus, da es keine Kontrolle dafür gebe, ob der einzelne Lebensmittelhändler dieses Gesetz überhaupt kenne.

Hierzu bemerkt der *Vizekanzler*, daß dieses Verlangen des Bundesministers für Ernährung, Landwirtschaft und Forsten praktisch nicht durchzusetzen sei, wenn weder ein numerus clausus noch eine Zulassungsbeschränkung eingeführt werde. Er hält es für besser, den ersten Satz der Änderungsvorlage vom 2.3.1955 fortzulassen und dann dem „Schutz der Allgemeinheit" eine nähere Interpretation zu geben, so daß mehr Substanz in diese Formulierung hineingelegt werde.

Am Schluß der Erklärung schlägt er eine Formulierung etwa dahingehend vor, daß alle Maßnahmen, die der Ausbildung dienen, als im allgemeinen Interesse liegend bezeichnet werden.

Min.Dir. Prof. Dr. Herschel, BMA, stimmt dem Bundesminister für Wirtschaft zu in der Formulierung des Vizekanzlers. Er legt Wert darauf, daß die vom Bundesminister für Wohnungsbau vertretene Ansicht beachtet wird. Ferner erwähnt er als Problem den Schutz von reinen Berufsbezeichnungen. Dabei müsse beachtet werden, daß sich der Schutz nur auf wenige Berufe beschränken und damit keine Ausschließlichkeit der Berufsausübung verbunden sein dürfe.

Der *Vizekanzler* bemerkt dazu zustimmend, daß ein gewisser Schutz gerechtfertigt sein könne, wie der Fall der Berufsbezeichnung „Baumeister" gezeigt habe[20]. Er macht in Anbetracht des Verlaufs der Diskussion darauf aufmerksam, daß die jetzt

---

19 Lebensmittelgesetz vom 17. Jan. 1936 (RGBl. I 17).

20 Auf Empfehlung des Vorläufigen Reichswirtschaftsrates vom 23. Sept. 1929 (Drs. Nr. 363) war die Verordnung vom 1. April 1931 über die Berechtigung zur Führung der Berufsbezeichnung „Baumeister" erlassen worden (RGBl. I 131). Vgl. hierzu Anlage 2 der Vorlage vom 10. Dez. 1954.

hier in der Hauptsache erörterte allgemeine Erklärung keineswegs der eigentliche Gegenstand der Beratung im Kabinettsausschuß sein sollte, vielmehr sei es der Sinn der letzten Kabinettsberatung gewesen, im Kabinettsausschuß zu klären, in welchen Fällen eine Berufsordnung nötig sei; hierbei sollte es nach Meinung des Kabinetts das Ziel sein, zu einer weitestgehenden Beschränkung zu gelangen. Er sei daher und auch besonders bei Betrachtung der vorliegenden Liste überzeugt, daß man schließlich bei dieser Beratung nur zu einer sehr kleinen Liste gelangen werde. Man müsse nun die vorliegenden Anträge im einzelnen durchgehen.

Er schlägt daher vor, daß das Bundeswirtschaftsministerium die Ressorts einschließlich des Bundesministeriums der Justiz zu dieser Durchprüfung hinzuziehe.

Der *Bundesminister für Wirtschaft* erklärt sich damit einverstanden, betont allerdings, daß es ihm auf die Auseinandersetzung um die geistige Haltung ankomme, zumal es solche Bestrebungen in keinem andern Land der Welt gäbe. Er lege daher Wert darauf festzustellen, daß die von ihm dabei vertretene Auffassung sich im Kabinettsausschuß durchgesetzt habe.

Hiernach beschließt der Kabinettsausschuß entsprechend dem Vorschlag des Vizekanzlers[21].

---

[21] Mit Schreiben vom 18. März 1955 widersprach der BMWi der Formulierung des Protokolls, daß ein Beschluß zur Überprüfung des Berufsgruppenverzeichnisses seiner Vorlage vom 10. Dez. 1954 gefaßt worden sei. Er beantragte, das Ergebnis der Sitzung „dahin festzuhalten, daß die Anregungen, die von verschiedenen Ressorts vorgetragen worden sind, durch Neufassung meines Vorschlages für die Grundsatzerklärung der Bundesregierung berücksichtigt werden sollten". Dieser Entwurf sollte baldmöglichst im Kabinett beraten und beschlossen werden. Nach einer Prüfung im Bundeskanzleramt blieb der Protokolltext unverändert. Mit Schreiben vom 15. April 1955 bestand der BMWi auf seiner Interpretation, verzichtete aber auf eine weitere Erörterung und bat um eine erneute Beratung der Vorlage vom 10. Dez. 1954 im Kabinettsausschuß (vgl. die Korrespondenz in B 136/36215 und B 102/40895). – Fortgang 32. Ausschußsitzung am 21. Juli 1955 TOP A.

27. Sitzung des Kabinettsausschusses für Wirtschaft am Freitag, den 11. März 1955

Teilnehmer: Blücher, Erhard (10.20–11.40 Uhr), Oberländer (bis 11.20 Uhr), Kraft; Hartmann, Sauerborn, Bergemann, Wandersleb, Nahm, Thedieck (ab 10.55 Uhr); Bernard (BdL), Kramer (BMWi, bis 11.20 Uhr), Michel (BMWi), Engel (BMP, bis 11.20 Uhr), Benning (BdL, bis 11.20 Uhr), Gareis (BML), Heise (BMZ), weitere Vertreter der Bundesressorts. Protokoll: Hornschu.

Beginn: 9.30 Uhr *Ende: 13.30 Uhr*

Ort: Bad Godesberg, Haus Carstanjen

Tagesordnung:

1. *Anleihen der öffentlichen Hand auf dem Kapitalmarkt*
   Vorlage des BMF vom 1. Febr. 1955 (V A/1 - BIF 1121 - 38/55).
2. *Denkschrift des Bundesministers für besondere Aufgaben Waldemar Kraft vom August 1954 betr. Vorschläge für Maßnahmen zur Förderung der Zonenrandgebiete*
   Vorlage des BMWi vom 2. März 1955 (I A 2 - 651/55 - 3414/54).

1. Anleihen der öffentlichen Hand auf dem Kapitalmarkt BMF

Einleitend bemerkt der *Vizekanzler*, daß es heute nicht Aufgabe des Kabinettsausschusses sei, Beschlüsse zu fassen, sondern sich eine Gesamtübersicht über die Anforderungen an den Kapitalmarkt zu verschaffen[1]. Er schlägt vor, zunächst den Bedarf des Lastenausgleichsfonds zu erörtern.

Der *Bundesminister für Vertriebene, Flüchtlinge und Kriegsgeschädigte* erläutert eingehend den Bedarf des Lastenausgleichsfonds im Rechnungsjahr 1955[2]. Dabei

[1] Siehe 73. Kabinettssitzung am 2. März 1955 TOP 5 (Kabinettsprotokolle 1955, S. 165–168). – Vorlage des BMF vom 1. Febr. 1955 in B 126/10514 und B 136/6571, weitere Unterlagen in B 126/10515 und 26177, B 102/29360 sowie B 257/28937. Vgl. auch den Bericht Bennings in der 189. Sitzung des Zentralbankrats am 16. März 1955 (HA BBk B 330/84). – In seiner Vorlage hatte das BMF die Anleihewünsche aus dem Bereich der öffentlichen Hand zusammengestellt und wegen der Übersättigung des Kapitalmarkts eine Stellungnahme des Kabinetts darüber erbeten, ob „die bereits bekannten, sehr erheblichen Anleihewünsche der öffentlichen Hand eine Abstimmung ihrer Dringlichkeit angesichts der derzeitigen Lage des Kapitalmarktes erforderlich" machten, in welcher Reihenfolge und in welcher Höhe die verschiedenen Anleihen der Lastenausgleichsbank und die bundesverbürgte Anleihe des Landes Berlin aufgelegt werden sollten und ob auf Länder und Kommunen „wegen der von ihnen geplanten Anleihen im Sinne einer Zurückhaltung Einfluß genommen werden" sollte. Das Kabinett hatte am 2. März 1955 beschlossen, der Kabinettsausschuß solle „die grundsätzlichen Fragen der zukünftigen Anleihepolitik der öffentlichen Hand [...] eingehend vorberaten".

[2] Gemäß § 5 des Lastenausgleichsgesetzes vom 14. Aug. 1952 (BGBl. I 446) war ein Ausgleichsfonds als Sondervermögen des Bundes eingerichtet worden, dem alle Ausgleichsabgaben zu-

geht er von dem Defizit des Lastenausgleichsfonds von 1,8 bis 1,9 Mia. DM aus, das ausgeglichen werden müsse. Aus dem Aufkommen des Jahres 1955 seien rd. 3,1 Mia. DM gedeckt. Die weiteren Leistungen des Lastenausgleichsfonds würden nicht erbracht werden können, wenn nicht der Kapital- und (oder) der Geldmarkt dafür in Anspruch genommen werden könne. Seiner Meinung nach sei es unmöglich, Beträge zu streichen, die durch das Kabinett festgelegt worden seien. Dabei handele es sich auch nicht etwa um bewegliche Leistungen, auf die notfalls verzichtet werden könne, denn auf die Mittel für die Eingliederung der Bauern könne ebensowenig verzichtet werden wie auf die Eingliederungshilfen für die gewerbliche Wirtschaft und die Aufbaudarlehen für den Wohnungsbau. Alle diese Leistungen müßten unter dem Gesichtspunkt der sozialen Aufrüstung gesehen werden. Es gehe nicht an, in dem Augenblick Einschränkungen auf sozialem Gebiet vorzunehmen, in dem durch die Regierungserklärung und durch die im Bundestag anläßlich der Vertragsdebatte abgegebenen Erklärungen des Bundesfinanz- und des Bundeswirtschaftsministers klargestellt worden sei, daß die militärische Aufrüstung keine Schmälerung der sozialen Leistungen zur Folge haben werde[3].

Die 2. und 3. Tranche der Lastenausgleichsanleihe von je 200 Mio. DM, insgesamt 400 Mio. DM, seien ohnehin notwendig zur Erfüllung der gesetzlichen Verpflichtungen und könnten daher fernerhin außer Diskussion bleiben. Es bleibe außer den Aufbaudarlehen als Hauptfrage die Beschaffung der Mittel für die Hausratshilfe. Dafür seien bisher insgesamt 2,7 Mia. DM ausgegeben worden. Erstrecke man die noch zu leistenden 3,5 Mia. DM an Hausratsentschädigung auf 5 Jahre – was ihm als das Äußerste erscheine, um sicherzustellen, daß die ausgeschütteten Beträge auch wirklich zweckentsprechend benutzt würden –, so müßten hierfür rd. 700 Mio. DM jährlich aufgebracht werden.

Da ein Überhang aus dem Rechnungsjahr 1954 von rd. 150 Mio. DM aus der Hausratshilfe zur Verfügung stehe, seien für Hausrat

im Rechnungsjahr 1955 noch erforderlich	550 Mio. DM
Hierzu kämen an Eingliederungsdarlehen für die	
Landwirtschaft noch	150 Mio. DM

fließen sollten und dessen Mittel ausschließlich für Ausgleichsleistungen verwendet werden durften. Die Verwaltung des Ausgleichsfonds oblag dem Bundesausgleichsamt. Der Bundestag hatte am 16. Mai 1952 die Auflage einer Anleihe in drei Tranchen zu je 200 Millionen DM zugunsten des Ausgleichsfonds beschlossen, von denen eine bereits im Jahr 1954 aufgelegt worden war (vgl. 267. Kabinettssitzung am 19. Dez. 1952 TOP 2: Kabinettsprotokolle 1952, S. 755 f.). Mit Schreiben vom 22. Nov. 1954 hatte der Präsident des Bundesausgleichsamtes, Walter Kühne, um die baldmöglichste Auflage der beiden weiteren Tranchen in Höhe von 400 Millionen DM gebeten. Am 22. Febr. 1955 hatte das Bundesausgleichsamt dem BMF eine „Neueinschätzung der Einnahmen und Ausgaben im Rest des Rj. 1954 und im Rj. 1955" zugesandt (Schreiben in B 126/10514, weitere Unterlagen in B 126/49145). Zur finanziellen Lage des Lastenausgleichsfonds vgl. auch das Protokoll der Sitzung des Interministeriellen Ausschusses für Lastenausgleich am 28. Febr. 1955 und den Vermerk vom 7. März 1955 über das Gespräch zwischen Schäffer und Kühne am 5. März 1955 in B 126/10514.

[3] Vgl. die Ausführungen Schäffers am 25. Febr. 1955 und Erhards am 26. Febr. 1955 im Deutschen Bundestag in Stenographische Berichte, Bd. 23, S. 3743–3746 und 3810–3816.

und an Eingliederungsdarlehen für die gewerbliche
Wirtschaft 250 Mio. DM.

Man müsse also zunächst 900 Mio. DM an zusätzlichen Mitteln erschließen, wobei er darauf hinweisen müsse, daß die vorgenannten Zahlen bereits gegenüber seinen ursprünglichen Vorstellungen reduzierte Beträge darstellten und er ursprünglich 1,1 Mia. DM für notwendig angesehen habe.

Wenn auch die Verantwortung für die Aufbringung der Mittel beim Bundesfinanzministerium liege, so wolle er doch betonen, daß das Defizit gedeckt werden müsse. Es sei zu klären, in welcher Höhe der Kapital- und der Geldmarkt dafür in Anspruch genommen werden könne.

Staatssekretär Hartmann erklärt, daß auch nach Meinung des Bundesministers der Finanzen die beiden rückständigen Tranchen der Lastenausgleichsanleihe als echte Anleihen aufgelegt werden müßten. Allerdings solle dabei der Versuch einer Vorfinanzierung über den Geldmarkt unternommen werden, da das Bundesfinanzministerium allgemein dringend geraten habe, öffentliche Anleihen noch zurückzustellen. Den über die beiden Tranchen von insgesamt 400 Mio. DM hinausgehenden Geldbedarf solle man über den Geldmarkt zu decken versuchen. Der Bundesfinanzminister gehe davon aus, daß es sich hierbei um einen Betrag von 500 Mio. DM handeln würde. Der Bundesfinanzminister habe also die Zahl von 900 Mio. DM so verstanden, daß sie sich zusammensetze aus einer echten Anleihe (2. und 3. Tranche von 400 Mio. DM oder deren Vorfinanzierung) und ferner der Beschaffung von 500 Mio. DM auf dem Geldmarkt.

Auf die Zwischenbemerkung des *Bundesministers für Vertriebene, Flüchtlinge und Kriegsgeschädigte*, daß er die 400 Mio. DM 2. und 3. Tranche nicht in die 900 Mio. DM einbegriffen habe, erwidert *Staatssekretär Hartmann*, daß man angesichts der natürlichen Grenzen für die Leistungsfähigkeit des Geldmarktes keinen Beschluß darüber fassen könne, sondern die Entwicklung im Laufe des Jahres abwarten müsse. Dabei sei zu bedenken, daß der Geldmarkt auch noch durch eine Vorfinanzierung für das Verkehrsfinanzgesetz[4] in Anspruch genommen werden müsse, damit man bis zur Verfügbarkeit der gesamten 1,250 Mia. DM nicht 10 Jahre abwarten müsse, sondern größere Beträge im voraus zur Verfügung erhalte.

Präsident Dr. Bernard unterstreicht, daß die Aufnahmefähigkeit des Geldmarktes nicht beliebig groß sei. Die gegenwärtige Anspannung z. B. habe zu der Notwendigkeit geführt, die Geldmarktsätze zu erhöhen[5].

Der *Vizekanzler* erinnert daran, daß sich aus dem Inkrafttreten der Pariser Verträge[6] auf dem Gebiet der Rüstungswirtschaft auch das Bedürfnis nach Vorfinanzierun-

[4] Zum Verkehrsfinanzgesetz vom 6. April 1955 (BGBl. I 166) vgl. 73. Kabinettssitzung am 2. März 1955 TOP 1 (Kabinettsprotokolle 1955, S. 160–162).

[5] Die BdL hatte die Abgabesätze für Geldmarktpapiere am 4. und 12. Jan. 1955 um jeweils $^1/_8$% gesenkt, nachdem die Liquidität auf dem Geldmarkt um die Jahreswende sprunghaft zugenommen hatte, und am 24. Febr., 4. und 7. März 1955 schrittweise um jeweils $^1/_8$% wieder erhöht, nachdem die Aufnahmefähigheit des Geldmarkts ebenso deutlich wieder zurückgegangen war. Vgl. die Monatsberichte der BdL für Januar (S. 11 f.), Februar (S. 8 f.) und März 1955 (S. 9–11) in BD 126/2–1955.

gen ergeben könne. Er stimmt im übrigen *Staatssekretär Hartmann* zu. Gerade darum müsse man bestimmte unvermeidliche Beanspruchungen des Kapitalmarktes festlegen und dabei auch zu einer Rangordnung der Dringlichkeit kommen. Das sei auch insofern wesentlich, als die Länder, wenn sie von der Bundesregierung zur Zurückhaltung angehalten würden, die klaren Vorstellungen der Bundesregierung von den vorhandenen Möglichkeiten erkennen müßten.

Staatssekretär Hartmann bemerkt hierzu, daß sich gestern in einer ersten Besprechung des Bundesfinanzministeriums mit den Ländern bei diesen die Bereitschaft zur Zurückhaltung gezeigt habe unter der Voraussetzung, daß auch der Bund die gleiche Zurückhaltung übe. Unter dieser Voraussetzung glaubten die Länder, daß sie im allgemeinen bis Ende 1955 nicht an den Kapitalmarkt heranzutreten brauchten. Allerdings müsse Niedersachsen wohl bereits im April oder Mai mit einem Betrage von unter 100 Mio. DM an den Markt kommen (angestrebte Bedingungen 5 % Verzinsung, 15 Jahre Laufzeit, Ausgabekurs 95 [%]). Ferner beabsichtige Hessen im Herbst 1955 eine Anleihe von etwa 70 Mio. DM aufzulegen.[7]

Die Beschlußfassung über die Berlinanleihe, bei der man auf einen Zinssatz von 5 ½% zu kommen hoffe, werde man voraussichtlich bis Ende April noch zurückstellen können[8].

Staatssekretär Dr. Nahm erinnert an die Verpflichtung des Bundes bezüglich der Lastenausgleichsleistungen. Demgegenüber genüge es nicht, sich auf das Bundesausgleichsamt bei der Entscheidung über die Ausgaben zurückzuziehen, da dieses als Exekutivorgan nur die zur Verfügung gestellten Mittel verteile.

Der *Vizekanzler* bejaht die politische Bedeutung der Verpflichtung aus dem Lastenausgleich, bittet aber angesichts der auf dem Geld- und Kapitalmarkt sich ergebenden natürlichen Grenzen, nun ein möglichst erschöpfendes Bild über die daran gestellten Ansprüche zu geben.

Min.Dir. Dr. Kramer, BMW, führt aus, daß der Kapitalmarkt 1953 3,2 Mia. DM und 1954 5,2 Mia. DM ergeben habe. Über das voraussichtliche Aufkommen in diesem Jahre habe man keine festen Unterlagen. Er zweifele, ob das Aufkommen in diesem Jahre angesichts des Fortfalls der steuerlichen Erleichterungen[9] noch so hoch sein werde wie im Jahre 1954.

---

6 Zum Inkrafttreten der Pariser Verträge und zur Wiedererlangung der Souveränität am 5. Mai 1955 vgl. die Sondersitzung des Kabinetts am 5. Mai 1955 TOP A (Kabinettsprotokolle 1955, S. 270 f.).

7 Am 9. März 1955 hatten Gespräche zwischen BMWi, BMF und den Wirtschafts- und Finanzministern der Länder stattgefunden mit dem Ergebnis, daß bis Mitte 1955 keine neuen Länderemissionen erfolgen sollten (Unterlagen in B 102/29360; vgl. BAnz. Nr. 50 vom 12. März 1955, S. 6). Insgesamt sollten Bund und Länder im Jahre 1955, mit Ausnahme von zwei Anleihen der Länder Hessen und Niedersachsen in Höhe von insgesamt ca. 150 Millionen DM, keine weiteren Emissionen auf den Kapitalmarkt bringen (vgl. den Vermerk vom 2. Mai 1955 in B 136/1583).

8 Zur Berlin-Anleihe siehe 65. Kabinettssitzung am 19. Jan. 1955 TOP C und 73. Kabinettssitzung am 2. März 1955 TOP 5 (Kabinettsprotokolle 1955, S. 83 und 165). – Fortgang hierzu 29. Ausschußsitzung am 26. und 27. April 1955 TOP 1.

9 Das Erste Gesetz zur Förderung des Kapitalmarkts vom 15. Dez. 1952 (BGBl. I 793) war am 31. Dez. 1954 ausgelaufen. Vgl. dazu den Vermerk vom 7. März 1955 in B 102/29360.

Voraussichtlich würden im Jahre 1955 folgende Wünsche an den Kapitalmarkt herangetragen werden:

Aktienemissionen mindestens	1 Mia. DM
Investitionshilfe etwa	0,4 Mia. DM
Industrieobligationen etwa	0,2 Mia. DM
Wohnungsbaupapiere etwa (i.Vorjahr 3,2)	2,3 Mia. DM
insgesamt	3,9 Mia. DM.
Hinzuzurechnen seien wahrscheinlich	
Lastenausgleichsanleihe	400 Mio. DM,
Anleihewünsche von Bundesbahn und Bundespost	
und die Kreditwünsche des kommunalen Bereichs,	

so daß auf dem Kapitalmarkt voraussichtlich nur ein enger Spielraum verbleibe.

Bankdirektor Dr. Benning, BdL, gibt für die Leistungsfähigkeit des Kapitalmarktes zu bedenken, daß die Wertpapierbestände der Kreditinstitute von 2,3 Mia. DM im Jahre 1953 auf 4,1 Mia. DM im Jahre 1954 gestiegen seien. Man werde daher nicht unterstellen dürfen, daß die Kreditinstitute sich wieder mit gleich hohen Beträgen beteiligen könnten. Allerdings werde sich das private Publikum voraussichtlich stärker interessieren.

Präsident Dr. Bernard erwähnt, daß die DEPFA beabsichtige, eine Pfandbriefserie mit 6 ½% Verzinsung herauszubringen, während die privaten Pfandbriefinstitute auf 6 % abkommen wollten. Er halte es für dringend erwünscht, daß die Bundesressorts, da das Institut dem Bund gehöre, auf Präsident Lubowski[10] dahingehend einwirken, daß er einen Einheitstyp des Pfandbriefs ermögliche.

Staatssekretär Dr. Wandersleb hat aus einer Unterredung mit Präsident Lubowski den Eindruck gewonnen, daß dieser von dem Bundesminister für Wirtschaft bisher kein Veto erwartet habe[11].

Der *Vizekanzler* teilt die Auffassung von Präsident Dr. Bernard und bittet den Kabinettsausschuß, sich im Sinne der Anregung von Präsident Dr. Bernard auszusprechen.

Hiergegen erhebt sich kein Widerspruch.

Präsident Dr. Bernard fügt hinzu, daß man zweckmäßigerweise zunächst abwarte, was die privaten Realkreditinstitute jetzt in München beschließen werden[12]. Sobald

---

[10] Dr. Herbert Lubowski (1898–1977). 1923–1925 Tätigkeit als Bankkaufmann, 1925–1933 Justitiar der Preußischen Landespfandbriefanstalt, Berlin, 1933–1945 Tätigkeiten in der Versicherungswirtschaft und der Industrie, 1946–1950 hessisches Finanzministerium, zugleich Vorsitzender der Sonderausschüsse Banken- und Versicherungsaufsicht, 1950–1968 Präsident der Deutschen Pfandbriefanstalt, Wiesbaden.

[11] Nicht ermittelt.

[12] Die Spitzenverbände der Realkreditinstitute beschlossen am 13. März 1955 in München, die im November 1954 wegen des Auslaufens des Kapitalmarktförderungsgesetzes am 31. Dez. 1954 vereinbarte Emissionspause für normal versteuerte Pfandbriefe und Kommunalobligationen nicht über den 31. März 1955 hinaus zu verlängern. Es sollten zwei neue Pfandbrief-

sie sich auf einen bestimmten Typ geeinigt haben würden und daraufhin mit den öffentlichen Realkreditinstituten gesprochen werden solle, bäte er, entsprechend auf Präsident Lubowski einzuwirken, wenn sich dann Schwierigkeiten ergeben sollten[13].

Auf die Frage des *Bundesministers für Vertriebene, Flüchtlinge und Kriegsgeschädigte*, wie die Umschuldungsanleihe für die heimatvertriebene Wirtschaft bei der Rangfolge der Kapitalmarktanforderungen zu beurteilen sei, führt *Bankdirektor Dr. Benning* aus, daß es sich dabei um die Umschuldung von teueren, festgefrorenen Krediten handele. Daher würden die Banken wohl bereit sein, die dafür erhaltenen Papiere in ihrem Portefeuille zu behalten. Insofern ergäbe sich keine Neubelastung des Kapitalmarktes.

Der *Bundesminister für Wirtschaft* und *Staatssekretär Hartmann* pflichten dieser Auffassung bei.

Auf die Frage von *Staatssekretär Hartmann* nach den Plänen der Post führt *Min.Dir. Dr. Engel*, BMP, aus, daß nach den genehmigten Voranschlägen ein Geldbedarf von 800 Mio. DM zu decken sei, in dem eine planmäßige Schuldenrückzahlung an kurzfristigen Krediten von 416 Mio. DM enthalten sei. Es werde nötig sein, rd. 250 Mio. DM auf dem Kapitalmarkt aufzunehmen, soweit es nicht gelinge, über andere Geldsammelstellen Mittel zu erhalten.[14]

Der *Bundesminister für Wirtschaft* ist der Meinung, daß die Bundespost sich etwas zurückhalten sollte, zumal es doch Aufgabe der öffentlichen Hand sei, mit ihren Aufträgen konjunkturausgleichend zu wirken.

Staatssekretär Dr. Bergemann trägt vor, daß für Bundesbahn und Autobahnen 500 + 750 = 1,250 Mia. DM an Investitionen vorgesehen seien. Weitere Aufwendungen auf dem Verkehrssektor in Höhe von 400 Mio. DM seien im öffentlichen Haushalt enthalten.

Der *Vizekanzler* gibt zu bedenken, ob die durch diese Zahlen ausgedrückten Investitionen verkraftet werden könnten, sobald die Aufgaben aus der Verwirklichung des Verteidigungsbeitrages hinzukämen.

Der *Bundesminister für Wirtschaft* weist auf die Gefahr von Kapazitätserweiterungen hin, die später vielleicht nicht ausgenutzt werden könnten. Darum bittet er um eine Überprüfung der Anforderungen der öffentlichen Hand.

Staatssekretär Dr. Bergemann bittet, zunächst mit diesen Gedanken noch zurückzuhalten, damit nicht etwa der Eindruck entstehe, daß es besser sei, Verkehrsinve-

---

typen zur Genehmigung vorgeschlagen werden, die bei 35 jähriger Laufzeit entweder mit 6 % bei einem Emissionskurs von 94 % oder mit $6^1/_2$% bei einem Emissionskurs von 98 % verzinst werden sollten (vgl. den Bericht Bennings in der 189. Sitzung des Zentralbankrates am 16. März 1955 in HA BBk B 330/84 und die Monatsberichte der BdL für Dezember 1955 in BD 126/2–1954, S. 11–14 und März 1955 in BD 126/2–1955, S. 7 f.).

[13] Mit Genehmigung des BMWi vom 12. April 1955 emittierte die Deutsche Pfandbriefanstalt (DEPFA) eine 6 %ige Kommunal-Schuldverschreibung über einen Gesamtbetrag von 10 Millionen DM mit einer maximalen Laufzeit von 40 Jahren (BAnz. Nr. 96 vom 20. Mai 1955, S. 2).

[14] In einem Schreiben an den BMF vom 15. Febr. 1955 hatte der BMP einen Fremdmittelbedarf von ca. 800 Mio. DM festgestellt (B 136/6571).

stitionen aus dem Steueraufkommen zu finanzieren, statt aus dem Kapitalmarkt. Er bedauere im übrigen, daß die hier zutage getretenen Grenzen des Geld- und Kapitalmarktes in den Bundestagsausschüssen bei der Beratung des Verkehrsfinanzgesetzes nicht zur Sprache gekommen seien. Man habe dort dirigistische Maßnahmen auf dem Verkehrssektor unter Hinweis auf die Finanzmöglichkeiten am Kapitalmarkt abgelehnt.

Bankdirektor Dr. Benning, BdL, macht darauf aufmerksam, daß man hier von der Annahme ausgehe, der Kapitalmarkt sei bereit und in der Lage, solche Papiere aufzunehmen, die vorübergehend Zwischenfinanzierungen ermöglichen. Das bedeute aber die Übernahme von unverzinslichen Schatzanweisungen, die 1–2 Jahre laufen. Es sei aber zu bedenken, daß mindestens die Hälfte der umlaufenden Papiere Schatzwechsel seien, also Papiere, die nur 3 Monate laufen, ebenso wie die Vorratsstellenwechsel. Für Papiere mit einer Laufzeit von 1–2 Jahren sei es aber schwer, Prognosen zu geben. Dabei spiele es unter dem Gesichtspunkt der Liquidität eine Rolle, daß unverzinsliche Schatzanweisungen mit Laufzeit bis zu einem Jahr nicht einmal lombardfähig seien.

Auf die Frage des *Vizekanzlers* nach dem zu erwartenden Bedarf der Kommunen bemerkt *Min.Dir. Dr. Kramer*, BMW, daß die Kommunen im Jahre 1954 155 Mio. DM in Anspruch genommen hätten. Für 1955 habe man noch keinen Überblick.

Präsident Dr. Bernard erwähnt noch, daß beispielsweise durch einen Finanzmakler bei Kapitalsammelstellen Gelder kurzfristig aufgenommen und langfristig an die Industrie ausgeliehen werden. Dadurch würden Hunderte von Millionen am Kapitalmarkt vorbeigeleitet. Er bittet den Bundesminister für Wirtschaft, der sich dieser Sache annehmen will, um Hilfe bei der Abstellung dieser bedenklichen Praktiken.

Der *Vizekanzler* weist darauf hin, daß sich, wenn auch nur notgedrungen, das Bestreben gezeigt habe, mit den verschiedenen Anforderungen der öffentlichen Hand auf den Geldmarkt auszuweichen. Man dürfe aber nicht übersehen, daß in jedem Fall die Konsolidierung später zu erfolgen habe.

Staatssekretär Hartmann sieht in der Erörterung insofern einen Fortschritt, als die beiden rückständigen Tranchen der Lastenausgleichsanleihe hier ohne Widerspruch anerkannt worden sind.

Der *Vizekanzler* schlägt im Einvernehmen mit dem Kabinettsausschuß vor, daß der Bundesminister der Finanzen mit dem Bundesminister für Vertriebene, Flüchtlinge und Kriegsgeschädigte und dem Präsidenten des Bundesausgleichsamtes weiter verhandeln möge, so daß man möglichst in etwa 14 Tagen im Kabinett zu einer endgültigen Beschlußfassung über die Anforderungen des Lastenausgleichsfonds kommen könne[15].

---

[15] Vgl. die Vermerke vom 18. und 30. März 1955 über die Gespräche Schäffers mit Kühne am 18. März 1955 und mit Oberländer am 21. März 1955 und Unterlagen zu den weiteren Besprechungen in B 126/10514. – Oberländer hatte mit Schreiben vom 25. März 1955 die Formulierung dieses Absatzes als unzutreffend bezeichnet und stattdessen folgende Formulierung vorgeschlagen: „Der Vizekanzler stellt fest, daß ohne Anwesenheit des Bundesministers der Finanzen Beschlüsse nicht gefaßt werden können." Da Blücher die Richtigkeit der Formulierung ausdrücklich bestätigte, wurde das Protokoll nicht geändert (vgl. das Schreiben Oberländers

2. Denkschrift des Bundesministers für besondere Aufgaben Waldemar Kraft vom August 1954 betr. Vorschläge für Maßnahmen zur Förderung der Zonenrandgebiete
BMS Kraft

Min.Rat Dr. Rau, BMW, weist zunächst darauf hin, daß zwischen der Auffassung von Bundesminister Kraft bezüglich der notwendigen Hilfsmaßnahmen für das Zonenrandgebiet und der Auffassung des IMNOS keine grundsätzlichen Unterschiede bestehen[16]. Der IMNOS habe nur einigen Anregungen nicht folgen können, weil ausreichende Mittel zur Durchführung dieser Maßnahmen nicht zur Verfügung ständen. Er schlägt vor, die Fragen, in denen der IMNOS den Vorschlägen von Bundesminister Kraft nicht geglaubt habe folgen zu können, an Hand der Übersicht auf Seite 25/27 der Vorlage des Bundesministers für Wirtschaft vom 2.3.1955 zu erörtern.

Bundesminister Kraft erklärt, daß er bei Abfassung der Denkschrift nicht die viel weiter gehenden Forderungen der Zonenrandgebiete aufgenommen habe, sondern sich auf diejenigen beschränkt habe, die realisierbar erschienen. Die wirtschaftliche Lage der Zonenrandgebiete hänge gegenüber denen der westlichen Gebiete der Bundesrepublik noch weit zurück, und er glaube, daß das West-Ost-Gefälle – wenn auch mit Einschränkungen – sich in letzter Zeit noch vergrößert habe.

Er spricht sich für generelle Maßnahmen im Zonenrandgebiet aus, die außerdem den Vorteil hätten, daß die Sonderfonds abgebaut werden könnten[17].

Der *Bundesminister für Wirtschaft* weist auf den bereits auftretenden Mangel an Arbeitskräften – zunächst allerdings noch in der Hauptsache an Facharbeitern – in der Industrie hin und ist der Ansicht, daß gerade im Kreise der Flüchtlinge in den Zonenrandgebieten eine nicht unerhebliche Arbeitskraftreserve vorhanden ist. Er spricht sich gegen eine weitere Ballung der Bevölkerung in den Industriegebieten aus. Man solle daher den Unternehmern empfehlen, in den Zonenrandgebieten neue Betriebe zu installieren, da sie dort die benötigten Arbeitskräfte vorfänden. Diese Entwicklung würde allein schon durch den immer größer werdenden Mangel an Arbeitskräften unterstützt werden.

Staatssekretär Sauerborn bemerkt, daß das Bundesarbeitsministerium bereits seit Jahren auf die Verknappung der Arbeitskräfte hingewiesen und die Unternehmer zur vermehrten Einstellung von Lehrlingen aufgefordert habe. Dieser Aufforderung seien die Unternehmer zunächst nur in geringem Maße gefolgt. Erst neuerdings zeigten sie mehr Verständnis. Auch habe sich das Bundesarbeitsministerium stets gegen eine Zusammenballung der Bevölkerung ausgesprochen und entsprechende Wiederaufbaupläne aufgestellt, die auch gewisse Erfolge gebracht hätten. Der

und den Vermerk Hornschus vom 5. April 1955 in B 136/36215). – Fortgang 30. Ausschußsitzung am 24. Juni 1955 TOP 4.

16 Siehe 20. Ausschußsitzung am 15. Nov. 1954 TOP A. – Vorlage des BMWi vom 2. März 1955 in B 102/13193. – In der Anlage zu seinem Schreiben vom 2. März 1955 hatte der BMWi die Stellungnahme des IMNOS zur Denkschrift Krafts vorgelegt.

17 Gemeint sind wohl die zahlreichen regionalen Einzelprogramme der Bundesregierung, die auch zur Förderung der Notstandsgebiete dienten.

Flucht aus den Zonenrandgebieten und den Abwerbungsmaßnahmen der westdeutschen Gemeinden müsse entgegengetreten werden[18].

Bundesminister Kraft und *Staatssekretär Dr. Nahm* bestätigen die Abwerbungstendenzen durch westdeutsche Gemeinden.

Bundesminister Kraft stimmt der Auffassung des Bundesministers für Wirtschaft zu. Es gehe nicht an, Menschen im Zonenrandgebiet vegetieren zu lassen, während in anderen Gebieten der Bundesrepublik die Arbeitskräfte bereits knapp würden. Da Bindungen der Menschen an den Boden vorhanden seien, müsse man die Arbeitsmöglichkeiten an den Menschen heranbringen und nicht umgekehrt. Es müsse deshalb mit generellen Maßnahmen versucht werden, die Voraussetzungen zur Erreichung dieses Zieles zu schaffen.

Der *Vizekanzler* weist darauf hin, daß man nicht generell von Notständen im Zonenrandgebiet sprechen könne. Es seien Gebiete im Zonenrandstreifen vorhanden, die man nicht als Notstandsgebiet bezeichnen könne, während anderen Kreisen und Gemeinden durch generelle wirtschaftliche Hilfsmaßnahmen nicht geholfen werden könne, da in ihrem Bereich keinerlei bedeutende Industriebetriebe vorhanden seien. Er verweist auf die bayerischen Kreise Mellrichstadt und Königshofen, die, rein landwirtschaftlich strukturiert, ihr natürliches Absatzgebiet im thüringischen Raum verloren hätten. Hier lasse sich seiner Meinung nach besonders durch eine Absatzorganisation helfen, die neue Märkte in Westdeutschland erschließen müßte.

Er habe eine Untersuchung über das Zonenrandgebiet durchführen lassen und werde den Ressorts eine Darstellung über solche Einzelnotstände, wie er sie im Auge habe, zuleiten[19].

Min.Rat Dr. Rau [BMWi] ist der Ansicht, daß auch die vom Vizekanzler geschilderten Notstände mit den zur Verfügung gestellten Bundesmitteln gemildert werden könnten. Wenn das nicht geschehen sei, beruhe das sicher auf individuellen oder lokalen Schwierigkeiten, die vom Bund aus nicht zu übersehen seien.

Staatssekretär Dr. Wandersleb spricht sich für eine vertrauensvolle Zusammenarbeit zwischen Bund und Ländern auf diesem Gebiet aus.

Staatssekretär Dr. Nahm bemerkt, daß er den Eindruck gewonnen habe, daß in den Ländern Bestrebungen vorhanden sind, die ihnen obliegenden Aufgaben aus den zur Verfügung gestellten Bundesmitteln zu finanzieren und die daraus resultierenden Einsparungen für andere Zwecke zu verwenden. Er spricht sich wie der Vizekanzler gegen generelle Maßnahmen aus und befürwortet gezielte Maßnahmen, die auf die konkreten Fälle abheben.

---

[18] Vgl. das Schreiben des BMA an die Mitglieder des IMNOS vom 26. Febr. 1955 betr. „Entwicklung des Arbeitsmarktes und wirtschaftliche Förderung des Zonenrandgebietes" in B 136/2391.

[19] Vgl. den Bericht über eine im Auftrag des BMZ durchgeführte „Reise in die bayrischen Landkreise Mellrichstadt und Königshofen im Grabfeld vom 20.1.–29.1.1955" vom 3. März 1955 in B 146/1812.

Sodann werden die Punkte, in denen der IMNOS den Vorschlägen des Bundesministers Kraft nicht gefolgt ist, an Hand der Übersicht der Vorlage des Bundesministers für Wirtschaft erörtert.

Generelle Zulassung von Sonderabschreibungen:

Der Kabinettsausschuß lehnt die generelle Zulassung von Sonderabschreibungen, die allen Betrieben des Zonenrandgebietes ohne Rücksicht auf die Situation des Betriebes zugutekommen, ab.

Verlängerung der Abschreibungserleichterungen:

Staatssekretär Hartmann weist darauf hin, daß die in der Empfehlung des Bundesministers der Finanzen vom 12.10.1953 vorgesehene Frist[20] nur im Einvernehmen mit den Ländern verlängert werden kann. Es sei nicht wahrscheinlich, daß sich die Länder mit einer Verlängerung bis auf weiteres einverstanden erklären würden. Man könne daran denken, über eine Verlängerung von 2 Jahren hinauszugehen, aber keinen längeren Zeitraum als 3 Jahre vorzusehen.

Min.Rat Dr. Rau, BMW, bemerkt hierzu, daß die Unternehmer zu langfristigen Dispositionen im Interesse der Zonenrandgebiete veranlaßt werden sollten. Er glaube nicht, daß die Länder sich bei der Bedeutung des Zonenrandproblems einer unbefristeten Verlängerung widersetzen würden. Wenn man gleichwohl eine zeitliche Befristung festlegen wolle, so müsse man mindestens eine Verlängerung der Abschreibungsmöglichkeiten für 5 Jahre ins Auge fassen.

Die Mehrheit der Anwesenden spricht sich für eine Verlängerung um 5 Jahre aus.

Staatssekretär Hartmann erklärt sich bereit, in den Verhandlungen mit den Ländern über diese Frage den Wunsch des Kabinettsausschusses auf eine Verlängerung der Abschreibungserleichterungen um 5 Jahre vorzubringen[21].

Zulassung einer steuerfreien Rücklage in Höhe von 50 % des steuerpflichtigen Gewinns:

Min.Rat Dr. Rau, BMW, weist darauf hin, daß die Steuerausfälle bei Zulassung einer steuerfreien Rücklage beträchtlich sein werden. Im übrigen habe der Bundestag nach Auffassung des Bundesministers der Finanzen in seinem Beschluß vom 2.7.1953 lediglich die Einführung von Abschreibungserleichterungen oder steuer-

---

[20] Der BMF hatte in seinem Schreiben an die Finanzminister von Bayern, Hessen, Niedersachsen und Schleswig-Holstein die Bewilligung von Sonderabschreibungen für Wirtschaftsgüter vorgeschlagen, die in der Zeit vom 1. Jan. 1953 bis zum 31. Dez. 1955 angeschafft oder hergestellt wurden (B 126/11656).

[21] Der BMF bat die Finanzminister von Bayern, Hessen, Niedersachsen und Schleswig-Holstein mit Schreiben vom 22. März 1955, zu den Vorschlägen Krafts zu Steuerstundungen, Steuernachlässen und Sonderabschreibungen sowie zur Bildung steuerfreier Rücklagen Stellung zu nehmen (B 126/11656, dort auch die Stellungnahmen).

freie Rücklagen gefordert. Durch Einführung der Abschreibungserleichterungen sei also dem Beschluß des Bundestages bereits Rechnung getragen.

Bundesminister Kraft entgegnet hierzu, daß gerade mit der Einführung steuerfreier Rücklagen ein Anreiz für die Etablierung neuer Betriebe im Zonenrandgebiet gegeben werde.

Staatssekretär Hartmann spricht sich gegen generelle Maßnahmen aus und glaubt, daß die Länder einer solchen Regelung nicht zustimmen werden. Er wolle aber diese Frage mit den Länderfinanzministern besprechen. Vielleicht werde der aus einer generellen Zulassung steuerfreier Rücklagenbildung resultierende Ausfall weitgehend durch ein Aufblühen der Zonenrandgebiete und ein entsprechend höheres Steueraufkommen kompensiert.

Bundesminister Kraft begrüßt den Vorschlag von Staatssekretär Hartmann. Wenn die beteiligten Länder eine steuerfreie Rücklagenbildung im Zonenrandgebiet ablehnen sollten, so sei die Bundesregierung jedenfalls in einer besseren Position gegenüber etwaigen Angriffen der Opposition.

Generelle Senkung der Umsatzsteuer in den Zonenrandgebieten:

Min.Rat Dr. Rau, BMW, weist darauf hin, daß der Wissenschaftliche Beirat beim Bundeswirtschaftsministerium eine solche Maßnahme für unvereinbar mit der Gleichheit vor dem Gesetz halte[22]. Er habe sich lediglich für Differenzierungsmöglichkeiten zu Gunsten Berlins ausgesprochen. Der inhaltlich gleiche Antrag der SPD im Bundestag (Drucks. 510) sei im Wirtschaftspolitischen Ausschuß behandelt und zunächst vertagt worden[23]. Im übrigen sei der Steuerausfall auf 350 bis 400 Mio. DM auf der Basis von 1950 geschätzt worden, der aber bei der inzwischen erfolgten Umsatzsteigerung für die Gegenwart noch beträchtlich höher liegen werde.

Bundesminister Kraft erklärt, daß er die generelle Senkung der Umsatzsteuer nur im Hinblick auf den Antrag der SPD in die Denkschrift aufgenommen habe. Er sei jedoch auch der Meinung, daß man einer solchen Regelung nicht nähertreten könne.

Der Kabinettsausschuß bestätigt das ablehnende Votum des IMNOS.

Bundeszuschuß zur Senkung der Gewerbe- und Grundsteuer:

Bundesminister Kraft erklärt, daß eine derartige Maßnahme jetzt nur noch von Schleswig-Holstein gefordert werde, während die anderen Zonenrandländer diese von vornherein abgelehnt oder sich nachträglich dagegen ausgesprochen hätten.

---

[22] Vgl. das Gutachten des Wissenschaftlichen Beirats vom 23. Jan. 1955 über „Möglichkeiten und Grenzen regionaler Wirtschaftspolitik" in: Der Wissenschaftliche Beirat, Gutachten, Bd. 4, S. 13–22, hier S. 17.

[23] Der Antrag der SPD auf Änderung des Umsatzsteuergesetzes (BT-Drs. 510) wurde in zweiter Lesung am 27. Juni 1957 in allen Teilen abgelehnt und daher gemäß § 84 Absatz 3 GOBT (BGBl. 1952 II 389) nicht weiter beraten (Stenographische Berichte, Bd. 37, S. 12767).

Der Kabinettsausschuß lehnt die Bereitstellung von Bundeszuschüssen zum Ausgleich der durch Gewerbe- oder Grundsteuersenkung entstehenden Ausfälle ab.

Erleichterungen bei der Aufbringung der Investitionshilfe:

Der Kabinettsausschuß stellt fest, daß diese Forderungen inzwischen durch Zeitablauf (Investitionshilfeschlußgesetz) überholt sind[24].

Aufstellung und Durchführung eines langfristigen, 10 Jahre umfassenden Förderungsprogramms:

Bundesminister Kraft erklärt, daß zwar gegen eine Festlegung auf 10 Jahre politische Bedenken sprechen, andererseits eine Planung auf eine Anzahl von Jahren notwendig sei, so daß man also Festlegungen für einen längeren Zeitraum treffen müsse.

Staatssekretär Hartmann pflichtet den politischen Bedenken von Bundesminister Kraft bei, weist aber außerdem auch auf die haushaltsrechtlichen Schwierigkeiten hin, da sich auf diese Weise sonst immer mehr Einschränkungen des Dispositionsrechts des Parlaments ergäben.

Bundesminister Kraft entgegnet hierzu, daß er das Bewilligungsrecht des Parlaments nicht einzuschränken wünsche. Er halte aber gegenüber dem Bundestag und den Ländern die Erklärung einer langfristigen Unterstützung dieser Gebiete durch die Bundesregierung für unbedingt notwendig.

Es wird vorgeschlagen, die Erklärung der Bundesregierung zu diesem Punkt der Denkschrift etwa wie folgt zu formulieren:

Die Bundesregierung wird mit den Landesregierungen wegen wirkungsvoller, langfristiger Maßnahmen für die Zonenrandgebiete Verbindung aufnehmen. Sie ist ihrerseits bereit, die erforderlichen Mittel im Rahmen der Möglichkeiten, die der Haushalt bietet, in der Zukunft zur Verfügung zu stellen.

Der Kabinettsausschuß bittet das Bundesministerium für Wirtschaft, die endgültige Formulierung dieser Erklärung in Zusammenarbeit mit den beteiligten Ressorts in diesem Sinne festzulegen.

Gewährung von Frachthilfen auch für Transporte auf den Straßen und dem Wasserweg:

Staatssekretär Dr. Bergemann weist darauf hin, daß dieser Wunsch der Zonenrandgebiete nicht unberechtigt ist, da diese oft allein auf die Straßentransportmöglichkeiten angewiesen sind. Allerdings sollten entsprechende Maßnahmen bis zur Verabschiedung des Verkehrsfinanzgesetzes zurückgestellt werden[25]. *Bundesminister Kraft* und *Staatssekretär Hartmann* stimmen dem zu.

---

[24] Gesetz über den Abschluß der Investitionshilfe der gewerblichen Wirtschaft (Investitionshilfe-Schlußgesetz) vom 24. Febr. 1955 (BGBl. I 69).

[25] Zum Verkehrsfinanzgesetz vom 6. April 1955 (BGBl. I 166) vgl. 73. Kabinettssitzung am 2. März 1955 TOP 1 (Kabinettsprotokolle 1955, S. 160–162).

Der Kabinettsausschuß beschließt entsprechend.

Investitionen an dem Bundesstraßen-, Bundesbahn- und Bundespostnetz:

Min.Rat Dr. Rau [BMWi] erklärt, daß sich der IMNOS wiederholt dafür eingesetzt habe, den Ausbau der Verkehrs- und Nachrichtenverbindungen in vielen Teilen des Zonenrandgebietes voranzutreiben. Der IMNOS würde eine Bereitstellung zusätzlicher Mittel für diesen Zweck begrüßen.

Die Zurverfügungstellung von Teilen der Bundesfonds für regionale Hilfsmaßnahmen für diese Zwecke erscheine dem IMNOS insofern bedenklich, als in der Öffentlichkeit der Eindruck entstehen könne, der Bund stelle zwar für die Zonenrandgebiete formell Mittel bereit, verwende sie aber teilweise im Interesse des Bundeshaushalts oder der Sondervermögen des Bundes. Außerdem sei zu befürchten, daß dann auch die Länder in Zukunft die Finanzierung von Landesmaßnahmen (z. B. Ausbau von Landstraßen erster Ordnung) aus den regionalen Hilfsfonds fordern würden.

Bundesminister Kraft erklärt demgegenüber, daß er in erster Linie an Vorwegbeträge aus den allgemeinen Haushaltsmitteln gedacht habe. Im übrigen sei er nicht so sehr interessiert, wie die Mittel zur Verfügung gestellt würden, sondern daß etwas Zusätzliches für die Zonenrandgebiete getan werde.

Der *Vizekanzler* gibt zu erwägen, ob man nicht bei den Mitteln der regionalen Hilfsfonds Teilbeträge zum Ausbau von Verkehrs- und Nachrichtenverbindungen gesondert auswerfen solle.

Staatssekretär Hartmann hält es nicht für möglich, im Jahre 1955 noch Vorwegbeträge im Bundeshaushalt einzusetzen. Diese Regelung könne frühestens im Jahre 1956 Platz greifen. Es müsse geprüft werden, ob nicht im Rahmen der Vorfinanzierung des Verkehrsfinanzgesetzes beim Ausbau der Autobahnen, im Straßenbau und bei der Bundesbahn die Zonenrandgebiete bevorzugt werden könnten.

Staatssekretär Bergemann weist darauf hin, daß in erster Linie Straßen der Länder zur Erschließung der Zonenrandgebiete in Betracht kommen, während die Bundesautobahnen ausscheiden. Auf der diesjährigen Verkehrssicherheitskonferenz habe der Bundesverkehrsminister einen Appell an die Länder gerichtet, das Aufkommen aus der Kraftfahrzeugsteuer voll für den Straßenbau zu verwenden[26]. Es empfehle sich, die Länder nochmals darauf hinzuweisen und sie zu bitten, das aus dem Verkehrsfinanzgesetz resultierende Mehraufkommen aus der Kraftfahrzeugsteuer bevorzugt in den Zonenrandgebieten einzusetzen.

Das Bundesverkehrsministerium habe im Jahre 1953 bereits 40 Mio. DM für Straßenbau in den Zonenrandgebieten aufgewendet.

Min.Rat Dr. Garbe, BMP, bemerkt, daß die Investitionen von Bundespost und Bundesbahn in den Zonenrandgebieten sowohl vom IMNOS als auch von den beteiligten Ländern als dringlich anerkannt worden sind. Die DBP habe in den vergangenen

---

[26] Protokoll und weitere Unterlagen zur 2. gemeinsamen Verkehrssicherheitskonferenz am 3. März 1955 in Bonn in B 108/2191.

Jahren ihre Mittel bei dem starken Verkehrszuwachs zum überwiegenden Teil für den Ausbau der Nachrichtenverbindungen im übrigen Bundesgebiet einsetzen müssen, so daß in den Zonenrandgebieten ein erheblicher Nachholbedarf aufgelaufen sei. Um den dringendsten Bedürfnissen im Zonenrandgebiet zu entsprechen, müßten beispielsweise innerhalb zweier Jahre 170 Mio. DM eingesetzt werden. In den Jahren 1952 und 1953 habe die DBP jedoch nur rd. 58 Mio. DM bereitstellen können. Das Bundespostministerium befürworte den Vorschlag, den Investitionsbedarf für Verkehrs- und Nachrichtenverbindungen im Zonenrandgebiet durch Vorwegbeträge sicherzustellen. Da die DBP jedoch ein Sondervermögen sei, ergäben sich haushaltsrechtliche Bedenken. Sollten sich diese nicht überwinden lassen, bitte das Bundespostministerium, die Bundesfonds für regionale Hilfsmaßnahmen teilweise auch zur Verbesserung des Post- und Fernmeldewesens in den Zonenrandgebieten freizugeben.

Der *Vizekanzler* ist der Meinung, daß an sich der Einsatz der regionalen Hilfsfonds für die Sondervermögen des Bundes begrüßenswert sei. Wenn allerdings die Länder dann auch die Finanzierung von Länderaufgaben aus dem Bundesfonds fordern würden, bestehe die Gefahr, daß der Effekt der Hilfsaktion verloren gehe. Man laufe jedenfalls Gefahr, jede Kontrolle zu verlieren. Er glaube daher, daß die Frage, ob für den Ausbau von Verkehrs- und Nachrichtenverbindungen im Zonenrandgebiet Vorwegbeträge eingesetzt oder Abzweigungen aus den regionalen Hilfsfonds vorgenommen werden sollten, noch einmal eingehend geprüft werden müsse.

Auf seinen Vorschlag beschließt der Kabinettsausschuß, daß die beteiligten Ressorts diese Frage nochmals beraten sollen[27].

Bereitstellung bundeseigenen Besitzes zu Vorzugsbedingungen:

Der *Vizekanzler* weist darauf hin, daß es sich nicht in erster Linie um die Herabsetzung von Miet- und Pachtsätzen handele, sondern um die richtige Ermittlung der Werte. Bisher gehe man von den gemeinen Herstellungskosten aus und berücksichtige nicht, daß sich der Verwendungszweck der Bauten grundlegend geändert habe. Auf die Oberfinanzdirektionen und den Bundesrechnungshof müsse entsprechend eingewirkt werden.

Staatssekretär Hartmann erklärt, daß der Bundesfinanzminister an die Oberfinanzdirektionen herantreten werde mit der Aufforderung, bei den Liegenschaften die Wertermittlung entsprechend den jetzigen Verhältnissen im Zonenrandgebiet vorzunehmen[28].

---

27 In einer Ressortbesprechung am 17. Mai 1955 wurde beschlossen, die Frage durch den IMNOS entscheiden und die Entscheidung durch den Kabinettsausschuß bestätigen zu lassen (vgl. den Vermerk vom 17. Mai 1955 in B 102/13193).

28 Am 20. Juni 1955 teilte der BMF dem BMWi mit, daß er den Bundesrechnungshof gebeten habe, „bei den Vermögensstellen im Zonengrenzgebiet unter Einschaltung der jeweils örtlich zuständigen Oberfinanzdirektionen beschleunigt eine Sonderprüfung, insbesondere bezüglich der Wertfestsetzung bei Überlassung von Bundesliegenschaften, durchzuführen" (B 102/13193, Abschrift des Schreibens des BMF an den BRH vom 15. April 1955 in B 102/13110).

Der Kabinettsausschuß begrüßt dies.

Bereitstellung von Vorabbeträgen zur verstärkten Förderung des Wohnungsbaues:

Staatssekretär Dr. Wandersleb weist darauf hin, daß der Bundesminister für Wohnungsbau versuchen wird, aus seinem Sonderfonds mehrere Millionen DM zur Schaffung von Wohnungen in den Zonenrandgebieten zur Verfügung zu stellen.

Der Kabinettsausschuß nimmt hiervon zustimmend Kenntnis.

Förderung kultureller Belange:

Min.Rat Dr. Rau, BMW, bemerkt, daß der Haushaltsausschuß des Bundestages sich inzwischen bereit erklärt habe, 5 Mio. DM zur Förderung kultureller Belange in den Zonenrandgebieten zur Verfügung zu stellen.

Staatssekretär Thedieck weist darauf hin, daß dieser Betrag die Mindestsumme darstelle, mit der überhaupt ein Effekt erzielt werden könne. Die Titelbestimmung für diese Summe solle nach Möglichkeit die Verwendungszwecke umfassen, die Bundesminister Kraft in seiner Denkschrift aufgeführt habe. Keinesfalls solle der Betrag ausschließlich für den Volksschulneubau gebunden werden.

Bundesminister Kraft betont, daß der Schulneubau in diesen Gebieten zwar eine zwingende Notwendigkeit darstelle, doch müßten gerade im Hinblick auf die propagandistischen Maßnahmen der Sowjetzone am Eisernen Vorhang auch andere Kulturförderungsmaßnahmen aus diesen Mitteln finanziert werden. Allerdings sollte man den Schulneubau nicht grundsätzlich ausschließen.

Staatssekretär Hartmann erklärt, daß sich der Bundesminister der Finanzen mit der zusätzlichen Bereitstellung von 5 Mio. DM einverstanden erklärt habe, doch habe der Bundesfinanzminister daran gedacht, diesen Betrag für Volksschulneubauten einzusetzen. Vielleicht lasse sich ein Kompromiß in der Weise finden, daß man den Betrag nicht ausdrücklich für den Volksschulneubau reserviere, andererseits aber auch den Schulneubau nicht ausschließe.

Der Kabinettsausschuß beschließt, daß diese Frage noch einmal mit dem Bundesminister der Finanzen erörtert werden soll[29].

Der *Vizekanzler* schlägt abschließend vor, nach Klärung der noch offen gebliebenen Fragen eine Verlautbarung der Bundesregierung zu veröffentlichen und bis dahin noch Stillschweigen über die Denkschrift zu bewahren.

Über die heutige Sitzung des Kabinettsausschusses solle lediglich eine kurze Pressenotiz herausgegeben werden, in der zum Ausdruck komme, daß die Bundesressorts

---

[29] Der Bundeshaushaltsplan 1955 sah unter dem Titel 2701-302 („Kulturelle Maßnahmen in gefährdeten Grenzgebieten und im Zonengrenzgebiet") 7,32 Millionen DM für „Zuschüsse zur Förderung von Schulbauten" und 2 Millionen DM zur „Förderung von kulturellen Maßnahmen gesamtdeutschen Charakters im Zonenrandgebiet" vor (BD 11/3–1955).

im Grundsatz mit den von Bundesminister Kraft vorgeschlagenen Hilfsmaßnahmen einverstanden seien und die Denkschrift positiv beurteilten.

Der Kabinettsausschuß beschließt entsprechend[30].

[30] Pressemitteilung des BPA Nr. 261/55 in BD 7/167–1955,1. – Fortgang Fortsetzung der 100. Kabinettssitzung am 15. Okt. 1955 TOP D (Kabinettsprotokolle 1955, S. 586) und 40. Ausschußsitzung am 10. Dez. 1955 TOP 1.

28. Sitzung des Kabinettsausschusses für Wirtschaft am Montag, den 18. April 1955

Teilnehmer: Blücher, Lübke, Tillmanns; Hallstein (17.30–18.00 Uhr), Dahlgrün, Westrick (ab 15.25 Uhr), Sauerborn, Wandersleb, Thedieck; Bernard (BdL), Vockel (Der Bevollmächtigte der Bundesrepublik Deutschland in Berlin), Oeftering (BMF), Krautwig (BMWi), Kattenstroth (BMWi, ab 18.20 Uhr), Haenlein (Bundeskanzleramt), van Scherpenberg (AA), von Boeckh (BMWi), Ter-Nedden (BMV), Middelmann (BMVt), Heise (BMZ), weitere Vertreter der Bundesressorts. Protokoll: Hornschu.

Beginn: 15.00 Uhr *Ende: 18.30 Uhr*

Ort: Bad Godesberg, Haus Carstanjen

Tagesordnung:

1. *Vorberatung des Langfristigen Aufbauplans für Berlin*
   Vorgelegt von dem Regierenden Bürgermeister von Berlin mit Schreiben vom 11. März 1955.

1. Vorberatung des Langfristigen Aufbauplans für Berlin – Vorgelegt von dem Regierenden Bürgermeister von Berlin mit Schreiben vom 11.3.1955

Einleitend führt der *Vizekanzler* aus: Die heutige Sitzung solle dazu dienen, daß der Kabinettsausschuß in der kommenden Woche mit einer einheitlichen Auffassung nach Berlin gehe, und gleichzeitig sicherstellen, daß die Berliner Sitzung wirklich ein Ergebnis für Berlin bringe[1]. Man müsse zu konkreten Schlußfolgerungen gelangen, die den Beweis einer festen Haltung der Bundesregierung für Berlin erbringen. Allgemein müsse ein wesentliches Ziel dieser Überlegungen sein, daß weitere zahlreiche Arbeitsplätze geschaffen würden. Jedoch könne man sich in diesen Beratungen noch nicht auf Einzelprojekte festlegen, es komme vielmehr darauf an, den finanziellen Rahmen festzulegen, in dem sich die Berliner Anstrengungen auf längere Zeit bewegen könnten. Es werde also nicht so sehr auf eine eingehende Beratung des Planes selbst, sondern des Finanzrahmens ankommen.

Dr. Vockel fügt hinzu, daß in der Berliner Sitzung des Kabinettsausschusses der Regierende Bürgermeister einleitend über das langfristige Programm Berlins Ausführungen machen werde, die durch Senator Hertz ergänzt werden würden. Hier-

[1] Siehe 20. Ausschußsitzung am 15. Nov. 1954 TOP 2. – Der von dem Regierenden Bürgermeister Suhr vorgelegte „Langfristige Aufbauplan für Berlin" mit Stand vom 10. März 1955 sollte Gegenstand einer gemeinsamen Sitzung des Kabinettsausschusses und des Berliner Senats am 26. und 27. April 1955 in Berlin sein. Vgl. den Text in B 136/2385 abgedruckt in Anhang 3, Dokument 9. Weitere Unterlagen, auch zu den Bemühungen Suhrs um einen früheren Termin der Sitzung, in B 136/2385 f. sowie B 126/10963 f. und 13945.

auf seien von Seiten der Bundesregierung die finanziellen Möglichkeiten für die Verwirklichung des Planes darzulegen.

In sachlicher Hinsicht führt *Dr. Vockel* aus, daß es ihm notwendig erscheine, zunächst die Maßnahmen für 1955 zu beraten.

I. Wiederaufbau

Auf Wunsch des *Vizekanzlers* trägt sodann *Ministerialrat Dr. Goedecke* [BMZ] die Stellungnahme des Bundesministeriums für wirtschaftliche Zusammenarbeit an Hand der schriftlichen Darlegung vom 5.4.1955 zum Berlinplan bezüglich der Investitionen vor[2]. Nach Annahme des Bundesministeriums für wirtschaftliche Zusammenarbeit werde ein großer Teil der Projekte, die in der Schlußübersicht des langfristigen Aufbauplans für Berlin unter I enthalten sind, durch die ERP-Mittel gedeckt sein. Darüber hinaus sei beabsichtigt, im Rahmen der Finanzierungsprogramme des ERP-Sondervermögens in der Bundesrepublik einen möglichst großen Teil für die Finanzierung von Aufträgen in Berlin zu verwenden. Gedacht sei an 100 Mio. DM. Zusätzlich könnten wahrscheinlich noch weitere Mittel aufgebracht werden, und zwar aus den bei der Bank deutscher Länder gehaltenen Kassenbeständen des ERP-Sondervermögens, die zur Berliner Zentralbank zum Zwecke von Refinanzierungszusagen an Berliner Geschäftsbanken gelegt werden sollen. Schließlich müßten Mittel der Kapitalsammelstellen erschlossen werden.

IV. Wohnungsbau

Dr. Vockel weist darauf hin, daß der soziale Wohnungsbau in Berlin im Jahre 1955 finanziert sei, sobald der Berliner Senat den Vorschlag des Bundesfinanzministers angenommen habe[3].

Der *Vizekanzler* fügt unter Zustimmung von *Staatssekretär Dr. Wandersleb* hinzu, daß für die Finanzierung des Wohnungsbaus auch für 1956 weitere Möglichkeiten beständen, wenn die erwarteten 15 Mio. Dollar zur Verfügung ständen.

Ministerialdirektor Professor Dr. Oeftering, BMF, führt aus, daß über den Bundeszuschuß 1955/56 formell noch Verhandlungen mit Berlin schwebten, über deren sachlichen Ausgang bereits Klarheit bestehe, so daß Berlin mit 830 Mio. Zuschuß aus dem Bundeshaushalt rechnen könne[4]. Daneben laufe die Finanzierung des sozialen Wohnungsbaues im Rechnungsjahr 1955/56 für 18 000 Wohnungseinheiten. Nach Auffassung des Bundesministeriums der Finanzen sollte diese Finanzierung über den außerordentlichen Haushalt vorgenommen werden, also durch Verschuldung Berlins. Allerdings müsse noch die Deckung einer Zinsdifferenz geklärt wer-

[2] Mit Schreiben vom 12. April 1955 hatte Goedecke dem Bundeskanzleramt die von Blücher noch nicht endgültig genehmigte Stellungnahme des BMZ vom 5. April 1955 zugeleitet (B 136/2386).

[3] Vgl. die Stellungnahme des BMF vom 15. April 1955 zum Aufbauplan für Berlin in B 126/10964. Der BMF hatte die Sicherung der Finanzierung an die Aufnahme einer Anleihe von 120 Millionen DM durch das Land Berlin geknüpft.

[4] Unterlagen zu den Verhandlungen über den Bundeszuschuß für Berlin in B 126/10961 f.

den. Das Bundesfinanzministerium sei bereit, diese Zinsdifferenz als Element der Berechnung des Bundeszuschusses 1956/57 zugrunde zu legen.

Berlin habe für 1956/57 einen Plan mit 20 000 Wohnungseinheiten aufgestellt; es sei zu fragen, ob der Plan in dieser Höhe nötig sei.

Staatssekretär Dr. Wandersleb erwidert, daß das Bundesministerium für Wohnungsbau die Planung von 20 000 Wohnungen als erforderlich anerkenne, besonders, da es an den am meisten gebrauchten kleinen Wohnungstypen fehle und neben Neubauten auch Umbauten größerer Wohnungen zu kleinen und mittleren Wohnungen vorgenommen werden müßten.

Nach Erörterung, ob es angebracht ist, einen gewissen Teilbetrag für Umbauten großer Wohnungen abzuzweigen, führt *Dr. Vockel* aus, daß auf dem Gebiet des Wohnungsbaues in den letzten Jahren für Berlin bereits viel getan worden sei. Er hält es nicht für notwendig, aus den Mitteln des sozialen Wohnungsbaues Teile abzuspalten. Bei der Ausdehnung des Wohnungsbaues in Berlin sei man an einer gewissen Grenze angelangt, die sich aus dem Mangel an Bauarbeitern ergäbe. Dabei sei zu bedenken, daß im Berliner Haushaltsplan 150 Mio. DM für öffentliche Bauten eingesetzt seien.

Der *Vizekanzler* gibt zu bedenken, ob es überhaupt richtig sei, allzu viel über den künftigen Umfang der Bautätigkeit in Berlin und im Sinne des Berlinplans von einem großen Auftragsstoß zu sprechen. Er befürchtet, daß man damit das bisher in Berlin noch gesunde Preisgefüge verderben werde, und eine ungesunde Konjunktur auslöse.

Bundesminister Dr. Tillmanns nimmt diese Bemerkung des Vizekanzlers zum Anlaß, die Frage zu stellen, ob es überhaupt richtig sei, mit einem neuen Plan vor die Öffentlichkeit zu treten. Es scheine ihm richtiger zu sagen, daß die bisherige Tätigkeit der Bundesregierung für Berlin konsequent weitergeführt werde.

Ministerialdirektor Professor Dr. Oeftering, BMF, pflichtet Bundesminister Dr. Tillmanns bei. Auch bisher sei schon mit allen verfügbaren Mitteln die Entwicklung der Berliner Wirtschaft von der Bundesregierung gefördert worden. Gerade der Vizekanzler habe mit den ihm zur Verfügung stehenden Mitteln stets entscheidende Beiträge geleistet. Der neue Plan sei eigentlich nichts anderes als die Fortsetzung der bisherigen Maßnahmen. Der Plan enthalte auch nur die bisherigen Ideen des Vizekanzlers und bringe keine neuen Gedanken für den Wirtschaftsaufbau, sondern nur größere Zahlen.

In dem kulturellen Programm seien durchaus wünschenswerte Dinge enthalten. Zu bedenken sei aber, daß auch wohlhabende Länder des Bundes nicht in der Lage seien, solche kulturellen Planungen zu verwirklichen.

Bei den kommunalen Bauten sei klar, daß es sich um alte Pläne handele, die schon in früheren Jahrzehnten nicht hätten verwirklicht werden können.

Bundesminister Dr. Tillmanns wirft hier ein, daß der Regierende Bürgermeister dem Bundeskanzler die zusätzliche Beschäftigung von 100 000 Arbeitern als Ziel genannt habe, und daß der Bundeskanzler daraufhin Dr. Suhr aufgefordert habe, einen Plan dafür vorzulegen[5]. Politisch sei es jedenfalls nötig, jetzt besondere Aktivität für Berlin an den Tag zu legen.

Der *Vizekanzler* hält es hieran anschließend für erforderlich, daß der Bundeskanzler in Berlin einleitend kurze Ausführungen in diesem Sinne mache.

III. Kommunalbauten

Der *Vizekanzler* erklärt, wenn auch ERP-Mittel bestimmungsgemäß für die kommunalen Bauten nicht eingesetzt werden könnten, so sei es doch notwendig, die Durchführung bestimmter Projekte zu bejahen. Dies gelte besonders für die Kläranlage.

Der *Bundesminister für Ernährung, Landwirtschaft und Forsten* fügt hinzu, daß einzelne der vorgesehenen Projekte, z. B. der Milchhof, auch vom Standpunkt seines Ressorts als dringlich zu bezeichnen seien. Da es sich auch dabei um Wirtschaftsaufbau handele, spricht er sich dafür aus, die ERP-Mittel auch für derartige kommunale Anlagen einzusetzen.

Ministerialrat Dr. Goedecke, BMZ, teilt mit, daß mit den Amerikanern seit geraumer Zeit über die Finanzierung der Kläranlage verhandelt wird[6].

II. Kulturprogramm

Bundesminister Dr. Tillmanns führt aus, daß es notwendig sei, Berlin eine größere geistige und kulturelle Bedeutung als bisher zu geben als Ersatz dafür, daß Berlin z. Zt. nicht Hauptstadt sei. Das könne u. a. auch auf wissenschaftlichem Gebiet und vielleicht sogar im europäischen Rahmen geschehen. Er regt angesichts der sowjetischen Aktivitäten in Ostberlin den Wiederaufbau einer großen Westberliner Oper und den weiteren Ausbau der Freien Universität an.

Der *Vizekanzler* pflichtet diesen Gedankengängen bei, da der insularen Lage Berlins entgegengewirkt werden müsse. Der Bund müsse in dieser Hinsicht mehr als bisher tun. Das sei viel wichtiger als der Bau eines Luxushotels[7].

Staatssekretär Thedieck unterstreicht diese Gedanken und wendet sich dabei gegen das Argument, daß die von Berlin geplanten kulturellen Einrichtungen deshalb nicht gerechtfertigt seien, weil wohlhabende Länder der Bundesrepublik sich solche Einrichtungen auch nicht leisten könnten.

Ministerialdirektor Prof. Dr. Oeftering, BMF, hält die Auffassung des Vizekanzlers und Bundesministers Dr. Tillmanns für richtig, glaubt aber, daß die bisherigen und jetzt wieder vorgesehenen Mittel, die er mit Zahlennachweisen im einzelnen dar-

[5] Zu einem Gespräch Adenauers mit Suhr anläßlich des Empfangs des neuen Regierenden Bürgermeisters am 8. Febr. 1955 durch den Bundeskanzler in Bonn vgl. Bulletin Nr. 28 vom 10. Febr. 1955, S. 228 und die Stellungnahme Vockels vom 25. März 1955 zum Aufbauplan für Berlin in B 136/2385.

[6] Unterlagen hierzu nicht ermittelt.

[7] Unterlagen zum Bau des Hilton-Hotels in Berlin in B 115/4682.

legt, für diese Zwecke durchaus ausreichend seien. Insofern verweist er auf die jährlichen Verhandlungen über den Bundeszuschuß. Er erwähnt dabei, daß der Bundesfinanzminister bei der Bemessung des jetzigen Bundeszuschusses nicht unerheblich über das Gutachten des Bundesrechnungshofes hinausgegangen sei[8]. Im übrigen seien die kulturellen Angelegenheiten Sache der Länder.

Der *Bundesminister für Ernährung, Landwirtschaft und Forsten* und *Staatssekretär Dr. Wandersleb* sind demgegenüber der Auffassung, daß diese Möglichkeiten angesichts der Berlin hier zugedachten kulturellen Funktion zu eng seien.

Ministerialdirigent Dr. van Scherpenberg, AA, weist auf das große Interesse des Auslandes an der Lage Berlins hin. Gerade im Hinblick auf den Austausch von Studenten und Professoren sei es wichtig, in Berlin die entsprechenden kulturellen Einrichtungen zu schaffen und die finanzielle Grundlage dafür zu geben.

Bundesminister Dr. Tillmanns spricht sich dafür aus, daß die Bundesregierung unabhängig von dem vorliegenden Berlinplan oder jedenfalls darüber hinaus in die Prüfung eines solchen kulturellen Programms eintrete. Ein solches Programm könne als Beitrag seitens der Bundesregierung gegenüber Berlin herausgestellt werden. Dabei sollte auch an Dinge, wie z. B. die Max-Planck-Gesellschaft oder die Physikalische Bundesanstalt gedacht werden, die bereits vom Bund unterstützt würden.

Dr. Vockel spricht sich ebenfalls dafür aus, diesen Gedanken zur Erörterung zu stellen.

Der *Vizekanzler* hält es für notwendig, Vorbereitungen zu treffen und dabei auch zahlenmäßige Unterlagen für eine Aussprache mit der Presse zur Verfügung zu halten. Heute sei es allerdings noch nicht möglich, sich über diesen Gedanken eines kulturellen Planes schlüssig zu werden.

Sondervermögen für Berlinplan

Der *Vizekanzler* erwähnt den von Berliner Stellen erwogenen Gedanken, ein Initiativgesetz für die Bildung eines zweiten Sondervermögens für Aufbauzwecke in Berlin im Bundestag einzubringen.

Hieran schließt sich eine eingehende Erörterung, in der diese Idee von keiner Seite unterstützt wird.

Unterstützung der Freien Wohlfahrtsverbände und der Investitionen der Post

Bundesminister Dr. Tillmanns erwähnt, daß in dem Berliner Plan keine Mittel zur Förderung von Institutionen der freien Wohlfahrtspflege eingesetzt seien. Das sei aber in Berlin politisch besonders wichtig.

---

[8] Mit Schreiben vom 11. März 1955 hatte der Bundesrechnungshof dem BMF die „Niederschrift über die finanzwirtschaftliche Untersuchung des Landeshaushalts Berlin für das Rechnungsjahr 1955 – Stand: 27. Januar 1955“ übersandt (B 126/13933). Weitere Unterlagen in B 126/10961.

Der *Vizekanzler* weist auf § 2 des ERP-Verwaltungsgesetzes[9] hin, der die Verwendung von ERP-Mitteln nur für wirtschaftliche Zwecke zuläßt.

Ministerialdirektor Professor Dr. Oeftering, BMF, macht darauf aufmerksam, daß der Berliner Senat die Freien Wohlfahrtsverbände bisher schon subventioniert habe. Dies sei bei der Festsetzung des Bundeszuschusses berücksichtigt worden.

Bundesminister Dr. Tillmanns bestätigt dies, hält es aber für nötig, auch für die Zukunft die Bereitstellung von Mitteln für diesen Zweck sicherzustellen.

Ministerialrat Dr. Garbe, BMP, weist angesichts der unsicheren politischen Verhältnisse auf die Bedeutung und die besondere Dringlichkeit ausreichender Nachrichtenverbindungen zwischen der Bundesrepublik und Westberlin und in der Stadt selbst hin. Der Ausbau dieser Nachrichtenverbindungen, der bisher zu einem erheblichen Teil aus ERP- und GARIOA-Mitteln[10] gedeckt worden ist, sollte daher als vordringlicher Investitionsbedarf in den langfristigen Aufbauplan für Berlin aufgenommen werden. Er bittet um einen formellen Beschluß des Kabinettsausschusses, daß die Bundesregierung diesen Wunsch des Bundespostministers auch in Berlin zur Sprache bringt.

Der *Vizekanzler* weist nochmals darauf hin, daß über Einzelprojekte hier nicht beraten werden könne. Wohl aber sei es richtig, die von Bundesminister Dr. Tillmanns und Ministerialrat Dr. Garbe hervorgehobenen Bedarfsfälle in die Übersicht der für die Finanzierung in Betracht kommenden Maßnahmen aufzunehmen.

Abschließend faßt der *Vizekanzler* das Ergebnis der Beratung als Meinung des Kabinettsausschusses wie folgt zusammen:

1) Zum allgemeinen Thema Investitionen besteht zahlenmäßige Klarheit. Der Bundeskanzler muß eine dementsprechende Übersicht erhalten.

2) Bezüglich des Wohnungsbauprogramms wird die Bundesregierung eine Erklärung abgeben, die vom Bundesminister für Wohnungsbau, der Finanzen und für gesamtdeutsche Fragen ausgearbeitet wird[11].

3) Die Kommunalbauten und das kulturelle Programm bedürfen der Durchsprache in Berlin.

In den Erklärungen soll vermieden werden, zahlenmäßige Festlegungen zu treffen, sondern im Sinne der von Bundesminister Dr. Tillmanns und Dr. Vockel gegebenen Anregungen der Nachdruck auf die Fortsetzung der bisherigen Maßnahmen gelegt werden.

Ministerialdirigent Haenlein, BK, macht darauf aufmerksam, daß in der Pressekonferenz allerdings ohne gewisse zahlenmäßige Darlegungen nicht auszukommen

---

[9] Gesetz über die Verwaltung des ERP-Sondervermögens vom 31. Aug. 1953 (BGBl. I 1312).

[10] GARIOA-Mittel (Government and Relief in Occupied Areas) wurden von der Regierung der Vereinigten Staaten in US-Dollar für Hilfeleistungen zugunsten von besetzten Gebieten bereitgestellt und nach Artikel V des Abkommens über wirtschaftliche Zusammenarbeit zwischen der Bundesrepublik Deutschland und den Vereinigten Staaten von Amerika vom 15. Dez. 1949 (BGBl. 1950 I 10) auf einem DM-Konto der Bundesregierung bei der Bank deutscher Länder verwaltet.

[11] Nicht ermittelt.

sein werde und schlägt vor, ein Ressort zu bestimmen, das die Zusammenstellung dieses Materials übernehmen soll.

Der *Vizekanzler* und *Bundesminister Dr. Tillmanns* sind ebenfalls dieser Auffassung, wollen aber ein Eingehen auf Einzelheiten vermieden wissen. Der *Vizekanzler* legt besonderen Wert auf die Hervorhebung, wieweit bisher schon durch Bundeszuschüsse geholfen worden ist. Einzelne besonders wesentliche und interessante Punkte sollten schlaglichtartig beleuchtet werden. Dies übernimmt Dr. Vockel.

Staatssekretär Sauerborn erwähnt hierbei, daß für den Lastenausgleich der Sozialrenten Hunderte von Millionen seitens der Bundesanstalt aufgebracht werden.

Ministerialrat Dr. Garbe, BMP, fügt hinzu, daß auch von der Post erhebliche Aufwendungen für Berlin gemacht werden.

Ministerialdirektor Professor Dr. Oeftering, BMF, schlägt unter Zustimmung des Kabinettsausschusses vor, daß das Bundesministerium für wirtschaftliche Zusammenarbeit die Sammlung des gesamten Zahlenmaterials sowohl für die Sitzung des Kabinettsausschusses als auch für die Pressekonferenz übernimmt und daß die anderen Ressorts ihre Beiträge dem BMZ dafür zuleiten[12].

Außerhalb der Tagesordnung:

[A.] Höhe der Straßenbenutzungsgebühren in der Sowjetzone **BMV**

Der *Vizekanzler* bittet Staatssekretär Dr. Westrick in Anbetracht des für morgen vorgesehenen Besuches des Regierenden Bürgermeisters von Berlin über den Stand der Angelegenheit zu berichten[13].

---

[12] Mit Schreiben vom 22. April 1955 leitete das BMZ den im Kabinettssausschuß vertretenen Ressorts eine Arbeitsunterlage für die Berliner Ausschußsitzung zu (B 126/10964 und B 136/2386). – Fortgang 29. Ausschußsitzung am 26. und 27. April 1955 TOP 1.

[13] Zum Interzonenhandel vgl. 24. Ausschußsitzung am 14. Febr. 1955 TOP 2. – Das Ministerium für Verkehrswesen der DDR hatte am 30. März 1955 eine Änderung der Straßenbenutzungsgebühren ab dem 1. April 1955 bekannt gegeben, wodurch sich die bisherigen Gebührensätze für Personenkraftwagen auf das Dreifache und für Lastkraftwagen teilweise auf das Elffache erhöhten. Das Politbüro des Zentralkomitees der SED hatte den Entwurf in seiner Sitzung am 22. März 1955 gebilligt (Protokoll und Entwurf der Bekanntmachung in DY 30/J IV 2/2/412). Durch die Erhöhung sollten die Gebühren den tatsächlichen Unterhaltskosten angepaßt werden. Die Alliierte Hohe Kommission hatte in gleichlautenden Schreiben vom 31. März 1955 an den sowjetischen Hohen Kommissar Georgij M. Puschkin unter Berufung auf die gesamtalliierte Verantwortung für Berlin gegen diese Maßnahme protestiert (Bulletin Nr. 65 vom 5. April 1955, S. 536). Die Bundesregierung hatte die Gebührenerhöhung als Bruch des Berliner Abkommens vom 20. Sept. 1951 (BAnz. Nr. 186 vom 26. Sept. 1951, S. 3) bezeichnet und eventuelle Maßnahmen vom weiteren Verlauf der Interzonenhandelsverhandlungen abhängig gemacht (Pressemitteilung in BD 7/167–1955,2). Für die Dauer der Verhandlungen, längstens aber für vier Wochen, sollten die betroffenen Fahrzeughalter aus Haushaltsmitteln des Bundes unterstützt werden (vgl. das Schreiben Schäffers an den Bundeskanzler vom 4. April 1955 in B 126/10907 und B 136/1498). Bei den Interzonenhandelsverhandlungen am 14. April 1955 in Ostberlin hatten sich die Vertreter des Ministeriums für Außenhandel und innerdeutschen Handel der DDR (MAI) in der Gebührenfrage jedoch für unzuständig erklärt (vgl. den Vermerk von Woratz in B 102/108142 und B 136/1498). Da eine Antwort Puschkins ausgeblieben war, hatten die westlichen Hochkommissare am 15. April 1955 ihren Protest in einer zweiten Note wiederholt (AdG 1955, S. 5115). – Unterlagen zu den Chef- und Ressortbesprechungen am 1.,

Staatssekretär Dr. Westrick berichtet über die Besprechungen beim Bundeskanzler und mit Botschafter Conant[14]. Sodann führt er aus, daß die Versuche, die Frage der Straßenbenutzungsgebühren im Rahmen der Interzonenhandelsverhandlungen zu lösen, ergebnislos geblieben seien, da die Vertreter der Sowjetzone sich als nicht kompetent bezeichnet hätten. Er zweifelt daran, daß die Sperrung der Eisen- und Stahllieferungen an die Sowjetzone eine echte Waffe darstellt, weil das Volumen (rund 100 000 t) zu klein sei. Außerdem müsse mit sowjetzonalen Gegenmaßnahmen gerechnet werden, die sich auf die Einfuhr von Braunkohlenbriketts auswirken würden. Gegenüber einer westdeutschen Produktion von 17 Mio. t würden 4 Mio. t Braunkohlenbriketts von der Sowjetzone bezogen, die, da sie billiger seien als die rheinischen, in der Hauptsache im Zonengrenzgürtel und für Berlin Verwendung fänden. Außerdem sei zu befürchten, daß die deutsche Wirtschaft insofern betroffen würde, als im Augenblick Hamburg, Lübeck und Bremen fast die gesamte Fischanlandung an die Sowjetzone absetzten und dies bei zu erwartenden sowjetzonalen Maßnahmen nicht mehr möglich sein werde. Das Gleiche gelte auch für die Ausfuhr von Obst, Gemüse und Rindvieh in die Sowjetzone. Schließlich werde mit einer Behinderung des Interzonenhandels der Berlinverkehr gefährdet, da als Vergeltungsmaßnahme voraussichtlich die Warenbegleitscheine versagt würden.

Auch den Gedanken, eine Abgabe auf die Interzonenlieferungen zu erheben, halte er für gefährlich. Diese Maßnahme werde in der Öffentlichkeit als eine Zollerhebung aufgefaßt. Außerdem könne die Sowjetzone dann mit guter Begründung ebenfalls Gebühren erheben. Er sehe keine Möglichkeit für scharfe Repressalien und glaube, daß auch die bisherigen Drosselungsmaßnahmen im Interzonenhandel auf die Dauer nicht beibehalten werden könnten[15].

In der Besprechung, die er heute mit Botschafter Conant gehabt habe, habe er diesem die Lage auseinandergesetzt. Botschafter Conant, der im übrigen ganz andere Zahlen zur Verfügung gehabt habe, habe die Auffassung vertreten, daß es im Verlaufe einiger Wochen gelingen würde, die Lage durch Herabsetzung der geforderten Gebühren zu verbessern.

Bundesminister Dr. Tillmanns ist ebenfalls der Ansicht, daß man auf dem Gebiete des Interzonenhandels keine Vergeltungsmaßnahmen treffen kann.

5., 12. und 18. April 1955 sowie zur einer Besprechung Adenauers mit Suhr am 14. April 1955 in B 136/1498, B 146/1696 und B 102/108142. – Vgl. hierzu Heyl, Handel, S. 91–105.

14 James B. Conant (1893–1978). 1953–1955 Hoher Kommissar der Vereinigten Staaten von Amerika und 1955–1957 Botschafter in der Bundesrepublik Deutschland. – Unterlagen zu der Besprechung Westricks mit Conant konnten nicht ermittelt werden. – In der Staatssekretärsbesprechung am 12. April 1955 hatte Suhr über sein Gespräch mit Conant am gleichen Tag berichtet (vgl. den Sitzungsvermerk vom 13. April 1955 in B 136/1498, B 146/1696 und B 102/108142).

15 Seit Anfang April 1955 hatte das BMWi keine Warenbegleitscheine für Waren des Unterkontos IV (Eisen und Kohle) mehr freigegeben. Die restriktive Erteilung von Warenbegleitscheinen durch das Bundesamt für gewerbliche Wirtschaft hatte Woratz am 14. April 1955 gegenüber den Vertretern des MAI mit der starken Arbeitsbelastung des Bundesamtes infolge der neuen Straßenbenutzungsgebühren begründet (vgl. den Vermerk vom 18. April 1955 in B 102/108142 und B 136/1498).

Die Verhandlungen zwischen Mitgliedern der Bundesregierung und sowjetzonalen Regierungsstellen hält er schon deshalb für sinnlos, weil diese keinerlei Druckmittel zur Verfügung hätten. Er stimmt der Ansicht von Staatssekretär Dr. Westrick zu, daß die Fragen nur von den Besatzungsmächten auf höchster Ebene behandelt werden können. Dies sei auch rechtlich begründet. Da auch nicht ewig Subventionen gezahlt werden könnten, sollten die Amerikaner gebeten werden, Erwägungen über verbilligte Lufttransporte anzustellen. Er glaube, daß die Androhung einer neuen Luftbrücke nach Berlin die Sowjetunion zum Nachgeben veranlassen könnte.

Der *Bundesminister für Ernährung, Landwirtschaft und Forsten* tritt der Auffassung von Staatssekretär Dr. Westrick bei. Er ist der Ansicht, daß der Abbruch des Interzonenhandels zu einer Blockade Berlins führen könne. Im übrigen könne man in der Tat der entstandenen schwierigen innenpolitischen Lage nur durch den Hinweis auf die für Berlin immer noch bei den Alliierten liegende volle Verantwortung begegnen. Immerhin könne man nach seiner Meinung die Mengen, die von Westdeutschland nach Berlin auf der Straße geschickt würden, dadurch verringern, daß man einen Teil der Gütermenge auf den Schienen- und Wasserweg verlagere. Verhandlungen auf der Regierungsebene hält er in Übereinstimmung mit Bundesminister Dr. Tillmanns im Augenblick keinesfalls für angebracht.

Staatssekretär Sauerborn spricht sich ebenfalls gegen Besprechungen auf Ministerebene zwischen der Bundesrepublik und der Sowjetzone aus, zumal gegen den Beitritt der Sowjetzone zu internationalen Organisationen stets angeführt worden sei, daß die Sowjetzone kein unabhängiger Staat sei. Diese Version könne aber bei unmittelbarer Fühlungnahme auf Ministerebene nicht aufrecht erhalten werden.

Auf die Frage des *Vizekanzlers*, ob es möglich sei, zivile Güter in Militärfahrzeugen befördern zu lassen, erwidert *Staatssekretär Dr. Westrick*, daß dies nicht in größerem Ausmaße durchgeführt werden könne und zudem einen Vertragsbruch bedeute[16].

Bei dieser Gelegenheit berichtet *Ministerialrat Dr. Woratz*, BMW, daß die Braunkohlenbevorratung in Berlin für 10 Monate reiche, während Berlin mit Lebensmitteln für 6 Monate versorgt sei.

Ministerialdirektor Prof. Dr. Oeftering, BMF, ist der Ansicht, daß man gegen die Pankower Maßnahmen entweder einen Gegenschlag führen müsse oder wenigstens danach streben solle, diese Maßnahmen so wirkungslos wie möglich zu machen. Ein Gegenschlag könne nur von den Alliierten geführt werden, da Vergeltungsmaßnahmen auf dem Gebiete des Interzonenhandels ausschieden. Um die Lage im Straßenverkehr zu erleichtern, könne man folgende Maßnahmen in Erwägung ziehen: Einführung verbilligter Luftfrachten durch die Alliierten, Transporte im Geleitzugsystem durch die Alliierten, Verlagerung der Transporte auf die Bundesbahn und den Wasserweg.

---

[16] Zur Rechtslage im Berlinverkehr vgl. die vom BMG erstellte Dokumentation „Der Verkehr zwischen der Bundesrepublik, Berlin und der Sowjetzone" mit Stand vom Oktober 1955 in B 108/6874.

Ministerialdirigent Dr. Ter-Nedden, BMV, schließt sich der Auffassung von Ministerialdirektor Prof. Dr. Oeftering an, daß es für die Übergangszeit darauf ankomme, die neue Gebührenregelung in ihren Auswirkungen so gering wie möglich zu halten. Er ist der Meinung, daß man Güter in bestimmtem Umfang auf den Schienen- bzw. Wasserweg verlagern und insoweit Subventionierungen für bestimmte Güter unterlassen könne. Außerdem sollte geprüft werden, ob man den „Huckepackverkehr" nach Berlin einführen könne.

Nach Meinung des Bundesministeriums für Verkehr könnten die Sowjets, jedenfalls soweit eine Verlagerung auf die Schiene in Betracht käme, nicht mit Gegenmaßnahmen reagieren, da wir nach dem Potsdamer Abkommen ein Recht darauf hätten, täglich 13 Güterzüge nach Berlin zu fahren[17].

Im übrigen weist er darauf hin, daß sich die Erhöhung der Straßenbenutzungsgebühren nicht nur auf den Verkehr nach Berlin, sondern auch auf den Verkehr mit der gesamten Sowjetzone auswirkt. Die Angelegenheit sei also nicht nur ein Berliner Problem, wenn auch der Verkehr mit der Zone nur einen Bruchteil des Gesamtverkehrs ausmache.

Min.Dirigent Dr. Ter-Nedden [BMV] stellt dann die Frage, ob es nach wie vor Ziel der deutschen und alliierten Bemühungen sei, die Gebühren auf ein angemessenes Maß der Beteiligung an den Straßenunterhaltungs- und Instandsetzungskosten zurückzuführen. Das wird vom *Vizekanzler* bejaht.

Der *Vizekanzler* hält es für sehr wahrscheinlich, daß die sowjetzonalen Dienststellen bei einer etwaigen Verlagerung auch mit Hinderungsmaßnahmen auf dem Schienen- und Wasserweg antworten werden.

Min.Direktor Dr. Krautwig, BMW, berichtet, daß die Amerikaner eine Verzögerung des Interzonenhandels wünschten[18]. Dies sei auch in der ersten Hälfte des Monats April nach dem damaligen Kontenstand des Interzonenhandels ohne Schwierigkeiten möglich gewesen. Wenn man jetzt den Interzonenhandel weiter hemme, so bestehe die Gefahr, daß die sowjetzonalen Dienststellen die Bundesrepublik beschuldigen könnten, das Interzonenhandelsabkommen zu brechen und damit eine Begründung für etwaige weitere Maßnahmen hätten. Außerdem seien auch aus den

---

17 Am 10. Sept. 1945 hatte der Alliierte Kontrollrat auf Vorschlag des Transport-Direktorats und des Koordinierungskommitees beschlossen, den Binnenverkehr in Deutschland soweit wieder herzustellen, wie dies zur Befriedigung des Bedarfs der alliierten Truppen in Berlin und der erlaubten deutschen Friedenswirtschaft notwendig sei, gleichzeitig aber die Anzahl der Eisenbahnzüge mit Kohlen und Lebensmitteln aus den westlichen Zonen nach Berlin zu erhöhen. Danach sollten täglich 16 Güterzüge nach Berlin fahren: ein Zug für die Versorgung des britischen und zwei Züge für die Versorgung des amerikanischen und französischen Militärs, acht Züge mit Kohle für militärischen und zivilen Bedarf und fünf Züge für die zivile Nahrungsmittelversorgung. Vgl. hierzu die vom BMG erstellte Dokumentation „Der Verkehr zwischen der Bundesrepublik, Berlin und der Sowjetzone" mit Stand vom Oktober 1955 in B 108/6874.

18 In einem Gespräch zwischen Blankenhorn, Krautwig und dem stellvertretenden amerikanischen Hochkommissar Dowling am 9. April 1955 hatte Dowling die von Krautwig vorgeschlagenen Maßnahmen begrüßt, den Interzonenhandel insbesondere mit Stahl und Braunkohle umgehend auf das „gerade über der Grenze des Vertragsbruchs" liegende Mindestmaß zu drosseln und die in die DDR gehenden Waren mit einer Gebühr zu belegen (vgl. den Vermerk vom 9. April 1955 in Nachlaß Blankenhorn N 1351/44a).

an Lieferungen in die Sowjetzone interessierten Kreisen Angriffe auf die Politik der Bundesregierung zu befürchten und mit Beschwerden über die Nichtbearbeitung der vorgelegten Anträge zu rechnen. Jedenfalls müßten bei einer Entscheidung über diese Frage alle Ressorts beteiligt und auch die Alliierten hinzugezogen werden.

Bundesminister Dr. Tillmanns ist der Ansicht, daß man über den alliierten Wunsch nicht ohne weiteres hinweggehen könne; man müsse also mit den Alliierten verhandeln. Eine Verlagerung der Transporte auf Schiene und Wasserweg sei nur unter dem Gesichtspunkt angebracht, den Alliierten zu zeigen, daß die Bundesrepublik alle Möglichkeiten ausschöpfe. Die Verlagerung müsse allerdings stillschweigend geschehen.

Es sei aber dann immer noch notwendig, gegenüber der Öffentlichkeit eine Erklärung zu dem ganzen Problem abzugeben.

Min.Rat Dr. Woratz, BMW, erklärt, daß die sowjetzonalen Vertreter bei den Verhandlungen am 14.4.1955[19] in Berlin angekündigt hätten, Besprechungen mit der Eisen- und Stahlindustrie aufzunehmen, um diese Transporte auf den Wasserweg zu verlagern. Daraus könne man schließen, daß die sowjetzonalen Dienststellen in absehbarer Zeit auch den Verkehr auf der Schiene zu behindern gedächten.

Er fasse die Verhandlungen im Kabinettsausschuß heute so auf, daß im Interzonenhandel bei neuen Genehmigungen zögernd verfahren werden solle.

Der *Vizekanzler* hält es für erforderlich, auch die Wirtschaftsexperten der Amerikaner eingehend zu unterrichten. Er ist der Ansicht, daß die Frage der Erhöhung der Straßenbenutzungsgebühren am 20.4.1955 im Kabinett besprochen werden muß, damit die Bundesregierung bei ernstlichen Störungen des Berlinverkehrs dieser Tatsache nicht unvorbereitet gegenübersteht. Jedenfalls müsse man auf höchster Ebene mit den Alliierten die Gespräche fortführen.

Er bittet Staatssekretär Dr. Westrick zu klären, was in den von Ministerialdirektor Prof. Dr. Oeftering aufgezeigten drei Möglichkeiten getan werden kann[20].

---

[19] Korrigiert aus „4.4.1955“. Gemeint sind die Verhandlungen zwischen der Treuhandstelle für den Interzonenhandel (TSI) und MAI am 14. April 1955 in Berlin. Vgl. den Vermerk von Woratz vom 18. April 1955 in B 102/108142 und B 136/1498.

[20] Zu Wirksamkeit und Konsequenzen möglicher Maßnahmen der Bundesrepublik und Berlins vgl. den Vermerk von Woratz vom 18. April 1955 in B 102/108142 und B 136/1498. – Fortgang 79. Kabinettssitzung am 20. April 1955 TOP C (Kabinettsprotokolle 1955, S. 234 f.) und 30. Ausschußsitzung am 24. Juni 1955 TOP 2.

29. Sitzung des Kabinettsausschusses für Wirtschaft am Dienstag, den 26. April 1955 und am Mittwoch, den 27. April 1955

Teilnehmer: Adenauer, Blücher, Schäffer, Erhard (am 27. April), Lübke, Storch, Seebohm, Balke, Preusker, Kaiser, Tillmanns; Westrick (am 26. April); Vockel (Der Bevollmächtigte der Bundesrepublik Deutschland in Berlin), Bucerius (Der Beauftragte zur Förderung der Berliner Wirtschaft, MdB), Suhr (Regierender Bürgermeister von Berlin), Amrehn (Stellvertretender Bürgermeister von Berlin), Haas (Senator für Finanzen, Berlin), Hertz (Senator für Wirtschaft und Kredit, Berlin), Klein (Senator für Bundesangelegenheiten sowie für Post- und Fernmeldewesen, Berlin), Kreil (Senator für Arbeit und Sozialwesen, Berlin), Schwedler (Senator für Bau- und Wohnungswesen, Berlin), Tiburtius (Senator für Volksbildung, Berlin), von Eckardt, Kilb (Bundeskanzleramt), weitere Vertreter der Bundesministerien, der Dienststelle des Bundesbevollmächtigten in Berlin und des Berliner Senats. Protokoll: Haenlein.

26. April 1955

Beginn: 15.00 Uhr — *Ende: 18.00 Uhr*

Ort: Berlin, Schöneberger Rathaus

27. April 1955

Beginn: 9.30 Uhr — *Ende: 11.00 Uhr*

Ort: Berlin, Bundeshaus

Tagesordnung:

1. *Langfristiger Aufbauplan für Berlin.*

Einziger Punkt: Langfristiger Aufbauplan für Berlin

Der *Regierende Bürgermeister* begrüßt den Bundeskanzler und die Vertreter der Bundesregierung in Berlin und gibt einen Überblick über die Entstehung des Aufbauplans[1]. Durch die bisherigen Maßnahmen sei es gelungen, die Zahl der Arbeitslosen in Berlin in den vergangenen 4 Jahren von 310 000 auf etwa die Hälfte zu senken. Berücksichtige man den Zugang von Flüchtlingen, so seien 228 000 neue Arbeitsplätze geschaffen worden. Wenn damit die Arbeitslosigkeit in Berlin auch noch viermal so groß wie im Durchschnitt des Bundes sei[2], so widerlegten doch

[1] Siehe 28. Ausschußsitzung am 18. April 1955 TOP 1.

[2] Dem Bericht über „Die wirtschaftliche Lage der Bundesrepublik Deutschland im Mai 1955" zufolge waren Ende April 1955 in Westberlin 154 170 Arbeitslose registriert, was einer Arbeitslosenquote von 16 % entsprach (BD 17/2–1955, S. 30–33 und 44–46).

diese Erfolge die Legende von Berlin als „einem Faß ohne Boden". Nach der Auffassung des Berliner Senats sei es notwendig, innerhalb der nächsten 5 Jahre 100 000 weitere Arbeitsplätze zu schaffen. Bei den im Programm für Kommunalbauten aufgezählten Fällen handele es sich um Dinge, die – wie insbesondere der Milchhof – über den kommunalen Rahmen hinausgingen. Ausführlich setzt sich der *Regierende Bürgermeister* dafür ein, Berlin zu einem Kulturzentrum auszubauen, das über die Sektorengrenzen hinauswirken müsse. Zwar seien die in dem Plan erwähnten Projekte noch nicht ganz ausgereift, auch wurden Bundesmittel hierfür im laufenden Jahr noch nicht beansprucht, es müsse aber Klarheit geschaffen werden, damit die Vorbereitungen rechtzeitig getroffen und mit den Bauten im nächsten Jahre begonnen werden könne. Maßgebend sei die politische Zielsetzung. Wer an die Zukunft Berlins als Hauptstadt des Bundes glaube, müsse sie dafür aufbauen. Den Vorschlag Berlins, die für diese Zwecke bereitgestellten Gelder einem Sondervermögen zuzuführen, will er als eine finanztechnische Frage behandelt wissen. Es werde nicht angestrebt, auf diese Weise einen zweiten Haushaltsplan zu schaffen.

Der *Bundeskanzler* verweist darauf, daß noch niemals so viele Mitglieder der Bundesregierung zu einer Arbeitstagung über Berliner Fragen in Berlin erschienen seien wie in der heutigen Sitzung. Dies solle als ein Beweis dafür angesehen werden, wie sehr die Bundesregierung an dem Schicksal der Stadt Anteil nehme. Nach einer kurzen Schilderung der außenpolitischen Situation unterstreicht der *Bundeskanzler*, daß Deutschland am 5.5.1955 mit der Ratifikation der Pariser Verträge in ein neues Stadium seiner Geschichte eintrete[3]. Er macht auf den dann noch zwischen dem Bund und Berlin bestehenden Unterschied aufmerksam. Während die Bundesrepublik frei werde, bleibe für Berlin der Besatzungszustand aufrecht erhalten. Das sei nötig, um den Westalliierten gegenüber Rußland das Recht zu sichern, in Berlin zu bleiben. Es liege im wohlverstandenen Interesse Berlins, die völkerrechtliche Lage de jure nicht zu ändern. De facto sollen aber Berlin alle Erleichterungen gegeben werden, die möglich sind, ohne daß die Russen einen Vorwand zur Änderung der Lage erhalten. Wenn auf diese Weise auch eine verschiedene Handhabung festzustellen sei, so müsse dafür die innere Solidarität noch verstärkt werden. Daher begrüße die Bundesregierung auch den von Berlin vorgelegten Aufbauplan, mit dessen Zielen sie übereinstimme, und möchte in der Sitzung zu einem glücklichen Ergebnis kommen, um auch nach außen hin zu zeigen, daß an der Wiederherstellung Berlins planmäßig von allen Stellen gearbeitet werde.

Sodann gibt der *Vizekanzler* eine ausführliche Übersicht über das, was in Berlin mit Hilfe der Bundesregierung bisher auf wirtschaftlichem und sozialem Gebiet geleistet werden konnte. Dies sei u. a. dadurch möglich gewesen, daß die Bundesregierung, die vor 5 Jahren 10 % der ERP-Mittel für Berlin bereitgestellt habe, den Anteil der Stadt inzwischen auf fast 50 % erhöht habe. Diese erheblichen Beträge würden auch bis auf weiteres revolvierend Berlin überlassen. Damit sei eine feste

[3] Zum Inkrafttreten der Pariser Verträge und zur Wiedererlangung der Souveränität am 5. Mai 1955 vgl. die Sondersitzung des Kabinetts am 5. Mai 1955 TOP A (Kabinettsprotokolle 1955, S. 270 f.).

Unterlage für die Überlegungen zum weiteren Aufbau gegeben. Bis zum Jahre 1959 ständen aus dem ERP-Vermögen-Berlin etwa 834 Mio. DM zur Verfügung. Mit Hilfe dieser 167 Mio. DM pro Jahr und dem wachsenden Eigenkapital könnten die wichtigsten Investitionen gemacht werden. Der *Vizekanzler* verweist dabei darauf, daß bisher nicht nur private, sondern auch öffentliche Unternehmen mit diesen Mitteln investiert hätten. So habe z. B. die Bewag[4] allein 275 Mio. DM erhalten. Der *Vizekanzler* ist der Meinung, daß auch der Aufbau einer zentralen Markthalle, eines Milchhofes und ähnliche Betriebe in die weiteren Überlegungen einbezogen werden sollten. Vor allem liege ihm an einer grundlegenden Änderung der Entwässerungsanlagen Berlins. Hierfür seien 80 Mio. DM vorgesehen. Er hoffe, eine erste Tranche hierfür in absehbarer Zeit zur Verfügung stellen zu können und betont, daß man dabei an Berlin als Ganzes und nicht nur an Westberlin denken müsse.

Die Auftragsfinanzierung, die gegenüber den Notstandsprogrammen immer stärker in den Vordergrund getreten sei, wolle die Bundesregierung mit 100 Mio. DM jährlich aus den Rückflüssen, die der Bund vom ERP-Vermögen erhalte, verwenden. Darüber hinaus seien bereits Besprechungen mit dem Bundesminister der Finanzen, dem Bundesrechnungshof, Kapitalsammelstellen usw. eingeleitet worden, um noch weitere Mittel für diese Zwecke bereitzustellen[5].

Die Finanzierung des Wohnungsbaus hält der *Vizekanzler* für die nächsten 2 Jahre für gesichert, vor allem nachdem der Präsident der Vereinigten Staaten in einer Vorlage an das Repräsentantenhaus und den Senat vor wenigen Tagen die Notwendigkeit einer Hilfe für Berlin betont und Mittel hierfür angefordert habe[6]. Er setzt sich dafür ein, einen Teil der vom Bund kommenden Mittel zu der besonders dringlichen Wiederherstellung mittelgroßer Wohnungen zu verwenden.

Zu dem von Berlin vorgelegten Kulturprogramm meint der *Vizekanzler*, daß es nicht möglich sei, jetzt schon im Kabinettsausschuß die Einzelprojekte durchzugehen, dafür seien diese nicht genügend ausgereift. Es sollte daher zu diesem Punkt der allgemeine Wille der Bundesregierung und Berlins zu einer Entwicklung und Unterstützung eines derartigen Programms deutlich gemacht werden.

Der *Senator für Wirtschaft und Kredit* betont die gute Zusammenarbeit, die bisher zwischen der Bundesregierung und dem Berliner Senat in den zur Erörterung stehenden Fragen geherrscht habe und die aufrecht erhalten bleiben müsse. Berlin hoffe, daß ihm die Rückflüsse aus dem ERP-Vermögen-Berlin ungemindert zur Verfügung ständen, wenn nicht entscheidende politische Veränderungen einträten. Diese Rückflüsse bildeten das Rückgrat für die Fortsetzung der bisherigen Aufbaumaßnahmen. Von diesen habe im übrigen auch die Bundesrepublik erheblichen Nutzen, denn Berlin sei das größte Absatzgebiet des Bundes geworden. Der Senat sei sich auch mit den Berliner Unternehmern und Arbeitern einig darin, daß sich Berlin der gegebenen Hilfe würdig erweisen müsse. Der Senat gehe davon aus, daß

4 Berliner Elektrizitätswerke AG.

5 Unterlagen hierzu in B 115/4794, 5114, 5121 und 5337.

6 Am 20. April 1955 hatte Eisenhower in einer Botschaft an den Kongreß für das Haushaltsjahr 1955/56 Auslandshilfen im Rahmen der Mutual Security Act (MSA) zur Bekämpfung des Kommunismus in Höhe von 3530 Millionen $ vorgeschlagen (AdG 1955, S. 5125).

es in erster Linie darauf ankomme, die private Initiative anzuregen und eine echte Leistung hervorzurufen. Investitionen für die öffentliche Hand sollten nur dann, wenn diese Ziele erreicht werden könnten, vorgesehen werden und auch nur insoweit, als die gleiche Aufgabe von privater Seite nicht geleistet werden könne. Es müsse bedacht werden, daß zwar die Zahl der Arbeitslosen auf die Hälfte gesunken sei, in diesem Restbestand aber sehr viele Dauerarbeitslose steckten. Diese stellten im Hinblick auf die besonderen politischen Verhältnisse Berlins eine ernste politische Bedrohung dar. Diesen Menschen müsse eine neue Hoffnung gegeben werden.

Für das Haushaltsjahr 1955 stelle Berlin keine finanziellen Ansprüche mehr. Es müsse aber eine Entscheidung für die fernere Zukunft getroffen werden, damit rechtzeitig die notwendigen Schritte zur Durchführung des Aufbauprogramms getan werden könnten.

Der *Bundesminister der Finanzen* stimmt dem bisher Gesagten restlos zu. Mit den vom Vizekanzler bereitgestellten Mitteln könnten sowohl 100 000 neue Arbeitsplätze geschaffen, wie auch die Finanzierung der Aufträge aus der Bundesrepublik ermöglicht werden. Der Bundesminister der Finanzen sei durch die Verfassung gebunden, verbindliche Erklärungen nur für das laufende Haushaltsjahr abzugeben. Eine Bindung für weitere Jahre dürfe er nicht eingehen. Im übrigen sei der Haushaltsplan des Bundes für das Jahr 1955 vom Bundestag noch nicht verabschiedet[7]. Er hoffe aber, daß die großen Schwierigkeiten, die einem Ausgleich dieses Haushalts noch entgegenständen, in gemeinsamer Arbeit mit Bundestag und Bundesrat überwunden werden könnten. Schon 1954 seien aus dem Bundeshaushalt beträchtliche Mittel für kulturelle Zwecke in Berlin gegeben worden, und der Bundesminister der Finanzen trete dafür ein, Berlin auch 1955 in gleicher Weise zu bedenken.

Nach der Meinung des *Bundesministers für Wohnungsbau* können in den nächsten 2 Jahren wiederum je 18 000 Wohnungen und noch mehr in Berlin gebaut werden. Ein derart umfangreiches Programm zu finanzieren, sei nur möglich durch die Steigerung der Wirtschaftskraft in der Bundesrepublik. Im Bund konnte die Finanzierung des sozialen Wohnungsbaus vom ordentlichen in den außerordentlichen Haushalt übernommen werden. Er glaube, daß dies auch in Berlin mit Hilfe von Bürgschaften des Bundes möglich sei[8]. Vor allem aber, wenn der Bundesminister der Finanzen helfe, die dadurch für Berlin entstehende Zinsbelastung zu decken. Demgegenüber trete die Frage, wer als Emittent (Berlin oder der Bund) der notwendigen Anleihe auftrete, in den Hintergrund. Der Emittent sei nur Durchlaufstelle für die Mittel; die Schuldverpflichtung übernehme letzten Endes der Bauherr. Er hoffe, daß es gelinge, in 4 bis 5 Jahren den Mangel an Wohnungen in Berlin vollständig zu beseitigen. Sorge hierbei mache der bereits spürbare Mangel an Arbeitskräften. Im Baugewerbe sei auch in Berlin die Vollbeschäftigung nahezu erreicht. Großes Gewicht müsse daher auf eine weitere Rationalisierung der Arbeit und Schulung von Arbeitskräften gelegt werden.

Auf den vom Vizekanzler vorgetragenen Gedanken eingehend setzt sich auch der *Bundesminister für Wohnungsbau* dafür ein, das Programm für die Instandhaltung

---

[7] Vgl. hierzu 82. Kabinettssitzung am 18. Mai 1955 TOP 2 (Kabinettsprotokolle 1955, S. 297 f.).

[8] Vgl. hierzu 73. Kabinettssitzung am 2. März 1955 TOP 5 (Kabinettsprotokolle 1955, S. 165–168).

alter Bauten fortzuführen, denn es sei falsch, neue Wohnungen zu bauen und dafür die alten Wohnungen verfallen zu lassen. Berlin sei allerdings noch etwas zurückhaltend bei der Überlegung, wie weit die öffentliche Hand bei diesem Programm hinzugezogen werden solle. Man hoffe aber, daß auch hier der gleiche Weg wie in der Bundesrepublik gefunden werden könne.

Der *Stellvertretende Bürgermeister* meint, der Wohnungsbau in den nächsten 2 Jahren sei finanziell noch nicht genügend gesichert. Zwar wolle der Bundesminister der Finanzen für 1955 einen Kassenkredit von 120 Mio. DM geben, es müsse aber klargestellt werden, wer sich endgültig in dieser Höhe verschulde – der Bund oder Berlin. Berlin könne nicht für 20 Jahre Anleiheschuldner mit einer Zinslast über 7 % werden, dafür aber nur Einnahmen in Höhe von 1 bis 1 1/2% bei einer Verpflichtung zur Rückzahlung in 60 Jahren haben. Da Berlin keinen ausgeglichenen Haushalt besitze, sei es nicht vertretbar, die notwendigen Mittel wie im Bund im außerordentlichen Haushalt einzustellen. Es genüge daher auch nicht, wenn der Bundesminister der Finanzen die Zinsdifferenz in Höhe von 3 % ausgleiche. Statt dessen sollte der Bund die Anleihe übernehmen, dafür wolle Berlin dem Bund das herausgeben, was es für die ausgelegten Gelder selbst an Zinsen und Tilgungsraten erhalte.

Das Kultur- und Kommunalbauprogramm könne nicht, wie das der Bundesminister der Finanzen meine, in der bisherigen Weise fortgeführt werden. Eine wesentliche Verstärkung dieses Programms sei notwendig, denn schon jetzt wanderten die Professoren von Berlin ab, weil ihnen andere Bundesländer mehr bieten könnten. Es müsse daher festgestellt werden, welche Mittel im Haushaltsjahr 1956 mehr als bisher gegeben werden können, um darauf die Planungen aufzubauen.

Der *Bundesminister für Wohnungsbau* glaubt, daß die Meinungsverschiedenheiten über die Finanzierung des Wohnungsbaus überbewertet würden. Es sei eine reine Zweckmäßigkeitsfrage, wer die Wohnungsbauanleihe auflege, keine Grundsatzfrage, da sich der Bundesminister der Finanzen bereiterklärt habe, die Zinsdifferenz zu tragen. Der Bund müsse im laufenden Haushaltsjahr schon in so starker Weise mit einer Anleihe an den Kapitalmarkt herantreten, daß er nicht zusätzlich belastet werden sollte.

Der *Regierende Bürgermeister* weist darauf hin, daß Berlin lange Zeit nicht an den Kapitalmarkt herantreten konnte, und dafür jetzt bestraft werden soll. Berlin werde in Zukunft derartig viele neue Aufgaben haben, daß es im Augenblick nicht wagen könne, an den Kapitalmarkt heranzutreten.

Auch der *Bundesminister der Finanzen* will diese Frage zu keiner Grundsatzfrage werden lassen. Er schildert die bisher mit dem Sparkassenverband geführten Verhandlungen, nach denen zu hoffen sei, daß eine später von Berlin aufgelegte Anleihe zu recht günstigen Bedingungen erfolgen könne[9]. Eine etwa noch verbleibende Zinsdifferenz werde bei dem 2 Mrd. DM-Etat Berlins ganz unerheblich sein.

[9] Vgl. zur Berliner Anleihe 65. Kabinettssitzung am 19. Jan. 1955 TOP C (Kabinettsprotokolle 1955, S. 83). – Das Land Berlin legte am 20. Aug. 1955 eine Anleihe über 75 Millionen DM zu einem Zinssatz von 5 1/2% mit einer Laufzeit von 15 Jahren auf. Unterlagen in B 126/10961.

Der außerordentliche Haushalt des Bundes sei schon so hoch, daß Berlin nicht damit rechnen könne, etwas zu bekommen, wenn der Bund auch noch diese Anleihe übernehmen müsse.

Der *Bundeskanzler* bringt sein Verständnis für den Standpunkt des Regierenden Bürgermeisters, der für die neue Phase Berlins gewappnet sein wolle, zum Ausdruck und schlägt vor, die noch bestehende Meinungsverschiedenheit in einem kleinen Kreis zu klären.

Der *Bundesminister für Ernährung, Landwirtschaft und Forsten* geht auf die Einzelheiten des von Berlin vorgeschlagenen Programms für den Bau kommunaler Einrichtungen ein. Er hebt dabei die größere Bedeutung des Berliner Fleischmarktes gegenüber den früheren Verhältnissen hervor. Nach seiner Meinung ist die Finanzierung der vorgesehenen Raffinations- und Härtungsanlage für Margarine geklärt. Der Bau der Großmarkthalle scheine ihm mit ERP-Mitteln möglich zu sein. Der vorgesehene Milchhof, dessen Notwendigkeit er nachdrücklich unterstreicht, ist nach seiner Meinung nicht allein eine kommunale Aufgabe und soll auf gemischtwirtschaftlicher Grundlage erstellt werden. Die Erzeugerschaft sei nicht in der Lage, dieses Projekt allein zu finanzieren. Deshalb müsse mit ERP-Mitteln geholfen werden. Besonders dringlich erscheine ihm eine neue Kläranlage. Fast alle Rieselfelder befänden sich auf sowjetzonalem Boden. Damit könne Berlin bei politischen Verwicklungen in eine äußerst bedrohliche Lage kommen. Er fordert, daß mit dem Ausbau einer neuen Anlage schon in diesem Sommer begonnen werde.

Anschließend geht der *Senator für Volksbildung* auf das Kulturprogramm Berlins ein. Er geht davon aus, daß einmalige Mittel für Kulturbauten nur berechtigt sind, wenn entsprechende Leistungen dafür geboten werden. Die Berliner kulturellen Einrichtungen hätten vor allem die Aufgabe, in den sowjetzonalen Raum auszustrahlen und daneben auch im eigenen Bereich die müde gewordenen Seelen zu stärken. Er verweist darauf, daß in den Berliner Schulen rd. 2 000 Kinder aus der Sowjetzone unterrichtet werden und das von rd. 13 000 Studenten an den Berliner Hochschulen etwa $^1/_3$ aus dem sowjetzonalen Bereich kommt. Die Kulturpolitik gegenüber dem Osten müsse aktiv sein, deshalb schicke Berlin auch Professoren und Studenten nach Jena und Greifswald und stelle alle seine Einrichtungen, Stadtbibliotheken, Museen, Theater usw., den Besuchern aus der Sowjetzone zur Verfügung. Die überörtliche Aufgabe rechtfertige eine Hilfe des Bundes.

Bundesminister Dr. Tillmanns hält es für erforderlich, die freie Wohlfahrtspflege in Berlin zu stärken und gibt den Inhalt der von der Liga der Freien Wohlfahrtspflege den Sitzungsteilnehmern vorgelegten Denkschrift wieder[10]. Er tritt dafür ein, bei den weiteren Beratungen diese Frage zu berücksichtigen. Die Ausführungen vom Senator für Volksbildung unterstreicht er und betont dabei, daß Berlin ein Ausstrahlungspunkt europäischen Grades werden müsse. Er tritt dafür ein, daß die Bundesregierung eine Erklärung abgibt, sie werde in ihren Vorlagen in den kommenden Jahren die Berliner Belange auf diesem Gebiete besonders berücksichtigen.

---

[10] Vgl. die Denkschrift der Liga der freien Wohlfahrtspflege Berlin vom 19. April 1955 in B 136/2385.

Der *Senator für Wirtschaft und Kredit* betont, daß es Berlin nicht möglich sei, die von seinen Vorrednern geschilderten Aufgaben auf kulturellem und kommunalem Gebiet allein zu lösen. Die von dem Vizekanzler zugesagten jährlichen ERP-Mittel würden für wirtschaftliche Aufgaben verbraucht. Wenn infolge der gewährten Steuerpräferenzen in steigendem Ausmaße Betriebe nach Berlin gezogen würden, seien dafür auch in wachsendem Maße Mittel notwendig. Er tritt deshalb dafür ein, daß die Bundesregierung aus anderen Quellen Mittel für die kulturellen und vor allem auch kommunalen Bauten, wie z. B. die Kläranlage, zur Verfügung stellt.

Der *Bundeskanzler* verweist demgegenüber darauf, daß bisher die Programme immer als ein Ganzes behandelt worden sind. Man müsse Wert darauf legen hervorzuheben, daß zahlreiche Maßnahmen zur Sicherung eines gesunden Lebens in Berlin notwendig seien. Hierfür könnte bei den amerikanischen Stellen Verständnis erweckt werden. Wenn diese beispielsweise Millionenbeträge für das Hilton-Hotel bereitstellen wollten, dann könne er ihnen auch klarmachen, daß sie die anderen der Stadt Berlin am Herzen liegenden Dinge fördern müßten. Wenn der Berliner Haushalt in den letzten 3 Jahren um 40 % steigen konnte, beweise das immerhin eine sehr spürbare Gesundung der Stadt. Zugeben müsse man, daß die kulturellen Aufgaben von Berlin nicht allein getragen werden könnten und insoweit der Bund einspringen müsse.

Als ein wichtiges Problem bezeichnet es der *Vizekanzler*, die Arbeitslosigkeit unter den älteren Angestellten zu bekämpfen. Er stellt seine Hilfe in Aussicht, wenn man versuche, diesem Kreis durch eine zusätzliche Vergütung Arbeitsplätze zu verschaffen.

Der *Senator für Arbeit und Sozialwesen* begrüßt die vom Vizekanzler und Bundesminister Dr. Tillmanns gegebenen sozialen Anregungen und verspricht, bei den Einzelberatungen Projekte in dem geforderten Sinne vorzulegen. Eine besondere Notlage bestehe bei dem Ausbau von Krankenhäusern und Heimen für schwerbeschädigte, ledige Personen.

Der *Bundeskanzler* faßt zum Schluß der Besprechungen am ersten Sitzungstage das bisherige Ergebnis folgendermaßen zusammen:

1) In Besprechungen im kleinen Kreise soll die Frage der Anleihe für den Wohnungsbau geklärt werden[11].

2) Mit der Schaffung von neuen Arbeitsplätzen allein sei es nicht getan. Es müßten dazu auch Wohnungen und Fürsorgemaßnahmen hinzutreten. Man könne hoffen, daß die amerikanischen Stellen Verständnis hierfür aufbringen. Bei diesen Maßnahmen sollte nicht zu eng gedacht werden.

3) Es sei zwar richtig, daß der Bundesminister der Finanzen sich nur für 1 Jahr verpflichten könne, es gäbe aber auch eine Konsequenz der Tatsachen. Wenn einmal der Anfang bei gewissen Maßnahmen gemacht sei, müsse auch die Fortführung gesichert werden.

[11] Zu den nicht protokollierten Gesprächen am Rande der Ausschußsitzung vgl. den Terminkalender Blüchers in NL Blücher N 1080/294–9, abgebildet im Abbildungsteil.

4) Das Problem der Unterbringung älterer Angestellter sei nicht nur ein Problem in Berlin, sondern zeige sich sehr dringlich auch in einigen anderen Städten, so vor allem in Wilhelmshaven. Er hoffe, daß Berlin durch eine vorbildliche Lösung in dieser Frage vorangehen werde.

5) Besonders wichtig sei es, den Menschen aus der Sowjetzone, wenn sie nach Berlin kommen, den Eindruck zu vermitteln, daß sie hier den Atem der freien Welt spüren. Er hoffe, daß die Bundesregierung Berlin auch bei den kulturellen Aufgaben helfen könne.

Es wird sodann zwischen den Sitzungsteilnehmern vereinbart, daß über das Ergebnis der Verhandlungen am ersten Tag keinerlei Meldungen an die Presse gegeben werden. Für die Erörterungen am nächsten Tag soll ein ausführliches Pressekommuniqué vorbereitet werden, das zugleich als Grundlage für die fortzusetzenden Besprechungen dienen kann.

Die Sitzung wird am 27.4.1955, 9.30 Uhr, fortgesetzt. Anstelle von Staatssekretär Dr. Westrick nimmt der Bundesminister für Wirtschaft an der Sitzung teil.

Einleitend führt der *Regierende Bürgermeister* aus, wie sich für die Berliner Sitzungsteilnehmer das Ergebnis der bisherigen Verhandlungen darstellt. Der Berliner Aufbauplan habe die grundsätzliche Zustimmung der Bundesregierung gefunden. Der Plan habe eine doppelte Funktion: Einmal den Wiederaufbau der Stadt zu fördern und sodann Berlin als Kulturzentrum zu entwickeln und es für seine Aufgabe als Hauptstadt des gesamten Deutschland vorzubereiten. Mit Ausnahme des Hilton-Hotels hätten die Berliner Vorschläge keine Kritik gefunden. Besonders begrüße es Berlin, daß der Bundesminister für Ernährung, Landwirtschaft und Forsten die überlokale Bedeutung einer Reihe von Bauten des kommunalen Programms hervorgehoben habe und daß der Vizekanzler und Bundesminister Dr. Tillmanns eine Ergänzung des Plans in sozialer Beziehung wünschten. Auch in Einzelfragen sei eine weitgehende Übereinstimmung erzielt worden. Berlin bejahe die Anregungen des Bundesministers für Wohnungsbau zur Wiederherstellung alter Bauten. Wenn auch Übereinstimmung wegen der Notwendigkeit, der Dringlichkeit und der Zielsetzung des Berliner Plans erzielt worden sei, so bleibe doch die Frage der finanziellen Durchführung noch offen. Die Zusage des Bundeskanzlers, hierbei zu helfen, werde dankbar begrüßt. Der *Regierende Bürgermeister* stellt sodann im einzelnen fest, daß bei den Investitionen und der Auftragsfinanzierung keinerlei Fragen offengeblieben sind. Bei dem Wohnungsbauprogramm in Berlin habe man Verständnis für seinen Standpunkt gefunden, sich nicht stärker verschulden zu wollen. Über die notwendige Zinsbeihilfe werde noch weiterverhandelt werden. Auch bei den Projekten Markthalle und Milchhof, bei denen der Vizekanzler glaube, daß die Finanzierung wenigstens teilweise sichergestellt sei, bei denen aber der Senator für Wirtschaft und Kredit noch Zweifel geäußert habe, hoffe man, in weiteren Verhandlungen zu einem Einvernehmen zu kommen. Dagegen sei noch völlig offen die Finanzierung des Kulturprogramms. Der Bundesminister der Finanzen gehe von den derzeitigen Haushaltsansätzen Berlins für diese Zwecke aus. Berlin wünsche jedoch einen größeren Beitrag des Bundes hierfür. Er begrüße es, daß der Bundeskanzler die grundsätzliche Berechtigung der Berliner Vorschläge anerkannt habe. Zusammenfassend betont der *Regierende Bürgermeister*, daß er in dem bisherigen Ergebnis der Verhandlungen einen ersten Schritt für die Verwirklichung der Aufbaupläne sehe. Die Finanzierung und Durchführung großer Projekte sei immer schwer und man sei sich in Berlin darüber klar, daß ein jährlicher Zuschuß von 200 Mio. DM aus dem Haushalt des Bundes nicht ohne weiteres und auf ersten Anhieb zu erlangen sei.

Der *Bundeskanzler* bedauert Pressemeldungen (Telegraf) über die gestrige Sitzung, wonach die Bundesregierung sich weigere, Berlin zu helfen. In Wirklichkeit sei in der Sitzung ein gutes Einvernehmen erzielt worden und er lege auch größten Wert darauf, daß dies in der Öffentlichkeit betont werde, schon aus außenpolitischen Gründen. Er habe den Eindruck, daß noch keine Besprechung mit Berliner Stellen so gut vorbereitet gewesen sei wie diese Sitzung und er danke dafür allen Beteiligten. Der *Bundeskanzler* hebt sodann mit besonderem Nachdruck die Aufgabe Berlins in geistiger Beziehung hervor. Man müsse daran denken, daß die Sowjetzone, wenn sie – was zu hoffen stehe – demnächst mit uns verbunden würde, geistig ein verwüstetes Gebiet sei. Jedes Jahr, das vorübergehe, verstärke diesen Tatbestand. Es komme daher darauf an, nicht nur Gewerbe und Landwirtschaft wiederherzustellen, sondern es sei vor allem nötig, unser deutsches geistiges Gut den Menschen in der Zone zu vermitteln. Hierbei habe Berlin eine große und besondere Aufgabe. In dem Pressekommuniqué, das nach der Sitzung herausgegeben werden müsse, sollte deshalb auf Berlin als den geistigen Ausstrahlungspunkt in die Sowjetzone besonders hingewiesen werden. Dabei empfehle er, mehr die zukünftige Funktion Berlins hervorzuheben, die gegenwärtigen Aufgaben in dieser Richtung jedoch weniger zu betonen, um nicht politische Schwierigkeiten heraufzubeschwören. Wenn es technisch möglich sei, daß ein Langwellensender von Berlin aus störungsfrei in die Sowjetzone wirken könne, dann müsse dieser unbedingt geschaffen werden. Die Amerikaner sollten in Zukunft in die anderen Länder des Sowjetbereichs hineinwirken, wir als Deutsche aber müßten es übernehmen, in die sowjetische Besatzungszone zu unseren Landsleuten auszustrahlen.

Der *Vizekanzler* schlägt sodann vor, eine Kommission zu bilden, die sofort mit der Ausarbeitung eines Kommuniqués beginnt. Daran sollten von der Bundesregierung die Minister der Finanzen, für Wohnungsbau, für gesamtdeutsche Fragen und für besondere Aufgaben Dr. Tillmanns, der Bundesbevollmächtigte für Berlin und der Bundespressechef teilnehmen. Er bittet den Regierenden Bürgermeister, die Teilnehmer Berlins vorzuschlagen.

Der *Bundesminister für gesamtdeutsche Fragen* glaubt, daß in diesem Kommuniqué angedeutet werden müsse, daß der Bund sich für eine Unterstützung der Berliner Universität und auch der Oper einsetzt. Berlin sei niemals ein Land wie andere Länder der Bundesrepublik und habe als Hauptstadt eine besondere Funktion. Wenn auch das Grundgesetz das nicht ohne weiteres erlaube, sollte erwogen werden, ob und in welcher Weise Universität und Oper als Bundesinstitute angesehen werden könnten.

Der *Bundeskanzler* rät, Zurückhaltung bei dem Aufwerfen verfassungsrechtlicher Fragen zu üben. Sonst würden unvermeidliche Auseinandersetzungen mit den Ländern hervorgerufen. Im Falle einer Wiedervereinigung mit der Sowjetzone würden zunächst Wahlen stattfinden. Es bilde sich ein neues Parlament und dieses habe die Aufgabe, eine Verfassung zu schaffen. Das gehe nicht von heute auf morgen und man müsse damit rechnen, daß zunächst das Grundgesetz als vorläufige Regelung gelte. Darum sei es besser, keine Konflikte mit den Ländern heraufzubeschwören. Er bittet, in dem Kommuniqué voranzustellen, daß es die Aufgabe Berlins sei, eine Wirkung auf die Sowjetzone auszuüben. Die geforderten Maßnahmen seien deshalb nicht allein für eigene Berliner Zwecke notwendig, sondern dienten als Grundlage für die viel weitergreifende deutsche Aufgabe der Stadt.

Bundesminister Dr. Tillmanns glaubt, daß man in diesem Falle dann aber auch eine genauere Konkretisierung nötig habe und sieht eine Schwierigkeit in den widersprechenden Ausführungen des Regierenden Bürgermeisters und des Bundesministers der Finanzen. In dem Kommuniqué müsse deshalb mindestens gesagt werden, daß die Bundesregierung bereit sei, in ihren Vorlagen in Zukunft der genannten besonderen Aufgabe Berlins Rechnung zu tragen.

Der *Bundeskanzler* stimmt einem Satz in dieser Art zu, wünscht aber, daß nicht zu sehr in Einzelheiten gegangen werde.

Nach kurzen Ausführungen des *Bundesministers für Arbeit* und *des Senators für Finanzen* schließt der *Bundeskanzler* gegen 11.00 Uhr die Sitzung[12].

---

[12] Vgl. die Pressemitteilung des BPA vom 27. April 1955 in BD 7/167–1955,2 und im Bulletin Nr. 79 vom 28. April 1955, S. 653. – Fortgang 33. Ausschußsitzung am 3. Aug. 1955 TOP F.

30. Sitzung des Kabinettsausschusses für Wirtschaft am Freitag, den 24. Juni 1955

Teilnehmer: Blücher, Erhard (bis 19.05 Uhr), Lübke (bis 17.50 Uhr), Storch, Preusker (ab 16.50 Uhr), Wuermeling (bis 19.00 Uhr); Hallstein (bis 18.17 Uhr), Westrick, Sonnemann, Bergemann; Bernard (BdL, bis 20.00 Uhr), Ophüls (AA), Oeftering (BMF), von Spindler (BMF), Kramer (BMWi), Kattenstroth (BMWi, ab 18.00 Uhr), Holtz (BMVt), Haenlein (Bundeskanzleramt), van Scherpenberg (AA), Risse (BMWi), von Dorrer (BMV), Middelmann (BMVt, zeitweise), Müller (BMG), Heise (BMZ), weitere Vertreter der Bundesressorts, Klein (Senator für Bundesangelegenheiten sowie für Post- und Fernmeldewesen, zu Punkt 2 der T.O.). Protokoll: Hornschu.

Beginn: 16.30 Uhr *Ende: 20.25 Uhr*

Ort: Bad Godesberg, Haus Carstanjen

Tagesordnung:

1. *Preissituation*

   a) Vorlage des BMWi vom 12. Mai 1955 (I B 1/5232/54 III. Ang.)

   b) Schreiben des Bundeskanzlers an den BMWi vom 4. Mai 1955 (6 - 60300 - 1368/55).

2. *Verhandlungen über Interzonenhandel und Straßenbenutzungsgebühren*

   Vorlage des BMWi vom 18. Juni 1955 (IV d - 19346/55).

3. *Abkommen zwischen der Bundesrepublik Deutschland und den Vereinigten Staaten von Amerika über gegenseitige Verteidigungshilfe (Verteidigungshilfeabkommen)*

   Vorlage des AA folgt.

4. *Anleihen der öffentlichen Hand auf dem Kapitalmarkt;*

   hier: Inanspruchnahme des Kapitalmarkts oder Geldmarkts durch den Ausgleichsfonds im Rechnungsjahr 1955

   Vorlage des BMF vom 10. Juni 1955 (II C/9 - LA 2116 - 31/55).

Die Tagesordnung wir in folgender Reihenfolge abgewickelt:

2. Verhandlungen über Interzonenhandel und Straßenbenutzungsgebühren

BMWi und BMV

Staatssekretär Prof. Dr. Hallstein gibt bekannt, daß die Frage der Straßenbenutzungsgebühren in San Franzisko von den westlichen Außenministern angesprochen worden sei. Dabei habe sich der britische Außenminister besonders zum Sprecher gemacht und hervorgehoben, daß ohne eine befriedigende Regelung die Besserung der politischen Atmosphäre gefährdet sei. Molotow[1] habe sich nicht ablehnend verhalten und darauf hingewiesen, „daß schon eine gewisse Bewegung in die Angelegenheit gekommen sei".[2] *Staatssekretär Prof. Dr. Hallstein* bittet um vertrauliche Behandlung dieser Mitteilung. Er weist nochmals darauf hin, daß unser Standpunkt unverändert geblieben ist und die Alliierten primär für die Frage der Straßenbenutzungsgebühren zuständig seien.

Der *Vizekanzler* fügt hinzu, daß der Bundeskanzler die Frage auch in Washington angesprochen habe[3]. Dabei waren hohe amerikanische Stellen der Ansicht, daß die technischen Verhandlungen weitergeführt werden sollten. Er habe allerdings Sorge, daß die Sowjetzone bestrebt sei, durch geschickte Formulierungen diesen Verhandlungen eine weitergehende politische Bedeutung beizulegen, was auch aus der Erklärung des sowjetzonalen Ministeriums für Verkehrswesen hervorgehe (vgl. Anl. 2 der Kabinettsvorlage des Bundesministers für Verkehr vom 22.6.1955)[4]. Es sei unbedingt notwendig, das weitere Vorgehen zu erörtern. Vielleicht deute sich eine Lösung in dem Vorschlag von Mininisterialdirektor Dr. Krautwig an, die Treuhandstelle aufzulösen und das Referat Interzonenhandel im Bundesministerium für Wirtschaft mit den Aufgaben der Treuhandstelle zu betrauen[5].

---

[1] Wjatscheslaw Michailowitsch Molotow (1890–1986), eigentlich Skrjabin. 1921–1957 Mitglied des ZK der KPdSU, 1921–1926 Kandidat und anschließend bis 1952 Mitglied des Politbüros des ZK der KPdSU, 1930–1941 Vorsitzender des Rates der Volkskommissare, 1939–1949 und 1953–1956 Volkskommissar des Äußeren und Außenminister, 1957 Botschafter in der Mongolei, 1960 Vertreter der UdSSR bei der Internationalen Atomenergiekommission.

[2] Siehe 28. Ausschußsitzung am 18. April 1955 TOP A und 85. Kabinettssitzung am 8. Juni 1955 TOP F (Kabinettsprotokolle 1955, S. 356). – Vorlage des BMWi vom 18. Juni 1955 zum Interzonenhandel in B 102/108146 und B 136/1498 sowie Vorlage des BMV vom 22. Juni 1955 zu den Straßenbenutzungsgebühren in B 108/39093 und B 136/1498. – Unterlagen zu den Gesprächen zwischen den Außenministern der Vier Mächte Dulles, Macmillan, Molotow und Pinay am Rande der 10-Jahres-Feier der UNO in San Francisco vom 20. bis 26. Juni 1955 in DDF 1955 I, S. 799 f., 803, DDF 1955 I Annexes, S. 213–237 und FRUS 1955–1957, Bd. V, S. 243–247, zu den Ausführungen Macmillans insbes. DDF 1955 I Annexes, S. 228.

[3] Vgl. den Bericht Adenauers über seine USA-Reise vom 12. bis 19. Juni 1955 in der 87. Kabinettssitzung am 22. Juni 1955 TOP 1 (Kabinettsprotokolle 1955, S. 376–378).

[4] Der BMV hatte den Kabinettsausschuß in seiner Vorlage vom 22. Juni 1955 über die zur Vermeidung einer impliziten Anerkennung der DDR sogenannten „technischen" Besprechungen zwischen Vertretern des BMV und des Ministeriums für Verkehrswesen der DDR (MfV) am 2. und 4. Juni 1955 unterrichtet. Die Besprechungen waren ergebnislos abgebrochen worden, nachdem die Vertreter des MfV nach der Ankündigung einer Senkung der Gebührensätze zum 10. Juni 1955 weitere Verhandlungen über die Höhe der Straßenbenutzungsgebühren abgelehnt hatten. In Anlage 2 der Vorlage hatte er die Erklärung des MfV über neue, ca 15 % niedrigere Gebührensätze beigefügt, die ab dem 10. Juni 1955 gelten sollten. Die Gebührenordnung vom 4. Juni 1955 war in Anlage 3, eine Berechnung über die Unterhaltungs- und Instandsetzungskosten für die Transitstrecken in Anlage 4 beigefügt worden. – Weitere Unterlagen dazu in DL 2/1340.

[5] In seinem Vermerk vom 31. Mai 1955 über sein Gespräch mit dem Verhandlungsführer des MAI, Erich Freund, am 27. Mai 1955 und die sich daraus ergebenden Konsequenzen hatte Krautwig für den Fall, daß sich Gespräche über die Straßenbenutzungsgebühren auf Regierungsebene nicht vermeiden ließen, vorgeschlagen, die TSI aufzulösen, „das Referat Interzonenhandel im BWM unter Belassung im BWM nach Berlin zu verlegen und mit der Durchführung aller der Aufgaben zu betrauen, die bisher von der Treuhandstelle wahrgenommen worden sind, einschließlich der Aufgaben, die sich aus der Verkehrslage ergeben. Gegenüber dem

Staatssekretär Dr. Westrick berichtet über die Verhandlungen zwischen Ministerialdirektor Dr. Krautwig und dem Sowjetzonenvertreter Freund[6] und weist darauf hin, daß die Sowjetzone an den von uns gewünschten Gesprächen interessiert sei. Dies gehe auch aus dem Brief des sowjetzonalen Ministers Rau[7] hervor, in dem das Interesse an einer Ausweitung des Interzonenhandels bekundet werde[8]. Von uns werde weiter versucht werden, die Interzonenhandelsgespräche mit den Straßenbenutzungsgebühren zu verbinden. Der sowjetzonale Vertreter Freund habe erklärt, daß er versuchen werde, eine weitere Zusammenkunft, bei der die Straßenbenutzungsgebühren wieder erörtert werden könnten, zu vermitteln. Man solle zweckmäßigerweise den Ausgang dieser Verhandlungen erst abwarten, ehe man Beschlüsse wegen der von Mininisterialdirektor Dr. Krautwig vorgeschlagenen Umgliederung fasse.

Ministerialrat Dr. Woratz, BMW, berichtet ergänzend über den Stand des Interzonenhandels und der Konten[9]. Freund habe durchblicken lassen, daß er kaum vermittelnd zu Gesprächen über Straßenbenutzungsgebühren beitragen könne, wenn wir wie bisher im Interzonenhandel restriktiv seien. Seit dem 1.4.1955 sei von unserer Seite kein Eisen und Stahl geliefert und keine Zuckerlieferungen der Sowjetzone abgenommen worden. Im Hinblick auf den für die Sowjetzone inzwischen entstandenen Aktivsaldo wolle das Bundesministerium für Wirtschaft in den näch-

---

Versuch, eine solche Maßnahme als de-facto-Anerkennung [der DDR] hinzustellen, könnte die Bundesregierung darauf hinweisen, daß sie sich als gesamtverantwortlich für Deutschland betrachte und daß sie dieser Verantwortlichkeit mit den Mitteln genüge, die praktisch möglich seien" (B 102/108146).

6 Prof. Dr. Erich Freund (geb. 1913). Nach 1945 Mitarbeiter der Deutschen Wirtschaftskommission in der Sowjetischen Besatzungszone, später Hauptabteilungsleiter (Innerdeutscher Handel) im Ministerium für Außenhandel und Innerdeutschen Handel der DDR, 1956–1958 Rektor der Hochschule für Außenhandel in Staaken bei Berlin, 1959–1973 Professor an der Hochschule für Ökonomie in Berlin-Karlshorst.

7 Heinrich Rau (1899–1961). 1946–1948 MdL Brandenburg (SED) und Minister für Wirtschaftsplanung, 1948–1949 Vorsitzender der Deutschen Wirtschaftskommission, 1949–1961 Volkskammermitglied, 1949–1950 Kandidat und 1950–1961 Mitglied des Politbüros beim ZK der SED, 1949–1950 Minister für Planung der DDR, 1950–1961 Stellvertretender Ministerpräsident bzw. Stellvertretender Vorsitzender des Ministerrats, 1950–1952 Vorsitzender der Staatlichen Plankommission, 1952–1953 Leiter der Koordinierungsstelle für Industrie und Verkehr beim Ministerrat, 1953–1955 Minister für Maschinenbau und 1955–1961 Minister für Außenhandel und Innerdeutschen Handel.

8 In der BMWi-Vorlage vom 18. Juni 1955 hatte Westrick dem Kabinettsausschuß ein Schreiben Raus an Erhard vom 31. Mai 1955 abschriftlich zur Kenntnis gegeben. Darin hatte Rau eine mehrjährige Zusatzvereinbarung „über die Lieferung von Braunkohlebriketts gegen den Bezug fester Brennstoffe von der Ruhr, oder evtl. auch teilweise gegen Erweiterung von Bezügen in Erzeugnissen der eisenschaffenden Industrie" vorgeschlagen, ausgehend von einer zusätzlichen Jahresmenge von 3 bis 3,5 Millionen Tonnen Briketts. Gleichzeitig hatte Rau moniert, daß die Bundesrepublik den in der Warenliste für 1955 (Unterkonto IV) vereinbarten Lieferverpflichtungen für Koks und Eisenerzeugnisse nicht nachkomme, obwohl die DDR ihrerseits das vereinbarte Kontingent bereitgestellt habe.

9 Vgl. hierzu den Vermerk von Woratz vom 24. Juni 1955 über den „Stand der Besprechungen mit der Ostseite über Fragen des Verkehrs und Interzonenhandels" in B 102/108146.

sten Tagen Ausfuhrgenehmigungen für etwa 5 Mio. t Eisen und Stahl geben[10]. Es habe außerdem dem sowjetzonalen Vertreter Freund in Aussicht gestellt, Zucker unter der Voraussetzung abzunehmen, daß erfolgreiche Verhandlungen über die Straßenbenutzungsgebühren stattfänden. Die Auflockerung im Interzonenhandel solle also nur geschehen, wenn die Gegenseite bei den Straßenbenutzungsgebühren nachgebe.

Staatssekretär Prof. Dr. Hallstein stellt fest, daß sich der Interzonenhandel als wirksames Druckmittel bezüglich der Straßenbenutzungsgebühren gezeigt habe. Er hält es für bedenklich, daß wir vorweg Entgegenkommen im Interzonenhandel zeigen, um die Verhandlungen über die Straßenbenutzungsgebühren in Gang zu bringen. Außerdem solle in den Verhandlungen alles vermieden werden, was einer de facto-Anerkennung der Zonenregierung gleichkomme.

Staatssekretär Dr. Westrick bemerkt, daß wir selbst in den vergangenen Verhandlungen darauf hingewiesen hätten, wir könnten in Anbetracht der besonderen Lage keinen Swing gewähren. Die Sowjetzone könne mit Recht ihrerseits fordern, daß der inzwischen zu ihren Gunsten entstandene Swing abgebaut werde. Deshalb habe sich das Bundesministerium für Wirtschaft zu kleinen Freigaben entschlossen. Es müsse jedoch sichergestellt sein, daß die sowjetzonalen Lieferungen weitergingen.

Der *Bundesminister für Wirtschaft* unterstreicht die Ansicht der Sowjetzone, die dahingeht, daß die westdeutsche Seite etwas zur Normalisierung des Interzonenhandels tun solle und dann auch die Möglichkeit bestehe, daß die Sowjetzonenregierung in der Frage der Straßenbenutzungsgebühren nachgeben werde.

Es sei keinesfalls beabsichtigt, Verhandlungen zu führen, denen der Charakter von Regierungsbesprechungen beigelegt werden könne. Das Arrangement für die weiteren Verhandlungen solle ebenfalls durch die Treuhandstelle vorgenommen werden.

Staatssekretär Dr. Bergemann erwidert hierzu, daß zwar die Treuhandstelle die ersten Kontakte hergestellt habe, es aber nicht gelungen sei, die Verkehrsgespräche innerhalb der Treuhandstelle durchzuführen. Auch für die nächsten Verkehrsbesprechungen sei damit zu rechnen, daß die Treuhandstelle zwar die Termine genannt bekomme, die Verhandlungen aber außerhalb der Treuhandstelle stattfinden würden. Aus der Abtrennung dieser Verhandlungen könne die Sowjetzone natürlich Kapital schlagen. Wenn man Bedenken gegen ein solches Verfahren habe, dann müsse man die Gespräche über die Straßenbenutzungsgebühren eben vollkommen fallen lassen.

Bei einer Rücksprache von Ministerialdirigent von Dorrer, BMV, und Ministerialdirektor Dr. Krautwig, BMW, mit den Alliierten seien diese der Ansicht gewesen,

[10] Am 23. Juni 1955 hatte das Bundesamt für gewerbliche Wirtschaft, nach einer entsprechenden Freigabe durch das BMWi am 22. Juni 1955, erstmals wieder Warenbegleitscheine für auf Unterkonto IV zu verbuchende Lieferungen von Eisen und Stahl im Wert von 5,4 Millionen VE und Koks im Wert von 1 Million VE erteilt (vgl. das Telegramm des Bundesamtes vom 12. Juli 1955 und den Vermerk von Woratz vom 2. Juli 1955 in B 102/20881).

daß man den einmal aufgenommenen Kontakt nicht abreißen lassen und die technischen Verhandlungen weiterführen sollte[11].

Der *Vizekanzler* weist darauf hin, daß die Verantwortung für die Straßenbenutzungsgebühren politisch auf der Viererebene geblieben sei. Auf der mittleren Ebene sei bei Post und Eisenbahn mit der Sowjetzone stets verhandelt worden. Man müsse sich nun aber schlüssig werden, ob es richtig sei, weiter so wie bisher die Gespräche fortzuführen und ferner Klarheit schaffen, über welche Fragen dabei nicht gesprochen werden dürfe. Aus den im Kabinettsausschuß heute zutage getretenen Auffassungen ergäbe sich, daß der Brief von Rau keinesfalls unmittelbar beantwortet werden könne. Er hält es für richtig, an der Verbindung der Besprechungen über die Straßenbenutzungsgebühren mit den Interzonenhandelsbesprechungen festzuhalten.

Staatssekretär Dr. Westrick bekräftigt die Auffassung des Vizekanzlers mit dem Hinweis, daß die Senkung der Straßenbenutzungsgebühren um etwa 15 % eine Folge der Interzonenhandels- und Verkehrsbesprechungen gewesen sei. Er hält Verhandlungen dieser Art als einzig praktisch möglichen Weg, der zu einer Lösung führen kann.

Ministerialdirektor Dr. Oeftering, BMF, macht darauf aufmerksam, daß die Erstattung der Straßenbenutzungsgebühren monatlich 2 bis 3 Mio. DM aus dem Bundeshaushalt erfordere. Diese Zahlungen entbehrten des Rechtsgrundes, da sie nicht im Haushalt ständen. Bisher habe immer die Ansicht vorgeherrscht, es werde gelingen, in absehbarer Zeit zu einer fühlbaren Herabsetzung der Straßenbenutzungsgebühren zu kommen. Die erste Herabsetzung der Straßenbenutzungsgebühren sei vollkommen unzureichend, und es müsse sehr bezweifelt werden, ob eine Regelung in nächster Zeit in Aussicht stehe. Der Bundesminister der Finanzen sei der Meinung, daß entschieden werden müsse, ob wir auf unbegrenzte Dauer Zahlungen aus dem Bundeshaushalt in der bisherigen Höhe leisten sollten oder ob nicht eine Regelung vorzuziehen sei, in der die Unternehmer mit einer Interessenquote beteiligt würden. Das letztere System könnte dann wohl auf längere Zeit durchgehalten werden.

Falls man sich für diese Lösung entschließen sollte, sei der Bundesminister der Finanzen bereit, die in seiner Kabinettsvorlage vom 2. Mai 1955 für Baustoffe und Kohle vorgeschlagene Regelung zu ändern[12]. Er wolle dann an die

Westberliner Unternehmer (Interessenquote 30 %)	70 % der Gebühren
westdeutschen Unternehmer (Interessenquote 60 %)	40 %

[11] Vgl. hierzu den Vermerk Krautwigs vom 3. Juni 1955 über die Besprechung am 1. Juni 1955 in B 102/108146.

[12] In seiner Vorlage vom 2. Mai 1955 hatte der BMF mit Wirkung vom 11. Mai 1955 Maßnahmen zur reibungslosen Umschichtung des Verkehrs von der Straße auf die Eisenbahn vorgeschlagen. U. a. sollte danach die Erstattung von Straßenbenutzungsgebühren für Baustoff- und Kohletransporte nur bis zum 31. Mai 1955 erfolgen (B 126/10907 und B 136/1498). – Vgl. dazu 81. Kabinettssitzung am 13. Mai 1955 TOP 3 (Kabinettsprotokolle 1955, S. 279–281).

für alle verderblichen Lebensmittel ohne Rücksicht darauf, ob der Unternehmer seinen Sitz in Westberlin oder im Bundesgebiet habe, (Interessenquote 30 %)	70 %

erstatten. Dieser Vorschlag solle möglichst bald im Kabinett zur Entscheidung gestellt werden.

Der *Vizekanzler* hat hiergegen insofern Bedenken, als nach seiner Auffassung auf dem bisher eingeschlagenen Wege noch weitere Fortschritte als erreichbar angesehen werden könnten, während durch die Änderung des Erstattungsverfahrens im gegenwärtigen Zeitpunkt möglicherweise weitere Verhandlungserfolge in Frage gestellt werden könnten.

Er weist ferner darauf hin, daß der Bundeskanzler und er selbst eine solche Regelung nicht ohne vorherige Besprechung mit dem Regierenden Bürgermeister von Berlin und Dr. Vockel für möglich halten[13].

Der *Bundesminister für Wirtschaft* ist ebenfalls der Ansicht, daß auf dem bisherigen Wege noch bessere Ergebnisse erzielt werden können. Man dürfe es auch keinesfalls dahin kommen lassen, daß der Interzonenhandel abgebrochen würde.

Die Auffassung des Vizekanzlers und des Bundesministers für Wirtschaft wird von *Staatssekretär Prof. Dr. Hallstein* geteilt.

Der *Bundesminister für Ernährung, Landwirtschaft und Forsten* billigt das Junktim zwischen Straßenbenutzungsgebühren und Interzonenhandel; allerdings müsse man ständig prüfen, wie weit man dabei gehen könne, da man keinesfalls Gefahr laufen dürfe, den Interzonenhandel zum Erliegen zu bringen. Unter Umständen könne dies vor der Viererkonferenz[14] im Interesse der Russen liegen.

Auch der *Bundesminister für Wohnungsbau* warnt davor, die Fortführung des Interzonenhandels bei der beabsichtigten Verbindung der Gesprächsgegenstände ernsthaft zu gefährden. Keinesfalls dürfe man erkennen lassen, welches Interesse an der Abnahme von Fischen und Vieh durch die Sowjetzone oder an dem Bezug von Braunkohle in der Bundesrepublik bestehe.

Senator Dr. Klein glaubt, daß durch den vom Bundesminister der Finanzen gemachten Vorschlag bezüglich einer anderweitigen Regelung der Erstattung von Straßenbenutzungsgebühren unsere Verhandlungsposition verschlechtert werden könne. Er weist darauf hin, daß der Bundesminister der Finanzen durch das Verkehrsfinanzgesetz[15] auch Einnahmen von den zwischen Berlin und Westdeutschland verkehrenden Kraftfahrzeugen habe, obwohl diese die sowjetzonalen Straßen benutzen.

---

[13] Am 15. Juni 1955 hatte Blücher dem Berliner Senator für Bundesangelegenheiten, Klein, „als amtierender Bundeskanzler zugesagt [...] eine Änderung des heutigen Standpunktes der Bundesregierung erst eintreten zu lassen, nachdem der Senat von Berlin Gelegenheit zu einer Äußerung gehabt hätte" (vgl. dazu das Antwortschreiben Kleins an Blücher vom 16. Juni 1955 in B 146/1696).

[14] Zur Genfer Gipfelkonferenz vom 18. bis 23. Juli 1955 vgl. 93. Kabinettssitzung am 27. Juli 1955 TOP B (Kabinettsprotokolle 1955, S. 452–456).

[15] Verkehrsfinanzgesetz vom 6. April 1955 (BGBl. I 166).

Es komme seines Erachtens auch nur die Bundesregierung für die Erstattung dieser Gebühren in Frage.

Er stellt die Frage, in welcher Form eine etwaige Senkung der Straßenbenutzungsgebühren festgelegt werden sollte. Es ergäben sich 3 Möglichkeiten:

1) Entweder der Abschluß eines Abkommens zwischen den Währungsgebieten Ost und West,
2) der Abschluß eines Abkommens zwischen den beiderseitigen Verkehrsressorts oder
3) eine einseitige Herabsetzung der Gebühren durch die sowjetzonalen Dienststellen.

Er würde der letzten Regelung den Vorzug geben.

Ministerialdirigent Haenlein, BK, stellt die Frage, wo die Verkehrsbesprechungen stattfinden sollen. Er weist darauf hin, daß bisher zweimal im sowjetzonalen Verkehrsministerium verhandelt worden ist und in Zukunft wenigstens ein neutraler Ort gewählt werden müßte.

Hierzu bemerkt der *Vizekanzler*, daß die Besprechungen alternierend geführt werden sollten.

Staatssekretär Dr. Westrick teilt mit, daß Vertreter der sowjetzonalen DIA-Metall die westdeutsche Eisen- und Stahlwirtschaft zu Besprechungen über akute Fragen nach Ost-Berlin eingeladen haben. Die Eisen- und Stahlwirtschaft habe Verhandlungen in Ost-Berlin abgelehnt, gleichzeitig aber mitgeteilt, daß derartige fachliche Besprechungen in Düsseldorf geführt werden könnten. Die Verhandlungen sollten nunmehr am 27.6.1955 in Düsseldorf stattfinden. Er bittet zu entscheiden, ob und in welchem Sinne die Bundesregierung eine Weisung geben wolle.

Staatssekretär Prof. Dr. Hallstein regt an, der Eisen- und Stahlwirtschaft nahezulegen, bei diesen Gesprächen die Frage der Straßenbenutzungsgebühren und ihren nachteiligen Einfluß auf den Interzonenhandel besonders stark herauszustellen[16].

Dem stimmt der Kabinettsausschuß zu.

Der *Bundesminister für Arbeit* glaubt, daß man in den Verhandlungen mit der Sowjetzone keine Ergebnisse erzielen werde, bevor nicht die Viermächtekonferenz stattgefunden habe, da die Verhandlungsführer der Sowjetzone an zu strenge Richtlinien gebunden seien. Er glaubt, daß der Bundesminister der Finanzen noch mindestens 2 Monate die bisherigen Gebühren weiterzahlen müsse.

Der *Vizekanzler* faßt das Ergebnis der Diskussion wie folgt zusammen:

1) Der Wunsch der Sowjetzone auf Ausweitung des Interzonenhandels soll zum Anlaß genommen werden, die Frage der Straßenbenutzungsgebühren wieder anzusprechen.

---

[16] Zu den Verhandlungen zwischen dem Deutschen Industrie- und Außenhandel (DIA) Metall, dem DIA Maschinen und Vertretern der westdeutschen eisenschaffenden Industrie am 27. Juni 1955 vgl. die Vermerke vom 10. und 28. Juni 1955 in B 102/20881, weitere Unterlagen in DL 2/1326.

Es besteht die Hoffnung, daß sich aus diesen Verhandlungen eine weitere Senkung der Straßenbenutzungsgebühren ergeben wird.

Die Besprechungen sollen auf der mittleren Ebene stattfinden und so geführt werden, daß ihnen keinesfalls ein politischer Charakter beigelegt werden kann.

2) Der Interzonenhandel soll dabei aber nicht in Frage gestellt werden, zumal ein Teil der westdeutschen Warenlieferungen im Interzonenhandel der Verbesserung der Lebenshaltung der sowjetzonalen Bevölkerung dient.

3) Um den Druck auf die Sowjetzone aufrechtzuerhalten, soll wegen der im Augenblick bestehenden Vorleistungen der Sowjetzone der Interzonenhandel von westdeutscher Seite nur soweit gelockert werden, daß ein Kontenausgleich erfolgt.

4) Die Straßenbenutzungsgebühren sollen einstweilen noch in der bisherigen Höhe erstattet werden.

Der Erstattungsbetrag für die erhöhten Straßenbenutzungsgebühren soll nicht in den Bundeshaushaltsplan eingestellt und auch noch keine Interessenquote der Wirtschaft festgesetzt werden, da sonst die Gegenseite darauf hinweisen könnte, daß sich die Bundesregierung bereits auf die Zahlung der erhöhten Straßenbenutzungsgebühren eingerichtet habe.

5) Es soll nach Möglichkeit angestrebt werden, eine etwaige weitere Herabsetzung der Straßenbenutzungsgebühren nicht durch zweiseitige Abmachungen zwischen den beiden Währungsgebieten oder den beiden Verkehrsressorts festzulegen, sondern eine einseitige Herabsetzung der Gebühren durch die sowjetzonalen Dienststellen zu erreichen.

6) Alle sich aus den Problemen Interzonenhandel und Straßenbenutzungsgebühren ergebenden Fragen sollen laufend im Kabinettsausschuß besprochen werden[17].

1. Preissituation **BMWi**

Min.Dirig. Risse, BMW, berichtet an Hand der Vorlage des Bundesministers für Wirtschaft vom 12. Mai 1955[18]. Er weist darauf hin, daß es der Bundesregierung

---

17 Fortgang 88. Kabinettssitzung am 30. Juni 1955 TOP C (Kabinettsprotokolle 1955, S. 393) und 31. Ausschußsitzung am 5. Juli 1955 TOP 1.

18 Siehe 26. Ausschußsitzung am 3. März 1955 TOP 1. – Schreiben Adenauers vom 4. Mai 1955 an Erhard und Vorlage des BMWi vom 12. Mai 1955 in B 102/14475 und B 136/2441. – Das Präsidium des BDI hatte in Reaktion auf den durch das BMWi vermittelten Tarifabschluß im Kohlebergbau mit einer vom 1. April 1955 an geltenden Erhöhung der Löhne um 9,5 % dem Bundeskanzler durch seinen Präsidenten Berg mit Schreiben vom 19. April 1955 mitteilen lassen, daß der BDI zwar den Tarifabschluß wegen der vermiedenen Streiks billige, aber dafür eintrete, die daraus resultierenden Preiserhöhungen nicht „durch Manipulationen steuerlicher und preispolitischer Art zu tarnen“, sondern den „Kausalzusammenhang zwischen Lohnerhöhung und Preiserhöhung [...] auch ganz klar zutage treten zu lassen“. Außerdem forderte der BDI eine Änderung der bis dahin ablehnenden Haltung des BMWi zu einer Erhöhung der Kohlehöchst-

angesichts der Streichung des § 19 des Wirtschaftsstrafgesetzes an Handhaben fehle, auf die Preise Einfluß zu nehmen[19]. Im allgemeinen seien auch nach der Statistik keine besorgniserregenden Erhöhungen der Lebenshaltungskosten eingetreten. Nach der vorübergehenden Hausse-Stimmung im letzten Winter sei die Preissituation jetzt ruhig[20].

Der *Bundesminister für Wirtschaft* bestätigt diese Auffassung; allerdings sei es zu einzelnen, nicht unerheblichen Preiserhöhungen gekommen, z. B. auf dem Gebiete des Wohnungsbaues. Für bedenklich halte er die Gleichgültigkeit der Verbraucher gegenüber Preiserhöhungen, weil sie hofften, dafür höhere Löhne zu erhalten. Auch die Einstellung der Industrie, alle Kostenverteuerungen auf die Verbraucher abzuwälzen, könne nicht ohne Widerspruch hingenommen werden. Eine Gefahr könnte auch entstehen, wenn die Gewerkschaften die ihr bei der Arbeitsmarktentwicklung zufallende Monopolstellung mißbrauchten. Ob man allerdings in der Lage sei, gegen diese mehr psychologischen Momente etwas zu unternehmen, sei höchst zweifelhaft.

Der *Bundesminister für Wohnungsbau* ist der Ansicht, daß man auf allen Lebensgebieten etwas gegen derartige Einstellungen tun könne. Auf seinem Gebiet sei es gelungen, die Verteuerungen, die in der Hauptsache auf die etwa 30 %ige Erhöhung der Rundholzpreise und auf gewisse, jedoch geringe Lohnerhöhungen zurückzuführen seien, in den Grenzen von etwa 5 % zu halten. Für die Wirksamkeit aller Maßnahmen komme es allerdings darauf an, auch auf dem öffentlichen Bausektor

---

preise durch die Montanunion, damit die Kohlepreise linear „in dem Ausmaße der ungedeckten Lohnsteigerungen heraufgesetzt werden" könnten (B 136/2441). Adenauer hatte das Schreiben des BDI am 4. Mai 1955 an Erhard weitergeleitet und diesen um Mitteilung seiner Auffassung gebeten. Dabei warf Adenauer die Frage auf, „ob nicht durch eine Einwirkung auf die Verdienstspannen [bei Braunkohle] in den Zwischenstufen die Erhöhung der Verbraucherpreise vermieden oder wenigstens in kleinem Rahmen gehalten werden" könne. In seinem Bericht über die Preissituation vom 12. Mai 1955 hatte Erhard zwar festgestellt, daß die Lebenshaltungskosten in den Monaten Januar bis April 1955 nicht gestiegen seien, daß aber die Preisentwicklung in den Grundstoffbereichen (Kohle, Stahl und Holz), „die Verstärkung der wettbewerbsfeindlichen Bemühungen einzelner Gruppen der Wirtschaft", z. B. um eine Verwässerung des Kartellgesetzes, um Paritätspreise in der Landwirtschaft, um die Einführung von Gleitzöllen oder um Berufsordnungen, und die Lohnpolitik der Gewerkschaften „der Aufmerksamkeit des Kabinetts bedürfen". Mit Schreiben vom 27. Mai 1955 hatte Westrick Stellung zu den Schreiben Bergs und Adenauers genommen. Das Schreiben Bergs zeige, daß es nötig sei, sowohl „die Gewerkschaften zu einer an volkswirtschaftlichen Belangen orientierten Lohnpolitik zu bewegen" als auch „Produktion und Handel zur Wahrung der Preisdisziplin anzuhalten". Hinsichtlich der Steigerung der Handelsspannen bei Braunkohle teilte Westrick mit, daß diese nicht so hoch sei, wie Adenauer befürchtet habe, daß aber mindestens in reviernahen Absatzgebieten eine Absenkung der Handelsspanne möglich sein müsse (B 102/14475 und B 136/2441).

[19] Der Bundestag hatte am 19. Juni 1954 die in der Regierungsvorlage zum Wirtschaftsstrafgesetz 1954 enthaltene Preistreibereivorschrift des § 19, die in den vorausgegangenen Wirtschaftsstrafgesetzen enthalten war und bis zum 30. Juni 1954 Gültigkeit besessen hatte, abgelehnt (BT-Drs. Nr. 478 und Stenographische Berichte, Bd. 20, S. 1602–1615). – Fortgang hierzu 98. Kabinettssitzung am 28. Sept. 1955 TOP 4 (Kabinettsprotokolle 1955, S. 541 f.).

[20] Zur Preisentwicklung im Frühjahr 1955 vgl. den Monatsbericht der BdL für April 1955, S. 24–28 (BD 126/2–1955).

entsprechend vorzugehen. Kostensteigernd könne allerdings im gewissen Umfange der Kräftemangel wirken. Die vom Bundesminister für Wirtschaft festgestellte Gleichgültigkeit der Verbraucher gegenüber Preiserhöhungen beklagt er ebenfalls und wendet sich gegen die immer mehr um sich greifende Ansicht, daß Preiserhöhungen zwangsläufig durch Lohnerhöhungen ausgeglichen werden müßten. Er bittet um eine grundsätzliche Aussprache über diese Dinge in einer besonderen Sitzung.

Man müsse die Unternehmer darauf hinweisen, daß es in ihrem eigenen Interesse liege, nicht die Lösung der Probleme in Preissteigerungen zu sehen, sondern in einer Stabilisierung des Preisniveaus. Die Bauindustrie habe ihm erklärt, daß sie die Preise senken würde, wenn sie die Möglichkeit der degressiven Abschreibung bekomme[21].

Wenn in unserer Marktwirtschaft die Vollbeschäftigung, in der der Verbraucher schlecht reagiere, Dauerzustand sein solle, dann müsse dem auch durch die Steuerpolitik Rechnung getragen werden.

Der *Bundesminister für Wirtschaft* pflichtet dem bei und unterstreicht die Notwendigkeit weiterer Liberalisierung und Zollsenkungen.

Der *Vizekanzler* richtet an Min.Dir. Prof. Dr. Oeftering die Bitte, die Anregung des Bundesministers für Wohnungsbau bezüglich der degressiven Abschreibung der Bauindustrie mit den Länderfinanzministern zu besprechen[22]. Er bittet den Bundesminister für Wirtschaft, in den Sozialpartnergesprächen auf die Unternehmer und die Gewerkschaften einzuwirken, um die vorher gekennzeichnete Einstellung zu beseitigen[23]. Auch ist er der Meinung, daß die Käuferdisziplin in der heutigen Zeit fehle. Es komme darauf an, die Ausweitung von Kapazitäten auf bestimmten Gebieten zu vermeiden und den Verbrauch an die richtige Stelle zu lenken. Diese Maßnahmen müßten durch eine entsprechende Gestaltung des Steuersystems unterstützt werden. Er glaubt, daß eine Preissteigerung im Durchschnitt von etwa 2 % recht beträchtlich sei und jedenfalls dem Sparsinn entgegenwirke.

Der *Bundesminister für Wirtschaft* gibt in diesem Zusammenhang bekannt, daß sich in den ersten 5 Monaten d. Js., verglichen mit dem Vorjahr, die Investitionsgüterproduktion um rd. 24 % erhöht habe, während die Konsumgüterproduktion nur um rd. 8 % gestiegen sei. Er sei in Sorge wegen des Auseinanderklaffens dieser beiden Bereiche. Eine Senkung des Konsums sei volkswirtschaftlich nicht erwünscht. Er habe daher ein Programm zur Steigerung des Verbrauchs angekündigt, das die Entlastung der Hausfrau durch Mechanisierung im Haushalt erstrebe. So sei die

---

[21] Nicht ermittelt.

[22] Nicht ermittelt.

[23] In seiner Vorlage vom 12. Mai 1955 hatte Erhard mitgeteilt, daß er gemeinsam mit Storch versucht habe, „das Gespräch zwischen den Sozialpartnern wieder in Gang zu bringen". In mehreren Besprechungen mit Vertretern der Arbeitgeberverbände, des DGB, der Industriegewerkschaften und der DAG sei „der Versuch unternommen worden, den beiden Gruppen ihre volkswirtschaftliche Verantwortung vor Augen zu führen". Diese Gespräche sollten fortgesetzt werden.

Möglichkeit gegeben, daß die Ehefrau eine Halbtagsbeschäftigung aufnehmen könnte[24].

Im übrigen sei der Haushalt eine Produktionsstätte, und es müsse angestrebt werden, daß für Maschinen, die für den Haushalt beschafft würden, ebenso die Abschreibungsmöglichkeit gegeben sei wie für solche, die im Gewerbebetriebe Verwendung fänden. Auch müsse der vollkommen willkürliche Tatbestand beseitigt werden, daß bei festem Einbau zum Beispiel von Kühlanlagen in Wohnungen diese steuerlich als Kosten behandelt werden könnten, während dies bei beweglichen eingebrachten Kühlschränken nicht der Fall sei.

Der *Vizekanzler* ist der Ansicht, daß die Ehefrau an sich nicht im Beruf stehen sollte, sondern daß es erste Aufgabe der Frau sei, ihre Kinder zu erziehen und zu betreuen.

Min.Dirig. Dr. van Scherpenberg, AA, weist darauf hin, daß bei den Handelsvertragsverhandlungen in der letzten Zeit immer wieder das Bestreben der Industrie zu Tage trete, die Preise hoch zu halten. Außerdem sei auch die Ansicht geäußert worden, daß fremde Arbeiter erst im Bundesgebiet beschäftigt werden könnten, wenn die gesamten Arbeitslosen in der Bundesrepublik in Arbeit vermittelt worden seien[25]. Beide Bestrebungen erschwerten unsere Stellung auf dem Gebiete des Außenhandels.

Der *Bundesminister für Arbeit* weist auf die bedenkliche Einstellung der jungen Frauen hin, die zum großen Teil weiter ihren Beruf ausüben und keine Mutterpflichten übernehmen wollen. Diese Entwicklung sei noch gefördert worden durch die Einkommenbesteuerung der Ehepaare[26]. Außerdem sei insofern ein Wandel in der Auffassung des Volkes erfolgt, als keine Vorratswirtschaft mehr getrieben werde. Hinzu komme, daß die Arbeitszeit durch Verkürzung der Mittagspause auf eine halbe Stunde verschlechtert worden sei und Tendenzen in der Arbeiterschaft beständen, eine pausenlose Arbeitszeit zu erreichen. Dadurch sei die gesunde Lebensführung sehr beeinträchtigt, was in dem großen Anteil der frühzeitigen Invalidität zu Tage trete. Hierdurch werde der Steuerzahler erheblich belastet. Die Beschäftigung von Fremdarbeitern in Deutschland sei weitgehend eine Klimafrage. Die durchschnittliche Arbeitslosigkeit im Bundesgebiet betrage immer noch 1,2 Mio. Arbeitslose. Zudem nähmen viele Arbeiter aus den Grenzgebieten Beschäftigung im Ausland auf, z. B. aus dem Bodenseegebiet in der Schweiz, um die dort gezahlten höheren Löhne zu erlangen.

---

[24] Unterlagen zu dem Vorhaben des BMWi, den Kauf von hochwertigen Konsumgütern, insbesondere von Haushaltsgeräten, durch steuerliche Begünstigungen und verbesserte Teilzahlungsbedingungen zu fördern (Konsumentenprogramm „Erhard hilft der Hausfrau"), in B 102/35963.

[25] Storch vertrat bis in den Herbst 1955 die Ansicht, daß ausländische Arbeitskräfte erst nach Ausschöpfung aller bundesdeutschen Arbeitskraftreserven in die Bundesrepublik gerufen werden sollten. – Zur Haltung des BMA vgl. das Schreiben des Präsidenten der Bundesanstalt für Arbeitsvermittlung und Arbeitslosenversicherung an Storch vom 10. Okt. 1955 in B 149/656. – Vgl. hierzu 99. Kabinettssitzung am 6. Okt. 1955 TOP D (Kabinettsprotokolle 1955, S. 548–551).

[26] Zur gesplitteten Ehegatten-Besteuerung vgl. 100. Kabinettssitzung am 14. Okt. 1955 TOP 4 (Kabinettsprotokolle 1955, S. 573).

Der *Vizekanzler* erinnert daran, daß das Kabinett in Aussicht genommen habe, über die Sozialreform und im Zusammenhang damit über das Thema Versorgungsstaat demnächst eine Aussprache zu führen. Er schlägt vor, die Erörterung der hier angeschnittenen Fragen darin einzubeziehen.

Der *Bundesminister für Wohnungsbau* bittet den Vizekanzler, die Ressorts in einem Schreiben aufzufordern, zu den hier aufgeworfenen Problemen Stellung zu nehmen. Dem Vorschlag des Vizekanzlers, die bereits vom Bundeskanzleramt durchgeführte Umfrage über Entwicklung zum Versorgungsstaat in die Kabinettsberatung einzubeziehen, stimmt er zu[27].

Der *Vizekanzler* erklärt sich bereit, der Anregung des Bundesministers für Wohnungsbau zu folgen[28].

3. Abkommen zwischen der Bundesrepublik Deutschland und den Vereinigten Staaten von Amerika über gegenseitige Verteidigungshilfe (Verteidigungshilfeabkommen)
AA

Min.Dirig. Dr. van Scherpenberg, AA, weist darauf hin, daß die Vorlage umgehend verabschiedet werden müsse. Die Amerikaner drängten darauf, die Besprechungen mit der Bundesrepublik so schnell wie möglich aufzunehmen, was jedoch praktisch erst nach Abschluß des vorliegenden Abkommens möglich sei. Die Sache sollte daher heute möglichst endgültig behandelt werden[29].

Der *Vizekanzler* weist darauf hin, daß die im Kabinettsausschuß vertretenen Ressorts der Vorlage bereits zugestimmt haben, so daß die Vorlage im Umlaufwege mit kurzer Frist verabschiedet werden könne.

Staatssekretär Dr. Westrick erwähnt, daß zwar auch sein Haus der Vorlage zugestimmt habe. Gewisse Bedenken erweckten jedoch die Artikel II, VII und IX, die die Bundesrepublik zu schwerwiegenden Gegenleistungen verpflichteten. Er bittet, diesem Tatbestand besondere Aufmerksamkeit zu schenken.[30]

---

27 Vgl. hierzu Sondersitzung des Kabinetts am 22. März 1955 TOP 2 (Kabinettsprotokolle 1955, S. 195–200). – Mit Schreiben vom 16. Jan. 1955 hatte Adenauer es als eine zentrale Aufgabe der Sozialreform bezeichnet, der bestehenden Tendenz zum Versorgungsstaat durch eine Neuordnung des Sozialleistungsgefüges entgegenzuwirken. Er hatte die Ressorts aufgefordert, bis zum 28. Febr. 1955 „zu dieser staatspolitischen Grundsatzfrage" Stellung zu nehmen (Entwurf des Schreibens und Stellungnahmen der Ressorts in B 136/1385). – Fortgang hierzu 91. Kabinettssitzung am 13. Juli 1955 TOP 1 (Kabinettsprotokolle 1955, S. 422–424). Der in dieser Kabinettssitzung eingesetzte Ministerausschuß für die Sozialreform trat am 16. Aug. 1955 zu seiner ersten Sitzung zusammen (Ministerausschuß für Sozialreform, S. 67–87).

28 Ein Schreiben Blüchers konnte nicht ermittelt werden. – Fortgang zu Löhnen und Preisen 34. Ausschußsitzung am 5. Aug. 1955 TOP 1.

29 Vorlage des AA vom 21. Juni 1955 in AA VS/Bd. 932 und B 136/6922, weitere Unterlagen in B 102/441874. – Das Abkommen zwischen der Bundesrepublik Deutschland und den Vereinigten Staaten von Amerika über gegenseitige Verteidigungshilfe (Verteidigungshilfeabkommen) sollte die Richtlinien und Bedingungen für die militärischen Hilfeleistungen der USA beim Aufbau der Bundeswehr festlegen.

30 Gemäß Artikel II des Abkommens sollte die Bundesregierung den Regierungen der USA und anderer, einvernehmlich zu bestimmender Staaten „Ausrüstung, Materialien, Dienstleistun-

Gesandter Prof. Dr. Ophüls [AA] bemerkt, daß es in den Verhandlungen gelungen sei, die Verpflichtungen auf den Umfang zu beschränken, der auch im Atlantikpakt vorgesehen sei.

Min.Dirig. Dr. van Scherpenberg, AA, weist darauf hin, daß unter den Artikel X (Embargo-Bestimmungen) auch der Interzonenhandel falle. Er halte das Abkommen aber in diesem Punkte nicht für bedenklich, da keine Verfahrensvorschriften festgelegt seien.[31]

Min.Dir. Prof. Dr. Oeftering [BMF] trägt vor, daß der Bundesminister der Finanzen der Vorlage zustimme. Dieser habe allerdings Bedenken gegen den Artikel IX b und sehe in dieser Bestimmung eine Präjudizierung für die Festlegung des Verteidigungsbeitrages der Bundesrepublik im Rahmen der NATO. Er stellt die Frage, ob das Abkommen auf die bereits im Jahre 1953 von den Amerikanern in Aussicht gestellte Erstausstattung für die deutschen Truppenkontingente Anwendung finde[32].

Der *Vizekanzler* und *Gesandter Prof. Dr. Ophüls* [AA] sind der Ansicht, daß diese Erstausstattung nicht unter das Abkommen falle.

Min.Dir. Dr. Holtz, BMVert., erklärt, daß die Amerikaner keine Lieferungen tätigen würden, auch die von ihnen zugesagte Erstausstattung nicht, bevor nicht das Abkommen in Kraft getreten sei.

Der *Vizekanzler* schlägt vor, daß die Vorlage des Auswärtigen Amtes über das Verteidigungshilfeabkommen am 25.6. mit Frist zum 28.6.1955 in Umlauf gesetzt werden soll, damit, falls Einspruch eingelegt wird, das Kabinett in seiner nächsten Sitzung die Vorlage noch außerhalb der Tagesordnung beraten könne. Während der Umlaufsfrist solle das Auswärtige Amt prüfen, ob die von den Amerikanern

---

gen und sonstige Hilfe [...] im Einklang mit den zwischen den beiden Regierungen zu vereinbarenden Modalitäten und Bedingungen zur Verfügung stellen" und die Überlassung von Rohstoffen und Halbfabrikaten, die in der Bundesrepublik, nicht aber in den USA verfügbar seien, erleichtern. Nach Artikel VII sollte die Bundesregierung der Regierung der USA „deutsche Zahlungsmittel in angemessener Höhe für ihre Verwaltungs- und Betriebskosten im Zusammenhang mit diesem Abkommen zur Verfügung stellen. Laut Artikel IX a sollte die Bundesregierung in Übereinstimmung mit dem NATO- und dem Deutschland-Vertrag „an der Förderung der internationalen Verständigung und des guten Willens und der Aufrechterhaltung des Weltfriedens mitarbeiten", Maßnahmen zur Beseitigung der Ursachen internationaler Spannungen treffen und ihre militärischen Verpflichtungen auf der Grundlage mehrseitiger oder zweiseitiger Abkommen, Verträge oder sonstiger Übereinkünfte erfüllen, bei denen die USA Partei seien oder an denen die USA ein Interesse hätten. Gemäß Artikel IX b verpflichtete sich die Bundesrepublik, im Rahmen ihrer politischen und wirtschaftlichen Möglichkeiten, „den vollen Beitrag für die Entwicklung und Aufrechterhaltung ihrer eigenen Verteidigungskraft und der Verteidigungskraft der freien Welt" zu leisten.

[31] Artikel X verpflichtete die Bundesregierung, mit der Regierung der USA „bei der Durchführung vereinbarter oder zu vereinbarender Sicherheitskontrollen über die Ausfuhr strategischer Güter" zusammenzuarbeiten.

[32] Der stellvertretende amerikanische Verteidigungsminister Frank C. Nash hatte Adenauer am 7. April 1953 die unentgeltliche Lieferung von schwerem Gerät für die ersten sechs Divisionen und die ersten 24 Staffeln der Luftwaffe zugesagt. Die sogenannte „Nash-Liste" wurde der Bundesregierung im November 1954 im Rahmen eines Notenwechsels übergeben (Unterlagen in BW 9/209).

zugesagte Erstausstattung unter die Bestimmungen des Abkommens falle und die Ressorts über das Ergebnis dieser Prüfung unterrichten.

Der Kabinettsausschuß beschließt entsprechend[33].

4. Anleihen der öffentlichen Hand auf dem Kapitalmarkt; hier: Inanspruchnahme des Kapitalmarktes oder Geldmarktes durch den Ausgleichsfonds im Rechnungsjahr 1955 BMF

Da der Vertreter des Bundesministeriums für Vertriebene, Flüchtlinge und Kriegsgeschädigte nicht mehr anwesend ist, schlägt der *Vizekanzler* vor, die Vorlage nicht mehr zu erörtern[34].

Min.Dir. Dr. Dr. von Spindler, BMF, macht jedoch darauf aufmerksam, daß sich der Finanzausschuß des Verwaltungsrats der Lastenausgleichsbank am heutigen Vormittag mit der Auflegung der Anleihe befaßt habe. Am 27.6. wolle sich der Verwaltungsrat selbst damit befassen[35]. Die Auflegung der Anleihe sei für den 10.7. vorgesehen. Falls heute kein Beschluß gefaßt werde, müsse man die Lastenausgleichsbank entsprechend verständigen, damit die Verhandlungen bei ihr nicht weitergeführt würden.

Es sei vorgesehen, eine Anleihe der Lastenausgleichsbank in Höhe von 250 Mio. DM aufzulegen (davon seien 50 Mio. DM vorweg von der Sparkassenorganisation übernommen). Die Konditionen seien: Ausgabekurs 97–97 ¼, Verzinsung 5 ½%. Die Anleihe werde nach 12 Jahren in einer Summe zurückgezahlt. Das Bundesministerium der Finanzen stimme der Ausgabe dieser Emissionen zu.

---

[33] Die Prüfung im AA ergab, daß sowohl die Nash-Erklärung vom April 1953 als auch die „Nash-Liste" von 1954 den formellen Abschluß eines Verteidigungshilfeabkommens zur Vorbedingung der Lieferungen gemacht hatten. Die Lieferung sei aber an keine weiteren sachlichen Bedingungen geknüpft worden und müsse daher „ohne vorherige Überprüfung der wirtschaftlichen und finanziellen Leistungsfähigkeit der Bundesrepublik im Rahmen des Verteidigungshilfeabkommens" erfolgen (vgl. das Schreiben des AA vom 27. Juni 1955 in AA VS/Bd. 932). Die Vorlage des AA wurde im Umlaufverfahren genehmigt und das Abkommen am 30. Juni 1955 unterzeichnet (EA 1955, S. 8008–8010). BR-Drs. 348/55, BT-Drs. 1855. – Gesetz vom 21. Dez. 1955 (BGBl. II 1049). – Das Abkommen trat am 27. Dez. 1955 in Kraft und wurde am 3. März 1956 bekanntgegeben (BGBl. II 377). – Fortgang 36. Ausschußsitzung am 13. Sept. 1955 TOP 1.

[34] Siehe 27. Ausschußsitzung am 11. März 1955 TOP 1. – Vorlage des BMF vom 10. Juni 1955 in B 126/10514 und B 136/6571. – In seiner Vorlage hatte das BMF einen Kabinettsbeschluß beantragt, daß dem Ausgleichsfonds die Auflage von zwei Anleihetranchen zu je 200 Millionen DM und „außerdem die Inanspruchnahme des Geldmarkts (mit Bundesbürgschaft) in einer noch näher abzusprechenden technischen Form bis zur Höhe von 500 Mio. DM gestattet" werde. Zur Wahrung der Interessen der BdL hatte das BMF die nochmalige Behandlung der Angelegenheit im Kabinettsausschuß empfohlen.

[35] Der finanzwirtschaftliche Ausschuß der Lastenausgleichsbank hatte der Auflegung der zweiten Tranche in Höhe von 250 Millionen DM bei 12-jähriger Laufzeit und 5½% Zinsen zugestimmt und einen Zeichnungskurs von 97,25 % vorgeschlagen (vgl. den für das BMF bestimmten Protokollauszug in B 126/26825 und den Vermerk von Spindlers vom 25. Juni 1955 in B 126/41945). Der Verwaltungsrat der Lastenausgleichsbank bestätigte diesen Beschluß am 27. Juni 1955 unter Senkung des Zeichnungskurses auf 97 % (vgl. den Vermerk von Spindlers vom 27. Juni 1955 in B 126/41945).

Präsident Dr. Bernard weist darauf hin, daß die Bank deutscher Länder davon ausgegangen sei, daß im Kabinett grundsätzlich die Auflegung von 2 Tranchen der Lastenausgleichsanleihe in Höhe von insgesamt 400 Mio. DM und die Inanspruchnahme des Geldmarktes in Höhe von 500 Mio. DM beschlossen worden sei.

Der *Vizekanzler* entgegnet, daß nur die beiden Tranchen der Lastenausgleichsanleihe von 400 Mio. DM beschlossen worden seien, wobei der Zeitpunkt und die Konditionen noch offen geblieben seien. Ein Beschluß über die Inanspruchnahme des Geldmarktes sei noch nicht gefaßt worden.

Präsident Dr. Bernard erklärt, daß keine Bedenken gegen die vom Vertreter des Bundesfinanzministeriums genannten Konditionen der Anleihe bestehen. Der 10.7.55 scheine ihm allerdings im Hinblick auf die Ferienzeit der letztmögliche Termin für die Auflegung zu sein.

Nach kurzer Aussprache beschließt der Kabinettsausschuß bei Stimmenthaltung des *Bundesministers für Wohnungsbau*:

Die Auflegung der Anleihe von 250 Mio. DM zu den vom Bundesministerium der Finanzen bekanntgegebenen Konditionen wird gebilligt. Alle darüber hinaus gehenden Anforderungen des Lastenausgleichsfonds sollen möglichst bald im Kabinett erörtert werden[36].

Außerhalb der T. O.:

[A.] Bergarbeiterwohnungsbau **BMWo**

Der *Vizekanzler* ist der Ansicht, daß über die Vorlage des Bundesministers für Wirtschaft nur im Kabinett entschieden werden könne, da es sich in erster Linie um eine politische Entscheidung handele. Eine Behandlung im Kabinettsausschuß, die außerdem im Hinblick auf den Zeitdruck kaum noch durchführbar sei, werde daher nicht weiterführen.[37]

---

[36] Fortgang 91. Kabinettssitzung am 13. Juli 1955 TOP 8 (Kabinettsprotokolle 1955, S. 431) und 32. Ausschußsitzung am 21. Juli 1955 TOP 2.

[37] Siehe 78. Kabinettssitzung am 30. März 1955 TOP F (Kabinettsprotokolle 1955, S. 214–220, insbes. S. 218–220). – Vorlage des BMWi vom 26. Mai 1955 in B 102/33192 und B 136/7276. – In seiner Vorlage hatte das BMWi Vorschläge unterbreitet, um ein Durchschlagen der Lohnerhöhung für Bergarbeiter um 9,5 % zum 1. April 1955 auf den Kohlenpreis und die dadurch bedingte Heraufsetzung des Kohlehöchstpreises durch die Hohe Behörde der Montanunion zu vermeiden. Danach sollte der BMWo einen Gesetzentwurf zur Änderung des Bergarbeiterwohnungsbaugesetzes vom 30. Nov. 1954 (BGBl. I 358) einbringen, der die Aufhebung der Kohleabgabe zur Wohnungsbaufinanzierung zum 1. Juli 1955 vorsähe. Zur Sicherung des Wohnungsbauprogramms sollte eine Anleihe von 200 Mio. DM zu Lasten des Bundestreuhandvermögens aufgenommen werden, die z. T. durch eine Abgabe der Bergwerksgesellschaften in Höhe von 10 % der bisherigen Kohlenabgabe finanziert werden sollte. Für die Zeit vom 1. Juli 1955 bis zum Inkrafttreten des Änderungsgesetzes sollten den Bergwerksgesellschaften 90 % der bisherigen Kohlenabgabe gestundet werden mit dem Ziel der späteren Niederschlagung der gestundeten Summen.

Staatssekretär Dr. Westrick bittet, die Vorlage zur Vorbereitung der Kabinettsentscheidung noch einmal zwischen den hauptbeteiligten Ressorts unter Vorsitz des Vizekanzlers zu erörtern.

Der *Vizekanzler* ist hierzu bereit[38].

[38] Eine Ressortbesprechung unter Vorsitz des Vizekanzlers fand nach Ausweis von Blüchers Tageskalender nicht statt (NL Blücher N 1080/294–9). Am 29. Juni 1955 kamen Westrick, Nahm, Bleek und Bergemann zu einer Besprechung zusammen und sagten dem BMWi die Unterstützung seiner Vorlage zu. Auch Storch erklärte Westrick am 29. Juni 1955 sein Einverständnis (vgl. Vermerk vom 30. Juni 1955 in B 102/33192). – Fortgang 88. Kabinettssitzung am 30. Juni 1955 TOP 6 (Kabinettsprotokolle 1955, S. 398–400). – Die Stundung der Wohnungsbauabgabe auf Steinkohle trat zum 1. Juli 1955 in Kraft. – Zweites Wohnungsbaugesetz (Wohnungsbau- und Familienheimgesetz) vom 27. Juni 1956 (BGBl. I 523), dort (S. 555) § 121 betreffend die Änderung des Gesetzes zur Förderung des Bergarbeiterwohnungsbaus im Kohlenbergbau.

31. Sitzung des Kabinettsausschusses für Wirtschaft am Dienstag, den 5. Juli 1955

Teilnehmer: Blücher, Tillmanns (bis 11.50 Uhr); Westrick, Sauerborn (ab 10.15 Uhr); Bernard (BdL), Vockel (Der Bevollmächtigte der Bundesrepublik Deutschland in Berlin), Oeftering (BMF), Kramer (BMWi), Fischer-Dieskau (BMWo), Haenlein (Bundeskanzleramt, ab 11 Uhr), van Scherpenberg (AA, ab 10.35 Uhr), Rosenbrock (BML), Ter-Nedden (BMV), von Dorrer (BMV, bis 12.25 Uhr), Middelmann (BMVt), Müller (BMG), von Witzleben (BMZ), weitere Vertreter der Bundesressorts. Protokoll: Hornschu.

Beginn: 10.00 Uhr *Ende: 12.40 Uhr*

Ort: Bad Godesberg, Haus Carstanjen

Tagesordnung:

1. *Verhandlungen über Interzonenhandel und Straßenbenutzungsgebühren*
   Ohne Vorlage.
2. *Erhöhung der Notenumlaufsgrenze*
   Vorlage des BMWi vom 13. Juni 1955 (VI A/2 - 11298/55).

Die Tagesordnung wird in folgender Reihenfolge abgewickelt:

1. Verhandlungen über Interzonenhandel und Straßenbenutzungsgebühren
BMWi und BMV

Auf Wunsch des *Vizekanzlers* gibt *Ministerialrat Dr. Woratz*, BMW, zunächst einen Bericht über seine Verhandlungen mit dem sowjetzonalen Vertreter Freund[1]. Er

---

[1] Siehe 30. Ausschußsitzung am 24. Juni 1955 und 88. Kabinettssitzung am 30. Juni 1955 TOP C (Kabinettsprotokolle 1955, S. 393). – Die „technischen Verhandlungen" zwischen Vertretern des BMV und des MfV am 2. und 4. Juni 1955 waren abgebrochen worden, nachdem die Vertreter des MfV eine Erklärung über die Einführung neuer Gebührensätze zum 10. Juni 1955 überreicht und die Beantwortung von vier, am 2. Juni 1955 durch den Vertreter des BMV gestellten Fragen abgelehnt hatten: „1. Wie hoch sind die Straßenunterhaltungskosten für die im Berlin-Verkehr von den Kraftfahrzeugen des westlichen Währungsgebietes benutzten Straßen? 2. Wie hoch sind die Straßen-Instandsetzungskosten für die in Ziffer 1 genannten Straßen? 3. Wie hoch schätzen die Experten des Währungsgebietes Ost den verhältnismäßigen Anteil der Kraftfahrzeuge der beiden Währungsgebiete auf den in Ziffer 1 genannten Straßen? 4. Welche wichtigeren Neubaumaßnahmen an den in Ziffer 1 genannten Straßen und welche wichtigeren neuen Anlagen an den Straßen (z. B. Brücken u.ä.m.) sind von den Dienststellen des Währungsgebietes Ost beabsichtigt und wie hoch schätzen die Experten des Währungsgebietes Ost die Ausgaben hierfür?" (vgl. die Kabinettsvorlage des BMV vom 22. Juni 1955 und die ihr beigegebenen Anlagen in B 108/39093 und B 136/1498). – Zu den Verhandlungen mit Freund am 29. Juni 1955 im Ministerium für Außenhandel und Innerdeutschen Handel in Ostberlin vgl. den Vermerk

habe bei diesen Verhandlungen das Thema der Straßenbenutzungsgebühren erneut angesprochen und ausdrücklich darauf hingewiesen, daß das Stocken der Verkehrsgespräche von der sowjetzonalen Seite zu vertreten sei. Der Vertreter des Bundesministeriums für Verkehr habe nicht die Möglichkeit gehabt, Verhandlungen zu führen, sondern habe nur eine einseitige Erklärung des sowjetzonalen Verkehrsministeriums entgegengenommen. Gleichzeitig sei ihm eröffnet worden, daß damit die Verhandlungen abgeschlossen seien. Freund habe sich jedoch für unzuständig erklärt, über dieses Thema zu verhandeln. Nach längerem Drängen habe Freund sich bereit erklärt, die Auffassung der Westseite dem sowjetzonalen Verkehrsminister Kramer[2] schriftlich darzulegen[3].

Ministerialrat Dr. Woratz [BMWi] berichtet sodann über den Stand der Konten im Interzonenhandel und weist besonders darauf hin, daß sich die Sowjetzone auf dem Unterkonto 4 mit einem Gegenwert von 5 bis 6 Mio. DM für Braunkohlenlieferungen in der Vorleistung befinde. Im Laufe des Monats Juli würden 15 Mio. DM Gegenwerte für Braunkohlenlieferungen hinzukommen. In Ausführung der bisher im Kabinettsausschuß festgelegten Grundhaltung müßten wir also in nächster Zeit eine Freigabe von etwa 10 bis 15 Mio. DM an Eisen und Stahl ins Auge fassen. Die Sowjetzone habe erklärt, daß sie in den Sommermonaten durchaus in der Lage sei, größere Mengen von Braunkohlenbriketts zu liefern, was dann natürlich auch eine Auflockerung unserer Leistungen zur Folge haben müsse[4].

Der *Vizekanzler* bestätigt diese Auffassung, die auch die allgemeine Auffassung in den bisherigen Sitzungen gewesen sei. Es habe bisher Einvernehmen darüber bestanden, daß wir im gleichen Maße, wie die Sowjetzone Braunkohlen liefere, mit unseren Lieferungen nachkommen müßten, damit uns nicht ein Bruch des Interzonenhandelsabkommens vorgeworfen werden könne. Eine Vorleistung unsererseits sei allerdings ausgeschlossen.

Staatssekretär Dr. Westrick stimmt der Auffassung des Vizekanzlers zu und glaubt, daß ein anderes Vorgehen nicht möglich ist.

---

von Woratz vom 30. Juni 1955 in B 102/20951 und 108146 sowie B 136/1498, weitere Unterlagen in DL 2/1340.

[2] Erwin Kramer (1902–1979). 1932 Emigration in die UdSSR, 1937–1939 Teilnehmer am spanischen Bürgerkrieg, 1939 Internierung in Spanien, später Rückkehr in die UdSSR, 1945 Rückkehr nach Berlin, dort Vizepräsident der Reichsbahndirektion Berlin, 1949–1950 stellvertretender Generaldirektor, 1950–1954 Generaldirektor der Deutschen Reichsbahn, 1953 stellvertretender Minister für Eisenbahnwesen, 1954–1970 Minister für Verkehrswesen, 1954–1970 Mitglied des ZK der SED, 1958–1979 Mitglied der Volkskammer.

[3] Nicht ermittelt.

[4] Als Ergebnis der Verhandlungen zwischen TSI und MAI am 7. Juli 1955 und des Gesprächs Erhards und Westricks mit Vertretern der Eisen- und Stahlindustrie am 9. Juli 1955 wurden Warenbegleitscheine für Eisen- und Stahllieferungen über 10 Millionen VE und Kohlelieferungen über 4,2 Millionen Verechnungseinheiten (VE) freigegeben (vgl. das Fernschreiben Erhards an den Vorsitzenden des Ausschusses Interzonenhandel der Wirtschaftsvereinigung Eisen- und Stahlindustrie vom 14. Juli 1955 in B 102/20881 und den Vermerk von Woratz vom 16. Juli 1955 in B 102/108146).

Dr. Vockel macht darauf aufmerksam, daß dann von der Bundesrepublik auch Kohle und Kokskohle von der Ruhr geliefert werden müßten. Derartigen Lieferungen würde er zustimmen.

Staatssekretär Dr. Westrick ist damit einverstanden.

Auf eine Frage des *Vizekanzlers* teilt *Ministerialrat Dr. Woratz*, BMW, mit, daß die sowjetzonalen Stellen Westberliner Schrott, der für die Bundesrepublik bestimmt war, beschlagnahmt hätten. Der Verband der Westberliner Schrotthändler habe daraufhin mit der Sowjetzone verhandelt. Diese Verhandlungen seien nicht über die Treuhandstelle geführt worden[5].

Dr. Vockel entgegnet hierzu, daß der Verband eine Eingabe gemacht habe, die ordnungsmäßig über die Treuhandstelle an den sowjetzonalen Vertreter Freund weitergegeben worden sei. Die sowjetzonale Warenverkehrsstelle habe dann mit dem Verband Besprechungen aufgenommen.[6]

Der *Vizekanzler* hält es für bedenklich, wenn die Sowjetzone die Verhandlungen aufsplittert und mit dem Verband der Schrotthändler und mit der Eisen- und Stahlindustrie getrennt verhandelt. Dadurch erwachse die Gefahr, daß die Bundesregierung vollkommen aus den Verhandlungen hinausmanövriert werde.

Staatssekretär Dr. Westrick weist darauf hin, daß die westdeutsche Industrie den Wunsch geäußert habe, die Probleme des Interzonenhandels mit dem Bundeswirtschaftsminister oder dem Staatssekretär zu besprechen. Die westdeutsche Industrie sei bestrebt, den sowjetzonalen Markt nicht zu verlieren.

Der *Vizekanzler* bittet Staatssekretär Dr. Westrick, die von der Industrie erbetenen Gespräche so schnell wie möglich durchzuführen[7].

Min.Direktor Prof. Dr. Oeftering, BMF, bittet, das Problem einer anderweitigen Regelung der Erstattung der Straßenbenutzungsgebühren im Kabinettsausschuß zur Erörterung zu stellen und verweist auf den Vorschlag des Bundesministers der Finanzen, den er bereits in der Kabinettsausschußsitzung am 24.6.1955 vorgetragen habe. Er halte es für zweckmäßig, daß man das Problem, unabhängig davon, wann man das neue Verfahren einzuführen gedenke, so bald wie möglich im Kabinettsausschuß behandele, um die Beratung im Kabinett zu erleichtern.

---

[5] Unterlagen dazu in DL 2/1326.

[6] Seit April 1955 hatten DDR-Behörden wiederholt Schrott-Transporten aus Berlin (West) mit der Begründung, die Waren seien nicht korrekt deklariert worden, die Weiterfahrt erst nach Bezahlung einer Geldstrafe erlaubt. Einer AP-Meldung vom 23. Mai 1955 zufolge lagen zu diesem Zeitpunkt 20 Lastkähne und 14 Lastkraftwagen an den Zonengrenzkontrollstellen fest (vgl. Zeitgeschehen 1955, W 146; vgl. auch Berlin 1955–1956, S. 142, 179 und 243). Am 14. Juni 1955 war an der Grenzstelle Schnackenburg ein Schiff ganz beschlagnahmt worden (vgl. dazu den Vermerk vom 15. Juni 1955 in B 108/3485 und weitere Unterlagen zur Unterrichtung des Ministerpräsidenten der DDR Otto Grotewohl in NL Grotewohl NY 4090/376). Die Beschlagnahmen waren auch Gegenstand der Verhandlungen zwischen TSI und MAI am 7. Juli 1955 (vgl. das Protokoll vom 10. Aug. 1955 in B 102/20951).

[7] Zu der Besprechung Erhards und Westricks mit Vertretern der Wirtschaftsvereinigung Eisen- und Stahlindustrie sowie der Wirtschaftsvereinigung Ziehereien und Kaltwalzwerke am 9. Juli 1955 siehe den Vermerk von Woratz vom 15. Juli 1955 in B 102/20881.

Dr. Vockel bemerkt dazu, daß die Erstattung der Straßenbenutzungsgebühren monatlich z. Zt. 2 Mio. DM erfordere, darin seien noch 250 000 DM an Subventionen für Berliner Omnibusse enthalten. Durch die vom Bundesminister der Finanzen vorgeschlagene Neuregelung würden sich diese Erstattungsbeträge auf monatlich 1 Mio. DM reduzieren. Er stellt die Frage, ob es sich lohne, wegen der monatlichen Ersparnis von 1 Mio. DM Berlin in wirtschaftliche Schwierigkeiten zu bringen, weil unter Umständen im Gefolge der Neuregelung mit Preiserhöhungen in Berlin zu rechnen sei. Da vor der Viererkonferenz[8] sicherlich keine Ergebnisse aus Verhandlungen mit der Sowjetzone zu erwarten seien, sollte man aus politischen Gründen die Gebühren in der bisherigen Höhe weiterzahlen.

Min.Direktor Prof. Dr. Oeftering, BMF, erkennt die politischen Gesichtspunkte an. Er äußert jedoch Bedenken, daß ein Gewerbezweig, der durch höhere Gewalt eine Benachteiligung erleidet, aus dem öffentlichen Haushalt seinen entstandenen Schaden ersetzt erhält. Im übrigen werde sich die Belastung der Unternehmer mit den Interessenquoten nicht in voller Höhe auswirken, da diese Kosten steuerabzugsfähig seien, so daß der Unternehmer im Endeffekt nur etwa die Hälfte der Interessenquote zu tragen habe.

Der *Vizekanzler* folgt Min.Direktor Prof. Dr. Oeftering bezüglich der zahlenmäßigen Überlegungen. Er hält es jedoch für gefährlich, die vom Bundesminister der Finanzen geplante Regelung jetzt einzuführen, da dadurch nach außen hin der Eindruck entstehen könne, daß sich die Bundesregierung mit dem augenblicklichen Zustand abfinde. Die Subventionen sollten daher in der bisherigen Höhe weitergezahlt werden.

Bundesminister Dr. Tillmanns, Staatssekretär Dr. Westrick, Staatssekretär Sauerborn und die *Min.Dirigenten Haenlein*, BK, *Dr. van Scherpenberg*, AA, *Dr. Müller*, BMG, stimmen dem Vizekanzler zu.

Der *Vizekanzler* weist ergänzend darauf hin, daß der Bundeskanzler und er dem Regierenden Bürgermeister zugesichert hätten, mit ihm vor Änderung des Erstattungsverfahrens Verbindung aufzunehmen[9].

Zur Frage des weiteren Vorgehens auf dem Gebiete der Verhandlung über die Straßenbenutzungsgebühren weist der *Vizekanzler* darauf hin, daß Pankow aus Gründen des politischen Prestiges darauf bestehe, erneute Verhandlungen nur aufzunehmen, wenn das Bundesministerium für Verkehr sich mit dem sowjetzonalen Verkehrsministerium in Verbindung setze[10]. Dies wäre aber nicht die Fortführung eines bereits eingeleiteten Gespräches, sondern bedeute die Bitte um die Einleitung eines neuen Gesprächs. Der Bundeskanzler würde ein solches Verfahren als vollkommen unmöglich ablehnen.

---

[8] Zur Genfer Gipfelkonferenz vom 18. bis 23. Juli 1955 vgl. 93. Kabinettssitzung am 27. Juli 1955 TOP B (Kabinettsprotokolle 1955, S. 452–456).

[9] Am 15. Juni 1955 hatte Blücher dem Berliner Senator für Bundesangelegenheiten, Klein, „als amtierender Bundeskanzler zugesagt [...], eine Änderung des heutigen Standpunktes der Bundesregierung erst eintreten zu lassen, nachdem der Senat von Berlin Gelegenheit zu einer Äußerung gehabt hätte" (vgl. das Schreiben Kleins an Blücher vom 16. Juni 1955 in B 146/1696).

[10] Vgl. dazu den Vermerk Freunds vom 30. Juni 1955 in DL 2/1340.

Staatssekretär Dr. Westrick ist der Meinung, daß bei erneuter Kontaktaufnahme zwischen einem Vertreter des Bundesministeriums für Verkehr und des sowjetzonalen Verkehrsministeriums auf mittlerer Ebene kein Unterschied gegenüber der bisherigen Verhandlungsführung bestehe. Eine de facto-Anerkennung könne daraus nicht gefolgert werden. Er glaube nicht, daß die Sowjetzone ein derartiges Verfahren politisch ausschlachten werde. Falls sie dies tue, bestehe immer noch die Möglichkeit, in der westdeutschen Presse entsprechend zu antworten.

Bundesminister Dr. Tillmanns ist der Ansicht, daß man die Aufnahme von Verbindungen zwischen dem Bundesministerium für Verkehr und dem sowjetzonalen Verkehrsministerium nicht unbedingt als ein neues Gespräch zu betrachten brauche; es lasse sich vielmehr durchaus die Version vertreten, daß es eine Fortsetzung des alten Gesprächs sei. Er stelle in diesem Zusammenhang die Frage, ob es richtig sei, daß wir die Verhandlungen mit der Sowjetzone nach Maßstäben beurteilten, wie sie in den internationalen Beziehungen zwischen zwei souveränen Staaten angewandt würden. Man solle der durch die Spaltung Deutschlands entstandenen neuen Lage Rechnung tragen und verhandeln. Sollte die Gegenseite versuchen, diesen Verhandlungen einen politischen Charakter beizulegen, so sei immer für uns die Möglichkeit gegeben, dies in Abrede zu stellen.

Der *Vizekanzler* bemerkt hierzu, daß diese Grundsatzfrage eingehend überprüft werden müsse. Er ist der Ansicht, daß man eines Tages ohnehin vor die Notwendigkeit gestellt werde, mit der Sowjetzone auch über andere Probleme zu verhandeln und verweist in diesem Zusammenhang auf die bevorstehenden Verhandlungen über die Zusammensetzung des Deutschen Olympischen Komitees[11].

Dr. Vockel lehnt es ab, vor der Genfer Konferenz noch in eine neue Verhandlungsphase einzutreten, da die Sowjetzone vor dieser Konferenz jede Möglichkeit benutzen werde, um zu beweisen, daß sie ein souveräner Staat sei. Außerdem verspreche er sich auch keinen Erfolg von neuen Verhandlungen. Man solle zweckmäßigerweise den Ausgang der Genfer Konferenz abwarten und erst dann einen Entschluß über weitere Verhandlungen fassen.

Min.Dirigent Dr. van Scherpenberg, AA, weist darauf hin, daß entgegen der Anregung von Puschkin[12] kein Gespräch zwischen der Bundesrepublik und der Sowjetzone zustande gekommen sei[13], sondern nur eine einseitige Erklärung über die

---

[11] Am 12. Juni 1955 hatte in Paris ein Gespräch der Nationalen Olympischen Komitees (NOK) West und Ost mit dem Präsidenten des Internationalen Olympischen Komitees, Avery Brundage, stattgefunden, bei dem die Vertreter des NOK-Ost die Anerkennung eines eigenständigen NOK der DDR gefordert hatten. Am 27. Aug. 1955 vereinbarten NOK-West und NOK-Ost, zu den Olympischen Winter- und Sommerspielen 1956 in Cortina d'Ampezzo und Melbourne eine gesamtdeutsche Mannschaft aufzustellen (Protokolle vom 13. Juli und 27. Aug. 1955 in B 106/1810).

[12] Georgij Maximowitsch Puschkin (1909–1963). 1949–1952 Leiter der diplomatischen Vertretung der UdSSR in der DDR, 1952–1954 Leiter der Deutschlandabteilung des sowjetischen Außenministeriums, 1954–1958 als Nachfolger Wladimir S. Semjonows Hoher Kommissar und Botschafter in der DDR, 1959–1963 stellvertretender Außenminister der UdSSR.

[13] Zu dem Gespräch Puschkins mit den Botschaftern der Westmächte, Conant, François-Poncet und Hoyer Millar, am 20. Mai 1955 vgl. 83. Kabinettssitzung am 24. Mai 1955 TOP A (Kabinettsprotokolle 1955, S. 302–304). Puschkin hatte die Frage der Straßenbenutzungsgebühren

Herabsetzung der Straßenbenutzungsgebühren abgegeben wurde. Die Sowjetzone schulde uns insofern noch die Fortführung des Gesprächs. Zu der Bemerkung von *Bundesminister Dr. Tillmanns*, neue Formen der Gespräche zu suchen, weist er darauf hin, daß bisher schon Gespräche geführt wurden, die außerhalb der diplomatischen Gepflogenheiten liegen (Treuhandstelle). Bei der Entwicklung neuer Verhandlungsformen sei nicht zu übersehen, wie das Ausland diese beurteilen würde. Er zweifele daran, ob wir stets in der Lage sein würden, unsere Auffassung bezüglich der Gespräche im Ausland zur Geltung zu bringen. Man könne den Alliierten gegenüber darauf hinweisen, daß wir die von den Botschaftern vereinbarten Gespräche aufgenommen, die Gegenseite aber nicht verhandelt hätte. Es sei daraus die Möglichkeit gegeben, an die Botschafter heranzutreten und sie um neue Verhandlungen mit den Russen zu ersuchen.

Der *Vizekanzler* hält es für notwendig, den Westmächten gegenüber den Beweis zu führen, daß wir in technischen Besprechungen versucht haben, eine Lösung der Frage der Straßenbenutzungsgebühren zu erreichen. Der Abbruch des Gesprächs von sowjetzonaler Seite müsse den Alliierten deutlich vor Augen geführt werden, da sie sonst nicht bereit seien, die Angelegenheit in Genf wirksam zu vertreten. Dazu sähe er eine Möglichkeit darin, daß wir ganz formell eine Antwort auf die von unseren Unterhändlern vorgelegten 4 Fragen forderten. Wenn die Sowjetzone die Beantwortung ablehnen würde, könne man den Alliierten gegenüber aus dieser Tatsache den mangelnden Willen der Sowjetzone zur Führung von technischen Gesprächen schlüssig beweisen.

Staatssekretär Sauerborn bemerkt, daß die Sowjetzone versuche, im breiten Rahmen ihre Anerkennung zu erreichen. So habe sie die Mitgliedschaft in 8 internationalen Organisationen beantragt. Es sei ihm mit Mühe gelungen, ihre Aufnahme im Internationalen Arbeitsamt zu verhindern. Er habe bei allen internationalen Gremien darauf hingewiesen, daß es nur einen vertretungsberechtigten deutschen Staat gebe. Jede de facto-Anerkennung der Sowjetzone würde unsere Lage in den internationalen Organisationen erschweren[14].

Staatssekretär Dr. Westrick weist darauf hin, daß die Sowjetzone die Fortsetzung der Gespräche nicht verweigert, sondern nur sich außerstande erklärt habe, im Rahmen der Interzonenhandelsverhandlungen über die Straßenbenutzungsgebühren zu sprechen. Wenn die Alliierten in Genf die Angelegenheit ansprechen würden, so sei unter Umständen damit zu rechnen, daß der Vertreter der Sowjetunion auf diesen Tatbestand hinweisen würde und dadurch darlegen könnte, daß von Seiten

als eine Angelegenheit bezeichnet, die direkt zwischen den Regierungen der Bundesrepublik und der DDR verhandelt werden müßte.

[14] Die DDR hatte bis 1955 keiner weltweiten zwischenstaatlichen Organisation angehört, in der die Bundesrepublik Deutschland oder andere westliche Staaten vertreten waren. Anträge der DDR auf Aufnahme als Vollmitglied in die Economic Commission for Europe (ECE), die UNESCO, das Internationale Arbeitsamt, die Internationale Meteorologische Organisation, den Internationalen Fernmeldeverein, den Weltpostverein, den Weltweizenrat und den Weltzuckerrat waren bis dahin abgelehnt worden (vgl. die undatierte Aufzeichnung von Ende 1955/ Anfang 1956 in AA Abt. 7 (Az. 82.30), Bd. 1692).

der Bundesrepublik nicht alle Möglichkeiten zu Verhandlungen ausgeschöpft worden seien.

Min.Dirigent von Dorrer, BMV, entgegnet hierzu, daß er den sowjetzonalen Vertreter Seiffert[15] ausdrücklich gefragte habe, ob die von unserer Seite in der ersten Zusammenkunft gestellten 4 Fragen noch Gegenstand weiterer Verhandlungen sein würden, oder ob mit der einseitigen Erklärung des sowjetzonalen Verkehrsministeriums die Verhandlungen als abgeschlossen zu gelten hätten. Seiffert hätte erklärt, hiermit seien die Verhandlungen erledigt.

Bundesminister Dr. Tillmanns unterstützt die von Staatssekretär Dr. Westrick geäußerte Ansicht und glaubt, daß man auf eine Beantwortung der Fragen durch das sowjetzonale Verkehrsministerium bestehen müsse.

Min.Dirigent Dr. Ter-Nedden, BMV, ist demgegenüber der Ansicht, daß man nicht noch einmal an die Sowjetzone heranzutreten brauche. Es sei mit größter Wahrscheinlichkeit anzunehmen, daß die Sowjetzone die gleiche Antwort geben würde, die auch schon gegenüber Min.Dirigent von Dorrer geäußert worden sei. Es sei nunmehr an der Zeit, die Alliierten wieder einzuschalten.

Dr. Vockel stellt dem Vertreter des Bundesministeriums für Verkehr die Frage, ob der Bundesminister für Verkehr bereit sei, einen entsprechenden Auftrag an Min.Dirigenten von Dorrer zu geben.

Min.Dirigent Dr. Ter-Nedden, BMV, bejaht dies unter der Voraussetzung, daß das Kabinett oder der Kabinettsausschuß seinen Minister damit beauftrage.

Min.Dirigent Haenlein, BK, weist auf den bereits nahen Termin der Genfer Konferenz hin. Wenn man dort das ablehnende Verhalten der Sowjetzone rügen wolle, könne man keine neuen Feststellungen mehr über ihre Verhandlungswilligkeit treffen. Dies sei aber auch nicht nötig. Die Sowjetzone habe sich insofern ins Unrecht gesetzt, als sie die Gespräche der Verkehrssachverständigen einseitig beendet habe und außerdem nicht bereit gewesen sei, im Rahmen der Interzonenhandelsverhandlungen das Gespräch über die Straßenbenutzungsgebühren aufzunehmen.

Min.Dirigent Dr. Müller, BMG, tritt der Ansicht von Min.Dirigent Haenlein bei. Er ist der Ansicht, daß eine nochmalige Kontaktaufnahme zu nichts führen werde.

Der *Vizekanzler* glaubt, daß man eingehend überprüfen müsse, ob die damalige Antwort von Seiffert gegenüber Min.Dirigent von Dorrer ausreichend gewesen sei, um daraus gegenüber den Alliierten den Abbruch der Beziehungen der Verhandlungen von Seiten der Sowjetzone zu beweisen. Das scheine ihm nicht der Fall zu sein. Wenn wir die Westmächte einzuschalten gedächten, so müsse man wohl noch einmal Verbindung mit der Sowjetzone suchen. Dies sei um so leichter, als sich Min.Dirigent von Dorrer durchaus auf den Standpunkt stellen könne, daß der ihm erteilte Auftrag noch nicht zu Ende geführt worden sei.

Min.Dirigent Dr. van Scherpenberg, AA, unterstützt diese Auffassung des Vizekanzlers.

---

15 Gerhard Seiffert (gest. 23. April 1957). Leiter der Abteilung Verkehr und seit 1955 stellv. Leiter der Hauptverwaltung des Kraftverkehrs im Ministerium für Verkehrswesen der DDR.

Staatssekretär Dr. Westrick schlägt vor, die Verbindung in der Weise wieder anzuknüpfen, daß bei den Gesprächen von Min.Rat Dr. Woratz mit dem sowjetzonalen Vertreter Freund über den Interzonenhandel dieser aufgefordert werde, dem sowjetzonalen Vertreter Seiffert mitzuteilen, daß Min.Dirig. von Dorrer zu einer weiteren Besprechung zur Verfügung stehe.

Min.Dirigent Haenlein, BK, betont, daß man, wenn man sich zur Fortführung der Gespräche entschließe, nicht im ostzonalen Ministerium, sondern an einem neutralen Ort verhandeln solle.

Der *Vizekanzler* faßt unter Zustimmung der Mehrheit der Anwesenden das Ergebnis der Diskussion wie folgt zusammen:

1) Um die Alliierten dazu zu bestimmen, die Frage der Straßenbenutzungsgebühren auf der Genfer Konferenz mit Nachdruck zu behandeln, ist es notwendig, ihnen einen schlüssigen Beweis dafür zu liefern, daß die Sowjetzone technische Verhandlungen endgültig abgelehnt hat. Die bisherige Erklärung des sowjetzonalen Vertreters Seiffert ist nicht geeignet, diesen Beweis zu erbringen.
2) Min.Dirigent von Dorrer soll sich noch einmal an den sowjetzonalen Vertreter Seiffert wenden und die Beantwortung der von ihm in der ersten Sitzung vorgelegten 4 schriftlichen Fragen fordern.
3) Die Kontaktaufnahme zwischen beiden soll durch die Treuhandstelle in lockerster Form vermittelt werden.
4) Wenn die Antwort der sowjetzonalen Stellen negativ ausfällt, soll das Auswärtige Amt die Alliierten entsprechend unterrichten[16].

Außerhalb der T. O.:

[A.] Bereitstellung von Feriensonderzügen für westdeutsche Kinder aus der Bundesrepublik nach der Sowjetzone

Min.Dirigent Dr. Müller, BMG, teilt mit, daß die „Gemeinschaft frohe Ferien für alle Kinder“ (Bundesgeschäftsstelle Wilhelmshaven) bei der Bundesbahn beantrage habe, Feriensonderzüge für den Transport westdeutscher Kinder nach der Sowjetzone bereitzustellen. Die Deutsche Bundesbahn habe beim Bundesministerium für Verkehr angefragt, ob die Bundesregierung Bedenken habe, diese Sonderzüge zu stellen.[17]

---

[16] Obwohl Woratz bei den Verhandlungen am 7. Juli 1955 eine direkte Kontaktaufnahme des BMV mit dem MfV ablehnte, erklärte sich Seiffert zu einem weiteren Treffen mit von Dorrer bereit (vgl. die Vermerke von Hornschu vom 9. Juli 1955 in B 136/1498 und von Woratz vom 16. Juli 1955 in B 102/108146). Ein Treffen konnte nicht ermittelt werden. – Fortgang 91. Kabinettssitzung am 13. Juli 1955 TOP I (Kabinettsprotokolle 1955, S. 438) und 32. Ausschußsitzung am 21. Juli 1955 TOP 3.

[17] Siehe 79. Kabinettssitzung am 20. April 1955 TOP B (Kabinettsprotokolle 1955, S. 233 f.). – Seit 1954 organisierten die Zentrale Arbeitsgemeinschaft „Frohe Ferien für alle Kinder“ und ihre Landesbüros auf Einladung der Regierung der DDR kostenlose mehrwöchige Ferienaufenthalte in der DDR. Dabei handelte es sich nach Ansicht der Bundesregierung um den Ver-

Das Bundesministerium für Verkehr habe sich in dieser Angelegenheit mit dem Bundesministerium für gesamtdeutsche Fragen in Verbindung gesetzt. Dieses sei mit der Bereitstellung von Sonderzügen für diese Zwecke nicht einverstanden. Die Bereitstellung von Sonderzügen widerspreche auch dem Sinn eines Kabinettsbeschlusses, in dem als Gegenaktion zu dem von sowjetzonaler Seite gesteuerten Unternehmen ein erheblicher Betrag für die Erholung sowjetzonaler Kinder in Westdeutschland zur Verfügung gestellt worden sei. Andererseits sei bei Verweigerung der Wagengestellung mit Repressalien der Sowjetzone zu rechnen.

Min.Dirigent Dr. Ter-Nedden, BMV, warnt davor, den Eisenbahnverkehr zu politisieren.

Der Kabinettsausschuß sieht wegen der ungeklärten Rechtslage (Beförderungspflicht der Bundesbahn) davon ab, einen Beschluß zu fassen[18].

2. Erhöhung der Notenumlaufsgrenze **BMWi**

Präsident Dr. Bernard erklärt, daß die Erhöhung der Umlaufsgrenze zu keinen Bedenken Anlaß gäbe. Der Umlauf der Zahlungsmittel – Noten und Münzen – richte sich stets nach dem Umfang des Sozialprodukts, müsse also bei steigendem Sozialprodukt erhöht werden. Sowohl in Deutschland wie in anderen vergleichbaren Ländern stehe der Zahlungsmittelumlauf ziemlich konstant zum Volkseinkommen in einem Verhältnis, das zwischen 9 und 11 % liege[19].

Min.Dir. Prof. Dr. Oeftering, BMF, teilt mit, daß der Bundesminister der Finanzen dem Antrage des Bundesministers für Wirtschaft auf Erhöhung der Notenumlaufsgrenze auf 14 Mrd. DM zustimme. Er habe den Wunsch, daß bei Erhöhung der Noten-

---

such der direkten politischen Einflußnahme auf Kinder und Jugendliche durch die KPD und ihre Tarnorganisationen. Vgl. hierzu die Ansprache Thediecks vom 3. Mai 1955 im NWDR (Bulletin Nr. 83 vom 4. Mai 1955, S. 685 f.). Als „Gegenmaßnahme“ hatte das BMI für 1955 zusätzliche 400 000 DM für die Ausweitung der Kinder- und Jugenderholung in der Bundesrepublik zur Verfügung gestellt. – Unterlagen zur Aktion „Frohe Ferien für alle Kinder“ in B 106/16070–16072, B 136/1994, B 137/1087–1092 und B 153/1924.

[18] Mit Schreiben vom 27. Okt. 1955 teilte das BMG dem Bundeskanzleramt unter Berufung auf Zahlenangaben der Länder und des Bundesamtes für Verfassungsschutz mit, daß im Jahr 1955 30 000 Kinder aus der Bundesrepublik im Gegensatz zu 18 000 bis 20 000 Kindern im Jahr 1954 ihre Ferien in der DDR verbracht hätten (B 137/1088 und B 136/1994).

[19] Vorlage des BMWi vom 13. Juni 1955 in B 102/5730 und B 136/7337. Weitere Unterlagen in B 102/27504. – Nachdem im April 1955 der Notenumlauf in der Bundesrepublik Deutschland bis auf 358 Millionen DM an die bisherige Höchstgrenze von 13 Milliarden DM herangekommen war, hatte der Zentralbankrat der BdL am 11. Mai 1955 die Erhöhung der Notenumlaufsgrenze auf 14 Milliarden DM beschlossen (vgl. das Protokoll der 193. Sitzung des Zentralbankrates am 11. Mai 1955 in HA BBk B 330/85). Obwohl dieser Beschluß gemäß § 5 Absatz 2 des Emissionsgesetzes vom 20. Juni 1948 (WiGBl., Beilage Nr. 5) der Zustimmung von mindestens sechs Ländern, nicht aber der Bundesregierung bedurfte, hatte das BMWi es für „zweckmäßig [gehalten], daß auch die Bundesregierung – ebenso wie bei der Erhöhung der Umlaufsgrenze im Mai 1953 [vgl. hierzu 286. Kabinettssitzung am 10. April 1953 TOP 5: Kabinettsprotokolle 1953, S. 257 f.] und März 1954 – ihre Zustimmung“ erteile und in seiner Vorlage vom 13. Juni 1955 einen entsprechenden Beschluß im Umlaufverfahren beantragt. Auf Bitten des BMF sollte die Vorlage im Kabinett erörtert werden (vgl. den Vermerk aus dem Bundeskanzleramt vom 18. Juni 1955 in B 136/7337).

umlaufsgrenze eine Verstärkung der Münzausgabe ins Auge gefaßt werden solle. Der Bundesminister der Finanzen habe jedoch diese Vorlage zum Anlaß nehmen wollen, im Kabinett grundsätzliche Ausführungen zu der Gefahr inflationistischer Tendenzen der deutschen Volkswirtschaft zu machen. Es handele sich dabei in der Hauptsache um folgende Probleme:

a) Ungleichheit zwischen Produktivität und Lohnerhöhungen, z. B. Bergarbeiterlöhne[20];

b) Kreditgewährungen im Rahmen des Außenhandels, die zum Ungleichgewicht zwischen volkswirtschaftlicher Entwicklung und Geldumlauf führen könnten;

c) Abbau des Besatzungskostenüberhangs, wobei die bisher stillgelegten Gelder der öffentlichen Hand der Wirtschaft zuflössen und damit die Gefahr einer übermäßigen Geldversorgung eintrete[21].

In diesem Zusammenhang müßte auch das vom Bundesminister für Wirtschaft angekündigte Programm zur Konsumausweitung gesehen werden[22]. Auch die bedenkliche subjektive Einstellung weiter Bevölkerungsteile, ihre Anschaffungen auf dem Wege der Abzahlungsgeschäfte vorzunehmen, was bei vielen industriellen Unternehmen bereits zur Errichtung besonderer Lohnpfändungsabteilungen geführt habe, verdiene besondere Beachtung.

Staatssekretär Dr. Westrick bemerkt hierzu, daß die Konsumausweitung nur in einer volkswirtschaftlich gesunden Form erfolgen dürfe, bei der verhindert werden solle, daß sich der Verbrauch in erster Linie in Luxusgütern niederschlage, wobei z. B. Kühlschränke oder elektrische Waschmaschinen nicht zu den Luxusgütern zu rechnen seien.

Der *Vizekanzler* weist darauf hin, daß zwischen dem 20. und 30. August 1955 eine ganztägige Beratung des Kabinetts unter Hinzuziehung von Vertretern der Bank deutscher Länder stattfinden solle, in der die grundsätzlichen Fragen der kommenden Wirtschaftspolitik beraten werden sollten. Die von Min.Dir. Prof. Dr. Oeftering angeschnittenen Fragen könnten in diesem Rahmen mitbesprochen werden. Er werde eine Übersicht über die in dieser Sitzung zu erörternden Fragen aufstellen und den Ressorts zuleiten, damit diese rechtzeitig die Unterlagen erarbeiten könnten[23].

Außerdem solle auch die Sozialreform in einer weiteren ganztägigen Kabinettssitzung behandelt und ihre Auswirkung auf die allgemeine Wirtschaftspolitik erörtert werden.

---

20 Zum Tarifabschluß im Bergbau, der eine Lohnerhöhung um 9,5 % beinhaltete, vgl. 78. Kabinettssitzung am 30. März 1955 TOP F (Kabinettsprotokolle 1955, S. 214–220).

21 Zu den für die Besatzungskosten vorgesehenen, aber nicht abgerufenen Mitteln („Juliusturm") vgl. Kabinettsprotokolle 1954, S. LX sowie Kabinettsprotokolle 1956, S. 30 und 32 f.

22 Unterlagen zu dem Vorhaben des BMWi, den Kauf von hochwertigen Konsumgütern, insbesondere von Haushaltsgeräten durch steuerliche Begünstigungen und verbesserte Teilzahlungsbedingungen zu fördern (Konsumentenprogramm „Erhard hilft der Hausfrau"), in B 102/35963.

23 Eine entsprechende Kabinettsberatung konnte nicht ermittelt werden.

Min.Dirigent Haenlein, BK, schlägt vor, die an Hand der Übersicht des Vizekanzlers aufgestellten Unterlagen der Ressorts in einer Kabinettsausschußsitzung im Laufe des Monats August vorzuberaten[24].

Der Kabinettsausschuß billigt diesen Vorschlag[25].

[24] Vgl. die im BMZ erstellte Gegenüberstellung der Vorschläge der Ressorts zur Sozialreform vom 4. Juli 1955 in B 146/1753. – Die Sozialreform war Gegenstand der 91. Kabinettssitzung am 13. Juli 1955 TOP 1 (Kabinettsprotokolle 1955, S. 422–424). Der in dieser Kabinettssitzung eingesetzte Ministerausschuß für die Sozialreform trat am 16. Aug. 1955 zu seiner ersten Sitzung zusammen (Ministerausschuß für Sozialreform, S. 67–87).

[25] Nach der Billigung durch den Kabinettsausschuß wurde die Vorlage des BMWi im Umlaufverfahren genehmigt.

32. Sitzung des Kabinettsausschusses für Wirtschaft am Donnerstag, den 21. Juli 1955

Teilnehmer: Blücher, Seebohm, Tillmanns; Dahlgrün, Westrick, Sonnemann, Sauerborn, Bergemann, Thedieck; Bernard (BdL), Holtz (BMVt), Oeftering (BMF), Müller-Armack (BMWi), Engel (BMP), Fischer-Dieskau (BMWo), Grau (Bundeskanzleramt), Haenlein (Bundeskanzleramt), van Scherpenberg (AA), Ter-Nedden (BMV), von Dorrer (BMV), Middelmann (BMVt), Müller (BMG), Heise (BMZ), andere Vertreter der Bundesressorts. Protokoll: Hornschu.

Beginn: 10.00 Uhr — *Ende: 12.40 Uhr*

Ort: Bad Godesberg, Haus Carstanjen

Tagesordnung:

1. *Abmessungen, Achslast und Gesamtgewicht der Nutzkraftfahrzeuge und ihrer Anhänger*
   Vorlage des BMV vom 12. Juni 1955 (StV 7 - 4046 W/55).
2. *Anleihen der öffentlichen Hand auf dem Kapitalmarkt*
   Vorlage des BMF vom 30. Juni 1955 (II C/9 - LA 2116 - 48/55).
3. *Verhandlungen über Interzonenhandel und Straßenbenutzungsgebühren*
   Ohne Vorlage.

1. Abmessungen, Achslast und Gesamtgewicht der Nutzkraftfahrzeuge und ihrer Anhänger

BMV

Der *Vizekanzler* bemerkt einleitend, daß man die Erörterung des Problems in 2 Komplexe teilen müsse.

Einmal gelte es zu entscheiden, ob es politisch opportun sei, daß die Bundesregierung dem Bundesrat eine Rechtsverordnung zuleite, ohne den Initiativantrag des Bundestages (Drucksache 611) zu berücksichtigen. Wenn diese Frage entschieden sei, müsse dann der materielle Inhalt der Vorlage des Bundesministers für Verkehr vom 12.7. beraten werden.[1]

---

[1] Siehe 88. Kabinettssitzung am 30. Juni 1955 TOP 4 (Kabinettsprotokolle 1955, S. 397 f.). – Vorlagen des BMV vom 14. Juni 1955 und vom 12. Juli 1955 mit anliegenden Kopien der Schreiben von BMWo und BMWi in B 108/3384 und B 136/1536. Unterlagen in B 108/3382–3400. Zur Auseinandersetzung um die Herabsetzung der technischen Höchstmaße für Lastkraftwagen und Anhänger vgl. Klenke, Verkehrspolitik, S. 268–280. – Zur Verringerung der Unfallgefahr und um einer übermäßigen Abnutzung der Bundesautobahnen durch zu schwere und zu schnelle Lastkraftwagen entgegenzuwirken, hatte das BMV seit 1954 Verhandlungen mit Bundes- und Länderministerien über eine Verringerung der technischen Maße für Nutzkraftfahrzeuge mit dem Ziel einer Änderung der Straßenverkehrs-Zulassungs-Ordnung (StVZO) ge-

Der *Bundesminister für Verkehr* betont, daß er in seiner Vorlage vom 14. Juni vorgeschlagen habe, daß die Bundesregierung in diesem Sonderfall von dem Erlaß einer Rechtsverordnung absehen und nur zu dem Initiativantrag Stellung nehmen solle. Das Kabinett habe aber am 30. Juni sich seiner Ansicht nicht angeschlossen und ihn aufgefordert, eine Rechtsverordnung auszuarbeiten. Diese Rechtsverordnung solle allerdings zunächst nicht dem Bundesrat zugeleitet werden, sondern nur Unterlage für Verhandlungen mit dem Verkehrsausschuß des Bundestages sein, um eine Verständigung mit dem Parlament in sachlicher und verfahrensmäßiger Hinsicht anzustreben.

Min.Dir. Prof. Dr. Oeftering, BMF, macht darauf aufmerksam, daß im Kabinettsbeschluß vom 30. Juni 1955 festgelegt worden sei, die Verordnung mit den Koalitionsparteien zu besprechen.

Der *Bundesminister für Verkehr* bemerkt hierzu, daß bei einer Besprechung mit den Koalitionsparteien diese ihre Verkehrsexperten delegieren würden, die zum überwiegenden Teil dem Verkehrsausschuß des Bundestages angehören.

In Ergänzung dazu führt *Staatssekretär Dr. Bergemann* aus, daß es gleichwohl empfehlenswert sein werde, mit den Koalitionsparteien zu sprechen, um dem Ergebnis der Kabinettsberatung vom 30.6.1955 auch insoweit Rechnung zu tragen.

Der *Vizekanzler*, der hiergegen keine Bedenken erhebt, schlägt vor, zu versuchen, sich mit dem Verkehrsausschuß zu einigen mit dem Ziel, eine Rechtsverordnung der Bundesregierung mit Zustimmung des Bundesrates zu erlassen. Nur so sei gewährleistet, daß ein ausgeglichenes Ergebnis erzielt werde, denn bei Verabschiedung eines Gesetzes durch den Bundestag könne das Ergebnis durch Zufallsentscheidungen über die verschiedenen technischen Fragen sehr uneinheitlich werden.

Der Kabinettsausschuß folgt diesem Vorschlag.

Sodann trägt der *Bundesminister für Verkehr* anhand seiner Vorlage vom 12. Juli 1955 vor.

Achslast

Der *Bundesminister für Verkehr* führt aus, daß das Kernstück der gesamten Verordnung die Beschränkung der Achslast auf 8 t sei. Durch die Erhöhung der Geschwin-

---

führt. Obwohl Adenauer die Forderung des Verkehrsausschusses des Bundestags nach Beteiligung an diesem Verfahren als Eingriff der Legislative in die Rechte der Exekutive zurückgewiesen hatte, hatte Seebohm dem Kabinett in seiner Vorlage vom 14. Juni 1955 vorgeschlagen, die vorgesehene Rechtsverordnung zurückzustellen und stattdessen eine Stellungnahme zu dem Initiativentwurf eines Gesetzes „zur Bekämpfung von Unfällen im Straßenverkehr" der Abgeordneten Müller-Hermann, Donhauser und Genossen vom 18. Juni 1955 (BT-Drs. 611) abzugeben, der u. a. eine Reduzierung der Höchstlänge von Lastzügen von 20 m auf 18 m und die Verringerung des zulässigen Gesamtgewichts von 40 t auf 32 t vorsah. Auf Beschluß des Kabinetts vom 30. Juni 1955 hatte Seebohm am 12. Juli 1955 den Entwurf einer Änderung der StVZO vorgelegt, der eine Reduzierung der höchstzulässigen Achslast bei Einzel- und Doppelachsen von 10 t bzw. 16 t auf 8 t bzw. 12 t, der höchstzulässigen Gesamtlänge eines Lastzuges von 20 m auf 14 m und des höchstzulässigen Gesamtgewichts von 40 t auf 24 t vorsah, obwohl der BMWo bereits am 2. Mai 1955 und der BMWi am 10. Mai 1955 mitgeteilt hatten, daß ihnen die vom BMV geplanten Reduzierungen zu weit gingen.

digkeit der Lastkraftfahrzeuge richte die bisher zugelassene 10 t-Achse sehr schwere Schäden an. Es sei anzunehmen, daß schätzungsweise 200 Mio. DM an Straßenunterhaltungskosten aufgewendet würden zum Ausgleich der Schäden, die durch die 10 t-Achse verursacht würden. Hinzu komme, daß die Lastkraftfahrzeuge erfahrungsgemäß erheblich überladen würden. Die Bundesregierung müsse auf eine Lösung für längere Dauer abstellen, und das werde mit der 8 t-Achse erreicht, oder aber man müsse den gegenwärtigen Zustand beibehalten und solle dann am besten gar nichts unternehmen.

Staatssekretär Dr. Westrick bezieht sich auf die Stellungnahme des Bundesministers für Wirtschaft vom 10. Mai 1955 (Anl. 6 der Vorlage des Bundesministers für Verkehr vom 12. Juli 1955) und weist darauf hin, daß das Bundesministerium für Wirtschaft aus wirtschaftspolitischen Gesichtspunkten seine Zustimmung zur 8 t-Achse nicht geben könne[2]. Er fragt nach der Stellungnahme der Länder zum Problem der Achslast. Die Wirtschaftsminister der Länder jedenfalls hätten dem Bundesminister für Wirtschaft gegenüber erklärt, daß sie die 8 t-Achse nicht akzeptieren könnten[3].

Der *Bundesminister für Verkehr* erklärt, daß die Stellungnahme der Wirtschafts- und Verkehrsminister der Länder uneinheitlich sei. Länder mit Lastkraftwagen-Fabriken neigten der Konzeption des Bundesministers für Wirtschaft zu, während Länder ohne Lastkraftwagen-Fabriken sich die Stellungnahme der Baulastträger zu eigen machten und die Konzeption des Bundesministers für Verkehr unterstützten. Es sei anzunehmen, daß sich die Wirtschaftsminister in den Länderkabinetten nicht durchsetzen würden. Ob sich eine Mehrheit für die Verordnung im Bundesrat ergeben werde, sei nicht absolut sicher, aber wahrscheinlich. Im übrigen sehe auch das Genfer Abkommen von 1949[4] nur eine höchstzulässige Achslast von 8 t vor.

Der *Vizekanzler* ist der Ansicht, daß man heute zu einer endgültigen Entscheidung kommen müsse, weil die Bundesregierung gegenüber dem Verkehrsausschuß des

---

[2] In seiner Stellungnahme hatte das BMWi sich für eine Höchstgrenze von 10 t ausgesprochen. Als Folge der vom BMV vorgeschlagenen Reduzierungen hatte es erhebliche Frachtverteuerungen in Aussicht gestellt, da die Zahl der Fahrzeuge und Fahrten zunehmen sowie die Fahrzeuge und deren Unterhalt teurer würden; dadurch würde auch der bereits bestehende Arbeitskräftemangel im Transportgewerbe vergrößert. Von der Neuregelung wären insbesondere die Zonenrandgebiete betroffen, da hier ein Übergang vom LKW auf die Eisenbahn nur bedingt möglich wäre. Insgesamt wären 57 000 Fahrzeuge mit einem Gesamtwert von 1 Milliarde DM betroffen. Für die Kraftfahrzeugindustrie bedeute die Neuregelung, daß Schwerfahrzeuge im Inland nicht mehr abgesetzt werden könnten, ohne ausreichende Inlandsbasis ein wettbewerbsfähiger Export nicht mehr möglich wäre und Produktionsstätten stillgelegt werden müßten. Schließlich wäre es nicht mehr möglich, die für den militärischen Bedarf benötigten Fahrzeuge aus der laufenden Produktion zu entnehmen (B 108/3398).

[3] Unterlagen zu den Verhandlungen mit den Ländern in B 108/3382 f.

[4] Gemeint ist das Abkommen über den Straßenverkehr vom 19. Sept. 1949, das eine Angleichung der Verkehrsvorschriften in den Staaten Westeuropas vorsah (Druck in UNTS, Bd. 125, Nr. 1671). Mit Schreiben vom 25. Febr. 1954 hatte die Bundesregierung dem Bundestag einen Gesetzentwurf über den Beitritt der Bundesrepublik Deutschland zu diesem Abkommen übersandt (BT-Drs. 291). Das Gesetz kam in der 2. Legislaturperiode aber nicht zustande.

Bundestages eine einheitliche Haltung einnehmen müsse, und auch der Wirtschaft nicht zugemutet werden könne, länger im Ungewissen zu bleiben.

Min.Dir. Dr. Fischer-Dieskau, BMWo, bezieht sich auf die Stellungnahme des Bundesministers für Wohnungsbau vom 2. Mai 1955 (Anl. 7 der Vorlage des Bundesministers für Verkehr vom 12. Juli 1955)[5]. Er hat die Sorge, daß durch die geplante Neuregelung unter Umständen Tendenzen zur Preissteigerung auf dem Bausektor ausgelöst werden könnten. Der Bundesminister für Wohnungsbau unterstütze daher die Auffassung des Bundesministers für Wirtschaft.

Der *Bundesminister für Verkehr* erwidert hierzu, daß seiner Meinung nach preissteigernde Tendenzen im Wohnungsbau nicht auftreten werden; der für den Wohnungsbau besonders wichtige Nahverkehr werde von der Neuregelung praktisch kaum betroffen. Auch das Verkehrsfinanzgesetz[6] habe entgegen den seinerzeitigen Befürchtungen des Bundesministers für Wohnungsbau irgendwelche Preiserhöhungen weder auf dem Gebiete des Wohnungsbaues noch auch auf sonstigen Gebieten gebracht.

Min.Dirig. Dr. van Scherpenberg, AA, macht darauf aufmerksam, daß nach dem Straßenverkehrsabkommen jeder Staat die Möglichkeit habe, die Bedingungen für den innerstaatlichen Verkehr festzusetzen. Im grenzüberschreitenden Verkehr könne man diese Bestimmungen nicht zur Anwendung bringen. Es würden also zwangsläufig auch ausländische Lastzüge über 14 m Länge die Straßen in der Bundesrepublik befahren können.

Der *Bundesminister für Verkehr* bestätigt dies, weist aber darauf hin, daß diese Lastzüge nach dem Genfer Abkommen nur die 8 t-Achse haben dürfen.

Staatssekretär Dr. Sonnemann erklärt, daß die Bewegung von landwirtschaftlichen Maschinenaggregaten auf den Straßen einer Ausnahmeregelung bedürfe. Das gleiche gelte für Spezialfahrzeuge der Ernährungswirtschaft, z. B. Milchtransportwagen. Die Holzwirtschaft habe darauf verwiesen, daß sie durch die einschränkenden Bestimmungen der Verordnung nicht mehr in der Lage sei, die notwendigen Schnittlängen zu transportieren. Aus dem übergeordneten Gesichtspunkt der Erhöhung der Verkehrssicherheit und des Schutzes des Menschen wolle der Bundesminister für Ernährung, Landwirtschaft und Forsten seine Bedenken jedoch zurückstellen und stimme dem Verordnungsentwurf des Bundesministers für Verkehr zu. Allerdings erwarte er ein Entgegenkommen des Bundesministers für Verkehr bei der Einführung von Sonderregelungen für die von ihm genannten Fälle.

Der *Bundesminister für Verkehr* stellt dies in Aussicht.

Min.Rat Albrecht, BMP, bringt den Wunsch des Bundesministers für das Post- und Fernmeldewesen vor, die 10 t-Achslast zuzulassen. Die 8 t-Achse wirke sich auf

---

[5] Das BMWo hatte in seiner Stellungnahme auf eine durch die Neuregelung bedingte tägliche Frachtlücke von mindestens 367 000 t hingewiesen, die zum größten Teil im Nahverkehr auftreten würde. Um die Durchführung des Wohnungsbauprogramms nicht durch mangelnden Transportraum zu gefährden, wollte das BMWo einer Reduzierung der technischen Maße nur entsprechend der Genfer Konvention zustimmen (B 108/3398).

[6] Verkehrsfinanzgesetz vom 6. April 1955 (BGBl. I 166). – Vgl. hierzu 73. Kabinettssitzung am 2. März 1955 TOP 1 (Kabinettsprotokolle 1955, S. 160–163).

die Gesamtlänge der Züge aus und bringe für die Post den Nachteil, daß der Päckerei-Kraftpostdienst beeinträchtigt werde. Hinzu komme, daß bei einer zwangsläufigen Vermehrung der Kraftfahrzeuge durch den Verordnungsentwurf sich Schwierigkeiten dadurch ergeben würden, daß die notwendige Anzahl Kraftfahrer nicht mehr zu erhalten sei. Die Zuglänge solle nicht auf 14 m, sondern auf 18 m festgelegt werden.

Min.Dir. Dr. Holtz, BMVert., teilt mit, daß 25 % der Fahrzeuge, die für die deutschen Streitkräfte benötigt würden, durch die Neuregelung betroffen würden. Das Bundesministerium für Verteidigung könne diese Fahrzeuge dann nicht mehr aus der zivilen Produktion entnehmen, sondern müsse Sonderfabrikationen anfordern, die sich erheblich teurer stellen würden.

Auch im Mob[ilmachungs]-Falle sei das Bundesministerium für Verteidigung nicht in der Lage, sich den notwendigen Fahrzeugbedarf durch Anfordern der zivilen Fahrzeuge zu beschaffen.

Das Bundesministerium für Verteidigung wolle jedoch aus übergeordneten Gesichtspunkten die Verordnung nicht ablehnen und erhebe daher keinen Einspruch.

Staatssekretär Sauerborn spricht sich für die Vorlage des Bundesministers für Verkehr aus, da vor allem die Sicherheit des Menschen im Straßenverkehr gewährleistet werden müsse. Er verweist insbesondere auf die Kosten, die bei den Berufsgenossenschaften durch die Verkehrsunfälle entstehen und teilt mit, daß diese bereits 10 % der gesamten Kosten der Berufsgenossenschaften überschritten haben und in absehbarer Zeit die 20 %-Grenze erreichen würden.

Min.Dir. Prof. Dr. Oeftering, BMF, bezeichnet die Sicherheit auf der Straße als das Hauptanliegen des Bundesministers der Finanzen und stimmt daher der Vorlage des Bundesministers für Verkehr zu. Der Bundesminister der Finanzen nehme aus diesem Grunde sogar die voraussichtlich infolge der Verordnung eintretenden Steuerminderungen in Kauf. Im übrigen hoffe er, daß Forschung und Konstruktion in der Lage sein dürften, mit Schwierigkeiten, die durch die Neuordnung hervorgerufen würden, fertig zu werden.

Der *Vizekanzler* ist der Auffassung, daß, ungeachtet der hier gegen die Einführung der 8 t-Achse erhobenen Bedenken, ein Weg für die echte Entlastung der Straße angesichts der sich zuspitzenden Verhältnisse gefunden werden müsse. Ein besserer Vorschlag als der der Vorlage des Bundesministers für Verkehr sei nicht ersichtlich. Daher stimme er der Vorlage bezüglich der Achslast zu.

Sodann stellt er fest, daß der Kabinettsausschuß der Vorlage des Bundesministers für Verkehr hinsichtlich der Beschränkung der Achslast auf 8 t mit Mehrheit zustimmt.

Länge

Der *Bundesminister für Verkehr* erklärt, daß die vorgeschlagene Höchstlänge eines Lastzuges von 14 m zu der soeben gebilligten 8 t-Achse und dem daraus sich ergebenden höchstzulässigen Gesamtgewicht von 24 t im richtigen Verhältnis stehe. Über eine Lastzuglänge von 14 m empfehle es sich auch deshalb nicht hinauszugehen, da sonst der vom Kabinett, Bundestag und Bundesrat gewünschte verstärkte Einsatz von Sattelkraftfahrzeugen beeinträchtigt werde. Für das Sattelfahrzeug sei eine Länge von 13 m vorgesehen.

Omnibusanhänger

Der *Bundesminister für Verkehr* macht darauf aufmerksam, daß Kraftomnibusse mit Anhängern für Personenbeförderung durch ihre Länge immer wieder Störungen des Verkehrsflusses verursachen. Bei einer weiteren Zunahme des Verkehrs könnten sie in den Städten nicht mehr zugelassen werden. Mit dem Fortfall des Anhängers müsse man zum Ausgleich für das verringerte Platzangebot zu Doppelstock-Fahrzeugen und Gelenkfahrzeugen übergehen.

Min.Rat Albrecht, BMP, bemerkt hierzu, daß der Doppelstock-Omnibus auf den von der Bundespost befahrenen Nebenstrecken nicht eingesetzt werden könne. Auch das Gelenkfahrzeug bringe wirtschaftliche Nachteile, weil es nur in den Spitzenzeiten ausgenutzt werde. Man solle daher Anhänger für Personenbeförderung in den Spitzenzeiten zulassen[7].

Staatssekretär Sauerborn spricht sich gegen etwaige Tariferhöhungen durch Einsatz von Doppelstock- und Gelenkfahrzeugen aus, betont aber ausdrücklich, daß sie notfalls in Kauf genommen werden müßten, da es in erster Linie gelte, die Sicherheit des Menschen zu gewährleisten.

Geschwindigkeitsbeschränkungen

Staatssekretär Dr. Westrick stellt die Frage, ob nicht zur Entlastung der Straße und zur Herstellung einer größeren Verkehrssicherheit Geschwindigkeitsbeschränkungen vorgesehen werden sollten. Infolge der vom Bundesminister für Verkehr vorgesehenen Begrenzung der Lastzuglänge würden die Lastkraftfahrzeuge noch schneller fahren.

Der *Bundesminister für Verkehr* führt hierzu aus, daß die ungleichmäßige Geschwindigkeit der Fahrzeuge das größte Hemmnis im Verkehr bilde. Nach Möglichkeit sollten alle Fahrzeuge dieselbe Geschwindigkeit haben, da dann die gefährlichen Überholungsvorgänge wegfielen. Es sollte vermieden werden, die Geschwindigkeit bestimmter Fahrzeuggruppen zu beschränken, da dadurch die Verkehrssicherheit wegen der Überholungsvorgänge gefährdet werde. Außerdem sei es auch sehr schwierig und kostspielig, angeordnete Geschwindigkeitsbeschränkungen zu überwachen. Die Kontrolle hierüber, die den Ländern zustehe, reiche nicht aus.

Der Kabinettsausschuß stimmt sodann den Vorschlägen des Bundesministers für Verkehr bezüglich der Höchstlängen und des Verbots der Omnibusanhänger zu.

Frist zur Inkraftsetzung der Verordnung

Der *Bundesminister für Verkehr* weist darauf hin, daß 2 Fristen vorgesehen seien:

[7] Zur Haltung des BMP vgl. dessen Stellungnahme vom 19. Juli 1955 in B 108/3398.

a) die Frist, nach der nur noch Fahrzeuge der neuen Abmessungen zum Verkehr zugelassen werden dürfen (mit der Folge der entsprechenden Umstellung der Produktion); diese solle 1 ½ Jahre, keinesfalls aber mehr als 2 Jahre betragen.

b) die Frist für das Auslaufen der im Betrieb befindlichen Fahrzeuge; für diese Frist seien 4 Jahre vorgeschlagen.

Der erste Termin solle so kurz wie möglich sein, zumal auch der Industrie nach der getroffenen Entscheidung an einer möglichst schnellen Umstellung gelegen sei.

Staatssekretär Dr. Westrick schlägt für die erste Frist 2 ½ Jahre vor und wünscht auch eine Verlängerung der Auslauffrist im Interesse der Kraftfahrzeughalter.

Der *Vizekanzler* bemerkt hierzu, es sei vorauszusehen, daß die Verordnung im Parlament sehr heiß umstritten werde. Man solle deshalb jetzt nicht zu weit entgegenkommen. Die Auslauffrist solle nach seiner Meinung statt vier Jahre fünf Jahre betragen. Hinsichtlich des ersten Termins spricht er sich für eine möglichst kurze Frist aus. Bei der dementsprechenden Wahl des Termins solle man den Saisongesichtspunkt berücksichtigen und daher den 1.4.57 wählen, da erfahrungsgemäß gerade im Frühjahr sehr viele Neuzulassungen für Kraftwagen beantragt werden.

Der *Bundesminister für Verkehr* und auch *Staatssekretär Dr. Westrick* schließen sich den Vorschlägen des Vizekanzlers an.

Min.Rat Albrecht, BMP, macht darauf aufmerksam, daß auch bei Verlängerung des Auslauftermins auf 5 Jahre die Post zahlreiche Fahrzeuge werde aus dem Verkehr nehmen müssen. Er stellt die Frage, ob es möglich sei, eine Ausnahmegenehmigung für die Deutsche Bundespost zu erhalten, da auch viele kleinere Fahrzeuge des Päckerei-Kraftpostdienstes durch die Neuregelung betroffen würden.

Der *Bundesminister für Verkehr* hält Ausnahmen nicht für angebracht.

Der *Vizekanzler* hält es nicht für erforderlich, diese Frage bereits jetzt zu verfolgen. Sie müßte unter Umständen, falls dies dann noch notwendig sei, bei Ablauf der Frist erörtert werden.

Der Kabinettsausschuß beschließt entsprechend den Vorschlägen des Vizekanzlers[8].

2. Anleihen der öffentlichen Hand auf dem Kapitalmarkt **BMF und BMP**

a) Anleihe der Deutschen Bundespost

Vor Erörterung der Inanspruchnahme des Kapitalmarktes durch den Lastenausgleichsfonds weist der *Vizekanzler* auf die Vorlage des Bundesministers für das Post- und Fernmeldewesen vom 16.7.1955 hin, in dem dieser gebeten hat, die erste Tranche der Postanleihe auf 125 Mio. DM zu erhöhen[9]. Er stimme diesem Wunsche des Bundesministers für das Post- und Fernmeldewesen zu.

---

[8] Fortgang 39. Ausschußsitzung am 15. Nov. 1955 TOP A.

[9] Siehe 83. Kabinettssitzung am 24. Mai 1955 TOP 3 (Kabinettsprotokolle 1955, S. 313 f.). – Vorlage des BMP vom 23. April 1955 in B 257/28937 und B 136/1583. – Das BMP hatte in seiner Vorlage vom 23. April 1955 für das Rechnungsjahr 1955 einen Anleihebedarf von 250 Millionen DM angemeldet. Das Kabinett hatte am 24. Mai 1955 einer Anleihe der Bundespost in zwei Tranchen zu je 100 Millionen DM zugestimmt. Da die Lastenausgleichsanleihe bereits

Staatssekretär Dr. Westrick und *Ministerialdirektor Prof. Dr. Oeftering* [BMF] erklären sich damit einverstanden, wobei *Ministerialdirektor Prof. Dr. Oeftering* [BMF] noch darauf hinweist, daß die zweite Tranche der Postanleihe dann nur noch 75 Mio. DM umfasse.

Ministerialdirektor Dr. Engel, BMP, bestätigt dies und gibt als Bedingungen der Anleihe bekannt: 5 ½% Verzinsung, Laufzeit 12 Jahre, Ausgabekurs 98 [%].

Ministerialdirektor Prof. Dr. Oeftering, BMF, empfiehlt unter Zustimmung von *Staatssekretär Dr. Westrick*, auf Grund der Erfahrungen mit der in den letzten Wochen aufgelegten Lastenausgleichsanleihe (250 Mio. DM) den Ausgabekurs auf 98 ½ [%] zu erhöhen.

Präsident Dr. Bernard tritt dem Vorschlag von Ministerialdirektor Prof. Dr. Oeftering bei. Er empfiehlt aber, nur festzulegen, daß die Post den Versuch machen soll, diesen Ausgabekurs zu erreichen. Sollten sich Schwierigkeiten ergeben, so müsse die Post die Möglichkeit haben, auch unter 98 ½% an den Markt heranzutreten.

Der *Vizekanzler* hält es für wünschenswert, möglichst etwas über 98 % hinauszugelangen.

Der Kabinettsausschuß stimmt der Erhöhung der ersten Tranche der Postanleihe um 25 Mio. DM auf 125 Mio. DM zu. Es soll versucht werden, den Ausgabekurs über 98 % hinaus möglichst bis auf 98 ½% zu verbessern.

b) Inanspruchnahme des Kapital- oder Geldmarktes durch den Ausgleichsfonds

Präsident Dr. Bernard bittet, den endgültigen Beschluß, ob die über die beiden Tranchen hinausgehenden 500 Mio. DM auf dem Kapital- oder Geldmarkt[10] aufgenommen werden sollen, zunächst noch zu vertagen, da seiner Ansicht nach die Beträge erst später in Anspruch genommen werden müßten und die Marktsituation in diesem Zeitpunkt heute noch nicht überblickt werden könne[11].

Ministerialdirektor Prof. Dr. Oeftering, BMF, weist darauf hin, daß der Wirtschafts- und Finanzplan des Bundesausgleichsamtes so schnell wie möglich sanktioniert werden müsse. Man solle daher heute den Gesamtrahmen von 900 Mio. DM festle-

---

nach zwei Zeichnungstagen voll gezeichnet war, hatte das BMP angesichts der Aufnahmefähigkeit des Kapitalmarktes mit Vorlage vom 16. Juli 1955 die Erhöhung der ersten Tranche der Postanleihe auf 125 Millionen DM beantragt (B 257/28937 und B 136/1583).

[10] Während auf dem Geldmarkt ausschließlich Zentralbankgeld zwischen Geschäftsbanken durch Kredite oder den Handel mit Geldmarktpapieren mit vergleichsweise kurzen Laufzeiten (Schatzwechsel des Bundes, der Länder, der Bundesbahn oder der Bundespost) ausgetauscht wird, werden auf dem Kapitalmarkt langfristige, durch Wertpapiere verbriefte Kredite vergeben.

[11] Siehe 30. Ausschußsitzung am 24. Juni 1955 TOP 4 und 91. Kabinettssitzung am 13. Juli 1955 TOP 8 (Kabinettsprotokolle 1955, S. 431). – Vorlage des BMF vom 30. Juni 1955 in B 126/17659 und B 136/6571. – Das BMF hatte eine Entscheidung der Bundesregierung über die in den Wirtschafts- und Finanzplan des Bundesausgleichsamts für das Rechnungsjahr 1955 einzusetzenden Vorfinanzierungsmittel (400 Millionen DM als Anleihe und 500 Millionen DM aus Kapital- oder Geldmarktmitteln) beantragt, damit auf dieser Grundlage der Wirtschafts- und Finanzplan verabschiedet werden könne. – Vgl. den „Wirtschafts- und Finanzplan für das Rechnungsjahr 1955" vom 15. Juli 1955, veröffentlicht in: Amtliches Mitteilungsblatt des Bundesausgleichsamtes Nr. 13 vom 10. Aug. 1955, S. 198–203.

gen. Der Beschluß über die Ausfüllung dieses Rahmens könne dann vertagt werden. Er schlägt dem Kabinettsausschuß vor, folgenden Beschluß zu fassen:

„Der Ausgleichsfonds wird ermächtigt, in seinem Wirtschafts- und Finanzplan 1955 über die schon aus früheren Jahren übernommenen 400 Mio. DM (davon inzwischen 250 Mio. DM aufgelegt[12]) hinaus neu insgesamt 500 Mio. DM als Einnahme aus Kreditaufnahme zu veranschlagen. Die Beträge sollen, soweit möglich, auf dem Kapitalmarkt, im übrigen auf dem Geldmarkt aufgenommen werden. Über Zeitpunkt und sonstige Modalitäten der Inanspruchnahme dieser Ermächtigung entscheidet der Bundesminister der Finanzen im Benehmen mit den beteiligten Bundesministern und der Bank deutscher Länder."

Für die Inanspruchnahme des Geldmarktes durch den Ausgleichsfonds ist der Betrag von 500 Mio. DM als absolute Grenze zu betrachten, deren Erhöhung in den nachfolgenden Rechnungsjahren nicht in Aussicht gestellt werden kann.

Staatssekretär Dr. Westrick ist mit dem Beschluß einverstanden, bittet aber, anstelle des Wortes „Benehmen" das Wort „Einvernehmen" zu setzen.

Der *Vizekanzler* unterstützt den Wunsch von Staatssekretär Dr. Westrick, da die Zuständigkeit des Bundesministers für Wirtschaft für Fragen des Geld- und Kapitalmarktes nicht in Zweifel gesetzt werden dürfe.

Ministerialdirektor Prof. Dr. Oeftering, BMF, will das Einvernehmen nur zwischen dem Bundesminister der Finanzen und dem Bundesminister für Wirtschaft festgelegt wissen, während es für die übrigen beteiligten Ressorts und die Bank deutscher Länder beim Benehmen verbleiben müsse. Er schlägt deshalb vor, den Satz wie folgt zu fassen:

„Über Zeitpunkt und sonstige Modalitäten der Inanspruchnahme dieser Ermächtigung entscheidet der Bundesminister der Finanzen im Einvernehmen mit dem Bundesminister für Wirtschaft und im Benehmen mit den beteiligten Bundesministern und der Bank deutscher Länder."

Präsident Dr. Bernard weist darauf hin, daß die Bank deutscher Länder Bedenken habe, die Leistungen des Lastenausgleichs zu weit vorzuziehen. Sie füge sich aber der politischen Entscheidung. Bezüglich der Inanspruchnahme des Geldmarktes durch den Lastenausgleichsfonds müsse er aber darauf hinweisen, daß die Bank deutscher Länder Papiere des Lastenausgleichsfonds auf dem Geldmarkt nur anbieten könne, wenn eine Bürgschaft des Bundesministers der Finanzen vorliege.

Ministerialdirektor Prof. Dr. Oeftering, BMF, verweist auf die Vorlage des Bundesministers der Finanzen vom 10. Juni 1955, in der dies bereits zugestanden sei[13].

Ministerialdirektor Dr. Fischer-Dieskau, BMWo, erklärt unter Hinweis auf die Vorlage des Bundesministers für Wohnungsbau vom 6. Juli 1955, daß sein Minister

---

[12] Die Zeichnungsfrist für die Anleihe der Lastenausgleichsbank hatte am 11. Juli 1955 begonnen und sollte bis zum 23. Juli 1955 dauern. Bereits am 14. Juli 1955 waren alle Anteile der Anleihe in Höhe von 250 Millionen DM gezeichnet gewesen (Unterlagen in B 126/10514).

[13] Vorlage des BMF vom 10. Juni 1955 in B 126/10514 und B 136/6571.

den Wunsch gehabt habe zu prüfen, ob eine echte Notwendigkeit bestehe, kurzfristige Schuldtitel des Lastenausgleichsfonds auf dem Geldmarkt unterzubringen. Wenn dem Ausgleichsfonds ein Spitzenbetrag an Fremdmitteln zugeführt werden müsse, so habe er es für geboten gehalten, die Mittel nicht ausschließlich zu konsumptiven Zwecken (Hausratshilfe) einzusetzen, sondern einen Betrag von 150 Mio. DM zur Aufstockung des Ansatzes für Aufbaudarlehen zu verwenden[14].

Der Kontrollausschuß habe indessen in der letzten Woche im endgültigen Plan auf der Einnahmeseite Fremdmittel in Höhe von 900 Mio. DM eingesetzt und gleichzeitig etwa 110 Mio. DM über die im vorläufigen Plan vorgesehenen Beträge hinaus für Aufbaudarlehen zur Verfügung gestellt[15].

Obwohl den Wünschen seiner Kabinettsvorlage nicht voll entsprochen worden sei, werde der Bundesminister für Wohnungsbau seine Bedenken zurückstellen.

Der Kabinettsausschuß billigt die von Ministerialdirektor Prof. Dr. Oeftering vorgeschlagene Beschlußfassung unter Berücksichtigung der oben festgelegten Formulierungsänderungen.

Auf die Frage von *Ministerialrat Dr. Käss*, BMF, fügt der Vizekanzler hinzu, daß die Angelegenheit nicht mehr im Kabinett erörtert zu werden brauche, da das Kabinett die endgültige Beschlußfassung in dieser Angelegenheit auf den Kabinettsausschuß delegiert habe[16].

3. Verhandlungen über Interzonenhandel und Straßenbenutzungsgebühren

BMWi und BMV

Der *Bundesminister für Verkehr* bittet, diesen Punkt der Tagesordnung heute nicht zu behandeln und weist darauf hin, daß auch Botschafter Conant empfohlen habe, mit Rücksicht auf die Genfer Konferenz zunächst keine Erörterung mehr zu führen und gegenwärtig keinesfalls einen Kontakt mit der Sowjetzone zu suchen[17].

Der *Vizekanzler* bestätigt, daß ihn sowohl der Regierende Bürgermeister als auch Dr. Vockel in diesem Sinne über das Gespräch mit Botschafter Conant unterrichtet hätten[18].

Er glaubt allerdings, daß die Frage, inwieweit technische Gespräche mit der Sowjetzone geführt werden könnten, nun geklärt werden müsse.

---

[14] Vorlage des BMWo vom 6. Juli 1955 in B 136/6571.

[15] Vgl. die Sitzungsniederschrift vom 28. Juli 1955 über die Sitzung des Kontrollausschusses zur Überwachung des Lastenausgleichsfonds am 15. Juli 1955 (I/2 - LA 3532 - 4/55), die sich noch in der Registratur des Bundesausgleichsamtes befindet.

[16] Das BMF teilte der Lastenausgleichsbank den Kabinettsbeschluß mit Schreiben vom 11. Aug. 1955 mit (B 126/17659). – Fortgang 39. Ausschußsitzung am 15. Nov. 1955 TOP B.

[17] Siehe 31. Ausschußsitzung am 5. Juli 1955 TOP 1 und 91. Kabinettssitzung am 13. Juli 1955 TOP I (Kabinettsprotokolle 1955, S. 438). – Vgl. den Vermerk Haenleins vom 18. Juli 1955 über ein Gespräch Conants mit Vockel in B 136/1498.

[18] Einer auf den Vermerk Haenleins vom 15. Juli 1955 aufgesetzten Verfügung ist zu entnehmen, daß Blücher am 18. Juli 1955 mit Vockel telefoniert hatte (B 146/1696).

Staatssekretär Dr. Bergemann bemerkt dazu, daß im Bundesministerium für das Post- und Fernmeldewesen eine Zusammenstellung über die bisher zwischen den beiderseitigen Postverwaltungen geführten technischen Gespräche gemacht worden sei. Die Zusammenstellung sei dem Auswärtigen Amt übermittelt worden, das aber eine eindeutige Äußerung dazu vermieden habe[19].

Der *Vizekanzler* weist sodann auf ein vom Bundesminister der Finanzen an ihn gerichtetes Schreiben hin, wonach dieser in der Frage der Zuschüsse zu den Straßenbenutzungsgebühren bis zum 1.8.1955 Klarheit herbeigeführt haben wolle. Dieser Wunsch sei nach seiner Auffassung haushaltsrechtlich durchaus gerechtfertigt, da der Bundesminister der Finanzen sonst nach Ende der Parlamentsferien die Angelegenheit im Haushaltsausschuß des Bundestages zur Erörterung stellen müsse[20].

Ministerialdirektor Prof. Dr. Oeftering, BMF, erklärt, daß sein Minister, ausgehend von dem Art. 112 des Grundgesetzes, der Ansicht sei, daß die Entscheidung darüber, in welcher Höhe die Straßenbenutzungsgebühren gezahlt würden, allein bei ihm liege. Sein Minister habe ihm dementsprechend die Weisung erteilt, daß nur noch bis zum Ende des Mts. die Zuschüsse zu den Straßenbenutzungsgebühren in der bisherigen Höhe gezahlt werden dürften. Nach diesem Zeitpunkt würde der Bundesminister der Finanzen die Regelung mit nur teilweiser Erstattung einführen, entsprechend den Ausführungen des Vertreters des Bundesministeriums der Finanzen in den Kabinettsausschußsitzungen vom 24.6. und 5.7.1955.

Von dieser Regelung könne der Bundesminister der Finanzen nur dann abgehen, wenn sich das Kabinett zur Schaffung eines Haushaltsansatzes im Bundeshaushalt 1955 im Wege des Nachtrags entschließen würde.

Der *Vizekanzler* ist der Ansicht, daß z. Zt. keine Schritte unternommen werden dürften, die nach außen hin in Erscheinung treten. Man müsse die Beratungen sofort nach Ende der Genfer Konferenz wieder aufnehmen. Er bittet vorsorglich um die Vorbereitung des haushaltsrechtlich erforderlichen formellen Schrittes. Im übrigen neigt er zu der Ansicht, daß bei einer so hochpolitischen Frage wie der der Straßenbenutzungsgebühren das Richtlinienrecht des Bundeskanzlers gemäß Art. 65 GG Anwendung finden müsse.

Der *Bundesminister für besondere Aufgaben Dr. Tillmanns* unterstützt diese Auffassung. Er macht im übrigen darauf aufmerksam, daß vor einer anderweitigen Regelung die Angelegenheit mit dem Berliner Senat erörtert werden müsse.

---

19 Nicht ermittelt.

20 Mit Schreiben vom 20. Juli 1955 hatte Schäffer darauf hingewiesen, daß nach der unter bewußter Ausklammerung der Straßenbenutzungsgebühren erfolgten Verabschiedung des Haushaltsgesetzes 1955 im Fall der Straßenbenutzungsgebühren die Voraussetzungen der Unvorhersehbarkeit und der Unvermeidbarkeit für die Genehmigung von Haushaltsüberschreitungen gemäß Artikel 112 GG durch den BMF entfallen seien. Er habe deshalb Weisung gegeben, ab dem 1. August die Entschädigungszahlungen nur noch in eingeschränkter Form weiterzubezahlen. Eine endgültige Entscheidung könne erst auf der Grundlage der Ergebnisse der Verhandlungen Adenauers in Moskau getroffen werden. Als mögliche Lösung hatte Schäffer die Verabschiedung eines Nachtragshaushalts vorgeschlagen (B 146/1696).

Staatssekretär Dr. Westrick erklärt, daß der Bundesminister für Wirtschaft einen Haushaltsansatz im Nachtragshaushalt nicht befürworten werde, da das praktisch das Ende der Verhandlungsmöglichkeiten mit der Sowjetzone bedeute.

Der *Vizekanzler* schlägt vor, die Angelegenheit in Gegenwart des Bundesministers des Auswärtigen, des Regierenden Bürgermeisters von Berlin und Dr. Vockels im Kabinett noch vor dem 1.8.1955 zu erörtern.

Der Kabinettsausschuß beschließt entsprechend[21].

Außerhalb der T. O.:

[A.] Berufsordnungen **BMWi**

Der *Vizekanzler* weist darauf hin, daß der Beschluß des Kabinettsausschusses vom 3.3.1955 noch nicht ausgeführt worden ist und bittet Staatssekretär Dr. Westrick, sobald wie möglich wegen der umstrittenen Berufsordnungswünsche zu Ressortbesprechungen einzuladen[22].

Ministerialdirigent Haenlein, BK, weist auf eine Besprechung des Bundeskanzlers mit Vertretern des Mittelstandes hin, in dem diese geäußert haben, daß ein Teil der vorgelegten Berufsordnungswünsche bereits überholt und nicht mehr ernst zu nehmen sei[23].

Der *Bundesminister für Verkehr* bittet, das Speditionsgesetz so bald wie möglich zu behandeln.

Der Kabinettsausschuß bestätigt seinen Beschluß vom 3.3.1955 und bittet den Bundesminister für Wirtschaft, die vorbereitenden Arbeiten möglichst umgehend aufzunehmen[24].

---

21 Die Angelegenheit wurde im Kabinett nach Ausweis der Protokolle nicht entschieden. – Fortgang 93. Kabinettssitzung am 27. Juli 1955 TOP 1 (Kabinettsprotokolle 1955, S. 457–460) und 34. Ausschußsitzung am 5. Aug. 1955 TOP 2. – Die Frage der Straßenbenutzungsgebühren wurde wegen der bevorstehenden Genfer Außenministerkonferenz (27. Okt. bis 16. Nov. 1955) nicht weiterverfolgt und im April 1956 „vorläufig z.d.A." geschrieben (B 136/1498).

22 Siehe 26. Ausschußsitzung am 3. März 1955 TOP 2.

23 Vgl. das Protokoll und weitere Unterlagen zur Besprechung Adenauers mit dem Diskussionskreis Mittelstand der CDU am 8. Juli 1955 in B 136/2432. Hinsichtlich der Berufsordnungen hatten die Abgeordneten weiterhin darauf verwiesen, daß „der Nachweis kaufmännischer Fähigkeiten und besonderer Spezialkenntnisse in gewissen Sonderfällen" verlangt werden müßten. In jedem Fall „müsse man sich streng an das Hamburger Programm halten".

24 In Ressortbesprechungen am 21. Sept., 14. Okt. und 22. Okt. 1955 wurden die einzelnen Positionen des Berufsgruppenverzeichnisses der Vorlage des BMWi vom 10. Dez. 1954 besprochen (Protokolle und eine Zusammenfassung der Besprechungsergebnisse vom 22. Dez. 1955 in B 102/40895). – Fortgang zu den Berufsordnungen und zum Speditionsgesetz 44. Ausschußsitzung am 27. Febr. 1956 TOP 1 (B 136/36216).

33. Sitzung des Kabinettsausschusses für Wirtschaft am Mittwoch, den 3. August 1955

Teilnehmer: Blücher, Seebohm, Balke, Preusker (ab 10.30 Uhr), Tillmanns (ab 10.20 Uhr); Hallstein (bis 11.05 Uhr), Westrick, Sonnemann, Sauerborn; Vockel (Der Bevollmächtigte der Bundesrepublik Deutschland in Berlin), Oeftering (BMF, bis 12.45 Uhr), Rust (BMWi), Haenlein (Bundeskanzleramt), van Scherpenberg (AA), Müller (BMG), Heise (BMZ), weitere Vertreter der Bundesressorts. Protokoll: Hornschu.

Beginn: 9.30 Uhr *Ende: 13.10 Uhr*

Ort: Bad Godesberg, Haus Carstanjen

Tagesordnung:

1. *Kohle – Kohleversorgungslage*

   Vorlage des BMWi vom 2. Aug. 1955.

2. *Lohnpolitische Lage – Lohnkämpfe*

   Vorlage des BMA vom 30. Juli 1955.

3. *Anwendung der Embargo-Politik im Handel mit der Sowjetzone*[1]

   Vorlage des AA vom 2. Aug. 1955 (geh.).

4. *Stand des Interzonenhandels; neues Abkommen für den Interzonenhandel 1956*

   Vortrag des BMWi.

Die Tagesordnung wird wie folgt abgewickelt:

Außerhalb der Tagesordnung:

[A.] Beteiligung der Bundesregierung an den Beisetzungsfeierlichkeiten für Kronprinz Rupprecht von Bayern

Der *Vizekanzler* teilt mit, daß er bereits gestern kondoliert habe[2]. Es müsse nunmehr festgelegt werden, wer für die Bundesregierung an den Beisetzungsfeierlichkeiten teilnehme. Der Bundeskanzler habe gebeten, in Erwägung zu ziehen, ob

[1] Der in der Einladung vom 29. Juli 1955 vorgesehene TOP 3 (EUROFIMA, Vorlage des BMF vom 28. Juli 1955 – II A/2 – Ve 4008 – 28/55) war mit Schreiben des Bundeskanzleramts vom 30. Juli 1955 zugunsten des TOP betr. die Embargo-Politik abgesetzt worden. Der TOP wurde in der 35. Ausschußsitzung am 9. Sept. 1955 TOP 2 behandelt.

[2] Rupprecht von Bayern (1869–1955), seit dem Tod seines Vaters Ludwigs III. (1845–1921) Chef des Hauses Wittelsbach, war am 2. Aug. 1955 gestorben.

nicht der Vizekanzler und die Bundesminister Schäffer und Strauß[3] an der Beisetzung teilnehmen sollten[4]. Man müsse die Frage stellen, ob eine derartige Vertretung der Bundesregierung im Hinblick auf die Teilnahme nur eines Bundesministers an den Beisetzungsfeierlichkeiten für den deutschen Kronprinzen[5] empfohlen werden könne. Nach kurzer Aussprache beschließt der Kabinettsausschuß, daß an den Beisetzungsfeierlichkeiten der Vizekanzler und Bundesminister Schäffer teilnehmen sollen. Der *Vizekanzler* bittet Staatssekretär Prof. Dr. Hallstein zu veranlassen, daß das Protokoll Fühlung mit dem Bundesminister der Finanzen und ihm aufnimmt[6].

[B.] Glosse in der „Frankfurter Allgemeinen Zeitung" am 2.8.1955

Der *Vizekanzler* weist auf die von Baumgarten[7] gestern in der „Frankfurter Allgemeine Zeitung" veröffentlichten Glosse hin, die damit schließe, daß die Westmächte einer Entlassung Deutschlands aus der NATO wohl zustimmen würden[8]. *Staatssekretär Prof. Dr. Hallstein* erklärt, daß er Baumgarten vorher zu einer zweistündigen Unterredung empfangen und mit ihm eingehend die Auffassung der Bundesregie-

---

[3] Franz Josef Strauß (1915–1988). 1939–1945 Wehrdienst, 1945 stellvertretender Landrat, 1946–1949 Landrat in Schongau, 1948–1953 Generalsekretär der CSU, 1949–1978 MdB, dort 1949–1953 geschäftsführender Vorsitzender der CSU-Landesgruppe und stellvertretender Vorsitzender der CDU/CSU-Fraktion, 1953–1957 und 1963–1966 Vorsitzender der CSU-Landesgruppe, 1952–1961 stellvertretender Vorsitzender der CSU, 1961–1988 Vorsitzender der CSU, 1953–1955 Bundesminister für besondere Aufgaben, 1955 (Okt.)–1956 Bundesminister für Atomfragen, 1956–1962 Bundesminister für bzw. (ab 1961) der Verteidigung, 1966–1969 Bundesminister der Finanzen, 1978–1988 MdL Bayern und Bayerischer Ministerpräsident.

[4] Vgl. das Telegramm des sich in Mürren aufhaltenden Adenauer vom 2. Aug. 1955 an Blücher in Nachlaß Blücher N 1080/82.

[5] Der Bundesminister für Wohnungsbau Eberhard Wildermuth hatte die Bundesregierung am 26. Juli 1951 bei der Beisetzung des am 20. Juli 1951 gestorbenen Kronprinzen Friedrich Wilhelm (geb. 1881) auf Burg Hohenzollern bei Hechingen vertreten (vgl. „Frankfurter Allgemeine Zeitung" vom 27. Juli 1951, „Kronprinz Wilhelm von Preußen beigesetzt"). Adenauer, der sich zuvor gegen die Teilnahme eines Bundesministers ausgesprochen, sich jedoch im Urlaub befunden hatte, hatte Blücher mit Schreiben vom 28. Juli 1951 darauf hingewiesen, „daß diese Angelegenheit in das Gebiet der Richtlinienkompetenz fällt, die der Bundeskanzler bestimmt".

[6] Unterlagen des Protokolls nicht ermittelt. – Blücher vertrat die Bundesregierung bei der Beisetzung Rupprechts von Bayern am 6. Aug. 1955 in München (vgl. den Kalendereintrag in Nachlaß Blücher N 1080/294-9).

[7] Dr. Hans Baumgarten (1900–1968). 1949–1965 Mitherausgeber der „Frankfurter Allgemeinen Zeitung".

[8] Baumgarten hatte in einem Leitartikel unter dem Titel „Geschlossene Außenpolitik" auf eine Rede Ollenhauers vom 31. Juli 1955 in Dortmund Bezug genommen, in der Ollenhauer das Recht auf Freiheit, politische Selbstbestimmung und Wiedervereinigung betont und ein wiedervereinigtes Deutschland gefordert hatte, das sozialistisch gestaltet werden könne. Baumgarten hatte darauf hingewiesen, daß auf der Genfer Konferenz „von den verschiedensten Seiten ausdrücklich oder verklausuliert zugestanden" würde, daß sich „auch außerhalb der These von einem Verbleiben Gesamtdeutschlands im Atlantikpakt" Wege zu Wiedervereinigung und europäische Sicherheit suchen ließen. Diese Möglichkeiten solle Adenauer „noch einmal zusammen mit dem Oppositionsführer gründlich" durchdenken und Ollenhauer danach zur Teilnahme an seiner geplanten Moskau-Reise einladen. Siehe hierzu TOP D dieser Sitzung.

rung besprochen habe. Zu der Behauptung Baumgartens bestehe nicht der geringste Anlaß. *Staatssekretär Prof. Dr. Hallstein* erklärt sich bereit, noch heute in dieser Angelegenheit mit Baumgarten zu sprechen[9].

[C.] Rede des jugoslawischen Staatschefs Tito

Der *Vizekanzler* weist auf eine Rede des jugoslawischen Staatschefs Tito[10] hin, die er im Auszug gelesen habe[11]. Es scheine ihm notwendig, eine ordentliche diplomatische Vertretung Deutschlands in Belgrad so schnell wie möglich wieder herzustellen[12]. Auch die Behandlung der jugoslawischen Forderungen müsse unter allen Umständen beschleunigt werden[13].

[D.] Vorbereitung einer Reise des Herrn Bundeskanzlers

Der *Bundesminister für Verkehr* weist auf die technischen Schwierigkeiten hin, die bei der Vorbereitung dieser Reise des Bundeskanzlers entstehen. Er hat insbesondere Bedenken dagegen, daß das Auswärtige Amt diesen Vorgang als geheim behandelt, was bei den notwendigen technischen Vorbereitungen nicht zu gewährleisten sei. Er bittet daher Staatssekretär Prof. Dr. Hallstein, den Geheimschutz aufzuheben, soweit die technischen Vorbereitungen dies verlangen. *Staatssekretär Prof. Dr. Hallstein* gesteht dies zu, legt aber Wert darauf, daß keine Details bekannt gegeben werden sollen[14].

---

9 Unterlagen zu den Kontakten zwischen Hallstein und Baumgarten konnten nicht ermittelt werden.

10 Josip Broz, gen. Tito (1892–1980). 1937 Zentralsekretär der KP Jugoslawiens, ab 1941 Führer der kommunistisch orientierten Partisanenorganisationen, 1945–1953 Ministerpräsident, 1953–1980 Staatspräsident von Jugoslawien.

11 Tito hatte am 27. Juli 1955 in Karlovac öffentlich mitgeteilt, daß die Sowjetunion anläßlich der jugoslawisch-sowjetischen Verhandlungen vom 26. Mai bis 2. Juni 1955 (vgl. AdG 1955, S. 5187–5189) Jugoslawien 9 Mio. $ Schulden erlassen habe. Angesichts der „gerechten Haltung Jugoslawiens gegenüber Deutschland“ und des Einsatzes für Wiedervereinigung, Souveränität und Bewaffnungsrecht Deutschlands hatte er die Begleichung der jugoslawischen Ansprüche an die Bundesrepublik in Höhe von 100 Mio. $ aus der Kriegszeit gefordert. Von dieser Minimalforderung könne seine Regierung nicht abrücken (vgl. das Telegramm der deutschen Botschaft Belgrad an das AA vom 27. Juli 1955 in AA B 62, Bd. 189).

12 Der bisherige deutsche Botschafter in Belgrad, Hans Kroll, war im Februar 1955 abberufen und nach Tokio versetzt worden. Sein Nachfolger wurde Karl Georg Pfleiderer, der im August 1955 das Agrément der jugoslawischen Regierung erhielt (vgl. die Pressemitteilung des AA vom 12. Aug. 1955 in BD 7/167–1955/3), und im September seinen Dienst in Belgrad aufnahm. Pfleiderer blieb Botschafter bis zu seinem Tod am 8. Okt. 1957, nachdem er kurz zuvor wegen der Annäherung zwischen der DDR und Jugoslawien zur Berichterstattung zurückgerufen worden war. Vgl. dazu 196. Kabinettssitzung am 9. Okt. 1957 TOP A und Sondersitzung des Kabinetts am 17. Okt. 1957 TOP 1.

13 Fortgang 39. Ausschußsitzung am 15. Nov. 1955 TOP 5.

14 Gegenstand der Beratungen war wohl die Moskau-Reise Adenauers vom 9. bis 14. Sept. 1955 und der Transfer der für die internen Beratungen der deutschen Delegation bestimmten Salon-Eisenbahnwaggons der Bundesregierung nach Moskau. – Unterlagen zu den Reisevorbereitungen in B 136/2053 sowie AA VS/Bd. 5977–5995 und B 1/125 (Unterlagen des „Arbeitsstabs Moskau“). – Zur Moskau-Reise vgl. 95. Kabinettssitzung am 31. Aug. 1955 TOP C und Sonder-

Der *Bundesminister für Verkehr* bittet außerdem, die Ermächtigung zu geben, mit dem Leiter einer Zonen-Dienststelle zu verhandeln.

Staatssekretär Prof. Dr. Hallstein wendet sich gegen diesen Wunsch und erklärt, daß er den gesamten Fragenkomplex innerhalb der nächsten Tage noch einmal mit dem Bundeskanzler erörtern werde. Die Entscheidung über die vom Bundesminister für Verkehr vorgeschlagene Kontaktaufnahme sollte bis dahin zurückgestellt werden.

Dies wird vom Kabinettsausschuß gebilligt.

[E.] Durchführung des Abschnittes II des Kriegsgefangenenentschädigungsgesetzes BMVt

Der *Vizekanzler* teilt mit, daß sich am Vortage der Bundesminister für Vertriebene, Flüchtlinge und Kriegsgeschädigte und der Bundesminister der Finanzen in dieser Frage geeinigt hätten und sich daher die Erörterung dieser Vorlage erübrigt[15].

3. Anwendung der Embargo-Politik im Handel mit der Sowjetzone AA und BMWi

Staatssekretär Prof. Dr. Hallstein trägt anhand der Vorlage des Auswärtigen Amtes vom 2.8.1955 vor und weist auf die in diesem Zusammenhang erfolgten Demarchen der Botschafter Englands und der Vereinigten Staaten hin[16]. Er ist der Überzeugung,

---

sitzung des Kabinetts am 15. Sept. 1955 TOP A (Kabinettsprotokolle 1955, S. 499 f. und 511–522).

15 Siehe 92. Kabinettssitzung am 20. Juli 1955 TOP H (Kabinettsprotokolle 1955, S. 449 f.). – Für Kann-Leistungen zur Durchführung des Abschnitts II (Darlehen und Beihilfen) des Kriegsgefangenenentschädigungsgesetzes vom 30. Jan. 1954 (BGBl. I 5) waren in den außerordentlichen Haushaltsplan für 1955 (Kapitel 4010 Titel 530) 45 Millionen DM eingestellt worden, von denen das BMF erst 10 Millionen DM freigegeben hatte. Um Befürchtungen „in den Kreisen ehemaliger Kriegsgefangener" zu zerstreuen, die restlichen Mittel könnten nicht ausgeschüttet werden, hatte der BMVt mit Vorlage vom 27. Juli 1955 die Freigabe von 35 Millionen DM, je 12,5 Millionen DM zum 1. Okt. bzw. 1. Dez. 1955 und 10 Millionen DM zum 1. Febr. 1956, beantragt (Vorlage und Vermerk aus dem Bundeskanzleramt vom 29. Juli 1955 in B 136/2727). Nachdem Oeftering Oberländer in einer Besprechung am 2. Aug. 1955 die Freigabe von 12,5 Millionen DM zum 1. Okt. 1955 zugesichert hatte, hatte Oberländer seine Vorlage zurückgezogen (vgl. den Vermerk aus dem BMF vom 2. Sept. 1955 in B 126/13915).

16 Zum Interzonenhandel vgl. 32. Ausschußsitzung am 21. Juli 1955 TOP 3 und 93. Kabinettssitzung am 27. Juli 1955 TOP 1 (Kabinettsprotokolle 1955, S. 457–460), zur Embargo-Politik vgl. 24. Ausschußsitzung am 14. Febr. 1955 TOP 2. – Vorlage des AA vom 2. Aug. 1955 in B 102/435425. – In der Vorlage hatte das AA mitgeteilt, daß eine Mitte März 1955 erfolgte „vorsichtige Fühlungnahme" bei Delegierten der COCOM-Consulting Group ergeben habe, daß die Haltung der Bundesregierung hinsichtlich der Herausnahme des Interzonenhandels aus den Embargoquoten des COCOM auf Widerstand stoßen würde. Am 28. Juli 1955 hatten die Botschafter Großbritanniens und der USA nochmals ernsthaft „ihre große Besorgnis wegen der Nichteinhaltung der Embargobestimmungen durch die Bundesrepublik gegenüber der sowjetisch besetzten Zone Deutschlands" vorgetragen. Deshalb sollte im COCOM betont werden, „daß es sich [beim Interzonenhandel] bei voller Anerkennung der Grundsätze des Embargo in formeller und materieller Hinsicht um einen Sonderfall handele, der nach dem allgemeinen System der strategischen Kontrolle nicht geregelt werden könne". Das AA sollte zu Verhandlungen in Paris ermächtigt werden, bei denen „die Schaffung eines geheimen Sondergremiums" angeregt werden könnte, das aus einem deutschen und mehreren COCOM-Dele-

daß der durch den Kabinettsausschuß am 14.2.1955 festgelegte Standpunkt der Bundesregierung nicht mehr aufrecht erhalten werden könne, zumal die COCOM-Verpflichtung der Bundesregierung auch für den Interzonenhandel einwandfrei bindend sei. Die Bundesregierung müsse also materiell entgegenkommen, wenn auch der Interzonenhandel als innerdeutscher Handel einen Sonderfall darstelle. Die Amerikaner hätten für diese besondere Lage durchaus Verständnis und insofern biete die Schaffung eines geheimen Sondergremiums einen Ausweg aus den formellen Schwierigkeiten. Er bitte daher den Kabinettsausschuß, dem vom Auswärtigen Amt vorgeschlagenen Beschluß zuzustimmen.

Der *Vizekanzler* tritt der Auffassung von Staatssekretär Prof. Dr. Hallstein bei. Ihm komme es aus außen- und innenpolitischen Gründen darauf an, klarzustellen, daß wir den Interzonenhandel als innerdeutschen Handel ansehen. Auf Grund der von Staatssekretär Prof. Dr. Hallstein erläuterten Rechtslage müsse man einerseits anerkennen, daß auch der Interzonenhandel der COCOM-Verpflichtung unterliege, andererseits aber Wert darauf legen, ihn nicht durch Behandlung im allgemeinen COCOM-Gremium mit dem Ost-Westhandel der anderen Staaten gleichzustellen.

Der *Vizekanzler* weist in diesem Zusammenhang darauf hin, daß der Bonifatius-Verein in Paderborn[17] 12 t Kupfer zur Eindeckung des Mittelschiffs der Dresdner Hofkirche freiwillig gespendet habe. Diese Kupferbleche müßten unbedingt in die Sowjetzone geliefert werden, weil sonst die Gefahr bestehe, daß die Hofkirche als Kulturhalle verwendet, dem Gottesdienst entzogen und die Schuld dafür der Bundesregierung aufgebürdet würde. Dieser besondere Fall müsse auf höchster Ebene mit den Alliierten besprochen werden, um eine Sonderregelung zu erreichen.

Staatssekretär Dr. Westrick führt aus, daß er sich gegen die Behandlung des Interzonenhandels bei COCOM gewandt habe, weil bisher die Auffassung vertreten worden sei, daß der Interzonenhandel als innerdeutscher Handel nicht unter die COCOM-Verpflichtungen falle. Daher habe er auch die Befürchtung gehabt, daß der Bundestag die Behandlung des Interzonenhandels bei COCOM kritisieren würde. Im Hinblick auf die von Staatssekretär Prof. Dr. Hallstein gegebene eindeutige Darstellung der Rechtslage müsse er allerdings seinen Standpunkt aufgeben. In der Tat werde dann nicht mehr zu erreichen sein, als daß der Interzonenhandel dann bei einem COCOM-Sondergremium behandelt würde.

Die Kupferlieferungen für die Dresdner Hofkirche würden kein Problem bilden, da kein Zweifel bestehe, daß diese Lieferungen von COCOM genehmigt würden, sobald ein entsprechender Antrag gestellt werde[18].

---

gierten anderer Länder bestehen und „die erforderliche Anpassung des materiellen und formellen COCOM-Verfahrens an die besonders gelagerte Kontrolle des innerdeutschen Handels“ festlegen sollte.

[17] Der Bonifatiusverein für das katholische Deutschland e. V. war 1849 gegründet und vom deutschen Episkopat mit der Förderung der Diasporaseelsorge beauftragt worden. Der Bonifatiusverein hat seinen Sitz in Paderborn und steht unter dem Protektorat des Erzbischofs von Paderborn.

[18] Das Special Committee (SCOM) genehmigte am 4. Okt. 1955 die von der deutschen Delegation am 17. Sept. 1955 beantragte Ausfuhr von 11 903 kg Kupferplatten (vgl. das SCOM Document No. 2 (55) und das Sitzungsprotokoll vom 20. Okt. 1955 in B 102/435426).

Der *Bundesminister für das Post- und Fernmeldewesen* tritt der Vorlage des Auswärtigen Amtes bei. Auf seine Frage, ob es denn überhaupt eines Sondergremiums bei COCOM für die Behandlung des Interzonenhandels bedürfe, bemerkt der Vizekanzler, daß dies politisch geboten sei, um eine Sonderbehandlung des binnendeutschen Handels bei COCOM herauszustellen.

Dr. Vockel stimmt der Kabinettsvorlage des Auswärtigen Amtes zu, zumal Botschafter Conant ihm zugesichert habe, eine wohlwollende Lösung zu befürworten[19].

Min.Dir. Prof. Dr. Oeftering, BMF, spricht sich dagegen aus, das Sondergremium als Geheimes Gremium zu bezeichnen, da dies zu Mißdeutungen Anlaß geben könnte. Im übrigen würden Verhandlungen dieses Gremiums auch nicht geheim bleiben. Man solle es daher Sondergremium für Spezialfragen des nationalen deutschen Handels nennen.

Der Kabinettsausschuß stimmt der Vorlage des Auswärtigen Amtes unter Berücksichtigung des von Min.Dir. Prof. Dr. Oeftering gemachten Änderungsvorschlages zu[20].

1. Kohle – Kohlenversorgungslage **BMWi**

Staatssekretär Dr. Westrick berichtet anhand der Vorlage des Bundesministers für Wirtschaft vom 2. August 1955[21]. Er macht darauf aufmerksam, daß die Bundes-

---

19 Nicht ermittelt.

20 Das COCOM beschloß in seiner Sitzung am 8. und 9. Sept. 1955 die Einrichtung eines Spezialkomitees für den Interzonenhandel, das der Consulting Group unterstehen und dem Vertreter der USA, Großbritanniens, Italiens, Belgiens, der Niederlande, Dänemarks und der Bundesrepublik angehören sollten (vgl. die Berichte der deutschen Botschaft in Paris vom 12. Sept. 1955 in B 102/435425). Das Special Committee (SCOM) trat am 8. Sept. 1955 erstmals zusammen (Sitzungsprotokoll in B 102/435425, Protokolle der anschließenden Sitzungen in B 102/435426).

21 Siehe 93. Kabinettssitzung am 27. Juli 1955 TOP 2 (Kabinettsprotokolle 1955, S. 460–462). – Vorlage des BMV vom 1. Aug. 1955 in B 136/9002 und Vorlage des BMWi vom 2. Aug. 1955 in B 102/4406; weitere Unterlagen in B 102/4405–4408 und 21260. – Mit Datum vom 2. Aug. 1955 hatte das BMWi einen ausführlichen Bericht über 1) die Kohlenversorgungslage, 2) die Frage der Umgestaltung der Ruhrkohlen-Verkaufsorganisation und 3) die Frage des Mehrkostenausgleichs für Bezieher teurerer USA-Kohle vorgelegt. Infolge der Steigerung der industriellen Produktion und insbesondere der „anhaltenden Hochkonjunktur in der eisenschaffenden Industrie" habe der Kohlenverbrauch seit August 1954 stark zugenommen, allein von Januar bis Mai 1955 um 9,2 %. Das BMWi habe, „angesichts des sich wachsend verdeutlichenden Unvermögens des deutschen Steinkohlenbergbaus zur Deckung der sich ständig steigernden Bedarfsansprüche", Ende April 1955 die Möglichkeit zur freien Einfuhr von Kohle aus den USA und dem gesamten Dollarraum eröffnet. Daneben seien mit der Gemeinschaftsorganisation Ruhrkohle (GEORG) Grundsätze abgestimmt worden, nach denen Hausbrand und gewerblicher Kleinverbrauch, die Bundesbahn und die Versorgungswirtschaft vorrangig mit Ruhrkohle beliefert werden sollten. Hinsichtlich der Bemühungen der Hohen Behörde der EGKS um die Auflösung der GEORG sei vereinbart worden, daß das BMWi an den weiteren Verhandlungen zwischen der Hohen Behörde und GEORG beteiligt werde. Einen „Preisausgleich für USA-Kohle mit entsprechender zentraler Verteilung durch die Gemeinschaftsorganisation Ruhrkohle [sei] weder wirtschaftspolitisch zweckmäßig noch rechtlich zu verwirklichen".

regierung über keinerlei Rechtsgrundlagen für irgendwelche Steuerungs- oder Verteilungsmaßnahmen verfüge, da das Wirtschaftssicherungsgesetz außer Kraft getreten sei[22]. Eine Verteilungsregelung halte das Bundesministerium für Wirtschaft aber auch nicht für ein geeignetes Mittel zur Sicherstellung der Kohlenversorgung, zumal sich bei einer solchen Regelung keine Tonne Angebotsvermehrung ergeben würde. Daher sei der einzige Ausweg zur Deckung des sich z. Zt. ergebenden Fehlbedarfs die Ausnutzung der ausreichenden Einfuhrmöglichkeiten für Kohle. Die zur Zeit bestehende Fehlmenge von etwa 7 Mio. t Steinkohle müsse und könne importiert werden. Die künftige Entwicklung der Kohlenversorgungslage werde entscheidend vom Koksbedarf der eisenschaffenden Industrie beeinflußt.

Der *Bundesminister für Verkehr* trägt anhand seiner Vorlage vom 1.8.1955 vor. Er erklärt, daß die Eisenbahnen transportraummäßig in der Lage seien, den zu erwartenden besonders starken Herbstverkehr dieses Jahres zu bewältigen. Wenn aber bis Anfang September d. Js. nicht eine Kohlenbevorratung der Deutschen Bundesbahn für 23 Tage und der nichtbundeseigenen Eisenbahnen für 10 Tage sichergestellt sei, könnten die durch den Herbstverkehr gestellten Transportanforderungen nicht reibungslos erledigt werden. Hinzu komme, daß es während des Herbstverkehrs dann auch nicht möglich sein würde, 20 bis 25 % der Kohlenproduktion der Ruhr abzufahren. Man dürfe die Bundesbahn und die nichtbundeseigenen Eisenbahnen im Hinblick auf ihre Ertragslage nicht auf den Verbrauch von Amerikakohle verweisen. Vielmehr sollten die Industrien, die im Gegensatz zu einem fast konstanten Verbrauch der Verkehrsträger eine erhebliche Zunahme ihres Bedarfs aufwiesen, Importkohle aufnehmen. Er bitte ferner das Bundesministerium für Wirtschaft und das Bundesministerium für Arbeit, möglichst ab sofort die Genehmigung zu geben, Vollsetzschichten[23] im Kohlenbergbau zu verfahren, um bis zum Beginn des Herbstverkehrs noch eine bessere Bevorratung der Eisenbahn zu erreichen[24].

In diesem Zusammenhang wirft er die Frage auf, ob die Industrie nicht zu große Vorräte an schwedischem Erz anlege. Die Lager der Industrie seien aufgefüllt und die Erzdampfer lägen z. Zt. in Rotterdam 4 bis 5 Tage, bis sie entladen würden. Im Hinblick auf die Anforderungen des Herbstverkehrs müsse man erwägen, ob man nicht den Bezug an ausländischen Erzen stoppen und statt dessen deutsche Erze im größeren Umfange verwenden solle. Überhaupt entlade die Wirtschaft nicht mehr zügig, so daß sich ein zunehmend anwachsender Rückstau an Wagen ergäbe.

Der *Bundesminister für Wohnungsbau* bemerkt hierzu, daß das deutsche Erz noch mehr Kohle zur Verhüttung beanspruche als das schwedische, so daß bei Verwirk-

---

[22] Das Gesetz für Sicherungsmaßnahmen auf einzelnen Gebieten der gewerblichen Wirtschaft vom 9. März 1951 (BGBl. I 163), das die Bundesregierung oder den BMWi zum Erlaß von Rechtsverordnungen u. a. über Erzeugung, Verarbeitung, Lagerung, Lieferung und Bezug von festen Brennstoffen ermächtigt hatte, hätte ursprünglich zum 1. Juli 1952 außer Kraft treten sollen, war aber mehrmals und zuletzt bis zum 30. Sept. 1954 verlängert worden (BGBl. 1953 I 265).

[23] Vollsetzschichten im Kohlenbergbau sind Zusatzschichten an Samstagen sowie an Sonn- und Feiertagen für ausschließlich produktive Tätigkeiten zum Auffüllen von Kohlebunkern oder Förderwagen.

[24] Nicht ermittelt.

lichung des Vorschlages des Bundesministers für Verkehr noch mehr Kohle von der eisenschaffenden Industrie verbraucht würde.

Er teilt im übrigen die Sorge des Bundesministers für Verkehr und spricht sich für eine ausreichende Bevorratung der Eisenbahnen für den zu erwartenden Herbstverkehr aus. Man müsse in diesem Sinne auf den Ruhr-Kohlenbergbau einwirken. Im übrigen macht er darauf aufmerksam, daß im deutschen Markt 3 bis 4 mal soviel angebliche US-Kohle angeboten werde als importiert worden sei.

Die amerikanische Kohle bringe auch Unsicherheit in die Kalkulation und erweise sich als Element für Preissteigerungen, weil vielfach von vornherein der Preis für US-Kohle kalkuliert werde.

Er halte es für unumgänglich erforderlich, die Kohleversorgung nicht nur aus der heutigen Situation heraus zu betrachten, sondern sie in erster Linie strukturell zu sehen. Die Binnenförderung an Kohle steige um 4–5 Mio. t Kohle jährlich, während in Übereinstimmung mit der weiteren Expansion der Wirtschaft der Verbrauch des Energie- und Stahlsektors an Kohle im wesentlich schnellerem Umfange wachse. Man müsse neue Schächte abteufen. Dies bringe zunächst zwar noch keine Erleichterung der augenblicklichen Lage, da mit einer lukrativen Kohlenförderung solcher Schächte erst nach einem Jahrzehnt zu rechnen sei. Es sei aber dringend erforderlich, die Kohlenpreise freizugeben, um die Voraussetzungen für eine gesunde Entwicklung zu schaffen.

Staatssekretär Dr. Sonnemann weist darauf hin, daß die Versorgung der Ernährungswirtschaft und des Ernährungshandwerks mit Kohle dieselbe Dringlichkeitsstufe haben müssen, wie die der Versorgungsbetriebe (Gas und Wasser). Es müsse Klarheit geschaffen werden, daß die traditionellen Bedarfsträger aus der einheimischen Produktion versorgt werden müßten, und zwar nicht nur bis zu einem Verbrauch von 200 t. Notwendig werdende Kürzungen müßten da vorgenommen werden, wo die Bedarfssteigerungen aufträten oder auch auf dem Ausfuhrsektor. Er legt Wert darauf, daß langfristige Lösungsmöglichkeiten gesucht werden, und zwar in konstruktiver Weise, die auch die konjunkturellen Entwicklungen berücksichtigten.

Er sieht insofern in der Vorlage des Bundesministers für Wirtschaft keine Lösungsmöglichkeit aufgezeigt und bittet, die Frage der Kohlenversorgung in dem von ihm gewünschten Sinne im kleinen Kreis innerhalb der Ressorts zu erörtern.

Der *Vizekanzler* pflichtet ihm bei. Er ist der Ansicht, daß man heute im Kabinettsausschuß nur eine Grundsatzbesprechung führen, aber noch nicht zu konkreten Beschlüssen gelangen könne. Man müsse mit der Ruhr ein Programm erarbeiten, in dem eine Vorrangbefriedigung festgelegt werden müsse. Dabei müsse in erster Linie die Versorgung der Eisenbahnen, der Versorgungsbetriebe und der Hausbrandverbraucher sichergestellt werden.

Bei Expansion eines bestimmten Industriezweiges müsse dieser logischerweise zur Deckung seines Mehrbedarfs auf die Importkohle verwiesen werden.

Min.Dir. Dr. Rust, BMW, betont, daß der Bundesregierung keine gesetzliche Handhabe zur Verfügung stehe, auf die Verteilung der Kohle einzuwirken. Das Bundesministerium für Wirtschaft habe sich mit dem Unternehmensverband Ruhrbergbau jedoch in Verbindung gesetzt und dabei den Wunsch geäußert, die Bundesbahn aus der eigenen Produktion zu befriedigen[25].

Die Versorgung der Gaswirtschaft sei voraussichtlich gesichert, ebenso die Versorgung der Hausbrandverbraucher und der Kleinverbraucher. Zu den Ausführungen von Staatssekretär Dr. Sonnemann weist *Min.Dir. Dr. Rust* [BMWi] darauf hin, daß die Vorlage nur zur Unterrichtung der Kabinettsmitglieder dienen, aber nicht einen Vorschlag für die Zukunft beinhalten sollte. Die Kohlenausfuhr sei auf ein normales Maß zurückgeführt worden. Es sei schwierig, hier weiter zu drosseln, weil 70 bis 75 % der Ausfuhr in die Länder der Gemeinschaft gingen, der Rest in die nordischen Länder. Schweden habe eine Versorgungslücke an Kokskohlen von 70 000 t und habe damit gedroht, daß es seine Erzlieferungen einstellen wolle.

Die Erzbestände der deutschen Industrie seien nicht groß. Im Hinblick auf die saisonalen Einfuhren aus Schweden müßte der Transportraum für Erz im Sommer und Herbst zur Verfügung gestellt werden.

Anschließend an die Darlegung in der Kabinettsvorlage müsse man in der Tat auch nach Meinung des Bundesministers für Wirtschaft nach strukturellen Lösungsmöglichkeiten suchen.

Die schwierige Versorgungslage werde wohl auch noch in den nächsten Jahren anhalten. Investitionen seien aber sehr zeitraubend und kostspielig. Ohne steuerliche Entlastung für Investitionen, um die das Bundesministerium für Wirtschaft sich bemühe, werde kein durchschlaggebender Erfolg zu erreichen sein. Dabei müsse man allerdings mit dem Einwand rechnen, daß mit steuerlichen Subventionen keine Wirtschaftspolitik betrieben werden solle.

Im übrigen ist er mit einer Hinzuziehung von Vertretern anderer Ressorts bei der Erörterung von Maßnahmen zur strukturellen Förderung des Bergbaues einverstanden.

Das Bundesministerium für Wirtschaft verhindere das Verfahren von Vollsetzschichten nicht, der Bergbau zeige aber keine große Neigung, derartige Schichten anzuordnen.

Er hält es für unvermeidlich, mit der eisenschaffenden Industrie darüber zu sprechen, daß sie ihre Erzeugung nicht mehr in dem bisherigen Tempo und entsprechend dem wachsenden Bedarf steigert. Die Wahrnehmung aller Absatzmöglichkeiten sei allerdings z. T. auch eine Frage der außerordentlichen Verschuldung der Wirtschaft, da sie dazu zwinge, alle Verdienstmöglichkeiten auszuschöpfen.

---

[25] Für den 25. Juli 1955 war eine Besprechung des BMWi mit Vertretern des Unternehmerverbands Ruhrbergbau und der GEORG unter der Leitung Rusts zu Fragen der künftigen Verteilungsorganisation für die Ruhrkohle und der Kohleversorgung anberaumt worden (vgl. den Vermerk aus dem BMWi vom 20. Juli 1955 in B 102/21260; ein Protokoll konnte nicht ermittelt werden). In einem Schreiben vom 3. Aug. 1955 teilte Rust dem Vorstandsmitglied der Gelsenkirchener Bergwerks AG Dr. Friedrich Funke das Beratungsergebnis des Kabinettsausschusses mit und bat ihn, „daß Sie doch all Ihren Einfluß geltend machen, um das, was zwischen uns wegen der ausreichenden und rechtzeitigen Bevorratung der Bundesbahn abgesprochen worden ist, auch in die Tat umzusetzen" (B 102/4405).

Der *Bundesminister für Verkehr* entgegnet hierzu, daß nach seiner Kenntnis der Bergbau und auch die Bergarbeiter Vollsetzschichten verfahren wollten.

Der *Bundesminister für Wohnungsbau* ist der Ansicht, daß man die Produktion der eisenschaffenden Industrie nicht einschränken könne, weil sich eine solche Maßnahme preislich auswirken würde. Es scheine ihm aber angebracht, Verhandlungen mit Ländern und Gemeinden aufzunehmen, um alle öffentlichen Bauten (mit Ausnahme von Schulen und Krankenhäusern) einzustellen. Das würde eine erhebliche Entlastung der Kohlenbilanz bringen. Der Abbau der Steuerlasten im Kohlenbergbau wird von ihm befürwortet. Er glaubt nicht, daß die Vollsetzschichten eine erhebliche Entlastung der Kohlenbilanz bringen werden.

Er tritt ebenfalls dafür ein, daß die Bundesregierung einen langfristigen Plan ausarbeiten lassen soll, der im Kabinett beraten werden sollte.

Staatssekretär Dr. Sonnemann ist der Ansicht, daß man die Regelung der Kohlenversorgung nicht der Wirtschaft selbst überlassen könne. Man müsse eine sorgfältige Bilanz aufstellen, die man nach Vorbereitung durch Experten im Kabinettsausschuß eingehend beraten müsse. Notfalls müsse man sich entschließen, gesetzliche Grundlagen zu schaffen, um eine Einwirkungsmöglichkeit auf die Wirtschaft zu bekommen.

Staatssekretär Dr. Westrick gibt zu bedenken, daß auch die Arbeiterfrage im Kohlenbergbau große Schwierigkeiten bereite. Man solle erwägen, die Hauer vom Wehrdienst freizustellen. Von den Vollsetzschichten verspricht er sich keine wesentliche Entlastung. Auch zweifelt er daran, ob sie durchführbar seien, da im Bergbau die Tendenz zur 40-Stunden-Woche bestehe. Mit einer interministeriellen Beratung der ganzen Frage ist er einverstanden.

Staatssekretär Sauerborn ist der Ansicht, daß man die Frage in zwei Komplexe unterteilen müsse: Einmal die Überwindung der augenblicklichen Schwierigkeiten und zum anderen die zukünftige strukturelle Verbesserung im Kohlenbergbau. Dabei müsse man auch die Frage der „weißen Kohle“[26] intensiv behandeln.

Min.Dir. Dr. Rust, BMW, bemerkt zu dem hier vorgebrachten Wunsch, gesetzliche Grundlagen zu schaffen, um eine Einwirkungsmöglichkeit auf die Wirtschaft zu haben, daß ein Kohlenwirtschaftsgesetz damals schon von der Hohen Behörde abgelehnt worden sei.

Der *Vizekanzler* stellt als Ergebnis der Aussprache den übereinstimmenden Wunsch des Kabinettsausschusses fest, daß langfristige strukturelle Lösungsmöglichkeiten gesucht werden sollen. Das Bundesministerium für Wirtschaft stimmt mit diesem Wunsch überein und wird die interessierten Ressorts zu den erforderlichen Erörterungen heranziehen[27].

---

[26] „Weiße Kohle“ war ein zeitgenössischer Ausdruck für Wasserkraft.

[27] Fortgang zur Kohleversorgung 36. Ausschußsitzung am 13. Sept. 1955 TOP 3.

Außerhalb der Tagesordnung

[F.] Bau der Berliner Kongreßhalle

Der *Vizekanzler* gibt bekannt, daß er morgen in Besprechungen mit dem Berliner Senat über die Abwicklung des Berlin-Programms eintreten werde[28]. Dabei werde auch der Bau der Berliner Kongreßhalle zur Sprache kommen, der einen Kostenaufwand von 13 Mio. DM erfordere. Dazu wollten die Amerikaner 1 Mio. $ geben, während der Rest aus den Zablocki-Zinsen des ERP-Vermögens[29] aufgebracht werden solle[30]. Diese 9 Mio. DM würden bei Verwendung zum Aufbau der Kongreßhalle bei anderen Investitionsvorhaben fehlen.

Die Entscheidung über eine solche Frage könne nur die Bundesregierung treffen. Er wolle daher morgen in den Besprechungen mit dem Berliner Senat nur auf die dadurch entstehenden Lücken auf dem Investitionssektor aufmerksam machen und im übrigen erklären, daß die Entscheidung von der Bundesregierung gefällt werden müsse[31].

Der Kabinettsausschuß stimmt dem zu[32].

Abschließend gibt der *Vizekanzler* bekannt, daß die Beratung der heute nicht erledigten Punkte 1. und 2. der Tagesordnung in einer weiteren Sitzung des Kabinettsausschusses am 5.8.1955, 9.30 Uhr, erfolgen soll.

---

[28] Vgl. zur Berlin-Förderung 29. Ausschußsitzung am 26. und 27. April 1955 TOP 1. – Unterlagen zu Blüchers Besprechung mit Vockel und Vertretern des Berliner Senats am 4. Aug. 1955 (vgl. den Tageskalender in Nachlaß Blücher N 1080/294–9) nicht ermittelt.

[29] Clement John Zablocki (geb. 1912). 1949–1953 demokratischer Abgeordneter im Kongreß der USA. – Das sog. Zablocki-Amendment von 1952 zu Artikel 115 (b) (6) des Economic Cooperation Act von 1948 betr. die Gegenwertmittel änderte die Bedingungen für die Wiederverwendung der Rückflüsse (Zinsen und Tilgungen) auf Darlehen aus den ERP-Sonderkonten der einzelnen am Marshallplan beteiligten Länder. Mit dem Stichtag des 31. Dez. 1952 durften diese Mittel nur noch für die zuvor zwischen einem Land und der Regierung der USA vereinbarten Zwecke wieder verwendet werden („Nach-Zablocki-Kredite"). Unterlagen in B 115/4469.

[30] Vgl. das Schreiben der Sondermission der Foreign Operations Administration to Germany (FOA) an den BMZ vom 3. Aug. 1955 und den Vermerk aus dem BMZ vom 3. Aug. 1955 in B 115/4702.

[31] Vgl. den Vermerk aus dem BMZ vom 4. Aug. 1955 in B 115/4702. – Die Grundsteinlegung für den Bau der Kongreßhalle erfolgte am 3. Okt. 1956 (vgl. Kabinettsprotokolle 1956, S. 609).

[32] Fortgang zur Berlin-Förderung 38. Sitzung am 10. Okt. 1955 TOP 1.

34. Sitzung des Kabinettsausschusses für Wirtschaft am Freitag, den 5. August 1955

Teilnehmer: Blücher, Seebohm, Tillmanns (ab 10.35 Uhr); Westrick, Sonnemann, Sauerborn (bis 10.45 Uhr); Bernard (BdL), Schillinger (BMF), Herschel (BMA), Fischer-Dieskau (BMWo, bis 11.30 Uhr), Haenlein (Bundeskanzleramt), van Scherpenberg (AA), Kleberg (BMVt[1]), Stalmann (BML), Deinhart (BMP), Schornstein (BMWo), Müller (BMG), Heise (BMZ), weitere Vertreter der Bundesressorts. Protokoll: Hornschu.

Beginn: 9.30 Uhr *Ende: 12.20 Uhr*

Ort: Bad Godesberg, Haus Carstanjen

Tagesordnung:

1. *Lohnpolitische Lage – Lohnkämpfe*
   Vorlage des BMA vom 30. Juli 1955.
2. *Stand des Interzonenhandels – Neues Abkommen für den Interzonenhandel 1956*
   Vortrag des BMWi.

Außerhalb der Tagesordnung

[A.] Erhöhung der Zins- und Diskontsätze sowie der Mindestreserve-Sätze durch den Zentralbankrat **BMWi**

Auf Bitte des *Vizekanzlers* berichtet *Präsident Dr. Bernard* über die Gründe, die den Zentralbankrat bewogen haben, die Zins- und Diskontsätze sowie die Mindestreserve-Sätze zu erhöhen[2]. Die beobachtete weitere Erhöhung der kurzfristigen Kredite, die in der letzten Zeit erhobenen Lohnforderungen[3] und die Entwicklung

---

[1] Korrigiert aus „BMF". Der Name wird im Protokoll häufig irrtümlich „Kleeberg" geschrieben.

[2] Zur Dämpfung der Konjunktur hatte der Zentralbankrat in seiner Sitzung am 3. Aug. 1955 beschlossen, mit Wirkung zum 4. Aug. 1955 den Diskontsatz der Landeszentralbanken von 3 % auf $3^1/_2$%, den Lombardsatz der Landeszentralbanken von 4 % auf $4^1/_2$%, den Diskontsatz der Landeszentralbanken für Schatzwechsel von 3 % auf $3^1/_2$% sowie den Zinssatz der BdL und der Landesbanken für Kassenkredite von 3 % auf $3^1/_2$% zu erhöhen. Im Verkehr der BdL mit den angeschlossenen Landeszentralbanken und der Berliner Zentralbank wurde der Diskontsatz für Wechsel in allen Währungen auf $^1/_2$% festgelegt und der Lombardsatz von 1 % auf $1^1/_2$% angehoben. Durch die Erhöhung der Mindestreserven der Kreditinstitute um ca. 460 Millionen DM sollte die auf dem Kapitalmarkt verfügbare Geldmenge verringert und der starken Ausweitung kurzfristiger Kreditaufnahmen entgegengewirkt werden (vgl. das Protokoll der 198. Sitzung des Zentralbankrats am 3. Aug. 1955 in HA BBk B 330/87 und das Schreiben an die Bundesregierung vom 3. Aug. 1955 in B 136/7343).

[3] Vgl. dazu TOP 1 dieser Sitzung.

auf dem Baumarkt[4], die von Verknappungen und Preissteigerungstendenzen begleitet würde, hätten den Zentralbankrat veranlaßt, ein Warnungszeichen zu geben. Man sei sich dabei klar gewesen, daß eine Diskonterhöhung um nur 0,5 % rechnerisch bei der augenblicklichen Wirtschaftslage nicht ins Gewicht falle, ganz im Gegensatz zu früher, wo Diskonterhöhungen um 1/4% bereits echte Einschränkungen hervorgerufen hätten. Die Erhöhung der Mindestreserve-Sätze dagegen werde eine Verknappung der Kreditfacilitäten um etwa 450 Mio. DM bewirken. Dieses würde sich zum Steuertermin Anfang September bereits auswirken. Die Banken begrüßten die Erhöhung der Sätze, da sich dadurch in Verhandlungen mit der Industrie über die Finanzierung weiterer Investitionen ihre Stellung erleichtere. Damit könne auch dem Streben nach einer unerwünschten Kapazitätsausweitung entgegengetreten werden.

Die Ergiebigkeit des Kapitalmarktes und die nach unten gerichtete Zinstendenz werde durch die Erhöhung kaum gestört werden. Eine durch die Erhöhung ausgelöste geringe Tendenz zur Zinssteigerung wolle man bewußt in Kauf nehmen. Es sei ohnehin notwendig, einen realistischen Zins ins Auge zu fassen. Der Zinssatz werde sich voraussichtlich auf längere Zeit auf 5 1/2%, allenfalls auch 5 %, einspielen.

Staatssekretär Dr. Westrick bemerkt, daß das Bundesministerium für Wirtschaft ständig unter Druck gesetzt werde, Bürgschaften nicht nur auf dem Gebiete der Ausfuhr, sondern auch für Investitionen im innerdeutschen Raum zur Verfügung zu stellen. Es scheine ihm notwendig, das gesamte Gebiet der Bürgschaften einmal im Kabinettsausschuß eingehend zu beraten.

Ministerialdirigent Haenlein, BK, fügt hinzu, daß man in diesem Zusammenhang auch das Problem der Einschränkung der öffentlichen Investitionen behandeln sollte.

Staatssekretär Dr. Westrick stimmt der Auffassung von Ministerialdirigent Haenlein zu. Allerdings dürfe eine Einschränkung nicht gelten für Investitionen zur Rationalisierung.

Der *Vizekanzler* bemerkt, daß der Bundesminister der Finanzen in der Frage der Einschränkung der öffentlichen Investitionen bereits seit März mit den Ländern Verbindung aufgenommen habe[5].

[B.] Teilnahme an den Beisetzungsfeierlichkeiten für die auf der Zeche Dahlbusch in Gelsenkirchen verunglückten Bergleute

Der *Vizekanzler* gibt bekannt, daß die Trauerfeierlichkeiten am Sonntag, den 7.8.1955, 15.00 Uhr, stattfinden sollen. Er stellt die Frage, welche Mitglieder der Bundesregierung daran teilnehmen sollen. Nachdem durch fernmündliche Rück-

---

[4] Zur infolge der stark ansteigenden Bautätigkeit angespannten Lage auf dem Baumarkt vgl. den Monatsbericht der BdL für August 1955 in BD 126/2-1955, S. 25 f.

[5] Vgl. dazu 27. Ausschußsitzung am 11. März 1955 TOP 1 (Anleihen der öffentlichen Hand auf dem Kapitalmarkt). – Fortgang zur Diskontpolitik der BdL Fortsetzung der 100. Kabinettssitzung am 15. Okt. 1955 TOP F (Kabinettsprotokolle 1955, S. 587).

frage festgestellt worden ist, daß der Bundespräsident seinen für Sonntag vorgesehenen Besuch in Frankfurt a.M. absagt und an der Trauerfeier teilnehmen wird, kommt der Kabinettsausschuß zu der Auffassung, daß es angebracht sei, wenn der Vizekanzler und die Staatssekretäre Dr. Westrick und Sauerborn an den Beisetzungsfeierlichkeiten teilnehmen, sofern der Bundesminister für Wirtschaft und der Bundesminister für Arbeit nicht selbst anwesend sind.[6]

1. Lohnpolitische Lage – Lohnkämpfe **BMA**

Staatssekretär Sauerborn gibt bekannt, daß die Arbeitslosenziffer Ende Juli auf 567 000 zurückgegangen sei[7]. Im Juni und Juli 1955 seien rd. 200 000 Menschen in den Arbeitsprozeß eingegliedert worden, nicht mitgerechnet die Zuwanderer aus der Sowjetzone und die Frauen. Damit sei die Ansicht des Bundesministers für Arbeit bestätigt worden, daß eine Beschäftigung von 200 000 Italienern im Sommer ds.Js. nicht notwendig sei, da zunächst die eigenen Reserven ausgeschöpft werden könnten. Es sei als Begleiterscheinung dieser Eingliederung besonders erfreulich, daß sie sich auch auf ältere Angestellte erstreckt habe. Auch für den Bundesminister der Finanzen werde sich aus der Eingliederung eine erhebliche Entlastung auf dem Gebiete der Arbeitslosenfürsorgeunterstützung ergeben. Bezüglich einer etwaigen Beschäftigung italienischer Arbeiter müsse er darauf hinweisen, daß es sich um ungelernte Arbeiter und nicht etwa um Facharbeiter handele. Im übrigen habe sein Haus im Juli 1955 mit der italienischen Regierung verhandelt und dabei einen Vertrag vereinbart, der bereits paraphiert aber noch nicht unterschrieben sei. Im Bedarfsfalle könne er aber innerhalb weniger Tage unterschrieben und in Kraft gesetzt werden[8].

Anschließend gibt *Staatssekretär Sauerborn* anhand einer graphischen Darstellung eine Übersicht über die Entwicklung der Lebenshaltungskosten und der Löhne in den letzten 3 Jahren und stellt fest, daß sich auch in diesem Jahre ein gradliniges

---

[6] Bei einer Schlagwetterexplosion waren am 3. Aug. 1955 in der Zeche Dahlbusch in Gelsenkirchen-Rotthausen 42 Bergleute getötet und 22 schwer verletzt worden. Die Trauerfeier fand am 7. Aug. 1955 unter Teilnahme von Heuss und Blücher in Gelsenkirchen statt (vgl. „Frankfurter Allgemeine Zeitung“ vom 5. Aug. 1955, „41 Bergleute Opfer einer Grubenexplosion“, und vom 8. Aug. 1955, „Abschied des Bundespräsidenten von den Toten“).

[7] Laut Mitteilung des Präsidenten der Bundesanstalt für Arbeitsvermittlung und Arbeitslosenversicherung waren Ende Juli 1955 566 926 Frauen und Männer arbeitslos (vgl. Bulletin Nr. 146 vom 9. Aug. 1955, S. 1232).

[8] Seit Dezember 1954 waren Gespräche mit der italienischen Regierung über eine mögliche Beschäftigung italienischer Arbeitskräfte in Deutschland geführt worden. Nach Verhandlungen vom 25. Febr. bis 9. März 1955 in Rom und vom 22. Juni bis 18. Juli 1955 in Bonn hatten beide Verhandlungspartner am 18. Juli 1955 ein Protokoll unterzeichnet, dem der Entwurf einer Vereinbarung über das Verfahren der Anwerbung und Vermittlung italienischer Arbeitskräfte in die Bundesrepublik Deutschland angehängt worden war. Nach weiteren Verhandlungen vom 15. bis 19. Dez. 1955 in Rom wurde die Vereinbarung am 20. Dez. 1955 unterzeichnet (BAnz. Nr. 11 vom 17. Jan. 1956, S. 1, Unterlagen zu den Verhandlungen in B 149/6228, 6230 und 22333 sowie B 136/8841). – Fortgang hierzu 113. Kabinettssitzung am 18. Jan. 1956 TOP 5 (Kabinettsprotokolle 1956, S. 118).

Ansteigen der Löhne fortsetzt, während die Lebenshaltungskosten sich nur unwesentlich erhöht hätten[9].

Die Wünsche auf Lohnerhöhungen seien kaum durch Erhöhungen der Lebenshaltungskosten, die praktisch nicht eingetreten seien, hervorgerufen. Vielmehr stehe dahinter der Wunsch, an der Zunahme der Produktivität der Wirtschaft beteiligt zu werden. Seitens der Gewerkschaften allerdings spielten sicher Erwägungen der reinen Gewerkschaftspolitik eine große Rolle. Dabei ginge es auch um die Auseinandersetzungen wegen der Führung im deutschen Gewerkschaftsbund. Nicht zu verkennen sei ferner, daß bei den breiten Massen besonders die Agartz'sche[10] Lohntheorie Anklang gefunden habe[11]. Er glaube allerdings nicht, daß es zu Streiks kommen werde, denn die I.G. Metall habe im Juni 1955 eine Tarifvereinbarung über eine Schlichtungsregelung für die gesamte Metall-Industrie mit der Arbeitgeberseite abgeschlossen.

---

9 Siehe 30. Ausschußsitzung am 24. Juni 1955 TOP 1. – Vorlage des BMA vom 30. Juli 1955 in B 136/1327. – Mit Schreiben vom 30. Juli 1955 hatte das BMA einen „Bericht über die derzeitige Lohnsituation" vorgelegt. Als Folge der Tarifabschlüsse im Steinkohlebergbau und im Baugewerbe mit Lohnerhöhungen von 9,5 % bzw. 6 % (vgl. hierzu 78. Kabinettssitzung am 30. März 1955 TOP F: Kabinettsprotokolle 1955, S. 214–220) habe die Zahl der Tarifabschlüsse mit Lohnsteigerungen von mehr als 5 % erheblich zugenommen. Nachdem auf Bundesebene Verhandlungen über eine Arbeitszeitverkürzung bei vollem Lohnausgleich, die einer Lohnerhöhung von 14 % entsprochen hätte, gescheitert waren, habe die IG Metall in Baden-Württemberg den Tarifvertrag gekündigt und eine Erhöhung der Löhne um 12 % gefordert. Daraufhin hätten neben anderen auch ÖTV und die Gewerkschaft Handel, Banken und Versicherungen in Hessen die Verträge gekündigt. Die Kündigungen seien jeweils mit gestiegenen Lebenshaltungskosten begründet worden. Obwohl die Preise nur gering gestiegen seien und kein Mißverhältnis zwischen der Lohn- und der Produktivitätsentwicklung bestehe, könnten die Löhne wegen des zunehmenden Arbeitskräftemangels künftig steigen, zumal die Arbeitgeber angesichts der günstigen Konjunktur geneigt seien, die hohen Lohnforderungen zu akzeptieren und durch Preissteigerungen zu kompensieren. Für den Verlauf der Lohnbewegung könnte das Schlichtungsverfahren künftig von Bedeutung sein. In der Metallindustrie sei eine Schlichtungsregelung vereinbart worden, die eine Schlichtungsstelle vorsehe, die von einem unparteiischen und stimmberechtigten Vorsitzenden geleitet und schon auf Anruf durch eine Partei tätig werden würde. Im Fall einer Anrufung bestehe Einlassungszwang und für die Zeit des Schlichtungsverfahrens Friedenspflicht. – Zum Abschluß der Schlichtungsvereinbarung am 14. Juni 1955 vgl. das Protokoll der Sitzung des Beirats des IG Metall-Bundesvorstands am 12./13. Juli 1955 (TOP 2b) in: Der Deutsche Gewerkschaftsbund, S. 598–604.

10 Dr. Viktor Agartz (1897–1964). 1947 Leiter des Zweizonen-Wirtschaftsamtes in Minden, MdL (SPD) in Nordrhein-Westfalen, 1948–1955 Mitgeschäftsführer des Wirtschaftswissenschaftlichen Instituts des DGB.

11 Agartz hatte das Konzept der „expansiven Lohnpolitik" erstmals 1951 vorgestellt. Die Lohnpolitik sollte danach ein wesentliches Element der Konjunktur- und Strukturpolitik sein. „Ziel dabei war nicht, den Reallohn nachträglich an das wirtschaftliche Wachstum anzupassen, der Lohn sollte vielmehr Produktionssteigerungen stimulieren, die wiederum einen Zwang zu mehr Rationalisierung [im Sinne von Arbeitszeitverkürzungen] nach sich zögen". Die Diskussionen innerhalb des DGB um dieses Konzept hatten zur Verkündung eines Aktionsprogramms durch den Bundesvorstand des DGB am 1. Mai 1955 geführt, das Forderungen zu den Bereichen Arbeitszeitverkürzung, Steigerung der Löhne und Gehälter, Verbesserung der sozialen Sicherheit, Sicherung der Mitbestimmung sowie Verbesserung des Arbeitsschutzes enthielt (vgl. Geschichte der Gewerkschaften, S. 140–147, Zitat auf S. 141; vgl. den Abdruck des Aktionsprogramm in: Der Deutsche Gewerkschaftsbund, S. 682–688).

Die Lage auf dem Lohngebiet werde noch dadurch erschwert, daß die Arbeitgeberseite bei der augenblicklichen günstigen Konjunktur keinen ernsthaften Widerstand gegen Lohnerhöhungen leiste. Außerdem sei man wegen der Knappheit der Arbeitskräfte vielfach in der Industrie zum Abwerben und Horten der Arbeitskräfte übergegangen.

Die Wirtschaftspolitik der Bundesregierung müsse diesen von ihm geschilderten Gegebenheiten Rechnung tragen. Dabei sei er der Ansicht, daß das vom Bundesminister für Wirtschaft angekündigte Konsum-Förderungsprogramm die Lage noch weiterhin erschweren könne[12]. Die hochwertigen Verbrauchsgüter würden auf Abschlagszahlungen gekauft. Dadurch bestehe in der Arbeiterschaft die Bereitschaft, die Gewerkschaften bei Lohnerhöhungswünschen zu unterstützen, um ihre Abschlagsraten bezahlen zu können.

Der *Vizekanzler* ist der Auffassung, daß die Bundesregierung unter allen Umständen eingreifen müsse. An die Minister und Staatssekretäre der beteiligten Ressorts richtet er die Bitte, Gespräche mit dem Deutschen Gewerkschaftsbund und den bedeutendsten Industriegewerkschaften zu führen. Daneben müsse ebenfalls, und zwar getrennt, Verbindung mit den Unternehmern aufgenommen werden. Diese Gespräche sollten nach Möglichkeit schon in der nächsten oder übernächsten Woche stattfinden. Es sei Aufgabe der Regierung, beide Gesprächspartner auf die Folgen der eingeleiteten wirtschaftspolitischen Entwicklung und die zutage getretenen wirtschaftspolitischen Theorien hinzuweisen.

Der *Bundesminister für Verkehr* befürchtet allerdings, daß diese von dem Vizekanzler gewünschten Besprechungen zu keiner Lösung führen werden. Er habe nämlich mit Vertretern der niedersächsischen Metallindustrie und auch der Gewerkschaften gesprochen. Die Kündigungswelle der Tarifverträge verliefe von Baden-Württemberg über Nordrhein-Westfalen nach Niedersachsen. Die niedersächsischen Vertreter seien sich klar darüber, daß die Entscheidungen über Lohnerhöhungen in Baden-Württemberg fallen. Es komme darauf an, in Baden-Württemberg einzugreifen, was bei der Haltung der dortigen Arbeitgeber sehr schwierig erscheine. Durch eine dort zugestandene Lohnerhöhung würde eine neue Welle von Lohnerhöhungen für das ganze Bundesgebiet eingeleitet, der später dann auch wieder eine Lohnerhöhung der Bergarbeiter folgen würde.

Die Kündigung der Tarife durch die ÖTV bereite ihm besondere Sorge. Die ÖTV argumentiere damit, daß der Bundesminister der Finanzen auf dem Gebiete der Arbeitslosenfürsorge erhebliche Beträge spare und deshalb in der Lage sei, höhere Tariflöhne zu zahlen[13]. Bei einer Lohnerhöhung im öffentlichen Dienst seien die

---

[12] Unterlagen zu dem Vorhaben des BMWi, den Kauf von hochwertigen Konsumgütern, insbesondere von Haushaltsgeräten durch steuerliche Begünstigungen und verbesserte Teilzahlungsbedingungen zu fördern (Konsumentenprogramm „Erhard hilft der Hausfrau"), in B 102/35963.

[13] Die Gewerkschaft Öffentliche Dienst, Transport und Verkehr (ÖTV) hatte am 28. Juli 1955 die Lohn- und Gehaltstarife des Bundes vom 22. Dez. 1954 unter Berufung auf die sogen. „Katastrophenklauseln" zum 31. Dez. 1955 gekündigt, die eine wesentliche Veränderung der Verhältnisse gegenüber dem Zeitpunkt des Abschlusses des Tarifvertrags als Grund für eine vorzeitige Kündigung vorgesehen hatten. Die unzureichenden Einkommensverhältnisse in den

Hauptleidtragenden die Bundesbahn und die Gemeinden. Dadurch würde sich für die Bundesbahn die Frage stellen, ob sie die augenblicklichen Beförderungstarife aufrecht erhalten könne.

Auch die Arbeitszeitfrage spiele eine große Rolle. Die Forderung auf die 40-Stunden-Woche würde nicht etwa erhoben, um die Arbeitszeit auf 40 Stunden herabzusetzen[14], sondern nur, um von der 41. Stunde an Überstundenbezahlung zu erhalten. Teilweise seien Durchschnittsarbeitszeiten von 52 bis 55 Stunden in der Metallindustrie üblich. Dieser Zustand lasse sich auf die Dauer nicht halten.

Der *Vizekanzler* bemerkt hierzu, daß der Bundesverband der Deutschen Industrie dahin wirke, Lohnfragen und Arbeitszeitfragen nicht zu verquicken. Die Situation sei insofern bedrohlich, als andere Wettbewerbsländer zwar niedrigere Arbeitszeiten festlegten, aber nur in den USA würden diese tatsächlich eingehalten. Man könne an einer eingehenden Beratung der Arbeitszeitfragen nicht vorbeigehen. Bezüglich der Metallindustrie weise er darauf hin, daß in vielen Betrieben in Baden-Württemberg die Effektivlöhne 40 % höher als die Tariflöhne liegen. Die Forderungen nach Lohnerhöhungen bezweckten aber gerade auch eine Steigerung der Effektivlöhne, die geeignet sei, die Kostenfaktoren der Produktion noch unbeweglicher zu machen. Es sei unbedingt notwendig, in eingehendem Gespräch mit den Vertretern der Metallindustrie diese Dinge zu erörtern.

Staatssekretär Dr. Westrick betont, daß eine gewisse Flexibilität der Löhne als Kostenfaktor erhalten bleiben müsse.

Der *Bundesminister für Verkehr* und *Staatssekretär Sauerborn* sind der Meinung, daß die Gewerkschaften unter allen Umständen eine Verhandlung über die Erhöhung der Effektivlöhne erreichen wollen, da sie sonst keinen Widerhall in der Arbeiterschaft fänden.

Ministerialdirigent Dr. van Scherpenberg, AA, bemerkt, daß die bevorstehenden Wirtschaftsverhandlungen mit Italien sehr erleichtert werden könnten, wenn das von Staatssekretär Sauerborn erwähnte Abkommen bereits zu diesem Zeitpunkt praktische Bedeutung erlangen könne[15]. Gegenüber den Bestrebungen, italienische

---

öffentlichen Verwaltungen und Betrieben führten zur Abwanderung der Lohnempfänger und Angestellten in die freie Wirtschaft. Das Argument der Einsparungen im Bereich der Arbeitslosenfürsorge enthielten die Schreiben der ÖTV nicht. Ihre Forderungen über die Lohn- und Vergütungsregelung ab dem 1. Jan. 1956 legte die ÖTV mit Schreiben vom 19. Aug. 1955 vor. Die Deutsche Angestellten-Gewerkschaft (DAG) kündigte den Tarifvertrag am 24. Aug. 1955 (vgl. die Schreiben der ÖTV und der DAG in B 126/8292, weitere Unterlagen in B 102/8293 und B 136/5211). – Fortgang zu den Tarifverhandlungen 98. Kabinettssitzung am 28. Sept. 1955 TOP D (Kabinettsprotokolle 1955, S. 544).

14 Zum Aktionsprogramm des DGB zur Einführung der 40-Stunden-Woche vgl. das Protokoll über die Sitzung des DGB-Bundesvorstands am 9. Aug. 1955 in: Der Deutsche Gewerkschaftsbund, S. 720–739, hier S. 722–729. Die Bundesregierung beauftragte in ihrer 97. Kabinettssitzung am 21. Sept. 1955 (TOP C: Kabinettsprotokolle 1955, S. 536 f.) die Bundesminister für Wirtschaft und Arbeit mit der Ausarbeitung einer Enquête zur Frage der 40-Stunden-Woche.

15 Zu den am 11. März 1955 ergebnislos abgebrochenen deutsch-italienischen Wirtschaftsverhandlungen vgl. 83. Kabinettssitzung am 24. Mai 1955 TOP 4 (Kabinettsprotokolle 1955, S. 314 f.). Die Verhandlungen wurden erst im April 1956 wieder aufgenommen (Unterlagen in B 102/58106).

Arbeiter in Deutschland zu beschäftigen, sei bisher geltend gemacht worden, daß es politisch schwierig sei, ausländische Arbeitskräfte in der Bundesrepublik zu beschäftigen, während hier noch Arbeitskraftreserven vorhanden seien[16]. Im Herbst müsse man aber mit Beschäftigungsspitzen in der Landwirtschaft und der Bauindustrie rechnen, die preissteigernde Tendenzen auslösen könnten. Wenn man erst zu diesem Zeitpunkt ausländische Arbeitskräfte anwerben würde, lasse sich unter Umständen die beabsichtigte Wirkung nicht mehr erreichen.

Der *Vizekanzler* bemerkt hierzu, daß es noch ungewiß sei, ob die augenblickliche Tendenz zum Boom anhalten werde. Man könne jetzt bei den Verhandlungen mit den Italienern noch keine Zusage für die Beschäftigung italienischer Arbeiter geben, weil dies sonst von italienischer Seite als eine Verpflichtung der Bundesregierung ausgelegt werden könne. Außerdem würden sich jetzt erst die Ende 1953/Anfang 1954 begonnenen Rationalisierungsmaßnahmen allmählich auswirken. Bei einem weiteren Fortschreiten der Rationalisierung könnten wir mit den gegenwärtigen Arbeitskräften höhere Leistungen erbringen. Die Frage der Beschäftigung ausländischer Arbeitskräfte bedürfe jedenfalls noch gründlicher Überlegung.

Staatssekretär Sauerborn fügt hinzu, daß die Beschäftigung italienischer Arbeiter in Deutschland die Bereitstellung entsprechenden Wohnraums bedinge. Innenpolitisch würde es zu Schwierigkeiten führen, wenn für ausländische Arbeiter Wohnungen gebaut, während für die älteren Angestellten und die Flüchtlinge in den Lägern keine Unterkünfte bereitgestellt würden.

Min.Direktor Dr. Fischer-Dieskau, BMWo, erklärt, daß der Bundesminister für den Wohnungsbau über die Lohnerhöhungswünsche sehr besorgt sei. Der Umfang des Wohnungsbaus sei gegenüber dem Vorjahre trotz der Ausweitung der Produktion auf allen Gebieten fast stabil geblieben, während der Industriebau und die öffentlichen Bauten eine große Steigerung aufwiesen. Namentlich im Industriebau zeige sich die bedenkliche Tendenz, ohne Rücksicht auf Kosten mit der größtmöglichen Schnelligkeit zu bauen. Statistisch fehlten in der Bundesrepublik über 2 Millionen Wohnungen. Große Gruppen von wirtschaftlich schwachen Bevölkerungsteilen seien noch nicht untergebracht. Eine Drosselung des Wohnungsbaus könne daher nicht in Betracht gezogen werden. Man dürfe den Industriebau und die öffentlichen Bauten nicht weiter erhöhen, da man sonst in Schwierigkeiten mit dem Wohnungsbau gelange; man müsse erwägen, die öffentlichen Bauten in den Winter zu verlegen, was natürlich Opfer bedinge. Außerdem spiele auch die Entlohnung im Baugewerbe eine Rolle. Während ein Stahlfacharbeiter 7 000 DM pro Jahr verdiene, stelle sich das Einkommen eines Bauarbeiters nur auf 4 500 DM, was zur Abwerbung und Abwanderung von Bauarbeitern aus dem Baugewerbe führe.

Sein Minister würde es sehr begrüßen, wenn diese Fragen in die Besprechungen mit der Unternehmerschaft und der Arbeitnehmerschaft mit einbezogen würden.

---

[16] Am 17. Febr. 1955 hatte Storch im Bundestag erklärt, die Bundesregierung sei grundsätzlich an der Beschäftigung ausländischer Kräfte in der Bundesrepublik interessiert, sobald ein entsprechender Bedarf auftrete (Stenographische Berichte, Bd. 23, S. 3390 f.). Vgl. dazu 71. Kabinettssitzung am 16. Febr. 1955 TOP 1 (Kabinettsprotokolle 1955, S. 139). – Zur Haltung des BMA vgl. auch das Schreiben des Präsidenten der Bundesanstalt für Arbeitsvermittlung und Arbeitslosenversicherung Julius Scheuble an Storch vom 10. Okt. 1955 in B 149/656.

Staatssekretär Dr. Sonnemann begrüßt den vom Vizekanzler an die beteiligten Ressorts geäußerten Wunsch, Besprechungen zu führen und bittet, das Bundesministerium für Ernährung, Landwirtschaft und Forsten daran zu beteiligen. Diese Gespräche sollten so bald wie möglich stattfinden.

Der Sparwille werde durch die Preissteigerungstendenzen beeinträchtigt. Die Bestrebungen zur Aufrechterhaltung des Preisniveaus würden von Großverdienern im Zusammenspiel mit den Gewerkschaften sabotiert. Ebenso wie in der Frage der Kohlesituation zeige sich auch hier, daß die Bundesregierung keine wirkungsvolle Handhabe zum Eingreifen besitze. Es müsse unbedingt eine Gesamtkonzeption entwickelt und mit steuer- und wirtschaftspolitischen Maßnahmen gegen die bedenkliche Entwicklung angegangen werden.

Präsident Dr. Bernard hält alle Maßnahmen der Bundesregierung für wertvoll, die dazu geeignet sind, Preiserhöhungen zu vermeiden oder bereits erfolgte Erhöhungen abzubauen. Er warnt aber davor, in der Öffentlichkeit das Schlagwort entstehen zu lassen, daß die Bundesregierung einen Wettlauf zwischen Sparen und Preissteigerung verhindern müsse, da sich dies auf die Spartätigkeit ungünstig auswirken könne. Außerdem könnte dadurch die Tendenz, an den Preisen orientierte Indexlöhne zu fordern, verstärkt werden.

Der *Vizekanzler* schlägt über die von ihm gewünschten Besprechungen der beteiligten Ressorts mit der Arbeitgeber- und der Arbeitnehmerseite hinaus vor, die mit den Lohnforderungen verbundenen und hier angeschnittenen Fragen der allgemeinen Wirtschaftspolitik in einer ganztägigen Besprechung im Kabinett zu beraten. Diese Beratung sei auch deshalb nötig, weil man ohne eine feste Wirtschaftspolitik keine großangelegte Sozialreform durchführen könnte[17].

Außerhalb der Tagesordnung

[C.] Polnische Bezugswünsche für Getreide — BML

Staatssekretär Dr. Sonnemann teilt mit, daß dem Bundesministerium für Ernährung, Landwirtschaft und Forsten auf inoffiziellem Wege mitgeteilt worden sei, die polnische Regierung wolle 400 000 t Brot- und Futtergetreide auf dem deutschen Markt kaufen[18]. Auch aus Kanada wolle die polnische Regierung 250 bis 300 000 t Getreide beziehen. Polen gedenke, dafür an die Bundesrepublik Kohlen, Fleisch und Walzwerkerzeugnisse zu liefern. In Polen habe sich ein vollkommener Struktur-

[17] Fortgang zur allgemeinen Wirtschaftspolitik 98. Kabinettssitzung am 28. Sept. 1955 TOP B (Kabinettsprotokolle 1955, S. 538 f.), zur Frage der Löhne und Preise 35. Ausschußsitzung am 9. Sept. 1955 TOP A.

[18] Vgl. zum folgenden zwei Schreiben der Atlas Handelsgesellschaft mbH an das BML vom 2. Aug. 1955 in B 116/42156; weitere Unterlagen in B 136/1259 und B 102/18434. – Einem Mitarbeiter der Atlas Handelsgesellschaft mbH war anläßlich seines Besuchs im Außenhandelsministerium in Warschau das polnische Interesse am Einkauf von 300 000 t Brot- und Futtergetreide schwedischer oder französischer Herkunft über die Bundesrepublik Deutschland mitgeteilt worden, deren Bezahlung in Form eines bis zu dreijährigen Kredits im Rahmen des deutsch-polnischen Zahlungsabkommens erfolgen sollte.

wandel vollzogen. Früher seien 72 bis 75 % der Bevölkerung auf dem Lande ansässig gewesen, während die ländliche Bevölkerung jetzt nur noch 28 % ausmache.

Der Lieferung von polnischem Fleisch würde das Bundesministerium für Ernährung, Landwirtschaft und Forsten zustimmen. Soweit ihm bekannt geworden sei, plane auch die August-Thyssen-Hütte ein Kompensationsgeschäft mit Polen auf der Basis, daß sie Walzwerkerzeugnisse aus Polen gegen Getreidelieferungen nach Polen beziehen wolle. Bei der Lieferung von Getreide aus Polen würde sich sicher auch eine Entlastung des Bundeshaushalts ergeben. Er bitte den Kabinettsausschuß um Stellungnahme, ob solchen Besprechungen nähergetreten werden könne.

Min.Dirigent Dr. van Scherpenberg, AA, hält es aus handelspolitischen Gründen für erwünscht, den Anregungen der polnischen Regierung näherzutreten.

Staatssekretär Dr. Westrick erklärt, daß er der Angelegenheit grundsätzlich positiv gegenüberstehe, aber im einzelnen jetzt noch nicht Stellung nehmen könne. Dasselbe gelte auch für das von Staatssekretär Dr. Sonnemann erwähnte Kompensationsgeschäft der August-Thyssen-Hütte.

Der *Vizekanzler* schlägt vor, die polnischen Bezugswünsche zunächst in Ressortbesprechungen zwischen dem Bundesministerium für Ernährung, Landwirtschaft und Forsten, dem Bundesministerium für Wirtschaft und dem Auswärtigen Amt zu erörtern.

Der Kabinettsausschuß beschließt entsprechend[19].

2. Stand des Interzonenhandels; neues Abkommen für den Interzonenhandel 1956
BMWi

Min.Rat Dr. Woratz, BMW, berichtet über den augenblicklichen Stand des Interzonenhandels und macht darauf aufmerksam, daß die politische Belastung des Interzonenhandels (Erhöhung der Straßenbenutzungsgebühren, Schrottbeschlagnahmen usw.) den Warenverkehr im ersten Halbjahr 1955 erheblich beeinflußt habe[20]. Gegenüber dem ersten Halbjahr des Vorjahres sei eine Ausweitung des Interzonenhandels um nur 10 % erfolgt. Er legt sodann zahlenmäßig die Lage auf den einzelnen Unterkonten des Interzonenhandels dar. Voraussichtlich werde das Interzonenhandelsabkommen, das 1955 einen Austausch von 1 Mia. Verrechungseinheiten vorsah, nur zu 50 bis 60 % erfüllt werden und damit sich etwa im Rahmen des vorjährigen Abkommens halten.

Bei den „kritischen Waren" des Unterkontos 2 (Textilien, Chemie, Maschinenbau, Glas, Keramik usw.) sei das Bundesministerium für Wirtschaft bis an die Grenze des Vertretbaren gegangen. Dabei hätten sich Schwierigkeiten mit einzelnen Industriezweigen in der Bundesrepublik ergeben. So seien die Bezüge aus der Sowjetzone festgesetzt worden bei Strümpfen auf 17 ½ Mio. DM (im Vorjahr 12 Mio. DM),

---

[19] Unterlagen zu den weiteren Ressortbesprechungen in B 116/42156. – Fortgang 39. Ausschußsitzung am 15. Nov. 1955 TOP 1 und 42. Ausschußsitzung am 30. Jan. 1956 TOP 4 (B 136/36216).

[20] Siehe 32. Ausschußsitzung am 21. Juli 1955 TOP 3 und 93. Kabinettssitzung am 27. Juli 1955 TOP 1 (Kabinettsprotokolle 1955, S. 457–460). – Vgl. den Sachstandsvermerk von Woratz für Westrick vom 2. Aug. 1955 in B 102/108195.

bei Gardinen auf 14 Mio. DM (im Vorjahr 13 Mio. DM) und bei Teppichen auf 19 ½ Mio. DM (im Vorjahr 18 Mio. DM).

Min.Rat Dr. Woratz [BMWi] weist darauf hin, daß die Bundesrepublik nach dem Abkommen verpflichtet ist, der Sowjetzone Liefermöglichkeiten zu geben und bittet den Kabinettsausschuß, diese vom Bundesministerium für Wirtschaft festgesetzten Bezugszahlen zu bestätigen.

Nach kurzer Erörterung werden diese vom Kabinettsausschuß gebilligt.

Min.Rat Dr. Woratz [BMWi] teilt mit, daß die Wirtschaftsvereinigung Eisen- und Stahlindustrie auf Grund einer Bitte von DIA-Metall den Wunsch geäußert habe, demnächst mit DIA-Metall über die Anschlußlieferungen 1956 in Höhe von etwa 50 Mio. Verrechnungseinheiten zu verhandeln. Der DIA-Metall habe erklärt, daß er in Kürze diese Lieferungen für das Jahr 1956 einplanen müsse. Wegen langer Lieferzeiten müßten auch die westdeutschen Firmen rechtzeitig einen Überblick haben, ob sie mit den Genehmigungen für das erste Halbjahr 1956 rechnen könnten. Die Eisen- und Stahlindustrie sei bereit, bei diesen Besprechungen auch die Straßenbenutzungsgebühren und die Schrottbeschlagnahmen zum Gegenstand der Verhandlungen mit der DIA-Metall zu machen und damit zu einer Lösung dieser wichtigen Fragen beizutragen. Sie habe das Bundesministerium für Wirtschaft um Mitteilung gebeten, ob vom politischen Standpunkt aus gegen diese Gespräche Bedenken bestünden[21].

Staatssekretär Dr. Westrick ist der Ansicht, daß man diese Gespräche nicht verhindern sollte, da sonst unter Umständen die Gefahr bestehe, daß die Sowjetzone ihre Aufträge im Ausland erteile.

Min.Dirig. Dr. van Scherpenberg, AA, betont, daß in Verhandlungen mit der Sowjetzone größte Zurückhaltung am Platze sei. Gegen Verhandlungen der Eisen- und Stahlindustrie mit der DIA-Metall erhebt er jedoch keine Bedenken.

Der *Vizekanzler* stellt als Meinung des Kabinettsausschusses fest, daß die Verhandlungen zwischen der Wirtschaftsvereinigung Eisen- und Stahlindustrie und der DIA-Metall aufgenommen werden können unter der Bedingung, daß die Eisen- und Stahlindustrie die Straßenbenutzungsgebühren und die Schrottbeschlagnahmen in die Erörterung einbezieht[22].

Min.Rat Dr. Woratz, BMWi, weist darauf hin, daß die Besprechungen für das zu erneuernde Interzonenhandelsabkommen mit der Sowjetzone stets im September des Vorjahres eröffnet worden seien. Er hält es für notwendig, die Verhandlungen für 1956 auch diesmal im September 1955 aufzunehmen.

---

[21] Vgl. das Schreiben der Wirtschaftsvereinigung Eisen- und Stahlindustrie an das BMWi vom 22. Juni 1955 in B 102/20881.

[22] Mit Schreiben vom 19. Aug. 1955 teilte das BMWi der Wirtschaftsvereinigung Eisen- und Stahlindustrie und der Wirtschaftsvereinigung Ziehereien und Kaltwalzwerke mit, daß gegen die geplanten Gespräche keine Bedenken bestünden, nachdem die Erfüllung der vom Kabinettsausschuß gestellten Bedingungen zugesagt worden war (B 102/20881). Das Gespräch fand am 23. Aug. 1955 in Düsseldorf statt (vgl. den Vermerk der Wirtschaftsvereinigung Eisen- und Stahlindustrie vom 24. Aug. 1955 in B 102/20881 und den Bericht des DIA-Vertreters in DL 2/1326).

Min.Dirig. Dr. van Scherpenberg, AA, ist der Ansicht, daß man die Aufnahme der Gespräche bis nach der Moskaureise des Bundeskanzlers zurückstellen solle, da sich unter Umständen aus den Verhandlungen in Moskau eine ganz neue Lage ergeben könnte[23].

Der *Vizekanzler* hält es jedoch für bedenklich, wenn wir diese routinemäßigen Besprechungen nicht aufnehmen würden. Man solle sich davor hüten, die Interzonenhandelsbesprechungen zu politisieren.

Auf seinen Vorschlag billigt der Kabinettsausschuß die Aufnahme von Verhandlungen über den Interzonenhandel 1956 im Herbst dieses Jahres in der üblichen Form.

Der *Bundesminister für Verkehr* bittet das Bundesministerium für Wirtschaft, die bestehenden Schwierigkeiten bei der deutschen Schlaf- und Speisewagengesellschaft im Verkehr mit der Sowjetzone zu beseitigen[24].

---

[23] Zur Moskau-Reise Adenauers vom 9. bis 14. Sept. 1955 vgl. Sondersitzung des Kabinetts am 15. Sept. 1955 TOP A (Kabinettsprotokolle 1955, S. 511–522).

[24] Nicht ermittelt. In den voraufgegangenen Jahren war es wegen des Verkaufs von Zigarren, Zigaretten und Süßwaren in den Speisewagen der Interzonenzüge zu Problemen gekommen, da „in diesen Gegenständen in den Wagen der DSG ‚Hamsterkäufe' in D Mark der Deutschen Notenbank vorgenommen wurden, während die entsprechenden Fabrikate in den Mitropa-Wagen wenig gefragt waren. Dadurch kam die Mitropa ins Hintertreffen, weil sie die Beträge in der gegenseitigen Abrechnung beider Gesellschaften in D Mark-West hinterlegen mußte". Aufgrund einer Vereinbarung zwischen DSG und Mitropa aus dem Sommer 1954 war der Verkauf der fraglichen Produkte eingestellt worden (vgl. den Monatsbericht der Berliner Verbindungsstelle des BMV für August 1954 vom 13. Sept. 1954 in B 108/9790). – Fortgang 102. Kabinettssitzung am 21. Okt. 1955 TOP D (Kabinettsprotokolle 1955, S. 602 f.) und 39. Ausschußsitzung am 15. Nov. 1955 TOP 1.

35. Sitzung des Kabinettsausschusses für Wirtschaft am Freitag, den 9. September 1955

Teilnehmer: Blücher, Storch; Hartmann, Westrick, Bergemann, Wandersleb; Bernard (BdL), Haenlein (Bundeskanzleramt), Junker (AA), von Boeckh (BMWi), von der Groeben (BMWi), Ter-Nedden (BMV), Kleberg (BMVt), Heise (BMZ), verschiedene andere Vertreter der Bundesressorts. Protokoll: Doßmann.

Beginn: 9.30 Uhr *Ende: 12.40 Uhr*

Ort: Bad Godesberg, Haus Carstanjen

Tagesordnung:

1. *Weltausstellung Brüssel 1958*

   Vorlage des BMWi vom 6. Sept. 1955 (V A 5 - 14381/55).

2. *EUROFIMA (Europäische Gesellschaft für die Finanzierung von Eisenbahnmaterial)*

   Vorlage des BMV vom 12. Aug. 1955 (A 3 - 410.011 - 4412 Vma / E 2 - 27 Vm).

3. *Aufhebung des Preisstops für unbebaute Grundstücke – Grundsteuerersatzlösung*

   Vorlage des BMWo vom 1. Aug. 1955 (2320 - 12/7/55).

[A. Löhne und Preise] **BMWi**

Vor Eintritt in die Tagesordnung weist der *Vizekanzler* auf die Besprechungen hin, die er – zusammen mit mehreren Kabinettsmitgliedern sowie den Herren Präsidenten Dr. Bernard, Dr. Vocke und Butschkau[1] – am Vortage mit Vertretern des Deutschen Gewerkschaftsbundes und der Deutschen Angestelltengewerkschaft geführt habe. Er teilt mit, daß diese Besprechungen fortgesetzt würden und beabsichtigt sei, auch noch Vertreter anderer Gruppen zu empfangen. Man könne den Eindruck haben, daß den Vertretern der Gewerkschaften mehr an einer Preissenkung gelegen sei als daran, die Preis-Lohnschraube in Gang zu setzen, und daß dieser Gedanke jedenfalls einem Teil von ihnen sehr ernst sei. Die Einsicht in die Zusammenhänge zwischen Lohn, Preis und Geld sei klarer und die Diskussion dadurch versachlicht worden.[2]

---

[1] Fritz Butschkau (1901–1971). 1931–1968 Rheinische Girozentrale und Provinzialbank, Düsseldorf, seit 1945 Geschäftsführender Direktor, 1953–1967 Präsident des Deutschen Sparkassen- und Giroverbandes.

[2] Siehe 34. Ausschußsitzung am 5. Aug. 1955 TOP 1. – Am 8. Sept. 1955 waren Blücher, Erhard, Schäffer, Lübke, Storch, Balke, Schäfer, Westrick, Bergemann, Haenlein, Bernard, Vocke und Butschkau mit Vertretern des DGB-Vorstandes, der IG Metall, der IG Bergbau, der IG Chemie, der ÖTV und der DAG zu einem Gespräch über die wirtschaftlichen und wirtschaftspoliti-

[B. Moskau-Reise]

Zu den Besprechungen in Moskau teilt der *Vizekanzler* mit, daß auf seinen Wunsch das Presse- und Informationsamt jeden Tag eine kurze Pressekonferenz abhalte[3]. Er regt an, die Pressereferenten der Ressorts darauf aufmerksam zu machen[4].

[C. Stand der Verhandlungen der Brüsseler Vorkonferenz zur Erweiterung der europäischen Integration] AA und BMWi

Außerhalb der Tagesordnung wird nunmehr der Bericht über den Fortgang der Arbeiten auf der Brüsseler Vorkonferenz behandelt[5].

Der *Vizekanzler* legt Wert darauf, daß der Kabinettsausschuß über den Stand der Besprechungen auf der Brüsseler Vorkonferenz unterrichtet wird; insbesondere auch deshalb, weil sich in kurzer Zeit die Minister und Staatssekretäre eingehend mit diesem Problem beschäftigen müßten. Da Ende des Monats eine grundlegende Beratung innerhalb der Regierung über die deutsche Grundsatzhaltung zur Integration stattfinden müsse, sei schon jetzt die Unterrichtung der unmittelbar beteiligten Kabinettsmitglieder geboten. Die Frage von *Ministerialdirigent Dr. Junker*, AA, ob dieser Punkt nach Rückkehr des Bundesministers des Auswärtigen aus Moskau nochmals auf die Tagesordnung kommen werde, bejaht der *Vizekanzler* und bemerkt dazu, daß bis dahin aber noch gut 10 Tage vergehen würden, zumal die vom

---

schen Konsequenzen der Tarifkündigungen zusammengekommen. Vgl. dazu die Vermerke zur Vorbereitung Erhards vom 1., 2. und 3. Sept. 1955 in B 102/14411h, die Besprechungsnotiz Blüchers vom 10. Sept. 1955 in Nachlaß Blücher N 1080/299 (abgedruckt in Anhang 3, Dokument 14) und die Presseerklärung Nr. 1002/55 des BPA vom 8. Sept. 1955 in BD 7/167–1955,3. – Fortgang zur Frage der Löhne und Preise 37. Ausschußsitzung am 27. Sept. 1955 TOP 2.

3 Zur Moskau-Reise Adenauers vom 9. bis 14. Sept. 1955, an der auch von Brentano teilnahm, vgl. Sondersitzung des Kabinetts am 15. Sept. 1955 TOP A (Kabinettsprotokolle 1955, S. 511–522).

4 Vgl. die Protokolle der Pressekonferenzen in B 145 I/53.

5 Siehe 89. Kabinettssitzung am 6. Juli 1955 TOP E (Kabinettsprotokolle 1955, S. 405 f.). – Am 1. und 2. Juni 1955 hatten die Außenminister der EGKS-Staaten in Messina auf Vorschlag der Benelux-Staaten beschlossen, einen vorbereitenden Ausschuß von Regierungsvertretern unter Leitung des belgischen Außenministers Paul-Henri Spaak und unter Einbeziehung Großbritanniens einzusetzen, der Vorschläge für Beratungen über eine weitere wirtschaftliche Integration Westeuropas auf Ministerebene ausarbeiten sollte. Die von Ophüls geleitete deutsche Delegation hatte ihre Weisungen in einer Besprechung am 7. Juli 1955 erhalten, an der neben verschiedenen Vertretern der beteiligten Ressorts auch Blücher, Erhard, Westrick, Hallstein, Hartmann und Sonnemann teilgenommen hatten (Sitzungsniederschrift in B 136/1310, abgedruckt in Anhang 3, Dokument 10). In der konstituierenden Sitzung der sogenannten Brüsseler Vorkonferenz am 9. Juli 1955 wurden neben dem Lenkungsausschuß der Delegationsleiter Ausschüsse 1. für den Gemeinsamen Markt, für Investitionen und Sozialfragen, 2. für klassische (herkömmliche) Energie, 3. für Kernenergie und 4. für Verkehr und Verkehrswege sowie vier Unterausschüsse für Investitionen, Sozialfragen, Luftverkehr sowie für Post- und Fernmeldewesen eingerichtet. Am 6. Sept. 1955 hatte Spaak den EGKS-Außenministern anläßlich ihrer Konferenz in Noordwijk einen ersten Bericht über den Verlauf der Besprechungen erstattet (vgl. den Protokoll-Entwurf vom 28. Sept. 1955 in AA B 10, Bd. 899 und B 102/22161). – Sitzungsdokumente und Delegationsberichte zur Brüsseler Vorkonferenz sowie weitere Unterlagen in AA B 10, Bd. 899–901, B 102/1694, 3285, 11580 und 22143–22166, B 146/590–594 sowie B 136/1310. – Vgl. zur Brüsseler Vorkonferenz, deren Ergebnisse im „Spaak-Bericht" vom April 1956 abschließend zusammengefaßt wurden, auch Küsters, Gründung, S. 145–268.

Bundeskanzler angeregte große Vorlage über dieses Thema abgewartet werden müsse. Heute komme es nur darauf an, Berichte zu den einzelnen Verhandlungsgegenständen hier entgegenzunehmen.

Als Berichterstatter führt *Min.Dirig. von der Groeben*, BMWi, aus, daß Ausgangspunkt für die Beratungen in Brüssel die Frühjahrskonferenz in Messina sei mit dem Ziel der Verschmelzung der nationalen Wirtschaften und einer Harmonisierung der Wirtschaftspolitik auf allen Teilgebieten. Abgesehen von der Schaffung gemeinsamer Grundbedingungen werde eine besondere Zusammenarbeit angestrebt auf dem Gebiete des Verkehrs, der klassischen Energie und der Atomenergie, hierbei übrigens auch die Schaffung einer supranationalen Behörde[6]. Bisher handele es sich nur um Beratungen von Sachverständigen, die noch nicht mit festen Bindungen ihrer Regierungen zusammenkämen. Eine große Rolle spiele die Frage, ob eine Beseitigung von Wettbewerbsverzerrungen von Industrie zu Industrie möglich sei. Man habe an eine Wettbewerbsordnung und an eine Ordnung der Währungen mit echten Wechselkursen, die den Kaufkraftparitäten entsprechen, zu denken. Von belgischer Seite sei ein umfassender Fragebogen aufgestellt[7] und von deutscher Seite eine vorläufige Antwort zu dem Problem der Zollunion gegeben worden[8]. Er schließt hier eine Einzeldarlegung der Wege für die Zollherabsetzung an, die regelmäßige Konsultationen der Regierung notwendig machen, und schildert die von den Teilnehmerländern auf der Konferenz eingenommene Haltung zu diesem Problem. Dabei komme es darauf an, eine Diskriminierung dritter Länder zu vermeiden. Nach französischer Auffassung sei die Integration nur möglich, wenn auch die Soziallasten angeglichen würden, während nach deutscher Auffassung der Versuch vermieden werden müsse, alle Kostenfaktoren zu harmonisieren. Hierbei erinnert er an die Erfahrungen im Steuerstreit innerhalb der Montanunion[9].

---

[6] Fortgang zur Europäischen Atomgemeinschaft (EURATOM) Sondersitzung des Kabinetts am 27. Okt. 1955 TOP C (Kabinettsprotokolle 1955, S. 620 f.).

[7] In der „Arbeitsunterlage der belgischen Delegation" vom 29. Aug. 1955 war einleitend die Frage gestellt worden: „Macht die Errichtung eines gemeinsamen Marktes ausschließlich [die] Aufhebung der mengenmäßigen Beschränkungen erforderlich, oder sind Sie der Ansicht, daß mit ihr auch, und zwar an erster Stelle, die Beseitigung der Devisenbeschränkungen, der Zölle, der Frachtdiskriminierungen, der Kartellpraktiken, der Doppelpreise verbunden ist?" Im Anschluß daran war ein differenzierter Fragenkatalog zu den Problemkreisen der Zolltarife, der Harmonisierung der Wirtschaftspolitik, eventuell erforderlicher Schutzklauseln und der Installierung von Maßnahmen, Verfahren oder Institutionen zur Einhaltung der Verpflichtungen vorgelegt worden (Konferenz-Dokument Nr. 158 in B 102/22149).

[8] Die deutsche Delegation hatte unter dem Datum des 31. Aug. 1955 einen Vorschlag für den Abbau der Binnenzölle vorgelegt. Danach sollte der Zolltarif in Gruppen verwandter Waren aufgeteilt werden, für die jeweils auf der Grundlage des Verhältnisses zwischen den tatsächlich erhobenen Zöllen und dem Wert der Einfuhren die durchschnittliche Zollbelastung für ein einheitliches Referenzjahr festgestellt werden sollten. „Diese durchschnittliche Zollbelastung sollte in festzulegenden Etappen zu einem festgelegten Prozentsatz in allen Warengruppen so gesenkt werden, daß zu dem für die Errichtung der Zollunion festgesetzten Zeitpunkt der volle Zollabbau erreicht ist" (Konferenz-Dokument Nr. 178 in B 102/22149).

[9] Zur Diskussion innerhalb der Montanunion über ein Verbot von Diskriminierungen bei der Erstattung von Umsatzsteuern im grenzüberschreitenden Verkehr sowie die Erhebung von Ausgleichsabgaben vgl. die Sondersitzung des Kabinettsausschusses für Wirtschaft am 28. April 1953 TOP 1 (Kabinettsausschuß für Wirtschaft 1951–1953, S. 240–242).

Bis Ende November würde der Lenkungsausschuß der Brüsseler Vorkonferenz einen Gesamtbericht erstellen für die folgende Außenministertagung. Erst anschließend werde man aus dem Stadium der Sachverständigenerörterung zu einer Regierungskonferenz übergehen.

Sodann berichtet *Ministerialdirigent Dr. von Boeckh*, BMWi, über die Arbeiten des Investitionsausschusses. Er teilt mit, daß vorgesehen sei, 2 Fonds zu errichten, und zwar einmal einen sogenannten „Anpassungsfonds", dessen Aufgabe es sei, für die anläßlich der Errichtung des Gemeinsamen Marktes notwendig werdende Umschulung und Umsiedlung von Arbeitern Beihilfen zu gewähren. Der Fonds stelle ein Sondervermögen dar, dessen Größenordnung noch nicht bekannt sei. Es sei vorgesehen, daß alle Mitgliedstaaten hierzu einen gleichen Betrag aus öffentlichen Mitteln zur Verfügung stellen.

Zu dem „Investitionsfonds", der Kredite oder Bürgschaften für unentwickelte Gebiete oder besondere internationale Großprojekte gewähren soll, sei vorgeschlagen worden, ihn privatwirtschaftlich aufzuziehen, und zwar durch Bildung eines Grund- oder Stammkapitals seitens der Mitgliedstaaten, z. T. durch Einzahlung, zum Teil durch Zeichnung von Garantiesummen. Die Beschaffung der Mittel soll auf lange Sicht auch über die Kapitalmärkte vorgenommen werden.

Min.Dirig. v. d. Groeben, BMWi, berichtet sodann kurz über den „Ausschuß Soziales". Dieser Ausschuß habe sich mit folgenden Fragenkomplexen zu befassen: Einmal mit der schrittweisen Herstellung der Freizügigkeit, sodann mit der Erleichterung der Integration durch Ratifizierung von bereits unterzeichneten Abkommen und weiter mit der Angleichung der Sozialversicherung. Die größten Schwierigkeiten würde auf diesem Gebiet die Frage der sog. Verzerrung durch unterschiedliche Lohn- und Sozialsysteme bereiten. Aufgabe des Ausschusses „Klassische Energie" sei es, eine europäische Energiebilanz zu erarbeiten.

Über den „Ausschuß für Verkehr" berichtet anschließend *Min.Rat Schulte-Meermann*, BMV. Der Ausschuß soll nach Meinung des „Lenkungs-Ausschusses" seine Arbeiten unter zwei verschiedenen Gesichtspunkten sehen: Einmal unter der Annahme, daß es zu einem Gemeinsamen Markt komme und welche Maßnahmen der Verkehrssektor dann treffen könne, um ein einwandfreies Funktionieren des Gemeinsamen Marktes zu sichern; zum anderen unter der Annahme, daß es nicht zu einem Gemeinsamen Markt komme, welche besonderen Maßnahmen der Verkehrssektor dann trotzdem vorschlagen könne. Für den letzteren Fall sehe der Verkehrsausschuß nach der Darlegung von *Min.Rat Schulte-Meermann* keine Möglichkeiten über das hinaus, was ohnehin an Zusammenarbeit auf dem Verkehrsgebiet bestehe.

Zu der Außenministerkonferenz in Nordwijk teilt *Min.Dirig. v. d. Groeben*, BMWi, abschließend mit, daß sie sachlich keine Entscheidung in Bezug auf den Gemeinsamen Markt bringen sollte und auch nicht gebracht habe. Es sei nur auf einen Bericht über den Stand der Bemühungen angekommen. Dabei habe sich der Eindruck ergeben, daß Frankreich jetzt positiver mitarbeiten wolle.

Zu dem von Min.Dirig. v. d. Groeben erstatteten Bericht stellt der *Vizekanzler* fest, daß die Unterrichtung der Kabinettsausschußmitglieder sicherlich notwendig war, und es werde sich für die Minister und Staatssekretäre daraus ergeben, welche

Punkte im einzelnen stärker gefördert werden müßten. Man werde wohl zu überlegen haben, auf welchen Gebieten man schnelle Fortschritte erzielen könne, denn es sei nicht anzunehmen, daß man auf allen Gebieten vorankommen werde.

Staatssekretär Dr. Westrick bemerkt, daß man in der Frage der allgemeinen „Entzerrungen" von deutscher Seite sehr zurückhaltend sein müsse, weil die Kostenstruktur in den einzelnen Mitgliedsländern sehr verschiedenartig sein werde. Diese Verschiedenartigkeit der Kosten müsse über die Preise und Wechselkurse zum Ausdruck kommen.

Staatssekretär Hartmann befürchtet, daß sich bei der Durchführung dieser großen Pläne eine gigantische Planwirtschaft mit entsprechender Bürokratie entwickeln könne. Es sollte bedacht werden, daß es auch in Deutschland noch „unterentwickelte Gebiete" gebe. Ihm liegt daran zu erfahren, wann nach dem bisherigen Austausch der Informationen mit der Aufbringung von Mitteln für die erwähnten Fonds zu rechnen sei und wann seitens der Regierung die autoritativen Richtlinien für die Weiterarbeit erteilt würden.

Der *Vizekanzler* bemerkt hierzu, daß sich das ganze Ausmaß der mit diesen Integrationsbemühungen aufgeworfenen Probleme vielleicht noch nicht übersehen lasse. Jedenfalls müsse die Regierung vor der nächsten Außenministerzusammenkunft Stellung nehmen und bestimmte deutsche Grundhaltungen in Form von Regierungsrichtlinien festlegen. An Min.Dirig. Dr. Junker, AA, richtet er die Frage, ob beabsichtigt sei, multilateral oder bilateral auf diplomatischem Wege den Rahmen der Gespräche zu erweitern. Das zu schaffende einheitliche Wirtschaftsgebiet sei in sich zu wenig ausgeglichen. In der Beschränkung auf die 6 Länder liege seiner Meinung nach eine besondere Erschwerung.

Hierzu und in Bezug auf die Frage von Staatssekretär Hartmann erklärt *Min.Dirig. v. d. Groeben*, BMWi, daß der Verhandlungsführung, wenn es sich zunächst auch nur um Sachverständigengespräche handele, daran liege, möglichst bald Richtlinien der Regierung zu erhalten. Die vorläufigen Beratungen würden zwischen dem 5. bis 10.10.1955 beendet sein.

Der *Bundesminister für Arbeit* bemerkt, daß die geforderte Angleichung an die Sozialpolitik insofern schwierig sei, als Verhältnisse vorlägen, die nicht miteinander vergleichbar seien. Es sei auch erforderlich, die in verschiedenen internationalen Gremien geleistete Arbeit auf sozialpolitischem Gebiet genau aufeinander abzustimmen.

Staatssekretär Dr. Bergemann tritt ebenfalls dafür ein, daß möglichst bald Regierungsrichtlinien gegeben werden.

Der Kabinettsausschuß ist der Auffassung, daß eine Meinungsbildung der Bundesregierung dringend geboten sei und erwartet hierzu baldigst eine Vorlage des Auswärtigen Amtes[10].

---

[10] AA und BMWi legten mit Schreiben vom 9. Nov. 1955 einen „Bericht über den gegenwärtigen Stand der Beratungen der Brüsseler Vorkonferenz zur Erweiterung der Europäischen Integration" vom 5. Nov. 1955 vor (B 102/22161, AA B 10, Bd. 899 und B 136/1310). – Fortgang 107.

1. Weltausstellung Brüssel 1958 **BMWi**

Der *Vizekanzler* stellt die Frage, ob die Bundesminister für Wirtschaft und der Finanzen über die Aufgabenverteilung, wie sie in der Vorlage des Bundesministers für Wirtschaft vom 6.9.1955 vorgenommen ist, einig sind[11].

Er ist überzeugt, daß auch noch andere Ressorts außerordentlich an diesen Dingen interessiert sind.

Staatssekretär Hartmann schlägt noch einige Änderungen vor, so z. B. die stärkere Mitwirkung der Bauabteilung des Bundesministeriums der Finanzen und die Herstellung des Einvernehmens mit seinem Hause in IV Ziff. 3 und 12 der Vorlage[12].

Staatssekretär Dr. Westrick hat hiergegen keine Bedenken. Er schlägt vor, die Vertragsbedingungen nochmals mit der NOWEA und den Bundesministern für Wirtschaft und der Finanzen abzustimmen[13].

Der *Vizekanzler* betont die Bedeutung der Beteiligung der Bundesrepublik an der Weltausstellung in Brüssel und sieht hierin eine bedeutungsvolle kulturelle Repräsentation unseres Staates. Er ist der Auffassung, daß die Zusammensetzung der Jury Sache des Kabinetts sei[14].

Dem stimmen die übrigen Mitglieder des Kabinettsausschusses zu.

Auf eine Frage des *Bundesministers für Arbeit* über die der Ausstellung zu Grunde liegende Idee schlägt *Staatssekretär Dr. Westrick* vor, den deutschen Generalkommissar vor dem Kabinettsausschuß berichten zu lassen.

Der Kabinettsausschuß begrüßt diese Anregung und spricht sich entsprechend einer weiteren Anregung des *Vizekanzlers* und *Staatssekretärs Hartmann* auch für eine frühzeitige Unterrichtung der interessierten Ausschüsse des Bundestages aus.

Abschließend bittet der *Vizekanzler*, bei den Vorbereitungen das Bundesministerium für Ernährung, Landwirtschaft und Forsten nicht zu übergehen[15].

Kabinettssitzung am 25. Nov. 1955 TOP 3 (Kabinettsprotokolle 1955, S. 698 f.) und 40. Ausschußsitzung am 10. Dez. 1955 TOP 3.

[11] Siehe 92. Kabinettssitzung am 20 Juli 1955 TOP G (Kabinettsprotokolle 1955, S. 449). – Vorlage des BMWi vom 6. Sept. 1955 in B 102/37722 und B 136/7765; weitere Unterlagen in B 102/37723–37726 sowie B 157/2009–2015 und 2632. – In seiner Vorlage hatte der BMWi eine Aufteilung der Zuständigkeiten für die Planung und Durchführung des deutschen Beitrags auf der Brüsseler Weltausstellung 1958 zwischen dem BMWi als federführendem Ressort, der Bauabteilung des BMF, dem Generalkommissar der Bundesregierung Hermann Wenhold und der Durchführungsgesellschaft Nordwestdeutsche Ausstellungsgesellschaft m.b.H. (NOWEA), Düsseldorf, vorgeschlagen.

[12] Gemäß Ziffer IV 3 der Vorlage sollte die NOWEA einen Architekten für die Innenausstattung des deutschen Pavillions im Einvernehmen mit BMWi und Generalkommissar und nach Anhörung des BMF verpflichten. Nach Ziffer IV 12 sollte die NOWEA für die Übernahme aller Abwicklungsarbeiten nach Beendigung der Weltausstellung verantwortlich sein.

[13] Nicht ermittelt.

[14] Gemäß Ziffer III 4 der Vorlage sollte der Generalkommissar für die Einberufung „einer Jury zur Beurteilung des von Industrie, Handel, Handwerk, Verkehr, Kunst usw. gelieferten Ausstellungsgutes" verantwortlich sein und dieser Jury vorsitzen.

[15] Fortgang 47. Ausschußsitzung am 23. April 1956 TOP 2 (B 136/36217).

2. EUROFIMA **BMV**

Staatssekretär Dr. Bergemann berichtet einleitend über das Zustandekommen des Internationalen Güterwagen-Pools zwischen Deutschland und Frankreich. Die damals getroffene Regelung habe sich so gut bewährt, daß an ihr jetzt 10 Länder beteiligt seien. Der Gedanke zu der beabsichtigten Gründung der EUROFIMA sei aus dem gleichen Bedürfnis und den bisher gemachten Erfahrungen zu verstehen.[16]

Der *Vizekanzler* bemerkt zunächst, daß der Kabinettsausschuß heute vor einer außerordentlichen Schwierigkeit stehe. Es seien in letzter Zeit wiederholt Abkommen unterzeichnet oder paraphiert worden, die vorher nicht der Regierung vorgelegt worden seien. Er bedaure diese Handlungsweise, die auch im vorliegenden Falle seiner Ansicht nach dazu führe, daß der Kabinettsausschuß zu dem Abkommen Stellung nehmen solle, obgleich die Regierung durch die vorangegangenen internationalen Besprechungen und wohl auch, wie er aus der Presse entnommen habe, durch eine Unterschrift bereits festgelegt worden sei[17].

Staatssekretär Dr. Bergemann erwidert hierauf, daß bis jetzt weder unterschrieben noch paraphiert worden sei. Der Entwurf des Abkommens solle erst Mitte Oktober den Verkehrsministern der Mitgliedstaaten vorgelegt werden. Im übrigen sei es dem Bundesministerium für Verkehr aus Gründen der übermäßigen Arbeitsinanspruchnahme nicht möglich gewesen, sich der Sache zugleich international wie auch interministeriell anzunehmen.

Der *Vizekanzler* entgegnet hierauf, daß immerhin in der Öffentlichkeit der Eindruck bestehe, daß Deutschland das Abkommen auf der skizzierten Grundlage abschließen werde; dieser Eindruck stütze sich auch auf verschiedene Presseverlautbarungen. Selbst wenn noch keine Unterschrift geleistet sei, so sei doch seiner Meinung nach die Regierung weitgehend ohne ihre Billigung festgelegt worden. Das müsse künftig

---

[16] Vorlage des BMV vom 12. Aug. 1955 in B 108/1666 und B 136/1593, Abschrift des Schreibens Schäffers vom 25. Aug. 1955 in B 136/1593, weitere Unterlagen in B 108/28630, B 141/11458–11462 und AA III A 4 (Az. 83.11), Bd. 362 f. – Am 20. Febr. bzw. 10. März 1951 hatten die Deutsche Bundesbahn und die Nationale Gesellschaft der Französischen Eisenbahnen (SNCF) ein Abkommen über die gemeinsame Benutzung bestimmter Güterwagen unterzeichnet, um den Umlauf der Güterwagen zu verbessern und die Leerfahrten im internationalen Güterverkehr zu verringern. Die in den Wagenpark (Güterwagen-Pool „EUROP") zur gemeinschaftlichen Nutzung eingebrachten Güterwagen blieben Eigentum der nationalen Eisenbahnen (vgl. dazu Friedrich, Übereinkommen und Friedrich, Güterwagenprobleme). – Am 8. Juli 1955 hatten die Verkehrsminister der Bundesrepublik Deutschland, Frankreichs, der Beneluxländer, Italiens, Österreichs, Spaniens und der Schweiz beschlossen, ihren Regierungen die Unterzeichnung eines internationalen Abkommens über die Gründung der Europäischen Gesellschaft für die Finanzierung von Eisenbahnmaterial (EUROFIMA) zu empfehlen (vgl. das Protokoll in B 108/1666). Die EUROFIMA sollte als gemeinsame Gesellschaft der nationalen Eisenbahnen die Modernisierung und Standardisierung der Eisenbahnen fördern und eine internationale Finanzierung gemeinsam verwendeten Materials ermöglichen. Mit seiner Vorlage vom 12. Aug. 1955 hatte der BMV die Zustimmung des Kabinetts zum Entwurf eines Abkommens zur Gründung der EUROFIMA beantragt und um die Bevollmächtigung zur Unterzeichnung des Abkommens nachgesucht. Auf Veranlassung Schäffers war die Angelegenheit zunächst an den Kabinettsausschuß verwiesen worden.

[17] Vgl. z. B. Frankfurter Allgemeine Zeitung vom 11. Juli 1955 („Die Gründung der ‚Eurofima' beschlossen") und Bulletin Nr. 126 vom 12. Juli 1955, S. 1055 („Errichtung der Eurofima").

dadurch vermieden werden, daß die Regierung in die Lage versetzt werde, in einem früheren Stadium Stellung nehmen zu können.

Staatssekretär Dr. Hartmann begrüßt diese Auffassung und bittet für das Bundesministerium der Finanzen ausdrücklich darum, daß sich in Zukunft die Ressorts an diese Richtlinien halten. Wenn die Arbeitsbelastung eine gleichzeitige Behandlung nicht gestatten sollte, müsse die Regierung Wert darauf legen, daß zunächst Klarheit über die Absichten innerhalb des Kabinetts herbeigeführt und erst dann international verhandelt werde. Er begrüßt es, daß das Abkommen noch nicht paraphiert und daher Änderungen noch möglich seien. Zu dem Entwurf des Abkommens übergehend, hält er die Sondergarantie des Bundes, wie sie in Artikel 5 des Entwurfs niedergelegt ist, nicht für notwendig[18]. Zumindest müsse dies bei Abschluß des Abkommens zu Protokoll erklärt werden. Zu Artikel 7 a.a.O. äußert er ebenfalls Bedenken[19]. Die Befreiung von zusätzlichen steuerlichen und Zollbelastungen lasse sich nur im Wege eines Gesetzes ermöglichen, da von der Befreiung auch Ländersteuern betroffen würden. Ohne Zustimmung des Bundesrates dürfte sich die beabsichtigte Maßnahme daher nicht durchführen lassen. Im übrigen halte er eine solche Klausel auch nicht für notwendig, und schlägt vor, auch den Artikel 7 völlig zu streichen.

Min.Rat Schulte-Meermann, BMV, pflichtet darin bei, daß eine Garantie der Bundesregierung nicht erforderlich sei, wohl aber sei nach der Rechtslage in anderen Staaten eine Haftungsübernahme notwendig.

Der *Vizekanzler* fragt, ob die Auffassung des Bundesministeriums für Verkehr, daß das Abkommen nicht ratifiziert zu werden brauche, richtig sei; er habe jedenfalls Zweifel.

Min.Rat Schulte-Meermann, BMV, erwidert, daß die Ratifikationsfrage eingehend geprüft worden und daß neben dem Auswärtigen Amt auch das Bundesministerium der Justiz die Ratifikationsbedürftigkeit verneint habe. Hierzu bemerkt *Staatssekretär Hartmann*, daß dem Bundesministerium der Finanzen ein Schreiben des Bundesministers der Justiz vom 31.8.1955 vorliege, in dem nach vorläufiger Prüfung des Bundesministeriums der Justiz die Zustimmung der gesetzgeberischen Körperschaften als erforderlich bezeichnet werde[20].

Gegenüber den Gedanken von *Min.Rat Schulte-Meermann*, im Unterzeichnungsprotokoll festzulegen, daß die Legislative durch das Abkommen nicht gebunden werde, äußert *Staatssekretär Hartmann* das grundsätzliche Bedenken, Verpflichtungen einzugehen, von denen man nicht wisse, ob das Parlament sie einlösen werde.

---

[18] Artikel 5 des Abkommens sah vor, daß in Staaten, die nicht ohnehin bereits für die Verbindlichkeiten der nationalen Eisenbahn hafteten, die Regierungen eine entsprechende Garantieerklärung gegenüber der EUROFIMA abgeben sollten.

[19] Gemäß Artikel 7 des Abkommens sollten die beteiligten Regierungen sicherstellen, daß die von der EUROFIMA getätigten Geschäfte im Vergleich zu Beschaffungen der nationalen Eisenbahnen keinen zusätzlichen steuerlichen Belastungen oder Zöllen unterliegen sollten.

[20] Schreiben vom 31. Aug. 1955 in B 141/11461.

Der *Vizekanzler* entgegnet hierauf, daß durch diese Maßnahme seiner Meinung nach das ganze Vorhaben entwertet werde; der Gesetzgeber sei damit auch praktisch nicht auszuschalten.

Min.Dirig. Haenlein, BK, gibt zu erwägen, ob es nicht richtiger sei, mit dem Bundestag Fühlung zu nehmen, selbst dann, wenn dies aus rechtlichen Gründen nicht unbedingt erforderlich sein sollte.

Der *Vizekanzler* ist der Auffassung, daß in der Tat nichts unternommen werden dürfe, was den Anschein erwecke, als ob an dem Parlament vorbeigegangen werden sollte.

Staatssekretär Dr. Westrick erklärt, daß auch er eine Reihe von Bedenken habe und hält eine nochmalige grundsätzliche Ressortbesprechung unter Beteiligung des Bundesministeriums der Justiz für notwendig. Er fragt, ob es nützlich und politisch praktisch sei, juristische Formulierungen zu finden, um an der Ratifikation vorbeizukommen. Er äußert weiterhin Zweifel an dem wirtschaftlichen Nutzen der EUROFIMA. Seiner Ansicht nach könne ein derartiger Zusammenschluß zu einem Nachfragemonopol führen. Er habe auch Sorge, daß EUROFIMA internationale Kartellabsprachen zur Folge haben könne. Er bezweifelt ferner, ob wirklich die beabsichtigte Kostenersparnis mit Kreditaufnahmen über die EUROFIMA eintreten werde. Er halte es für möglich, daß die Kreditkosten auf nationaler Basis keineswegs höher seien. Man würde überhaupt echte wettbewerbliche Bedingungen durch die Einschaltung der EUROFIMA gefährden. Im übrigen habe er Sorge wegen Artikel 9 des Abkommens[21]. Er wendet sich dagegen, daß die Beiträge, die von der Bundesrepublik zu leisten sind, außerhalb der Zahlungsabkommen in freier Währung überwiesen werden sollen. *Staatssekretär Dr. Westrick* tritt dafür ein, alle heute zur Sprache gekommenen Fragen zwischen den Ressorts gründlich durchzusprechen.

Der *Vizekanzler* teilt die Sorge des Bundesministers für Wirtschaft hinsichtlich der Gefahr möglicher Kartellbildungen. Auf seine Frage nach dem letzten Grund für die Bildung der EUROFIMA erklärt *Staatssekretär Dr. Bergemann*, es sei die Absicht, die Eisenbahnverwaltungen auf diesem Wege zu zwingen, nur standardisiertes Material zu beschaffen.

Präsident Dr. Bernard glaubt, daß ein Abkommen über die Standardisierung des Materials auch ohne die Schaffung eines besonderen Kreditinstruments möglich sei. Auf seine weitere Frage, welchen Vorteil der einheitliche Beschaffungspool haben soll, erwidert *Staatssekretär Dr. Bergemann*, daß die erleichterte Finanzierung dabei das Hauptargument sei. Allerdings sei niemand der beteiligten Länder gezwungen, davon Gebrauch zu machen. Die EUROFIMA liege vorwiegend im Interesse der anderen an ihr beteiligten Länder. Sollte sich aber deshalb Deutschland von ihr distanzieren?

---

[21] Artikel 9 des Abkommens verpflichtete die beteiligten Regierungen, „im Rahmen ihrer Devisenvorschriften die erforderlichen Maßnahmen [zu] ergreifen, um die Durchführung der im Zusammenhang mit der Gründung und der Geschäftstätigkeit der Gesellschaft sich ergebenden Geldbewegungen sicherzustellen".

Gegenüber dem von Staatssekretär Dr. Westrick bezüglich Art. 9 a. a. O. geäußerten Bedenken erwidert *Min.Rat Schulte-Meermann*, BMV, daß alle Zahlungen aus dem Abkommen über die EZU laufen müßten. Das Kapital selbst müsse allerdings in sfrs aufgebracht werden.

Der *Vizekanzler* faßt die Auffassung des Kabinettsausschusses dahin zusammen, daß die hier von den Ausschußmitgliedern vorgetragenen Bedenken sofort von den Ressorts eingehend beraten werden müssen, und zwar unter Beteiligung der Bundesministerien für Verkehr, der Finanzen, für Wirtschaft, der Justiz und dem Auswärtigen Amt[22].

3. Aufhebung des Preisstops für unbebaute Grundstücke – Grundsteuerersatzlösung BMWi

Staatssekretär Dr. Wandersleb trägt an Hand der Vorlage des Bundesministers für Wohnungsbau vom 1.8.1955 vor[23].

Staatssekretär Hartmann stimmt im Grundsatz mit der Vorlage des Bundesministers für Wohnungsbau überein und unterstreicht das Interesse des Bundes an einer Regelung schon im Hinblick auf die Anforderungen der Rüstung.

Es bestehe insofern noch eine Schwierigkeit, als der Baulandbegriff nicht identisch sei mit dem Begriff „baureifes Grundstück". Der Begriff müßte daher noch gesetzlich festgelegt werden.

Er gibt bekannt, daß der Entwurf eines neuen Bewertungsgesetzes, der zur Zeit im Bundesministerium der Finanzen fertiggestellt werde, etwa im November d. Js. dem Kabinett vorgelegt werden könne. Die neue Einheitswertfeststellung werde

---

22 Fortgang 100. Kabinettssitzung am 14. Okt. 1955 TOP 5 (Kabinettsprotokolle 1955, S. 574 f.). – Das Abkommen wurde am 20. Okt. 1955 von 14 Staaten auf der Konferenz der europäischen Verkehrsminister (CEMT) in Bern unterzeichnet (vgl. die Mitteilung des BPA Nr. 1201/55 vom 21. Okt. 1955 in BD 7/167–1955,4). Den Gesetzentwurf zu dem Abkommen verabschiedete das Kabinett am 31. Jan. 1956 im Umlaufverfahren (B 136/1593). – BR-Drs. Nr. 41/56. – BT-Drs. Nr. 2190. – Gesetz vom 16. Okt. 1956 (BGBl. II 907).

23 Siehe 80. Kabinettssitzung am 4. Mai 1955 TOP 5 (Kabinettsprotokolle 1955, S. 261–263). Vorlage des BMWo vom 1. Aug. 1955 in B 136/2439. – Unbebaute Grundstücke gehörten 1955 zu den wenigen Wirtschaftsgütern, die auf der Grundlage des Preisgesetzes vom 10. April 1948 (WiGBl. 27), dessen Geltungsdauer 1950 (BGBl. 824) und 1951 (BGBl. I 223) bis zum Erlaß eines neuen Preisgesetzes verlängert worden war, noch mit einem Preisstop belegt waren. Für den Verkehr mit bebauten Grundstücken war dieser Preisstop 1952 aufgehoben worden. Auf die Forderung des Deutschen Bundestags vom 11. Juni 1953 nach einer Ersatzlösung (vgl. das Protokoll der 270. Sitzung in Stenographische Berichte, Bd. 16, S. 13349–13364) hin hatte das Kabinett am 4. Mai 1955 einen ersatzlosen Fortfall des Preisstops abgelehnt und eine Lösung befürwortet, die Spekulationsmöglichkeiten ebenso ausschließen sollte wie eine zu starke staatliche Steuerung. In der Anlage zu seiner Vorlage vom 1. Aug. 1955 hatte der BMWo einen inhaltlichen Aufriß für eine „Gesetzesvorlage zur Aufhebung des Preisstops für unbebaute Grundstücke unter gleichzeitiger Ausschaltung von Spekulationsgewinnen" zum Beschluß vorgelegt. Der Gesetzentwurf sollte den Preisstop für unbebaute Grundstücke aufheben, § 10 des Baulandbeschaffungsgesetzes vom 3. Aug. 1953 (BGBl. I 720) in der Weise ändern, daß künftig der Verkehrswert die Grundlage bei Enteignungsentschädigungen sein sollte, und die Steuermeßzahl für solche unbebauten Grundstücke erhöhen, deren Erschließung eine Bebauung gestattete.

dann zum 1.1.1957 vorgenommen werden können, das bedeute, daß die Neufestsetzung der Grundsteuer allerdings erst am 1.4.1959 möglich wäre[24].

Der *Vizekanzler* fragt, ob die Annahme stichhaltig sei, daß nichtbebaute Grundstücke in jedem Falle vom Eigentümer der Bebauung entzogen würden. Er habe doch gegenüber dieser Auffassung erhebliche Zweifel. In diesem Zusammenhang weist er auf die entgegengesetzte Preisentwicklung bei citynahen Grundstücken hin und führt dazu eine Reihe von Beispielen an. Man könne daher nicht ohne weiteres die These aufstellen, daß alle Baugrundstücke dem Markt vorenthalten würden. Jedenfalls träfe das nicht zu für citynahe Grundstücke und für unverwertbare Restgrundstücke.

Staatssekretär Dr. Wandersleb stimmt dem zu und erklärt, daß aus diesen Gründen eine Reihe von Ausnahmen gemacht werden müßten. Generell zeige sich aber eine steigende Tendenz der Grundstückspreise. Das Kabinett habe am 4. Mai 1955 der Entschließung des Deutschen Bundestages über die Beseitigung des Preisstops für unbebaute Grundstücke zugestimmt, und nunmehr müsse eine Lösung gefunden werden.

Der *Bundesminister für Arbeit* macht Bedenken geltend und richtet an Staatssekretär Dr. Wandersleb die Frage, ob man bei der Vorlage daran gedacht habe, daß vor allem die Städte durch mancherlei Machenschaften die Grundstückspreise beeinflussen, und es sollte verhindert werden, daß sie auf Grund dieses Gesetzes noch mehr spekulieren könnten und noch stärkere Druckmittel in die Hand bekommen.

Der *Vizekanzler* stimmt dem grundsätzlich zu, macht aber darauf aufmerksam, daß die Gemeinden einen gewissen Vorrat an Grundstücken halten müßten.

Präsident Dr. Bernard gibt zu bedenken, daß die Aufhebung des Preisstops auch politische Rückwirkungen habe und mit großer Vorsicht behandelt werden sollte. Er nimmt hierbei Bezug auf die Erklärung der Bundesregierung gegenüber den Gewerkschaften, alles zu tun, um die Preise zu senken[25]. Es kümmere sich zwar niemand um den Preisstop und es herrsche zur Zeit ein schamloser Wucher, aber trotzdem sei seiner Meinung nach eine gewisse Vorsicht am Platze.

Staatssekretär Dr. Wandersleb teilt die geäußerten Befürchtungen von Präsident Dr. Bernard und fordert, daß die Aufhebung des Preisstops nur mit der Erhöhung der Grundsteuer einhergehen könne. Er ist auch der Meinung, daß der Bodenvorrat der Gemeinden nicht allzu groß sei.

Min.Dirig. Dr. Kleberg, BMVt, trägt die Bedenken und Wünsche des Bundesministers für Vertriebene, Flüchtlinge und Kriegsgeschädigte zu einigen Einzelfragen einer Neuregelung vor.

Der Kabinettsausschuß beschließt, daß mit der Ausarbeitung des Gesetzentwurfs sofort begonnen werden soll, und zwar in Zusammenarbeit der Bundesministerien

[24] Fortgang zur Festsetzung der Einheitswerte 123. Kabinettssitzung am 29. Febr. 1956 TOP 4 (Kabinettsprotokolle 1956, S. 220).

[25] Vgl. hierzu TOP A dieser Sitzung.

der Finanzen, der Justiz, für Wirtschaft, für Vertriebene, Flüchtlinge und Kriegsgeschädigte und für Wohnungsbau[26].

[26] Unterlagen zu den Beratungen über den Entwurf eines „Gesetzes über Maßnahmen auf dem Gebiet des Grundstückpreisrechts" in B 102/30758 f. – Das Gesetz kam in der 2. Legislaturperiode nicht zustande. Alle Preisvorschriften über den Verkehr mit Grundstücken wurden durch das Bundesbaugesetz vom 23. Juni 1960 (BGBl. I 341) aufgehoben. – Fortgang 7. Ausschußsitzung am 5. Mai 1958 TOP 4.

36. Sitzung des Kabinettsausschusses für Wirtschaft am Dienstag, den 13. September 1955

Teilnehmer: Blücher, Schäffer, Storch (ab 12.10 Uhr), Blank; Bleek, Sonnemann; Berger (AA), Michel (BMWi), Rust (BMWi), Haenlein (Bundeskanzleramt), Junker (AA), Jantz (BMA), Kleberg (BMVt), Heise (BMZ), andere Vertreter der Bundesressorts. Protokoll: Doßmann.

Beginn: 10.00 Uhr *Ende: 12.45 Uhr*

Ort: Bad Godesberg, Haus Carstanjen

Tagesordnung:

1. *Unterlagen für die Verhandlungen über weitere US-Außenhilfelieferungen*
   Vorlage des BMF vom 9. Sept. 1955 (Geh. II C - 190/55).

2.a *Drittes Gesetz zur Änderung des Sozialversicherungs-Anpassungsgesetzes (Initiativ-Gesetz);*
   hier: Zustimmung gemäß Art. 113 des Grundgesetzes
   Vorlage des BMF vom 3. Sept. 1955 (II C/10 - Ar 1300 - 23/55).

2.b *Entwurf eines Dritten Gesetzes zur Änderung des Sozialversicherungs-Anpassungsgesetzes und des Knappschaftsversicherungs-Anpassungsgesetzes*
   Vorlage des BMA vom 27. Aug. 1955 (IV 7 - 9779/55).

3. *Kohleversorgung derZuckerindustrie und der Hochseefischerei*
   Schreiben des Staatssekretärs im BML an den Staatssekretär im BMWi vom 18. Aug. 1955.

1. Unterlagen für die Verhandlungen über weitere US-Außenhilfelieferungen

AA und BMF

Der *Bundesminister der Finanzen* führt aus, daß in der Besprechung mit Botschafter Conant unter Vorsitz des Bundeskanzlers zwei Probleme behandelt worden seien[1]:

---

[1] Siehe 96. Kabinettssitzung am 7. Sept. 1955 TOP A (Kabinettsprotokolle 1955, S. 508). – Vorlage des BMF vom 9. Sept. 1955 in B 126/133335 und BW 1/95 (Gesamt-Geldbedarfsplan; abgedruckt in Anhang 3, Dokument 12), weitere Unterlagen in B 126/51519 f. und B 126/133334 f. sowie BW 2/2724–2726. Vgl. auch Anfänge westdeutscher Sicherheitspolitik, Bd. 3, S. 198–205 und Bd. 4, S. 113–127. – Der stellvertretende amerikanische Verteidigungsminister Frank C. Nash hatte Adenauer am 7. April 1953 die Lieferung schwerer Ausrüstung für den Aufbau westdeutscher Streitkräfte zugesagt (BW 9/409). Im November 1954 hatten die USA der Bundesregierung eine auf dem „Nash commitment" beruhende Materialliste („Nash-Liste") übergeben. Nach dem auf dieser Grundlage erfolgten Abschluß des Verteidigungshilfeabkommens zwischen der Bundesrepublik Deutschland und den USA vom 30. Juni 1955 (Gesetz vom 21. Dez. 1955, BGBl. II 1049) hatten die USA die Bundesregierung aufgefordert, bis zum 1. Aug. 1955 Unterlagen über die von der Bundesrepublik benötigten zusätzlichen Mate-

a) Einmal die Beantwortung des NATO-Fragebogens. Die Antwort sei inzwischen in Paris überreicht worden. Sie enthalte die Feststellung, daß ausreichende Mittel zur Durchführung dessen, was uns zur Zeit technisch möglich sei, aufgebracht werden könnten. Die anderen NATO-Staaten allerdings wünschten, daß wir uns bereit erklärten, den Verteidigungsbeitrag zu erhöhen.[2]

b) Zum anderen die Frage der US-Außenhilfe. Die sogenannte Waffenhilfe stehe dabei außer Diskussion. Die Amerikaner seien hierbei an ihr Wort gebunden und hätten eine Materialliste übersandt, deren Wert 3,9 Mia. DM betrage. Jetzt gehe es nur um die zusätzliche finanzielle Außenhilfe. Hierbei habe er persönlich Bedenken, jetzt darüber in ein Gespräch einzutreten, denn die Amerikaner würden wahrscheinlich die Meinung vertreten, daß eine finanzielle Außenhilfe nur in Betracht komme, wenn der deutsche Verteidigungsbeitrag die letzten Möglichkeiten ausgeschöpft habe. Nach seiner Auffassung dürften die Gespräche über die Außenhilfe nur bilateral stattfinden und nicht multilateral, da sonst zu befürchen sei, daß sich bei dieser Frage auch die übrigen Mitgliedsstaaten der NATO einschalteten.

Das Memorandum über die finanzielle Außenhilfe, das bis zum 31.8.1955 hätte überreicht werden sollen, sei zurückgestellt worden, um vor der Rückkehr des Bundeskanzlers im Kabinettsausschuß noch besprochen zu werden[3].

---

rialhilfen vorzulegen, damit die Regierung der USA diese rechtzeitig im Entwurf für den Haushalt 1956/57 berücksichtigen könnte. In einer Besprechung am 13. Juli 1955 hatte die Bundesregierung dem amerikanischen Botschafter Conant Unterlagen über Art und Umfang der benötigten amerikanischen Verteidigungshilfe zugesagt (Unterlagen dazu in B 126/133 335 und BW 2/2725). Mit Schreiben vom 30. Aug. 1955 hatte der BMF dem Auswärtigen Amt einen vom BMVtg ausgearbeiteten Gesamt-Geldbedarfsplan, eine vom BMF verfaßte Aufzeichnung über Stand und mögliche Entwicklung der Verteidigungsausgaben der Bundesrepublik, einen vom BMWi erstellten Bericht über die Produktionsmöglichkeiten und Produktionslücken sowie zwischen diesen drei Ressorts abgestimmte Bemerkungen zu den genannten Dokumenten zugesandt. Da zwischen BMF und BMVtg die Frage des geplanten Aufstellungszeitraums von drei Jahren, den der BMF nicht für realistisch hielt, strittig geblieben war, waren die Dokumente noch nicht übergeben worden. Das Kabinett hatte die Beratung dieser Frage am 7. Sept. 1955 an den Kabinettsausschuß verwiesen. Mit Schreiben vom 9. Sept. 1955 hatte der BMF den im Ausschuß vertretenen Ressorts die Dokumente mit Ausnahme des besonderer Geheimhaltung unterliegenden Gesamt-Geldbedarfsplan vorgelegt.

2 Siehe hierzu 95. Kabinettssitzung am 31. Aug. 1955 TOP A (Kabinettsprotokolle 1955, S. 497 f.). – Zur Planung des Auf- und Ausbaus der NATO-Streitkräfte führte die NATO seit 1952 jährliche Erhebungen über die wirtschaftlichen und finanziellen Möglichkeiten der Mitgliedsstaaten durch. Das Kabinett hatte in seiner 95. Sitzung am 31. Aug. 1955 (TOP A: Kabinettsprotokolle 1955, S. 497 f.) die vom BMF mit Schreiben vom 26. Aug. 1955 zur zustimmenden Kenntnisnahme vorgelegte Antwort auf den NATO-Fragebogen 1955, bestehend aus einem allgemeinen, einem militärischen und einem finanziellen Memorandum, gebilligt (Vorlage des BMF in BW 2/2724). – Zur Beurteilung der deutschen Antwort durch die NATO vgl. den „6. Bericht über die NATO- und WEU-Arbeit" aus dem BMF vom 10. Sept. 1955 in B 126/51520. – Am 16. Sept. 1955 legte die NATO zusätzliche, bis zum 15. Okt. 1955 zu beantwortende Fragen vor. Fortgang dazu Sondersitzung des Kabinetts am 11. Okt. 1955 TOP C (Kabinettsprotokolle 1955, S. 566–568).

3 Zur Moskau-Reise Adenauers vom 9. bis 14. Sept. 1955 vgl. Sondersitzung des Kabinetts am 15. Sept. 1955 TOP A (Kabinettsprotokolle 1955, S. 511–522).

Auf Seite 3 der „Bemerkungen" sei von seinem Hause die Klausel eingefügt worden, daß die Aufstellung der Streitkräfte innerhalb von 3 Jahren nicht nur ein finanzielles, sondern vor allem auch wirtschaftliches und organisatorisches Problem sei. Von amerikanischer Seite sei nämlich gebeten worden, deutscherseits einen Plan aufzustellen, der die bestehenden Schwierigkeiten berücksichtige[4]. Er sei der Meinung, daß wir die Garantie nicht dafür übernehmen könnten, die Dreijahresfrist auch einzuhalten. Dieser Punkt sei insofern von grundsätzlicher Bedeutung, weil damit die Frage aufgeworfen würde, inwieweit wir Verpflichtungen übernehmen dürften, die möglicherweise nicht gehalten werden könnten. Gegenüber der von ihm vorgeschlagenen Formulierung sei vom Bundesminister für Verteidigung folgende Abänderung vorgeschlagen worden:

> „Die Aufstellung der Streitkräfte in der Planzeit von 3 Jahren ist nicht nur ein finanzielles, sondern auch ein wirtschaftliches und organisatorisches Problem. Sollte sich in der Praxis herausstellen, daß die Aufstellung der Streitkräfte in der Zeit von 3 Jahren aus wirtschaftlichen oder sonstigen Gründen nicht möglich ist, so wird die Bundesrepublik in der Lage sein, einen diesen neuen Verhältnissen angepaßten Plan kurzfristig vorzulegen."

Der *Bundesminister der Finanzen* fragt, wann die 3 Jahre, innerhalb derer die Aufstellung der Steitkräfte erfolgen soll, beginnen und wann sie enden. Er sei bisher der Auffassung gewesen, daß der Beginn dieser Frist auf den 5.5.1955 zu legen sei[5], so daß somit der deutsche NATO-Beitrag am 6.5.1958 ende. Diese Frage müsse aber als erste Voraussetzung geklärt werden.

Der *Bundesminister für Verteidigung* erklärt, daß das gesamte Problem der Außenhilfe zwar mit dem NATO-Fragebogen eng verknüpft sei; es sei aber nicht so, daß das Gespräch mit den Amerikanern über die Außenhilfe die Basis für den deutschen Verteidigungsbeitrag bilde; denn dieser könne nur in der NATO festgelegt werden. Der *Bundesminister für Verteidigung* bedauert, daß bereits Zahlen in die Öffentlichkeit gelangt seien und weist nochmals auf den hohen Grad der Geheimhaltung hin, dem der NATO-Fragebogen in seinem größten Teil unterliege.

Der *Vizekanzler* hält diesen Hinweis für dringend notwendig.

Zur Aufstellung neuer Streitkräfte führte der *Bundesminister für Verteidigung* weiter aus, daß sich der Aufstellungsprozeß über einen längeren Zeitraum erstrecken werde. Man könne aber durchaus sagen, daß die aufzustellenden Streitkräfte nach 3 Jahren „ausgebildet" seien. Eine voll feldverwendungsfähige Truppe aufzustellen, sei innerhalb dieses Zeitraumes jedoch nicht möglich; das habe auch noch niemand behauptet oder verlangt. Wohl könne man erklären, daß nach 3 Jahren eine relative

---

[4] Zu dem Gespräch Schäffers mit einem Mitarbeiter Conants am 19. Juli 1955 vgl. den Vermerk aus dem BMF vom 23. Juli 1955 (Abschrift) sowie den Schriftwechsel zwischen Adenauer und Schäffer vom 31. Aug. sowie 5. Sept., 13. Sept. und 28. Sept. 1955 in B 136/2163 und Nachlaß Schäffer N 1168/41.

[5] Am 5. Mai 1955 war die Bundesrepublik Deutschland auf der Grundlage der Pariser Verträge vom 23. Okt. 1954 (vgl. dazu 53. Kabinettssitzung am 25. Okt. 1954 TOP 1: Kabinettsprotokolle 1954, S. 444–452) in die Souveränität entlassen worden (vgl. dazu Sondersitzung der Bundesregierung am 5. Mai 1955 TOP A: Kabinettsprotokolle 1955, S. 270 f.).

Feldverwendungsfähigkeit gegeben sei. Wir hätten seinerzeit zugesagt, einen solchen Grad der Verwendung herzustellen, diese Aufgabe sei auch zu füllen.

Der *Bundesminister für Verteidigung* erwidert auf die wiederholte Frage des Bundesministers der Finanzen nach dem Beginn der 3 Jahre, daß auf keinen Fall ein Tag vor dem 6.5.1955 in Frage kommen könne, darüber sei auch niemand im Zweifel gewesen. Im Gegenteil sei Frankreich bisher sehr darauf bedacht gewesen, daß vor Unterzeichnung der Pariser Verträge[6] nichts von der Bundesrepublik in dieser Richtung unternommen würde. Man könnte den Beginn der 3 Jahresfrist mit dem Zeitpunkt annehmen, in dem wir rechtlich in der Lage wären, die ersten 6 000 Mann einzuberufen[7]; oder noch besser, in dem wir die breite Grundlage für die Gesamtaufstellung geschaffen haben. Der *Bundesminister für Verteidigung* ist der Ansicht, daß die Aufstellung voraussichtlich gegen Ende 1955 anlaufen werde, so daß die Dreijahresfrist mit Auslauf des Jahres 1958 enden würde. Zu der Formulierung auf Seite 3 im 2. Absatz der „Bemerkungen": „Die Aufstellung der Streitkräfte in der Planzeit von 3 Jahren ist nicht nur ein finanzielles, sondern vor allem auch ein wirtschaftliches und organisatorisches Problem. Von amerikanischer Seite ist gebeten worden, einen Plan vorzulegen, der die bestehenden Schwierigkeiten berücksichtigt." erklärt der *Bundesminister für Verteidigung*, daß ihm von einer derartigen Forderung der Amerikaner nichts bekannt geworden sei. Hierzu werde sich das Auswärtige Amt noch äußern müssen; er glaube aber, daß das Auswärtige Amt festgestellt habe, daß diese Behauptung unzutreffend sei. Der weiteren Formulierung auf Seite 3 Ziff. 4 im 2. Satz des Absatzes 2 der „Bemerkungen" „Es fehlen entscheidende Voraussetzungen insbesondere auch gesetzgeberischer Art, um mit der Aufstellung beginnen zu können" müsse er widersprechen, denn schon jetzt erlaube die Gesetzgebung auf Grund des Soldatengesetzes[8], 6 000 Mann einzuberufen. Die Behauptung „es fehlen entscheidende Voraussetzungen, insbesondere auch gesetzgeberischer Art," sei unzutreffend. Zu den Formulierungen auf Seite 5, 2. Absatz[9], macht der *Bundesminister für Verteidigung* die gleichen Einwendungen und hebt hervor, daß die Zeitdauer bekannt und daß die Aufstellung der Streitkräfte durchführbar sei.

Er kommt sodann auf den Kostenplan zu sprechen, der gemeinsam mit den beteiligten Ressorts ermittelt worden sei. Hierbei sei jedem klar, daß in den dort angegebenen Summen auch Schätzungen enthalten seien, weil z. B. für Kriegsgerät keine

---

6 Zu den Pariser Verträgen vom 23. Okt. 1954 vgl. 53. Sitzung am 25. Okt. 1954 TOP 1 (Kabinettsprotokolle 1954, S. 444–452).

7 Das Freiwilligengesetz vom 23. Juli 1955 (BGBl. I 449) sah als ersten Schritt des Streitkräfteaufbaus die Aufstellung einer Freiwilligentruppe von zunächst 6 000 Mann vor („6 000er-Programm").

8 Gemeint ist das Freiwilligengesetz vom 23. Juli 1955. Das Gesetz über die Rechtsstellung der Soldaten (Soldatengesetz) vom 19. März 1956 trat erst am 1. April 1956 in Kraft (BGBl. I 114).

9 Der Absatz lautete: „Die finanziellen Mängel ergeben sich als Differenzgröße zwischen den Kosten der Aufstellung der Streitkräfte und den voraussichtlich möglichen eigenen Aufwendungen dafür. Da sowohl die Kosten der Aufstellung als auch die eigenen Aufwendungen von der Zeitdauer der tatsächlichen Aufstellung abhängen, diese aber, wie oben festgestellt wurde, aus wirtschaftlichen und organisatorischen Gründen noch nicht festliegt, können noch keine Angaben über die finanziellen Mängel gemacht werden."

üblichen Preise angegeben werden könnten. Man könne aber davon ausgehen, daß die Zahlen nicht zu niedrig, sondern eher zu hoch gegriffen seien. Es sei durchaus möglich, daß sich die Kosten für infrastructure noch herabsetzen ließen. Ganz allgemein erklärt der *Bundesminister für Verteidigung*, daß es nie einen Zweifel darüber gegeben habe, daß Deutschland noch eine weitere Außenhilfe bekommen sollte. Alle Äußerungen seien dahin aufzufassen, daß über die Nash[10]-Liste hinaus geholfen werden soll. Die Höhe dieser zusätzlichen Hilfe hänge von der Behandlung im amerikanischen Parlament ab. Es sei nur zu verständlich, daß die Amerikaner zuvor Unterlagen über unsere eigenen Anstrengungen haben wollten, ehe sie eine entsprechende Hilfe an uns beschlössen.

Der *Bundesminister für Verteidigung* steht auf dem Standpunkt, daß die von ihm beanstandeten Sätze in den „Bemerkungen", da sie im Gegensatz zum NATO-Fragebogen ständen, gestrichen werden sollten. Er hält es für zweckmäßiger, wenn die Bundesregierung erkläre, daß sie an der Dreijahresfrist festhalte, daß sie aber hoffe, materielle und finanzielle Lücken mit Hilfe der USA schließen zu können.

Der *Bundesminister der Finanzen* erklärt, daß die Amerikaner „realistische" Zahlen wünschten. Solche Zahlen könnten wir aber bis zum 31.8.1955 nicht geben. Er kommt zurück auf seine Frage nach dem Beginn der Dreijahresfrist. Die Erklärung des Bundesministers für Verteidigung sei keine präzise Antwort hierauf. Er halte es für dringend notwendig, daß man sich hierüber im klaren sei, denn im Außenhilfegesetz übernähmen wir eine Verpflichtung zu ganz bestimmten Leistungen. Wir müßten uns daher auch überlegen, ob diese Verpflichtung übernommen werden könne.

Der *Bundesminister der Finanzen* ist fest davon überzeugt, daß die Außenhilfe davon abhängig gemacht werde, welchen Verteidigungsbeitrag wir in Zukunft leisten würden. In den Verhandlungen über die Außenhilfe werde man von uns verlangen, einen höheren Verteidigungsbeitrag zu leisten. Daher müßte vorher ganz genau überlegt werden, was wir in den Unterlagen, die den Amerikanern nunmehr übergeben werden sollen, niederlegen. Er erklärt, daß man, falls dem Vorschlag des Bundesministers für Verteidigung gem. Text auf Seite 3 zu Ziffer 4 gefolgt werden soll, praktisch zu einer Umarbeitung des Berichts kommen müsse. Das sei aber heute nicht mehr möglich. Er wirft sodann die Frage auf, ob es unter wirtschafts- und währungspolitischen Gesichtspunkten überhaupt möglich sei, derartige Summen auszugeben. Er bittet, daß zu dieser Frage auch das Bundesministerium für Wirtschaft und die Bank deutscher Länder Stellung nehmen.

Ministerialdirektor Dr. Berger, Auswärtiges Amt, erklärt für sein Haus, daß die Verpflichtung zur Aufstellung der deutschen Streitkräfte innerhalb von 3 Jahren eingehalten werden müsse. Das Auswärtige Amt würde es begrüßen, wenn konkrete Zahlenangaben in dem Memorandum gemacht werden könnten. Er hält es für unbedingt notwendig, um eine Verstimmung zu vermeiden, die genannten Textstellen zu streichen, damit nicht der Eindruck erweckt werde, als ob wir von

[10] Prof. Dr. Frank C. Nash (1910–1957). 1951–1953 Berater des US-Verteidigungsministers für Fragen der internationalen Sicherheit, 1953–1954 stellvertretender US-Verteidigungsminister.

der Dreijahresfrist abweichen wollten. Das Auswärtige Amt unterstütze daher die Streichungvorschläge des Bundesministers für Verteidigung und seine Anregung, einen Satz einzufügen, in dem die Erwartung ausgedrückt wird, daß die USA die vorhandenen Lücken schließen helfe.

Abschließend erklärt *Ministerialdirektor Dr. Berger* [AA], daß die amerikanische Botschaft auf einer baldigen Beantwortung bestünde; die Redigierung sollte daher noch heute vorgenommen werden.

Sodann gibt der *Bundesminister der Finanzen* einen Überblick über die zur Verfügung stehenden Mittel und errechnet für 1955 einen Betrag von 5 Mia. DM und für die folgenden drei Jahre je 9 Mia. DM, zusammen also 32 Mia. DM deutscher Leistung: unter Hinzurechnung der bereits feststehenden 4 Mia. DM US-Außenhilfe aus dem Nash-Abkommen komme er somit auf einen Gesamtbetrag von 36 Mia. DM, so daß noch ein Fehlbetrag von mehreren Mia. DM bestehen bleibe.

Der *Bundesminister für Verteidigung* bestätigt diese Rechnung, ist aber der Auffassung, daß sich der errechnete Fehlbetrag noch ermäßigen lassen werde durch verringerte effektive Kosten der Infrastructur und die erwähnte zusätzliche Außenhilfe in unbestimmter Höhe; damit komme man schon näher an den Gesamtbetrag der Aufstellungskosten heran.

Die *Bundesminister der Finanzen* und *für Verteidigung* sind hiernach übereinstimmend der Auffassung, daß zwischen den Kosten und den uns möglichen eigenen Leistungen eine Diskrepanz bestehen bleibt. Der *Bundesminister der Finanzen* rechnet bestimmt mit der Forderung nach einer Erhöhung unseres finanziellen Beitrages, wenn auch die Amerikaner noch zuzahlen müßten.

Der *Vizekanzler* gelangt hierauf zu der Auffassung, daß diese Frage in ihren Konsequenzen für die Amerikaner und die deutsche Regierung sehr klar gegenüber der amerikanischen Regierung herausgestellt werden sollte, da dies dem amerikanischen Gesetzgeber gegenüber das ehrlichste Verhalten sei. Dabei müsse klar herausgestellt werden, in welchem Maße die deutsche Leistungsfähigkeit durch die Vertriebenen und Flüchtlinge belastet sei. Den Darlegungen solle man vorausschicken, daß es der Wunsch der Bundesregierung sei, den Plan in drei Jahren durchzuführen, die Bundesregierung aber naturgemäß von der allgemeinen Entwicklung abhängig sei. Man käme seiner Meinung nach aber an der Auseinandersetzung über die Grenzen unserer eigenen Belastungsmöglichkeit nicht vorbei.

Dem stimmen die *Bundesminister der Finanzen, für Wirtschaft* und *für Verteidigung* zu.

Der *Bundesminister der Finanzen* fügt hinzu, daß bei dem Kostenplan noch bemerkt werden solle, daß sich voraussichtlich noch eine Ermäßigung von etwa 5 % ergeben werde.

Der *Vizekanzler* stimmt dem zu, da es sich bei einer Reihe von Zahlen um Schätzungen handle, so daß evtl. Differenzen von etwa 5 % durchaus möglich seien und schlägt vor, in dem Begleitschreiben zum Ausdruck zu bringen, daß der Wunsch bestehe, über diesen Fragenkomplex noch in Gespräche auf möglichst hoher Ebene einzutreten.

Nach einer Aussprache über die gewünschten Änderungen in den „Bemerkungen" kommt der Kabinettsausschuß abschließend zu folgendem Ergebnis:

> Von den vom Bundesminister für Verteidigung in den „Bemerkungen" beanstandeten Formulierungen soll abgesehen werden. Auf Grund des heutigen Beratungsergebnisses sollen die Bemerkungen zwischen den Ressorts so formuliert werden, daß keine Zweifel an der Absicht der Bundesrepublik, die Aufstellung der Streitkräfte innerhalb von 3 Jahren vorzunehmen, aufkommen können. Es soll der Hinweis eingefügt werden, daß die Bundesrepublik von der allgemeinen wirtschafts-, arbeitsmarkt- und finanzpolitischen Entwicklung abhängig sei. Außerdem soll der Wunsch ausgesprochen werden, in Einzelbesprechungen auf höchster Ebene über diese Frage zu verhandeln. Schließlich soll noch bei dem Hinweis auf die bestehende Finanzierungslücke eine bestimmte Zahl genannt werden.[11]

Anknüpfend an die Bemerkungen des Bundesministers für Verteidigung über die Notwendigkeit, sich über die heute behandelten Probleme auseinanderzusetzen, führt der *Bundesminister der Finanzen* aus, daß die Diskussion seiner Auffassung nach die von ihm auch gegenüber dem Bundeskanzler betonte Notwendigkeit zeige, ein Gremium zu haben, um Fragen dieser Art zu besprechen (Verteidigungsrat). Dazu wird bemerkt, daß dies der Kabinettsausschuß sein könne.[12]

2. a) Drittes Gesetz zur Änderung des Sozialversicherungs-Anpassungsgesetzes (Initiativgesetz); hier: Zustimmung gemäß Art. 113 des Grundgesetzes BMF

b) Entwurf des Dritten Gesetzes zur Änderung des Sozialversicherungs-Anpassungsgesetzes und des Knappschaftsversicherungs-Anpassungsgesetzes BMA

Der *Bundesminister für Arbeit* hält es für sehr gefährlich, in dieser sozialpolitisch wichtigen Angelegenheit von dem Art. 113 GG erstmalig Gebrauch zu machen. Das Kabinett habe zwar einen solchen Vorschlag gemacht, er sei aber sicher, daß das Parlament verstimmt werde, wenn das einstimmig angenommene Gesetz auf diese Weise verzögert werde.[13]

---

[11] Das Kabinett billigte die überarbeitete Fassung der Vorlage vom 9. Sept. 1955 in seiner 98. Sitzung am 28. Sept. 1955 TOP 1 (Kabinettsprotokolle 1955, S. 540).

[12] Zur Einrichtung des Bundesverteidigungsrates siehe 99. Kabinettssitzung am 6. Okt. 1955 TOP 1 und Sondersitzung des Kabinetts am 11. Okt. 1955 TOP D (Kabinettsprotokolle 1955, S. 552 f. und 568). Der Bundesverteidigungsrat trat am 21. Okt. 1955 erstmals zusammen. Seine Protokolle befinden sich als geheime Verschlußsache noch in der Registratur des Bundeskanzleramtes.

[13] Siehe 94. Kabinettssitzung am 10. Aug. 1955 TOP 3 und 96. Kabinettssitzung am 7. Sept. 1955 TOP 2 (Kabinettsprotokolle 1955, S. 468–471 und 503). – Vorlage des BMA vom 27. Aug. 1955 in B 136/754 und Vorlage des BMF vom 3. Sept. 1955 in B 126/13284 und B 136/754. – Der Bundestag hatte am 7. Juli 1955 ein auf Initiativgesetzentwürfen der SPD (BT-Drs. 1247) und der CDU/CSU, FDP und DP (BT-Drs. 1418) beruhendes Gesetz beschlossen (Stenographische Berichte, Bd. 26, S. 5391), durch das Witwen, deren Ehemänner in der Invalidenversicherung versichert gewesen und vor dem 1. Juni 1949 gestorben waren, einen Rentenanspruch besaßen, wenn sie das 45. Lebensjahr vollendet oder vorschul- bzw. schulpflichtige oder in der Berufsausbildung befindliche Kinder hatten, obwohl der BMF in den Beratungen des Sozialpoliti-

Der *Bundesminister der Finanzen* ist ebenfalls der Meinung, daß der Artikel 113 GG nicht angewandt werden sollte. Das Gesetz sei noch insofern lückenhaft, als die Witwen der knappschaftlichen Rentenversicherungen nicht mit einbezogen seien. Er schlägt vor, das Initiativgesetz des Bundestages verkünden, zugleich aber ein Änderungsgesetz beschließen zu lassen, das gleichzeitig mit dem Initiativgesetz in Kraft tritt und bereits bei einem waisenrentenberechtigten Kind die vorgesehenen Bezüge gewährt und die Witwen der knappschaftlichen Rentenversicherung mit einbezieht. Wegen der Mehraufwendungen werde er dann einen entsprechenden Nachtragshaushalt vorlegen.

Der *Vizekanzler* pflichtet der Auffassung der Bundesminister der Finanzen und für Arbeit bei, daß das Kabinett im Konfliktfalle gegenüber dem Parlament nicht an seinem Beschluß, von Art. 113 Gebrauch zu machen, festhalten werde. Wenn das rechtzeitige Inkrafttreten des Änderungsgesetzes sichergestellt werden könne, sei er mit dem Vorschlag des Bundesministers der Finanzen einverstanden.

Der Kabinettsausschuß erklärt sich mit dieser Regelung einverstanden[14].

3. Kohleversorgung der Zuckerindustrie und der Hochseefischerei BMWi

Ministerialdirektor Dr. Rust, BMW, führt zunächst zu der Kohleversorgung der Zuckerindustrie aus, daß bis zum Ablauf dieses Monats der Zuckerindustrie 340 000 to Kohle zur Verfügung gestellt werden sollen, gegenüber einem angemeldeten Bedarf von 427 000 to im 3. Quartal. Es solle gewährleistet werden, daß die Zuckerindustrie mindestens ebenso gestellt werde wie im Vorjahr[15].

---

schen Ausschusses des Bundestages eine Einschränkung auf diejenigen Witwen gefordert hatte, die das 45. Lebensjahr vollendet hätten, da dem Bund sonst eine Mehrbelastung von jährlich 150 Millionen DM statt von 79 Millionen DM enstehen würde. Der BMF hatte deshalb mit Vorlage vom 28. Juli 1955 beantragt, die Bundesregierung möge dem Gesetz die nach Artikel 113 GG wegen der Erhöhung der im Bundeshaushaltsplan vorgesehenen Ausgaben erforderliche Zustimmung verweigern. Die Bundesregierung hatte am 10. Aug. 1955 einen Kompromißvorschlag des BMF gebilligt, dem zufolge Witwen unter 45 Jahren einen Rentenanspruch nur solange besitzen sollten, als sie mindestens zwei waisenrentenberechtigte Kinder erzögen. Auf dieser Grundlage hatte der BMA mit Schreiben vom 27. Aug. 1955 den Entwurf eines Dritten Gesetzes zur Änderung des Sozialversicherungs-Anpassungsgesetzes und des Knappschaftsversicherungs-Anpassungsgesetzes vorgelegt. Der BMF hatte diesem Entwurf in seiner Vorlage vom 3. Sept. 1955 zugestimmt und beantragt, die Bundesregierung möge ihre Zustimmung zu dem vom Bundestag beschlossenen Initiativgesetz gemäß Artikel 113 GG verweigern und gleichzeitig den Gesetzentwurf des BMA vorlegen.

[14] Fortgang 97. Kabinettssitzung am 21. Sept. 1955 TOP 9 (Kabinettsprotokolle 1955, S. 529 f.). – Drittes Gesetz zur Änderung des Sozialversicherungs-Anpassungsgesetzes vom 3. Okt. 1955 (BGBl. I 653) und Gesetz zur Änderung des Dritten Gesetzes zur Änderung des Sozialversicherungs-Anpassungsgesetzes vom 21. Jan. 1956 (BGBl. I 16).

[15] Zur Kohleversorgung siehe 33. Ausschußsitzung am 3. Aug. 1955 TOP 1. – Wegen der zu geringen Fördermengen der deutschen Zechen hatte die Gemeinschaftsorganisation Ruhrkohle m.b.H. (GEORG) dem BML mitgeteilt, daß die Zuckerindustrie nur 80 % der angeforderten Kohlenmenge erhalten könne und die Fehlmenge mit amerikanischer Importkohle ausgleichen müsse. Sonnemann hatte Westrick mit Schreiben vom 18. Aug. 1955 mitgeteilt, daß er eine solche Regelung für untragbar halte, da einerseits für Zuckerrüben und Zucker gebundene Preise gelten würden, deren Erhöhung ausgeschlossen sei, und andererseits die Zucker-

Staatssekretär Dr. Sonnemann erklärt sich mit dieser Regelung einverstanden. Der Umfang der diesjährigen Rübenernte sei allerdings noch nicht abzusehen; die Campagne stehe kurz bevor. Wenn die Gemeinschaftsorganisation Ruhrkohle (GEORG)[16] bewegt werden könne, die Zuckerindustrie in die gleiche Dringlichkeitsstufe einzureihen und die Belieferung wie im Vorjahr sicherzustellen, dann wären damit seine Bedenken ausgeräumt.

Der *Bundesminister der Finanzen* kommt sodann auf die Ertragslage der Zuckerindustrie zu sprechen und fragt, warum sie nicht in der Lage sei, die Auslandskohle zu bezahlen. Nach seiner Kenntnis sei die Ertragslage sehr günstig, vor allen Dingen habe sie sich in den letzten Jahren wesentlich gebessert, so daß man nicht von einer notleidenden Industrie sprechen könne. Seiner Meinung nach sei die Deutsche Bundesbahn in der Versorgung mit Inlandskohle vorzuziehen.

Auf die Frage des *Bundesministers der Finanzen* nach der Dividendenlage der Zuckerindustrie erklärt *Staatssekretär Dr. Sonnemann*, daß die Masse der Fabriken in der Form von Genossenschaften geführt würde und daher Dividendenzahlungen nicht erfolgten. Außerdem könnten die zwei oder drei großen Betriebe nicht mit der Masse der übrigen Betriebe verglichen werden.

Nachdem er konkrete Angaben über die Gewinne einzelner Betriebe gemacht hat, erklärt der *Bundesminister der Finanzen* abschließend, daß sich die Lage der Zuckerwirtschaft ebenso günstig entwickelt habe wie auch andere Branchen und fragt, ob die bisherige Subventionspolitik fortgesetzt oder eingeschränkt werden solle. Diese Frage müsse einmal demnächst grundsätzlich erörtert werden.

Zur Frage der Versorgung der Hochseefischerei mit Kohle erklärt *Staatssekretär Dr. Sonnemann*, daß die deutschen Fischdampfer auf Nußkohle[17]-Versorgung angewiesen seien; amerikanische Kohle sei nicht verwendbar. Er bittet daher um eine gesicherte Versorgung der Hochseefischerei mit deutscher Kohle.

Ministerialdirektor Dr. Rust, BMW, erklärt hierzu, daß GEORG die gleiche Menge liefern wolle wie im Vorjahr. Die Schwierigkeiten rührten aber daher, daß infolge des besonders guten Fischjahres und der vergrößerten Fischfangflotte der Kohle-

industrie die wegen der teureren Importkohle erhöhten Produktionskosten nicht tragen könnte. Er hatte Westrick gebeten, auf die GEORG einzuwirken, der Zuckerindustrie ausschließlich deutsche Kohle zuzuweisen, sie zumindest aber „in die Präferenzgruppe der Kohleverbraucher, ähnlich wie z. B. die Bundesbahn und die Versorgungsbetriebe [...] aufzunehmen". Desweiteren sollte Westrick bei der GEORG dafür eintreten, daß der erhöhte Kohlebedarf der Hochseefischerei, wie von der GEORG bereits zugesichert, „auch tatsächlich voll [mit deutscher Kohle] versorgt" werde (B 116/8188 und B 136/2495). Auf Bitten Sonnemanns war diese Angelegenheit auf die Tagesordnung des Kabinettsausschusses gesetzt worden (Vermerk vom 7. Sept. 1955 in B 136/2495).

[16] Nach der Auflösung des Deutschen Kohlenverkaufs 1952 hatten die Kohlenzechen des Ruhrgebiets sich am 18. Juli 1952 für den Verkauf ihrer Erzeugnisse zur Gemeinschaftsorganisation Ruhrkohle GmbH (GEORG) zusammengeschlossen. Vgl. 232. Sitzung am 4. Juli 1952 TOP 3a (Kabinettsprotokolle 1952, S. 429 f.).

[17] Mit Nußkohle wird, unterteilt in fünf Grade (I–V), Steinkohle einer Körnung von 6 mm bis zu 80 mm bezeichnet.

bedarf höher sei. Er werde aber auch die Frage der Bebunkerung der Fischdampfer, und zwar auch unter dem Sortengesichtspunkt, nochmals mit GEORG erörtern.

Staatssekretär Dr. Sonnemann erklärt, daß damit seine Fragen zunächst erledigt seien; es käme nunmehr auf das Ergebnis der heute stattfindenden Besprechung zwischen dem Bundesministerium für Wirtschaft und GEORG an[18].

[18] Ein Protokoll dieser Besprechung konnte nicht ermittelt werden. – Obwohl die Kohlewirtschaft ihre im September 1955 gemachte Zusage, der Zuckerindustrie die gleiche Kohlenmenge wie im Vorjahr zur Verfügung zu stellen, erfüllte, mußte die Zuckerindustrie im Kohlewirtschaftsjahr 1955/56 etwa 6 % (47 340 t) ihres Kohlebedarfs durch Importkohle decken (vgl. das Schreiben des Vereins der Zuckerindustrie an das BML vom 2. Febr. 1956 in B 116/8188).

37. Sitzung des Kabinettsausschusses für Wirtschaft am Dienstag, den 27. September 1955

Teilnehmer: Blücher, Blank, Storch (ab 9.55 Uhr); Bleek, W. Strauß, Hartmann, Sonnemann, Bergemann, Wandersleb; Bernard (BdL, bis 12.45 Uhr), Anders (BMI), Hertel (BMF), von Spindler (BMF, bis 12.45 Uhr), Kattenstroth (BMWi), Müller-Armack (BMWi, bis 12.40 Uhr), Haenlein (Bundeskanzleramt, bis 12.45 Uhr), Kleberg (BMVt), Heise (BMZ), weitere Vertreter der Bundesressorts. Protokoll: Wirsching (zu TOP A), Hornschu.

Beginn: 9.30 Uhr *Ende: 13.10 Uhr*

Ort: Bad Godesberg, Haus Carstanjen

Tagesordnung:

1. *Entwurf eines Gesetzes über die Liquidation der Deutschen Reichsbank und der Deutschen Golddiskontbank*
   Vorlage des BMWi vom 2. Sept. 1955 (VI A 2 - 11374/55).
2. *Entwicklung der Preise und Löhne*
   Einleitender Bericht des BMWi.

Die Tagesordnung wird in folgender Reihenfolge abgewickelt:

Außerhalb der Tagesordnung:

[A.] Besoldungsneuregelung **BMF**

Der *Vizekanzler* teilt einleitend mit, daß der Bundespostminister nicht anwesend sein könne und gebeten habe, die Erörterung der Besoldungsneuregelung im Kabinettsausschuß zu vertagen. Es sei jedoch dringend notwendig, in der Angelegenheit weiterzukommen. Er schlage daher vor, die Punkte, durch die der Bereich des Bundespostministers berührt werde, zunächst auszuklammern[1].

Staatssekretär Hartmann weist auf die Eilbedürftigkeit des Gesetzes hin. Das BMF beabsichtige, den Entwurf nunmehr dem Kabinett mit der Bitte vorzulegen, ihn in

---

[1] Vorlage des BMF vom 11. Juli 1955 und die Stellungnahmen der Ressorts in B 106/7935 und B 136/887 sowie Vorlage des BMF vom 22. Sept. 1955 in B 106/7936 und B 136/888; weitere Unterlagen zum Bundesbesoldungsgesetz in B 106/7925–7953. – Das BMF hatte am 11. Juli 1955 den Entwurf eines Bundesbesoldungsgesetzes zur Regelung der Dienstbezüge von Beamten und Richtern des Bundes sowie von Berufs- und Zeitsoldaten vorgelegt. Auf Wunsch verschiedener Ressorts war diese Vorlage zunächst in Staatssekretärsbesprechungen am 10. und 23. Aug. 1955 unter dem Vorsitz Blüchers beraten worden (vgl. die Protokolle in B 136/887, abgedruckt im Anhang 3, Dokumente 11 und 13). Nach weiteren Chefbesprechungen über Einzelfragen hatte das BMF mit Schreiben vom 22. Sept. 1955 einen neuen Gesetzentwurf (Anlage I des Schreibens) vorgelegt, die noch offenen Fragen bezeichnet (Anlage II) und in einer Übersicht die neuen Besoldungsgruppen dargestellt (Anlage III).

der Sitzung am 5.10.1955 zu verabschieden. Es bestehe sonst die Gefahr, daß die Beamtenbesoldung wieder zum Anhängsel der Tarifregelung für Angestellte und Arbeiter werde[2]. Man müsse daher heute mit der Vorbereitung zu Ende kommen.

Staatssekretär Dr. Bergemann meldet Vorbehalte an, weil es wegen der Kürze der Zeit nicht möglich gewesen sei, mit dem Vorstand der Bundesbahn Fühlung aufzunehmen.

Staatssekretär Bleek meint, es blieben für die heutige Erörterung genug Themen übrig. Grundsätzlich stimme er Staatssekretär Hartmann darin zu, daß in den Gehaltsfragen die Regelung für Beamte vorangehen müsse. Es sei jedoch zu bedenken, ob die bevorstehenden Tarifverhandlungen mit den Gewerkschaften nicht erschwert würden, wenn bekannt werde, daß die Bundesregierung die Besoldung auf dem gegenwärtigen Stand festhalten wolle. Er empfiehlt, die Zuleitung des Gesetzentwurfes an den Bundesrat noch so lange zurückzustellen, bis die Tarifverhandlungen Anfang Oktober begonnen hätten. Der *Vizekanzler* ist im Gegensatz dazu der Ansicht, eine offene Sprache der Bundesregierung sei am Platz. Die Gewerkschaften hätten durch taktische Manöver die Preisfrage in den Mittelpunkt der Erörterungen gebracht. Die Bundesregierung unternehme alle Anstrengungen, um die Preise zu halten. Das setze aber auch ein maßvolles Verhalten in der Frage der Löhne und Gehälter voraus.

Staatssekretär Bleek erklärt, es handle sich lediglich um eine Frage der Taktik. Er habe keine Bedenken gegen die unverzügliche Einbringung des Gesetzentwurfs beim Kabinett.

Staatssekretär Hartmann teilt mit, daß die Tarifverhandlungen mit den Gewerkschaften am 7.10.1955 aufgenommen würden. Das Ergebnis sei fraglich; die Verhandlungen würden sicher geraume Zeit in Anspruch nehmen. Der Bundesfinanzminister wolle sich bei diesen Verhandlungen gern auf die Entscheidung der Bundesregierung über die Beamtenbesoldung berufen und lege auch aus diesem Grund Wert auf eine rasche Verabschiedung des Gesetzentwurfes. Über den Zeitpunkt der Einbringung beim Bundesrat könne noch gesprochen werden.

Ministerialdirektor Dr. Hertel [BMF] erläutert daraufhin anhand der Anlage I zur Vorlage des BMF vom 22.9.1955 die Änderungen, die der Gesetzentwurf auf Grund der Chef- und Staatssekretärbesprechungen erfahren habe. Dabei ergeben sich folgende Einzelerörterungen:

Zu § 32 (Dienstbekleidung, Heilbehandlung, Verpflegung):

Der *Bundesminister für Verteidigung* regt eine Ergänzung des Abs. 2 an[3]. Er erklärt, daß die Offiziere den Kampfanzug nicht kaufen könnten, sondern als Dienstbekleidung gestellt erhielten. Der Kampfanzug gehe auch nicht in das Eigentum des Offi-

---

2 Zur lohnpolitischen Lage und zu den am 7. Okt. 1955 beginnenden Tarifverhandlungen im öffentlichen Dienst vgl. 34. Ausschußsitzung am 5. Aug. 1955 TOP 1 und 98. Kabinettssitzung am 28. Sept. 1955 TOP D (Kabinettsprotokolle 1955, S. 544).

3 § 32 Absatz 2 des Entwurfs sah vor, daß Offiziere neben der Besoldung einen einmaligen Einkleidungszuschuß und eine Entschädigung für besondere Abnutzung ihrer Dienstkleidung erhalten sollten.

ziers über. Nachdem allseitiges Einverständnis darüber besteht, daß die Stellung des Kampfanzuges für Offiziere mit dem Wortlaut der Vorschrift vereinbar sei und dies in den Verwaltungsvorschriften ausdrücklich festgestellt werden könnte, stellt der Bundesverteidigungsminister seine Bedenken zurück.

Absatz 3 erhält nach Erörterung der zu erwartenden praktischen Fälle folgende Fassung: „Der Soldat hat Anspruch auf unentgeltliche ärztliche Behandlung, auf unentgeltliche Pflege in einem Krankenhaus und auf die Gewährung der ärztlich verordneten Heil- und Hilfsmittel“[4].

Zu § 39 (Übergangsregelung für die Streitkräfte und den Bundesgrenzschutz):

Staatssekretär Bleek erhebt Bedenken gegen die Regelung in Abs. 1 unter Ziff. c) 1, 2 und 3. Nach einem erläuternden Hinweis von *Ministerialdirektor Dr. Hertel* [BMF] erklärt er, daß auf eine Änderung des Abs. 1 verzichtet werde. Die Regelung in Abs. 2 entspreche den berechtigten Wünschen des Bundesinnenministeriums jedoch nicht. Er müsse vielmehr darauf bestehen, daß Abs. 1 für den Bundesgrenzschutz uneingeschränkt, d. h. ebenfalls für einen Zeitraum von 3 Jahren nach Inkrafttreten des Gesetzes Anwendung finde[5].

Ministerialdirektor Dr. Hertel [BMF] weist darauf hin, daß es sich bei Abs. 1 um eine Übergangsregelung handle, die den Aufbau der Streitkräfte erleichtern solle. Eine ähnliche Vergünstigung habe seinerzeit der Bundesgrenzschutz erhalten[6]. Die Einbeziehung des Bundesgrenzschutzes im Rahmen des Abs. 2 sei das Äußerste, das der Bundesfinanzminister zugestehen könne. Die Erfüllung des vom Bundesinnenminister vorgebrachten Wunsches werde Anlaß zu weiteren Forderungen, insbesondere wegen des Besoldungsdienstalters der wiederverwendeten Beamten geben.

Staatssekretär Bleek behält sich unter Hinweis auf frühere Gespräche zwischen dem BMI und dem BMF ausdrücklich vor, auch die Frage der Festsetzung des BDA's der wiederverwendeten Beamten im Kabinett zur Erörterung zu stellen.

In diesem Zusammenhang regt *Ministerialdirektor Dr. Anders* [BMI] an, den wiederverwendeten Beamten die amtlos verbrachte Zeit nicht wie bisher bis zum 31.3.1951 (Inkrafttreten des GG 131[7]), sondern bis zum 31.8.1953 (Inkrafttreten des

---

[4] Gemäß Absatz 3 des Entwurfs sollte der Anspruch auf die Behandlung durch Militärärzte und Militärkrankenhäuser beschränkt werden.

[5] Nach § 39 des Entwurfs sollten für einen Übergangszeitraum von drei Jahren nach Inkrafttreten des Gesetzes für Soldaten der früheren Wehrmacht (Ziffer 1 a) und Beamte, die als Soldaten in die Bundeswehr einträten (Ziffer 1 b und c), günstigere Konditionen für die Berechnung des Besoldungsdienstalters (BDA) möglich sein, als dies die §§ 28 bis 30 (Besoldungsdienstalter) erlaubten. Absatz 2 dehnte die Vergünstigung auf frühere Wehrmachtssoldaten und Beamte aus, die vor Inkrafttreten des Gesetzes als Freiwillige in die Bundeswehr oder als Vollzugsbeamte in den Bundesgrenzschutz eingetreten seien.

[6] Vgl. dazu 121. Kabinettssitzung am 9. Jan. 1951 TOP D und 169. Kabinettssitzung am 28. Aug. 1951 TOP 2 (Kabinettsprotokolle 1951, S. 48 und 615).

[7] Nach Artikel 131 GG waren die Rechtsverhältnisse von Angehörigen des öffentlichen Dienstes, die nach dem 8. Mai 1945 aus politischen Gründen aus dem öffentlichen Dienst entlassen oder degradiert worden waren, durch Bundesgesetz zu regeln. Das Gesetz zur Regelung der

BBG[8]) anzurechnen. Er begründet seinen Vorschlag damit, daß die Unterbringung im großen Stil erst nach Inkrafttreten des GG 131 angelaufen sei.

Ministerialrat Anz [BMF] verweist auf die allgemeine Neuregelung der BDA-Festsetzung, nach der die außerhalb des öffentlichen Dienstes verbrachte Zeit auch für die 131er zur Hälfte angerechnet werde. Von dem Kompromißvorschlag des BMI seien erhebliche Kosten zu erwarten. Der jährliche Mehraufwand für die bereits untergebrachten Beamten werde schätzungsweise 15 Mill. DM betragen; dazu komme jedoch ein weiterer Mehraufwand von 85 bis 100 Mill. DM für die noch nicht wiederverwendeten Beamten, weil diese nach dem Vorschlag des Innenministers bis zum 31.8.1953 in den Dienstaltersstufen aufsteigen würden.

Ministerialdirektor Dr. Anders [BMI] bestreitet diese Folgerung. Auch nach der gegenwärtigen Rechtslage komme die Anrechnung der amtlos verbrachten Zeit (bis 31.3.1951) nur den wiederverwendeten Beamten zugute. Er weist darauf hin, daß durch seinen Vorschlag die Forderungen der Verbände für eine Novelle zum GG 131 zum Teil abgefangen würden.

Da eine Verständigung zwischen BMI und BMF nicht erreicht wird, soll die Entscheidung über die volle Einbeziehung des Bundesgrenzschutzes in die Regelung des § 39 Abs. 1 und über die Regelung des Besoldungsdienstalters der wiederverwendeten Beamten dem Kabinett überlassen bleiben.

Zu § 40 (Verzugszinsen):

Die Vorschrift wird im allgemeinen Einverständnis gestrichen, da sie nicht erforderlich erscheint und die bisherige Fassung verschiedene Auslegungen zuläßt[9].

Zu § 58 Abs. 2 (Unterhaltszuschuß):

Staatssekretär Dr. Bergemann behält sich eine abschließende Stellungnahme vor, weil die Auffassung der Bundesbahn zu der beabsichtigten Ergänzung des BWGöD[10] noch nicht eingeholt werden konnte. Der Rahmen für die Unterhaltszuschüsse werde voraussichtlich zu eng sein[11].

Rechtsverhältnisse der unter Artikel 131 GG fallenden Personen vom 11. Mai 1951 war rückwirkend zum 1. April 1951 in Kraft getreten (BGBl. I 307). – Zur Rehabilitierung und Versorgung der „131-er" vgl. Frei, Vergangenheitspolitik, S. 69–100.

[8] Das Bundesbeamtengesetz vom 14. Juli 1953 war am 1. Sept. 1953 in Kraft getreten (BGBl. I 551).

[9] § 40 des Entwurfs hatte für den Zeitraum eines Jahres Verzugsansprüche für den Fall ausgeschlossen, daß die Mehrbeträge bei durch das Bundesbesoldungsgesetz erhöhten Dienstbezügen erst nach ihrer Fälligkeit ausbezahlt würden.

[10] Gesetz zur Regelung der Wiedergutmachung nationalsozialistischen Unrechts für Angehörige des öffentlichen Dienstes (BWGöD) vom 11. Mai 1951 (BGBl. I 291). – Fortgang zum Dritten Gesetz zur Änderung des BWGöD vom 23. Dez. 1955 (BGBl. I 820) 110. Kabinettssitzung am 21. Dez. 1955 TOP K (Kabinettsprotokolle 1955, S. 754 f.).

[11] § 58 Absatz 2 sah vor, daß Beamte auf Widerruf während ihres Vorbereitungsdienstes einen Unterhaltszuschuß in Höhe von mindestens einem, höchstens aber zwei Dritteln des Anfangsgrundgehalts der Eingangsbesoldungsgruppe ihrer Laufbahn erhalten sollten.

Staatssekretär Dr. Strauß empfiehlt, die Einzelregelung in der Form einer Rechtsverordnung vorzunehmen. Er weist darauf hin, daß durch die beabsichtigte Vorschrift ein Anspruch auf Unterhaltszuschuß verliehen werde.

Beide Anregungen werden im Finanzministerium überprüft und nach Möglichkeit berücksichtigt werden.

Zu § 59 (Schlußvorschriften):

Staatssekretär Dr. Strauß wiederholt seinen bereits in der Staatssekretärbesprechung gemachten Vorschlag, dem § 59 je einen Katalog der aufgehobenen und der fortgeltenden Rechtsvorschriften anzufügen.

Staatssekretär Hartmann stimmt zu. Die erforderliche Ergänzung wird von den Bundesministerien der Finanzen und der Justiz unter Beteiligung des Bundesverkehrsministeriums ausgearbeitet werden.

Es besteht Einverständnis darüber, daß die Vorlage jedoch zunächst ohne diese Ergänzung beim Kabinett eingebracht und die beabsichtigte Aufzählung später, u. U. erst im Bundestag nachgeschoben werden soll.

Hierauf werden die offengebliebenen Fragen anhand des Gesetzentwurfes (Anlage I zu dem Schreiben des BMF vom 22.9.1955) und der vom Finanzminister als Anlage II zu dem genannten Schreiben übersandten Aufstellung erörtert.

Zu § 8 (BDA in besonderen Fällen):

Staatssekretär Dr. Strauß weist darauf hin, daß die Regelung des Abs. 1 die Gewinnung qualifizierter Kräfte aus den Ländern erschwere, weil der Beamte beim Übertritt zum Bund sein evtl. günstigeres BDA verliere. Die vorgesehene Zulage sei nicht ausreichend, weil sie die Exspektanz nicht berücksichtige[12].

Ministerialrat Anz [BMF] erklärt, das BMF habe Bedenken gegen die Streichung der „Überholungsklausel". Es gefährdet den Frieden innerhalb der Bundesverwaltung, wenn Beamte derselben Besoldungsgruppe, der gleichen Laufbahn und des gleichen Alters ein verschiedenes BDA und damit ein unterschiedliches Einkommen hätten. Dieser Auffassung treten auch der *Vizekanzler* und *Staatssekretär Bleek* bei.

Staatssekretär Bleek bittet, die Vergünstigung des Abs. 2 auch den Grenzschutzbeamten bei ihrem Übertritt in ein ziviles Beamtenverhältnis zugute kommen zu lassen.

---

[12] Nach § 8 Absatz 1 des Entwurfs, der sogenannten „Überholungsklausel", sollten bei der Wiederanstellung von Ruhestandsbeamten, bei der Einstellung, Anstellung oder Beförderung von unter Artikel 131 GG fallenden Personen oder beim Übertritt aus dem Dienst eines anderen Dienstherren in den Bundesdienst diese Beamten kein günstigeres Besoldungsdienstalter erhalten als vergleichbare Bundesbeamte. Zur Wahrung des Besitzstands sollte jedoch gegebenenfalls eine ruhegehaltsfähige Ausgleichszulage gezahlt werden. Absatz 2 sah vor, daß Berufssoldaten oder Soldaten auf Zeit beim Übertritt in das Beamtenverhältnis des Bundes ihr Besoldungsdienstalter als Soldat beibehalten sollten, falls dieses günstiger sei als das ihrer neuen Besoldungsgruppe.

Ministerialdirektor Dr. Hertel [BMF] stellt dazu fest, daß eine besondere Regelung nur für die Soldaten erforderlich sei. Sie sei nicht günstiger als die allgemeine Regelung für Beamte beim Wechsel der Laufbahngruppe (§ 7), nach der sich das BDA der Grenzschutzbeamten beim Übertritt in eine andere Verwaltung bestimme.

Zu § 11 (Ortsklassenverzeichnis):

Auf Vorschlag von *Staatssekretär Dr. Strauß* werden in Absatz 3 nach dem Wort Rechtsverordnung die Worte eingefügt: „[...] , die der Zustimmung des Bundesrates nicht bedarf."[13]

Zu § 13 (Stufen des Wohnungszuschlags):

Ministerialdirektor Dr. Hertel [BMF] berichtet über die Meinungsverschiedenheiten zwischen dem BMF einerseits und dem BMFa sowie dem BMVtg andererseits. Er weist darauf hin, daß die Länder sich für die vom BMF vorgeschlagene Regelung ausgesprochen haben[14].

Ministerialrat Dr. Simon (BMFa) erklärt, die Belastung der Familie setze tatsächlich erst bei der Mehrkinderehe ein.

Darauf erwidert *Staatssekretär Bleek*, daß nach seiner Erfahrung der erhöhte Wohnraumbedarf mit dem ersten Kinde eintrete.

Staatssekretär Hartmann ist der Ansicht, daß der Vorschlag des Finanzministeriums den soziologischen Gegebenheiten Rechnung trage. Bezeichnend für die Situation sei augenblicklich die Frühehe, bei der beide Ehegatten berufstätig seien. Der Entschluß zum 1. Kind sei entscheidend. Deshalb habe man in Abweichung von der früheren Regelung bereits eine besondere Stufe für den verheirateten Beamten mit 1 Kind vorgesehen.

Der *Vizekanzler* pflichtet der Auffassung des Bundesfinanzministers bei. Der von *Ministerialrat Dr. Simon* [BMFa] vorgetragenen Auffassung, das Wohnungsgeld solle nach Auffassung des Familienministeriums nicht nur den erhöhten Wohnraumbedarf decken, sondern stelle einen Sozialzuschlag dar, tritt *Staatssekretär Dr. Wandersleb* entgegen. Auch er unterstützt den Vorschlag des BMF.

---

[13] Der Wohnungszuschlag gemäß § 10 des Entwurfs wurde durch § 11 nach verschiedenen Ortsklassen in seiner Höhe gestaffelt. Absatz 3 sollte den BMF ermächtigen, Anlagen für Sonderzwecke durch Rechtsverordnung aus der Ortsklasse ihrer Wohngemeinde herauszunehmen und einer anderen Ortsklasse zuzuordnen.

[14] § 13 des Entwurfs staffelte den Wohnungszuschlag nach dem Personenstand und der Kinderzahl der Beamten. Wuermeling hatte in seiner Vorlage vom 29. Juli 1955 eine Erhöhung der Wohnungszuschläge für Familien mit zwei bis sechs Kindern gefordert (B 136/887; vgl. dazu die Vorlage für den Minister aus dem BMF vom 10. Aug. 1955 und den Vermerk vom 5. Sept. 1955 über eine Ressortbesprechung von Vertretern des BMF und des BMFa am 2. Sept. 1955 in B 106/7935). Das BMVtg war dieser Auffassung in seiner Vorlage vom 5. Aug. 1955 beigetreten (B 136/887). – Vgl. auch den Vermerk aus dem BMI vom 5. Mai 1955 über die gemeinsame Besprechung der Bundesministerien mit den Besoldungsreferenten der Länder und Vertretern der kommunalen Dienstherren am 28. und 29. April 1955 sowie weitere Unterlagen zur Haltung der Länder in B 106/7933.

Zu § 16 (Kinderzuschlag):

Nach Vortrag von *Ministerialdirektor Dr. Hertel* [BMF] über die bestehenden Meinungsverschiedenheiten empfiehlt der *Vizekanzler*, es bei der Vorlage des BMF zu belassen[15].

Staatssekretär Dr. Strauß weist darauf hin, daß die erhöhten Kindergeldsätze des Entwurfs gemessen an der Kaufkraft weniger seien als der geringere Kinderzuschlag, der vor 1933 gezahlt worden sei[16]. Man müsse ernsthaft überlegen, ob hier nicht außerordentliche Maßnahmen angebracht seien. Zunächst trete er aus den dargetanen Gründen für den Vorschlag des Familienministers ein.

Dieser Ansicht schließt sich auch der *Bundesminister für Verteidigung* an, während *Staatssekretär Bleek* unter Zustimmung des *Vizekanzlers* und des *Staatssekretärs Dr. Bergemann* darauf hinweist, daß die weitere Erhöhung des Kinderzuschlages nicht ohne Rückwirkung auf das Kindergeldgesetz[17] bleiben könne.

Der *Vizekanzler* erinnert weiter an die finanzielle Mehrbelastung, die schon von den Betriebsverwaltungen als Grund gegen eine weitere Erhöhung des Kinderzuschlags angeführt worden sei. Der Bund müsse sehen, wie er finanziell über die nächsten Jahre bis zum Sinken der Kriegsfolgenlasten hinwegkommen werde.

Staatssekretär Dr. Strauß und besonders der *Bundesminister für Verteidigung* weisen auf die Notwendigkeit hin, kinderreiche Beamten- und Soldatenfamilien zu fördern, weil der öffentliche Dienst aus diesen Kindern seine wertvollsten Nachwuchskräfte erhalte.

Der *Bundesverteidigungsminister* erwähnt in diesem Zusammenhang die hohen Ausgaben, die den Beamten- und noch mehr den Offiziersfamilien aus der häufigen Umschulung ihrer Kinder erwachse. Zum Teil mache die Versetzung des Vaters den Besuch von Internaten erforderlich; die dadurch entstehenden Kosten würden durch das Kindergeld nur zu einem verschwindenden Teil gedeckt.

Staatssekretär Hartmann erwidert darauf, die vom Familienminister vorgeschlagene Erhöhung falle bei der einzelnen Familie nicht ins Gewicht. Sie bedeutet aber besonders für die Betriebsverwaltungen eine erhebliche Erhöhung des Personalaufwands. Es erscheine ihm auch angebracht, die Familienförderung durch andere

---

15 Wuermeling hatte hinsichtlich der Kinderzuschläge gemäß § 16 die Erhöhung der monatlichen Sätze für Kinder bis zum vollendeten sechsten Lebensjahr von 25 DM auf 30 DM und für Kinder bis zum vollendeten 14. Lebensjahr von 30 DM auf 35 DM vorgeschlagen (B 136/887).

16 Der monatliche Kinderzuschlag zu den Beamtengehältern war durch das Reichsbesoldungsgesetz vom 30. April 1920 (RGBl. 1920, S. 805) eingeführt worden. Er hatte gleichmäßig für jedes Kind bis zum vollendeten sechsten Lebensjahr 40 Mark, bis zum vollendeten 14. Lebensjahr 50 Mark und bis zum vollendeten 21. Lebensjahr 60 Mark betragen, solange das Kind kein eigenes einkommensteuerpflichtiges Einkommen besaß. Durch das Gesetz zur Änderung von Vorschriften auf dem Gebiet des allgemeinen Beamten-, des Besoldungs- und des Versorgungsrechts (Beamtenrechtsänderungsgesetz) vom 30. Juni 1933 (RGBl. 1933 I 433) war der Kinderzuschlag derart neu geregelt worden, daß für jedes erste Kind bis zum vollendeten 21. Lebensjahr ein monatlicher Zuschlag von 10 RM, für jedes zweite Kind 20 RM, für jedes dritte und vierte Kind 25 RM und für jedes weitere Kind 30 RM gewährt wurde.

17 Kindergeldgesetz vom 13. Nov. 1954 (BGBl. I 333).

Maßnahmen, insbesondere auf dem Gebiet der Steuer, zu betreiben. In dieser Richtung sei bereits einiges geschehen. Es würden weitere Überlegungen angestellt werden.

Ministerialrat Dr. Simon [BMFa] meint, die steuerlichen Vorteile kämen den Beziehern kleinerer Gehälter kaum zugute. Auch der Hinweis auf das Kindergeldgesetz überzeuge nicht. Dieses Gesetz sei kein Vorbild. Beim Arbeiter lägen die Verhältnisse anders. Man dürfe dort auch die betriebliche Fürsorge nicht außer acht lassen.

Da ein Einverständnis nicht zu erzielen ist, soll die Entscheidung über eine etwaige Erhöhung des Kinderzuschlages dem Kabinett vorbehalten bleiben.

Zu § 22/23 (Auslandsbesoldung):

Staatssekretär Bleek erklärt, daß die bisherigen Bedenken des Bundesinnenministeriums zurückgestellt würden[18].

Zu § 29 (Besoldung der Soldaten auf Zeit und der Berufssoldaten):

Die in Ziff. 4 und 5 und 6 der Anlage II zum Schreiben des BMF vom 22.9.1955 dargelegten Meinungsverschiedenheiten werden erörtert[19].

Ministerialrat Anz [BMF] erklärt, die Grenze des Vertretbaren sei nach Auffassung des BMF erreicht. Dem frühzeitigen Ausscheiden der Soldaten auf Zeit und der Berufssoldaten könne nicht im Rahmen der Besoldungsregelung, sondern nur durch eine entsprechende Versorgung Rechnung getragen werden.

Der *Bundesverteidigungsminister* erwidert darauf, daß er seinerseits weitgehend nachgegeben und auf eine besondere Besoldungsordnung für die Wehrmacht verzichtet habe. Er müsse daher auf seinen Forderungen bestehen. Der Aufbau der Besoldungsstufen gehe davon aus, daß der Beamte möglichst lange im Genuß des Endgrundgehalts bleibe. Dieser Grundsatz werde für die Soldaten wegen ihres frühzeitigen Ausscheidens durchbrochen.

Der *Vizekanzler* stellt fest, daß es sich bei den Fragen der Soldatenbesoldung um grundsätzliche Meinungsverschiedenheiten handle, die nur im Kabinett entschieden werden könnten.

---

[18] Das BMI hatte mit Vorlage vom 22. Aug. 1955 u. a. die unterschiedlichen Auslandszuschläge für Beamte des diplomatischen und des konsularischen Dienstes einerseits und Beamte anderer Dienstzweige andererseits kritisiert (B 136/887).

[19] Das BMVtg hatte die Erhöhung der Bezüge von Generalen, Unteroffizieren und Mannschaften (Ziffer 5 der Anlage II), eine günstigere Regelung des Besoldungsdienstalters für Hauptleute und Majore (Ziffer 6) und aus Gründen der Anwerbung eine übergangsweise Begünstigung solcher Soldaten beim Besoldungsdienstalter gefordert, die ungedienten („weißen") Jahrgängen (Ziffer 7) angehörten. – Zu den Meinungsverschiedenheiten zwischen BMF und BMVtg vgl. den Vermerk aus dem BMF vom 16. Sept. 1955 zur Vorlage des BMVtg vom 5. Aug. 1955 und die auf diesen Vermerk aufgesetzten Ergebnisvermerke über die Chefbesprechung am 20. Sept. 1955 in B 106/7935.

Zu § 39 (Übergangsregelung für die Streitkräfte):

Der *Bundesverteidigungsminister* weist darauf hin, daß zwischen ihm und dem Bundesfinanzminister noch grundsätzliche Meinungsverschiedenheiten darüber bestünden, ob die künftigen Ärzte in den Streitkräften Beamte oder Sanitätsoffiziere werden sollten. Den Besonderheiten der Laufbahn sei weder bei der einen noch bei der anderen Lösung ausreichend Rechnung getragen.

Oberstleutnant a.D. Ferber[20] (BMVtdg) referiert sodann über die Sachlage. Er führt aus, daß 3 Gruppen von Bewerbern für die Verwendung als Militärarzt in Betracht kämen:

1) Ehemalige Militärärzte, die nach Abschluß des selbst finanzierten Studiums in die Sanitätsoffizierslaufbahn der Wehrmacht übernommen worden seien;

2) ehemalige Sanitätsoffiziere und Ärzte, die auf den Militärärztlichen Akademien der früheren Wehrmacht auf Staatskosten studiert hätten;

3) Ärzte, die lediglich Sanitätsoffiziere der Reserve gewesen seien.

Bei sämtlichen 3 Gruppen ergebe sich ein anderes BDA. In jedem Falle seien sie schlechter gestellt als die Offiziere bzw. als die beamteten Ärzte anderer Verwaltungen. Für die Übernahme in das Beamtenverhältnis seien ergänzende Vorschriften erforderlich.

Ministerialdirektor Dr. Hertel [BMF] weist darauf hin, daß zunächst die grundsätzliche Frage des Status der Ärzte bei den Streitkräften entschieden werden müsse. Er stellt eine Überprüfung des § 39 Abs. 1 Buchst. a) (Ergänzung des letzten Satzes durch Aufnahme des § 28 Abs. 3) für den Fall in Aussicht, daß die Militärärzte Offiziere werden sollten[21].

Staatssekretär Dr. Strauß bemerkt, ein unterschiedliches BDA bei gleichem Lebensalter im Zeitpunkt des Studienabschlusses müsse sich für das Gefüge des Sanitätsoffizierskorps unheilvoll auswirken. Der *Bundesverteidigungsminister* hält einen Kompromiß für möglich. Er meint, u. U. könne es in den Streitkräften Sanitätsoffiziere als Führer von Sanitätseinheiten und beamtete Militärärzte (z. B. in Militärkrankenhäusern) nebeneinander geben.

Diese Lösung erscheint dem *Vizekanzler* im Hinblick auf das Erfordernis der allseitigen Verwendbarkeit und Versetzbarkeit bedenklich. Nach seiner Ansicht ist es für einen Arzt, der nicht Offizier ist, schwer, sich in den Streitkräften durchzusetzen.

Es wird festgestellt, daß zunächst die Frage des künftigen Status der Militärärzte entschieden und dann geprüft werden müsse, ob eine Ergänzung des Besoldungsgesetzes erforderlich sei. Diese Angelegenheit soll noch vor der Kabinettssitzung erneut zwischen dem Bundesfinanzminister und dem Bundesverteidigungsminister mit dem Ziel einer Verständigung erörtert werden.

---

[20] Im Protokolltext: „Färber".

[21] § 28 Absatz 3 des Entwurfs sah vor, die Mindestausbildungszeit bei der Berechnung des Besoldungsdienstalters bei Soldaten in Anrechnung zu bringen.

Besoldung der technischen Beamten (Ziff. 9 der Anlage 2):

Für die Post begründet *Ministerialrat Dr. Münzel* [BMP] die Forderung nach einer besoldungsmäßigen Besserstellung unter Hinweis auf die höheren Ausbildungskosten, die Nachwuchsschwierigkeiten in der Bundespost, der bei 6 000 Dienstposten für Fernmeldeingenieure jetzt schon 1 000 Bewerber fehlten, und den durch den Bundestag der Bundesregierung erteilten Auftrag[22].

Ministerialdirektor Kattenstroth [BMWi] unterstützt namens des Wirtschaftsministeriums diesen Antrag mit Rücksicht auf die gleichartigen Nachwuchssorgen der physikalisch-technischen Bundesanstalt und der Bundesanstalt für mechanische und chemische Materialprüfung[23].

Ministerialdirektor Dr. Hertel [BMF] bemerkt, es handle sich um eine Frage der Dienstpostenbewertung für die Beamten des gehobenen technischen Dienstes und um eine Frage der Stellenplanverbesserung (vermehrte Ausbringung von Beförderungsstellen), die hier nicht zur Debatte gestellt werden könne.

Über die Verhältnisse bei der Bundesbahn teilt *Staatssekretär Dr. Bergemann* mit, daß dort 12 000 nichttechnische und 9 000 technische Beamten des gehobenen Dienstes beschäftigt seien. Beide Gruppen arbeiteten zusammen. Der Betrieb werde weitgehend von Nichttechnikern geleitet. So seien z. B. die Bahnhofsvorstände in der Regel Beamte des nichttechnischen Verwaltungsdienstes. Eine unterschiedliche Besoldung würde zu Schwierigkeiten führen; sie sei auch nicht notwendig. Er könne sich deshalb nicht für eine Änderung der laufenden Bezüge aussprechen, schlage jedoch wegen bei anderen Verwaltungen bestehenden Nachwuchssorgen eine Verbesserung der Unterhaltszuschüsse vor.

Staatssekretär Dr. Strauß weist auf die Lage beim Deutschen Patentamt hin. Das Bundespatentamt verlange von den Nachwuchskräften eine fünfjährige Ausbildung in technischen Betrieben außerhalb des öffentlichen Dienstes. Es bevorzuge jedoch Kräfte, die darüber hinaus langjährige Erfahrungen außerhalb des öffentlichen Dienstes gesammelt hätten.

Es wird festgestellt, daß die vorgeschriebene Ausbildungszeit nach § 6 Abs. 3 Ziff. b) des Entwurfes anzurechnen ist[24]. Wegen der Anrechnung der über die Mindestzeit hinausgehenden Beschäftigung in der freien Wirtschaft soll in einer Besprechung zwischen dem Bundesfinanz- und dem Bundesjustizminister eine Lösung gesucht

---

22 Vgl. dazu die Vorlage des BMP vom 2. Aug. 1955 in B 136/887 sowie die Vermerke aus dem BMF vom 13. Aug. 1955 und vom 7. Sept. 1955 über eine Ressortbesprechung zwischen BMF und BMP am 6. Sept. 1955 in B 106/7935. – In seiner Vorlage hatte das BMP auf eine Entschließung des Deutschen Bundestags in der 226. Sitzung am 18. Juli 1952 Bezug genommen, in der die Bundesregierung ersucht wurde, „bei der kommenden Besoldungsreform der Bedeutung des technischen Dienstes Rechnung zu tragen" (Stenographische Berichte, Bd. 12, S. 10190).

23 Vgl. dazu das Schreiben des BMWi an den BMF vom 21. Juli 1955 in B 106/7935 sowie den Vermerk aus dem BMF vom 11. Aug. 1955 mit aufgesetzten Ergebnisvermerken über die Chefbesprechung am 12. Sept. 1955 in B 106/7935.

24 § 6 des Entwurfs (Besoldungsdienstalter der Eingangruppen) sah in Absatz 3 Ziffer b vor, daß „die Mindestzeit einer praktischen hauptberuflichen Beschäftigung, die für die Übernahme in das Beamtenverhältnis vorgeschrieben ist", bei der Berechnung des Besoldungsdienstalters zu berücksichtigen sei.

werden. Die Frage einer besoldungsmäßigen Besserstellung der Beamten des gehobenen technischen Dienstes bleibt der Beschlußfassung durch das Kabinett vorbehalten.

Zu § 39 (BDA der Soldaten während der Aufbauzeit):

Ministerialdirektor Dr. Hertel [BMF] weist auf die Folgen weiterer Ausnahmen von der allgemeinen Regelung hin. Seine Ausführungen stimmen im wesentlichen mit der Darlegung unter Ziff. 7 der Anlage II überein. Der *Bundesverteidigungsminister* erklärt, er sei auf die sogenannten weißen Jahrgänge[25] angewiesen. Er habe es nicht zu vertreten, daß es während eines Zeitraumes von 10 Jahren keine Soldaten gegeben habe. Nach den im Verteidigungsministerium errechneten Zahlen werde erstrebt, aus jedem der weißen Jahrgänge rund 1 300 Offiziere und 2 500 Unteroffiziere anzuwerben. Es werde aber selbst bei der erstrebten Besoldungsverbesserung schwierig sein, diese Kräfte zu bekommen. Dabei handle es sich nicht so sehr darum, daß aus anderen Jahrgängen nicht genug Bewerber vorhanden seien, als vielmehr um den organischen Altersaufbau in den Streitkräften. Ohne eine ausreichende Zahl von Bewerbern aus den weißen Jahrgängen müsse er entweder ältere Berufssoldaten für die Offiziers- und für die Unterführerstellen nehmen, denen ein rasches Aufsteigen zu ihrem früheren Dienstgrad und darüber hinaus nicht versagt bleiben könne, oder sich mit jungen Leuten ohne ausreichende Lebensreife begnügen.

Der *Vizekanzler* und *Staatssekretär Dr. Strauß* erklären sich durch diese Darlegung überzeugt.

Ministerialdirektor Dr. Hertel [BMF] äußert die Befürchtung, daß der Bundesinnenminister eine entsprechende Forderung für den Grenzschutz und für die 131er erheben werde. Ein Nachgeben des Bundesfinanzministeriums könne nur dann erwogen werden, wenn Rückwirkungen auf beide Personengruppen ausgeschlossen blieben.

Staatssekretär Bleek bedauert, eine solche Erklärung nicht abgeben zu können. Er müsse sich vielmehr vorbehalten, die Folgerungen aus der Regelung im § 39 auf das GG 131 zur Debatte zu stellen. Auf die Bitte des *Vizekanzlers*, einen Weg zu suchen, der dem Anliegen des Verteidigungsministers Rechnung trage, empfiehlt *Staatssekretär Bleek*, eine Lösung für die sogenannten weißen Jahrgänge in einer neuen Besprechung der Ressorts zu erstreben. Er sehe ein, daß auf Berufssoldaten aus diesen 10 Jahrgängen nicht verzichtet werden könne. Die vom Verteidigungsminister ebenfalls beantragte Vergünstigung für ehemalige Oberfähnriche, die nicht mehr zum Leutnant ernannt worden seien, könne das Bundesinnenministerium nicht mitmachen.

Staatssekretär Dr. Strauß bezeichnet das GG 131 als ein Gespenst, das man nicht immer hervorholen solle. Man müsse an die Entscheidung des Bundesverfassungsgerichts denken, die in der Begründung zweifelhaft, im Ergebnis aber unbedingt zu

[25] Im Protokolltext durchgehend „weise Jahrgänge".

billigen sei[26]. Im übrigen äußert er Bedenken gegen die Überlastung des Besoldungsgesetzes mit Übergangsregelungen. Es sei zu erwägen, ob die für den Aufbau der Streitkräfte erforderlichen vorübergehenden Sondervorschriften nicht an anderer Stelle, etwa im Soldatengesetz, zu treffen seien.

Staatssekretär Bleek weist darauf hin, daß das Soldatengesetz den Status regele und insoweit eine Parallele zum Bundesbeamtengesetz darstelle. Fragen des BDA's gehörten nun einmal in das Besoldungsgesetz. Dem tritt auch der *Vizekanzler* bei.

Staatssekretär Dr. Strauß erklärt sich durch diesen Hinweis überzeugt.

Auf die Frage des *Vizekanzlers*, mit welcher Entlastung des 131er-Problems durch den Aufbau der Streitkräfte gerechnet werde, teilt der *Bundesverteidigungsminister* mit, er rechne mit einer Wiederverwendung von ca. 1 500 früheren Offizieren und Unteroffizieren aus dem Kreis der Bezieher von Übergangsgehältern. Wie viele ehemalige Beamten und Soldaten bei dem Aufbau der Verteidigungsverwaltung untergebracht werden können, lasse sich auch nicht annähernd abschätzen. Das hänge nicht zuletzt davon ab, ob diese Verwaltung als Bundes- oder als Landesverwaltung geführt werden soll.

Nach weiterer Diskussion erklärt sich *Staatssekretär Bleek* zu einer Unterstützung des Anliegens des Verteidigungsministers in der Frage der weißen Jahrgänge bereit und verzichtet ausdrücklich darauf, entsprechende Folgerungen für den Bundesgrenzschutz und die 131er zu ziehen.

Es wird beschlossen, die Frage den Bundesministern für Verteidigung und der Finanzen zur gemeinsamen Erörterung unter Beteiligung des Bundesinnenministers zuzuweisen. Dabei soll geprüft werden, ob die lediglich für die Streitkräfte als Übergangsregelung vorgesehenen Vergünstigungen nicht besser in einem besonderen Abschnitt zusammengefaßt würden.

Abschließend regt der *Vizekanzler* an, die Meinungsverschiedenheiten über die Besoldungsordnungen A und B in einer Staatssekretärbesprechung unter dem Vorsitz von Staatssekretär Hartmann sofort im Anschluß an die Sitzung zu erörtern[27].

1. Entwurf eines Gesetzes über die Liquidation der Deutschen Reichsbank und der Deutschen Golddiskontbank — BMWi

Mit Rücksicht auf die fortgeschrittene Zeit wird die Vorlage nicht sachlich erörtert[28]. Der *Vizekanzler* gibt jedoch Präsident Dr. Bernard Gelegenheit, eine Erklärung zu dem Gesetzentwurf für die Bank deutscher Länder abzugeben.

---

26 Im seinem Urteil vom 17. Dez. 1953 hatte das Bundesverfassungsgericht erklärt, daß am 8. Mai 1945 alle bestehenden Beamtenverhältnisse erloschen seien (BVerfGE 3, 58–162).

27 In der anschließenden Staatssekretärsbesprechung „wurde weitgehend Verständigung über die Wünsche der Ressorts nach Änderungen in den Besoldungsordnungen A und B erzielt" (vgl. den Vermerk aus dem Bundeskanzleramt vom 29. Sept. 1955 in B 136/888). Zum Ergebnis der Besprechung vgl. auch die Anlagen II und III der Vorlage des BMF vom 30. Sept. 1955, in der dieser den überarbeiteten Entwurf eines Bundesbesoldungsgesetzes vorlegte (B 106/7936 und B 136/888). – Fortgang 99. Kabinettssitzung am 6. Okt. 1955 TOP 3 (Kabinettsprotokolle 1955, S. 555–559). – BR-Drs. 335/55, BT-Drs. 1993, Bundesbesoldungsgesetz vom 27. Juli 1957 (BGBl. I 993).

Präsident Dr. Bernard erklärt[29]:

In der Kabinettsvorlage vom 2. September 1955 werde besonders betont, daß die Bank deutscher Länder in dieser Angelegenheit nicht „Beraterin der Bundesregierung in währungspolitischen Fragen", sondern „Partei einer gesetzlich vorbehaltenen Vermögensauseinandersetzung mit der Deutschen Reichsbank" sei. Wenn dies etwa bedeuten sollte, daß das Votum der Bank deutscher Länder zu dem Gesetzentwurf durch Wahrnehmung von Interessen belastet und deshalb von vornherein nicht objektiv sei, so müsse er dagegen Verwahrung einlegen. Die Bank deutscher Länder nehme hier wie auch sonst mit derselben Objektivität Stellung, wie dies die Bundesregierung tue.

Was den vorliegenden Gesetzentwurf anlangt, so habe die Bank deutscher Länder sich im wesentlichen drei Fragen vorgelegt.

Zunächst: Ob es überhaupt angezeigt sei, die Anteilseigner der Reichsbank und die Aktionäre der Golddiskontbank aus Bundesmitteln dafür zu entschädigen, daß ihre Anteile oder Aktien als Folge der von Hitler beeinflußten Währungspolitik der Reichsbank, als Folge ferner des Hitlerkrieges, des Zusammenbruchs und der sich daran anschließenden Funktionslosigkeit der Institute wertlos geworden oder nur noch einen auf Entschädigungserwartungen gestützten Spekulationswert behalten

[28] Vorlage der BMWi vom 2. Sept. 1955 in B 102/28162 und B 136/2320, weitere Unterlagen in B 102/27575–27578, 27586–27593, 28159–28177 und B 136/2321 sowie HA BBk B 330/3176–3180, 4280 und 8978–8980. – Nach dem Untergang des Deutschen Reiches waren die Funktionen der Reichsbank als Zentralnotenbank auf ein dezentralisiertes Zentralbanksystem, bestehend aus den Landeszentralbanken, der Berliner Zentralbank und der Bank deutscher Länder, übertragen worden. Die Reichsbank hatte damit zwar eine Veränderung ihres Rechtsstandes erfahren, als Rechtssubjekt blieb sie aber bestehen, da die Alliierten keine endgültige Auseinandersetzung der Activa und Passiva, soweit diese auf das Gebiet der drei Westzonen bzw. der Bundesrepublik Deutschland bezogen waren, zugunsten der BdL bzw. der Landeszentralbanken vorgenommen hatten. Insbesondere war die Frage der Reichsbankanteilseigner und ihrer Entschädigung nicht geregelt worden. Durch das Gesetz betreffend die Treuhandverwaltung über das Vermögen der Deutschen Reichsbank vom 6. Aug. 1954 (BGBl. I 241) war das Reichsbankvermögen in treuhänderische Verwaltung überstellt worden. Gleichzeitig mit der Reichsbank hatte die Deutsche Golddiskontbank (Dego) 1945 ihre Geschäfte eingestellt, die 1924 als hundertprozentige Tochter-Aktiengesellschaft der Reichsbank zur Beschaffung von Auslandskrediten gegründet worden war (Gesetz über die Deutsche Golddiskontbank vom 19. März 1924; RGBl. I 517). – Mit Schreiben vom 2. Sept. 1955 hatte der BMWi den Entwurf eines Gesetzes über die Liquidation der Deutschen Reichsbank und der Deutschen Golddiskontbank vorgelegt. Durch das Gesetz sollten beide Banken für aufgelöst erklärt und durch einen vom BMWi bestellten Abwickler liquidiert werden, ohne daß eine Auseinandersetzung der Restmasse zwischen der Reichsbank, den Landeszentralbanken, der Berliner Zentralbank, der BdL, dem Bund und den Ländern stattfinden sollte. Die Verbindlichkeiten der Reichsbank sollten, soweit sie im Geltungsbereich des Grundgesetzes begründet waren und gegenüber Personen bestanden, die bis zum 31. Dez. 1952 in der Bundesrepublik Deutschland, in Berlin (West), im Saarland oder in einem Staat wohnhaft waren, der die Bundesrepublik bei Inkrafttreten des Gesetzes anerkannt hatte, durch Genußrechte an dem der Bundesregierung zufallenden Anteil am Gewinn der BdL im Verhältnis von 100 RM zu 60 DM abgelöst werden. Aktienanteile an der Dego sollten im Verhältnis 100 RM zu 60 DM mit BdL-Genußrechten des Bundes abgelöst werden.

[29] Vgl. zur Stellungnahme Bernards das Protokoll der 197. Sitzung des Zentralbankrates am 6. Juli 1955 in HA BBk B 330/86.

hätten. Diese erste Frage, ob eine Entschädigung überhaupt angezeigt sei, werde von der Bank deutscher Länder bejaht.

Die zweite Frage sei die, welches Ausmaß von Entschädigungen angemessen sei. Die Frage habe zu besonders sorgfältigen Überlegungen all der Argumente geführt, die in der Entwurfsbegründung niedergelegt worden seien und in den Vorschlag mündeten, den Anteilseignern der Reichsbank eine Entschädigung von 60 v. H. des Nominalwertes in Deutscher Mark zu gewähren. Die Argumentation behandele die Entstehungsgeschichte des heutigen Zentralbanksystems und die Gesetze der Geldreform mit allem, was dazu gehöre, also Tatbestände und Gesetzeskomplexe, die wohl niemandem besser vertraut seien als den leitenden Männern des Zentralbanksystems. Trotzdem habe die Bank deutscher Länder sich entschlossen, eine Stellungnahme zu der Höhe der Entschädigung abzulehnen, und zwar deshalb, weil es ihr letzten Endes doch eine rein politische Willensentscheidung zu sein scheine, wieviel Mittel der Bund für diesen Zweck bereitstellen wolle und könne und wie die hier etwa zu gewährende Entschädigung logisch und staatspolitisch einzuordnen sein würde in die sonstige Entschädigungsgesetzgebung des Bundes. Da er sich somit zu der Höhe der Entschädigung nicht äußern wolle, sehe er auch von der Stellungnahme zu den einzelnen Rechtsargumenten ab, weil eine rein rechtliche Kritik sich nicht trennen lasse von Ausführungen zur Angemessenheit der Entschädigung.

Die dritte Frage sei die nach der Form der Entschädigung. Die Bank deutscher Länder erkenne an, daß die Regelung, wonach die Anteilseigner der Reichsbank und die Aktionäre der Golddiskontbank – im Gegensatz zu einem früheren Entwurf – nicht mehr Anteile der Bank deutscher Länder, sondern Genußrechte erhalten sollten, eine gewisse Verbesserung darstelle. Währungspolitisch sei nichts dagegen einzuwenden, daß der Bundesminister der Finanzen den Übergewinn, der an ihn nach einer 6 %igen Dividende für die Anteilseigner auszuschütten wäre, für die hier erörterte Entschädigung bereitstelle. Dabei würde es unerheblich sein, ob der Bundesminister der Finanzen die Beträge zunächst vereinnahme und von sich aus an die Entschädigungsberechtigten weiterleite, oder ob der Gesetzgeber die Bank verpflichte, unmittelbar die Beträge an die Entschädigungsberechtigten und dann an den Bundesminister der Finanzen den entsprechend gekürzten Gewinnbetrag abzuführen. Dies sei eine Geschmacksfrage. Die Bank deutscher Länder halte es nicht für glücklich, rein optisch den Eindruck zu erwecken, als werde eine Entschädigungsverpflichtung des Bundes von diesem auf die Notenbank abgewälzt. Ernstliche Bedenken müsse er jedoch erheben gegen eine Besonderheit der hier vorgesehenen Regelung, die darin bestehe, daß die Anteilseigner der Bank deutscher Länder und die neuen Genußscheinberechtigten pari passu an dem Gewinn der Bank deutscher Länder partizipieren sollten, so daß also bei nicht ausreichendem Gewinn die Anteilseigner der Bank deutscher Länder, gemessen an dem bisherigen Rechtszustand, eine echte und endgültige Einbuße erleiden würden. Dies bedeute, daß der Bund insoweit nicht mehr aus seinen Mitteln, sondern aus Mitteln der Länder eine Entschädigung gewähre. Was an rechtlichen Argumenten in der Entwurfsbegründung für einen solchen Eingriff vorgebracht wäre, könne von der Bank deutscher Länder nicht als stichhaltig anerkannt werden, wobei namentlich an die Ausführungen über die „vorbehaltene Auseinandersetzung“ und über die Funktionsnachfolge sowie den Hinweis auf die Großbankenregelung[30] zu denken sei. Wenn er sich im einzelnen hier weiterer Ausführungen enthalte, so geschehe es nur, weil er sich bewußt sei, daß nicht zur Debatte stehe, was de lege lata rechtens sei, sondern was de lege ferenda den gesetzgebenden Körperschaften vorgeschlagen werden solle, so daß die rechtlichen Meinungsverschiedenheiten von vornherein nur einen begrenzten Wert hätten. Nur müsse er unterstreichen, daß selbst bei Bejahung der Funktionsnachfolge als eines de-lege-ferenda-Argumentes zu Gunsten einer Überbürdung der Entschädigungslast auf die Bank deutscher Länder überhaupt kein zwingender Grund dafür gegeben sei, auch die Entschädigung der Aktionäre der Golddiskontbank der Bank deutscher Länder zuzuschieben; denn insoweit sei die Bank deutscher Länder bestimmt nicht Funktionsnachfolgerin, ohne daß übrigens dies Anlaß gegeben hätte, der Bank deutscher Länder für diesen Teil der Last irgendeinen Ausgleich zu geben.

Der *Vizekanzler* bringt zum Ausdruck, daß die Sitzungsteilnehmer von diesen mit großem Ernst vorgetragenen Ausführungen beeindruckt seien und sichert zu, die Erklärung von Präsident Dr. Bernard bei der Beratung des Gesetzentwurfs im Kabinett zur Erörterung zu stellen. Auch hält er es für notwendig, daß der Bundesminister für Wirtschaft zu den von Präsident Dr. Bernard am Beginn seiner Erklärung gemachten Ausführungen über die Objektivität des Votums der Bank deutscher Länder noch Stellung nimmt[31].

Ministerialdirigent Dr. Kleberg, BMVt, weist darauf hin, daß der Bundesminister für Vertriebene, Flüchtlinge und Kriegsgeschädigte grundsätzliche Bedenken gegen den Gesetzentwurf habe[32].

Anhang[33]

Mit Rücksicht auf die fortgeschrittene Zeit wurde Punkt 2 der Tagesordnung

---

[30] Durch das Gesetz über den Niederlassungsbereich von Kreditinstituten vom 29. März 1952 (BGBl. 1952 I 217) war die durch die Alliierten 1947/48 verfügte Aufgliederung der Großbanken Deutsche Bank, Dresdner Bank und Commerzbank in 30 Teilinstitute mit nur regionaler Bedeutung, ohne daß die Großbanken auch als juristische Personen liquidiert worden wären, bestätigt worden. Durch Gesetz vom 24. Dez. 1956 wurde diese regionale Beschränkung aufgehoben (BGBl. I 1073). Vgl. dazu Horstmann, Alliierte.

[31] Erhard dementierte in einem Schreiben vom 28. Okt. 1955 an Bernard die von diesem in der Ausschußsitzung vorgetragene Deutung (B 102/28162).

[32] In seiner Vorlage vom 4. Nov. 1955 kritisierte Oberländer, daß die Höhe der vorgesehenen Entschädigung für Anteilseigner der Deutschen Reichsbank und der Dego in einem Mißverhältnis zur Behandlung der Gläubiger dieser Banken und zu den übrigen Sätzen, die im Entschädigungsrecht nach dem Zweiten Weltkrieg zur Anwendung kämen, stehe. Desweiteren würde durch die Verabschiedung des Gesetzes in der vom BMWi vorgeschlagenen Fassung ein „gefährlicher Berufungsfall“ mit für den Bund nachteiligen Folgen geschaffen (B 136/2320). – Fortgang 107. Kabinettssitzung am 25. Nov. 1955 TOP 1 (Kabinettsprotokolle 1955, S. 693 f. – BR-Drs. 1/56, BT-Drs. 2327. – Das Gesetz kam in der zweiten Legislaturperiode nicht zustande. – Gesetz vom 2. Aug. 1961 (BGBl. I 1165).

[33] Der folgende Text wurde dem Protokoll nachträglich angefügt.

2. Entwicklung der Preise und Löhne **BMWi**

im Anschluß an die Sitzung unter dem Vorsitz des Vizekanzlers in einem kleinen Kreis erörtert.

Anwesend waren: Präsident Bernard, Staatssekretär Dr. Westrick, die Ministerialdirektoren Prof. Müller-Armack [BMWi], Mersmann [BMF] und [von] Spindler [BMF], Min.Dirigent Haenlein [Bundeskanzleramt].

Es wurde die allgemeine Konjunkturlage besprochen, die von der Bank deutscher Länder mit Aufmerksamkeit verfolgt, jedoch zur Zeit nicht als besorgniserregend aufgefaßt wird. *Prof. Müller-Armack* [BMWi] trug die Überlegungen des Bundesministeriums für Wirtschaft anhand eines Vermerks vom 26.9.1955 vor[34]. *Ministerialdirektor Mersmann* [BMF] gab anschließend einen Überblick über die von dem Bundesminister der Finanzen geplanten steuerlichen Maßnahmen[35].

Es kam zum Ausdruck, daß innerhalb der Ressorts diese Vorhaben und auch arbeitsmarktpolitische Maßnahmen erörtert und vom Bundesministerium für Wirtschaft noch einige ergänzende Vorschläge gemacht werden sollten[36].

---

[34] Siehe 35. Ausschußsitzung am 9. Sept. 1955 TOP A. – Vgl. den Vermerk aus dem BMWi vom 26. Sept. 1955 („Lohn- und Preissituation") in B 102/14475 und 14411g. – Das BMWi hatte der Bundesregierung zur Stabilisierung der Konjunktur vorgeschlagen, bis zum 1. April 1956 keinerlei Erhöhungen staatlich gebundener Preise einschließlich der Preise für landwirtschaftliche Erzeugnisse vorzunehmen oder zuzulassen, die Verbrauchssteuern zu senken sowie die Politik der Zollsenkungen und Einfuhrliberalisierungen fortzusetzen. Zur Vermeidung von Preisabsprachen müsse das Kartellgesetz vorrangig betrieben werden. Die Direkteinfuhren durch Letztverbraucher („Jedermann-Einfuhren") könnten nicht auf die Güter der gewerblichen Wirtschaft beschränkt bleiben. Das Wirtschaftsstrafgesetz sollte über den 31. Dez. 1955 hinaus verlängert und um Vorschriften gegen Preisüberhöhungen ergänzt werden. Die Einordnung der in der Bundesrepublik noch verfügbaren Arbeitskraftreserven in den Arbeitsprozeß sei „von besonderem Wert". Zur Regulierung der Konjunktur auf dem Baumarkt sollten die beteiligten Ressorts prüfen, ob die Investitionen der öffentlichen Hand in der geplanten Höhe durchgeführt werden sollten. Es sei dabei unerläßlich, alle Maßnahmen mit den Ländern und Kommunen abzustimmen.

[35] Zu den geplanten Steuererleichterungen siehe 105. Kabinettssitzung am 9. Nov. 1955 TOP B und das Protokoll der Koalitionsbesprechung am 19. Nov. 1955 TOP 2 (Kabinettsprotokolle 1955, S. 653 f. und 739–744).

[36] Fortgang zur wirtschaftlichen Lage 98. Kabinettssitzung am 28. Sept. 1955 TOP B (Kabinettsprotokolle 1955, S. 538 f.) und 39. Ausschußsitzung am 15. Nov. 1955 TOP 4.

38. Sitzung des Kabinettsausschusses für Wirtschaft am Montag, den 10. Oktober 1955

Teilnehmer: Blücher (bis 11.35 Uhr[1]), Tillmanns (als Vorsitzender ab 11.35 Uhr); Sauerborn, Bergemann, Wandersleb; Vockel (Der Bevollmächtigte der Bundesrepublik Deutschland in Berlin), Schiller (BMV), Haenlein (Bundeskanzleramt, bis 11.45 Uhr), Fischer-Menshausen (BMF), von Knorre (BMF, bis 11.20 Uhr), von Boeckh (BMWi), Risse (BMWi), Gareis (BML), Kleberg[2] (BMVt), Müller (BMG), Heise (BMZ), weitere Vertreter der Bundesressorts. Protokoll: Hornschu.

Beginn: 9.30 Uhr *Ende: 12.00 Uhr*

Ort: Bad Godesberg, Haus Carstanjen

Tagesordnung:

1. *Langfristiger Aufbauplan für Berlin*
   Fassung vom 24. August 1955.
2. *Tarifmaßnahmen im Omnibus-Linienverkehr*
   Vorlage des BMWi vom 28. Sept. 1955 (I B 4 / S 3 / 9405/55).

Außerhalb der Tagesordnung:

[A.] Ländliche Siedlung

Der *Vizekanzler* gibt bekannt, daß der Bundesvertriebenenminister zum Empfang von Heimkehrern nach Friedland gefahren ist[3] und deshalb dieser Punkt von der Tagesordnung abgesetzt werden muß[4].

[B.] Besuch im Heimkehrerlager Friedland

Der *Vizekanzler* berichtet über seinen Besuch im Lager Friedland[5].

---

[1] Gemäß Tageskalender traf Blücher gegen 11 Uhr 30 mit Forschbach zusammen (Nachlaß Blücher N 1080/294–9).

[2] Korrigiert aus „Kleeberg".

[3] Siehe hierzu TOP B dieser Sitzung.

[4] Siehe 12. Ausschußsitzung am 3. Juli 1954 TOP 2. – Der BML hatte mit Schreiben vom 16. Sept. 1955 das Ergebnis des Siedlungsprogramms 1954 und das Siedlungsprogramm 1955 vorgelegt (B 136/2604). – Die Angelegenheit wurde in der 100. Kabinettssitzung am 14. Okt. 1955 TOP B beraten (Kabinettsprotokolle 1955, S. 576 f.).

[5] Am 7. Okt. 1955 war der erste Transport der aus der Sowjetunion heimkehrenden Kriegsgefangenen und Zivilinternierten im Grenzdurchgangslager Friedland bei Göttingen eingetroffen. Blücher hatte am 9. Okt. 1955 zusammen mit Oberländer, dem niedersächsischen Ministerpräsidenten Heinrich Hellwege, dem Präsidenten des Roten Kreuzes Heinrich Weitz, der Bundes-

Er macht in diesem Zusammenhang darauf aufmerksam, daß die deutsche Presse sich nicht der nötigen Zurückhaltung beim Bericht über die Heimkehrer befleißige.

Staatssekretär Sauerborn tritt der Auffassung des Vizekanzlers bei und regt an, über das Bundespresseamt möglichst bald in diesem Sinne an die Presse heranzutreten. Der *Vizekanzler* beauftragt Ministerialdirigent Haenlein, sofort Verbindung mit dem stellvertretenden Bundespressechef Forschbach aufzunehmen.[6]

1. Langfristiger Aufbauplan für Berlin

Dr. Vockel ist der Meinung, daß die durch das ERP-Sondervermögen vorgesehene Finanzierung des langfristigen Berliner Planes durchgeführt werden könne[7]. Er glaube allerdings bezüglich der Finanzierung westdeutscher Aufträge, für die 1,5 Milliarden DM vorgesehen seien, daß diese Zahlen gegriffen und sehr überhöht seien. Es liege durchaus im Bereich der Möglichkeiten, daß in den nächsten Jahren eine stärkere Eigenfinanzierung durch die Berliner Betriebe einsetzen könne. Wenn sich Einsparungen bei diesem Posten in den nächsten Jahren ergeben sollten, dann könne man daran denken, auch kommunale Ausgaben daraus zu finanzieren. Bezüglich der Vorfinanzierung in Berlin hätten sich oft Schwierigkeiten daraus ergeben, daß die Bundesanstalten in Nürnberg und Karlsruhe Zinssätze verlangten, die von Berlin nicht getragen werden könnten[8]. Es sei anzustreben, bei diesen Bundesinstitutionen zu prüfen, ob die strengen Vorschriften für die Kreditbedingungen auch für Berlin Anwendung finden müßten.

Bei Betrachtung des Berliner Planes müsse zunächst einmal festgestellt werden, was Berlin im Rechnungsjahr 1956 für Hochbauanlagen (Universitäten, Opernhäuser, Deutschlandhalle, Markthalle usw.) und Tiefbauvorhaben (Schnellstraßenring, U-Bahn usw.) noch benötige. Für 1955 seien für den Hochbau zum Beispiel im außerordentlichen Haushalt 95 Mio. DM vorgesehen. Der Überhang aus 1954 auf

tagsabgeordneten Marie-Elisabeth Lüders (FDP) und dem Landesbischof der Evangelisch-Lutherischen Kirche von Hannover Hanns Lilje an der offiziellen Begrüßung der Heimkehrer teilgenommen (vgl. den Tageskalender Blüchers in Nachlaß Blücher N 1080/294–9).

[6] Zur Presseberichterstattung über die Ankunft der Heimkehrertransporte in Friedland vgl. den Vermerk aus dem BPA vom 12. Okt. 1955 in B 145/1576. – Blücher selbst führte unmittelbar im Anschluß an die Ausschußsitzung ein Gespräch mit Forschbach (vgl. den Tageskalender Blüchers in Nachlaß Blücher N 1080/294–9). – Fortgang zur Presseberichterstattung über die Heimkehrertransporte 102. Kabinettssitzung am 21. Okt. 1955 TOP B (Kabinettsprotokolle 1955, S. 590–592).

[7] Vgl. zur Berlin-Förderung 33. Ausschußsitzung am 3. Aug. 1955 TOP F. – Der Beratung lag der „Langfristige Aufbauplan für Berlin" in der Fassung vom 24. Aug. 1955 zu Grunde, der in Anhang A Zusammenstellungen zur Finanzplanung des Berliner Investitionsprogramms, westdeutscher Aufträge und des Wiederaufbauprogramms („Notstandsprogramm") sowie in Anhang B zur Finanzierung von „Bundesbauten in Westberlin" enthielt (B 136/2386 sowie B 126/10964 und 13945).

[8] Unterlagen zur Kreditgewährung der Bundesanstalt für Arbeitsvermittlung und Arbeitslosenversicherung in Nürnberg sowie der Versorgungsanstalt des Bundes und der Länder in Karlsruhe an Berlin in B 115/5337. Der Zinssatz eines im Oktober 1955 durch die Versorgungsanstalt gewährten und durch das BMF verbürgten Kredits in Höhe von 5 Millionen DM betrug 6 % (Unterlagen ebenda).

diesem Sektor betrage noch 35 Mio. DM, so daß für 1955 noch 130 Mio. DM zur Verfügung ständen. Es würden aber voraussichtlich nur 80 Mio. DM verbaut werden können, so daß sich im Jahre 1955 ein Überhang von 50 Mio. DM ergeben würde. Diese Frage solle noch in dieser Woche in Berlin geprüft werden; daraus ergebe sich dann erst der Bedarf für 1956.

Ein anderes Problem bilde die Finanzierung des sozialen Wohnungsbaus. Für das Jahr 1955 sei die Finanzierung von 120 Mio. DM noch offen geblieben. Für 1956 bis 1959 ergebe sich darüber hinaus noch ein Bedarf von 750 Mio. DM, dessen Finanzierung ebenfalls offen sei. Er habe Senator Haas vorgeschlagen, zunächst für 1955 und 1956 von 240 Mio. DM auszugehen, 150 Mio. DM in langfristigen Anleihen aufzunehmen und den Rest von 90 Mio. DM dann mittelfristig zu finanzieren. In Berlin beständen allerdings ernsthaft Widerstände gegen die Aufnahme von langfristigen Anleihen, die nur sehr schwer zu überwinden seien.

Der Haushaltsplan für Berlin für das Jahr 1956 sei noch nicht fertiggestellt. Senator Haas sei jedoch entschlossen, nur solche Bauvorhaben in den Voranschlag aufzunehmen, für die klare Bauunterlagen vorhanden seien. Man werde nicht mehr anfordern, als man verbauen könne.

Der soziale Wohnungsbau für die nächsten 5 Jahre müsse allerdings gesichert werden. Diese Frage müsse in den nächsten Wochen entschieden werden, da Berlin bereits 60 Mio. DM vorfinanziert habe, aber jetzt keine liquiden Mittel mehr besäße. Entweder müßten Vorschüsse aus dem Bundeshaushalt zur Finanzierung des sozialen Wohnungsbaus gestellt werden oder eine Einigung über die langfristige Finanzierung des Wohnungsbaus mit Berlin erfolgen.

Auf Wunsch des Vizekanzlers berichtet anschließend *Ministerialrat Dr. Goedecke* [BMZ] über die Finanzierungsmöglichkeiten des Berliner Planes aus dem ERP-Sondervermögen.

Ministerialrat Dr. Goedecke [BMZ] glaubt, daß die Ansätze Berlins im Anhang A aus dem ERP-Vermögen voll finanziert werden könnten. Das BMZ rechne allerdings nur mit 1,1 Milliarden, während Berlin von einem verfügbaren Betrag von 1,2 Milliarden ausgehe. In der Zahl von 1,1 Milliarden DM, die das BMZ zu Grunde lege, sei außerdem noch ein Betrag von 0,1 Milliarden DM US-Wirtschaftshilfe für die folgenden Rechnungsjahre enthalten, der noch nicht sicher sei. Bei der Finanzierung des Berliner Investitionsprogramms sollten aus Mitteln des ERP-Sondervermögens 868 Mio. DM bereitgestellt werden. Das ergäbe einen jährlichen Durchschnitt von rd. 173 Mio. DM. Auf Grund des Erfahrungssatzes von 1950 bis 1954, der rd. 147 Mio. DM jährlich betragen habe, könne angenommen werden, daß auch in den künftigen Jahren mit höheren Bereitstellungen nicht gerechnet zu werden brauche, so daß der Betrag von 1,1 Milliarden DM zur Finanzierung aller Programme des Anhangs A ausreichen dürfte.

Zur Finanzierung des Wiederaufbauprogramms Ziffer VI Anhang A sollten aus Mitteln des ERP-Sondervermögens 170 Mio. DM bereitgestellt werden. Es sei noch nicht abzusehen, inwieweit das Wiederaufbauprogramm in der vom Berliner Senat vorgesehenen Höhe künftig noch durchgeführt werde. In Abänderung der Berliner Vorschläge wäre es zum Beispiel möglich, gewisse Baumaßnahmen des Kultur-

und des Sozialprogramms zum Teil über das Wiederaufbauprogramm zu finanzieren. In diesem Falle könnte für diese Vorhaben, die im Einzelfall noch festgelegt werden müßten, ein Teilbetrag aus Mitteln des ERP-Vermögens von 14 Mio. DM für 1956 bis 1957 bereitgestellt werden.

Der *Vizekanzler* unterstreicht, daß die Finanzierung des Anhangs A damit als gesichert angesehen werden kann. Er ist bereit, wenn sich Einsparungsmöglichkeiten auf anderen Gebieten ergeben, bei der Finanzierung des Wohnungsbaus mit ERP-Mitteln einzuspringen. Er bestätigt die Auffassung von Ministerialrat Dr. Goedecke, daß die zukünftige Amerikahilfe noch ungewiß sei und weist in diesem Zusammenhang auf die Schwierigkeiten hin, die dadurch entstanden seien, daß die Vertretung des BMZ in Washington aufgelöst werden mußte[9].

Ministerialdirigent Fischer-Menshausen, BMF, teilt mit, daß eine Besprechung zwischen dem Bundesminister der Finanzen und dem Berliner Finanzsenator Haas stattgefunden habe, in der man sich über das weitere Vorgehen geeinigt habe[10].

Der Plan des Berliner Senats sei nämlich ein Wunschprogramm und noch nicht etatreif. Die vorgeschlagenen Maßnahmen müßten in eine Dringlichkeitsskala eingeordnet werden. Außerdem müßten sie geprüft werden hinsichtlich der technischen Durchführbarkeit z. B. im Hinblick auf die Arbeitsmarktlage in Berlin. Finanzielle und allgemein volkswirtschaftliche Gründe sprechen dafür, die Durchführung des Berliner Programms auf einen längeren Zeitraum als 4 Jahre zu verteilen. Der Berliner Senator für Finanzen wolle bis Ende Oktober eine Übersicht vorlegen, die neben sonstigen von Berlin für 1956 geplanten Bauvorhaben die für 1956 etatreifen Projekte des Aufbauplanes mit den dafür zu veranschlagenden Beträgen enthalten solle. Mit der Aufnahme der Projekte in den damit bereits vorbereiteten Landeshaushalt 1956 und der zugleich in der Bemessung des Bundeszuschusses liegenden Anerkennung würde die Entscheidung auch für die Durchführung der Projekte in den folgenden Haushaltsjahren grundsätzlich gegeben sein. Erst nach Vorliegen der Rückäußerung des Berliner Senats könne also die Bundesregierung zu Entscheidungen kommen.

Der Wunsch des Bundespostministers, Aufgaben der Postverwaltung in den Berliner Plan einzubeziehen, sei noch nicht erörterungsreif und könne erst bei Beratung der Übersicht der Einzelmaßnahmen besprochen werden.

Zwei Fragen könnten aber im Augenblick zur Entscheidung gestellt werden. Einmal der Wunsch des Berliner Senats, die zur Durchführung des Planes erforderlichen Mittel in einem „Gesetz zur Förderung der Finanzierung des Aufbauplanes" festzulegen. Diese Forderung könne der Bundesfinanzminister nicht akzeptieren, da eine gesetzliche Festlegung von Bundesmitteln für mehrere Jahre im voraus zur Atomisierung der Haushaltsführung führe und aus grundsätzlichen Erwägungen nicht möglich sei. In diesem Zusammenhang weist *Ministerialdirigent Fischer-Menshau-*

---

9 Die Vertretung des BMZ war 1954 infolge der Verminderung der Hilfsbeiträge der USA aufgelöst und ihre restlichen Aufgaben der Botschaft der Bundesrepublik Deutschland in Washington übertragen worden.

10 Nicht ermittelt.

sen [BMF] auf den Antrag der Fraktion der SPD zur Änderung des § 16 des Dritten Überleitungsgesetzes[11] wegen der möglichen Auswirkungen hin (Bundestagsdrucksache 1706)[12].

Weiterhin ergäbe sich eine grundsätzliche Finanzierungsfrage. Das Aufbauprogramm solle aus ERP-eigenen und Kapitalmarktmitteln, aus Bundesmitteln und aus Berliner Haushaltsmitteln, die aber unmittelbar den Bundeshaushalt belasten würden (§ 16 des Dritten Überleitungsgesetzes) finanziert werden. Zur Verwirklichung des Planes solle der Bundeshaushalt in 4 Jahren etwa 338 Mio. DM an Zuschüssen und rd. 1140 Mio. DM für zinsverbilligte Kredite an Berlin vorsehen. Die Forderung nach zinsverbilligten Bundeskrediten lehne der Bundesminister der Finanzen ab. Der Bund werde aber dem Land Berlin bei der Auflegung von Anleihen durch Bundesbürgschaften und Vorfinanzierung sowie durch Anerkennung des Zins- und Tilgungsdienstes bei der Bemessung des jährlichen Bundeszuschusses zum Landeshaushalt behilflich sein. Bei diesem Verfahren laufe das Land Berlin keinerlei Risiken. Der Einwand von Berlin, daß das Land sich im Hinblick auf die künftige Wiedervereinigung möglichst schuldenfrei halten müsse, könne nicht anerkannt werden, weil die großen Aufgaben, die Berlin im Falle der Wiedervereinigung zu erfüllen habe, ohnehin nur mit Hilfe des Bundes gemeistert werden könnten und daher zu gegebener Zeit einer besonderen Erörterung bedürften. Zur Klärung der Zuständigkeit und der Verantwortung für die einzelnen Aufgaben sei die Aufnahme von Krediten durch Berlin erforderlich.

Der *Vizekanzler* ist der Ansicht, daß man ohne den Bundesminister der Finanzen zu dieser Frage heute nicht endgültig Stellung nehmen könne. Überdies bedürfe es für die endgültige Beurteilung wegen der bei dieser Entscheidung zu berücksichtigenden Anforderungen der von Ministerialdirigent Fischer-Menshausen angekündigten Rückäußerung des Berliner Senats.

Dr. Vockel kommt noch einmal auf die Finanzierung des sozialen Wohnungsbaus für die Jahre 1955/56 zurück. Er ist der Ansicht, daß hier eine Bürgschaft des Bundes eingesetzt werden müsse, unter der Voraussetzung, daß Berlin selbst entsprechende Leistungen aufbringe.

Ministerialdirigent Fischer-Menshausen [BMF] weist demgegenüber darauf hin, daß es anscheinend Senator Haas an liquiden Mitteln fehle. Der Bund werde Berlin dabei zu Hilfe kommen. Die Bereitstellung von Kassenmitteln sei kein Problem, allerdings müsse die endgültige Finanzierung geklärt werden. Hierfür liege aber die Initiative nunmehr bei Berlin. Er hoffe, daß diese Frage im Laufe des Monats November endgültig geklärt werden könne.

---

[11] Gesetz über die Stellung des Landes Berlin im Finanzsystem des Bundes (Drittes Überleitungsgesetz) vom 4. Januar 1952 (BGBl. I 1).

[12] Die SPD-Fraktion hatte am 28. Sept. 1955 die Änderung der Absätze 2 und 3 des § 16 dahingehend gefordert, daß der Bundeszuschuß an Berlin künftig so bemessen sein sollte, „daß das Land Berlin die zur Sicherung der wirtschaftlichen und sozialen Stellung Berlins sowie für die Aufgaben Berlins als deutscher Hauptstadt erforderlichen Aufgaben“ würde leisten können. Das Aufkommen der Abgabe „Notopfer Berlin“ sollte ausschließlich der Deckung des Bundeszuschusses an Berlin dienen.

Der *Vizekanzler* stellt als Auffassung des Kabinettsausschusses fest, daß die Finanzierung der den Hauptteil des Planes ausmachenden wirtschaftlichen Förderungsmaßnahmen (Berliner Investitionsprogramm, Auftrags-Finanzierungsprogramm, Wiederaufbauprogramm) im wesentlichen durch das Ministerium für wirtschaftliche Zusammenarbeit aus Mitteln des ERP-Sondervermögens gesichert ist. Die anderen Teile des Planes sollen auf Grund der heutigen Aussprache von dem Bundesminister der Finanzen und den übrigen beteiligten Ressorts mit dem Senat von Berlin noch einmal beraten werden[13]. Die Wünsche des Bundesministers für das Post- und Fernmeldewesen bezüglich Finanzierung von Aufgaben der Bundespost in Berlin sollen bei den Einzelberatungen erörtert werden.

Der Kabinettsausschuß hält es ferner entsprechend der Anregung von *Ministerialdirigent Haenlein*, BKA, der sich auch *Bundesminister Dr. Tillmanns* anschließt, für richtig, in der über die heutige Sitzung herausgehenden Presseverlautbarung auf die bereits eingetretene erhebliche Verminderung der Arbeitslosigkeit in Berlin hinzuweisen.

Dr. Vockel äußert anschließend die Bitte, die Straßenbenutzungsgebühren, die von Berlin bisher gezahlt werden (bis jetzt 10 Mio. DM) bei der Festsetzung des Bundeszuschusses für 1955 im Rahmen des Nachtragshaushaltsplans des Bundes für das Rechnungsjahr 1955 zu berücksichtigen, da es sich um eine echte zusätzliche politische Aufgabe in Berlin handele, die bei der ursprünglichen Festlegung des Bundeszuschusses nicht berücksichtigt wurde[14]. Berlin könne diese Ausgaben trotz erhöhter Steuereinnahmen nicht tragen, da es noch sonstige zusätzliche Ausgaben habe leisten müssen, durch die das vermehrte Steueraufkommen überkompensiert sei.

Der *Vizekanzler* bittet Ministerialdirigent Fischer-Menshausen, diese Angelegenheit dem Bundesminister der Finanzen vorzutragen. Er ist der Ansicht, daß die Aufwendungen, deren Notwendigkeit anzuerkennen sei, als reine Kriegsfolgelasten vom Bund getragen werden müßten.

Auf die Bemerkung des *Vizekanzlers*, daß vermieden werden solle, in Berlin den Aufbauplan im Plenum des Bundestages zu erörtern, erklärt *Bundesminister Dr. Tillmanns*, daß dieser Komplex nicht im Plenum zur Sprache kommen werde. Es sei lediglich zu erwarten, daß Mitglieder der Ausschüsse sich in Berlin unterrichten würden[15].

2. Tarifmaßnahmen im Omnibus-Linienverkehr **BMV**

Ministerialdirigent Risse [BMWi] trägt anhand der Vorlage des Bundesministers für Wirtschaft vom 28. September 1955 vor und weist darauf hin, daß angesichts der

---

[13] Vgl. das Protokoll der Besprechung vom 12. Nov. 1955 in B 126/13945.

[14] Vgl. dazu 93. Kabinettssitzung am 27. Juli 1955 TOP 1 (Kabinettsprotokolle 1955, S. 457–460).

[15] Zur Vorbereitung der 106. und 107. Bundestagssitzung am 19. und 20. Okt. 1955 in Berlin vgl. 99. Kabinettssitzung am 6. Okt. 1955 TOP F und Sondersitzung des Kabinetts am 11. Okt. 1955 TOP F. – Vgl. auch die Beantwortung der Großen Anfrage Nr. 48 der SPD-Fraktion vom 25. Mai 1955 (BT-Drs. 1412) durch den BMF in der 108. Bundestagssitzung am 26. Okt. 1955 (Stenographische Berichte, Bd. 26, S. 5888–5909. Unterlagen in B 136/132 und Bulletin Nr. 205 vom 29. Okt. 1955, S. 1718–1720).

Gesamtsituation auf dem Preisgebiet im Augenblick keine Erhöhung der Omnibustarife vorgenommen werden könne. Er bittet, den Beschluß des Kabinetts vom 1.6.1954 aufzuheben oder aber seine Durchführung für einen längeren Zeitraum auszusetzen.[16]

Staatssekretär Sauerborn unterstützt den Antrag des Bundesministers für Wirtschaft. Er macht darauf aufmerksam, daß die Gewerkschaften eine Tariferhöhung im Omnibus-Linienverkehr unter Umständen als Begründung für weitere Forderungen auf Lohnerhöhungen benutzen würden.

Der *Vizekanzler* teilt die Bedenken des Bundesministers für Wirtschaft und Staatssekretär Sauerborns. Er spricht sich dafür aus, den Beschluß des Bundeskabinetts für einen Zeitraum von etwa 2 bis 3 Monaten auszusetzen, hält es allerdings nicht für angebracht, den damaligen Beschluß aufzuheben.

Staatssekretär Bergemann macht darauf aufmerksam, daß die Nichtdurchführung des Beschlusses der Bundesbahn eine zusätzliche Belastung von jährlich 13,5 Mio. DM bringe.

Ministerialdirektor Dr. Schiller, BVM, ist der Ansicht, daß die Gewerkschaften die Tariferhöhung nicht für einen Anspruch auf Lohnerhöhung ausnutzen könnten, da die Sozialtarife des Omnibus-Linienverkehrs unberührt blieben. Er macht darauf aufmerksam, daß der Bund nur für die Bundesbahn und die Post die Tarife festsetzen könne, für das private Omnibusgewerbe stehe dagegen die Festsetzung der Tarife den Ländern zu. Im Jahre 1954[17] habe das Bundeswirtschaftsministerium einer Erhöhung der Omnibustarife auf 7,5 Dpf./km zugestimmt. Das Bundesverkehrsministerium sei der Ansicht, daß der Tarifsatz im Omnibus-Linienverkehr 10 % über dem Regelfahrpreis der Schiene liegen müsse, damit keine Abwanderung von der Schiene auf den Omnibus erfolge. Durch das Verkehrsfinanzgesetz seien die Selbstkosten gestiegen. Eine Aufschiebung der Durchführung des Beschlusses des Bundeskabinetts vom 1. Juni 1954 führe zu einer verkehrlichen Verschlechterung des Linien-Verkehrs.

---

[16] Siehe 9. Ausschußsitzung am 26. Mai 1954 TOP 1 und 34. Kabinettssitzung am 1. Juni 1954 TOP 7 (Kabinettsprotokolle 1954, S. 244–248). – Vorlage des BMWi vom 28. Sept. 1955 in B 136/1488. – Die Bundesregierung hatte am 1. Juni 1954 der Erhöhung des Regeltarifs des Omnibus-Linienverkehrs der deutschen Bundesbahn und der Deutschen Bundespost um 25 % von 6 Dpf auf 7,5 Dpf pro Kilometer zugestimmt; die Sozialtarife sollten davon ausgenommen sein. Die Erhöhung war zunächst wegen Meinungsverschiedenheiten zwischen den für die Tarifhoheit der privaten und kommunalen Unternehmen zuständigen obersten Landesverkehrsbehörden nicht durchgeführt worden. Nach dem Inkrafttreten des Verkehrsfinanzgesetzes vom 6. April 1955 (BGBl. I 166) beabsichtigten Bundesbahn und Bundespost, die Tarife zum 1. Nov. 1955 um 25 % zu erhöhen. Da auch entsprechende Anträge auf Tariferhöhungen seitens der privaten und der kommunalen Verkehrsunternehmen zu erwarten seien, solche Maßnahmen aber im Widerspruch zu den Bestrebungen der Bundesregierung zur Stabilisierung der Preise stünden, hatte das BMWi mit Schreiben vom 28. Sept. 1955 die Aufhebung des Kabinettsbeschlusses vom 1. Juni 1954 beantragt. – Zur Preissituation und den Bemühungen des BMWi zur Stabilisierung der Preise vgl. 34. Ausschußsitzung am 5. Aug. 1955 TOP 1 und 37. Ausschußsitzung am 27. Sept. 1955 TOP 2.

[17] Im Protokolltext wohl irrtümlich „1952“. Für das Jahr 1952 konnte keine Diskussion über eine Erhöhung des Kilometer-Fahrpreises auf 7,5 Dpf ermittelt werden.

Ministerialrat Dr. Larbig, BMP, erklärt, daß das Bundespostministerium hinter den Bemühungen des Bundeswirtschaftsministeriums zur Stabilisierung der Preise bzw. zur Herabsetzung der Preise stehe. Dadurch dürfe jedoch die Ordnung auf dem Gebiet des Tarifwesens und damit das verkehrspolitische Programm der Bundesregierung nicht gestört werden. Das Verkehrsfinanzgesetz habe bewußt die Selbstkosten der Verkehrsbetriebe erhöht und damit einen Zwang zur Anhebung der Tarife gegeben. Erfolge diese Erhöhung nicht, so würden namentlich viele kleinere Unternehmer in Schwierigkeiten geraten. Da die Verkehrsfinanzgesetzgebung nicht rückgängig gemacht werden könne, könne also nur der Weg der Erhöhung der Tarife beschritten werden. Die privaten Omnibusunternehmer würden Anträge auf Erhöhung der Tarife stellen und hätten auch schon derartige Anträge eingereicht. Wenn Bundesbahn und Bundespost eine Erhöhung nicht mitmachten, bestehe die Gefahr, daß die privaten Omnibusunternehmer einen Ersatz für die ihnen entgehenden Einnahmen vom Bund fordern würden. Im übrigen verstoße auch die Verhinderung der Anhebung der Tarife gegen das Beförderungssteuergesetz[18], da Steuerschuldner nach diesem Gesetz der einzelne Reisende sei und diese Steuer nicht aus dem Vermögen des Verkehrsunternehmers zu zahlen sei. Die Befürchtung von Staatssekretär Sauerborn, daß die Lohnpreisspirale durch eine Erhöhung der Omnibustarife in Bewegung gesetzt werde, könne er nicht teilen, da die Sozialtarife überhaupt nicht von der Erhöhung berührt würden. Im Jahresdurchschnitt nähmen 52 % der Omnibusfahrgäste der Post die Sozialtarife in Anspruch; dieser Anteil erhöhe sich in den Wintermonaten auf 60 % und darüber.

Der Bundesminister für das Post- und Fernmeldewesen beabsichtige, die Gebühren im Auslandsverkehr herabzusetzen und habe einen Ausgleich dafür in der Erhöhung der Tarife für den Omnibusverkehr und im Paketdienst finden wollen.

Bundesminister Dr. Tillmanns übernimmt den Vorsitz.

Staatssekretär Sauerborn erwidert hierzu, daß die ganze Frage unter dem Gesichtspunkt der psychologischen Auswirkung auf die Öffentlichkeit gesehen werden müsse. Die Erhöhung der Regeltarife werde bestimmt in weiten Kreisen der Öffentlichkeit als der Auftakt auch zu einer Erhöhung der Sozialtarife empfunden werden.

Eine Erhöhung der Regeltarife bei unveränderten Sozialtarifen führe außerdem zu einer unerträglichen Verzerrung des Verhältnisses zwischen beiden Tarifen.

Ministerialrat Korff, BMF, bedauert zunächst, daß die vor über einem Jahr beschlossene Erhöhung der Tarife noch nicht durchgeführt worden sei. Eine solche Erhöhung müsse jetzt nach dem Inkrafttreten des Verkehrsfinanzgesetzes also durchaus als gerechtfertigt angesehen werden. Jedoch müsse man in der augenblicklichen Situation die psychologische und damit politische Auswirkung einer solchen Maßnahme berücksichtigen, wenn auch die Erhöhung der Tarife preislich kaum ins Gewicht falle. Aus dieser Erwägung schließe sich das Bundesministerium der Finanzen dem Vorschlag des Vizekanzlers an, den Beschluß des Bundeskabinetts zwar nicht aufzuheben, aber im Augenblick noch nicht durchzuführen.

[18] Beförderungssteuergesetz in der Fassung vom 13. Juni 1955 (BGBl. I 366).

Ministerialdirektor Dr. Schiller, BMV, weist noch darauf hin, daß naturgemäß die Sozialtarife durch die Regeltarife mitfinanziert worden seien. Wenn also jetzt keine Tariferhöhung durchgeführt werde, müßten die Omnibusunternehmer Fahrten ausfallen lassen; damit würde auch der Berufsverkehr erheblich beeinträchtigt werden.

Staatssekretär Dr. Bergemann schlägt vor, heute noch nicht über die Vorlage des Bundesministers für Wirtschaft endgültig zu entscheiden. Das Bundespostministerium und das Bundesverkehrsministerium sollten vielmehr die gegenwärtige Situation der Omnibusunternehmer noch einmal untersuchen, vor allen Dingen auch feststellen, welche Anträge auf Tariferhöhungen bereits gestellt seien und welche Maßnahmen die Länder zu ergreifen gedächten. Anschließend solle das Problem dann nochmals im Kabinettsausschuß zur Erörterung gestellt werden.

Der Kabinettsausschuß beschließt entsprechend.

Bundesminister Dr. Tillmanns erläutert unter Zustimmung der Anwesenden diesen Beschluß dahin, daß er die einstweilige Beibehaltung der jetzigen Tarife bei der Bundesbahn und der Bundespost bis zu der in Aussicht stehenden Entscheidung des Kabinettsausschusses zur Voraussetzung habe.

Ministerialrat Dr. Larbig, BMP, erwähnt ergänzend, daß eine Erhöhung der Tarife der Bundespost ohnehin nur mit Zustimmung des Bundesministers für Wirtschaft möglich sei[19].

---

19 Fortgang 58. Ausschußsitzung am 10. Sept. 1956 TOP 1 (B 136/36219) und Fortsetzung der 158. Kabinettssitzung am 25. Okt. 1956 TOP 12 (Kabinettsprotokolle 1956, S. 665). – Die Preiserhöhung erfolgte bei der Bundesbahn zum 1. April 1957 (Tarif- und Verkehrsanzeiger der Bundesbahn vom 25. März 1957) und bei der Bundespost zum 15. April 1957 (BAnz. Nr. 68 vom 6. April 1957, S. 1).

39. Sitzung des Kabinettsausschusses für Wirtschaft am Dienstag, den 15. November 1955

Teilnehmer: Blücher, Erhard (ab 9.50 Uhr), Preusker, Balke (ab 11.00 Uhr); Sonnemann (bis 11.25 Uhr), Bergemann, Thedieck; Bernard (BdL), Pfleiderer (AA, ab 11.45 Uhr), von Welck (AA, ab 11.30 Uhr), Oeftering[1] (BMF), Krautwig (BMWi), Kramer (BMWi), Haenlein (Bundeskanzleramt), Junker (AA), Schwandt (BMF), Schöne (BMWi), Middelmann (BMVt, zeitweise), Heise (BMZ), weitere Vertreter der Bundesressorts. Protokoll: Hornschu.

Beginn: 9.30 Uhr — *Ende: 12.55 Uhr*

Ort: Bad Godesberg, Haus Carstanjen

Tagesordnung:

1. *a) Erteilung von Permits im Binnenschiffahrtsverkehr mit Berlin*
   b) Interzonenhandel 1956
   Vortrag des BMWi.
2. *Bezüge der Vorstandsmitglieder der bundesunmittelbaren öffentlich-rechtlichen sowie der in Privatrechtsform betriebenen Kreditinstitute*
   Vorlage des BMF vom 17. Okt. 1955 (V A/3 - BIF 2701 - 28/55).
3. *Abschluß eines dreijährigen Weizenabkommens mit Schweden*
   Vorlage des AA vom 3. Nov. 1955 (410 - 304 - 05/67 - 7188/55).
4. *Entwicklung der Wirtschaftslage;*
   hier: Preise und Löhne in der Eisenindustrie und im Kohlenbergbau
   Vortrag des BMWi und des BMA.
5. *Jugoslawische Vorkriegs- und Kriegsforderungen[2].*

1. a) Erteilung von Permits im Binnenschiffahrtsverkehr mit Berlin — BMV
b) Interzonenhandel 1956 — BMWi

Zu 1b):

Einleitend schlägt der *Vizekanzler* vor, heute nur einen Bericht des Bundesministeriums für Wirtschaft über die Lage im Interzonenhandel entgegenzunehmen; die politischen Fragen sollten, da der Bundesminister des Auswärtigen nicht anwesend

---

[1] Im Text dieses Protokolls immer „Öftering".

[2] Dieser TOP war in der Einladung vom 9. Nov. 1955 nicht vorgesehen.

sein kann, zunächst ausgeklammert bleiben. Sie müßten einer erneuten Beratung in Gegenwart des Bundesministers des Auswärtigen vorbehalten bleiben[3].

Ministerialdirektor Dr. Krautwig, BMWi, gibt anschließend einen Bericht über den Stand der Interzonenhandelsverhandlungen für das Jahr 1956. Er weist insbesondere auf den Brief des sowjetzonalen Vertreters Rau an den Bundesminister für Wirtschaft hin, in dem dieser gebeten hat, einen Delegationsführer der Bundesrepublik für die Interzonenhandelsverhandlungen zu bestimmen. Darin komme eindeutig zum Ausdruck, daß die sowjetische Besatzungszone ihre Beziehungen zur Bundesrepublik offizieller gestalten wolle als bisher. Bei den bisherigen Interzonenhandelsverhandlungen seien nur Vollmachten der Währungsgebiete, nicht dagegen der Staaten vorgelegt worden, und zwar erst beim Abschluß der Verhandlungen. Das Bundesministerium für Wirtschaft habe von der Treuhandstelle vorfühlen lassen, ob man von Seiten der sowjetischen Besatzungszone bereit sei, auf der bisherigen Basis die Warenlisten weiterhin festzulegen, wobei man in Aussicht gestellt habe, die Vollmacht für das Währungsgebiet West schon im Laufe der Verhandlungen vorzulegen. Die sowjetische Besatzungszone habe bisher noch keine Antwort auf diese Frage gegeben. In der sowjetischen Besatzungszone seien die Wirtschaftskreise und auch die staatlichen Handelsorganisationen dafür, den Abschluß der Warenlisten in der bisherigen Form vorzunehmen. Doch seien auch starke politische Kräfte wirksam, die alle Schwierigkeiten aus einem Nichtabschluß des Interzonenhandelsabkommens in Kauf nehmen würden, wenn sie damit ihr politisches Streben erreichen sollten. Das Bundesministerium für Wirtschaft schlage vor, noch etwa 8 bis 10 Tage auf die Antwort der sowjetischen Besatzungszone bezüglich der Frage der Vollmachten zu warten und sich erst dann noch einmal mit dem Problem zu beschäftigen.

Der Interzonenhandel des laufenden Jahres habe sich reibungslos abgewickelt, die Bezüge und die Lieferungen hielten sich die Waage; auf einigen Gebieten habe die Sowjetzone vorgeleistet, so daß wir zum ersten Mal einen Swing von 2 Mio. Verrech-

---

[3] Siehe 34. Ausschußsitzung am 5. Aug. 1955 TOP 2 und 102. Kabinettssitzung am 21. Okt. 1955 TOP D (Kabinettsprotokolle 1955, S. 602 f.). – Gegenstand der Beratung waren das mit der Tagesordnung versandte Schreiben des Ministers für Außenhandel und Innerdeutschen Handel der DDR Heinrich Rau an Erhard vom 24. Okt. 1955 (Anlage 1) und eine Aufzeichnung aus dem Bundeskanzleramt zu den Punkten 1a) und 1b) der Tagesordnung (Anlage 2). Rau hatte mit Schreiben vom 24. Okt. 1955 den Entwurf für Warenlisten für das Jahr 1956 mit einem Volumen von jeweils einer Milliarde VE vorgelegt und vorgeschlagen, die Verhandlungen im November aufzunehmen. Als Leiter der MAI-Delegation hatte er den Hauptabteilungsleiter Erich Freund benannt (DL 2/1322 und B 102/108196). – Die Aufzeichnung aus dem Bundeskanzleramt hielt zur Frage des Interzonenhandels fest, daß die gegenseitigen Lieferungen 1955 voraussichtlich ein Volumen von 550 Millionen VE betragen würden im Vergleich zu 440 Millionen VE im Jahre 1954. Die DDR habe ihre Verschuldung systematisch von 32 Millionen VE zu Anfang 1955 auf 2 Millionen VE am 30. Sept. 1955 abgebaut. Beim Austausch von Braunkohlebriketts gegen Eisen- und Stahlerzeugnisse und Kohle habe die DDR Vorleistungen im Wert von 15 Millionen VE erbracht. Schließlich versuche die DDR, „auf dem Weg über [die] Beeinflussung der westdeutschen Wirtschaft die Bundesregierung unter Druck zu setzen, um Liberalisierungen des Interzonenhandels zu erreichen" (B 136/7836). – Zum Stand des Interzonenhandels vgl. den Sprechzettel Krautwigs für Erhard vom 14. Nov. 1955 in B 102/108196.

nungseinheiten in Anspruch genommen hätten. Für die günstigere Entwicklung des Interzonenhandels seien von Seiten der Sowjetzone einmal wirtschaftspolitische Überlegungen maßgebend gewesen, d. h. das Interesse an dem Bezug von Stahl und Eisen, darüber hinaus habe aber auch der politische Gesichtspunkt eine Rolle gespielt, daß die sowjetische Besatzungszone bei den jetzigen Verhandlungen auf eine Gläubigerstellung im Interzonenhandel hinweisen könne.

Die Sowjetzone habe für 1956 wieder einen Austausch im Gegenwert von 1 Mrd. Verrechnungseinheiten vorgeschlagen. Sie wolle ihre Braunkohlenlieferungen intensivieren und dafür höhere Bezüge an Eisen, Stahl und Zechenkoks erhalten. Dem stimme das Bundesministerium für Wirtschaft grundsätzlich zu.

Staatssekretär Dr. Sonnemann gibt in diesem Zusammenhang bekannt, daß das deutsch-polnische Geschäft, Lieferungen von deutschem Getreide an Polen gegen Walzwerkserzeugnisse aus Polen, in diesen Tagen voraussichtlich zum Abschluß kommen werde[4].

Bezüglich der Lieferung von Fischen aus der Bundesrepublik an die Sowjetzone weist er darauf hin, daß der sowjetische Vertreter Freund vor der Fischwirtschaft der Bundesrepublik gesprochen habe. Die Fischwirtschaft habe daraufhin eine Entschließung an die vier Außenminister in Genf gerichtet, in der die Sowjetzone, Teile Polens und Rußlands – wobei es sich offenbar um die zur Zeit unter polnischer und sowjetischer Verwaltung stehenden ehemaligen deutschen Ostgebiete handele – als traditionelle Absatzgebiete für die deutsche Fischwirtschaft bezeichnet worden seien. Diese sei allerdings nur von verhältnismäßig unbedeutenden westdeutschen Firmen unterzeichnet worden[5]. Für die Erörterung mit den am Interzonenhandel interessierten Kreisen bitte er das Bundesministerium für Wirtschaft, bekanntzugeben, welche Unterteilung des gesamten Austauschvolumens vorgesehen sei.

Ministerialdirektor Dr. Krautwig, BMWi, erwidert darauf, daß zwar das gleiche Volumen wie im Vorjahr vorgesehen, jedoch eine Verschiebung in der Zusammensetzung noch möglich sei.

Ministerialrat Dr. Woratz, BMWi, berichtet anschließend auf Grund der Anlagen zum Schreiben des sowjetzonalen Vertreters Rau an den Bundesminister für Wirtschaft, wie sich die Sowjetzone eine Aufteilung des Austauschvolumens im Interzonenhandel vorstelle.

Staatssekretär Dr. Sonnemann bittet Ministerialdirektor Dr. Krautwig um eine Einzelerörterung wegen der Unterteilung des Interzonenhandelsvolumens zwischen dem Bundesministerium für Ernährung, Landwirtschaft und Forsten und dem

[4] Vgl. dazu 34. Ausschußsitzung am 5. Aug. 1955 TOP C. – Das „Zweite Zusatzprotokoll" vom 19. Dez. 1955 zu dem deutsch-polnischen Warenabkommen vom 17. Febr. 1955 (BAnz. Nr. 57 vom 23. März 1955, S. 1) sah u. a. die Lieferung von 300 000 t Brotgetreide an Polen vor (BAnz. Nr. 14 vom 20. Jan. 1956, S. 1). – Unterlagen zu den in Warschau vom 16. bis 19. Dez. 1955 geführten Verhandlungen in AA Ref. 413, Bd. 113 (Az. 85.00). – Fortgang hierzu 42. Ausschußsitzung am 30. Jan. 1956 TOP 4 (B 136/36216).

[5] Zu der von 60 Firmen der Fischindustrie und des Seefischgroßhandels unterzeichneten Eingabe vgl. „Frankfurter Allgemeine Zeitung" vom 19. Nov. 1955 („Kleine Fische").

Bundesministerium für Wirtschaft. Dies wird von *Ministerialdirektor Dr. Krautwig* [BMWi] zugesichert.

In diesem Zusammenhang bringt der *Vizekanzler* die Rede auf die Lieferungen ausländischer Butter an die Sowjetzone. Er würde es begrüßen, wenn sich Dreiecksgeschäfte (Transitgeschäfte) für Butter mit der Sowjetzone ermöglichen ließen, zumal sich dadurch nach seiner Meinung, abgesehen von dem politischen Moment einer besseren Versorgung der Sowjetzone mit Butter, vielleicht auch eine gewisse Reserve bilden ließe, aus der ein Überbedarf des deutschen Binnenmarktes ohne Auseinandersetzung befriedigt werden könne.

Staatssekretär Dr. Sonnemann erwidert hierzu, daß das Bundesministerium für Ernährung, Landwirtschaft und Forsten sich gegen die Hereinnahme von Butter aus Ländern sträube, die bisher nicht als Lieferanten aufgetreten seien. Über Dreiecksgeschäfte könne man allerdings sprechen.

Auf Wunsch des *Vizekanzlers* erklärt sich *Staatssekretär Dr. Sonnemann* bereit, zu einer Besprechung mit dem Bundesministerium für Wirtschaft unter Hinzuziehung des Bundesministeriums für wirtschaftliche Zusammenarbeit einzuladen, in der diese Frage erörtert werden soll[6].

Zu 1a):

Staatssekretär Dr. Bergemann trägt vor, daß durch den Vertrag vom 20.9.1955 zwischen der Sowjetregierung und der sog. DDR die Ausübung der Hoheitsrechte auch für die Verkehrswege auf die Sowjetzone übergegangen sei. Die Russen erklärten sich für die Genehmigung der Permits im Binnenschiffahrtsverkehr nicht mehr für zuständig[7]. Zwischen der Bundesrepublik und Westberlin seien z. Zt. 1200 westdeutsche Schiffe und 600 sowjetzonale Schiffe eingesetzt. Bisher seien die Permits für die Bundesrepublik durch eine britische und für die Sowjetzone durch eine sowjetische Dienststelle ausgestellt worden. Die Permits müssen innerhalb gewisser Zeitabstände erneuert werden. In der letzten Zeit seien 80 Anträge auf Verlängerung von Permits von westdeutscher Seite gestellt worden. Die Anträge seien von der Wasser- und Schiffahrtsdirektion Hamburg an die Wasser- und Schiffahrtsdirektion Magdeburg zur Genehmigung weitergegeben worden. Diese habe der Wasser- und Schiffahrtsdirektion Hamburg mitgeteilt, daß vor Genehmigung der Permits eine Vereinbarung zwischen dem sowjetzonalen Verkehrsministerium und dem Bundesministerium für Verkehr getroffen werden müsse. Er macht darauf aufmerksam, daß Ende 1955 weitere Permits zu erneuern seien. Wenn dies nicht geschehe,

---

[6] Besprechung nicht ermittelt. – Die Verhandlungen über das Warenabkommen für 1956 fanden vom 29. Nov. bis 13. Dez. 1955 statt (vgl. die Sitzungsvermerke in B 102/2951 und DL 2/1322).

[7] Vertrag über die Beziehungen zwischen der Deutschen Demokratischen Republik und der Union der Sozialistischen Sowjetrepubliken vom 20. Sept. 1955 (abgedruckt in Dokumente zur Außenpolitik, Bd. 3, S. 280–283). – In der Aufzeichnung aus dem Bundeskanzleramt war die Frage gestellt worden, „wie in Zukunft verfahren werden soll, wenn im Westberliner Verkehr offene und strittige Fragen geklärt werden sollten" (B 136/7836). – Vgl. hierzu auch den Notenwechsel zwischen den drei Westmächten und der Sowjetunion vom 3. bzw. 18. Okt. 1955, abgedruckt in DzD, Bd. III 1, S. 433 f. und 452 f.

so würden die Wassertransporte aus der Bundesrepublik nach Berlin, die z. Zt. 200 000 t monatlich[8] in Richtung Berlin umfaßten, beeinträchtigt werden.

Der *Vizekanzler* weist nochmals darauf hin, daß auch diese Frage nur nach einer gründlichen gesamtpolitischen Beratung entschieden werden könne, bei der der Bundesminister des Auswärtigen anwesend sein müsse. Er schlägt dem Kabinettsausschuß vor, die Punkte 1. a) und b) noch einmal eingehend in Gegenwart des Bundesministers des Auswärtigen im Kabinettsausschuß zu erörtern.

Der Kabinettsausschuß beschließt entsprechend[9].

2. Bezüge der Vorstandsmitglieder der bundesunmittelbaren öffentlich-rechtlichen sowie der in Privatrechtsform betriebenen Kreditinstitute BMF

Ministerialdirektor Professor Dr. Oeftering, BMF, gibt bekannt, daß am 22. November 1955 in der Angelegenheit eine Besprechung zwischen den Bundesministern für Wirtschaft und der Finanzen vorgesehen ist. Er bittet daher, den Tagesordnungspunkt heute nicht zu behandeln.[10]

Der *Vizekanzler* weist darauf hin, daß er eine Regelung nur für die Kreditinstitute nicht für angängig halte. Wenn man überhaupt zu einer solchen Festlegung kommen wolle, was er nicht unbedingt befürwortet, so müßte sich die Regelung nicht nur auf die Banken, sondern auf alle Institutionen beziehen, wobei die Rechtsform nicht ausschlaggebend sein könnte.

Der *Bundesminister für Wirtschaft* schlägt vor, für diese Frage einen kleinen interministeriellen Ausschuß zu bilden.

Der *Vizekanzler, Staatssekretär Dr. Sonnemann, Staatssekretär Dr. Bergemann* und *Ministerialdirigent Middelmann*, BMVt, bitten darum, ihre Häuser zu der zwischen dem Bundesminister der Finanzen und dem Bundesminister für Wirtschaft vorgesehenen Besprechung hinzuzuziehen.

Der Kabinettsausschuß beschließt, daß am 22.11.1955 über dieses Thema eine Staatssekretärbesprechung durchgeführt werden soll, an der neben den Bundesministerien für Wirtschaft und der Finanzen die Bundesministerien für wirtschaft-

---

[8] Geändert aus „jährlich" gemäß Kanzleinotiz vom 29. Nov. 1955 in B 136/36216.

[9] Fortgang 40. Ausschußsitzung am 10. Dez. 1955 TOP B.

[10] Vorlage des BMF vom 17. Okt. 1955 in B 126/26196. – In seiner Vorlage hatte der BMF festgestellt, daß die Bezüge der Vorstandsmitglieder der vom BMF betreuten oder mitbetreuten bundesunmittelbaren Kreditinstitute erheblich voneinander abwichen und in Einzelfällen zwischen 27 000 DM und 105 000 DM jährlich schwankten. Grundsätzlich sollten aber nach Auffassung des BMF diese Bezüge, abgesehen von Sondervergütungen und -zulagen, „die Bezüge von etwa vergleichbaren leitenden Stellen der unmittelbaren oder mittelbaren Bundesverwaltung nicht allzusehr überschreiten". Angesichts der Bemühungen der Bundesregierung zur Dämpfung der Konjunktur und zur Stabilisierung des Lohn-Preis-Gefüges sollte das Kabinett beschließen, daß die Bezüge der leitenden Persönlichkeiten der vom Bund betreuten Kreditinstitute derzeit grundsätzlich nicht erhöht werden sollten. Zur „Sicherstellung eines sachlich gerechtfertigten Gehaltsniveaus" sollten „allgemeine Richtlinien für die Anstellungsbedingungen, insbesondere die Gehälter und Nebenbezüge sowie die Altersversorgung" des betreffenden Personenkreises durch einen interministeriellen Ausschuß unter Beteiligung des Bundesrechnungshofes ausgearbeitet werden.

liche Zusammenarbeit, für Ernährung, Landwirtschaft und Forsten, für Verkehr, für Wohnungsbau und für Vertriebene, Flüchtlinge und Kriegsgeschädigte beteiligt werden sollen[11].

3. Abschluß eines dreijährigen Weizenabkommens mit Schweden BMWi

Staatssekretär Dr. Sonnemann berichtet anhand der Kabinettsvorlage des Bundesministers für Ernährung, Landwirtschaft und Forsten vom 12. November 1955[12]. Er weist darauf hin, daß seit 6 Jahren vom Bundesministerium für Ernährung, Landwirtschaft und Forsten Einfuhr- und Versorgungspläne aufgestellt werden, deren Schätzungen im wesentlichen mit der tatsächlichen Entwicklung übereingestimmt haben. Die schwedischen Liefermöglichkeiten hält er nach Erfahrungen aus den vergangenen Jahren für zweifelhaft. Er führt aus, daß bei Berücksichtigung des schwedischen Wunsches für das Getreidewirtschaftsjahr 1957/58 unter Berücksichtigung der bereits bestehenden und weiteren Einfuhrverpflichtungen, denen wir uns nicht entziehen könnten, eine Überziehung eintreten könnte, die sich auf die Bundesreserve auswirken und zu einer Steigerung der Kosten für die Vorratshaltung führen könne. Wenn eine Erhöhung der Bundesreserve aus politischen Gründen für annehmbar angesehen werde, so habe das Bundesministerium für Ernährung, Landwirtschaft und Forsten gegen den Vertrag nichts einzuwenden. Er könne sagen, daß der Stand der deutschen Bevorratung über dem Durchschnitt derjenigen der alten NATO-Länder läge.

---

[11] Eine Staatssekretärsbesprechung konnte nicht nachgewiesen werden. – Der interministerielle Ausschuß trat am 21. Nov., 29. Nov., 12. Dez. 1955 und 20. Jan. 1955 zusammen (vgl. die Sitzungsprotokolle vom 23. Nov., 3. Dez., 15. Dez. 1955 und 24. Jan. 1956 in B 126/26196). Er kam zu dem Ergebnis, daß die Gehälter der betreffenden Vorstandsmitglieder nicht mit den Gehältern entsprechender Beamter, sondern mit denen der Vorstandsmitglieder anderer öffentlich-rechtlicher Kreditinstitute verglichen werden müßten, die einen Jahresbetrag von je 60 000 DM im allgemeinen nicht überstiegen. Für die Ruhegehälter sollte in Anlehnung an die Spitzenruhegehälter bei den bundeseigenen Unternehmen der Grundstoffwirtschaft ein Betrag von 24 000 DM jährlich nicht überschritten werden. Innerhalb dieses Rahmens sollten die unternehmerische Leistung und die geschäftliche Verantwortung für die Gehaltsbemessung maßgeblich sein (vgl. die zusammenfassende Niederschrift vom 28. Jan. 1955 ebenda). Das BMF hielt daraufhin eine weitere Behandlung der Vorlage vom 17. Okt. 1955 nicht mehr für erforderlich (vgl. das Schreiben vom 11. April 1956 an das Bundeskanzleramt ebenda).

[12] Siehe 8. Ausschußsitzung am 19. Mai 1954 TOP B und 33. Kabinettssitzung am 25. Mai 1954 TOP 5 (Kabinettsprotokolle 1954, S. 288). – Vorlage des AA vom 3. Nov. 1955 in AA B 60, Bd. 153 und B 136/1259. Unterlagen zu den deutsch-schwedischen Verhandlungen in B 102/58135 f. und AA B 60, Bd. 153. – Im Verlauf der deutsch-schwedischen Verhandlungen über ein Handelsabkommen hatte Schweden wiederholt den Wunsch nach einem langfristigen Weizenabkommen geäußert. Der Handelspolitische Ausschuß hatte am 21. Okt. 1955 vorgeschlagen, die Bundesrepublik Deutschland solle sich bereiterklären, rückwirkend vom 1. Juli 1955 an bis zum 30. Sept. 1958 jährlich zwei Drittel des schwedischen Jahresüberschusses an Weizen, höchstens aber 250 000 t pro Jahr, zu übernehmen. Da Schweden 1955 infolge einer schlechten Weizenernte nur 66 000 t liefern könne, sollten 184 000 t im Vorgriff auf vereinbarte Lieferungen für 1956 aus Frankreich eingeführt werden. Aufgrund dieses Beschlusses hatte das AA in seiner Vorlage vom 3. Nov. 1955 die alsbaldige Aufnahme von Verhandlungen über ein dreijähriges Weizenabkommen mit Schweden vorgeschlagen. Der BML hatte in seiner Vorlage vom 12. Nov. 1955 auf die sich daraus ergebende mögliche Überziehung des geschätzten Einfuhrbedarfs und die Auswirkungen auf die Bundesreserve hingewiesen (B 136/1259).

Der *Bundesminister für Wirtschaft* ist der Meinung, daß der schwedische Vertrag erfüllt werden müsse, um die bereits entstandenen Verstimmungen zu beseitigen. Er glaubt, daß ein Entgegenkommen gegenüber Schweden durchaus vertretbar sei.

Ministerialdirigent Dr. Junker, AA, bezieht sich auf die Vorlage des Auswärtigen Amtes vom 3. November 1955 und bittet, die schnelle Aufnahme von Verhandlungen über den Abschluß eines dreijährigen Getreideabkommens mit Schweden zu billigen.

Ministerialdirektor Professor Dr. Oeftering, BMF, macht darauf aufmerksam, daß nach der Vorlage des Auswärtigen Amtes keine zusätzliche Belastung des Bundeshaushalts entstehen solle, während Staatssekretär Dr. Sonnemann nunmehr der Ansicht sei, daß eine zusätzliche Belastung sicherlich doch auf den Bundeshaushalt zukommen werde. Seine Frage, ob sichergestellt sei, daß der diesjährige Vorgriff auf die französischen Getreidelieferungen im nächsten Jahre voll angerechnet würde, wird von *Ministerialdirigent Dr. Junker* [AA] bejaht.

Der *Vizekanzler* hebt hervor, daß in den vergangenen Jahren mehrere Getreidelieferländer nicht in der Lage waren, die von ihnen angemeldeten Einfuhrmengen zu liefern. Er befürwortet daher ein Eingehen auf die schwedischen Lieferungswünsche.

Staatssekretär Dr. Sonnemann verkennt nicht, daß sich die rechnerischen Einfuhrüberschüsse durch Ausnutzung von Re-Exportmöglichkeiten oder bei Ausfall von Liefermöglichkeiten unter Umständen vermindern werden. Bezüglich der schwedischen Lieferwünsche hat er Zweifel, ob es sich um echte schwedische Überschüsse handele. Auf den Vorhalt des *Bundesministers für Wirtschaft*, daß in dem vorgesehenen Vertrag mit Schweden doch wohl die Transitklausel enthalten sei, erwidert *Staatssekretär Dr. Sonnemann*, daß ein schwedisches Ursprungserzeugnis insofern nur bedingten Wert habe, als die Schweden zwar ihre Lieferungen aus eigener Ernte an die Bundesrepublik tätigen, dafür aber die für die Eigenversorgung fehlende Weizenmenge dann von anderen Ländern beziehen könnten.

Staatssekretär Dr. Sonnemann legt Wert darauf, zu Protokoll festzustellen, daß der Bundesminister für Ernährung, Landwirtschaft und Forsten zwar bereit ist, der Vorlage des Auswärtigen Amtes zuzustimmen, aber für den Fall der Ausnutzung aller Bezugsverpflichtungen und einer sich daraus ergebenden Überziehung des Einfuhrbedarfs es für notwendig hält, daß die Bundesreserve um diese Mengen aufgestockt oder ein entsprechender Re-Export durchgeführt wird, oder aber beide Maßnahmen zur Anwendung gelangen.

Der Kabinettsausschuß billigt bei Stimmenthaltung von *Ministerialdirektor Prof. Dr. Oeftering*, daß alsbald Verhandlungen über den Abschluß eines dreijährigen Getreideabkommens mit Schweden auf der Grundlage des HPA-Beschlusses vom 21. Oktober 1955 aufgenommen werden sollen[13].

---

[13] Nachdem die vom 3. bis 10. Dez. 1955 in Bonn geführten Verhandlungen über ein Handelsabkommen wegen der Weizenfrage ohne Ergebnis vertagt werden mußten, wurde am 22. Dez. 1955 im Rahmen einer Jahresregelung über den deutsch-schwedischen Warenverkehr die Abnahme von 250 000 t schwedischen Weizens für die Zeit bis zum 30. Juni 1956 vereinbart

4. Entwicklung der Wirtschaftslage; hier: Preise und Löhne in der Eisenindustrie und im Kohlenbergbau **BMWi**

Der *Vizekanzler* gibt bekannt, daß der Bundesminister für Arbeit nicht anwesend sein könne und daher gebeten habe, in der Angelegenheit heute keine Beschlüsse im Kabinettsausschuß zu fassen. Er bittet den Bundesminister für Wirtschaft daher lediglich, einen Bericht über die Lohnverhandlungen in der Eisenindustrie und im Kohlenbergbau zu geben.[14]

Der *Bundesminister für Wirtschaft* gibt bekannt, daß die Verhandlungen zwischen der IG-Metall und den Arbeitgebern der metallverarbeitenden Industrie voraussichtlich am 17. November 1955 abgeschlossen werden. Die Lohnerhöhung werde bei 14 Dpf. liegen, was voraussichtlich zu keinen Preiserhöhungen führen werde.

In den Verhandlungen zwischen der eisenschaffenden Industrie und der Gewerkschaft werde allerdings sehr hart gerungen. In der eisenschaffenden Industrie würden die höchsten Löhne bezahlt bei einer durchschnittlichen Arbeitszeit von wöchentlich 51 bis 52 Stunden. Die Arbeitgeber seien bereit, 100 Mio. DM entweder für Preissenkungen oder Lohnerhöhungen oder für eine kombinierte Lösung zur Verfügung zu stellen. Der Vorstand des Deutschen Gewerkschaftsbundes habe in dieser Auseinandersetzung mäßigend auf Herrn Brenner[15] eingewirkt. Auf der Arbeitgeberseite habe sich eine große Entschlossenheit gezeigt und die Sozialdirektoren[16] hätten sich insofern auf die Seite der Unternehmer gestellt, als auch sie eine Lohnerhöhung von 14 Dpf. als das äußerst Tragbare ansähen. Auch diese Tatbestände hätten wohl mäßigend auf die IG-Metall eingewirkt. Die Arbeitgeber hätten vorgeschlagen, 14 Dpf. allen Effektivlöhnen zuzuschlagen. Damit seien schätzungsweise 70 Mio. DM der von der Arbeitgeberseite angebotenen 100 Mio. DM für die Erhöhung der Arbeiter- und Angestelltenbezüge gebunden. Es stände nunmehr also nur noch ein bescheidener Betrag zur Preissenkung zur Verfügung. Die Gefahr eines Streiks sei nicht vollkommen ausgeschlossen. Es werde aber voraussichtlich nicht dazu kommen, da eine Neigung zum Streik bei den Arbeitern vor Weihnachten nicht allzu groß sein werde. Lohnerhöhungen in der eisenschaffenden Industrie würden sich naturgemäß auch auf das Niveau der Bergarbeiterlöhne auswirken und unter Umständen zu einer Kohlepreiserhöhung führen. Die IG Bergbau habe jedoch die Erklärung abgegeben, daß sie vertragstreu bleiben und bis zum Ablauf

---

(BAnz. Nr. 227 vom 24. Nov. 1955, S. 5). – Fortgang 43. Ausschußsitzung am 10. Febr. 1956 TOP 2 (B 136/36216).

14 Siehe 37. Ausschußsitzung am 27. Sept. 1955 TOP 2. – Unterlagen zu den Verhandlungen in B 102/39061. Vgl. dazu auch das Sitzungsprotokoll des Beirats des IG Metall-Vorstands vom 6./7. Dez. 1955 (TOP 2) in Die Industriegewerkschaft Metall, S. 656 f.

15 Otto Brenner (1907–1972). 1929 Mitgründer der Sozialistischen Arbeiterpartei, 1933–1935 Gefängnishaft, 1951–1953 MdL Niedersachsen (SPD), 1952–1972 Vorsitzender der IG Metall, seit 1961 Präsident des Internationalen Metallarbeiterbundes und seit 1971 des Europäischen Metallgewerkschaftsbundes.

16 Nach § 13 des Gesetzes über die Montanmitbestimmung vom 21. Mai 1951 (BGBl. I 347) war ein Arbeitsdirektor (Sozialdirektor) als gleichberechtigtes Mitglied des Unternehmensvorstands zu bestellen, dessen genaue Funktion und Rechtsstellung durch die Geschäftsordnung des jeweiligen Vorstands zu definieren war.

des jetzigen Tarifabkommens am 31.5.1956 nichts unternehmen werde. Ob die Unternehmer freiwillig etwas zur Erhöhung der Löhne für die Hauer vor Ort tun würden, stehe noch dahin.

Der *Bundesminister für Wohnungsbau* macht auf die Presseerklärung des Vorsitzenden der IG Metall aufmerksam, in der dieser ausgeführt hat, daß für die Industriegewerkschaft Metall nur die gewählten Organe der Gewerkschaft Erklärungen zu dem Lohnkonflikt abgeben oder Vorschläge machen könnten. Daraus schließe er, daß sich die Haltung des Vorsitzenden der IG Metall gerade wegen der Einflußnahme des Vorsitzenden des Deutschen Gewerkschaftsbundes versteift habe[17].

Der *Bundesminister für Wirtschaft* mißt dieser Angelegenheit keine sonderliche Bedeutung bei, da die Arbeitsdirektoren sich auf Seiten der Unternehmer gestellt hätten und mäßigend auf die I. G. Metall einwirkten.

Der *Bundesminister für Wirtschaft* bemerkt, daß sich die Differenz zwischen Arbeitgeber- und Arbeitnehmerseite in der eisenschaffenden Industrie zwischen 14 und 17 Dpf. bewege. Er sähe keine Möglichkeit mehr, von Seiten des Bundesministeriums für Wirtschaft einzugreifen.

Auf die Frage von *Ministerialdirigent Haenlein* [Bundeskanzleramt], ob bei einer Erhöhung der Löhne um mehr als 14 DPf in der eisenschaffenden Industrie der Kohlenbergbau ohne Preiserhöhung auskommen könne, erwidert der *Bundesminister für Wirtschaft*, daß eine Effektivlohnerhöhung um 14 DPf einer Lohnsteigerung von etwa 5,7 % entspräche. Er habe den Unternehmern erklärt, daß eine Erhöhung bis zu 5 % möglich sei, ohne daß der Kohlepreis erhöht werden müsse. Im Zusammenwirken mit dem Bundesminister der Finanzen könne eine derartige Lohnerhöhung aufgefangen werden. Er stellt nochmals fest, daß es im Bereich des Bergbaus nicht zu Kampfmaßnahmen kommen werde.

Der *Vizekanzler* glaubt ebenfalls nicht, daß es wegen einer Differenz von 2 DPf. zu einem Streik in der eisenschaffenden Industrie kommen werde. Man müsse allerdings im Bereich des Bergbaus etwas unternehmen, damit das Defizit des Bergbaus nicht latent bleibe[18]. Vielleicht könne man endlich zu einer stärkeren Differenzierung zwischen den Löhnen der Hauer vor Ort und derjenigen aller anderen kommen, die sich auch als Bergarbeiter bezeichneten[19].

---

17 Zu der Presseerklärung Brenners am 14. Nov. 1955 vgl. die „Frankfurter Allgemeine Zeitung" vom 15. Nov. 1955 („Vertagte Entscheidung").

18 In einer Besprechung am 7. Nov. 1955 beim BMWi über die Metall-Tarifverhandlungen hatten die Vertreter des Kohlebergbaus ausgeführt, daß eine Erhöhung der Metallarbeiterlöhne um 5 % im Bergbau eine Lohnerhöhung von mindestens 5 % zur Folge haben würde. Um die daraus resultierende Kostendifferenz des Bergbaus zu decken, müßte deshalb der Kohlepreis um mindestens 2,50 DM je t erhöht werden (vgl. den Vermerk Haenleins vom 8. Nov. 1955 in B 136/2441).

19 Die Lohnverhandlungen zwischen den Arbeitgebern der metallverarbeitenden Industrie Nordrhein-Westfalens und der IG-Metall führten am 17. Nov. 1955 zur Annahme eines Schlichtungsvorschlages, der rückwirkend ab 1. Nov. 1955 eine Erhöhung des Stundenlohnes um 14 Pfg. vorsah. Vgl. die „Frankfurter Allgemeine Zeitung" vom 18. Nov. 1955 („Einigung bei der Metallverarbeitung").

Außerhalb der Tagesordnung:

[A.] Neuregelung der Abmessungen, Achslasten und Gesamtgewichte der Nutzkraftfahrzeuge und ihrer Anhänger **BMV**

Staatssekretär Dr. Bergemann gibt bekannt, daß der Vorsitzende des Verkehrsausschusses die Bundesminister für Wirtschaft und Wohnungsbau aufgefordert habe, ihre Ansicht zu dem Verordnungsentwurf der Bundesregierung vor dem Ausschuß darzulegen[20]. Er macht darauf aufmerksam, daß in dieser Angelegenheit ein Beschluß des Kabinettsausschusses, der vom Kabinett bevollmächtigt war, in dieser Angelegenheit abschließend zu befinden, vorliege und daher nur eine einheitliche Meinung der Bundesregierung vor dem Ausschuß vertreten werden könne.

Der *Vizekanzler* bestätigt dies unter Hinweis auf den § 28 der Geschäftsordnung der Bundesregierung vom 11. Mai 1951[21].

Der *Bundesminister für Wohnungsbau* hält dem entgegen, daß die Kabinettsmitglieder der FDP anläßlich der Verabschiedung der Verkehrsgesetze einen Vorbehalt in dem Sinne gemacht haben, daß sie ihren abweichenden Standpunkt bezüglich der Verbotsgesetzgebung vor den gesetzgebenden Körperschaften aufrechterhalten wollten[22]. Da die Neuregelung der Abmessungen, Achslasten und Gesamtgewichte der Nutzkraftfahrzeuge im inneren Zusammenhang mit der ursprünglich vorgesehenen Verbotsgesetzgebung stehe, müsse der Vorbehalt auch heute noch Geltung haben.

Der *Vizekanzler* kann keinen Zusammenhang zwischen der Verbotsgesetzgebung und der jetzt vorliegenden Verordnung der Bundesregierung erblicken und ist der Ansicht, daß die Geschäftsordnung der Bundesregierung nicht durchbrochen werden könne.

Der *Bundesminister für Wirtschaft* ist der Meinung, daß zwar alle Kabinettsmitglieder durch den Kabinettsbeschluß gebunden seien, was aber nicht ausschließe, daß die Bundesminister ihre eigene Meinung zu konkret an sie gerichteten Fragen darlegen müßten.

Dieser Ansicht tritt auch der *Bundesminister für Wohnungsbau* bei.

Der *Vizekanzler* sieht in der Aufforderung des Ausschußvorsitzenden einen Versuch, die einheitliche Meinung des Kabinetts infrage zu stellen.

Ministerialdirigent Haenlein, BK, verweist auf einen ähnlichen Vorgang im Ausschuß für Film- und Rundfunkwesen. Auch dort waren verschiedene Ressorts aufgefordert, ihre abweichenden Meinungen mitzuteilen, woraufhin später der Aus-

---

[20] Siehe 32. Ausschußsitzung am 21. Juli 1955 TOP 1. – Der Vorsitzende des Verkehrsausschusses des Deutschen Bundestags Oskar Rümmele (CDU) hatte Erhard und Preusker am 9. Nov. 1955 „auf Anregung des Kollegen Müller-Hermann" zur Teilnahme an der Ausschußsitzung am 17. Nov. 1955 eingeladen (vgl. die Durchschriften in B 108/3386).

[21] Vgl. § 28 der Geschäftsordnung der Bundesregierung in Anhang 2.

[22] Vgl. hierzu 27. Kabinettssitzung am 31. März 1954 TOP 2 (Kabinettsprotokolle 1954, S. 133–136). – Der BMV-Entwurf des nicht zustandegekommenen Straßenentlastungsgesetzes hatte ein Verzeichnis von Gütern enthalten, deren Beförderung im Güterfernverkehr und im Werksfernverkehr nicht gestattet sein sollte.

schuß den Vorwurf erhob, daß die Bundesregierung keine einheitliche Auffassung habe[23].

Der *Bundesminister für Wohnungsbau* sieht bei dieser Lage nur die Folgerung als möglich an, der Einladung des Vorsitzenden nicht Folge zu leisten, wobei sich sofort das Problem erhöbe, ob dies verfassungsrechtlich möglich sei.

Der *Vizekanzler* beruft eine Sondersitzung des Kabinetts für den 15. November 1955, 16.30 Uhr, ein, in der diese Frage eingehend beraten werden soll. Dazu sollen auch die Verfassungsexperten des Innen- und des Justizministeriums hinzugezogen werden[24].

5. Jugoslawische Vorkriegs- und Kriegsforderungen AA

Ministerialdirigent Dr. Junker, AA, trägt an Hand der Vorlage des Auswärtigen Amtes vom 11.11.1955 vor und macht darauf aufmerksam, daß das Problem der Regelung der jugoslawischen Vorkriegs- und Kriegsforderungen in erster Linie politischer Natur ist. Er bittet den Kabinettsausschuß, den Verhandlungsrahmen entsprechend dem Vorschlag des Auswärtigen Amtes auf Seite 8 der Kabinettsvorlage zu erweitern[25].

Ministerialdirektor Prof. Dr. Oeftering, BMF, weist auf den Kabinettsbeschluß vom 13. Juli 1955 hin, nach dem ein Betrag von 220 Mio. DM zur Regelung der jugoslawischen Forderungen vorgesehen war. Der neue Antrag des Auswärtigen Amtes umfasse nunmehr ein Finanzvolumen von 400 bis 500 Mio. DM und stelle mehr als eine Verdoppelung der ursprünglich vorgesehenen Summe dar. Die Drohung der Jugoslawen, unter Umständen die sogenannte DDR anzuerkennen, könne ständig

[23] Vgl. hierzu 63. Kabinettssitzung am 14. Dez. 1954 TOP A (Kabinettsprotokolle 1954, S. 557–559).

[24] Fortgang Sondersitzung des Kabinetts am 15. Nov. 1955 TOP 1 (Kabinettsprotokolle 1955, S. 672–676). – An der 68. Sitzung des Verkehrsausschusses am 17. Nov. 1955 nahm nur Seebohm teil (vgl. das Protokoll im Parlamentsarchiv des Deutschen Bundestages, Abschriften in B 108/3386 und B 136/1536). – VO zur Änderung der Straßenverkehrs-Zulassungs-Ordnung und der Straßenverkehrs-Ordnung (Abmessungen und Gewichte) vom 21. März 1956 (BGBl. I 127).

[25] Siehe 7. Ausschußsitzung am 15. Mai 1954 und 91. Kabinettssitzung am 13. Juli 1955 TOP 6 (Kabinettsprotokolle 1955, S. 426–430). – Vorlage des AA vom 11. Nov. 1955 in AA B 62, Bd. 191 und B 136/1121, weitere Unterlagen in AA 62, Bd. 187–192. – Jugoslawien hatte in einer Verbalnote vom 11. Aug. 1955 nachdrücklich die Fortsetzung der seit längerem unterbrochenen Verhandlungen gefordert. Am 6. Sept. 1955 hatte von Brentano dem jugoslawischen Botschafter Ivekovic eine Aide-mémoire mit Vorschlägen zur Fortsetzung der Schuldenverhandlungen übergeben. Die jugoslawische Antwort vom 29. Sept. 1955 hatte das Angebot als unzureichend bezeichnet und konkrete Forderungen enthalten, die auch die Übergabe der Schuldnerlisten einschlossen. In seiner Vorlage hatte das AA beantragt, den Kabinettsbeschluß vom 13. Juli 1955 abzuändern und den Verhandlungsrahmen zu erweitern. Gemäß a) sollte die Aufbauhilfe von 160 auf 240 Mio. $ erhöht und in vier statt in acht gleichen Raten gezahlt werden. Zu b) sollte die Bundesregierung ihre Bereitschaft erklären, in Abstimmung mit anderen Gläubigerländern über eine Konsolidierung der jugoslawischen Nachkriegsschulden zu verhandeln, wobei eine Abtragung in 15 Jahresraten unter Herabsetzung der Verzinsung auf 3,5 % das „äußerste Entgegenkommen" sein sollten. Dafür sollte gemäß c) der von Jugoslawien geforderte neue Kredit von 50 Mio. $ abgelehnt werden, die Bundesregierung aber die derzeitigen jugoslawischen Bemühungen um einen Weltbankkredit unterstützen.

wiederholt werden[26]. Da diese Drohung auch von anderen Ländern, z.B. Ägypten oder Finnland, geäußert werden könne, könnten sich daraus weitgehende Folgen für unsere Situation ergeben. Der Vorschlag des Auswärtigen Amtes unter b) bedeute, wenn man auf die Extreme abhebe, daß entweder die Deutsche Bundesrepublik einen Staatskredit an Jugoslawien zur Abdeckung der kommerziellen Schulden gebe, oder aber die Bundesrepublik aus Haushaltsmitteln die jugoslawischen Wechsel aufkaufen und in ihrem Portefeuille behalten müsse. Das würde aber mit Sicherheit zu ähnlichen Forderungen der Türkei führen können. Der Bundesminister der Finanzen habe sich daher entschlossen, die Angelegenheit der Regelung der jugoslawischen Forderungen noch einmal persönlich mit dem Bundesminister des Auswärtigen am Anfang der nächsten Woche zu besprechen. *Ministerialdirektor Prof. Dr. Oeftering* [BMF] richtet an Ministerialdirektor von Welck, AA, die Frage, ob das Auswärtige Amt mit den anderen Gläubigerländern der Jugoslawen verhandelt habe, um eine multilaterale Schuldenregelung zu erreichen.

Der *Bundesminister für das Post- und Fernmeldewesen* ist der Ansicht, daß man von deutscher Seite kein Entgegenkommen bei zweifelhaften Rechtsansprüchen der Jugoslawen zeigen sollte.

Ministerialdirektor von Welck, AA, führt aus, daß durch den Kabinettsbeschluß vom 13. Juli 1955 bereits ein Präzedenzfall geschaffen worden sei. Die anderen Gläubigermächte seien vom Auswärtigen Amt konsultiert worden. Dabei hätten die Engländer und Amerikaner geäußert, daß die deutsch-jugoslawischen Differenzen aus politischen Gründen bereinigt werden müßten. Mit den Engländern sei man sich insofern einig, als man einer Schuldenregelung nur im engsten Einvernehmen mit ihnen nähertreten wolle. In einer Note, die der Britische Botschafter in Jugoslawien am 14. November 1955 übergeben habe, sei dies auch gegenüber Jugoslawien nochmals bestätigt worden[27]. Wenn die jugoslawischen Forderungen nicht erfüllt würden, so werde unsere Situation als Gläubigermacht insofern erschwert, als die Jugoslawen unter Umständen ihre Kreditverpflichtungen überhaupt nicht erfüllen würden.

Der *Botschafter der Bundesrepublik Deutschland in Belgrad, Dr. Pfleiderer*, hebt hervor, daß Marschall Tito in der Ansprache anläßlich der Übergabe seines Beglaubigungsschreibens auf die Schwierigkeiten hingewiesen habe, die zwischen beiden Ländern noch beständen. In seinen persönlichen Besprechungen mit Mitgliedern des Exekutivrates und mit hohen Beamten des jugolawischen Außenministeriums sei ebenfalls von jugoslawischer Seite die Ansicht geäußert worden, daß diese Differenzen unbedingt beseitigt werden müßten. Die Jugoslawen wollten einen langfristigen Plan zur Förderung ihrer Wirtschaft aufstellen, für den sie unter allen Umständen wissen müßten, was die Bundesrepublik bereit sei, dazu zu leisten. Die

[26] Auf Nachfrage Botschafter Pfleiderers anläßlich seiner Antrittsbesuche bei Tito am 28. Sept. 1955 und bei weiteren Regierungs- und Parlamentsvertretern Ende September / Anfang Oktober hatten seine jugoslawischen Gesprächspartner übereinstimmend eine Anerkennung der DDR als derzeit nicht aktuell bezeichnet (vgl. die telegraphischen Berichte Pfleiderers vom 28. und 30. Sept. 1955 sowie vom 3., 7., 8. und 10. Okt. 1955 in AA B 62, Bd. 189).

[27] Vgl. die Kopie der britischen Note und weitere Unterlagen zu deutsch-britischen Kontakten in dieser Angelegenheit in AA B 62, Bd. 189.

Regelung der deutsch-jugoslawischen Differenzen sei die zentrale Frage für die politischen Beziehungen zwischen beiden Ländern überhaupt. Wenn man nicht zu einer befriedigenden Lösung gelange, dann sei es seines Erachtens unnötig, noch einen deutschen Botschafter nach Belgrad zu schicken. Man dürfe bei der Beurteilung der Frage nicht nur von den in Rede stehenden Geldsummen ausgehen, sondern müsse auch beachten, wie die Kredite in Jugoslawien verwendet werden sollten. Die Kolchoswirtschaft sei in Jugoslawien gescheitert und die Bauern seien als selbständige Landwirte, wenn auch mit kleinerem Grundbesitz, wieder in das Wirtschaftsleben eingegliedert. Durch die Intensivierung der jugoslawischen Landwirtschaft, etwa durch von der Bundesrepublik zu liefernde landwirtschaftliche Maschinen und Geräte, würden sich sicher auch Konsumsteigerungen ergeben, die dann vermehrte Lieferungen der deutschen Konsumgüterindustrie nach Jugoslawien zur Folge hätten.

Die in der Öffentlichkeit oft gestellte Frage, ob Jugoslawien eines Tages sich wieder enger an Rußland anschließen würde, könne er aus seiner Kenntnis der Dinge einwandfrei verneinen. Dazu aber müsse die Unterstützung des Westens aufrechterhalten werden. Er bittet daher, den vom Auswärtigen Amt vorgeschlagenen Verhandlungsrahmen zu billigen.

Der *Vizekanzler* ist der Meinung, daß man die finanziellen Dinge nur so sehen könne, wie sie vom Vertreter des Bundesministeriums der Finanzen erläutert worden seien. Er glaubt aber, daß die Entscheidung über eine Regelung der Forderungen nicht wirtschaftlicher, sondern in erster Linie politischer Natur sei.

Der *Bundesminister für Wirtschaft* pflichtet dem Vizekanzler bei. Er empfiehlt, die Unterredung zwischen den Bundesministern des Auswärtigen und der Finanzen abzuwarten und dann eine Entscheidung im Kabinett zu fällen. Dies müsse allerdings möglichst umgehend geschehen.

Auch der *Bundesminister für Wohnungsbau* unterstreicht den Vorrang der politischen Gesichtspunkte. Er glaubt allerdings, daß es zweckmäßig sei, vorher bei den Amerikanern zu klären, ob sie der Bundesrepublik im Falle eines Eingehens auf die Wünsche Jugoslawiens eine finanzielle Rückendeckung geben würden.

Der *Vizekanzler* ist der Ansicht, daß eine finanzielle Hilfestellung der Amerikaner in dieser Frage nicht zu erwarten sei, da diese aus innenpolitischen Gründen eine Herabsetzung ihrer Ausgaben erstreben müßten.

Ministerialdirektor Prof. Dr. Oeftering, BMF, erklärt, daß zur Vorbereitung der Kabinettsentscheidung noch zwei Fragen geklärt werden müßten: Einmal, ob das deutsch-jugoslawische Abkommen ratifikationsbedürftig sei, was vom Bundesminister der Finanzen bejaht würde, weiterhin, ob das deutsch-jugoslawische Abkommen nicht als gegenseitige Hilfeleistung im Rahmen der NATO-Verträge anerkannt werden könne. Das würde bedeuten, daß die Ausgaben der Bundesrepublik auf diesem Sektor bei der Festlegung des Verteidigungsbeitrages der Bundesrepublik anerkannt werden müßten.

Ministerialdirigent Dr. Junker, AA, erwidert hierzu, daß auch das Auswärtige Amt das Abkommen für ratifikationsbedürftig halte. Die Anerkennung der deutschen

Zahlungen als gegenseitige Hilfeleistung im Rahmen der NATO könne unter Umständen als ein Weg angesehen werden, die Situation zu erleichtern.

Der *Vizekanzler* schlägt dem Kabinettsausschuß vor, zunächst die Aussprache zwischen den Bundesministern des Auswärtigen und der Finanzen abzuwarten und dann die endgültige Regelung der jugoslawischen Forderungen im Kabinett zur Entscheidung zu stellen.

Der Kabinettsausschuß beschließt entsprechend[28].

Außerhalb der T. O.:

[B.] Vorfinanzierung des Lastenausgleichs **BMF**

Ministerialdirektor Prof. Dr. Oeftering, BMF, teilt mit, daß der Präsident des Bundesausgleichsamtes den Bundesminister der Finanzen um eine schriftliche Äußerung gebeten habe, wie die Vorfinanzierung für den Lastenausgleich im Rechnungsjahr 1955/56 verwirklicht werden sollte. *Ministerialdirektor Prof. Dr. Oeftering* [BMF] erinnert an den Beschluß des Kabinettsausschusses, nach dem eine Vorfinanzierung in Höhe von 900 Mio. DM ins Auge gefaßt war, von denen 400 Mio. DM auf dem Kapitalmarkt und 500 Mio. DM auf dem Geldmarkt aufgenommen werden sollten. Bisher sei ein Betrag von 250 Mio. DM durch die Anleihe der Lastenausgleichsbank gedeckt worden, so daß also ein Betrag von 650 Mio. DM noch offen sei. Der Bundesminister der Finanzen habe inzwischen eine Liquiditätshilfe von 300 Mio. DM gewährt.

Anschließend verliest *Ministerialdirektor Prof. Dr. Oeftering*, BMF, einen Briefentwurf des Bundesministers der Finanzen und bittet den Kabinettsausschuß, diesen zu billigen[29].

---

[28] Vgl. die Aufzeichnung über die Besprechung von Brentanos und Schäffers am 22. Nov. 1955 in AA B 62, Bd. 188. – Fortgang 107. Kabinettssitzung am 25. Nov. 1955 TOP 4 (Kabinettsprotokolle 1955, S. 699–704). – BT-Drs. 2399. – Durch den Vertrag zwischen der Bundesrepublik Deutschland und der Föderativen Volksrepublik Jugoslawien über wirtschaftliche Zusammenarbeit vom 10. März 1956 (BGBl. II 967) stellte die Bundesrepublik Deutschland Jugoslawien ein in fünf Jahresraten bereitzustellendes Darlehen in Höhe von 240 Millionen DM zur Verfügung, das Jugoslawien zur Bezahlung aller Arten von Warenlieferungen und von Dienstleistungen in der Bundesrepublik verwenden konnte.

[29] Siehe 32. Ausschußsitzung am 21. Juli 1955 TOP 2. – Der Präsident des Bundesausgleichsamts, Walter Kühne, hatte in einem Schreiben vom 20. Okt. 1955 mitgeteilt, daß zur Deckung der noch zu erwartenden Ausgaben in Höhe von 350 Millionen DM aus dem Ausgleichsfonds im Rechnungsjahr 1955 (bis 30. April 1956) Kreditmittel in Höhe von 650 Millionen DM benötigt würden. Zur Beseitigung dieser Kassenschwierigkeiten müßten entweder 300 Millionen DM der grundsätzlich genehmigten, aber noch nicht aufgenommenen Vorfinanzierungsmittel in Anspruch genommen werden oder das BMF dem Bundesausgleichsamt eine Liquiditätshilfe des Bundes in gleicher Höhe zusagen. Dem vorgelegten Entwurf des BMF zufolge sollte das BMF ermächtigt werden, auf Kühnes Frage, wann und in welcher Höhe weitere Mittel im Rahmen des Vorfinanzierungsbetrages von 900 Millionen DM zu erwarten seien, folgendes mitzuteilen: „Die Beschaffung neuer Vorfinanzierungsmittel stößt unter den derzeitigen Verhältnissen auf dem Kapital- und Geldmarkt aus Gründen, die sich der Einflußnahme der Bundesregierung entziehen, auf so große Schwierigkeiten, daß eine Stellungnahme zu Ihrer Anfrage noch nicht möglich ist. Es muß aber davon ausgegangen werden, daß mindestens ein erheblicher Teilbetrag vor dem nächst folgenden Rechnungsjahr weder aus dem Kapitalmarkt

Nachdem auf Anregung des *Bundesministers für Wohnungsbau* und von *Präsident Dr. Bernard* der letzte Satz dahin geändert wird, daß es heißen soll:

„Es muß immerhin damit gerechnet werden, daß....",

stimmen die Anwesenden der Formulierung des Briefes zu.

Ministerialdirigent Haenlein, BK, macht darauf aufmerksam, daß kein Vertreter des Bundesministers für Vertriebene, Flüchtlinge und Kriegsgeschädigte mehr anwesend ist, woraus sich die Schwierigkeit ergeben könne, daß der Bundesminister für Vertriebene Einwendungen gegen den Kabinettsausschußbeschluß erheben könne, weil er bei ihm nicht mitgewirkt habe.

Ministerialdirektor Prof. Dr. Oeftering, BMF, sichert zu, die Zustimmung des Bundesministers für Vertriebene, Flüchtlinge und Kriegsgeschädigte vor Absendung des Briefes noch einzuholen[30].

---

noch aus dem Geldmarkt wird beschafft werden können" (Schreiben Kühnes und Entwurf des BMF in B 126/17659).

30 Das BMVt stimmte dem Entwurf mit Schreiben vom 6. Dez. 1955 unter der Bedingung zu, daß ein Schlußsatz angehängt würde, in dem wegen der Kassenprobleme des Lastenausgleichfonds auf die mehrfachen Besprechungen zwischen BMF und Bundesausgleichsamt verwiesen würde. Auch sollte die Zusage enthalten sein, daß, wenn auch die dritte Tranche der Lastenausgleichsanleihe derzeit nicht auf dem Markt plaziert werden könnte, diese aber später gegenüber allen anderen öffentlichen Anleihen zeitliche Priorität besitzen sollte (B 150/2604 und B 126/17659). Da das BMF nicht bereit war, diese zeitliche Priorität in Aussicht zu stellen, und es für zwecklos hielt, „die Angelegenheit, die als mehr oder weniger überholt betrachtet werden könne", zur Entscheidung nochmals dem Kabinettsausschuß vorzulegen, wurde der Entwurf, von dessen Inhalt Kühne in Kenntnis gesetzt wurde, nicht ausgefertigt (vgl. den Vermerk vom 16. Dez. 1955 in B 126/17659). – Fortgang zum Lastenausgleich 41. Ausschußsitzung am 19. Dez. 1955 TOP 2.

40. Sitzung des Kabinettsausschusses für Wirtschaft am Sonnabend, den 10. Dezember 1955

Teilnehmer: Blücher (ab 10.30 Uhr, Vorsitz ab 12.00 Uhr), Seebohm (10.30–13.05 Uhr), Kraft (Vorsitz 9.30–12.00 Uhr); Hartmann, Sonnemann (bis 12.35 Uhr), Sauerborn (bis 12.35 Uhr), Wandersleb, Thedieck (10.30–12.35 Uhr); Bernard (BdL), Vockel (Der Bevollmächtigte der Bundesrepublik Deutschland in Berlin[1], 10.30–12.35 Uhr); Krautwig (BMWi, 10.30–12.35 Uhr), Reinhardt[2] (BMWi), Haenlein (Bundeskanzleramt), Junker (AA), von Boeckh (BMWi, bis 12.00 Uhr), Ter-Nedden (BMV, 10.30–13.05 Uhr), Heise (BMZ), weitere Vertreter der Bundesressorts. Protokoll: Hornschu.

Beginn: 9.30 Uhr — *Ende: 13.25 Uhr*

Ort: Bad Godesberg, Haus Carstanjen

Tagesordnung:

1. *Vorschläge für Maßnahmen zur Förderung der Zonenrandgebiete – Denkschrift des Herrn Bundesministers für besondere Aufgaben Waldemar Kraft*

   Vorlage des BMWi vom 11. Nov. 1955 (I A 2 - 3303/55).
2. *Abschöpfungsfreie Einfuhr von Futtergetreide für den Export von lebenden oder geschlachteten Schweinen und Fleischfertigwaren sowie Geflügel und Eintagsküken*

   Vorlage des BML vom 10. Nov. 1955 (III B 2 - 3744.2 - 171/55 V - Kab. Nr. 404/55).
3. *Stand der Verhandlungen der Brüsseler Vorkonferenz zur Erweiterung der europäischen Integration*

   Gemeinsame Vorlage des AA und BMWi vom 9. Nov. 1955 (AA 210 - 225 - 00/12417/55; BMWi III D 4 - 72984/55).

Da eine vom Vizekanzler anberaumte Chefbesprechung noch nicht beendet ist, übernimmt Bundesminister Kraft auf Bitte des Vizekanzlers den Vorsitz[3].

1. Vorschläge für Maßnahmen zur Förderung der Zonenrandgebiete — BMS Kraft

Als Beratungsunterlage wird die Vorlage des Bundesministers für Wirtschaft vom 11. November 1955 zu Grunde gelegt[4].

---

[1] Im Protokolltext: „Der Beauftragte der Bundesregierung in Berlin".

[2] Im Text dieses Protokolls immer „Reinhard".

[3] Laut Terminkalender Blüchers fand um 9.00 Uhr eine Chefbesprechung zum Interzonenhandel statt (Nachlaß Blücher N 1080/294–9). – Vgl. TOP B dieser Sitzung.

1.) Verlängerung der Abschreibungserleichterungen

Ministerialrat Dr. Rau, BMWi, berichtet an Hand der Vorlage und bittet den Kabinettsausschuß, der von den Ländern empfohlenen Regelung zuzustimmen[5]. Er macht ergänzend darauf aufmerksam, daß in einer Sitzung des Ausschusses für Wirtschaftspolitik am 15. September 1955 von einigen Abgeordneten gefordert wurde, die Beschränkung der Sonderabschreibungen auf die nach § 131 AO zulässigen Fälle aufzuheben und die Sonderabschreibungen allen Betrieben ohne Rücksicht auf ihre wirtschaftliche Lage zu gewähren[6]. Er hält eine sachliche Erweiterung für bedenklich.

Staatssekretär Hartmann stimmt Min.Rat Dr. Rau zu. Er macht besonders darauf aufmerksam, daß derartige Sonderabschreibungen nur im Einvernehmen mit den Ländern geregelt werden könnten und daß nur eine Regelung vertretbar sei, die es erlaube, solche Betriebe von der steuerlichen Vergünstigung auszuschließen, die sich in einer guten gesamtwirtschaftlichen Lage befänden. Die im wirtschaftspolitischen Ausschuß erhobenen Forderungen könnten daher nicht durchschlagen, zumal auch der Unterausschuß Zonengrenze des Ausschusses für Gesamtdeutsche und Berliner Fragen des Bundestages sich für die vom IMNOS beschlossene Regelung entschieden habe[7].

---

[4] Siehe 27. Ausschußsitzung am 11. März 1955 TOP 2 und Fortsetzung der 100. Kabinettssitzung am 15. Okt. 1955 TOP D (Kabinettsprotokolle 1955, S. 586). – Vorlage des BMWi vom 11. Nov. 1955 in B 102/13193 und B 136/2390 sowie Vorlagen Krafts vom 1. Dez. 1955 und des BMF vom 2. Dez. 1955 in B 136/2390. – Der IMNOS hatte am 21. Okt. 1955 eine abschließende Stellungnahme zur Denkschrift Krafts verabschiedet (vgl. das Protokoll der Sitzung am 21. Okt. 1955 in B 102/13386). Das BMWi hatte die Stellungnahme zusammen mit dem „Entwurf einer Presseverlautbarung der Bundesregierung" seiner Vorlage beigefügt. Da der IMNOS den Vorschlägen Krafts zum Teil nicht gefolgt war, hatte Kraft in seiner Vorlage vom 1. Dez. 1955 beantragt, die Bundesregierung möge sich entgegen dem Votum des IMNOS in den Ausschußberatungen des Bundestags für eine Aufhebung der nach § 131 der Reichsabgabenordnung (AO) in der Neufassung vom 22. Mai 1931 (RGBl. I 161) gegebenen Beschränkung der Abschreibungserleichterungen einsetzen, der zufolge Erleichterungen nur für solche Anschaffungen gewährt werden könnten, die in den Jahren 1953 bis 1955 getätigt wurden. Auch sollte die Bundesregierung beschließen, „brachliegendes bundeseigenes Grundvermögen in den Zonenrandgebieten zum Zwecke der Förderung der Wirtschaft in diesen Gebieten zu stark ermäßigten Preisen, in Einzelfällen auch unentgeltlich, zur Verfügung zu stellen". Schließlich hatte Kraft angeregt, über Maßnahmen nachzudenken, die einen Ausgleich zwischen den Hochkonjunktur-Gebieten und den Zonenrandgebieten, insbesondere in der Bauwirtschaft, schaffen könnten. Das BMF hatte mit Schreiben vom 2. Dez. 1955 um einige Änderungen der vom BMWi vorgelegten Presseverlautbarung gebeten.

[5] Der BMF hatte dem BMWi mit Schreiben vom 27. Mai 1955 mitgeteilt, daß die „Zonenrandländer" eine Verlängerung der Abschreibungserleichterungen ablehnten (B 102/13193).

[6] Vgl. das Kurzprotokoll der 70. Sitzung des Ausschusses für Wirtschaftspolitik am 15. Sept. 1955 im Parlamentsarchiv des Deutschen Bundestages, in dem wohl irrtümlich von § 131 RHO die Rede ist.

[7] Vgl. das Kurzprotokoll der 11. Sitzung des Unterausschusses „Zonenrandgebiete" im Ausschuß für Gesamtdeutsche und Berliner Fragen im Parlamentsarchiv des Deutschen Bundestages.

Der Kabinettsausschuß beschließt die vom Bundesminister der Finanzen im Einvernehmen mit den Ländern empfohlene und vom IMNOS gebilligte Regelung der Abschreibungserleichterungen[8].

2.) Zulassung einer steuerfreien Rücklage

Ministerialrat Dr. Rau, BMWi, berichtet, daß die Zonenrandländer es nicht für vertretbar halten, allen im Zonenrandgebiet gelegenen Unternehmen die Bildung einer steuerfreien Rücklage in Höhe von 50 v. H. des Gewinns zu gestatten. Sie hätten jedoch zugestimmt, im Rahmen des § 131 AO die Bildung steuerfreier Rücklagen unter Berücksichtigung der Lage des einzelnen Betriebes zuzulassen. Der IMNOS halte diese Möglichkeit für ausreichend.

Der Kabinettsausschuß tritt dem Beschluß des IMNOS bei.

3.) Ausdehnung der Frachthilfe auf den Straßen- und Wasserstraßenverkehr

Ministerialrat Dr. Rau, BMWi, teilt mit, daß trotz der Bedenken des Bundesministers der Finanzen[9], die auch vom Bundesministerium für Arbeit und dem Bundesministerium für Ernährung, Landwirtschaft und Forsten geteilt werden, der IMNOS beschlossen habe, nachdem nunmehr das Verkehrsfinanzgesetz in Kraft getreten sei[10], der Bundesregierung vorzuschlagen, die bisher auf Schienentransporte beschränkte Frachthilfe mit Wirkung vom 1.1.1956 auch auf Straßen- und Binnenschiffahrtstransporte auszudehnen. Der Werkfernverkehr solle weiterhin von der Frachthilfe ausgeschlossen bleiben. Die Frachthilfe für den Bezug von Kohle solle nach wie vor auf den Schienenweg beschränkt bleiben. Dies werde einen Mehrbedarf für die Frachthilfe von schätzungsweise 5 bis 6 Mio. DM bedeuten.

Der *Bundesminister für Verkehr* tritt der Auffassung des IMNOS bei. Bei Beschränkung der Frachthilfe auf die Schiene könnten bestimmte Gebiete nicht in den Genuß der Vergünstigung kommen, da sie, wie z. B. im Harz, ungünstig zu Eisenbahnverbindungen lägen.

Staatssekretär Hartmann widerspricht einer Ausdehnung der Frachthilfe auf Straßen- und Binnenschiffahrt, da damit von der im Verkehrsfinanzgesetz festgelegten Linie abgegangen werde. Das Verkehrsfinanzgesetz habe gerade die Verlagerung

---

[8] Danach sollten die Abschreibungserleichterungen zunächst bis zum 31. Dez. 1958 verlängert werden; der Betrag für Sonderabschreibungen sollte insgesamt 300 000 DM für die Jahre 1956 bis 1958 nicht überschreiten.

[9] Der BMF hatte gegen die Einbeziehung des LKW-Verkehrs in die u. a. Frachthilfe eingewandt, daß nach einem solchen Schritt der Umfang des frachthilfebegünstigten Versands in stärkerem Maße zunehmen würde, als dies bis dahin angenommen worden sei. Außerdem würden Güter in die Frachthilfe einbezogen, die ihrer Natur nach nicht in dem Maße transportkostenempfindlich seien wie die Güter des Schienenverkehrs. Insgesamt würde die geforderte Ausdehnung der Frachthilfe eine Abwanderung der Transporte von der Schiene auf die Straße zur Folge haben (vgl. hierzu das Schreiben des BMF an das BMWi vom 28. Nov. 1955 in B 136/2390).

[10] Das Verkehrsfinanzgesetz vom 6. April 1955 (BGBl. I 166) war am 1. Mai 1955 in Kraft getreten.

von Transporten auf die Schiene ermöglichen sollen. Wenn jetzt der Kraftwagenverkehr ebenfalls subventioniert werde, so würde sich eine Verkehrsverlagerung ergeben, die unter Umständen die Bundesbahn dazu zwingen könnte, unrentable Strecken im Zonenrandgebiet zu schließen. Da eine Erhöhung des Ansatzes der regionalen Förderungsmittel im Bundeshaushalt[11] nicht in Betracht kommen könne, würde eine Erweiterung der Frachthilfe eine bedenkliche Kürzung der Maßnahmen für andere Aufgaben im Zonenrandgebiet bedingen.

Der *Bundesminister für Verkehr* ist der Ansicht, daß die Ausdehnung der Frachthilfe nicht generell angeordnet zu werden brauche, sondern auf eindeutige Härtefälle beschränkt werden könne.

Min.Dirig. von Boeckh, BMWi, erklärt, daß der für regionale Hilfsmaßnahmen vorgesehene Fonds von 150 Mio. DM nicht aufgestockt werden könne[12]. Es sei aber durchaus vertretbar, in einem begrenzten Umfange die Frachthilfe auszudehnen und die Mittel für andere regionale Förderungsmaßnahmen entsprechend einzuschränken.

Die vom Bundesminister für Verkehr vorgeschlagenen individuell gezielten Maßnahmen seien verwaltungsmäßig kaum durchzuführen.

Min.Rat Dr. Rau, BMWi, fügt ergänzend hinzu, daß die Härtefälle von Betrieben, die ungünstig zur Bahn liegen, nicht sehr zahlreich sein werden. Die eigentliche Aufgabe bestehe darin, auch Betriebe in die Frachthilfe einzubeziehen, die trotz günstiger Lage zur Bahn wegen der Eigenart der Transportleistung, die der Kraftwagen biete, auf die Kraftwagenbeförderung nur schwer verzichten könnten. Der IMNOS habe im übrigen Richtlinien für die Gewährung von Frachthilfe aufgestellt, in denen ein sehr strenger Maßstab angelegt würde[13]. Mit Hilfe dieser Richtlinien würde es möglich sein, Mißstände in der Frachthilfe auszuschließen, die Gewährung von Frachthilfe auf die volkswirtschaftlich sinnvollen Fälle zu beschränken und eine übermäßige Ausdehnung zu vermeiden. Diese scharfen Maßstäbe würden zwar nicht die Billigung der Länder finden. Es wäre aber wünschenswert, wenn der Kabinettsausschuß diese Richtlinien billige, und es dadurch dem IMNOS ermöglicht werde, sich gegenüber den Ländern durchzusetzen.

Der *Bundesminister für Verkehr* schlägt vor, bei der Prüfung der Frachthilfeanträge die Industrie- und Handelskammern einzuschalten. Bisher sei die Frachthilfe zu schematisch angewendet worden, es sei notwendig, das Verfahren lockerer zu gestalten. Die Industrie- und Handelskammern seien bestens über die örtlichen Gegebenheiten informiert.

---

[11] Unter den Titeln 6002-530 und 6002-600 waren 50 Millionen DM für Darlehen und 30 Millionen DM für Zuschüsse „für regionale Hilfsmaßnahmen zur Steigerung der Wirtschaftskraft" in den Haushalt 1955 eingestellt worden (BD 11/3–1955).

[12] Vgl. die verschiedenen Einzelansätze in Titel 60 02 des Bundeshaushaltsplans für das Rechnungsjahr 1956 in BD 11/3–1956.

[13] Der IMNOS hatte in seiner Sitzung am 23. Sept. 1955 vom BMWi ausgearbeitete neue Richtlinien für die Vergabe von Frachthilfen gebilligt (vgl. das Protokoll vom 10. Okt. 1955 in B 102/13386; weitere Unterlagen in B 102/13202).

Min.Dirig. von Boeckh, BMWi, bittet zu beschließen, daß

1) die Möglichkeit geschaffen werde, Straßen- und Schiffstransporte in die Frachthilfe einzubeziehen,

2) der Werkfernverkehr weiterhin von der Subventionierung ausgeschlossen bleibt,

3) die beteiligten Ressorts strenge Beurteilungsmaßstäbe festlegen sollen, die eine mißbräuchliche Benutzung des Instruments der Frachthilfe ausschließen.

Min.Rat Dr. Rau, BMWi, schlägt vor, eine bestimmte Grenze für die Frachthilfemittel festzulegen, damit einerseits im Zuge der Ausdehnung der Frachthilfe die übrigen Förderungsmaßnahmen für das Zonenrandgebiet nicht übermäßig gekürzt zu werden brauchen und andererseits zur Erleichterung der Abwicklung die Stellung des Bundesministers für Wirtschaft gegenüber den Interessenten, die ständig auf weitere Ausdehnung der Frachthilfe dringen, gestärkt wird. Er bittet den Kabinettsausschuß zu beschließen, daß für die Prüfung der bereits gewährten Frachthilfeanträge und für die Beurteilung der zu erwartenden Anträge nach Maßgabe der bereits vom IMNOS entwickelten Richtlinien ein strenger Maßstab angelegt wird. *Min.Rat Dr. Rau* schlägt vor, im neuen Haushaltsjahr für die Frachthilfe insgesamt 18 Mio. DM vorzusehen.

Staatssekretär Hartmann begrüßt den Vorschlag von Min.Rat Dr. Rau und erklärt sich mit der Begrenzung auf 18 Mio. DM einverstanden unter der Voraussetzung, daß ein strenger Maßstab angewendet wird.

Der Kabinettsausschuß beschließt, in begründeten Fällen Frachthilfe auch für Transporte auf der Straße und dem Wasserweg zu gewähren. An Mitteln für Frachthilfe sollen im Haushaltsjahr 1956 bis zu 18 Mio. DM ausgegeben werden können. Bei der Gewährung der Frachthilfe soll ein strenger Maßstab nach Maßgabe der vom IMNOS bereits entworfenen Richtlinien angelegt werden. Der Werkfernverkehr soll von der Frachthilfe ausgeschlossen bleiben. Die Frachthilfe für Kohle bleibt nach wie vor auf den Schienenweg beschränkt.

Die Presseveröffentlichung soll entsprechend diesem Beschluß berichtigt werden (s. Ziff. 8).

4.) Verwendung von Mitteln aus den für regionale Hilfsmaßnahmen bestimmten Bundesfonds für den Ausbau von Bundesstraßen und für Investitionen der Bundespost und Bundesbahn

Min.Rat Dr. Rau, BMWi, gibt bekannt, daß der IMNOS trotz der Einwände der Bundesministerien für Verkehr und für Post- und Fernmeldewesen sich bisher nicht dazu entschließen konnte, der Verwendung von Mitteln der regionalen Bundesfonds für den Ausbau von Bundesstraßen und für Investitionen an Bundesbahn und Nachrichtenverbindungen zuzustimmen. Der IMNOS empfehle jedoch zu prüfen, ob nicht zusätzliche Mittel für dringende Investitionen für die Bundesbahn und die Bundespost sowie für Bauvorhaben an Bundesstraßen in den Zonenrandgebieten zur Verfügung gestellt werden könnten.

Staatssekretär Hartmann bemerkt hierzu, daß der Bundeshaushalt 1956 bereits dem Bundestag zugeleitet worden und daher zusätzliche Mittel für Bundesbahn und Bundespost nicht vorgesehen werden könnten. Bezüglich des Ausbaus der Bundesstraßen im Zonenrandgebiet verweist er auf die Vorfinanzierungen über das Verkehrsfinanzgesetz. Das Bundesministerium der Finanzen werde keine Bedenken dagegen erheben, wenn der Bundesminister für Verkehr aus den ihm aus dem Verkehrsfinanzgesetz zur Verfügung stehenden Mitteln für den Bundestraßenbau die Zonenrandgebiete stärker berücksichtigen würde[14].

Min.Rat Dr. Garbe, BMP, erklärt, daß man nicht von vornherein die Finanzierung von Investitionen der Deutschen Bundespost im Zonenrandgebiet aus den regionalen Bundesfonds ausschließen dürfe. Bei der Lage der Deutschen Bundespost müsse diese die Möglichkeit haben, Beträge aus den regionalen Hilfsfonds in Anspruch zu nehmen, wenn im Zonenrandgebiet investiert werden solle, zumal das Nachrichtenwesen durchaus als Produktionsfaktor anzusprechen sei.

Der *Bundesminister für Verkehr* hält es ebenfalls für bedenklich, die Finanzierung von Maßnahmen der Bundespost, der Bundesbahn und des Straßenbaus aus Mitteln der regionalen Fonds von vornherein grundsätzlich auszuschließen.

ORR Dr. Giel, BMWi, weist darauf hin, daß es bisher durchaus möglich war, bestimmte Maßnahmen auf dem Gebiete des Straßenbaus aus den regionalen Mitteln zu finanzieren. Diese Fälle seien beschränkt worden auf Ersatzbauten, die infolge der Zonengrenzziehung und des dadurch entstandenen Fortfalls lebensnotwendiger Verkehrsverbindungen erforderlich wurden. Wenn man allerdings, abgesehen von diesen Sonderfällen, die Finanzierung von Investitionen der Bundesbahn, der Bundespost und des Straßenbaus generell zulasse, so würden die Länder nicht zögern, eindeutige Landesaufgaben ebenfalls zur Finanzierung aus diesen Fonds anzumelden.

Staatssekretär Dr. Wandersleb spricht sich dafür aus, den Beschluß des IMNOS im Grundsatz aufrecht zu erhalten, aber für dringende Fälle eine Ausnahmeregelung zuzulassen. Der IMNOS müsse in eigener Verantwortung dafür sorgen, daß die Mittel des regionalen Hilfsfonds nicht zur Finanzierung typischer Landesaufgaben benutzt würden.

Der Kabinettsausschuß beschließt, der generellen Freigabe von Mitteln aus regionalen Bundesfonds für den Ausbau von Bundesstraßen und für Investitionen an Bundesbahn und Nachrichtenverbindungen nicht zuzustimmen, jedoch in besonders dringenden Fällen, die unmittelbar durch die Zonengrenzziehung bedingt sind, Ausnahmen zuzulassen.

Bundesminister Kraft wirft unter Hinweis auf seine Kabinettsvorlage vom 1. Dezember 1955 die Frage auf, ob es nicht möglich sei, Aufträge für den Wohnungsbau und den Straßenbau in die Zonenrandgebiete zu verlagern und entsprechende

---

[14] Die aufgrund einer Protokollergänzung vom 5. Jan. 1955 geänderte Fassung der Ausfertigung lautete ursprünglich: „[...] erheben, wenn der Bundesminister für Verkehr zusätzliche Mittel für die Zonenrandgebiete einplanen wolle“.

Maßnahmen in Gegenden der Bundesrepublik zu drosseln, in denen der Arbeitermangel die Durchführung solcher Vorhaben ohnehin erschwere.

Staatssekretär Sauerborn bemerkt hierzu, daß er zwar gegen den Straßenbau im Zonenrandgebiet nichts einzuwenden habe, aber darauf hinweisen müsse, daß der Straßenbau nur vorübergehende Beschäftigung vermittele. Man müsse die Frage prüfen, ob man die vorhandenen Arbeitskräfte im Zonenrandgebiet belasse oder sie in die Gebiete führe, wo sie Dauerarbeitsplätze einnehmen könnten.

Staatssekretär Hartmann teilt die Auffassung von Bundesminister Kraft. Man werde durch die Verlagerungen einmal dem Zonenrandgebiet Hilfe leisten und zum anderen eine Überhitzung der Konjunktur im übrigen Bundesgebiet vermeiden[15]. Die Prüfung dieser Frage sei aber Aufgabe der allgemeinen Wirtschaftspolitik.

5.) Bereitstellung bundeseigenen Besitzes zu Vorzugsbedingungen

Min.Rat Dr. Rau, BMWi, berichtet, daß der Bundesminister der Finanzen den Bundesrechnungshof gebeten habe, eine Sonderprüfung hinsichtlich der Wertfestsetzung bei Überlassung von Bundesliegenschaften im Zonenrandgebiet durchzuführen. Darüber hinaus habe der Bundesminister der Finanzen die Oberfinanzdirektionen in den Zonenrandländern von dieser Sonderprüfung durch den Bundesrechnungshof unterrichtet und sie gebeten, aus diesem Anlaß ihre bisherigen Bewertungsgrundsätze zu überprüfen und ggf. in Bezug auf die abzuschließenden Verträge zu ändern[16].

Bundesminister Kraft verweist auf seine Vorlage vom 1. Dezember 1955. Er regt an, bundeseigenen Besitz, der sich in den Zonenrandgebieten in Gestalt von für militärische Zwecke nicht mehr geeigneten brachliegenden ehemaligen Wehrmachtsbauten anbiete, zu stark ermäßigten Preisen, wenn nicht gar unentgeltlich zur Verfügung zu stellen.

Staatssekretär Hartmann weist demgegenüber darauf hin, daß der § 47 der Reichshaushaltsordnung gewisse Grenzen setze[17]. Es sei nicht zu verantworten, leistungsfähigen Betrieben Liegenschaften unentgeltlich zu überlassen. Er verweist auf das Schreiben des Bundesministers der Finanzen an den Bundesrechnungshof, in dem die Tendenz zum Ausdruck komme, im Zonenrandgebiet entgegenzukommen.

Bundesminister Kraft bittet Staatssekretär Hartmann, seinen Einfluß geltend zu machen, daß die Prüfungen durch den Bundesrechnungshof so schnell wie möglich durchgeführt werden.

Staatssekretär Hartmann verspricht, die Angelegenheit nach Kräften zu fördern.[18]

---

[15] Zur Konjunkturdebatte im Herbst 1955 vgl. Fortsetzung der 100. Kabinettssitzung am 15. Okt. 1955 TOP C (Kabinettsprotokolle 1955, S. 580–586).

[16] Vgl. das Schreiben des BMF vom 15. April 1955 an den BRH (Abschrift in B 102/13110).

[17] § 47 der Reichshaushaltsordnung (RHO) vom 31. Dez. 1922 (RGBl. 1923 II 17) regelte die Bedingungen für die Veräußerung von Besitz des Reiches bzw. des Bundes.

[18] Der Bundesrechnungshof hatte sich in seiner Antwort vom 15. Dez. 1955 für die Beibehaltung der bis dahin geltenden Grundsätze für die Miet- und Preisgestaltung bei der Herausgabe

Der Kabinettsausschuß nimmt hiervon Kenntnis.

6.) Förderung des Wohnungsbaues

Min.Rat Dr. Rau, BMWi, berichtet, daß der Förderung des Wohnungsbaus im Zonenrandgebiet mit Hilfe von Bundesmitteln z. Zt. von allen Verfechtern einer wirksamen Zonenrandhilfe – u. a. den Industrie- und Handelskammern und den Gebietskörperschaften – entscheidende Bedeutung zugemessen werde. Auch der Ausschuß für Wirtschaftspolitik und der Unterausschuß Zonengrenze des Bundestages hätten sich diese Auffassung zu eigen gemacht und erklärt, daß die vom Bundesministerium für Wohnungsbau für das Jahr 1956 bereitgestellten Sondermittel unzureichend seien[19]. Möglichst sollten Vorabkontingente für die Zonenrandgebiete aus den allgemeinen Bundesmitteln für Wohnungsbau bereitgestellt werden.

Staatssekretär Dr. Wandersleb hält eine Bereitstellung von Vorabkontingenten für unmöglich und macht darauf aufmerksam, daß die Mittel des Sonderfonds des Bundesministeriums für Wohnungsbau zu mehr als der Hälfte im Jahre 1955 in die Zonenrandgebiete fließen. Vom Bundesministerium für Wohnungsbau sei alles geschehen, was überhaupt habe unternommen werden können. Auch in Zukunft solle der Sonderfonds zu einem großen Teil für Wohnungsbauten in den Zonenrandgebieten eingesetzt werden. Die Bereitstellung zusätzlicher Mittel liege allein in der Hand des Bundesministers der Finanzen.

Der *Bundesminister für Verkehr* erklärt, daß sich das Problem der Abwanderung von Facharbeitern aus dem Zonenrandgebiet im letzten Jahre verschärft habe. Das Wohnungsbauproblem sei sehr dringend geworden. Vor allen Dingen müsse man den Wohnungsbau in den Landgemeinden des Zonenrandgebietes für die landwirtschaftlichen Arbeiter vorantreiben. Die landwirtschaftlichen Arbeiter wanderten zum großen Teil nicht in andere Gebiete ab, sondern nähmen Beschäftigungen in den benachbarten Industriebetrieben auf, ohne ihre Landarbeiterwohnungen zu räumen.

Der *Vizekanzler* ist der Ansicht, daß man auf die Länder einwirken müsse, in ihren Wohnungsbauprogrammen besonders das Zonenrandgebiet zu berücksichtigen. Über die Formulierung der Presseverlautbarung solle man seines Erachtens hier nicht hinausgehen.

Staatssekretär Dr. Wandersleb ist der Ansicht, daß man im Sinne der Anregungen des Bundesministers für Verkehr bei der Zuteilung der Wohnungsbaumittel für 1956 an die Länder die Auflage machen könne, gerade in den Landgemeinden den

---

bundeseigener Liegenschaften im Zonenrandgebiet und gegen generelle Vorzugsbedingungen ausgesprochen (Abschrift in B 102/13110).

[19] In seiner 70. Sitzung am 15. Sept. 1955 hatte der Ausschuß für Wirtschaftspolitik den Bericht der Bundesregierung über die Notstandsgebiete ohne Beschlußfassung entgegengenommen (vgl. das Protokoll im Parlamentsarchiv des Deutschen Bundestages). Eine erneute Beratung und Beschlußfassung des Ausschusses über den Bericht konnte nicht nachgewiesen werden. – Zum Beschluß des Unterausschusses „Zonenrandgebiet" im Ausschuß für Gesamtdeutsche und Berliner Fragen vgl. das Protokoll der 11. Sitzung am 28. März 1955 im Parlamentsarchiv des Deutschen Bundestages.

Wohnungsbau besonders zu berücksichtigen. Hier könne man schon mit relativ kleinen, gezielt eingesetzten Mitteln wirksame Hilfe leisten.

Staatssekretär Hartmann macht darauf aufmerksam, daß der Vermittlungsausschuß den Bundesanteil an der Einkommen- und Körperschaftsteuer von 35 % auf 33 $^1/_3$% herabgesetzt habe[20]. Damit erhielten die Länder jährlich eine um 200 Mio. DM größere Finanzmasse. Vielleicht könnten die Länder aufgefordert werden, aus diesen Mitteln Beträge für den Wohnungsbau im Zonenrandgebiet abzuzweigen.

Der Kabinettsausschuß billigt entsprechend dem Vorschlag des Vizekanzlers die Formulierung unter Punkt 5 der Presseverlautbarung.

7.) Kulturelle Hilfsmaßnahmen

Min.Rat Dr. Rau, BMWi, gibt bekannt, daß von den 5 Mio. DM, die für kulturelle Maßnahmen im Zonenrandgebiet bereitgestellt wurden, 3 Mio. DM für den Volksschulbau und 2 Mio. DM für sonstige kulturelle Hilfsmaßnahmen im Jahre 1955 eingesetzt werden.

Der *Bundesminister für Verkehr* ist der Meinung, daß man die Mittel nicht nur auf Volksschulen beschränken solle, sondern auch die Hochschulen, z. B. Clausthal-Zellerfeld, Braunschweig und Regensburg, in die Förderungsmaßnahmen einbeziehen müsse.

Bundesminister Kraft stimmt dem Gedanken des Bundesministers für Verkehr zu. Er hält jedoch den Betrag für zu gering und glaubt, daß man deshalb die Mittel zum Bau von Volksschulen in den Landgemeinden der Zonengrenze, die mit Vertriebenen und Flüchtlingen überbelegt sind, einsetzen sollte.

Staatssekretär Thedieck tritt der Ansicht von Bundesminister Kraft bei. Gerade die Förderung der Volksschulen sei von besonderer Wichtigkeit, da viele Bereiche im Zonenrandgebiet schon seit jeher in dieser Beziehung benachteiligt worden seien. Auch im Haushalt 1956 seien nur 5 Mio. DM für kulturelle Zwecke vorgesehen. Da Investitionen an Hochschulen erfahrungsgemäß erhebliche Mittel beanspruchten und mit geringen Beträgen hier nicht zu helfen sei, werde man nicht an eine Förderung der Hochschulen im Zonenrandgebiet aus diesem relativ kleinen Betrag denken können.

8.) Presseerklärung

Sodann wird die vorgesehene Presseerklärung auf Grund der Beschlüsse des Kabinettsausschusses wie folgt geändert:

Auf Seite 3 Nr. 1 wird der Betrag von 150 Mio. DM in 155 Mio. DM geändert.

In Nr. 2 soll in der zweiten Zeile der Termin ab 1.1.1956 gestrichen werden,

---

[20] Der Vermittlungsausschuß des Deutschen Bundestages und des Bundesrates hatte in seiner 17. Sitzung am 8. Dez. 1955 beschlossen, daß der Bundesanteil bis zum 31. März 1958 33$^1/_2$% und ab dem 1. April 1958 35 % betragen sollte (Protokolle des Vermittlungsausschusses, Fiche 3 N 5-14).

die Worte „den gleichen" werden durch „gewissen" ersetzt,

in Zeile 5 wird das Wort „diejenigen" gestrichen und hinter dem Wort „gelangen" das Wort „können" eingefügt[21].

Die Nr. 3 wird durch die vom Bundesminister der Finanzen vorgeschlagene Formulierung in seiner Vorlage vom 2.12.1955 ersetzt.[22]

Anschließend stellt *Min.Rat Dr. Rau*, BMWi, die Frage, ob die Denkschrift des Bundesministers Kraft dem Bundestag zugestellt werden solle. Auf eine entsprechende Anfrage habe der Bundesminister für Wirtschaft in der Fragestunde des Bundestages am 19.10.1955 ausgeführt, daß die Denkschrift nur als Material für die Bundesregierung bestimmt gewesen und daß nicht vorgesehen sei, sie zu veröffentlichen oder weiterzuleiten. Die Öffentlichkeit werde über die Ergebnisse der Beratung der Denkschrift im Kabinett unterrichtet werden.[23]

Nunmehr habe der Unterausschuß Zonengrenze gebeten, ihm die Denkschrift zuzuleiten. Man könne daran denken, sie den Mitgliedern des Unterausschusses zu übergeben, allerdings mit dem Hinweis, daß sie vertraulich und nicht für Presseveröffentlichungen bestimmt sei.

Der *Vizekanzler* hat dagegen Bedenken, da die Denkschrift von Anfang an nicht zur Veröffentlichung bestimmt gewesen sei, sondern als Arbeitsunterlage für die Bundesregierung gegolten habe.

Staatssekretär Hartmann äußert ebenfalls Bedenken, die Denkschrift an den Ausschuß weiterzugeben. Er befürchtet deshalb Schwierigkeiten, weil diejenigen Vorschläge der Denkschrift, die nicht vom Kabinettsausschuß gebilligt worden sind, dann mit Sicherheit vom Unterausschuß Zonengrenze aufgegriffen werden würden. Nach außen hin dürfe nur die vom Kabinettsausschuß gebilligte Presseverlautbarung bekanntgegeben werden.

Bundesminister Kraft erklärt, daß er keinen besonderen Wert auf die Veröffentlichung der Denkschrift lege. Er habe die Denkschrift jedoch Vertretern der Zonenrandländer und Abgeordneten, die sie von ihm erbeten hätten, zur vertraulichen Kenntnis geben müssen. Er schlägt vor, sowohl von einer offiziellen Zuleitung an den Bundestag als auch an den Unterausschuß Zonengrenze abzusehen, wobei nicht ausgeschlossen sein sollte, sie einzelnen Abgeordneten auf deren Wunsch zur vertraulichen Kenntnisnahme zu übergeben.

Der Kabinettsausschuß beschließt entsprechend.

---

[21] Der Text der Vorlage lautete: „Die Frachthilfe, die bisher auf Transporte auf dem Schienenweg beschränkt war, wird *ab 1.1.1956* unter *den gleichen* Voraussetzungen auch für Transporte auf der Straße und dem Wasserweg gewährt werden. Durch diese Regelung werden auch *diejenigen* Verlader in den Genuß der Frachthilfe gelangen, die den Eisenbahnweg für ihre Frachten nicht nutzen *können*." – Die im Protokolltext angesprochenen Stellen sind kursiv gesetzt.

[22] Die Presseerklärung wurde veröffentlicht in Bulletin Nr. 234 vom 14. Dez. 1955, S. 2004.

[23] Der SPD-Abgeordnete Rudolf Freidhof hatte gefragt, wann mit der Vorlage der Denkschrift durch die Bundesregierung zu rechnen sei (BT-Drs. 1761). Zur Beantwortung der Frage durch Erhard vgl. Stenographische Berichte, Bd. 26, S. 5817. – Vgl. hierzu Fortsetzung der 100. Kabinettssitzung am 15. Okt. 1955 TOP D (Kabinettsprotokolle 1955, S. 586).

Der Vizekanzler übernimmt den Vorsitz.

Außerhalb der T. O.:

[A.] Aufträge an die Orion-Werke in Eschwege

Min.Rat Dr. Rau, BMWi, stellt die Frage, ob beabsichtigt sei, das Problem der Orion-Werke als Sonderproblem der Bundeshilfe für die Zonenrandgebiete zu erörtern[24].

Der *Vizekanzler* erklärt, daß über diese Frage heute keine Beschlüsse gefaßt werden könnten. Er sei aber der Auffassung, der Bundespost könne es durchaus zugemutet werden, den vorgesehenen Auftrag auf Omnibusanhänger an die Orion-Werke zu vergeben. Die Fahrzeuge könnten zwar auf Grund der zu erwartenden Neuregelung nur noch 5 Jahre benutzt werden, andererseits durften auch nicht die Vorteile größerer Wirtschaftlichkeit im Betrieb der Post übersehen werden, die ihr durch Benutzung der Anhänger in diesem Zeitraum noch zugute kommen.

Min.Rat Dr. Lowag, BMP, entgegnet, daß keine Möglichkeit zur Vergabe der Aufträge mehr bestehe, da der Verwaltungsrat entschieden habe, daß neue Anhänger nur dann beschafft werden dürften, wenn die zu erwartende Neuregelung der Vorschriften über Achslasten, Gesamtgewicht und Abmessungen von Kraftfahrzeugen diese zuließen[25].

Staatssekretär Hartmann betont, das Bundesfinanzministerium werde keine Einwendungen gegen eine verkürzte Abschreibungsfrist erheben, falls der Verwaltungsrat der Bundespost seine ablehnende Auffassung aufgeben würde[26].

Der *Vizekanzler* bittet Min.Rat Dr. Lowag, im Verwaltungsrat darauf hinzuweisen, daß dieser Beschluß mit Rücksicht auf die besondere Bedeutung kontinuierlicher

---

24 Die infolge mangelnder Aufträge in wirtschaftliche Schwierigkeiten geratenen Orion-Werke in Eschwege hatten sich um einen Auftrag der Deutschen Bundespost auf Lieferung von Omnibusanhängern bemüht, um die Entlassung der ca. 500 Beschäftigten der Werke vermeiden zu können. Die Bundespost hatte trotz dringenden Bedarfs den Auftrag nicht erteilen wollen, da wegen der noch nicht entschiedenen Frage der technischen Maße für Lastkraftwagen und Omnibusse unklar war, ob Omnibusanhänger über das Jahr 1960 hinaus benutzt werden dürften. Da eine Verlängerung der vorgesehenen fünfjährigen Übergangsfrist nicht zu erwarten war, die Bundespost aber mit einem Abschreibungszeitraum von acht Jahren kalkulierte, war in einer Ressortbesprechung am 8. Dez. 1955 die Frage einer Entschädigung der Bundespost aus dem Bundeshaushalt gestellt und vorgeschlagen worden, daß Blücher „die Angelegenheit in der Sitzung des Kabinettsausschusses am 10. Dezember 1955 anläßlich der Beratung des Zonenrandprogrammes der Bundesregierung erwähnen und zur Erörterung stellen möge" (vgl. den Vermerk aus dem BMZ vom 9. Dez. 1955 in B 115/176, weitere Unterlagen in B 115/177, B 102/13129 und B 136/8894). – Zur Frage der weiteren Zulässigkeit von Omnibus-Anhängern vgl. 32. Ausschußsitzung am 21. Juli 1955 TOP 1.

25 In der 8. Sitzung des Verwaltungsrats der Deutschen Bundespost am 14. Juli 1955 hatte Balke dem Verwaltungsrat mitgeteilt, daß infolge der schwebenden Verhandlungen über die Verkehrsgesetze die bereits für das Haushaltsjahr 1955 genehmigten Fahrzeuge (321 Großraumomnibusse und 30 Schwerlastwagen) nicht bestellt worden seien, was er umso mehr bedauerte, „als hierdurch Rückwirkungen auf die herstellende Industrie, die mit den Aufträgen gerechnet hat, nicht zu vermeiden" seien (vgl. die Sitzungsniederschrift in B 257/2036).

26 Dieser Absatz wurde dem Protokoll aufgrund einer Protokollergänzung vom 5. Jan. 1955 hinzugefügt.

Beschäftigung im Raume Eschwege im Sinne einer Ausnahmeregelung geändert werden möge[27].

2. Abschöpfungsfreie Einfuhr von Futtergetreide für den Export von lebenden oder geschlachteten Schweinen und Fleischfertigwaren sowie Geflügel und Eintagsküken BML

Staatssekretär Dr. Sonnemann führt zu der Vorlage des Bundesministers für Ernährung, Landwirtschaft und Forsten vom 10.11.1955 aus, daß der darin gemachte Vorschlag als einzige Möglichkeit bleibe, weil der Identitätsnachweis für die verbrauchten Futtermengen nicht oder nur schwer möglich sei. Die Förderung des Exports von lebenden oder geschlachteten unverarbeiteten Schweinen solle zunächst ausgeklammert werden[28].

---

27 Der BMP erklärte sich zur Erteilung des Auftrags über 100 Omnibusanhänger an die Orion-Werke unter der Bedingung bereit, daß zu dessen Finanzierung ein ERP-Kredit in Höhe von 2,2 Millionen DM gewährt und die Bundespost für den Fall schadlos gehalten würde, daß die Omnibusanhänger vor dem Ende der Abschreibungszeit von acht Jahren aus dem Verkehr genommen werden müßten (vgl. den Vermerk aus dem BMZ vom 19. Dez. 1955 in B 115/176). Die Lieferung der Anhänger erfolgte im Januar 1956. Nach dem Inkrafttreten der VO zur Änderung der Straßenverkehrs-Zulassungs-Ordnung und der Straßenverkehrs-Ordnung (Abmessungen und Gewichte) vom 21. März 1956 (BGBl. I 127) teilte das BMP dem BMWi mit Schreiben vom 9. April 1956 mit, keine Aufträge auf Personenanhänger mehr vergeben und sich „an weiteren Stützungsaktionen zu Gunsten des Orion-Werks" nicht weiter beteiligen zu können (B 102/13129).

28 Vorlage des BML vom 10. Nov. 1955 in B 116/8154 und B 136/8707; weitere Unterlagen in B 116/8153. – Auf der Grundlage der Marktordnungsgesetze zum Schutz des inländischen Preisniveaus vor Überhöhung oder Verfall wurde der niedrigere Weltmarktpreis für Getreide und Zucker bei der Einfuhr in die Bundesrepublik Deutschland durch die Erhebung eines Abschöpfungsbetrages an den höheren deutschen Preis angepaßt. Um den Export ernährungswirtschaftlicher Fertigerzeugnisse aus der Bundesrepublik insbesondere in den Dollarraum zu fördern, hatte die Bundesregierung das BML aufgrund seiner Vorlagen vom 2. Febr. 1955 und 29. Aug. 1955 ermächtigt, im Einvernehmen mit BMF und BMWi einmalige Sondermaßnahmen zur Wiederherstellung der Wettbewerbsfähigkeit der deutschen Exportwirtschaft „durch Nichterhebung von Abschöpfungsbeträgen bei der Einfuhr von Zucker und Getreide für den Export von zuckerhaltigen Fertigerzeugnissen, von Getreideerzeugnissen und von Fleischfertigwaren" zu ergreifen. Danach hatte die Einfuhr- und Vorratsstelle für Getreide die Abschöpfungsbeträge von 65 000 t importierten Futtergetreides gesondert verbucht und für die Förderung der in den Vorlagen des BML bezeichneten Exportbereiche zur Verfügung gestellt. Da dieses Verfahren als Dauerregelung gegen internationale Verpflichtungen der Bundesrepublik verstoßen hätte, hatte das BML mit Vorlage vom 10. Nov. 1955 ein Verfahren vorgeschlagen, bei dem „öffentliche Gelder für die Exportförderung weder vereinnahmt noch verausgabt werden" und die gar nicht erst erhobenen Abschöpfungsbeträge den Herstellern von Fleischfertigwaren in Form eines Preisnachlasses beim Kauf des Futtergetreides von den Importeuren zugute kommen sollten. Diese Regelung sollte auch auf Futtergetreide für zum Export bestimmte Schweine und Geflügel angewendet werden, gleich ob die Tiere lebend oder geschlachtet exportiert werden sollten. Die im Laufe der vorausgegangenen Besprechungen geäußerten Einwendungen des BMF und des Bundesrechnungshofes, der Weg des eingeführten Futtergetreides lasse sich nicht zweifelsfrei verfolgen und ein eventueller Mißbrauch daher nicht ausschließen, hatte das BML in seiner Vorlage als nicht zutreffend zurückgewiesen.

Der *Vizekanzler* hält es für wesentlich, daß die Landwirtschaft zu dieser Exportmöglichkeit hingelenkt werde und sieht die hier vorgeschlagene Regelung als einen Schritt in Richtung auf dieses Ziel an.

Staatssekretär Hartmann erklärt, daß er dieser Regelung zustimmen könne, allerdings mit der Einschränkung, das Verfahren zunächst auf 1 Jahr zu beschränken und mit der Maßgabe, daß es sich nur auf Fleischfertigwaren aus Schweinefleisch beziehe.

Staatssekretär Dr. Sonnemann bestätigt diese Voraussetzung und erklärt sich mit der Einschränkung von Staatssekretär Hartmann (1 Jahr, versuchsweise) einverstanden.

Der Kabinettsausschuß beschließt entsprechend[29].

3. Stand der Verhandlungen der Brüsseler Vorkonferenz **AA und BMWi**

ist von der Tagesordnung abgesetzt[30].

Außerhalb der Tagesordnung:

[B.] Interzonenhandel 1956 **BMWi**

Der *Vizekanzler* berichtet, daß in einer der Kabinettsausschußsitzung vorangegangenen Besprechung sich sowohl die Bundesminister Prof. Dr. Erhard, Dr. Seebohm und Kaiser als auch Dr. Vockel und er selbst für den Abschluß des Interzonenhandelsabkommens 1956 ausgesprochen hätten[31]. Der Regierende Bürgermeister von

---

[29] Der Kabinettsbeschluß wurde in den folgenden Jahren immer wieder verlängert (Unterlagen in B 116/8154 f. und B 136/8707).

[30] Siehe 35. Ausschußsitzung am 9. Sept. 1955 TOP C und 107. Kabinettssitzung am 25. Nov. 1955 TOP 3 (Kabinettsprotokolle 1955, S. 698 f.). – Gemeinsame Vorlage von BMWi und AA vom 9. Nov. 1955 in B 102/22161, AA B 10, Bd. 899 und B 136/1310. – Der mit Schreiben von AA und BMWi vom 9. Nov. 1955 vorgelegte „Bericht über den gegenwärtigen Stand der Beratungen der Brüsseler Vorkonferenz zur Erweiterung der Europäischen Integration“ vom 5. Nov. 1955 war bereits Gegenstand der Kabinettssitzung am 25. Nov. 1955 gewesen. Zur Beratung der gegen die Beschlüsse der Vorkonferenz bestehenden Bedenken fand am 22. Dez. 1955 eine Staatssekretärsbesprechung statt (vgl. das Protokoll in B 136/1310). – Fortgang 119. Kabinettssitzung am 10. Febr. 1956 TOP 1 (Kabinettsprotokolle 1956, S. 187–191). – Gesetz zu den Verträgen vom 25. März 1957 zur Gründung der Europäischen Wirtschaftsgemeinschaft und der Europäischen Atomgemeinschaft vom 27. Juli 1957 (BGBl. II 753).

[31] Siehe 39. Ausschußsitzung am 15. Nov. 1955 TOP 1. – Vorlage des BMWi vom 6. Dez. 1955 in B 102/108196 und B 136/7836. – Woratz hatte Blücher am 2. Dez. 1955 telefonisch gebeten, vor dem bald zu erwartenden Abschluß der Verhandlungen über die Warenliste für 1956 diese nochmals durch den Kabinettsausschuß billigen zu lassen. Gleichzeitig hatte er mitgeteilt, daß der Regierende Bürgermeister von Berlin Suhr in einem Gespräch mit Krautwig und Woratz Kritik daran geübt hätte, daß bei den Verhandlungen die Straßenbenutzungsgebühren keine Rolle gespielt hätten und diese Frage bei einer Begegnung mit dem Bundeskanzler nochmals zur Sprache bringen wollte. Blücher hatte daraufhin Woratz um eine entsprechende Vorlage des BMWi gebeten und die Angelegenheit nachträglich auf die Tagesordnung der Sitzung am 10. Dez. 1955 setzen lassen (vgl. die Aufzeichnung Blüchers vom 2. Dez. 1955 in Nachlaß Blücher N 1080/299; zur Kritik Suhrs vgl. auch das Schreiben Vockels an den Bundeskanzler vom 2. Dez. 1955 und die Stellungnahme Krautwigs vom 6. Dez. 1955 in B 136/7836 und B 102/108196). – In der der Ausschußsitzung unmittelbar vorausgegangenen Besprechung

Berlin, Dr. Suhr, habe freilich gegen den Abschluß des Interzonenhandelsabkommens 1956 im gegenwärtigen Augenblick Bedenken geäußert. Diese Bedenken habe man aber zurückstellen müssen, um Schwierigkeiten im Berlinverkehr und bei der Ausstellung von Warenbegleitscheinen zu vermeiden. Daher seien diese Ressortchefs dagegen, den Abschluß des Interzonenhandelsabkommens 1956 von einer Regelung der Verkehrsfragen abhängig zu machen. Im übrigen sei die Auffassung des Regierenden Bürgermeisters nicht in Form eines abgeschlossenen und in den Einzelheiten durchdachten Gegenvorschlages vorgebracht worden.

Nachdem auch *Staatssekretär Dr. Sonnemann* sich zu der gleichen Auffassung bekannt hat, beschließt der Kabinettsausschuß dementsprechend.

Sodann stellt der *Vizekanzler* die Frage der sowjetzonalen Zuckerlieferungen zur Erörterung.

Min.Rat Dr. Woratz, BMWi, berichtet, daß die sowjetzonalen[32] Zuckerlieferungen bis Ende dieses Jahres an Stelle der vereinbarten 40 Mio. voraussichtlich nur 25 Mio. Verrechnungseinheiten betragen werden. Die nicht gelieferten 15 Mio. Verrechnungseinheiten Zucker sollen auf 1956 übertragen werden. Die Sowjetzone habe für die Warenlisten 1956 einschließlich dieses Übertrags von 15 Mio. Verrechnungseinheiten Zucker aus der diesjährigen Ernte in Höhe von 25 Mio. Verrechnungseinheiten angeboten.

Staatssekretär Dr. Sonnemann hat dagegen keine Bedenken.

Staatssekretär Hartmann bittet, den vom Bundesminister für Wirtschaft in seiner Kabinettsvorlage auf Seite 3 vorgeschlagenen Beschluß wie folgt zu ergänzen[33]:

In Ziff. 2 ist folgender Klammersatz anzufügen:

> „(In diesen Mengen sind die im laufenden Vertragsjahr nicht abgenommenen 24 000 t = 15 Mio. Verrechnungseinheiten enthalten.)“

Es ist eine Ziffer 3 folgenden Inhalts in den Beschluß aufzunehmen:

> „3. In den Verhandlungen mit der sowjetischen Besatzungszone ist zwecks Vermeidung von Qualitätsverminderungen durch längere Lagerung hinsichtlich der Abladungen des zur Lieferung vorgesehenen Zuckers dahin zu wirken, daß diese den möglichen Freigabeterminen angepaßt werden.“

Staatssekretär Dr. Sonnemann erklärt hierzu, daß das Bundesministerium für Ernährung, Landwirtschaft und Forsten in jedem Falle die Freigabetermine so legen werde, daß zusätzliche Kosten aus Qualitätsminderungen nicht entstehen.

---

unter Vorsitz Blüchers, an der von Berliner Seite auch Suhr sowie die Senatoren Amrehn und Klein teilgenommen hatten, hatte Suhr nochmals gefordert, das Warenabkommen dürfte erst nach der Klärung aller verkehrspolitischen Fragen unterzeichnet werden, und dafür auch eine Gefährdung des Berlinverkehrs als tragbares Risiko bezeichnet (vgl. den Vermerk Haenleins vom 12. Dez. 1955 in B 136/7836). – Mit Schreiben vom 6. Dez. 1955 hatte das BMWi die Warenlisten für das Jahr 1956 vorgelegt und um deren Genehmigung durch das Kabinett gebeten.

[32] Korrigiert aus „sowjetischen“.

[33] Der Beschlußvorschlag der Vorlage lautete: „1. Billigung des Abschlusses der Warenliste für das Jahr 1956 gemäß Anlage; 2. Billigung der Abnahme von Zucker aus der Ernte 1955 in Höhe von 25 Mio. VE und aus der Ernte 1956 in Höhe von 25 Mio. VE“.

Der Kabinettsausschuß billigt die Vorlage des Bundesministers für Wirtschaft vom 6. Dezember 1955 unter Berücksichtigung der von Staatssekretär Hartmann vorgeschlagenen Ergänzungen.

Anschließend teilt *Min.Rat Dr. Woratz*, BMWi, mit, daß sich nach Fertigstellung der Warenlisten zwischen der Treuhandstelle und dem sowjetzonalen Vertreter Freund protokollarische Schwierigkeiten ergeben haben. Bisher seien die Interzonenhandelsabkommen für die Währungsgebiete West und Ost jährlich neu abgeschlossen worden. Der sowjetzonale Vertreter Freund habe erklärt, daß er in Zukunft darum bitten müsse, den tatsächlichen Verhältnissen Rechnung zu tragen, so daß er als Vertreter der DDR und Dr. Leopold[34] als Vertreter der Bundesrepublik unterzeichnen sollten[35]. Dies sei in Verfolg der Richtlinien des Kabinettsausschusses von der Treuhandstelle rundweg abgelehnt worden. Sollte die sowjetzonale Seite trotzdem auf ihrer Meinung beharren, so blieben nur noch folgende Auswege:

[a)] An Stelle der Unterzeichnung der Vereinbarung einen Briefaustausch zwischen der Treuhandstelle und dem sowjetzonalen Vertreter Freund vorzunehmen oder

[b)] autonome Ausschreibungen für Lieferungen und Bezüge im Bundesanzeiger zu veröffentlichen.

Dr. Vockel macht darauf aufmerksam, daß es sich um ein Abkommen zwischen den beiden Verrechnungsbanken, nämlich der Bank deutscher Länder und der sowjetzonalen Staatsbank, handele; das Abkommen müsse also zwischen den Währungsgebieten geschlossen werden.

Min.Dirig. Dr. Junker, AA, ist der Ansicht, daß alle diese Auswege der Billigung des sowjetzonalen Vertreters Freund bedürften, der jedoch, wenn er andere Instruktionen habe, bestimmt nicht darauf eingehen werde. Es erhebe sich die Frage, ob man nicht die Alliierten konsultieren solle. Dies wird von *Min.Rat Dr. Woratz*, BMWi, mit dem Bemerken abgelehnt, daß wir den Alliierten gegenüber den Interzonenhandel stets als innerdeutschen Handel bezeichnet hätten.

Min.Dir. Dr. Krautwig, BMWi, bemerkt, daß die Sowjetzone doch offenbar am Abkommen interessiert sei und voraussichtlich das Zustandekommen nicht an einer Protokollfrage scheitern lassen werde.

---

[34] Dr. Kurt Leopold (1900–1973). 1923–1937 wissenschaftlicher Mitarbeiter bei der Industrie- und Handelskammer Berlin, 1937 Berufung zum Mitglied der Geschäftsführung der Reichswirtschaftskammer, dort zuletzt Leiter der Abteilung Außenwirtschaft, 1947–1949 stellvertretender Leiter der Berliner Vertretung der Verwaltung für Wirtschaft des Vereinigten Wirtschaftsgebietes, 1949 stellvertretender Leiter des Berliner Büros der Treuhandstelle für den Interzonenhandel, 1953–1965 Leiter der Treuhandstelle für den Interzonenhandel.

[35] In dem vom Ministerium für Außenhandel und Innerdeutschen Handel der DDR (MAI) vorgelegten Entwurf einer Vereinbarung waren die Bundesrepublik Deutschland und die DDR nicht mehr, wie bis dahin üblich, als „Währungsgebiet DM-West" bzw. „Währungsgebiet DM-Ost" bezeichnet worden (vgl. den Vermerk vom 13. Dez. 1955 über die Verhandlungen am 9. Dez. 1955 in B 102/20951).

Der *Vizekanzler* schlägt vor, zunächst die Reaktion der sowjetzonalen Vertreter abzuwarten; evtl. müsse die Angelegenheit dann nochmals im Kabinettsausschuß erörtert werden.

Dies wird vom Kabinettsausschuß gebilligt[36].

[C.] Waren- und Zahlungsverkehr mit Ägypten **BMWi**

Min.Rat Dr. Stedtfeld, BMWi, trägt an Hand der Vorlage des Bundesministers für Wirtschaft vom 6. Dezember 1955 vor[37].

Er bittet den Kabinettsausschuß, den Vorschlag der deutschen Delegation zu billigen.

Präsident Dr. Bernard bemerkt, daß sich die Bank deutscher Länder nach 1948/49 bereit gefunden habe, mit ihren Mitteln einzutreten, um den deutschen Außenhandel wieder in Gang zu bringen. Dabei seien Swings festgelegt worden, deren Inanspruchnahme allerdings nur als vorübergehend vorgesehen worden sei. Im Laufe der Jahre habe sich jedoch aus der Gewährung von Swings immer mehr eine echte Kreditgewährung durch die Notenbank entwickelt, so daß man zum jetzigen Zeitpunkt zu einer Kreditgewährung der Bank deutscher Länder von ungefähr 1 Mrd. DM gekommen sei.

Es sei nicht die Aufgabe der Bank deutscher Länder, kommerzielle oder sogar politisch bedingte Kredite zu geben. Die Bank deutscher Länder stelle ihren technischen Apparat zur Verfügung, könne aber nicht das Risiko weiter tragen.

Zum Waren- und Zahlungsverkehr mit Ägypten übergehend, weist er darauf hin, daß Präsident Dr. Vocke im Mai 1954 anläßlich des Besuches einer ägyptischen Delegation erklärt worden sei, daß die Bank deutscher Länder nur noch 1 Jahr län-

---

36 Fortgang 41. Ausschußsitzung am 19. Dez. 1955 TOP A.

37 Vorlage des BMWi vom 6. Dez. 1955 in B 136/1259; weitere Unterlagen zu den von November 1955 bis Februar 1956 geführten deutsch-ägyptischen Wirtschaftsverhandlungen in B 102/58052 und 58055. – Bei den deutsch-ägyptischen Wirtschaftsverhandlungen hatte die deutsche Seite u. a. das Ziel verfolgt, das bilaterale Zahlungsabkommen mit Ägypten zu beenden und den Zahlungsverkehr auf beschränkt konvertierbare DM (BeKo-Mark) im Rahmen des multilateralen Zahlungsverkehrs umzustellen. Dafür hätten ägyptische Schulden in Höhe von 60 Millionen DM konsolidiert werden müssen. Darüberhinaus sollten für ein weiteres Vertragsjahr Warenlisten aufgestellt werden. Hinsichtlich der Schuldenkonsolidierung hatte Ägypten eine Verteilung der Schuldentilgung auf fünf Jahre, beginnend Anfang 1957, sowie für die Jahre 1956 bis 1959 weitere Kredite in Höhe von jährlich 24 Millionen DM gefordert, die in den Jahren 1957 bis 1960 zurückgezahlt werden sollten. Da die deutsche Delegation sich wegen „der groß angelegten politischen und wirtschaftlichen Offensive der Ostblockstaaten" im gesamten Nahen und Mittleren Osten und der im Gegenzug dazu unter „Einsatz großer wirtschaftlicher und finanzieller Mittel" vorbereiteten Gegenmaßnahmen der USA, Großbritanniens, Frankreichs und Italiens in einer sehr schwachen Verhandlungsposition befand, hatte sie vorgeschlagen, der angebotenen Schuldentilgung zuzustimmen und Ägypten eine Übergangshilfe der BdL in Höhe von insgesamt 45 Millionen DM, verteilt auf die Jahre 1956 bis 1958, zuzusagen, um so den Übergang zum multilateralen Zahlungsverkehr zu erleichtern. Im Gegensatz zu den Bundesministerien hatte die BdL eine Konsolidierungsfrist von vier Jahren, beginnend am 1. April 1956, als das äußerste Zugeständnis bezeichnet. Der BMWi hatte in seiner Vorlage beantragt, die deutsche Delegation „mit Zustimmung der Bank deutscher Länder" zu ermächtigen, „die Verhandlungen unter Zugrundelegung ihres Vorschlages weiterzuführen".

ger stillhalten möge. Während sie danach mit einer vertraglichen Kündigungsfrist von 13 Monaten die Kredite sollte zurückfordern können, sei von dieser Möglichkeit jetzt überhaupt keine Rede mehr.[38]

Die Bank deutscher Länder halte eine Konsolidierungsfrist im Falle Ägypten von 4 Jahren ab 1956 für das äußerst vertretbare Zugeständnis. Eine zusätzliche Kreditgewährung durch die Bank deutscher Länder könne in Ansehung der Lage des Schuldners nicht in Betracht gezogen werden.

Präsident Dr. Bernard stellt die Frage, ob es sich empfehle, im Verkehr mit Ägypten im gegenwärtigen Zeitpunkt das bilaterale Zahlungsabkommen zu beenden. Vielleicht sei es zweckmäßiger, es zunächst noch bei der bisherigen Regelung zu belassen und den jetzigen Swing, der nach Ansicht der Bank deutscher Länder zwar übersetzt sei, in Kauf zu nehmen.

Min.Dir. Dr. Reinhardt, BMWi, führt demgegenüber aus, daß die Delegation Weisung habe, das bilaterale Zahlungsabkommen mit Ägypten auf beschränkt konvertierbare DM umzustellen, da der Abbau der bilateralen Zahlungsabkommen, die schon zu etwa ³/₄ ihres ursprünglichen Bestandes beseitigt seien, fortgesetzt werden müsse. Sonst müsse man auch mit Berufungen anderer Länder rechnen. Die von Präsident Dr. Bernard hervorgehobene Hilfeleistung der Bank deutscher Länder nach dem Kriege sei anzuerkennen. Andererseits habe die Bank deutscher Länder in der ersten Zeit nach 1948/49 ebenfalls große Kredite von anderen Ländern in der Form von Swings erhalten.

Min.Dirig. Dr. Junker, AA, betont, daß die ägyptische Regierung davon abgehalten werden müsse, nähere Verbindung mit dem Osten einzugehen. Ein Entgegenkommen gegenüber Ägypten werde zur Verbesserung der gesamten politischen Möglichkeiten des Westens im Nahen Osten beitragen.

Der *Vizekanzler* ist der Auffassung, daß die Ressorts zunächst nochmals nach Lösungsmöglichkeiten suchen müßten, die nicht der Bank deutscher Länder die Hauptlast der Kreditgewährung überlassen. Anschließend solle dann nochmals mit der Bank deutscher Länder verhandelt werden.

Der Kabinettsausschuß beschließt entsprechend[39].

---

[38] Seit Juni 1954 war der Zahlungsverkehr mit Ägypten wiederholt Gegenstand der Beratungen im Zentralbankrat gewesen, zuletzt in der 208. Sitzung am 7. und 8. Dez. 1955 (vgl. die Protokolle in HA BBk B 330/78–90).

[39] Mit Schreiben vom 16. Jan. 1956 teilte das BMWi dem Bundeskanzleramt auf dessen schriftliche Anfrage vom 31. Dez. 1955 hin mit, daß die BdL sich bereiterklärt habe, Ägypten weitere Mittel im Wert von 5 Millionen $ für die Dauer von fünf Jahren zur Verfügung zu stellen und damit den bestehenden Kreditrahmen von 63 auf 84 Millionen DM zu erhöhen (B 136/1259). Das Handelabkommen vom 18. Febr. 1956 sah vor, die finanzielle Regelung der Warengeschäfte über BeKo-Mark-Konten abzuwickeln. – Deutsch-ägyptisches Handelsabkommen vom 18. Febr. 1956 (BAnz. Nr. 110 vom 9. Juni 1956, S. 1).

41. Sitzung des Kabinettsausschusses für Wirtschaft am Montag, den 19. Dezember 1955

Teilnehmer: Blücher, Preusker (ab 10.50 Uhr), Oberländer (bis 13.05 Uhr), Kaiser; Hartmann, Sonnemann (10.45–11.30 Uhr), Nahm (11.20–13.05 Uhr), Thedieck (zeitweise); Bernard (BdL), Krautwig (BMWi), Herschel (BMA), Schiller (BMV), Haenlein (Bundeskanzleramt, bis 11.55 Uhr), Nonhoff (BML), Heise (BMZ), weitere Vertreter der Bundesressorts. Protokoll: Hornschu.

Beginn: 10.30 Uhr *Ende: 13.30 Uhr*

Ort: Bad Godesberg, Haus Carstanjen

Tagesordnung:

1. *Neuer Kreditantrag der Eternit AG, Berlin-Rudow, vom 6.6.1955 in Höhe von 3,4 Mio. DM*
   Vorlage des BMWi vom 28. Nov. 1955 (IV - 29416/55).
2. *Anordnung der Bundesregierung gemäß § 320 Abs. 2 Satz 2 LAG*
   Vorlage des BMVt vom 22. Nov. 1955 (II 4 - 6641 - 5585/55 - I 2 - Kab. 1280/55).

Die Tagesordnung wird wie folgt abgewickelt:

Außerhalb der T. O.:

[A.] Interzonenhandel 1956 **BMWi**

Der *Vizekanzler* gibt bekannt, daß ihm Dr. Vockel mitgeteilt habe, der Regierende Bürgermeister von Berlin Dr. Suhr sei nunmehr, ebenso wie die beteiligten Ressortchefs, auf Grund der Besprechung vom 10.12.1955 zu der Ansicht gelangt, daß ein Junktim zwischen dem Abschluß des Interzonenhandels 1956 und der Regelung der ungeklärten Verkehrsfragen nicht zweckmäßig sei[1].

Inzwischen habe die Sowjetzone auf ihre Forderung, im Namen der DDR und der Bundesrepublik zu unterzeichnen, verzichtet. Das Interzonenhandelsabkommen 1956 sei wieder für die Währungsgebiete West und Ost von Dr. Leopold und dem sowjetzonalen Vertreter Freund unterzeichnet worden.

Der Kabinettsausschuß nimmt davon Kenntnis[2].

---

[1] Siehe 40. Ausschußsitzung am 10. Dez. 1955 TOP B.

[2] Die Vereinbarung für das Jahr 1956 zum Berliner Abkommen vom 20. Sept. 1951 samt der Warenlisten war am 13. Dez. 1955 unterzeichnet worden (BAnz. Nr. 243 vom 16. Dez. 1955, S. 1 f.). – Fortgang zum Interzonenhandel 1957 59. Ausschußsitzung am 10. Nov. 1956 TOP 4 (B 136/36219).

2. Anordnung der Bundesregierung gemäß § 320 Abs. 2 Satz 2 LAG BMVt

Der *Vizekanzler* gibt einleitend bekannt, daß das Kabinett das Beschlußrecht in dieser Angelegenheit auf den Kabinettsausschuß delegiert habe[3].

Der *Bundesminister für Vertriebene, Flüchtlinge und Kriegsgeschädigte* trägt an Hand seiner Vorlage vom 22. November 1955 vor. Unter besonderer Hervorhebung der politischen Gefahren weist er darauf hin, daß die Bundesregierung bereits in der Regierungserklärung versprochen habe, für die Heimatvertriebenen und Flüchtlinge sowie für die Kriegssachgeschädigten und Evakuierten alles in ihrer Macht liegende zu tun[4]. Die Bundesregierung müsse in dieser Angelegenheit vor dem Bundestag im Januar 1956 eine Erklärung abgeben, da sich der Antrag der SPD – Drucksache 1892[5] – und die Große Anfrage der CDU/CSU – Drucksache 1961[6] – auf diese Probleme beziehen. Da die Bundesregierung die ihr gesetzlich übertragenen Aufgaben zu erfüllen habe, bitte er, die von ihm gestellten Anträge auf die Zweckbindung von Mitteln für Wohnraumhilfe und Aufbaudarlehen für den Wohnungsbau zu billigen. Um dem Bundeswohnungsbauminister die Zustimmung zu dieser Zweckbindung zu erleichtern, bittet er, neben den bereits zur Verfügung gestellten Mitteln noch weitere 200 Mio. DM für den Wohnungsbau bereitzustellen.

Staatssekretär Hartmann erklärt, daß der Bundesminister der Finanzen den Antrag des Bundesministers für Vertriebene, Flüchtlinge und Kriegsgeschädigte grundsätz-

---

3 Siehe 109. Kabinettssitzung am 14. Dez. 1955 TOP 9 (Kabinettsprotokolle 1955, S. 734). – Vorlage des BMVt vom 22. Nov. 1955 in B 150/2670 und B 136/651. Die Sitzungsniederschrift vom 29. Nov. 1955 – I/2 - LA 3532 - 5/55 – befindet sich noch in der Registratur des Bundesausgleichsamtes. – Der Kontrollausschuß zur Überwachung des Lastenausgleichsfonds hatte in seiner Sitzung am 14. Nov. 1955 die vom Bundesausgleichsamt beantragte Zweckbindung von 70 Millionen DM Wohnraumhilfemitteln und 40 Millionen DM Aufbaudarlehen für den Wohnungsbau zugunsten der Umsiedlung von Land zu Land innerhalb der Bundesrepublik sowie von 20 Millionen DM Wohnraumhilfemitteln und 10 Millionen DM Aufbaudarlehen für den Wohnungsbau zugunsten der Evakuiertenrückführung von Land zu Land für das Rechnungsjahr 1956 abgelehnt. Gemäß § 320 Absatz 2 Satz 2 des Lastenausgleichsgesetzes vom 14. Aug. 1952 (BGBl. I 446) konnte eine vom Präsidenten des Bundesausgleichsamtes verfügte Verwendung von Mitteln des Ausgleichsfonds, der der Kontrollausschuß seine Zustimmung versagt hatte, nur durchgeführt werden, wenn die Bundesregierung mit Zustimmung des Bundesrates die Durchführung der Maßnahme anordnete. Mit Schreiben vom 22. Nov. 1955 hatte das BMVt eine entsprechende Anordnung bezüglich der vom Bundesausgleichsamt vorgesehenen Zweckbindung beantragt.

4 Vgl. die Regierungserklärung Adenauers in der 3. Sitzung des Deutschen Bundestags am 20. Okt. 1953 (Stenographische Berichte, Bd. 18, S. 11–22, hier S. 14).

5 Gemeint ist wohl der Antrag der SPD-Fraktion vom 1. Dez. 1955 zur Politik der Bundesregierung in den Angelegenheiten der Vertriebenen, Sowjetzonenflüchtlinge und Evakuierten (BT-Drs. 1896), demzufolge der Bundestag die Bundesregierung ersuchen sollte, die weitere Tätigkeit des BMVt „entsprechend der Bedeutung und der Dringlichkeit der Hilfsmaßnahmen für diese Geschädigtengruppe sicherzustellen" und „dem Bundestag einen Gesamtbericht über die bei der Eingliederung der Heimatvertriebenen noch zu lösenden Probleme unter Berücksichtigung ihrer strukturellen Beschaffenheit und der hierfür erforderlichen Mittel vorzulegen".

6 Große Anfrage Nr. 64 der CDU/CSU betr. die Eingliederung von Flüchtlingen, Vertriebenen, Evakuierten und Heimkehrern vom 14. Dez. 1955 – Unterlagen zur Beantwortung duch den BMF in B 126/10515 und B 136/132.

lich unterstütze. Die Bundesregierung müsse in dieser Frage ihre Stellungnahme eindeutig zum Ausdruck bringen, auch wenn die Gefahr bestehen sollte, daß der Bundesrat den Beschluß der Bundesregierung ablehnen werde. Die Vorsitzende des Kontrollausschusses des Lastenausgleichsfonds, Frau Mellies[7], habe bereits eine Hilfe aus dem Bundeshaushalt verlangt[8]. Dem Antrag des Bundesministers für Wohnungsbau auf zusätzliche Bereitstellung von 200 Mio. DM für Wohnungsbau könne aber vom Bundesminister der Finanzen nicht gefolgt werden. Der Bundeshaushalt sei inzwischen dem Bundestag zugeleitet[9]. Wenn der Bundesminister für Wohnungsbau zusätzliche Mittel benötige, so hätte er dies in der Kabinettsberatung vorbringen und auch einen Vorschlag für die Deckung angeben sollen. Eine kassenmäßige Überbrückung von Leistungen des Ausgleichsfonds aus Bundesmitteln auf einige Jahre stelle eine Kreditgewährung zu Lasten des Bundeshaushalts an den Ausgleichsfonds dar und bedürfe, da ihre Wirkung über 1 Rechnungsjahr hinausgehen würde, nach Art. 115 GG eines Bundesgesetzes[10]. Den Antrag des Bundesministers für Vertriebene, Flüchtlinge und Kriegsgeschädigte befürworte er, da es sich bei Umsiedlung und Evakuiertenrückführung um eine der Bundesregierung ausdrücklich auferlegte Aufgabe handele. Zu erwägen sei allerdings, ob man die für Umsiedlung bereitzustellenden Beträge nicht wegen der veränderten Verhältnisse kürzen solle. Im übrigen ist er im Gegensatz zum Bundesminister für Wohnungsbau der Auffassung, daß, abgesehen von den formellen Bedenken, auch die Konjunkturlage auf dem Bausektor gegen die zusätzliche Bereitstellung von 200 Mio. DM spreche[11]. Anschließend gibt *Staatssekretär Hartmann* einen Überblick über die Beträge, die im Bundeshaushalt 1955 für den Bundeswohnungsbau veranschlagt sind.

---

7 Anni Mellies, geb. Leffler, verw. Krahnstöver (1904–1961). Bis 1933 Bezirkssekretärin der SPD in Oppeln/Oberschlesien, danach Handelsvertreterin, ab 1946 Bezirkssekretärin der SPD in Kiel, 1946–1949 Mitglied des Zonenbeirates, 1948–1949 Mitglied des Wirtschaftsrates des Vereinigten Wirtschaftsgebietes, 1949–1953 MdB (SPD), seit 1952 Mitglied, später Vorsitzende des Kontrollausschusses beim Bundesausgleichsamt und Mitglied des Verwaltungsrates der Deutschen Pfandbriefanstalt, Wiesbaden.

8 Vgl. das Protokoll der Sitzung des Kontrollausschusses am 14. Nov. 1955. Die Sitzungsniederschrift vom 29. Nov. 1955 – I/2 - LA 3532 - 5/55 – befindet sich noch in der Registratur des Bundesausgleichsamtes.

9 Das Kabinett hatte den Entwurf des Bundeshaushalts 1956 in der 105. Kabinettssitzung am 9. Nov. 1955 beschlossen und an den Bundesrat weitergeleitet (TOP 1: Kabinettsprotokolle 1955, S. 640–650). Nach der Beschlußfassung über eine Stellungnahme der Bundesregierung zu den Änderungsvorschlägen des Bundesrats in der 108. Kabinettssitzung am 30. Nov. 1955 (TOP B: Kabinettsprotokolle 1955, S. 718 f.) war der Entwurf am 2. Dez. 1955 dem Bundestag zugeleitet worden (B 126/12919 und B 136/312, BT-Drs. 1900).

10 Gemäß Artikel 115 GG darf der Bund Kredite nur bei außerordentlichem Bedarf und nur auf Grund eines Bundesgesetzes aufnehmen.

11 Zur Lage der Bauwirtschaft vgl. den Monatsbericht der BdL für Dezember 1955 in BD 126/2–1955, S. 24 f. Vgl. hierzu auch Fortsetzung der 100. Kabinettssitzung am 15. Okt. 1955 TOP C und F sowie Sondersitzung des Kabinetts am 27. Okt. 1955 TOP D (Kabinettsprotokolle 1955, S. 580–585, 587 und 621 f.). – Fortgang hierzu 42. Ausschußsitzung am 30. Jan. 1956 TOP 1 (B 136/36216).

E.Pl. 25	Sozialer Wohnungsbau	500,- Mio. DM
	Wohnungsbau für Flüchtlinge	150,- Mio. DM
	Umsiedlung	100,- Mio. DM
	für Bundesbedienstete	67,6 Mio. DM
	Bundeseigener Wohnungsbau	2,7 Mio. DM
	Bergarbeiterwohnungsbau	100,- Mio. DM
	zu Gunsten des sozialen Wohnungsbaues	42,3 Mio. DM
	Wohnungsbauprämien	60,- Mio. DM
	Sonstige Maßnahmen und Zuschüsse	21,1 Mio. DM
E.Pl. 14	Wohnungsbauten für Angehörige der deutschen Streitkräfte	215,- Mio. DM
E.Pl. 35	Wohnungsbau im Zusammenhang mit der Stationierung ausländischer Streitkräfte	250,- Mio. DM
E.Pl. 40	Errichtung von Wohnungsbauten für Kriegsfolgenhilfe-Empfänger	17,5 Mio. DM (Rest aus 1954)
	Errichtung von Wohnungsbauten für heimatlose Ausländer	1,- Mio. DM
	insgesamt:	1.527,2 Mio. DM

Der *Bundesminister für Wohnungsbau* führt aus, daß infolge der außerordentlich starken Nachfrage nach Aufbaudarlehen/Wohnungsbau aus dem Ausgleichsfonds und durch die verhältnismäßig reichliche Bereitstellung von Ländermitteln, welche der Ergänzung bedürften, im Jahre 1955 der Zustand eingetreten sei, daß die kürzlich für das Jahr 1956 aus dem Ausgleichsfonds bereitgestellten 400 Mio. DM schon etwa zur Hälfte vorweg zur Deckung der aus 1955 entstandenen Lücke beansprucht seien. Es ständen also für 1956 nur etwa 200 Mio. DM zur Verfügung. Eine weitere Kürzung dieses völlig unzulänglichen Betrages durch „Kästchen" für Umsiedlung und Evakuiertenrückführung sei nicht vertretbar und würde, wie sich schon gezeigt habe, auch keinesfalls die Billigung der Länder finden. Eine Erhöhung der bereitzustellenden Mittel sei aus diesem besonderen Grunde wie auch aus allgemeinen Gründen unabweisbar. Dabei handele es sich keineswegs um eine Vermehrung der Mittel für den Wohnungsbau gegenüber den Vorjahren, vielmehr nur um die Bemühung, die Leistungen einigermaßen gleichmäßig zu halten. Von einer „Überhitzung" des Baumarktes von der Wohnungsbauseite her könne nach diesen Zahlen kaum gesprochen werden. Im übrigen seien die erhöhten Baukosten je Wohnung überwiegend auf Qualitätsverbesserung und Flächenvergrößerung zurückzuführen. Er verweist in diesem Zusammenhang auf seine beiden vergeblichen Bemühungen um Einschränkung der Hochbauten der öffentlichen Hand und um eine stärkere Verlegung der Bauvorhaben in den Winter[12]. Er könne deshalb

[12] Vgl. dazu die Mitteilung des BMWo in Bulletin Nr. 240 vom 22. Dez. 1955, S. 2061 („Winterarbeiten im Hochbau").

dem Antrag des Bundesministers für Vertriebene, Flüchtlinge und Kriegsgeschädigte nur zustimmen, wenn eine Erhöhung der verfügbaren Mittel erreicht werde.

Nach einer Aussprache über die konjunkturpolitische Situation auf dem Baumarkt im allgemeinen und beim Wohnungsbau im besonderen stellt der *Vizekanzler* die Frage, ob man schon eine Übersicht über den Gesamtstatus des Lastenausgleichsfonds habe. Da bereits erhebliche Vorgriffe vorgenommen worden seien, sei zu prüfen, ob der Lastenausgleichsfonds weitere Vorgriffe, wie die hier vorgeschlagenen 200 Mio. DM, überhaupt tragen könne.

Min.Rat Dr. Käss, BMF, gibt hierzu einen kurzen Überblick über die finanzielle Lage des Ausgleichsfonds im Zusammenhang mit dem Lastenausgleichsschlußgesetz[13]. Er erwähnt hierbei, daß der Kontrollausschuß vermutlich in seiner nächsten Sitzung (voraussichtlich im Februar) bei der Beratung über den Wirtschafts- und Finanzplan 1956 den Betrag von 400 Mio. DM für Aufbaudarlehen/Wohnungsbau noch um denjenigen Betrag erhöhen werde, der auf der Ablösung der Hypothekengewinnabgabe nach § 323 Abs. 1 LAG über die Schätzungen hinaus für 1955 zusätzlich aufkommen wird; dieser Betrag könne auf 50 bis 60 Mio. DM veranschlagt werden.

Präsident Dr. Bernard teilt als Auffassung des Zentralbankrats mit, daß bei der jetzigen Konjunkturlage keine Vorfinanzierungen vorgenommen werden sollten. Die Lage am Kapital- und Geldmarkt im Frühjahr sei noch nicht eindeutig zu übersehen[14].

Der *Vizekanzler* stellt fest, daß sich aus der bisherigen Diskussion ergeben habe, daß im Grundsatz der Vorschlag des Bundesministers für Vertriebene, Flüchtlinge und Kriegsgeschädigte über die Zweckbindung der Mittel gebilligt werde. Auch sei erkennbar geworden, daß man die zusätzliche Finanzierung des Wohnungsbaus nicht ablehne. Es müsse also lediglich ein Weg gefunden werden, um dem Wohnungsbau die zusätzlichen Mittel zur Verfügung zu stellen. Vielleicht könne man den zusätzlichen Betrag auf 150 Mio. DM herabsetzen und eine Rückzahlung durch den Ausgleichsfonds in 3 Raten zu 50 Mio. DM ins Auge fassen.

Im Laufe der weiteren Diskussion wird die Frage aufgeworfen, ob es nicht angesichts der rechtlichen Schwierigkeiten wegen Art. 115 GG zweckmäßiger wäre, die zusätzlichen Mittel aus dem Geld- oder Kapitalmarkt für den Ausgleichsfonds zu beschaffen. Hiergegen werden keine Bedenken geäußert.

Min.Rat Dr. Käss, BMF, weist hierzu darauf hin, daß der Ausgleichsfonds derzeit schon einen Betrag von verplanten, aber noch nicht aufgelegten Anleihemitteln in Höhe von 650 Mio. DM in das Rechnungsjahr 1956 vor sich herschieben müsse. Dieser Betrag erhöhe sich bei Genehmigung weiterer 150 Mio. DM auf 800 Mio. DM.

---

[13] Nach § 246 Absatz 3 des Lastenausgleichsgesetzes vom 14. Aug. 1952 (BGBl. I 446) sollte die nur vorläufig geregelte Entschädigung der Vertriebenen spätestens bis zum 31. März 1957 endgültig gesetzlich festgelegt werden. Daher wurde die Regierungsinitiative eines Achten Gesetzes zur Änderung des Lastenausgleichs als „Lastenausgleichsschlußgesetz" bezeichnet. – Vgl. 133. Kabinettssitzung am 9. Mai 1956 TOP 2 (Kabinettsprotokolle 1956, S. 347) und 48. Ausschußsitzung am 17. Mai 1956 TOP 1 (B 136/36217). – Achtes Gesetz zur Änderung des Lastenausgleichsgesetzes (Gesetz nach § 246 LAG – 8. ÄndG. LAG) vom 26. Juli 1957 (BGBl. I 809).

[14] Vgl. hierzu das Protokoll der 204. Sitzung des Zentralbankrates am 26. Okt. 1955 in HA BBk B 330/89.

Es sei damit zu rechnen, daß bei Verzögerung der Aufnahmemöglichkeit der Präsident des Bundesausgleichsamtes hieraus zusätzliche Wünsche wegen einer Verstärkung der Liquiditätshilfe seitens des Bundeshaushalts ableiten werde, denen man sich nur schwer werde verschließen können.

Der *Bundesminister für Wohnungsbau* legt bei der weiteren Erörterung die vom Vizekanzler genannte Zahl von 150 Mio. DM zu Grunde. Er betont, daß jedenfalls dieser Betrag unbedingt im Jahre 1956 zur Verfügung stehen müsse, um die Fortführung der allgemeinen Wohnungsbauprogramme sicherzustellen. Sonst werde die Bundesregierung im Wahljahr 1957 vor sehr große Anforderungen gestellt werden.

Der *Bundesminister für Vertriebene, Flüchtlinge und Kriegsgeschädigte* weist unter Zustimmung von *Staatssekretär Hartmann* ausdrücklich darauf hin, daß die zusätzliche Bereitstellung von 150 Mio. DM für Aufbaudarlehen/Wohnungsbau die Zustimmung des Kontrollausschusses voraussetze.

Auf Vorschlag des *Vizekanzlers* beschließt der Kabinettsausschuß

a) die vom Bundesminister für Vertriebene, Flüchtlinge und Kriegsgeschädigte in seiner Vorlage vom 22. November 1955 beantragte Zweckbindung gemäß § 320 Abs. 2 Satz 2 LAG,

b) ferner, daß der Ausgleichsfonds für die Gewährung von Aufbaudarlehen für den Wohnungsbau für das Jahr 1956 zusätzliche Mittel des Geld- oder Kapitalmarktes in Höhe von 150 Mio. DM in Anspruch nehmen kann unter der Voraussetzung, daß der Kontrollausschuß

   1) der Zweckbindung dieser Mittel für Aufbaudarlehen für den Wohnungsbau zustimmt,

   2) der Bindung von Mitteln für äußere Umsiedlung und für Evakuiertenrückführung entsprechend dem Antrag des Bundesministers für Vertriebene, Flüchtlinge und Kriegsgeschädigte in seiner Vorlage vom 22. November 1955 zustimmt[15].

1. Neuer Kreditantrag der Eternit AG, Berlin-Rudow, vom 6.6.1955 in Höhe von 3,4 Mio. DM **BMZ**

Der *Vizekanzler* berichtet an Hand seiner Vorlage vom 6. Dezember 1955 und legt die bisherige Entwicklung in der Frage des Kreditantrags der Eternit AG dar[16]. Der

[15] Der Kontrollausschuß stimmte der von der Bundesregierung vorgeschlagenen Regelung am 27. Febr. 1956 zu. Die Sitzungsniederschrift vom 15. März 1956 – I/2 - LA 3532 - 1/56 – befindet sich noch in der Registratur des Bundesausgleichsamtes. – Mit Schreiben vom 4. Jan. 1956 erhob das BMWo gegen Ziffer b) 2 des Beschlusses Einspruch; ein entsprechender Beschlußantrag sei in der Sitzung nicht gestellt worden. Da Hornschu nach Rückfrage bei Blücher auf der Fassung des Protokolls bestand, bat Preusker um eine erneute Behandlung der Angelegenheit im Kabinettsauschuß. Da Blücher dem nicht entsprechen wollte, wurde dem BMWo durch das Bundeskanzleramt nahegelegt, die abschließende Behandlung der Angelegenheit durch das Kabinett zu beantragen. Nach dem Beschluß des Kontrollausschusses sah das BMWo die Sache aber als erledigt an (Schreiben des BMWo vom 4. Jan. 1956 und Vermerke aus dem Bundeskanzleramt vom 4. und 9. Jan. 1956 sowie vom 12. März 1956 in B 136/36216).

[16] Siehe 20. Ausschußsitzung am 15. Nov. 1954 TOP 2. – Vorlage des BMZ vom 6. Dez. 1955 in B 115/5543 und B 136/1292. – Die Eternit AG hatte die ursprünglich für Berlin vorgesehenen

Bundesminister für Wirtschaft habe gegen eine Kreditgewährung aus öffentlichen Mitteln für dieses Investitionsvorhaben Bedenken aus der Sorge, daß die schon jetzt bestehende weitgehende Monopolstellung der Eternit AG noch verstärkt werden würde. Für die Beurteilung von Investitionen in Berlin aus dem ERP-Sondervermögen seien jedoch bisher nicht nur fachliche Gesichtspunkte zugrunde gelegt worden. Hier habe man auch Beteiligungen übernommen und sei Risiken eingegangen, wie sie nur im Hinblick auf die besondere Lage Berlins vertretbar erschienen. Dr. Vockel habe ihm, dem Vizekanzler, schriftlich mitgeteilt, daß er den Kredit an die Eternit AG in voller Höhe befürworte[17]. Im Hinblick auf die vornehmlich politischen Gesichtspunkte halte er eine Ablehnung des Kreditantrags in voller Höhe nicht für vertretbar. Da jedoch nach den Prüfungsberichten die Eternit AG in den nächsten Jahren Möglichkeiten zur Eigenfinanzierung habe[18], schlage er vor, nur einen Teilbetrag des beantragten Kredits in Höhe von 1,5 Mio. DM mit einer Laufzeit von 10 Jahren zu gewähren. Hierbei seien größenordnungsmäßig etwa die Mittel abgesetzt, die von Eternit in den vergangenen Jahren im Bundesgebiet eingesetzt worden seien.

Präsident Dr. Bernard stellt die Frage, ob die Nachfrage nach diesen Mitteln in Berlin sehr groß sei und ob im Falle der Hergabe des beantragten Kredits die Anträge anderer Firmen abgelehnt werden müßten.

Der *Vizekanzler* erwidert, daß es konkurrierende Antragsteller in Berlin nicht mehr gäbe.

Der *Bundesminister für Wohnungsbau* weist darauf hin, daß die Eternit AG doch, wie aus den Prüfungsberichten hervorgehe, den beantragten Kredit aus eigenen Mitteln finanzieren könne. Das Risiko für Eternit sei nicht sehr groß, da Dachziegel auch im Bundesgebiet einen Engpaß darstellten. Er stimme jedoch dem Vorschlag des Vizekanzlers zu.

Min.Dir. Dr. Krautwig, BMWi, pflichtet dem Vizekanzler bei, daß trotz der durch das Gutachten der Treuarbeit bestätigten wirtschaftspolitischen Bedenken die politischen Erwägungen für eine positive Beurteilung des Antrags sprechen. Die Zustimmung des Bundesministers für Wirtschaft zu der vom Vizekanzler vorgeschlagenen Kompromißlösung werde insofern erleichtert, als auch inzwischen Unternehmen

---

Investitionen nach Zurückziehung ihres Antrags von 1954 in Leimen bei Heidelberg vorgenommen. Am 6. Juni 1955 hatte das Unternehmen erneut einen Kredit über 3,4 Millionen DM aus dem ERP-Sondervermögen für Investitionen in Berlin beantragt. Der BMWi hatte daraufhin in einer Vorlage vom 18. Juli 1955 die Fortführung der zwischenzeitlich unterbrochenen Betriebsprüfung gefordert als Voraussetzung für eine Behandlung des Antrags im Kabinettsausschuß und in einer Vorlage vom 28. Nov. 1955 die Ablehnung auch des neuen Kreditantrags der Eternit AG beantragt (B 102/5558 und B 136/1292). Der BMZ hatte sich in seiner Vorlage für die Genehmigung des Kredits unter der Bedingung ausgesprochen, daß der Kredit in voller Höhe nur mit einer verkürzten Laufzeit von fünf bis sechs Jahren oder aber nur ein Teilbetrag von etwa 1,5 Millionen DM mit der normalen Laufzeit von bis zu zehn Jahren gewährt würde.

17 Nicht ermittelt.

18 Vgl. die Berichte der Deutschen Revisions- und Treuhand-Aktiengesellschaft, Wirtschaftsprüfungsgesellschaft (Treuarbeit), Berlin, über die Sonderprüfung der Eternit AG vom 24. Aug. 1955 und 20. Sept. 1955 in B 102/5559 und B 136/1292.

der eisenschaffenden Industrie in Westdeutschland die Herstellung gleichartiger Rohre aufgenommen hätten, so daß neuerdings die Befürchtungen bezüglich einer Monopolstellung der Eternit AG nicht mehr zu schwerwiegend seien.

Staatssekretär Hartmann erklärt, daß er dem Vorschlag des Vizekanzlers nicht widersprechen wolle. Das Bundesministerium der Finanzen sei ressortmäßig an der Angelegenheit insofern nicht interessiert, als die Mittel für Berlin nicht verlorengingen, auch wenn der Kredit nicht an die Eternit AG gewährt werde. Er weist jedoch in diesem Zusammenhang auf den Berlinplan hin[19], in dem der Berliner Senat erhebliche Mittel vom Bund angefordert habe. Wenn der Kredit nicht an die Eternit AG gegeben werde, so könnten damit unter Umständen andere Aufbauvorhaben finanziert werden. Schließlich sei zu bedenken, daß infolge der Unterstützung der Eternit AG aus öffentlichen Mitteln diese nicht nur 3 Konkurrenzunternehmen im Bundesgebiet aufgekauft, sondern darüber hinaus noch ein weiteres neues Werk errichtet habe. Es könne nicht Aufgabe einer öffentlichen Kreditgewährung sein, mit ihrer Hilfe Konkurrenzunternehmen zu beseitigen. Ein solcher etwa in der Öffentlichkeit entstehender Eindruck werde nur die Tendenzen gegen die Berlin gewährten Steuervorteile verstärken.

Min.Dir. Dr. Krautwig, BMWi, weist darauf hin, daß der Kredit von 3,4 Mio. DM im wesentlichen für die Ausweitung der Kapazität und für die Errichtung von Lagerhallen (1,5 Mio. DM) beantragt sei; man könne erwägen, den Kredit von 1,5 Mio. DM zweckgebunden zu geben.

Der *Bundesminister für Wohnungsbau* schlägt in Anbetracht der vom Bundesminister für Wirtschaft und von Staatssekretär Hartmann geäußerten Befürchtungen vor, die Gewährung des Kredits von 1,5 Mio. DM zweckgebunden für die Errichtung neuer Lagerhallen zu geben und seine Verwendung für Kapazitätserweiterungen auszuschließen.

Der Kabinettsausschuß beschließt entsprechend dem Vorschlag des Vizekanzlers unter Berücksichtigung der vom Bundesminister für Wohnungsbau vorgeschlagenen Ergänzung.

---

[19] Vgl. hierzu 38. Ausschußsitzung am 10. Okt. 1955 TOP 1.

ANHANG

DOKUMENTE

Verzeichnis der Dokumente

Dokument 1

Vermerk von Haenlein und Dr. Grau (Bundeskanzleramt) vom 18. Januar 1954 betreffend das Programm zur verkehrspolitischen Neuordnung[1]

[Bundeskanzleramt]
Referate 8 u. 6 Bonn, den 18. Januar 1954

Vermerk für die Kabinettssitzung

Betr.: Programm zur verkehrspolitischen Neuordnung

I.

Entsprechend der Regierungserklärung des Herrn Bundeskanzlers vom 20.10.53 sind die folgenden verkehrspolitischen Aufgaben vordringlich zu lösen:

1. Hebung der Sicherheit im Straßenverkehr
2. Ordnung des Verhältnisses Schiene/Straße
3. Gesundung der Deutschen Bundesbahn
4. Förderung des Straßenbaues.

Der Bundesminister für Verkehr und der Bundesminister der Finanzen haben hierzu ein übereinstimmendes Programm aufgestellt, das aus den anliegenden Kabinettsvorlagen vom 8. und 12.12.53 und 14. [1.54][2] ersichtlich ist. Beide Bundesminister betonen, daß die in diesem Programm vorgeschlagenen Maßnahmen sich gegenseitig bedingen und ein Ganzes bilden. Wenn davon wesentliche Maßnahmen nicht verwirklicht würden, wäre der Erfolg des Ganzen gefährdet oder gar verhindert. Voraussetzung für einen Erfolg sei ferner, daß die Maßnahmen in kürzester Frist und gleichzeitig in Kraft treten.

II.

In dem Programm werden folgende Maßnahmen vorgeschlagen:

1. Sicherheit im Straßenverkehr

Der Bundesminister für Verkehr nennt als besonders wichtige Ursache für die Zunahme der Unfälle im Straßenverkehr (gegenwärtig täglich 30 Unfalltote und über 800 Verletzte) die Überlastung der Straßen. Da die finanziellen Möglichkeiten zum Ausbau der Straßen außerordentlich beschränkt seien, bleibe nur übrig, die Straßen

[1] Vermerk mit handschriftlicher Unterzeichnung durch Haenlein und Grau sowie aufgesetztem handschriftlichem Vermerk von Globke vom 21. Jan. 1954 in B 136/1478.

[2] Die Vorlage ist an dieser Stelle beschädigt.

von dem Verkehr zu entlasten, der nicht aus volkswirtschaftlichen oder sozialen Gründen auf sie angewiesen sei, eine besondere Gefährdung des Straßenverkehrs darstelle und die Straße sowie die Anlieger stark belaste. Er legt daher den Entwurf eines „Gesetzes zur Sicherung des Straßenverkehrs durch Entlastung der Straßen" vor, der enthält:

a) ein Verbot der Beförderung von gewissen Massengütern im Fernverkehr auf der Straße;

b) eine Beschränkung des Werkfernverkehrs (Verbot der Beförderung der Fertigprodukte vom Produzenten zum Abnehmer über 50 km hinaus).

Ferner sollen demnächst zwei Straßenverkehrssicherheitskonferenzen, an denen die Bundesminister der Finanzen und des Innern, die Finanz-, Innen- und Verkehrsminister der Länder sowie der Bundesminister der Justiz, die Justizminister und Generalstaatsanwälte der Länder teilnehmen werden, abgehalten werden mit dem Ziel, eine nachdrückliche Durchführung der Straßenverkehrssicherheitsvorschriften sowie eine einheitliche und wirksame strafrechtliche Behandlung von Verkehrsdelikten zu erreichen. Ebenso soll die Frage der Bildung einer Bundesverkehrspolizei sowie die Notwendigkeit einer Begrenzung der Höchstgeschwindigkeit im Straßenverkehr erörtert werden.

2. Ordnung des Verhältnisses Schiene/Straße

Der Bundesminister für Verkehr sieht eine der Hauptursachen für die schwierige Lage der Verkehrsträger Schiene und Straße und für die unorganische Verschiebung des Verhältnisses zueinander in der ungesunden Ausdehnung des Werkverkehrs. Dieser sei insbesondere durch die Steuergesetzgebung begünstigt worden. Rd. 80 v.H. der zugelassenen Lastkraftwagen führen im Werkverkehr (Gesamtzahl der LKW's am 1.7.1953 = 555 000). Die Lage der Deutschen Bundesbahn werde zusätzlich dadurch nachteilig beeinflußt, daß die Wettbewerbsbedingungen zwischen ihr und dem gewerblichen Güterverkehr nicht gleich seien. Vor allem lege das gemeinwirtschaftliche System (Beförderungspflicht, Tarifzwang, gleiche Tarife auf allen Strecken, Wert- und Entfernungsstaffel im Güterverkehr) ihr Lasten auf, von denen der Straßenverkehr frei sei. Die Abgrenzung der Bereiche von Schiene/Straße und die Gesundung der Deutschen Bundesbahn ließen sich nur durch Maßnahmen erreichen, die der Eigengesetzlichkeit des Verkehrs Rechnung trügen. Das zur Ordnung des Verhältnisses Schiene/Straße aufgestellte Programm gehe daher von folgenden Grundgedanken aus:

a) Das gemeinwirtschaftliche System der Deutschen Bundesbahn ist beizubehalten;

b) Die Wettbewerbsbedingungen von Schiene und Straße sind soweit wie möglich einander anzugleichen;

c) Ein echter Leistungswettbewerb muß gewährleistet bleiben;

d) Eine freie Preisbildung auf dem Gebiet des Verkehrs bleibt ausgeschlossen.

Neben den unter Ziff. 1 erwähnten Maßnahmen zur Entlastung der Straße (Verbot der Beförderung von Massengütern und Beschränkung des Werkfernverkehrs), wodurch der Deutschen Bundesbahn in erheblichem Maße Verkehr zurückgewonnen werde, sei zur Angleichung der Wettbewerbsbedingungen zwischen Schiene und Straße wie auch zur Ermöglichung des Ausbaues der Autobahnen und Straßen folgendes Steuer- und Finanzierungsprogramm vorgesehen:

a) Kraftfahrzeugsteuer: Die Begünstigung der schweren Lastkraftwagen und der Anhänger im geltenden Kraftfahrzeugsteuergesetz soll beseitigt werden. Darüber hinaus ist eine Progression der Steuer für schwere Lastkraftwagen und Anhänger über 15 t Gesamtgewicht vorgesehen. Die Steuer auf Personenkraftwagen soll gesenkt werden, um die Gesamtbelastung des Kraftwagens infolge der Erhöhung der Mineralölsteuer auszugleichen und damit eine Beeinträchtigung der Kraftwagenindustrie vorzubeugen.

b) Beförderungssteuer: Die Beförderungssteuer soll vor allem auf den gewerblichen Güternahverkehr und auf den Werknahverkehr ausgedehnt werden, um diese dadurch der gleichen Besteuerung wie die Bundesbahn zu unterwerfen.

c) Mineralölsteuer: Die Mineralölsteuer soll so erhöht werden, daß der Vergaserkraftstoff um etwa 2,1 Pfg./Ltr. und das Dieselöl um etwa 6 Pfg./Ltr. verteuert wird.

Die Einzelheiten über dieses Steuerprogramm sind in dem anliegenden von den Bundesministern der Finanzen und für Verkehr gemeinsam eingebrachten Entwurf eines Verkehrsfinanzgesetzes 1954 dargelegt. Wegen der in diesem Gesetzentwurf mitbehandelten Finanzierung des Baues von Bundesautobahnen wird auf die Ausführungen Ziff. 4 hingewiesen.

Des weiteren soll durch geeignete tarifpolitische Maßnahmen eine gesunde Verkehrsteilung zwischen Schiene und Straße gefördert werden (Einführung eines Tarifgefälles, Haustarife usw.). Im übrigen wird der Bundesminister für Verkehr darauf hinwirken, daß die Deutsche Bundesbahn und die Vertreter des gewerblichen Güterverkehrs in freiwilliger Vereinbarung die gegenseitige Zusammenarbeit absprechen.

3. Gesundung der Bundesbahn

Der Bundesminister für Verkehr und der Bundesminister der Finanzen weisen darauf hin, daß sich die Lage der Deutschen Bundesbahn durch verschiedene Umstände (mehrere Gehalts- und Lohnerhöhungen, Tragung betriebsfremder Lasten, Eindringen des Kraftwagens in ihren Verkehr) in einer bedrohlichen Weise verschärft haben. Ihr Defizit für die Geschäftsjahre 1952 und 1953 betrage insgesamt rd. 680 Mio. DM. Wenn nicht einschneidende Maßnahmen getroffen würden, werde – bei sonst gleichbleibenden Verhältnissen – im Geschäftsjahr 1954 ein Neuverlust von 840 Mio. DM zu erwarten sein.

Nach § 33 Abs. 2 des Bundesbahngesetzes habe die Bundesregierung über die Dekkung eines Fehlbetrages zu beschließen. Da die im Haushalt 1954 vorgesehene Hilfe für die Deutsche Bundesbahn unzulänglich sei, sei es notwendig, alle Möglichkeiten zu erschöpfen, um durch andere Maßnahmen eine Lösung zu suchen, die eine Inanspruchnahme des Bundeshaushalts in erträglichen Grenzen halte. Sie schlagen daher folgende Maßnahmen vor:

a) Übernahme der politischen (betriebsfremden) Personallasten der Bundesbahn durch den Bund, und zwar im Rahmen der Mittel, die durch die unter Ziff. 2 aufgeführten steuerlichen Maßnahmen aufgebracht werden sollen;

b) Tarifänderungen zur Erzielung von Mehreinnahmen (u.a. Anhebung von Massentarifen);

c) Weitere Rationalisierung des Betriebes der Deutschen Bundesbahn in Durchführung und Erweiterung des Kabinettsbeschlusses vom 8.5.1953;

d) Regelung der früheren Reichsbahnanleihen;

e) Zusammenarbeit zwischen Post und Eisenbahn.

4. Förderung des Straßenbaus

Die unter Ziff. 3 erwähnten steuerpolitischen Maßnahmen sollen neben der Erreichung einer Angleichung der Wettbewerbsbedingungen zwischen Schiene und Straße vornehmlich auch dazu beitragen, zusätzliche Mittel für den dringend notwendigen Ausbau des deutschen Straßennetzes zu gewinnen. In dem Verkehrsfinanzgesetzentwurf ist vorgesehen, aus den steuerlichen Mehreinnahmen folgende Beträge für den Straßenbau freizumachen:

a) Jährlich 80 Mio. DM für den Bau neuer Bundesautobahnen für die Dauer von 14 Jahren; dazu Benutzungsgebühren für die neuen Bundesautobahnstrecken;

b) Jährlich etwa 20 Mio. DM für den Ausbau der Bundesstraßen, wozu weitere 20 Mio. DM kommen, die durch die Maßnahmen zu a) im außerordentlichen Haushalt frei werden.

Des weiteren wird die Erhöhung der Kraftfahrzeugsteuer den Ländern eine Mehreinnahme von rd. 50 Mio. DM bringen, die es ihnen ermöglichen wird, entsprechende höhere Aufwendungen für den Ausbau des Straßennetzes zu machen.

Um eine alsbaldige fühlbare Entlastung der Straßen durch den Neubau von Bundesautobahnen zu erreichen, soll eine besondere Finanzierungsgesellschaft des privaten Rechts errichtet werden. Ihr sollen - wie bereits erwähnt - aus dem Mehraufkommen der Mineralölsteuer für 14 Jahre jährlich 80 Mio. DM, also insgesamt 1 120 Mio. DM, zur Verfügung gestellt werden. Damit könnten innerhalb von 14 Jahren rd. 590 km neue Bundesautobahnen gebaut werden. Zur Abkürzung der Bauzeit soll die Gesellschaft Darlehen aufnehmen können, so daß das Bauprogramm wesentlich schneller verwirklicht werden könnte.

III.

Über alle in Abschnitt II aufgeführten Maßnahmen besteht Übereinstimmung zwischen dem Bundesminister für Verkehr und dem Bundesminister der Finanzen. Auch der Bundesminister für Ernährung, Landwirtschaft und Forsten hat seine grundsätzliche Zustimmung erteilt.

Der Bundesminister für Wirtschaft erkennt zwar die Dringlichkeit einer Neuordnung des Verkehrswesens an, bringt aber zum Ausdruck, daß die Verwirklichung des aufgestellten Programms, insbesondere des Gesetzentwurfs zur Sicherung des

Straßenverkehrs durch Entlastung der Straßen, eine planwirtschaftliche Organisation im Verkehrswesen einleiten würde, die der allgemeinen wirtschaftspolitischen Linie der Bundesregierung zuwiderlaufe und weder für das Verkehrswesen im allgemeinen noch für die Bundesbahn langfristig zum Vorteil wäre.

Die Sicherheit im Straßenverkehr glaubt er durch eine Reihe von polizeilichen Sicherheitsmaßnahmen, wie Beschränkung der Geschwindigkeit, straffe Durchführung des Verkehrssicherheitsgesetzes, Sperrung bestimmter Überlandstraßen für Nutzkraftfahrzeuge, erreichen zu können.

Die Ordnung des Verhältnisses Schiene/Straße hält er durch tarifpolitische Maßnahmen für möglich. Durch eine Änderung der Tarifpolitik der Bundesbahn sei für den Verfrachter der Anreiz zu schaffen, jeweils dasjenige Verkehrsmittel in Anspruch zu nehmen, das seiner gesamten technischen und damit Kosten- und Leistungsstruktur nach am besten für den jeweiligen Transport geeignet sei. Daneben sollte nach seiner Meinung die Bundesbahn in die Lage versetzt werden, den Betrieb unrentabler Strecken einzuschränken oder stillzulegen. Die Möglichkeit einer weiteren Verbesserung der finanziellen Lage der Bundesbahn sieht er in verstärkten Rationalisierungsmaßnahmen sowie in der Regelung der politischen (betriebsfremden) Lasten.

Was die steuerpolitischen Maßnahmen betrifft, so lehnt er vor allem die Progression der Kraftfahrzeugsteuer und die Erhöhung der Mineralölabgabe ab.

Im übrigen ist er damit einverstanden, daß für den Ausbau des Straßennetzes die aus der Änderung des Beförderungssteuergesetzes und des Kraftfahrzeugsteuergesetzes zu erwartenden Mehreinnahmen zweckgebunden für den Straßenbau verwandt werden.

Der Bundesminister für das Post- und Fernmeldewesen sieht in dem Entwurf eines Straßenentlastungsgesetzes eine Möglichkeit für die Hebung der Sicherheit im Straßenverkehr, schlägt indessen zur Vermeidung von Härten für alle beteiligten vor, die geplanten Maßnahmen schrittweise durchzuführen. Allgemein weist er darauf hin, daß gesetzgeberische Maßnahmen zur Beschränkung des Verkehrs auf der Straße Eingriffe in die freie Marktwirtschaft bedeuten. Hinsichtlich der steuerlichen Maßnahmen teilt er die Stellungnahme des Bundesministers für Wirtschaft und spricht sich ferner gegen die Besteuerung der Omnibusse nach dem Gesamtgewicht sowie gegen die Besteuerung des Paketverkehrs aus.

Im übrigen ist er mit dem vorgeschlagenen Programm zur verkehrspolitischen Neuordnung einverstanden, betont dabei aber, daß er auch für die Deutsche Bundespost die Übernahme der politischen Personallasten (etwa 100 Mio. DM) durch den Bund in Anspruch nehmen müsse.

IV.

Der Bundesminister für Verkehr bittet in seiner Kabinettsvorlage vom 12.12.53, das Kabinett möge die von ihm vorgeschlagenen Maßnahmen billigen und insbesondere dem Entwurf eines „Gesetzes zur Sicherung des Straßenverkehrs durch Entlastung der Straßen“ zustimmen. Weiter bitten die Bundesminister der Finanzen und für Verkehr, über den von ihnen mit gemeinsamer Kabinettsvorlage vom 14.1.54 eingebrachten Entwurf eines Verkehrsfinanzgesetzes 1954 zusammen mit den übrigen verkehrspolitischen Maßnahmen zu beschließen.

Im Kabinett wird zweckmäßigerweise zunächst festzustellen sein, ob der Teil des Programms, der vom Bundesminister für Wirtschaft nicht beanstandet wird, die Zustimmung des Kabinetts findet. Sodann wird das Kabinett die Grundsatzfrage zu entscheiden haben, ob die in dem Programm vorgesehenen verkehrslenkenden Maßnahmen zur Durchführung gelangen sollen oder ob der Auffassung des Bundesministers für Wirtschaft gefolgt werden soll, der in einer gewissen Beschränkung der Gemeinwirtschaftlichkeit der Bundesbahn einen Weg zur Lösung des Problems sieht, der zugleich in höherem Maße der allgemeinen wirtschaftspolitischen Linie der Bundesregierung entspricht. Demgegenüber sind sich der Bundesminister für Verkehr und der Bundesminister der Finanzen darüber einig, daß das gemeinwirtschaftliche Prinzip der Bundesbahn keinesfalls geschmälert werden dürfe, weil dadurch Strukturwandlungen innerhalb des Wirtschaftslebens des Bundes eintreten würden, die in ihren Ausmaßen unübersehbar seien. Jede fühlbare Einschränkung der Gemeinwirtschaftlichkeit würde zur Verteuerung des Transportes lebenswichtiger Güter führen und die rohstoffernen Randgebiete, wie z. B. den Bayerischen Wald und Schleswig-Holstein, treffen, in denen ohnehin zahlreiche Betriebe an der Grenze ihrer Existenzfähigkeit liegen. Es sei außerdem zu befürchten, daß ein grundlegender Umbau des Tarifsystems wegen der geschilderten Auswirkungen so langwieriger Vorbereitungen bedürfe, daß sich auch deshalb dieser Weg nicht beschreiten lasse. Die Lage der Deutschen Bundesbahn zwinge zu einer Sofortlösung, da sie andernfalls in Kürze ihre Zahlungsfähigkeit aus eigenen Mitteln nicht mehr aufrechterhalten könne und bereits schon jetzt ihr eine Milliarde umfassendes Investitionsprogramm für das laufende Jahr bis zur Klärung der Finanzierungsfrage einstweilen zurückstellen müsse.

Bei dem Ernst der Lage auf dem Gebiete des gesamten Verkehrs und insbesondere bei der Finanzlage der Bundesbahn wird den Vorschlägen der Bundesminister für Verkehr und der Finanzen im Grundsatz zugestimmt werden müssen. Notwendig ist jedoch, das vorgeschlagene „Gesetz zur Sicherung des Straßenverkehrs durch Entlastung der Straßen“ einer eingehenden Prüfung zu unterziehen. So wird insbesondere die Liste der Massengüter, deren Transport auf der Straße künftig verboten sein soll, einer Überarbeitung bedürfen. Ebenso wird eine sorgfältige Prüfung dahingehend notwendig sein, ob durch die vorgesehene Einschränkung des Werkverkehrs und die dadurch verursachte Stillegung von Lastkraftwagen der Wirtschaft nicht ein unverantwortbarer Schaden entsteht. Zum mindesten werden hier weitgehende Übergangsregelungen notwendig sein.

In gleicher Weise wird auch das Verkehrsfinanzgesetz 1954 insbesondere im Hinblick auf die von den Bundesministern für Wirtschaft und für das Post- und Fernmeldewesen erhobenen Bedenken nochmals zu überprüfen sein. Entsprechend dem Vorschlag des Bundesministers für Wirtschaft dürfte es angezeigt sein, diese Prüfung der beiden Gesetzentwürfe durch den Kabinettsausschuß vornehmen zu lassen. Im Zusammenhang hiermit könnte dann auch die Stellungnahme der beteiligten Verkehrs- und Wirtschaftskreise eingeholt werden.

Das Programm zur verkehrspolitischen Neuordnung nebst den Gesetzentwürfen über die Straßenentlastung und die Verkehrsfinanzierung 1954 sind in der Anlage 1, die verschiedenen Stellungnahmen zu dem Programm und den Gesetzentwürfen in der Anlage 2 enthalten.

Für Referat 6	Für Referat 8
gez. (Haenlein)	gez. (Dr. Grau)

Bei der Bedeutung der Angelegenheit für die Wirtschaft wird man vor einer endgültigen Beschlußfassung auch ihr Gelegenheit zur Stellungnahme geben müssen. Beauftragter der Wirtschaft ist Direktor Friedrich in Hamburg, der bereits um einen Empfang nachgesucht hat.

G[lobke] 21/I[3]

[3] Handschriftlich aufgesetzter Vermerk Globkes vom 21. Jan. 1954.

Dokument 2

Schreiben des Bundesministers für Wirtschaft an den Staatssekretär des Bundeskanzleramtes vom 16. März 1954 betreffend die Hilfsmaßnahmen für das Zonenrandgebiet[1]

Der Bundesminister für Wirtschaft — Bonn, den 16. März 1954

I A 2 – 742/54

An den
Herrn Staatssekretär
des Bundeskanzleramtes
Bonn
Koblenzer Str. 150–160

Betr.: Hilfsmaßnahmen für das Zonenrandgebiet der Bundesrepublik

Bezug: Erlaß des Herrn Bundeskanzlers vom 30.11.1953 – Nr.VI – 60028 – 2528/53 IV –

In Verfolgung des obengenannten Erlasses, der an sämtliche Herren Bundesminister gerichtet ist, haben die einzelnen Bundesressorts bzw. die ihnen unterstellten Anstalten festgestellt, in welchem Umfange bisher eine Berücksichtigung der Belange der Zonenrandgebiete möglich war, und gleichzeitig geprüft, wie in Zukunft der besonderen Situation im Zonenrandgebiet Rechnung getragen werden kann. Die Berichte hierüber liegen mir von den Geschäftsbereichen der entscheidenden Ressorts nun vor. Ich darf in der Anlage eine Zusammenfassung des wesentlichsten Inhalts geben. Ich werde dabei neben den in Zukunft vorgesehenen Maßnahmen nur die gegenwärtig laufenden bzw. gerade zum Abschluß kommenden Programme erwähnen. Auf eine vollständige Aufzählung der weiter zurückliegenden Hilfsprogramme wird verzichtet.

Die Berichte vermitteln den Eindruck, daß in den Bundesministerien der ernste Wille besteht, die Hilfsmöglichkeiten für die Zonenrandgebiet auszuschöpfen, soweit es mit der fachlichen Zielsetzung der Ressortmaßnahmen vereinbar ist. Ich glaube, die Erfolge auf den einzelnen Gebieten durchaus als beachtlich ansehen zu dürfen, wenn auch nicht alle Wünsche der Zonenrandgebiete erfüllt werden konnten. Es ist zu bedenken, daß die Interessenten und die Landesregierungen – dies zeigen insbesondere die Ausführungen der Bundesminister für Vertriebene und Wohnungsbau – bisweilen aus einer Verkennung der fachlichen Aufgaben die Hilfsmöglichkeiten der Bundesressorts überschätzen.

1 Behändigte, von Westrick unterzeichnete Ausfertigung in B 136/698.

Es besteht innerhalb der Bundesressorts Übereinstimmung, daß die Bemühungen zu Gunsten der Zonenrandgebiete fortgesetzt und durch häufige Aussprachen im Interministeriellen Ausschuß für Notstandsgebietsfragen miteinander abgestimmt werden müssen.

Die Berichte der Bundesministerien zeigen ferner, daß eine weitere Steigerung der Hilfeleistungen für die Zonenrandgebiete auf zwei Wegen möglich ist:

1. Es müssen mehr Geldmittel als bisher für die Zonenrandgebiete bereitgestellt werden, um die bereits eingeleiteten Maßnahmen zu erweitern und weitere dringende Arbeiten in Angriff zu nehmen, die bisher aus Geldmangel unterbleiben mußten.

   In Erkenntnis dieser Situation hat die Bundesregierung in dem Haushaltsplan für das Rechnungsjahr 1954 120 Millionen DM zur Förderung der Grenz- und Zonenrandgebiete vorgesehen. Ob der Vorschlag der Bundesregierung die Zustimmung der gesetzgebenden Organe finden wird, läßt sich jetzt noch nicht übersehen. Sobald feststeht, welche zusätzlichen Mittel im Rechnungsjahr 1954 zur Verfügung stehen werden, werde ich mit den beteiligten Bundesressorts im Interministeriellen Ausschuß für Notstandsgebietsfragen einen möglichst wirkungsvollen Plan über die Verwendung der Mittel ausarbeiten.

2. Auf vielen Fachgebieten liegt die Exekutive und damit die letzte Entscheidung über die regionale Verteilung der Mittel bei den Ländern. So entscheiden z. B. die Länder über die Aufteilung der Wohnungsbaumittel auf Bezirke und Kreise. Außerdem haben die Länder bei zahlreichen Investitionsprogrammen der Bundesregierung das erste Vorschlagsrecht. Es liegt also auch hier bei ihnen, innerhalb der fachlichen Zielsetzungen die Projekte aus den Zonenrandgebieten bevorzugt vorzuschlagen. Ich werde deshalb im Interministeriellen Ausschuß für Notstandsgebietsfragen anregen, daß die Bundesressorts bei künftigen Maßnahmen, insbesondere bei Programmen mit den Landesregierungen zusammen die verstärkte Berücksichtigung der Zonenrandgebiete erörtern. Ich hoffe, durch die Zusammenarbeit sowohl bei den Bundes- als auch bei den Landesressorts das Bewußtsein zu stärken, daß es sich bei der Betreuung der Zonenrandgebiete um eine politische Aufgabe handelt, bei der Bund und Länder zusammenwirken müssen.

Über die Bemühungen des Bundeswirtschaftsministers, das Zonenrandgebiet zum notleidenden Gebiet im Sinne der Verdingungsordnungen für Leistungen und Bauleistungen zu erklären, werde ich in einem besonderen Schreiben in Kürze berichten.

Den Bundesministerien sind je 5 bzw. 2 Abdrucke mit Anlage, dem Chef des Bundespräsidialamtes und dem Präsidenten des Bundesrechnungshofes je 2 Abdrucke mit Anlage übersandt worden.

30 Abdrucke dieses Schreibens nebst Anlage sind beigefügt.

In Vertretung:

m.d.W.d.G.b.

gez. Westrick

Anlage
zum Schreiben des BWM an den Herrn Bundeskanzler v. [16.] März 1954

Übersicht
über die eingeleiteten und vorgesehenen Hilfsmaßnahmen für das Zonenrandgebiet.

A. Bundesminister für Arbeit.

1. Aus Mitteln der Bundesanstalt für Arbeitsvermittlung und Arbeitslosenversicherung (BAVAV) wurden bisher folgende Beträge als Kredite aus anlagefähigen Mitteln der Anstalt der Wirtschaft zur Verfügung gestellt:
   a) 65 Mill. DM an die Wirtschaft mehrerer Länder im Bundesgebiet. Dabei hatten die Länder an der Zonengrenze die Möglichkeit, Betriebe aus dem Zonenrandgebiet zu berücksichtigen.
   b) 5 Mill. DM ausschl. für das Zonenrandgebiet (die Mittel sind bereits in der Abwicklung).
   c) 5 Mill. DM ebenfalls ausschl. für das Zonenrandgebiet (Abwicklung wird vorbereitet).
2. Die BAVAV macht in der Regel den Unternehmen, denen sie aus ihren anlagefähigen Mitteln Kredite gewährt, die Auflage, soweit wie möglich bei der Bestellung ihrer aus den Darlehensbeträgen zu finanzierenden Gegenstände Betriebe aus den anerkannten Notstands- und Zonenrandgebieten zu berücksichtigen.
3. Die BAVAV gewährt der Bundesbahn ein Darlehen in Höhe von 15 Mill. DM zur Durchführung von Oberbauarbeiten. Sie macht dabei die Auflage, die Oberbauarbeiten in erster Linie in den Grenz-, Zonenrand- und Notstandsgebieten durchzuführen und die zur Durchführung der Arbeiten erforderlichen Materialien ebenfalls in diesen Gebieten zu beschaffen.
4. Die BAVAV hat einer Reihe von Ländern Gelder zur erststelligen Finanzierung des Wohnungsbaues zur Verfügung gestellt. Dabei wurde den Ländern mit Zonenrandgebieten die Auflage gemacht, die Zonenrandgebiete angemessen zu berücksichtigen.
5. Die BAVAV hat bis Ende 1953 rd. 83 Mill. DM als Grundförderung und verstärkte Förderung auf dem Wege der wertschaffenden Arbeitslosenfürsorge in die Zonenrandgebiete gegeben.

   Der Bundesarbeitsminister versichert, daß er weiterhin alle Maßnahmen in seinem Geschäftsbereich oder in der Zuständigkeit der BAVAV unterstützen wird, die geeignet sind, die wirtschaftliche Lage des Zonenrandgebietes zu bessern.

B. Bundesminister für Ernährung, Landwirtschaft und Forsten

Der Bundesernährungsminister weist darauf hin, daß ein Teil der Schwierigkeiten im Zonenrandgebiet beseitigt sein wird, wenn es gelingen sollte, den „kleinen Verkehr über die Demarkationslinie“ wie er vor dem 27.5.1952 bestand, wieder in Gang zu bringen. Er hat deshalb bereits das Auswärtige Amt gebeten, zu gegebener Zeit geeignet erscheinende Schritte zu unternehmen. Unabhängig davon wird er die Landwirtschaft des Zonenrandgebietes dadurch unterstützen, daß er sie bei der Vergabe von Förderungsmitteln wie in der Vergangenheit berücksichtigt. Er ist jedoch der Auffassung, daß eine wirksame Hilfe die Bereitstellung zusätzlicher Geldmittel erfordert. Mit Hilfe solcher Mittel sollten nach seinem Vorschlag im wesentlichen folgende Maßnahmen durchgeführt werden:

1. Ein Betrag von rd. 250 000 DM jährlich ist bereitzustellen zur Gewährung einer Pachtausfallvergütung für westdeutsche Landwirte, denen seit dem 27.5.1952 die Bewirtschaftung ihrer jenseits der Zonengrenze liegenden Grundstücke unmöglich ist.
2. Die Grundsteuer A ist in den Zonenrandgebieten soweit zu ermäßigen, daß in keinem Fall ein Hebesatz von 140 % des Grundsteuermeßbetrages überschritten wird.
3. Die landwirtschaftlichen Urerzeugnisse sollen in die Frachthilfe für das Zonenrandgebiet einbezogen werden. Damit wird die Landwirtschaft des Zonenrandgebietes in die Lage versetzt, ihre in größerer Entfernung liegenden neuen Absatzgebiete im Westen der Bundesrepublik preisgünstig zu beliefern.

C. Bundesminister der Finanzen (BdF)

1. Bei der Aufbringung der Investitionshilfe wurde den Betrieben in den Zonenrandgebieten $^1/_3$ des Aufbringungsbetrages gestundet und später unter Anlegung eines großzügigen Maßstabes erlassen. Damit sind nach Schätzungen des BdF der Wirtschaft im Zonenrandgebiet rd. 40 Mill. DM belassen worden.
2. Der BdF hat mit Schreiben vom 12. Oktober 1953 den Finanzministern der Länder Bayern, Hessen, Niedersachsen und Schleswig-Holstein empfohlen, bei Stundungs- und Erlaßanträgen der Einkommensteuer, der Körperschaftssteuer, der Abgabe „Notopfer Berlin“, der Vermögenssteuer und der Vermögensabgabe zum Lastenausgleich sowie bei Anträgen auf Sonderabschreibungen die besonderen Belange des Zonenrandgebietes zu berücksichtigen und entsprechende Anträge großzügig zu behandeln. Von besonderer Bedeutung ist dabei das Entgegenkommen, das bei Anträgen auf Sonderabschreibungen von den Finanzämtern gezeigt wird. Durch diese Sonderabschreibungen werden die Unternehmer des Zonenrandgebietes in die Lage versetzt, ihre Betriebe in größerem Umfange auszuweiten, zu modernisieren und zu rationalisieren. Zur Beschleuni-

gung des Verfahrens hat der BdF bei bestimmten Voraussetzungen die erforderliche Zustimmung zu Sonderabschreibungen generell erteilt.

3. Der BdF will im Benehmen mit dem Bundesminister des Innern, mit den Finanz- und Innenministern der Länder Verbindung aufnehmen, um zu erreichen, daß die Abwerbung von Gewerbebetrieben aus dem Zonenrandgebiet durch Länder und Gemeinden des übrigen Teiles der Bundesrepublik in Zukunft unterbleibt.

4. Der Forderung des Arbeitskreises der Zonenrandländer und interessierter Wirtschaftskreise auf eine Gewerbesteuersenkung im Zonenrandgebiet kann der Bund aus verfassungsmäßigen Gründen allein nicht Rechnung tragen. Es ist dies vielmehr eine Sache des inneren Finanzausgleichs der einzelnen Länder. Bedenken gegen eine solche Maßnahme sind aus Teilen des Zonenrandgebietes laut geworden, die eine Verschiebung des Wettbewerbsgefüges innerhalb dieses Gebietes befürchten. Der Bundesminister der Finanzen hat gleichwohl die Finanzminister der Zonenrandländer gebeten, den Gemeinden im Zonenrandgebiet durch entsprechende Gestaltung des inneren Finanzausgleichs, nötigenfalls durch besondere Bedarfszuweisungen, eine angemessen niedrige Festsetzung der Gewerbesteuerhebesätze zu ermöglichen. Der BdF ist bestrebt, diesen Bemühungen der relativ finanzschwachen Zonenrandländer durch Intensivierung des Finanzausgleichs zwischen den finanzstarken und finanzschwachen Ländern des Bundesgebietes im Rahmen der Neuregelung gem. Art. 107 GG Rechnung zu tragen. In diese Ausgleichsregelung wird auch die Steuerkraft der Gemeinden nach objektiven Maßstäben einbezogen.

D. Bundesminister für das Post- und Fernmeldewesen (BMP)

1. Der BMP hat auf Veranlassung des Bundeswirtschaftsministers die ihm unterstehenden Beschaffungsstellen angewiesen, bei der Vergabe von Lieferungen und Leistungen regelmäßig auch Firmen aus den Zonenrandgebieten zur Angebotsabgabe aufzufordern. Diese Maßnahme hat bereits Erfolge gezeitigt. Der Bundespostminister weist jedoch darauf hin, daß er in die Lage versetzt werden müsse, mehr Aufträge als bisher zu vergeben.

2. Der BMP betont die Notwendigkeit, das Nachrichtenwesen, insbesondere die fernmeldetechnischen Anlagen im Zonenrandgebiet auszubauen. Er hat diesem Erfordernis soweit wie möglich Rechnung getragen, indem er seine Investitionen in den Zonenrandgebieten von 20 Mill. DM im Jahre 1952 auf 37,5 Mill. DM im Jahre 1953 gesteigert hat. Nach jüngst durchgeführten Ermittlungen werden in den beiden nächsten Rechnungsjahren insgesamt rd. 170 Mill. DM an Investitionsmitteln benötigt, um die größten Lücken im Post- und Fernmeldedienst der Zonenrandgebiete zu schließen. Die Durchführung dieser Investitionen hängt davon ab, ob es gelingt, die erforderlichen Mittel zu beschaffen.

E. Bundesminister für Verkehr (BMV)

Der BMV kann auf die Maßnahmen für die Verbesserung des Landstraßen- und Wegenetzes in den Zonenrandgebieten nur unmittelbar einwirken, weil diese in der Zuständigkeit der Landesregierungen liegen. Er versucht jedoch nach Möglichkeit in ständiger Verbindung mit den Landesregierungen zu erreichen, daß nicht eine Vielzahl geringfügiger Vorhaben ausgeführt wird, sondern solche Maßnahmen in Angriff genommen werden, die geeignet sind, eine nachhaltige Verbesserung im Verkehr herbeizuführen.

Was die Bundesstraßen anbelangt, so hat er im Haushaltsjahr 1953/54 insgesamt 10 Mill. DM für die laufende Unterhaltung und Pflege der Bundesfernstraßen aufgewendet, während mit rd. 30 Mill. DM eine Reihe von Ausbau- und Umbauarbeiten an Bundesfernstraßen und Autobahnen (Kassel-Göttingen) durchgeführt wurde. Neben dem Straßenbau wird auch der Ausbau der Wasserstraßen zur Förderung der Verkehrsverhältnisse in den Zonenrandgebieten vorwärts getrieben. Zu erwähnen sind hier die Arbeiten im Nordseekanal, die Regulierung der Elbe abwärts Hitzacker und vor allem der Ausbau der Donau-Staustufe Jochenstein an der deutsch-österreichischen Grenze bei Passau. Die Bedeutung des letztgenannten Projekts geht daraus hervor, daß allein an Tiefbaukosten jährlich etwa 10 Mill. DM aufgewendet werden, neben denen noch die Aufwendungen für Material usw. stehen. Weiterhin wird die flußaufwärts fortschreitende Kanalisierung des Mains oberhalb Kitzingens das Zonenrandgebiet erreichen und den Wasserweg bis Bamberg erschließen.

Die genannten Maßnahmen bringen neben der Verbesserung der Verkehrsverhältnisse eine spürbare Entlastung des Arbeitsmarktes in den Zonenrandgebieten mit sich. Allein die Arbeiten an der Donau-Staustufe Jochenstein im Notstandsgebiet bei Passau geben 750 deutschen Arbeitern dieser Gegend auf Jahre hinaus Beschäftigung. Die Aufträge zur Lieferung von Baustoffen haben zu einer erheblichen Belebung der Wirtschaft in diesem Raum beigetragen.

Schließlich betont der BMV, daß die Frachten für Eisenbahntransporte, die infolge der Grenzziehung auf Umwegen laufen müssen, vielfach nach den Tarifsätzen der ursprünglichen Entfernungen berechnet werden. Außerdem hat die Bundesbahn im Raume Hersfeld und nördlich Gronach, wo durch die Absperrmaßnahmen der sowjetischen Besatzungszone im Mai 1952 Bahnstrekken stillgelegt werden mußten, Hilfsverkehre eingerichtet und für diese Maßnahmen mehr als 2 Mill. DM aufgewendet.

Eine Verkehrsverbesserung liegt für die Zonenrandgebiete in dem Einsatz von neuartigen Schienen-Straßenomnibussen im Bayerischen Wald.

Im Zuge der Förderungsmaßnahmen für den Wiederaufbau der deutschen Handelsflotte wurden die Reeder und die Werften des Zonenrandgebietes angemessen berücksichtigt, indem bei der Bewilligung von Wiederaufbaudarlehen aus Haushaltsmitteln des Bundes und von ERP-Krediten Anträgen aus dem Zonenrandgebiet soweit wie möglich entsprochen wurde. Außerdem hat der BMV – soweit vertretbar – im Interesse der Zonenrandgebiete großzügig Bescheinigungen ausgestellt, aufgrund deren die Mittel, die von privater Seite für den Schiffbau zur Verfügung gestellt werden, vom steuerpflichtigen Gewinn oder Einkommen abgesetzt werden dürfen (nach § 7 Abs. 2 des Einkommensteuergesetzes). Der Erfolg dieser Förderungsmaßnahmen ist daraus zu ersehen, daß am 1.11.1953 etwa 270 000 tdw auf den Werften des Zonenrandgebietes im Bau waren, was etwa 27 % des Bauvolumens auf allen deutschen Werften ausmacht.

In dem vom Bundesverkehrs- und Bundesernährungsminister gemeinsam durchgeführten Verfahren bei den Getreideimporten wurden insbesondere Lübeck und Kiel bedacht, während Flensburg im Kohleverkehr berücksichtigt wurde.

Außerdem hat der BMV aus Zuschußmitteln des Bundeshaushalts zur Fremdenverkehrswerbung im Auslande Förderungsprospekte über Teile des Zonenrandgebietes (Harz, Bayerischer Wald usw.) anfertigen lassen und die Fremdenverkehrsverbände veranlaßt, in ihren Reiseprogrammen die Gemeinden des Zonenrandgebietes zu berücksichtigen. So wurden allein durch Touropa-Gesellschaftsreisen im Sommer 1953 dem Bayerischen Wald 2 260 Reisende mit 29 500 Übernachtungen zugeführt (gegenüber 1 765 Reisenden mit 10 600 Übernachtungen in der Sommer- und Wintersaison des Vorjahres).

In dem Bericht des BMV wird darauf hingewiesen, daß eine über die bisherige Berücksichtigung der Zonenrandgebiete hinausgehende Förderung an der angespannten Finanzlage der Bundesbahn und des Bundeshaushalts scheitern wird. Der BMV sieht sich nicht in der Lage, innerhalb seines Etats wesentliche Verschiebungen zugunsten der Zonenrandgebiete, d.h. zu Lasten der westlichen Gebiete der Bundesrepublik durchzuführen, weil die ihm zur Verfügung stehenden Mittel nicht einmal die Durchführung der dringendsten Vorhaben im Bundesgebiet gestatten.

F. Bundesminister für Vertriebene, Flüchtlinge und Kriegsgeschädigte (BMVt)

Der BMVt hat in der Vergangenheit sich stets dafür eingesetzt, daß die Arbeitsplatzdarlehen des Lastenausgleichs bevorzugt und möglichst ausschließlich in die belasteten Gebiete insbesondere am Zonenrand fließen. Er wird diese Bemühungen auch in Zukunft fortsetzen. Darüber hinaus hat er die Anregungen des Arbeitskreises „Ostrandgebiete der Bundesrepublik“, der durch Änderungen der bisherigen Handhabung der Arbeitsplatzdarlehen eine stärkere Berücksichtigung der Zonenrandgebiete erreichen will, eingehend geprüft. Er kommt allerdings dabei zu dem Ergebnis, daß die Wünsche des Arbeitskreises weit über das Vertretbare hinausgehen. Es werden hierin Änderungen des Lastenausgleichsgesetzes angestrebt, die dem Lastenausgleichsgedanken völlig widersprechen. Die zu weitgehenden Forderungen dieses Arbeitskreises beruhen zum Teil auf einer Verkennung des Grundgedankens des Lastenausgleichsgesetzes. Wenn z. B. in einem Schreiben des Arbeitskreises vom 2.12.1953 gesagt ist: „Die Arbeitsplatzdarlehen dienen der Schaffung von zusätzlichen Arbeitsplätzen“, so ist dies nicht zutreffend. Diese dienen vielmehr der Eingliederung von solchen geschädigten Arbeitnehmern durch Schaffung von Dauerarbeitsplätzen, die infolge von Schäden, die sie oder ihre früheren Arbeitgeber erlitten haben, arbeitslos oder berufsfremd eingesetzt sind. Infolgedessen ist die Forderung, von der Geschädigteneigenschaft der Arbeitnehmer abzusehen, wenn der Betrieb bereits einen hohen Vomhundertsatz Geschädigter beschäftigt, gegen den Grundgedanken des Lastenausgleichs gerichtet. Das gleiche gilt für die Forderung, daß die Mittel auch zur Erhaltung vorhandener Arbeitsplätze eingesetzt werden können.

Der Vorschlag, den bisherigen Höchstbetrag bei Arbeitsplatzdarlehen von 5 000 DM auf 8 000 DM je Arbeitsplatz zu erhöhen, erscheint ebenfalls generell nicht vertretbar. Der BMVt weist darauf hin, daß die bisherige Höchstgrenze je Arbeitsplatz im allgemeinen kein Hemmnis für die Gewährung von Dauerarbeitsplatzdarlehen war. Die Schwierigkeiten bestanden vielmehr darin, daß bankmäßige Sicherheiten fehlten oder die Bonität der Projekte zu wünschen übrigließ. Es kann aber keinem Zweifel unterliegen, daß mit den Mitteln des Lastenausgleichsfonds nur qualifizierte Projekte finanziert werden dürfen und daß der Lastenausgleichsfonds auf bankmäßige Sicherheiten – bzw. wenn diese fehlen, auf Bürgschaften der Länder – nicht verzichten kann. Damit taucht als einziges die Frage auf, ob man den finanzschwachen Ländern mit Zonenrandgebieten die Bürgschaftsübernahme dadurch erleichtert, daß der Bund für einen Teil der Bürgschaft als Rückbürge eintritt. Der BMVt wird diese Frage zusammen mit dem BdF und BWM prüfen.

Die Anregung des „Arbeitskreises Ostgrenzgebiete der Bundesrepublik", die Laufzeit der Arbeitsplatzdarlehen auf 12 oder evtl. auf 15 Jahre zu verlängern, erscheint beachtenswert. Der BMVt wird in Kürze Verhandlungen mit dem BdF und dem Lastenausgleichsamt aufnehmen, um eine Verlängerung der Laufzeiten zu erreichen.

Zu der Anregung der Landesregierungen, die Aufbaudarlehen verstärkt den Zonenrandgebieten zufließen zu lassen, bemerkt der Bundesminister für Vertriebene, daß es Sache der Landesausgleichsämter ist, die Mittel so zu disponieren, daß zwar nicht allen Anträgen aus dem Zonenrandgebiet, aber der Mehrzahl der berechtigten Anträge entsprochen werden kann.

G. Bundesminister für Wirtschaft

1. Bei den Verhandlungen, die über den EVG- und den Truppenvertrag geführt wurden, hat die Bundesregierung sich bemüht, die Interessen der Notstands- und Zonenrandgebiete zur Geltung zu bringen. Das Ergebnis der Bemühungen, insbesondere die Möglichkeiten einer Berücksichtigung dieser Gebiete bei der Vergabe von Investitionsmitteln und Aufträgen ist aus dem Anhang zu ersehen.

2. Bei der Gewährung von langfristigen Krediten für die Errichtung, Wiederherstellung und den Ausbau von Lehrwerkstätten ist stets die besondere Lage der Zonenrandgebiete berücksichtigt worden. Im Einvernehmen mit den Wirtschaftsministerien der 4 Grenzländer wurden und werden auch heute noch alle Möglichkeiten einer Hilfeleistung geprüft und erfüllt.

Bisher wurden den Zonenrandgebieten etwa 2 956 500,-- DM Kredite für Lehrwerkstätten bewilligt. Dadurch war es möglich, 1 367 Lehrstellen zusätzlich einzurichten.

Im Rahmen der Richtlinien für die zur Zeit zur Durchführung gelangenden Kreditaktionen zur Steigerung der Produktivität in Mittel- und Kleinbetrieben sowie für Produktivitäts-Sonderprojekte ist bei sonst gleichen Voraussetzungen eine vorrangige Behandlung von Betrieben vorgesehen, die in den anerkannten „Sanierungsgebieten“ oder in den von der Bundesregierung festgelegten Zonenrandgebieten liegen. Darüber hinaus sollen die Belange der Zonenrandgebiete bei den mit Zuschußmitteln zur Durchführung gelangenden Produktivitätsmaßnahmen überbetrieblicher und allgemein-wirtschaftlicher Art berücksichtigt werden.

3. Die Fachabteilungen des BWM versuchen, innerhalb der ihrem Einfluß unterliegenden Investitions- und Wirtschaftsförderungsprogramme die Zonenrandgebiete bevorzugt zu berücksichtigen. So sind in die Energiewirtschaft des Zonenrandgebietes bis Ende 1953 rd. 120 Mio. DM an Investitionsmitteln geflossen, während die eisenschaffende Industrie und die Gießereien Investitionskredite in Höhe von rd. 73 Mill. DM erhielten. Die Fachabteilungen des BWM weisen darauf hin, daß ein erheblicher Geldbedarf für langfristige gewerbliche Investitionen und für Erschließungsmaßnahmen (Wasserversorgung usw.) nach wie vor im Zonenrandgebiet besteht (insbesondere für Rationalisierungsmaßnahmen), der bisher aus Mangel an Mitteln zurückgestellt werden mußte.

4. Zur Aufrechterhaltung des Kupfererzbergbaues in Sontra (Nordhessen) werden aus Bundesmitteln jährlich erhebliche Zuschüsse gezahlt (im Haushaltsjahr 1953/54 8,1 Mill. DM). Es handelt sich hier um eine Hilfsmaßnahme, die in erster Linie wegen der schlechten wirtschaftlichen und sozialen Situation im Raum Sontra durchgeführt wird.

5. Zum Ausgleich von Frachtmehrkosten, die durch die Verlagerung des Kohlenbezugs infolge der Zonengrenzziehung eingetreten sind, gewährt der BWM im Zusammenwirken mit dem Bundesverkehrsminister und dem Bundesfinanzminister vom 1.10.1953 an für Kohlesendungen in das bayerische Zonenrandgebiet aus Bundesmitteln bei Beteiligung des Landes eine Frachthilfe, die bis zu 3,20 DM je t beträgt. Außerdem werden Abnehmern von Walzmaterial aufgrund der Verordnung über den Preisausgleich bei Lieferung von Walzwerksfertigerzeugnissen in revierferne Gebiete die Frachtkosten für die Entfernungen erstattet, die 220 km (gerechnet von der Frachtbasis Oberhausen, Essen bzw. Siegen bis zur Empfangsstation) übersteigen. Diese Vergünstigung kommt in großem Umfange Eisenverbrauchern in dem Zonenrandgebiet zugute.

   Es kann damit gerechnet werden, daß in Kürze die vom Bundeskabinett beschlossene Versandfrachthilfe für das Zonenrandgebiet anlaufen wird, in deren Rahmen der Versand frachtintensiver Enderzeugnisse aus dem Zonenrandgebiet begünstigt wird.

6. Die von den Zonenrandgebieten bisweilen verlangten Einfuhrbeschränkungen zur Sicherung des Warenabsatzes scheiden grundsätzlich aus, da der größte Teil der gewerblichen Einfuhren liberalisiert ist und die Einführung bzw. Verschärfung von Einfuhrbeschränkungen mit den eingegangenen internationalen Verpflichtungen in Widerspruch stehen würde. Dennoch werden gegenwärtig zu Gunsten des Bayerischen Waldes Einfuhrbeschränkungen für Pflastersteine aufrecht erhalten.

   Die Marktinteressen der im Bayerischen Wald ansässigen Flaschenglashütten werden durch ein besonderes Abkommen gesichert, das im Einvernehmen mit den beteiligten Fachreferaten und Fachverbänden zustande gekommen ist. Es wird darauf Bedacht genommen, daß die aus handelspolitischen Gründen aus der Tschechoslowakei einzuführenden Bierflaschen nur bei Exportbierbrauereien für Exportzwecke Verwendung finden.

   Die Versorgung der im Zonenrandgebiete ansässigen bayerischen Industrien mit Kaolin und Braunkohle ist schon seit längerer Zeit Hauptgegenstand der deutsch-tschechoslowakischen Wirtschaftsverhandlungen. Wie bisher wird auch in Zukunft versucht werden, geeignete Lösungen zu finden, z. B. durch entsprechende Warenbezüge auf dem Transitwege.

   Im Rahmen des Wiedergutmachungsabkommens mit Israel vom 10.9.1952 ist auch die Berücksichtigung „wirtschaftlich ungünstiger Gebiete", zu denen das gesamte Zonenrandgebiet gezählt wird, vereinbart worden.

7. Im Rahmen des Sanierungsprogramms – bei dem alle Bundesressorts zusammenwirken – werden dem Zonenrandgebiet jährlich erhebliche Mittel zur Durchführung strukturverbessernder Maßnahmen als Darlehen und als Zuschüsse zugeführt. Der größte Teil der Sanierungsmittel (nach Abzug der Sonderausgaben für Kehl und Helgoland je 40 Mill. DM im Rechnungsjahr 1952 und 1953) ist den Zonenrandgebieten zugute gekommen, weil die Mehrzahl der Sanierungsgebiete im Zonenrandgebiet liegt.

H. Bundesminister für Wohnungsbau

Der Bundesminister für Wohnungsbau weist darauf hin, daß bei der Verteilung der Wohnbauförderungsmittel für das Jahr 1954 die besonderen Verhältnisse der Länder mit Zonenrandgebieten im Rahmen des Möglichen angemessen berücksichtigt worden sind.

Außerdem hat der Wohnungsbauminister aus seinem nur mit geringen Mitteln ausgestatteten Sonderfonds des Jahres 1953 den Ländern Schleswig-Holstein, Niedersachsen, Hessen und Bayern einen Betrag von über $1^1/_2$ Mill. DM zur Verfügung gestellt. Schließlich belaufen sich die bisherigen Mittel für Versuchs- und Vergleichsbauten sowie für ECA-Entwicklungsbauten im Zonenrandgebiet auf nahezu 10 Mill. DM. Diese Maßnahmen sollen weiter und verstärkt fortgesetzt werden.

Der Bundesminister für Wohnungsbau wird sich auch künftig bemühen, die Länder mit Zonenrandgebieten angemessen zu berücksichtigen. Er ist jedoch der Meinung, daß eine sorgfältige Abstimmung zwischen Wohnungsbau und Arbeitsplatz stattfinden muß. Es geht nicht an, Wohnungen dort zu bauen, wo mit großer Wahrscheinlichkeit keine Arbeitsplätze entstehen werden. Wenn die Länder Sonderquoten für die Zonenrandgebiete verlangen, so muß darauf hingewiesen werden, daß es im Hinblick auf die in den Zonenrandgebieten schon vorhandene Arbeitslosigkeit zunächst nicht sinnvoll ist, durch den Bau von Wohnungen im großen Stil Menschen zum Verbleiben in den Zonenrandgebieten zu veranlassen oder sie gar dort hinzuführen, solange für sie keine Beschäftigungsmöglichkeit gegeben ist oder geschaffen werden kann. Es muß in erster Linie dafür Sorge getragen werden, – selbstverständlich neben der allgemeinen Entlastung des Wohnungsmarktes – daß für die Schlüsselkräfte, die in die Zonenrandgebiete gebracht oder dort gehalten werden müssen, ausreichend Wohnungen bereitstehen. Die hierfür erforderlichen Wohnungen können nach Auffassung des Wohnungsbauministers aus den den Ländern jährlich zur Verfügung stehenden Förderungsmitteln errichtet werden, so daß die Durchführung von Wohnungsbau-Sonderprogrammen für die Zonenrandgebiete nicht erforderlich ist, ganz abgesehen davon, daß bei der angespannten Haushaltslage des Bundes auch Sondermittel hierfür wohl kaum bereitgestellt werden könnten.

Anhang

Betr.: Hilfsmaßnahmen für das Zonenrandgebiet der Bundesrepublik im Rahmen des EVG-Vertrages und des Truppenvertrages

Die Einleitung von Hilfsmaßnahmen für das Zonenrandgebiet im Rahmen des EVG- und des Truppenvertrages unterliegt besonderen Voraussetzungen, da solche Maßnahmen nicht allein von deutschen Entschlüssen abhängen, sondern weitgehend von Konzeptionen überstaatlicher Art bzw. durch die Partnerschaft mit den Stationierungsmächten bestimmt werden. Die derzeitige Situation stellt sich wie folgt dar:

A. EVG-Vertrag

Das der deutschen Wirtschaft für Verteidigungszwecke zufließende Auftragsvolumen läßt sich, vor allem hinsichtlich seiner gütermäßigen Zusammensetzung und der Warenmengen im einzelnen, erst nach Aufstellung der gemeinsamen Rüstungsprogramme übersehen. Konkrete Maßnahmen in bezug auf Wirtschaftsförderung, Investitionen u. ä. zugunsten einzelner Industriezweige oder Gebiete unter dem Gesichtspunkt einer künftigen Rüstungsfertigung wären daher verfrüht. Aus dem gleichen Grunde können auch Hilfsmaßnahmen für das Zonenrandgebiet jetzt noch nicht eingeleitet werden.

Bei der Vorbereitung der gemeinsamen Programme, die gemäß Art. 101 im Benehmen mit den Regierungen der Mitgliedsstaaten zu erfolgen hat, werden die besonderen Gegebenheiten in den notleidenden Gebieten in die Überlegungen des Bundeswirtschaftsministeriums einbezogen. Sofern zentralsteuerbare Investitionsmittel für etwaige Kapazitätsausweitungen oder für Aufnahme neuer Produktionen im Zusammenhang mit der Durchführung des EVG-Vertrages verfügbar werden, sollten die notleidenden Gebiete nach Möglichkeit besonders berücksichtigt werden.

Was die spätere Auftragsvergabe anbelangt, so wurde bei Abfassung des EVG-Vertrages eine bevorzugte Berücksichtigung bestimmter Notstandsgebiete nicht ausgehandelt, da die Anerkennung ähnlich gelagerter Verhältnisse in anderen Mitgliedsstaaten (insbesondere Italien und Holland) in der praktischen Handhabung möglicherweise zu einer Schwächung der deutschen Wettbewerbsposition im ganzen geführt hätte. Deshalb erschien auch die Aufnahme einer Notstandsgebietsklausel in die zu Art. 104 ergehenden Verfahrensvorschriften wenig zweckmäßig.

Bis zum Erlaß einer „europäischen Verdingungsordnung" werden die Aufträge vom Kommissariat nach den Rechts- und Verwaltungsvorschriften der Mitgliedsstaaten vergeben (Art. 104 a). Solange werden also für den Bereich der Bundesrepublik auch die zur VOL und VOB ergangenen Bestimmungen und Richtlinien über die bevorzugte Behandlung notleidender Gebiete weiter anwendbar sein.

Im Zuge der vollen Anwendung der europäischen Beschaffungsgrundsätze werden besondere Maßnahmen zu treffen sein, um die auf die Bundesrepublik entfallenden Aufträge auch weiterhin bevorzugt in die notleidenden Gebiete, und damit auch in das Zonenrandgebiet, zu lenken. Maßgebliche Bedeutung wird dem Abschluß von Unterlieferverträgen oder Teillieferverträgen mit Firmen in Notstandsgebieten zukommen; die Vergabe von Unter- oder Teillieferverträgen ist in den Entwürfen einer „europäischen Verdingungsordnung" vorgesehen.

Für die Errichtung militärischer Anlagen ist darauf hinzuweisen, daß die Bauaufträge – neben der Vergabe nach Art. 104 des Vertrages durch die Gemeinschaft – auf Grund einer Vereinbarung auch durch den Aufenthaltsstaat ausgeführt werden können (Art. 25 Statutabkommen). In diesem Falle würde sich die Vergabe in der Bundesrepublik nach der VOB richten und es würden somit auch die hierzu ergangenen Bestimmungen in bezug auf eine bevorzugte Behandlung der notleidenden Gebiete zum Zuge kommen.

Auch die in Art. 107 des EVG-Vertrages ausgesprochene Genehmigungspflicht für bestimmte Gruppen von Rüstungsmaterial schließt das Zonenrandgebiet wegen seiner besonderen regionalen Lage nicht aus. Die Herstellung der in der Anlage I zu Art. 107 aufgeführten Rüstungsmaterialien kann in den Zonenrandgebieten ebenso genehmigt werden wie in allen anderen Teilen der Bundesrepublik. Ausgenommen hiervon sind lediglich die in der Anlage II zu Art. 107 besonders bezeichneten Erzeugnisse (Atomwaffen, chemische und biologische Waffen, weittragende und ferngelenkte Geschosse, Influenzminen, Kriegsschiffe und Militärflugzeuge). Diese dürfen in strategisch gefährdeten Gebieten, wozu außer den Zonenrandgebieten mit Bestimmtheit auch noch andere Gebietsteile des Territoriums der EVG gehören werden, z. B. gewisse niederländische und italienische, nicht hergestellt werden.

Auch die Errichtung und Erweiterung von Produktionsstätten für die oben angeführten Rüstungsmaterialien unterliegen im Zonenrandgebiet grundsätzlich keinen weitergehenden Beschränkungen als im übrigen Bundesgebiet. Die einzige Ausnahme hiervon stellt die Errichtung neuer Pulverfabriken für militärische Zwecke dar (Art. 107 § 4 b).

B. Truppenvertrag

Die Beschaffung von Sach- und Werkleistungen im Rahmen des Truppenvertrages wird nach Art. 39 Ziff. 5 entweder unmittelbar durch die Behörden der beteiligten Macht in Übereinstimmung mit ihren normalen Vertragsverfahren oder auf Antrag der beteiligten Macht durch die deutschen Behörden durchgeführt. Soweit die Stationierungsmacht selbst beschafft, ist eine Berücksichtigung von Notstandsgebieten nicht zwingend möglich; das Bundeswirtschaftsministerium hat jedoch innerhalb des „gemeinsamen Versorgungsausschusses" (Art. 39 Ziff. 2), in welchem die Bundesregierung vertreten ist, die Möglichkeit, auf eine gewisse Streuung der Aufträge in die Notstandsgebiete hinzuwirken. Soweit deutsche Behörden für die Stationierungsmacht beschaffen, wird die Bedarfsdeckung unter Anwendung der VOL erfolgen. Damit besteht die Möglichkeit, die notleidenden Gebiete nach Maßgabe der ergangenen Bestimmungen bevorzugt zu berücksichtigen.

Die Durchführung von Bauvorhaben, die aus dem deutschen Verteidigungsbeitrag bezahlt werden, erfolgt in der Regel durch deutsche Baubehörden gemäß den deutschen Rechtsvorschriften, also nach Maßgabe der VOB. Damit ist auch hier eine bevorzugte Berücksichtigung der notleidenden Gebiete möglich.

Dokument 3

Aufzeichnung aus dem Bundesministerium für Verkehr über die Sitzungen des Arbeitsausschusses am 4. und 11. Mai 1954 betreffend verkehrspolitische Maßnahmen[1]

Schlußbericht

des Arbeitsausschusses an den Kabinettsausschuß

Der Arbeitsausschuß der im Kabinettsausschuß vertretenen Ressorts hat in 2 Sitzungen die Kabinettsvorlage des Bundesverkehrsministeriums vom 23.4.1954 betr. verkehrspolitische Maßnahmen beraten. Er ist zu der Auffassung gelangt, daß es zweckmäßig sei, eine Gesamtkonzeption zur Verkehrsneuordnung in der Form von ergänzenden Beschlüssen zum Straßenentlastungs- und Verkehrsfinanzgesetz zu erarbeiten und dem Kabinett zur Billigung vorzulegen.

Vom Bundesverkehrsministerium wurde erklärt, daß sich die Ressorts nicht als an die in der Vorlage gemachten Vorschläge gebunden betrachten brauchten und daß es bereit sei, Änderungen und Ergänzungsvorschläge zu prüfen und gegebenenfalls zu berücksichtigen.

Der zur Erörterung stehende Kabinettsbeschluß umfaßt folgende Fragenkomplexe:

1.) Verkehrssicherheitsmaßnahmen

Das Bundesverkehrsministerium hat unter Hinweis darauf, daß im Straßenentlastungs- und Verkehrsfinanzgesetz bereits eine Anzahl von Sicherheitsmaßnahmen gebilligt worden sei und daß die ergänzenden Sicherheitsmaßnahmen die Zustimmung der Verkehrssicherheitskonferenzen gefunden hätten, den Erlaß folgenden Beschlusses beantragt:

> Die Vorschläge des Bundesministers für Verkehr in Abschnitt I – Sicherheit im Straßenverkehr – seiner Kabinettvorlage vom 12.12.1953 werden gebilligt, soweit dies nicht schon durch die Verabschiedung des Straßenentlastungs- und Verkehrsfinanzgesetzes geschehen ist. (Abschnitt I der Vorlage vom 23.4.1954)

Die vertretenen Ressorts stimmten der Vorlegung dieses Beschlusses einstimmig zu.

2.) Verkehrsteilung

Das Bundesverkehrsministerium hat den Erlaß folgenden Beschlusses beantragt:

> Die Vorschläge des Bundesministers für Verkehr in seiner Kabinettsvorlage vom 12.12.1953, Abschnitt II, Unterabschnitt A und B – Abgrenzung der Bereiche der einzelnen Verkehrsträger – werden mit der Maßgabe ge-

[1] Undatierter Abschlußbericht in B 108/6918 und B 136/2747.

billigt, daß von einer Erhöhung der Sozialtarife der Deutschen Bundesbahn vorerst abgesehen wird. Der Bundesminister für Verkehr wird beauftragt, in Zusammenarbeit mit den beteiligten Ressorts die von ihm vorgeschlagenen tarifpolitischen Maßnahmen so vorzubereiten, daß sie, soweit möglich, alsbald nach Anlaufen des Straßenentlastungs- und Verkehrsfinanzgesetzes wirksam werden können. (Abschnitt II der Vorlage vom 23.4.1954).

Vom Bundesverkehrsministerium wurde vorgetragen, daß die Entschließung des Bundesrats vom 7.5.1954 die alsbaldige Erarbeitung von Tarifvorschlägen erfordere und daß das Kabinett Grundsätze für die Tarifpolitik aufstellen müsse.

Das Bundeswirtschafts- und das Bundesfinanzministerium wandten sich gegen eine globale Billigung der vom Bundesverkehrsministerium aufgestellten Grundsätze und der von ihm vorgeschlagenen Einzelmaßnahmen, da sie nicht genügend konkretisiert seien. Nachdem sich auch das Bundeskanzleramt und die Bundesministerien für wirtschaftliche Zusammenarbeit, des Innern und für Ernährung, Landwirtschaft und Forsten gegen eine starre Festlegung auf den Inhalt der Kabinettsvorlage vom 12.12.1953 und für eine allgemeinere Formulierung ausgesprochen hatten, wurde folgende Formulierung des Kabinettsbeschlusses erarbeitet:

> Der Bundesminister für Verkehr wird beauftragt, in Zusammenarbeit mit den beteiligten Ressorts und nach Anhörung der Verkehrsträger und der verladenden Wirtschaft auf der Grundlage der Vorschläge unter Abschnitt II A der Kabinettsvorlage vom 12. Dezember 1953 tarifpolitische Maßnahmen so vorzubereiten, daß sie, soweit möglich, im Rahmen seines verkehrspolitischen Gesamtprogramms alsbald nach Anlaufen des Straßenentlastungs- und Verkehrsfinanzgesetzes wirksam werden können.
>
> Von einer Erhöhung der Sozialtarife der Deutschen Bundesbahn ist vorerst abzusehen.

Diese Fassung fand die Zustimmung aller vertretenen Ressorts, die des Bundesfinanzministeriums hinsichtlich des letzten Satzes jedoch nur mit dem Vorbehalt, daß die Vorschläge des Bundesverkehrsministeriums für die Gesundung der Bundesbahn nicht vom Kabinett gebilligt werden.

3.) Maßnahmen zur Gesundung der Bundesbahn

Vom Bundesverkehrsministerium wurde die Auffassung vertreten, daß eine anhaltende Wirtschaftlichkeit der Bundesbahn nur gewährleistet sei, wenn

a) die betriebsfremden Personallasten der Bundesbahn abgenommen und die Altverbindlichkeiten geregelt werden,

b) die Beförderungssteuer in den kommenden Jahren der Bundesbahn als Darlehen zur Verfügung gestellt wird,

c) die Rationalisierungs- und Einsparungsmaßnahmen der Bundesbahn die Billigung des Kabinetts finden und

d) die Vorschläge des Bundesverkehrsministeriums für eine Zusammenarbeit von Bahn und Post angenommen werden.

Es hat hierzu den Erlaß folgender Einzelbeschlüsse beantragt:

Zu a) Betriebsfremde Personallasten und Kapitaldienst

Der Bundesminister der Finanzen wird beauftragt, das dem Bund zufließende Steueraufkommen aus dem Verkehrsfinanzgesetz, soweit es nicht für den Bau von Bundesautobahnen und Bundesstraßen zweckgebunden wird, vorab zur Deckung der betriebsfremden Personallasten und des Kapital- und Zinsendienstes für die Kriegs- und Kriegsfolgeschäden der Deutschen Bundesbahn zu verwenden. Die Bundesminister der Finanzen, des Innern und für Verkehr werden beauftragt, die gesetzliche Regelung der Übernahme dieser Lasten auf den Bundeshaushalt für den frühest möglichen Zeitpunkt vorzubereiten, in dem die Belastung des Bundeshaushalts mit diesen Ausgaben vertretbar ist.

(Abschnitt III zu a) der Kabinettsvorlage vom 23.4.1954)

Zur Begründung dieses Antrages wurde vorgetragen, daß die gemeinwirtschaftlichen Verpflichtungen der Bundesbahn, die Abnahme der betriebsfremden Lasten notwendig machten, um gleiche Wettbewerbsbedingungen für alle Verkehrsträger zu schaffen. Die Auswirkungen des Verkehrsfinanz- und Straßenentlastungsgesetzes und der in deren Schutz vorgesehenen Tarifmaßnahmen reichten nicht aus, eine andauernde Besserung der Ertragslage der Bundesbahn sicherzustellen, so daß die betriebsfremden Lasten als Unkostenfaktor beseitigt werden müßten.

Vom Bundesfinanzministerium wurde demgegenüber ausgeführt, daß eine grundsätzliche Entscheidung über die Übernahme dieser Lasten auf den Bund erst getroffen werden könne, wenn die Auswirkungen der vom Bundestag noch nicht verabschiedeten Verkehrsgesetze auf die Bundesbahn zu übersehen seien. Es sei nicht erwiesen, daß die Bundesbahn ohne Abnahme der betriebsfremden Lasten nicht auf eine gesunde wirtschaftliche Grundlage gestellt werden könne. Die betriebsfremden Lasten seien betriebswirtschaftlich nicht untragbar und stellten eine angemessene Verzinsung des Anlagekapitals dar. Da die Bundesbahn keine Abgaben für den Lastenausgleichsfonds zu zahlen habe und steuerliche Vergünstigungen genieße, sei ihre Wettbewerbslage nicht ungünstiger als die der anderen Verkehrsträger. Im übrigen seien Haushaltsmittel für die Abnahme der Lasten nicht verfügbar; das für die Bundesbahn bestimmte Mehraufkommen aus dem Verkehrsfinanzgesetz sollte nicht zur Deckung laufender Ausgaben, sondern zur Finanzierung einer echten Investitionspolitik verwendet werden, durch welche die Ertragslage der Bundesbahn gebessert werde.

Das Bundeswirtschaftsministerium schloß sich diesen Ausführungen an und zog seine frühere Zustimmung zur Abnahme der betriebsfremden Lasten mit der Begründung zurück, sie sei nur unter der Voraussetzung erteilt worden, daß die – vom Kabinett nicht akzeptierte – verkehrspolitische Gesamtkonzeption des Bundeswirtschaftsministeriums vom Kabinett gebilligt werde. Es sei kein zufälliger Zusammenhang, daß gerade die Ressorts für die Abnahme der betriebsfremden Lasten einträten, die das Gemeinwirtschaftssystem der Bundesbahn in vollem Umfang aufrechterhalten wollten. Nachdem das Bundesministerium für Ernährung, Landwirtschaft und Forsten die Abnahme der festgestellten betriebsfremden Lasten befürwortet hatte, um die Kreditwürdigkeit der Bundesbahn zu heben und ihr eine Investitionspolitik zu ermöglichen, wurde vom Bundesarbeitsministerium die Befürchtung ausgesprochen, daß eine derartige Regelung präjudizierend sei und entsprechende Forderungen der Bundespost, der Sozialversicherungsträger und der Anstalt für Arbeitsvermittlung und Arbeitslosenversicherung nach sich ziehen werde.

Seitens der Finanzabteilung des Bundesministeriums für das Post- und Fernmeldewesen wurde unter Vorbehalt einer endgültigen Stellungnahme des Ministeriums erklärt, daß sie für die Bundespost keine Abnahme der betriebsfremden Lasten fordere, falls das Gebührenaufkommen die Tragung dieser Lasten gestatte. Es sprach sich dafür aus, das Mehraufkommen aus dem Verkehrsfinanzgesetz nicht für konsumptive Zwecke, sondern für Investitionen bereitzustellen. Das Bundesministerium für wirtschaftliche Zusammenarbeit behielt sich eine abschließende Stellungnahme vor, wies jedoch darauf hin, daß die Billigung der Verkehrsgesetze durch das Kabinett die Situation geändert habe, so daß vor einer Beschlußfassung über die Abnahme der betriebsfremden Lasten, die eine einseitige Begünstigung eines Verkehrsträgers darstelle, die Beratung der Verkehrsgesetze im Bundestag abgewartet werden sollte. Die Übernahme der Lasten auf den Bund sei von der Haushaltslage abhängig, wodurch der Bundesfinanzminister einen bestimmenden Einfluß ausübe. Das Bundeskanzleramt behielt sich eine endgültige Stellungnahme vor.

Die Mehrheit der Ressorts trat für eine Fassung des Beschlusses in dem Sinne ein, daß der Bundesbahn eine Vorzugstellung bei der Aufteilung des Mehraufkommens aus dem Verkehrsfinanzgesetz eingeräumt und einer Kommission die Prüfung, wie weit es möglich sei, die betriebsfremden Lasten auf den Bund zu übernehmen, übertragen wird.

Es wurde daraufhin folgender Beschluß erarbeitet:

> Der Bundesminister der Finanzen wird beauftragt, das dem Bund zufließende Steueraufkommen aus dem Verkehrsfinanzgesetz, soweit es nicht für den Bau von Bundesautobahnen und Bundesstraßen zweckgebunden wird, in erster Linie für Zwecke der Bundesbahn, in zweiter Linie für den Straßenbau zu verwenden.
>
> Die Bundesminister der Finanzen, des Innern und für Verkehr werden beauftragt, die Notwendigkeit einer Übernahme der betriebsfremden Lasten der Bundesbahn auf den Bundeshaushalt zu prüfen und hierzu gegebenenfalls gesetzgeberische Vorschläge vorzubereiten.

Der Vertreter des Bundesverkehrsministeriums hielt unter Ablehnung dieser Formulierung an der von ihm vorgelegten Fassung des Beschlusses fest. Die Vertreter der übrigen Ressorts billigten den Beschluß, jedoch behielt sich der

Vertreter des Bundesfinanzministeriums die Zustimmung zu dem letzten Halbsatz „und hierzu gegebenenfalls gesetzgeberische Vorschläge vorzubereiten" vor.

Zu b) Beförderungssteuer

Das Bundesverkehrsministerium hat folgenden Kabinettsbeschluß beantragt:

> Die Verwendung der im Jahre 1953 von der Deutschen Bundesbahn nicht abgeführten Beförderungssteuer für laufende Ausgaben wird genehmigt. Der Bundesminister der Finanzen wird beauftragt, für rechtzeitige Bereitstellung des jährlichen Beförderungssteueraufkommens der Deutschen Bundesbahn als zweckgebundenes Darlehen im Sinne der Kabinettsvorlage des Bundesministers für Verkehr vom 16.4.1953 zu sorgen.
>
> (Abschnitt III zu b) der Vorlage vom 23.4.1954).

Die Notwendigkeit eines Kabinettsbeschlusses wurde damit begründet, daß entgegen dem Kabinettsbeschluß vom 8.5.1953 die im Jahre 1953 nicht abgeführte Beförderungssteuer nicht für Investitionszwecke, sondern für laufende Betriebsausgaben verwendet worden sei. Ebenso sei es erforderlich, die Bereitstellung der Mittel für eine darlehensweise Überlassung der Beförderungssteuer in den kommenden Haushaltsjahren durch Kabinettsbeschluß verbindlich festzulegen, um neben der Entlastung der laufenden Betriebsrechnung durch die Abnahme der betriebsfremden Lasten auch Mittel für Investitionszwecke bereitzustellen.

Das Bundesfinanzministerium erklärte, daß über die Verwendung der Beförderungssteuer im Jahre 1953 erst nach Verabschiedung der Verkehrsgesetze im Zuge der Klärung aller Deckungsfragen entschieden werden könne, so daß diese im Rahmen der Verkehrsneuordnung unbedeutende Frage nicht dringlich sei. Nachdem sich die übrigen Ressorts dieser Auffassung angeschlossen hatten, erklärte sich das Bundesverkehrsministerium bereit, den 1. Satz seines Antrages fallen zu lassen.

Bezüglich der Bereitstellung von Mitteln zur darlehensweisen Überlassung der Beförderungssteuer in den nächsten Haushaltsjahren wurde vom Finanzministerium ausgeführt, daß für das Haushaltsjahr 1954 der Betrag von 250 Mio. DM als Darlehen im Haushaltsplan ausgewiesen sei, daß aber nach der Haushaltsordnung eine haushaltsmäßige Bindung für die Zukunft nicht durch Kabinettsbeschluß eingegangen werden könne.

Von dem Bundeskanzleramt und dem Ministerium für wirtschaftliche Zusammenarbeit wurde erklärt, daß der Kabinettsbeschluß vom 8.5.1954 eine ausreichende Grundlage für die Regelung der darlehensweisen Überlassung der Beförderungssteuer darstelle und die Nichtabführung der Beförderungssteuer durch die Bundesbahn keine besondere Bereitstellung von Mitteln erfordere.

Während das Bundesverkehrsministerium den Satz 2 des von ihm beantragten Kabinettsbeschlusses festhielt, erachteten die übrigen Ressorts eine Beschlußfassung für entbehrlich.

Zu c) Rationalisierungs- und Einsparungsmaßnahmen

Das Bundesverkehrsministerium hat den Erlaß folgenden Kabinettsbeschlusses beantragt:

> Die Vorschläge des Bundesministers für Verkehr zur weiteren Verminderung des Personalbestandes und zur Rationalisierung der Deutschen Bundesbahn (Abschnitt IV, 1-3 seiner Kabinettsvorlage vom 21.3.1954) werden gebilligt.
>
> (Abschnitt III zu c) der Vorlage vom 23.4.1954).

Es wurde vom Bundesverkehrsministerium für erforderlich gehalten, die von den Organen der Bundesbahn durchgeführten oder vorbereiteten, für sachgemäß und erschöpfend zu erachtenden Maßnahmen durch ausdrücklichen Kabinettsbeschluß zu sanktionieren.

Vom Bundesfinanz- und Bundeswirtschaftsministerium wurden die vorgeschlagenen Maßnahmen nicht für ausreichend gehalten und eine betriebswirtschaftliche Überprüfung der Bundesbahn durch den Präsidenten des Hauptprüfungsamts der Bundesbahn unter Zuziehung von unabhängigen fachkundigen Wirtschaftsprüfern gefordert, wobei die Herren Morgenthaler und Wollert genannt wurden.

Seitens des Bundesministeriums für wirtschaftliche Zusammenarbeit wurde vorgetragen, daß eine Billigung der vorgeschlagenen Maßnahmen infolge der in der Öffentlichkeit aufgetretenen Zweifel an dem erschöpfenden Charakter dieser Maßnahmen nicht ohne eine Überprüfung der allgemeinen Lage der Bundesbahn erfolgen sollte.

Vom Bundesverkehrsministerium wurde erklärt, daß in einer solchen Überprüfung ein Mißtrauen gegenüber den Organen der Bundesbahn und dem Bundesverkehrsminister erkennbar werde, was die Verabschiedung der Verkehrsgesetze durch den Bundestag gefährden könne. Obwohl ein Sachverständigengutachten nach seiner Auffassung keine wesentlichen neuen Gesichtspunkte ergeben könne, würde es jedoch einer Begutachtung durch den von Weisungen unabhängigen Präsidenten des Hauptprüfungsamtes, unter Zuziehung des in der Wirtschaft besonders angesehenen Instituts für Finanzen und Steuern nicht entgegentreten, falls das Kabinett sich für die Erstattung eines Gutachtens entscheide.

Vom Bundesarbeitsministerium wurde betont, daß in der Erteilung eines Prüfungsauftrages an einen Außenstehenden kein Mißtrauen liege, da Wirtschaftsunternehmen diese Maßnahmen von sich aus zu treffen pflegen. Vom Bundeswirtschafts- und Bundesfinanzministerium wurde klargestellt, daß es vor allem darauf ankomme, eine betriebswirtschaftliche Überprüfung vorzunehmen, um eine Anpassung der Bundesbahn an die veränderte Verkehrsstruktur unter Gewährleistung der Wirtschaftlichkeit der Bundesbahn auf die Dauer zu bewirken.

Die Bundesministerien für wirtschaftliche Zusammenarbeit, der Finanzen, für Wirtschaft, für Wohnungsbau und für das Post- und Fernmeldewesen sprachen sich im Grundsatz für eine Überprüfung aus und billigten folgende Formulierung des Beschlusses:

> Das Kabinett billigt im Grundsatz die Vorschläge des Bundesministers für Verkehr zur Rationalisierung der Deutschen Bundesbahn und zur weiteren Verminderung des Personalbestandes gem. Abs. IV 1 – 3 der Kabinettsvorlage vom 21. März 1954. Es bittet den Bundesminister für Verkehr, den Präsidenten des Hauptprüfungsamts der Bundesbahn zu beauftragen, im Zusammenarbeit mit besonders sachkundigen Wirtschaftsprüfern und mit dem Institut für Finanzen und Steuern ein Gutachten darüber zu erstatten, ob über die Vorschläge der Kabinettsvorlage hinaus und zutreffendenfalls welche betriebswirtschaftlichen und personellen Maßnahmen seitens der Bundesbahn im Hinblick auf die vor allem in den letzten Jahrzehnten eingetretenen Strukturveränderungen im Verkehr angebracht wären, um eine anhaltende Wirtschaftlichkeit der Bundesbahn zu gewährleisten.

Das Bundeskanzleramt behielt sich die abschließende Stellungnahme vor. Das Bundesverkehrsministerium hielt die von ihm beantragte Fassung des Beschlusses aufrecht.

Zu d) Zusammenarbeit Eisenbahn/Post

Vom Bundesverkehrsministerium wurde berichtet, daß zurzeit in Berlin eine Vorkonferenz der Verkehrsminister stattfinde, in der Vorschläge zur einheitlichen Gestaltung der Omnibustarife erarbeitet würden. Nachdem das Bundespostministerium angeregt hatte, das Ergebnis dieser Besprechung abzuwarten, wurde einstimmig beschlossen, von einer Beschlußfassung zu diesem Punkt abzusehen, da sich die Möglichkeit einer Einigung über die Frage einer Zusammenarbeit von Bahn und Post abzeichne. Die beiden beteiligten Ressorts werden die noch offenen Fragen weiter erörtern und das Ergebnis ihrer Besprechungen dem Kabinettsausschuß bzw. Kabinett unmittelbar unterbreiten.

Dokument 4

Vorlage des Bundesministers für wirtschaftliche Zusammenarbeit vom 9. Juni 1954 betreffend die EZU-Verlängerung und die bilaterale Konsolidierung der Schuldnerverpflichtungen[1]

Der Bundesminister
für wirtschaftliche Zusammenarbeit
II/5

Bad Godesberg, den 9.6.1954

Vorlage
zu Punkt 1 der Kabinettsausschußsitzung
am Mittwoch, den 9. Juni 1954, 15,00 Uhr
im Haus Carstanjen.

Betr.: EZU-Verlängerung und bilaterale Konsolidierung der Schuldnerverpflichtungen.

Das EZU-Direktorium hat am 5. Juni 1954 seine Arbeiten zur Verlängerung der EZU und zur Konsolidierung und Rückzahlung von EZU-Krediten im wesentlichen abgeschlossen und konkrete Vorschläge für die Regelung der aufgelaufenen Salden und für die mit der Verlängerung der EZU in Zusammenhang stehenden Fragen ausgearbeitet. Ein entsprechender Bericht wird dem Rat der OEEC in den nächsten Tagen zur Beschlußfassung zugeleitet werden.

Die Vorschläge des EZU-Direktoriums umfassen folgende Gruppen:

A. Rückzahlung und bilaterale Konsolidierung von EZU-Krediten.

Während nach dem Ministerratsbeschluß vom 5. und 6. Mai 1954 50 % der Schulden der Schuldner an die EZU geregelt werden sollten, läßt der neue Entwurf (MBC (54) 36) eine Regelung der Gesamtsumme aller Verpflichtungen der Schuldnerländer zu, wobei die Verpflichtungen per 30.4.1954 als Orientierungsgrößen dienen sollen. Davon sollen 25 % sofort bar in Gold gezahlt (Italien 33 $^1/_3$%) und für die restlichen 75 % soll eine Vorkonsolidierung vereinbart werden, die es erlaubt, die vorkonsolidierten Beträge in den Rechnungspositionen zu belassen und die Zinsen weiterhin über die EZU zu zahlen.

Jährliche Rückzahlungen auf die vorkonsolidierten Beträge erfolgen bereits während der Lebensdauer der Union in Gold, konvertibler Währung oder in einer mit dem Gläubiger zu vereinbarenden Währung.

---

[1] Die Vorlage ist dem Protokoll der 11. Sitzung am 9. Juni 1954 beigefügt (B 136/36213).

Die kumulative Rechnungsposition der Gläubiger und Schuldner wird nur in dem Maße adjustiert, wie Rückzahlungen tatsächlich in Gold geleistet worden sind.

B. Ausschüttung eines Teils der liquiden Vermögenswerte der Union an die Gläubigerländer.

Anläßlich der Ministerratssitzung war von den Gläubigerländern angeregt worden, an sie aus den liquiden Mitteln der Union 160 Mio. $ auszuzahlen. Dieser Betrag wurde nunmehr, um den USA die erforderliche Zustimmung zu erleichtern, auf 130 Mio. $ reduziert, wobei der besonderen Situation der Bundesrepublik durch eine Erhöhung ihres Anteils von ursprünglich 52 Mio. $ auf 70 Mio. $ Rechnung getragen wird. Zusammen mit den allerdings von den Konsolidierungsvereinbarungen abhängigen cash down-Beträgen in Höhe von etwa 80 Mio. $ und einem Betrag von 25 Mio. $, der sich als erste Jahresrate etwa ergeben würde, werden Westdeutschland nach dieser Rechnung mit rund 175 Mio. $ etwa 29 % seiner gesamten EZU-Forderungen schon jetzt in Gold zufließen.

C. Verpflichtung der Gläubigerländer zur Gewährung neuer Kredite (Rallongen).

An sich bemessen sich die Verpflichtungen der Gläubiger zu neuer Kreditgewährung an die Union nach

a. den bestehenden Kreditverpflichtungen innerhalb der Quote,

b. den sofortigen Goldzahlungen der Schuldner,

c. dem Anteil an der Ausschüttung der liquiden Vermögenswerte und

d. dem Ausmaß der bilateralen Konsolidierung.

Der Bundesrepublik würde bei einem Goldanteil von rund 150 Mio. $ (70 Mio. $ aus liquiden Vermögenswerten, 80 Mio. $ durch Goldzahlung der Schuldner) unter Anrechnung der durch bilaterale Konsolidierung zu regelnden Beträge eine Verpflichtung zu neuer Kreditgewährung in Höhe von rund 400 Mio. $ entstehen, was eine neue deutsche Rallonge von 800 Mio. $ bedeuten würde. Es konnte jedoch erreicht werden, daß von Deutschland nur eine Rallonge-Zusage für die gesamte Lebensdauer der Union von maximal 600 Mio. $ erwartet wird, wobei konkret für das Jahr 1954/55 450 Mio. $ gewährt werden sollen, wie dies bereits im Ministerratsbeschluß vorgesehen war.

Es wird um Entscheidung gebeten, ob einer solchen Verpflichtung zur Rallongegewährung für die Lebensdauer der Union, also auch über den Zeitraum bis 1. Juli 1955 hinaus, bis zu einer Höhe von insgesamt 600 Mio. $ zugestimmt werden kann.

D. Eröffnung neuer Kredite für die Schuldnerländer.

Den Schuldnerländern werden neue Kreditlinien in Höhe ihrer sofortigen Goldzahlungen und im Gegenwert der Ausschüttung liquider Vermögenswerte eröffnet. Lediglich Italien erfährt eine Sonderbehandlung dadurch, daß England und Frankreich zu seinen Gunsten auf einen Teil der ihnen zustehenden Anteile am Gegenwert der liquiden Vermögenswerte in Höhe von 27 Mio. $ verzichten und zum anderen dadurch, daß ihm eine zusätzliche Kreditlinie in Höhe von 30 Mio. $ (Differenzbetrag zwischen der ursprünglich vorgesehenen Ausschüttung von 160 Mio. $ liquider Vermögenswerte der Union und dem nunmehrigen Betrag von 130 Mio. $) eröffnet wird. Die Sonderbehandlung Italiens entspricht dem Wunsche, Italien multilateral bei der Aufrechterhaltung seines Liberalisierungsgrades zu unterstützen.

E. Vereinfachung von Regeln des EZU-Abkommens.

Das Abrechnungsschema wird vereinfacht auf eine ausnahmslose Abrechnung aller Salden auf der Basis 50 % Gold – 50 % Kredit unter Beibehaltung des Quotensystems und des kumulativen Prinzips.

Da sich die bisherige durchschnittliche Goldrelation 40 % zu 60 % in eine solche von 50 % zu 50 % umwandeln würde, sollen, um eine Kürzung des den Schuldnern zustehenden Kredits durch das neue System zu vermeiden, alle Quoten um 20 % erhöht werden.

Dieses neue System hat neben der Einfachheit und Klarheit der Abrechnung den Vorteil, daß die Liquidität der Union nicht gefährdet wird, weil Goldauszahlungen und Goldzuschüsse sich stets die Waage halten. Eine Ausnahme bilden lediglich die Fälle Frankreich und Türkei hinsichtlich der außerhalb ihrer Quoten geleisteten Goldzahlungen, da diesen Ländern sowohl unter der alten wie unter der neuen Regelung dieses Gold im Falle von Überschüssen wieder zufließen würde.

Im übrigen bleibt aber für Schuldnerländer, die ihre Quote sowie die neue zusätzliche Rallonge überschritten haben, die 100 %-ige Goldzahlungspflicht bestehen. Für Gläubigerländer ist eine generelle Regelung für quoten- und rallongeüberschreitende Kredite, wie auch im EZU-Abkommen, nicht vorgesehen.

Bilaterale Konsolidierungsvereinbarungen.

In diesen multilateralen Rahmen sind die bilateralen Regierungsverhandlungen zwischen EZU-Gläubigerländern und EZU-Schuldnerländern über die vorzukonsolidierenden Salden einzupassen.

Informatorische Vorbesprechungen hierzu haben bereits stattgefunden mit Großbritannien, Italien, Frankreich, Norwegen und Dänemark.

A. Konsolidierungsdauer.

Die Konsolidierungsdauer, die von Deutschland im Interesse der Erhaltung einer gewissen Liquidität der von der BdL als Devisenreserve betrachteten Forderung auf 5 Jahre limitiert wurde, erscheint den Schuldnerländern (mit Ausnahme Italiens) im allgemeinen als nicht ausreichend, da sich bei einem Zeitpunkt von 5 Jahren gegenüber den Liquidationsbestimmungen der EZU und unter der Annahme, daß die Liquidation der EZU erst Mitte 1955 erfolgt, kein Konsolidierungsvorteil für die Schuldnerländer ergibt. Frankreich und Norwegen forderten daher einen Konsolidierungszeitraum von 7 Jahren, wobei Frankreich die Bereitschaft erkennen ließ, sich u. U. mit einer Konsolidierung über 6 Jahre zu begnügen und dafür mobilisierbare Schuldtitel zur Verfügung zu stellen.

Sowohl im Falle Frankreichs wie bei Norwegen bleibt zu entscheiden, ob ein Konsolidierungszeitraum von mehr als 5 Jahren zugestanden werden kann. Im Falle Großbritanniens ist bisher eine Konsolidierung von 5 Jahresraten in Höhe von jeweils 7,5 Mio. Pfund vorgesehen. England macht jedoch für eine Konsolidierungsabsprache mit Deutschland zur grundsätzlichen Bedingung, daß schon jetzt eine Konsolidierungszusage für alle bis zum Liquidationszeitpunkt etwa noch entstehenden Schulden von deutscher Seite gegeben wird. Dafür ist England bereit, Zinszahlungen in Höhe von etwa 3 % zu leisten, obwohl für die deutscherseits geschuldeten englischen Nachkriegsforderungen keine Zinsen gezahlt werden.

Zu entscheiden bleibt daher, ob gegenüber England eine solche Konsolidierungszusage gemacht werden kann.

Dänemark fordert ebenso wie England bei der Konsolidierung seiner EZU-Schulden eine Berücksichtigung seiner Nachkriegsforderungen an Deutschland (22,2 Mio. $), die dem Betrag der dänischen EZU-Verpflichtungen gegenüber Deutschland (24,6 Mio. $) etwa gleichkommen. Da die dänischerseits geforderte Konsolidierung über 20 Jahre nicht zu akzeptieren ist, stellt sich die Frage, ob deutscherseits einer vorzeitigen Rückzahlung der deutschen Nachkriegsschulden zugestimmt werden kann. Dabei wäre etwa daran zu denken, die deutschen Nachkriegsschulden – u. U. unter Abzug eines Diskonts – in 5 Jahresraten zurückzuzahlen.

Bei der Entscheidung über die mit den Schuldnerländern zu vereinbarenden Konsolidierungszeiträume muß berücksichtigt werden, daß nach einem Übergang zur Konvertibilität die handelspolitischen Restriktionen der zurückbleibenden Länder gegenüber Westdeutschland sicherlich um so geringer sein würden, je mehr man diese Länder durch eine langfristige Konsolidierung von hohen jährlichen Rückzahlungsraten entlastet.

B. Zinsen.

Nach anfänglichen Schwierigkeiten ist die Frage der Verzinsung der zu konsolidierenden Beträge dahin geklärt, daß eine durchschnittliche Zinsforderung von 3 % gegenüber allen Schuldnerländern durchsetzbar erscheint.

Dokument 5

Vorlage des Bundesministers für besondere Aufgaben vom 11. September 1954 betreffend Maßnahmen zur Förderung der Zonenrandgebiete[1]

Der Bundesminister für besondere Aufgaben Bonn, den 11. Sept. 1954
Waldemar Kraft

Herrn
Bundeskanzler Dr. Adenauer
Bonn

Sehr geehrter Herr Bundeskanzler!

In Erledigung des mir mit Schreiben vom 8. April 1954 erteilten Auftrags überreiche ich anliegend die von mir gefertigte Denkschrift, in der ich die von mir für erforderlich gehaltenen Maßnahmen zur Förderung der Zonenrandgebiete behandelt habe. Meine Vorschläge finden Sie zusammengefaßt auf [den] Seiten 20 und 21.

Ich darf hervorheben, daß ich darauf verzichtet habe, solche Anregungen aufzugreifen und solche Vorschläge zu machen, die zwar sicherlich Zustimmung in den Zonenrandgebieten gefunden und mir weitgehende Sympathien bei der Bevölkerung dieses Gebietes eingebracht hätten, deren Verwirklichung aber für den Bund nicht tragbare finanzielle Anforderungen gestellt hätte. Ich glaube aber andererseits betonen zu müssen, daß die von mir gemachten Vorschläge das Mindestmaß an Maßnahmen enthalten, für deren Durchführung der Bund in den nächsten etwa 10 Jahren die notwendigen Mittel wird bereitstellen müssen. Hinsichtlich deren Höhe habe ich mich bewußt eines Vorschlags enthalten, um bei Bekanntwerden der Denkschrift die Beschlußfassung durch das Kabinett nicht vorweg festgelegt zu haben.

Mit verbindlichen Grüßen
Ihr sehr ergebener
gez. [W. Kraft]

---

1 Behändigte Ausfertigung in B 136/2390.

August [195]4

Vorschläge
für Maßnahmen zur Förderung der Zonenrandgebiete.

Auftrag.

Durch Schreiben des Herrn Bundeskanzlers vom 8. April 1954 ist mir der Auftrag zuteil geworden, die zur Förderung der Zonenrandgebiete von mir für erforderlich gehaltenen Maßnahmen in einer Denkschrift zusammenzustellen. In Verfolg dieses Auftrags habe ich mich mit den beteiligten Bundesressorts und den in Frage kommenden Landesregierungen in Verbindung gesetzt und in eingehenden Besprechungen die Lage in den Zonenrandgebieten erörtert. Ich habe mich ferner an Ort und Stelle von den Verhältnissen unterrichtet und hierbei auch die Vertreter örtlicher Stellen und der hauptsächlich betroffenen Wirtschaftskreise gehört.

Die Umstände, die zu der besonderen Lage der Zonenrandgebiete geführt haben, sind in mehreren Denkschriften eingehend behandelt. Ich verweise insbesondere auf die Denkschrift über das Ostgrenzgebiet der Bundesrepublik, vorgelegt vom „Arbeitskreis – Ostgrenzgebiete der Bundesrepublik – der Länder Bayern, Hessen, Niedersachsen und Schleswig-Holstein“, die Denkschrift über die Auswirkungen der Ostzonengrenze auf die anliegenden Gebiete der Bundesrepublik, herausgegeben von der „Arbeitsgemeinschaft der Grenzlandkammern“, die Denkschrift über die Zonenrandgebiete des Landes Hessen, vorgelegt vom Hessischen Staatskommissar für die Förderung der Hessischen Notstandsgebiete und Zonengrenzkreise und das kulturelle Grenzprogramm des Landes Schleswig-Holstein, zusammengestellt vom Schleswig-Holsteinischen Kultusministerium.

Auch die Folgewirkungen, die die Abschnürung des Zonenrandgebiets nach Osten mit sich gebracht hat, sind in den Denkschriften eingehend und erschöpfend dargetan. Sie sind auch im Bundestag und seinen zuständigen Ausschüssen wiederholt Gegenstand ausführlicher Erörterungen gewesen, so insbesondere in den Plenarsitzungen vom 2. Juli 1953 und 26. Mai 1954.

Abgrenzung der Zonenrandgebiete.

Die Abgrenzung des Zonenrandgebiets beruht auf einem Vorschlag, den der „Arbeitskreis Ostgrenzgebiete der Bundesrepublik“ der beteiligten Länder ausgearbeitet hat, und einem entsprechenden Beschluß des unter der Federführung des Herrn Bundesministers für Wirtschaft stehenden Interministeriellen Ausschusses für Notstandsgebietsfragen (IMNOS). Wiederholt sind Forderungen auf Ausdehnung des Gebiets gestellt und dahingehende Anträge im Bundestag eingebracht worden. Auch ich bin von örtlichen Stellen unter eingehender Darlegung der Verhältnisse wiederholt gebeten worden, mich für eine Änderung der Abgrenzung und insbesondere Erweiterung des Gebietes einzusetzen. Es kann nicht verkannt werden, daß die starre Abgrenzung an einzelnen Stellen Härten aufweist, die aber aus den in den Erklärungen des Herrn Bundesministers für Wirtschaft (Bundestagsdrucksachen 401 und 461) angeführten Gründen in Kauf genommen werden müssen, wenn nicht die Abgrenzung des Gebiets schlechthin ins Schwanken und damit die Durchführung der Fördermaßnahmen immer wieder Störungen erleiden soll.

Förderungsmaßnahmen.

Die als möglich angesehenen Förderungsmaßnahmen sind in den bereits erwähnten Denkschriften sowie einer großen Zahl weiterer Denkschriften mehr örtlicher Bedeutung, in den Vorschlägen des Ausschusses für Fragen der östlichen Grenzkreise des Deutschen Landkreistages (Zeitschrift „Die Selbstverwaltung" Nr. 1 – Januar 1954 – S. 2 ff.), in dem Beschluß des Bundestages vom 2. August 1953 und in den zurzeit dem Bundestag und seinen zuständigen Ausschüssen vorliegenden Anträgen erschöpfend zusammengestellt. Es dürfte schwer, ja, unmöglich sein, diesen zum Teil sehr weitgehenden, zum Teil aber auch nicht diskutablen Vorschlägen neue hinzuzufügen. Ich muß mich daher darauf beschränken, diese Vorschläge aufzugreifen, soweit sie mir zur Förderung des Zonenrandgebiets geeignet und durchführbar erscheinen. – Ich unterscheide zwischen den Vorschlägen, die sich in der Hauptsache mit wirtschaftlichen Fragen befassen und der Hebung und Stärkung der Wirtschaft in den Zonenrandgebieten dienen, und den Vorschlägen, die auch durch Förderung kultureller Maßnahmen das allgemeine „Klima" in den Zonenrandgebieten verbessern können.

Es besteht allseits volle Übereinstimmung, daß es neben den selbstverständlichen Hilfsmaßnahmen der Länder, die diese nach Maßgabe ihrer eigenen Finanzkraft durchzuführen haben, auch seitens des Bundes erheblicher Hilfen bedarf, um die wirtschaftlichen, sozialen und kulturellen Verhältnisse in dem Zonenrandgebiet denen der übrigen Bundesgebiete anzupassen.

I. Wirtschaftliche Hilfen.

Die bisherigen Maßnahmen der Bundesregierung zur Förderung der wirtschaftlichen Lage in den Zonenrandgebieten sind in dem Überblick des Herrn Bundesministers für Wirtschaft vom 18. Mai 1954 – Bundestagsdrucksache 534 – zusammengefaßt. Inzwischen sind von der Bundesregierung aus Haushaltsmitteln des Jahres 1954 zur Steigerung der Wirtschaftskraft und für die Beseitigung von Wirtschaftsschäden in den Zonenrandgebieten 120 Mio. DM bereitgestellt worden, über deren Verteilung und Verwendung seitens des Interministeriellen Ausschusses für Notstandsgebietsfragen (IMNOS) mit den beteiligten Landesregierungen Einvernehmen erzielt worden ist.

Die besondere Notlage des Zonenrandgebiets ist gekennzeichnet durch die Schwierigkeiten, mit denen die Wirtschaft dieses Gebietes zu kämpfen hat. Sie haben zur Folge, daß in den wirtschaftlichen Verhältnissen im Vergleich zur Vorkriegszeit wenn nicht sogar ein Rückgang, zumindest nicht der gleiche Anstieg wie im Westen der Bundesrepublik zu verzeichnen ist. Die besondere Notlage findet ihren Ausdruck in der Anfälligkeit der Betriebe gegenüber den leider nicht seltenen und wirksamen Abwerbungsversuchen westdeutscher Gemeinden, die für den Fall der Verlagerung Vorteile in Aussicht stellen, die zu gewähren die finanziell selbst notleidenden Gemeinden des Zonenrandgebiets nicht in der Lage sind. Sie findet ferner ihren Ausdruck in der Tatsache, daß bei Neuerrichtungen von Betrieben das

Zonenrandgebiet weitgehend gemieden wird. In Verbindung mit diesen Tatsachen steht die höhere Arbeitslosenziffer der Randgebiete. Zur Bekämpfung dieser Erscheinungen müssen generelle Maßnahmen einsetzen. Sie können in erster Linie in steuerlichen Hilfen bestehen.

1. Steuerliche Maßnahmen.

a) Stundung und Erlaß.

Der Herr Bundesfinanzminister hat mit Schreiben vom 12. Oktober 1953 den Finanzministern der Länder empfohlen, bei Anträgen auf Stundung und Erlaß der in Frage kommenden Steuern (Einkommensteuer, Körperschaftssteuer, Abgabe Notopfer Berlin, Vermögenssteuer und Vermögensabgabe zum Lastenausgleich) und in Betreibungsangelegenheiten den besonderen Verhältnissen des Zonenrandgebiets weitgehend Rechnung zu tragen. Dem ist in anerkennenswertem Maße entsprochen worden. Die gleiche Handhabung muß auch weiter beibehalten werden.

b) Sonderabschreibungen.

Der Herr Bundesminister der Finanzen hat darüber hinaus mit vorerwähntem Schreiben empfohlen, Anträgen auf Sonderabschreibungen im Rahmen des § 131 AO, d.h. in Härtefällen, weitgehend entgegenzukommen. Er hat bei Vorliegen bestimmter Voraussetzungen die ihm vorbehaltene Zustimmung generell erteilt. Die Sonderabschreibungen sollen die Unternehmer des Zonenrandgebiets in die Lage versetzen, ihre Betriebe auszuweiten, zu modernisieren und zu rationalisieren. Diese Möglichkeit sollte allen Betrieben in dem Zonenrandgebiet eingeräumt werden. Der Bundestag hat in seinem Beschluß vom 2.8.53 eine gleiche Forderung gestellt. Nach der einschränkenden Weisung des Herrn Bundesministers der Finanzen ist aber den Anträgen nur im Rahmen des § 131 AO zu entsprechen. Diese Beschränkung trägt nicht dem Grundgedanken Rechnung, den im Zonenrandgebiet ansässigen Betrieben zum Ausgleich ihrer gegenüber den Bedingungen im übrigen Bundesgebiet erschwerten Verhältnissen einen steuerlichen Vorteil zu geben. Wenngleich anerkannt wird, daß die Finanzbehörden bei der Prüfung der Voraussetzungen nicht engherzig verfahren sind, erscheint es mir doch angebracht, die Sonderabschreibungen für alle Betriebe zuzulassen.

Die Sonderabschreibungen sind begrenzt für Investitionen bis zum Ende des Steuerjahres 1955. Eine angemessene Verlängerung erscheint schon jetzt erforderlich. Sie sollen zwar keine Dauerbevorrechtigung werden, müssen aber für eine längere Geltungsdauer, etwa 10 Jahre, zugelassen werden. Eine klare Zeitabgrenzung ist erwünscht, um dem Betrieb ein zielbewußtes Planen zu ermöglichen. Sie ist ferner erforderlich, um auswärtigen Unternehmen einen Anreiz zur Niederlassung im Zonenrandgebiet zu geben. Zum Teil hat allerdings die zusätzliche Abschreibungsmöglichkeit durch die zwischenzeitliche Entwicklung der Steuerpolitik ihren besonderen Wert verloren. Die Wirtschaft des gesamten Bundesgebiets kann auf Grund der degressiven Abschreibungsweise in den Genuß von ähnlichen Abschreibungserleichterungen kommen, wie die Betriebe im Randgebiet. Auch ist der Kreis der Unternehmer, die Sonderabschreibungen vornehmen können, nur verhältnismäßig klein. Es fehlt in den Zonenrandgebieten weitgehend an langfristigen Kreditmitteln, um den Betrieben die Finanzierung von Investitionen zu ermöglichen. Eigene Mittel stehen nur ungenügend zur Verfügung. Ihre Schaffung ist von entscheidender Bedeutung für eine stärkere Förderung der Investitionen im Zonenrandgebiet. Der Erreichung dieses Zieles würde es dienen, wenn die Bildung steuerfreier Investitionsrücklagen zugelassen würde.

c) Steuerfreie Investitionsrücklage.

Der Vorschlag, für die Betriebe in den Zonenrandgebieten die Bildung einer steuerfreien Rücklage in Höhe von 50 % des steuerpflichtigen Gewinns zuzulassen, wird vom Arbeitskreis der Länder bereits seit langem vertreten. Der Bundestag hat ihn in seinem Beschluß vom 2. Juli 1953 sich zu eigen gemacht. Seine Verwirklichung erscheint in erster Linie geeignet, nicht nur die im Zonenrandgebiet ansässigen Betriebe zu halten, sondern nach Möglichkeit die Ansiedlung neuer Betriebe zu fördern. Die Abwerbung von Betrieben unter Hinweis auf die Vorteile verschiedenster Art, die nicht nur in der zentraleren Lage bestehen, sondern seitens der finanziell stärkeren Gemeinden des Westens geboten werden, hat ein bedenkliches Ausmaß erreicht. Eine steuerliche Begünstigung der hier vorgeschlagenen Art wäre geeignet, dieser Abwerbung entgegenzuwirken. Die Zulassung einer steuerfreien Investitions-Rücklage erscheint möglich, sie stellt eine echte Finanzierungshilfe dar. Die vom Arbeitskreis der Länder vorgeschlagene entsprechende Ergänzung des Einkommensteuergesetzes, nach der ein § 6a „Rücklage für Betriebe in den Ostrandgebieten der Bundesrepublik" eingefügt werden soll, erscheint zweckmäßig und im Interesse der gesamten Wirtschaft des Zonenrandgebiets erforderlich.

Gegen die vorgeschlagene Maßnahme kann m.E. nicht eingewendet werden, daß sie gegen die Politik der Bundesregierung verstoße, die in den Steuergesetzen zurzeit bestehenden Begünstigungsvorschriften abzubauen oder auslaufen zu lassen. Der Abbau der bisher in den verschiedensten Bestimmungen enthaltenen und für die Steuerpflichtigen selbst nicht mehr übersehbaren Vergünstigungen bei allgemeiner Senkung der Steuer wird durch eine Maßnahme nicht gefährdet, die einem regional begrenzten Kreis von Steuerpflichtigen allgemein eine Vergünstigung einräumt. Da die regionale Lage der Anlaß zu dieser Vergünstigung ist, besteht auch keine Notwendigkeit, sie auf andere Steuerpflichtige auszudehnen, wie dies offenbar vom Herrn Bundesminister der Finanzen befürchtet wird.

d) Senkung der Umsatzsteuer.

Um eine möglichst weitgehende Entlastung der Wirtschaft des Zonenrandgebiets herbeizuführen, ist ferner der Wegfall oder die Ermäßigung der Umsatzsteuer in den Zonenrandgebieten in Vorschlag gebracht worden. Für diesen Vorschlag setzt sich besonders der Deutsche Landkreistag ein. Es erscheint bestechend, seine Durchführung ließe eine Breitenwirkung erhoffen, die zu erreichen besonders wünschenswert wäre. Sie würde aber nicht unerhebliche Härten für die außerhalb des Zonenrandgebiets, aber in unmittelbarer Nähe gelegenen Betriebe schaffen. Nicht zuletzt aus diesem Grunde haben selbst die in den Industrie- und Handelskammern zusammengeschlossenen Wirtschaftskreise eine solche Maßnahme als bedenklich bezeichnet. Auch der Herr Bundesminister der Finanzen hat in Übereinstimmung mit den Landesregierungen sehr beachtliche Bedenken gegen eine allgemeine Senkung der Umsatzsteuer in den Zonenrandgebieten geltend gemacht.

Es wird ohnehin bei der Beratung des von der Fraktion der SPD eingebrachten Antrags – Bundestagsdrucksache 510 – das Für und Wider der vorgeschlagenen Umsatzsteuersenkung noch zur Erörterung kommen. Ich habe daher davon abgesehen, zu dem Vorschlag im Rahmen dieser Denkschrift abschließend Stellung zu nehmen.

e) Stundung und Erlaß der Umsatzsteuer.

Unabhängig von der Frage einer allgemeinen Senkung der Umsatzsteuer erscheint mir aber eine Weisung des Herrn Bundesministers der Finanzen möglich und angebracht, daß auch bezüglich der Umsatzsteuer im Rahmen der §§ 127 und 131 AO entgegenkommend verfahren werden kann. Auf den vom Arbeitskreis der Länder ausgearbeiteten Entwurf einer solchen Weisung darf ich Bezug nehmen. Durch sie würde den erschwerten Verhältnissen Rechnung getragen, unter denen die Betriebe im Zonenrandgebiet leiden (Verschlechterung der Absatzlage, weite Entfernung von der Rohstoffbasis pp.) und die dazu führen können, daß die Umsatzsteuer nicht mehr kalkulationsfähig und abwälzbar ist.

f) Senkung der Gewerbesteuer.

Bei der Überprüfung der Verhältnisse in den Zonenrandgebieten habe ich feststellen müssen, daß in den Zonenrandgemeinden der Gewerbesteuerhebesatz zum Teil erheblich über dem Bundesdurchschnitt liegt. Die gleiche Feststellung gilt für die Grundsteuer. Der Abbau dieser überhöhten Steuersätze erscheint mir unerläßlich. Einer schematischen Senkung (etwa um 20 v. H.) bei Ersatz des den Gemeinden entstehenden Ausfalls aus Bundesmitteln wird von denjenigen Ländern widersprochen, die mit anderen Maßnahmen einer Übersteigerung der Gewerbe- und Grundsteuer zu vermeiden gewußt haben. Die überhöhten Steuersätze sind insbesondere in Schleswig-Holstein festzustellen, da hier das Land infolge seiner eigenen finanziellen Lage und der relativen Größe seines Zonenrandgebiets im Wege des inneren Finanzausgleichs den Zonenrandgemeinden eine ausreichende Hilfe nicht zukommen lassen konnte. Die Bereitstellung eines zweckgebundenen Bundeszuschusses wird zu erwägen sein, sofern nicht durch eine entsprechende Berücksichtigung im Finanzausgleich unter den Ländern Abhilfe möglich wird.

g) Ermäßigung der Investitionshilfe.

Bei der Investitionshilfe konnte den Betrieben, sofern eine besondere Notlage dargetan war, ein Drittel erlassen werden. Nachdem die Investitionshilfe überzeichnet ist, erhebt sich die Frage, ob abgelehnte Anträge auf Erlaß eines Drittels wieder aufgegriffen werden können oder ein allgemeiner Erlaß eines Drittels für die Betriebe der Zonenrandgebiete durch entsprechende gesetzliche Regelung gewährt wird.

h) Fortfall der Kohlenabgabe.

Es würde schließlich der besonderen Lage, in der sich das Zonenrandgebiet befindet, entsprechen, wenn generell innerhalb dieses Gebietes bezw. bei Lieferung in dieses Gebiet von der Erhebung der Kohlenabgabe zur Förderung des Bergarbeiterwohnungsbaus abgesehen würde. Eine möglichst preisgünstige Brennstoffversorgung ist eine der wesentlichsten Grundlagen für die industrielle Betätigung. Es erscheint wenig sinnvoll, für dieses Gebiet Stützungsaktionen verschiedenster Art durchzuführen, andererseits aber seine Brennstoffversorgung mit ihr wesensfremden Abgaben zugunsten des Bergarbeiterwohnungsbaus zu belasten.

2. Einsatz von Bundesmitteln.

Neben den vorgenannten steuerlichen Maßnahmen muß sich die Bundesrepublik aber auch die Förderung des Zonenrandgebiets, das gegenüber dem Osten ihr Schaufenster ist, weiterhin durch Einsatz besonderer Mittel angelegen sein lassen. Die Bundesregierung hat in Erkenntnis ihrer Verpflichtung im Haushaltsjahr 1954/55 einen Betrag von 120 Mio. DM (abzüglich der allgemeinen Haushaltskürzung um 4 %) zur Verfügung gestellt. Sie hat damit einen Teil der Maßnahmen ermöglicht, die der Bundestag in seinem Beschluß vom 2. Juli 1953 gewünscht hat. Über die zweckmäßigste Verwendung der Mittel ist im Interministeriellen Ausschuß für Notstandsgebietsfragen (IMNOS) mit den beteiligten Ländern Übereinstimmung erzielt worden. Als notwendige und zweckmäßige Förderungsmaßnahmen wurden hierbei erkannt:

a) Gewährung einer Frachthilfe
b) Ausbau von Verkehrsverbindungen, insbesondere Straßenbau
c) Zinszuschüsse für Rationalisierungskredite in strukturbestimmenden Industriezweigen
d) Zinszuschüsse für Investitions- und Betriebsmittelkredite an das Fremdenverkehrsgewerbe
e) Neubau und Ausbau von Versorgungsanlagen
f) Förderung des Berufsausbildungswesens
g) Wirtschaftsbeihilfe für existenzgefährdete landwirtschaftliche Betriebe
h) Allgemeine Wirtschaftsförderungs- und Erschließungsmaßnahmen nach den Richtlinien für die Sanierungsaktion.

Zu a) Frachthilfe:

Nach anfänglichen Schwierigkeiten ist nunmehr die Frachthilfe im Gesamtgebiet angelaufen. Sie war zunächst auf den Bezug von Kohle beschränkt, ist inzwischen aber auf den Bezug von anderen gewerblichen Roh- und Hilfsstoffen sowie auf den Versand von landwirtschaftlichen Produkten ausgedehnt worden. Sie ist aber noch beschränkt auf Bahntransporte, sofern nicht eine Bahnverbindung nicht mehr besteht. Im Zuge der Verkehrsgesetzgebung wird die Einbeziehung der Transporte auf der Straße und dem Wasserweg in Erwägung zu ziehen sein.

Die Fortdauer der Frachthilfe muß gewährleistet werden.

Zu b) Verkehrsverbesserungen:

Durch die Bereitstellung von Mitteln des Bundes ist den Ländern die teilweise Realisierung ihrer Bauprogramme möglich. In Frage kommen Neubau und Ausbau von Zufahrtsstraßen, die als Ersatz fortgefallener Verbindungswege notwendig geworden sind.

Vor allem ist dringend der Ausbau der Nord-Süd-Verbindung und die Beseitigung von Verkehrsstümpfen. Da die Zonenrandgebiete im besonderen Maße unter ihrer peripheren Lage und der Verkehrsferne leiden, muß auch der Bund dem Ausbau der Bundesstraßen und der Autobahnen in und zu dem Zonenrandgebiet besonderes Augenmerk zuwenden. Die Bereitstellung eines Vorwegbetrages im Haushalt des Bundesverkehrsministeriums für diesen Zweck erscheint dringend erforderlich.

Zu c) Zinszuschüsse für Rationalisierungskredite:

Die Gewährung von Zinszuschüssen für Rationalisierungskredite soll in erster Linie den Betrieben die Aufnahme solcher Kredite erleichtern. Die dadurch geschaffene Möglichkeit zur Aufnahme solcher Kredite wird der Abwanderung von Betrieben entgegenwirken. Sie wird weiter die in den vergangenen Jahren neu angesetzten Betriebe festigen. Die Aufnahme eines zinsverbilligten Kredits kann aber den Betrieben nur zugemutet werden, wenn ihnen die Gewähr gegeben wird, daß die Zinsverbilligung nicht nur für ein oder drei Jahre, wie es die Richtlinien vorsehen, sondern für die Dauer der Laufzeit des Kredits oder doch zumindest für die Zeit der besonderen Notlage im Zonenrandgebiet gegeben wird.

Zu d) Zinszuschüsse für das Fremdenverkehrsgewerbe:

Der Förderung des Fremdenverkehrs kommt im gesamten Zonenrandgebiet eine erhebliche Bedeutung zu, da hier ganz besondere Möglichkeiten für die wirtschaftliche Erschließung des Gebiets gegeben sind. Außer dem Ausbau des Hotel- und Gaststättengewerbes ist erforderlich die Schaffung von privaten Übernachtungsmöglichkeiten. Die Aufnahme der zum Ausbau der Betriebe und zur Schaffung neuer Übernachtungsmöglichkeiten erforderlichen Kredite ist nur bei für die Laufzeit des Kredites tragbaren Zinsen für die Kreditnehmer möglich. Hier gilt mithin in gleicher Weise das Erfordernis einer Fortdauer der Kreditverbilligung wie dies unter c) der Fall ist.

Zu e) Neubau und Ausbau von Versorgungsanlagen:

Der Neubau und Ausbau von Anlagen der Energie-, Gas- und Wasserversorgung unter Einsatz von Bundesmitteln ist ebenso wie die Verbesserung der Verkehrsverbindungen im besonderen Maße geeignet, der Bevölkerung sichtbar zu zeigen, daß die Bundesregierung sich die Förderung der Zonenrandgebiete angelegen sein läßt. Sie schaffen aber auch erst im Zusammenhang mit den anderen Maßnahmen die Voraussetzungen, um neue Betriebe zu einer Ansiedlung im Zonenrandgebiet zu veranlassen. Ihnen kommt daher besondere Bedeutung zu. Es wird nicht möglich sein, mit den im Rahmen des Betrages von 120 Mio. DM zur Verfügung stehenden Mitteln alle dringend notwendigen Vorhaben zu fördern. Es wird auch in den Folgejahren ein angemessener Betrag für diese Zwecke erneut bereitgestellt werden müssen. Seine Höhe wird sich an Hand der von den Ländern im Rahmen des Förderungsprogramms 1954/55 ohnehin zu ermittelnden Vorhaben feststellen lassen.

Zu f) Förderung des Berufsausbildungswesens:

Hier gilt im wesentlichen das Vorgesagte. Auch hier wird nicht möglich sein, die Behebung der zum Teil besonders krassen Rückstände allein aus den Mitteln zu finanzieren, die vom Bund im Haushaltsjahr 1954 für Förderungsmaßnahmen bereitgestellt worden sind.

Zu g) Wirtschaftsbeihilfe für landwirtschaftliche Betriebe:

Landwirtschaftlichen Betrieben können Wirtschaftsbeihilfen wegen des infolge der Zonengrenzsperre eingetretenen Verlustes von Betriebsteilen gewährt werden, wenn dadurch ihre Erträge in existenzgefährdendem Umfang zurückgegangen sind. Das setzt voraus, daß eine Abwendung des Nachteils durch eine entsprechende betriebliche Umstellung oder Zulage von Landflächen nicht möglich ist. In diesem Falle ist aber schon heute übersehbar, daß diese Nachteile bis zur Aufhebung der Zonengrenze bestehen bleiben. Es müssen daher auch für die Dauer dieses Zustandes die notwendigen Mittel für die Wirtschaftsbeihilfe aufgebracht werden.

Zu h) Allgemeine Wirtschaftsförderung und Erschließungsmaßnahmen nach den Richtlinien für die Sanierungsaktion:

Ebenso notwendig wie die alljährliche Bereitstellung von Mitteln für die Sanierungsaktion, solange dies selbst erforderlich ist, ist auch die Zurverfügungstellung entsprechender Mittel für Wirtschaftsförderungs- und Erschließungsmaßnahmen in den Zonenrandgebieten, solange hier die Tatsache der Zonengrenzziehung und ihrer Auswirkungen besteht.

Bei der Betrachtung der vorstehend aufgezeigten Förderungsmaßnahmen hat sich bereits ergeben, daß alle diese Maßnahmen eine längere Zeit zu ihrer Durchführung benötigen oder nur im Rahmen einer über längere Zeit sich erstreckenden Planung zu verwirklichen sind. Eine umfangreiche Planung ist aber nicht möglich, wenn mangels ausreichender Bereitstellung von Mitteln entweder gleichwichtige Maßnahmen (Straßenbau, Versorgungsanlagen) unberücksichtigt bleiben oder ohne Aussicht auf Verwirklichung zurückgestellt werden müssen, oder aber wegen der Ungewißheit der Fortdauer der Hilfen von ihnen kein ausreichender Gebrauch (Zinszuschüsse) gemacht werden kann. Es ist daher unerläßlich, ein langfristiges, auf etwa 10 Jahre sich erstreckendes Zonenhilfsprogramm festzulegen und die zu seiner Durchführung erforderlichen Bundesmittel alljährlich in den Haushalt einzustellen. Das Hilfsprogramm wird sich weitgehend an die aufgezeigten Förderungsmaßnahmen halten können. Nur dann kann es gelingen, die strukturellen Schäden der Gebiete allmählich zu beseitigen, was dann auch zur Neuerrichtung und Erweiterung von Unternehmen im Zonenrandgebiet mit allen sich daraus ergebenden Folgewirkungen führen wird. Nur dann aber auch wird die Bevölkerung des Randgebiets den ernsten Willen des Bundes zur Erhaltung und Hebung ihres Gebietes erkennen.

3. Bevorzugte Berücksichtigung bei der Vergabe öffentlicher Aufträge.

Durch die Richtlinien der Bundesregierung vom 31.3.1954, mit denen das Zonenrandgebiet zum notleidenden Gebiet im Sinne des § 24 Abs. 3 Satz 3 der Verdingungsordnung für Leistungen (VOL) erklärt worden ist, ist die bevorzugte Berücksichtigung der hier ansässigen Bewerber bei der Vergabe von öffentlichen Aufträgen vorgeschrieben. Es könnte hieraus den Betrieben des Zonenrandgebiets eine wirksame Hilfe erwachsen und die für sie bestehenden Nachteile aus der standortmäßigen Ungunst verringert werden. Es muß die Beachtung der Richtlinien aber auch bei der Vergabe von Aufträgen durch Unternehmungen, auf deren Wirtschaftsführung die Bundesregierung entsprechenden Einfluß nehmen kann, sichergestellt werden. Es muß ferner versucht werden, zu erreichen, daß

a) auch die Länder bei der Vergabe von Aufträgen entsprechend verfahren und der Bundesrat die Richtlinien gemäß Art. 84 Abs. 2 GG zur allgemeinen Verwaltungsvorschrift macht und
b) auch bei der Vergabe von Aufträgen aus dem Besatzungskostenhaushalt die Richtlinien Anwendung finden können.

Daneben wird

c) bei der Hergabe von Krediten, Subventionen und sonstigen finanziellen Beihilfen für die Empfänger dieser Hilfen die Beachtung der Richtlinien auch bei der Vergabe ihrer Aufträge, soweit möglich, zur Bedingung zu machen sein, und
d) auch bei dem Einsatz von Bundesmitteln für den sozialen Wohnungsbau und
e) bei der Hergabe von Krediten seitens der Kreditanstalt für Wiederaufbau im Rahmen des gesetzlich und wirtschaftlich Möglichen entsprechend verfahren werden müssen.

Nach den Richtlinien sind u. a. die Unternehmen im Zonenrandgebiet zu bevorzugen, auch wenn geringfügige Überschreitungen des wirtschaftlichen Angebots vorliegen. Diese Bestimmung ist von besonderem Wert für die Wirksamkeit der Richtlinien. Eine allzu große und starre Einengung des Begriffs „geringfügig" erscheint nicht angängig. In dieser Beziehung ergangene Weisungen sind auf ihre Zweckmäßigkeit zu überprüfen.

4. Verstärkter Wohnungsbau.

Eine stärkere Berücksichtigung des Zonenrandgebiets beim Wohnungsbau ist bereits in der Erklärung der Bundesregierung zugesagt worden. Diese Zusage muß durch Bereitstellung eines Vorabkontingents ohne Anrechnung auf die schlüsselmäßig zu verteilenden Mittel erfüllt werden. Dabei ist sicherzustellen, daß seitens der Länder keine Kürzung der auf die Zonenrandgebiete entfallenden Anteile an den Schlüsselzuweisungen vorgenommen wird. Der verstärkte Wohnungsbau im Zonenrandgebiet wäre z.B. auch geeignet, einem Mangel an Facharbeitern vorzubeugen, der bereits weitgehend eingetreten ist und die industrielle Entwicklung der Gebiete erschwert.

Der Mangel an ausreichenden Mitteln für den Wohnungsbau hat ferner dazu geführt, daß es bisher nicht möglich gewesen ist, die Wohnlager aufzulösen und den Lagerinsassen an ihren Arbeitsplätzen eine Wohnung zur Verfügung zu stellen.

Der verstärkte Wohnungsbau wird aber auch unmittelbar zusätzliche Beschäftigungsmöglichkeiten für das Bau-Haupt- und Nebengewerbe sowie die verschiedenen Zuliefersparten bringen und damit der Hebung der wirtschaftlichen Lage der Gebiete dienen.

5. Bereitstellung bundeseigenen Besitzes.

Die für die Errichtung neuer und die Ausweitung vorhandener Betriebe bestehenden Schwierigkeiten könnten häufig gemildert oder beseitigt werden durch Bereitstellung von Gelände und Gebäuden (ehem. Wehrmachtsanlagen), die sich in der Verwaltung des Bundes befinden oder auf deren Verwertung er Einfluß nehmen kann. Es muß vom Bund erwartet werden, daß er in solchen Fällen auch seinerseits den Erfordernissen der Zonenrandförderung entsprechend sich mit einem ermäßigten Kauf- oder Mietpreis begnügt oder selbst ganz hierauf verzichtet. Der dem Zonenrandgebiet so überaus schädlichen Abwerbung von Betrieben würde dadurch auch entgegengewirkt werden. Während von Stellen außerhalb des Zonenrandgebietes gerade bei der Bereitstellung von Gelände und Gebäuden den Betrieben außerordentliche Vorteile geboten werden, wird bei der Verwertung bundeseigenen Vermögens innerhalb des Zonenrandgebiets vielfach von – zudem falsch verstandenen – rein fiskalischen Erwägungen ausgegangen. Den besonderen Verhältnissen des Zonenrandgebiets nicht entsprechende Forderungen führen zu einem Leerstehen von geeigneten Gebäuden, statt zur wünschenswerten Ansiedlung oder Ausdehnung von Betrieben. Eine generelle Weisung an die in Frage kommenden Stellen bei der Preisbildung für die Verwertung von bundeseigenem Besitz auch diesen Umständen weitgehend Rechnung zu tragen, erscheint unbedingt notwendig.

II. Kulturelle Hilfen.

Die Auffassung, daß die Zonenrandgebiete (neben West-Berlin) das Schaufenster der Bundesrepublik nach dem Osten sind, muß in verstärktem Maße für den kulturellen Bereich gelten. Dies wird dadurch deutlich, daß beiderseits der Zonengrenze noch immer eine starke gegenseitige Fühlung der Bevölkerung vorhanden ist. Sie beruht nicht nur auf freundschaftlichen oder verwandtschaftlichen Beziehungen. Ausflugsgruppen und Vereine jeder Art kommen häufig geschlossen zu Besuchen von drüben herüber und empfangen Gegenbesuche von dieser Seite. Während bei Besuchen von hier nach der Sowjetzone dort der offizielle Apparat außerordentlich stark in Erscheinung tritt, die Aufnahme sehr großzügig gestaltet wird und dies natürlich auf die Besucher einen starken Eindruck macht, sind die hiesigen Zonenrandkreise oder -gemeinden in den allermeisten Fällen zu einer ähnlichen oder gar gleichen Aufnahme finanziell nicht in der Lage.

Diese Gebietskörperschaften bei derartigen Besuchen zu einem gleichen Aufwand zu befähigen, ist eine politische Aufgabe des Bundes.

Hinzu kommt, daß die kulturelle Betreuung unserer Zonenrandgebiete derjenigen der anderen Seite gegenüber dort zurücksteht, wo in der Sowjetzone aus rein propagandistischen Rücksichten – und zwar nicht von den Gemeinden oder Kreisen, sondern von den übergeordneten Gebietskörperschaften – ausreichende Mittel zur Verfügung gestellt werden. Dies gilt besonders für die materiellen Grundlagen der Arbeit der Schulen und der Jugendbetreuung. Es darf deshalb nicht zugelassen werden, daß das Kulturniveau im Zonenrandgebiet absinkt. Vielmehr muß die aktive Abwehrbereitschaft der Bevölkerung gegenüber dem Osten entschieden gestärkt werden.

Ich halte daher die Unterstützung der Zonenrandgebiete in ihren kulturellen Belangen für eine politische Notwendigkeit allerersten Ranges.

Der Bundestag hat die Wichtigkeit der kulturellen Förderung der Zonenrandgebiete besonders herausgestellt.

Er hat am 2.7.1953 beschlossen:

„für kulturelle Hilfsmaßnahmen im Zonenrandgebiet im Verlauf der nächsten 5 Jahre Bundeszuschüsse in Höhe von jährlich 25 Mio. DM zu gewähren."

Dieser Beschluß ist bisher nicht durchgeführt worden.

Lediglich folgende Maßnahmen habe ich festgestellt:

Von den früher schon für Schulneubauten in den Grenzgebieten zur Verfügung gestellten Mitteln sind seit 1953 auch für die Zonenrandgebiete Beträge abgezweigt worden. Die Beträge sind so gering, daß sie nicht erwähnenswert sind.

Soweit darüber hinaus noch kulturelle Maßnahmen gefördert wurden, geschah dieses gelegentlich aus dem dem Ministerium für Gesamtdeutsche Fragen im Einzelplan 27 Kap. 01 Tit. 300 zur Verfügung stehenden Fonds: „Zuschüsse an Förderungsinstitute für Kultur und volkspolitische Zwecke und ähnliche Einrichtungen, sowie für allgemeine kulturelle Zwecke". Auch diese Beträge sind unzulänglich. Außerdem krankte diese Unterstützung daran, daß ein fester laufender Betrag nicht zur Verfügung stand, eine Planung, wie sie gerade bei der Eigenart der kulturellen Arbeit unbedingt erforderlich ist, also nicht möglich war.

Im einzelnen halte ich folgende Maßnahmen für besonders förderungswürdig:

1. die Jugendpflege
2. die Volkshochschulen
3. die Volksbüchereien
4. die Wanderbühnen
5. Vortragsveranstaltungen und Filmvorführungen
6. die ständigen Theater und sonstigen Kunststätten.

Die Unterstützung dieser Einrichtungen in den Zonenrandgebieten ist, ungeachtet der Zuständigkeit der Länder auf kulturellem Gebiet, eine politische Aufgabe auch für den Bund. Denn Aufgaben dieser Art würden in den fraglichen Kreisen und Gemeinden bei weitem nicht in gleichem Umfange anstehen, wenn nicht die Zonengrenze wäre.

Über diese unmittelbar zu fördernden Maßnahmen hinaus muß auf die dringende Notwendigkeit hingewiesen werden, den Stand der Schulbauten und ihrer Einrichtungen beschleunigt auf ein Niveau zu bringen, das einen Vergleich mit den Zuständen jenseits der Zonengrenze aushält, auch wenn sie dort nur aus propagandistischen Gründen geschaffen wurden. Daß die Zonenrandgebiete in überdurchschnittlichem Maße dem Zustrom von Heimatvertriebenen und Flüchtlingen ausgesetzt waren und noch sind, ist die Ursache für die dort besonders drückende Schulraumnot.

Auch die angemessene Ausgestaltung von Krankenhäusern und anderen dem Gemeinwohl dienenden Einrichtungen, wie Kindergärten, Erholungsheimen usw. muß im Zonenrandgebiet als eine politische Frage angesehen werden.

Der kulturelle Arbeitskreis Ostrandgebiete der Bundesrepublik, der sich aus den Kultusministern der 4 betroffenen Länder Bayern, Hessen, Niedersachsen und Schleswig-Holstein zusammensetzt, hat deshalb in einem „Memorandum über die kulturellem Hilfsmaßnahmen des Bundes in den Ostrandgebieten der Bundesrepublik“ die Notwendigkeit der Unterstützung kultureller Maßnahmen durch den Bund besonders unterstrichen. Die Länderregierungen haben durch ihre Ministerpräsidenten sich die in diesem Memorandum zum Ausdruck gebrachte Auffassung zu eigen gemacht. Es wird gefordert, daß der Bund auch für kulturelle Bedürfnisse im Grenzgebiet Sondermittel über das Bundesministerium für Gesamtdeutsche Fragen bereitstelle.

Bei den Überlegungen über die Höhe der den Zonenrandgebieten für die Unterstützung ihrer kulturellen Belange zur Verfügung zu stellenden Mittel muß davon ausgegangen werden, daß nur eine aktive Kulturpolitik in den Zonenrandgebieten den erwünschten Erfolg erzielen kann.

III. Zusammenfassung.

Die vorstehend erörterten Förderungsmaßnahmen für das Zonenrandgebiet auf wirtschaftlichem und kulturellen Gebiet darf ich in nachstehenden Vorschlägen zusammenfassen:

1. Fortführung und Ausbau der steuerlichen Hilfen
   a) Stundung und Erlaß von Steuern unter besonderer Berücksichtigung der Verhältnisse in den Zonenrandgebieten,
   b) Generelle Zulassung von Sonderabschreibungen für bewegliche und unbewegliche Wirtschaftsgüter,
   c) Zulassung einer steuerfreien Rücklage in Höhe von 50 v.H. des steuerpflichtigen Gewinns,
   d) Stundung und Erlaß auch der Umsatzsteuer in besonderen Fällen,
   e) Fortfall der Kohlenabgabe zur Förderung des Bergarbeiterwohnungsbaus.
2. Aufstellung und Durchführung eines langfristigen, etwa 10 Jahre umfassenden Förderungsprogramms, das enthält
   a) Gewährung von Frachthilfen, auch für Transporte auf den Straßen und dem Wasserweg,
   b) Ausbau von Verkehrsverbindungen, Bereitstellung eines Vorabbetrages zum Ausbau von Bundesstraßen, Autobahnen und Bundeswasserstraßen,
   c) Zinszuschüsse für Rationalisierungskredite,
   d) Zinszuschüsse für Investitions- und Betriebsmittelkredite an das Fremdenverkehrsgewerbe,
   e) Neubau und Ausbau von Versorgungsanlagen,
   f) Förderung des Berufsausbildungswesens,
   g) Allgemeine Wirtschaftsförderungs- und Erschließungsmaßnahmen nach den Richtlinien für die Sanierungsaktion 1954.

3. Ausdehnung der Richtlinien für die Berücksichtigung bevorzugter Bewerber bei der Vergabe öffentlicher Aufträge auf solche der Länder und aus dem Besatzungshaushalt.
4. Bereitstellung bundeseigenen Besitzes zu Vorzugsbedingungen.
5. Bereitstellung von Vorabbeträgen zur verstärkten Förderung des Wohnungsbaus.
6. Aufstellung und Durchführung eines Programms zur Förderung kultureller Belange, insbesondere
   a) der Jugendpflege,
   b) der Volkshochschulen,
   c) der Volksbüchereien,
   d) von Wanderbühnen,
   e) von Vortragsveranstaltungen und Filmvorführungen,
   f) von ständigen Theatern und sonstigen Kunststätten.

IV. Schlußbemerkung.

Die im Rahmen der wirtschaftlichen und kulturellen Förderungsprogramme vorgeschlagenen Maßnahmen sind nach meiner Überzeugung Mindestforderungen, für deren Verwirklichung trotz der angespannten Finanzlage des Bundes die notwendigen Mittel alljährlich werden zur Verfügung gestellt werden müssen. Ich habe bewußt mich solcher Vorschläge enthalten, die zwar unter Umständen weitgehende Hilfe zu bringen vermöchten, aber wegen des Ausmaßes der mit ihnen verbundenen finanziellen Anforderungen keine Aussicht auf Verwirklichung haben könnten. Um so nachdrücklicher muß ich die alsbaldige Verwirklichung vorstehender Mindestvorschläge empfehlen.

Dokument 6

Ausarbeitung aus dem Bundesministerium der Finanzen vom 22. September 1954 betreffend die Kriegsfolgenschluß-Regelung[1]

Der Bundesminister der Finanzen Bonn, den 22. Sept. 1954
VB – 0 4013 A – 354/54

Grundgedanken der Kriegsfolgenschluß-Regelung

I.

Nr. 1) Das Gesetz regelt die Ansprüche, die sich gegen
a) das Deutsche Reich (einschließlich Reichspost und Reichsbahn),
b) das ehemalige Land Preußen,
c) das Unternehmen Reichsautobahnen

richten, soweit diese Ansprüche nicht bereits anderweitig gesetzlich geregelt sind. Als Ansprüche in diesem Sinne gelten auch solche Ansprüche, die sich gegen die vorgenannten Rechtsträger richten würden, falls die staats- oder verwaltungsrechtliche Gliederung vom 8. Mai 1945 unberührt geblieben wäre, und denen Rechtsverhältnisse oder Maßnahmen zugrunde liegen, die durch die vorbezeichneten Rechtsträger begründet oder getroffen worden sind.

(Kommunal-Klausel)[2]

Nr. 2) In die gesetzliche Regelung sind auch die Schäden und Verluste einzubeziehen, die auf dem Krieg und seinen Folgen, insbesondere auf Handlungen oder Unterlassungen der Besatzungsmächte sowie auf zwischenstaatlichen Regelungen zur Liquidation des Krieges beruhen, soweit wegen dieser Schäden und Verluste keine anderweitige gesetzliche Regelung getroffen ist oder im Kriegsfolgenschlußgesetz vorbehalten bleibt.

Nr. 3) Aus den vorgenannten Ansprüchen, Schäden und Verlusten können Rechte nur geltend gemacht werden, soweit dies im Kriegsfolgenschlußgesetz oder in anderen Gesetzen vorgesehen ist, oder auf Grund eines Vorbehalts im Kriegsfolgenschlußgesetz künftig eine Entschädigungsregelung erfolgt.

[1] Abgedruckt wird hier die Anlage zur Kabinettsvorlage des BMF vom 22. Sept. 1954 in B 126/12666 und B 136/1159.

[2] Diese Zeile ist im Exemplar des Bundeskanzleramts gestrichen.

Nr. 4) Einer besonderen gesetzlichen Regelung bleiben im wesentlichen vorbehalten:

a) die Besatzungsschäden, für welche nach AHK-Gesetz 47 Entschädigung geleistet werden kann,

b) die rückerstattungsrechtlichen Geldverbindlichkeiten des Reiches,

c) die Reparations- und Restitutionsschäden; im Kriegsfolgenschlußgesetz werden lediglich soziale und wirtschaftsfördernde Sofortmaßnahmen (Kredithilfe) vorgesehen.

Nr. 5) Die Aufrechnung mit Ansprüchen der in Nr. 1) bezeichneten Art ist zulässig, sofern die beiderseitigen Ansprüche sich am 8. Mai 1945 aufrechenbar gegenübergestanden haben.

Nr. 6) In das Gesetz sind Bestimmungen aufzunehmen zum Schutz von Schuldnern vor dem 21. Juni 1948 begründeter Verbindlichkeiten, denen die Erfüllung dieser Verbindlichkeiten mit Rücksicht auf die im Kfs.-Gesetz erfolgende Regelung der Verpflichtungen der in Nr. 1) genannten Rechtsträger nicht möglich oder nicht zumutbar ist.

II.

Nr. 7) Ansprüche der in Nr. 1) bezeichneten Art können nach Maßgabe des allgemeinen Umstellungsrechts geltend gemacht werden, soweit sie

a) auf Rechten an einer Sache oder an einem Recht beruhen. Dies gilt jedoch nicht, soweit sich diese Ansprüche auf eine Geldleistung oder auf Schadensersatz richten;

b) nach dem 8. Mai 1945 im Rahmen der im Geltungsbereich dieses Gesetzes ausgeübten Verwaltung von Vermögen der in Nr. 1) genannten Rechtsträger entstanden sind und nicht auf den vor dem 9. Mai 1945 erfolgten Maßnahmen beruhen;

c) auf wiederkehrende Leistungen aus Miet- und Pachtverträgen oder auf Nutzungsentschädigungen für die Zeit nach dem 8. Mai 1945 gerichtet sind und die Rechte aus diesen Verträgen oder die Nutzungen nach diesem Zeitpunkt zu den in Nr. 1) bezeichneten Rechtsträgern oder im Zusammenhang mit der Verwaltung der Vermögen dieser Rechtsträger von anderen Rechtsträgern in Anspruch genommen worden sind;

d) vor dem 9. Mai 1945 gegen die Deutsche Reichsbahn oder die Deutsche Reichspost begründet wurden und diese Ansprüche von der Bahn- und Postverwaltung im Währungsgebiet oder von der Deutschen Bundesbahn oder der Deutschen Bundespost übernommen worden sind;

e) auf nicht erfüllten Kauf-, Tausch- oder Werkverträgen beruhen, soweit die Gegenleistung noch nicht bewirkt ist; im Kriegsfolgenschlußgesetz ist die Frage eines Rücktrittsrechts zu regeln.

f) auf Zahlung von Renten gerichtet sind, die der Versorgung der Berechtigten dienen oder auf einer Verletzung des Lebens, des Körpers, der Gesundheit oder der Freiheit beruhen, soweit die Leistungen aus diesen Ansprüchen für die Zeit nach dem 1. April 1950 geschuldet werden.

Nr. 8) Gläubigern von Ansprüchen der in Nr. 1) genannten Art werden Ablösungsansprüche gewährt, soweit es sich um Ansprüche handelt, die in Schuldverschreibungen und verzinslichen Schatzanweisungen der in Nr. 1) genannten Rechtsträger verbrieft oder in das Reichsschuldbuch, in das Reichsbahnschuldbuch oder in das Reichspostschuldbuch eingetragen sind oder aus grundpfandrechtlichen gesicherten Verbindlichkeiten der in Nr. 1) genannten Rechtsträger hergeleitet werden. Satz 1 gilt nicht für Ansprüche aus der $4^1/_2$%-tigen Anleihe des Deutschen Reichs von 1938 2. Ausgabe, soweit es sich um Auslandsbesitz handelt und sich dieser am 1. Januar 1945 im Deutschen Reich oder in Österreich befunden hat. Dies gilt nicht für Ansprüche aus Schuldverschreibungen und Schuldbuchforderungen der Reichsanleihe 1938, II. Ausgabe, die nach dem 8. Mai 1945 der Republik Österreich oder österreichischen Staatsangehörigen zugestanden haben. Ferner gilt es nicht für Ansprüche aus Schuldverschreibungen und Schuldbuchforderungen der Reichsanleihe 1939, II. Ausgabe, die nach dem 8. Mai 1945 der Tschechoslowakischen Republik oder tschechoslowakischen Staatsangehörigen zugestanden haben.

Rechte aus Reichsbahnvorzugsaktien werden in Höhe ihres Umtauschbetrages Ansprüchen aus Schuldverschreibungen gleichbehandelt, sofern der Berechtigte in der Zeit der Umtauschfrist mit Rücksicht auf den Kriegszustand gehindert war, seine Rechte wahrzunehmen.

Nr. 9) Ablösungsansprüche werden nicht gewährt für Ansprüche der in Nr. 8) bezeichneten Art, die am 21. Juni 1948 zugestanden haben:

a) den in Nr. 1) genannten Rechtsträgern,

b) den Ländern der Bundesrepublik Deutschland einschließlich Berlin (West) und den zu ihrem Bereich gehörenden anderen Gebietskörperschaften,

c) den Geldinstituten (einschließlich der Berliner Altbanken), Versicherungs- und Rückversicherungsunternehmen und Bausparkassen im Sinne der Vorschriften zur Neuordnung des Geldwesens,

d) der Deutschen Reichsbank, der Deutschen Golddiskontbank, der Konversionskasse für deutsche Auslandsschulden, der Deutschen Verrechnungskasse, der Hauptverwaltung der Reichskreditkassen und der Deutschen Gesellschaft für öffentliche Arbeiten,

e) den Sozialversicherungsträgern,

f) der ehemaligen Nationalsozialistischen Deutschen Arbeiterpartei (NSDAP), ihren Gliederungen und angeschlossenen Verbänden und den sonstigen aufgelösten NS-Einrichtungen.

Nr. 10) Ablösungsberechtigt sind

1. natürliche Personen deutscher Staatsangehörigkeit und nach deutschem Recht errichtete juristische Personen, die ihren Wohnsitz, dauernden Aufenthalt oder Sitz im Zeitpunkt des Inkrafttretens des Gesetzes in dessen Geltungsbereich, im Saargebiet

oder in einem Staate haben, dessen Regierung die Bundesrepublik Deutschland zu diesem Zeitpunkt anerkannt hat;

2. Gläubigerstaaten im Sinne des Abkommens über deutsche Auslandsschulden vom 27. Februar 1953 sowie natürliche und juristische Personen,
   a) die im Zeitpunkt des Inkrafttretens des Gesetzes Staatsangehörige eines der vorgenannten Gläubigerstaaten und in einem der zu 1. bezeichneten Gebiete ansässig sind oder
   b) die zu diesem Zeitpunkt in einem Gläubigerstaat ansässig waren.

Die Ablösungsberechtigung wird ferner davon abhängig gemacht, daß die Ansprüche gegen die in Nr. 1) genannten Rechtsträger seit dem 21. Juni 1948 den nach 1) und 2) berechtigten Gläubigern oder nur solchen Rechtsvorgängern zugestanden haben, die anspruchsberechtigt sein würden, wenn ein Gläubigerwechsel nicht stattgefunden hätte.

Die vorstehenden persönlichen Voraussetzungen für die Gewährung von Ablösungsansprüchen gelten entsprechend für die Erfüllung der in Nr. 7) Buchstabe f) genannten Ansprüche.

Nr. 11) Die Anspruchsberechtigung von Gläubigern der nach diesem Gesetz zu erfüllenden sowie die Ablösungsberechtigung von Gläubigern der grundpfandrechtlich gesicherten Forderungen ist in einem besonderen Feststellungsverfahren zu prüfen. Feststellungsbehörden sind die Oberfinanzdirektionen (Bundesvermögens- und Bauabteilungen) sowie die Direktionen der Bundesbahn und der Bundespost.

Die Ablösungsberechtigung von Gläubigern der Forderungen aus Schuldverschreibungen und verzinslichen Schatzanweisungen und Schuldbuchforderungen wird auf Antrag in einem Wertpapierbereinigungsverfahren festgestellt. Die näheren Bestimmungen über dieses Verfahren werden durch ein Reichsanleihebereinigungsgesetz getroffen werden, das sich hinsichtlich der Beweisgrundsätze an das bereits geltende Bereinigungsgesetz anlehnen soll.

Nr. 12) Die nach Nr. 8) zu gewährenden Ablösungsansprüche betragen 4 vom Hundert des Reichsmarknennbetrages der abgelösten Ansprüche. Bei Anleiheablösungsschulden mit Auslosungsrechten sind die Ablösungsansprüche vom 10 fachen, bei Anleiheablösungsschulden ohne Auslosungsrechte vom 0,4 fachen und bei Auslosungsrechten ohne Anleiheablösungsschulden vom 9,6 fachen des Reichsmarknennbetrages der abgelösten Ansprüche zu berechnen.

Nr. 13) Die Ablösungsansprüche sind spätestens vom 1. Januar 1960 ab mit 4 vom Hundert jährlich zu verzinsen. Die Zinsbeträge sind jährlich nachträglich zu zahlen.

Nr. 14) Die Ablösungsansprüche werden im Wege der Gruppenauslosung getilgt, und zwar in Höhe von jährlich 2,5 vom Hundert des Gesamtbetrages der Ablösungsansprüche. Die ersparten Zinsen werden zur zusätzlichen Auslosung von Gruppen verwendet. Die erste Gruppenauslosung findet am 1. April 1960 statt.

Nr. 15) Die Ablösungsansprüche werden als Schuldbuchforderungen eingetragen. Die Eintragung erfolgt in das Schuldbuch

1. der Deutschen Bundesrepublik, soweit es sich um Ansprüche gegen das Deutsche Reich, gegen das ehemalige Land Preußen oder das Unternehmen Reichsautobahnen handelt,
2. der Deutschen Bundesbahn, soweit es sich um Ansprüche gegen die Deutsche Reichsbahn handelt, und
3. der Deutschen Bundespost, soweit es sich um Ansprüche gegen die Deutsche Reichspost handelt.

Der Bundesminister der Finanzen ist zu ermächtigen, durch Rechtsverordnung anzuordnen, daß Ablösungsansprüche, die weniger als 100 DM betragen, sowie die nach Teilung durch einhundert, fünfzig, fünfundzwanzig oder zehn verbleibenden Spitzenbeträge der Ablösungsansprüche ohne Eintragung in das Schuldbuch vorzeitig bar abgelöst werden.

Nr. 16) Zur Milderung dringender sozialer Notstände, soweit diese auf die Nichtbedienung von Ansprüchen der in Nr. 1) genannten Art zurückzuführen sind und Ablösungsansprüche nicht gewährt werden, sind Beihilfen vorgesehen, auf die ein Rechtsanspruch nicht besteht.

III.

Nr. 17) In das Gesetz sollen ferner Bestimmungen aufgenommen werden über die Auflösung und Abwicklung von für die Zwecke der Kriegsfinanzierung oder Kriegsführung errichteten Gesellschaften, die sich am 21. Juni 1948 in unmittelbarem oder mittelbarem Besitz der in Nr. 1) genannten Rechtsträger befunden haben (Kriegsgesellschaften).

Nr. 18) Die für die Regelung der nicht in Schuldverschreibungen verbrieften bzw. nicht in Schuldbüchern eingetragenen oder pfandrechtlich nicht gesicherten Reichsverbindlichkeiten festgelegten Grundgedanken sollen sinngemäß auf die Ansprüche gegen die ehemalige Nationalsozialistische Deutsche Arbeiterpartei (NSDAP), deren Gliederungen und angeschlossenen Verbände und gegen die sonstigen aufgelösten NS-Einrichtungen Anwendung finden, wobei aber die Frage der Bedienung aufrecht erhaltener Ansprüche und des Erlasses von Härtevorschriften einer besonderen bundesgesetzlichen Regelung vorbehalten bleibt.

Nr. 19) In dem Gesetz sollen ferner soziale Leistungen für Gruppen natürlicher Personen vorgesehen werden, die durch Reparations- oder Restitutionsschäden in eine Notlage geraten sind.[3]

Nr. 20) Die Bestimmungen des Abkommens über deutsche Auslandsschulden vom 27. Februar 1953 (Londoner Schuldenabkommen) bleiben unberührt.

Der Bundesminister der Finanzen Bonn, den 22. Sept. 1954

V B O – 4013 A – 354/54

Bemerkungen
des Arbeitsstabes zu den von ihm erstellten Grundgedanken
einer Kriegsfolgenschlußregelung.

I. Allgemeines

Der Arbeitsstab hat bei der Abfassung der Grundgedanken die folgenden Grundsätze als Arbeitshypothese zugrundegelegt, die vom Kabinettsausschuß in dessen Sitzung vom 2. Juni 1954 aufgestellt wurden:

1. Quotale Regelung der verbrieften lang- und mittelfristigen Verbindlichkeiten; grundsätzliche Nichtbedienung der nicht verbrieften Verbindlichkeiten, jedoch Härteregelung;
2. keine abfallende Staffelung der Quoten mit steigendem Anleihebesitz;
3. keine abschließende Regelung der Reparations- und Restitutionsschäden, jedoch soziale und wirtschaftsfördernde Sofortmaßnahmen im Rahmen des Kriegsfolgenschlußgesetzes.

Die Tatsache, daß diese Grundsätze der Arbeit des Arbeitsstabes zugrundegelegt wurden, bedeutet keine Zustimmung der im Arbeitsstab beteiligten Ressorts zu diesen Grundsätzen.

Das Bundesministerium der Finanzen hat erklärt, daß für das Kriegsfolgenschlußgesetz jährlich keine höheren Mittel als 200 Mio. DM in Ansatz gebracht werden können, wovon 100 Mio. DM für die Regelung der Reichsverbindlichkeiten, 100 Mio. DM für die Sofortmaßnahmen in Bezug auf die Reparations- und Restitutionsschäden bereitgestellt werden sollen. Die Grundgedanken beruhen auf diesen Ziffern. Die beteiligten Ressorts haben jedoch damit zur grundsätzlichen Frage,

[3] Dieser Absatz ist im Exemplar des Bundeskanzleramts gestrichen. Der folgende Absatz erhielt dadurch die Nummer 19).

welche Mittel im Bundeshaushalt für die Zwecke des Kriegsfolgenschlußgesetzes bereitgestellt werden können, keine Stellung genommen.

Die Grundgedanken sind zur Übersendung an die ausländischen RM-Gläubiger des Reiches bestimmt. Der Arbeitsstab hat sich daher bewußt im wesentlichen in seiner Arbeit auf eine Erörterung derjenigen Gesichtspunkte beschränkt, die mutmaßlich für die ausländischen Gläubiger von entscheidender Bedeutung sein werden. Um jedoch auch für die ausländischen Gläubiger einen Überblick über das gesetzgeberische Gesamtvorhaben zu geben, hat der Arbeitsstab in die Grundgedanken auch eine Reihe von Fragen mit einbezogen, die nicht unmittelbar das Problem der Reichsverbindlichkeiten berühren, z.B. das Problem der Reparations- und Restitutionsschäden. Der Arbeitsstab hat jedoch schon im Hinblick auf die Zeitnot bei diesen Nebengebieten von jeder näheren Erörterung der Probleme abgesehen. Es empfiehlt sich daher, daß bei der Übersendung der Grundgedanken an die ausländischen Gläubiger auf die Vorläufigkeit aller Formulierungen, die solche Nebengebiete betreffen, besonders hingewiesen wird.

II. Einzelbemerkungen

1) Zu Nr. 1:

Die Vertreter des Bundesministeriums des Innern stellten die Aufnahme einer sogen. „Kommunalklausel" zur Erwägung. Durch eine solche Klausel sollen Gemeinden und Gemeindeverbände von Verbindlichkeiten gegenüber Dritten befreit werden, die sie im Auftrage des Reiches oder im Rahmen einer für das Reich ausgeübten Funktion eingegangen sind. Folgende Fassung einer Kommunalklausel wurde vorgeschlagen:

„(3) Zu den Ansprüchen des Abs. 1 gehören auch diejenigen, denen Rechtsverhältnisse oder Maßnahmen zugrunde liegen, die

a) von den in § 1 Abs. 3 des Luftschutzgesetzes i.d.F. vom 31.8.1943 (RGBl. I S. 506) genannten Stellen begründet oder getroffen wurden, wenn die Kosten nach der vorgenannten Bestimmung vom Deutschen Reich zu tragen waren;

b) von den Gemeinden und Gemeindeverbänden in der Zeit bis zum 30.8.1946 begründet oder getroffen wurden, soweit sie außerhalb des Rahmens der ihnen zugewiesenen Aufgaben infolge des tatsächlichen Ausfalls der Reichsgewalt für diese handelten."

Der Arbeitsstab war sich der Bedeutung einer solchen Kommunalklausel durchaus bewußt, glaubte jedoch, daß diese Frage zunächst noch einer eingehenden rechtlichen Untersuchung bedarf. Er hat daher in die Grundgedanken nichts zu dieser Frage aufgenommen, zumal die Interessen der ausländischen Gläubiger nicht berührt werden.

Die Vertreter des Bundesarbeitsministeriums erklärten, daß im Rahmen der künftigen Beratungen über eine Kommunalklausel deren Erweiterung auf die Verbindlichkeiten sonstiger öffentlich-rechtlicher Körperschaften geprüft werden müsse.

2) Zu Nr. 3:

Die Vertreter des Bundesvertriebenenministeriums haben darauf hingewiesen, daß geprüft werden müßte, ob eine Kriegsfolgenschlußregelung nicht auch die Schäden und Verluste berücksichtigen sollte, die deutschen Staatsangehörigen bzw. Deutschen im Sinne des Artikels 116 des Grundgesetzes entstanden sind, die aber im Lastenausgleichsgesetz keine Berücksichtigung fanden.

3) Zu Nr. 4:

Die Vertreter des Bundesministeriums des Innern wünschen eine Ergänzung des einer besonderen Regelung außerhalb des Kriegsfolgenschlußgesetzes vorzubehaltenden Fragenbereichs dahin, daß im Gesetz geregelte Rechtsverhältnisse unberührt bleiben, soweit sie sich auf steuerbegünstigte Vermögen im Sinne der Gemeinnützigkeits-Verordnung vom 24.12.1953 der dort bezeichneten Rechtsträger beziehen.

Dabei sei nicht beabsichtigt, die schwierige Lage caritativer Organisationen in sachlich nicht gerechtfertigter Weise über das Kriegsfolgenschlußgesetz zu beheben oder zu mindern. Ziel sei nur, die finanziell ungünstige Auswirkung des Gesetzes für die caritativen Organisationen abzuschwächen.

Der Arbeitsstab war der Überzeugung, daß es sich hier um eine politisch schwierige Frage handelt, die auch wesentliches politisches Gewicht hat. Er hat daher eine Entscheidung zu dieser Frage nicht getroffen.

4) Zu Nr. 6:

Der Arbeitsstab hat keine Entscheidung darüber getroffen, ob die den Schuldnern zu gewährende Entlastung im Wege eines etwa erweiterten Vertragshilfeverfahrens oder im Wege einer Streichung ihrer Verbindlichkeiten vorgenommen werden solle. Diese Frage bedarf noch eingehender Prüfung.

5) Zu Nr. 7:

Der Vertreter des Bundesjustizministeriums wies darauf hin, daß die in Ziffer 7 vorgenommene Abgrenzung der Ansprüche nach dem Rechtstypus keine logische Abgrenzung darstellt, daß vielmehr versucht werden müsse, die dort genannten, nach dem Kriegsfolgenschlußgesetz zu erfüllenden Anspruchsgruppen nach wirtschaftlichen Gesichtspunkten zu bestimmen.

Die Mehrheit der im Arbeitsstab vertretenen Ressorts war der Überzeugung, daß im Rahmen der zu findenden Gesamtlösung eine andere Abgrenzung der aufrecht zu erhaltenden Ansprüche nicht möglich ist.

6) Zu Nr. 7:

Der Vertreter des Bundesverkehrsministeriums erklärte, zugleich im Namen des Bundespostministeriums:

Im Hinblick darauf, daß der Bund nur einen Teil des Reichsvermögens übernommen hat, wurde bezüglich der Betriebsverwaltungen die Frage erörtert, ob eine Beschränkung der Anspruchsberechtigungen aus dem Kriegsfolgenschlußgesetz auf die Fälle vorgenommen werden könnte, die mit dem vom Bund übernommenen Reichsgebiet in Zusammenhang stehen (Grundsatz der gebietsbezogenen Teilidentität). Die Aufnahme einer derartigen Bestimmung in den Entwurf der Grundgedanken zur Kriegsfolgenschlußregelung wurde jedoch zu Gunsten der Aufnahme des Wohnsitzprinzips abgelehnt. Einen abweichenden Standpunkt nahmen das Bundesverkehrsministerium und das Bundespostministerium ein. Die Vertreter des Bundesverkehrsministeriums und des Bundespostministeriums äußerten gegen das Wohnsitzprinzip Bedenken, weil dadurch gewisse Ansprüche aus Tatbeständen, die außerhalb des Bundesgebiets lokalisiert sind, zusätzlich auf sie zukommen können. Im Hinblick auf den Widerstand der anderen Ressorts haben sie die Aufnahme des Grundsatzes der gebietsbezogenen Teilidentität bei der Aufstellung der Grundsätze nicht weiter verfolgt, zumal die Entschädigung für nicht verbriefte Verbindlichkeiten auf einen relativ kleinen Teil von Anspruchstatbeständen beschränkt bleibt. Sie haben jedoch darauf hingewiesen, daß das Problem erneut an Bedeutung gewinnen kann, falls das Gesetz durch die gesetzgebenden Körperschaften eine Ausweitung erfahren sollte.

7) Zu Nr. 7 d:

Die Vertreter des Bundesvertriebenenministeriums halten es unter den gegenwärtigen wirtschaftlichen Verhältnissen nicht mehr für vertretbar, die Ansprüche gegen die Bahn- und Postverwaltung nur insoweit anzuerkennen, als sie von der Deutschen Bundesbahn oder Deutschen Bundespost übernommen worden sind; zumindest müßte in Härtefällen die Möglichkeit eines billigen Ausgleichs vorgesehen werden.

Die Vertreter der übrigen Ressorts wiesen darauf hin, daß diesem Wunsch bereits in der Fassung der Grundgedanken in vollem Umfange Rechnung getragen ist.

8) Zu Nr. 9 c:

Ausländische Geldinstitute fallen nicht unter diese Bestimmung. Es empfiehlt sich vielleicht, zur Vermeidung von Mißstimmungen bei der Übersendung der Grundgedanken hierauf besonders hinzuweisen.

9) Zu Nr. 9 e:

Unter „Sozialversicherungsträgern" sind Träger der Sozialversicherung im Sinne des Artikels 120 GG zu verstehen, denen der Artikel 120 GG die Erhaltung ihrer Leistungsfähigkeit garantiert.

Der Vertreter des Bundesarbeitsministeriums hat gegen ein Erlöschen der Ansprüche der Sozialversicherungsträger erhebliche Bedenken vorgetragen und vorgeschlagen, diese Ansprüche aus dem Kriegsfolgenschlußgesetz herauszunehmen und sie einer besonderen gesetzlichen Regelung vorzubehalten. Er hat darauf hingewiesen, daß die Sozialversicherungsträger nicht – wie die Banken und Versicherungsunternehmen, denen sie gleichgestellt werden – eine Erstausstattung erhalten haben und die Bundesgarantie des Artikels 120 des Grundgesetzes nicht im Hinblick auf diese Verluste, sondern schon vor den Weltkriegen in den Versicherungsgesetzen, wie § 1384 der Reichsversicherungsordnung, gewährt sei. Die Garantie trete erst dann in Wirksamkeit, wenn auch eine Erhöhung der Beiträge der Versicherten nicht zu einem Ausgleich mit den Versicherungsleistungen führt, wie § 1384 Reichsversicherungsordnung vorschreibt. Die sozialversicherten Werktätigen müßten danach erst bis zur Grenze des Möglichen wie durch eine Sondersteuer diese Reichsverluste tragen. Dies sei rechtlich und politisch nicht vertretbar. Darum habe auch der Bundestag in seinem Beschluß vom 1.3.1951 – Drucksache Nr. 1971 – bestimmt, daß die Sozialversicherung für ihre Vermögensverluste von 1948 und sogar noch von 1923 den Ausgleich erhalten müsse. Die Ordnung der Sozialversicherung, hier: ihres Vermögensbestandes und ihrer Rücklagen, gehörten nicht in das ganz andere Verhältnisse regelnde Kriegsfolgenschlußgesetz, das zu seinem Teil nicht die Sozialversicherungsträger ihrer Ansprüche entkleiden und so in die Ordnung der Sozialversicherung Einbruch tun könne. Diese Ansprüche ließen sich ebenso aus dem Gesetz herausnehmen, wie es bei den Besatzungs-, Restitutions-, Reparationsschäden usw. – Grundgedanken Nr. 4 a bis c – geschehen sei. Wenn eine Entschädigung nach dem Gesetz auch die Sozialversicherungsträger nicht saniere, so müsse ihr nicht darum auch das Wenige genommen werden. Ebenso sei hierzu kein stichhaltiger Grund, daß bei Berücksichtigung ihrer erheblichen Ansprüche die allgemeine Quote verringert werde. Einzig die Herausnahme aus dem Gesetz könne die Rückwirkungen auf den Entschädigungsanteil anderer zu einem großen Teil vermeiden.

Die Mehrheit des Arbeitsstabes war der Auffassung, daß der Ansicht des Bundesarbeitsministeriums nicht gefolgt werden könne. Sie war der Meinung, daß ein Vorbehalt einer späteren gesetzlichen Regelung in Bezug auf den Anleihebesitz der Sozialversicherungsträger (rd. 13 Mia. RM) zu einer nicht vertretbaren Herabsetzung der für den übrigen Anleihebesitz (rd. 18 Mia. RM) im Kriegsfolgenschlußgesetz vorzusehenden Leistungen führen müsse (beinahe einer Halbierung) und daß im übrigen selbst die Einbeziehung des Anleihebesitzes der Sozialversicherungsträger nicht ausreiche, den Sozialversicherungsträgern den Deckungsstock zu verschaffen, der im Hinblick auf ihre Verpflichtungen als ausreichend angesehen werden könnte. Diese Frage läßt sich nach Meinung des Arbeitsstabes nur im Rahmen der Gesamtreform der Sozialversicherung lösen.

Der Arbeitsstab war sich jedoch darüber im klaren, daß gerade dieser Frage eine außerordentliche politische Bedeutung zukommt und weist hierauf besonders hin.

10) Zu Nr. 9 e:

Der Arbeitsstab hatte erwogen, auch den Anleihebesitz des Reichsstocks für Arbeitseinsatz von der Ablösungsberechtigung auszunehmen. Er hat die Entscheidung dieser Frage zurückgestellt, da sie zunächst weiterer Prüfung bedarf.

11) Zu Nr. 10:

Die Vertreter des Bundesvertriebenenministeriums wiesen darauf hin, daß durch die vom Arbeitsstab angenommene Fassung alle Volksdeutschen von der Ablösungsberechtigung ausgeschlossen würden, die ihren Aufenthalt in Deutschland genommen hatten, aber zunächst nur den Status eines Deutschen nach Artikel 116 Abs. 1 des Grundgesetzes haben. Sie hielten dieses Ergebnis für politisch nicht tragbar.

Der Arbeitsausschuß war der Auffassung, daß diese Frage einer näheren Prüfung bedarf, jedoch im Rahmen der den ausländischen Gläubigern zu übersendenden Grundgedanken zurückgestellt werden kann.

12) Zu Nr. 12:

Das Bundesministerium der Finanzen hatte in früheren Kabinettsvorlagen zum Kriegsfolgenschlußgesetz und auch in der Kabinettsausschußsitzung vom 2.6.1954 darauf hingewiesen, daß bei der derzeitigen Haushaltslage und unter Berücksichtigung der voraussichtlichen künftigen Entwicklung der Haushaltslage zur Durchführung des Kriegsfolgenschlußgesetzes höchstenfalls ein Betrag von 200 Mio. DM jährlich zur Verfügung gestellt werden könnte und daß es zweckmäßig sei, bei Abschätzung des Gewichts der verbrieften und nicht verbrieften Forderungen gegen das Reich einerseits und der noch zu regelnden Schäden aus Restitutions- und Reparationsmaßnahmen andererseits, diese bereitzustellenden Mittel je zur Hälfte für die beiden vorgenannten Komplexe bereitzustellen. Der Kabinettsausschuß hat in der Sitzung vom 2.6.1954 die Entscheidung über diese Frage dem Gesamtkabinett überlassen. Der Arbeitsstab ist bei den Beratungen über die Höhe einer Ablösungsquote von der Erklärung des Bundesfinanzministeriums ausgegangen, daß eine jährliche Belastung von mehr als 200 Mio. DM für Zwecke des Kriegsfolgenschlußgesetzes nicht beabsichtigt sei. Unter dieser Voraussetzung hat der Arbeitsstab zur Frage der Höhe einer Ablösungsquote folgendes erwogen:

Der Gesamtbetrag der noch ausstehenden lang- und mittelfristigen Anleihen des Reichs beläuft sich auf 140 Mia. RM. Da weder der Anleihebesitz der in Nr. 9 bezeichneten Rechtsträger (rund 113 Mia. RM) noch der sogenannte Ostbesitz (Schätzwert 9 Mia. RM) ablösungsberechtigt sein sollen, kommen für die Ablösung rund 18 Mia. RM in Betracht. Bei einem Zinssatz von 4 % (vgl. Nr. 13) und einer Tilgungsquote von 2,5 % (vgl. Nr. 14) würde daher je 1 % Ablösungsquote eine jährliche Haushaltsbelastung von 11,7 Mio. DM bedeuten, bei einer Ablösungsquote von 4 % rund 47 Mio. DM jährlich. Der Arbeitsstab war sich darüber klar, daß eine Ablösungsquote von 4 % wesentlich hinter den Erwartungen und Wünschen der Gläubiger zurückbleibt. Er war sich auch bewußt, daß die ausländischen Gläubiger nach den von Herrn Abs bei den Besprechungen am 16.7.1954 in London abgegebenen Erklärungen mit einer Ablösungsquote unter 5 % nicht rechnen. Dennoch erschien der Mehrheit des Arbeitsstabes eine über 4 % hinausgehende Ablösungsquote nicht vertretbar. Der Arbeitsstab ging dabei einmal von der Erwägung aus, daß es nach allen Erfahrungen – insbesondere nach den Erfahrungen bei der Anleiheablösung nach 1925 – nicht erreichbar sein wird, den von der Ablösung nach Nr. 9 und 10 theoretisch ausgeschlossenen Anleihebesitz (122 Mia. RM) auch praktisch in vollem Umfange auszuschließen. Er hält es für durchaus möglich, daß von dem ausgeschlossenen Anleihebesitz nicht unerhebliche Beträge auf Umwegen ihre Beteiligung an der Ablösung erreichen. Dies und die weitere Erwägung, daß aus den haushaltsmäßig verfügbaren Mitteln (jährlich

100 Mio. DM) sowohl die Bereinigung der nichtverbrieften Reichsverbindlichkeiten (insbesondere auch der Härtefälle) als auch der Ablösung der Kleinbeträge (vgl. Nr. 15) bestritten werden soll, zwingen zu einer Begrenzung der Ablösungsquote auf 4 %.

Der Arbeitsstab hat sich die Frage vorgelegt, ob die Festsetzung der Ablösungsquote nicht etwa bis zum Abschluß des Anmeldeverfahrens zurückgestellt werden sollte. Der Vorteil einer solchen Regelung könnte unter Umständen darin erblickt werden, daß die Festsetzung in einem Zeitpunkt erfolgt, in dem sich die finanziellen Auswirkungen im Rahmen des 100 Mio.-DM-Betrages rechnerisch genau übersehen lassen. Der gleiche Erfolg ließe sich auch erreichen, wenn im Gesetz zunächst nur die tragbar erscheinende Ablösungsquote (also etwa 4 %) genannt, jedoch noch vor der Herausgabe der formellen Zuteilungsbescheide über die Frage einer Erhöhung der Ablösungsquote im Rahmen des 100 Mio.-DM-Betrags nach Abschluß des Anmeldeverfahrens entschieden würde.

Der Arbeitsstab hat eine Entscheidung zur vorstehend behandelten Frage bewußt zurückgestellt, da es sich hier nach seiner Auffassung in erster Linie um eine – auch von taktischen Erwägungen bestimmte – politische Willensentscheidung handelt.

13) Zu Nr. 13:

Der Leiter der Deutschen Delegation, Herr Hermann J. Abs, hat am 16.7.1954 den ausländischen Gläubigern erklärt, daß nach seiner Ansicht die Ablösungsansprüche so ausgestattet werden würden, daß ihr Kurswert nur unwesentlich unter ihrem Nennwert liege. Der Arbeitsstab war sich darin einig, daß ein solches, aus den verschiedensten Gründen sehr erwünschtes Ergebnis wohl nur erreicht werde, wenn die Ablösungsansprüche mit etwa 6 % verzinst würden. Er mußte sich aber andererseits sowohl bei seinen Lösungen im Rahmen des 100 Mio. DM-Betrages halten, als insbesondere auch darauf Rücksicht nehmen, daß nicht durch die Höhe des hier zu gewährenden Zinssatzes in anderen Zusammenhängen – insbesondere bei den Ausgleichsforderungen – gewährte Zinssätze zwangsläufig erhöht werden müssen. Unter Berücksichtigung dieser Umstände hielt der Arbeitsstab einen über 4 % liegenden Zinssatz für nicht tragbar. Er ist sich bewußt, daß gerade diese Frage in der öffentlichen Diskussion und in den Beratungen mit den ausländischen Gläubigern sehr umstritten sein wird, sofern es nicht etwa möglich sein sollte, die Zinserträge der Ablösungsansprüche von jedem Steuerabzug freizustellen. Eine solche Maßnahme wäre zwar für die der deutschen Steuerpflicht ohnehin nicht unterliegenden ausländischen Anleihebesitzer unmittelbar ohne Bedeutung, würde jedoch geeignet sein, den Kurs der Ablösungsansprüche einem Parikurs nahe zu bringen. Über die Frage einer Befreiung der Zinserträge vom Steuerabzug konnte noch keine Entscheidung getroffen werden. Die Frage bedarf noch näherer Prüfung.

Die ausländischen Gläubigervertretungen haben bei der am 16.7.1954 in London geführten Besprechung in Aussicht gestellt, daß sie auf einer Nachzahlung der rückständigen Anleihezinsen aus der Zeit vor dem 8.5.1945 bestehen würden, da diese ihnen im Gegensatz zu den inländischen Gläubigern nicht ausgezahlt worden sind. Der Arbeitsstab konnte eine Entscheidung zu dieser Frage nicht treffen, da zunächst noch eine Reihe von Ermittlungen angestellt werden müßte. Er empfiehlt jedoch, die ausländischen Gläubigervertretungen bei der Übersendung der Grundgedanken davon zu unterrichten, daß diese Frage noch geprüft wird und daß daher ihre Nichtbehandlung in den Grundgedanken noch keine endgültige Stellungnahme bedeutet.

Nach den Vorschlägen des Arbeitsstabes sollen die ersten fünf Jahre zinsfrei bleiben. Der Ausschuß hielt dies für notwendig, damit der 100 Mio. DM-Betrag in den ersten fünf Jahren ausschließlich zur Bereinigung des Komplexes der nicht verbrieften Reichsverbindlichkeiten (insbesondere der Härtefälle) zur Verfügung steht.

14) Zu Nr. 14:

Die hier vorgesehene Tilgung würde sich auf einen Zeitraum von 25 Jahren erstrecken. Eine Gruppenauslosung vor dem 1.4.1960 erscheint nicht tragbar, weil die zur Verfügung stehenden Mittel von jährlich 100 Mio. DM zunächst für die Tilgung der Verbindlichkeiten aus Nr. 7 und für die nach Nr. 16 vorgesehenen Härteleistungen verwendet werden müssen. (Vgl. Bemerkungen zu Nr. 13 am Ende.)

15) Zu Nr. 16:

Dieser Grundgedanke soll die Milderung der durch das Kriegsfolgenschlußgesetz in Einzelfällen entstandenen sozialen Notstände ermöglichen. Bei der Erörterung innerhalb des Arbeitsstabs haben sich erhebliche Schwierigkeiten ergeben, die Härtefälle und die Voraussetzungen für das Vorliegen einer „Bedürftigkeit" gesetzlich abzugrenzen. Es bestanden auch Meinungsverschiedenheiten darüber, ob durch diese Bestimmung nur natürliche oder auch juristische Personen begünstigt werden sollen. Das Bundesfinanzministerium hielt es für erforderlich, der Härteklausel eine möglichst enge Fassung zu geben (z. B. durch Ausschluß bestimmter Anspruchsgruppen), da eine weite Fassung mit Sicherheit eine nicht tragbare Verwaltungsarbeit auslösen würde. Die Vertreter des Bundesinnen- und Bundesvertriebenenministeriums sprachen sich für eine weitere Fassung der Klausel aus, um jeden wirklichen Härtefall berücksichtigen zu können. Eine Berücksichtigung im Tatbestand selbst liegender Härten (sogen. objektiver Härten) ist in Nr. 16 deshalb nicht vorgesehen, weil der Arbeitsstab bisher keine Möglichkeit einer ausreichenden tatbestandsmäßigen Abgrenzung der objektiven Härtefälle gefunden hat. Meinungsverschiedenheiten bestanden endlich hinsichtlich der Frage, bis zu welcher Höchstgrenze Leistungen aus dem Härtefonds gewährt werden können.

Da eine endgültige Klärung der mit der Härteklausel zusammenhängenden Fragen im Arbeitsstab nicht erzielt werden konnte, sind diese Zweifelsfragen in Nr. 16 nicht zum Ausdruck gebracht. Sie bedürfen weiterer Prüfung. Der Arbeitsstab hält im übrigen die von ihm gewählte Formulierung der Nr. 16 für die Zwecke der Bekanntgabe an die ausländischen Gläubiger für ausreichend.

Dokument 7

Schreiben des Bundesministers für Vertriebene, Flüchtlinge und Kriegsgeschädigte an den Staatssekretär des Bundeskanzleramts vom 4. Oktober 1954 und Ergänzungsschreiben vom 15. Oktober 1954 betreffend den Zweijahresplan für die Eingliederung der Geschädigten[1]

Der Bundesminister
für Vertriebene,
Flüchtlinge u. Kriegsgeschädigte
II 2a – 9021 – Kab. 1069/54

Bonn, den 4. Oktober 1954

Kabinettssache

An den
Herrn Staatssekretär
des Bundeskanzleramtes

Bonn

Betr.: Zweijahresplan für die Eingliederung der Geschädigten.

Ich habe dem Kabinett in seiner 12. Sitzung vom 11. Dez. 1953 den von mir im November 1953 aufgestellten Zweijahresplan für die Eingliederung der Vertriebenen und Flüchtlinge vorgelegt. Das Kabinett hat dem Programm und meinen Vorschlägen für das weitere Verfahren zugestimmt.

Bei der Beratung der Großen Anfrage der Fraktion der SPD betreffend [die] Politik der Bundesregierung in den Angelegenheiten der Vertriebenen, Sowjetzonenflüchtlinge, Kriegssachgeschädigten und Evakuierten (Drucksache Nr. 725) hatten der Kabinettsausschuß in seinen Sitzungen vom 3. August und 20. Sept. 1954 und das Kabinett in seiner 45. Sitzung vom 22. Sept. 1954 beschlossen, daß ich zur Beantwortung auf den Zweijahresplan Bezug nehme. Der Plan war unterdessen von mir hinsichtlich der Belange der Kriegssachgeschädigten und der Evakuierten ergänzt worden, fernerhin hatten sich bestimmte Abänderungen aus der inzwischen vollzogenen Entwicklung als notwendig herausgestellt.

Den Herren Bundesministern war mit Schreiben vom 14. Sept. 1954 – II 2a – 9022/54 – eine Darstellung übermittelt worden, bei der die von mir für erforderlich gehaltenen Ergänzungen und Abänderungen wiedergegeben waren. Ressortbesprechungen, die vom 20. bis 22. September 1954 stattfanden, ergaben, daß mit dem größten Teil dieser Ergänzungen und Abänderungen Einverständnis bestand. In

[1] Schreiben in B 150/2749 und B 136/2712; abgedruckt wird die von Oberländer unterzeichnete Ausfertigung aus dem Bundeskanzleramt.

einigen Punkten konnte jedoch keine Übereinstimmung erzielt werden. Es wurden fernerhin jetzt zu einzelnen Abschnitten des alten Zweijahresplanes Bedenken geäußert.

In der Kabinettssitzung vom 22. September 1954 wurde vereinbart, daß über den Zweijahresplan noch einmal verhandelt werden solle. Ich bitte daher auf die Tagesordnung der nächsten Sitzung des Kabinettsausschusses die Beratung des Zweijahresplanes zu setzen. Ich überreiche hierzu

> den Zweijahresplan für die Eingliederung der Geschädigten, aufgestellt im November 1953 als Zweijahresplan für die Eingliederung der Vertriebenen und Flüchtlinge, abgeändert und ergänzt im Oktober 1954. Diejenigen Teile und Formulierungen des Planes, über die die Bundesregierung noch zu beschließen hat, sind hierin besonders gekennzeichnet.

Auf meine Vorlage vom 13. September 1954 – II 4 – 6623-Kab. 996/54 – und vom 15. September 1954 – II 2a – 9021-Kab. 1000/54 – darf ich hinweisen.

Die Herren Bundesminister und der Herr Chef des Bundespräsidialamtes haben Abschriften in der vorgeschriebenen Anzahl erhalten.

Dreißig Ausfertigungen dieses Schreibens nebst Anlage füge ich bei.

gez. [Dr. Oberländer]

Der Bundesminister
für Vertriebene,
Flüchtlinge und Kriegsgeschädigte

Bonn, den 4. Oktober 1954

Zweijahresplan für die Eingliederung der Geschädigten

Aufgestellt im November 1953 als Zweijahresplan für die Eingliederung der Vertriebenen und Flüchtlinge, ergänzt im Oktober 1954.

Der Zweijahresplan erstreckt sich auf die Rechnungsjahre 1954 und 1955.

Vorbemerkung:

Die Bundesregierung hat dem größten Teil des nachstehenden Planes bereits zugestimmt. Dieser Teil ist inhaltlich in der Antwort des BMVt namens der Bundesregierung am 23.9.1954 dem Bundestag bekanntgegeben worden.

Diejenigen Teile und Formulierungen, über die die Bundesregierung noch nicht beschlossen hat, sind durch einen starken Strich an der linken Seite gekennzeichnet[2].

---

[2] Diese Passagen sind im nachfolgenden Abdruck kursiv gesetzt.

A. Selbständige Erwerbstätigkeit in
gewerblicher Wirtschaft und freien Berufen.

1) Bisherige Leistung.

Ende 1953 waren unter den Vertriebenen etwa

55 000 selbständige Handwerksbetriebe,

44 000 Betriebe in Handel und Verkehr,

2 550 Industriebetriebe mit 10 und mehr Beschäftigten,

3 400 Industriebetriebe mit 1 bis 9 Beschäftigten.

Etwa ein Drittel der in der Heimat selbständig gewesenen Vertriebenen sind heute wieder selbständige Unternehmer oder freiberuflich tätig; hierunter sind aber viele Kleinstbetriebe und Kümmerexistenzen mit enthalten.

Am besten gelungen ist die Eingliederung in die freien Berufe. 90 % der Vertriebenen sind hier – wenn auch in der Regel bei stark vermindertem Einkommen – im alten Beruf tätig.

Ziffern über den Eingliederungsstand von Kriegssachgeschädigten und Evakuierten liegen nicht vor, da hierüber eine statistische Erfassung nicht möglich ist. Auch für den Personenkreis der Sowjetzonenflüchtlinge können nur unvollständige Angaben erzielt werden.

2) Aufgabe in den nächsten 2 Jahren.

a) Bewilligung von Aufbaudarlehen aus dem Lastenausgleich für Vertriebene und Kriegssachgeschädigte:

35 000 Erstanträge für Neugründung und Existenzsicherungen, davon 20 000 in 1954 und 15 000 in 1955

Aufstockung von 50 000 bereits gewährten Aufbaudarlehen, davon 20 000 in 1954 und 30 000 in 1955

Umschuldung von 8 000 Bankdarlehen, davon je 4 000 in 1954 und 1955

b) Bewilligung von 13 000 Aufbaudarlehen für Sowjetzonenflüchtlinge, davon 5 000 in 1954 und 8 000 in 1955

c) Bereitstellung von Investitionskrediten für Vertriebene und Kriegssachgeschädigte

3) Finanzierung.

Stand der Aufbaudarlehen am 1.4.1954 (einschließlich Soforthilfe):

100 666 bewilligte Anträge von Vertriebenen mit 456,2 Mio. DM

49 712 bewilligte Anträge von Kriegssachgeschädigten mit 257,1 Mio. DM

a) Zur Erfüllung der unter 2 a) genannten Aufgaben sind folgende Mittel aus dem Lastenausgleich erforderlich:

	1954	1955
35 000 Erstanträge je 9 000 DM		
1954: 20 000 Anträge	*180 Mio. DM*	
1955: 15 000 Anträge		*135 Mio. DM*
50 000 Aufstockungen je 8 000 DM		
1954: 20 000 Anträge	*160 Mio. DM*	
1955: 30 000 Anträge		*240 Mio. DM*
Umschuldung von 8 000 Fällen von Bankdarlehen	*45 Mio. DM*	*45 Mio. DM*
	385 Mio. DM	*420 Mio. DM*

Im Wirtschafts- und Finanzplan 1954 des Ausgleichsfonds stehen zur Verfügung 108 Mio. DM Verplanungsreste + 280 Mio. DM Einplanung = 388 Mio. DM. Der Bedarf für 1954 ist daher gedeckt. – Die Befriedigung des für 1955 mit 420 Mio. DM bezifferten Bedarfs ist eine Aufgabe des für das Rechnungsjahr 1955 zu beschließenden Finanzplans.

b) *Der Finanzbedarf für Aufbaudarlehen für Sowjetzonenflüchtlinge beträgt im Jahre 1954 bei 5 000 Anträgen mit 10 000 DM 50 Mio. DM, im Jahre 1955 bei 8 000 Anträgen mit 10 000 DM 80 Mio. DM.*

Da im Rechnungsjahr 1954 einschließlich der Verplanungsreste 199 Mio. DM für den Härtefonds des Lastenausgleichs zur Verfügung stehen, wird es möglich sein, hieraus 50 Mio. DM allein für Aufbaudarlehen an Sowjetzonenflüchtlinge zu verwenden. Im Jahre 1955 ist die Deckung des Bedarfs von 80 Mio. DM noch offen, zumal die Mittel des Härtefonds auch für die anderen Hilfen bereitstehen müssen. *Es bedarf mithin einer neuen grundsätzlichen Gesamtregelung für Leistungen an Sowjetzonenflüchtlinge.*

c) *Der Finanzbedarf an Investitionskrediten (für Vertriebene und Kriegssachgeschädigte) ist Ende 1953 für 2 Jahre auf 60 Mio. DM veranschlagt worden. Im Haushaltsgesetz 1954 ist ein entsprechender Ansatz nicht erfolgt. Der Bedarf ist somit durch Ansatz im Bundeshaushalt 1955 sicherzustellen.*

Es wird vorausgesetzt, daß die Versorgung der Betriebe mit Betriebsmitteln in der bisherigen Weise fortgesetzt und entsprechend der Vermehrung der Betriebe ausgeweitet wird.

B. Ländliche Siedlung.

1) Bisherige Leistung.

Etwa 50 000 Vertriebene und Flüchtlinge im Jahr 1953 als Eigentümer oder Pächter auf Vollbauernstellen und Nebenerwerbssiedlungen (2,5 % der selbständig wirtschaftenden Bauern des Bundesgebietes).

2) Aufgabe in den nächsten 2 Jahren.

Ansiedlung von 40 000 Bauernfamilien ($^2/_5$ der Zielsetzung des Fünfjahresplanes, der bereits jetzt wegen der langfristigen Vorbereitungen, die durch Finanzierung, Bodenbeschaffung, Melioration u.s.w. bedingt sind, zur Grundlage gemacht werden muß).

Im Jahre 1954 werden 16 381 Bauernfamilien auf Vollbauern- und Nebenerwerbsstellen angesetzt. Im Jahre 1955 ist eine Steigerung des Siedlungserfolges anzusetzen.

Aufstellung eines langfristigen Siedlungsprogramms.

Unterstützung aller Möglichkeiten zur Landbeschaffung. Hierzu gehören u. a.:

Verzahnung zwischen Lastenausgleichsabgaben und Landlieferung.

Regelung der Entschädigungsfrage in den bestehenden Bodenreformgesetzen.

Bereitstellung von Staatsbesitz (Domänen) für die Siedlung.

Inanspruchnahme von schlecht bewirtschaftetem Besitz für die Eingliederung.

Intensivierung der Erschließung von Ödland, Moor- und Rodungsflächen, insbesondere Ausrichtung des Emslandprogramms, des Nordprogramms und weiterer Kultivierungsprojekte auf *baldige Gewinnung von Neusiedlungsflächen und Ausdehnung des Vorkaufsrechtes der Siedlungsgesellschaften* nach dem Reichssiedlungsgesetz auf diese Flächen. Förderung der Umlegung zur Schaffung lebensfähiger Höfe auch für Vertriebene.

Einflußnahme auf die Reorganisation der Siedlungsbehörden und Siedlungsträger zu einem schlagkräftigen Instrument der Eingliederung.

Regelung der Altersversorgung von Eigentümern auslaufender Höfe, die zur Ansiedlung von Vertriebenen bereitgestellt werden, durch Ausnutzung der im BVFG §§ 42 und 46 Abs. 6 gebotenen Möglichkeiten und Erlaß etwa erforderlicher weiterer gesetzlicher Bestimmungen hierfür.

Erlaß eines Gesetzes zur Verbesserung der Agrarstruktur und zur Sicherung landwirtschaftlicher Betriebe (Grundstücksverkehrgesetz) unter besonderer Berücksichtigung eines Verbotes der Hofteilung unterhalb einer bestimmten Grenze.

3) Finanzierung.

Der gewogene Durchschnittsbedarf liegt bei etwa 25 000 DM je Stelle. Für das Rechnungsjahr 1953 war ein Finanzbedarf von 525 Mio. DM angesetzt, der nicht voll ausgeschöpft wurde.

Für das Jahr 1954 ist für das Gesamtsiedlungsprogramm der Bundesregierung die Errichtung von 19 335 Stellen mit einem Gesamtaufwand von 600,6 Mio. DM vorgesehen. Die finanzielle Deckung für die hierin enthaltenen 16 381 Stellen von Vertriebenen und Flüchtlingen wird wie folgt aufgebracht:

a) Für Vertriebene und Flüchtlinge ausschließlich bestimmte Mittel:

Bundeshaushalt gemäß Bundesvertriebenengesetz § 46, 1	100,0 Mio. DM	
Lastenausgleich gemäß Bundesvertriebenengesetz § 46,2	100,0 Mio. DM	
Lastenausgleich, Aufbaudarlehen für die Landwirtschaft	203,5 Mio. DM	
	403,5 Mio. DM	
Übertrag		403,5 Mio. DM

b) Anteil an den allgemeinen Mitteln (geschätzt nach dem Anteil der für Vertriebene und Flüchtlinge ausgelegten Stellen):

Bundeshaushalt, Siedlungsmittel	31,4 Mio. DM	
Bundeshaushalt, Wohnungsbaumittel	50,0 Mio. DM	
Ländermittel	93,1 Mio. DM	
	174,5 Mio. DM	174,5 Mio. DM
Insgesamt:		578,0 Mio. DM

Für das Jahr 1955 muß in Hinblick auf die zu verstärkende Ansiedlung ein entsprechend höherer Finanzbedarf gedeckt werden.

C. Arbeitnehmer.

1) Bisherige Leistung.

Senkung des Anteils der Vertriebenen an der Arbeitslosigkeit von 37,9 % im Jahre 1949 auf 26,8 % am 31. März 1954 (25,7 % am 31. August 1954) gegenüber einem Bevölkerungsanteil von 17,1 %. Statistische Feststellungen über Zahl und Anteil der unter den übrigen Arbeitslosen befindlichen Kriegssachgeschädigten sind nicht möglich. In den Stadt-Staaten Berlin, Hamburg und Bremen dürfte der Anteil der kriegssachgeschädigten Arbeitslosen jedoch beträchtlich sein. 20 500 arbeitslose Evakuierte wurden im Oktober 1952 gezählt, von denen rd. 11 800 voll einsatzfähig waren.

2) Aufgabe in den nächsten 2 Jahren.

Fortführung und Verfeinerung der Maßnahmen, die zu der günstigen Entwicklung beigetragen haben, nämlich: Menschen an die Arbeitsplätze durch Umsiedlung, Arbeitsplätze an die Menschen durch Arbeitsplatzbeschaffung in den Gebieten mit überdurchschnittlicher Vertriebenenbelegung und Arbeitslosigkeit der Geschädigten.

3) Finanzierung.

Finanzierung der Umsiedlung und Evakuiertenrückführung (siehe unter Abschn. E und E 1).

Arbeitsplatzbeschaffung durch

a) *ausschließlicher Einsatz der Arbeitsplatzdarlehen des Lastenausgleichs in Gebiete mit überdurchschnittlicher Arbeitslosigkeit*

b) weiteren Einsatz von Mitteln des Sanierungsfonds, der Bundesanstalt für Arbeitsvermittlung und Arbeitslosenfürsorge, der für das Zonenrandgebiet bestimmten Mittel, u. a.

D. Wohnraummäßige Unterbringung.

1) Bisherige Leistung.

a) Nach Abschluß dieses Baujahres haben $^1/_2$ Million Vertriebenen- und Flüchtlingsfamilien eine Neubauwohnung, die mit öffentlichen Mitteln gefördert wurde, erhalten. Die (sehr geringe) Zahl der Wohnungszuteilungen aus neu errichteten Wohnungen, die nicht mit öffentlichen Mitteln gefördert wurden, ist nicht bekannt. – Die Zahl der Kriegssachgeschädigten, die nach Kriegsende zu Neubauwohnungen gekommen sind, läßt sich statistisch nicht feststellen.

b) 1950 waren 68 % aller Vertriebenen-Wohnparteien wohnlich schlecht untergebracht. Am Ende des laufenden Baujahres wird diese Zahl auf 54 % gesunken sein.

c) Die Zahl der vertriebenen Lagerinsassen hat sich seit 1. Oktober 1950 von 350 000 auf 260 000 Ende 1953 vermindert.

2) Aufgabe in den nächsten 2 Jahren.

a) Der Anteil der Geschädigten am sozialen Wohnungsbau muß gesteigert werden. *Wegen des hohen Anteils der noch schlecht untergebrachten Vertriebenen müssen wenigstens*[3] *40 % des Anfalles aus dem sozialen Wohnungsbau den Vertriebenen zugute kommen.*

b) *Der Vertriebene und der Kriegssachgeschädigte dürfen nicht Objekt der Wohnungswirtschaft bleiben, sondern müssen selbst Art und Rechtsform ihrer künftigen Wohnung bestimmen. Infolgedessen Bevorzugung und Förderung aller Maßnahmen, die zur Schaffung von Eigentum führen.*

c) *Es ist anzustreben, daß die Lastenausgleichsmittel in ihrer Gesamtheit der Schaffung von Eigentum dienen.*

d) Förderung des Wiederaufbaus kriegszerstörter Grundstücke.

3) Finanzierung.

Die Finanzierung ist durch die Globalzuweisung von Haushaltsmitteln des Bundes an das Bundesministerium für Wohnungsbau und durch zentrale Verteilung der Lastenausgleichsmittel gesichert. Der Wohnungsbau für Umsiedler und für Sowjetzonenflüchtlinge wird durch Sonderfinanzierung gefördert.

[3] Im Exemplar des Bundeskanzleramtes geändert in „etwa 40 %".

E. Umsiedlung.

1) Bisherige Leistung.

Seit 1949 bis zum Ende des Jahres 1953 sind aus den Ländern Schleswig-Holstein, Niedersachsen und Bayern rd. 600 000 Personen nach West- und Südwestdeutschland umgesiedelt. (Bis zum 31.8.1954 sind 679 000 Personen umgesiedelt.) Die Umsiedler sind in Neubauwohnungen untergebracht und – soweit sie arbeitsfähig sind – bis auf einen Rest von 5 % in Arbeit vermittelt worden.

2) Aufgabe in den nächsten 2 Jahren.

a) Abschluß des Gesamtumsiedlungsprogramms (915 000 Personen) bis zum Ende des Jahres 1955 (mit nicht vermeidbarem Überhang in das Jahr 1956).

b) Gesetzgeberische und finanzielle Vorbereitung einer Umsiedlung von weiteren 300 000 Personen, *davon 150 000 durch Umsiedlung von Land zu Land und 150 000 durch Umsiedlung innerhalb der überbelasteten Länder*[4].

3) Finanzierung.

Hinsichtlich der zum Abschluß der Umsiedlungsaktion noch fehlenden 300 000 Personen[5] ist die Umsiedlung von 150 000 Personen finanziell gedeckt. Der Finanzbedarf der Umsiedlung der restlichen 165 000 Personen – insgesamt 350 Mio. DM – ist gemäß einer im September 1954 dem Bundesrat zugeleiteten Verordnung ebenfalls gedeckt.

Die für die fortzuführende äußere Umsiedlung benötigten 375 Mio. DM sollen ab 1956 mit jährlich 125 Mio. DM Bundeshaushaltsmittel und Lastenausgleichsmittel bereitgestellt werden. Die für die innere Umsiedlung benötigten Mittel sollen, soweit der Wohnungsbedarf nicht im Rahmen der allgemeinen Wohnungsbauprogramme der Länder befriedigt werden kann, ab 1955 mit jährlich bis zu 75 Mio. DM vornehmlich Lastenausgleichsmitteln bereitgestellt werden.

E 1. Evakuierten-Rückführung.

1) Bisherige Leistung.

Seit 1951 bis Ende 1953 Rückführung von mehr als 20 000 Evakuierten aus den Ländern Schleswig-Holstein, Niedersachsen und Bayern im Rahmen der Umsiedlung. Weiterhin in den Jahren 1952 und 1953 Befriedigung des Wohn-

---

4 Im Exemplar des Bundeskanzleramtes geändert in „davon teils durch Umsiedlung von Land zu Land und teilweise durch Umsiedlung innerhalb der überbelasteten Länder"“

5 Im Exemplar des Bundeskanzleramtes geändert in „noch nicht umgesiedelten 315 000 Personen“.

bedarfs für rd. 62 500 zurückgekehrte Evakuierte im Rahmen der allgemeinen Wohnungsbauprogramme der Länder.

2) Aufgabe in den nächsten 2 Jahren.

a) Rückführung von weiteren mindestens 27 500 und damit der restlichen Evakuierten aus Schleswig-Holstein, Niedersachsen und Bayern im Rahmen der Umsiedlung.

b) Rückführung der (nach einer Erhebung des Wohnungsbauministeriums im Jahre 1951) noch vorhandenen rd. 30 000[6] Evakuierten aus den anderen Ländern.

c) Weiterhin für die innerhalb der Länder zurückzuführenden Evakuierten Bereitstellung von Wohnungen im Rahmen der allgemeinen Wohnungsbauprogramme der Länder *sowie Bereitstellung zusätzlicher Wohnungsbaumittel des Bundes.*

3) Finanzierung.

Der Finanzbedarf für die Maßnahmen zu 2 a) und b) beläuft sich auf rd. 125 Mio. DM. Hiervon sind 65 Mio. DM innerhalb der Umsiedlung durch Bundesmittel und 20 Mio. DM durch Lastenausgleichsmittel gedeckt. Die restlichen 40 Mio. DM sollen je zur Hälfte durch Zweckbindung im Jahre 1955 von Lastenausgleichsmitteln und im Jahre 1956 von Bundeshaushaltsmitteln bereitgestellt werden.

F. Flüchtlinge aus der sowjetischen Besatzungszone.

1) Bisherige Leistung.

a) In der Zeit vom Oktober 1946 bis zum 31. Januar 1953 sind 1,25 Millionen aus der sowjetischen Besatzungszone geflüchtete Personen in das Bundesgebiet gekommen, wohnungsmäßig untergebracht und größtenteils in Arbeit vermittelt worden. Unter diesen sind 40 % Heimatvertriebene, die zunächst in der SBZ Unterkommen gefunden hatten.

b) In der Zeit vom 1. Februar 1953 bis zum 31. März 1954 wurden 337 538 Notaufgenommene in die Länder einschl. Berlin eingewiesen. Hiervon waren 58 174 alleinstehende Jugendliche unter 24 Jahren. Der Anteil der Heimatvertriebenen ist inzwischen gesunken. Von den Notaufgenommenen ist ein großer Teil in Durchgangslagern und Notunterkünften untergebracht (Ende September 1954 etwa 140 000 Personen).

2) Aufgabe in den nächsten 2 Jahren.

Solange die gesamtdeutsche Frage nicht gelöst ist, werden wir mit Aufgaben und Überraschungen zu rechnen haben. Eine Planung über 2 Jahre ist unmöglich. Dagegen ist es notwendig, zumindest für die wohnungsmäßige Unterbringung genug Vorkehrungen zu treffen. Dabei wird die Frage zu prüfen sein,

---

[6] Im Exemplar des Bundeskanzleramtes geändert in „20 000".

ob man aus finanziellen und politischen Gründen, aber auch mit Rücksicht auf die drängende Zeit fortfährt, wohnungsmäßig eine Integration der Flüchtlinge zu versuchen – oder ob man sich der Errichtung von arbeitsorientierten Zwischenunterkünften, von denen Wolfach einen Anfang darstellt, zuwenden soll. Eine grundsätzliche Vereinbarung zwischen Bund und Ländern über die Kosten dürfte weder bei der Errichtung von Wohnungen noch von Zwischenunterkünften zu umgehen sein[7].

Für den Zeitraum bis zum 31. März 1954 ist aufgrund neuerer Unterlagen ein Wohnraumbedarf für rd. 280 000 Personen zu befriedigen. Hierbei sind ein großer Teil der alleinstehenden Jugendlichen und ein Teil der übrigen Personen bereits abgesetzt, da die Erfahrung gelehrt hat, daß mindestens diese ohne eigenen Wohnraumbedarf untergebracht werden können. -

Bedarf des Rechnungsjahres 1954:

In der Zeit vom 1.4.1954 bis 31.8.1954 wurden 54 447 Personen aufgenommen.

Rechnet man für die Zeit vom 1.9.1954 bis 31.3.1955 rd. 11 000 Aufzunehmende je Monat, so würde sich für das Rechnungsjahr 1954 eine Gesamtzahl von rd. 130 000 Personen ergeben.

3) Finanzierung.

Entsprechend dem Erlaß des Bundesministers für Wohnungsbau vom 24. Februar 1953 erhalten die Länder je Kopf der aufzunehmenden Flüchtlinge einen Bundeszuschuß von DM 1 500,-- zur wohnungsmäßigen Unterbringung. Aus Bundeshaushaltsmitteln waren zunächst 280 Mio. DM bereitgestellt, die im Sommer 1954 durch 70 Mio. DM aufgestockt wurden. Aus FOA-Mitteln wurden 63 Mio. DM gegeben, die mit 20 Mio. DM ein zusätzliches Programm für Berlin darstellen. Den Ländern standen mithin insgesamt 413 Mio. DM für die in der Zeit vom 1.2.1953 bis 31.3.1954 zugewiesenen Flüchtlinge zur Verfügung.

Für die vom 1.4.1954 ab den Ländern zugewiesenen Sowjetzonenflüchtlinge sollen in den außerordentlichen Haushalt 1955 45 Mio. DM eingesetzt werden. Von diesem Zeitpunkt an sollen nur solche Sowjetzonenflüchtlinge mit außerordentlichen Bundeswohnungsbaumitteln ausgestattet werden, die nicht aufgrund Art. 11 (2) GG oder aus Ermessensgründen Aufnahme finden. Die Länder haben dieser Regelung noch nicht zugestimmt.

Die Notwendigkeit, mit den Ländern zu einer grundsätzlichen Vereinbarung über die fernere Aufbringung der Mittel für die Unterbringung der SBZ-Flüchtlinge zu kommen, bleibt bei der Erfüllung des akutesten Bedarfs unberührt.

[7] Dieser Satz ist im Exemplar des Bundeskanzleramts gestrichen.

G. Gebiete an der Zonengrenze und Notstandsgebiete.

(Überdurchschnittliche Belegung mit Vertriebenen und landwirtschaftlicher Notstand durch Kriegszerstörungen in Rheinland-Pfalz)

1) Bisherige Leistung.

a) Stundung und Erlaß eines Teiles der Investitionshilfe.

b) Die Länder wurden aufgefordert, bei der Erhebung von Steuern und Abgaben in den Grenzstreifen bei Ermessensentscheidungen großzügig zu verfahren.

c) Das Zonengrenzgebiet und das Gebiet Wilhelmshaven werden bei der Erteilung öffentlicher Aufträge bevorzugt werden (Richtlinien sind am 31.3.1954 erlassen).

d) Für die Notstandsgebiete wurden in den letzten 3 Jahren 127 Mio. DM aus Bundeshaushaltsmitteln gegeben (Kredite und Zuschüsse für Landwirtschaft, Versorgung, Verkehr, Gewerbe, ferner Frachthilfe), darunter je 10 Mio. DM für Kehl und Helgoland zur Behebung der Kriegs- und Nachkriegsschäden.

2) Aufgabe in den nächsten 2 Jahren.

a) Fortsetzung der bisherigen Leistungen und Ausdehnung unter anteilmäßiger Erhöhung der Mittel auf den Zonengrenzstreifen.

b) Durchführung des Bundestagsbeschlusses vom 2. Juli 1953.
(Im Haushalt 1954 wurden erstmals 120 Mio. DM zur Steigerung der Wirtschaftskraft und für die Beseitigung von Wirtschaftsschäden in den Grenzgebieten bereitgestellt.)[8]

c) Lenkung der Arbeitsbeschaffungsmittel, insbesondere der Arbeitsplatzdarlehen des Lastenausgleichs und der Mittel der Bundesanstalt in diese Gebiete.

d) *Vergebung größerer öffentlicher Aufträge und aller Rüstungsaufträge an Firmen in den sog. Ballungsgebieten nur unter der Bedingung, daß in den Ballungsgebieten keine Ausweitung der Kapazität stattfindet, sondern Zweigwerke in den Notstandsgebieten entweder erweitert oder neu errichtet werden.*

e) Beginn und zügige Durchführung der landwirtschaftlichen Umlegung in den geeigneten Teilen der Zonengrenzgebiete.

f) Verwendung einer angemessenen Summe aus dem Fonds des Ministeriums für gesamtdeutsche Fragen zur geistigen Aufrüstung der Zonengrenzgebiete.

3) Finanzierung.

a) Fortsetzung der bisherigen[9] Bundesleistungen unter der Bedingung, daß

---

[8] Dieser Absatz ist im Exemplar des Bundeskanzleramts gestrichen.

[9] Im Exemplar des Bundeskanzleramts geändert in „Fortsetzung von Bundesleistungen".

b) die Leistungen der Länder nicht verringert werden.
c) Bereitstellung von Mitteln für die Durchführung des Bundestagsbeschlusses vom 2. Juli 1953.

H. Jugend.

1) Bisherige Leistung.

Die Zahl der vertriebenen Schüler an Höheren Schulen, Mittelschulen und Fachschulen ist nunmehr derart angewachsen, daß sie dem Anteilsatz der Vertriebenenbevölkerung an der Gesamtbevölkerung entspricht. Zu diesem Erfolg haben neben den entbehrensreichen Anstrengungen der vertriebenen Eltern auch die von der öffentlichen Hand gegebenen Ausbildungshilfen beigetragen. Die Zahl der vertriebenen Lehrlinge hat dagegen noch keinen befriedigenden Stand erreicht; ihr Anteil an der Gesamtzahl der Lehrlinge scheint sich sogar seit 1949 von Jahr zu Jahr zu verschlechtern.

Im Einzelnen wurden von 1949 bis 31.3.1954 gewährt:

a)	im Rahmen des Bundesjugendplanes	rd. 115 Mio. DM
b)	aus ERP- und Steg-Mitteln	rd. 27 Mio. DM
c)	zur Unterbringung arbeitsloser und berufsloser Jugendlicher	rd. 40 Mio. DM
d)	aus Mitteln der Soforthilfe und des Lastenausgleichs	rd. 250 Mio. DM

Die für die kriegssachgeschädigte und evakuierte Jugend aus den einzelnen Finanzquellen gegebenen Hilfen lassen sich mangels statistischer Unterlagen nicht ermitteln.

2) Aufgabe in den nächsten 2 Jahren.

Fortsetzung der Förderungsmaßnahmen für die vertriebene Jugend, insbesondere Bereitstellung ausreichender Mittel im Lastenausgleichsfonds und im Bundesjugendplan, Einsatz der Arbeitsverwaltung für die Vermittlung der Schulentlassenen in Lehrstellen, Schaffung von Ausbildungsstellen jeder Art. Eine etwaige Neugestaltung der sozialen Personaltarife bei der Bundesbahn muß die Tatsache berücksichtigen, daß ein unverhältnismäßig hoher Anteil der vertriebenen Eltern weit entfernt von den Schulorten ansässig ist.

3) Finanzierung.

Verstärkung des Mittelansatzes im Lastenausgleichsfonds und im Bundesjugendplan.

J. Lagerräumung.

1) Bisherige Leistung.

Ende 1953 leben schätzungsweise etwa 300 000 Vertriebene und Flüchtlinge (aus früheren Jahren) in Lagern. Eine Statistik über die berufliche und altersmäßige Zusammensetzung der Lagerinsassen und die Entwicklung der Belegungsziffern in den letzten Jahren fehlt jedoch noch immer, so daß exakte Bundeszahlen nicht genannt werden können. (Ferner waren im November 1953 zwischenzeitlich etwa 200 000 Flüchtlinge aus der Sowjetzone in Kasernen, Durchgangslagern der Länder und Lagern der Gemeinden untergebracht.)

Es oblag in erster Linie den Ländern, durch geeignete Maßnahmen für die Auflösung der Lager zu sorgen, u.a. durch Abzweigung von Wohnungsbaumitteln zum Ersatzwohnungsbau. Ersparnisse bei den zur Lagerunterhaltung bereitgestellten Kriegsfolgehilfemitteln konnten zur Restfinanzierung von Wohnungsbauten zum Zwecke der Lagerauflösung verwandt werden. Im Zusammenhang mit den Maßnahmen aus Anlaß der Verstärkung der alliierten Streitkräfte werden bei Räumung von Lagern seit 1950 nicht mehr neue Lager, sondern vollwertige Wohnungsbauten in arbeitsmarktpolitisch günstigen Standorten für die räumungsbetroffenen Lagerinsassen errichtet. Das Fehlen zuverlässiger statistischer Unterlagen über die Lager und insbesondere über die Lagerbewohner läßt keine Planung auf weite Sicht zu. Es besteht begründete Aussicht, daß statistische Unterlagen im Frühjahr 1955 vorliegen werden.

2) Aufgaben in den nächsten 2 Jahren.

Die beschleunigte Auflösung der Lager muß als eine der wichtigsten sozialen Aufgaben der Bundesrepublik bezeichnet werden, da die Lager einen Verschleiß menschlicher Kraft und eine Vergeudung öffentlicher Mittel bedeuten.

Aufgabe im Jahre 1954: erstes Räumungsprogramm mit dem Ziel, baulich schlechte Lager mit insgesamt 30 000 Insassen in Schleswig-Holstein, Niedersachsen und Bayern bis Ende des Rechnungsjahres 1954 aufzulösen.

Aufgabe im Jahre 1955: Auflösung weiterer insbesondere schlechter und ungünstig gelegener KFH-Lager im gesamten Bundesgebiet mit etwa 40 000 Insassen durch Schaffung von etwa 10 000 Neubauwohnungen.

Die Räumungsmaßnahmen sind objektbezogen und umfassen daher auch Evakuierte, soweit solche in den aufzulösenden KFH-Lagern untergebracht sind.

3) Finanzierung.

Für das erste Räumungsprogramm des Jahres 1954 Bereitstellung von 30 Mio. DM Kriegsfolgenhilfemittel und Zweckbindung von 20 Mio. DM Aufbaudarlehen aus dem Lastenausgleich. Für das Programm des Jahres 1955 global zuzuweisende Bundeshaushaltswohnungsmittel und Lastenausgleichsmittel; zusätzlich hierzu ist eine Beteiligung aus den Mitteln zu erreichen, die der Bund den Ländern im Rahmen der Kriegsfolgenhilfe nach dem Finanzanpassungsgesetz künftig pauschal für Lagerzwecke zur Verfügung stellen wird.

Der Bundesminister
für Vertriebene, Flüchtlinge
und Kriegsgeschädigte

Bonn, den 15. Okt. 1954

Zweijahresplan für die Eingliederung der Geschädigten.

G. Gebiete an der Zonengrenze und Notstandsgebiete.

2) Aufgabe in den nächsten zwei Jahren.

[.....]

Neufassung.

d) Vor der Errichtung oder Erweiterung von Anlagen für die öffentliche Hand sowie für die Deckung des Bedarfs der öffentlichen Hand (beides einschließlich der Verteidigungsstreitkräfte) ist im Benehmen mit den beteiligten Ressorts in jedem Einzelfalle zu prüfen, ob ein Standort in den notleidenden Gebieten gewählt werden kann. Soweit dies irgend vertretbar ist, soll dieser Standort bestimmt werden. Dies betrifft auch Anlagen von Unternehmern, soweit sie mit staatlichen Mitteln gefördert werden oder aufgrund von Verträgen voraussichtlich ganz oder überwiegend für die Deckung des Bedarfs der öffentlichen Hand produzieren werden.

Im übrigen verbleibt es bei den Richtlinien für die Berücksichtigung bevorzugter Bewerber bei der Vergabe von öffentlichen Aufträgen.

Der Bundesminister
für Vertriebene, Flüchtlinge
und Kriegsgeschädigte

Bonn, den 15. Okt. 1954

Zweijahresplan für die Eingliederung der Geschädigten.

D. Wohnraummäßige Unterbringung.

2) Aufgaben in den nächsten zwei Jahren.

[....]

Neufassung

b) + c) Der Vertriebene und der Kriegssachgeschädigte dürfen nicht Objekt der Wohnungswirtschaft bleiben, sondern müssen selbst Art und Rechtsform ihrer künftigen Wohnung bestimmen. Alle Maßnahmen, die zur Erfüllung der Forderungen nach Schaffung von Eigentum bei den Geschädigten führen, sind zu ergreifen und zu fördern; hierfür müssen ausreichende Lastenausgleichsmittel sichergestellt werden.[10]

Der Bundesminister
für Vertriebene, Flüchtlinge
und Kriegsgeschädigte

Bonn, den 15. Okt. 1954

Zweijahresplan für die Eingliederung der Geschädigten.

B. Ländliche Siedlung.

3. Finanzierung.

Neufassung.

Der Durchschnittsbedarf liegt bei etwa 30 000,- DM je Stelle. Für das Rechnungsjahr 1953 war ein Finanzbedarf von 525 Mio. DM angesetzt, der nicht voll ausgeschöpft wurde.

Für das Jahr 1954 ist für das Gesamtsiedlungsprogramm der Bundesregierung die Errichtung von 19 335 Stellen mit einem Gesamtaufwand von 600,6 Mio. DM vorgesehen. Hierin sind für Vertriebene und Flüchtlinge 16 381 Stellen enthalten. Der Gesamtbedarf von 600,6 Mio. DM wird wie folgt aufgebracht:

a)	Bundeshaushaltsmittel einschl. BVFG § 46 Abs. 1	137,1 Mio. DM
b)	Lastenausgleich, Aufbaudarlehen	203,5 Mio. DM
c)	Lastenausgleich, Darlehen an die Länder gemäß BVFG § 46 Abs. 2	100,0 Mio. DM
d)	Landesmittel einschl. anteilige Wohnungsbaumittel	160,0 Mio. DM
	insgesamt:	600,6 Mio. DM

Für das Jahr 1955 muß im Hinblick auf die zu verstärkende Ansiedlung ein entsprechend höherer Finanzbedarf gedeckt werden.

[10] Das Exemplar des Bundeskanzleramts erhielt durch handschriftliche Änderungen folgenden Wortlaut: „In Übereinstimmung mit der allg[emeinen] W[ie]d[er]g[utmachungs]politik [Auflösung der Abkürzung unsicher; der Bearb.] der Bun[des]Reg[ierung] sollten alle Maßnahmen, die zur Erfüllung der Forderung nach Schaffung von Eigentum bei den Geschädigten führen, ergriffen und gefördert werden; hierfür müssen bevorzugt Lastenausgleichsmittel sichergestellt werden."

Dokument 8

Gemeinsame Aufzeichnung des Bundesministeriums für Wirtschaft und der Dienststelle des Beauftragten des Bundeskanzlers für die mit der Vermehrung der alliierten Truppen zusammenhängenden Fragen vom 2. November 1954 betreffend die Zusammenarbeit zwischen dem Bundesministerium für Wirtschaft und dem Verteidigungsressort[1]

Vorläufig noch vertraulich

Bonn, den 2. November 1954

Leitsätze
für die Zusammenarbeit zwischen dem Bundesministerium
für Wirtschaft und dem Verteidigungsressort
– unbeschadet der Zuständigkeiten anderer Ressorts –

Die Verantwortung für die gesamte Wirtschaftspolitik trägt das Bundesministerium für Wirtschaft. Um die Deckung des Verteidigungsbedarfs entsprechend den wirtschaftspolitischen Grundsätzen des Bundesministeriums für Wirtschaft zu sichern, wird für die Zusammenarbeit zwischen dem Bundesministerium für Wirtschaft und dem Verteidigungsressort folgendes festgelegt:

1) Das Bundesministerium für Wirtschaft prüft die wirtschaftliche Durchführbarkeit der vom Verteidigungsressort nach Art, Menge und Zeit aufgestellten Bedarfsprogramme unter Wahrung der allgemeinen wirtschaftspolitischen Gesichtspunkte und der Grundsätze des Wettbewerbs. Die Beschaffungsprogramme werden von dem Verteidigungsressort im Einvernehmen mit dem Bundesministerium für Wirtschaft aufgestellt. Das gleiche gilt auch für die Bauprogramme. Wird keine Einigung erzielt, entscheidet der Kabinettsausschuß.

2) Das Bundesministerium für Wirtschaft trifft im Zusammenhang mit den jeweiligen Beschaffungsprogrammen die von ihm für erforderlich gehaltenen, im Rahmen seiner allgemeinen Zuständigkeit liegenden Maßnahmen, namentlich auf den Gebieten der Investitionen, der Außenwirtschaft, der Bevorratung, der Kapazitäten, der Anwendung des Sicherstellungsgesetzes, des Energienotgesetzes usw. Maßnahmen auf den Gebieten der Preisbildung und Preisüberwachung obliegen im Rahmen der gesetzlichen Bestimmungen dem Bundesministerium für Wirtschaft.

3) Die Typenauswahl und die Bereitstellung der technischen Unterlagen sind Aufgaben des Verteidigungsressorts. In Angelegenheiten mit erheblichen Auswirkungen auf die Produktion, z.B. bei Forschungsvorhaben, Entwicklungsaufträgen und der Festlegung eines Prototyps sowie der Geheimhaltung und Auswertung von Erfindungen ist das Einvernehmen mit dem Bundesministerium

[1] Abgedruckt wird die Anlage zur gemeinsamen Kabinettsvorlage des BMWi und der Dienststelle Blank vom 2. Nov. 1954 in B 102/14580 und B 136/6894.

für Wirtschaft herbeizuführen. Die Bildung von Sachverständigengremien für Fragen des Verteidigungsbedarfs erfolgt unter beiderseitiger Beteiligung.

4) Die in Ausführung der Programme (Ziff. 1) vorzunehmende Beschaffung, die Auftragsvergebung, die Vereinbarung der Preise, die Abnahme, die Bezahlung und der Verkauf von Material obliegen einem dem Verteidigungsressort nachgeordneten Beschaffungsamt. Das Beschaffungsamt befaßt sich nicht mit Aufgaben der in Ziffer 3 genannten Art; diese Aufgaben obliegen einem dem Verteidigungsressort nachgeordneten Technischen Amt. Unbeschadet der den für die Preisbildung und Preisüberwachung zuständigen Behörden nach den Vorschriften der Verordnungen PR 30/53 und PR 32/53 obliegenden Prüfungen wird das Verteidigungsressort etwa erforderliche vertragliche Preisprüfungsrechte nur im Einvernehmen mit dem Bundesministerium für Wirtschaft vereinbaren und ausüben. Der Bundesminister für Wirtschaft wird bei seinen Prüfungen Sachverständige des Verteidigungsressorts hinzuziehen. Eine enge Zusammenarbeit wird sichergestellt.

5) Um die notwendige ständige Zusammenarbeit beider Häuser sicherzustellen, wird ein Arbeitsausschuß gebildet. Dem Arbeitsausschuß gehören an: je ein hauptverantwortlicher Vertreter beider Ministerien und je zwei fachliche Berater als ständige Mitglieder. Die Entscheidung des Arbeitsausschusses, die mit den Stimmen der beiden hauptverantwortlichen Vertreter zustandekommen, sind für beide Häuser und deren nachgeordnete Dienststellen verbindlich. Sie können nur von beiden Häusern einvernehmlich geändert oder aufgehoben werden. Kommt eine Einigung beider Häuser nicht zustande, so entscheidet der Kabinettsausschuß.

Dem Arbeitsausschuß sind zur Entscheidung vorzulegen:

a) Alle Fragen, in denen das Einvernehmen beider Häuser in den Ziffern 1–4 vorgesehen ist.

b) Grundsatzfragen der Beschaffung und des Beschaffungsverfahrens einschließlich Lieferungs- und Zahlungsbedingungen sowie Streuung der Aufträge, Berücksichtigung mittelständischer Betriebe und der Notstandsgebiete.

c) Grundsätze der Abnahme.

d) Allgemeine Fragen der Bevorratung und des Verkaufs von überschüssigem Material.

e) Aufträge von besonderer wirtschaftlicher, wirtschaftspolitischer oder handelspolitischer Bedeutung (die Bestimmung wird nach einer Erfahrungszeit von 6 Monaten näher präzisiert).

f) Zusammenarbeit mit den Wirtschaftsverwaltungen der Länder und den Organisationen der gewerblichen Wirtschaft.

Der Ausschuß kann Ausnahmen von den von ihm festgelegten Grundsätzen im Einzelfall oder allgemein bewilligen.

Jedes Haus kann jederzeit Zweifels- und Streitfragen an den Arbeitsausschuß herantragen.

Dokument 9

Aufzeichnung des Senats von Berlin vom 10. März 1955 betreffend den langfristigen Aufbauplan für Berlin[1]

Langfristiger Aufbauplan für Berlin

Berlin-Schöneberg, den 10. März 1955

Inhaltsverzeichnis[2]

[1] Anlage zum Schreiben des Regierenden Bürgermeisters von Berlin an den Bundeskanzler vom 11. März 1955 in B 136/2385.

[2] Die in der Vorlage angegebenen Seitenzahlen wurden nicht mit abgedruckt.

[3] Korrigiert aus „Wirtschaftsausbau".

II. Kulturprogramm
1. Opernhaus
2. Freie Universität
3. Technische Universität
4. Ingenieurschule Gauss und Beuth
5. Übrige Hochschulen und wissenschaftliche Institute
6. Bundes- und Kongreßgebäude
7. Neubau Philharmonie
8. Ausbau Museen
9. Deutschlandhalle
10. Langwellensender

III. Unaufschiebbare Kommunalbauten
1. Zentralmarkthalle
2. Blumengroßmarkthalle
3. Milchhof
4. Kläranlagen
5. Heilanstalt Wittenau
6. Sporthallen und Kindertagesstätten

IV. Wohnungsbau

V. Wiederaufbauprogramm (NP)

VI. Zusammenstellung der Vorhaben des langfristigen Aufbauplans (Anlage)

In der Anlage überreiche ich als Besprechungsunterlage für die in Aussicht genommenen Verhandlungen der Bundesregierung mit dem Senat von Berlin einen „Langfristigen Aufbauplan für Berlin". Der Plan enthält Vorschläge über eine Reihe von wirtschaftlichen Maßnahmen, die im Enderfolg die Schaffung neuer Arbeitsplätze und damit die Verminderung der Arbeitslosigkeit in Berlin zur Folge haben sollen.

Die Gesundung des Berliner Wirtschaftslebens hat in den letzten Jahren erhebliche Fortschritte gemacht. Das Sozialprodukt ist gestiegen, die Arbeitslosenziffer ist vermindert worden. Solange die gesamte deutsche Wirtschaftskonjunktur anhält und vielleicht infolge der Wiederbewaffnung neuen Auftrieb erhält, müßte versucht werden, den verhältnismäßigen Rückstand der Berliner Industrie durch Neuinvestitionen dem Leistungsstand der westdeutschen Wirtschaft anzupassen. Die dafür erforderlichen Mittel können ohne die Inanspruchnahme des Bundes und der USA nicht beschafft werden. Es ist die Meinung des Berliner Senats, für die Dauer von 3 – 4 Jahren größere Beträge aus verschiedenen, dem Bund oder den USA zur Verfügung stehenden Quellen für den langfristigen Aufbauplan zu verwenden.

Für das Gesamtprogramm wäre in den nächsten Jahren aus dem Bundeshaushalt jährlich ein Betrag von etwa 200 Mio. DM erforderlich. Der gleiche Betrag wird aus den Rückflüssen des westdeutschen ERP-Sondervermögens bereitstehen. Man kann damit rechnen, daß die USA sich bereiterklären werden, gleichfalls größere Beträge zur Verfügung zu stellen. Aus dem Berliner ERP-Vermögen werden vom nächsten Rechnungsjahr ab etwa 150 Mio. DM verfügbar sein. Auf diese Weise könnten für den Berliner Aufbauplan ca. 650 – 700 Mio. DM jährlich aufgebracht werden.

Das Gesamtprogramm enthält als Kernstück die Schaffung neuer Arbeitsplätze. Daneben ist besonders auch nach Auffassung amerikanischer Dienststellen ein Kultur- und Notstandsprogramm angefügt worden. Es entspricht den Erfordernissen Berlins als Hauptstadt und dient gleichzeitig der unmittelbaren Bekämpfung der Arbeitslosigkeit. Die amerikanischen Dienststellen sind der Meinung, daß die großen Anstrengungen des Sowjetsektors für kulturelle Maßnahmen es notwendig machen, auch unsererseits auf diesem Gebiete etwas zu tun, damit West-Berlin nicht durch die sowjetische Seite überflügelt wird. Desgleichen sind sie der Meinung, daß die langandauernde Arbeitslosigkeit nach wie vor zu Notstandsarbeiten, die der Beschäftigung von Arbeitslosen dienen, zwingt. Auch die in dem ordentlichen Etat nicht mehr unterbringbaren Mittel für den Wohnungsbau mußten in diesen Wirtschaftsplan eingefügt werden.

Die Anforderung von 200 Mio. DM aus Mitteln des Bundeshaushalts rechtfertigt sich mit der Forderung der amerikanischen Seite, daß die Leistung der USA durch eine gleichwertige Leistung der Bundesrepublik ergänzt werden muß. Dabei sollte berücksichtigt werden, daß die geplante Wirtschaftshilfe für Berlin einen ganz anderen Charakter trägt als die Hilfe an den Haushalt. Diese ist ein verlorener Zuschuß, die Wirtschaftshilfe eine Anlage, die überwiegend einen Ertrag liefert und getilgt werden kann. Soweit diese Beträge für Investitionen oder für die Auftragsfinanzierung und ähnliche Zwecke verwandt werden, wird sogar mit einer Verzinsung gerechnet werden können. Bei der Verschiedenartigkeit der Zwecke der angeforderten Geldbeträge wäre zu erwägen, daß alle beteiligten Stellen die zur Verfügung gestellten Mittel gemeinsam verwalten.

Die durch Bundeshaushaltsgesetz festzusetzenden Unterstützungsbeträge sollten für die Dauer von 4 Jahren gewährt werden. Die bewilligten Mittel selbst sollten für die Dauer von 25 Jahren hergegeben werden. Bei Auflösung des Vermögens könnte das Vermögen unter Abzug der nicht einbringbaren Zuschüsse unter die Geldgeber verteilt werden. Die Verwalter des Vermögens würden gehalten sein, binnen dieser Frist nach den ihnen gegebenen gesetzlichen und verwaltungsmäßigen Richtlinien zu handeln.

Wichtig erscheint es dem Senat von Berlin, daß aus Anlaß dieser Aktion für den wirtschaftlichen Aufbau keine Verschuldung des Landes Berlin eintreten darf, die es West-Berlin unmöglich machen würde, bei einer Wiedervereinigung seine eigentlichen Aufgaben unter Inanspruchnahme der ihm zur Verfügung stehenden Steuerquellen vornehmen zu können, ohne sofort in die Situation eines notleidenden Gemeinwesens zu kommen.

I. Wirtschaftsaufbau

Berlin gehört zu den wichtigsten geschlossenen Verbrauchergebieten der Bundesrepublik und zu den für bestimmte Fertigungen besonders bedeutsamen Liefergebieten. Beide Faktoren sind für die Weiterführung der Wirtschaftspolitik der Bundesrepublik wie für den Aufbau eines gemeinsamen Wirtschaftsgebietes im Vereinigten Europa von Bedeutung und dürfen bei der Weiterführung des Berliner Aufbauprogramms nicht außer Acht gelassen werden.

Die bisherigen Investitionen haben sich in ihrem Hauptteil auf die für Berlin charakteristischen Wirtschaftszweige, insbesondere die Elektro-Industrie, den Maschinenbau und die Metallindustrie, erstreckt. Von den bisher in den Jahren 1950 bis 1954 investierten 809 Mio. DM entfallen 536 Mio. DM auf Investitionen in der Industrie; in der gleichen Zeit sind 273 Mio. DM den Versorgungsbetrieben, davon weitaus der größte Teil für die Energieversorgung, zur Verfügung gestellt worden.

Die Förderung dieser Investitionen mit öffentlichem Charakter war unerläßliche Voraussetzung, um die Investitionen in der Privatwirtschaft zum Erfolg zu führen.

Auch in Zukunft ist es notwendig, Investitionen aus öffentlichen Mitteln zu finanzieren. Die Laufzeit der ERP-Kredite ist kürzer als es sonst bei Finanzierungsmaßnahmen, insbesondere für Industriebauten, üblich ist. Wünschen aus Kreisen der Wirtschaft, die Tilgungsfristen der aus amerikanischen Mitteln gegebenen Kredite auch bei Bauten generell zu verlängern, konnte nicht stattgegeben werden. Daher müssen Abschreibungen auf die Industrieanlagen zunächst bevorzugt zur Rückzahlung der Kredite herangezogen werden. Zur Erhaltung der Wettbewerbsfähigkeit werden aber für den laufenden Erneuerungsbedarf neue Kreditmittel benötigt. Die laufende und pünktliche Tilgung der bereits gegebenen Investitionskredite spielt eine bedeutende Rolle, weil diese Mittel revolvierend Verwendung finden müssen. Nur bei Vorliegen wirtschaftlicher Schwierigkeiten kann von dieser Regelung abgewichen werden. Es befinden sich z.Zt. für 42 Mio. DM neue Investitionsanträge in Bearbeitung, weitere 15 Mio. DM Anträge sind eingebracht, die sämtlich der Beschaffung neuer Arbeitsplätze dienen können! Zu berücksichtigen ist ferner, daß ein erheblicher Teil der für Investitionen und Auftragsfinanzierung für Berlin aufgewandten Mittel nicht nur der Berliner Wirtschaft zugute kommt. Sie fließen bei Investitionen in Berlin größtenteils als Aufträge ins Bundesgebiet zurück oder dienen als Auftragsfinanzierung einerseits der Stärkung der Berliner Auftragnehmer, kommen aber andererseits auch wieder der westdeutschen Wirtschaft zugute.

Nicht weniger eng ist die Verflechtung bei den Produktionskapazitäten. Die im beträchtlichen Umfang beabsichtigten Erweiterungen der westdeutschen Kapazitäten sollten in engster Fühlungnahme mit den Berliner Aufbauplänen erfolgen. Es wäre gesamtwirtschaftlich richtig, wenn in Westdeutschland Erweiterungen erst vorgenommen werden nach Ausnutzung der in Berlin vorhandenen oder zu schaffenden Kapazitäten, weil die Frage der Arbeitsbeschaffung in Berlin leichter zu lösen ist, als in der Bundesrepublik. Hinzukommt die politische Erwägung, Berlin wirtschaftlich zu stärken. Nach den bisherigen Erfahrungen ist es notwendig, auf diese Zusammenhänge hinzuweisen, weil sie nicht nur im deutschen, sondern auch im europäischen Interesse liegen.

Eine solche Politik, die die Erzeugungskraft der Berliner Wirtschaft fördert und durch zusätzliche Aufträge voll ausnutzt, schafft die Voraussetzungen für eine Verringerung der Hilfen für Berlin.

1. Investitionen.

   Zur Schaffung von 100 000 neuen Arbeitsplätzen ist ein Investitionsbedarf von 1 Milliarde DM notwendig. Neben den Eigenmitteln der Wirtschaft und ihren sonstigen eigenen Finanzierungsmöglichkeiten werden nach den bisherigen Erfahrungen aus öffentlichen Mitteln jährlich 150 Mio. DM als Kredite für Investitionen in Industrie, Handwerk und Gewerbe benötigt.

   Für eine sich entwickelnde Wirtschaft sind weitere Investitionen, die allgemeinen Zwecken dienen und vorwiegend von der öffentlichen Hand finanziert werden müssen, erforderlich.

   Als solche Vorhaben sind zu nennen:

   a) Errichtung von Fabrikgebäuden und Hallen für Klein- und Mittelbetriebe.

      Mittel- und Kleinbetriebe befinden sich noch in unzulänglichen Räumlichkeiten, die eine mögliche Ausweitung verhindern. Aus den vorhandenen Gebäuden kann dieser Bedarf nicht mehr gedeckt werden. Diese Betriebe verfügen jedoch nicht über Mittel, um die erforderlichen Bauten aus eigener Kraft durchzuführen.

      (Voranschlag: 40 Mio. DM)

   b) Errichtung von Geschäftshausbauten.

      Ein ähnlicher Raumbedarf besteht auch für Geschäftsräume aller Art außerhalb der Produktion. Durch Mitfinanzierung des Baues geeigneter Gebäude aus öffentlichen Mitteln kann sowohl dieser Raumbedarf befriedigt als auch die Bautätigkeit in einzelnen bisher noch zurückgebliebenen Bezirken gefördert werden. Im Wiederaufbauprogramm (NP) sind für die Teilfinanzierung gewerblicher Bauten 10 Mio. DM jährlich eingesetzt.

   c) Errichtung von Bauten für die Konzentration der Berliner Bekleidungsindustrie.

      Die Berliner Bekleidungsindustrie, die früher in der Innenstadt stark konzentriert war, ist jetzt über alle Bezirke zerstreut. Um die wirtschaftlich notwendige Konzentration zu schaffen, soll im Rahmen der Zoo-Randbebauung sowohl städtebaulichen Wünschen wie betriebswirtschaftlichen Erfordernissen der in Frage kommenden Bekleidungsindustriefirmen Rechnung getragen werden. Dieser Plan wird von amerikanischer

Seite stärkstens unterstützt. Hierfür sind Investitionskredite in Höhe von etwa 20 Mio. DM bereitzustellen.

d) Ausbau der Berliner Porzellanmanufaktur.
Die bisherigen Räume der Berliner Porzellanmanufaktur sind völlig unzulänglich. Wenn hier neue Arbeitsplätze geschaffen werden sollen, sind Bauten unbedingt erforderlich.
(Voranschlag: 5 Mio. DM)

e) Errichtung eines modernen Hotels.
Wenn auch die vorhandenen Fremdenbetten über das ganze Jahr berechnet nicht ausreichend ausgenutzt sind, so besteht doch nach wie vor – besonders während großer Veranstaltungen und von seiten des internationalen Publikums – eine ungedeckte Nachfrage nach Hotelunterkünften, die modernen Ansprüchen genügen. Um diesen Bedarf zu befriedigen und kommenden Anforderungen an die Hauptstadt gerecht zu werden, soll dieser neue Hotelbau in Angriff genommen werden.
(Voranschlag: 6 Mio. DM)

2. Energie- und Verkehrswirtschaft

Die mit der Weiterführung des Berliner Wirtschaftsaufbaus zunehmende Ausweitung des Berliner Wirtschaftslebens führt zu vermehrten Ansprüchen an die Energie- und Verkehrswirtschaft. Nur wenn die notwendigen Einrichtungen geschaffen werden, wird ein reibungsloses Funktionieren der Berliner Wirtschaft gewährleistet. Diesem Gesichtspunkt muß auch bei der Finanzierung Rechnung getragen werden.

a) BEWAG.
Wenn auch zu hoffen ist, daß der aus eigenen Mitteln nicht zu deckende Teil, etwa 60 Mio. DM, des von der BEWAG selbst für die nächsten Jahre mit 170 Mio. DM bezifferten Investitionsbedarf teilweise mit Hilfe des Kapitalmarktes finanziert werden kann, so wird doch für den Spitzenbedarf noch eine öffentliche Finanzierung nötig sein.

b) U-Bahn.
Die großen finanziellen Anforderungen, die der U-Bahn-Bau in Berlin stellt, machen eine Finanzierungshilfe notwendig.
(Voranschlag: 180 Mio. DM).

c) Sonstige Verkehrsmittel.
Das Gleiche gilt auch für andere Verkehrsmittel, die dem Ziel dienen müssen, ein möglichst reibungsloses Funktionieren des Weltstadtverkehrs zu gewährleisten.
(Voranschlag: 40 Mio. DM)

d) Erweiterungsbau der Berliner Gaswerke (GASAG).
Zur Verbesserung und Erleichterung der Betriebsführung im Gaswerk Mariendorf ist die Errichtung eines Scheibengasbehälters von 200 000 cbm Inhalt notwendig.
(Voranschlag: 4 Mio. DM)

e) Erweiterung der Berliner Hafen- und Lagerhausbetriebe.
Zur Verbesserung der Lagerung und des Umschlags von losem Zement ist die Errichtung einer Silo-Anlage mit Exhaustoren usw. notwendig. (Voranschlag: 1 Mio. DM)

3. Auftragsfinanzierung.

Für die Auslastung der bestehenden und zu schaffenden Kapazitäten sind bedeutende Mittel für die Auftragsfinanzierung nötig. Dabei wird umfangmäßig die Auftragsfinanzierung einen etwas größeren Raum einnehmen müssen als bisher. Vor allem längerfristige Abschlüsse sind vielfach ohne Finanzierungshilfe nicht unterzubringen. Andererseits ist es besonders wichtig, sowohl für die bestehenden Kapazitäten wie für die neuzuschaffenden eine zügige Auftragsbeschaffung zu gewährleisten. Nach den Erfahrungen der vergangenen Jahre und den vorliegenden Anforderungen sind Bindungsermächtigungen über 200 bis 250 Mio. DM jährlich erforderlich, deren Realisierung allerdings teilweise von einem Jahr ins andere hinüberreicht.

Bei beiden Aufgaben – Investitionen und Auftragsfinanzierung – ist zu berücksichtigen, daß die hierfür aufgewandten Mittel verhältnismäßig frühzeitig revolvierend eingesetzt werden können. Der Bedarf an neuen Mitteln nimmt dadurch in den kommenden Jahren erheblich ab.

Alle bei der Auftragsfinanzierung eingesetzten Gelder sind unmittelbare Investitionshilfen für das Bundesgebiet oder den Export, an denen Berlin nur arbeitsmäßig beteiligt ist.

4. Vermehrte Auftragserteilung nach Berlin.

Zur vollständigen und regelmäßigen Beschäftigung der Berliner Kapazitäten ist es außerhalb der Finanzierungshilfe ganz allgemein erforderlich, daß in noch größerem Umfange als bisher Aufträge an die Berliner Wirtschaft gegeben werden müssen.

a) Deshalb sollte bei Direktaufträgen der öffentlichen Hand die Auflage gemacht werden, daß in angemessenem Umfange Aufträge nach Berlin gelegt werden.

b) Darüber hinaus ist es notwendig, eine schon lange gegebene Anregung zu verwirklichen und darauf hinzuwirken, daß von den aus öffentlichen Mitteln im Gebiet der Bundesrepublik finanzierten Vorhaben der Wirtschaft Aufträge in angemessenem Umfange an die Berliner Wirtschaft vergeben werden.

II. Kulturprogramm des Bundes.

Aus den in der Vorbemerkung dargelegten Gründen ist es notwendig, eine Reihe kulturpolitischer Aufgaben in Angriff zu nehmen, für deren Durchführung die eigenen Kräfte Berlins bei der heutigen Lage nicht ausreichen. Die hier zu behandelnden Projekte sind auch ihrer ganzen Natur nach geeignet, um durch maßgebliche Beteiligung des Bundes und der Freien Welt dem allgemeinen Interesse an Berlin Rechnung zu tragen.

1. Die Schaffung eines repräsentativen Opernhauses kann durch Ausbau des Städtischen Opernhauses in der Bismarckstraße erfolgen.

   Der Charakter einer derartigen Kunststätte will nicht nur auf die Unterhaltungsbedürfnisse der Berliner Bevölkerung Rücksicht nehmen, sondern gleichzeitig ein Zeugnis des Kunstschaffens der Freien Welt darstellen.

   Angesichts der kulturpolitischen Aktivität im Sowjetdeutschen Raum ist eine weitere Begründung dieser Maßnahmen nicht notwendig. Das gilt auch schon deshalb, weil in Berlin auch nach der Wiedervereinigung zwei Opernhäuser notwendig sein werden.

   (Voranschlag: 15 Mio. DM)

2. Ausbau der Freien Universität.

   Der heutige Stand von Forschung und Lehre in der Wissenschaft stellt Anforderungen, denen die bisherigen Anlagen nicht gerecht werden. Im Interesse des alten Rufes Berlins als Pflegestätte der Wissenschaft sind hier in erheblichem Umfange Neubauten und Erweiterungen erforderlich.

   (Voranschlag: 20 Mio. DM)

3. Technische Universität.

   Die Entwicklung der Technik erfordert in ganz besonderem Maße eine Anpassung der bisherigen Einrichtungen der Technischen Universität an die neuzeitlichen Anforderungen. Hier sind in verschiedenen Fachgebieten auch beträchtliche Ansprüche an die Entwicklung der Forschungseinrichtungen zu stellen, die im unmittelbaren Interesse der Berliner Wirtschaft liegen, und zwar sowohl hinsichtlich des technischen Fortschritts wie auch der Heranbildung des Nachwuchses. Diese Ausbildung dient Berlin und in weit stärkerem Maße der Bundesrepublik.

   (Voranschlag: 40 Mio. DM)

4. Neubau der Ingenieurschule Gauss und Anbau Ingenieurschule Beuth.

   Der Ausbau dieser Lehranstalten soll dem ständig größer werdenden Mangel an Fachkräften begegnen. Hier werden besonders die breiten Kreise von technischen Führungskräften ohne Hochschulbildung gefördert. Auch in dieser Hinsicht besteht stärkstes Interesse der Berliner Industriefirmen. Darüber hinaus ist der alte Ruf dieser beiden Ingenieurschulen ganz besonders geeignet, die Stellung der Berliner Wirtschaft in Westdeutschland und im Ausland zu stärken. Erfahrungsgemäß entwickeln sich gerade aus der Einstellung der hier ausgebildeten Ingenieure beim Eintritt in westdeutsche oder ausländische Unternehmungen vorteilhafte Geschäftsverbindungen mit der Berliner Wirtschaft.

(Voranschlag: 6 Mio. DM)

5. Bauten bei den übrigen Hochschulen und wissenschaftlichen Institutionen.

   Berlin verfügte früher über ein außerordentlich glückliches Nebeneinander von Hochschulen und Forschungsstätten aller Art. Diese stellten nicht nur eine wertvolle Ergänzung der Faktoren Verwaltung und Wirtschaft in der alten Reichshauptstadt dar, sondern beeinflußten ganz wesentlich das geistige Gesicht Berlins und seiner Ausstrahlungen auf Deutschland und Europa. Das heutige politische Interesse am Schicksal Berlins kann durch einen sinnvollen Wiederaufbau der alten Einrichtungen für Lehre und Forschung wesentlich gefördert werden. Deshalb sind neben den obenangeführten größeren Projekten auf diesem Gebiet auch die kleineren Hochschulen und die vielseitigen wissenschaftlichen Institute einer zielbewußten Förderung wert. Auch dort, wo auf verschiedenen Gebieten wissenschaftliche Institute in Westdeutschland neu errichtet wurden, rechtfertigen die besonderen Aufgaben, die sich aus der Nachbarschaft mit dem sowjetischen Machtbereich ergeben, eine pflegliche Behandlung und zielbewußte Förderung der noch in Berlin vorhandenen Einrichtungen.

   (Voranschlag: 9 Mio. DM)

6. Bundes- und Kongreßgebäude.

   Von seiten des Bundes ist in Verbindung mit Wünschen Berlins die Frage erörtert worden, für die Bundesversammlung ein geeignetes Gebäude zu schaffen. Das alte Reichstagsgebäude wird hierfür nicht in Betracht kommen und wäre für den gegenwärtigen Zeitpunkt auch zu aufwendig. Dagegen wäre das am Runden Platz gelegene Haus des Fremdenverkehrs hierfür ein sehr geeignetes Objekt. Eine Herstellung dieses Gebäudes würde zwei weitere wesentliche Bedürfnisse befriedigen:

   Erstens könnte ein Teil des umfangreichen Gebäudekomplexes für Kongreßzwecke Verwendung finden.

   Zweitens wäre mit der Fertigstellung dieses Gebäudes an diesem Standort ein neuer Kristallisationspunkt für die Wiederbelegung dieses Gebietes an der Sektorengrenze bis zum Potsdamer Platz geschaffen.

   (Voranschlag: 16 Mio. DM)

7. Neubau der Philharmonie.

   Das Philharmonische Orchester, einer der repräsentativsten Träger allgemeindeutschen Kulturschaffens, ist seit Kriegsende heimatlos und bei Veranstaltungen in Berlin auf den wenig geeigneten Titania-Palast angewiesen. Vor allem fehlen aber die Räume für Proben und für Studioaufnahmen. Die eingerichteten Studios der Neuen Philharmonie können gleichzeitig dem Sender

Freies Berlin, dem RIAS und Berliner Orchestern zur Verfügung stehen. Aus dem ERP-Sondervermögen Berlin ist ein Beitrag von 2 Mio. DM vorgesehen.

8. Ausbau der Museen.

   Die Staatlichen Museen in Dahlem, das Museum für Völkerkunde und die Kunsthistorischen Sammlungen in der Armin-Allee sind stark ausbaubedürftig. Die erforderlichen Ausbauten, auch des hierfür in Betracht kommenden Charlottenburger Schlosses, sind mit Rücksicht auf den Anspruch auf Rückführung der Berliner Kunstsammlungen dringend erforderlich. Die werbende Wirkung auf den Osten durch solche Bauten und die durch die Museen gegebene Möglichkeit der Kulturpropaganda ist außerordentlich hoch zu bewerten.

   (Voranschlag: 19 Mio. DM)

9. Wiederherstellung der Deutschlandhalle.

   Da Berlin für sportliche und sonstige Veranstaltungen größerer Art keinen Raum besitzt, der über ausreichende Fassungsmöglichkeiten sowie die erforderlichen repräsentativen Nebenräume und technische Einrichtungen verfügt, ist auch dieses Projekt vordringlich. Die Lage der ehemaligen Deutschlandhalle sowie die verbliebene Bausubstanz lassen ihre Wiederherrichtung als zweckmäßig erscheinen.

   (Voranschlag: 10 Mio. DM)

10. Aufbau eines Langwellensenders.

    Auf Grund der Erfahrungen mit dem früheren Deutschlandsender und dem von Ostberlin heute betriebenen Langwellensender erscheint die Abstrahlung eines gesamtdeutschen Programms von Berlin aus dringend erwünscht. Die hierfür erforderlichen Sendeanlagen sollten ebenfalls im Rahmen dieses Gesamtplans errichtet werden. Nach Inbetriebnahme können die technischen Einrichtungen im Austausch mit dem SFB und der Philharmonie benutzt werden.

    (Voranschlag: 15 Mio. DM)

Außer den hier aufgeführten wichtigen kulturellen Projekten, an denen der Bund unmittelbar interessiert ist, sind in Berlin noch zahlreiche andere Investitionsaufgaben zu lösen. Dazu gehören Bauten von Schulen, Fachschulen, Büchereien, Sportplätzen usw., die aber in erster Linie Angelegenheit des Berliner Haushalts sind.

III. Unaufschiebbare Kommunalbauten.

Eng verbunden mit dem wirtschaftlichen Wiederaufbau ist die Neuerrichtung oder Erweiterung von kommunalen Versorgungsanlagen aller Art. In Berlin sind auf diesem Gebiet die Anforderungen nicht nur infolge der Zerstörungen des Krieges und der Spaltung, sondern teilweise auch wegen der Überalterung oder dem Wachstum der Stadt nicht ausreichend angepaßten Anlagen, besonders groß. Die

Arbeiten sind großenteils unaufschiebbar. Wenn Berlin seinem Charakter als Hauptstadt gewachsen bleiben soll und beim weiteren Aufbau der Wirtschaft nicht plötzlich Schwierigkeiten infolge Versagens von Versorgungseinrichtungen eintreten sollen, muß diesen kommunalen Verwaltungsbauten ein bevorrechtigter Rang zuerkannt werden. Die eigenen Mittel der Stadt, die normalerweise aus Haushalt oder Anleihe bestritten werden müßten, reichen nicht aus, so daß auch hier auf weitere Hilfe zurückgegriffen werden muß. Die hier anstehenden Projekte unterscheiden sich vom eigentlichen Wiederaufbau der Wirtschaft dadurch, daß hier im wesentlichen keine neuen Arbeitsplätze geschaffen werden. Dafür dienen die hier errichteten Anlagen jedoch dem reibungslosen Funktionieren des wirtschaftlichen und kommunalen Lebens und der Beseitigung bestehender Notstände. Dabei ist auch an die Wirkung vorbildlicher Anlagen nach Osten zu denken.

Eine besondere Eigenart dieses Teils des Gesamtplans ist die langfristige Erstrekkung der meisten Maßnahmen dieser Art auf mehrere Jahre, dem auch in den Finanzierungsvorschlägen Rechnung getragen ist.

Dabei darf nicht übersehen werden, daß eine Finanzierung ausschließlich über zu erhebende Gebühren nicht in Frage kommen kann, weil dann die Belastung für den Lebensstandard der Bevölkerung und den Betrieb der wirtschaftlichen Unternehmungen zu groß werden würde. Die Gebühren für Benutzung dieser Anlagen müssen in erster Linie für den laufenden Betrieb und den normalen Kapitaldienst herangezogen werden.

Im Einzelnen kommen folgende Projekte in Frage:

1. Errichtung einer Zentralmarkthalle.

   Diese soll entsprechend den Planungen von 1910 zusammen mit Kühlräumen in der Beusselstraße errichtet werden. Das Projekt muß beschleunigt durchgeführt werden, da der Fruchthof in Mariendorf, der nach dem Kriege durch Privatinitiative errichtet wurde, aber seinen nach den damaligen Möglichkeiten nicht sehr günstig gewählten Standort für ein Industriewerk aufgeben muß.

   (Voranschlag: 35 Mio. DM)

2. Neubau der Blumen-Großmarkthalle.

   Die Notwendigkeit der Wiedererrichtung auch dieser Anlage ist für den mittelständischen Handel von erheblicher Bedeutung.

   (Voranschlag: 6 Mio. DM)

3. Errichtung eines Milchhofes.

   Die Einrichtungen für die Berliner Milchversorgung sind zum mindesten, soweit sie die Meiereizentrale betreffen, mehr als unzulänglich und hygienisch mehr als bedenklich. Die Finanzierung eines Neubaus durch die bestehende Genossenschaft ist nicht möglich. Es muß deshalb die Errichtung eines städtischen Milchhofes in Erwägung gezogen werden, der dann an den Milchhandel verpachtet werden könnte.

   (Voranschlag: 9 Mio. DM)

4. Moderne Kläranlagen für die Abwässerungsverwertung und Beseitigung.

   Der vor etwa hundert Jahren eingerichtete Rieselfeldbetrieb entspricht nicht mehr den hygienischen Forderungen einer Großstadt. Außerdem sind die im Sowjetsektor bzw. der sowjetischen Besatzungszone gelegenen Rieselfelder, die z.Zt. den Hauptteil der Abwässer Westberlins aufnehmen, am Ende ihrer Leistungsfähigkeit. Die moderne Entwicklung geht daher eindeutig auf die Umstellung der Abwässerreinigung vom Rieselfeldbetrieb auf Klärwerksbetrieb über. Das Vorhaben wird vom BWM nachdrücklich unterstützt.

   Zur Sicherung der Abwässerförderung ist weiterhin die Erneuerung überalterter Pumpwerke und verschiedener Druckrohrleitungen vorgesehen. Dazu kommt der Bau eines Regenwasserbeckens in Berlin-Wedding.

   (Voranschlag: 95 Mio. DM)

5. Heilanstalt Wittenau.

   Die bisherigen Anlagen der Landes-Nerven-Klinik Wittenau sind völlig unzureichend und überaltert. Der erforderliche Neubau, der zugleich als Universitäts-Nervenklinik gedacht ist, soll 800 Betten umfassen.

   (Voranschlag: 21 Mio. DM)

6. Sporthallen und Kindertagesstätten.

   a. Sporthallen.

   Mit Rücksicht auf die notwendige Erholung der Bevölkerung muß angestrebt werden, die notwendigen [Wege] zwischen Wohnung und Sportstätte zu verringern. Bisher fehlt es besonders in der witterungsungünstigen Jahreszeit an geeigneten Sporthallen.

   b. Kindertagesstätten.

   Die bisherige Zahl der Kindertagesstätten ist unzureichend. Die Beseitigung dieses Zustandes ist auch wirtschaftlich von großer Bedeutung, weil zahlreiche Frauen nur dann in der Lage sind, dem notwendigen Erwerb nachzugehen, wenn ihre Kinder während der Arbeitszeit in der Nähe der Wohnung untergebracht werden können.

   (Voranschlag: 9 Mio. DM)

IV. Wohnungsbauprogramm

Die Fortführung und Erweiterung des Wohnungsbauprogramms gehört zu den besonders wichtigen Teilen des Aufbauplanes. Gemessen an der Bevölkerungszahl steht der Wohnungsbau in Westberlin trotz seines starken Aufschwunges in den letzten Jahren immer noch mit erheblichem Abstand hinter dem Wohnungsbau in den großen Städten des Bundesgebietes. 1953 wurden im Durchschnitt des Bundesgebietes auf 10 000 Einwohner 105 Wohnungen errichtet, in Westberlin nur 69. 1954 wurde der Zugang in Westberlin nur auf 82 neue Wohnungen gesteigert, er blieb aber immer noch beträchtlich hinter der Durchschnittsquote des Bundesgebietes mit 110 Wohnungen zurück. Dabei ist zu berücksichtigen, daß die vergleichbaren Großstädte eine erheblich höhere Quote, die teilweise fast an 200 Wohnungen je 10 000 Einwohner heranreicht, erzielten.

Voranschlag:	1955:	115 Mio. DM
	1956:	200 Mio. DM
	1957:	230 Mio. DM

V. Wiederaufbauprogramm (NP)

Zu den besonders dringlichen Erfordernissen gehört die Weiterführung des Wiederaufbauprogramms (NP). Von der Senatsverwaltung für Bau- und Wohnungswesen und der Senatsverwaltung für Volksbildung sind eine Reihe von Vorschlägen gemacht worden, die im Rahmen des erwähnten Wiederaufbauprogramms durchgeführt werden könnten. Aus diesen Vorschlägen sind hervorzuheben die Verstärkung des Wohnungsbaus, des Straßenbaus und der Schaffung von Spiel-, Sport- und Erholungsplätzen. Es gehören aber auch dazu verschiedene Arbeiten aus dem Gebiet der Landes- und Bodenkultur.

Voranschlag: *)	1955:	145 Mio. DM
	1956:	145 Mio. DM
	1957:	120 Mio. DM

*) hiervon jeweils 10 Mio. DM für Geschäftshausbauten

[Anlage]

Zusammenstellung der Vorhaben des langfristigen Aufbauplans für Berlin

Die Aufteilung der anzufordernden Mittel ist nach kassenmäßigen Gesichtspunkten erfolgt.

Die Zusagen für die Vorhaben müssen jedoch schon frühzeitig gegeben werden, um die langfristige Verfügbarkeit der Mittel zu ermöglichen.

Vorhaben des langfristigen Aufbauprogramms

Mio. DM

Vorhaben	Gesamtkosten	Eigenmitt. und Kap.-markt	Mittel aus anderen Finanzierungsquellen				davon: vorhanden		bereitzustellende Mittel in den Rechnungsjahren				
			Kap.-Sammelstell.	Bln.-Haush. u. WAF	ERP-SV-Bln.	Bund u. ERP-SV Bund	Rj. 1955 aus Rest 1954	Rj. 1955 neu	1955	1956	1957	1958	1959
0	1	2	3	4	5	6	7	8	9	10	11	12	13
I Wirtschaftsaufbau													
1) Investit. d. Industr. Betriebe	1 197	425	-	-	772	-	91	101	-	145	145	145	145
2) Besondere Projekte													
a Fabrikgebäude u. Hallen	45	5	-	-	-	40	-	-	5	10	10	10	5
b Geschäftshäuser	100	70	-	-	30	-	-	10	-	10	10	-	-
c Konzentrat. d. Bekleidg.Ind.	30	10	-	-	20	-	-	4	-	3	3	5	5
d Aufbau d. Berl. Porzell.Man.	7	2	-	-	-	5	-	-	2	3	-	-	-
e Hotel	12	6	-	-	6	-	-	2	-	2	2	-	-
Summe:	194	93	-	-	56	45	-	16	7	28	25	15	10
3) Energie u. Verkehrswirtsch.													
a Berliner Licht- u. Kraft-AG	174	114	-	-	-	60	-	-	10	20	10	10	10
b U-Bahn-Bau	180	-	-	-	-	180	-	-	30	50	30	40	30
c Berliner Verkehrsbetriebe	50	10	-	-	-	40	-	-	5	10	10	10	5
d Berliner Gaswerke AG	4	-	-	-	-	4	-	-	2	2	-	-	-
e Berl. Hafen- u. Lagerhausbetr.	1	-	-	-	-	1	-	-	1	-	-	-	-
Summe:	409	124	-	-	-	285	-	-	48	82	50	60	45
4) Finanzg. westdeutsch. Aufträge	1 500	623	225	-	117	535	2	115	90	135	170	170	195
Summe I:	3 300	1 265	225	-	945	865	93	232	145	390	390	390	395

noch: Vorhaben des langfristigen Aufbauprogramms

Mio. DM

0	1	2	3	4	5	6	7	8	9	10	11	12	13
II Kulturprogramm													
1 Opernhaus	15	-	-	-	-	15	-	-	1	3	5	5	1
2 Freie Universität	20	-	-	-	-	20	-	-	4	5	5	3	3
3 Technische Universität	40	-	-	-	-	40	-	-	4	5	10	15	6
4 Ingenieurschulen	6	-	-	-	-	6	-	-	1	3	2	-	-
5 Hochschulen u. Institute	9	-	-	-	-	9	-	-	1	2	3	2	1
6 Bundes- u. Kongreßgebäude	16	-	-	-	-	16	-	-	2	4	5	3	2
7 Neubau Philharmonie	8	6	-	-	2	-	-	-	-	2	-	-	-
8 Museen u. Charlottenbg. Schloß	19	-	-	-	-	19	-	-	2	4	7	4	2
9 Deutschlandhalle	12	2	-	-	-	10	-	-	-	2	4	3	1
10 Langwellensender	15	-	-	-	-	15	-	-	-	2	4	5	4
Summe II	160	8	-	-	2	150	-	-	15	32	45	40	20
III Kommunalbauten													
1 Zentralmarkthalle u. Fruchthf.	35	-	-	-	-	35	-	-	5	10	10	5	5
2 Blumen-Großmarkthalle	6	-	-	-	-	6	-	-	-	3	2	1	-
3 Milchhof	9	-	-	-	-	9	-	-	2	7	-	-	-
4 Kläranlage	95	-	-	-	-	95	-	-	5	15	25	25	25
5 Nervenklinik Wittenau	21	-	-	-	-	21	-	-	1	8	6	6	-
6 Sporthallen u. Kindertages-St.	9	-	-	-	-	9	-	-	2	2	2	3	-
7 Lastenring	45	-	-	-	-	45	-	-	10	10	10	10	5
Summe III	220	-	-	-	-	220	-	-	25	55	55	50	35
IV Wohnungsbau	1000	255	-	-	-	745	-	-	115	200	230	100	100
V Wiederaufbauprogramm	400	20	-	280	100	-	-	135	-	135	110	-	-
Gesamt:	5 080	1 548	225	280	1 047	1 980	93	367	300	812	830	580	550

Dokument 10

Sitzungsniederschrift von Witzlebens (BMZ) vom 10. Juli 1955 über die Besprechung am 7. Juli 1955 betreffend die Brüsseler Vorkonferenz[1]

Niederschrift

über die Besprechung am Donnerstag, dem 7. Juli 1955

unter Vorsitz des Vizekanzlers Dr. Blücher im Hause Carstanjen betr. Weisung an den Deutschen Vertreter bei der Vorbereitung der Brüsseler Vorkonferenz[2].

Teilnehmer: siehe Anlage

Herr *Vizekanzler Dr. Blücher* eröffnet die Besprechung und bittet Herrn Gesandten Prof. Ophüls um einen kurzen Bericht über das voraussichtliche Verfahren bei dem Treffen der Leiter der Delegationsführer in Brüssel.

Gesandter Prof. Ophüls teilt mit, daß die Vorbesprechungen am 9. Juli in Brüssel lediglich Verfahrensfragen dienen sollen. Dabei sollen jetzt durch die Leiter der Regierungsdelegationen lediglich die Organisation und die Arbeitsmethode des Ausschusses sowie die in der Entschließung von Messina vorgesehenen Einladungen geprüft werden. Einzelheiten über eine vorgesehene Organisation der späteren Arbeitsausschüsse seien jetzt noch nicht bekannt. Nach seiner Ansicht müsse man mit der Einsetzung folgender Unterausschüsse rechnen: Verkehr, allgemeine Energie, Atomenergie, allgemeine horizontale Integration und Soziale Fragen.

Über den Beschluß betr. Zusammensetzung dieser Unterausschüsse wolle er nach Rückkehr aus Brüssel am 11. Juli um 16 Uhr den Vertretern der einzelnen Ressorts berichten. Erst danach sollen die Fachberatungen in Angriff genommen werden.

Herr *Vizekanzler Dr. Blücher* bemerkt hierzu, daß die jetzige Zusammenkunft in Brüssel nur den Fragen der Organisation dienen solle und in keinem Fall Fachfragen angeschnitten werden dürfen. Wenn auch in der Besprechung am 9. Juli lediglich der Aufbau der Organisation behandelt werden soll, so treten die ersten Schwierigkeiten bereits bei der Auswahl und Bildung der einzelnen Unterausschüsse auf. In der Zustimmung zur Bildung eines Unterausschusses dürfe auf keinen Fall die Bejahung des in dem Memorandum der Benelux-Staaten angestrebten Zieles gesehen werden, sondern lediglich eine Zustimmung zur Prüfung der darin aufgeworfenen Probleme.

Herr *Bundesminister Prof. Erhard* pflichtet den Ausführungen des Vizekanzlers bei und sieht die Aufgabe der heutigen Besprechung in der Festlegung für eine gemein-

[1] Abgedruckt wird die dem Bundeskanzleramt am 10. Juli 1955 zugestellte Durchschrift der Sitzungsniederschrift in B 136/1310.

[2] Im Exemplar des Bundeskanzleramts folgt an dieser Stelle handschriftlich nachgetragen „(Integration)“.

same Sprachregelung für Brüssel. Um zu dem konkreten politischen Ziel eines vereinigten Europas zu gelangen, müsse Klarheit über den einzuschlagenden Weg bestehen. Er habe sich immer dagegen gewehrt, ein Europa allein durch supranationale Organisationen aufzubauen, jedoch bejahe er nach wie vor eine gesunde wirtschaftliche Integration. Ein gemeinsames Europa könne nicht dadurch entstehen, daß immer weitere neue Teilgebiete in sich integriert werden. Die wirtschaftliche Integrierung müsse grundsätzlich der Bildung der politischen Einheit Europas vorausgehen. Die Voraussetzungen dazu sind die Schaffung eines gemeinsamen Marktes durch Liberalisierung und Abschaffung der Diskriminierungsmaßnahmen, der den Wettbewerb verfälschenden Subventionen und den Abbau von Zöllen. Die Wirtschaft schaffe nur die ökonomischen Voraussetzungen, danach müsse die Politik der Länder ein einheitliches Gebilde schaffen. Über diese Reihenfolge der Integration müsse Klarheit herrschen. Wenn jetzt in Brüssel die Unterausschüsse gebildet werden, spreche die Vermutung dafür, daß man weiter in Teilbereichen integrieren wolle. Er sei der Ansicht, daß zunächst der Hauptausschuß die Grundziele festlegen solle, auf die später die Unterausschüsse angesetzt werden können. Der Bildung eines Unterausschusses für soziale Fragen sehe er mit dem größten Mißtrauen entgegen. Ein solcher Ausschuß dürfe erst dann in Tätigkeit treten, wenn im allgemeinen Volkswirtschaftlichen Ausschuß die Grundlinien für die horizontale Integration erarbeitet worden seien. Die Frage allein der Bildung eines solchen Ausschusses könne von weittragender Bedeutung sein, da man auf jeden Fall verhüten müsse, hier einen ersten Schritt zu tun, der weitere mit unabsehbaren Folgen nach sich ziehen könne. Die einzelnen sozialen Volkswirtschaften sollten insoweit angeglichen werden, wie es für die Bildung des gemeinsamen Marktes notwendig sei.

Herr *Vizekanzler Dr. Blücher* erklärt sich mit der Auffassung von Bundesminister Prof. Erhard einverstanden unter Hinweis darauf, daß das Memorandum der Benelux-Staaten auf rein politischen Erwägungen aufgebaut sei. Die Zustimmung zur Bildung der Unterausschüsse sei nicht möglich, wenn diese Arbeiten auf den Voraussetzungen der Erklärung der Benelux-Staaten aufgebaut seien. Die im Benelux-Memorandum vorgetragenen Anregungen müssen ohne Zeitdruck in Gemeinschaftsarbeit geprüft werden. Jetzt müsse festgestellt werden, was neben der Durchführung der Konvertibilität noch geschehen könne hinsichtlich der Festlegung eines gemeinsamen Handelns der sechs Länder in den bereits bestehenden Organisationen, wobei zunächst die Zollfragen das geeignete Thema bilden. Die Frage der Atomgemeinschaft sei eine politische und könne deshalb nicht nur nach wirtschaftlichen Erwägungen behandelt werden. Man müsse sich überlegen, ob in der Zustimmung zur Einrichtung der Unterausschüsse schon das Bekenntnis zu einem Vorgehen auf das im Memorandum angegebene Endziel oder lediglich die Erörterung und Prüfung von Einzelfragen zu erblicken sei.

Im letzteren Fall könne ein Ausschuß sofort gebildet werden und die Arbeit aufnehmen, zumal nach dem Beschluß der Außenminister in zwei Monaten der erste Zwischenbericht erstellt werden solle.

Herr *Bundesminister Prof. Erhard* weist nochmals auf den Wunsch des Bundeskanzlers hin, bei den künftigen Konferenzen in Brüssel zu verhindern, daß die Ressorts verschiedene Ansichten vertreten. Bis zum 1.10. können nur Konzeptionen erarbeitet werden. Er fände es geradezu grotesk, daß Deutschland in Messina in den Verruf gekommen sei, integrationsfeindlich zu sein, nachdem von deutscher Seite die weitgehendsten Voraussetzungen hierzu geschaffen worden seien. Gerade diejenigen, die sich immer auf die Ebene der supranationalen Verwaltungen zurückziehen, sind keineswegs in allen Fällen Freunde eines geeinten Europa, die Franzosen neigen daher zur Schaffung supranationaler Behörden, wenn sie in sachlicher Beziehung Bedenken haben. Es dürfe aber nicht der Fall eintreten, daß die Bundesrepublik durch Anmeldung gewisser Vorbehalte gegen partielle Lösungen zum schlechten Europäer gestempelt werde.

Er erkenne die Sonderstellung der Atomgemeinschaftsprobleme an. Man könne auch den Unterhaltungen über die Fragen des Verkehrs und der Energie zustimmen. Das wichtigste sei jedoch, daß die sechs Länder sich verpflichten, in einer weitgreifenden Zusammenarbeit, z.B. im OEEC- und GATT-Rahmen, nicht ohne Zustimmung der anderen Länder einen Schritt zurückzugehen. Diese enge Bindung könne unter supranationaler Leitung vollzogen werden und man könne sich vorstellen, daß z. B. auf dem schrittweisen Wege zur Zollunion und zu einer gemeinsamen Zollpolitik nach außen die sechs Länder schnellere Fortschritte erzielen würden. Wenn auf solcher Grundlage dann eine supranationale Verwaltung notwendig sei, um die Einhaltung der vereinbarten Spielregeln zu sichern, dann stimme er solchen supranationalen Institutionen zu. Ähnliches könne auf dem Gebiete der Freizügigkeit für Menschen und Kapital geschehen.

Auf bestimmten Gebieten, z.B. auf dem Gebiete des Abbaus von Subventionen und Diskriminierungen, auf dem Gebiete der Kartellpolitik und der Zollpolitik könnten supranationale Verwaltungen durchaus sinnvoll errichtet werden.

Herr *Vizekanzler Dr. Blücher* stellt daraufhin fest, daß die Bundesregierung an die Beschlüsse von Messina gebunden sei, nach denen ein Bericht erstattet werden müsse. Dabei halte er es für unmöglich, daß der Bericht innerhalb der vorgesehenen Zeit vorgelegt werden könne. Es komme nur auf die Frage an, ob die Mitarbeit an diesen Beschlüssen zugleich als eine verbindliche Erklärung zu den Abmachungen angesehen werden könne. Jedoch solle die umfassendste Bereitschaft zur Erörterung aller Probleme gezeigt werden. Wenn man sich über diese Ausgangsposition klar sei, werde keine Gefahr bestehen, sich in solcher Form festzulegen.

Bei der Vorbesprechung am 9. Juli sollte über folgende Punkte Klarheit herrschen:

1) die in den einzelnen Ausschüssen zu behandelnden Fragen sind fest umrissen niederzulegen.

2) Vorzeitige Bindungen in den Themata sollen nicht übernommen werden, weil die Probleme noch gar nicht zu übersehen seien.

3) Nach außen darf nicht der Eindruck erweckt werden, Lösungen gefunden zu haben, die sich später nicht verwirklichen lassen.

Herr *Staatssekretär Prof. Hallstein* erklärt, daß er über die konkreten Bemerkungen erfreut sei, aus denen er ersehe, daß die bisherigen Schwierigkeiten nur aus Mißverständnissen entstanden seien, die man am besten bei den weiteren Erörterungen bei Seite lassen solle.

Zu denen, die Europapolitik der Bundesrepublik falsch verstanden haben, habe sich auch die SPD gesellt. Er habe an alle deutschen Vertretungen im Ausland die Weisungen erteilt, sich gegen eine falsche Auslegung der deutschen Europapolitik zu verwahren, damit nicht unnötig Komplikationen eintreten, die die Zusammenarbeit erschweren.

Es gehe nicht um den materiellen Inhalt der Beschlüsse von Messina, sondern zunächst um die Prozedur der Ausführung. Man habe dabei Äußerungen des Bundeswirtschaftsministers zur fortschreitenden Teilintegrierung als Absage aufgefaßt. Das Programm von Messina bedeute jedoch keine Teilintegration in dem von Bundesminister Prof. Erhard gekennzeichneten Sinne. Entscheidend sei, daß Europa nur dann zusammen kommen könne, wenn Teil für Teil der Souveränität der einzelnen Länder fusioniert würde und die partielle Integration sei überhaupt der einzige Weg, die europäische Einheit zu schaffen. Für Europa werde es gar keine Möglichkeit einer totalen Integration geben. Der gemeinsame Markt fordere die Schaffung von Entscheidungsinstanzen in dem vom Bundesminister Prof. Erhard angedeuteten Sinne, z.B. in der Kartellpolitik und bei der Subventionsbeseitigung.

Die Europäische Einigung dürfe nicht auf der Grundlage der Übereinstimmung der nationalen Interessen bestehen bleiben, sondern müsse supranational durch unabhängige Instanzen nach dem Mehrheitsprinzip weiter fortschreiten. Er sei sich darüber klar, daß bis dahin ein weiter Weg zurückzulegen sei, wobei ein besonderer Widerstand von französischer Seite erwartet werden könne. Sollte bei der nächsten Wahl die antieuropäische Seite siegen, dann könnten wir das Europaproblem ad acta legen.

Wir müssen zunächst die Voraussetzungen finden, die für die wirtschaftliche Integration die besten sind, wobei das politische Problem damit nicht identisch zu sein braucht. Der entscheidende Durchbruch in Europa würde erst dann erfolgen, wenn ein gemeinsames europäisches Parlament gewählt sei; erst mit diesem Zeitpunkt werden die entsprechenden Verwaltungen aufgebaut werden können. Der wesentliche Zweck der Europapolitik sei aber der, daß man auf dem Weg der Schaffung europäischer Institutionen weiter fortschreitet. Deshalb solle keine dogmatische Voreingenommenheit herrschen und man solle da, wo sich eine Integration anböte, diese aufgreifen.

Beim Schumannplan habe er sich gefragt, ob man dieses Problem nicht auch durch ein Kartell lösen könne. Das Ziel sei aber nicht ein wirtschaftliches gewesen, sondern ein politisches, so daß man diese supranationale Behörden hätte schaffen müssen. Er wolle die Äußerungen des Bundeswirtschaftsministers nicht kritisieren, es sei aber zu unrecht der Eindruck entstanden, daß sich die Politik der Bundesregierung zur Frage der Integration geändert habe. In Messina sei es ihm auf Grund des Standpunktes des Bundeswirtschaftsministeriums nicht gestattet gewesen, eine supranationale Lösung auch im Rahmen der horizontalen Integration darzulegen.

Herr *Staatssekretär Dr. Westrick* erklärt dazu, falls integrierte Teilnehmerländer sich verpflichten, Subventionen einzustellen, eine Institution mit der Überwachung dieser Verpflichtung beauftragt werden könne.

Min.Dir. Prof. Müller-Armack stellt fest, daß es innerhalb der deutschen Delegation in Messina keine Mißverständnisse gegeben habe; im deutschen Memorandum sei unter B,c eine institutionelle Ausgestaltung bereits vorgesehen. In Brüssel werde noch das Problem der Aufgaben gelöst werden müssen, die weiterhin Gegenstand der Arbeit anderer Institutionen, wie z.B. der OEEC seien. Man werde dabei in Bezug auf die OEEC vor allem an die Fragen der Konvertierbarkeit und der Zusammenarbeit auf dem Gebiete der Atomenergie denken müssen.

Herr *Bundesminister Prof. Erhard* führt weiter aus, daß man als europäisch nicht nur das gelten lassen könne, was unter einer supranationalen Befehlsgewalt stände. Zu den sechs Ländern würde zwar noch England stoßen, aber diese Länder können trotzdem kein eigenes Leben führen. Es gäbe verschiedene Auffassungen, wie man zu einem vereinigten Europa käme. Abbau der Zölle und Subventionen usw. könne man in bestimmten Bereichen durchführen, aber eine partielle Integration hinsichtlich der Wirtschaft und Finanzpolitik im allgemeinen sei nicht möglich. Hier bleibe die nationale Verantwortlichkeit bestehen. Den gemeinsamen Markt könne man nicht befehlen ohne Zustimmung aller Länder. Er fühle sich verantwortlich für das Wohlergehen der deutschen Wirtschaft und habe bestimmte Vorstellungen über die jeweils notwendigen Maßnahmen der Wirtschaftspolitik. Es sei erforderlich, Polizeiorgane für die Kartelle und den Abbau der Subventionen zu schaffen, aber nicht für die Frage der Konvertierbarkeit. Das entscheidende liege in der Finanzpolitik der Länder, die man nicht stückweise aufgeben könne.

Da der Weg der Zwangwirtschaft abzulehnen sei, bleibe nur die Verwirklichung der wirtschaftlichen Integration in einem System freier Wirtschaften, wobei sich die Frage stelle, ob zur Sicherung der Einhaltung der Spielregeln, auf die sich die Teilnehmerstaaten verpflichten, supranationale Überwachungsorgane nötig seien.

Herr *Staatssekretär Prof. Hallstein* weist zu den Ausführungen von Bundesminister Prof. Erhard darauf hin, daß man bei der Schaffung Europas auf partiellem Wege mit Schwierigkeiten rechnen müsse, was bereits schon beim Zustandekommen des Montanvertrages bekannt gewesen wäre. Man müsse aber diese Schwierigkeiten auf Grund politischer Entscheidungen in Kauf nehmen.

Herr *Bundesminister Prof. Erhard* vertritt dazu den Standpunkt, daß die Situation bei der Montanunion eine besondere gewesen sei, da Kohle und Stahl unter anderen wirtschaftspolitischen Aspekten zu betrachten seien. Ähnliches könne man vielleicht noch auf dem Energiesektor oder in anderen verwandten Gebieten versuchen. Wenn man jedoch gleiches auf dem Gebiet der Zollpolitik schaffen wolle, werde man den Unterschied sofort feststellen.

Besonders auf dem sozialen Gebiet müsse den Bestrebungen der Benelux, die strukturellen Verschiedenheiten zu beseitigen, entgegengetreten werden, unter dem Hinweis, daß gerade diese strukturellen Verschiedenheiten der Motor der freien Weltwirtschaft seien und daß im Falle einer Beseitigung dieser Verschiedenheiten der am weitesten Fortgeschrittene die größte Last zu tragen habe.

Zur Frage von Bundesminister Prof. Erhard, ob man von Anfang an eine strikte Majorisierung bevorzugen solle, führt *Herr Vizekanzler Dr. Blücher* aus, daß Mehrheitsbeschlüsse nur möglich seien, wenn der gemeinsame Markt bestehe und die

Länder sich über die Durchführung einig seien. Ein Mehrheitsbeschluß sei grundsätzlich immer gefährlich. Er weist auf die Erfolge hin, die man in der OEEC durch einstimmige Beschlüsse erzielt habe. Das Majoritätsprinzip könne erst dann behandelt werden, wenn man sich bei den grundlegenden Fragen auch in der Durchführbarkeit einig sei.

Herr *Staatssekretär Prof. Hallstein* erwidert, daß es sich jeweils lediglich um die Sicherung des Erlangten durch Mehrheitsbeschlüsse handeln dürfe. Zunächst einmal gehe es in Brüssel darum, unseren Ruf als gute Europäer wieder herzustellen mit der Feststellung, daß wir für supranationale Instanzen eintreten, wo sie angebracht seien. Erst müsse Einigkeit über die Regeln bestehen, dann könne man Behörden errichten, die diese Regeln überwachen sollen.

Herr *Staatssekretär Dr. Sonnemann* stimmt grundsätzlich der Auffassung von Minister Prof. Erhard bei. Auf dem Agrarsektor seien jedoch besondere Momente zu berücksichtigen; eine Majorisierung sei sehr bedenklich. Bei den GATT-Verhandlungen und auch bei der OEEC seien von deutscher Seite Schutzbestimmungen für die Landwirtschaft durchgesetzt worden, außerdem würde morgen im Bundestag das Landwirtschaftsgesetz beraten. Bei einer Integration der Landwirtschaft dürfe kein Gegensatz zu den bisherigen Maßnahmen der Bundesregierung entstehen. Es sei daher wichtig, daß die Auffassung des Bundeswirtschaftsministers, die er teile, festgelegt würde und Verhandlungsrichtlinien aufgestellt werden für die deutsche Delegation in Brüssel mit dem Ziel, daß jedes Problem zunächst geprüft würde. Man müsse sich aber hüten, für weitere Addierungen von Teilintegrationen insbesondere auf dem Gebiete der Landwirtschaft einzutreten.

Herr *Bundesminister Prof. Erhard* erklärt sein Einverständnis zur Einsetzung von Überwachungsorganen supranationaler Natur, wenn innerhalb der Länder Einverständnis in der Grundfrage erzielt sei.

Es sei nicht zweckmäßig, von vornherein eine supranationale Behörde mit ausschließlicher Entscheidungsbefugnis zu schaffen, sondern es sei richtiger, eine Organisation aufzubauen, die alle Probleme prüft und erst dann eine Beschlußfähigkeit festzulegen, wenn diese Probleme entscheidungsreif seien.

Herr *Staatssekretär Prof. Hallstein* legt nochmals dar, daß die Ablehnung der Schaffung supranationaler Instanzen mit Entscheidungsbefugnis sich ungünstig ausgewirkt habe. Wir sollten dort, wo solche Instanzen sich als sinnvoll zeigen, uns zustimmend verhalten.

Herr *Bundesminister Prof. Erhard* widerspricht dieser Ansicht, indem er ausführt, daß erst dann besondere Instanzen mit Entscheidungsbefugnis möglich seien, wenn eine Einigung getroffen sei. Man müsse auf einer gemeinsamen europäischen Plattform die Standpunkte abstimmen und eine straffere Bindung unter den sechs Staaten erörtern. Vor allem sollten die in anderen Organisationen gefundenen Erfahrungen berücksichtigt und eingebaut werden.

Zu der Frage von Staatssekretär Prof. Hallstein, ob auf der Brüsseler Vorkonferenz nicht bereits Instanzen mit Entscheidungsbefugnis zur Sicherung von Verpflichtungen eingesetzt werden sollen, erwidert Herr *Bundesminister Prof. Erhard*, daß er damit nur dann einverstanden sein kann, wenn die getroffenen Übereinstimmungen mit Einstimmigkeit zustande kämen. Jedoch müßte man bei der Erörterung sämtlicher Fragen die heutige günstige wirtschaftliche Konjunktur berücksichtigen und einen möglichen Rückgang der Wirtschaft ins Auge fassen.

Herr *Staatssekretär Dr. Hartmann* und Herr *Staatssekretär Dr. Sonnemann* pflichten den Ausführungen von Bundesminister Prof. Erhard bei, indem sie auf die guten Erfahrungen hinweisen, die bisher in den Weisungen an die Delegation bei der OEEC und GATT gemacht worden seien.

Desgleichen erklärt *Min.Dg. Dr. Ter Nedden* sein Einverständnis zu den Ausführungen und gibt zu bedenken, daß institutionelle Einrichtungen auf dem Verkehrsgebiet erst dann vorgenommen werden können, wenn ein gemeinsamer Markt mit supranationalen Behörden verwirklicht sei.

Die Konferenz der Stellvertreter der europäischen Verkehrsminister in Paris wolle eine Empfehlung an die Brüsseler Konferenz richten mit dem Inhalt, daß die europäische Verkehrsministerkonferenz von sich aus in der Lage sei, den betreffenden Teil der Beschlüsse von Messina durchzuführen, der den Verkehrssektor betreffe.

Herr *Bundesminister Prof. Erhard* faßt das Ergebnis der heutigen Besprechung nochmals zusammen:

1. Der Weg der Integration in additiven branchenwirtschaftlichen Teilbereichen solle aufgegeben werden, dies schließt nicht aus, daß in geeigneten Fällen wie z.B. in der Atomenergie Ausnahmen gemacht werden.
2. Eine grundsätzliche Ablehnung supranationaler Instanzen mit Entscheidungsbefugnis läge nicht vor, wenn bereits Einigkeit innerhalb der Länder vorhanden sei.
3. Die Schaffung einer europäischen Behörde auf Konsultativbasis sei notwendig, um festzustellen, auf welchem Gebiet Lösungen im europäischen Sinne getroffen werden können.
4. Alle Beteiligten hielten es jedoch für notwendig, daß sofort ein europäisches Konsultativorgan auf föderativer Basis geschaffen wird, um Vorschläge für eine funktionelle wirtschaftliche Integration der sechs Mitgliedstaaten der Montangemeinschaft auszuarbeiten. Dabei kommen insbesondere die Gebiete der Liberalisierung, des Zollabbaus, der Abschaffung von Subventionen und Sonderlasten sowie eine Kartellregelung in Betracht. Die Vorschläge dieses föderativen Konsultativorganes sollen einstimmig sein.

Gesandter Prof. Ophüls gibt zu den Ausführungen von Bundesminister Prof. Erhard zu bedenken, daß diese Formulierungen nicht mit den Ergebnissen der Konferenz von Messina übereinstimmten. Danach solle das Bestreben zur Durchführung von Lösungen auf das gesamte Gebiet gleichmäßig ausgerichtet werden. Man wolle keine Teilintegration, sondern eine Integration eines Teiles auf dem Gesamtgebiet. Wenn auch gewisse Dinge ausgeklammert werden müssen, weil sie undurchführbar seien, so sei doch nicht einzusehen, warum nicht andere Gebiete nebeneinander gleichzeitig behandelt werden können, wie z.B. auf dem Gebiet der Luftfahrt und auf dem Gebiet der Abschaffung von Wettbewerbsverfälschungen.

Herr *Bundesminister Prof. Erhard* hält es gegenüber diesen Darlegungen für notwendig, auf jeden Fall eine Reihen- und Stufenfolge aufzustellen. Zunächst solle ein Konsultativorgan prüfen, welche partiellen Bereiche sich zur Integration im funktionellen Sinne eignen. Eine institutionelle Einrichtung solle jedoch erst dann errichtet werden, wenn eine Einigkeit über das Ergebnis erreicht sei.

Gesandter Prof. Ophüls erwidert demgegenüber, daß die Zweistufigkeit der Schaffung eines Konsultativorgans zur Feststellung der Einigung und eine nachträgliche Institutionalisierung zur Durchführung zwar eine Möglichkeit sei, daß man jedoch bei der Brüsseler Konferenz die Herbeiführung einer sofortigen Einigung ohne Konsultativorgan ins Auge fassen müsse.

Herr *Bundesminister Prof. Erhard* stellt unter Zustimmung der übrigen Teilnehmer nochmals fest, daß der Vorkonferenz keine materielle Bindungsbefugnis erteilt werden dürfe, jedoch darauf hingewiesen werden solle, daß die Bundesregierung grundsätzlich mit supranationalen Lösungen einverstanden sei. Im übrigen sei die Delegation für Brüssel an die Kabinettsbeschlüsse gebunden.

Abschließend erklärt *Gesandter Prof. Ophüls*, daß die Beteiligung an der Bildung der Unterausschüsse in einer Weise vorgenommen werden würde, die keine materielle Festlegung nach sich ziehen würde. Die Delegation würde sich bei ihren Besprechungen am 9. Juli lediglich auf die Behandlung von Verfahrensfragen beschränken.

Bad Godesberg, den 10. Juli 1955

gez. Dr. v. Witzleben

Teilnehmerliste

für die Besprechung am Donnerstag, dem 7. Juli 1955

im Haus Carstanjen betr. Weisung an den Deutschen Vertreter bei der Vorbereitung der Brüsseler Vorkonferenz.

Name:	Dienststelle:
Vizekanzler Dr. Blücher (bis 11.10 Uhr)	BMZ
Bundesminister Prof. Dr. Erhard	BMWi
Staatssekretär Dr. Westrick	BMWi
Min.Dir. Prof. Müller-Armack	BMWi
Min.Dir. Dr. Rust	BMWi
Min.Dirig. v. Boeckh	BMWi
Min.Dirig. v. d. Groeben	BMWi
Staatssekretär Prof. Dr. Hallstein	AA

Gesandter Prof. Dr. Ophüls	AA
Vortragender Leg.Rat Hartkort	AA
Legationsrat Lenz	AA
Legationsrat Hädrich	AA
Staatssekretär Dr. Hartmann	BMF
Dr. Biskup	BMF
Staatssekretär Dr. Sonnemann	BML
Min.Dir. Dr. Stalmann	BML
Min.Rat Dr. Schlebitz	BML
Min.Dirig. Haenlein	BuKa
Min.Dirig. Dr. Ter Nedden	BMV
Dr. v. Witzleben	BMZ

Dokument 11

Sitzungsniederschrift von Sonnenburg (BMZ) über die Staatssekretärbesprechung am 10. August 1955 betreffend die Besoldungsreform (undatiert)[1]

Protokoll über die Staatssekretärbesprechung
am 10. August 1955, 15.30 Uhr betreffend
Besoldungsreform

Anwesend:

Der Vizekanzler und Bundesminister für wirtschaftliche Zusammenarbeit als Vorsitzender (bis 18 Uhr)

Die Staatssekretäre:	Dr. Dahlgrün Bleek Dr. Strauß Sauerborn Thedieck Dr. Ripken Dr. Sonnemann
Die Ministerialdirektoren:	Prof. Dr. Oeftering (BMF, bis 17 Uhr) Dr. Hertel (BMF) Dr. Anders (BMI) Dr. Tietmann (BME)
Ministerialdirigent	Dr. von Arnim (BMJ)
Die Ministerialräte	Dr. Möller (BMZ) Anz (BMF) ORR Wirsching (BUKA) RR Tümper (BMI) und RR Nobis (BME)

Der *Vizekanzler* teilte mit, daß verschiedene Ressorts an ihn herangetreten seien mit der Bitte, die Kabinettsberatung dadurch zu erleichtern, daß die Grundkonzeption der Besoldungsreform und wesentliche Einzelbestimmungen vorher in einer Chefbesprechung erörtert und nach Möglichkeit geklärt werden sollten. Er bat um Meinungsäußerungen zu den Grundsatzfragen.

Staatssekretär Strauß wies darauf hin, daß die Haushaltslage und der enge Zusammenhang des Besoldungsgefüges mit dem gesamten Lohngefüge im Augenblick eine echte Besoldungsreform unmöglich mache; deshalb sei eine Beschränkung auf

[1] Abgedruckt wird das Exemplar des Bundeskanzleramts in B 136/887.

eine Besoldungskorrektur in Form einer linearen Erhöhung und einer Vereinfachung der Verwaltung leider als Notlösung unausweichlich. Nach seiner Auffassung könne daher nur von der Vorlage des BMF ausgegangen werden, wobei in Einzelfragen Verbesserungen erzielt werden könnten. Er machte auf die ernsten Auswirkungen des Gesetzes auf die Bundesverwaltungen, die Länder und Gemeinden aufmerksam und stellte als Endziel eine Herauslösung der Bundesbahn und Bundespost aus dem einheitlichen Gefüge auf, da in diesen Verwaltungen Aufgaben bewältigt würden, die sich qualitativ und quantitativ erheblich von denen der Ministerialverwaltung unterschieden. In geringerem Maße gelte dies auch für die nachgeordneten Behörden. Durch eine Ausklammerung könne auch die gegenwärtige, trotz der unterschiedlichen Funktionen und Aufgaben bestehende Gleichstellung der obersten und oberen Behörden und der Dienstposten beseitigt werden. Obwohl er eine solche Gesamtreform als wünschenswert und notwendig bezeichnete, erachtet er sie politisch jedoch für derzeit undurchführbar.

Staatssekretär Sonnemann wies darauf hin, daß die Beschränkung auf eine bloße Besoldungskorrektur dem Auftrag des Kanzlers, durch eine echte Reform den Beamtenberuf attraktiver zu gestalten, nicht entspräche. Er erachtete es für notwendig, neben der linearen Erhöhung zumindest auch eine Entzerrung durchzuführen.

Staatssekretär Bleek vertrat dieselbe Auffassung und bezeichnete eine Beseitigung der derzeitigen Verschachtelung des Besoldungssystems in Form einer Entnivellierung der Bezahlung des gehobenen und höheren Dienstes als notwendig, um die Sorge um einen qualifizierten Beamtennachwuchs zu beheben. Nach seiner Auffassung würde eine bloße Besoldungsneuregelung dem Bundestag nicht genügen, so daß von vornherein vernünftige Angebote gemacht werden müßten, um finanziell untragbare Erweiterungen durch den Bundestag zu verhüten. Zu diesem Zweck müßte neben einer Besserstellung des mittleren und gehobenen Dienstes auch verschiedene grundsätzliche Bestimmungen der Vorlage ausgebaut werden.

Min.Dir. Oeftering behielt eine endgültige Stellungnahme zu dem Problem seinem Minister vor und gab als persönliche Äußerung folgende Auffassung wieder: Die beamtenmäßige Gleichstellung von Bahn und Post mit der eigentlichen Verwaltung widerspreche der Systematik des Beamtenrechts, zumal es sich bei den Verkehrsverwaltungen um kaufmännische Unternehmungen mit bestimmten gesetzlichen Bindungen handele. Zunächst müßten daher auch Gesetze für die Verkehrsverwaltungen einer organisatorischen Änderung unterzogen werden. Er bezeichnete eine Lockerung und Differenzierung als wünschenswert, erachtete ihre Durchführung jedoch derzeit nicht für praktikabel und schlug daher vor, dieses Problem im Kabinett in Anwesenheit der Bundesminister für Verkehr und für das Post- und Fernmeldewesen zu erörtern. Er hielt eine bloße lineare Erhöhung der Bezüge anstelle einer Entzerrung des Besoldungssystems ebenfalls nicht für erstrebenswert, da das Leistungsprinzip dadurch in den Hintergrund gedrängt werde. Zudem wirke die progressive Besteuerung einer Entnivellierung entgegen. Bedauerlicherweise fehle es an ausreichenden Vergleichszahlen für die Bezahlung im öffentlichen Dienst und der freien Wirtschaft; lediglich im Raum Köln und Bonn seien anläßlich der Neugestaltung des Tarifs für Besatzungsangestellte Erhebungen angestellt worden mit dem Ergebnis, daß bei den gehobenen und teilweise auch höheren Stellungen keine Benachteiligung der öffentlichen Bediensteten gegenüber der Privatwirtschaft gegeben sei, während bei den echten Führungskräften eine starke Schere einsetze. Dies sei zwar sehr generell gesehen, entspreche aber auch den Feststellungen, die von ihm bezüglich dreier Großunternehmungen getroffen worden seien. Da die Bemühungen, durch Leistungszulagen einen Ausgleich zu schaffen, am Widerstand der Länder gescheitert seien, könnte geprüft werden, ob von der Ministerialratsstelle aufwärts eine stärkere Entzerrung möglich sei; diese sei finanziell tragbar, da nur ein kleiner Kreis betroffen sei. Der *Vizekanzler* bestätigte, daß diese Ausführungen zutreffend seien, soweit das Lebensalter als Vergleichsbasis gewählt werde, daß aber die Anfangsgehälter starke Unterschiede aufwiesen. Genaue Vergleichszahlen lägen nicht vor, lediglich bezüglich der IG-Farben sei umfangreiches Material vorhanden. Eine verbesserte Bezahlung der Ministerialräte erachte er für politisch kaum durchsetzbar. *Staatssekretär Dr. Dahlgrün* berichtete über die in seinem früheren Wirkungsbereich angestellten Vergleiche zwischen dem öffentlichen Dienst und den Rundfunkanstalten. Dabei sei festgestellt worden, daß der Rundfunk die unteren Dienste schlechter bezahle, daß bei den mittleren Diensten die Bezahlung etwa gleich sei, während die höheren Dienste vom Rundfunk erheblich besser vergütet würden. Die vergleichbaren Zahlen lägen teilweise um 50 - 100 % höher, bezögen sich jedoch auf eine verhältnismäßig geringere Zahl von Beschäftigten. Auch bezüglich der Versorgung seien die Rundfunkbediensteten nur etwa um einen Dienstgrad schlechter gestellt als im öffentlichen Dienst.

Staatssekretär Sonnemann empfahl als Gegenleistung für eine Entzerrung des höheren Dienstes die Durchführung einer Verwaltungsreform durch Vermehrung der Zahl vortragender Räte unter gleichzeitiger Verminderung der Ministerialratsstellen. Der *Vizekanzler* erachtete es für notwendig, eine Lebensaltersstatistik der höheren Beamten zu erstellen; seiner Ansicht nach sei das Lebensalter bei diesen so hoch, daß in kurzer Zeit bereits eine ernste Situation eintreten werde, wenn nicht dem Nachwuchs ein größerer Anreiz zum Eintritt in den Bundesdienst gegeben werde.

Auf Vorschlag von *Staatssekretär Sonnemann*, die Dienstaltersgrenze entsprechend der höheren Lebenserwartung heraufzusetzen, erwiderte *Staatssekretär Bleek*, daß der Beamtenrechtsausschuß dieses Anliegen rundweg abgelehnt habe. Seither habe sich die Situation jedoch geändert, da von den 131-ern nur noch ein nicht mehr vermittlungsfähiger Rest vorhanden sei und angesichts der schwachen Jahrgänge der Nachwuchs nicht mehr gefährdet werde. Auf die Dauer müsse eine Erhöhung der Dienstaltersgrenze und damit eine Hinausschiebung der Versorgungslast bewirkt werden, wenn das verfassungsmäßig gesicherte Versorgungssystem aufrechterhalten werden sollte. Die Ansicht des Bundestags zu diesem Problem müsse erforscht werden; eine Entzerrung müsse gegebenenfalls auch gegen den Widerstand des Bundestags angestrebt werden, zumal dieser mit Rücksicht auf die Wählerschaft Verbesserungen der Besoldung insbesondere für die zahlenmäßig stärkeren unteren Beamtenkategorien vorschlagen werde.

Staatssekretär Sonnemann bemerkte, daß der Bundeskanzler mit der derzeitigen Vorlage nicht einverstanden sein werde. Der *Vizekanzler* deutete die Gefahr an, daß bei der Zurückweisung dieser Vorlage vom Familienministerium Vorschläge unterbreitet werden dürften, die statt einer Berücksichtigung der Leistungen vorwiegend soziale Tatbestände als Grundlage der Reform anstrebten.

Staatssekretär Strauß regte eine Umgruppierung der Besoldungskategorien an, da die Tätigkeit eines Ministerialrats in einem Ministerium anders bewertet werden müsse, als die Funktion eines nach A 1 a besoldeten Beamten in der sonstigen Verwaltung. Er stellte die Schaffung von Zwischenstufen zur Erwägung.

Min.Dir. Hertel befürchtete, daß der Bundestag die Besoldung der unteren und mittleren Gruppen stärker erhöhen würde, während bei den leitenden Beamten keine Erhöhungsanträge gestellt werden dürften. *Min.Dir. Oeftering* schlug vor, dem durch den Vorschlag erhöhter Spitzengehälter vorzugreifen.

Dem Vorschlag der *Staatssekretäre Sonnemann* und *Bleek*, in Form von Hauptreferenten und Oberministerialräten neue Stufen einzuführen, hielt *Min.Dir. Hertel* entgegen, daß die Schaffung neuer Sondergruppen angesichts des einheitlichen Gefüges des Besoldungssystems schwierig sei und bereits bei den Ressorts auf Widerstand stoße. Man solle daher von der bewährten Grundlage des jetzigen Systems ausgehen, um Rückwirkungen auf alle Beamtengruppen zu vermeiden. *Staatssekretär Sauerborn* wies darauf hin, daß eine Neuordnung der Gruppeneinteilung schwer durchsetzbar sei; es müsse dann aber auf anderen Gebieten, beispielsweise auf dem der Reisekosten Ausgleiche geschaffen werden; diese Möglichkeiten seien vom Bundesfinanzministerium zu prüfen. Auch er hob den Unterschied zwischen einer Hoheitsverwaltung und der sonstigen Verwaltung hervor. *Min.Dir. Hertel* befürwortete ebenfalls eine stärkere Abgrenzung des Beamtenbegriffs, insbesondere gegenüber der Verkehrsverwaltung. Die Einheitlichkeit sei ungesund und erfordere eine begriffliche Trennung mit einer entsprechenden Sonderregelung; bei den Verkehrsverwaltungen insbesondere ergäben sich bei Verhandlungen mit anderen Ländern stets Schwierigkeiten, da in diesen der Verkehr von Privatbetrieben wahrgenommen werde. In der nachfolgenden Diskussion über das Ziel der Besprechung stellte der *Vizekanzler* heraus, daß offensichtlich Übereinstimmung bestehe, daß die Gehälter vom Ministerialrat aufwärts stärker angehoben werden sollten, um die erwartete Erhöhung der Besoldung der darunter liegenden Stellen durch den Bundestag auszugleichen. Als Folge müsse jedoch die Relation zwischen Ministergehältern und der Besoldungsstufe B 2 aufgehoben werden, da eine Anhebung der Ministergehälter politisch nicht verantwortet werden könne. Nachdem *Min.Dir. Hertel* über die finanziellen Auswirkungen der Vorlage und der möglichen Mehrbelastungen aufgrund von ausdehnenden Beschlüssen des Bundestags berichtet hatte, stellte der Vizekanzler fest, daß eine initiative Änderung der Vorlage anhand der zutage getretenen übereinstimmenden Meinungen durch das BMF taktisch am zweckmäßigsten wäre; auf jeden Fall sollten aber Deckblätter zu den einzelnen Änderungs- und Verbesserungswünschen der Vorlage als Alternativvorschläge beigefügt werden. *Staatssekretär Sonnemann* schloß sich diesem Vorschlag an, da es die Grundsatzdiskussion im Kabinett erleichtern würde.

Nach Abschluß der Grundsatzdiskussion erläuterte *Min.Dir. Hertel* die Vorlage des BMF und stellte die noch strittigen Einzelfragen von wesentlicher Bedeutung zur Diskussion.

1.) Spannungsverhältnis zwischen Anfangs- und Endgehalt

Bei dem unteren und mittleren Dienst werde davon ausgegangen, daß das Anfangsgehalt 75 % des Endgehalts entspricht. Bei dem gehobenen und höheren Dienst habe dieser %-Satz nach der Regelung von 1927 57 % betragen, während in dem Beamtenbesoldungsgesetz von Nordrhein-Westfalen von 70 % ausgegangen werde. In dem Gesetzentwurf seien 65 % gewählt worden, in der Erwartung, daß der Bundestag diese auf 70 % erhöhen werde. Wenn von vornherein 70 % angeboten würden, wäre eine weitere Erhöhung durch den Bundestag zu befürchten. *Staatssekretär Bleek* bezeichnete diesen Vorschlag als angemessen, so daß bei den Beratungen im Bundestag gegebenenfalls 70 % koncediert werden könnten.

2.) Besoldungsdienstalter

Min.Dir. Hertel erläuterte, daß die Abstellung der Berechnung des Besoldungsdienstalters auf das Lebensalter eine erhebliche Vereinfachung der Verwaltungsarbeit und damit eine Einsparung von Beamten ermögliche. Das Lebensalter von 21 Jahren für den gehobenen Dienst sei real, da zu diesem Zeitpunkt im allgemeinen die Prüfungen abgelegt würden. Die Wahl des 23. Lebensjahres als Berechnungsgrundlage für den höheren Dienst gestatte eine angemessene Berücksichtigung des Studiums und erleichtere auch die Einstellung von laufbahnfremden Beamten.

Staatssekretär Bleek und *Min.Dir. Anders* erachten eine Heraufsetzung des Lebensalters für den höheren Dienst auf 26 oder 27 Jahre für zweckmäßiger, da dadurch dem normalen Ausbildungsgang des höheren Beamten Rechnung getragen würde. Das 23. Lebensjahr sei lediglich eine fiktive Annahme, da die Ausbildung bis zu diesem Zeitpunkt nicht abgeschlossen werden könne. Gleichzeitig würde eine Verbesserung der Bezahlung für Außenseiter durch die Heraufsetzung des Lebensalters eintreten. *Min.Dir. Hertel* hob demgegenüber hervor, daß die Besoldungsregelung nicht auf den Außenseiter, sondern auf den Normalfall des Laufbahnbeamten abgestellt werden müsse. Zudem sei die Verbesserung der finanziellen Situation der laufbahnfremden Beamten so erheblich, daß ein ausreichender Anreiz zum Eintritt in den Bundesdienst für sie gegeben werde. Im übrigen würden Außenseiter erfahrungsgemäß häufig in Beförderungsgruppen eingestellt. Letztlich würde auch eine Erhöhung des Lebensalters für den höheren Dienst eine entsprechende Erhöhung des Lebensalters für den gehobenen Dienst bedingen, was wegen des Ausbildungsgangs dieser Beamtenkategorien jedoch nicht verantwortet werden könne.

Als *Staats[sekretär] Strauß* darauf hinwies, daß die technischen Beamten schlechter gestellt seien, als die sonstigen Beamten, erläuterte *Min.Rat Anz*, daß durch die volle Anrechnung der Ausbildungszeit und der Hälfte der übrigen Zeit gerade diesen Beamten entscheidend geholfen werde.

3.) Dienstaltersstufen

Min.Dir. Hertel trug vor, daß im allgemeinen von 12 Stufen ausgegangen werde, so daß das Endgehalt nach 24-jähriger Tätigkeit erreicht werde. Eine Verminderung dieser Stufen würde bewirken, daß die soziale Situation der Beamten gerade in den mittleren Lebensjahren schwieriger werde, da in dieser Zeit durch die Ausbildung der Kinder erhöhte Anforderungen an sie gestellt würden. Zudem würde die Verminderung der Dienstaltersstufe keine Gehaltssteigerungen mehr gestatten und zwar in einem Alter, in dem die Leistungsfähigkeit durch Einarbeitung und Erfahrung im allgemeinen noch steige. Eine Verkürzung der Aufrückungszeit beispielsweise um ein Jahr würde erhebliche Mehrkosten verursachen, die zweckmäßigerweise für die Entzerrung verwendet werden sollten. *Staatssekretär Dr. Dahlgrün* wies darauf hin, daß die Mehrkostenschätzungen insofern nicht zuträfen, als beispielsweise Regierungsräte im allgemeinen nicht das Endgehalt dieser Stufe erreichen, sondern befördert würden. Nachdem *Min.Dir. Hertel* auf die entscheidende Bedeutung des Stellenkegels hingewiesen und die angemessene Abstellung des Endgehalts auf das Lebensalter hervorgehoben hatte, erklärte *Staatssekretär Bleek*, daß weitergehende Wünsche wegen einer Verkürzung der Laufzeit von seinem Hause zurückgestellt würden, da das BMF durch die Erhöhung des Anfangsgehalts auf 65 % des Endgehalts entgegen gekommen sei.

Staatssekretär Strauß befürchtete, daß die unterschiedliche Besoldung in den Ländern die Übernahme von Beamten in den Bundesdienst gefährden würde. *Min.Dir. Hertel* und *M[in]R[at] Anz* wiesen demgegenüber darauf hin, daß eine Überflügelung der Bundesbeamten durch übernommene Landesbeamte vermieden werden müsse, daß ihr Besitzstand aber durch die Zahlung einer Ausgleichszulage gemäß § 7 Abs. 3 des Gesetzentwurfs gesichert werde. *Staatssekretär Strauß* behielt sich insoweit eine Stellungnahme nach Überprüfung der entsprechenden Vorschriften vor.

Staatssekretär Sauerborn forderte, daß die bisherige Begünstigung der Schwerbeschädigten, die wegen ihrer Beschädigung einen Berufswechsel vornehmen müßten, in Form der Gewährung von zusätzlich 6 Dienstjahren erhalten bleiben müsse. *Min.Rat Anz* bemerkte, daß durch die Anrechnung gem. § 6 des Entwurfs dieses Ergebnis ebenfalls erzielt werde. *Staatssekretäre Sauerborn* und *Bleek* erachteten es für zweckmäßig, diese Tatsache in der Begründung besonders herauszustellen, was seitens des BMF zugesichert wurde.

4.) Soldatenbesoldung

Min.Dir. Hertel trug vor, daß im allgemeinen Übereinstimmung über die Besoldung der Soldaten bestehe, daß jedoch unterschiedliche Auffassungen bezüglich der Besoldung der Generäle herrschten. Auf diesem Gebiet seien Vergleiche schwierig, insbesondere wenn die Besoldung der Stellen in der regionalen Verwaltung in Betracht gezogen würde. Nach seiner Auffassung seien die Zivilverwaltungen in den Spitzenstellungen benachteiligt, so daß ein entsprechender Ausgleich erfolgen müsse.

Der *Vizekanzler* wies darauf hin, daß es zweckmäßig sei, dieses Problem zurückzustellen, da es nur in Gegenwart des Bundeskanzlers und des Verteidigungsministers erörtert werden sollte. Er betonte zu dem Grundsatzproblem, daß ein Vergleich zwischen dem militärischen und zivilen Dienst tatsächlich schwer zu ziehen sei; hierbei müsse man aber auch berücksichtigen, daß die Daseinsberechtigung gewisser Länderinstanzen mit einem entsprechenden Führungsstab durchaus zweifelhaft sei, während beispielsweise ein Notstand die echte Bedeutung der Stellung des Militärs erweisen würde. Die Generäle würden zwar mit einer Kürzung ihrer Bezüge einverstanden sein, nicht jedoch mit einer Minderung der vergleichbaren Rangordnung; die Repräsentanz werde hierbei kein ausschlaggebendes Gewicht gewinnen, da sie grundsätzlich bei der Zivilverwaltung liegen würde.

Staatssekretär Bleek war mit der Zurückstellung dieses Problems einverstanden, wies aber darauf hin, daß die bis zur Verabschiedung des neuen Besoldungsgesetzes bestehende Diskrepanz zwischen der Besoldung der Soldaten und der Angehörigen des Bundesgrenzschutzes beseitigt werden müsse. Die Opposition werde voraussichtlich ein Initiativgesetz einbringen; es bestehe dann die politische Gefahr, daß die ÖTV, gestützt auf dieses Initiativgesetz, größeren Einfluß im Bundesgrenzschutz gewinnen werde. Der *Vizekanzler* unterstrich die politische Notwendigkeit einer Angleichung der Besoldung; *Staatssekretär Strauß* gab zu erwägen, sie in Form einer Ausgleichszulage wie bei den Beamten zu regeln. Nachdem *Staatssekretär Bleek* zugesichert hatte, daß es sich lediglich um unverbindliche technische Vorbereitungsbesprechungen handele, erklärte *Min.Dir. Hertel* vorbehaltlich der Zustimmung seines Ministers sein Einverständnis mit derartigen technischen Gesprächen.

Auf Befragen erklärte *Min.Dir. Hertel* weiter, daß Einigkeit über die Anrechnung der Zeit zwischen 1945 und der Einberufung bestehe. *Staatssekretär Strauß* regte an, dies den Verbänden bekanntzugeben, da Unruhe wegen dieser Frage bereits entstanden sei. *Staatssekretär Bleek* forderte eine analoge Regelung für den Bundesgrenzschutz und zwar entweder in Form einer Ergänzung des § 50 oder einer Einbeziehung in den § 23 des Entwurfs. *M[in.]R[at] Anz* sicherte eine entsprechende Regelung zu, die zunächst in Besprechungen zwischen dem BMF und BMI erörtert werden soll.

5.) Rahmenvorschriften

Min.Dir. Hertel trug vor, daß die Länder keine Einwendungen gegen rahmengesetzliche Bestimmungen erhöben, daß sie aber auf der strengen Einhaltung der durch das Grundgesetz und Verfassungsgerichtsurteil gesteckten Grenzen beharren würden. *Min.Dir. Anders* bezeichnete, unterstützt von *Staatssekretär Strauß*, die vorgesehenen Bestimmungen als zu starr und wünschte eine Auflockerung und Anpassung an die Fassung des Beamtenrechtsrahmengesetzes. Er behielt sich vor, entsprechende Vorschläge dem BMF zu unterbreiten.

6.) Dienstalterseinstufung im Bundespräsidial- und Bundeskanzleramt

Unter Bezugnahme auf die Vorschläge des Personalausschusses schlug *Staatssekretär Dr. Dahlgrün* vor, von einer Sonderregelung abzusehen; sie sei nicht mehr berechtigt, da die Beamten in diesen Ämtern nur im gleichen Umfang politische Beamte seien wie in anderen Ministerien. M[in.]R[at] Anz wies darauf hin, daß dennoch eine besondere Bindung an den Behördenchef gegeben sei. Es müsse ein Ausgleich geschaffen werden, daß diese Beamten ihren eigentlichen Berufen entfremdet würden. Diese Regelung sei auch nicht verfassungswidrig; im übrigen seien die Behördenchefs gehalten, einheitlich zu verfahren. Es sei deshalb vorgesehen, gemeinsam mit dem BMF und BRH Richtlinien aufzustellen, wobei die Regelung wahrscheinlich darauf abgestellt werde, die Dienstaltersstufen nur einjährig zu staffeln. Min.Dir. Hertel fügte hinzu, daß beide Ämter besonderen Wert auf diese Bestimmung legten; der Wunsch sei angesichts der geforderten erhöhten Qualifikation, die eine besondere Bewertung verdiene, s.E. auch gerechtfertigt.

7.) Stellenzulage

Min.Dir. Hertel referierte, daß Stellenzulagen für Amtsräte und Ministerialräte auf die Ministerialebene beschränkt werden sollen. Staatssekretär Bleek befürchtete kritische Äußerungen des Bundestags, falls dieses Zulagensystem in das Besoldungsrecht eingefügt wird. *M[in.]R[at] Anz* bemerkte, daß im Zusammenhang mit der allgemeinen Entzerrung die Zulagen an Bedeutung verlieren würden. *Staatssekretär Strauß* erachtete die Einführung derartiger Zulagen als verwaltungsmäßig undurchführbar; entweder müßte sie allen Beamten über 55 Jahren gewährt werden oder aber bei den Ministerialräten und Amtsräten eine neue Dienstaltersstufe eingeführt werden. Eine Differenzierung innerhalb derselben Besoldungsgruppe wäre nicht nur schwierig, sondern würde auch das Klima in der betreffenden Behörde beeinträchtigen. Zudem könnten die Zulagen nicht leistungsmäßig gewährt werden, sondern nur unter Berücksichtigung der Erreichung eines bestimmten Lebensalters; zweckmäßig sei daher ein völliger Verzicht auf eine Neuregelung.

Staatssekretär Bleek bezeichnete eine Stellenzulage für Ministerialräte als irrelevant, wenn die vorgeschlagene Entzerrung durchgeführt werde. Dagegen sei bei den Amtsräten eine Differenzierung notwendig; sie könne unschwer auch auf den Aufgabenbereich abgestellt werden. Er erklärte sich mit der Einführung einer neuen Besoldungsgruppe einverstanden. *Staatssekretär Strauß* wandte sich erneut gegen die Einführung neuer Besoldungsgruppen, sondern hielt allenfalls die Einführung einer weiteren Dienstaltersstufe für vertretbar. Dem hielt *Min.Dir. Hertel* entgegen, daß dann entsprechende Forderungen für alle Kategorien gestellt würden. Er erachtete es für zweckmäßiger, angesichts der Unzahl der Amtsräte und Ministerialräte weitere Dienstaltersstufen einzuführen, obwohl leistungsmäßig eine Sondereinstufung nicht mehr möglich sei. *Staatssekretär Dr. Dahlgrün* äußerte die Befürchtung, daß Zulagen stets nach dem Dienst-, Lebens- oder Hausalter gewährt werden würden, da eine qualitäts- bzw. leistungsmäßige Einstufung nicht mehr erfolgen könne. *Staatssekretär Strauß* wiederholte seine Auffassung, daß es zweckmäßig sei, auf eine Änderung des bestehenden Systems zu verzichten und sowohl die Gewährung von Stellenzulagen wie auch die Schaffung neuer Besoldungsgruppen oder Dienstaltersstufen fallen zu lassen.

Angesichts der vorgeschrittenen Zeit wurde beschlossen, die Besprechung am Dienstag, dem 23. August um 15 Uhr im Bundesministerium für wirtschaftliche Zusammenarbeit fortzusetzen.

Schluß: 18.45 Uhr

Protokollführer: Reg.Dir. Sonnenburg

Dokument 12

Aufzeichnung aus dem Bundesministerium für Verteidigung vom 19. Aug. 1955 betreffend die deutsche Antwort auf den NATO-Fragebogen 1955[1]

Überprüfter Gesamt-Geldbedarfsplan
für die
Aufstellung der Streitkräfte

Inhaltsverzeichnis:

Anlage 1

Vorbemerkungen zum überprüften Gesamt-Geldbedarfsplan

I. Allgemeines.

1.) Der vorliegende Gesamt-Geldbedarfsplan ist auf Grund der Vereinbarungen zwischen dem Herrn Bundesminister der Finanzen und dem Herrn Bundesminister für Verteidigung von einem Arbeitsgremium teils neu erarbeitet, teils überprüft worden. Diesem Gremium gehörten für die einzelnen Fachfragen die verschiedensten Experten des Bundesministeriums für Wirtschaft, des Bundesministeriums der Finanzen, des Bundesministeriums für Verteidigung und der amerikanischen Botschaft an. Trotz allseitiger Mithilfe ist das Ergebnis

[1] Abgedruckt wird der „Überprüfte Geldbedarfsplan für Außenhilfeverhandlungen" als Anlage zum Schreiben des BMVtg an das BMF vom 19. Aug. 1955 in BW 1/95 ohne die ebenfalls beiliegende „Anmerkung für Geheimhaltung". Das in vier Ausfertigungen erstellte Schriftstück war ursprünglich als „streng geheim" eingestuft worden, die Geheim-Einstufung wurde mit Verfügung des Bundesministeriums der Verteidigung vom 26. Aug. 1983 aufgehoben.

mit einigen unvermeidbaren Mängeln behaftet, die teils aus den allgemeinen Verhältnissen, teils aus fehlenden Mitteln für Vorarbeiten resultieren.

Wenngleich der Genauigkeitswert der Ermittlungen im allgemeinen dem beabsichtigten Zweck entsprechen dürfte, kann doch damit gerechnet werden, daß sich durch Auswertung der von den amerikanischen Sachverständigen neuerdings mitgeteilten Erfahrungssätze und durch Einzeluntersuchungen noch eine Verminderung der Kosten ergibt.

2.) Sämtliche Berechnungen sind auf Zeitpläne aufgebaut, die die Aufstellung der vereinbarten Streitkräfte innerhalb von 3 Jahren in vollem Umfang zum Ziele haben. Einige geringe Teile der Luftwaffe bilden eine Ausnahme, da ihre Aufstellung erst im 4. Jahr beendet werden kann.

3.) Gewisse fehlende organisatorische Grundlagen konnten unbeachtet bleiben, da ihre finanzielle Auswirkung im Hinblick auf den Gesamtumfang ohne Bedeutung sein dürfte.

4.) Die von NATO empfohlene Bereitstellung des 90-tägigen Kriegsvorrats wurde mit 2 geringen Ausnahmen nach Beratung mit der US-Botschaft aus dem Aufstellungszeitraum der ersten 3 Jahre herausgenommen. Bestimmend für diese Maßnahme waren folgende Umstände:

a) Die Einsatzbereitschaft der Streitkräfte wird erst am Ende des 3. Jahres erreicht,

b) Versorgungseinrichtungen sowie das dazugehörige geschulte Personal für die Lagerung des Kriegsvorrats sind in den ersten 3 Jahren nicht vorhanden,

c) die großen Kosten des Kriegsvorrats einerseits und der schnelle Fortschritt der Technik, sowie die damit verbundene Überalterung des Materials andererseits, lassen geraten erscheinen, den Kriegsvorrat so spät als möglich zu beschaffen.

II. Militärpersonalkosten.

1.) Als Grundlage für die Ermittlung der Personalkosten diente der Entwurf des Reformbesoldungsgesetzes und die allgemein geltenden Bestimmungen der Bundesrepublik. In einigen Fällen, in denen gesetzliche Regelungen fehlten, wurden Erfahrungssätze anderer europäischer Partnerstaaten verwandt.

2) Die Kosten der Bekleidung haben sich gegen frühere Berechnungen erheblich geändert. Die Preisermittlungen wurden nach den ausgewählten Modellen sorgfältig durchgeführt, enthalten aber keinen Massenabschlag. Im Durchschnitt kostet die Einkleidung eines Heeressoldaten 816.- DM, eines Luftwaffensoldaten 918,- DM und eines Marinesoldaten 1 300,- DM.

III. Hauptmaterial.

1.) Die Errechnung der Bedarfszahlen an Hauptmaterial konnte erstmalig auf realer Basis erfolgen, da inzwischen die Entwürfe der Ausrüstungsnachweisungen fertiggestellt waren.

2.) Bei den Kampffahrzeugen (Kategorie 23) liegen bei den Schützenpanzerwagen noch einige Unklarheiten hinsichtlich des Modells vor, die von entsprechendem Einfluß auf den finanziellen Umfang sein könnten.

3.) Munition (Kategorie 24) ist innerhalb der ersten 3 Jahre als Übungsbedarf voll und als Kriegsvorrat für 30 Tage berechnet.

4.) Ein kleiner Teil des Fernmeldegeräts (Kategorie 25) und sämtliches Geniegerät (Kategorie 27) konnte preislich nicht genau definiert werden, da das erforderliche Fachpersonal dem Hause noch fehlt.

5.) Schiffe (Kategorie 29) konnten wegen fehlender Mittel für Projektvorarbeiten preislich nur geschätzt werden.

IV. Infrastruktur.

1.) Die Infrastruktur ist wie folgt aufgebaut:

a) Bedarfsforderung an einzelnen Anlagen,

b) Modellforderung zu jedem Anlagentyp,

c) durchschnittliche Kosten für jeden Anlagetyp.

Erfahrungsgemäß sind jedoch die Kosten gleicher Anlagen entsprechend den jeweiligen örtlichen Verhältnissen erheblich unterschiedlich. Diese Fehlerquelle konnte nicht beseitigt werden, da einerseits die Mittel für die Vorarbeiten fehlten und andererseits für einen gewissen Teil der Anlagen auch die Dislozierung noch nicht festgelegt ist.

2.) Die Forderung an einzelnen Anlagen ist überprüft, und nicht realisierbare Bauten sowie solche zweiter Dringlichkeit sind herausgenommen worden.

3.) Die Gesamtkosten der Infrastruktur haben sich jedoch wenig geändert, da in der Zeit vom 1.12.54 bis 1.8.55 eine 20 %ige Erhöhung des Baukostenindexes erfolgt ist, die berücksichtigt werden mußte.

V. Betriebskosten.

1.) Der Ersatzteilbedarf für Hauptmaterial konnte erstmalig real ermittelt werden.

2.) Die Kosten der Erdölprodukte sind nach Preisangaben des Bundesministeriums für Wirtschaft entsprechend NATO-Richtlinien ohne fiskalische Belastung berechnet. In den ersten 3 Jahren ist der Übungs- und Betriebsbedarf zuzüglich eines Kriegsvorrats für 30 Tage angesetzt.

3.) Das Kleingerät ist nach Erfahrungssätzen und Schlüsseln anderer Partnerstaaten ermittelt, da eine Einzelberechnung bei dem erheblichen Umfang und fehlenden Spezialisten nicht vor Jahresfrist zu erwarten ist. Es gehören u. a. dazu:

- sämtliches ABC-Gerät,
- sämtliches Sanitätsgerät,
- sämtliches Quartiermeistergerät,
- sämtliche Sonderbekleidung,

- Sondergerät für Flugzeuge,
- Sondergerät für Geniewesen,
- Sondergerät für Feldzeugdienst,
- Sondergerät für Fernmeldedienst,
- Sondergerät für Schiffe,
- Ausbildungs- und Lehrmittel.

4.) Die „Sonstigen Betriebskosten" (Kategorie 49) enthalten insbesondere Zivilpersonalkosten, daneben echte Betriebskosten der Dienste, Ausbildungs- und Bewirtschaftungskosten sowie Forschung und Entwicklung.

VI. Sonstige Verteidigungsausgaben.

Siehe Erläuterung in Anlage 8.

Anlage 2

Gesamtkosten aller Streitkräfte innerhalb der ersten 3 Jahre.
(In Millionen DM.)

Kategorie	Kostenart	1. Jahr	2. Jahr	3. Jahr	Gesamtkosten 1.-3. Jahr
1	Militärpersonalkosten	585,5	1 579,5	2 275,4	4 440,4
11	Besoldung	322,6	1 024,0	1 470,2	2 816,8
12	Bekleidung	177,3	297,7	383,5	858,5
13	Verpflegung	0,5	47,3	201,0	248,8
19	sonstige Personalkosten	85,1	210,5	220,7	516,3
2	Hauptmaterial	5 036,0	10 912,3	7 757,5	23 705,8
21	Flugzeuge	267,3	2 060,9	2 272,7	4 600,9
22	Artillerie	163,9	327,8	163,9	655,6
23	Kampffahrzeuge	2 230,6	4 489,7	2 359,6	9 079,9
24	Munition	68,2	1 120,2	1 086,0	2 274,4
25	Fernmeldegerät	184,8	435,3	313,7	933,8
26	leichte Waffen	86,1	166,0	87,2	339,3
27	Geniegerät	88,8	162,1	83,9	334,8
28	Transportfahrzeuge	583,3	1 177,3	611,5	2 372,1
29	Schiffe	1 363,0	973,0	779,0	3 115,0
3	Infrastruktur	5 916,6	5 638,2	3 374,8	14 929,6[1)]
4	Betriebskosten	1 287,4	2 149,7	3 441,6	6 878,7
41	Ersatzteile	-	124,2	540,4	664,6
44	Erdölprodukte	23,3	203,0	400,5	626,8
45	Kleingerät	636,4	805,3	922,7	2 364,4
46	Militärpensionen	1,2	6,1	11,5	18,8
49	Betriebskosten	626,5	1 011,1	1 566,5	3 204,1
5	Sonstige Vert. Ausgaben	496,0	544,0	547,0	1 587,0
	Gesamtkosten	13 321,5	20 823,7	17 396,3	51 541,5

Anmerkung: Davon 1 655,1 Grunderwerbskosten
750,0 ortsfestes Fernmeldenetz

Anlage 3

Zusätzliche Aufstellungskosten ab 4. Jahr.
(In Millionen DM.)

Kategorie	Kostenart	Aufstellungen der Luftwaffe im 4. Jahr	Schiffsbau der Marine im 4. Jahr	Kriegsvorrat	Insgesamt
1	Militärpersonalkosten	-	-	603,7	603,7
12	Bekleidung	-	-	244,3	244,3
13	Verpflegung	-	-	359,4	359,4
2	Hauptmaterial	639,0	778,0	7 542,8	8 959,8
21	Flugzeuge	489,2	-	1 217,6	1 706,8
22	Artillerie	-	-	43,4	43,4
23	Kampffahrzeuge	-	-	2 016,3	2 016,3
24	Munition	-	-	3 850,2	3 850,2
25	Fernmeldegerät	111,1	-	183,5	294,6
26	leichte Waffen	3,9	-	23,0	26,9
27	Geniegerät	-	-	29,8	29,8
28	Transportfahrzeuge	34,8	-	179,0	213,8
29	Schiffe	-	778,0	-	778,0
3	Infrastruktur (Versorgungseinrichtungen grob geschätzt)	-	-	1 000,0	1 000,0
4	Betriebskosten	-	-	1 578,5	1 578,5
41	Ersatzteile	-	-	1 093,5	1 093,5
44	Erdölprodukte	-	-	222,6	222,6
45	Kleingerät	-	-	262,4	262,4
	Gesamtbetrag	639,0	778,0	10 725,0	12 142,0

Anlage 4

Gesamtkosten des Heeres.

(In Millionen DM.)

Kategorie	Kostenart	1. Jahr	2. Jahr	3. Jahr	Gesamtkosten 1.-3. Jahr	Kriegsvorrat ab 4. Jahr
1	Militärpersonalkosten	384,4	1 083,2	1 581,6	3 049,2	472,4
11	Besoldung	208,3	700,1	959,6	1 868,0	-
12	Bekleidung	131,8	228,5	298,1	658,4	185,7
13	Verpflegung	0,3	38,9	190,8	230,0	286,7
19	sonstige Personalkosten	44,0	115,7	133,1	292,8	-
2	Hauptmaterial	3 319,9	7 637,0	4 357,4	15 314,3	5 836,1
21	Flugzeuge	-	141,5	40,7	182,2	42,4
22	Artillerie	163,9	327,8	163,9	655,6	43,4
23	Kampffahrzeuge	2 230,6	4 489,7	2 359,6	9 079,9	2 016,3
24	Munition	65,1	973,0	937,9	1 976,0	3 371,3
25	Fernmeldegerät	151,6	303,2	151,6	606,4	147,8
26	leichte Waffen	75,0	149,9	75,0	299,9	19,9
27	Geniegerät	88,8	162,1	83,9	334,8	29,8
28	Transportfahrzeuge	544,9	1 089,8	544,8	2 179,5	165,2
29	Schiffe	-	-	-	-	-
3	Infrastruktur	1 933,1	2 281,6	1 404,9	5 619,6	460,0
4	Betriebskosten	446,5	905,3	1 679,0	3 030,8	1 100,5
41	Ersatzteile	-	113,7	461,5	575,2	835,4
44	Erdölprodukte	4,5	40,8	78,2	123,5	55,8
45	Kleingerät	357,1	491,1	616,8	1 465,0	209,3
46	Militärpensionen	0,8	4,2	7,6	12,6	-
49	sonstige Betriebskosten	84,1	255,5	514,9	854,5	-
5	Sonstige Vert. Ausgaben	-	-	-	-	-
	Gesamtkosten	6 083,9	11 907,1	9 022,9	27 013,9	7 869,0

Anlage 5

Gesamtkosten der Luftwaffe.

(In Millionen DM.)

Katego-rie	Kostenart	1. Jahr	2. Jahr	3. Jahr	Gesamt-kosten 1.-3. Jahr	Kriegs-vorrat
1	Militärpersonal-kosten	85,4	299,1	449,4	833,9	93,1
11	Besoldung	48,4	189,7	325,0	563,1	-
12	Bekleidung	21,2	45,1	55,2	121,5	39,2
13	Verpflegung	0,1	8,0	9,2	17,3	53,9
19	sonstige Personal-kosten	15,7	56,3	60,0	132,0	-
2	Hauptmaterial	324,5	2 126,3	2 407,8	4 858,6	1 991,7
21	Flugzeuge	267,3	1 861,9	2 124,0	4 253,2	1 619,9
22	Artillerie	-	-	-	-	-
23	Kampffahrzeuge	-	-	-	-	-
24	Munition	1,4	62,8	63,3	127,5	171,7
25	Fernmeldegerät	24,1	110,9	152,0	287,0	145,4
26	leichte Waffen	8,1	11,4	7,2	26,7	6,1
27	Geniegerät	-	-	-	-	-
28	Transportfahrzeuge	23,6	79,3	61,3	164,2	48,6
29	Schiffe	-	-	-	-	-
3	Infrastruktur	1 874,9	788,1	322,4	2 985,4	272,0
4	Betriebskosten	139,9	328,6	531,4	999,9	355,3
41	Ersatzteile	-	9,9	75,8	85,7	247,0
44	Erdölprodukte	12,1	98,1	201,3	311,5	69,0
45	Kleingerät	97,6	135,4	118,5	351,5	39,3
46	Militärpensionen	0,2	1,1	2,5	3,8	-
49	sonstige Betriebs-kosten	30,0	84,1	133,3	247,4	-
5	Sonstige Vert. Ausgaben	-	-	-	-	-
	Gesamtkosten	2 424,7	3 542,1	3 711,0	9 677,8	Kriegs-vorrat: 2073,1 Aufstellun gen 4. Jahr: 639,0

Anlage 6

Gesamtkosten der Marine.

(In Millionen DM.)

Kategorie	Kostenart	1. Jahr	2. Jahr	3. Jahr	Gesamtkosten 1.-3. Jahr	Kriegsvorrat ab 4. Jahr
1	Militärpersonalkosten	52,5	128,2	179,5	360,2	38,2
11	Besoldung	28,9	85,7	132,7	247,3	-
12	Bekleidung	15,4	19,9	24,4	59,7	19,4
13	Verpflegung	0,1	0,3	0,9	1,3	18,8
19	sonstige Personalkosten	8,1	22,3	21,5	51,9	-
2	Hauptmaterial	1 379,3	1 148,3	991,5	3 519,1	1 132,0
21	Flugzeuge	-	57,5	108,0	165,5	44,5
22	Artillerie	-	-	-	-	-
23	Kampffahrzeuge	-	-	-	-	-
24	Munition	1,3	83,9	84,4	169,6	307,2
25	Fernmeldegerät	9,1	21,2	10,1	40,4	1,4
26	leichte Waffen	1,0	4,7	5,0	10,7	0,9
27	Geniegerät	-	-	-	-	-
28	Transportfahrzeuge	4,9	8,0	5,0	17,9	-
29	Schiffe	1 363,0	973,0	779,0	3 115,0	778,0
3	Infrastruktur	305,2	311,6	176,0	792,8	268,0
4	Betriebskosten	69,1	159,1	239,7	467,9	122,7
41	Ersatzteile	-	0,2	2,3	2,5	11,1
44	Erdölprodukte	6,1	63,2	119,8	189,1	97,8
45	Kleingerät	43,8	48,1	40,9	132,8	13,8
46	Militärpensionen	0,1	0,5	1,0	1,6	-
49	sonstige Betriebskosten	19,1	47,1	75,7	141,9	-
5	Sonstige Vert. Ausgaben	-	-	-	-	-
	Gesamtkosten	1 806,1	1 747,2	1 586,7	5 140,0	Kriegsvorrat: 782,9 Schiffbau 4. Jahr: 778,0

Anlage 7

Gesamtkosten der gemeinsamen Ausgaben und der Territorial-Organisationen.
(In Millionen DM.)

Kategorie	Kostenart	1. Jahr	2. Jahr	3. Jahr	Gesamtkosten 1.-3. Jahr
1	Militärpersonalkosten	63,1	69,0	65,0	197,1
11	Besoldung	37,0	48,5	52,9	138,4
12	Bekleidung	8,9	4,2	5,8	18,9
13	Verpflegung	-	0,1	0,1	0,2
19	sonstige Personalkosten	17,3	16,2	6,1	39,6
2	Hauptmaterial	12,3	0,7	0,8	13,8
21	Flugzeuge	-	-	-	-
22	Artillerie	-	-	-	-
23	Kampffahrzeuge	-	-	-	-
24	Munition	0,4	0,5	0,4	1,3
25	Fernmeldegerät	-	-	-	-
26	leichte Waffen	2,0	-	-	2,0
27	Geniegerät	-	-	-	-
28	Transportfahrzeuge	9,9	0,2	0,4	10,5
29	Schiffe	-	-	-	-
3	Infrastruktur	1 803,4	2 257,0	1 471,4	5 531,8
4	Betriebskosten	631,9	756,7	991,5	2 380,1
41	Ersatzteile	-	0,4	0,8	1,2
44	Erdölprodukte	0,6	0,9	1,2	2,7
45	Kleingerät	137,9	130,7	146,5	415,1
46	Militärpensionen	0,1	0,3	0,4	0,8
49	sonstige Betriebskosten	493,3	624,4	842,6	1 960,3
5	Sonstige Vert. Ausgaben	496,0	544,0	547,0	1 587,0
	Gesamtkosten	3 006,7	3 627,4	3 075,7	9 709,8

Anlage 8

Erläuterung der Hauptkategorie 5 „Sonstige Verteidigungsausgaben".

(In Millionen DM.)

Kostenart	1. Jahr	2. Jahr	3. Jahr	Gesamtkosten
a) Verteidigungsministerium	83,3	81,9	81,9	247,1
b) Wehrersatzwesen	211,8	219,6	168,3	599,7
c) Beschaffungs- und Technisches Amt[1]	36,3	35,6	44,0	115,9
d) Abnahme-Außenorganisation	13,7	20,5	21,0	55,2
e) Zuschüsse für Hafenausbau	-	5,0	10,0	15,0
Post	40,0	60,0	90,0	190,0
Eisenbahn	10,0	20,0	30,0	60,0
f) NATO-Beiträge (geschätzt)	100,0	100,0	100,0	300,0
g) Ruhegehälter für Beamte	0,9	1,4	2,8	5,1
	496,0	544,0	547,0	1 587,0

Anmerkung zu: 1) Mittel für Forschung und Entwicklung sind nach NATO-Definition in Kategorie 49 enthalten.

Anlage 9

Vorläufiger Verwendungsplan für die Gesamtausgaben der ersten 3 Jahre.

(In Millionen DM.)

Kategorie	Kostenart	Personal-, Betriebs- u. Nebenausgaben i.d. Bundesrepublik	Materialbeschaffungen und Bauten		
			Bundesrepublik	Ausland	US-Außenhilfe
1	Militärpersonalkosten				
11	Besoldung	2 816,8			
12	Bekleidung		858,5		
13	Verpflegung		248,8		
19	sonstige Personalkosten	516,3			
2	Hauptmaterial				
21	Flugzeuge		238,4	492,6	3 869,9
22	Artillerie		-	97,5	558,1
23	Kampffahrzeuge		343,6	990,2	7 746,1
24	Munition		230,8	464,6	1 579,0
25	Fernmeldegerät		361,5	-	572,3
26	leichte Waffen		130,8	74,8	133,7
27	Geniegerät		309,7	-	25,1
28	Transportfahrzeuge		2 183,0	-	189,1
29	Schiffe		2 336,0	520,0	259,0
3	Infrastruktur	x) 1 655,1	13 274,5	-	-
4	Betriebskosten				
41	Ersatzteile		233,5	29,4	401,7
44	Erdölprodukte		626,8		
45	Kleingerät		2 364,4		
46	Militärpensionen	18,8			
49	sonstige Betriebskosten	3 204,1			
5	Sonstige Vert. Ausgaben	1 487,0		xx) 100,0	
	Gesamtbetrag	9 698,1	23 740,3	2 769,1	15 334,0

Anmerkung: Nur als Anhalt zu verwenden.

x) Grunderwerb

xx) Beiträge

Anlage 10

Wertberechnung der Nash-Liste.

Die berichtigte Nash-Liste ist nach den gleichen Ansätzen wie die der übrigen Ermittlungen preislich berechnet worden. Etwa 30 % der Positionen, jedoch waren es solche geringeren Kostenumfangs, mußten mangels Preise wertmäßig geschätzt werden.

Das Ergebnis ist folgendes;

Heer	1 918,4 Mio. DM.
Luftwaffe	1 980,2 Mio. DM.
Marine	20,0 Mio. DM.
Insgesamt:	3 918,6 Mio. DM.

Sollte gewisses Material in gebrauchtem Zustand geliefert werden, da es sich vor allem um Ausbildungsmaterial handelt, so würden sich die Preise entsprechend ermäßigen.

Dokument 13

Sitzungsniederschrift von Sonnenburg (BMZ) über die Staatssekretärbesprechung am 23. August 1955 betreffend die Besoldungsreform (undatiert)[1]

Protokoll über die Staatssekretärbesprechung
am 23. August 1955, 15 Uhr betreffend
Besoldungsreform

Anwesend:

Der Vizekanzler und Bundesminister für wirtschaftliche Zusammenarbeit als Vorsitzender (bis 17 Uhr)

Die Staatssekretäre:	Dr. Dahlgrün
	Bleek
	Dr. Strauß
	Sauerborn
Die Ministerialdirektoren:	Dr. Hertel (BMF)
	Kämper (BMI)
Ministerialdirigent	Dr. von Arnim (BMJ)
Die Ministerialräte:	Dr. Möller (BMZ)
	Dr. Walter (BML)
	Dierske (BMI) (bis 17.10 Uhr)
Die Oberregierungsräte:	Renk (BMF)
	Wirsching (BuKa)
	RR Trümper (BMJ)
Die Referenten:	Dietrich (BMF)
	Fahn (BMF)

Nach Eröffnung der Sitzung durch den *Vizekanzler* wies *Staats[sekretär] Strauß* darauf hin, daß die Bedenken des BMJ wegen einer möglichen Schlechterstellung der in den Bundesdienst übergetretenen Landesbeamten durch die Bestimmung des § 7 des Abs. 3 in Verbindung mit § 8 Abs. 1 noch nicht ausgeräumt seien. *Staatssekretär Bleek* vertrat die gleiche Ansicht und teilte mit, daß das Innenministerium eine weitere Vorlage zur Besoldungsreform vorbereitet habe; diese müßte noch vor der Kabinettsberatung auf der Ebene der Referenten, Abteilungsleiter

[1] Abgedruckt wird das Exemplar des Bundeskanzleramts in B 136/887.

oder Staatssekretäre erörtert werden mit dem Ziel, dem Kabinett die Entscheidung durch Vorlage von Deckblättern zu den einzelnen Vorschriften zu erleichtern. Der *Vizekanzler* wies darauf hin, daß die Ressorts ihre abweichenden Auffassungen zu der Vorlage des BMF unverzüglich vorlegen sollten, damit in kürzester Zeit durch Besprechungen zwischen den einzelnen Ressorts noch bestehende Streitfragen ausgeräumt werden könnten. Nachdem *Min.Dir. Hertel* zugesichert hatte, daß noch weitere Chefbesprechungen mit den hauptbeteiligten Einzelressorts, insbesondere dem BMI, BMJ und BMA vorgesehen seien, schlug der *Vizekanzler* vor, in der heutigen Besprechung lediglich Fragen von grundsätzlicher Bedeutung zu erörtern.

1.) Unterhaltszuschüsse für Beamte im Vorbereitungsdienst

Min.Dir. Hertel gab einen Überblick über die historische Entwicklung und vertrat die Auffassung, daß eine Regelung dieser Frage im Besoldungsgesetz der Systematik des Gesetzes widerspreche. Der *Vizekanzler* wies darauf hin, daß eine Herauslösung politisch bedenklich sei; die Regelung dieses Problems liege auch im Interesse einer einheitlichen Handhabung. *Min.Dir. Hertel* erkannte an, daß eine rahmengesetzliche Regelung im Interesse der Einheitlichkeit vertretbar sei, obwohl für den Bund ein Bedürfnis für eine solche Regelung an sich nicht bestehe. *Staats[sekretär] Dr. Dahlgrün* stellte fest, daß fast ausschließlich Länderbelange berührt würden, und empfahl eine weiche Formulierung, die keinen Rechtsanspruch auf bestimmte Leistungen gewähre; gegebenenfalls sollte von einem Höchstbetrag ausgegangen werden, der von den Ländern unterschritten werden könnte. *Staats[sekretär] Bleek* war der Ansicht, daß die Unterhaltszuschüsse gesetzlich geregelt werden müßten und warf die Frage auf, ob sie in das Besoldungsgesetz oder in das Beamtengesetz (§ 82) eingefügt werden sollten. Er befürwortete eine Ergänzung des Beamtengesetzes und zwar gleichzeitig mit der Besoldungsneuordnung. Der *Vizekanzler* vertrat die Auffassung, daß die Gewährung der Unterhaltszuschüsse nicht von der wirtschaftlichen Lage der einzelnen Beamten im Vorbereitungsdienst abhängig gemacht werden sollte; es könne grundsätzlich davon ausgegangen werden, daß der Beamtennachwuchs aus den Kreisen der heute Besitzlosen stamme. Nachdem *Staats[sekretär] Dr. Dahlgrün* darauf aufmerksam gemacht hatte, daß nur ein Teil der Referendare im Staatsdienst bleiben würde, bemerkte der *Vizekanzler*, daß der Staat beispielsweise auch ein Interesse an qualifizierten Anwälten habe. *Staats[sekretär] Sauerborn* trat dieser Auffassung bei und wies darauf hin, daß im zweiten Stadium des Vorbereitungsdienstes Referendare beispielsweise als Hilfsrichter dem Staat bereits wertvolle Dienste leisteten.

Nachdem Einigkeit über die Notwendigkeit einer gesetzlichen Regelung erzielt worden war, sicherte *Min.Dir. Hertel* zu, die Form der Kodifizierung in Einzelbesprechungen zu klären.

2.) Ministerialbürodirektoren

Min.Dir. Hertel wies auf den inneren Widerspruch der gegenwärtigen Regelung hin, der darin besteht, daß die Ministerialbürodirektoren Beamte des gehobenen Dienstes sind, während andererseits Regierungsräte und Oberregierungsräte durchweg zur Laufbahngruppe der Beamten des höheren Dienstes rechneten.

Staats[sekretär] Strauß gab einen Rückblick auf die Entwicklung in Preußen und im Reich und wies darauf hin, daß die Autorität der Stellung dieser Beamten erschüttert würde, wenn sie nicht dem höheren Dienst zugerechnet würden. Die Ministerialbürodirektoren nähmen im allgemeinen ein volles Referat wahr und müßten entsprechend auch als höhere Beamte anerkannt werden; dies sei aus beamtenpolitischen Gründen für das innere Gefüge bedeutsam. Er wies darauf hin, daß BuKa und AA diese Auffassung teilten und schlug weiter vor, die Bezeichnung „Ministerialbürodirektor" durch „Ministerialverwaltungsdirektor" zu ersetzen. *Min.Dir. Kämper* erklärte, daß nach Auffassung des BMI die Tätigkeit des MBD eine Funktion des gehobenen Dienstes darstelle, zumindest diesem näher verwandt sei als dem höheren Dienst. Die Ernennung zum Ministerial-Büro-Direktor würde erschwert werden, wenn der MBD nicht als Spitzenbeamter des gehobenen Dienstes, sondern Beamter des höheren Dienstes angesehen werde. *Staats[sekretär] Bleek* ergänzte diese Ausführungen dahin, daß in großen Ministerien die Tätigkeit des MBD nicht den Merkmalen des höheren Dienstes entspreche; eine Gleichstellung mit dem höheren Dienst würde die Eignung zum Referenten voraussetzen. Er äußerte Bedenken gegen die von Staats[sekretär] Strauß vorgeschlagene Bezeichnung „Ministerialverwaltungsdirektor". *Staats[sekretär] Strauß* wies demgegenüber darauf hin, daß die Argumente des BMI nur für kleinere Ministerien zuträfen und daß in größeren Ministerien die Stellung des MBD eine besondere Qualifikation, Sach- und Menschenkenntnis sowie Verantwortung erfordere, die eine Einbeziehung in den höheren Dienst rechtfertige.

Min.Dir. Hertel bemerkte, daß in kleinen Ministerien die Ministerialbürodirektoren nur beschränkte Funktionen hätten. Er schlug vor, den Titel Ministerialbürodirektor überhaupt fallen zu lassen, die Einstufung auf die Funktion abzustellen und die büroleitenden Beamten dementsprechend entweder als Amtsrat oder als Regierungsrat bzw. Oberregierungsrat einzustufen unter entsprechender Zurechnung zu dem gehobenen bzw. höheren Dienst. *Staats[sekretär] Bleek* hob hervor, daß es sich nicht um eine Besoldungs-, sondern um eine Laufbahnfrage handele; der höhere Dienst habe andere Ausbildungsvoraussetzungen. Es verbiete sich umgekehrt Akademiker zu Ministerialbürodirektoren zu machen, da deren Aufgaben ausgesprochene Tätigkeiten des gehobenen Dienstes umfaßten. *Staats[sekretär] Strauß* wies auf die Stellung der Justizverwaltungsräte und Kassenräte in den Landesverwaltungen hin; *Staats[sekretär] Dr. Dahlgrün* ergänzte diese Ausführungen durch den Hinweis auf die Stellung der Regierungs- und Schulräte, die als Spitzenstellungen des gehobenen Dienstes Akademikern nicht übertragen würden. Der *Vizekanzler* trat für den Vorschlag ein, die Bezeichnung MBD fallen zu lassen und die Einstufung des büroleitenden Beamten entsprechend seinem Aufgabengebiet in den einzelnen Häusern und unter Zugrundelegung des Stellenplans vorzunehmen. *Staats[sekretär] Bleek* war der Auffassung, daß dadurch bei den büroleitenden Beamten mit der Amtsbezeichnung eines RR oder ORR eine beamtenrechtlich nicht vertretbare Verquickung mit dem höheren Dienst eintrete, wenn ihre Tätigkeit als MBD nicht nur eine Nebenfunktion darstelle; ihre Einstufung hänge von der Hauptfunktion ab.

Der *Vizekanzler* stellte fest, daß Übereinstimmung darüber erzielt worden sei, daß die Stellung des MBD den echten Aufstieg vom gehobenen in den höheren Dienst unberührt lassen müsse und daß die Einstufung von den Funktionen in den einzelnen Ministerien abhängig gemacht werden solle. Dies bedinge einen Wegfall der Bezeichnung Ministerialbürodirektor. *Staats[sekretär] Bleek* behielt sich eine abschließende Stellungnahme seines Ministeriums vor, da er eine Gefahr darin erblickte, daß Regierungs- und Oberregierungsräte mit lediglich büroleitenden Aufgaben dem höheren Dienst zugerechnet würden. *Staats[sekretär] Strauß* fügte ergänzend hinzu, daß die Zuordnung büroleitender Beamten zum höheren Dienst ein Überspringen des Regierungsrats nur noch mit der Genehmigung des Personalausschusses gestatte.

Die Neuregelung soll auf der erarbeiteten Grundlage in weiteren Einzelbesprechungen geklärt werden.

3.) Besoldungsrechtliche Nebenfragen

Staats[sekretär] Sauerborn wies erneut auf die Notwendigkeit hin, das Reisekostenrecht im Sinne eines echten Ersatzes der Aufwendungen neu zu regeln. Weiterhin stellte er fest, daß die freien Berufe und die freie Wirtschaft gegenüber den Beamten steuerlich dadurch begünstigt seien, daß sie Erholungsreisen als Reisen zu Kongressen und zum Zwecke der Marktforschung von der Steuer absetzen könnten; es sollte daher erwogen werden, für Beamte gegebenenfalls einen Steuerfreibetrag für derartige Zwecke einzuführen. In der nachfolgenden Diskussion, in der der *Vizekanzler* die Ausführungen von *Staats[sekretär] Sauerborn* unterstützte, wurde weiterhin das Problem der Beihilfen angeschnitten. *Min.Dir. Hertel* gab die Wichtigkeit dieser Probleme zu. Er vertrat jedoch die Ansicht, daß diese nicht unmittelbar zum Besoldungsrecht gehörenden Fragen gesondert geregelt werden müßten, und zwar zeitlich nach der Besoldungsreform, um diese zunächst im Bundestag durchzuziehen.

4.) Analoge Behandlung des Bundesgrenzschutzes

Staats[sekretär] Bleek führte zu § 50 des Entwurfs aus, daß, wenn sich diese Bestimmung nur auf in die Streitkräfte eintretende Soldaten erstrecke, eine Schlechterstellung sowohl der unter Art. 131 des Grundgesetzes fallenden Beamten wie auch der Angehörigen des Bundesgrenzschutzes eintrete. *Min.Dir. Hertel* erklärte es als den ausgesprochenen Zweck der Bestimmung, den Eintritt in die aufzustellenden Streitkräfte attraktiv zu machen. Er wies ferner darauf hin, daß die Bestimmung nur 3 Jahre gelten soll und daß seinerzeit bei Bildung des Bundesgrenzschutzes für diesen eine ähnliche Regelung getroffen wurde. Der Unterschied liege nur darin, daß damals von einem Anstellungsalter von 24 Jahren ausgegangen wurde, während man jetzt ein Anstellungsalter von 21 Jahren zugrunde lege. Wenn man jetzt die Bestimmung erneut auf den Bundesgrenzschutz anwende, sei ein späterer Antrag auf Verlängerung der 3 Jahresfrist für die Streitkräfte nicht abzuweisen.

Während *Min.Dir. Hertel* der Auffassung war, daß der Aufbau des Bundesgrenzschutzes beendet sei und daher § 50 ausschließlich auf den Aufbau der Streitkräfte abgestellt werden könne, wies *Staats[sekretär] Bleek* darauf hin, daß der Aufbau des Bundesgrenzschutzes noch nicht abgeschlossen sei und bei Neueinstellungen die Anwerbung gedienter Soldaten auch weiterhin erleichtert werden müsse. Nachdem *Min.Dir. Hertel* eine Verlängerung der Übergangsvorschriften für den Seegrenzschutz und die Baueinheiten als Diskussionsgrundlagen anerkannt hatte, wurde Übereinstimmung darüber erzielt, daß diesen Fällen durch eine gesetzliche Übergangsregelung Rechnung getragen werden soll. Nachdem *Staats[sekretär] Bleek* sein Einverständnis mit dieser Regelung unter der Voraussetzung erklärt hatte, daß sie gleichzeitig mit der Besoldungsreform im Kabinett erörtert werde, warf er die Frage der Gleichstellung auch der wiederverwendeten Verwaltungsbeamte im Sinne des 131-er Gesetzes auf. *Min.Dir. Hertel* wandte sich gegen eine Einbeziehung dieser Beamten in den § 50, da für sie ein besonderer Anreiz nicht notwendig sei, während durch eine Sonderregelung der Dienst in den Streitkräften und im Bundesgrenzschutz für frühere Soldaten attraktiv gemacht werden müsse. *ORR Renk* erläuterte an einem Beispiel, daß zwischen wiederverwendeten Beamten und Berufsoffizieren bei der Festsetzung des Besoldungsdienstalters allenfalls eine Differenz von einem Jahr entstehen könne. *RR Trümper* wies demgegenüber darauf hin, daß die Regelung den Grundsatz der Gleichbehandlung berühre und daß für Beamte im Sinne des 131-er Gesetzes dieselben Bestimmungen wie für Berufssoldaten gelten müßten. Dies müsse im Besoldungsgesetz geregelt werden; das 131-er Gesetz behandele nur Fragen der Unterbringung und Versorgung, Besoldungsfragen dagegen nur in § 7, und zwar im negativen Sinne. *Min.Dir. Hertel* wies darauf hin, daß Beamte wiederverwendet werden konnten, während dies bei den Soldaten bisher nicht der Fall gewesen sei. Es handele sich lediglich darum, die Anziehungskraft der Streitkräfte auf die ehemaligen Soldaten zu steigern. *Staats[sekretär] Strauß* trat dieser Auffassung bei, da es darauf ankomme, tüchtige Leute für die Streitkräfte zu gewinnen. Für den Bund bestünde weder psychologisch noch politisch ein Anlaß, in diesem Punkte die Beamten mit den ehemaligen Berufssoldaten gleichzustellen. *Staats[sekretär] Dr. Dahlgrün* bemerkte, daß im jetzigen Zeitpunkt eine Regelung dieser Frage nicht mehr tunlich sei und zudem neue Forderungen der 131-er auslösen werde. *Staats[sekretär] Bleek* beharrte auf seinem Rechtsstandpunkt. *Staats[sekretär] Sauerborn* schlug mit Zustimmung aller vor, diese Frage in Chefbesprechungen oder im Kabinett zu entscheiden, da eine Übereinstimmung nicht erzielt werden könne.

5.) Verzugszinsen

Staats[sekretär] Strauß erläuterte, daß die Nichtzahlung von Verzugszinsen anläßlich der Stabilisierung der Währung im Jahre 1923 in das Beamtenrecht eingeführt worden sei; diese damals wegen der Kassenlage sinnvolle Regelung habe heute nur noch historische Bedeutung, so daß auf sie verzichtet werden könne. Im übrigen würde eine Regelung im Sinne des Entwurfs das Ansehen des Staates schädigen. *Staats[sekretär] Bleek* teilte diese Ansicht und lehnte die Einführung einer solchen Regelung als generelle Bestimmung ab; er hielt es allenfalls für vertretbar, sie in die Übergangsbestimmungen einzufügen, da durch die Überleitung des alten in das neue Besoldungsrecht Verzögerungen entstehen könnten. *Staats[sekretär] Sauerborn* unterstützte diese Auffassung und schlug vor, gegebenenfalls einen Zeitpunkt für die Umrechnung der Gehaltsbezüge im Gesetz zu bestimmen. *Min.Dir. Hertel* erklärte, daß mit einer Einbeziehung der Vorschrift in die Übergangsbestimmungen den Belangen des BMF genügt werde.

6.) Aufbau des Gesetzes

Staats[sekretär] Bleek schlug vor, die Systematik des Gesetzes zu verändern und verschiedene Kapitel umzustellen. *Min.Dir. Hertel* erklärte sich bereit, diese Vorschläge anhand der in Aussicht gestellten Vorlage des BMI zu prüfen.

7.) Besoldungsregelung bei Disziplinarverfahren

Staats[sekretär] Bleek vertrat die Auffassung, daß es sich bei der Bestimmung des § 5 Abs. 4 um eine Vorschrift handele, die in das Disziplinarrecht gehöre und daher als Änderung der Bundesdisziplinarordnung in § 54 aufgeführt werden müsse. *Min.Dir. Kämper* warf die Frage auf, ob die Einführung dieser Bestimmung überhaupt berechtigt sei, da gemäß § 79 BDO eine Einbehaltung der Bezüge ohnehin angeordnet werden könne. Er halte daher die fragliche Bestimmung für entbehrlich.

Min.Dir. Hertel betonte demgegenüber, daß die Vorschrift lediglich die besoldungsrechtlichen Folgen einer Disziplinarentscheidung regele. Im übrigen dürfe einem Beamten, gegen den ein Disziplinarverfahren schwebt, nicht die Vergünstigung des Aufstiegs in eine höhere Dienstaltersstufe gewährt werden. *Staats[sekretär] Sauerborn* teilte diese Auffassung, wies aber auf die Schwierigkeit bei Einleitung eines Disziplinarverfahrens auf eigenen Antrag hin. *Staats[sekretär] Bleek* bemerkte, daß durch das Disziplinarverfahren die beamtenrechtliche Stellung nicht berührt werde, so daß eine Ausschließung vom Aufstieg nicht gerechtfertigt sei. *Min.Dir. Hertel* widersprach dieser Ansicht mit der Begründung, daß das Aufsteigen im Gehalt ursächlich zusammenhänge mit der Verbesserung der dienstlichen Leistungen und Erfahrungen. Bei einer Suspendierung vom Dienst entfalle eine solche Begründung. Die Vorschrift sollte daher auf die Suspendierung abgestellt werden. *Staats[sekretär] Dr. Dahlgrün* trat diesem Vorschlag bei. Auch *Staats[sekretär] Bleek* erklärte sein Einverständnis, obwohl er den Kompromißvorschlag nicht für völlig befriedigend hielt.

8.) Zustimmungsbedürftigkeit von Rechtsverordnungen

Staats[sekretär] Strauß wies darauf hin, daß in § 11 Abs. 3 RVO gem. Art. 80 GG ausdrücklich darauf hingewiesen werden müßte, daß die Rechtsverordnung ohne Zustimmung des Bundesrats erlassen werde. Bedenken wegen der politischen Schwierigkeiten trat er mit dem Bemerken entgegen, daß infolge der unterschiedlichen Formulierungen in § 11 Abs. 2 und 3 der Bundesrat ohnehin Einwendungen erheben und seine Zustimmungskompetenz behaupten werde. *Min.Dir. Hertel* sicherte eine Überprüfung zu.

9.) Zusammentreffen mehrerer Ansprüche

Staats[sekretär] Strauß bemerkte, daß die Regelung des § 17 nicht erschöpfend sei, da die Möglichkeit der Adoption des Kindes des anderen Ehegatten nicht berücksichtigt werde. Im übrigen müßten die natürlichen Eltern auch die Zuschüsse erhalten, wenn sie den Unterhalt gewährten. *Min.Dir. Hertel* erklärte sich zu einer Überprüfung der Vorschrift bereit.

10.) Schlußvorschriften

Staats[sekretär] Strauß empfahl, in § 54 einen Katalog der aufgehobenen bzw. aufrechterhaltenen Rechtsvorschriften aufzustellen. Diese Frage und weitere redaktionelle Änderungsvorschläge des BMJ wurden ebenfalls einer Besprechung zwischen BMJ und BMF vorbehalten.

11.) Kriegsgefangene und Schwerbeschädigte

Staats[sekretär] Strauß stellte fest, daß die geltende Regelung für ehemalige Kriegsgefangene günstiger und großzügiger sei als die im Entwurf vorgesehene; diese Verschlechterung sei unbillig, zumal heute erfahrungsgemäß mit längeren Gefangenschaftszeiten als früher gerechnet werden müsse. Als *Min.Dir. Hertel* bemerkte, daß eine Schlechterstellung nur bei Berufswechsel auftreten könne, machte *Staats[sekretär] Dr. Dahlgrün* darauf aufmerksam, daß auch eine Verwundung einen Berufswechsel erfordern könne. *Staats[sekretär] Bleek* schlug vor, die Begründung zu dieser Vorschrift klarer zu fassen.

Auf Anfrage von *Staats[sekretär] Sauerborn* nach der Sonderregelung für Schwerbeschädigte, sicherte *Min.Dir. Hertel* zu, diese Frage in einer Einzelbesprechung mit dem BMA zu klären.

12.) Einstufung des Präsidenten des Statistischen Bundesamts

Staats[sekretär] Bleek begründete die Notwendigkeit, den Präsidenten des Statistischen Bundesamts nach B 5 zu besolden mit der Bedeutung und dem Umfang dieses Amts; parallel damit müsse eine Höherstufung des Vizepräsidenten vorgesehen werden. Die *Staats[sekretäre] Strauß* und *Dr. Dahlgrün* unterstützten diesen Vorschlag mit der Maßgabe, daß entsprechende Einstufungen für Präsidenten anderer Bundesbehörden nicht vorgenommen würden. *Min.Dir. Hertel* sicherte zu, diese Frage zu überprüfen. Gegen die Heraushebung dieses einzelnen Postens bestünden dann keine Bedenken, wenn entsprechende Wünsche anderer Ressorts auf Höherstufung der Präsidenten weiterer Bundesbehörden abgelehnt würden.

Es wurde Übereinstimmung darüber erzielt, daß die weiteren Einzelfragen in Besprechungen zwischen den beteiligten Ressorts geklärt werden sollen. Falls dabei in grundsätzlichen Fragen eine Übereinstimmung nicht erzielt werden kann, soll vor der Kabinettsberatung eine weitere allgemeine Chef- oder Staatssekretärbesprechung abgehalten werden, zu der gegebenenfalls auch die Bundesministerien für Verteidigung, für Verkehr und für das Post- und Fernmeldewesen zugezogen werden sollen.

Schluß: 18.05 Uhr

Protokollführer: Reg.Dir. Sonnenburg

Dokument 14

Notiz Blüchers vom 10. Sept. 1955 über die Aussprache mit Gewerkschaftsvertretern über Lohn- und Preisfragen[1]

10.9.1955

Betr.: Aussprache mit Gewerkschaften am 8.9.1955 unter Vorsitz von Vizekanzler Dr. Blücher in Bad Godesberg

1. Teilnehmerkreis:

Bundesregierung:	1. Vizekanzler Dr. Blücher
	2. Bundesminister Erhard
	3. Bundesminister Schäffer
	4. Bundesminister Lübke
	5. Bundesminister Storch
	6. Bundesminister Balke
	7. Bundesminister Schäfer
	8. StS Dr. Westrick
	9. StS Bergemann
	10. Haenlein, Bundeskanzleramt
Zentralbankrat:	11. Präsident Bernard
Bank Dt. Länder:	12. Geheimrat Vocke
Sparkassenverb.:	13. Direktor Butschkau
Vorstand DGB:	14. Freitag
	15. Föcher (nicht da, dafür ein dem Namen nach nicht bekannter Vertreter)
	16. Reuter
	17. Rosenberg
IG Metall:	18. Brenner
	19. Brümmer
IG Bergbau:	20. Imig
IG Chemie:	21. Cefeller
Gew.Öff.Dienste:	22. Kummernuss
DAG:	23. Queisser
	24. Spaethe
	25. Mittel

[1] Vorlage in Nachlaß Blücher N 1080/299.

2. Nach Schluß der Sitzung herausgegebene Pressemitteilung:

„Heute nachmittag traten unter dem Vorsitz von Vizekanzler Dr. Blücher Mitglieder der Bundesregierung, der Präsident des Zentralbankrates, der Präsident des Direktoriums der Bank Deutscher Länder, der Präsident des Deutschen Sparkassen- und Giroverbandes, Vorstandsmitglieder des Deutschen Gewerkschaftsbundes – darunter der Vorsitzende, Herr Walter Freitag – und Vorstandsmitglieder der Deutschen Angestelltengewerkschaft zu einer Aussprache über wirtschaftspolitische, Lohn- und Preisfragen zusammen. Gleiche Aussprachen mit anderen Kreisen sollen folgen. In ausgedehnter und freimütiger Erörterung wurde das Problem der Preise neben dem der Löhne auf der Grundlage einer eingehenden, vom Bundeswirtschaftsminister gegebenen Schilderung der gegenwärtigen wirtschaftlichen Gesamtlage diskutiert. Die Aussprache führte zu einer Übereinstimmung der Auffassungen darüber, daß alles geschehen müsse, um die Stabilität der Wirtschaft zu wahren und Preissenkungen energisch zu fördern. Dabei ist an einen Preisstop oder an einen Lohnstop, sowie an die Beeinträchtigung der Handlungsfreiheit der Tarifparteien nicht gedacht.

Die Beratungen sollen in den nächsten Wochen in verschiedenen Sitzungen weitergeführt werden."

3. Stichworte Blüchers zur Sitzung:

a) Alle Beteiligten sehr aufgeschlossen und guter Laune,

b) Freitag wundervoll objektiv und freimütig, er hat sich nach Schluß der Sitzung persönlich bei Blücher mit den Worten bedankt: „Herzlichen Dank für das, was Sie alles heute getan haben."

c) Verlauf der Aussprache in einer ungeheuer offenherzigen und freimütigen Weise auf allen Seiten. Einige Leute der Gewerkschaften müssen geschützt werden, wie z.B. Freitag – Freitag und einige andere haben ohne Rückhalte und mit ausgesprochen gutem Willen sich geäußert.

d) Auf allen Seiten ganz eindeutiges Bekenntnis: Lieber niedrigere Preise.

e) Blücher hat mindestens dreimal dahin zusammengefaßt, daß die Gespräche in kleinen Kreisen weitergehen sollen – kein Widerspruch.

f) Empfindlichste Stelle der Gewerkschaften zweifellos getroffen, wenn man ihnen sagt, daß sie durch ihr Verhalten Inflationsgefahr heraufbeschwören.

g) Gefahr bei den Gewerkschaften für gemeinsame Überlegungen droht von Leuten wie Brenner, die nicht die Gesamtverpflichtung sehen.

h) Das wurde ganz besonders deutlich: Blücher hat dreimal die sofortige Einsetzung einer Kommission zur profunden Überprüfung der Frage „40-Stunden-Woche" angeboten. Alle anderen Gewerkschaftsvertreter hatten sich dazu bereitgefunden, es ist aber angesichts des energischen Widerstandes von Brenner doch nicht zu einem solchen Beschluß gekommen. Brenner ist der Ansicht, daß man diese Grundsatzfrage in einer Tarifverhandlung isoliert regeln könne; er will auch hier nicht die Verbindung zu all den anderen wirtschaftspolitischen Fragen sehen.

i) Beim DGB hat sich als gut ansprechbar und mit profunden volkswirtschaftlichen Kenntnissen ausgerüstet Herr Brümmer erwiesen.

k) Reuter ausgesprochen ablehnend. Er hat sich nicht einmal geäußert.

l) Blücher erscheint beim Rückblick auf die Diskussion ein Allheilmittel, nämlich eine „Übergewinnbesteuerung", er befürchtet aber, daß das nicht durchzusetzen ist. Aus Bemerkungen der Gewerkschaftsvertreter geht jedenfalls hervor, daß bei allen Lohnverhandlungen etc. die Gewinnausweise in den Bilanzen von Opel, Mercedes-Benz und z.T. auch von Ford alles kaputt machen.

m) Minister Schäffer wäre bereit, bestimmte präzise Verbrauchssteuerprüfungen vorzunehmen bei Gütern, bei denen er die Kontrolle in der Hand habe, damit eine solche Senkung der Verbrauchssteuern auch tatsächlich zugunsten der Verbraucher durchschlägt. Er denkt also an Zucker und Salz, und er wäre bereit, auch bei den Zöllen im Sinne einer Zollsenkung zu wirken, wobei die Frage „linear oder nicht" noch nicht entschieden wäre.

n) Die Bank deutscher Länder würde Devisen für Jedermann-Pakete und auch für liberalisierte Dollareinfuhren freigeben.

o) Immer wieder Durchklingen der generellen Notwendigkeit: Heran an die Preise!

GESCHÄFTSORDNUNG DER BUNDESREGIERUNG VOM 11. MAI 1951

(GMBl. 1951, S. 137)

Die Bundesregierung hat nach Artikel 65 des Grundgesetzes folgende, von dem Bundespräsidenten genehmigte Geschäftsordnung beschlossen:

I. DER BUNDESKANZLER

§ 1

(1) Der Bundeskanzler bestimmt die Richtlinien der inneren und äußeren Politik. Diese sind für die Bundesminister verbindlich und von ihnen in ihrem Geschäftsbereich selbständig und unter eigener Verantwortung zu verwirklichen. In Zweifelsfällen ist die Entscheidung des Bundeskanzlers einzuholen.

(2) Der Bundeskanzler hat das Recht und die Pflicht, auf die Durchführung der Richtlinien zu achten.

§ 2

Neben der Bestimmung der Richtlinien der Politik hat der Bundeskanzler auch auf die Einheitlichkeit der Geschäftsführung in der Bundesregierung hinzuwirken.

§ 3

Der Bundeskanzler ist aus dem Geschäftsbereich der einzelnen Bundesminister über Maßnahmen und Vorhaben zu unterrichten, die für die Bestimmung der Richtlinien der Politik und die Leitung der Geschäfte der Bundesregierung von Bedeutung sind.

§ 4

Hält ein Bundesminister eine Erweiterung oder Änderung der Richtlinien der Politik für erforderlich, so hat er dem Bundeskanzler unter Angabe der Gründe hiervon Mitteilung zu machen und seine Entscheidung zu erbitten.

§ 5

Der Bundeskanzler unterrichtet den Bundespräsidenten laufend über seine Politik und die Geschäftsführung der einzelnen Bundesminister durch Übersendung der wesentlichen Unterlagen, durch schriftliche Berichte über Angelegenheiten von besonderer Bedeutung sowie nach Bedarf durch persönlichen Vortrag.

§ 6

Der Bundeskanzler leitet die Geschäfte der Bundesregierung nach Maßgabe des IV. Abschnittes.

§ 7

(1) Der Staatssekretär des Bundeskanzleramtes nimmt zugleich die Geschäfte eines Staatssekretärs der Bundesregierung wahr.

(2) Er kann die an den Bundeskanzler gerichteten oder ihm von dem Bundespräsidenten überwiesenen Schreiben unmittelbar an den zuständigen Bundesminister weiterleiten. Empfiehlt der zuständige Bundesminister eine Beantwortung durch den Bundeskanzler, so legt er dem Bundeskanzler einen entsprechenden Entwurf vor.

II. STELLVERTRETUNG DES BUNDESKANZLERS

§ 8

Ist der Bundeskanzler an der Wahrnehmung der Geschäfte allgemein verhindert, so vertritt ihn der gemäß Artikel 69 des Grundgesetzes zu seinem Stellvertreter ernannte Bundesminister in seinem gesamten Geschäftsbereich. Im übrigen kann der Bundeskanzler den Umfang seiner Vertretung näher bestimmen.

III. DIE BUNDESMINISTER

§ 9

Der Geschäftsbereich der einzelnen Bundesminister wird in den Grundzügen durch den Bundeskanzler festgelegt. Bei Überschneidungen und sich daraus ergebenden Meinungsverschiedenheiten zwischen den einzelnen Bundesministern entscheidet die Bundesregierung durch Beschluß.

§ 10

(1) Abordnungen (Deputationen) sollen in der Regel nur von dem federführenden Fachminister oder seinem Vertreter empfangen werden. Sie sind vorher um Angabe des Verhandlungsgegenstandes zu ersuchen. Erscheint ein gemeinsamer Empfang angezeigt, so benachrichtigt der angegangene Bundesminister die außer ihm noch in Frage kommenden Bundesminister.

(2) Der Bundeskanzler empfängt Abordnungen nur in besonderen Fällen.

§ 11

(1) Mitglieder und Vertreter auswärtiger Regierungen sowie Vertreter zwischenstaatlicher Einrichtungen sollen nur nach vorherigem Benehmen mit dem Auswärtigen Amt empfangen werden.

(2) Verhandlungen mit dem Ausland oder im Ausland dürfen nur mit Zustimmung des Auswärtigen Amtes, auf sein Verlangen auch nur unter seiner Mitwirkung geführt werden.

(3) Die Bestimmungen der Absätze 1 und 2 gelten nicht für den Bundesminister für den Marshallplan, soweit er in Ausübung der ihm übertragenen Aufgaben tätig ist. Er hat jedoch das Auswärtige Amt über Verhandlungen mit dem Ausland oder im Auslande und über solche Besprechungen mit Vertretern auswärtiger Regierungen sowie Vertretern zwischenstaatlicher Einrichtungen zu unterrichten, die über die Erledigung laufender Angelegenheiten seines Geschäftsbereiches hinausgehen.

§ 12

Äußerungen eines Bundesministers, die in der Öffentlichkeit erfolgen oder für die Öffentlichkeit bestimmt sind, müssen mit den vom Bundeskanzler gegebenen Richtlinien der Politik in Einklang stehen.

§ 13

(1) Jeder Bundesminister macht, bevor er den Sitz der Bundesregierung länger als 1 Tag verläßt, dem Bundeskanzler Mitteilung. Bei Abwesenheit von mehr als 3 Tagen und bei Auslandsreisen ist das Einvernehmen mit dem Bundeskanzler herzustellen.

(2) Zur Annahme von Einladungen in das Ausland ist die Zustimmung des Bundeskanzlers erforderlich.

(3) Bevor ein Bundesminister den Sitz der Bundesregierung verläßt, gibt er dem Bundeskanzler die Anschrift an, unter der er während seiner Abwesenheit zu erreichen ist.

§ 14

Ist ein Bundesminister verhindert, so wird er in der Regierung durch den dazu bestimmten Bundesminister, als Leiter einer obersten Bundesbehörde durch den Staatssekretär oder bei dessen Behinderung durch die dazu bestimmten Beamten seines Ministeriums vertreten.

IV. DIE BUNDESREGIERUNG

§ 15

(1) Der Bundesregierung sind zur Beratung und Beschlußfassung zu unterbreiten alle Angelegenheiten von allgemeiner innen- oder außenpolitischer, wirtschaftlicher, sozialer, finanzieller oder kultureller Bedeutung, insbesondere

a) alle Gesetzentwürfe,

b) alle Entwürfe von Verordnungen der Bundesregierung,

c) sonstige Verordnungsentwürfe, wenn sie von besonderer politischer Bedeutung sind,

d) die Stellungnahme des Bundesrates zu den Vorlagen der Bundesregierung,

e) alle Angelegenheiten, für welche Grundgesetz oder Gesetz dieses vorschreiben,

f) Meinungsverschiedenheiten zwischen verschiedenen Bundesministern.

(2) Ihr sind außerdem zu unterbreiten:

a) Vorschläge zur Ernennung von Beamten, die jederzeit in den Wartestand versetzt werden können, von sonstigen Beamten, die nach der Besoldungsordnung feste Gehälter beziehen, sowie von Ministerialräten und Ministerialbeamten gleichen Ranges.

b) Vorschläge zur Anstellung von Angestellten nach der ADO für übertarifliche Angestellte im öffentlichen Dienst der obersten Bundesbehörden,

c) zur Beratung ohne Beschlußfassung: Vorschläge für die Zustimmung des zuständigen Bundesministers zur Ernennung von Bundesrichtern.

§ 16

(1) Alle Angelegenheiten, die der Bundesregierung unterbreitet werden, sind vorher zwischen den beteiligten Bundesministerien zu beraten, sofern nicht im Einzelfalle die Dringlichkeit der Entscheidung eine Ausnahme notwendig macht.

(2) Die bei den Beratungen strittig gebliebenen Punkte sind in dem Anschreiben an den Staatssekretär des Bundeskanzleramtes (§ 21 Abs. 2) oder in sonst geeigneter Weise mit kurzer Begründung der vorgeschlagenen Lösung auszuführen.

(3) Bei der Vorlage von Gesetzentwürfen ist mitzuteilen, daß die Ausführung des Gesetzes Bund, Länder und Gemeinden nicht mit Kosten belastet oder, wenn dies der Fall ist, ob der Bundesminister der Finanzen nach Kenntnis von dem Plane des Gesetzes Widerspruch erhoben hat. Fehlt der Vermerk, so sorgt der Staatssekretär des Bundeskanzleramtes dafür, daß er nachgeholt wird.

(4) Ist keine mündliche Erörterung im Kabinett erforderlich, so ist bei der Vorlage zu bemerken, daß ein Beschluß auf schriftlichem Wege ausreichen wird (§ 20 Abs. 2).

§ 17

(1) Meinungsverschiedenheiten zwischen den Bundesministern sind der Bundesregierung erst zu unterbreiten, wenn ein persönlicher Verständigungsversuch zwischen den beteiligten Bundesministern oder im Falle ihrer Behinderung zwischen ihren Vertretern ohne Erfolg geblieben ist.

(2) Der Bundeskanzler kann Meinungsverschiedenheiten vor der Beratung im Kabinett zunächst in einer Ministerbesprechung mit den beteiligten Bundesministern unter seinem Vorsitz erörtern.

§ 18

(1) Vorschläge zur Ernennung von Beamten und zur Anstellung von Angestellten sind in den Fällend es § 15 Abs. 2 Buchst. a) und b) vor jeder entscheidenden oder verpflichtenden Maßnahme oder Mitteilung der Bundesregierung zu unterbreiten; in den übrigen Fällen sind sie, sofern es sich um Beamte des höheren Dienstes (Gruppe A 2 c 2 und höher) und die ihnen gleichgestellten Angestellten in den Ministerien handelt, dem Bundeskanzler zur Kenntnis mitzuteilen.

(2) Ernennungen dürfen erst nach Vollziehung der Urkunde durch den Bundespräsidenten veröffentlicht werden.

§ 19

Soll ein Beamter der Gruppe B 4 oder höherer Gruppen der Besoldungsordnung entlassen, in den Wartestand oder in den Ruhestand versetzt werden, so ist vor entscheidenden und verpflichtenden Maßnahmen oder Mitteilungen die Stellungnahme des Bundeskanzlers einzuholen. Alsdann ist vor solchen Maßnahmen oder Mitteilungen die Angelegenheit dem Bundespräsidenten zur Entscheidung zu unterbreiten.

§ 20

(1) Die Bundesregierung faßt ihre Beschlüsse in der Regel in gemeinschaftlicher Sitzung.

(2) Ist die mündliche Beratung einer Angelegenheit nicht erforderlich, so soll der Staatssekretär des Bundeskanzleramtes die Zustimmung der Mitglieder der Bundesregierung auf schriftlichem Wege einholen (Umlaufsache). Bestehen über die Notwendigkeit einer mündlichen Beratung Zweifel, so hat er die Entscheidung des Bundeskanzlers herbeizuführen.

§ 21

(1) Die Sitzungen der Bundesregierung werden durch den Staatssekretär des Bundeskanzleramtes nach näherer Anweisung des Bundeskanzlers festgesetzt. Er veranlaßte die Einladung zu den Sitzungen unter Beifügung einer Tagesordnung.

(2) Die von den Bundesministern vorgelegten Entwürfe und Ausführungen sind dem Staatssekretär des Bundeskanzleramtes in der gewünschten Zahl von Abdrucken einzureichen; sie sind gleichzeitig sämtlichen Bundesministern und dem Chef des Bundespräsidialamtes unmittelbar zuzuleiten.

(3) Die Übersendung von Kabinettsvorlagen hat so zeitig zu erfolgen, daß für eine sachliche Prüfung vor der Beratung noch ausreichend Zeit bleibt. Zwischen der Zustellung der Vorlage an den Staatssekretär des Bundeskanzleramtes und die Bundesminister und der Beratung soll mindestens eine Woche liegen. Handelt es sich um umfangreichere Gesetzesvorlagen oder sonstige Vorlagen von weittragender Bedeutung und ist die Frist nicht eingehalten, so ist auf Antrag von zwei Bundesministern oder deren Vertretern die Angelegenheit von der Tagesordnung abzusetzen, es sei denn, daß der Bundeskanzler die sofortige Beratung für notwendig hält.

§ 22

(1) Die Sitzungen der Bundesregierung finden unter dem Vorsitz des Bundeskanzlers im Falle seiner Behinderung unter dem Vorsitz des Stellvertreters des Bundeskanzlers statt. Ist auch der Stellvertreter verhindert, so führt den Vorsitz der vom

Bundeskanzler oder seinem Stellvertreter besonders bezeichnete Bundesminister oder mangels solcher Bezeichnungen der Bundesminister, der am längsten ununterbrochen der Bundesregierung angehört; bei mehreren Bundesministern mit gleicher Amtszeit übernimmt den Vorsitz der an Lebensjahren älteste Bundesminister.

(2) Die Sitzungen beginnen pünktlich zu der in der Einladung angegebenen Zeit. Behinderte Bundesminister haben für ihre Vertretungen zu sorgen.

(3) Die Sitzungen der Bundesregierung sind vertraulich. Insbesondere sind Mitteilungen über Ausführung einzelner Bundesminister, über das Stimmenverhältnis und über den Inhalt der Niederschrift ohne besondere Ermächtigung des Bundeskanzlers unzulässig.

§ 23

(1) An den Sitzungen der Bundesregierung nehmen außer den Bundesministern und dem Staatssekretär des Bundeskanzleramtes regelmäßig teil:

der Chef des Bundespräsidialamtes,

der Bundespressechef,

der Persönliche Referent des Bundeskanzlers,

der Schriftführer.

(2) Ist ein Bundesminister an der Teilnahme an einer Sitzung der Bundesregierung verhindert, so hat der Staatssekretär seines Ministeriums an der Sitzung teilzunehmen. Der Staatssekretär eines Bundesministeriums kann auch in Begleitung des Bundesministers an den Sitzungen der Bundesregierung teilnehmen.

(3) Hält ein Bundesminister die Zuziehung eines Beamten seines Ministeriums außer dem Staatssekretär für erwünscht, so hat er dies unter Benennung des Beamten schriftlich anzuzeigen. Über die Zulassung zur Sitzung entscheidet der Vorsitzende. Der Beamte nimmt an der Sitzung nur für die Dauer der Verhandlungen über den Punkt, zu dem er zugezogen ist, teil.

(4) Der Bundeskanzler kann die Sitzung auf die Bundesminister beschränken.

§ 24

(1) Die Bundesregierung ist beschlußfähig, wenn einschließlich des Vorsitzenden die Hälfte der Bundesminister anwesend ist.

(2) Die Bundesregierung faßt ihre Beschlüsse mit Stimmenmehrheit. Bei Stimmengleichheit entscheidet die Stimme des Vorsitzenden.

§ 25

Der Wortlaut der Beschlüsse der Bundesregierung wird von dem Vorsitzenden jeweils im Anschluß an die mündliche Beratung eines Gegenstandes festgelegt.

§ 26

(1) Beschließt die Bundesregierung abgesehen von den §§ 20 und 21 der Haushaltsordnung, in einer Frage von finanzieller Bedeutung gegen oder ohne die Stimme des Bundesministers der Finanzen, so kann dieser gegen den Beschluß ausdrücklich Widerspruch erheben. Wird Widerspruch erhoben, so ist über die Angelegenheit in einer weiteren Sitzung der Bundesregierung erneut abzustimmen. Die Durchführung der Angelegenheit, der der Bundesminister der Finanzen widersprochen hat, muß unterbleiben, wenn sie nicht in der neuen Abstimmung in Anwesenheit des Bundesministers der Finanzen oder seines Vertreters von der Mehrheit sämtlicher Bundesminister beschlossen wird und der Bundeskanzler mit der Mehrheit gestimmt hat.

(2) Entsprechendes gilt, wenn der Bundesminister der Justiz oder der Bundesminister des Innern gegen einen Gesetz- oder Verordnungsentwurf oder eine Maßnahme der Bundesregierung wegen ihrer Unvereinbarkeit mit geltendem Recht Widerspruch erhebt.

§ 27

(1) Über die Sitzungen der Bundesregierung wird eine Niederschrift aufgenommen, die von dem Schriftführer unterzeichnet wird. Eine Abschrift der Niederschrift wird den Bundesministern umgehend zugesandt. Der Chef des Bundespräsidialamtes und der Bundespressechef erhalten nachrichtlich eine Abschrift der Niederschrift.

(2) Die Niederschrift gilt als genehmigt, wenn die beteiligten Bundesminister nicht innerhalb 3 Tagen nach ihrer Zustellung Einwendungen gegen den Inhalt oder die Fassung erheben.

(3) In Zweifelsfällen ist die Angelegenheit nochmals der Bundesregierung zu unterbreiten.

§ 28

(1) Die von der Bundesregierung beschlossenen Vorlagen werden den gesetzgebenden Körperschaften durch den Bundeskanzler zugeleitet und vor ihnen durch den in der Sache zuständigen Bundesminister vertreten.

(2) Die Vertretung hat einheitlich zu erfolgen, auch wenn einzelne Bundesminister anderer Auffassung sein sollten. Gegen die Auffassung der Bundesregierung zu wirken, ist den Bundesministern nicht gestattet.

(3) Bevor das Einverständnis mit wesentlichen Änderungen einer Gesetzesvorlage im Bundestag oder Bundesrat oder in den Ausschüssen erklärt wird, ist die Bundesregierung zu befragen. Ist dies aus Zeitmangel nicht möglich und doch eine Stellungnahme geboten, so soll wenigstens eine Einigung mit den erreichbaren Ministerien gesucht werden.

§ 29

(1) Gesetze sind dem Bundespräsidenten erst nach der Gegenzeichnung durch den Bundeskanzler und den zuständigen Bundesministern zur Vollziehung vorzulegen. Berührt der Inhalt des Gesetzes den Geschäftsbereich mehrerer Bundesminister, so zeichnen diese in der Regel auch die Ausfertigung.

(2) Verfügungen und Anordnungen sind dem Bundespräsidenten erst nach der Gegenzeichnung durch den zuständigen Bundesminister zur Vollziehung vorzulegen. Absatz 1 Satz 2 gilt entsprechend.

§ 30

(1) Verordnungen der Bundesregierung werden nach Gegenzeichnung durch den zuständigen Fachminister vom Bundeskanzler gezeichnet. Sonstige Verordnungen werden – auch wenn sie der Bundesregierung vorgelegen haben – grundsätzlich von dem zuständigen Bundesminister allein gezeichnet.

(2) Unter der ausdrücklichen Bezeichnung „Die Bundesregierung“ sollen – abgesehen von Fällen besonderer Ermächtigung durch die Bundesregierung – nur der Bundeskanzler oder mit ihm der zuständige oder alle Bundesminister zeichnen.

§ 31

Die präsidierenden Mitglieder der Landesregierungen sollen mehrmals im Jahre persönlich zu gemeinsamen Besprechungen mit der Bundesregierung vom Bundeskanzler eingeladen werden, um wichtige politische, wirtschaftliche, soziale und finanzielle Fragen zu erörtern und in persönlicher Fühlungnahme zu einer verständnisvollen einheitlichen Politik in Bund und Ländern beizutragen.

DIE TEILNEHMER AN DEN SITZUNGEN DES KABINETTSAUSSCHUSSES FÜR WIRTSCHAFT 1954–1955

Der Bundeskanzler und die Bundesminister

Der Bundeskanzler

Konrad Adenauer (1876–1967)

1917–1933 Oberbürgermeister von Köln (Zentrum), 1920–1933 Mitglied und Präsident des Preußischen Staatsrates, bis 1933 Mitglied des Reichsvorstands der Zentrumspartei, 1945 erneut Oberbürgermeister von Köln, 1946–1950 MdL Nordrhein-Westfalen (CDU), dort 1946–1949 Fraktionsvorsitzender, 1946–1950 Vorsitzender der CDU der britischen Besatzungszone, 1948–1949 Präsident des Parlamentarischen Rates, 1949–1967 MdB, 1949–1963 Bundeskanzler, 1951–1955 Bundesminister des Auswärtigen, 1950–1966 Bundesvorsitzender der CDU.

Der Stellvertreter des Bundeskanzlers

Franz Blücher (1896–1959)

1919–1946 Kaufmännische Tätigkeit u.a. als Direktor eines Bankhauses in Essen, 1946–1949 Vorsitzender der FDP in der Britischen Zone, 1946–1947 MdL Nordrhein-Westfalen und Finanzminister des Landes Nordrhein-Westfalen, 1947–1949 Vorsitzender der FDP-Fraktion im Wirtschaftsrat des Vereinigten Wirtschaftsgebiets, 1949–1954 Bundesvorsitzender der FDP, 1949–1958 MdB (FDP, 1956 FVP, 1957 DP/FVP, dann DP), 1949–1957 Stellvertreter des Bundeskanzlers und 1949–1953 Bundesminister für den Marshallplan sowie 1953–1957 Bundesminister für wirtschaftliche Zusammenarbeit, 1958–1959 Mitglied der Hohen Behörde der Montanunion.

Der Bundesminister der Justiz

Fritz Neumayer (1884–1973)

Ab 1911 Rechtsanwalt, 1945 Landgerichtspräsident in Kaiserslautern, 1947–1951 MdL Rheinland-Pfalz (FDP), 1947–1948 Minister für Wirtschaft und Verkehr des Landes Rheinland-Pfalz, 1949–1957 MdB (FDP, 1956 FVP, 1957 DP/FVP), 1952–1953 Bundesminister für Wohnungsbau, 1953–1956 Bundesminister der Justiz.

Der Bundesminister der Finanzen

Fritz Schäffer (1888–1967)

1920–1933 MdL Bayern (Bayerische Volkspartei), 1929–1933 Vorsitzender der Bayerischen Volkspartei, 1931–1933 als Staatsrat Leiter des Bayerischen Staatsministeriums der Finanzen, anschließend Anwaltstätigkeit, 1945 Bayerischer Ministerpräsident (CSU), 1949–1961 MdB, 1949–1957 Bundesminister der Finanzen, 1957–1961 Bundesminister der Justiz.

Der Bundesminister für Wirtschaft

Dr. Ludwig Erhard (1897–1977)

1913–1916 Kaufmannslehre, 1919–1925 Studium in Nürnberg und Frankfurt/Main, 1928–1942 wissenschaftlicher Assistent und Mitglied der geschäftsführenden Leitung des Instituts für Wirtschaftsbeobachtung der deutschen Fertigware, 1942–1945 Leiter des Instituts für Industrieforschung, 1945–1946 Bayerischer Staatsminister für Handel und Gewerbe, 1947 Honorarprofessor der Universität München, Vorsitzender der Sonderstelle Geld und Kredit der Verwaltung des Vereinigten Wirtschaftsgebiets, 1948–1949 Direktor der Verwaltung für Wirtschaft des Vereinigten Wirtschaftsgebiets, 1949–1977 MdB (CDU), 1949–1963 Bundesminister für Wirtschaft, seit Oktober 1957 gleichzeitig Stellvertreter des Bundeskanzlers, 1963–1966 Bundeskanzler, 1966–1967 Bundesvorsitzender der CDU.

Der Bundesminister für Ernährung, Landwirtschaft und Forsten

Heinrich Lübke (1894–1972)

1923–1933 Geschäftsführer des Reichsverbands der landwirtschaftlichen Klein- und Mittelbetriebe, 1927–1933 Geschäftsführer der Deutschen Bauernschaft, 1929 Vorstandsmitglied der Wirtschafts- und Treuhandstelle der Deutschen Bauernschaft und 1930 der Siedlungsgesellschaft Bauernland, 1932–1933 Mitglied des Preußischen Landtags (Zentrum), 1934–1935 Untersuchungshaft, 1937–1939 Leitender Mitarbeiter der Niedersächsischen Wohnungsbau- und Siedlungsgesellschaft, 1939–1945 Vermessungsingenieur und Bauleiter, 1944 stellvertretender Leiter der „Baugruppe Schlempp" (Projekte u.a. in der Heeresversuchsanstalt Peenemünde), 1945–1946 „Baubüro Lübke", 1946 Mitglied des Beratenden Westfälischen Provinzialrats in Münster (CDU), 1947–1952 Minister für Ernährung, Landwirtschaft und Forsten des Landes Nordrhein-Westfalen, 1949–1950 und 1953–1959 MdB, dort Vorsitzender des Ausschusses für Ernährung, Landwirtschaft und Forsten, 1953–1959 Bundesminister für Ernährung, Landwirtschaft und Forsten, 1959–1969 Bundespräsident.

Der Bundesminister für Arbeit

Anton Storch (1892–1975)

1920–1933 Angestellter im Zentralverband Christlicher Holzarbeiter Deutschlands (bis 1921 Unterbezirksleiter in Koblenz, 1921–1933 Bezirksleiter in Hannover),

1931–1933 Leiter des Allgemeinen Deutschen Gewerkschaftsbundes in der Provinz Hannover, 1933–1939 Versicherungsvertreter, 1939–1945 dienstverpflichtet zum Sicherheits- und Hilfsdienst bei der Feuerschutzpolizei Hannover, 1945 Mitgründer der CDU in Hannover und des Deutschen Gewerkschaftsbundes in Niedersachsen, 1946–1948 Leiter der Hauptabteilung Sozialpolitik des Deutschen Gewerkschaftsbundes (Britische Zone), 1947–1948 Mitglied des Wirtschaftsrats des Vereinigten Wirtschaftsgebiets, 1948–1949 Direktor der Verwaltung für Arbeit des Vereinigten Wirtschaftsgebiets, 1949–1965 MdB, 1949–1957 Bundesminister für Arbeit, 1958–1965 MdEP.

Der Bundesminister für Verteidigung

Theodor Blank (1905–1972)

1930–1933 Sekretär im Zentralverband Christlicher Fabrik- und Transportarbeiter, 1939–1945 Kriegsdienst und Gefangenschaft, 1945 Mitgründer der CDU Westfalen und des Deutschen Gewerkschaftsbundes, 1945 Stadtverordneter in Dortmund, 1945–1950 Mitglied des Vorstandes der IG Bergbau, 1946–1947 MdL Nordrhein-Westfalen, 1947–1949 Mitglied des Wirtschaftsrates des Vereinigten Wirtschaftsgebiets, 1949–1972 MdB (CDU), dort 1965–1969 stellvertretender Fraktionsvorsitzender, 1950–1955 Beauftragter des Bundeskanzlers für die mit der Vermehrung der alliierten Truppen zusammenhängenden Fragen, 1951 Chef der deutschen Delegation beim Interimsausschuß für die Organisation der EVG, 1955–1956 Bundesminister für Verteidigung, 1957–1965 Bundesminister für Arbeit und Sozialordnung.

Der Bundesminister für Verkehr

Dr.-Ing. Hans Christoph Seebohm (1903–1967)

1931–1946 stellvertretender Direktor, Direktor und Geschäftsführer verschiedener Bergbau-Gesellschaften, 1946–1948 Minister für Aufbau, Arbeit und Gesundheitswesen des Landes Niedersachsen, 1949 Mitglied des Parlamentarischen Rates (DP), 1949–1967 MdB (DP, ab 1960 CDU), 1949–1966 Bundesminister für Verkehr, 1959–1967 Sprecher der Sudetendeutschen Landsmannschaft.

Der Bundesminister für das Post- und Fernmeldewesen

Prof. Dr. Siegfried Balke (1902–1984)

1925–1953 Tätigkeit in der chemischen Industrie (1945 technischer Betriebsleiter, 1952 Direktoriumsmitglied der Wacker-Chemie GmbH, Vorsitzender des Vereins der Bayerischen Chemischen Industrie, Präsidialmitglied des Landesverbandes der Bayerischen Industrie), 1953–1956 Bundesminister für das Post- und Fernmeldewesen, 1956–1962 Bundesminister für Atomenergie bzw. (ab Oktober 1957) für Atomkernenergie und Wasserwirtschaft, 1957–1969 MdB (CSU), 1964–1969 Präsident der Bundesvereinigung der Deutschen Arbeitgeberverbände.

Der Bundesminister für Wohnungsbau

Dr. Viktor-Emanuel Preusker (1913–1991)

1937–1940 Bankkaufmann, 1947 Geschäftsführer der FDP in Hessen, 1949–1961 MdB (FDP, 1956 FVP, 1957 DP/FVP, 1957 DP, 1960 CDU), 1953–1957 Bundesminister für Wohnungsbau, 1958–1960 Vizepräsident des Deutschen Bundestags, 1963–1975 erneut Tätigkeit im Bankgeschäft.

Der Bundesminister für Vertriebene, Flüchtlinge und Kriegsgeschädigte

Prof. Dr. Dr. Theodor Oberländer (1905–1998)

1933 Direktor des Instituts für Osteuropäische Wirtschaft in Königsberg, 1934 Professor für Agrarpolitik in Danzig, ab 1940 in Prag, 1934–1937 Leiter des Bundes Deutscher Osten, 1940–1943 Ostexperte bei einer von der deutschen Wehrmacht ausgebildeten Ukrainer-Einheit, 1945 in amerikanischer Gefangenschaft, 1946 in der Landwirtschaft tätig, 1950 Mitgründer des BHE in Bayern und MdL, 1951–1953 Staatssekretär für das Flüchtlingswesen in Bayern, 1953–1961 und 1963–1965 MdB (bis 1955 GB/BHE, 1955 Gruppe Kraft/Oberländer, dann Gast der CDU/CSU-Fraktion, ab 1956 CDU), 1953–1960 Bundesminister für Vertriebene, Flüchtlinge und Kriegsgeschädigte, 1954–1955 Bundesvorsitzender des BHE.

Der Bundesminister für gesamtdeutsche Fragen

Jakob Kaiser (1888–1961)

Ab 1918 Geschäftsführer des Gesamtverbandes der christlichen Gewerkschaften Deutschlands, 1933 MdR (Zentrum), 1945–1947 Vorsitzender der CDU in Berlin und der Sowjetischen Besatzungszone, 1946 Mitglied des Berliner Abgeordnetenhauses, 1948–1949 Mitglied des Parlamentarischen Rates, 1949–1957 MdB, 1949–1957 Bundesminister für gesamtdeutsche Fragen.

Der Bundesminister für wirtschaftliche Zusammenarbeit

Franz Blücher siehe *Der Stellvertreter des Bundeskanzlers*

Der Bundesminister für Angelegenheiten des Bundesrates

Heinrich Hellwege (1908–1991)

Ab 1928 kaufmännische Tätigkeit, 1946–1947 Landrat in Stade, 1946–1952 und 1955–1963 MdL Niedersachsen (DP), 1947–1961 Vorsitzender der DP, 1949–1955 MdB, 1949–1955 Bundesminister für Angelegenheiten des Bundesrates, 1955–1959 Ministerpräsident des Landes Niedersachsen, 1961 Übertritt zur CDU.

Der Bundesminister für Familienfragen

Dr. Franz Josef Wuermeling (1900–1986)

1926–1931 Preußisches Ministerium des Innern, 1931–1939 Landrat und Finanzdezernent in Kassel, 1939 aus politischen Gründen entlassen, 1940–1947 Tätigkeit in der Industrie, 1945 Bürgermeister von Linz/Rhein, 1947–1951 MdL Rheinland-Pfalz (CDU), 1947–1949 Staatssekretär im Ministerium des Innern des Landes Rheinland-Pfalz, 1949–1969 MdB, 1953–1962 Bundesminister für Familienfragen bzw. (ab Oktober 1957) für Familien- und Jugendfragen.

Die Bundesminister für besondere Aufgaben

Waldemar Kraft (1898–1977)

1920–1939 polnische Staatsbürgerschaft, 1925 Direktor des deutschen landwirtschaftlichen Zentralverbandes in Polen, 1940–1945 Geschäftsführer der Reichsgesellschaft für Landbewirtschaftung, 1945–1948 Internierung, Mitbegründer des BHE in Schleswig-Holstein, 1950 Finanzminister und stellvertretender Ministerpräsident des Landes Schleswig-Holstein sowie 1951 zusätzlich Justizminister, 1952–1953 Vorsitzender des GB/BHE, 1953–1961 MdB (1953–1955 GB/BHE, 1955 fraktionslos, ab 1956 CDU), 1953–1956 Bundesminister für besondere Aufgaben.

Dr. Robert Tillmanns (1896–1955)

1919 Mitbegründer des Deutschen Studentenwerks in Berlin, 1925–1930 stellvertretender Hauptgeschäftsführer der Studienstiftung des deutschen Volkes, 1931–1933 preußische Schulverwaltung, 1933–1945 Mitteldeutsche Stahlwerke, Mitglied der Bekennenden Kirche, 1945 Mitbegründer der Christlich Demokratischen Union Deutschlands (CDUD), 1945–1949 Leiter des Zentralbüros Ost des Hilfswerks der Evangelischen Kirche in Deutschland, 1946 MdL Sachsen, 1949–1955 MdB (CDU), 1952–1955 Vorsitzender des CDU-Landesverbandes Berlin, 1953–1955 Bundesminister für besondere Aufgaben, 1954–1955 Vorsitzender des Evangelischen Arbeitskreises der CDU/CSU.

Die Staatssekretäre

Auswärtiges Amt

Prof. Dr. Walter Hallstein (1901–1982)

1930–1941 Professor für Privat- und Gesellschaftsrecht, 1946 Lehrstuhl für Internationales Privatrecht, Völkerrecht, Rechtsvergleichung und Gesellschaftsrecht an der Universität Frankfurt, 1950 Leiter der deutschen Verhandlungsdelegation für den Schuman-Plan, 1950–1951 Staatssekretär im Bundeskanzleramt, 1951–1958 im AA, 1958–1967 Präsident der Kommission der Europäischen Wirtschaftsgemeinschaft in Brüssel, 1968 Präsident des Rates der Europäischen Bewegung, 1969–1972 MdB (CDU).

Bundesministerium des Innern

Karl Theodor Bleek (1898–1969)

1927–1931 Preußisches Innenministerium, 1932–1933 Landrat im Kreis Arnswalde/Neumark, 1933 Bezirksregierung in Stade, 1934–1937 in Arnsberg und 1937–1939 in Breslau, 1939–1945 Stadtkämmerer von Breslau, 1946–1951 Oberbürgermeister von Marburg, 1946–1951 MdL Hessen (LDP bzw. FDP, 1947–1951 Fraktionsvorsitzender), 1951–1957 Staatssekretär im BMI (Staatssekretär II), 1957–1961 Chef des Bundespräsidialamtes.

Bundesministerium der Justiz

Dr. Walter Strauß (1900–1976)

1928–1935 Reichswirtschaftsministerium, 1935–1945 Wirtschaftsberater und Anwaltstätigkeit, 1946–1947 Staatssekretär im Hessischen Staatsministerium, 1947–1949 stellvertretender Direktor der Verwaltung für Wirtschaft des Vereinigten Wirtschaftsgebiets und Leiter des Rechtsamtes der Verwaltung des Vereinigten Wirtschaftsgebiets, 1948–1949 Mitglied des Parlamentarischen Rates (CDU), 1950–1962 Staatssekretär im BMJ, 1963–1970 Mitglied des Gerichtshofes der Europäischen Gemeinschaften.

Bundesministerium der Finanzen

Alfred Hartmann (1894–1967)

Seit 1923 Reichsfinanzverwaltung, 1925–1935 Reichsfinanzministerium, 1935–1942 Vorsteher des Finanzamts Berlin-Friedrichshain, 1942–1943 Rechnungshof des Deutschen Reiches, 1944–1945 Wehrdienst, 1945–1947 Bayerisches Finanzministerium, 1947–1949 Direktor der Verwaltung für Finanzen des Vereinigten Wirtschaftsgebiets, 1950–1959 Staatssekretär im BMF.

Bundesministerium für Wirtschaft

Dr. Ludger Westrick (1894–1990)

1921–1948 Vereinigte Aluminium-Werke AG, 1948–1951 Finanzdirektor der Deutschen Kohlenbergbauleitung, 1951–1963 Staatssekretär im BMWi, 1963–1964 im Bundeskanzleramt, 1964–1966 Bundesminister für besondere Aufgaben.

Bundesministerium für Ernährung, Landwirtschaft und Forsten

Dr. Theodor Sonnemann (1900–1987)

1923–1933 Syndikus im Reichslandbund, 1934–1936 Reichsnährstand, 1936–1945 Kriegsmarine und Reichsministerium für Rüstung und Kriegsproduktion, 1947–1949 Hauptgeschäftsführer des Landesverbandes des Niedersächsischen Landvolkes, 1950–1961 Staatssekretär im BML, 1961–1973 Präsident des Deutschen Raiffeisenverbandes e.V.

Bundesministerium für Arbeit

Max Sauerborn (1889–1963)

1923–1945 Reichsarbeitsministerium, 1948–1949 Bayerisches Arbeitsministerium und Präsident des Bayerischen Landesversicherungsamtes, 1950–1957 Staatssekretär im BMA.

Bundesministerium für Verkehr

Dr. Günther Bergemann (1902–1968)

1927–1933 Mitarbeiter im Gesamtverband der christlichen Gewerkschaften Deutschlands in Berlin, 1929–1935 Dozent an der Fachschule für Wirtschaft und Verwaltung in Berlin, 1933–1934 Preußisches Ministerium für Handel und Gewerbe, 1934–1941 Reichswirtschaftsministerium, dort 1939–1941 Leiter der Handelspolitischen Abteilung, 1941–1942 Stellvertreter des Generalbevollmächtigten für die Wirtschaft in Serbien, 1942–1945 Reichsverkehrsministerium, dort Leiter der Abteilung Seeschiffahrt in Hamburg, 1945–1947 Leiter des Seeschiffahrtsamtes in Hamburg, 1947–1948 Leiter der Hauptverwaltung des Seeverkehrs des amerikanischen und britischen Besatzungsgebiets, 1948–1949 Verwaltung für Verkehr des Vereinigten Wirtschaftsgebiets, dort Leiter der Abteilung Seeverkehr, 1949–1957 BMV, dort bis 1952 Leiter der Allgemeinen Abteilung, 1952–1957 Staatssekretär, 1957–1967 Geschäftsführer der Margarine-Union GmbH.

Bundesministerium für das Post- und Fernmeldewesen

Prof. Dr. Friedrich Gladenbeck (1899–1987)

1933–1938 Reichspostministerium, 1938–1942 Präsident der Forschungsanstalt der Deutschen Reichspost, 1942–1947 im Vorstand der AEG, 1946–1947 Reichspost-Oberdirektion für die Britische Zone, 1947–1948 Post- und Fernmeldetechnisches Zentralamt des Vereinigten Wirtschaftsgebiets, 1950–1952 Präsident der Oberpostdirektion Hamburg, 1952–1959 BMP, dort 1952–1954 Leiter der Dienststelle „Chefingenieur der Deutschen Bundespost“, 1954–1959 Staatssekretär für das Fernmeldewesen, 1960–1961 Geschäftsführer der „Freien Fernsehen GmbH“.

Bundesministerium für Wohnungsbau

Dr. Hermann Wandersleb (1895–1977)

1927–1933 Landrat in Querfurt, 1945 Vizepräsident des Oberpräsidiums der Nordrhein-Provinz, 1946–1949 Chef der Landeskanzlei Nordrhein-Westfalen, 1950–1959 Staatssekretär im BMWo.

Bundesministerium für Vertriebene, Flüchtlinge und Kriegsgeschädigte

Dr. Peter Paul Nahm (1901–1981)

Seit 1919 Mitglied der Zentrumspartei, seit 1924 Journalist, 1933 Inhaftierung, 1934–1945 Tätigkeit im Weinbau und Weinhandel, 1945–1946 Landrat des

Rheingaukreises, 1947–1949 Leiter des hessischen Landesamtes für Vertriebenen- und Flüchtlingsfragen, 1949–1952 Hessisches Innenministerium, dort Leiter der Sozialabteilung, 1951 Umsiedlungsbeauftragter der Bundesregierung, 1953 Bundesbeauftragter für die Unterbringung der Flüchtlinge aus der sowjetischen Besatzungszone, 1953–1967 Staatssekretär im BMVt.

Bundesministerium für gesamtdeutsche Fragen

Franz Thedieck (1900–1995)

1923–1930 Kölner Abwehrstelle des Preußischen Innenministeriums gegen den Separatismus, 1931–1940 Bezirksregierung Köln, 1940–1943 Militärverwaltung in Belgien und Nordfrankreich, 1946–1949 erneut Bezirksregierung Köln, 1950–1964 Staatssekretär im BMG, 1961–1966 Vorsitzender des Verwaltungsrats und 1966–1972 Intendant des Deutschlandfunks.

Bundesministerium für wirtschaftliche Zusammenarbeit

Prof. Dr. Hans Georg Dahlgrün (1901–1974)

Seit 1927 in der Finanzverwaltung, 1936–1945 Reichsfinanzministerium, 1945–1952 Provinzialregierung der Pfalz in Neustadt a.d.W. und Ministerium für Finanzen und Wiederaufbau des Landes Rheinland-Pfalz, 1952–1954 Präsident des Rechnungshofes von Rheinland-Pfalz, 1954–1957 mit der Wahrnehmung der Geschäfte des Staatssekretärs im BMZ beauftragt, 1958–1959 Minister für Finanzen und Wiederaufbau des Landes Rheinland-Pfalz, 1959–1969 Präsident der Landeszentralbank Rheinland-Pfalz.

Der Chef des Presse- und Informationsamtes der Bundesregierung

Felix von Eckardt (1903–1979)

1927–1929 außenpolitischer Berichterstatter des Hauses Ullstein, 1929–1932 Presseattaché an der deutschen Gesandtschaft in Brüssel, 1933–1945 Tätigkeit als Filmbuchautor und Dialogregisseur, 1945–1951 Begründer, Herausgeber und Chefredakteur des „Weserkurier“, 1952–1955 Chef des BPA, 1955–1956 Botschafter bei den Vereinten Nationen, 1956–1962 erneut Chef des BPA (1958 Staatssekretär), 1962–1965 Bevollmächtigter der Bundesrepublik Deutschland in Berlin, 1965–1972 MdB (CDU).

Edmund Forschbach (1903–1988)

1932–1940 Rechtsanwalt, 1933 MdL (Preußen) und 1933–1934 MdR (DNVP), 1940–1945 Beauftragter Richter beim Amts- und Landgericht Breslau, 1946–1951 Stadtverwaltung Köln, 1951–1954 BMI, dort in der Unterabteilung ZB (Ziviler Bevölkerungsschutz) Leiter des Referats Z B 2 (Bundes-Sachleistungsgesetz, Landbeschaffung), 1954–1955 stellvertretender, 1955–1956 kommissarischer Leiter des BPA, 1957–1961 erneut BMI, dort Leiter der Unterabteilung IV B (Rechts- und Verwaltungsangelegenheiten des Gesundheitswesens, Lebensmittel- und Arzneimittelrecht, ab 1960: Lebensmittel- und Veterinärwesen), 1961–1968 BMGes, dort Leiter der Unterabteilung, später Abteilung Lebensmittelwesen und Veterinärmedizin.

Ministerialbeamte

Werner Albrecht (geb. 1901)

1926–1945 im Postdienst, 1945–1950 Tätigkeit in der Privatwirtschaft, seit 1950 erneut im Postdienst, 1953–1966 BMP, dort 1953–1955 Leiter des Referats I K (Maschinenwesen: Posttechnik [Bahnpost-, Förder-, Flurförder- und Kleinmaschinentechnik]), 1955 (Nov.)–1962 Leiter des Referats I H (Technik der Postbeförderung und des Postbetriebes: Bahnpostwagen, Förderanlagen, Flurfördermittel, Büro- und Betriebsmaschinen, ab 1960: Postbetriebstechnik).

Dr. Georg Anders (1895–1972)

1933–1945 Preußisches bzw. (seit 1934) Reichsjustizministerium, 1949 Personalamt der Verwaltung des Vereinigten Wirtschaftsgebiets, 1949–1962 BMI, dort 1949–1952 Leiter des Referats II 5 (Bundesbeamtengesetz, Gesetz auf Grund Art. 131 GG, Versorgungsrecht, seit 1950 nur: Versorgungsrecht), 1952–1953 Leiter der Unterabteilung I A (Verfassung und Staatsrecht), 1953–1957 Leiter der Abteilung II (Beamtenrecht), 1957–1962 Staatssekretär (1957–1960 Staatssekretär II, 1960–1962 Staatssekretär I).

Heinrich Anz (1910–1973)

1935–1944 Reichsjustizministerium, 1944–1945 Landgericht Bielefeld, 1945–1947 Tätigkeit in der Landwirtschaft, 1947–1949 Amtsgericht Wolfenbüttel, 1949–1953 Landgericht Braunschweig, 1953–1957 BMF, dort Leiter des Referats I B 5 bzw. (ab 1954) I B 4 (Allgemeines Besoldungs-, Reise- und Umzugskostenrecht), 1958–1960 BMI, dort Leiter des Referats II B 1 (Allgemeines Besoldungsrecht), 1961–1973 erneut BMF, dort zuletzt (ab 1968) Leiter der Unterabteilung VI B (Verteidigungslasten).

Dr. Roman Baudisch (1905–1979)

1935–1945 Reichswirtschaftsministerium, 1940–1942 abgeordnet zum Reichskommissariat Norwegen, 1945–1946 Internierungslager Cransberg, 1947–1951 Tätigkeit in der Privatwirtschaft, 1951–1970 BMWi, dort 1951–1964 Leiter des für Fragen der Betriebswirtschaft zuständigen Referats II 7 bzw. (ab 1952) II A 8, (ab

1954) II A 1 und (ab 1960) II 1, 1963–1970 Leiter der Unterabteilung II A (Handwerk, Mittel- und Kleinbetriebe, Genossenschaften), zugleich Leiter der Arbeitsgruppe Mittelstand.

Otto Freiherr von Bechtolsheim (1910–1999)

1936–1938 Reichsverkehrsministerium, 1938–1941 Reichsbahndirektion Essen, 1941–1945 Vorstand des Reichsbahnverkehrsamtes Allenstein, 1943–1945 Kriegsdienst und Gefangenschaft, 1945–1947 ohne Beschäftigung, 1947–1951 Justitiar bei der IHK Kassel, 1951–1954 BMV, 1954–1970 Bundeskanzleramt, dort 1954–1956 Hilfsreferent im Referat 9 (Wissenschaftliche Forschung), 1957–1968 u.a. Leiter der für Grundsatzfragen, Koordinierung und Kabinettssachen u.a. aus den Geschäftsbereichen BMV, BMP, BMAt, BMwF, BMSchatz, wissenschaftliche Forschung bzw. BMwF, Bundesbahn und Bundespost zuständigen Referate 8 und 9 bzw. (ab 1965) II/5 und (ab 1967) II/6, 1968–1970 Leiter der Gruppe I/1 (u.a. Personalangelegenheiten der Bundesregierung und des Bundeskanzleramtes; Kassen- und Rechnungswesen, Organisation, Innerer Dienst), 1970–1975 erneut BMV, dort in der Abteilung Leiter des Referats L 8 (Internationale Zusammenarbeit in der Luftfahrt, Zivile Verteidigung).

Dr. Hans Berger (1909–1985)

1939–1945 abgeordnet zum Reichskommissar für die Preisbildung, 1945 Amtsgericht Köln, 1946 Landgericht Köln, 1946 Zentraler Rechtsausschuß für die Britische Zone in Hamburg, 1946–1948 Justizministerium des Landes Nordrhein-Westfalen, dort Leiter der Gesetzgebungsabteilung, 1948–1949 Richter am Obersten Gerichtshof für die Britische Zone in Köln, 1949–1953 Präsident des Landgerichtes Düsseldorf, 1953–1954 BMI, dort Leiter der Abteilung Verfassung, Staatsrecht und Verwaltung, 1954–1959 AA, dort Leiter der Rechtsabteilung, 1959–1963 Botschafter in Kopenhagen, 1963–1965 in Den Haag, 1965–1969 Chef des Bundespräsidialamtes im Rang eines Staatssekretärs, 1969–1971 Botschafter beim Heiligen Stuhl.

Hans von Boeckh (1900–1980)

1927–1931 und 1933–1945 Reichswirtschaftsministerium, 1946 Rechtsanwalt, 1948–1951 Badisches Ministerium für Wirtschaft und Arbeit, 1952–1958 BMWi, dort Leiter der Unterabteilung I A (Wirtschaftspolitische Grundsatzfragen, Marshallplan), 1958–1963 Forschungsbeirat für Fragen der Wiedervereinigung Deutschlands beim BMG, 1963–1965 geschäftsführender Vorstand der Forschungsstelle für gesamtdeutsche wirtschaftliche und soziale Fragen.

Dr. Otto Bolder (1908–1979)

1937–1945 Finanzverwaltung, 1949–1951 Landesfinanzamt bzw. Oberfinanzdirektion Koblenz, 1951–1963 BMF, dort seit 1952 Leiter des Referats III B 5 (Zolltarifpolitik), 1963–1973 Präsident der Oberfinanzdirektion Freiburg i. Br.

Dr. Heinz Berthold Bonus (1901–1977)

1932–1938 Statistisches Reichsamt, 1939–1945 beim Reichskommissar für die Preisbildung, 1946 kommissarischer Leiter des Landesplanungsamtes Schleswig-Holstein, 1946–1948 Statistisches Amt für die Britische Besatzungszone, 1948–1966 Verwaltung für Finanzen des Vereinigten Wirtschaftsgebiets bzw. BMF, dort 1951–1954 Leiter des Referats II 2 (Einnahmen, Ausgaben und Investitionen von Bund, Ländern und Gemeinden sowie Sondervermögen, ab 1952: Berichte über öffentliche Haushalte, Investitionen und Sondervermögen, öffentliche Haushalte und Sozialprodukt), 1954–1957 Leiter des Referats II C 2 bzw. (ab 1958) 3 und (ab 1959) 4 (Öffentliche Haushalte und Wirtschaft, volkswirtschaftliche Gesamtrechnungen), 1960–1963 in der Finanzpolitischen und Volkswirtschaftlichen Gruppe Leiter des Referats 3 (Öffentliche Finanzen im Wirtschaftsablauf), 1963–1966 Leiter der Finanzpolitischen und Volkswirtschaftlichen Gruppe.

Hellmut Bormann (1906–1964)

1931–1940 Stellvertretender Geschäftsführer und Verbandssyndikus beim Verband Rheinischer Haus- und Grundbesitzer, Köln, gleichzeitig Prokurist der Rheinischen Kreditgesellschaft für Haus- und Grundbesitzer AG, 1941–1943 Geschäftsführer beim Verband der Haus- und Grundbesitzervereine von Kurhessen in Kassel, 1943–1946 Kriegsdienst und Kriegsgefangenschaft, 1946–1947 Zentralamt für Wirtschaft in der Britischen Zone, 1947 Verwaltungsamt für Wirtschaft, 1947–1949 Verwaltung für Wirtschaft des Vereinigten Wirtschaftsgebiets, 1949–1964 BMWi, dort 1950–1964 Leiter des Referats I B 4 (Preisfragen in der Bauwirtschaft, Miet-, Versicherungs- und Verkehrswesen, öffentliche Gebühren), 1954–1955 zugleich auch des Referats IV C 5 (Gewerbliche Wirtschaft: Bauwirtschaft).

Dr. Curt Bretschneider (1898–1966)

1926–1945 Reichsministerium für Ernährung und Landwirtschaft, 1946–1948 Referent, später Leiter der Haushaltsabteilung beim Zentralhaushaltsamt für die Britische Zone in Hamburg, 1948–1963 Verwaltung für Ernährung, Landwirtschaft und Forsten des Vereinigten Wirtschaftsgebiets bzw. BML, dort 1950–1952 Leiter des Referats I 4 (Haushalts-, Rechnungs- und Kassenwesen), 1952–1955 Leiter der Unterabteilung I A (Organisation und Haushalt), 1955–1958 Leiter der Abteilung III (Ernährungswirtschaft), 1958–1963 Leiter der Abteilung I (Allgemeine Verwaltung).

Hans Classen (1889–1971)

Seit 1919 im Bergbau tätig, zuletzt 1942–1950 Oberbergamtsdirektor beim Oberbergamt Saarbrücken, 1950–1955 BMWi, dort 1950–1955 Leiter der Unterabteilung III A (Bergbau).

Dr. Wilhelm Claussen (1901–1980)

1926–1936 Zweigamt Berlin des Internationalen Arbeitsamtes Genf, dort Referent und Schriftleiter der Monatsschrift „Internationale Rundschau der Arbeit“, daneben 1924–1934 Lehrtätigkeit an der evangelisch-sozialen Schule in Berlin-Spandau (Arbeitsrecht, Sozialversicherung, Volkswirtschaft), 1937–1939 IG Farbenindustrie AG Berlin, dort Leiter der Wirtschaftspolitischen Abteilung, 1939–1942 Kriegsdienst, 1942–1945 Militärverwaltungsoberrat beim Generalbevollmächtigten für die Wirtschaft in Serbien, 1946 stellvertretender Leiter des Seeschiffahrtsamtes in Hamburg, 1947–1948 Abteilungsleiter bei der Hauptverwaltung des Seeverkehrs des amerikanischen und britischen Besatzungsgebiets, 1948–1949 Verwaltung für Verkehr des Vereinigten Wirtschaftsgebiets, dort Unterabteilungsleiter in der Abteilung Seeverkehr, 1949–1951 Direktor der See-Berufsgenossenschaft, Hamburg, 1951–1957 BMV, dort 1951–1953 in der Allgemeinen Abteilung (A) Leiter des Referats A 1 (Personal, Soziale Fragen, Gesundheitswesen), 1953–1957 Leiter der Zentralabteilung (Z), zugleich Leiter des Referats Z 1 (Personalangelegenheiten unter anderem des BMV und des Vorstandes der Deutschen Bundesbahn), 1957–1965 Staatssekretär im BMA.

Dr. Kurt Daniel (1899–1984)

1926–1931 Reichswirtschaftsministerium, 1931–1933 Reichsaufsichtsamt für Privatversicherung, 1933–1945 erneut Reichswirtschaftsministerium, 1945–1946 Internierungslager Moosburg, 1948–1949 Tätigkeit in der Privatwirtschaft, 1949 Deutsches Amt für Ein- und Ausreisegenehmigungen, Landesstelle Nordrhein-Westfalen, 1949–1964 BMWi, dort 1949–1950 Leiter des Referats V B 2/6 (Devisenrechtstrafverfahren), 1950–1953 Leiter des Referats V C 2 bzw. (ab 1953) V D 2 (Devisenrecht, Devisenüberwachung), 1954–1964 Leiter der Unterabteilung V B (Außenhandel mit Ländern außerhalb des EZU-Raumes).

Dr. Hans Deinhart (geb. 1896)

1925–1945 im Postdienst, 1948–1961 Hauptverwaltung für das Post- und Fernmeldewesen des Vereinigten Wirtschaftsgebiets bzw. BMP, dort 1950–1954 Leiter des Referats IV h E bzw. (ab 1953) V E (Bauverwaltungsangelegenheiten der Baubezirke 3 und 4; grundsätzliche Angelegenheiten und allgemeine Rechtsfragen), 1954–1956 in der Abteilung III (Personalwesen) Generalreferent III a (Generalreferent für allgemeine Personalangelegenheiten und Unterabteilungsleiter für die Referate III F, III G, III J, III K, III L, III R), 1956–1961 Leiter der Abteilung V (Hochbau-, Bauverwaltungs-, Maschinen- und Beschaffungsangelegenheiten).

Wolfgang von Dorrer (1905–1990)

1946–1950 Verwaltung für Verkehr des Vereinigten Wirtschaftsgebiets bzw. BMV, dort Leiter des Referats A 5 (Zentralverkehrsleitung), 1950–1952 Dienststelle für Auswärtige Angelegenheiten im Bundeskanzleramt, 1953–1970 erneut BMV, dort 1953 Leiter des Referats A 7 (Investitionskredite, Stoff- und Beschaffungswesen, Notstands- und Sanierungsprogramme), 1953–1957 Leiter der Verbindungsstelle Berlin des Ministeriums, dort zugleich Leiter der Referate 1 (Allgemeine Angelegenheiten) und 2 (Binnenschiffahrt, Wasserbau, Seeverkehr, Luftfahrt, Spedition,

Lagerei), 1957–1959 Leiter des Referats B 3 (Sozial-, Wirtschafts- und Finanzierungsfragen der Binnenschiffahrt, Bundesschleppbetrieb), 1959–1970 Beauftragter des Ministers für den Interzonen- und Berlinverkehr (BIV).

Dr. Ulrich Doßmann (1911–1996)
siehe unter *Protokollführer*

Dr. Ulrich Engel (geb. 1902)
Bis 1945 Rechtsanwalt und Direktionsmitglied des Fuld-Konzerns (Telephonbau und Normalzeit) in Frankfurt/Main, 1945–1946 Mitglied des Planungsausschusses für die Bildung einer Hauptdirektion der Deutschen Reichspost in der US-Zone, 1946 Beauftragter für das Post- und Fernmeldewesen im Groß-Hessischen Wirtschafts- und Verkehrsministerium, 1946–1947 Generalsekretär beim Verwaltungsrat für das Post- und Fernmeldewesen des amerikanischen und britischen Besatzungsgebietes, 1947 Leiter der Finanzen und Wirtschaft in der Hauptverwaltung Post- und Fernmeldewesen des Vereinigten Wirtschaftsgebiets, 1949–1967 BMP, dort Leiter der Abteilung IV (Finanz- und Wirtschaftsangelegenheiten).

Dr. Hans Estner (1909–1967)
1952 Wirtschaftsministerium des Landes Baden, 1952–1967 BMWi, dort Leiter des Referats III D 4 (Montanunion und Außenhandel), 1959–1962 des Referats III D 2 (Rechtsangelegenheiten und Wettbewerbsregeln im Rahmen der EGKS), 1962–1964 Leiter der Unterabteilung III D (EGKS), 1964–1966 Leiter der Abteilung III (Bergbau, Energie und Wasserwirtschaft, Eisen und Stahl, EGKS), 1966–1967 der Abteilung E (Europäische zwischenstaatliche wirtschaftliche Zusammenarbeit).

Dr. Ernst Féaux de la Croix (1906–1995)
1934–1945 Reichsjustizministerium, 1946 Regional Food Office, Hamburg, 1946–1949 Tätigkeit in einem Steuerberatungsbüro in Berlin, 1949–1971 Verwaltung für Finanzen des Vereinigten Wirtschaftsgebiets bzw. BMF, dort 1950–1952 Leiter des Referats VI 4 (Gesetzgebung über Reichs- und Staatsvermögen), 1952 zusätzlich Leiter des Referats II B 1 (Hilfsmaßnahmen für die Wirtschaft), 1953–1959 Leiter der Unterabteilung V B (Wiedergutmachung, Liquidation des Krieges, Rechtsangelegenheiten), 1959–1971 Leiter der Abteilung VI (Liquidation des Krieges, Verteidigungslasten, Finanzielle Verteidigungsangelegenheiten, Rechtsangelegenheiten).

Ernst Ferber (1914–1998)
1933–1945 Offizier, 1946–1951 Organisation Gehlen, 1951–1975 Dienststelle Blank/BMVtg bzw. Bundeswehr, dort 1951–1952 Leiter des Referats, später der Gruppe „Personelle Organisation", 1952–1954 Leiter des Referats G 1-Pers (deutsche Vertretung beim Interimsausschuß zur Vorbereitung der EVG auf dem Gebiet des Personalwesens), 1954–1955 Studiengruppe Laegeler und Studiengruppe

Spitzengliederung (Vorbereitung der Spitzengliederung des BMVtg), 1955–1958 Leiter der Unterabteilung IV B bzw. III B (Personalwirtschaft), 1958–1961 Kommandeur der Panzergrenadierbrigade 32, 1961–1962 Chef des Stabes des Truppenamtes, 1964–1967 Direktor des Planungsstabes der Standing Group, Washington, 1967–1969 Kommandeur der 2. Panzergrenadierdivision, 1970–1971 Stellvertretender Inspekteur des Heeres, 1971–1973 Inspekteur des Heeres, 1973–1975 Oberbefehlshaber der NATO-Streitkräfte Europa-Mitte (CINCENT).

Alfred Feyerabend (geb. 1896)

1933–1940 Reichsverkehrsministerium, 1940–1945 Vorstand des Wasserstraßenamtes Swinemünde, 1946–1949 Generaldirektion für Wasserstraßen und Binnenschiffahrt, später Hauptverwaltung der Binnenschiffahrt des amerikanischen und britischen Besatzungsgebietes, anschließend Verwaltung für Verkehr des Vereinigten Wirtschaftsgebiets, Abteilung Wasserstraßen, 1949–1961 BMV, dort Leiter der Abteilung W (Wasserbau).

Heinz-Harald Fischer (1903–1983)

1937–1938 Amt für deutsche Roh- und Werkstoffe, 1938–1945 Reichswirtschaftsministerium, 1945 Regierung in Wiesbaden, 1947–1949 Hessischer Verwaltungsgerichtshof, 1949–1956 Verwaltung für Wirtschaft des Vereinigten Wirtschaftsgebiets bzw. BMWi, dort 1949–1952 Leiter des Referats I C 1 (Kapitalverkehr, Versicherungswesen, Wertpapier-, Börsen- und Aktienwesen sowie insbesondere ab 1950 Kreditwesen), 1952–1954 Leiter des Referats VI 1 (Kreditpolitische Grundsatzfragen, ab 1954 Teilbereich a: Währungs-, Geld- und Kreditpolitische Grundsatzfragen), 1955–1956 Leiter der Unterabteilung VI B (Finanzierungen und Versicherungen), 1956–1966 Richter am Bundesverwaltungsgericht.

Dr. Joachim Fischer-Dieskau (1896–1977)

1927–1941 Reichsarbeitsministerium, 1941–1945 beim Reichswohnungskommissar, dort Leiter der Abteilung II (Wohnungswesen), 1945–1949 Tätigkeit in der Privatwirtschaft, 1949 bei der Obersten Baubehörde im Bayerischen Staatsministerium des Innern, 1949–1957 BMWo, dort Leiter der Abteilung I (Wohnungs- und Siedlungswesen, Wohnungswirtschaft), 1957–1964 Vorstandsmitglied der Deutschen Bau- und Bodenbank AG.

Herbert Fischer-Menshausen (1906–2000)

1933–1946 Staatsanwaltschaft und Finanzverwaltung Hamburg, 1946–1948 Zentralhaushaltsamt für die britische Besatzungszone, 1948 Rechnungshof für die britische Besatzungszone, 1948–1949 Länderrat des Vereinigten Wirtschaftsgebiets, 1950 beim Bundesrat, dort Sekretär des Finanzausschusses, 1950–1958 BMF, dort 1950–1957 Leiter der Unterabteilung II C (Bund und Länder, ab 1954: Volkswirtschaft und Statistik, Bund und Länder, Europäische Politische Gemeinschaft, Lastenausgleichsleistungen, Sozialleistungen), 1957–1958 Leiter der Abteilung VI (Finanzwirtschaftliche Beziehungen zum Ausland, Finanzverfassung, Wirtschaft, Verteidigungslasten, Bundesvermögen, Bundesbauangelegenheiten), 1958–1969 Vorstandsmitglied der Esso AG Hamburg, ab 1962 stellvertretender Vorstandsvorsitzender.

Karl Fitting (1912–1990)

1930–1933 Studium der Rechtswissenschaft, zur Abschlußprüfung aus politischen Gründen nicht zugelassen, 1933–1942 Tätigkeit in der Wirtschaft, 1942–1945 als politischer Häftling im Konzentrationslager Mauthausen, 1945–1948 Bayerisches Staatsministerium für Arbeit und soziale Fürsorge, 1948–1977 Verwaltung für Arbeit des Vereinigten Wirtschaftsgebiets bzw. BMA, dort 1948–1961 Leiter des Referats III a 4 bzw. (ab 1950) III a 2 (vor allem Kollektives Arbeitsrecht, Arbeitsverfassungsrecht, insbesondere Betriebsverfassung, Heimarbeitsrecht, Arbeitsgerichtsbarkeit, ab 1955: Betriebsverfassungsrecht, Arbeitsgerichtsbarkeit, Heimarbeitsrecht, ab 1959: Betriebsverfassung und Mitbestimmung), 1961–1966 Leiter des Referats III b 1 (Grundsatzfragen des Arbeitsschutzes, insbesondere Rechtsfragen und internationale Angelegenheiten), 1963–1966 zugleich Leiter der Unterabteilung III b (Arbeitsschutz und Gewerbeaufsicht), 1966–1977 Leiter der Abteilung III (Arbeitsrecht, Löhne, Arbeitsbedingungen, Arbeitsschutz, Sonderprobleme der Sozialordnung).

Dr.-Ing. Edmund Frohne (1891–1971)

Seit 1918 Deutsche Reichsbahn, dort 1938 Abteilungspräsident, nach 1945 Staatssekretär für Verkehr in Niedersachsen, 1947–1949 Direktor der Verwaltung für Verkehr des Vereinigten Wirtschaftsgebiets, 1950–1952 Staatssekretär im BMV, 1952–1956 Vorsitzender des Vorstandes der Deutschen Bundesbahn.

Dr. Georg Garbe (geb. 1904)

1932–1933 Statistisches Reichsamt, 1933–1945 Institut für Konjunkturforschung, 1945–1949 Hauptverwaltung der Deutschen Reichsbahn, Berlin, 1949–1950 Magistrat Berlin (West), 1950–1969 BMP, dort Leiter des Referats IV D (Allgemeine Wirtschafts- und Finanzpolitik der Deutschen Bundespost; seit 1954: Volkswirtschaftliche Angelegenheiten und finanzpolitische Grundsatzfragen u.a., seit 1960: Wirtschaftspolitik u.a.).

Dr. Hanns Gareis (1896–1972)

1924–1933 Geschäfts- bzw. Hauptgeschäftsführer des Bayerischen Landbundes, 1934–1945 Hauptstabsleiter im Reichsnährstand, 1945–1947 landwirtschaftliche Praxis, 1948–1950 Direktor des Bayerischen Bauernverbandes, 1950–1957 BML, dort Leiter der Abteilung IV (Agrarwesen).

Dr. Ernst Geßler (1905–1986)

1930–1934 Hilfsrichter im Kammergerichtsbezirk Berlin, 1934–1945 Preußisches und Reichsjustizministerium, 1946–1948 juristischer Hilfsarbeiter bei Rechtsanwälten, 1948–1970 Zentral-Justizamt für die Britische Zone bzw. BMJ, dort 1949–1964 Leiter des Referats III 1 bzw. (ab 1962) III A 1 (Handelsrecht, Recht der Kapitalgesellschaften und der bergrechtlichen Gewerkschaften, Bilanzrecht, Entflechtungsvorschriften, Seerecht, internationale Fragen dieser Sachgebiete, ab 1957 zudem Aktienrechtsreform, GmbH-Reform), 1954–1964 zugleich Leiter der Unterabteilung III A, 1965–1970 Leiter der Abteilung III (Handels- und Wirtschaftsrecht).

Dr. Wilhelm Giel (geb. 1917)

1945–1949 Wirtschaftsministerium Hessen, 1949–1972 Verwaltung für Wirtschaft des Vereinigten Wirtschaftsgebiets bzw. BMWi, dort 1949–1956 Hilfsreferent im Referat I A 2 (Langfristige Strukturplanung, regionale Wirtschaftsfragen, Notstandsgebiete), 1956–1957 Persönlicher Referent des Staatssekretärs Westrick, 1957–1959 stellvertretender und 1959–1966 Leiter des Referats I A 2 bzw. (ab 1965) I C 1 (Regionale Wirtschaftsstruktur, Notstandsgebiete, ab 1963 zusätzlich: regionale Förderungsprogramme), 1965–1968 Leiter der Unterabteilung I C (Regionale und sektorale Strukturpolitik), 1968–1972 Leiter der Abteilung IV bzw. (ab 1972) W/IV (Gewerbliche Wirtschaft, ab 1969 zudem: Wirtschaftsförderung Berlins), 1972–1980 Vorsitzender des Türkei-Konsortiums der OECD.

Dr. Wolfgang Goedecke (1912–1997)

1938–1945 Reichswirtschaftsministerium, 1946–1947 Universität Kiel, 1947–1948 Landeswirtschaftsamt Kiel, 1948–1950 Ministerium für Arbeit, Wirtschaft und Verkehr des Landes Schleswig-Holstein, 1950–1956 BMM bzw. BMZ, dort 1950–1953 Leiter des Referats II 3 (Investitionsprogrammierung für Westdeutschland und Westberlin, Verwendung der freigegebenen Gegenwertmittel, zusätzlich bis 1952: Kapitalverkehrsausschuß), 1953–1956 Leiter der Abteilung III (ERP-Sondervermögen, ab 1955: Verwaltung des ERP-Sondervermögens), 1956–1971 Vorstandsmitglied der Rheinischen Hypothekenbank AG, Mannheim, 1971–1979 Vorsitzender des Vorstandes.

Dr. Wilhelm Grau (1901–1975)

1934–1938 Württembergisches Innenministerium, 1938–1945 Reichsministerium des Innern, 1947–1949 Innenministerium Württemberg-Hohenzollern, 1949–1955 Bundeskanzleramt, dort Leiter des Referats 2 (Haushaltsreferat) und gleichzeitig der Referate 8 (Grundsatzfragen, Koordinierung und Kabinettssachen aus den Geschäftsbereichen des BMV, BMP; Rechnungshof, Bundesbahn, Bundespost) und 9 (Wissenschaftliche Forschung), 1955–1959 BMAt, dort 1955–1958 Stellvertreter des Ministers, 1958–1959 Freistellung zum Ausbau der Reaktorstation Karlsruhe zu einer Forschungsstätte, Mitglied des Aufsichtsrats der Kernreaktor Bau- und Betriebsgesellschaft m.b.H. Karlsruhe, des Aufsichtsrats der Gesellschaft für Kernenergieverwertung in Schiffbau und Schiffahrt m.b.H. und des Verwaltungsrats der

Gesellschaft zur Förderung kernphysikalischer Forschung e.V. in Düsseldorf, 1959–1966 BMV, dort 1959–1966 Leiter der Abteilung Binnenschiffahrt.

Hans von der Groeben (geb. 1907)

1933–1942 Reichsministerium für Ernährung und Landwirtschaft, 1942–1945 Kriegsdienst und Kriegsgefangenschaft, 1945–1952 Oberpräsidium Hannover, Abteilung Finanzen, bzw. Niedersächsisches Ministerium der Finanzen, 1952–1958 BMWi, dort 1952–1958 Leiter der Unterabteilung III D (Europäische Gemeinschaft für Kohle und Stahl), seit 1956 Vorsitzender des Ausschusses Gemeinsamer Markt der Brüsseler Regierungs-Konferenz, 1958–1970 Mitglied der Kommission der Europäischen Wirtschaftsgemeinschaft bzw. (ab 1967) der Europäischen Gemeinschaften in Brüssel.

Prof. Dr. Eberhard Günther (1911–1994)

1938–1939 Rechtsanwalt, 1939–1947 Tätigkeit in der Industrie, 1948 Stellvertretender Leiter der Zentralstelle für Besatzungsbedarf, 1948–1958 Verwaltung für Wirtschaft des Vereinigten Wirtschaftsgebiets bzw. BMWi, dort 1948–1950 Leiter des Sonderreferats Dekartellisierung, 1950–1958 Leiter des Referats I B 5 (Kartelle und Monopole), 1958–1976 Präsident des Bundeskartellamtes.

Franz Haenlein (1903–1989)

1947 Justitiar der Kirchlichen Hilfsstelle für Flüchtlinge in München, 1947–1948 Exekutivrat des Vereinigten Wirtschaftsgebiets, 1948–1949 Staatskanzlei Rheinland-Pfalz, 1949–1952 Bevollmächtigter des Landes Rheinland-Pfalz beim Bund, 1952–1960 Bundeskanzleramt, dort 1952–1957 Leiter des Referats 6 (Grundsatzfragen, Koordinierung und Kabinettssachen aus den Geschäftsbereichen des BMM, BMF, BMWi, BML; Bundesbank), 1957–1960 Leiter des Referats II (Haushaltsangelegenheiten, Kassen- und Rechnungswesen u.a.), gleichzeitig seit 1956 Leiter der Unterabteilung B (Referate 2, 6, 7 und 8), 1960 Leiter des Planungsbüros, 1960–1968 BMA, dort Leiter der Abteilung I (Allgemeine Verwaltung, wirtschaftspolitische und statistische Angelegenheiten, internationale Sozialpolitik).

Dr. Kurt Häfner (1908–1985)

1934–1945 Ernährungswirtschaftliche Forschungsstelle, Berlin, 1945–1946 OMGUS Berlin, 1946 Länderrat des amerikanischen Besatzungsgebietes, dort Leiter der statistischen Abteilung, 1947–1949 Verwaltung für Ernährung, Landwirtschaft und Forsten des Vereinigten Wirtschaftsgebiets, 1950–1973 BML, dort Leiter der Abteilung VI (Planung und Statistik, ab 1953: Planung und Wirtschaftsbeobachtung).

Werner Hagemann (1881–1960)

1918–1935 Reichswirtschaftsamt bzw. Reichswirtschaftsministerium, 1935 Pensionierung, 1946–1948 Verwaltung für Wirtschaft des Vereinigten Wirtschaftsgebiets, anschließend verschiedentlich als Sachverständiger für die Verwaltung für Wirtschaft bzw. für das BMWi tätig.

Dr. Hilmar Hartig (geb. 1912)

1938–1945 Reichswirtschaftsministerium und Kriegsdienst, 1946–1949 IHK Emden, 1949–1950 Verwaltung für Wirtschaft des Vereinigten Wirtschaftsgebiets bzw. BMWi, 1950–1951 BMM, 1951–1952 OFD Köln, 1952–1977 BMF, dort 1952–1955 (Mai) Hilfsreferent im Referat II A 9 (Finanzielle Verteidigungsfragen), 1954–1957 (bis Mai 1955 gleichzeitig) Leiter des Referates II C 7 (Europäische Gemeinschaft, Verteidigungsbeitrag) bzw. (ab März 1957) VI A 1 (Finanzielle Verteidigungsangelegenheiten im Rahmen der NATO und der Westeuropäischen Union), 1954 (Juni–Dezember) zugleich im BMF Vertreter des Deutschen Finanzdelegierten beim Interimsausschuß für die Errichtung einer Europäischen Verteidigungsgemeinschaft in Paris, 1959–1966 Leiter des Referates VI A 6 bzw. (ab Januar 1960) V B 4 (Preisausgleichs-, Bevorratungs- und Verbilligungsmaßnahmen auf dem Ernährungsgebiet, ab 1959 zusätzlich zivile Notstandsgesetzgebung und -planung sowie ab 1961 finanzielle Angelegenheiten der gemeinsamen Agrarwirtschaft in der EWG), 1966–1977 Leiter der Unterabteilung V B (Finanzielle Angelegenheiten der Europäischen Gemeinschaften, der Entwicklungshilfe, der sonstigen internationalen Beziehungen und der Außenwirtschaft).

Dr. Hans Georg Heinrich (1892–1966)

1921–1922 Preußisches Finanzministerium, 1922–1931 Reichsfinanzministerium, 1931–1933 Reichskommissariat für die Osthilfe, 1933 Reichsministerium für Ernährung und Landwirtschaft, 1934–1945 Reichsfinanzministerium, 1948 Büro für Währungsfragen, Frankfurt/M., 1948–1957 Verwaltung für Finanzen des Vereinigten Wirtschaftsgebiets bzw. BMF, dort 1949–1950 Leiter des Referats III B 2 (Einkommensteuer, Betriebsprüfung), 1950–1952 Leiter des Referats IV 8 (Internationale Doppelbesteuerung, Interzonales Steuerrecht, Gemeinnützigkeitsverordnung, Kirchensteuer), 1952–1957 Leiter des Referats IV 2 bzw. (ab 1957) IV b 5 (Doppelbesteuerung, Internationales Steuerrecht, Steuerberater, Helfer in Steuersachen, zudem ab 1954: Steuerzerlegung, Gemeinnützigkeitsverordnung).

Dr. Hans-Joachim Heise (1907–1988)

1935–1942 Reichswirtschaftsministerium, 1942–1945 Reichsstelle für Eisen und Metalle, 1946–1952 Tätigkeit in der Privatwirtschaft, 1952–1957 BMM bzw. BMZ, dort bis 1953 Leiter des Referats III 2 (Zwischenstaatliche Wirtschaftsbeziehungen: Warenverkehr), 1953–1957 des Referats II 3 (Handelspolitik im Rahmen der OEEC und der anderen internationalen Organisationen, Kabinettsausschuß – Kleines Wirtschaftskabinett u.a.), 1957–1972 BMWi, dort bis 1972 Leiter des Referats E A 6 (Europäische Zusammenarbeit: Assoziierung der überseeischen Gebiete, Entwicklungsgebiete: Investitionsbank, Entwicklungsfonds usw.; ab 1960 dazu: Koordinierung der gemeinsamen Handelspolitik der EWG, Förderungspolitik der EWG gegenüber Entwicklungsländern).

Prof. Dr. Wilhelm Herschel (1895–1986)

1931–1944 Professor am Staatlichen Berufspädagogischen Institut in Köln und Frankfurt/Main, 1940–1946 Direktor des Instituts für Arbeitsrecht der Universität Halle/Saale, 1946–1949 Zentralamt für Arbeit in der Britischen Zone, 1949–1950 Verwaltung für Arbeit des Vereinigten Wirtschaftsgebiets, 1950–1960 BMA, dort Leiter der Abteilung III (Arbeitsrecht, Lohn-, Tarif- und Schlichtungswesen, Arbeitsschutz).

Dr. Guido Hertel (1903–1963)

1929–1933 Landesfinanzamt Düsseldorf und Hauptzollamt Vreden i.W., 1933–1935 Landesfinanzamt und Finanzgericht Bremen, 1935–1937 Hauptzollamt Beuthen, 1937–1941 Oberfinanzpräsidium Brandenburg in Berlin, 1941–1949 Oberfinanzpräsidium und Finanzgericht Köln, 1949–1950 Finanzgericht Düsseldorf, 1950–1957 BMF, dort 1952–1954 Leiter der Unterabteilung III A (Organisation, Personal und Verwaltung, ab 1954: Organisation, Verwaltung [Zoll]), 1955–1957 Leiter der Abteilung I (Personal, Organisation, Allgemeine Verwaltung, Recht des öffentlichen Dienstes), 1957–1963 Präsident des Bundesrechnungshofes.

Dr. Ludwig Heßdörfer (1894–1988)

Seit 1923 in der Finanzverwaltung, 1945–1946 Gutachtertätigkeit beim Österreichischen Bundesfinanzministerium, 1946–1947 Tätigkeit bei einer Treuhandgesellschaft in München, 1947 Oberfinanzdirektion München, 1948–1952 Bayerisches Staatsministerium der Finanzen, 1952–1953 Oberfinanzpräsident in Nürnberg, 1953–1955 BMF, dort Leiter der Abteilung I (Personal, Organisation, Allgemeine Verwaltung, Recht des öffentlichen Dienstes), 1955–1962 Präsident des Bundesfinanzhofes, 1965 Beauftragter der Bundesregierung für die Weltverkehrsausstellung in München.

Dr. Werner Hilpert (1897–1957)

1926–1933 Stadtverordneter in Leipzig (Zentrumspartei), 1932–1933 Vorsitzender der Zentrumspartei in Sachsen, 1933–1945 Wirtschaftsberater, 1939–1945 inhaftiert im Konzentrationslager Buchenwald, 1945 Hauptgeschäftsführer der IHK Frankfurt/Main, 1945–1952 Vorsitzender des CDU-Landesverbands Hessen, 1945–1946 (Groß-) Hessischer Minister ohne Geschäftsbereich, 1946–1947 und 1950–1952 MdL Hessen, 1946–1947 Hessischer Minister für Wirtschaft und Verkehr, 1947–1951 Hessischer Minister der Finanzen, 1945–1951 jeweils zugleich stellvertretender Ministerpräsident, 1949 (Aug.–Okt.) MdB, 1952–1957 Präsident und Vorstandsmitglied der Deutschen Bundesbahn.

Dr. Wolfgang Holtz (1897–1966)

1922–1932 Reichsfinanzverwaltung, 1932–1943 Reichswirtschaftsministerium, 1943 Reichsverkehrsministerium, 1944 Militärverwaltung in Frankreich, 1944–

1945 Reichsstelle für Eisen und Metalle, 1948–1949 Verwaltung für Verkehr des Vereinigten Wirtschaftsgebiets, 1950–1951 BMWo, dort Leiter des Sonderreferats „Ausbau Bonn und Bundeszone", 1951–1955 Dienststelle Blank, dort Vertreter des Leiters, 1955–1959 BMVtg, dort Leiter der Abteilung Verteidigungswirtschaft.

Dr. Hans-Erich Hornschu (1914–1986)

1948–1951 Institut für Weltwirtschaft Kiel, dort 1950–1951 Verwaltungsdirektor, 1951–1952 BMF, dort in der Unterabteilung II C (Bund u. Länder) Hilfsreferent im Referat 1 (Öffentliche Finanzwirtschaft, Finanzverfassung, Finanzausgleich), 1953–1978 Bundeskanzleramt, dort 1953–1956 Hilfsreferent im Referat 6 (Grundsatzfragen, Koordinierung und Kabinettssachen aus den Geschäftsbereichen des BMM, BMF, BMWi, BML; Bundesbank), 1956–1969 Leiter des Referats 8, später II 5 und III 5 (BMF, BMWo, Bundesrechnungshof u.a.), 1969–1978 des Referats III 4, ab 1978: 34 (BMV, BMP, Bundesbahn).

Dr. Kurt Jantz (1908–1984)

1934–1935 Deutscher Gemeindetag, 1935 Reichswirtschaftsministerium, 1935–1938 Reichsversicherungsamt, 1938–1945 Reichsarbeitsministerium, dort Referent für die Kranken- und Unfallversicherung, 1947–1949 Theologiestudium, 1949–1951 Vikar und Dozent an der Kirchlichen Hochschule Bethel, 1951–1953 BMF, dort Leiter des Referats II C 8 (Sozialversicherung, Kriegsopferversorgung), 1953–1973 BMA, dort 1953–1955 Leiter des Referats IV 1 (Generalreferat für die Reform der Sozialversicherung), 1955–1973 Leiter der Abteilung IV (Sozialversicherung), 1955 (Juli)–1970 Generalsekretär für die Sozialreform, ab 1957 Mitglied des Sachverständigenbeirats für soziale Sicherheit im Internationalen Arbeitsamt in Genf, ab 1966 Honorarprofessor für Sozialpolitik an der Universität Köln.

Dr. Günther Joël (1899–1986)

1929–1946 Tätigkeit als Rechtsanwalt und bei der Justizverwaltung Berlin, 1946–1948 Zentralamt für Wirtschaft, Minden, 1948–1949 Verwaltung für Wirtschaft des Vereinigten Wirtschaftsgebiets, 1949–1964 BMJ, dort 1949–1964 Leiter der Abteilung III (Handelsrecht, Recht der gewerblichen Wirtschaft und der Landwirtschaft, gewerblicher Rechtsschutz und Urheberrecht, ab 1952: Handels- und Wirtschaftsrecht), ab 1954 zusätzlich Leiter der Unterabteilung III B.

Dr. Werner Junker (1902–1990)

1927–1944 AA bzw. auswärtiger Dienst mit Stationen in Wien, Peking, Nanking und Belgrad, 1945–1947 Waldarbeiter, 1947–1951 Senatskanzlei der Hansestadt Hamburg, 1951–1967 erneut AA bzw. auswärtiger Dienst, dort 1956 in der Handelspolitischen Abteilung Leiter der Unterabteilung 41 (Handelspolitische Beziehungen zu fremden Staaten), 1956–1963 Botschafter in Argentinien, 1963–1967 Botschafter in Südafrika.

Kurt Kämper (1892–1957)

1922–1932 Preußisches Ministerium für Volkswohlfahrt, 1932–1945 Preußisches Ministerium des Innern, 1948–1951 Niedersächsische Staatskanzlei, 1951–1957 BMI, dort 1951–1952 Leiter des Referats II 7 (Durchführung des Wiedergutmachungsgesetzes im Rahmen des Geschäftsbereichs des Bundesministeriums des Innern), 1952–1953 Leiter des Referats II 2 (Personalwirtschaft, Bundespersonalausschuß), 1953–1957 Leiter der Abteilung VII (Personalwirtschaft und Wiedergutmachung im öffentlichen Dienst).

Dr. Friedrich Käss (1910–1984)

1936–1940 bei verschiedenen Reichsbahndirektionen, 1940–1941 Kriegsdienst, 1945–1948 Privatsekretär des stellvertretenden Bayerischen Ministerpräsidenten, 1948 Verwaltung für Finanzen des Vereinigten Wirtschaftsgebiets, 1950–1957 BMF, dort Leiter des für das Lastenausgleichsgesetz zuständigen Referats (1952–1954 Referat B 2 in der Sondergruppe Lastenausgleich, 1954–1957 Referat II C 9), 1957 gleichzeitig Leiter der Unterabteilung I A (Organisation, Allgemeine Verwaltung), 1957–1975 Präsident des Bundesausgleichsamtes.

Ludwig Kattenstroth (1906–1971)

1939 Rechtsanwalt, 1940–1941 beim Reichskommissar für die besetzten niederländischen Gebiete und beim Militärbefehlshaber in Frankreich, 1947–1948 Dokumentenabteilung des Internationalen Militärgerichtshofes Nürnberg, 1949–1962 Verwaltung für Wirtschaft des Vereinigten Wirtschaftsgebiets bzw. BMWi, dort 1949 Leiter der Abteilung II (Wirtschaftsordnung, seit 1953: Wirtschaftsordnung und -förderung), 1954 der Abteilung Z (Zentralabteilung), 1957 der Abteilung III (Bergbau, Energie und Wasserwirtschaft, Eisen und Stahl, Europäische Gemeinschaft für Kohle und Stahl), 1962–1963 Bundeskanzleramt, dort Leiter der Abteilung II (Wirtschaft, Finanzen, Soziales), 1963–1965 Staatssekretär im BMSchatz, 1965–1969 Staatssekretär im BMA.

Prof. Dr. Erich Kaufmann (1880–1972)

1913 Ordinarius für öffentliches Recht in Königsberg, 1917 in Berlin, 1920 in Bonn, 1927 als Honorarprofessor wieder in Berlin, dort gleichzeitig bis 1933 Rechtsberater des AA und der Reichsregierung, 1934 Entlassung als Universitätsprofessor aufgrund seiner jüdischen Herkunft, 1939 Emigration in die Niederlande, 1946–1950 Professor des Internationalen und Verfassungsrechts sowie der Rechtsphilosophie in München, 1950–1958 Rechtsberater des Bundeskanzleramtes und des AA für völkerrechtliche Angelegenheiten, 1957 Leiter der Delegation für die Verhandlungen zur Lösung der deutsch-niederländischen Fragen.

Dr. Erich Keßler (1899–1989)

1933 Polizeipräsidien Recklinghausen und Wuppertal sowie Oberpräsidium Königsberg, dort Referent für Polizeiwesen, 1934–1936 Regierungsvizepräsident in

Gumbinnen, 1937–1940 Landrat des Kreises Stormarn, 1940–1944 Regierungsvizepräsident in Kattowitz, 1944–1945 Reichsministerium des Innern, 1948–1949 Rechnungshof des Deutschen Reiches - Britische Zone, 1949–1964 BMI, dort Leiter der Unterabteilung I B bzw. (ab 1953) I C (Verwaltung, Verwaltungsgerichtsbarkeit, ab 1952: Verwaltung, Verwaltungsgerichtsbarkeit, Kommunalwesen).

Hans Kilb (1910–1984)

1936–1945 Berufsoffizier, 1946–1948 Tätigkeit als Prokurist, 1948–1951 Stadtverwaltung Göttingen, 1951 BMM, dort Persönlicher Referent des Staatssekretärs, 1951–1958 Bundeskanzleramt, dort Persönlicher Referent des Bundeskanzlers, 1958–1974 Direktor bei der Verwaltung der Europäischen Atomgemeinschaft und (ab 1967) bei der Kommission der Europäischen Gemeinschaften.

Dr. Wilhelm Kitz (1890–1956)

1921–1945 Provinzialverband der Rheinprovinz (Provinzialselbstverwaltung) in Düsseldorf, dort seit 1931 Erster Landesrat und Leiter der Finanzabteilung, 1946–1948 Finanzministerium des Landes Nordrhein-Westfalen, 1948–1950 Generalsekretär der Gutachterkommission für den Lastenausgleich, Bad Homburg, 1950–1955 BMI, dort Leiter der Abteilung V (Öffentliche Fürsorge, Jugendwohlfahrt und Leibesübungen, ab 1954: Sozialwesen, Soziale Angelegenheiten und Wohlfahrt).

Dr. Walter Kleberg (1895–1967)

1926–1945 bei den Regierungen in Arnsberg, Münster, Merseburg, Oppeln, Breslau und Kassel, 1945 Leiter der Hauptabteilung Verkehr im Hessischen Ministerium für Wirtschaft und Verkehr, 1946–1947 ständiger Vertreter des Chefs der (Groß-) Hessischen Staatskanzlei, 1947–1949 Leiter der Landesdienststelle des Länderrats des amerikanischen Besatzungsgebiets in Wiesbaden und hessischer Sonderbeauftragter beim Länderrat des Vereinigten Wirtschaftsgebiets in Stuttgart, 1949 ständiger Vertreter des Hessischen Bevollmächtigten beim Bund, 1950–1960 BMVt, dort Leiter der Abteilung I (u.a. Verwaltung, Verbindung zu Bundestag, Bundesrat, Bundesregierung, Ländern, Verbänden und Gewerkschaften, Presse, Kulturangelegenheiten, Kriegsgefangene, Vermißte, ab 1953: Allgemeine Abteilung).

Victor von Knorre (1890–1975)

1921–1945 Reichsfinanzministerium, 1946–1948 freiberufliche Tätigkeit als Finanzsachverständiger, 1949–1960 BMF, dort Leiter der Verbindungsstelle Berlin des BMF.

Hans Clausen Korff (1905–2000)

1933–1940 Finanzamt Flensburg, Landesfinanzamt Schleswig-Holstein, Finanzämter Flensburg, Wismar, Schwerin, Hagenow und Berlin-Mitte, 1940–1945 Leiter der Abteilung Finanzen beim Reichskommissar für die besetzten norwegischen Gebiete,

1948 Oberfinanzpräsidium Schleswig-Holstein, 1948–1949 Ministerium für Finanzen und 1949–1950 Landeskanzlei des Landes Schleswig-Holstein, 1950 Stellvertretender Bevollmächtigter des Landes Schleswig-Holstein beim Bund, 1950–1969 BMF, dort 1950–1957 Leiter des Referats II A 2 (Bundeshaushalt: Einzelpläne 12 und 13, Haushalt der Verkehrsträger, Hilfsmaßnahmen für Handelsflotte, Beteiligung an Verkehrsmittelunternehmungen), 1957–1958 Leiter der Unterabteilung VI A (Finanzbeziehungen zu den internationalen Einrichtungen, zu den Ländern und Gemeinden, Wirtschafts- und Verkehrsangelegenheiten), 1958–1959 Leiter der Abteilung VI (Finanzbeziehungen zu den Ländern, Wirtschaftsförderung, Verteidigungslasten, Rechtsangelegenheiten u.a.), 1959–1969 Leiter der Abteilung II (Bundeshaushalt).

Prof. Dr. Hans Wilhelm Kötter (1911–1975)

Seit 1938 Rechtsanwalt, 1940–1945 Kriegsdienst, 1945–1949 Richter am Amtsgericht Erlangen, 1949–1950 am Oberlandesgericht Nürnberg, 1950–1967 BMWi, dort 1950–1956 im Rechtsreferat (II R, ab 1954: ZR) Referent für Bürgerliches Recht, Verfahrensrecht, Handelsrecht u.a., 1956–1967 Leiter des Rechtsreferats (ZR), 1967–1975 Professor für Bürgerliches Recht an der Universität Marburg.

Dr. Arnold Kramer (1893–1967)

1934–1945 Reichsbank, 1945–1948 Reichsbankleitstelle - Hauptverwaltung der Reichsbank für die Britische Zone, 1948–1952 Treuhänder für die Reichsbank in der britischen, später auch in der amerikanischen Zone (ohne Bayern), 1952–1958 BMWi, dort Leiter der Abteilung VI (Geld und Kredit).

Dr. Carl Krautwig (1904–1981)

1931–1939 Rechtsanwalt in Köln, 1939–1942 Kriegsdienst, 1942–1945 Heeresrichter, 1945–1948 Oberverwaltungsdirektor bei der Stadt Köln, 1948–1949 Verwaltungsrat des Vereinigten Wirtschaftsgebiets, dort Leiter der Direktorialkanzlei, 1949–1963 BMWi, dort bis 1953 Leiter der Abteilung Z (Verwaltung), 1953–1963 Leiter der Abteilung IV (Gewerbliche Wirtschaft), 1963–1968 Staatssekretär im BMG, daneben 1966–1969 Bevollmächtigter der Bundesrepublik Deutschland in Berlin.

Rolf Lahr (1908–1985)

1934–1935 und 1939–1942 Reichswirtschaftsministerium, 1935–1939 Reichsgruppe Industrie, dort Mitglied der Geschäftsführung, 1949 Verwaltung für Wirtschaft des Vereinigten Wirtschaftsgebiets, 1949–1953 BMWi, dort Leiter des Referats V B 4, später: V B 6 und V B 11 (Außenwirtschaft: Frankreich mit Kolonialreich, Saarland, Italien), 1953–1973 AA, dort zunächst in der Handelspolitischen Abteilung Leiter des Referats 410 (Handelspolitische Beziehungen zu Westeuropa [außer Großbritannien und Irland]), seit 1955 Delegierter für die deutsch-französischen Beziehungen, Leiter der deutschen Delegation für die Saarverhandlungen, 1957–1960 Botschafter z.b.V., u.a. Delegationsleiter 1957 bei den deutsch-sowjetischen Verhandlungen über ein Handels- und Konsularabkommen sowie über die Rückführung der deutschen Staatsangehörigen aus der Sowjetunion und 1958 bei den deutsch-niederländischen Ausgleichsverhandlungen, 1960–1961 Vertreter der Bundesrepublik bei der EWG in Brüssel, 1960–1969 Staatssekretär, 1969–1973 Botschafter in Rom.

Dr. Gerhard Lapp (geb. 1891)

1934–1936 im Postdienst, 1936 aus politischen Gründen entlassen, 1945–1947 Präsident der Oberpostdirektion Hannover, 1947–1955 Hauptverwaltung für das Post- und Fernmeldewesen des Vereinigten Wirtschaftsgebiets bzw. BMP, dort 1950–1955 Leiter der Abteilung I (Post- und Kraftfahrwesen).

Dr. Paul Larbig (geb. 1901)

1928–1945 im Postdienst, 1945–1950 sowjetische Kriegsgefangenschaft, 1950–1951 Angestellter im Postdienst, 1952–1963 BMP, dort 1952–1955 Leiter des Referats I E (Kraftfahrdienst, Verwaltung, ab 1954: Kraftfahrdienst - Verwaltung; Kraftfahrzeugunfälle; Postordnung: Abschnitt II), 1955–1963 Leiter des Referats I C (Postreisedienst; Kraftfahrverwaltung; Grundsatzfragen des Personenverkehrs auf der Straße).

Dr. Herbert Leder (geb. 1902)

1945–1950 Landesarbeitsamt Niedersachsen, 1950–1967 BMA, dort 1950–1967 Leiter des Referats II c 2 bzw. (ab 1960) II b 2 (Personenkreis und Leistungen der Arbeitslosenversicherung, Verfahren, Beitragseinzug und Gerichtsbarkeit; Beziehungen zur Sozialversicherung; Rechtliche Maßnahmen zur Bekämpfung des Unterstützungsmißbrauchs, ab 1955: Arbeitslosenversicherung, ab 1962 zusätzlich: Heimkehrerrecht).

Dr.-Ing. Gotthard Lowag (geb. 1903)

1928–1945 im Postdienst, 1945–1946 Internierung, 1946–1947 Reichspostoberdirektion für die Britische Zone, Bad Salzuflen, 1947 Post- und Fernmeldetechnisches Zentralamt, Frankfurt/Main, 1947–1958 Hauptverwaltung für das Post- und Fernmeldewesen des Vereinigten Wirtschaftsgebiets bzw. BMP, dort 1950–1955 Leiter des Referats I F (Kraftfahrdienst - Technik), 1955 (März)–1958 Leiter des Referats I G (Kraftfahrverwaltung - Technik: Kraftfahrzeuge, Werkstätten, Betriebsmittel; Fahrbereitschaft des BMP), 1958–1962 Präsident der Oberpostdirektion Regensburg.

Dr. Vollrath Freiherr von Maltzan (1899–1967)

1925–1938 im auswärtigen Dienst mit Stationen u.a. in Warschau (1927–1929) und Paris (1929–1934), 1942–1945 kaufmännischer Angestellter bei der IG-Farbenindustrie AG in Berlin, 1946 (Groß-) Hessisches Ministerium für Wirtschaft und Verkehr, dort Leiter der Abteilung Handel, 1946 Länderrat des amerikanischen Besatzungsgebietes, dort Beauftragter für Interzonen- und Außenhandel, 1946–1950 Verwaltungsamt bzw. (ab 1947) Verwaltung für Wirtschaft des Vereinigten Wirtschaftsgebiets, dort Leiter der Abteilung Außenhandel, 1950–1953 BMWi, dort Leiter der Abteilung V (Außenwirtschaft), 1953–1955 AA, dort Leiter der Handelspolitischen Abteilung, 1955–1958 Botschafter in Paris.

Dr. Hans Karl von Mangoldt (-Reiboldt) (1896–1971)

1926–1945 Tätigkeit im Bankwesen und in der Industrie, 1946–1949 Generaltreuhänder der Bayerischen Motorenwerke, 1948 deutsches Mitglied der alliierten Delegation und 1949–1951 Leiter der deutschen Delegation bei der OEEC in Paris, seit 1950 deutscher Vertreter in der Europäischen Zahlungsunion (EZU), 1952–1958 Präsident des Direktoriums der EZU, 1952–1962 stellvertretender deutscher Gouverneur beim Internationalen Währungsfonds in Washington, 1958–1964 Vizepräsident und Vertreter der Bundesrepublik im Direktorium der Europäischen Investitionsbank in Brüssel.

Wolfgang Mersmann (1902–1973)

Seit 1930 in der Finanzverwaltung, 1948–1949 Verwaltung für Finanzen des Vereinigten Wirtschaftsgebiets, dort stellvertretender Leiter der Abteilung III (Zölle, Finanzmonopole, Verbrauch-, Besitz- und Verkehrsteuern), 1949–1962 BMF, dort 1950–1962 Leiter der Abteilung IV (Besitz- und Verkehrsteuern), 1962–1970 Präsident des Bundesfinanzhofs.

Martin Meyer-Burckhardt (geb. 1908)

1934–1935 Amtsgericht Magdeburg, 1935–1945 Reichsministerium für Ernährung und Landwirtschaft, 1950–1958 BML, dort 1950–1953 Leiter des Referats III A 5 (Außenhandel und Ernährungswirtschaft, OEEC, Frankreich, Benelux, Dänemark, Brasilien), 1953–1955 Leiter des Referats VII 6 (Außenhandel, Frankreich, Italien, Holland, Dänemark, Indonesien), 1955–1958 Leiter der Unterabteilung VII B (Zahlungsverkehr mit dem Ausland, Handelsbeziehungen), zugleich Leiter des Referats VII B 4 (Handelsbeziehungen mit Argentinien, Brasilien, Uruguay), 1958–1967 Kommission der EWG, Brüssel, dort beim Kommissar für Landwirtschaft Leiter der Direktion A (Allgemeine Angelegenheiten).

Dr. Elmar Michel (1897–1977)

1925–1945 Reichswirtschaftsministerium, 1940–1945 Verwaltungschef beim Militärbefehlshaber in Frankreich, 1945–1951 in französischer Haft, 1953–1955 BMWi, dort Leiter der Abteilung II (Wirtschaftsförderung, Handwerk, Handel, Gewerbe, Technik), anschließend Tätigkeit in der Industrie.

Werner Middelmann (1909–1985)

1933–1945 Angestellter in einer elektrotechnischen Fabrik, 1945–1946 Landrat des Kreises Bruchsal, 1946–1947 Landesbeauftragter für das Flüchtlingswesen in Nordbaden, 1947–1949 Länderrat des amerikanischen Besatzungsgebietes, dort Referent für Flüchtlingsfragen, gleichzeitig Generalsekretär der Arbeitsgemeinschaft der Deutschen Flüchtlingsverwaltungen, 1949 Amt für Fragen der Heimatvertriebenen bei der Verwaltung des Vereinigten Wirtschaftsgebiets, dort stellv. Leiter, 1949–1961 BMVt, dort Leiter der Abteilung II (Wirtschaftliche Eingliederung, Auslandshilfen, Finanzen, Planung und Forschung, Lastenausgleich, Wohnungsbau, Eingliederung in die Landwirtschaft u.a.), 1949–1961 deutscher Delegierter im Exekutivkomitee des Hohen Kommissars der UNO für Flüchtlinge, 1961–1965 Regionaldirektor der Organisation des Kinderhilfswerks der UNO (UNICEF) für den Mittleren Osten in Beirut, 1965–1974 Finanzdirektor der UNICEF in New York.

Dr. Udo Müller (geb. 1902)

1932–1945 Rechtsanwalt in Dessau, 1945–1949 Präsident des Landgerichts Dessau, 1950 erneut Rechtsanwalt in Dessau, nach Übersiedlung in die Bundesrepublik 1950–1952 Hauptreferent und zuletzt Senatsdirektor beim Senator für Bundesangelegenheiten des Landes Berlin in Bonn, 1953–1965 BMG, dort Leiter der Abteilung I (Sowjetische Besatzungszone Deutschlands und deutsche Ostgebiete, seit 1954 zudem: Maßnahmen zur Wiedervereinigung dieser Gebiete mit der Bundesrepublik, Förderung des gesamtdeutschen Gedankens).

Prof. Dr. Alfred Müller-Armack (1901–1978)

1926–1939 Privatdozent bzw. (seit 1934) Professor für Volkswirtschaftslehre an der Universität Köln, 1939–1950 an der Universität Münster, dort u.a. Leiter des Instituts für Wirtschafts- und Sozialwissenschaften und der Forschungsstelle für Siedlungs- und Wohnungswesen, 1950–1969 erneut an der Universität Köln, dort Direktor des Instituts für Wirtschaftspolitik, 1952–1963 BMWi, dort 1952–1958 Leiter der Abteilung I (Wirtschaftspolitik), 1958–1963 Staatssekretär mit Zuständigkeit für die Vertretung des Ministers in den Ministerräten der OEEC und EWG und für die Abteilungen I (nur 1958) und E (Europäische zwischenstaatliche wirtschaftliche Zusammenarbeit), 1960–1963 Vorsitzender des Konjunkturausschusses der EWG, 1964–1968 Vorsitzender der Konrad-Adenauer-Stiftung, 1966–1968 Aufsichtsratsvorsitzender der Rheinischen Stahlwerke in Essen, 1977–1978 Vorsitzender der Ludwig-Erhard-Stiftung.

Dr. Hans-Joachim Münzel (geb. 1903)

1929–1945 im Postdienst, 1940 Präsident der Reichspostdirektion Königsberg, 1944–1946 Kriegsdienst, Kriegsgefangenschaft, Internierung, 1946–1951 Tätigkeit in der Privatwirtschaft, 1951–1952 Posttechnisches Zentralamt, Darmstadt, 1952–1956 BMP, dort 1952–1954 in der Abteilung III (Personalwesen) Verbindungsreferent zum Bundesbeauftragten für Wirtschaftlichkeit in der Verwaltung, 1954–1956 Leiter des Referats III V (Verbindung zum Bundesbeauftragten für Wirtschaftlichkeit in der Verwaltung, ab Mai 1955 zudem: Sonderaufträge, grundsätzliche Fragen aus dem Besoldungsrecht), 1956–1968 Präsident der Oberpostdirektion Stuttgart.

Dr. Paul Niehuß (1896–1989)

1948–1961 Hauptverwaltung der Binnenschiffahrt des amerikanischen und britischen Besatzungsgebietes bzw. Verwaltung für Verkehr des Vereinigten Wirtschaftsgebiets bzw. BMV, dort 1948–1953 in der Abteilung Wasserstraßen Leiter des Referats W 3 bzw. (ab 1951) W 12 (Gesetzgebung, allgemeine Rechts- und Finanzfragen, Grundstücksverwaltung), 1951–1953 zugleich Leiter des Referats W 13 (Einzelrechtsfragen, insbesondere des Küstengebietes, des Seezeichenwesens und der Häfen), 1953–1961 Leiter des Referats W 9 (Organisationsfragen der Wasser- und Schiffahrtsverwaltung, Rechtsfragen der Wasserwirtschaft und des Bundeswasserstraßenvermögens, ab 1954 zudem: Wasserwirtschaftspolitik).

Friedrich Nonhoff (1903–1974)

1930–1945 beim Reichskommissar für die Osthilfe und Reichsministerium für Ernährung und Landwirtschaft, 1946–1948 Zentralamt für Ernährung und Landwirtschaft in der britischen Zone, 1948–1950 Verwaltung für Ernährung, Landwirtschaft und Forsten des Vereinigten Wirtschaftsgebiets, 1950–1968 BML, dort 1950–1958 Leiter des Referats IV 2 bzw. (ab 1953) IV A 2 (Agrarrecht), 1953–1958 zusätzlich Leiter der Unterabteilung IV A (Agrar- und Bodenrecht), 1958–1968 Leiter der Abteilung IV (Agrarwesen).

Dr. Heinz Maria Oeftering (geb. 1903)

1930–1943 Reichsfinanzverwaltung, 1943–1945 Kriegsdienst, 1945–1947 Präsident der Rechnungskammer Rheinhessen-Pfalz, 1947–1949 Präsident des Rechnungshofes Rheinland-Pfalz, 1949–1957 BMF, dort Leiter der Abteilung II (Allgemeine Finanzpolitik und öffentliche Finanzwirtschaft) und Ständiger Vertreter des Staatssekretärs, 1957 (Febr.–Mai) Präsident des Bundesrechnungshofes, 1957–1972 Vorstandsvorsitzender und Erster Präsident der Deutschen Bundesbahn, 1972–1975 Präsident des Verwaltungsrates der Deutschen Bundesbahn.

Dr. Carl Friedrich Ophüls (1895–1970)

1918–1923 Justizdienst, 1923–1930 beurlaubt wegen Berufung zum Kommissar des Auswärtigen Amts für die Gemischten Schiedsgerichtshöfe (1925–1930 in London Deutscher Sekretär am deutsch-britischen Gemischten Schiedsgerichtshof), 1931–1945 erneut Justizdienst (Oberlandesgericht Frankfurt/Main), 1948–1949 Rechtsamt der Verwaltung des Vereinigten Wirtschaftsgebiets, seit 1949 Honorarprofessor für Patent-, Internationales und anglo-amerikanisches Recht an der Universität Frankfurt/Main, 1949–1952 BMJ, dort Leiter des Referats IV 4 (Völkerrecht im allgemeinen, zwischenstaatliches Sonderrecht, Rechtsfragen der Friedensregelung), 1951–

1952 Mitglied der Delegation für die Konferenz über die Bildung einer europäischen Armee und Sachverständiger der Delegation für die Ablösung des Besatzungsstatuts, 1952–1955 AA, dort Leiter der Unterabteilung Internationale und Supranationale Organisationen, 1955–1958 Botschafter in Brüssel, 1958–1960 Ständiger Vertreter bei der EWG und der EURATOM.

Dr. Georg Petersen (1889–1971)

1919–1929 Rechtsanwalt in Hamburg, 1929–1945 Rechtsanwalt beim Reichsgericht in Leipzig, 1945 Richter am Oberlandesgericht Hamburg, 1946–1949 Zentral-Justizamt für die Britische Zone, Hamburg, 1950–1956 BMJ, dort Leiter der Abteilung I (Bürgerliches Recht, Verfahrensrecht und Arbeitsrecht, ab 1952: Bürgerliches Recht, Zivilverfahren, ab 1954: Bürgerliches Recht und Verfahren).

Dr. Karl Georg Pfleiderer (1899–1957)

1923–1945 auswärtiger Dienst, mit Stationen in Mailand, Peking, Moskau, Leningrad, Kattowitz, Paris und Stockholm, 1948–1949 Landrat im Kreis Waiblingen, 1949–1955 MdB (FDP), dort Mitglied des Ausschusses für das Besatzungsstatut und auswärtige Angelegenheiten, 1955–1957 Botschafter in Belgrad.

Dr. Karl-Heinz Pühl (geb. 1912)

1947–1950 Ministerium für Finanzen des Landes Schleswig-Holstein, 1950–1956 Bundeskanzleramt, dort 1950–1952 Hilfsreferent im Referat 6 (Finanzen, Wirtschaft, Landwirtschaft, ERP, Bundesbank), 1952–1956 Leiter des Referats 7 (Grundsatzfragen, Koordinierung und Kabinettssachen aus den Geschäftsbereichen des BMA, BMWo, BMVt; BAA), 1960–1962 Prüfungsleiter einer Wirtschaftsprüfungsgesellschaft, 1962–1973 Tätigkeit in der Industrie.

Walter Rau (geb. 1907)

1946–1951 Amt für Wirtschaft, dann Ministerium für Arbeit, Wirtschaft und Verkehr, später Ministerium für Ernährung, Landwirtschaft und Forsten des Landes Schleswig-Holstein, schließlich Landeskanzlei des Ministerpräsidenten von Schleswig-Holstein, 1951–1962 BMWi, dort 1951–1958 Leiter des Referats I A 2 (Strukturplanung, regionale Wirtschaftsfragen, Notstandsgebiete), 1959 Leiter des Referats I A 5 (Wirtschaftspolitische Grundsätze der Außenwirtschaft), 1959–1962 des Referats I A 1 (Grundsatzfragen der Wirtschaftspolitik, Konjunkturpolitik), 1962–1963 beurlaubt als Leiter der deutschen Wirtschaftsberatergruppe der (süd-)koreanischen Regierung in Seoul, 1964–1972 BMZ, dort bis 1967 Leiter der Unterabteilung II A (Grundlagen und Programme der deutschen Entwicklungshilfe, Beirat für Entwicklungspolitik, Entwicklungspolitische Forschung, Zusammenarbeit mit der Wirtschaft u.a.), 1970–1972 Leiter der Unterabteilung II B (Internationale Entwicklungshilfe, Internationale Fragen der Technologie).

Dr. Hermann Reinhardt (1898–1972)

1925–1933 Reichsfinanzverwaltung, 1933–1945 Reichswirtschaftsministerium, 1947–1950 Stadtdirektor von Gronau, 1950–1964 BMWi, dort 1950 Leiter der Unterabteilung V A (Außenhandel außerhalb des Marshallplanraumes), 1951–1953 der Unterabteilung V B (Handelspolitik mit dem Ausland), 1953–1964 Leiter der Abteilung V (Außenwirtschaft).

Dr. Anton Reithinger (geb. 1898)

1924–1931 Statistisches Reichsamt Berlin, 1932–1945 Prokurist bei der IG-Farbenindustrie AG, 1945–1947 Abteilungsleiter im bayerischen Wirtschaftsministerium, 1948–1951 freiberufliche Tätigkeit als Kaufmann, 1951–1958 volkswirtschaftlicher Generalreferent bei der Vertretung der Bundesrepublik Deutschland beim Europäischen Wirtschaftsrat (OEEC), Paris.

Roland Risse (1902–1990)

1932–1937 Rechtsanwalt, 1937–1945 Syndikus beim Reichsverband der deutschen Industrie, 1945–1948 Leiter einer Photochemischen Fabrik in Flörsheim/Main, 1948–1967 Verwaltung für Wirtschaft des Vereinigten Wirtschaftsgebiets bzw. BMWi, dort 1949–1957 Leiter der Unterabteilung I B (Preise, Kartelle, Monopole, Steuern und Abgaben), 1957–1964 Leiter der Abteilung II (Allgemeine Mittelstandsfragen, Wirtschaftsförderung, Handwerk, Handel, Gewerbe, Technik), 1964–1967 Leiter der Abteilung IV (Gewerbliche Wirtschaft), zusätzlich bis April 1966 beauftragt mit der Koordinierung der wirtschaftlichen Fragen der Verteidigung.

Walter Roemer (1902–1985)

1929–1945 Justizdienst, 1945–1950 Bayerisches Staatsministerium der Justiz, 1950–1968 BMJ, dort Leiter der Abteilung Öffentliches Recht.

Dr. Franz Rompe (1903–1960)

1927–1930 Wissenschaftlicher Mitarbeiter im Statistischen Reichsamt, 1930 Leiter des Statistischen Amtes in Hindenburg (Oberschlesien), 1930–1937 Geschäftsführer der kommunalen Interessengemeinschaft für das oberschlesische Industriegebiet, 1937–1945 beim Reichskommissar für die Preisbildung, 1946 Berater der Britischen Militärregierung im Planungsstab für Statistik, 1946–1948 Statistisches Amt für die Britische Besatzungszone, 1948–1960 Verwaltung für Finanzen des Vereinigten Wirtschaftsgebiets bzw. BMF, dort 1949–1954 in der Abteilung II (Allgemeine Finanzpolitik und öffentliche Finanzwirtschaft) Leiter der Gruppe I (Volkswirtschaftliche Gruppe), 1954–1957 Leiter des Referats II C 1 (Generalreferat für Volkswirtschaft und Statistik), 1957–1960 Leiter der Finanzpolitischen und Volkswirtschaftlichen Gruppe.

Dr. Ewald Rosenbrock (1898–1983)

1923–1933 Deutscher Landwirtschaftsrat, dort Geschäftsführer und Abteilungsleiter, 1933–1945 Reichsnährstand, dort zuletzt Abteilungsleiter, 1946–1950 Zentralamt für Ernährung und Landwirtschaft in der britischen Zone, dann Ernährungs- und Landwirtschaftsrat des amerikanischen und britischen Besatzungsgebiets und Verwaltung für Ernährung, Landwirtschaft und Forsten des Vereinigten Wirtschaftsgebiets, 1950–1963 BML, dort bis 1952 in der Unterabteilung III B (Ernährungswirtschaft) Leiter des Referats III B 1 (Grundsätzliche Fragen, Marktordnung, Subventionen), 1952–1963 Leiter der Unterabteilung III B (Allgemeine Fragen der Ernährungswirtschaft).

Dr. Josef Rust (1907–1997)

1934–1945 Reichswirtschaftsministerium, 1948–1949 Niedersächsisches Finanzministerium, 1949–1952 Bundeskanzleramt, dort Leiter des Referats 6 (Finanzen, Wirtschaft, Landwirtschaft, ERP, Bundesbank, ab 1951: Grundsatzfragen, Koordinierung und Kabinettssachen aus den Geschäftsbereichen des BMM, BMF, BMWi, BML; Bundesbank), 1952–1955 BMWi, dort Leiter der Abteilung III (Bergbau, Energie und Wasserwirtschaft, Eisen und Stahl, Europäische Gemeinschaft), 1955–1959 Staatssekretär im BMVtg, 1959–1969 Vorstandsvorsitzender und 1969–1978 Aufsichtsratsvorsitzender der Wintershall AG (Kassel), 1966–1974 Aufsichtsratsvorsitzender der Volkswagenwerk AG.

Ferdinand Sandgänger (1902–1976)

1927–1941 Tätigkeit (ab 1933 als Bevollmächtigter) bei verschiedenen Banken und Versicherungsgesellschaften in Berlin, 1942–1945 Prüfungsleiter bei der Deutschen Revisions- und Treuhandgesellschaft AG, 1945–1949 Kaufmännischer Direktor bei einer Leipziger Metallfabrik, 1949–1956 BMWo, dort Leiter des Referats I 3, seit 1954: I 10 (Finanzierung des Wohnungsbaus), 1956–1967 Bausparkasse Wüstenrot, dort 1960–1967 Sprecher der Geschäftsführung.

Dr. Albert Hilger van Scherpenberg (1899–1969)

1926–1944 im auswärtigen Dienst mit Stationen in Genf (1928) und London (1928–1935), Febr. 1944 Verhaftung und Verurteilung durch den Volksgerichtshof, 1945–1949 Bayerisches Staatsministerium für Wirtschaft, 1949–1953 Verwaltung für Wirtschaft des Vereinigten Wirtschaftsgebiets bzw. BMWi, dort Leiter des Referats V A 6 bzw. (ab 1951) V B 3 und (ab 1952) V B 4 (Außenwirtschaft: Sterlingblock), 1953–1964 erneut AA bzw. auswärtiger Dienst, dort bis 1958 Leiter der Handelspolitischen Abteilung, 1958–1961 Staatssekretär, 1961–1964 Botschafter beim Heiligen Stuhl.

Dr. Friedrich Schiller (1895–1990)

1925–1928 Referent im Kaiser-Wilhelm-Institut für ausländisches öffentliches Recht und Völkerrecht in Berlin, 1928–1933 Württembergisches Wirtschaftsministerium, 1933–1946 u.a. Vorstandsmitglied der Deutschen Eisenbahn-Gesellschaft AG, 1946–1947 Vorsitzender des Verwaltungsrates für Verkehr des Vereinigten Wirtschaftsgebiets in Bielefeld, 1946–1949 (bis 1947 gleichzeitig) stellvertretender Direktor der Verwaltung für Verkehr des Vereinigten Wirtschaftsgebiets, 1949–1960 BMV, dort Stellvertreter des Staatssekretärs.

Dr. Franz Schillinger (1897–1985)

1924–1925 Landesfinanzamt Thüringen, 1925–1933 Reichsfinanzministerium, 1933–1950 bei mehreren Finanzämtern und Oberfinanzpräsidenten, zuletzt 1949–1950 Leiter der Zollabteilung beim Oberfinanzpräsidenten in München, 1950–1959 BMF, dort Leiter der Abteilung III (Zölle, Verbrauchsteuern, Monopole).

Victor von Schmiedeberg (1889–1969)

1920–1927 Reichsfinanzministerium, 1927 Reichsverkehrsministerium, 1. April 1933 Versetzung in den Ruhestand, 1947 Zentral-Haushaltsamt für die britische Zone, 1948–1954 Verwaltung für Finanzen des Vereinigten Wirtschaftsgebiets bzw. BMF, dort 1950–1954 Leiter der Unterabteilung II A (Bundeshaushalt), 1954–1958 Mitglied des Verwaltungsrates der Deutschen Bundespost.

Dr. Matthias Schmitt (1913–1997)

1938–1939 Institut für Wirtschaftswissenschaften an der Universität Berlin, 1941–1943 Reichskolonialinstitut in Berlin, 1948–1957 Verwaltung für Wirtschaft des Vereinigten Wirtschaftsgebiets bzw. BMWi, dort 1949–1950 Hilfsreferent im Referat I A 4 (Ein- und Ausfuhrplanung), 1950–1955 Leiter des Referats I A 5 (Wirtschaftspolitische Grundsatzfragen des Außenhandels), 1955–1957 Leiter der Gruppe V A I (Handelsverkehr mit dem Ausland, Zollpolitik), 1957–1961 Vorstandsmitglied der Berliner Bank AG, seit 1962 Lehrauftrag an der Universität Frankfurt/Main (Probleme der Entwicklungsländer), seit 1966 Honorarprofessor an der Universität Köln (Fragen der Internationalen Wirtschaftspolitik).

Dr. Kurt Schöne (1891–1972)

1935–1945 Reichswirtschaftsministerium, 1945–1946 Leiter der Überleitungsstelle des ehem. Reichswirtschaftsministeriums in Berlin, 1946–1947 Zentralamt für Wirtschaft in der britischen Zone, 1947 Verwaltungsamt für Wirtschaft, 1947–1956 Verwaltung für Wirtschaft des Vereinigten Wirtschaftsgebiets bzw. BMWi, dort seit 1950 Leiter der Unterabteilung V C bzw. (ab 1953) V D (Zahlungsverkehr mit dem Ausland), 1954–1956 Leiter der Unterabteilung V A (Allgemeine Fragen der Außenwirtschaft).

Dr. Johannes Schornstein (1909–1976)

1937–1943 Reichswirtschaftsministerium, 1943–1945 Reichsministerium für Rüstung und Kriegsproduktion, 1946–1947 Wirtschaftsministerium des Landes Nordrhein-Westfalen, 1947–1949 Landesvertretung Nordrhein-Westfalen im Länderrat des Vereinigten Wirtschaftsgebiets, 1950–1969 BMWo, dort bis 1952 im Sonderreferat „Ausbau Bonn und Bundeszone" Leiter des Referats 1 (u.a. Generalplanung und grundsätzliche Fragen der Wohnraumerfassung und Unterbringung), 1952–1956 Leiter der Abteilung III (Beamtenwohnungsfürsorge, Sonderbauprogramme, Bauwirtschaftliche Koordinierung der öffentlichen und privaten Baumaßnahmen im Bundesgebiet), 1957–1965 der Abteilung I (Wohnungs- und Siedlungswesen, Wohnungswirtschaft), 1966–1969 Staatssekretär.

Dr. Walter Schulte-Meermann (1906–1984)

1938–1945 beim Reichskommissar für die Preisbildung, 1940–1944 dem Auswärtigen Amt zugeteilt, in dieser Zeit bei den Gesandtschaften in Bukarest (1940–1942) und in Athen (1942–1944) Sonderbevollmächtigter für Wirtschafts- und Finanzfragen, 1944 beim Sonderbevollmächtigten des Auswärtigen Amtes in Belgrad, 1948–1959 Verwaltung für Verkehr des Vereinigten Wirtschaftsgebiets bzw. BMV, dort 1948–1951 in der Abteilung A (Allgemeine Verkehrspolitik und Verkehrswirtschaft) Hilfsreferent bzw. (ab 1950) Leiter des Referats A 7 (Investitionskredite, Stoff- und Beschaffungswesen, Notstands- und Sanierungsprogramm), 1951–1959 Leiter des Referats A 3 (Außenwirtschaftliche Verkehrsfragen, Integrierung des europäischen Verkehrs, internationales Recht), 1959–1968 BMAt bzw. BMwF, dort Leiter der Gruppe bzw. (ab 1964) Unterabteilung I B bzw. (ab 1967) III C (Internationale Zusammenarbeit auf dem Gebiet der Kernenergie und Kernforschung, ab 1967: Internationale Atomangelegenheiten).

Dr. Fritz Schuster (geb. 1897)

1928–1945 Postdienst, 1942 Präsident einer Reichspostdirektion, 1946–1962 Reichspost-Oberdirektion für die britische Zone bzw. Hauptverwaltung für Post- und Fernmeldewesen des amerikanischen und britischen Besatzungsgebietes bzw. BMP, dort zunächst Leiter des Referats Z B (Postverfassungsrecht, posteigene Gesetzgebung, Verbindung zur Hohen Alliierten Kommission, Besatzungsstatut), 1951–1955 Leiter der Abteilung Z (Zentralabteilung: politische und rechtliche Angelegenheiten), zugleich bis 1954 Leiter des Referats Z A (Staats- und Verfassungsrecht; federführende Bearbeitung der posteigenen Gesetzgebung; Rechtsfragen von grundsätzlicher Bedeutung; Grundsatzfragen des Rundfunkwesens, ab 1954 zudem: Vertretung der Deutschen Bundespost gegenüber dem Verwaltungsrat, den gesetzgebenden Körperschaften und den Ländern, Grundsatzfragen des Ton- und Fernsehrundfunks), 1954–1962 (bis 1955 zusätzlich) Leiter der Abteilung I (Postwesen).

Dr. Johannes Schwandt (1888–1968)

1920–1945 Reichsfinanzministerium, 1947–1952 Ministerium der Finanzen des Landes Niedersachsen, dort Leiter der Abteilung II (Wirtschaft und Recht), 1952–1957 BMF, dort Leiter der Unterabteilung II B (Hilfsmaßnahmen für die Wirtschaft, Bundesvermögen, Anleihen, Schulden, Münzwesen).

Dr. Ludwig Seiermann (1903–1979)

1924–1947 Hauptausschuß der deutschen Binnenschiffahrt bzw. Reichsverkehrsgruppe Binnenschiffahrt, dort zuletzt stellvertretender Hauptgeschäftsführer, 1947–1948 Hauptverwaltung der Binnenschiffahrt des amerikanischen und britischen Besatzungsgebiets, dort Leiter der Gruppe Binnenschiffahrt, 1948–1967 Verwaltung für Verkehr des Vereinigten Wirtschaftsgebiets bzw. BMV, dort 1948–1957 Leiter der Abteilung Binnenschiffahrt, 1957–1967 Staatssekretär.

Dr. Heinz Simon (geb. 1907)

1937–1940 Vorsteher des Finanzamtes Landshut, 1940–1945 Oberfinanzdirektion Breslau, 1948–1951 Abteilungsleiter und stellvertretender Kurdirektor im Staatsbad Pyrmont, 1951–1954 Oberfinanzdirektion Münster, 1954–1966 BMFa, dort 1954–1956 Leiter des Referats 3 (a: Wahrung der Belange der Familie in der Steuer- und Wirtschaftspolitik, b: Mitwirkung bei der entsprechenden Gesetzgebung, ab 1955: Steuer- und Wirtschaftspolitik, Personal-, Beamten- und Tarifrecht, ab 1956 zusätzlich: Familienlastenausgleich), 1957 Vertreter des Ministers, 1957–1966 Leiter der Abteilung Familienfragen bzw. (ab 1962) der Abteilung II (Familienpolitik).

Dr. Dr. Joachim von Spindler (1899–1987)

1932–1945 Reichswirtschaftsministerium, 1948 Verwaltung für Finanzen des Vereinigten Wirtschaftsgebiets, 1949–1961 BMF, dort bis 1952 Leiter des Referats V 1 (Geld- und Kreditwesen), 1952–1961 Leiter der Abteilung V (Banken, internationale Finanzierungsfragen, Devisen, öffentliches Versicherungswesen, ab 1954 dazu: Liquidation des Krieges, Rechtsangelegenheiten, ab 1958: Schuldenwesen, allgemeine und internationale Finanzierungsfragen, Liquidation des Krieges).

Dr. Friedrich Staab (1893–1975)

1947–1958 Verwaltung für Ernährung, Landwirtschaft und Forsten des Vereinigten Wirtschaftsgebiets bzw. BML, dort bis 1955 Leiter der Abteilung III (Ernährungswirtschaft, bis 1952 dazu auch Außenwirtschaft), 1955 (Nov.)–1958 beurlaubt zum Zwischenstaatlichen Komitee für Europäische Auswanderung in Genf.

Dr. Otto Stalmann (1905–1972)

1924–1945 Preußisches Justizministerium und Reichsministerium für Ernährung und Landwirtschaft, 1946–1948 Zentralamt für Ernährung und Landwirtschaft in der britischen Zone, 1948–1950 Verwaltung für Ernährung, Landwirtschaft und Forsten des Vereinigten Wirtschaftsgebiets, 1950–1970 BML, dort 1950–1953 Leiter des Referats III A 1 bzw. (ab 1952) VII 1 (Grundsatzfragen, ab 1952: Allgemeine Angelegenheiten des Außenhandels), 1953–1970 Leiter der Abteilung VII (Außenhandel).

Dr. Fritz Stedtfeld (1908–1993)

1935–1945 Reichswirtschaftsministerium, 1946–1947 Zentralamt für Wirtschaft in der britischen Zone, 1947 Verwaltungsamt für Wirtschaft, 1947–1949 Verwaltung für Wirtschaft des Vereinigten Wirtschaftsgebiets, 1949–1970 BMWi, dort 1949–1950 Leiter des Referats V B 1 (Grundsatzfragen des Zahlungsverkehrs mit dem Ausland), 1950–1953 des Referats V C 1 bzw. (ab 1953) V D 1 (Zahlungsverkehr mit dem Ausland: Devisenbilanz, Reiseverkehr), 1954–1956 Leiter der Gruppe V A II (Zahlungsverkehr mit dem Ausland), 1956–1970 Leiter der Unterabteilung V A (Allgemeine Fragen der Außenwirtschaft, ab 1966: Handelspolitik), 1970–1973 Deutscher Direktor bei der Weltbank.

Alexander Freiherr von Süßkind-Schwendi (1903–1973)

1929–1931 Angestellter der Mansfeld AG für Bergbau und Hüttenbetriebe in Hettstedt/Harz, 1932–1934 Regierung von Oberbayern, München, 1934–1944 Reichswirtschaftsministerium, 1944–1945 Kriegsdienst und Kriegsgefangenschaft, 1948–1949 Leiter der Verbindungsstelle der Wirtschaftsministerien in den Ländern der französischen Zone zur Verwaltung für Wirtschaft des Vereinigten Wirtschaftsgebiets, 1950–1957 BMM bzw. BMZ, dort 1951–1956 stellvertretender Leiter in der Vertretung der Bundesrepublik Deutschland bei der OEEC, Paris, 1957–1968 erneut BMZ bzw. (ab 1957) BMBes bzw. (ab 1961) BMSchatz, dort 1957–1959 zuständig für die Dienstaufsicht über die Abteilungen II (Europäische wirtschaftliche Zusammenarbeit) und III (Verwaltung des ERP-Sondervermögens), 1959–1968 Leiter der Abteilung II (Bundes- und ERP-Vermögen).

Dr. Wilhelm Ter-Nedden (1904–2000)

1933–1945 Reichswirtschaftsministerium, 1950–1969 BMV, dort 1950–1952 Leiter des Referats A 4 (Rechtsetzung, Rechtsförmlichkeit der Gesetze und Verordnungen, Justitiar), 1953–1969 Leiter der Abteilung A (Allgemeine Verkehrspolitik und Verkehrswirtschaft).

Dr. Werner That (1906–1977)

1932–1935 bei den Amts- und Landgerichten Berlin und Potsdam, 1935–1938 Reichsjustizministerium, 1938 Land- und Kammergericht Berlin, 1938–1945 Reichsstelle für Raumordnung, Berlin, ab 1940 Kriegsdienst, 1946–1952 verschiedene Tätigkeiten in der Privatwirtschaft, 1952 Versorgungsamt II Hannover, 1952–1960 BMBR, dort 1952–1954 Leiter der Politischen Abteilung, 1954–1960 (nach Fortfall der Abteilung und Neuorganisation des Ministeriums) Leiter des Referats 2 (Allgemeine politische Angelegenheiten, vorbereitende Arbeiten zu Artikel 53 Satz 3 GG und zur Teilnahme an Plenar- und Ausschußsitzungen des Bundesrates, Raumordnung, Beobachtung der Entwicklung des Wahlrechts in Bund und Ländern, Fragen der Neugliederung gemäß Artikel 29 GG), 1960 Leiter des Referats II/2 (u.a. Angelegenheiten aus den Ländern Rheinland-Pfalz, Hessen, Saarland, aus dem Geschäftsbereich des BMVtg, BMA, BMVt, BMFa sowie der Ausschüsse für

Arbeit und Sozialpolitik, für Flüchtlingsfragen und für Verteidigung, Verfassungsrechtliche Streitfragen, Raumordnung), 1960–1971 BMG bzw. (ab 1969) BMB, dort 1960–1966 Leiter des Referats I 4 (Justiz, Staatsangehörigkeitsfragen), 1966 Leiter des Referats I/8 (Politische Bildung), 1967–1971 Leiter des Referats II 12 (Gesamtdeutsche Begegnungen).

Dr. Friedrich Thiele (geb. 1888)

1922–1933 Bezirksregierung in Stettin, 1933 Preußisches Ministerium für Wirtschaft und Arbeit, 1935–1936 Reichswirtschaftsministerium, 1936–1941 Reichsarbeitsministerium, 1942–1945 beim Reichswohnungskommissar, 1946–1949 journalistische Tätigkeit, 1949–1955 BMWo, dort 1949–1952 Leiter des Referats 6 (Gemeinnützigkeitsrecht, Miet- und Preisangelegenheiten, ab 1951 zudem: Haus- und Grundbesitz), 1951–1954 (bis 1952 zusätzlich) Leiter des Referats I 5 (Verwaltung der Wohnungsbaufonds, Beteiligungen, Steuer- und Gebührenfragen, ab 1952: Wohnungswirtschaftliche Organisationen und Verbände, Organe der staatlichen Wohnungspolitik, Genossenschaftswesen, insbesondere Wohnungsbaugenossenschaften, Betriebswirtschaftliche Fragen der Wohnungswirtschaft, Prüfungs- und Rechnungswesen der Wohnungsunternehmen, Berufsausbildung in der Wohnungswirtschaft), 1954 auch Leiter des Referats I E (Koordinierung der Eigentumsmaßnahmen im Wohnungsbau), 1953–1955 (bis 1954 zusätzlich) Leiter der Unterabteilung I B (Wohnungswirtschaft, ab 1954: Wohnungsbauförderung und Wohnungswirtschaft; Sonderaufgabe: Koordinierung der Eigentumsmaßnahmen im Wohnungsbau).

Dr. Georg Vogel (1903–1992)

1928–1934 Staatsverwaltung und Reichsfinanzverwaltung in Hamburg, 1934–1945 auswärtiger Dienst mit Stationen in Prag, London und Athen, 1945–1949 Amtsrichter in Hessen, 1949–1955 BMM bzw. BMZ, dort 1953–1955 Leiter der Abteilung K (Rechts-, Kabinetts- und Parlamentsangelegenheiten, ab 1954: Rechts- und Kabinettsangelegenheiten), 1954–1955 Leiter der FOA-Mission in Washington, 1956–1968 erneut auswärtiger Dienst, dort 1956–1958 Generalkonsul bzw. (1958) Botschafter in Salisbury (Rhodesien), 1958–1961 Botschafter in Kuala Lumpur (Malaysia), 1961–1964 in Quito (Ecuador), 1964–1968 in Caracas (Venezuela).

Dr. Franz Walter (1908–1997)

1933–1939 Kreditanstalt Schlesische Landschaft, 1939–1945 Syndikus bei einer Bank, 1948–1949 Rechtsanwalt, 1949–1973 Verwaltung für Wirtschaft des Vereinigten Wirtschaftsgebiets bzw. BMWi, dort 1949–1950 Referent im Referat II R 1 (Rechtsangelegenheiten: Wirtschaftsrecht u. Wirtschaftsstrafrecht, internationales Privatrecht, Justitiariat), 1950–1956 Leiter des Referats II R (Rechtsreferat), zusätzlich 1952–1956 Leiter der Unterabteilung II C (Handel, Fremdenverkehr, Gewerberecht, Verbraucherpolitik), 1956–1973 Leiter der Abteilung Z.

Wolfgang Freiherr von Welck (1901–1973)

1927–1944 im auswärtigen Dienst mit Stationen in Reval (1930–1936), Charkow, Leningrad und Moskau (1936–1938), London (1938–1939) sowie Budapest (1939–1940), 1944 Entlassung aus politischen Gründen, 1946–1950 Büro des Evangelischen Hilfswerks, 1950–1966 erneut im auswärtigen Dienst, dort 1950–1951 Gesandtschaft bzw. Botschaft in Brüssel, 1953–1958 Leiter der Länderabteilung des AA, 1958–1963 Botschafter in Madrid, 1963–1966 Botschafter in Bern.

Christoph Wirsching (1918–1990)

1948–1950 Staatsanwalt und Richter im Bayerischen Justizdienst, 1950–1955 Bundeskanzleramt, dort 1950–1951 Hilfsreferent im Referat 5 (Koordinierung und Kabinettsangelegenheiten: Präsidialkanzlei, Bundestag, Bundesrat, Inneres, Justiz, Gesamtdeutschland, Bundesratsangelegenheiten), 1951–1955 Hilfsreferent im Referat 3 (Personalangelegenheiten, Wohnraumbeschaffung, Besoldungsstelle, Grundsatzfragen, Koordinierung und Kabinettssachen aus dem Geschäftsbereich des BMI, Abteilung II [Beamtenrecht und sonstiges Personalrecht]), 1955 (Dez.)–1973 BMVtg, dort 1955–1961 Hilfsreferent bzw. (ab 1958) Leiter verschiedener Referate der Unterabteilung III A bzw. (ab 1958) P II (Ziviles Personal), 1962–1965 Leiter dieser Unterabteilung, 1966–1973 Leiter der Unterabteilung U I (Unterbringung), 1973–1983 Präsident der Wehrbereichsverwaltung VI (München).

Dr. Heinrich Günter von Witzleben (1905–1974)

1936–1939 Verwaltung des familieneigenen Guts, 1939–1945 Kriegsdienst und Gefangenschaft, 1946–1952 Tätigkeit in der Privatwirtschaft, 1952–1957 BMM bzw. BMZ, dort 1952–1957 Leiter des Referats 3 bzw. (ab 1953) K 4 (Bearbeitung von Kabinettsvorlagen BMWi, BML, Rechtsfragen der Wirtschaftshilfe, Angelegenheiten der Schuldenregelung, insbesondere der Nachkriegsschulden, ab 1955 auch Deutsches Auslandsvermögen und Reichsvermögen), 1957–1962 BMBes bzw. BMSchatz, dort 1957–1961 Persönlicher Referent des Ministers, 1961–1962 Leiter des Referats II B 10 (Fragen der Entwicklungshilfe), 1962–1969 BMZ, dort Leiter des unter wechselnden Bezeichnungen für die Deutsche Stiftung für Entwicklungsländer zuständigen Referats.

Bernhard Wolff (1886–1970)

1921–1933 Preußisches Ministerium des Innern, 1933–1941 Preußisches Oberverwaltungsgericht, 1941–1945 Reichsjustizministerium, 1948–1949 Verwaltung für Finanzen des Vereinigten Wirtschaftsgebiets, 1949–1956 BMF, dort 1950–1954 Leiter der Abteilung VI (Rechtsangelegenheiten, Liquidation des Krieges, ab 1952 dazu: Zwischenstaatliche Finanzbeziehungen, Wiedergutmachung), 1954–1956 Leiter des Arbeitskreises für die Wiedergutmachung.

Dr. Gerhard Woratz (1908–1997)

1938–1945 Reichswirtschaftsministerium, 1951–1968 BMWi, dort 1951–1952 Hilfsreferent im Referat IV C 1 (Textil und Bekleidung), 1952–1955 Leiter des Referats IV C 6 (Nahrungs- und Genußmittel, Tabak), 1955–1959 Leiter der Unterabteilung IV A (Eisen- und Metallwirtschaft), 1956 gleichzeitig Leiter des Referats IV A 6 (Interzonenhandel), 1959–1964 Leiter der Unterabteilung IV C (Sonstige Industrien), 1964 Leiter der Abteilung E (Europäische zwischenstaatliche Zusammenarbeit), 1964–1968 Leiter der Abteilung III (Bergbau, Energie und Wasserwirtschaft, Eisen und Stahl, Mineralöl, EGKS), 1968–1974 Bundesbeauftragter für den Steinkohlenbergbau und die Steinkohlenbergbaugebiete.

Friedrich von Zahn (geb. 1902)

1929–1943 Amtshauptmannschaften Zwickau (bis 1933) und Glauchau, 1943–1945 beim Regierungspräsidenten in Bromberg, 1939–1945 Kriegsdienst und Gefangenschaft, 1948–1949 Anwaltsvertreter in Günzburg/Donau, 1949–1967 BMG, dort 1949–1964 Leiter des Referats I 4 bzw. (ab 1958) I 6 (Kultur- und volkspolitische Fragen, ab 1953: Kultur, Jugend, Sport, Frauenfragen, ab 1954: Kultur- und Volkstumsfragen, ab 1958: Kulturelle Angelegenheiten), 1958–1966 (bis 1964 zusätzlich) Leiter der Unterabteilung I B (Kulturfragen, Betreuungsmaßnahmen), 1966–1967 Leiter der Abteilung II (SBZ, Ostgebiete, Förderung des gesamtdeutschen Gedankens, ab 1967: Politik, Öffentlichkeitsarbeit).

Die Vertreter der Bank deutscher Länder

Dr. Bernhard Benning (1902–1974)

1928–1933 Statistisches Reichsamt, 1933–1945 Reichs-Kredit-Gesellschaft AG, Berlin, dort Leiter der volkswirtschaftlichen Abteilung und stellvertretender Leiter der Bank, 1945–1950 Internierung durch die sowjetische Armee (NKWD) in den Lagern Frankfurt (Oder), Jamlitz, Mühlberg (Elbe), Buchenwald, 1950–1972 Mitglied des Direktoriums der Bank deutscher Länder bzw. (ab 1957) der Deutschen Bundesbank.

Karl George Bernard (1890–1972)

1919–1920 Reichswirtschaftsministerium, 1920–1929 Richter bzw. (seit 1923) Reichswirtschaftsgerichtsrat am Reichswirtschaftsgericht, 1929–1935 erneut Reichswirtschaftsministerium, 1935 Entlassung aus politischen Gründen, 1936–1948 Vorstandsmitglied des Direktoriums der Frankfurter Hypothekenbank, 1947 Mitglied der Sonderstelle Geld und Kredit bei der Verwaltung für Finanzen des Vereinigten Wirtschaftsgebiets, 1948–1957 Präsident des Zentralbankrats der Bank deutscher Länder, 1957 Wahrnehmung der Aufgaben des Präsidenten der Deutschen Bundesbank, 1958–1969 Stiftungskommissar der Carl-Zeiss-Stiftung, Heidenheim/Brenz.

Dr. Otmar Emminger (1911–1986)

1935–1936 Leiter der „Weltwirtschaftlichen Abteilung“ am Institut für Konjunkturforschung, Berlin, 1939–1945 Kriegsdienst, 1947–1949 Bayerisches Staatsministerium für Wirtschaft, zuletzt dort Leiter des Ministerbüros, 1949–1950 Leiter der Wirtschaftsabteilung der Ständigen Vertretung der Bundesrepublik bei der OEEC in Paris, 1950–1957 Bank deutscher Länder, dort 1951–1953 Leiter der Hauptabteilung Volkswirtschaft und Statistik, 1953–1969 Mitglied des Direktoriums der Bank deutscher Länder bzw. ab 1957 des Direktoriums und des Zentralbankrats der Deutschen Bundesbank sowie jeweils Dezernent für Internationale Organisationen und Abkommen, 1969–1976 Deutscher Vertreter im Wirtschaftspolitischen Ausschuß der OECD, 1970–1977 Vizepräsident, 1977–1979 Präsident der Deutschen Bundesbank.

Heinrich Hartlieb (1900–1965)

1920–1945 Tätigkeit bei der Reichsbank, Berlin, zuletzt Reichsbankdirektor und Vortragender Direktor im Reichsbankdirektorium, 1945–1946 Direktor der Zentralleitung bei der Reichsbankhauptstelle München, 1947–1953 Vizepräsident der Landeszentralbank von Bayern, 1954–1965 Mitglied des Direktoriums der Bank deutscher Länder bzw. (seit 1957) der Deutschen Bundesbank.

Wilhelm Könneker (1898–1984)

1924–1931 Reichsbankhaupt- bzw. -nebenstellen Hannover, Hildesheim und Nienburg/Weser, 1931–1938 Reichsbank, Berlin, 1938–1942 und 1945–1946 Direktor der Reichsbanknebenstelle Limburg, 1946–1947 Hessisches Ministerium der Finanzen, dort Leiter der Abteilung Bankenaufsicht, 1947–1948 Vizepräsident der Landeszentralbank von Hessen und Generaltreuhänder für die Reichsbank in der US-Besatzungszone, 1948–1957 Vizepräsident des Direktoriums der Bank deutscher Länder und Dezernent für Banken und Hauptkasse, 1958–1966 Mitglied des Direktoriums und des Zentralbankrats der Deutschen Bundesbank.

Dr. Wilhelm Vocke (1886–1973)

1913–1919 Reichsamt des Innern, 1919–1939 Direktoriumsmitglied der Deutschen Reichsbank, seit 1930 u.a. Stellvertreter des Reichsbankpräsidenten in der Bank für Internationalen Zahlungsausgleich (BIZ) und Mitglied des Finanzkomitees des Völkerbundes, 1946–1948 stellvertretender Leiter der Reichsbankleitstelle (Hauptverwaltung der Reichsbank für die Britische Zone) in Hamburg, 1948–1957 Präsident des Direktoriums der Bank deutscher Länder, 1950 Mitglied des Verwaltungsrates der BIZ.

Gäste

Dr. Hermann Josef Abs (1901–1994)

Seit 1935 Teilhaber des Bankhauses Delbrück, Schickler & Co., 1938 Vorstandsmitglied und Direktor der Auslandsabteilung der Deutschen Bank, 1948 Mitglied und 1951 stellvertretender Vorsitzender des Verwaltungsrates der Kreditanstalt für Wiederaufbau, 1951–1953 Leiter der deutschen Delegation bei der Londoner Schuldenkonferenz, 1957–1967 Vorstandssprecher und 1967–1976 Aufsichtsratsvorsitzender der Deutschen Bank.

Franz Amrehn (1912–1981)

1932–1939 Banklehre und Tätigkeit als Bankkaufmann, 1940–1945 Kriegsdienst, 1945–1955 Geschäftsführer der Eigenhausbauten für Stadt und Land GmbH, Berlin, 1952 Zulassung als Anwalt sowie 1964 als Notar, 1946–1948 Bezirksverordneter in Berlin-Steglitz, 1950–1969 Mitglied des Berliner Abgeordnetenhauses, dort 1952–1955 Vizepräsident und 1963–1969 Vorsitzender der CDU-Fraktion, 1955–1963 Bürgermeister und Mitglied des Bundesrates, 1961–1969 Landesvorsitzender der CDU, 1969–1981 MdB.

Dr. Gerd Bucerius (1906–1995)

1946 Mitbegründer der Wochenzeitung „Die Zeit", 1947–1949 Mitglied des Wirtschaftsrates des Vereinigten Wirtschaftsgebiets (CDU), 1949–1962 MdB (1962 Austritt aus der CDU), 1952–1957 Bundesbeauftragter für die Förderung der Berliner Wirtschaft.

Prof. Dr. Wilhelm Eich (1889–1966)

Bis 1933 Leiter von Revisions- und Treuhandgesellschaften und stellvertretendes Vorstandsmitglied einer AG der eisenverarbeitenden Industrie, ab 1933 selbständiger Steuerberater und Wirtschaftsprüfer, seit 1932 Lehrbeauftragter, ab 1943 Honorarprofessor an der TH Berlin, nach Kriegsende 1945 Lehrbeauftragter am Hochschulinstitut für Wirtschaftskunde, Berlin, nach Verlagerung nach West-Berlin dessen Leiter, bis 1948 in Berlin Zonenvorstandsmitglied der von ihm mitbegründeten LDP, 1949–1958 Professor für Steuerberatung und Wirtschaftsprüfung an der FU Berlin, 1951–1955 Senator für Wirtschaft und Ernährung (FDP) in Berlin.

Dr. Friedrich Haas (1896–1976)

1946–1949 Stadtkämmerer Berlins, 1949–1951 Leiter der Abteilung Finanzen beim Magistrat von Groß-Berlin und 1951–1958 Senator für Finanzen und Vertreter Berlins im Bundesrat, 1958–1961 Präsident des Berliner Oberverwaltungsgerichtes.

Dr. Paul Hertz (1888–1961)

1919–1922 politischer Redakteur der „Freiheit", Berlin, 1919–1925 Stadtverordneter von Berlin, 1920–1933 MdR (SPD) und Sekretär der Fraktion, 1933 Emigration, bis 1938 als Mitglied des emigrierten Parteivorstandes der SPD Leiter der anti-nationalsozialistischen Publikationen in Prag und Paris, 1939 Emigration in die USA, 1950 nach der Rückkehr nach Berlin Leiter des Hauptamtes Banken und Versicherungen des Magistrats von Groß-Berlin, zusätzlich Beauftragter des Oberbürgermeisters zur Koordinierung und Bearbeitung wirtschaftlicher und finanzieller Fragen, 1951–1953 Senator für Marshallplan und Kreditwesen, zugleich Hauptbearbeiter für das Notstandsprogramm und Vorsitzender des Beratenden ERP-Ausschusses, 1953–1955 Bevollmächtigter des Landes Berlin für Kreditwesen, 1955–1961 Senator für Wirtschaft und Kredit.

Dr. Günter Klein (1900–1963)

1930–1931 Preußisches Ministerium des Innern, 1931–1933 Landrat des Kreises Dinslaken, 1933–1945 nach Amtsenthebung Angestellter im Versicherungswesen; 1947–1949 Vertreter Berlins im Wirtschaftsrat des Vereinigten Wirtschaftsgebiets, 1949–1953 und 1955–1961 Senator für Bundesangelegenheiten, 1955–1961 gleichzeitig Senator für Post und Fernmeldewesen, 1954–1961 Mitglied des Berliner Abgeordnetenhauses (SPD), 1961–1963 MdB.

Heinrich Johann Kreil (1885–1967)

1917–1933 Sekretär der Christlichen Gewerkschaften in Dortmund und (ab 1920) in Berlin, 1920–1933 Mitglied des Vorläufigen Reichswirtschaftsrates, 1928–1933 Vorstandsmitglied der Reichsanstalt für Arbeitsvermittlung und Arbeitslosenversicherung, Mitglied des Preußischen Landtages (Zentrum), 1933–1944 selbständig, 1944–1945 Kriegsdienst und sowjetische Gefangenschaft, 1945–1947 Abteilungsleiter in der Deutschen Verwaltung für Arbeit und Sozialfürsorge der SBZ, 1948–1953 geschäftsführendes Vorstandsmitglied des DGB, Landesbezirk Berlin, 1953–1957 Senator für Arbeit und Sozialwesen, Berlin.

Dr. Karl Heinrich Eduard Mahler (1887–1966)

1934–1942 Vorstand und Geschäftsführer von Baufinanzierungs- und Wohnungsgesellschaften des Handwerks in Berlin, München und Wien, 1943–1945 alleiniger Geschäftsführer der Deutschen Handwerkszentrale Berlin, 1945–1949 vom Berliner Magistrat bestellter Liquidator von Gesellschaften des Handwerks und Geschäftsführer der Deutschen Handwerks GmbH, dazwischen Leiter der Hauptabteilung Handwerk der Deutschen Verwaltung für Handel und Versorgung in der SBZ, ab 1949 alleiniger Geschäftsführer einer Firma in Berlin, 1951–1955 Senator für Bau- und Wohnungswesen von (West-) Berlin, 1955–1957 Geschäftsführer der Internationalen Bauausstellung Berlin GmbH.

Dr. Walther Schreiber (1884–1958)

1911–1925 Rechtsanwalt in Halle/Saale, 1914–1918 Kriegsdienst, 1919–1933 Mitglied des Preußischen Landtages (DDP), 1925–1932 Preußischer Minister für Handel und Gewerbe, 1934–1945 Rechtsanwalt und Notar in Berlin, 1945 Gründungsmitglied der CDU in der SBZ, seit 1946 Mitglied der Groß-Berliner Stadtverordnetenversammlung, dort stellvertretender Stadtverordnetenvorsteher, seit 1947 Landesvorsitzender der CDU, 1950 Mitglied des erweiterten Vorstandes der gesamtdeutschen CDU, 1951–1953 stellvertretender Bürgermeister, 1953–1954 Regierender Bürgermeister von Berlin.

Rolf Schwedler (1914–1981)

1938–1939 Tätigkeit in der Bauwirtschaft, 1939–1945 Kriegsdienst, ab 1945 Tätigkeit in der Berliner Bauverwaltung, 1950–1955 Leitender Magistratsdirektor der Abteilung Bau- und Wohnungswesen des Berliner Magistrats bzw. (ab 1952) Senatsdirektor der Senatsverwaltung für Bau- und Wohnungswesen, 1955–1972 Senator für Bau- und Wohnungswesen, 1972–1976 MdB (SPD).

Friedrich Spennrath (1888–1959)

1911–1921 Reichsbahndirektion Köln, 1921–1926 Technischer Beigeordneter der Stadt Aachen, 1927–1931 der Stadt Köln, 1931–1948 Vorstandsmitglied - Leiter der Abteilung Bahnen - und 1949–1956 Vorstandsvorsitzender der AEG, Berlin, 1950–1957 Präsident der IHK Berlin.

Dr. Otto Suhr (1894–1957)

1921–1925 hauptberuflich im Allgemeinen Deutschen Gewerkschaftsbund, 1925–1933 im Allgemeinen Freien Angestelltenbund, 1928–1933 Dozent an der Hochschule für Politik in Berlin, 1933–1945 journalistische Tätigkeit, 1945 Hauptabteilungsleiter in der Deutschen Zentralverwaltung der Industrie in der SBZ, 1946 Generalsekretär der SPD in Berlin, 1946–1948 Stadtverordneter von Groß-Berlin, 1948–1950 von Berlin (West), 1948–1949 Mitglied des Parlamentarischen Rates, 1949–1951 MdB, 1949–1955 Direktor der Deutschen Hochschule für Politik (später „Otto-Suhr-Institut"), 1951–1955 Präsident des Berliner Abgeordnetenhauses, 1955–1957 Regierender Bürgermeister von Berlin.

Prof. Dr. Joachim Tiburtius (1889–1967)

1915–1917 Preußisches Kriegsministerium, 1918–1925 Reichsarbeitsministerium, 1925–1933 Geschäftsführendes Vorstandsmitglied der Hauptgemeinschaft des deutschen Einzelhandels, 1933–1935 Wirtschaftshochschule Berlin, 1935–1942 Leiter der Forschungsstelle Handel beim Reichskuratorium für Wirtschaftlichkeit, 1942 Handelshochschule Leipzig, 1943 Wirtschaftshochschule Berlin, Mitglied des Bruderrates der EKD, 1946–1948 Universität Leipzig, seit 1948 an der Freien Universität Berlin, 1946–1950 Mitglied der Stadtverordnetenversammlung von Groß-Berlin (CDU), 1951–1963 Senator für Volksbildung in Berlin.

Heinz Ullmann (1886–1968)
Bis 1951 Tätigkeit als Wirtschaftsprüfer und Bankkaufmann, 1951–1958 Mitglied des Berliner Abgeordnetenhauses (FDP), 1953–1955 Senator für Verkehr und Betriebe in Berlin.

Dr. Heinrich Vockel (1892–1968)
1922–1933 Generalsekretär der Deutschen Zentrumspartei, 1934–1945 Tätigkeit bei der Hertie Waren und Kaufhaus GmbH in Berlin, 1950–1962 Bevollmächtigter der Bundesrepublik Deutschland in Berlin.

Dr. Hans Wellhausen (1894–1964)
1923 Regierungsrat in Bremen, seit 1926 bei der Maschinenfabrik Augsburg-Nürnberg AG (1927 Prokurist, 1931–1959 Vorstandsmitglied und Direktor), 1949–1957 MdB (FDP, ab 1956 CSU), dort 1949–1953 stellvertretender Fraktionsvorsitzender, 1951–1957 Vorsitzender des Ausschusses für Finanz- und Steuerfragen, 1952–1959 Präsident des Verwaltungsrats der Deutschen Bundesbahn.

Die Protokollführer

Dr. Ulrich Doßmann (1911–1996)
1939–1941 Finanzämter Bonn und Bad Kreuznach, 1946–1951 Finanzamt Bonn, 1951–1976 Bundeskanzleramt, dort 1951–1956 Hilfsreferent im Referat 6 (Grundsatzfragen, Koordinierung und Kabinettssachen aus den Geschäftsbereichen des BMM, BMF, BMWi, BML; Bundesbank), 1957–1958 Leiter des Referats 3 (dsgl. aus den Geschäftsbereichen des BMI und BMF), 1958–1966 Kanzlerbüro, 1966–1976 Leiter der für Eingaben und Petitionen zuständigen Organisationseinheiten (Referate III/5 bzw. ab 1968 I/4, ab 1970 Referent im Kanzlerbüro).

Franz Haenlein
siehe unter *Ministerialbeamte*

Dr. Hans-Erich Hornschu
siehe unter *Ministerialbeamte*

Christoph Wirsching
siehe unter *Ministerialbeamte*

ZEITTAFEL

1954

25. Januar bis 18. Februar

Konferenz der Außenminister der Vier Mächte in Berlin.

1. Februar

Der Kabinettsausschuß erörtert das verkehrspolitische Programm der Bundesregierung sowie die Hilfsmaßnahmen des Bundes für Berlin.

16. Februar

Der Kabinettsausschuß berät über die Abwicklung des Kreditabkommens mit Jugoslawien.

9. März

Adenauer und Bidault erörtern in Paris die Saarfrage.

19. März

Der Kabinettsausschuß bespricht die Lohn- und Preissituation sowie Hilfsmaßnahmen für das Zonenrandgebiet.

9. bis 25. März

Besuch Adenauers in Griechenland, der Türkei und Italien.

25. März

Die sowjetische Regierung proklamiert die Souveränität der DDR.

6. April

Der Kabinettsausschuß erörtert den Wirtschaftsplan der Deutschen Bundesbahn für das Geschäftsjahr 1954.

26. April bis 21. Juli

Konferenz der Außenminister der Vier Mächte in Genf über Indochina und Korea unter Beteiligung von Vertretern der Vietminh und der Volksrepublik China.

7. Mai

Eroberung von Dien-Bien-Phu (Indochina) durch die Vietminh.

7. bis 9. Mai

Bundesparteitag des BHE: Wahl Oberländers zum Parteivorsitzenden als Nachfolger Krafts.

15. Mai

Der Kabinettsausschuß erörtert das Einfuhr- und Versorgungsprogramm 1954/55 für Nahrungs- und Futtermittel sowie die Krise im Eisenerzbergbau.

19. Mai

Der Kabinettsausschuß berät über die deutsch-türkischen Handelsbeziehungen.

20. Mai

Der Zentralbankrat der Bank deutscher Länder senkt den Diskontsatz auf 3 %.

2. Juni

Der Kabinettsausschuß erörtert den Entwurf eines Kriegsfolgenschlußgesetzes.

9. Juni

Der Kabinettsausschuß diskutiert Fragen der EZU-Reform sowie die Verrechnungswünsche Dänemarks innerhalb der EZU.

12. Juni

Rücktritt des französischen Ministerpräsidenten Joseph Laniel.

18. Juni

Pierre Mendès-France wird französischer Ministerpräsident und Außenminister.

27. Juni

Landtagswahlen in Nordrhein-Westfalen.

3. Juli

Der Kabinettsausschuß bespricht die Berufsordnung für Wirtschafts- und Buchprüfer sowie für Steuerberater, ferner behandelt er Fragen der ländlichen Siedlung sowie die Erweiterung des Interzonenhandels.

13. Juli

Der Kabinettsausschuß erörtert Fragen der Währungskonvertibilität.

17. Juli

Theodor Heuss wird in Berlin zum Bundespräsidenten gewählt.

3. August

Der Kabinettsausschuß erörtert den Entwurf eines Gesetzes über den Ladenschluß.

9. bis 31. August

Metallarbeiterstreik in Bayern.

19. August

Der Kabinettsausschuß bespricht die Situation, die durch die geplante Einführung internationaler Eisenbahntarife innerhalb der Montanunion geschaffen wurde. Ferner erörtert er Hilfsmaßnahmen für die Kupferschieferindustrie in Sontra.

30. August

Die französische Nationalversammlung lehnt die Ratifizierung des EVG-Vertrags ab.

8. September

Frankreich, Großbritannien, Nationalchina, Neuseeland, die Philippinen, Thailand und die USA unterzeichnen in Manila den Südostasienpakt (South East Asia Treaty Organization, SEATO).

12. September

Landtagswahlen in Schleswig-Holstein.

12. bis 13. September

Eden erörtert in Bonn mit Adenauer die politische Lage nach dem Scheitern der EVG.

27. September

Der Kabinettsausschuß berät den Entwurf eines Fünften Gesetzes zur Änderung des Zolltarifs.

28. September bis 3. Oktober

Neun-Mächte-Konferenz in London: Vorbereitung der Anerkennung der Souveränität der Bundesrepublik sowie deren Aufnahme in den Brüsseler Pakt vom 17. März 1948 (WEU) und in die NATO.

19. Oktober

Der Kabinettsausschuß berät den Zweijahresplan zur Eingliederung der Geschädigten. Ferner bespricht er den deutschen Standpunkt bei den kommenden GATT-Verhandlungen.

19. bis 23. Oktober

Pariser Konferenzen der Westmächte: Regelung des künftigen Status der Bundesrepublik in den sog. Pariser Verträgen; gleichzeitig wird in bilateralen Verhandlungen zwischen Frankreich und der Bundesrepublik das Saarstatut vereinbart.

26. Oktober bis 3. November

Besuch Adenauers in den Vereinigten Staaten. Am 29. Oktober unterzeichnen John Foster Dulles und Adenauer einen neuen Freundschafts-, Handels- und Schiffahrtsvertrag, der am 14. Juli in Kraft tritt.

10. November

Der Präsident der Hohen Behörde der Montanunion, Jean Monnet, kündigt an, nicht wieder zu kandidieren.

28. November

Landtagswahlen in Bayern und Hessen.

5. Dezember

Wahlen zum Westberliner Abgeordnetenhaus

10. Dezember

Der Kabinettsausschuß erörtert Fragen des deutsch-französischen Warenverkehrs, ferner befaßt er sich mit den Paritätsforderungen der Landwirtschaft.

17. Dezember

Der Kabinettsausschuß berät über den Abschluß neuer Warenlisten für den Interzonenhandel und über die Handelsvertragsverhandlungen mit Großbritannien.

1955

7. Januar

Der Kabinettsausschuß diskutiert Fragen des Gleitzolls.

14. Januar

Verhandlungen zwischen Bundeskanzler Adenauer und dem französischen Ministerpräsidenten Pierre Mendès-France in Baden-Baden über das Saarabkommen, über eine gemeinsame Rüstungsproduktion sowie über eine wirtschaftliche und kulturelle Zusammenarbeit.

18. Januar

Verhandlungen zwischen Ludwig Erhard und Pierre Mendès-France in Paris über die wirtschaftlichen Konsequenzen des Saarabkommens.

25. Januar

Das Präsidium des Obersten Sowjets der Sowjetunion erklärt den Kriegszustand mit Deutschland für beendet.

28. Januar

Der Kabinettsausschuß erörtert wirtschaftliche Fragen im Zusammenhang mit dem Saarstatut.

5. Februar

Rücktritt des französischen Ministerpräsidenten Pierre Mendès-France.

8. Februar

Gespräche zwischen Bundeswirtschaftsminister Ludwig Erhard und dem saarländischen Ministerpräsidenten Johannes Hoffmann in Bonn über künftige deutsch-saarländische Wirtschaftsbeziehungen.

8. Februar

Nikolai A. Bulganin löst Georgij M. Malenkow im Amt des sowjetischen Ministerpräsidenten ab.

10. Februar bis 3. März

Deutsch-amerikanische Verhandlungen in Washington über die Rückgabe beschlagnahmten Eigentums und die Freigabe deutscher Patente.

14. Februar

Der Kabinettsausschuß erörtert Maßnahmen zur Bekämpfung der Preissteigerungen.

23. Februar

Edgar Faure wird französischer Ministerpräsident.

3. März

Der Kabinettsausschuß berät über die Preissituation in der Bundesrepublik und mögliche Maßnahmen einer Dämpfung des Preisauftriebs.

11. März

Der Kabinettsausschuß berät über die Kapitalmarktpolitik der öffentlichen Hand, ferner bespricht er die Vorschläge Krafts zur Förderung des Zonenrandgebietes.

21. März

Unterzeichnung des französisch-saarländischen Wirtschaftsabkommens.

24. März

Bundespräsident Theodor Heuss unterzeichnet die Pariser Verträge.

30. März

Das DDR-Ministerium für Verkehrswesen erhöht zum 1. April 1955 die Straßenbenutzungsgebühren für Kraftfahrzeuge aus der Bundesrepublik und West-Berlin.

6. April

Anthony Eden wird britischer Premierminister als Nachfolger des zurückgetretenen Winston Churchill.

18. April

Der Kabinettsausschuß berät die Situation nach der Erhöhung der Straßenbenutzungsgebühren durch die DDR.

26. und 27. April

Der Kabinettsausschuß berät in Berlin in gemeinsamer Sitzung mit dem Berliner Senat den Langfristigen Aufbauplan für Berlin.

5. Mai

Die Pariser Verträge treten in Kraft, die Bundesrepublik wird souverän.

7. bis 11. Mai

Tagungen des Ministerrats der NATO und der WEU in Paris. Die Bundesrepublik Deutschland wird in die NATO und die WEU aufgenommen.

14. Mai

Unterzeichnung des Warschauer Vertrages.

1. bis 3. Juni

Die Konferenz der Außenminister der Montanunion in Messina berät über die Bildung eines gemeinsamen Marktes und über die Errichtung einer europäischen Atomgemeinschaft. René Mayer wird als Nachfolger Jean Monnets Präsident der Hohen Behörde der EGKS.

7. Juni

Die Sowjetregierung lädt die Bundesregierung zu Verhandlungen über die Aufnahme diplomatischer Beziehungen ein.

9. bis 10. Juni

Tagung des Ministerrats der OEEC in Paris. Das EZU-Abkommen wird bis zum 30. Juni 1956 verlängert.

18. bis 23. Juli

Genfer Konferenz der Regierungschefs Frankreichs, Großbritanniens, der Sowjetunion und der USA.

21. Juli

Der Kabinettsausschuß berät über die Verordnung zur Herabsetzung der technischen Höchstmaße für Lastkraftwagen und Anhänger.

5. August

Der Kabinettsausschuß befaßt sich mit der lohnpolitischen Lage.

9. August

Der Kabinettsausschuß erörtert den Stand der Verhandlungen der Brüsseler Vorkonferenz.

9. bis 13. September

Verhandlungen Konrad Adenauers in Moskau: Vereinbarung über die Aufnahme diplomatischer Beziehungen zwischen der Bundesrepublik Deutschland und der Sowjetunion.

17. bis 20. September

Verhandlungen zwischen der Sowjetunion und der DDR in Moskau: Unterzeichnung des Vertrags über die Beziehungen zwischen der DDR und der UdSSR.

27. September

Der Kabinettsausschuß befaßt sich mit Fragen der Besoldungsneuregelung.

23. Oktober

Die Bevölkerung des Saarlandes lehnt das Saarstatut ab.

27. Oktober bis 16. November

Genfer Konferenz der Außenminister Frankreichs, Großbritanniens, der Sowjetunion und der USA.

15. November

Der Kabinettsausschuß berät das Weizenabkommen mit Schweden.

10. Dezember

Der Kabinettsausschuß behandelt den Waren- und Zahlungsverkehr mit Ägypten.

18. Dezember

Landtagswahlen im Saarland.

19. Dezember

Der Kabinettsausschuß berät Fragen der Wohnungsbaufinanzierung im Zusammenhang mit dem Lastenausgleich.

20. Dezember

Abkommen zwischen der Bundesrepublik Deutschland und Italien über die Beschäftigung italienischer Arbeitnehmer in der Bundesrepublik.

ABKÜRZUNGSVERZEICHNIS

AA	Bundesminister des Auswärtigen / Auswärtiges Amt / Politisches Archiv des Auswärtigen Amts
Abg.	Abgeordneter
Abs.	Absatz
Abt.	Abteilung
a.D.	außer Dienst
AdG	Keesings Archiv der Gegenwart
AEG	Allgemeine Elektrizitäts-Gesellschaft
AG	Aktiengesellschaft
AHK	Alliierte Hohe Kommission
Amtsbl.	Amtsblatt
AO	Reichsabgabenordnung
AP	Associated Press
AVAVG	Gesetz über Arbeitsvermittlung und Arbeitslosenversicherung
BAA	Bundesausgleichsamt
BAM	Bundesministerium für Arbeit
BAnz.	Bundesanzeiger
BAVAV	Bundesanstalt für Arbeitsvermittlung und Arbeitslosenversicherung
BBG	Bundesbeamtengesetz
BDA	Besoldungsdienstalter
Bd.	Band
BdF	Bundesminister / Bundesministerium der Finanzen
BDI	Bundesverband der Deutschen Industrie
BdL	Bank deutscher Länder
BDO	Bundesdisziplinarordnung

BeKo-Mark	Beschränkt konvertierbare Deutsche Mark
BELF	Bundesminister / Bundesministerium für Ernährung, Landwirtschaft und Forsten
Bewag	Berliner Elektrizitätswerke AG
BFM	Bundesministerium der Finanzen
BGBl.	Bundesgesetzblatt
BHE	Block der Heimatvertriebenen und Entrechteten
BIM	Bundesministerium des Innern
BIV	Beauftragter des BMV für den Interzonen- und Berlinverkehr
BIZ	Bank für internationalen Zahlungsausgleich
BK	Bundeskanzler / Bundeskanzleramt
BMA	Bundesminister / Bundesministerium für Arbeit
BMAt	Bundesminister / Bundesministerium für Atomfragen
BMB	Bundesminister / Bundesministerium für innerdeutsche Beziehungen
BMBes	Bundesminister / Bundesministerium für wirtschaftlichen Besitz des Bundes
BMBR	Bundesminister für Angelegenheiten des Bundesrates
BMF	Bundesminister / Bundesministerium der Finanzen
BMFa	Bundesminister / Bundesministerium für Familienfragen
BMG	Bundesminister / Bundesministerium für gesamtdeutsche Fragen
BMI	Bundesminister / Bundesministerium des Innern
BMJ	Bundesminister / Bundesministerium der Justiz
BML	Bundesminister / Bundesministerium für Ernährung, Landwirtschaft und Forsten
BMM	Bundesminister / Bundesministerium für den Marshallplan
BMP	Bundesminister / Bundesministerium für Post- und Fernmeldewesen
BMS	Bundesminister / Bundesministerium für besondere Aufgaben
BMSchatz	Bundesschatzminister / Bundesschatzministerium
BMV	Bundesminister / Bundesministerium für Verkehr
BMVert	Bundesminister / Bundesministerium für Verteidigung
BMVt	Bundesminister / Bundesministerium für Vertriebene, Flüchtlinge und Kriegsgeschädigte

BMVtg	Bundesminister / Bundesministerium für Verteidigung
BMW	Bundesminister / Bundesministerium für Wirtschaft
BMwF	Bundesminister / Bundesministerium für wissenschaftliche Forschung
BMWi	Bundesminister / Bundesministerium für Wirtschaft
BMWo	Bundesminister / Bundesministerium für Wohnungsbau
BMWZ	Bundesministerium für wirtschaftliche Zusammenarbeit
BMZ	Bundesminister / Bundesministerium für wirtschaftliche Zusammenarbeit
BPA	Presse- und Informationsamt der Bundesregierung
BRH	Bundesrechnungshof
BR-Drs.	Bundesrats-Drucksache
BT	Deutscher Bundestag
BT-Drs.	Bundestagsdrucksache
BuKa	Bundeskanzleramt
BVerfGE	Entscheidungen des Bundesverfassungsgerichts
BVFG	Bundesvertriebenengesetz
BVM	Bundesminister / Bundesministerium für Verkehr
BWGöD	Gesetz zur Regelung der Wiedergutmachung nationalsozialistischen Unrechts für Angehörige des öffentlichen Dienstes vom 11. Mai 1951
BWM	Bundesministerium für Wirtschaft
BWZ	Bundesminister / Bundesministerium für wirtschaftliche Zusammenarbeit
CDU	Christlich Demokratische Union Deutschlands
CEMT	Conférence Européenne des Ministres des Transports
COCOM	Coordinating Committee for East-West-Trade Policy
Co.	Compagnie
CSU	Christlich Soziale Union
DAG	Deutsche Angestellten-Gewerkschaft
DBB	Deutsche Bundesbahn
DBP	Deutsche Bundespost
DBV	Deutscher Bauernverband
DDF	Documents Diplomatiques Français
DDP	Deutsche Demokratische Partei

DDR	Deutsche Demokratische Republik
Dego	Deutsche Golddiskontbank
DEPFA	Deutsche Pfandbriefanstalt
DFG	Deutsche Forschungsgemeinschaft
DGB	Deutscher Gewerkschaftsbund
DIA	Deutscher Industrie- und Außenhandel
DIHT	Deutscher Industrie- und Handelstag
d. J.	dieses Jahr(es)
DM	Deutsche Mark
DP	Deutsche Partei
DPf / Dpf	Deutsche Pfennige
Drs.	Drucksache
DSG	Deutsche Schlafwagen- und Speisewagengesellschaft
dt.	deutsch
DVO	Durchführungsverordnung
dz	Doppelzentner
EA	Europa-Archiv
ECA	Economic Cooperation Administration
EGKS	Europäische Gemeinschaft für Kohle und Stahl
EKD	Evangelische Kirche in Deutschland
ERP	European Recovery Program
EURATOM	Europäische Atomgemeinschaft
EUROFIMA	Europäische Gesellschaft für die Finanzierung von Eisenbahnmaterial
e.V.	eingetragener Verein
EVG	Europäische Verteidigungsgemeinschaft
EWG	Europäische Wirtschaftsgemeinschaft
EZU	Europäische Zahlungsunion
f.	folgende
FDP	Freie Demokratische Partei
FOA	Foreign Operations Administration to Germany
Frkr.	Frankreich
FRUS	Foreign Relations of the United States
FU	Freie Universität (Berlin)

FVP	Freie Volkspartei
GARIOA	Government Aid and Relief in Occupied Areas
GATT	General Agreement on Tariffs and Trade
GB	Gesamtdeutscher Block
GEORG	Gemeinschaftsorganisation Ruhrkohle
GG	Grundgesetz
GGO	Gemeinsame Geschäftsordnung der Bundesministerien
GmbH	Gesellschaft mit beschränkter Haftung
GOBReg	Geschäftsordnung der Bundesregierung
GOBT	Geschäftsordnung des Deutschen Bundestages
HA BBk	Historisches Archiv der Deutschen Bundesbank
HBV	Gewerkschaft Handel, Banken und Versicherungen
HGB	Handelsgesetzbuch
HPA	Handelspolitischer Ausschuß
IG	Industriegewerkschaft
IG	Interessen-Gemeinschaft
IHG	Investitionshilfegesetz
IHK	Industrie- und Handelskammer
IMF	International Monetary Fonds
IMNOS	Interministerieller Ausschuß für Notstandsgebietsfragen
i.R.	im Ruhestand
IVG	Industrie-Verwaltungs-Gesellschaft m.b.H.
IWA	Internationales Weizenabkommen
IWF	Internationaler Währungsfonds
Jg. / Jgg.	Jahrgang / Jahrgänge
KfW	Kreditanstalt für Wiederaufbau
KFZ	Kraftfahrzeug
KP	Kommunistische Partei
KPD	Kommunistische Partei Deutschlands
KPdSU	Kommunistische Partei der Sowjetunion
£	Pfund Sterling

LAG	Lastenausgleichsgesetz
LDP	Liberaldemokratische Partei
LES	Ludwig-Erhard-Stiftung
LKW	Lastkraftwagen
MAI	Ministerium für Außenhandel und innerdeutschen Handel (der DDR)
MBD	Ministerial-Büro-Direktor
MdA	Mitglied des Abgeordnetenhauses
MdB	Mitglied des Bundestages
MdEP	Mitglied des Europäischen Parlaments
MdL	Mitglied des Landtages
MdR	Mitglied des Reichstages
m.d.W.d.G.b.	mit der Wahrnehmung der Geschäfte beauftragt
MfV	Ministerium für Verkehrswesen (der DDR)
Mia.	Milliarde
Mill.	Million
Min.Dgt.	Ministerialdirigent
Min.Dir. / Min.Direktor	Ministerialdirektor
Min.Dirig.	Ministerialdirigent
Min.R. / Min.Rat	Ministerialrat
Mio.	Million / Millionen
Mrd.	Milliarde
MSA	Mutual Security Act / Mutual Security Agency
Mt / Mts	Monat / Monats
NATO	North Atlantic Treaty Organization
n.i.P.	nicht in Praxis
NKWD	Narodnyj Komissariat Vnutrennich Del (sowjetisches Volkskommissariat des Innern)
NOK	Nationales Olympisches Komitee
NOWEA	Nordwestdeutsche Ausstellungsgesellschaft m.b.H.
NWDR	Nordwestdeutscher Rundfunk
NS	Nationalsozialismus, nationalsozialistisch
OECD	Organization for Economic Cooperation and Development
OEEC	Organization for European Economic Cooperation

OFD	Oberfinanzdirektion
OMGUS	Office of Military Government of Germany, United States
Opf.	Oberpfalz
ORR	Oberregierungsrat
ÖTV	Gewerkschaft Öffentliche Dienste, Transport und Verkehr
Preußag	Preußische Bergwerks- und Hütten AG
Prof.	Professor
RAO	Reichsabgabenordnung
RD	Regierungsdirektor
rd.	rund
Ref.	Referat
Reg.Dir.	Regierungsdirektor
RGBl.	Reichsgesetzblatt
RGW	Rat für Gegenseitige Wirtschaftshilfe
RHO	Reichshaushaltsordnung
Rj.	Rechnungsjahr
RM	Reichsmark
RR	Regierungsrat
RVBl.	Reichsverkehrsblatt
RVO	Rechtsverordnung
RWR	Reichswirtschaftsrat
S.	Seite
$	US-Dollar
SBZ	Sowjetische Besatzungszone
SCOM	Special Committee des COCOM
SED	Sozialistische Einheitspartei Deutschlands
sfrs	Schweizer Franken
SNCF	Société Nationale des Chemins de Fer Français
SPD	Sozialdemokratische Partei Deutschlands
StEG	Staatliche Erfassungsstelle für öffentliches Gut mbH.
StGB	Strafgesetzbuch
StS	Staatssekretär
StVZO	Straßenverkehrs-Zulassungsordnung

t / to	Tonne
TH	Technische Hochschule
T.O.	Tagesordnung
TOP	Tagesordnungspunkt
TSI	Treuhandstelle für den Interzonenhandel
UdSSR	Union der Sozialistischen Sowjetrepubliken
UNESCO	United Nations Educational, Scientific and Cultural Organization
UNO	United Nations Organization
UNTS	United Nations Treaty Series
US	United States
USA	United States of America
USOM	United States Operations Missions
UStDB	Umsatzsteuer-Durchführungsbestimmungen
VE	Verrechnungseinheit
VfZ	Vierteljahrshefte für Zeitgeschichte
vgl.	vergleiche
v. H.	von Hundert
Viag	Vereinigte Industrieunternehmen AG
v. Js.	vergangenen Jahres
VO	Verordnung
VOBl.	Verordnungsblatt
VS	Verschlußsache
VTG	Vereinigte Tanklager und Transportmittel GmbH
VwGO	Verwaltungsgerichtsordnung
WEU	Westeuropäische Union
WiGBl.	Gesetzblatt der Verwaltung des Vereinigten Wirtschaftsgebietes
ZBR	Zentralbankrat
z. b. V.	zur besonderen Verwendung
z. d. A.	zu den Akten
Ziff.	Ziffer
ZK	Zentralkomitee

QUELLEN- UND LITERATURVERZEICHNIS

1. UNGEDRUCKTE QUELLEN

Bundesarchiv

B 102	Bundesministerium für Wirtschaft
B 106	Bundesministerium des Innern
B 108	Bundesministerium für Verkehr
B 115	Bundesschatzministerium / Bundesvermögensverwaltung
B 116	Bundesministerium für Ernährung, Landwirtschaft und Forsten
B 119	Bundesanstalt für Arbeit
B 122	Bundespräsidialamt
B 126	Bundesministerium der Finanzen
B 127	Dienststelle für besondere Versorgungsaufgaben des Bundesministeriums für Ernährung, Landwirtschaft und Forsten
B 134	Bundesministerium für Raumordnung, Bauwesen und Städtebau
B 135	Bundesministerien für besondere Aufgaben
B 136	Bundeskanzleramt
B 137	Bundesministerium für innerdeutsche Beziehungen
B 141	Bundesministerium der Justiz
B 145	Presse- und Informationsamt der Bundesregierung
B 145 I	Presse- und Informationsamt der Bundesregierung, „Hausdienst" Pressekonferenzen
B 146	Bundesministerium für den Marshallplan / Bundesministerium für wirtschaftliche Zusammenarbeit
B 149	Bundesministerium für Arbeit
B 150	Bundesministerium für Vertriebene, Flüchtlinge und Kriegsgeschädigte
B 153	Bundesministerium für Familie und Jugend
B 157	Bundesbauverwaltung
B 257	Bundesministerium für Post- und Fernmeldewesen

BW 1	Bundesministerium für Verteidigung
BW 2	Führungsstab der Streitkräfte
BW 9	Dienststellen zur Vorbereitung des westdeutschen Verteidigungsbeitrages 1950–1955
DL 2	Ministerium für Außenhandel und Innerdeutschen Handel

Nachlässe, Persönliche Papiere (N)

N 1080	Franz Blücher
N 1168	Fritz Schäffer
N 1254	Franz Etzel
N 1267	Waldemar Kraft

Sammlung amtlicher Druckschriften (ADS)

BD 7	Presse- und Informationsamt der Bundesregierung
BD 11	Bundesministerium der Finanzen
BD 15	Bundesministerium für Verkehr
BD 17	Bundesministerium für Wirtschaft
BD 126	Deutsche Bundesbank

Zeitgeschichtliche Sammlungen (ZSg.)

ZSg.1-180	Deutsche Forschungsgemeinschaft

Stiftung Archiv der Parteien und Massenorganisationen der DDR im Bundesarchiv

DY 30	Politbüro des Zentralkomitees der Sozialistischen Einheitspartei Deutschlands
NY 4090	Nachlaß Otto Grotewohl

Historisches Archiv der Deutschen Bundesbank, Frankfurt/Main (HA BBk)

B 330	Zentralbankrat

Ludwig-Erhard-Stiftung, Bonn (LES)

Tages-Nachrichten des BMWi

Parlamentsarchiv des Deutschen Bundestages, Bonn

Politisches Archiv des Auswärtigen Amts, Bonn (AA)

B 2	Büro Staatssekretär
B 10	Politische Abteilung (Abt. 2)
B 51	Allgemeine Handelspolitik (Unterabteilung 40)
B 56	Handelsvertragsangelegenheiten
B 60	Nord- und Westeuropa
B 62	Mittelmeerländer
Referat 200	Allgemeine außenpolitische Fragen
Referat 213	Europäische Gemeinschaft für Kohle und Stahl
Referat III 4	Wirtschaftsfragen der Verteidigung, Verkehr, Post- und Fernmeldewesen

2. GEDRUCKTE QUELLEN UND LITERATUR

Akten der Reichskanzlei. Weimarer Republik. Hrsg. für die Historische Kommission bei der Bayerischen Akademie der Wissenschaften von Karl Dietrich Erdmann und für das Bundesarchiv von Hans Booms.

Die Kabinette Luther I und II. 15. Januar 1925 bis 20. Januar 1926, 20. Januar 1926 bis 17. März 1926. Bearb. von Karl-Heinz Minuth. Boppard 1977

Amtliches Mitteilungsblatt des Bundesausgleichsamtes Nr. 13 vom 10. Aug. 1955

Amtsblatt der Europäischen Gemeinschaft für Kohle und Stahl

Amtsblatt der Militärregierung Deutschland, Amerikanische Zone

Amtsblatt der Militärregierung Deutschland, Britische Zone

Amtsblatt des französischen Oberkommandos in Deutschland 1949

Anfänge westdeutscher Sicherheitspolitik 1945–1956. Hrsg. vom Militärgeschichtlichen Forschungsamt.

Bd. 3: Die NATO–Option. Von Hans Ehlert, Christian Greiner, Georg Meyer und Bruno Thoß. München 1993

Bd. 4: Wirtschaft und Rüstung, Souveränität und Sicherheit. Von Werner Abelshauser und Walter Schwengler. München 1996

Archiv der Gegenwart, 1954–1955

Aus der Arbeit der Archive. Beiträge zum Archivwesen, zur Quellenkunde und zur Geschichte. Festschrift für Hans Booms. Hrsg. von Friedrich P. Kahlenberg. (Schriften des Bundesarchivs, Bd. 36) Boppard 1989

Bericht der Deutschen Forschungsgemeinschaft über ihre Tätigkeit vom 1. April 1952 bis zum 31. März 1953. Bonn 1953

Bericht der Deutschen Forschungsgemeinschaft über ihre Tätigkeit vom 1. April 1956 bis zum 31. März 1957. Bonn 1957

Berlin. Chronik der Jahre 1951–1954. Hrsg. im Auftrag des Senats von Berlin, bearb. durch Hans J. Reichhardt, Joachim Drogmann und Hanns U. Treutler. (Schriftenreihe zur Berliner Zeitgeschichte, Bd. 5) Berlin 1968

Berlin. Chronik der Jahre 1955–1956. Hrsg. im Auftrag des Senats von Berlin, bearb. durch Hans J. Reichhardt, Joachim Drogmann und Hanns U. Treutler. (Schriftenreihe zur Berliner Zeitgeschichte, Bd. 6) Berlin 1971

Berliner Morgenpost 1954

Böckenförde, Ernst-Wolfgang: Die Organisationsgewalt im Bereich der Regierung. Eine Untersuchung zum Staatsrecht der Bundesrepublik Deutschland. Berlin 1998

Bogun, Roland, Rüdiger Mautz, Günter Warsewa: „Wollt Ihr nun streiken? Dann müßt Ihr auch dazu stehn! ... und wenns nicht anders geht, dann auch mit Gewalt“ Der südniedersächsische Gipsarbeiterstreik 1954 im Raum Osterode. In: Eure Bänder rollen, nur wenn wir es wollen! Arbeiterleben und Gewerkschaftsbewegungen in Südniedersachsen. Beiträge zur Geschichte der IG Chemie-Papier-Keramik zwischen Harz und Weser 1888 bis 1979. Hrsg. von Wolfgang Schäfer. Göttingen 1979, S. 199–236

Bopp, Helmut: Wirtschaftsverkehr mit der DDR. Alliierte Rechtsgrundlagen, Warenverkehr, Dienstleistungsverkehr und Kapitalverkehr. Baden-Baden 1983

Der Große Brockhaus. 16., völlig neubearbeitete Auflage. Erster Band: A-Beo. Wiesbaden 1952

Buchheim, Christoph: Die Wiedereingliederung Deutschlands in die Weltwirtschaft 1945–1958. München 1990

Bührer, Werner: Westdeutschland in der OEEC. Eingliederung, Krise, Bewährung 1947–1961. (Quellen und Darstellungen zur Zeitgeschichte, Bd. 32) München 1997

Bulletin des Presse- und Informationsamtes der Bundesregierung, ab 1949

Bundesanzeiger. Herausgegeben vom Bundesministerium der Justiz, ab 1950

Bundesgesetzblatt. Hrsg. vom Bundesministerium der Justiz, ab 1949

Bundeshaushaltsplan für das Rechnungsjahr 1955. Berlin und Bonn 1955

Bundeshaushaltsplan für das Rechnungsjahr 1956. Berlin und Bonn 1956

Die deutsch-französischen Wirtschaftsbeziehungen 1945–1960. Kolloquium des Deutschen Historischen Instituts Paris 8.–10. Dezember 1994. Colloque tenu à l'Institut Historique Allemand de Paris du 8 au 10 décembre 1995. Hrsg. von Andreas Wilkens. (Beihefte der Francia, Bd. 42) Sigmaringen 1997

Der Deutsche Gewerkschaftsbund 1949 bis 1956. Bearb. von Josef Kaiser. (Quellen zur Geschichte der deutschen Gewerkschaftsbewegung im 20. Jahrhundert, Bd. 11) Köln 1996

Deutschland im Wiederaufbau. Tätigkeitsbericht der Bundesregierung für das Jahr 1954. Hrsg. vom Presse- und Informationsamt der Bundesregierung. Bonn [1955]

Deutschland im Wiederaufbau. Tätigkeitsbericht der Bundesregierung für das Jahr 1955. Hrsg. vom Presse- und Informationsamt der Bundesregierung. Bonn [1956]

Dickhaus, Monika: Die Bundesbank im westeuropäischen Wiederaufbau. Die internationale Währungspolitik der Bundesrepublik Deutschland 1948 bis 1958. (Schriftenreihe der Vierteljahrshefte für Zeitgeschichte, Bd. 72) München 1996

Dietrich, York: Eigentum für jeden. Die vermögenspolitischen Initiativen der CDU und die Gesetzgebung 1950–1961. (Forschungen und Quellen zur Zeitgeschichte, Bd. 29) Düsseldorf 1996

Documents Diplomatiques Français. Hrsg. vom Ministère des Affaires Étrangères. Commission de Publication des Documents Diplomatiques Français. 1955. 2 Bände und 2 Annexbände. Paris 1987–1988

Dokumente zur Außenpolitik der Regierung der Deutschen Demokratischen Republik. Hrsg. vom Deutschen Institut für Zeitgeschichte.

3. Vom 22. Mai 1955 – 30. Juni 1956. Berlin 1956

Dokumente zur Deutschlandpolitik. Hrsg. vom Bundesministerium für gesamtdeutsche Fragen. III. Reihe

1. 5. Mai bis 31. Dezember 1955. Bearb. von Ernst Deuerlein unter Mitarbeit von Hansjürgen Schierbaum. 1961

Dokumente zur parteipolitischen Entwicklung in Deutschland seit 1945. Bearb. und hrsg. von Ossip K. Flechtheim. 9 Bde. Berlin 1962–1971

2–3. Programmatik der deutschen Parteien. 2 Teile. 1963

Encyclopaedia Britannica. 24 Bde. Chicago, London, Toronto 1959

Entscheidungen des Bundesverfassungsgerichts. Hrsg. von Mitgliedern des Bundesverfassungsgerichts.

Bd. 3: [Mai 1953–Juni 1954]. Tübingen 1954

Bd 4: [Juli 1954– März 1956]. Tübingen 1956

Europa–Archiv. Hrsg. von Wilhelm Cornides, ab 1947

Der Europäische Wirtschaftsrat in Paris (OEEC). 6. Bericht: Vom Wiederaufbau zur wirtschaftlichen Expansion. Deutsche Übersetzung. Hrsg. vom Bundesministerium für wirtschaftliche Zusammenarbeit. Bad Godesberg 1955

Die Finanzhilfe für Berlin. Eine Denkschrift der Bundesregierung. Bonn 1954

Foreign Relations of the United States 1955–1957.

Bd. V: Austrian State Treaty; Summit and Foreign Ministers Meetings, 1955. (Department of State Publications, Bd. 9454) Washington 1988

Frei, Norbert: Vergangenheitspolitik. Die Anfänge der Bundesrepublik und die NS-Vergangenheit. München 1996

Friedrich, Walther: Güterwagenprobleme in europäischer Sicht. In: Jahrbuch des Eisenbahnwesens 1952, S. 139–150

Friedrich, Walther: Zum Übereinkommen über die gemeinsame Benutzung bestimmter Güterwagen zwischen der Französischen Staatsbahn und der Deutschen Bundesbahn. In: Die Bundesbahn, 25. Jg., Heft 7 vom 5. April 1951, S. 204–206

Fritz, Martin: Schweden und der westdeutsche Markt 1945–1955. In: Vom Marshallplan zur EWG, S. 99–117

Gesetzblatt der Verwaltung des Vereinigten Wirtschaftsgebietes 1948, 1949

Geschichte der Gewerkschaften in der Bundesrepublik Deutschland. Von den Anfängen bis heute. Hrsg. von Hans Otto Hemmer und Kurt Thomas Schmitz. Köln 1990

Haar, Ulrich de: Die Arbeit der Senatskommission für Wasserforschung 1957–1977. Boppard 1978 = Kommission für Wasserforschung, Mitteilung I

Hardach, Gerd: Die Rückkehr zum Weltmarkt 1948–1958. In: Modernisierung im Wiederaufbau, S. 80–104.

Hat die Zukunft schon begonnen? Wirtschaftliche Zusammenarbeit Europas. Hrsg. vom Bundesministerium für wirtschaftliche Zusammenarbeit. Bonn 1956

Hentschel, Volker: Ludwig Erhard. Ein Politikerleben. München, Landsberg am Lech 1996

Hentschel, Volker: Die EZU und die deutschen Devisenkrisen 1950/51. In: VfZ 37 (1989), S. 715–758

Hentschel, Volker: Zwischen Zahlungsunfähigkeit und Konvertibilität. Frankreich und Deutschland in der Europäischen Zahlungsunion. In: Die deutsch-französischen Wirtschaftsbeziehungen, S. 101–133

Heyl, Friedrich von: Der innerdeutsche Handel mit Eisen und Stahl 1945–1972. Deutsch-deutsche Beziehungen im Kalten Krieg. (Münstersche Historische Forschungen, Bd. 12) Köln, Weimar, Wien 1997

Hollmann, Michael: Die Nachfolge Monnets. Die Bundesregierung und die Frage der Präsidentschaft der Hohen Behörde der Europäischen Gemeinschaft für Kohle und Stahl. In: Interessen verbinden. Jean Monnet und die europäische Integration der Bundesrepublik Deutschland. Hrsg. von Andreas Wilkens. Bonn 1999, S. 187–203

Horstmann, Theo: Die Alliierten und die deutschen Großbanken. Bankenpolitik nach dem Zweiten Weltkrieg in Westdeutschland. Bonn 1991

Die Industriegewerkschaft Metall in der frühen Bundesrepublik. Bearb. von Walter Dörrich und Klaus Schönhoven. (Quellen zur Geschichte der deutschen Gewerkschaftsbewegung im 20. Jahrhundert, Bd. 10) Köln 1991

Jahrbuch der öffentlichen Meinung 1947–1955. Hrsg. von Elisabeth Noelle und Erich Peter Neumann. Allensbach 1956

Statistisches Jahrbuch für die Bundesrepublik Deutschland 1957. Hrsg. vom Statistischen Bundesamt. Stuttgart 1957

Die Kabinettsprotokolle der Bundesregierung. Hrsg. für das Bundesarchiv von Hans Booms, Friedrich P. Kahlenberg (ab Bd. 7) und Hartmut Weber (ab Bd. 10).

Bd. 1: 1949. Bearb. von Ulrich Enders und Konrad Reiser. Boppard 1982

Bd. 2: 1950. Bearb. von Ulrich Enders und Konrad Reiser. Boppard 1984

Bd. 3: 1950. Wortprotokolle. Bearb. von Ulrich Enders und Konrad Reiser. Boppard 1984

Bd. 4: 1951 Bearb. von Ursula Hüllbüsch. Boppard 1988

Bd. 5: 1952. Bearb. von Kai von Jena. Boppard 1989

Bd. 6: 1953. Bearb. von Ulrich Enders und Konrad Reiser. Boppard 1989

Bd. 7: 1954. Bearb. von Ursula Hüllbüsch und Thomas Trumpp. Boppard 1993

Bd. 8: 1955. Bearb. von Michael Hollmann und Kai von Jena. München 1997

Bd. 9: 1956. Bearb. von Ursula Hüllbüsch. München 1998

Bd. 10: 1957. Bearb. von Ulrich Enders und Josef Henke. München 2000

Die Kabinettsprotokolle der Bundesregierung. Kabinettsausschuß für Wirtschaft. Hrsg. für das Bundesarchiv von Friedrich P. Kahlenberg.

Bd. 1: 1951–1953. Bearb. von Ulrich Enders. München 1999

Die Kabinettsprotokolle der Bundesregierung. Ministerausschuß für die Sozialreform. Hrsg. für das Bundesarchiv von Friedrich P. Kahlenberg. Bearb. von Bettina Martin-Weber. München 1999

Klenke, Dietmar: Bundesdeutsche Verkehrspolitik und Motorisierung. Konfliktträchtige Weichenstellungen in den Jahren des Wiederaufstiegs. (Zeitschrift für Unternehmensgeschichte, Beiheft 79) Stuttgart 1993

Klenke, Dietmar: „Freier Stau für freie Bürger". Die Geschichte der bundesdeutschen Verkehrspolitik 1949–1994. Darmstadt 1995 (WB-Forum, Bd. 97)

Kreikamp, Hans-Dieter: Die Entstehungsgeschichte des Ladenschlußgesetzes. In: Aus der Arbeit der Archive, S. 866–892

Küsters, Hanns Jürgen: Die Gründung der Europäischen Wirtschaftsgemeinschaft. Baden–Baden 1982

Vom Marshallplan zur EWG. Die Eingliederung der Bundesrepublik Deutschland in die westliche Welt. Hrsg. von Ludof Herbst, Werner Bührer und Hanno Sowade. (Quellen und Darstellungen zur Zeitgeschichte, Bd. 30) München 1990

Maßnahmen des Bundes zur Förderung der Wasserwirtschaft. Die künftige Ordnung der Bundeswasserstraßen. Denkschrift des Bundesministers für Verkehr der Bundesrepublik Deutschland. Dortmund 1952

Modernisierung im Wiederaufbau. Die westdeutsche Gesellschaft der 50 Jahre. Hrsg. von Axel Schildt und Arnold Sywottek. Bonn 1993, ungekürzte, durchgesehene und aktualisierte Studienausgabe Bonn 1998

Monatsberichte der Bank deutscher Länder. Frankfurt/M. Jgg. 1954–1955

Morsey, Rudolf: Heinrich Lübke. Eine politische Biographie. Paderborn, München, Wien, Zürich 1996

Neues Deutschland 1954

Organisation für europäische Wirtschaftliche Zusammenarbeit in Paris (OEEC): Schlußbericht der Europäischen Zahlungsunion. 1. Juli – 27. Dezember 1958. Deutsche Übersetzung. Hrsg. vom Bundesministerium für Wirtschaft. Bonn 1960

Prior, Harm: Die interministeriellen Ausschüsse der Bundesministerien: eine Untersuchung zum Problem der Koordinierung heutiger Regierungsarbeit. Stuttgart 1968

Protokolle des Vermittlungsausschusses des Deutschen Bundestages und des Bundesrates. Erste bis sechste Wahlperiode (1949–1972). Mikrofiche-Edition. Hrsg. vom Sekretariat des Bundesrates. München 1983

Reichsverkehrsblatt 1940 B

Reuter, Ernst: Reden, Artikel, Briefe 1949 bis 1953. Hrsg. von Hans J. Reichhardt. (Ernst Reuter: Schriften, Reden, Bd. 4) Berlin 1975

Ringe, Astrid: Konkurrenten in Europa. Großbritannien und die Bundesrepublik Deutschland. Deutsch-britische Wirtschaftsbeziehungen 1949–1957. (Studien zur modernen Geschichte, Bd. 48) Stuttgart 1996

Schindler, Peter: Datenhandbuch zur Geschichte des Deutschen Bundestages 1949–1999. Gesamtausgabe in drei Bänden. Eine Veröffentlichung der Wissenschaftlichen Dienste des Deutschen Bundestages. Baden-Baden 1999

Schwarz, Hans-Peter: Adenauer. [Band 2:] Der Staatsmann: 1952–1967. Stuttgart 1991

Die SPD-Fraktion im Deutschen Bundestag. Sitzungsprotokolle 1949–1957. Bearb. von Petra Weber. (Quellen zur Geschichte des Parlamentarismus und der politischen Parteien, Reihe 4, Bd. 8/I,1) Düsseldorf 1993

Tages-Nachrichten des BMWi 1954–1955

Treaty Series. Treaties and international agreements registered or filed and recorded with the Secretariat of the United Nations. Recueil des Traités. Traités et accords internationaux enregistrés ou classés et inscrits au répertoire au Secretariat de l'Organisation des Nations Unies. Bd. 125. New York 1959

Vademecum deutscher Forschungsstätten. Hrsg. vom Stifterverband für die Deutsche Wissenschaft. Bonn 1955

Verhandlungen des Deutschen Bundestages. 2. Wahlperiode.
Stenographische Berichte. Bonn 1953–1957
Anlagen zu den Stenographischen Berichten (Drucksachen). Bonn 1953–1957

Verordnungsblatt für Groß-Berlin 1949

Verträge der Bundesrepublik Deutschland. Serie A: Multilaterale Verträge. Hrsg. vom Auswärtigen Amt.

Bd. 2: Nr. 12–22 [15. Febr. 1952–3. Juli 1953]. Bonn, Köln, Berlin 1956

Vom Wiederaufbau zur wirtschaftlichen Expansion. Deutsche Übersetzung. Hrsg. vom Bundesministerium für wirtschaftliche Zusammenarbeit. Bad Godesberg 1955.

Die wirtschaftliche Lage in der Bundesrepublik Deutschland. Hrsg. vom Bundesminister für Wirtschaft. Jgg. 1954–1957

Der Wissenschaftliche Beirat beim Bundeswirtschaftministerium. Gutachten. Hrsg. vom Bundeswirtschaftsministerium.

Bd. 3: Gutachten vom Dezember 1952 bis November 1954. Göttingen 1955

Bd. 4: Gutachten vom Januar 1955 bis Dezember 1956. Göttingen 1957

Zeitgeschehen. Chronik der Tagesereignisse aus Politik, Wirtschaft und Kultur 1954, 1955

PERSONENINDEX

Nicht aufgenommen wurden die Namen der Verfasser der in den Anmerkungen zitierten Publikationen bzw. Quellensammlungen. Fundstellen mit biographischen Angaben zur Person sind durch Fettdruck hervorgehoben. Die Hinweise auf den Bundeskanzler, die teilnehmenden Bundesminister und Staatssekretäre wurden sachlich spezifiziert.

SACH- UND ORTSINDEX